职务违纪、违法、犯罪办案一本通

(第二版)

魏昌东　钱小平　主编

法律出版社
LAW PRESS·CHINA
北京

图书在版编目(CIP)数据

职务违纪、违法、犯罪办案一本通／魏昌东，钱小平主编. --2版. --北京：法律出版社，2023
ISBN 978-7-5197-7837-8

Ⅰ.①职… Ⅱ.①魏…②钱… Ⅲ.①贪污贿赂罪－基本知识－中国 Ⅳ.①D924.392

中国国家版本馆 CIP 数据核字（2023）第 069866 号

职务违纪、违法、犯罪办案一本通（第二版）
ZHIWU WEIJI、WEIFA、FANZUI BAN'AN YIBENTONG
(DI-ER BAN)

魏昌东　钱小平　主编

策划编辑　张　颖
责任编辑　张　颖
装帧设计　李　瞻

出版发行　法律出版社	开本　710 毫米×1000 毫米　1/16
编辑统筹　法律应用出版分社	印张 52.25　字数 1008 千
责任校对　邢艳萍	版本 2023 年 5 月第 2 版
责任印制　刘晓伟	印次 2023 年 5 月第 1 次印刷
经　　销　新华书店	印刷　天津嘉恒印务有限公司

地址：北京市丰台区莲花池西里7号（100073）
网址：www.lawpress.com.cn　　　　销售电话：010-83938349
投稿邮箱：info@lawpress.com.cn　　客服电话：010-83938350
举报盗版邮箱：jbwq@lawpress.com.cn　咨询电话：010-63939796
版权所有·侵权必究

书号：ISBN 978-7-5197-7837-8　　　定价：138.00 元
凡购买本社图书，如有印装错误，我社负责退换。电话：010-83938349

第二版编者说明

《职务违纪、违法、犯罪办案一本通》，作为监察体制改革后国内第一本就职务违纪、违法与犯罪的治理而贯通"纪—法—刑"规范体系的实务工具书，自 2019 年 9 月首次出版以来，受到职务违纪、违法与犯罪的追诉者、裁判者、研究者及公民的广泛关注，以人为本的编辑理念、完备准确的规范体系、明晰精练的适法规则，使之成为涉纪检监察工作党内法规和国家立法的重要资料汇本。

本书出版以后，中国特色社会主义法治体系建设步入新的发展时期，党和国家基于实现对职务滥权行为现代化治理的需要，以全面完善党的纪律规范、大力推进国家监察法律体系建设为中心，进一步丰富与健全了涉及职务违纪、违法与犯罪的查究、预防与处罚的规范体系，无论是作为纪检机关行使监督执纪问责职权根据的党内法规，还是作为监察机关行使监督调查处置职权根据的国家立法，以及作为职务犯罪定罪量刑根据的刑法均受到补充、修订与完善，以为权威高效行使纪检监察权提供完备的法制保障。为此，我们对本书进行过多次局部的补充与修订，至 2021 年 10 月本书已重印 6 次，保持了与立法同步发展的节奏。

党的二十大通过了新的《党章》，根据全国人民代表大会常务委员会的授权，国家监察委员会颁布了首部监察法规——《中华人民共和国监察法实施条例》，以之为标志，我国以党纪为中心的党内法规和以规范监察权行使为中心国家监察立法体系建设进入稳步发展的时期，从而对全面系统整理法律规范体系提出了新的要求，有必要对初版所依循的规范整理与编辑规则进行进一步的优化与调整，以更好地适应纪检监察机关全面行使职权、准确查办案件与理论工作者深入研究的需要。不仅如此，国家司法机关和国家监察机关发布的指导性案例与典型案例也有了进一步的更新，需要将之补充到既有的汇本之中。

本书第二版在坚持编辑方法多元、"规范—实务—规范意旨"一体化原则的基础上，将完善重点确定为：一是全面更新各类法律规范体系的内容，补充新增、删除已做调整的内容。二是对"职务违纪案件查处的党内法规及规范性文件"部分，**确定以党章为基础，以准则、条例为中心，注重以党内纪律检查权的动态行使为导向对规范进行再次体系化**，便于实务工作人员的适用。三是对"职务违法案件查处的国家法律法规"部分，**以国家监察权的行使为中心，对规范体系进行重新编排，使之**

更加体系化。四是对"职务犯罪案件查处的刑法规范与法律解释"部分，**对关联性司法解释进行完善，实现了以特定法条为中心的解释汇集**。五是对"职务犯罪案件典型判解指引与重点解释释义"部分，根据监察委员会管辖罪名的分类进行重新编排，按照犯罪构成要件要素梳理出更加准确的适法规则，并将新近发布的指导性案例、典型案例的适法要旨补充进来。

　　法律出版社编辑谢清平女士和现任编辑张颖女士等同人为本书的出版付出了辛苦的努力，许多读者多年来对本书一直倾注了厚爱与支持，在此一并表达诚忱。值得特别说明的是，为提升职务犯罪适法规则的权威性，我们摘编了部分指导性案例和重点立法与司法解释的理解与适用，在此深表谢意。对于本书编辑中的疏漏和不足之处，诚请读者诸君将宝贵意见与真诚建议发至 changdongw@sina.com 邮箱中，以便我们再次修订时予以完善。本书再版中，硕士研究生张笑宇同学参与了资料的查找与更新等工作，共同确保了本书规范与判解的完备性与准确性。

魏昌东　钱小平

2023 年 4 月 28 日

编 者 说 明

国家监察体制改革的全面推进、纪检监察"一体化"体制的现实运行,实现了我国对所有行使公共权力的公职人员党内监督与国家监督的一体化目标,为最大限度地降低职务违纪、违法与犯罪的发生概率,提供了有效的体制、机制与组织保证,中国职务滥权行为的"一体化"治理也由此步入全面推进实施阶段。由中国特色国家基本政治制度的本质所决定,我国历来重视对一切滥权行为的法制化治理,中华人民共和国成立以来,基于党和国家对职务滥权行为多元化治理的需要,已经建构起涉及职务违纪、违法与犯罪的查究、预防与处罚,跨越党内法规范与国家法规范的庞大体系,成为推进法治国家建设的重要保证。然而,浩繁、宏大的规范体系,也带来了规范查找与适用的困难,实现职务滥权行为规范体系的"一体化",成为提高规范适用效能、推进将制度优势转化为治理效能的重要环节。

本书是国内第一本就职务违纪、违法与犯罪的治理而贯通"纪—法—刑"规范的工具书,力求实现将治理职务滥权行为规范由散在而统一、由静态而动态、由国内法规范而国际法规范、由规范体系而适用系统的"一体化"编辑目的,为此,编者借助于国内最具运用价值的编纂技术,通过对国内法规范体系、职务犯罪指导性案例所形成的适法规则、职务犯罪重点立法与司法解释意旨揭示、与国际法规范所进行的编辑,建构起法规范中心主义导向的体系,为职务违纪、违法与犯罪的追诉者、裁判者、研究者及社会公民系统学习提供帮助。本工具书以规范总整理为基础,根据规范属性差异,选择采用了多元编辑方法,实现了"规范—实务—规范意旨"的"一体化"目标。本书总体的编辑特色在于:

——**以法规范为中心,实现办理职务滥权案件规范的一体化**。在我国,根据职务滥权行为危害程度的不同,存在违纪、违法与犯罪的类型划分,为此,执政党与国家权力机关分别建构起针对不同对象、具有不同适用效力的纪律规范、法律规范与刑法规范,这是职务滥权行为进行法律化治理的基础。本工具书中,党内法规范由党章、准则、条例、规定组成,国家法规范涉及职务违法与职务犯罪两个子系统,前者由国家监察法、不同公权力主体官员法、条例与规定组成,后者由刑法典、刑法修正案组成。在刑法适用中,司法解释发挥着将规范现实化的作用,为此,编者根据最新国家监察委员会管辖范围的规定,梳理出88种职务犯罪的重要司法解释,并根据法条中心主义的要求进行了系统编辑。对于办理职务犯罪案件中可能涉及的刑法总则规范进行了解释的分类化编辑。不仅如此，基于国际反腐败斗争的需要，编者还将《联合国反腐败公约》收录于国际法规范中。值得特别提出的是，有别于国内现有同类工具书司法解释编辑中仅根据解释生效时间进行编纂的方式，为提高使用者的使用便捷性，编者对所有相关司法解释根据构成要件要素的内容进行了细目分类与链接引导。

——**以法实践为中心，探寻职务犯罪规范适用中的适法规则**。"法律的生命在于适用"，只有通过法律的适用，才可能将法规范运用于具体的判例。我国在全面推进司法判例指导制度过程中，由最高国家司法机关从浩瀚的审判文书与案例中遴选并公布了一大批具有示范性、典型性、借鉴性的指导性案例，这些案例是准确适用刑法规范的实践范本，具有重要的参酌与借鉴意义，以对国内所有重要、权威渠道发布的指导性、典型性案例的系统整理为基础，本工具书对特定典型案件中的适法规则进行了有选择性的归纳与分类，目的在于提高对典型判例的适用与借鉴价值。

——**以法精神为中心，揭示重点立法与司法解释出台的精神意旨**。立法精神探寻是准确适用法律的前提，再严密精妙的理论论证往往也比不上明确的规范精神意旨揭示重要，规范的理解需要权威的解读。围绕职务犯罪案件办理的实际需要，对规范性文件进行深度挖掘，本工具书将全国人大、最高人民法院、最高人民检察院等单位参与立法、司法解释起草的一些同志撰写的相关"理解适用"的指导文章汇集起来，力求为使用者在面临具体案件法律适用的困难时获得更有力的依据和参考。这些指导文章和案例评析，相当程度上代表着立法、司法机关的权威意见。

值得特别说明的是，基于对职务犯罪指导性案例和重点立法与司法解释理解适用作者的高度尊重，我们均在引用中明确标明了出处，然而，我们的编写无疑还是建立在对原作者智力成果再加工、再创造的基础之上的，在此我们谨向原作者表示诚挚的敬意与感谢！硕士研究生张涛、尤广宇同学参加了本书体例结构的研讨、资料的查找与更新等工作，共同确保了本书规范与判解的完备性、严密性与时效性的实现。

魏昌东　钱小平
2019 年 4 月 30 日

目　录

第一部分　职务违纪案件查处的党内法规及规范性文件

1. 中国共产党章程(2022年10月22日通过) ……………………（ 1 ）
2. 中国共产党廉洁自律准则(自2016年1月1日起施行) …………（ 21 ）
3. 中国共产党纪律处分条例(自2018年10月1日起施行) …………（ 22 ）
4. 中国共产党党内监督条例(自2016年10月27日起施行) ………（ 42 ）
5. 中国共产党问责条例(自2019年9月1日起施行) ………………（ 49 ）
6. 中国共产党巡视工作条例(自2017年7月10日起施行) …………（ 54 ）
7. 党政机关厉行节约反对浪费条例(自2013年11月18日起施行) ………（ 61 ）
8. 中国共产党党员权利保障条例(自2020年12月25日起施行) ………（ 71 ）
9. 中国共产党纪律检查机关监督执纪工作规则(自2019年1月1日起施行) ……………………………………………………………（ 78 ）
10. 纪检监察机关处理检举控告工作规则(自2020年1月21日起施行) ………………………………………………………………（ 91 ）
11. 中国共产党组织处理规定(试行)(自2021年3月19日起施行) ………（ 99 ）
12. 中国共产党处分违纪党员批准权限和程序规定(自2022年9月22日起施行) ……………………………………………………（103）
13. 纪检监察机关处理主动投案问题的规定(试行)(自2019年7月11日起施行) ……………………………………………………（114）
14. 党委(党组)落实全面从严治党主体责任规定(自2020年3月9日起施行) ………………………………………………………（117）
15. 领导干部干预司法活动、插手具体案件处理的记录、通报和责任追究规定(自2015年3月18日起施行) …………………………（122）
16. 农村基层干部廉洁履行职责若干规定(试行)(自2011年5月23日起施行) ……………………………………………………………（124）
17. 党政主要领导干部和国有企事业单位主要领导人员经济责任审计规定(自2019年7月7日起施行) ……………………………（129）
18. 领导干部报告个人有关事项规定(自2017年2月8日起施行) ………（138）

19. 事业单位领导人员管理规定(自2022年1月14日起施行) ……………（142）
20. 国有企业领导人员廉洁从业若干规定(自2009年7月1日起施行) …（149）
21. 关于实行党风廉政建设责任制的规定(自2010年11月10日起施行)
   …………………………………………………………………………（154）
22. 关于省、地两级党委、政府主要领导干部配偶、子女个人经商办企业的
   具体规定(试行)(自2001年2月8日起施行) ……………………（158）
23. 关于保护检举、控告人的规定(自1996年2月13日起施行) ………（158）
24. 关于对党和国家机关工作人员在国内交往中收受的礼品实行登记制度
   的规定(自1995年4月30日起施行) …………………………………（160）
25. 党组讨论和决定党员处分事项工作程序规定(试行)(自2019年1月1
   日起施行) ……………………………………………………………（161）
26. 关于严格禁止利用职务上的便利谋取不正当利益的若干规定(自2007
   年5月29日起施行) …………………………………………………（163）

第二部分　职务违法案件查处的国家法律法规

1. 中华人民共和国监察法(自2018年3月20日起施行) ………………（166）
2. 中华人民共和国公务员法(自2019年6月1日起施行) ………………（176）
3. 中华人民共和国监察官法(自2022年1月1日起施行) ………………（191）
4. 中华人民共和国法官法(自2019年10月1日起施行) ………………（200）
5. 中华人民共和国检察官法(自2019年10月1日起施行) ……………（208）
6. 中华人民共和国企业国有资产法(自2009年5月1日起施行) ………（217）
7. 中华人民共和国公职人员政务处分法(自2020年7月1日起施行) …（227）
8. 事业单位工作人员处分暂行规定(自2012年9月1日起施行) ………（237）
9. 中华人民共和国监察法实施条例(自2021年9月20日起施行) ……（246）
10. 国家监察委员会与最高人民检察院办理职务犯罪案件工作衔接办法
    (自2018年4月16日起施行) …………………………………………（295）
11. 中央企业贯彻落实《国有企业领导人员廉洁从业若干规定》实施办法
    (自2011年10月14日起施行) ………………………………………（304）
12. 关于加强国家工作人员因私事出国(境)管理的暂行规定(自2003年1
    月14日起施行) ………………………………………………………（308）
13. 国有重要骨干企业领导人员任职和公务回避暂行规定(自2001年4月
    30日起施行) …………………………………………………………（310）
14. 关于党政机关工作人员个人证券投资行为若干规定(自2001年4月3
    日起施行) ……………………………………………………………（313）

15. 关于县以上党和国家机关退(离)休干部经商办企业问题的若干规定
（自 1988 年 10 月 3 日起施行） ………………………………………（315）
16. 关于在对外公务活动中赠送和接受礼品的规定（自 1993 年 12 月 5 日
起施行） ……………………………………………………………………（316）
17. 抗震救灾款物管理使用违法违纪行为处分规定（自 2008 年 5 月 29 日
起施行） ……………………………………………………………………（317）

第三部分 职务犯罪案件查处的国际公约

联合国反腐败公约 …………………………………………………………（321）

第四部分 职务犯罪案件查处的刑法规范与法律解释

中华人民共和国刑法（节选） …………………………………………（353）
 第一编 总则 ………………………………………………………（353）
  第一章 刑法的任务、基本原则和适用范围 ………………（353）
  第二章 犯罪 ……………………………………………………（359）
   第一节 犯罪和刑事责任 ……………………………………（359）
   第二节 犯罪的预备、未遂和中止 …………………………（360）
   第三节 共同犯罪 ………………………………………………（361）
   第四节 单位犯罪 ………………………………………………（361）
  第三章 刑罚 ……………………………………………………（364）
   第一节 刑罚的种类 ……………………………………………（364）
   第二节 管制 ……………………………………………………（365）
   第三节 拘役 ……………………………………………………（366）
   第四节 有期徒刑、无期徒刑 …………………………………（366）
   第五节 死刑 ……………………………………………………（366）
   第六节 罚金 ……………………………………………………（367）
   第七节 剥夺政治权利 …………………………………………（369）
   第八节 没收财产 ………………………………………………（371）
  第四章 刑罚的具体运用 ………………………………………（372）
   第一节 量刑 ……………………………………………………（375）
   第二节 累犯 ……………………………………………………（380）
   第三节 自首和立功 ……………………………………………（381）
   第四节 数罪并罚 ………………………………………………（399）

第五节　缓刑 …………………………………………………… (402)
第六节　减刑 …………………………………………………… (407)
第七节　假释 …………………………………………………… (417)
第八节　时效 …………………………………………………… (419)
第五章　其他规定 ……………………………………………… (422)
第二编　分则 …………………………………………………… (434)
第二章　危害公共安全罪 ……………………………………… (434)
第一百三十一条　重大飞行事故罪 …………………………… (434)
第一百三十二条　铁路运营安全事故罪 ……………………… (434)
第一百三十四条第一款　重大责任事故罪 …………………… (435)
####　　　　　　第二款　强令违章冒险作业罪 ………………… (435)
第一百三十五条　重大劳动安全事故罪 ……………………… (449)
第一百三十五条之一　大型群众性活动重大安全事故罪 …… (450)
第一百三十六条　危险物品肇事罪 …………………………… (451)
第一百三十七条　工程重大安全事故罪 ……………………… (451)
第一百三十八条　教育设施重大安全事故罪 ………………… (452)
第一百三十九条　消防责任事故罪 …………………………… (452)
第一百三十九条之一　不报、谎报安全事故罪 ……………… (453)
第三章　破坏社会主义市场经济秩序罪 ……………………… (456)
第三节　妨害对公司、企业的管理秩序罪 …………………… (456)
第一百六十三条第一款　非国家工作人员受贿罪 …………… (456)
####　　　　　　第三款　受贿罪 ………………………………… (456)
第一百六十四条第一款　对非国家工作人员行贿罪 ………… (459)
####　　　　　　第二款　对外国公职人员、国际公共组织官员行贿罪 …… (459)
第一百六十五条　非法经营同类营业罪 ……………………… (460)
第一百六十六条　为亲友非法牟利罪 ………………………… (460)
第一百六十七条　签订、履行合同失职被骗罪 ……………… (461)
第一百六十八条　国有公司、企业、事业单位人员失职罪　国有公司、企业、事业单位人员滥用职权罪 ………………………… (462)
第一百六十九条　徇私舞弊低价折股、出售国有资产罪 …… (464)
第一百六十九条之一　背信损害上市公司利益罪 …………… (466)
第四节　破坏金融管理秩序罪 ………………………………… (467)
第一百七十一条第二款　金融工作人员购买假币、以假币换取货币罪 …… (467)
第一百八十条第一款　内幕交易、泄露内幕信息罪 ………… (468)
####　　　　　　第四款　利用未公开信息交易罪 ……………… (468)

第一百八十一条第二款　诱骗投资者买卖证券、期货合约罪……………(475)
　　第一百八十三条第一款　职务侵占罪……………………………………(476)
　　　　　　　　　　第二款　贪污罪……………………………………………(476)
　　第一百八十四条第一款　非国家工作人员受贿罪………………………(476)
　　　　　　　　　　第二款　受贿罪……………………………………………(476)
　　第一百八十五条第一款　挪用资金罪………………………………………(476)
　　　　　　　　　　第二款　挪用公款罪………………………………………(476)
　　第一百八十五条之一第一款　背信运用受托财产罪………………………(477)
　　　　　　　　　　　　第二款　违法运用资金罪……………………………(477)
　　第一百八十六条　违法发放贷款罪……………………………………………(478)
　　第一百八十七条　吸收客户资金不入账罪……………………………………(479)
　　第一百八十八条　违规出具金融票证罪………………………………………(480)
　　第一百八十九条　对违法票据承兑、付款、保证罪…………………………(481)
　第八节　扰乱市场秩序罪…………………………………………………………(482)
　　第二百二十八条　非法转让、倒卖土地使用权罪……………………………(482)
第四章　侵犯公民人身权利、民主权利罪……………………………………………(483)
　　第二百五十一条　非法剥夺公民宗教信仰自由罪　侵犯少数民族风俗
　　　　　　　　　　习惯罪……………………………………………………………(483)
　　第二百五十三条第一款　私自开拆、隐匿、毁弃邮件、电报罪…………(483)
　　第二百五十四条　报复陷害罪…………………………………………………(483)
　　第二百五十五条　打击报复会计、统计人员罪………………………………(483)
　　第二百五十六条　破坏选举罪…………………………………………………(483)
第五章　侵犯财产罪………………………………………………………………………(484)
　　第二百七十一条第一款　职务侵占罪…………………………………………(484)
　　　　　　　　　　第二款　贪污罪……………………………………………(484)
　　第二百七十二条第一款　挪用资金罪…………………………………………(488)
　　　　　　　　　　第二款　挪用公款罪………………………………………(488)
　　第二百七十三条　挪用特定款物罪……………………………………………(491)
第六章　妨害社会管理秩序罪……………………………………………………………(492)
　第一节　扰乱公共秩序罪…………………………………………………………(492)
　　第三百零四条　故意延误投递邮件罪…………………………………………(492)
　第二节　妨害司法罪………………………………………………………………(492)
　　第三百零八条之一第一款　泄露不应公开的案件信息罪…………………(492)
　　　　　　　　　　　第三款　披露、报道不应公开的案件信息罪…………(492)
第七章　危害国防利益罪…………………………………………………………………(493)

第三百七十四条　接送不合格兵员罪……………………………（493）
第八章　贪污贿赂罪……………………………………………（493）
第三百八十二条　贪污罪……………………………………（501）
第三百八十三条　贪污罪的处罚……………………………（508）
第三百八十四条　挪用公款罪………………………………（522）
第三百八十五条　受贿罪……………………………………（535）
第三百八十六条　受贿罪的处罚……………………………（576）
第三百八十七条　单位受贿罪………………………………（578）
第三百八十八条　受贿罪……………………………………（580）
第三百八十八条之一　利用影响力受贿罪…………………（580）
第三百八十九条　行贿罪……………………………………（581）
第三百九十条　行贿罪的处罚………………………………（585）
第三百九十条之一　对有影响力的人行贿罪………………（593）
第三百九十一条　对单位行贿罪……………………………（593）
第三百九十二条　介绍贿赂罪………………………………（594）
第三百九十三条　单位行贿罪………………………………（595）
第三百九十四条　贪污罪……………………………………（596）
第三百九十五条第一款　巨额财产来源不明罪……………（596）
　　　　　　　　第二款　隐瞒境外存款罪…………………（596）
第三百九十六条第一款　私分国有资产罪…………………（597）
　　　　　　　　第二款　私分罚没财物罪…………………（597）
第九章　渎职罪……………………………………………………（597）
第三百九十七条　滥用职权罪　玩忽职守罪………………（611）
第三百九十八条　故意泄露国家秘密罪　过失泄露国家秘密罪…（623）
第三百九十九条第一款　徇私枉法罪………………………（625）
　　　　　　　　第二款　民事、行政枉法裁判罪…………（625）
　　　　　　　　第三款　执行判决、裁定失职罪　执行判决、裁定滥用
　　　　　　　　　　　　职权罪………………………………（625）
第三百九十九条之一　枉法仲裁罪…………………………（628）
第四百条第一款　私放在押人员罪…………………………（629）
　　　　第二款　失职致使在押人员脱逃罪…………………（629）
第四百零一条　徇私舞弊减刑、假释、暂予监外执行罪…………（630）
第四百零二条　徇私舞弊不移交刑事案件罪………………（631）
第四百零三条　滥用管理公司、证券职权罪………………（631）
第四百零四条　徇私舞弊不征、少征税款罪………………（632）

第四百零五条第一款　徇私舞弊发售发票、抵扣税款、出口退税罪 …………… (633)
　　　　　　　第二款　违法提供出口退税凭证罪 …………………………… (633)
第四百零六条　国家机关工作人员签订、履行合同失职被骗罪 …………… (634)
第四百零七条　违法发放林木采伐许可证罪 ………………………………… (634)
第四百零八条　环境监管失职罪 ……………………………………………… (635)
第四百零八条之一　食品、药品监管渎职罪 ………………………………… (637)
第四百零九条　传染病防治失职罪 …………………………………………… (638)
第四百一十条　非法批准征收、征用、占用土地罪　非法低价出让国有
　　　　　　　土地使用权罪 ………………………………………………… (640)
第四百一十一条　放纵走私罪 ………………………………………………… (644)
第四百一十二条第一款　商检徇私舞弊罪 …………………………………… (645)
　　　　　　　　第二款　商检失职罪 ……………………………………… (645)
第四百一十三条第一款　动植物检疫徇私舞弊罪 …………………………… (646)
　　　　　　　　第二款　动植物检疫失职罪 ……………………………… (646)
第四百一十四条　放纵制售伪劣商品犯罪行为罪 …………………………… (647)
第四百一十五条　办理偷越国(边)境人员出入境证件罪　放行偷越
　　　　　　　　国(边)境人员罪 …………………………………………… (647)
第四百一十六条第一款　不解救被拐卖、绑架妇女、儿童罪 ……………… (648)
　　　　　　　　第二款　阻碍解救被拐卖、绑架妇女、儿童罪 ………… (648)
第四百一十七条　帮助犯罪分子逃避处罚罪 ………………………………… (649)
第四百一十八条　招收公务员、学生徇私舞弊罪 …………………………… (649)
第四百一十九条　失职造成珍贵文物损毁、流失罪 ………………………… (650)

第五部分　职务犯罪案件典型判解指引与重点解释释义

一、《刑法·分则》第二章　危害公共安全罪 ………………………………… (652)

(一)重大劳动安全事故罪 ……………………………………………………… (652)

1. 主体要素的认定
　　宋某某等人重大责任事故案 …………………………………………… (652)
2. 行为要素、竞合关系的认定
　　尚知国等重大劳动安全事故、重大责任事故案 ……………………… (653)
3. 行为要素、罪质界限的认定
　　余某某等人重大劳动安全事故、重大责任事故案 …………………… (655)

(二)重大责任事故罪·····(657)

1. 行为要素的认定
夏某某等人重大责任事故案·····(657)

2. 因果关系与罪数认定
黄某某等人重大责任事故案·····(658)

二、《刑法·分则》第三章 破坏社会主义市场经济秩序罪·····(660)

(一)非国家工作人员受贿罪·····(660)

1. 主体要素的认定
高世银非国家工作人员受贿案·····(660)

2. 行为要素的认定
(1)周根强、朱江华非国家工作人员受贿案·····(661)

(2)朱思亮非国家工作人员受贿案·····(663)

(二)非法经营同类营业罪·····(664)

1. 主体要素的认定
吴小军非法经营同类营业案·····(664)

2. 行为要素的认定
杨文康非法经营同类营业案·····(666)

(三)签订、履行合同失职被骗罪·····(667)

主体与行为要素的认定
梁汉钊签订、履行合同失职被骗案·····(667)

(四)国有公司、企业人员滥用职权罪·····(669)

主体要素的认定
工商银行神木支行、童某等国有公司、企业人员滥用职权案·····(669)

(五)利用未公开信息交易罪·····(670)

情节要素的认定
马乐利用未公开信息交易案·····(670)

三、《刑法·分则》第五章　侵犯财产罪 ················ (672)

(一)职务侵占罪 ································ (672)

1. 主体要素的认定
   - (1)于庆伟职务侵占案 ······················· (672)
   - (2)赵玉生、张书安职务侵占案 ················· (673)
2. 利用职务便利要素的认定
   - 张珍贵、黄文章职务侵占案 ··················· (674)
3. 行为要素的认定
   - (1)钱银元贪污、职务侵占案 ··················· (675)
   - (2)曹建亮等职务侵占案 ······················ (676)

(二)挪用资金罪 ································ (678)

1. 主体要素的认定
   - 王江浩挪用资金案 ·························· (678)
2. 行为要素的认定
   - (1)刘顺新等挪用资金案 ······················ (679)
   - (2)陈焕林、杨茂浩挪用资金、贪污案 ············ (680)
   - (3)李毅挪用资金案 ·························· (682)
3. 数额要素与法定刑的认定
   - 曾齐长挪用资金案 ·························· (683)

四、《刑法·分则》第八章　贪污贿赂罪 ················ (684)

(一)贪污罪 ···································· (684)

1. 主体要素的认定
   - (1)严先贪污案 ····························· (684)
   - (2)李殿孝贪污案 ··························· (686)
   - (3)顾荣忠挪用公款、贪污案 ··················· (687)
   - (4)朱洪岩贪污案 ··························· (689)
2. 非法占有为目的的认定
   - 胡滋玮贪污案 ······························ (690)
3. 利用职务上的便利要素的认定
   - 杨延虎等贪污案 ···························· (692)
4. 行为要素的认定
   - (1)窦沛颖、冼晓玲贪污案 ····················· (694)

(2) 陈新贪污、挪用公款案 ……………………………………… (695)
   (3) 胡启能受贿、贪污案 …………………………………………… (697)
   (4) 阎怀民、钱玉芳贪污、受贿案 ………………………………… (698)
   (5) 王玉文贪污案 …………………………………………………… (700)
   (6) 赵亚明贪污案 …………………………………………………… (700)
   (7) 刘宝春贪污案 …………………………………………………… (701)
  5. 行为与数额要素的认定
   (1) 束兆龙贪污案 …………………………………………………… (703)
   (2) 王志杰贪污案 …………………………………………………… (704)
  6. 对象要素的认定
   (1) 尚荣多等贪污案 ………………………………………………… (705)
   (2) 陆建中贪污案 …………………………………………………… (706)
   (3) 吴常文贪污案 …………………………………………………… (708)
  7. 对象、数额要素的认定
   (1) 李国森贪污案 …………………………………………………… (709)
   (2) 周爱武、周晓贪污案 …………………………………………… (710)
   (3) 王雪龙贪污案 …………………………………………………… (711)
  8. 犯罪形态的认定
   (1) 于继红贪污案 …………………………………………………… (713)
   (2) 黄亚屏等贪污案 ………………………………………………… (714)
  9. 共犯形态的认定
   高建华、岳保生、张艳萍、许福成贪污案 ……………………… (716)

 (二) 挪用公款罪 ……………………………………………………… (718)
  1. 主体要素的认定
   (1) 马平华挪用公款案 ……………………………………………… (718)
   (2) 吴泽坚挪用公款案 ……………………………………………… (720)
  2. 利用职务上的便利要素的认定
   万国英受贿、挪用公款、巨额财产来源不明案 ………………… (721)
  3. 行为要素的认定
   (1) 马德君挪用公款案 ……………………………………………… (722)
   (2) 歹进学挪用公款案 ……………………………………………… (724)
   (3) 张威同挪用公款案 ……………………………………………… (725)
   (4) 梁某挪用公款案 ………………………………………………… (726)
  4. 对象要素的认定

　　　　杨永利挪用公款案 ……………………………………………………（728）
　　5. 谋取个人利益要素的认定
　　　　(1) 姚太文受贿、贪污、挪用公款案 …………………………………（729）
　　　　(2) 王成虎挪用公款案 …………………………………………………（730）
　　6. 自首的认定
　　　　刘某、姚某挪用公款案 …………………………………………………（731）

(三) 受贿罪 ………………………………………………………………………（733）
　　1. 主体要素的认定
　　　　(1) 丁利康受贿案 ………………………………………………………（733）
　　　　(2) 曹军受贿案 …………………………………………………………（734）
　　　　(3) 李万、唐自成受贿案 ………………………………………………（736）
　　　　(4) 陈凯旋受贿案 ………………………………………………………（737）
　　　　(5) 章国钧受贿案 ………………………………………………………（738）
　　2. 行为要素的认定
　　　　(1) 雷政富受贿案 ………………………………………………………（739）
　　　　(2) 陆某受贿案 …………………………………………………………（741）
　　　　(3) 胡伟富受贿案 ………………………………………………………（742）
　　　　(4) 吴六徕受贿案 ………………………………………………………（743）
　　　　(5) 张帆受贿案 …………………………………………………………（744）
　　　　(6) 李群受贿案 …………………………………………………………（746）
　　3. 行为与数额要素的认定
　　　　(1) 梁晓琦受贿案 ………………………………………………………（747）
　　　　(2) 潘玉梅、陈宁受贿案 ………………………………………………（749）
　　　　(3) 江建国受贿案 ………………………………………………………（750）
　　　　(4) 龚润源受贿案 ………………………………………………………（751）
　　　　(5) 毋保良受贿案 ………………………………………………………（753）
　　　　(6) 杨玉成受贿案 ………………………………………………………（754）
　　　　(7) 吴仕宝受贿案 ………………………………………………………（755）
　　　　(8) 寿永年受贿案 ………………………………………………………（756）
　　4. 主观要素、完成形态的认定
　　　　(1) 朱渭平受贿案 ………………………………………………………（757）
　　　　(2) 程绍志受贿案 ………………………………………………………（759）
　　5. 共犯形态的认定
　　　　(1) 成克杰受贿案 ………………………………………………………（760）

(2)周龙苗受贿案 ……………………………………………… (761)
　　　(3)倪毓民等受贿案 …………………………………………… (762)
　　　(4)罗菲受贿案 ………………………………………………… (764)
　　6.刑罚适用与追诉时效
　　　(1)李明辉受贿案 ……………………………………………… (765)
　　　(2)林少钦受贿案 ……………………………………………… (766)

(四)单位受贿罪 ………………………………………………………… (768)
　主体要素的认定
　　农民日报社陕西记者站单位受贿案 ……………………………… (768)

(五)利用影响力受贿罪 ………………………………………………… (769)
　主观要素的认定
　　王汉清受贿案 ……………………………………………………… (769)

(六)行贿罪 ……………………………………………………………… (771)
　谋取不正当利益要素的认定
　　袁珏行贿案 ………………………………………………………… (771)

(七)介绍贿赂罪 ………………………………………………………… (772)
　1.行为要素的认定
　　黄革雄受贿案 ……………………………………………………… (772)
　2.对象要素的认定
　　孙爱勤受贿、公司人员受贿案 …………………………………… (773)

(八)单位行贿罪 ………………………………………………………… (775)
　1.行为要素的认定
　　(1)北京天目创新科技有限公司单位行贿案 …………………… (775)
　　(2)被告单位成都主导科技有限责任公司、被告人王黎单位行贿案 …… (776)
　2.谋取不正当利益要素的认定
　　黄光裕、许钟民、国美电器有限公司、北京鹏润房地产开发有限责任公
　　　司单位行贿案 …………………………………………………… (777)

（九）私分国有资产罪 ……………………………………………（779）

1. 行为要素的认定
   - （1）张金康、夏琴私分国有资产案 ………………………（779）
   - （2）佟茂华、牛玉杰私分国有资产案 ………………………（780）
   - （3）林财私分国有资产案 …………………………………（781）
2. 行为与主观要素的认定
   - 李祖清、张杰军、刘玉梅贪污案 ……………………………（782）
3. 共犯形态的认定
   - 徐国桢私分国有资产案 ……………………………………（784）

五、《刑法·分则》第九章　渎职罪 ……………………………（785）

（一）滥用职权罪 ……………………………………………（785）

1. 主体要素的认定
   - （1）陈根明、林福娟、李德权滥用职权案 …………………（785）
   - （2）卢高春滥用职权案 ……………………………………（787）
2. 行为要素的认定
   - （1）王刚强、王鹏飞过失致人死亡案 ………………………（788）
   - （2）张群生滥用职权案 ……………………………………（789）
3. 重大损失的认定
   - （1）杨德林滥用职权、受贿案 ………………………………（791）
   - （2）罗建华等滥用职权案 …………………………………（792）
4. 因果关系的认定
   - 包智安受贿、滥用职权案 …………………………………（793）
5. 罪数的认定
   - 黄德林受贿、滥用职权案 …………………………………（794）

（二）玩忽职守罪 ……………………………………………（796）

1. 因果关系的认定
   - （1）龚晓玩忽职守案 ………………………………………（796）
   - （2）杨周武玩忽职守、徇私枉法、受贿案 …………………（797）
2. 溯及力的认定
   - 林世元受贿、玩忽职守案 …………………………………（799）

（三）故意泄露国家秘密罪 (802)

行为要素的认定

李宝安等故意泄露国家秘密案 (802)

（四）枉法仲裁罪 (804)

行为要素的认定

曾德明枉法仲裁案 (804)

（五）国家机关工作人员签订、履行合同失职被骗罪 (805)

行为要素的认定

王琦筠等国家机关工作人员签订、履行合同失职被骗案 (805)

（六）环境监管失职罪 (806)

主体要素的认定

崔建国环境监管失职案 (806)

（七）食品、药品监管渎职罪 (808)

罪数的认定

（1）黎达文等人受贿、食品监管渎职案 (808)

（2）赛跃、韩成武食品监管渎职案 (809)

（八）传染病防治失职案 (811)

行为要素的认定

黎善文传染病防治失职案 (811)

（九）帮助犯罪分子逃避处罚罪 (812)

主体要素的认定

（1）李刚、张鹏帮助犯罪分子逃避处罚案 (812)

（2）潘楠博帮助犯罪分子逃避处罚、受贿案 (813)

职务犯罪重要立法、司法解释的理解与适用参考文献 (815)

（一）立法解释 (815)

（二）司法解释 (815)

第一部分　职务违纪案件查处的党内法规及规范性文件

1. 中国共产党章程

（中国共产党第二十次全国代表大会部分修改，
2022年10月22日通过）

总　　纲

中国共产党是中国工人阶级的先锋队，同时是中国人民和中华民族的先锋队，是中国特色社会主义事业的领导核心，代表中国先进生产力的发展要求，代表中国先进文化的前进方向，代表中国最广大人民的根本利益。党的最高理想和最终目标是实现共产主义。

中国共产党以马克思列宁主义、毛泽东思想、邓小平理论、"三个代表"重要思想、科学发展观、习近平新时代中国特色社会主义思想作为自己的行动指南。

马克思列宁主义揭示了人类社会历史发展的规律，它的基本原理是正确的，具有强大的生命力。中国共产党人追求的共产主义最高理想，只有在社会主义社会充分发展和高度发达的基础上才能实现。社会主义制度的发展和完善是一个长期的历史过程。坚持马克思列宁主义的基本原理，走中国人民自愿选择的适合中国国情的道路，中国的社会主义事业必将取得最终的胜利。

以毛泽东同志为主要代表的中国共产党人，把马克思列宁主义的基本原理同中国革命的具体实践结合起来，创立了毛泽东思想。毛泽东思想是马克思列宁主义在中国的运用和发展，是被实践证明了的关于中国革命和建设的正确的理论原则和经验总结，是中国共产党集体智慧的结晶。在毛泽东思想指引下，中国共产党领导全国各族人民，经过长期的反对帝国主义、封建主义、官僚资本主义的革命斗争，取得了新民主主义革命的胜利，建立了人民民主专政的中华人民共和国；新中国成立以后，顺利地进行了社会主义改造，完成了从新民主主义到社会主义的过渡，确立了社会主义基本制度，发展了社会主义的经济、政治和文化。

十一届三中全会以来，以邓小平同志为主要代表的中国共产党人，总结新中国成立以来正反两方面的经验，解放思想，实事求是，实现全党工作中心向经济建设的转移，实行改革开放，开辟了社会主义事业发展的新时期，逐步形成了建设中国特色社会主义的路线、方针、政策，阐明了在中国建设社会主义、巩固和发展社会主义的基本问题，创立了邓小平理论。邓小平理论是马克思列宁主义的基本原理同当代中国实践和时代特征相结合的产物，是毛泽东思想在新的历史条件下的继承和发展，是马克思主义在中国发展的新阶段，是当代中国的马克思主义，是中国共产党集体智慧的结晶，引导着我国社会主义现代化事业不断前进。

十三届四中全会以来，以江泽民同志为主要代表的中国共产党人，在建设中国特色社会主义的实践中，加深了对什么是社会主义、怎样建设社会主义和建设什么样的党、怎样建设党的认识，积累了治党治国新的宝贵经验，形成了"三个代表"重要思想。"三个代表"重要思想是对马克思列宁主义、毛泽东思想、邓小平理论的继承和发展，反映了当代世界和中国的发展变化对党和国家工作的新要求，是加强和改进党的建设、推进我国社会主义自我完善和发展的强大理论武器，是中国共产党集体智慧的结晶，是党必须长期坚持的指导思想。始终做到"三个代表"，是我们党的立党之本、执政之基、力量之源。

十六大以来，以胡锦涛同志为主要代表的中国共产党人，坚持以邓小平理论和"三个代表"重要思想为指导，根据新的发展要求，深刻认识和回答了新形势下实现什么样的发展、怎样发展等重大问题，形成了以人为本、全面协调可持续发展的科学发展观。科学发展观是同马克思列宁主义、毛泽东思想、邓小平理论、"三个代表"重要思想既一脉相承又与时俱进的科学理论，是马克思主义关于发展的世界观和方法论的集中体现，是马克思主义中国化重大成果，是中国共产党集体智慧的结晶，是发展中国特色社会主义必须长期坚持的指导思想。

十八大以来，以习近平同志为主要代表的中国共产党人，坚持把马克思主义基本原理同中国具体实际相结合、同中华优秀传统文化相结合，科学回答了新时代坚持和发展什么样的中国特色社会主义、怎样坚持和发展中国特色社会主义等重大时代课题，创立了习近平新时代中国特色社会主义思想。习近平新时代中国特色社会主义思想是对马克思列宁主义、毛泽东思想、邓小平理论、"三个代表"重要思想、科学发展观的继承和发展，是当代中国马克思主义、二十一世纪马克思主义，是中华文化和中国精神的时代精华，是党和人民实践经验和集体智慧的结晶，是中国特色社会主义理论体系的重要组成部分，是全党全国人民为实现中华民族伟大复兴而奋斗的行动指南，必须长期坚持并不断发展。在习近平新时代中国特色社会主义思想指导下，中国共产党领导全国各族人民，统揽伟大斗争、伟大工程、伟大事业、伟大梦想，推动中国特色社会主义进入了新时代，实现第一个百年奋斗目标，开启了实现第二个百年奋斗目标新征程。

改革开放以来我们取得一切成绩和进步的根本原因，归结起来就是：开辟了中国特色社会主义道路，形成了中国特色社会主义理论体系，确立了中国特色社会主义制度，发展了中国特色社会主义文化。全党同志要倍加珍惜、长期坚持和不断发展党历经艰辛开创的这条道路、这个理论体系、这个制度、这个文化，高举中国特色社会主义伟大旗帜，坚定道路自信、理论自信、制度自信、文化自信，发扬斗争精神，增强斗争本领，贯彻党的基本理论、基本路线、基本方略，为实现推进现代化建设、完成祖国统一、维护世界和平与促进共同发展这三大历史任务，实现第二个百年奋斗目标、实现中华民族伟大复兴的中国梦而奋斗。

中国共产党自成立以来，始终把为中国人民谋幸福、为中华民族谋复兴作为自己的初心使命，历经百年奋斗，从根本上改变了中国人民的前途命运，开辟了实现中华民族伟大复兴的正确道路，展示了马克思主义的强大生命力，深刻影响了世界历史进程，锻造了走在时代前列的中国共产党。经过长期实践，积累了坚持党的领导、坚持人民至上、坚持理论创新、坚持独立自主、坚持中国道路、坚持胸怀天下、坚持开拓创新、坚持敢于斗争、坚持统一战线、坚持自我革命的宝贵历史经验，这是党和人民共同创造的精神财富，必须倍加珍惜、长期坚持，并在实践中不断丰富和发展。

我国正处于并将长期处于社会主义初级阶段。这是在原本经济文化落后的中国建设社会主义现代化不可逾越的历史阶段，需要上百年的时间。我国的社会主义建设，必须从我国的国情出发，走中国特色社会主义道路，以中国式现代化全面推进中华民族伟大复兴。在现阶段，我国社会的主要矛盾是人民日益增长的美好生活需要和不平衡不充分的发展之间的矛盾。由于国内的因素和国际的影响，阶级斗争还在一定范围内长期存在，在某种条件下还有可能激化，但已经不是主要矛盾。我国社会主义建设的根本任务，是进一步解放生产力，发展生产力，逐步实现社会主义现代化，并且为此而改革生产关系和上层建筑中不适应生产力发展的方面和环节。必须坚持和完善公有制为主体、多种所有制经济共同发展，按劳分配为主体、多种分配方式并存，社会主义市场经济体制等基本经济制度，鼓励一部分地区和一部分人先富起来，逐步实现全体人民共同富裕，在生产发展和社会财富增长的基础上不断满足人民日益增长的美好生活需要，促进人的全面发展。发展是我们党执政兴国的第一要务。必须坚持以人民为中心的发展思想，把握新发展阶段，贯彻创新、协调、绿色、开放、共享的新发展理念，加快构建以国内大循环为主体、国内国际双循环相互促进的新发展格局，推动高质量发展。各项工作都要把有利于发展社会主义社会的生产力，有利于增强社会主义国家的综合国力，有利于提高人民的生活水平，作为总的出发点和检验标准，尊重劳动、尊重知识、尊重人才、尊重创造，做到发展为了人民、发展依靠人民、发展成果由人民共享。必须按照中国特色社会主义事业"五位一体"总体布局和"四个全面"战略布局，统筹推进经济建设、政治建设、文化建设、社会建设、生态文明建设,协调推进全面建设社会主义现代化国家、全面深化改革、全面依法治国、全面从严治党。新时代新征程,经济和社会发展的战略目标是,到二〇三五年基本实现社会主义现代化,到本世纪中叶把我国建成社会主义现代化强国。

中国共产党在社会主义初级阶段的基本路线是:领导和团结全国各族人民,以经济建设为中心,坚持四项基本原则,坚持改革开放,自力更生,艰苦创业,为把我国建设成为富强民主文明和谐美丽的社会主义现代化强国而奋斗。

中国共产党在领导社会主义事业中,必须坚持以经济建设为中心,其他各项工作都服从和服务于这个中心。要实施科教兴国战略、人才强国战略、创新驱动发展战略、乡村振兴战略、区域协调发展战略、可持续发展战略、军民融合发展战略,充分发挥科学技术作为第一生产力的作用,充分发挥人才作为第一资源的作用,充分发挥创新作为引领发展第一动力的作用,依靠科技进步,提高劳动者素质,促进国民经济更高质量、更有效率、更加公平、更可持续、更为安全发展。

坚持社会主义道路、坚持人民民主专政、坚持中国共产党的领导、坚持马克思列宁主义毛泽东思想这四项基本原则,是我们的立国之本。在社会主义现代化建设的整个过程中,必须坚持四项基本原则,反对资产阶级自由化。

坚持改革开放,是我们的强国之路。只有改革开放,才能发展中国、发展社会主义、发展马克思主义。要全面深化改革,完善和发展中国特色社会主义制度,推进国家治理体系和治理能力现代化。要从根本上改革束缚生产力发展的经济体制,坚持和完善社会主义市场经济体制;与此相适应,要进行政治体制改革和其他领域的改革。要坚持对外开放的基本国策,吸收和借鉴人类社会创造的一切文明成果。改革开放应当大胆探索,勇于开拓,提高改革决策的科学性,更加注重改革的系统性、整体性、协同性,在实践中开创新路。

中国共产党领导人民发展社会主义市场经济。毫不动摇地巩固和发展公有制经济,毫不动摇地鼓励、支持、引导非公有制经济发展。发挥市场在资源配置中的决定性作用,更好发挥政府作用,建立完善的宏观调控体系。统筹城乡发展、区域发展、经济社会发展、人与自然和谐发展、国内发展和对外开放,调整经济结构,转变经济发展方式,推进供给侧结构性改革。促进新型工业化、信息化、城镇化、农业现代化同步发展,建设社会主义新农村,走中国特色新型工业化道路,建设创新型国家和世界科技强国。

中国共产党领导人民发展社会主义民主政治。坚持党的领导、人民当家作主、依法治国有机统一,走中国特色社会主义政治发展道路、中国特色社会主义法治道路,扩大社会主义民主,建设中国特色社会主义法治体系,建设社会主义法治国家,巩固人民民主专政,建设社会主义政治文明。坚持和完善人民代表大会制度、中国共产党领导的多党合作和政治协商制度、民族区域自治制度以及基层群众自治制度。发展更加广泛、更加充分、更加健全的全过程人民民主,推进协商民主广泛多层制度化发展,切实保障人民管理国家事务和社会事务、管理经济和文化事业的权利。尊重和保障人权。广开言路,建立健全民主选举、民主协商、民主决策、民主管理、民主监督的制度和程序。完善中国特色社会主义法律体系,加强法律实施工作,实现国家各项工作法治化。

中国共产党领导人民发展社会主义先进文化。建设社会主义精神文明,实行依法治国和以德治国相结合,提高全民族的思想道德素质和科学文化素质,为改革开放和社会主义现代化建设提供强大的思想保证、精神动力和智力支持,建设社会主义文化强国。加强社会主义核心价值体系建设,坚持马克思主义指导思想,树立中国特色社会主义共同理想,弘扬以爱国主义为核心的民族精神和以改革创新为核心的时代精神,培育和践行社会主义核心价值观,倡导社会主义荣辱观,增强民族自尊、自信和自强精神,抵御资本主义和封建主义腐朽思想的侵蚀,扫除各种社会丑恶现象,努力使我国人民成为有理想、有道德、有文化、有纪律的人民。对党员要进行共产主义远大理想教育。大力发展教育、科学、文化事业,推动中华优秀传统文化创造性转化、创新性发展,继承革命文化,发展社会主义先进文化,提高国家文化软实力。牢牢掌握意识形态工作领导权,不断巩固马克思主义在意识形态领域的指导地位,巩固全党全国人民团结奋斗的共同思想基础。

中国共产党领导人民构建社会主义和谐社会。按照民主法治、公平正义、诚信友爱、充满活力、安定有序、人与自然和谐相处的总要求和共同建设、共同享有的原则,以保障和改善民生为重点,解决好人民最关心、最直接、最现实的利益问题,使发展成果更多更公平惠及全体人民,不断增强人民群众获得感,努力形成全体人民各尽其能、各得其所而又和谐相处的局面。加强和创新社会治理。严格区分和正确处理敌我矛盾和人民内部矛盾这两类不同性质的矛盾。加强社会治安综合治理,依法坚决打击各种危害国家安全和利益、危害社会稳定和经济发展的犯罪活动和犯罪分子,保持社会长期稳定。坚持总体国家安全观,统筹发展和安全,坚决维护国家主权、安全、发展利益。

中国共产党领导人民建设社会主义生态文明。树立尊重自然、顺应自然、保护自然的生态文明理念,增强绿水青山就是金山银山的意识,坚持节约资源和保护环境的基本国策,坚持节约优先、保护优先、自然恢复为主的方针,坚持生产发展、生活富裕、生态良好的文明发展道路。着力建设资源节约型、环境友好型社会,实行最严格的生态环境保护制度,形成节约资源和保护环境的空间格局、产业结构、生产方式、生活方式,为人民创造良好生产生活环境,实现中华民族永续发展。

中国共产党坚持对人民解放军和其他人民武装力量的绝对领导,贯彻习近平强军思想,加强人民解放军的建设,坚持政治建军、改革强军、科技强军、人才强军、依法治军,建设一支听党指挥、能打胜仗、作风优良的人民军队,把人民军队建设成为世界一流军队,切实保证人民解放军有效履行新时代军队使命任务,充分发挥人民解放军在巩固国防、保卫祖国和参加社会主义现代化建设中的作用。

中国共产党维护和发展平等团结互助和谐的社会主义民族关系,积极培养、选拔少数民族干部,帮助少数民族和民族地区发展经济、文化和社会事业,铸牢中华民族共同体意识,实现各民族共同团结奋斗、共同繁荣发展。全面贯彻党的宗教工作基本方针,团结信教群众为经济社会发展作贡献。

中国共产党同全国各民族工人、农民、知识分子团结在一起,同各民主党派、无党派人士、各民族的爱国力量团结在一起,进一步发展和壮大由全体社会主义劳动者、社会主义事业的建设者、拥护社会主义的爱国者、拥护祖国统一和致力于中华民族伟大复兴的爱国者组成的最广泛的爱国统一战线。不断加强全国人民包括香港特别行政区同胞、澳门特别行政区同胞、台湾同胞和海外侨胞的团结。全面准确、坚定不移贯彻"一个国家、两种制度"的方针,促进香港、澳门长期繁荣稳定,坚决反对和遏制"台独",完成祖国统一大业。

中国共产党坚持独立自主的和平外交政策,坚持和平发展道路,坚持互利共赢的开放战略,统筹国内国际两个大局,积极发展对外关系,努力为我国的改革开放和现代化建设争取有利的国际环境。在国际事务中,弘扬和平、发展、公平、正义、民主、自由的全人类共同价值,坚持正确义利观,维护我国的独立和主权,反对霸权主义和强权政治,维护世界和平,促进人类进步,推动构建人类命运共同体,推动建设持久和平、普遍安全、共同繁荣、开放包容、清洁美丽的世界。在互相尊重主权和领土完整、互不侵犯、互不干涉内政、平等互利、和平共处五项原则的基础上,发展我国同世界各国的关系。不断发展我国同周边国家的睦邻友好关系,加强同发展中国家的团结与合作。遵循共商共建共享原则,推进"一带一路"建设。按照独立自主、完全平等、互相尊重、互不干涉内部事务的原则,发展我党同各国共产党和其他政党的关系。

中国共产党要领导全国各族人民实现第二个百年奋斗目标、实现中华民族伟大复兴的中国梦,必须紧密围绕党的基本路线,坚持和加强党的全面领导,坚持党要管党、全面从严治党,弘扬坚持真理、坚守理想,践行初心、担当使命,不怕牺牲、英勇斗争,对党忠诚、不负人民的伟大建党精神,加强党的长期执政能力建设、先进性和纯洁性建设,以改革创新精神全面推进党的建设新的伟大工程,以党的政治建设为统领,全面推进党的政治建设、思想建设、组织建设、作风建设、纪律建设,把制度建设贯穿其中,深入推进反腐败斗争,全面提高党的建设科学化水平,以伟大自我革命引领伟大社会革命。坚持立党为公、执政为民,发扬党的优良传统和作风,不断提高党的领导水平和执政水平,提高拒腐防变和抵御风险的能力,不断增强自我净化、自我完善、自我革新、自我提高能力,不断增强党的阶级基础和扩大党的群众基础,不断提高党的创造力、凝聚力、战斗力,建设学习型、服务型、创新型的马克思主义执政党,使我们党始终走在时代前列,成为领导全国人民沿着中国特色社会主义道路不断前进的坚强核心。党的建设必须坚决实现以下六项基本要求:

第一,坚持党的基本路线。全党要用邓小平理论、"三个代表"重要思想、科学发展观、习近平新时代中国特色社会主义思想和党的基本路线统一思想,统一行动,并且毫不动摇地长期坚持下去。必须把改革开放同四项基本原则统一起来,全面落实党的基本路线,反对一切"左"的和右的错误倾向,要警惕右,但主要是防止"左"。必须提高政治判断力、政治领悟力、政治执行力,增强贯彻落实党的理论和路线方针政策的自觉性和坚定性。

第二,坚持解放思想,实事求是,与时俱进,求真务实。党的思想路线是一切从实际出发,理论联系实际,实事求是,在实践中检验真理和发展真理。全党必须坚持这条思想路线,积极探索,大胆试验,开拓创新,创造性地开展工作,不断研究新情况,总结新经验,解决新问题,在实践中丰富和发展马克思主义,推进马克思主义中国化时代化。

第三,坚持新时代党的组织路线。全面贯彻习近平新时代中国特色社会主义思想,以组织体系建设为重点,着力培养忠诚干净担当的高素质干部,着力集聚爱国奉献的各方面优秀人才,坚持德才兼备、以德为先、任人唯贤,为坚持和加强党的全面领导、坚持和发展中国特色社会主义提供坚强组织保证。全党必须增强党组织的政治功能和组织功能,培养选拔党和人民需要的好干部,培养和造就大批堪当时代重任的社会主义事业接班人,聚天下英才而用之,从组织上保证党的基本理论、基本路线、基本方略的贯彻落实。

第四,坚持全心全意为人民服务。党除了工人阶级和最广大人民群众的利益,没有自己特殊的利益。党在任何时候都把群众利益放在第一位,同群众同甘共苦,保持最密切的联系,坚持权为民所用、情为民所系、利为民所谋,不允许任何党员脱离群众,凌驾于群众之上。我们党的最大政治优势是密切联系群众,党执政后的最大危险是脱离群众。党风问题、党同人民群众联系问题是关系党生死存亡的问题。党在自己的工作中实行群众路线,一切为了群众,一切依靠群众,从群众中来,到群众中去,把党的正确主张变为群众的自觉行动。

第五,坚持民主集中制。民主集中制是民主基础上的集中和集中指导下的民主相结合。它既是党的根本组织原则,也是群众路线在党的生活中的运用。必须充分发扬党内民主,尊重党员主体地位,保障党员民主权利,发挥各级党组织和广大党员的积极性创造性。必须实行正确的集中,牢固树立政治意识、大局意识、核心意识、看齐意识,坚定维护以习近平同志为核心的党中央权威和集中统一领导,保证全党的团结统一和行动一致,保证党的决定得到迅速有效的贯彻执行。加强和规范党内政治生活,增强党内政治生活的政治性、时代性、原则性、战斗性,发展积极健康的党内政治文化,营造风清气正的良好政治生态。党在自己的政治生活中正确地开展批评和自我批评,在原则问题上进行思想斗争,坚持真理,修正错误。努力造成又有集中又有民主,又有纪律又有自由,又有统一意志又有个人心情舒畅生动活泼的政治局面。

第六,坚持从严管党治党。全面从严治党永远在路上,党的自我革命永远在路上。新形势下,党面临的执政考验、改革开放考验、市场经济考验、外部环境考验是长期的、复杂的、严峻的,精神懈怠危险、能力不足危险、脱离群众危险、消极腐败危险更加尖锐地摆在全党面前。要把严的标准、严的措施贯穿于管党治党全过程和各方面。坚持依规治党、标本兼治,不断健全党内法规体系,坚持把纪律挺在前面,加强组织性纪律性,在党的纪律面前人人平等。强化全面从严治党主体责任和监督责任,加强对党的领导机关和党员领导干部特别是主要领导干部的监督,不断完善党内监督体系。深入推进党风廉政建设和反腐败斗争,以零容忍态度惩治腐败,一体推进不敢腐、不能腐、不想腐。

中国共产党的领导是中国特色社会主义最本质的特征,是中国特色社会主义制度的最大优势,党是最高政治领导力量。党政军民学,东西南北中,党是领导一切的。党要适应改革开放和社会主义现代化建设的要求,坚持科学执政、民主执政、依法执政,加强和改善党的领导。党必须按照总揽全局、协调各方的原则,在同级各种组织中发挥领导核心作用。党必须集中精力领导经济建设,组织、协调各方面的力量,同心协力,围绕经济建设开展工作,促进经济社会全面发展。党必须实行民主的科学的决策,制定和执行正确的路线、方针、政策,做好党的组织工作和宣传教育工作,发挥全体党员的先锋模范作用。党必须在宪法和法律的范围内活动。党必须保证国家的立法、司法、行政、监察机关,经济、文化组织和人民团体积极主动地、独立负责地、协调一致地工作。党必须加强对工会、共产主义青年团、妇女联合会等群团组织的领导,使它们保持和增强政治性、先进性、群众性,充分发挥作用。党必须适应形势的发展和情况的变化,完善领导体制,改进领导方式,增强执政能力。共产党员必须同党外群众亲密合作,共同为建设中国特色社会主义而奋斗。

第一章 党　　员

第一条 年满十八岁的中国工人、农民、军人、知识分子和其他社会阶层的先进分子,承认党的纲领和章程,愿意参加党的一个组织并在其中积极工作、执行党的决议和按期交纳党费的,可以申请加入中国共产党。

第二条 中国共产党党员是中国工人阶级的有共产主义觉悟的先锋战士。

中国共产党党员必须全心全意为人民服务,不惜牺牲个人的一切,为实现共产主义奋斗终身。

中国共产党党员永远是劳动人民的普通一员。除了法律和政策规定范围内的个人利益和工作职权以外,所有共产党员都不得谋求任何私利和特权。

第三条 党员必须履行下列义务：

（一）认真学习马克思列宁主义、毛泽东思想、邓小平理论、"三个代表"重要思想、科学发展观、习近平新时代中国特色社会主义思想，学习党的路线、方针、政策和决议，学习党的基本知识和党的历史，学习科学、文化、法律和业务知识，努力提高为人民服务的本领。

（二）增强"四个意识"、坚定"四个自信"、做到"两个维护"，贯彻执行党的基本路线和各项方针、政策，带头参加改革开放和社会主义现代化建设，带动群众为经济发展和社会进步艰苦奋斗，在生产、工作、学习和社会生活中起先锋模范作用。

（三）坚持党和人民的利益高于一切，个人利益服从党和人民的利益，吃苦在前，享受在后，克己奉公，多做贡献。

（四）自觉遵守党的纪律，首先是党的政治纪律和政治规矩，模范遵守国家的法律法规，严格保守党和国家的秘密，执行党的决定，服从组织分配，积极完成党的任务。

（五）维护党的团结和统一，对党忠诚老实，言行一致，坚决反对一切派别组织和小集团活动，反对阳奉阴违的两面派行为和一切阴谋诡计。

（六）切实开展批评和自我批评，勇于揭露和纠正违反党的原则的言行和工作中的缺点、错误，坚决同消极腐败现象作斗争。

（七）密切联系群众，向群众宣传党的主张，遇事同群众商量，及时向党反映群众的意见和要求，维护群众的正当利益。

（八）发扬社会主义新风尚，带头实践社会主义核心价值观和社会主义荣辱观，提倡共产主义道德，弘扬中华民族传统美德，为了保护国家和人民的利益，在一切困难和危险的时刻挺身而出，英勇斗争，不怕牺牲。

第四条 党员享有下列权利：

（一）参加党的有关会议，阅读党的有关文件，接受党的教育和培训。

（二）在党的会议上和党报党刊上，参加关于党的政策问题的讨论。

（三）对党的工作提出建议和倡议。

（四）在党的会议上有根据地批评党的任何组织和任何党员，向党负责地揭发、检举党的任何组织和任何党员违法乱纪的事实，要求处分违法乱纪的党员，要求罢免或撤换不称职的干部。

（五）行使表决权、选举权，有被选举权。

（六）在党组织讨论决定对党员的党纪处分或作出鉴定时，本人有权参加和进行申辩，其他党员可以为他作证和辩护。

（七）对党的决议和政策如有不同意见，在坚决执行的前提下，可以声明保留，并且可以把自己的意见向党的上级组织直至中央提出。

（八）向党的上级组织直至中央提出请求、申诉和控告，并要求有关组织给以负责的答复。

党的任何一级组织直至中央都无权剥夺党员的上述权利。

第五条 发展党员,必须把政治标准放在首位,经过党的支部,坚持个别吸收的原则。

申请入党的人,要填写入党志愿书,要有两名正式党员作介绍人,要经过支部大会通过和上级党组织批准,并且经过预备期的考察,才能成为正式党员。

介绍人要认真了解申请人的思想、品质、经历和工作表现,向他解释党的纲领和党的章程,说明党员的条件、义务和权利,并向党组织作出负责的报告。

党的支部委员会对申请入党的人,要注意征求党内外有关群众的意见,进行严格的审查,认为合格后再提交支部大会讨论。

上级党组织在批准申请人入党以前,要派人同他谈话,作进一步的了解,并帮助他提高对党的认识。

在特殊情况下,党的中央和省、自治区、直辖市委员会可以直接接收党员。

第六条 预备党员必须面向党旗进行入党宣誓。誓词如下:我志愿加入中国共产党,拥护党的纲领,遵守党的章程,履行党员义务,执行党的决定,严守党的纪律,保守党的秘密,对党忠诚,积极工作,为共产主义奋斗终身,随时准备为党和人民牺牲一切,永不叛党。

第七条 预备党员的预备期为一年。党组织对预备党员应当认真教育和考察。

预备党员的义务同正式党员一样。预备党员的权利,除了没有表决权、选举权和被选举权以外,也同正式党员一样。

预备党员预备期满,党的支部应当及时讨论他能否转为正式党员。认真履行党员义务,具备党员条件的,应当按期转为正式党员;需要继续考察和教育的,可以延长预备期,但不能超过一年;不履行党员义务,不具备党员条件的,应当取消预备党员资格。预备党员转为正式党员,或延长预备期,或取消预备党员资格,都应当经支部大会讨论通过和上级党组织批准。

预备党员的预备期,从支部大会通过他为预备党员之日算起。党员的党龄,从预备期满转为正式党员之日算起。

第八条 每个党员,不论职务高低,都必须编入党的一个支部、小组或其他特定组织,参加党的组织生活,接受党内外群众的监督。党员领导干部还必须参加党委、党组的民主生活会。不允许有任何不参加党的组织生活、不接受党内外群众监督的特殊党员。

第九条 党员有退党的自由。党员要求退党,应当经支部大会讨论后宣布除名,并报上级党组织备案。

党员缺乏革命意志,不履行党员义务,不符合党员条件,党的支部应当对他进行教育,要求他限期改正;经教育仍无转变的,应当劝他退党。劝党员退党,应当经支部大会讨论决定,并报上级党组织批准。如被劝告退党的党员坚持不退,应当提交支部大会讨论,决定把他除名,并报上级党组织批准。

党员如果没有正当理由,连续六个月不参加党的组织生活,或不交纳党费,或不做党所分配的工作,就被认为是自行脱党。支部大会应当决定把这样的党员除名,并报上级党组织批准。

第二章 党的组织制度

第十条 党是根据自己的纲领和章程,按照民主集中制组织起来的统一整体。党的民主集中制的基本原则是:

(一)党员个人服从党的组织,少数服从多数,下级组织服从上级组织,全党各个组织和全体党员服从党的全国代表大会和中央委员会。

(二)党的各级领导机关,除它们派出的代表机关和在非党组织中的党组外,都由选举产生。

(三)党的最高领导机关,是党的全国代表大会和它所产生的中央委员会。党的地方各级领导机关,是党的地方各级代表大会和它们所产生的委员会。党的各级委员会向同级的代表大会负责并报告工作。

(四)党的上级组织要经常听取下级组织和党员群众的意见,及时解决他们提出的问题。党的下级组织既要向上级组织请示和报告工作,又要独立负责地解决自己职责范围内的问题。上下级组织之间要互通情报、互相支持和互相监督。党的各级组织要按规定实行党务公开,使党员对党内事务有更多的了解和参与。

(五)党的各级委员会实行集体领导和个人分工负责相结合的制度。凡属重大问题都要按照集体领导、民主集中、个别酝酿、会议决定的原则,由党的委员会集体讨论,作出决定;委员会成员要根据集体的决定和分工,切实履行自己的职责。

(六)党禁止任何形式的个人崇拜。要保证党的领导人的活动处于党和人民的监督之下,同时维护一切代表党和人民利益的领导人的威信。

第十一条 党的各级代表大会的代表和委员会的产生,要体现选举人的意志。选举采用无记名投票的方式。候选人名单要由党组织和选举人充分酝酿讨论。可以直接采用候选人数多于应选人数的差额选举办法进行正式选举。也可以先采用差额选举办法进行预选,产生候选人名单,然后进行正式选举。选举人有了解候选人情况、要求改变候选人、不选任何一个候选人和另选他人的权利。任何组织和个人不得以任何方式强迫选举人选举或不选举某个人。

党的地方各级代表大会和基层代表大会的选举,如果发生违反党章的情况,上一级党的委员会在调查核实后,应作出选举无效和采取相应措施的决定,并报再上一级党的委员会审查批准,正式宣布执行。

党的各级代表大会代表实行任期制。

第十二条 党的中央和地方各级委员会在必要时召集代表会议,讨论和决定需要及时解决的重大问题。代表会议代表的名额和产生办法,由召集代表会议的委员会决定。

第十三条 凡是成立党的新组织,或是撤销党的原有组织,必须由上级党组织决定。

在党的地方各级代表大会和基层代表大会闭会期间,上级党的组织认为有必要时,可以调动或者指派下级党组织的负责人。

党的中央和地方各级委员会可以派出代表机关。

第十四条 党的中央和省、自治区、直辖市委员会实行巡视制度,在一届任期内,对所管理的地方、部门、企事业单位党组织实现巡视全覆盖。

中央有关部委和国家机关部门党组(党委)根据工作需要,开展巡视工作。

党的市(地、州、盟)和县(市、区、旗)委员会建立巡察制度。

第十五条 党的各级领导机关,对同下级组织有关的重要问题作出决定时,在通常情况下,要征求下级组织的意见。要保证下级组织能够正常行使他们的职权。凡属应由下级组织处理的问题,如无特殊情况,上级领导机关不要干预。

第十六条 有关全国性的重大政策问题,只有党中央有权作出决定,各部门、各地方的党组织可以向中央提出建议,但不得擅自作出决定和对外发表主张。

党的下级组织必须坚决执行上级组织的决定。下级组织如果认为上级组织的决定不符合本地区、本部门的实际情况,可以请求改变;如果上级组织坚持原决定,下级组织必须执行,并不得公开发表不同意见,但有权向再上一级组织报告。

党的各级组织的报刊和其他宣传工具,必须宣传党的路线、方针、政策和决议。

第十七条 党组织讨论决定问题,必须执行少数服从多数的原则。决定重要问题,要进行表决。对于少数人的不同意见,应当认真考虑。如对重要问题发生争论,双方人数接近,除了在紧急情况下必须按多数意见执行外,应当暂缓作出决定,进一步调查研究,交换意见,下次再表决;在特殊情况下,也可将争论情况向上级组织报告,请求裁决。

党员个人代表党组织发表重要主张,如果超出党组织已有决定的范围,必须提交所在的党组织讨论决定,或向上级党组织请示。任何党员不论职务高低,都不能个人决定重大问题;如遇紧急情况,必须由个人作出决定时,事后要迅速向党组织报告。不允许任何领导人实行个人专断和把个人凌驾于组织之上。

第十八条 党的中央、地方和基层组织,都必须重视党的建设,经常讨论和检查党的宣传工作、教育工作、组织工作、纪律检查工作、群众工作、统一战线工作等,注意研究党内外的思想政治状况。

第三章 党的中央组织

第十九条 党的全国代表大会每五年举行一次,由中央委员会召集。中央委员会认为有必要,或者有三分之一以上的省一级组织提出要求,全国代表大会可以提前举行;如无非常情况,不得延期举行。

全国代表大会代表的名额和选举办法,由中央委员会决定。

第二十条 党的全国代表大会的职权是:

(一)听取和审查中央委员会的报告;

(二)审查中央纪律检查委员会的报告;

(三)讨论并决定党的重大问题;

(四)修改党的章程;

(五)选举中央委员会;

(六)选举中央纪律检查委员会。

第二十一条 党的全国代表会议的职权是:讨论和决定重大问题;调整和增选中央委员会、中央纪律检查委员会的部分成员。调整和增选中央委员及候补中央委员的数额,不得超过党的全国代表大会选出的中央委员及候补中央委员各自总数的五分之一。

第二十二条 党的中央委员会每届任期五年。全国代表大会如提前或延期举行,它的任期相应地改变。中央委员会委员和候补委员必须有五年以上的党龄。中央委员会委员和候补委员的名额,由全国代表大会决定。中央委员会委员出缺,由中央委员会候补委员按照得票多少依次递补。

中央委员会全体会议由中央政治局召集,每年至少举行一次。中央政治局向中央委员会全体会议报告工作,接受监督。

在全国代表大会闭会期间,中央委员会执行全国代表大会的决议,领导党的全部工作,对外代表中国共产党。

第二十三条 党的中央政治局、中央政治局常务委员会和中央委员会总书记,由中央委员会全体会议选举。中央委员会总书记必须从中央政治局常务委员会委员中产生。

中央政治局和它的常务委员会在中央委员会全体会议闭会期间,行使中央委员会的职权。

中央书记处是中央政治局和它的常务委员会的办事机构;成员由中央政治局常务委员会提名,中央委员会全体会议通过。

中央委员会总书记负责召集中央政治局会议和中央政治局常务委员会会议,并主持中央书记处的工作。

党的中央军事委员会组成人员由中央委员会决定,中央军事委员会实行主席负责制。

每届中央委员会产生的中央领导机构和中央领导人，在下届全国代表大会开会期间，继续主持党的经常工作，直到下届中央委员会产生新的中央领导机构和中央领导人为止。

第二十四条 中国人民解放军的党组织，根据中央委员会的指示进行工作。中央军事委员会负责军队中党的工作和政治工作，对军队中党的组织体制和机构作出规定。

第四章　党的地方组织

第二十五条 党的省、自治区、直辖市的代表大会，设区的市和自治州的代表大会，县（旗）、自治县、不设区的市和市辖区的代表大会，每五年举行一次。

党的地方各级代表大会由同级党的委员会召集。在特殊情况下，经上一级委员会批准，可以提前或延期举行。

党的地方各级代表大会代表的名额和选举办法，由同级党的委员会决定，并报上一级党的委员会批准。

第二十六条 党的地方各级代表大会的职权是：

（一）听取和审查同级委员会的报告；

（二）审查同级纪律检查委员会的报告；

（三）讨论本地区范围内的重大问题并作出决议；

（四）选举同级党的委员会，选举同级党的纪律检查委员会。

第二十七条 党的省、自治区、直辖市、设区的市和自治州的委员会，每届任期五年。这些委员会的委员和候补委员必须有五年以上的党龄。

党的县（旗）、自治县、不设区的市和市辖区的委员会，每届任期五年。这些委员会的委员和候补委员必须有三年以上的党龄。

党的地方各级代表大会如提前或延期举行，由它选举的委员会的任期相应地改变。

党的地方各级委员会的委员和候补委员的名额，分别由上一级委员会决定。党的地方各级委员会委员出缺，由候补委员按照得票多少依次递补。

党的地方各级委员会全体会议，每年至少召开两次。

党的地方各级委员会在代表大会闭会期间，执行上级党组织的指示和同级党代表大会的决议，领导本地方的工作，定期向上级党的委员会报告工作。

第二十八条 党的地方各级委员会全体会议，选举常务委员会和书记、副书记，并报上级党的委员会批准。党的地方各级委员会的常务委员会，在委员会全体会议闭会期间，行使委员会职权；在下届代表大会开会期间，继续主持经常工作，直到新的常务委员会产生为止。

党的地方各级委员会的常务委员会定期向委员会全体会议报告工作,接受监督。

第二十九条 党的地区委员会和相当于地区委员会的组织,是党的省、自治区委员会在几个县、自治县、市范围内派出的代表机关。它根据省、自治区委员会的授权,领导本地区的工作。

第五章 党的基层组织

第三十条 企业、农村、机关、学校、医院、科研院所、街道社区、社会组织、人民解放军连队和其他基层单位,凡是有正式党员三人以上的,都应当成立党的基层组织。

党的基层组织,根据工作需要和党员人数,经上级党组织批准,分别设立党的基层委员会、总支部委员会、支部委员会。基层委员会由党员大会或代表大会选举产生,总支部委员会和支部委员会由党员大会选举产生,提出委员候选人要广泛征求党员和群众的意见。

第三十一条 党的基层委员会、总支部委员会、支部委员会每届任期三年至五年。基层委员会、总支部委员会、支部委员会的书记、副书记选举产生后,应报上级党组织批准。

第三十二条 党的基层组织是党在社会基层组织中的战斗堡垒,是党的全部工作和战斗力的基础。它的基本任务是:

(一)宣传和执行党的路线、方针、政策,宣传和执行党中央、上级组织和本组织的决议,充分发挥党员的先锋模范作用,积极创先争优,团结、组织党内外的干部和群众,努力完成本单位所担负的任务。

(二)组织党员认真学习马克思列宁主义、毛泽东思想、邓小平理论、"三个代表"重要思想、科学发展观、习近平新时代中国特色社会主义思想,推进"两学一做"学习教育、党史学习教育常态化制度化,学习党的路线、方针、政策和决议,学习党的基本知识,学习科学、文化、法律和业务知识。

(三)对党员进行教育、管理、监督和服务,提高党员素质,坚定理想信念,增强党性,严格党的组织生活,开展批评和自我批评,维护和执行党的纪律,监督党员切实履行义务,保障党员的权利不受侵犯。加强和改进流动党员管理。

(四)密切联系群众,经常了解群众对党员、党的工作的批评和意见,维护群众的正当权利和利益,做好群众的思想政治工作。

(五)充分发挥党员和群众的积极性创造性,发现、培养和推荐他们中间的优秀人才,鼓励和支持他们在改革开放和社会主义现代化建设中贡献自己的聪明才智。

(六)对要求入党的积极分子进行教育和培养,做好经常性的发展党员工作,重视在生产、工作第一线和青年中发展党员。

（七）监督党员干部和其他任何工作人员严格遵守国家法律法规，严格遵守国家的财政经济法规和人事制度，不得侵占国家、集体和群众的利益。

（八）教育党员和群众自觉抵制不良倾向，坚决同各种违纪违法行为作斗争。

第三十三条 街道、乡、镇党的基层委员会和村、社区党组织，统一领导本地区基层各类组织和各项工作，加强基层社会治理，支持和保证行政组织、经济组织和群众性自治组织充分行使职权。

国有企业党委(党组)发挥领导作用，把方向、管大局、保落实，依照规定讨论和决定企业重大事项。国有企业和集体企业中党的基层组织，围绕企业生产经营开展工作。保证监督党和国家的方针、政策在本企业的贯彻执行；支持股东会、董事会、监事会和经理(厂长)依法行使职权；全心全意依靠职工群众，支持职工代表大会开展工作；参与企业重大问题的决策；加强党组织的自身建设，领导思想政治工作、精神文明建设、统一战线工作和工会、共青团、妇女组织等群团组织。

非公有制经济组织中党的基层组织，贯彻党的方针政策，引导和监督企业遵守国家的法律法规，领导工会、共青团等群团组织，团结凝聚职工群众，维护各方的合法权益，促进企业健康发展。

社会组织中党的基层组织，宣传和执行党的路线、方针、政策，领导工会、共青团等群团组织，教育管理党员，引领服务群众，推动事业发展。

实行行政领导人负责制的事业单位中党的基层组织，发挥战斗堡垒作用。实行党委领导下的行政领导人负责制的事业单位中党的基层组织，对重大问题进行讨论和作出决定，同时保证行政领导人充分行使自己的职权。

各级党和国家机关中党的基层组织，协助行政负责人完成任务，改进工作，对包括行政负责人在内的每个党员进行教育、管理、监督，不领导本单位的业务工作。

第三十四条 党支部是党的基础组织，担负直接教育党员、管理党员、监督党员和组织群众、宣传群众、凝聚群众、服务群众的职责。

第六章 党的干部

第三十五条 党的干部是党的事业的骨干，是人民的公仆，要做到忠诚干净担当。党按照德才兼备、以德为先的原则选拔干部，坚持五湖四海、任人唯贤，坚持事业为上、公道正派，反对任人唯亲，努力实现干部队伍的革命化、年轻化、知识化、专业化。

党重视教育、培训、选拔、考核和监督干部，特别是培养、选拔优秀年轻干部。积极推进干部制度改革。

党重视培养、选拔女干部和少数民族干部。

第三十六条 党的各级领导干部必须信念坚定、为民服务、勤政务实、敢于担当、清正廉洁，模范地履行本章程第三条所规定的党员的各项义务，并且必须具备以下的基本条件：

（一）具有履行职责所需要的马克思列宁主义、毛泽东思想、邓小平理论、"三个代表"重要思想、科学发展观的水平，带头贯彻落实习近平新时代中国特色社会主义思想，努力用马克思主义的立场、观点、方法分析和解决实际问题，坚持讲学习、讲政治、讲正气，经得起各种风浪的考验。

（二）具有共产主义远大理想和中国特色社会主义坚定信念，坚决执行党的基本路线和各项方针、政策，立志改革开放，献身现代化事业，在社会主义建设中艰苦创业，树立正确政绩观，做出经得起实践、人民、历史检验的实绩。

（三）坚持解放思想，实事求是，与时俱进，开拓创新，认真调查研究，能够把党的方针、政策同本地区、本部门的实际相结合，卓有成效地开展工作，讲实话，办实事，求实效。

（四）有强烈的革命事业心和政治责任感，有实践经验，有胜任领导工作的组织能力、文化水平和专业知识。

（五）正确行使人民赋予的权力，坚持原则，依法办事，清正廉洁，勤政为民，以身作则，艰苦朴素，密切联系群众，坚持党的群众路线，自觉地接受党和群众的批评和监督，加强道德修养，讲党性、重品行、作表率，做到自重、自省、自警、自励，反对形式主义、官僚主义、享乐主义和奢靡之风，反对特权思想和特权现象，反对任何滥用职权、谋求私利的行为。

（六）坚持和维护党的民主集中制，有民主作风，有全局观念，善于团结同志，包括团结同自己有不同意见的同志一道工作。

第三十七条　党员干部要善于同党外干部合作共事，尊重他们，虚心学习他们的长处。

党的各级组织要善于发现和推荐有真才实学的党外干部担任领导工作，保证他们有职有权，充分发挥他们的作用。

第三十八条　党的各级领导干部，无论是由民主选举产生的，或是由领导机关任命的，他们的职务都不是终身的，都可以变动或解除。

年龄和健康状况不适宜于继续担任工作的干部，应当按照国家的规定退、离休。

第七章　党 的 纪 律

第三十九条　党的纪律是党的各级组织和全体党员必须遵守的行为规则，是维护党的团结统一、完成党的任务的保证。党组织必须严格执行和维护党的纪律，共产党员必须自觉接受党的纪律的约束。

第四十条　党的纪律主要包括政治纪律、组织纪律、廉洁纪律、群众纪律、工作纪律、生活纪律。

坚持惩前毖后、治病救人，执纪必严、违纪必究，抓早抓小、防微杜渐，按照错误性质和情节轻重，给以批评教育、责令检查、诫勉直至纪律处分。运用监督执纪"四种形态"，让"红红脸、出出汗"成为常态，党纪处分、组织调整成为管党治党的重要手段，严重违纪、严重触犯刑律的党员必须开除党籍。

党内严格禁止用违反党章和国家法律的手段对待党员，严格禁止打击报复和诬告陷害。违反这些规定的组织或个人必须受到党的纪律和国家法律的追究。

第四十一条 对党员的纪律处分有五种：警告、严重警告、撤销党内职务、留党察看、开除党籍。

留党察看最长不超过两年。党员在留党察看期间没有表决权、选举权和被选举权。党员经过留党察看，确已改正错误的，应当恢复其党员的权利；坚持错误不改的，应当开除党籍。

开除党籍是党内的最高处分。各级党组织在决定或批准开除党员党籍的时候，应当全面研究有关的材料和意见，采取十分慎重的态度。

第四十二条 对党员的纪律处分，必须经过支部大会讨论决定，报党的基层委员会批准；如果涉及的问题比较重要或复杂，或给党员以开除党籍的处分，应分别不同情况，报县级或县级以上党的纪律检查委员会审查批准。在特殊情况下，县级和县级以上各级党的委员会和纪律检查委员会有权直接决定给党员以纪律处分。

对党的中央委员会委员、候补委员，给以警告、严重警告处分，由中央纪律检查委员会常务委员会审议后，报党中央批准。对地方各级党的委员会委员、候补委员，给以警告、严重警告处分，应由上一级纪律检查委员会批准，并报它的同级党的委员会备案。

对党的中央委员会和地方各级委员会的委员、候补委员，给以撤销党内职务、留党察看或开除党籍的处分，必须由本人所在的委员会全体会议三分之二以上的多数决定。在全体会议闭会期间，可以先由中央政治局和地方各级委员会常务委员会作出处理决定，待召开委员会全体会议时予以追认。对地方各级委员会委员和候补委员的上述处分，必须经过上级纪律检查委员会常务委员会审议，由这一级纪律检查委员会报同级党的委员会批准。

严重触犯刑律的中央委员会委员、候补委员，由中央政治局决定开除其党籍；严重触犯刑律的地方各级委员会委员、候补委员，由同级委员会常务委员会决定开除其党籍。

第四十三条 党组织对党员作出处分决定，应当实事求是地查清事实。处分决定所依据的事实材料和处分决定必须同本人见面，听取本人说明情况和申辩。如果本人对处分决定不服，可以提出申诉，有关党组织必须负责处理或者迅速转递，不得扣压。对于确属坚持错误意见和无理要求的人，要给以批评教育。

第四十四条 党组织如果在维护党的纪律方面失职，必须问责。

对于严重违犯党的纪律、本身又不能纠正的党组织,上一级党的委员会在查明核实后,应根据情节严重的程度,作出进行改组或予以解散的决定,并报再上一级党的委员会审查批准,正式宣布执行。

第八章　党的纪律检查机关

第四十五条　党的中央纪律检查委员会在党的中央委员会领导下进行工作。党的地方各级纪律检查委员会和基层纪律检查委员会在同级党的委员会和上级纪律检查委员会双重领导下进行工作。上级党的纪律检查委员会加强对下级纪律检查委员会的领导。

党的各级纪律检查委员会每届任期和同级党的委员会相同。

党的中央纪律检查委员会全体会议,选举常务委员会和书记、副书记,并报党的中央委员会批准。党的地方各级纪律检查委员会全体会议,选举常务委员会和书记、副书记,并由同级党的委员会通过,报上级党的委员会批准。党的基层委员会是设立纪律检查委员会,还是设立纪律检查委员,由它的上一级党组织根据具体情况决定。党的总支部委员会和支部委员会设纪律检查委员。

党的中央和地方纪律检查委员会向同级党和国家机关全面派驻党的纪律检查组,按照规定向有关国有企业、事业单位派驻党的纪律检查组。纪律检查组组长参加驻在单位党的领导组织的有关会议。他们的工作必须受到该单位党的领导组织的支持。

第四十六条　党的各级纪律检查委员会是党内监督专责机关,主要任务是:维护党的章程和其他党内法规,检查党的路线、方针、政策和决议的执行情况,协助党的委员会推进全面从严治党、加强党风建设和组织协调反腐败工作,推动完善党和国家监督体系。

党的各级纪律检查委员会的职责是监督、执纪、问责,要经常对党员进行遵守纪律的教育,作出关于维护党纪的决定;对党的组织和党员领导干部履行职责、行使权力进行监督,受理处置党员群众检举举报,开展谈话提醒、约谈函询;检查和处理党的组织和党员违反党的章程和其他党内法规的比较重要或复杂的案件,决定或取消对这些案件中的党员的处分;进行问责或提出责任追究的建议;受理党员的控告和申诉;保障党员的权利。

各级纪律检查委员会要把处理特别重要或复杂的案件中的问题和处理的结果,向同级党的委员会报告。党的地方各级纪律检查委员会和基层纪律检查委员会要同时向上级纪律检查委员会报告。

各级纪律检查委员会发现同级党的委员会委员有违犯党的纪律的行为,可以先进行初步核实,如果需要立案检查的,应当在向同级党的委员会报告的同时向上一级纪律检查委员会报告;涉及常务委员的,报告上一级纪律检查委员会,由上一级纪律检查委员会进行初步核实，需要审查的，由上一级纪律检查委员会报它的同级党的委员会批准。

第四十七条 上级纪律检查委员会有权检查下级纪律检查委员会的工作，并且有权批准和改变下级纪律检查委员会对于案件所作的决定。如果所要改变的该下级纪律检查委员会的决定，已经得到它的同级党的委员会的批准，这种改变必须经过它的上一级党的委员会批准。

党的地方各级纪律检查委员会和基层纪律检查委员会如果对同级党的委员会处理案件的决定有不同意见，可以请求上一级纪律检查委员会予以复查；如果发现同级党的委员会或它的成员有违犯党的纪律的情况，在同级党的委员会不给予解决或不给予正确解决的时候，有权向上级纪律检查委员会提出申诉，请求协助处理。

第九章 党 组

第四十八条 在中央和地方国家机关、人民团体、经济组织、文化组织和其他非党组织的领导机关中，可以成立党组。党组发挥领导作用。党组的任务，主要是负责贯彻执行党的路线、方针、政策；加强对本单位党的建设的领导，履行全面从严治党责任；讨论和决定本单位的重大问题；做好干部管理工作；讨论和决定基层党组织设置调整和发展党员、处分党员等重要事项；团结党外干部和群众，完成党和国家交给的任务；领导机关和直属单位党组织的工作。

第四十九条 党组的成员，由批准成立党组的党组织决定。党组设书记，必要时还可以设副书记。

党组必须服从批准它成立的党组织领导。

第五十条 在对下属单位实行集中统一领导的国家工作部门和有关单位的领导机关中，可以建立党委，党委的产生办法、职权和工作任务，由中央另行规定。

第十章 党和共产主义青年团的关系

第五十一条 中国共产主义青年团是中国共产党领导的先进青年的群团组织，是广大青年在实践中学习中国特色社会主义和共产主义的学校，是党的助手和后备军。共青团中央委员会受党中央委员会领导。共青团的地方各级组织受同级党的委员会领导，同时受共青团上级组织领导。

第五十二条 党的各级委员会要加强对共青团的领导，注意团的干部的选拔和培训。党要坚决支持共青团根据广大青年的特点和需要，生动活泼地、富于创造性地进行工作，充分发挥团的突击队作用和联系广大青年的桥梁作用。

团的县级和县级以下各级委员会书记，企业事业单位的团委员会书记，是党员的，可以列席同级党的委员会和常务委员会的会议。

第十一章　党 徽 党 旗

第五十三条　中国共产党党徽为镰刀和锤头组成的图案。
第五十四条　中国共产党党旗为旗面缀有金黄色党徽图案的红旗。
第五十五条　中国共产党的党徽党旗是中国共产党的象征和标志。党的各级组织和每一个党员都要维护党徽党旗的尊严。要按照规定制作和使用党徽党旗。

2. 中国共产党廉洁自律准则

（中共中央印发，自 2016 年 1 月 1 日起施行）

中国共产党全体党员和各级党员领导干部必须坚定共产主义理想和中国特色社会主义信念，必须坚持全心全意为人民服务根本宗旨，必须继承发扬党的优良传统和作风，必须自觉培养高尚道德情操，努力弘扬中华民族传统美德，廉洁自律，接受监督，永葆党的先进性和纯洁性。

党员廉洁自律规范

第一条　坚持公私分明，先公后私，克己奉公。
第二条　坚持崇廉拒腐，清白做人，干净做事。
第三条　坚持尚俭戒奢，艰苦朴素，勤俭节约。
第四条　坚持吃苦在前，享受在后，甘于奉献。

党员领导干部廉洁自律规范

第五条　廉洁从政，自觉保持人民公仆本色。
第六条　廉洁用权，自觉维护人民根本利益。
第七条　廉洁修身，自觉提升思想道德境界。
第八条　廉洁齐家，自觉带头树立良好家风。

3. 中国共产党纪律处分条例

（中共中央印发，自2018年10月1日起施行）

第一编 总 则

第一章 指导思想、原则和适用范围

第一条 为了维护党章和其他党内法规，严肃党的纪律，纯洁党的组织，保障党员民主权利，教育党员遵纪守法，维护党的团结统一，保证党的路线、方针、政策、决议和国家法律法规的贯彻执行，根据《中国共产党章程》，制定本条例。

第二条 党的纪律建设必须坚持以马克思列宁主义、毛泽东思想、邓小平理论、"三个代表"重要思想、科学发展观、习近平新时代中国特色社会主义思想为指导，坚持和加强党的全面领导，坚决维护习近平总书记党中央的核心、全党的核心地位，坚决维护党中央权威和集中统一领导，落实新时代党的建设总要求和全面从严治党战略部署，全面加强党的纪律建设。

第三条 党章是最根本的党内法规，是管党治党的总规矩。党的纪律是党的各级组织和全体党员必须遵守的行为规则。党组织和党员必须牢固树立政治意识、大局意识、核心意识、看齐意识，自觉遵守党章，严格执行和维护党的纪律，自觉接受党的纪律约束，模范遵守国家法律法规。

第四条 党的纪律处分工作应当坚持以下原则：

（一）坚持党要管党、全面从严治党。加强对党的各级组织和全体党员的教育、管理和监督，把纪律挺在前面，注重抓早抓小、防微杜渐。

（二）党纪面前一律平等。对违犯党纪的党组织和党员必须严肃、公正执行纪律，党内不允许有任何不受纪律约束的党组织和党员。

（三）实事求是。对党组织和党员违犯党纪的行为，应当以事实为依据，以党章、其他党内法规和国家法律法规为准绳，准确认定违纪性质，区别不同情况，恰当予以处理。

（四）民主集中制。实施党纪处分，应当按照规定程序经党组织集体讨论决定，不允许任何个人或者少数人擅自决定和批准。上级党组织对违犯党纪的党组织和党员作出的处理决定，下级党组织必须执行。

（五）惩前毖后、治病救人。处理违犯党纪的党组织和党员，应当实行惩戒与教育相结合，做到宽严相济。

第五条 运用监督执纪"四种形态",经常开展批评和自我批评、约谈函询,让"红红脸、出出汗"成为常态;党纪轻处分、组织调整成为违纪处理的大多数;党纪重处分、重大职务调整的成为少数;严重违纪涉嫌违法立案审查的成为极少数。

第六条 本条例适用于违犯党纪应当受到党纪责任追究的党组织和党员。

第二章 违纪与纪律处分

第七条 党组织和党员违反党章和其他党内法规,违反国家法律法规,违反党和国家政策,违反社会主义道德,危害党、国家和人民利益的行为,依照规定应当给予纪律处理或者处分的,都必须受到追究。

重点查处党的十八大以来不收敛、不收手,问题线索反映集中、群众反映强烈,政治问题和经济问题交织的腐败案件,违反中央八项规定精神的问题。

第八条 对党员的纪律处分种类:
(一)警告;
(二)严重警告;
(三)撤销党内职务;
(四)留党察看;
(五)开除党籍。

第九条 对于违犯党的纪律的党组织,上级党组织应当责令其作出检查或者进行通报批评。对于严重违犯党的纪律、本身又不能纠正的党组织,上一级党的委员会在查明核实后,根据情节严重的程度,可以予以:
(一)改组;
(二)解散。

第十条 党员受到警告处分一年内、受到严重警告处分一年半内,不得在党内提升职务和向党外组织推荐担任高于其原任职务的党外职务。

第十一条 撤销党内职务处分,是指撤销受处分党员由党内选举或者组织任命的党内职务。对于在党内担任两个以上职务的,党组织在作处分决定时,应当明确是撤销其一切职务还是一个或者几个职务。如果决定撤销其一个职务,必须撤销其担任的最高职务。如果决定撤销其两个以上职务,则必须从其担任的最高职务开始依次撤销。对于在党外组织担任职务的,应当建议党外组织依照规定作出相应处理。

对于应当受到撤销党内职务处分,但是本人没有担任党内职务的,应当给予其严重警告处分。同时,在党外组织担任职务的,应当建议党外组织撤销其党外职务。

党员受到撤销党内职务处分,或者依照前款规定受到严重警告处分的,二年内不得在党内担任和向党外组织推荐担任与其原任职务相当或者高于其原任职务的职务。

第十二条 留党察看处分,分为留党察看一年、留党察看二年。对于受到留党察看处分一年的党员,期满后仍不符合恢复党员权利条件的,应当延长一年留党察看期限。留党察看期限最长不得超过二年。

党员受留党察看处分期间,没有表决权、选举权和被选举权。留党察看期间,确有悔改表现的,期满后恢复其党员权利;坚持不改或者又发现其他应当受到党纪处分的违纪行为的,应当开除党籍。

党员受到留党察看处分,其党内职务自然撤销。对于担任党外职务的,应当建议党外组织撤销其党外职务。受到留党察看处分的党员,恢复党员权利后二年内,不得在党内担任和向党外组织推荐担任与其原任职务相当或者高于其原任职务的职务。

第十三条 党员受到开除党籍处分,五年内不得重新入党,也不得推荐担任与其原任职务相当或者高于其原任职务的党外职务。另有规定不准重新入党的,依照规定。

第十四条 党的各级代表大会的代表受到留党察看以上(含留党察看)处分的,党组织应当终止其代表资格。

第十五条 对于受到改组处理的党组织领导机构成员,除应当受到撤销党内职务以上(含撤销党内职务)处分的外,均自然免职。

第十六条 对于受到解散处理的党组织中的党员,应当逐个审查。其中,符合党员条件的,应当重新登记,并参加新的组织过党的生活;不符合党员条件的,应当对其进行教育、限期改正,经教育仍无转变的,予以劝退或者除名;有违纪行为的,依照规定予以追究。

第三章 纪律处分运用规则

第十七条 有下列情形之一的,可以从轻或者减轻处分:

(一)主动交代本人应当受到党纪处分的问题的;

(二)在组织核实、立案审查过程中,能够配合核实审查工作,如实说明本人违纪违法事实的;

(三)检举同案人或者其他人应当受到党纪处分或者法律追究的问题,经查证属实的;

(四)主动挽回损失、消除不良影响或者有效阻止危害结果发生的;

(五)主动上交违纪所得的;

(六)有其他立功表现的。

第十八条 根据案件的特殊情况,由中央纪委决定或者经省(部)级纪委(不含副省级市纪委)决定并呈报中央纪委批准,对违纪党员也可以在本条例规定的处分幅度以外减轻处分。

第十九条 对于党员违犯党纪应当给予警告或者严重警告处分,但是具有本条例第十七条规定的情形之一或者本条例分则中另有规定的,可以给予批评教育、责令检查、诫勉或者组织处理,免予党纪处分。对违纪党员免予处分,应当作出书面结论。

第二十条 有下列情形之一的,应当从重或者加重处分:

(一)强迫、唆使他人违纪的;

(二)拒不上交或者退赔违纪所得的;

(三)违纪受处分后又因故意违纪应当受到党纪处分的;

(四)违纪受到党纪处分后,又被发现其受处分前的违纪行为应当受到党纪处分的;

(五)本条例另有规定的。

第二十一条 从轻处分,是指在本条例规定的违纪行为应当受到的处分幅度以内,给予较轻的处分。

从重处分,是指在本条例规定的违纪行为应当受到的处分幅度以内,给予较重的处分。

第二十二条 减轻处分,是指在本条例规定的违纪行为应当受到的处分幅度以外,减轻一档给予处分。

加重处分,是指在本条例规定的违纪行为应当受到的处分幅度以外,加重一档给予处分。

本条例规定的只有开除党籍处分一个档次的违纪行为,不适用第一款减轻处分的规定。

第二十三条 一人有本条例规定的两种以上(含两种)应当受到党纪处分的违纪行为,应当合并处理,按其数种违纪行为中应当受到的最高处分加重一档给予处分;其中一种违纪行为应当受到开除党籍处分的,应当给予开除党籍处分。

第二十四条 一个违纪行为同时触犯本条例两个以上(含两个)条款的,依照处分较重的条款定性处理。

一个条款规定的违纪构成要件全部包含在另一个条款规定的违纪构成要件中,特别规定与一般规定不一致的,适用特别规定。

第二十五条 二人以上(含二人)共同故意违纪的,对为首者,从重处分,本条例另有规定的除外;对其他成员,按照其在共同违纪中所起的作用和应负的责任,分别给予处分。

对于经济方面共同违纪的,按照个人所得数额及其所起作用,分别给予处分。对违纪集团的首要分子,按照集团违纪的总数额处分;对其他共同违纪的为首者,情节严重的,按照共同违纪的总数额处分。

教唆他人违纪的,应当按照其在共同违纪中所起的作用追究党纪责任。

第二十六条　党组织领导机构集体作出违犯党纪的决定或者实施其他违犯党纪的行为，对具有共同故意的成员，按共同违纪处理；对过失违纪的成员，按照各自在集体违纪中所起的作用和应负的责任分别给予处分。

第四章　对违法犯罪党员的纪律处分

第二十七条　党组织在纪律审查中发现党员有贪污贿赂、滥用职权、玩忽职守、权力寻租、利益输送、徇私舞弊、浪费国家资财等违反法律涉嫌犯罪行为的，应当给予撤销党内职务、留党察看或者开除党籍处分。

第二十八条　党组织在纪律审查中发现党员有刑法规定的行为，虽不构成犯罪但须追究党纪责任的，或者有其他违法行为，损害党、国家和人民利益的，应当视具体情节给予警告直至开除党籍处分。

第二十九条　党组织在纪律审查中发现党员严重违纪涉嫌违法犯罪的，原则上先作出党纪处分决定，并按照规定给予政务处分后，再移送有关国家机关依法处理。

第三十条　党员被依法留置、逮捕的，党组织应当按照管理权限中止其表决权、选举权和被选举权等党员权利。根据监察机关、司法机关处理结果，可以恢复其党员权利的，应当及时予以恢复。

第三十一条　党员犯罪情节轻微，人民检察院依法作出不起诉决定的，或者人民法院依法作出有罪判决并免予刑事处罚的，应当给予撤销党内职务、留党察看或者开除党籍处分。

党员犯罪，被单处罚金的，依照前款规定处理。

第三十二条　党员犯罪，有下列情形之一的，应当给予开除党籍处分：

（一）因故意犯罪被依法判处刑法规定的主刑（含宣告缓刑）的；

（二）被单处或者附加剥夺政治权利的；

（三）因过失犯罪，被依法判处三年以上（不含三年）有期徒刑的。

因过失犯罪被判处三年以下（含三年）有期徒刑或者被判处管制、拘役的，一般应当开除党籍。对于个别可以不开除党籍的，应当对照处分党员批准权限的规定，报请再上一级党组织批准。

第三十三条　党员依法受到刑事责任追究的，党组织应当根据司法机关的生效判决、裁定、决定及其认定的事实、性质和情节，依照本条例规定给予党纪处分，是公职人员的由监察机关给予相应政务处分。

党员依法受到政务处分、行政处罚，应当追究党纪责任的，党组织可以根据生效的政务处分、行政处罚决定认定的事实、性质和情节，经核实后依照规定给予党纪处分或者组织处理。

党员违反国家法律法规，违反企事业单位或者其他社会组织的规章制度受到其他纪律处分,应当追究党纪责任的,党组织在对有关方面认定的事实、性质和情节进行核实后,依照规定给予党纪处分或者组织处理。

党组织作出党纪处分或者组织处理决定后,司法机关、行政机关等依法改变原生效判决、裁定、决定等,对原党纪处分或者组织处理决定产生影响的,党组织应当根据改变后的生效判决、裁定、决定等重新作出相应处理。

第五章 其他规定

第三十四条 预备党员违犯党纪,情节较轻,可以保留预备党员资格的,党组织应当对其批评教育或者延长预备期;情节较重的,应当取消其预备党员资格。

第三十五条 对违纪后下落不明的党员,应当区别情况作出处理:

(一)对有严重违纪行为,应当给予开除党籍处分的,党组织应当作出决定,开除其党籍;

(二)除前项规定的情况外,下落不明时间超过六个月的,党组织应当按照党章规定对其予以除名。

第三十六条 违纪党员在党组织作出处分决定前死亡,或者在死亡之后发现其曾有严重违纪行为,对于应当给予开除党籍处分的,开除其党籍;对于应当给予留党察看以下(含留党察看)处分的,作出违犯党纪的书面结论和相应处理。

第三十七条 违纪行为有关责任人员的区分:

(一)直接责任者,是指在其职责范围内,不履行或者不正确履行自己的职责,对造成的损失或者后果起决定性作用的党员或者党员领导干部。

(二)主要领导责任者,是指在其职责范围内,对直接主管的工作不履行或者不正确履行职责,对造成的损失或者后果负直接领导责任的党员领导干部。

(三)重要领导责任者,是指在其职责范围内,对应管的工作或者参与决定的工作不履行或者不正确履行职责,对造成的损失或者后果负次要领导责任的党员领导干部。

本条例所称领导责任者,包括主要领导责任者和重要领导责任者。

第三十八条 本条例所称主动交代,是指涉嫌违纪的党员在组织初核前向有关组织交代自己的问题,或者在初核和立案审查其问题期间交代组织未掌握的问题。

第三十九条 计算经济损失主要计算直接经济损失。直接经济损失,是指与违纪行为有直接因果关系而造成财产损失的实际价值。

第四十条 对于违纪行为所获得的经济利益,应当收缴或者责令退赔。

对于违纪行为所获得的职务、职称、学历、学位、奖励、资格等其他利益,应当由承办案件的纪检机关或者由其上级纪检机关建议有关组织、部门、单位按照规定予以纠正。

对于依照本条例第三十五条、第三十六条规定处理的党员,经调查确属其实施违纪行为获得的利益,依照本条规定处理。

第四十一条 党纪处分决定作出后,应当在一个月内向受处分党员所在党的基层组织中的全体党员及其本人宣布,是领导班子成员的还应当向所在党组织领导班子宣布,并按照干部管理权限和组织关系将处分决定材料归入受处分者档案;对于受到撤销党内职务以上(含撤销党内职务)处分的,还应当在一个月内办理职务、工资、工作及其他有关待遇等相应变更手续;涉及撤销或者调整其党外职务的,应当建议党外组织及时撤销或者调整其党外职务。特殊情况下,经作出或者批准作出处分决定的组织批准,可以适当延长办理期限。办理期限最长不得超过六个月。

第四十二条 执行党纪处分决定的机关或者受处分党员所在单位,应当在六个月内将处分决定的执行情况向作出或者批准处分决定的机关报告。

党员对所受党纪处分不服的,可以依照党章及有关规定提出申诉。

第四十三条 本条例总则适用于有党纪处分规定的其他党内法规,但是中共中央发布或者批准发布的其他党内法规有特别规定的除外。

第二编 分　　则

第六章　对违反政治纪律行为的处分

第四十四条 在重大原则问题上不同党中央保持一致且有实际言论、行为或者造成不良后果的,给予警告或者严重警告处分;情节较重的,给予撤销党内职务或者留党察看处分;情节严重的,给予开除党籍处分。

第四十五条 通过网络、广播、电视、报刊、传单、书籍等,或者利用讲座、论坛、报告会、座谈会等方式,公开发表坚持资产阶级自由化立场、反对四项基本原则,反对党的改革开放决策的文章、演说、宣言、声明等的,给予开除党籍处分。

发布、播出、刊登、出版前款所列文章、演说、宣言、声明等或者为上述行为提供方便条件的,对直接责任者和领导责任者,给予严重警告或者撤销党内职务处分;情节严重的,给予留党察看或者开除党籍处分。

第四十六条 通过网络、广播、电视、报刊、传单、书籍等,或者利用讲座、论坛、报告会、座谈会等方式,有下列行为之一,情节较轻的,给予警告或者严重警告处分;情节较重的,给予撤销党内职务或者留党察看处分;情节严重的,给予开除党籍处分:

(一)公开发表违背四项基本原则,违背、歪曲党的改革开放决策,或者其他有严重政治问题的文章、演说、宣言、声明等的;

(二)妄议党中央大政方针,破坏党的集中统一的;

(三)丑化党和国家形象,或者诋毁、诬蔑党和国家领导人、英雄模范,或者歪曲党的历史、中华人民共和国历史、人民军队历史的。

发布、播出、刊登、出版前款所列内容或者为上述行为提供方便条件的,对直接责任者和领导责任者,给予严重警告或者撤销党内职务处分;情节严重的,给予留党察看或者开除党籍处分。

第四十七条 制作、贩卖、传播第四十五条、第四十六条所列内容之一的书刊、音像制品、电子读物、网络音视频资料等,情节较轻的,给予警告或者严重警告处分;情节较重的,给予撤销党内职务或者留党察看处分;情节严重的,给予开除党籍处分。

私自携带、寄递第四十五条、第四十六条所列内容之一的书刊、音像制品、电子读物等入出境,情节较重的,给予警告或者严重警告处分;情节严重的,给予撤销党内职务、留党察看或者开除党籍处分。

第四十八条 在党内组织秘密集团或者组织其他分裂党的活动的,给予开除党籍处分。

参加秘密集团或者参加其他分裂党的活动的,给予留党察看或者开除党籍处分。

第四十九条 在党内搞团团伙伙、结党营私、拉帮结派、培植个人势力等非组织活动,或者通过搞利益交换、为自己营造声势等活动捞取政治资本的,给予严重警告或者撤销党内职务处分;导致本地区、本部门、本单位政治生态恶化的,给予留党察看或者开除党籍处分。

第五十条 党员领导干部在本人主政的地方或者分管的部门自行其是,搞山头主义,拒不执行党中央确定的大政方针,甚至背着党中央另搞一套的,给予撤销党内职务、留党察看或者开除党籍处分。

落实党中央决策部署不坚决,打折扣、搞变通,在政治上造成不良影响或者严重后果的,给予警告或者严重警告处分;情节严重的,给予撤销党内职务、留党察看或者开除党籍处分。

第五十一条 对党不忠诚不老实,表里不一,阳奉阴违,欺上瞒下,搞两面派,做两面人,情节较轻的,给予警告或者严重警告处分;情节较重的,给予撤销党内职务或者留党察看处分;情节严重的,给予开除党籍处分。

第五十二条 制造、散布、传播政治谣言,破坏党的团结统一的,给予警告或者严重警告处分;情节较重的,给予撤销党内职务或者留党察看处分;情节严重的,给予开除党籍处分。

政治品行恶劣,匿名诬告,有意陷害或者制造其他谣言,造成损害或者不良影响的,依照前款规定处理。

第五十三条 擅自对应当由党中央决定的重大政策问题作出决定、对外发表主张的,对直接责任者和领导责任者,给予严重警告或者撤销党内职务处分;情节严重的,给予留党察看或者开除党籍处分。

第五十四条 不按照有关规定向组织请示、报告重大事项,情节较重的,给予警告或者严重警告处分;情节严重的,给予撤销党内职务或者留党察看处分。

第五十五条 干扰巡视巡察工作或者不落实巡视巡察整改要求,情节较轻的,给予警告或者严重警告处分;情节较重的,给予撤销党内职务或者留党察看处分;情节严重的,给予开除党籍处分。

第五十六条 对抗组织审查,有下列行为之一的,给予警告或者严重警告处分;情节较重的,给予撤销党内职务或者留党察看处分;情节严重的,给予开除党籍处分:

(一)串供或者伪造、销毁、转移、隐匿证据的;
(二)阻止他人揭发检举、提供证据材料的;
(三)包庇同案人员的;
(四)向组织提供虚假情况,掩盖事实的;
(五)有其他对抗组织审查行为的。

第五十七条 组织、参加反对党的基本理论、基本路线、基本方略或者重大方针政策的集会、游行、示威等活动的,或者以组织讲座、论坛、报告会、座谈会等方式,反对党的基本理论、基本路线、基本方略或者重大方针政策,造成严重不良影响的,对策划者、组织者和骨干分子,给予开除党籍处分。

对其他参加人员或者以提供信息、资料、财物、场地等方式支持上述活动者,情节较轻的,给予警告或者严重警告处分;情节较重的,给予撤销党内职务或者留党察看处分;情节严重的,给予开除党籍处分。

对不明真相被裹挟参加,经批评教育后确有悔改表现的,可以免予处分或者不予处分。

未经组织批准参加其他集会、游行、示威等活动,情节较轻的,给予警告或者严重警告处分;情节较重的,给予撤销党内职务或者留党察看处分;情节严重的,给予开除党籍处分。

第五十八条 组织、参加旨在反对党的领导、反对社会主义制度或者敌视政府等组织的,对策划者、组织者和骨干分子,给予开除党籍处分。

对其他参加人员,情节较轻的,给予警告或者严重警告处分;情节较重的,给予撤销党内职务或者留党察看处分;情节严重的,给予开除党籍处分。

第五十九条 组织、参加会道门或者邪教组织的,对策划者、组织者和骨干分子,给予开除党籍处分。

对其他参加人员,情节较轻的,给予警告或者严重警告处分;情节较重的,给予撤销党内职务或者留党察看处分;情节严重的,给予开除党籍处分。

对不明真相的参加人员,经批评教育后确有悔改表现的,可以免予处分或者不予处分。

第六十条 从事、参与挑拨破坏民族关系制造事端或者参加民族分裂活动的,对策划者、组织者和骨干分子,给予开除党籍处分。

对其他参加人员,情节较轻的,给予警告或者严重警告处分;情节较重的,给予撤销党内职务或者留党察看处分;情节严重的,给予开除党籍处分。

对不明真相被裹挟参加,经批评教育后确有悔改表现的,可以免予处分或者不予处分。

有其他违反党和国家民族政策的行为,情节较轻的,给予警告或者严重警告处分;情节较重的,给予撤销党内职务或者留党察看处分;情节严重的,给予开除党籍处分。

第六十一条 组织、利用宗教活动反对党的路线、方针、政策和决议,破坏民族团结的,对策划者、组织者和骨干分子,给予开除党籍处分。

对其他参加人员,给予撤销党内职务或者留党察看处分;情节严重的,给予开除党籍处分。

对不明真相被裹挟参加,经批评教育后确有悔改表现的,可以免予处分或者不予处分。

有其他违反党和国家宗教政策的行为,情节较轻的,给予警告或者严重警告处分;情节较重的,给予撤销党内职务或者留党察看处分;情节严重的,给予开除党籍处分。

第六十二条 对信仰宗教的党员,应当加强思想教育,经党组织帮助教育仍没有转变的,应当劝其退党;劝而不退的,予以除名;参与利用宗教搞煽动活动的,给予开除党籍处分。

第六十三条 组织迷信活动的,给予撤销党内职务或者留党察看处分;情节严重的,给予开除党籍处分。

参加迷信活动,造成不良影响的,给予警告或者严重警告处分;情节较重的,给予撤销党内职务或者留党察看处分;情节严重的,给予开除党籍处分。

对不明真相的参加人员,经批评教育后确有悔改表现的,可以免予处分或者不予处分。

第六十四条 组织、利用宗族势力对抗党和政府,妨碍党和国家的方针政策以及决策部署的实施,或者破坏党的基层组织建设的,对策划者、组织者和骨干分子,给予开除党籍处分。

对其他参加人员,给予撤销党内职务或者留党察看处分;情节严重的,给予开除党籍处分。

对不明真相被裹挟参加,经批评教育后确有悔改表现的,可以免予处分或者不予处分。

第六十五条 在国(境)外、外国驻华使(领)馆申请政治避难,或者违纪后逃往国(境)外、外国驻华使(领)馆的,给予开除党籍处分。

在国(境)外公开发表反对党和政府的文章、演说、宣言、声明等的,依照前款规定处理。

故意为上述行为提供方便条件的,给予留党察看或者开除党籍处分。

第六十六条 在涉外活动中,其言行在政治上造成恶劣影响,损害党和国家尊严、利益的,给予撤销党内职务或者留党察看处分;情节严重的,给予开除党籍处分。

第六十七条 不履行全面从严治党主体责任、监督责任或者履行全面从严治党主体责任、监督责任不力,给党组织造成严重损害或者严重不良影响的,对直接责任者和领导责任者,给予警告或者严重警告处分;情节严重的,给予撤销党内职务或者留党察看处分。

第六十八条 党员领导干部对违反政治纪律和政治规矩等错误思想和行为不报告、不抵制、不斗争,放任不管,搞无原则一团和气,造成不良影响的,给予警告或者严重警告处分;情节严重的,给予撤销党内职务或者留党察看处分。

第六十九条 违反党的优良传统和工作惯例等党的规矩,在政治上造成不良影响的,给予警告或者严重警告处分;情节较重的,给予撤销党内职务或者留党察看处分;情节严重的,给予开除党籍处分。

第七章 对违反组织纪律行为的处分

第七十条 违反民主集中制原则,有下列行为之一的,给予警告或者严重警告处分;情节严重的,给予撤销党内职务或者留党察看处分:

(一)拒不执行或者擅自改变党组织作出的重大决定的;

(二)违反议事规则,个人或者少数人决定重大问题的;

(三)故意规避集体决策,决定重大事项、重要干部任免、重要项目安排和大额资金使用的;

(四)借集体决策名义集体违规的。

第七十一条 下级党组织拒不执行或者擅自改变上级党组织决定,对直接责任者和领导责任者,给予警告或者严重警告处分;情节严重的,给予撤销党内职务或者留党察看处分。

第七十二条 拒不执行党组织的分配、调动、交流等决定的,给予警告、严重警告或者撤销党内职务处分。

在特殊时期或者紧急状况下,拒不执行党组织决定的,给予留党察看或者开除党籍处分。

第七十三条 有下列行为之一,情节较重的,给予警告或者严重警告处分:

(一)违反个人有关事项报告规定,隐瞒不报的;

(二)在组织进行谈话、函询时,不如实向组织说明问题的;

(三)不按要求报告或者不如实报告个人去向的;

(四)不如实填报个人档案资料的。

篡改、伪造个人档案资料的,给予严重警告处分;情节严重的,给予撤销党内职务或者留党察看处分。

隐瞒入党前严重错误的,一般应当予以除名;对入党后表现尚好的,给予严重警告、撤销党内职务或者留党察看处分。

第七十四条 党员领导干部违反有关规定组织、参加自发成立的老乡会、校友会、战友会等,情节严重的,给予警告、严重警告或者撤销党内职务处分。

第七十五条 有下列行为之一的,给予警告或者严重警告处分;情节较重的,给予撤销党内职务或者留党察看处分;情节严重的,给予开除党籍处分:

(一)在民主推荐、民主测评、组织考察和党内选举中搞拉票、助选等非组织活动的;

(二)在法律规定的投票、选举活动中违背组织原则搞非组织活动,组织、怂恿、诱使他人投票、表决的;

(三)在选举中进行其他违反党章、其他党内法规和有关章程活动的。

搞有组织的拉票贿选,或者用公款拉票贿选,从重或者加重处分。

第七十六条 在干部选拔任用工作中,有任人唯亲、排斥异己、封官许愿、说情干预、跑官要官、突击提拔或者调整干部等违反干部选拔任用规定行为,对直接责任者和领导责任者,情节较轻的,给予警告或者严重警告处分;情节较重的,给予撤销党内职务或者留党察看处分;情节严重的,给予开除党籍处分。

用人失察失误造成严重后果的,对直接责任者和领导责任者,依照前款规定处理。

第七十七条 在干部、职工的录用、考核、职务晋升、职称评定和征兵、安置复转军人等工作中,隐瞒、歪曲事实真相,或者利用职权或者职务上的影响违反有关规定为本人或者其他人谋取利益的,给予警告或者严重警告处分;情节较重的,给予撤销党内职务或者留党察看处分;情节严重的,给予开除党籍处分。

弄虚作假,骗取职务、职级、职称、待遇、资格、学历、学位、荣誉或者其他利益的,依照前款规定处理。

第七十八条 侵犯党员的表决权、选举权和被选举权,情节较重的,给予警告或者严重警告处分;情节严重的,给予撤销党内职务处分。

以强迫、威胁、欺骗、拉拢等手段,妨害党员自主行使表决权、选举权和被选举权的,给予撤销党内职务、留党察看或者开除党籍处分。

第七十九条 有下列行为之一的,给予警告或者严重警告处分;情节较重的,给予撤销党内职务或者留党察看处分;情节严重的,给予开除党籍处分:

（一）对批评、检举、控告进行阻挠、压制，或者将批评、检举、控告材料私自扣压、销毁，或者故意将其泄露给他人的；

（二）对党员的申辩、辩护、作证等进行压制，造成不良后果的；

（三）压制党员申诉，造成不良后果的，或者不按照有关规定处理党员申诉的；

（四）有其他侵犯党员权利行为，造成不良后果的。

对批评人、检举人、控告人、证人及其他人员打击报复的，从重或者加重处分。

党组织有上述行为的，对直接责任者和领导责任者，依照第一款规定处理。

第八十条 违反党章和其他党内法规的规定，采取弄虚作假或者其他手段把不符合党员条件的人发展为党员，或者为非党员出具党员身份证明的，对直接责任者和领导责任者，给予警告或者严重警告处分；情节严重的，给予撤销党内职务处分。

违反有关规定程序发展党员的，对直接责任者和领导责任者，依照前款规定处理。

第八十一条 违反有关规定取得外国国籍或者获取国（境）外永久居留资格、长期居留许可的，给予撤销党内职务、留党察看或者开除党籍处分。

第八十二条 违反有关规定办理因私出国（境）证件、前往港澳通行证，或者未经批准出入国（边）境，情节较轻的，给予警告或者严重警告处分；情节较重的，给予撤销党内职务处分；情节严重的，给予留党察看处分。

第八十三条 驻外机构或者临时出国（境）团（组）中的党员擅自脱离组织，或者从事外事、机要、军事等工作的党员违反有关规定同国（境）外机构、人员联系和交往的，给予警告、严重警告或者撤销党内职务处分。

第八十四条 驻外机构或者临时出国（境）团（组）中的党员，脱离组织出走时间不满六个月又自动回归的，给予撤销党内职务或者留党察看处分；脱离组织出走时间超过六个月的，按照自行脱党处理，党内予以除名。

故意为他人脱离组织出走提供方便条件的，给予警告、严重警告或者撤销党内职务处分。

第八章 对违反廉洁纪律行为的处分

第八十五条 党员干部必须正确行使人民赋予的权力，清正廉洁，反对任何滥用职权、谋求私利的行为。

利用职权或者职务上的影响为他人谋取利益，本人的配偶、子女及其配偶等亲属和其他特定关系人收受对方财物，情节较重的，给予警告或者严重警告处分；情节严重的，给予撤销党内职务、留党察看或者开除党籍处分。

第八十六条 相互利用职权或者职务上的影响为对方及其配偶、子女及其配偶等亲属、身边工作人员和其他特定关系人谋取利益搞权权交易的，给予警告或者严重警告处分;情节较重的,给予撤销党内职务或者留党察看处分;情节严重的,给予开除党籍处分。

第八十七条 纵容、默许配偶、子女及其配偶等亲属、身边工作人员和其他特定关系人利用党员干部本人职权或者职务上的影响谋取私利,情节较轻的,给予警告或者严重警告处分;情节较重的,给予撤销党内职务或者留党察看处分;情节严重的,给予开除党籍处分。

党员干部的配偶、子女及其配偶等亲属和其他特定关系人不实际工作而获取薪酬或者虽实际工作但领取明显超出同职级标准薪酬,党员干部知情未予纠正的,依照前款规定处理。

第八十八条 收受可能影响公正执行公务的礼品、礼金、消费卡和有价证券、股权、其他金融产品等财物,情节较轻的,给予警告或者严重警告处分;情节较重的,给予撤销党内职务或者留党察看处分;情节严重的,给予开除党籍处分。

收受其他明显超出正常礼尚往来的财物的,依照前款规定处理。

第八十九条 向从事公务的人员及其配偶、子女及其配偶等亲属和其他特定关系人赠送明显超出正常礼尚往来的礼品、礼金、消费卡和有价证券、股权、其他金融产品等财物,情节较重的,给予警告或者严重警告处分;情节严重的,给予撤销党内职务或者留党察看处分。

第九十条 借用管理和服务对象的钱款、住房、车辆等,影响公正执行公务,情节较重的,给予警告或者严重警告处分;情节严重的,给予撤销党内职务、留党察看或者开除党籍处分。

通过民间借贷等金融活动获取大额回报,影响公正执行公务的,依照前款规定处理。

第九十一条 利用职权或者职务上的影响操办婚丧喜庆事宜,在社会上造成不良影响的,给予警告或者严重警告处分;情节严重的,给予撤销党内职务处分;借机敛财或者有其他侵犯国家、集体和人民利益行为的,从重或者加重处分,直至开除党籍。

第九十二条 接受、提供可能影响公正执行公务的宴请或者旅游、健身、娱乐等活动安排,情节较重的,给予警告或者严重警告处分;情节严重的,给予撤销党内职务或者留党察看处分。

第九十三条 违反有关规定取得、持有、实际使用运动健身卡、会所和俱乐部会员卡、高尔夫球卡等各种消费卡,或者违反有关规定出入私人会所,情节较重的,给予警告或者严重警告处分;情节严重的,给予撤销党内职务或者留党察看处分。

第九十四条 违反有关规定从事营利活动,有下列行为之一,情节较轻的,给予警告或者严重警告处分;情节较重的,给予撤销党内职务或者留党察看处分;情节严重的,给予开除党籍处分:

（一）经商办企业的；
（二）拥有非上市公司（企业）的股份或者证券的；
（三）买卖股票或者进行其他证券投资的；
（四）从事有偿中介活动的；
（五）在国（境）外注册公司或者投资入股的；
（六）有其他违反有关规定从事营利活动的。

利用参与企业重组改制、定向增发、兼并投资、土地使用权出让等决策、审批过程中掌握的信息买卖股票，利用职权或者职务上的影响通过购买信托产品、基金等方式非正常获利的，依照前款规定处理。

违反有关规定在经济组织、社会组织等单位中兼职，或者经批准兼职但获取薪酬、奖金、津贴等额外利益的，依照第一款规定处理。

第九十五条 利用职权或者职务上的影响，为配偶、子女及其配偶等亲属和其他特定关系人在审批监管、资源开发、金融信贷、大宗采购、土地使用权出让、房地产开发、工程招投标以及公共财政支出等方面谋取利益，情节较轻的，给予警告或者严重警告处分；情节较重的，给予撤销党内职务或者留党察看处分；情节严重的，给予开除党籍处分。

利用职权或者职务上的影响，为配偶、子女及其配偶等亲属和其他特定关系人吸收存款、推销金融产品等提供帮助谋取利益的，依照前款规定处理。

第九十六条 党员领导干部离职或者退（离）休后违反有关规定接受原任职务管辖的地区和业务范围内的企业和中介机构的聘任，或者个人从事与原任职务管辖业务相关的营利活动，情节较轻的，给予警告或者严重警告处分；情节较重的，给予撤销党内职务处分；情节严重的，给予留党察看处分。

党员领导干部离职或者退（离）休后违反有关规定担任上市公司、基金管理公司独立董事、独立监事等职务，情节较轻的，给予警告或者严重警告处分；情节较重的，给予撤销党内职务处分；情节严重的，给予留党察看处分。

第九十七条 党员领导干部的配偶、子女及其配偶，违反有关规定在该党员领导干部管辖的地区和业务范围内从事可能影响其公正执行公务的经营活动，或者在该党员领导干部管辖的地区和业务范围内的外商独资企业、中外合资企业中担任由外方委派、聘任的高级职务或者违规任职、兼职取酬的，该党员领导干部应当按照规定予以纠正；拒不纠正的，其本人应当辞去现任职务或者由组织予以调整职务；不辞去现任职务或者不服从组织调整职务的，给予撤销党内职务处分。

第九十八条 党和国家机关违反有关规定经商办企业的，对直接责任者和领导责任者，给予警告或者严重警告处分；情节严重的，给予撤销党内职务处分。

第九十九条 党员领导干部违反工作、生活保障制度，在交通、医疗、警卫等方面为本人、配偶、子女及其配偶等亲属和其他特定关系人谋求特殊待遇，情节较重的,给予警告或者严重警告处分;情节严重的,给予撤销党内职务或者留党察看处分。

第一百条 在分配、购买住房中侵犯国家、集体利益,情节较轻的,给予警告或者严重警告处分;情节较重的,给予撤销党内职务或者留党察看处分;情节严重的,给予开除党籍处分。

第一百零一条 利用职权或者职务上的影响,侵占非本人经管的公私财物,或者以象征性地支付钱款等方式侵占公私财物,或者无偿、象征性地支付报酬接受服务、使用劳务,情节较轻的,给予警告或者严重警告处分;情节较重的,给予撤销党内职务或者留党察看处分;情节严重的,给予开除党籍处分。

利用职权或者职务上的影响,将本人、配偶、子女及其配偶等亲属应当由个人支付的费用,由下属单位、其他单位或者他人支付、报销的,依照前款规定处理。

第一百零二条 利用职权或者职务上的影响,违反有关规定占用公物归个人使用,时间超过六个月,情节较重的,给予警告或者严重警告处分;情节严重的,给予撤销党内职务处分。

占用公物进行营利活动的,给予警告或者严重警告处分;情节较重的,给予撤销党内职务或者留党察看处分;情节严重的,给予开除党籍处分。

将公物借给他人进行营利活动的,依照前款规定处理。

第一百零三条 违反有关规定组织、参加用公款支付的宴请、高消费娱乐、健身活动,或者用公款购买赠送或者发放礼品、消费卡(券)等,对直接责任者和领导责任者,情节较轻的,给予警告或者严重警告处分;情节较重的,给予撤销党内职务或者留党察看处分;情节严重的,给予开除党籍处分。

第一百零四条 违反有关规定自定薪酬或者滥发津贴、补贴、奖金等,对直接责任者和领导责任者,情节较轻的,给予警告或者严重警告处分;情节较重的,给予撤销党内职务或者留党察看处分;情节严重的,给予开除党籍处分。

第一百零五条 有下列行为之一,对直接责任者和领导责任者,情节较轻的,给予警告或者严重警告处分;情节较重的,给予撤销党内职务或者留党察看处分;情节严重的,给予开除党籍处分:

(一)公款旅游或者以学习培训、考察调研、职工疗养等为名变相公款旅游的;

(二)改变公务行程,借机旅游的;

(三)参加所管理企业、下属单位组织的考察活动,借机旅游的。

以考察、学习、培训、研讨、招商、参展等名义变相用公款出国(境)旅游的,依照前款规定处理。

第一百零六条 违反公务接待管理规定,超标准、超范围接待或者借机大吃大喝,对直接责任者和领导责任者,情节较重的,给予警告或者严重警告处分;情节严重的,给予撤销党内职务处分。

第一百零七条 违反有关规定配备、购买、更换、装饰、使用公务交通工具或者有其他违反公务交通工具管理规定的行为,对直接责任者和领导责任者,情节较重的,给予警告或者严重警告处分;情节严重的,给予撤销党内职务或者留党察看处分。

第一百零八条 违反会议活动管理规定,有下列行为之一,对直接责任者和领导责任者,情节较重的,给予警告或者严重警告处分;情节严重的,给予撤销党内职务处分:

(一)到禁止召开会议的风景名胜区开会的;
(二)决定或者批准举办各类节会、庆典活动的。

擅自举办评比达标表彰活动或者借评比达标表彰活动收取费用的,依照前款规定处理。

第一百零九条 违反办公用房管理等规定,有下列行为之一,对直接责任者和领导责任者,情节较重的,给予警告或者严重警告处分;情节严重的,给予撤销党内职务处分:

(一)决定或者批准兴建、装修办公楼、培训中心等楼堂馆所的;
(二)超标准配备、使用办公用房的;
(三)用公款包租、占用客房或者其他场所供个人使用的。

第一百一十条 搞权色交易或者给予财物搞钱色交易的,给予警告或者严重警告处分;情节较重的,给予撤销党内职务或者留党察看处分;情节严重的,给予开除党籍处分。

第一百一十一条 有其他违反廉洁纪律规定行为的,应当视具体情节给予警告直至开除党籍处分。

第九章 对违反群众纪律行为的处分

第一百一十二条 有下列行为之一,对直接责任者和领导责任者,情节较轻的,给予警告或者严重警告处分;情节较重的,给予撤销党内职务或者留党察看处分;情节严重的,给予开除党籍处分:

(一)超标准、超范围向群众筹资筹劳、摊派费用,加重群众负担的;
(二)违反有关规定扣留、收缴群众款物或者处罚群众的;
(三)克扣群众财物,或者违反有关规定拖欠群众钱款的;
(四)在管理、服务活动中违反有关规定收取费用的;
(五)在办理涉及群众事务时刁难群众、吃拿卡要的;
(六)有其他侵害群众利益行为的。

在扶贫领域有上述行为的,从重或者加重处分。

第一百一十三条 干涉生产经营自主权,致使群众财产遭受较大损失的,对直接责任者和领导责任者,给予警告或者严重警告处分;情节严重的,给予撤销党内职务或者留党察看处分。

第一百一十四条 在社会保障、政策扶持、扶贫脱贫、救灾救济款物分配等事项中优亲厚友、明显有失公平的,给予警告或者严重警告处分;情节较重的,给予撤销党内职务或者留党察看处分;情节严重的,给予开除党籍处分。

第一百一十五条 利用宗族或者黑恶势力等欺压群众,或者纵容涉黑涉恶活动、为黑恶势力充当"保护伞"的,给予撤销党内职务或者留党察看处分;情节严重的,给予开除党籍处分。

第一百一十六条 有下列行为之一,对直接责任者和领导责任者,情节较重的,给予警告或者严重警告处分;情节严重的,给予撤销党内职务或者留党察看处分：

（一）对涉及群众生产、生活等切身利益的问题依照政策或者有关规定能解决而不及时解决,庸懒无为、效率低下,造成不良影响的；

（二）对符合政策的群众诉求消极应付、推诿扯皮,损害党群、干群关系的；

（三）对待群众态度恶劣、简单粗暴,造成不良影响的；

（四）弄虚作假,欺上瞒下,损害群众利益的；

（五）有其他不作为、乱作为等损害群众利益行为的。

第一百一十七条 盲目举债、铺摊子、上项目,搞劳民伤财的"形象工程"、"政绩工程",致使国家、集体或者群众财产和利益遭受较大损失的,对直接责任者和领导责任者,给予警告或者严重警告处分;情节严重的,给予撤销党内职务、留党察看或者开除党籍处分。

第一百一十八条 遇到国家财产和群众生命财产受到严重威胁时,能救而不救,情节较重的,给予警告、严重警告或者撤销党内职务处分;情节严重的,给予留党察看或者开除党籍处分。

第一百一十九条 不按照规定公开党务、政务、厂务、村（居）务等,侵犯群众知情权,对直接责任者和领导责任者,情节较重的,给予警告或者严重警告处分;情节严重的,给予撤销党内职务或者留党察看处分。

第一百二十条 有其他违反群众纪律规定行为的,应当视具体情节给予警告直至开除党籍处分。

第十章 对违反工作纪律行为的处分

第一百二十一条 工作中不负责任或者疏于管理,贯彻执行、检查督促落实上级决策部署不力,给党、国家和人民利益以及公共财产造成较大损失的,对直接责任者和领导责任者,给予警告或者严重警告处分;造成重大损失的,给予撤销党内职务、留党察看或者开除党籍处分。

贯彻创新、协调、绿色、开放、共享的发展理念不力,对职责范围内的问题失察失责,造成较大损失或者重大损失的,从重或者加重处分。

第一百二十二条 有下列行为之一,造成严重不良影响,对直接责任者和领导责任者,情节较轻的,给予警告或者严重警告处分;情节较重的,给予撤销党内职务或者留党察看处分;情节严重的,给予开除党籍处分:

(一)贯彻党中央决策部署只表态不落实的;

(二)热衷于搞舆论造势、浮在表面的;

(三)单纯以会议贯彻会议、以文件落实文件,在实际工作中不见诸行动的;

(四)工作中有其他形式主义、官僚主义行为的。

第一百二十三条 党组织有下列行为之一,对直接责任者和领导责任者,情节较重的,给予警告或者严重警告处分;情节严重的,给予撤销党内职务或者留党察看处分:

(一)党员被依法判处刑罚后,不按照规定给予党纪处分,或者对违反国家法律法规的行为,应当给予党纪处分而不处分的;

(二)党纪处分决定或者申诉复查决定作出后,不按照规定落实决定中关于被处分人党籍、职务、职级、待遇等事项的;

(三)党员受到党纪处分后,不按照干部管理权限和组织关系对受处分党员开展日常教育、管理和监督工作的。

第一百二十四条 因工作不负责任致使所管理的人员叛逃的,对直接责任者和领导责任者,给予警告或者严重警告处分;情节严重的,给予撤销党内职务处分。

因工作不负责任致使所管理的人员出走,对直接责任者和领导责任者,情节较重的,给予警告或者严重警告处分;情节严重的,给予撤销党内职务处分。

第一百二十五条 在上级检查、视察工作或者向上级汇报、报告工作时对应当报告的事项不报告或者不如实报告,造成严重损害或者严重不良影响的,对直接责任者和领导责任者,给予警告或者严重警告处分;情节严重的,给予撤销党内职务或者留党察看处分。

在上级检查、视察工作或者向上级汇报、报告工作时纵容、唆使、暗示、强迫下级说假话、报假情的,从重或者加重处分。

第一百二十六条 党员领导干部违反有关规定干预和插手市场经济活动,有下列行为之一,造成不良影响的,给予警告或者严重警告处分;情节较重的,给予撤销党内职务或者留党察看处分;情节严重的,给予开除党籍处分:

(一)干预和插手建设工程项目承发包、土地使用权出让、政府采购、房地产开发与经营、矿产资源开发利用、中介机构服务等活动的;

(二)干预和插手国有企业重组改制、兼并、破产、产权交易、清产核资、资产评估、资产转让、重大项目投资以及其他重大经营活动等事项的;

（三）干预和插手批办各类行政许可和资金借贷等事项的；

（四）干预和插手经济纠纷的；

（五）干预和插手集体资金、资产和资源的使用、分配、承包、租赁等事项的。

第一百二十七条　党员领导干部违反有关规定干预和插手司法活动、执纪执法活动，向有关地方或者部门打听案情、打招呼、说情，或者以其他方式对司法活动、执纪执法活动施加影响，情节较轻的，给予严重警告处分；情节较重的，给予撤销党内职务或者留党察看处分；情节严重的，给予开除党籍处分。

党员领导干部违反有关规定干预和插手公共财政资金分配、项目立项评审、政府奖励表彰等活动，造成重大损失或者不良影响的，依照前款规定处理。

第一百二十八条　泄露、扩散或者打探、窃取党组织关于干部选拔任用、纪律审查、巡视巡察等尚未公开事项或者其他应当保密的内容的，给予警告或者严重警告处分；情节较重的，给予撤销党内职务或者留党察看处分；情节严重的，给予开除党籍处分。

私自留存涉及党组织关于干部选拔任用、纪律审查、巡视巡察等方面资料，情节较重的，给予警告或者严重警告处分；情节严重的，给予撤销党内职务处分。

第一百二十九条　在考试、录取工作中，有泄露试题、考场舞弊、涂改考卷、违规录取等违反有关规定行为的，给予警告或者严重警告处分；情节较重的，给予撤销党内职务或者留党察看处分；情节严重的，给予开除党籍处分。

第一百三十条　以不正当方式谋求本人或者其他人用公款出国（境），情节较轻的，给予警告处分；情节较重的，给予严重警告处分；情节严重的，给予撤销党内职务处分。

第一百三十一条　临时出国（境）团（组）或者人员中的党员，擅自延长在国（境）外期限，或者擅自变更路线的，对直接责任者和领导责任者，给予警告或者严重警告处分；情节严重的，给予撤销党内职务处分。

第一百三十二条　驻外机构或者临时出国（境）团（组）中的党员，触犯驻在国家、地区的法律、法令或者不尊重驻在国家、地区的宗教习俗，情节较重的，给予警告或者严重警告处分；情节严重的，给予撤销党内职务、留党察看或者开除党籍处分。

第一百三十三条　在党的纪律检查、组织、宣传、统一战线工作以及机关工作等其他工作中，不履行或者不正确履行职责，造成损失或者不良影响的，应当视具体情节给予警告直至开除党籍处分。

第十一章　对违反生活纪律行为的处分

第一百三十四条　生活奢靡、贪图享乐、追求低级趣味，造成不良影响的，给予警告或者严重警告处分；情节严重的，给予撤销党内职务处分。

第一百三十五条　与他人发生不正当性关系，造成不良影响的，给予警告或者严重警告处分;情节较重的,给予撤销党内职务或者留党察看处分;情节严重的,给予开除党籍处分。

利用职权、教养关系、从属关系或者其他相类似关系与他人发生性关系的,从重处分。

第一百三十六条 党员领导干部不重视家风建设,对配偶、子女及其配偶失管失教,造成不良影响或者严重后果的,给予警告或者严重警告处分;情节严重的,给予撤销党内职务处分。

第一百三十七条 违背社会公序良俗,在公共场所有不当行为,造成不良影响的,给予警告或者严重警告处分;情节较重的,给予撤销党内职务或者留党察看处分;情节严重的,给予开除党籍处分。

第一百三十八条 有其他严重违反社会公德、家庭美德行为的,应当视具体情节给予警告直至开除党籍处分。

第三编 附 则

第一百三十九条 各省、自治区、直辖市党委可以根据本条例,结合各自工作的实际情况,制定单项实施规定。

第一百四十条 中央军事委员会可以根据本条例,结合中国人民解放军和中国人民武装警察部队的实际情况,制定补充规定或者单项规定。

第一百四十一条 本条例由中央纪律检查委员会负责解释。

第一百四十二条 本条例自 2018 年 10 月 1 日起施行。

本条例施行前,已结案的案件如需进行复查复议,适用当时的规定或者政策。尚未结案的案件,如果行为发生时的规定或者政策不认为是违纪,而本条例认为是违纪的,依照当时的规定或者政策处理;如果行为发生时的规定或者政策认为是违纪的,依照当时的规定或者政策处理,但是如果本条例不认为是违纪或者处理较轻的,依照本条例规定处理。

4.中国共产党党内监督条例

(2016 年 10 月 27 日中国共产党第十八届中央委员会第六次全体会议通过,自 2016 年 10 月 27 日起施行)

第一章 总 则

第一条 为坚持党的领导,加强党的建设,全面从严治党,强化党内监督,保持党的先进性和纯洁性,根据《中国共产党章程》,制定本条例。

第二条 党内监督以马克思列宁主义、毛泽东思想、邓小平理论、"三个代表"重要思想、科学发展观为指导,深入贯彻习近平总书记系列重要讲话精神,围绕统筹推进"五位一体"总体布局和协调推进"四个全面"战略布局,尊崇党章,依规治党,坚持党内监督和人民群众监督相结合,增强党在长期执政条件下自我净化、自我完善、自我革新、自我提高能力,确保党始终成为中国特色社会主义事业的坚强领导核心。

第三条 党内监督没有禁区、没有例外。信任不能代替监督。各级党组织应当把信任激励同严格监督结合起来,促使党的领导干部做到有权必有责、有责要担当,用权受监督、失责必追究。

第四条 党内监督必须贯彻民主集中制,依规依纪进行,强化自上而下的组织监督,改进自下而上的民主监督,发挥同级相互监督作用。坚持惩前毖后、治病救人,抓早抓小、防微杜渐。

第五条 党内监督的任务是确保党章党规党纪在全党有效执行,维护党的团结统一,重点解决党的领导弱化、党的建设缺失、全面从严治党不力,党的观念淡漠、组织涣散、纪律松弛,管党治党宽松软问题,保证党的组织充分履行职能、发挥核心作用,保证全体党员发挥先锋模范作用,保证党的领导干部忠诚干净担当。

党内监督的主要内容是:

(一)遵守党章党规,坚定理想信念,践行党的宗旨,模范遵守宪法法律情况;

(二)维护党中央集中统一领导,牢固树立政治意识、大局意识、核心意识、看齐意识,贯彻落实党的理论和路线方针政策,确保全党令行禁止情况;

(三)坚持民主集中制,严肃党内政治生活,贯彻党员个人服从党的组织,少数服从多数,下级组织服从上级组织,全党各个组织和全体党员服从党的全国代表大会和中央委员会原则情况;

(四)落实全面从严治党责任,严明党的纪律特别是政治纪律和政治规矩,推进党风廉政建设和反腐败工作情况;

(五)落实中央八项规定精神,加强作风建设,密切联系群众,巩固党的执政基础情况;

(六)坚持党的干部标准,树立正确选人用人导向,执行干部选拔任用工作规定情况;

(七)廉洁自律、秉公用权情况;

(八)完成党中央和上级党组织部署的任务情况。

第六条 党内监督的重点对象是党的领导机关和领导干部特别是主要领导干部。

第七条 党内监督必须把纪律挺在前面,运用监督执纪"四种形态",经常开展批评和自我批评、约谈函询,让"红红脸、出出汗"成为常态;党纪轻处分、组织调整成为违纪处理的大多数;党纪重处分、重大职务调整的成为少数;严重违纪涉嫌违法立案审查的成为极少数。

第八条 党的领导干部应当强化自我约束,经常对照党章检查自己的言行,自觉遵守党内政治生活准则、廉洁自律准则,加强党性修养,陶冶道德情操,永葆共产党人政治本色。

第九条 建立健全党中央统一领导,党委(党组)全面监督,纪律检查机关专责监督,党的工作部门职能监督,党的基层组织日常监督,党员民主监督的党内监督体系。

第二章 党的中央组织的监督

第十条 党的中央委员会、中央政治局、中央政治局常务委员会全面领导党内监督工作。中央委员会全体会议每年听取中央政治局工作报告,监督中央政治局工作,部署加强党内监督的重大任务。

第十一条 中央政治局、中央政治局常务委员会定期研究部署在全党开展学习教育,以整风精神查找问题、纠正偏差;听取和审议全党落实中央八项规定精神情况汇报,加强作风建设情况监督检查;听取中央纪律检查委员会常务委员会工作汇报;听取中央巡视情况汇报,在一届任期内实现中央巡视全覆盖。中央政治局每年召开民主生活会,进行对照检查和党性分析,研究加强自身建设措施。

第十二条 中央委员会成员必须严格遵守党的政治纪律和政治规矩,发现其他成员有违反党章、破坏党的纪律、危害党的团结统一的行为应当坚决抵制,并及时向党中央报告。对中央政治委员的意见,署真实姓名以书面形式或者其他形式向中央政治局常务委员会或者中央纪律检查委员会常务委员会反映。

第十三条 中央政治局委员应当加强对直接分管部门、地方、领域党组织和领导班子成员的监督,定期同有关地方和部门主要负责人就其履行全面从严治党责任、廉洁自律等情况进行谈话。

第十四条 中央政治局委员应当严格执行中央八项规定,自觉参加双重组织生活,如实向党中央报告个人重要事项。带头树立良好家风,加强对亲属和身边工作人员的教育和约束,严格要求配偶、子女及其配偶不得违规经商办企业,不得违规任职、兼职取酬。

第三章 党委(党组)的监督

第十五条 党委(党组)在党内监督中负主体责任,书记是第一责任人,党委常委会委员(党组成员)和党委委员在职责范围内履行监督职责。党委(党组)履行以下监督职责:

（一）领导本地区本部门本单位党内监督工作，组织实施各项监督制度，抓好督促检查；

（二）加强对同级纪委和所辖范围内纪律检查工作的领导，检查其监督执纪问责工作情况；

（三）对党委常委会委员（党组成员）、党委委员，同级纪委、党的工作部门和直接领导的党组织领导班子及其成员进行监督；

（四）对上级党委、纪委工作提出意见和建议，开展监督。

第十六条　党的工作部门应当严格执行各项监督制度，加强职责范围内党内监督工作，既加强对本部门本单位的内部监督，又强化对本系统的日常监督。

第十七条　党内监督必须加强对党组织主要负责人和关键岗位领导干部的监督，重点监督其政治立场、加强党的建设、从严治党，执行党的决议，公道正派选人用人，责任担当、廉洁自律，落实意识形态工作责任制情况。

上级党组织特别是其主要负责人，对下级党组织主要负责人应当平时多过问、多提醒，发现问题及时纠正。领导班子成员发现班子主要负责人存在问题，应当及时向其提出，必要时可以直接向上级党组织报告。

党组织主要负责人个人有关事项应当在党内一定范围公开，主动接受监督。

第十八条　党委（党组）应当加强对领导干部的日常管理监督，掌握其思想、工作、作风、生活状况。党的领导干部应当经常开展批评和自我批评，敢于正视、深刻剖析、主动改正自己的缺点错误；对同志的缺点错误应当敢于指出，帮助改进。

第十九条　巡视是党内监督的重要方式。中央和省、自治区、直辖市党委一届任期内，对所管理的地方、部门、企事业单位党组织全面巡视。巡视党的组织和党的领导干部尊崇党章、党的领导、党的建设和党的路线方针政策落实情况，履行全面从严治党责任、执行党的纪律、落实中央八项规定精神、党风廉政建设和反腐败工作以及选人用人情况。发现问题、形成震慑，推动改革、促进发展，发挥从严治党利剑作用。

中央巡视工作领导小组应当加强对省、自治区、直辖市党委，中央有关部委，中央国家机关部门党组（党委）巡视工作的领导。省、自治区、直辖市党委应当推动党的市（地、州、盟）和县（市、区、旗）委员会建立巡察制度，使从严治党向基层延伸。

第二十条　严格党的组织生活制度，民主生活会应当经常化，遇到重要或者普遍性问题应当及时召开。民主生活会重在解决突出问题，领导干部应当在会上把群众反映、巡视反馈、组织约谈函询的问题说清楚、谈透彻，开展批评和自我批评，提出整改措施，接受组织监督。上级党组织应当加强对下级领导班子民主生活会的指导和监督，提高民主生活会质量。

第二十一条　坚持党内谈话制度，认真开展提醒谈话、诫勉谈话。发现领导干部有思想、作风、纪律等方面苗头性、倾向性问题的，有关党组织负责人应当及时对其提醒谈话；发现轻微违纪问题的，上级党组织负责人应当对其诫勉谈话，并由本人作出说明或者检讨，经所在党组织主要负责人签字后报上级纪委和组织部门。

第二十二条　严格执行干部考察考核制度，全面考察德、能、勤、绩、廉表现，既重政绩又重政德，重点考察贯彻执行党中央和上级党组织决策部署的表现，履行管党治党责任，在重大原则问题上的立场，对待人民群众的态度，完成急难险重任务的情况。考察考核中党组织主要负责人应当对班子成员实事求是作出评价。考核评语在同本人见面后载入干部档案。落实党组织主要负责人在干部选任、考察、决策等各个环节的责任，对失察失责的应当严肃追究责任。

第二十三条　党的领导干部应当每年在党委常委会（或党组）扩大会议上述责述廉，接受评议。述责述廉重点是执行政治纪律和政治规矩、履行管党治党责任、推进党风廉政建设和反腐败工作以及执行廉洁纪律情况。述责述廉报告应当载入廉洁档案，并在一定范围内公开。

第二十四条　坚持和完善领导干部个人有关事项报告制度，领导干部应当按规定如实报告个人有关事项，及时报告个人及家庭重大情况，事先请示报告离开岗位或者工作所在地等。有关部门应当加强抽查核实。对故意虚报瞒报个人重大事项、篡改伪造个人档案资料的，一律严肃查处。

第二十五条　建立健全党的领导干部插手干预重大事项记录制度，发现利用职务便利违规干预干部选拔任用、工程建设、执纪执法、司法活动等问题，应当及时向上级党组织报告。

第四章　党的纪律检查委员会的监督

第二十六条　党的各级纪律检查委员会是党内监督的专责机关，履行监督执纪问责职责，加强对所辖范围内党组织和领导干部遵守党章党规党纪、贯彻执行党的路线方针政策情况的监督检查，承担下列具体任务：

（一）加强对同级党委特别是常委会委员、党的工作部门和直接领导的党组织、党的领导干部履行职责、行使权力情况的监督；

（二）落实纪律检查工作双重领导体制，执纪审查工作以上级纪委领导为主，线索处置和执纪审查情况在向同级党委报告的同时向上级纪委报告，各级纪委书记、副书记的提名和考察以上级纪委会同组织部门为主；

（三）强化上级纪委对下级纪委的领导，纪委发现同级党委主要领导干部的问题，可以直接向上级纪委报告；下级纪委至少每半年向上级纪委报告1次工作，每年向上级纪委进行述职。

第二十七条　纪律检查机关必须把维护党的政治纪律和政治规矩放在首位，坚决纠正和查处上有政策、下有对策，有令不行、有禁不止，口是心非、阳奉阴违，搞团团伙伙、拉帮结派、欺骗组织、对抗组织等行为。

第二十八条 纪委派驻纪检组对派出机关负责,加强对被监督单位领导班子及其成员、其他领导干部的监督,发现问题应当及时向派出机关和被监督单位党组织报告,认真负责调查处置,对需要问责的提出建议。

派出机关应当加强对派驻纪检组工作的领导,定期约谈被监督单位党组织主要负责人、派驻纪检组组长,督促其落实管党治党责任。

派驻纪检组应当带着实际情况和具体问题,定期向派出机关汇报工作,至少每半年会同被监督单位党组织专题研究1次党风廉政建设和反腐败工作。对能发现的问题没有发现是失职,发现问题不报告、不处置是渎职,都必须严肃问责。

第二十九条 认真处理信访举报,做好问题线索分类处置,早发现早报告,对社会反映突出、群众评价较差的领导干部情况及时报告,对重要检举事项应当集体研究。定期分析研判信访举报情况,对信访反映的典型性、普遍性问题提出有针对性的处置意见,督促信访举报比较集中的地方和部门查找分析原因并认真整改。

第三十条 严把干部选拔任用"党风廉洁意见回复"关,综合日常工作中掌握的情况,加强分析研判,实事求是评价干部廉洁情况,防止"带病提拔"、"带病上岗"。

第三十一条 接到对干部一般性违纪问题的反映,应当及时找本人核实,谈话提醒、约谈函询,让干部把问题讲清楚。约谈被反映人,可以与其所在党组织主要负责人一同进行;被反映人对函询问题的说明,应当由其所在党组织主要负责人签字后报上级纪委。谈话记录和函询回复应当认真核实,存档备查。没有发现问题的应当了结澄清,对不如实说明情况的给予严肃处理。

第三十二条 依规依纪进行执纪审查,重点审查不收敛不收手,问题线索反映集中、群众反映强烈,现在重要岗位且可能还要提拔使用的领导干部,三类情况同时具备的是重中之重。执纪审查应当查清违纪事实,让审查对象从学习党章入手,从理想信念宗旨、党性原则、作风纪律等方面检查剖析自己,审理报告应当事实清楚、定性准确,反映审查对象思想认识情况。

第三十三条 对违反中央八项规定精神的,严重违纪被立案审查开除党籍的,严重失职失责被问责的,以及发生在群众身边、影响恶劣的不正之风和腐败问题,应当点名道姓通报曝光。

第三十四条 加强对纪律检查机关的监督。发现纪律检查机关及其工作人员有违反纪律问题的,必须严肃处理。各级纪律检查机关必须加强自身建设,健全内控机制,自觉接受党内监督、社会监督、群众监督,确保权力受到严格约束。

第五章 党的基层组织和党员的监督

第三十五条 党的基层组织应当发挥战斗堡垒作用,履行下列监督职责:

（一）严格党的组织生活，开展批评和自我批评，监督党员切实履行义务，保障党员权利不受侵犯；

（二）了解党员、群众对党的工作和党的领导干部的批评和意见，定期向上级党组织反映情况，提出意见和建议；

（三）维护和执行党的纪律，发现党员、干部违反纪律问题及时教育或者处理，问题严重的应当向上级党组织报告。

第三十六条　党员应当本着对党和人民事业高度负责的态度，积极行使党员权利，履行下列监督义务：

（一）加强对党的领导干部的民主监督，及时向党组织反映群众意见和诉求；

（二）在党的会议上有根据地批评党的任何组织和任何党员，揭露和纠正工作中存在的缺点和问题；

（三）参加党组织开展的评议领导干部活动，勇于触及矛盾问题、指出缺点错误，对错误言行敢于较真、敢于斗争；

（四）向党负责地揭发、检举党的任何组织和任何党员违纪违法的事实，坚决反对一切派别活动和小集团活动，同腐败现象作坚决斗争。

第六章　党内监督和外部监督相结合

第三十七条　各级党委应当支持和保证同级人大、政府、监察机关、司法机关等对国家机关及公职人员依法进行监督，人民政协依章程进行民主监督，审计机关依法进行审计监督。有关国家机关发现党的领导干部违反党规党纪、需要党组织处理的，应当及时向有关党组织报告。审计机关发现党的领导干部涉嫌违纪的问题线索，应当向同级党组织报告，必要时向上级党组织报告，并按照规定将问题线索移送相关纪律检查机关处理。

在纪律审查中发现党的领导干部严重违纪涉嫌违法犯罪的，应当先作出党纪处分决定，再移送行政机关、司法机关处理。执法机关和司法机关依法立案查处涉及党的领导干部案件，应当向同级党委、纪委通报；该干部所在党组织应当根据有关规定，中止其相关党员权利；依法受到刑事责任追究，或者虽不构成犯罪但涉嫌违纪的，应当移送纪委依纪处理。

第三十八条　中国共产党同各民主党派长期共存、互相监督、肝胆相照、荣辱与共。各级党组织应当支持民主党派履行监督职能，重视民主党派和无党派人士提出的意见、批评、建议，完善知情、沟通、反馈、落实等机制。

第三十九条　各级党组织和党的领导干部应当认真对待、自觉接受社会监督，利用互联网技术和信息化手段，推动党务公开、拓宽监督渠道，虚心接受群众批评。新闻媒体应当坚持党性和人民性相统一，坚持正确导向，加强舆论监督，对典型案例进行剖析，发挥警示作用。

第七章　整改和保障

第四十条　党组织应当如实记录、集中管理党内监督中发现的问题和线索,及时了解核实,作出相应处理;不属于本级办理范围的应当移送有权限的党组织处理。

第四十一条　党组织对监督中发现的问题应当做到条条要整改、件件有着落。整改结果应当及时报告上级党组织,必要时可以向下级党组织和党员通报,并向社会公开。

对于上级党组织交办以及巡视等移交的违纪问题线索,应当及时处理,并在3个月内反馈办理情况。

第四十二条　党委(党组)、纪委(纪检组)应当加强对履行党内监督责任和问题整改落实情况的监督检查,对不履行或者不正确履行党内监督职责,以及纠错、整改不力的,依照《中国共产党纪律处分条例》、《中国共产党问责条例》等规定处理。

第四十三条　党组织应当保障党员知情权和监督权,鼓励和支持党员在党内监督中发挥积极作用。提倡署真实姓名反映违纪事实,党组织应当为检举控告者严格保密,并以适当方式向其反馈办理情况。对干扰妨碍监督、打击报复监督者的,依纪严肃处理。

第四十四条　党组织应当保障监督对象的申辩权、申诉权等相关权利。经调查,监督对象没有不当行为的,应当予以澄清和正名。对以监督为名侮辱、诽谤、诬陷他人的,依纪严肃处理;涉嫌犯罪的移送司法机关处理。监督对象对处理决定不服的,可以依照党章规定提出申诉。有关党组织应当认真复议复查,并作出结论。

第八章　附　　则

第四十五条　中央军事委员会可以根据本条例,制定相关规定。

第四十六条　本条例由中央纪律检查委员会负责解释。

第四十七条　本条例自发布之日起施行。

5. 中国共产党问责条例

(2016年6月28日中共中央政治局审议通过,
2019年9月4日修订,自2019年9月1日起施行)

第一条　为了坚持党的领导,加强党的建设,全面从严治党,保证党的路线方针政策和党中央重大决策部署贯彻落实,规范和强化党的问责工作,根据《中国共产党章程》,制定本条例。

第二条 党的问责工作坚持以马克思列宁主义、毛泽东思想、邓小平理论、"三个代表"重要思想、科学发展观、习近平新时代中国特色社会主义思想为指导,增强"四个意识",坚定"四个自信",坚决维护习近平总书记党中央的核心、全党的核心地位,坚决维护党中央权威和集中统一领导,围绕统筹推进"五位一体"总体布局和协调推进"四个全面"战略布局,落实管党治党政治责任,督促各级党组织、党的领导干部负责守责尽责,践行忠诚干净担当。

第三条 党的问责工作应当坚持以下原则:

(一)依规依纪、实事求是;

(二)失责必问、问责必严;

(三)权责一致、错责相当;

(四)严管和厚爱结合、激励和约束并重;

(五)惩前毖后、治病救人;

(六)集体决定、分清责任。

第四条 党委(党组)应当履行全面从严治党主体责任,加强对本地区本部门本单位问责工作的领导,追究在党的建设、党的事业中失职失责党组织和党的领导干部的主体责任、监督责任、领导责任。

纪委应当履行监督专责,协助同级党委开展问责工作。纪委派驻(派出)机构按照职责权限开展问责工作。

党的工作机关应当依据职能履行监督职责,实施本机关本系统本领域的问责工作。

第五条 问责对象是党组织、党的领导干部,重点是党委(党组)、党的工作机关及其领导成员,纪委、纪委派驻(派出)机构及其领导成员。

第六条 问责应当分清责任。党组织领导班子在职责范围内负有全面领导责任,领导班子主要负责人和直接主管的班子成员在职责范围内承担主要领导责任,参与决策和工作的班子成员在职责范围内承担重要领导责任。

对党组织问责的,应当同时对该党组织中负有责任的领导班子成员进行问责。

党组织和党的领导干部应当坚持把自己摆进去、把职责摆进去、把工作摆进去,注重从自身找问题、查原因,勇于担当、敢于负责,不得向下级党组织和干部推卸责任。

第七条 党组织、党的领导干部违反党章和其他党内法规,不履行或者不正确履行职责,有下列情形之一,应当予以问责:

(一)党的领导弱化,"四个意识"不强,"两个维护"不力,党的基本理论、基本路线、基本方略没有得到有效贯彻执行,在贯彻新发展理念,推进经济建设、政治建

设、文化建设、社会建设、生态文明建设中,出现重大偏差和失误,给党的事业和人民利益造成严重损失,产生恶劣影响的;

(二)党的政治建设抓得不实,在重大原则问题上未能同党中央保持一致,贯彻落实党的路线方针政策和执行党中央重大决策部署不力,不遵守重大事项请示报告制度,有令不行、有禁不止、阳奉阴违、欺上瞒下、团团伙伙、拉帮结派问题突出,党内政治生活不严肃不健康,党的政治建设工作责任制落实不到位,造成严重后果或者恶劣影响的;

(三)党的思想建设缺失,党性教育特别是理想信念宗旨教育流于形式,意识形态工作责任制落实不到位,造成严重后果或者恶劣影响的;

(四)党的组织建设薄弱,党建工作责任制不落实,严重违反民主集中制原则,不执行领导班子议事决策规则,民主生活会、"三会一课"等党的组织生活制度不执行,领导干部报告个人有关事项制度执行不力,党组织软弱涣散,违规选拔任用干部等问题突出,造成恶劣影响的;

(五)党的作风建设松懈,落实中央八项规定及其实施细则精神不力,"四风"问题得不到有效整治,形式主义、官僚主义问题突出,执行党中央决策部署表态多调门高、行动少落实差,脱离实际、脱离群众,拖沓敷衍、推诿扯皮,造成严重后果的;

(六)党的纪律建设抓得不严,维护党的政治纪律、组织纪律、廉洁纪律、群众纪律、工作纪律、生活纪律不力,导致违规违纪行为多发,造成恶劣影响的;

(七)推进党风廉政建设和反腐败斗争不坚决、不扎实,削减存量、遏制增量不力,特别是对不收敛、不收手,问题线索反映集中、群众反映强烈,政治问题和经济问题交织的腐败案件放任不管,造成恶劣影响的;

(八)全面从严治党主体责任、监督责任落实不到位,对公权力的监督制约不力,好人主义盛行,不负责不担当,党内监督乏力,该发现的问题没有发现,发现问题不报告不处置,领导巡视巡察工作不力,落实巡视巡察整改要求走过场、不到位,该问责不问责,造成严重后果的;

(九)履行管理、监督职责不力,职责范围内发生重特大生产安全事故、群体性事件、公共安全事件,或者发生其他严重事故、事件,造成重大损失或者恶劣影响的;

(十)在教育医疗、生态环境保护、食品药品安全、扶贫脱贫、社会保障等涉及人民群众最关心最直接最现实的利益问题上不作为、乱作为、慢作为、假作为,损害和侵占群众利益问题得不到整治,以言代法、以权压法、徇私枉法问题突出,群众身边腐败和作风问题严重,造成恶劣影响的;

(十一)其他应当问责的失职失责情形。

第八条 对党组织的问责,根据危害程度以及具体情况,可以采取以下方式:

(一)检查。责令作出书面检查并切实整改。

(二)通报。责令整改,并在一定范围内通报。

（三）改组。对失职失责，严重违犯党的纪律、本身又不能纠正的，应当予以改组。

对党的领导干部的问责，根据危害程度以及具体情况，可以采取以下方式：

（一）通报。进行严肃批评，责令作出书面检查、切实整改，并在一定范围内通报。

（二）诫勉。以谈话或者书面方式进行诫勉。

（三）组织调整或者组织处理。对失职失责、危害较重，不适宜担任现职的，应当根据情况采取停职检查、调整职务、责令辞职、免职、降职等措施。

（四）纪律处分。对失职失责、危害严重，应当给予纪律处分的，依照《中国共产党纪律处分条例》追究纪律责任。

上述问责方式，可以单独使用，也可以依据规定合并使用。问责方式有影响期的，按照有关规定执行。

第九条 发现有本条例第七条所列问责情形，需要进行问责调查的，有管理权限的党委（党组）、纪委、党的工作机关应当经主要负责人审批，及时启动问责调查程序。其中，纪委、党的工作机关对同级党委直接领导的党组织及其主要负责人启动问责调查，应当报同级党委主要负责人批准。

应当启动问责调查未及时启动的，上级党组织应当责令有管理权限的党组织启动。根据问题性质或者工作需要，上级党组织可以直接启动问责调查，也可以指定其他党组织启动。

对被立案审查的党组织、党的领导干部问责的，不再另行启动问责调查程序。

第十条 启动问责调查后，应当组成调查组，依规依纪依法开展调查，查明党组织、党的领导干部失职失责问题，综合考虑主客观因素，正确区分贯彻执行党中央或者上级决策部署过程中出现的执行不当、执行不力、不执行等不同情况，精准提出处理意见，做到事实清楚、证据确凿、依据充分、责任分明、程序合规、处理恰当，防止问责不力或者问责泛化、简单化。

第十一条 查明调查对象失职失责问题后，调查组应当撰写事实材料，与调查对象见面，听取其陈述和申辩，并记录在案；对合理意见，应当予以采纳。调查对象应当在事实材料上签署意见，对签署不同意见或者拒不签署意见的，调查组应当作出说明或者注明情况。

调查工作结束后，调查组应当集体讨论，形成调查报告，列明调查对象基本情况、调查依据、调查过程，问责事实，调查对象的态度、认识及其申辩，处理意见以及依据，由调查组组长以及有关人员签名后，履行审批手续。

第十二条 问责决定应当由有管理权限的党组织作出。

对同级党委直接领导的党组织，纪委和党的工作机关报经同级党委或者其主要负责人批准，可以采取检查、通报方式进行问责。采取改组方式问责的，按照党章和有关党内法规规定的权限、程序执行。

对同级党委管理的领导干部,纪委和党的工作机关报经同级党委或者其主要负责人批准,可以采取通报、诫勉方式进行问责;提出组织调整或者组织处理的建议。采取纪律处分方式问责的,按照党章和有关党内法规规定的权限、程序执行。

第十三条 问责决定作出后,应当及时向被问责党组织、被问责领导干部及其所在党组织宣布并督促执行。有关问责情况应当向纪委和组织部门通报,纪委应当将问责决定材料归入被问责领导干部廉政档案,组织部门应当将问责决定材料归入被问责领导干部的人事档案,并报上一级组织部门备案;涉及组织调整或者组织处理的,相应手续应当在 1 个月内办理完毕。

被问责领导干部应当向作出问责决定的党组织写出书面检讨,并在民主生活会、组织生活会或者党的其他会议上作出深刻检查。建立健全问责典型问题通报曝光制度,采取组织调整或者组织处理、纪律处分方式问责的,应当以适当方式公开。

第十四条 被问责党组织、被问责领导干部及其所在党组织应当深刻汲取教训,明确整改措施。作出问责决定的党组织应当加强督促检查,推动以案促改。

第十五条 需要对问责对象作出政务处分或者其他处理的,作出问责决定的党组织应当通报相关单位,相关单位应当及时处理并将结果通报或者报告作出问责决定的党组织。

第十六条 实行终身问责,对失职失责性质恶劣、后果严重的,不论其责任人是否调离转岗、提拔或者退休等,都应当严肃问责。

第十七条 有下列情形之一的,可以不予问责或者免予问责:

(一)在推进改革中因缺乏经验、先行先试出现的失误,尚无明确限制的探索性试验中的失误,为推动发展的无意过失;

(二)在集体决策中对错误决策提出明确反对意见或者保留意见的;

(三)在决策实施中已经履职尽责,但因不可抗力、难以预见等因素造成损失的。

对上级错误决定提出改正或者撤销意见未被采纳,而出现本条例第七条所列问责情形的,依照前款规定处理。上级错误决定明显违法违规的,应当承担相应的责任。

第十八条 有下列情形之一,可以从轻或者减轻问责:

(一)及时采取补救措施,有效挽回损失或者消除不良影响的;

(二)积极配合问责调查工作,主动承担责任的;

(三)党内法规规定的其他从轻、减轻情形。

第十九条 有下列情形之一,应当从重或者加重问责:

(一)对党中央、上级党组织三令五申的指示要求,不执行或者执行不力的;

（二）在接受问责调查和处理中，不如实报告情况，敷衍塞责、推卸责任，或者唆使、默许有关部门和人员弄虚作假，阻挠问责工作的；

（三）党内法规规定的其他从重、加重情形。

第二十条 问责对象对问责决定不服的，可以自收到问责决定之日起1个月内，向作出问责决定的党组织提出书面申诉。作出问责决定的党组织接到书面申诉后，应当在1个月内作出申诉处理决定，并以书面形式告知提出申诉的党组织、领导干部及其所在党组织。

申诉期间，不停止问责决定的执行。

第二十一条 问责决定作出后，发现问责事实认定不清楚、证据不确凿、依据不充分、责任不清晰、程序不合规、处理不恰当，或者存在其他不应当问责、不精准问责情况的，应当及时予以纠正。必要时，上级党组织可以直接纠正或者责令作出问责决定的党组织予以纠正。

党组织、党的领导干部滥用问责，或者在问责工作中严重不负责任，造成不良影响的，应当严肃追究责任。

第二十二条 正确对待被问责干部，对影响期满、表现好的干部，符合条件的，按照干部选拔任用有关规定正常使用。

第二十三条 本条例所涉及的审批权限均指最低审批权限，工作中根据需要可以按照更高层级的审批权限报批。

第二十四条 纪委派驻（派出）机构除执行本条例外，还应当执行党中央以及中央纪委相关规定。

第二十五条 中央军事委员会可以根据本条例制定相关规定。

第二十六条 本条例由中央纪律检查委员会负责解释。

第二十七条 本条例自2019年9月1日起施行。2016年7月8日中共中央印发的《中国共产党问责条例》同时废止。此前发布的有关问责的规定，凡与本条例不一致的，按照本条例执行。

6. 中国共产党巡视工作条例

（2017年7月1日中共中央修改，自2017年7月10日起施行）

第一章 总 则

第一条 为落实全面从严治党要求，严肃党内政治生活，净化党内政治生态，加强党内监督，规范巡视工作，根据《中国共产党章程》，制定本条例。

第二条 党的中央和省、自治区、直辖市委员会实行巡视制度,建立专职巡视机构,在一届任期内对所管理的地方、部门、企事业单位党组织全面巡视。

中央有关部委、中央国家机关部门党组(党委)可以实行巡视制度,设立巡视机构,对所管理的党组织进行巡视监督。

党的市(地、州、盟)和县(市、区、旗)委员会建立巡察制度,设立巡察机构,对所管理的党组织进行巡察监督。

开展巡视巡察工作的党组织承担巡视巡察工作的主体责任。

第三条 巡视工作以马克思列宁主义、毛泽东思想、邓小平理论、"三个代表"重要思想、科学发展观为指导,深入贯彻习近平总书记系列重要讲话精神和治国理政新理念新思想新战略,牢固树立政治意识、大局意识、核心意识、看齐意识,坚定不移维护以习近平同志为核心的党中央权威和集中统一领导,统筹推进"五位一体"总体布局和协调推进"四个全面"战略布局,贯彻新发展理念,坚定对中国特色社会主义的道路自信、理论自信、制度自信、文化自信,尊崇党章,依规治党,落实中央巡视工作方针,深化政治巡视,聚焦坚持党的领导、加强党的建设、全面从严治党,发现问题、形成震慑,推动改革、促进发展,确保党始终成为中国特色社会主义事业的坚强领导核心。

第四条 巡视工作坚持中央统一领导、分级负责;坚持实事求是、依法依规;坚持群众路线、发扬民主。

第二章 机构和人员

第五条 党的中央和省、自治区、直辖市委员会成立巡视工作领导小组,分别向党中央和省、自治区、直辖市党委负责并报告工作。

巡视工作领导小组组长由同级党的纪律检查委员会书记担任,副组长一般由同级党委组织部部长担任。巡视工作领导小组组长为组织实施巡视工作的主要责任人。

中央巡视工作领导小组应当加强对省、自治区、直辖市党委,中央有关部委,中央国家机关部门党组(党委)巡视工作的领导。

第六条 巡视工作领导小组的职责是:

(一)贯彻党的中央委员会和同级党的委员会有关决议、决定;

(二)研究提出巡视工作规划、年度计划和阶段任务安排;

(三)听取巡视工作汇报;

(四)研究巡视成果的运用,分类处置,提出相关意见和建议;

(五)向同级党组织报告巡视工作情况;

(六)对巡视组进行管理和监督;

(七)研究处理巡视工作中的其他重要事项。

第七条 巡视工作领导小组下设办公室，为其日常办事机构。

中央巡视工作领导小组办公室设在中央纪律检查委员会。

省、自治区、直辖市党委巡视工作领导小组办公室为党委工作部门，设在同级党的纪律检查委员会。

第八条 巡视工作领导小组办公室的职责是：

（一）向巡视工作领导小组报告工作情况，传达贯彻巡视工作领导小组的决策和部署；

（二）统筹、协调、指导巡视组开展工作；

（三）承担政策研究、制度建设等工作；

（四）对派出巡视组的党组织、巡视工作领导小组决定的事项进行督办；

（五）配合有关部门对巡视工作人员进行培训、考核、监督和管理；

（六）办理巡视工作领导小组交办的其他事项。

第九条 党的中央和省、自治区、直辖市委员会设立巡视组，承担巡视任务。巡视组向巡视工作领导小组负责并报告工作。

第十条 巡视组设组长、副组长、巡视专员和其他职位。巡视组实行组长负责制，副组长协助组长开展工作。

巡视组组长根据每次巡视任务确定并授权。

第十一条 巡视工作人员应当具备下列条件：

（一）理想信念坚定，对党忠诚，在思想上政治上行动上同党中央保持高度一致；

（二）坚持原则，敢于担当，依法办事，公道正派，清正廉洁；

（三）遵守党的纪律，严守党的秘密；

（四）熟悉党务工作和相关政策法规，具有较强的发现问题、沟通协调、文字综合等能力；

（五）身体健康，能胜任工作要求。

第十二条 选配巡视工作人员应当严格标准条件，对不适合从事巡视工作的人员，应当及时予以调整。

巡视工作人员应当按照规定进行轮岗交流。

巡视工作人员实行任职回避、地域回避、公务回避。

第三章 巡视范围和内容

第十三条 中央巡视组的巡视对象和范围是：

（一）省、自治区、直辖市党委和人大常委会、政府、政协党组领导班子及其成员，省、自治区、直辖市高级人民法院、人民检察院党组主要负责人，副省级城市党委和人大常委会、政府、政协党组主要负责人；

（二）中央部委领导班子及其成员，中央国家机关部委、人民团体党组（党委）领导班子及其成员；

（三）中央管理的国有重要骨干企业、金融企业、事业单位党委（党组）领导班子及其成员；

（四）中央要求巡视的其他单位的党组织领导班子及其成员。

第十四条　省、自治区、直辖市党委巡视组的巡视对象和范围是：

（一）市（地、州、盟）、县（市、区、旗）党委和人大常委会、政府、政协党组领导班子及其成员，市（地、州、盟）中级人民法院、人民检察院和县（市、区、旗）人民法院、人民检察院党组主要负责人；

（二）省、自治区、直辖市党委工作部门领导班子及其成员，政府部门、人民团体党组（党委、党工委）领导班子及其成员；

（三）省、自治区、直辖市管理的国有企业、事业单位党委（党组）领导班子及其成员；

（四）省、自治区、直辖市党委要求巡视的其他单位的党组织领导班子及其成员。

第十五条　巡视组对巡视对象执行《中国共产党章程》和其他党内法规，遵守党的纪律，落实全面从严治党主体责任和监督责任等情况进行监督，着力发现党的领导弱化、党的建设缺失、全面从严治党不力，党的观念淡漠、组织涣散、纪律松弛，管党治党宽松软问题：

（一）违反政治纪律和政治规矩，存在违背党的路线方针政策的言行，有令不行、有禁不止，阳奉阴违、结党营私、团团伙伙、拉帮结派，以及落实意识形态工作责任制不到位等问题；

（二）违反廉洁纪律，以权谋私、贪污贿赂、腐化堕落等问题；

（三）违反组织纪律，违规用人、任人唯亲、跑官要官、买官卖官、拉票贿选，以及独断专行、软弱涣散、严重不团结等问题；

（四）违反群众纪律、工作纪律、生活纪律，落实中央八项规定精神不力，搞形式主义、官僚主义、享乐主义和奢靡之风等问题；

（五）派出巡视组的党组织要求了解的其他问题。

第十六条　派出巡视组的党组织可以根据工作需要，针对所辖地方、部门、企事业单位的重点人、重点事、重点问题或者巡视整改情况，开展机动灵活的专项巡视。

第四章　工作方式和权限

第十七条　巡视组可以采取以下方式开展工作：

（一）听取被巡视党组织的工作汇报和有关部门的专题汇报；

（二）与被巡视党组织领导班子成员和其他干部群众进行个别谈话；

（三）受理反映被巡视党组织领导班子及其成员和下一级党组织领导班子主要负责人问题的来信、来电、来访等；

（四）抽查核实领导干部报告个人有关事项的情况；

（五）向有关知情人询问情况；

（六）调阅、复制有关文件、档案、会议记录等资料；

（七）召开座谈会；

（八）列席被巡视地区（单位）的有关会议；

（九）进行民主测评、问卷调查；

（十）以适当方式到被巡视地区（单位）的下属地方、单位或者部门了解情况；

（十一）开展专项检查；

（十二）提请有关单位予以协助；

（十三）派出巡视组的党组织批准的其他方式。

第十八条 巡视组依靠被巡视党组织开展工作，不干预被巡视地区（单位）的正常工作，不履行执纪审查的职责。

第十九条 巡视组应当严格执行请示报告制度，对巡视工作中的重要情况和重大问题及时向巡视工作领导小组请示报告。

特殊情况下，中央巡视组可以直接向中央巡视工作领导小组组长报告，省、自治区、直辖市党委巡视组可以直接向省、自治区、直辖市党委书记报告。

第二十条 巡视期间，经巡视工作领导小组批准，巡视组可以将被巡视党组织管理的干部涉嫌违纪违法的具体问题线索，移交有关纪律检查机关或者政法机关处理；对群众反映强烈、明显违反规定并且能够及时解决的问题，向被巡视党组织提出处理建议。

第五章 工 作 程 序

第二十一条 巡视组开展巡视前，应当向同级纪检监察机关、政法机关和组织、审计、信访等部门和单位了解被巡视党组织领导班子及其成员的有关情况。

第二十二条 巡视组进驻被巡视地区（单位）后，应当向被巡视党组织通报巡视任务，按照规定的工作方式和权限，开展巡视了解工作。

巡视组对反映被巡视党组织领导班子及其成员的重要问题和线索，可以进行深入了解。

第二十三条 巡视了解工作结束后，巡视组应当形成巡视报告，如实报告了解的重要情况和问题，并提出处理建议。

对党风廉政建设等方面存在的普遍性、倾向性问题和其他重大问题，应当形成专题报告，分析原因，提出建议。

第二十四条 巡视工作领导小组应当及时听取巡视组的巡视情况汇报，研究提出处理意见,报派出巡视组的党组织决定。

第二十五条　派出巡视组的党组织应当及时听取巡视工作领导小组有关情况汇报,研究并决定巡视成果的运用。

第二十六条　经派出巡视组的党组织同意后,巡视组应当及时向被巡视党组织领导班子及其主要负责人分别反馈相关巡视情况,指出问题,有针对性地提出整改意见。

根据巡视工作领导小组要求,巡视组将巡视的有关情况通报同级党委和政府有关领导及其职能部门。

第二十七条　被巡视党组织收到巡视组反馈意见后,应当认真整改落实,并于2个月内将整改情况报告和主要负责人组织落实情况报告,报送巡视工作领导小组办公室。

被巡视党组织主要负责人为落实整改工作的第一责任人。

第二十八条　对巡视发现的问题和线索,派出巡视组的党组织作出分类处置的决定后,依据干部管理权限和职责分工,按照以下途径进行移交:

(一)对领导干部涉嫌违纪的线索和作风方面的突出问题,移交有关纪律检查机关;

(二)对执行民主集中制、干部选拔任用等方面存在的问题,移交有关组织部门;

(三)其他问题移交相关单位。

第二十九条　有关纪律检查机关、组织部门收到巡视移交的问题或者线索后,应当及时研究提出谈话函询、初核、立案或者组织处理等意见,并于3个月内将办理情况反馈巡视工作领导小组办公室。

第三十条　派出巡视组的党组织及其组织部门应当把巡视结果作为干部考核评价、选拔任用的重要依据。

第三十一条　巡视工作领导小组办公室应当会同巡视组采取适当方式,了解和督促被巡视地区(单位)整改落实工作并向巡视工作领导小组报告。

巡视工作领导小组可以直接听取被巡视党组织有关整改情况的汇报。

第三十二条　巡视进驻、反馈、整改等情况,应当以适当方式公开,接受党员、干部和人民群众监督。

第六章　纪律与责任

第三十三条　派出巡视组的党组织和巡视工作领导小组应当加强对巡视工作的领导。对领导巡视工作不力,发生严重问题的,依据有关规定追究相关责任人员的责任。

第三十四条　纪检监察机关、审计机关、政法机关和组织、信访等部门及其他有关单位,应当支持配合巡视工作。对违反规定不支持配合巡视工作,造成严重后果的,依据有关规定追究相关责任人员的责任。

第三十五条　巡视工作人员应当严格遵守巡视工作纪律。巡视工作人员有下列情形之一的,视情节轻重,给予批评教育、组织处理或者纪律处分;涉嫌犯罪的,移送司法机关依法处理:

(一)对应当发现的重要问题没有发现的;
(二)不如实报告巡视情况,隐瞒、歪曲、捏造事实的;
(三)泄露巡视工作秘密的;
(四)工作中超越权限,造成不良后果的;
(五)利用巡视工作的便利谋取私利或者为他人谋取不正当利益的;
(六)有违反巡视工作纪律的其他行为的。

第三十六条　被巡视党组织领导班子及其成员应当自觉接受巡视监督,积极配合巡视组开展工作。

党员有义务向巡视组如实反映情况。

第三十七条　被巡视地区(单位)及其工作人员有下列情形之一的,视情节轻重,对该地区(单位)领导班子主要负责人或者其他有关责任人员,给予批评教育、组织处理或者纪律处分;涉嫌犯罪的,移送司法机关依法处理:

(一)隐瞒不报或者故意向巡视组提供虚假情况的;
(二)拒绝或者不按照要求向巡视组提供相关文件材料的;
(三)指使、强令有关单位或者人员干扰、阻挠巡视工作,或者诬告、陷害他人的;
(四)无正当理由拒不纠正存在的问题或者不按照要求整改的;
(五)对反映问题的干部群众进行打击、报复、陷害的;
(六)其他干扰巡视工作的情形。

第三十八条　被巡视地区(单位)的干部群众发现巡视工作人员有本条例第三十五条所列行为的,可以向巡视工作领导小组或者巡视工作领导小组办公室反映,也可以依照规定直接向有关部门、组织反映。

第七章　附　　则

第三十九条　各省、自治区、直辖市党委可以根据本条例,结合各自实际,制定实施办法。

第四十条　中国人民解放军和中国人民武装警察部队的党组织实行巡视制度的规定,由中央军委参照本条例制定。

第四十一条　本条例由中央纪委会同中央组织部解释。

第四十二条　本条例自 2015 年 8 月 3 日起施行。2009 年 7 月 2 日中共中央印发的《中国共产党巡视工作条例(试行)》同时废止。

7. 党政机关厉行节约反对浪费条例

(中共中央、国务院印发,自2013年11月18日起施行)

第一章 总 则

第一条 为了进一步弘扬艰苦奋斗、勤俭节约的优良作风,推进党政机关厉行节约反对浪费,建设节约型机关,根据国家有关法律法规和中央有关规定,制定本条例。

第二条 本条例适用于党的机关、人大机关、行政机关、政协机关、审判机关、检察机关,以及工会、共青团、妇联等人民团体和参照公务员法管理的事业单位。

第三条 本条例所称浪费,是指党政机关及其工作人员违反规定进行不必要的公务活动,或者在履行公务中超出规定范围、标准和要求,不当使用公共资金、资产和资源,给国家和社会造成损失的行为。

第四条 党政机关厉行节约反对浪费,应当遵循下列原则:坚持从严从简,勤俭办一切事业,降低公务活动成本;坚持依法依规,遵守国家法律法规和党内法规制度的相关规定,严格按程序办事;坚持总量控制,科学设定相关标准,严格控制经费支出总额,加强厉行节约绩效考评;坚持实事求是,从实际出发安排公务活动,取消不必要的公务活动,保证正常公务活动;坚持公开透明,除涉及国家秘密事项外,公务活动中的资金、资产、资源使用等情况应予公开,接受各方面监督;坚持深化改革,通过改革创新破解体制机制障碍,建立健全厉行节约反对浪费工作长效机制。

第五条 中共中央办公厅、国务院办公厅负责统筹协调、指导检查全国党政机关厉行节约反对浪费工作,建立协调联络机制承办具体事务。地方各级党委办公厅(室)、政府办公厅(室)负责指导检查本地区党政机关厉行节约反对浪费工作。

纪检监察机关和组织人事、宣传、外事、发展改革、财政、审计、机关事务管理等部门根据职责分工,依法依规履行对厉行节约反对浪费相关工作的管理、监督等职责。

第六条 各级党委和政府应当加强对厉行节约反对浪费工作的组织领导。党政机关领导班子主要负责人对本地区、本部门、本单位的厉行节约反对浪费工作负总责,其他成员根据工作分工,对职责范围内的厉行节约反对浪费工作负主要领导责任。

第二章 经费管理

第七条 党政机关应当加强预算编制管理,按照综合预算的要求,将各项收入和支出全部纳入部门预算。

党政机关依法取得的罚没收入、行政事业性收费、政府性基金、国有资产收益和处置等非税收入，必须按规定及时足额上缴国库，严禁以任何形式隐瞒、截留、挤占、挪用、坐支或者私分，严禁转移到机关所属工会、培训中心、服务中心等单位账户使用。

第八条 党政机关应当遵循先有预算、后有支出的原则，严格执行预算，严禁超预算或者无预算安排支出，严禁虚列支出、转移或者套取预算资金。

严格控制国内差旅费、因公临时出国（境）费、公务接待费、公务用车购置及运行费、会议费、培训费等支出。年度预算执行中不予追加，因特殊需要确需追加的，由财政部门审核后按程序报批。

建立预算执行全过程动态监控机制，完善预算执行管理办法，建立健全预算绩效管理体系，增强预算执行的严肃性，提高预算执行的准确率，防止年底突击花钱等现象发生。

第九条 推进政府会计改革，进一步健全会计制度，准确核算机关运行经费，全面反映行政成本。

第十条 财政部门应当会同有关部门，根据国内差旅、因公临时出国（境）、公务接待、会议、培训等工作特点，综合考虑经济发展水平、有关货物和服务的市场价格水平，制定分地区的公务活动经费开支范围和开支标准。

加强相关开支标准之间的衔接，建立开支标准调整机制，定期根据有关货物和服务的市场价格变动情况调整相关开支标准，增强开支标准的协调性、规范性、科学性。

严格开支范围和标准，严格支出报销审核，不得报销任何超范围、超标准以及与相关公务活动无关的费用。

第十一条 全面实行公务卡制度。健全公务卡强制结算目录，党政机关国内发生的公务差旅费、公务接待费、公务用车购置及运行费、会议费、培训费等经费支出，除按规定实行财政直接支付或者银行转账外，应当使用公务卡结算。

第十二条 党政机关采购货物、工程和服务，应当遵循公开透明、公平竞争、诚实信用原则。

政府采购应当依法完整编制采购预算，严格执行经费预算和资产配置标准，合理确定采购需求，不得超标准采购，不得超出办公需要采购服务。

严格执行政府采购程序，不得违反规定以任何方式和理由指定或者变相指定品牌、型号、产地。采购公开招标数额标准以上的货物、工程和服务，应当进行公开招标，确需改变采购方式的，应当严格执行有关公示和审批程序。列入政府集中采购目录范围的，应当委托集中采购机构代理采购，并逐步实行批量集中采购。严格控制协议供货采购的数量和规模，不得以协议供货拆分项目的方式规避公开招标。

党政机关应当按照政府采购合同规定的采购需求组织验收。政府采购监督管理部门应当逐步建立政府采购结果评价制度,对政府采购的资金节约、政策效能、透明程度以及专业化水平进行综合、客观评价。

加快政府采购管理交易平台建设,推进电子化政府采购。

第三章 国内差旅和因公临时出国(境)

第十三条 党政机关应当建立健全并严格执行国内差旅内部审批制度,从严控制国内差旅人数和天数,严禁无明确公务目的的差旅活动,严禁以公务差旅为名变相旅游,严禁异地部门间无实质内容的学习交流和考察调研。

第十四条 国内差旅人员应当严格按规定乘坐交通工具、住宿、就餐,费用由所在单位承担。

差旅人员住宿、就餐由接待单位协助安排的,必须按标准交纳住宿费、餐费。差旅人员不得向接待单位提出正常公务活动以外的要求,不得接受礼金、礼品和土特产品等。

第十五条 统筹安排年度因公临时出国计划,严格控制团组数量和规模,不得安排照顾性、无实质内容的一般性出访,不得安排考察性出访,严禁集中安排赴热门国家和地区出访,严禁以各种名义变相公款出国旅游。严格执行因公临时出国限量管理规定,不得把出国作为个人待遇、安排轮流出国。严格控制跨地区、跨部门团组。

组织、外专等有关部门应当加强出国培训总体规划和监督管理,严格控制出国培训规模,科学设置培训项目,择优选派培训对象,提高出国培训的质量和实效。

第十六条 外事管理部门应当加强因公临时出国审核审批管理,对违反规定、不适合成行的团组予以调整或者取消。

加强因公临时出国经费预算总额控制,严格执行经费先行审核制度。无出国经费预算安排的不予批准,确有特殊需要的,按规定程序报批。严禁违反规定使用出国经费预算以外资金作为出国经费,严禁向所属单位、企业、我国驻外机构等摊派或者转嫁出国费用。

第十七条 出国团组应当按规定标准安排交通工具和食宿,不得违反规定乘坐民航包机,不得乘坐私人、企业和外国航空公司包机,不得安排超标准住房和用车,不得擅自增加出访国家或者地区,不得擅自绕道旅行,不得擅自延长在国外停留时间。

出国期间,不得与我国驻外机构和其他中资机构、企业之间用公款互赠礼品或者纪念品,不得用公款相互宴请。

第十八条 严格根据工作需要编制出境计划,加强因公出境审批和管理,不得安排出境考察,不得组织无实质内容的调研、会议、培训等活动。

严格遵守因公出境经费预算、支出、使用、核算等财务制度，不得接受超标准接待和高消费娱乐，不得接受礼金、贵重礼品、有价证券、支付凭证等。

第四章 公务接待

第十九条 建立健全国内公务接待集中管理制度。党政机关公务接待管理部门应当加强对国内公务接待工作的管理和指导。

第二十条 党政机关应当建立公务接待审批控制制度，对无公函的公务活动不予接待，严禁将非公务活动纳入接待范围。

第二十一条 党政机关应当严格执行国内公务接待标准，实行接待费支出总额控制制度。

接待单位应当严格按标准安排接待对象的住宿用房，协助安排用餐的按标准收取餐费，不得在接待费中列支应当由接待对象承担的费用，不得以举办会议、培训等名义列支、转移、隐匿接待费开支。

建立国内公务接待清单制度，如实反映接待对象、公务活动、接待费用等情况。接待清单作为财务报销的凭证之一并接受审计。

第二十二条 外宾接待工作应当遵循服务外交、友好对等、务实节俭的原则。外宾邀请单位应当严格按照有关规定安排接待活动，从严从紧控制外宾团组和接待费用。

第二十三条 有关部门和地方应当参照国内公务接待标准，制定招商引资等活动的接待办法，严格审批，强化管理，严禁超规格、超标准接待，严禁扩大接待范围、增加接待项目，严禁以招商引资等名义变相安排公务接待。

第二十四条 党政机关不得以任何名义新建、改建、扩建所属宾馆、招待所等具有接待功能的设施或者场所。

建立接待资源共享机制，推进机关所属接待、培训场所的集中统一管理和利用。健全服务经营机制，推行机关所属接待、培训场所企业化管理，降低服务经营成本。

积极推进国内公务接待服务社会化改革，有效利用社会资源为国内公务接待提供住宿、餐饮、用车等服务。

第五章 公务用车

第二十五条 坚持社会化、市场化方向，改革公务用车制度，合理有效配置公务用车资源，创新公务交通分类提供方式，保障公务出行，降低行政成本，建立符合国情的新型公务用车制度。

改革公务用车实物配给方式，取消一般公务用车，保留必要的执法执勤、机要通信、应急和特种专业技术用车及按规定配备的其他车辆。普通公务出行由公务人员自主选择,实行社会化提供。取消的一般公务用车,采取公开招标、拍卖等方式公开处置。

适度发放公务交通补贴,不得以车改补贴的名义变相发放福利。

第二十六条 党政机关应当从严配备实行定向化保障的公务用车,不得以特殊用途等理由变相超编制、超标准配备公务用车,不得以任何方式换用、借用、占用下属单位或者其他单位和个人的车辆,不得接受企事业单位和个人赠送的车辆。

严格按规定配备专车,不得擅自扩大专车配备范围或者变相配备专车。

从严控制执法执勤用车的配备范围、编制和标准。执法执勤用车配备应当严格限制在一线执法执勤岗位,机关内部管理和后勤岗位以及机关所属事业单位一律不得配备。

第二十七条 公务用车实行政府集中采购,应当选用国产汽车,优先选用新能源汽车。

公务用车严格按照规定年限更新,已到更新年限尚能继续使用的应当继续使用,不得因领导干部职务晋升、调任等原因提前更新。

公务用车保险、维修、加油等实行政府采购,降低运行成本。

第二十八条 除涉及国家安全、侦查办案等有保密要求的特殊工作用车外,执法执勤用车应当喷涂明显的统一标识。

第二十九条 根据公务活动需要,严格按规定使用公务用车,严禁以任何理由挪用或者固定给个人使用执法执勤、机要通信等公务用车,领导干部亲属和身边工作人员不得因私使用配备给领导干部的公务用车。

第六章 会议活动

第三十条 党政机关应当精简会议,严格执行会议费开支范围和标准。

党政机关会议实行分类管理、分级审批。财政部门应当会同机关事务管理等部门制定本级党政机关会议费管理办法,从严控制会议数量、会期和参会人员规模。完善并严格执行严禁党政机关到风景名胜区开会制度规定。

第三十一条 会议召开场所实行政府采购定点管理。会议住宿用房以标准间为主,用餐安排自助餐或者工作餐。

会议期间,不得安排宴请,不得组织旅游以及与会议无关的参观活动,不得以任何名义发放纪念品。

完善会议费报销制度。未经批准以及超范围、超标准开支的会议费用,一律不予报销。严禁违规使用会议费购置办公设备,严禁列支公务接待费等与会议无关的任何费用,严禁套取会议资金。

第三十二条 建立健全培训审批制度,严格控制培训数量、时间、规模,严禁以培训名义召开会议。

严格执行分类培训经费开支标准,严格控制培训经费支出范围,严禁在培训经费中列支公务接待费、会议费等与培训无关的任何费用。严禁以培训名义进行公款宴请、公款旅游活动。

第三十三条 未经批准,党政机关不得以公祭、历史文化、特色物产、单位成立、行政区划变更、工程奠基或者竣工等名义举办或者委托、指派其他单位举办各类节会、庆典活动,不得举办论坛、博览会、展会活动。严禁使用财政性资金举办营业性文艺晚会。从严控制举办大型综合性运动会和各类赛会。

经批准的节会、庆典、论坛、博览会、展会、运动会、赛会等活动,应当严格控制规模和经费支出,不得向下属单位摊派费用,不得借举办活动发放各类纪念品,不得超出规定标准支付费用邀请名人、明星参与活动。为举办活动专门配备的设备在活动结束后应当及时收回。

第三十四条 严格控制和规范各类评比达标表彰活动,实行中央和省(自治区、直辖市)两级审批制度。评比达标表彰项目费用由举办单位承担,不得以任何方式向相关单位和个人收取费用。

第七章 办公用房

第三十五条 党政机关办公用房建设应当从严控制。凡是违反规定的拟建办公用房项目,必须坚决终止;凡是未按照规定程序履行审批手续、擅自开工建设的办公用房项目,必须停建并予以没收;凡是超规模、超标准、超投资概算建设的办公用房项目,应当根据具体情况限期腾退超标准面积或者全部没收、拍卖。

党政机关办公用房应当严格管理,推进办公用房资源的公平配置和集约使用。凡是超过规定面积标准占有、使用办公用房以及未经批准租用办公用房的,必须腾退;凡是未经批准改变办公用房使用功能的,原则上应当恢复原使用功能。严禁出租出借办公用房,已经出租出借的,到期必须收回;租赁合同未到期的,租金收入应当按照收支两条线管理。

第三十六条 党政机关新建、改建、扩建、购置、置换、维修改造、租赁办公用房,必须严格按规定履行审批程序。采取置换方式配给办公用房的,应当执行新建办公用房各项标准,不得以未使用政府预算建设资金、资产整合等名义规避审批。

第三十七条 党政机关办公用房建设项目应当按照朴素、实用、安全、节能原则,严格执行办公用房建设标准、单位综合造价标准和公共建筑节能设计标准,符合土地利用和城市规划要求。党政机关办公楼不得追求成为城市地标建筑,严禁配套建设大型广场、公园等设施。

第三十八条 党政机关办公用房建设项目投资,统一由政府预算建设资金安排。土地收益和资产转让收益应当按照有关规定实行收支两条线管理,不得直接用于办公用房建设。

党政机关办公用房维修改造项目所需投资,统一列入预算由财政资金安排解决,未经审批的项目不得安排预算。

第三十九条 办公用房建设应当严格执行工程招投标和政府采购有关规定,加强对工程项目的全过程监理和审计监督。加快推行办公用房建设项目代建制。

办公用房因使用时间较长、设施设备老化、功能不全,不能满足办公需求的,可以进行维修改造。维修改造项目应当以消除安全隐患、恢复和完善使用功能、降低能源资源消耗为重点,严格履行审批程序,严格执行维修改造标准。

第四十条 建立健全办公用房集中统一管理制度,对办公用房实行统一调配、统一权属登记。

党政机关应当严格按照有关标准和本单位"三定"方案,从严核定、使用办公用房。超标部分应当移交同级机关事务管理部门用于统一调剂。

新建、调整办公用房的单位,应当按照"建新交旧"、"调新交旧"的原则,在搬入新建或者新调整办公用房的同时,将原办公用房腾退移交机关事务管理部门统一调剂使用。

因机构增设、职能调整确需增加办公用房的,应当在本单位现有办公用房中解决;本单位现有办公用房不能满足需要的,由机关事务管理部门整合办公用房资源调剂解决;无法调剂、确需租用解决的,应当严格履行报批手续,不得以变相补偿方式租用由企业等单位提供的办公用房。

第四十一条 党政机关领导干部应当按照标准配置使用一处办公用房,确因工作需要另行配置办公用房的,应当严格履行审批程序。领导干部不得长期租用宾馆、酒店房间作为办公用房。配置使用的办公用房,在退休或者调离时应当及时腾退并由原单位收回。

第八章 资 源 节 约

第四十二条 党政机关应当节约集约利用资源,加强全过程节约管理,提高能源、水、粮食、办公家具、办公设备、办公用品等的利用效率和效益,统筹利用土地,杜绝浪费行为。

第四十三条 对能源、水的使用实行分类定额和目标责任管理。推广应用节能技术产品,淘汰高耗能设施设备,重点推广应用新能源和可再生能源。积极使用节水型器具,建设节水型单位。

健全节能产品政府采购政策,严格执行节能产品政府强制采购和优先采购制度。

第四十四条 优化办公家具、办公设备等资产的配置和使用,通过调剂方式盘活存量资产,节约购置资金。已到更新年限尚能继续使用的,不得报废处置。

对产生的非涉密废纸、废弃电器电子产品等废旧物品进行集中回收处理,促进循环利用;涉及国家秘密的,按照有关保密规定进行销毁。

第四十五条 党政机关政务信息系统建设应当统筹规划,统一组织实施,防止重复建设和频繁升级。

建立共享共用机制,加强资源整合,推动重要政务信息系统互联互通、信息共享和业务协同,降低软件开发、系统维护和升级等方面费用,防止资源浪费。

积极利用信息化手段,推行无纸化办公,减少一次性办公用品消耗。

第九章 宣传教育

第四十六条 宣传部门应当把厉行节约反对浪费作为重要宣传内容,充分发挥各级各类媒体作用,重视运用互联网等新兴媒体,通过新闻报道、文化作品、公益广告等形式,广泛宣传中华民族勤俭节约的优秀品德,宣传阐释相关制度规定,宣传推广厉行节约的经验做法和先进典型,倡导绿色低碳消费理念和健康文明生活方式。

第四十七条 党政机关应当把加强厉行节约反对浪费教育作为作风建设的重要内容,融入干部队伍建设和机关日常管理之中,建立健全常态化工作机制。对各种铺张浪费现象和行为,应当严肃批评、督促改正。

纪检监察机关应当不定期曝光铺张浪费的典型案例,发挥警示教育作用。

组织人事部门和党校、行政学院、干部学院应当把厉行节约反对浪费作为干部教育培训的重要内容,创新教育方法,切实增强教育培训的针对性和实效性。

第四十八条 党政机关应当围绕建设节约型机关,组织开展形式多样、便于参与的活动,引导干部职工增强节约意识、珍惜物力财力,积极培育和形成崇尚节约、厉行节约、反对浪费的机关文化,为在全社会形成节俭之风发挥示范表率作用。

第十章 监督检查

第四十九条 各级党委和政府应当建立厉行节约反对浪费监督检查机制,明确监督检查的主体、职责、内容、方法、程序等,加强经常性督促检查,针对突出问题开展重点检查、暗访等专项活动。

下级党委和政府应当每年向上级党委和政府报告本地区厉行节约反对浪费工作情况,党委和政府所属部门、单位应当每年向本级党委和政府报告本部门、本单位厉行节约反对浪费工作情况。报告可结合领导班子年度考核和工作报告一并进行。

第五十条 领导干部厉行节约反对浪费工作情况,应当列为领导班子民主生活会和领导干部述职述廉的重要内容并接受评议。

第五十一条 党委办公厅(室)、政府办公厅(室)负责统筹协调相关部门开展对厉行节约反对浪费工作的督促检查。每年至少组织开展一次专项督查,并将督查情况在适当范围内通报。专项督查可以与党风廉政建设责任制检查考核、年终党建工作考核等相结合,督查考核结果应当按照干部管理权限送纪检监察机关和组织人事部门,作为干部管理监督、选拔任用的依据。

第五十二条　纪检监察机关应当加强对厉行节约反对浪费工作的监督检查,受理群众举报和有关部门移送的案件线索,及时查处违纪违法问题。

中央和省、自治区、直辖市党委巡视组应当按照有关规定,加强对有关党组织领导班子及其成员厉行节约反对浪费工作情况的巡视监督。

第五十三条　财政部门应当加强对党政机关预算编制、执行等财政、财务、政府采购和会计事项的监督检查,依法处理发现的违规问题,并及时向本级党委和政府汇报监督检查结果。

审计部门应当加大对党政机关公务支出和公款消费的审计力度,依法处理、督促整改违规问题,并将涉嫌违纪违法问题移送有关部门查处。

第五十四条　党政机关应当建立健全厉行节约反对浪费信息公开制度。除依照法律法规和有关要求须保密的内容和事项外,下列内容应当按照及时、方便、多样的原则,以适当方式进行公开:

(一)预算和决算信息;
(二)政府采购文件、采购预算、中标成交结果、采购合同等情况;
(三)国内公务接待的批次、人数、经费总额等情况;
(四)会议的名称、主要内容、支出金额等情况;
(五)培训的项目、内容、人数、经费等情况;
(六)节会、庆典、论坛、博览会、展会、运动会、赛会等活动举办信息;
(七)办公用房建设、维修改造、使用、运行费用支出等情况;
(八)公务支出和公款消费的审计结果;
(九)其他需要公开的内容。

第五十五条　推动和支持人民代表大会及其常务委员会依法严格审查批准党政机关公务支出预算,加强对预算执行情况的监督。发挥人大代表的监督作用,通过提出意见、建议、批评以及询问、质询等方式加强对党政机关厉行节约反对浪费工作的监督。

支持人民政协对党政机关厉行节约反对浪费工作的监督,自觉接受并积极支持政协委员通过调研、视察、提案等方式加强对党政机关厉行节约反对浪费工作的监督。

第五十六条　重视各级各类媒体在厉行节约反对浪费方面的舆论监督作用。建立舆情反馈机制,及时调查处理媒体曝光的违规违纪违法问题。

发挥群众对党政机关及其工作人员铺张浪费行为的监督作用,认真调查处理群众反映的问题。

第十一章 责 任 追 究

第五十七条 建立党政机关厉行节约反对浪费工作责任追究制度。

对违反本条例规定造成浪费的,应当依纪依法追究相关人员的责任,对负有领导责任的主要负责人或者有关领导干部实行问责。

第五十八条 有下列情形之一的,追究相关人员的责任:
(一)未经审批列支财政性资金的;
(二)采取弄虚作假等手段违规取得审批的;
(三)违反审批要求擅自变通执行的;
(四)违反管理规定超标准或者以虚假事项开支的;
(五)利用职务便利假公济私的;
(六)有其他违反审批、管理、监督规定行为的。

第五十九条 有下列情形之一的,追究主要负责人或者有关领导干部的责任:
(一)本地区、本部门、本单位铺张浪费、奢侈奢华问题严重,对发现的问题查处不力,干部群众反映强烈的;
(二)指使、纵容下属单位或者人员违反本条例规定造成浪费的;
(三)不履行内部审批、管理、监督职责造成浪费的;
(四)不按规定及时公开本地区、本部门、本单位有关厉行节约反对浪费工作信息的;
(五)其他对铺张浪费问题负有领导责任的。

第六十条 违反本条例规定造成浪费的,根据情节轻重,由有关部门依照职责权限给予批评教育、责令作出检查、诫勉谈话、通报批评或者调离岗位、责令辞职、免职、降职等处理。

应当追究党纪政纪责任的,依照《中国共产党纪律处分条例》、《行政机关公务员处分条例》等有关规定给予相应的党纪政纪处分。

涉嫌违法犯罪的,依法追究法律责任。

第六十一条 违反本条例规定获得的经济利益,应当予以收缴或者纠正。

违反本条例规定,用公款支付、报销应由个人支付的费用,应当责令退赔。

第六十二条 受到责任追究的人员对处理决定不服的,可以按照相关规定向有关机关提出申诉。受理申诉机关应当依据有关规定认真受理并作出结论。

申诉期间,不停止处理决定的执行。

第十二章 附 则

第六十三条 各省、自治区、直辖市党委和政府,中央和国家机关各部委,可以根据本条例,结合实际制定实施细则。有关职能部门应当根据各自职责,制定完善相关配套制度。

国有企业、国有金融企业、不参照公务员法管理的事业单位,参照本条例执行。

中国人民解放军和中国人民武装警察部队按照军队有关规定执行。

第六十四条 本条例由中共中央办公厅、国务院办公厅会同有关部门负责解释。

第六十五条 本条例自发布之日起施行。1997年5月25日发布的《中共中央、国务院关于党政机关厉行节约制止奢侈浪费行为的若干规定》同时废止。其他有关党政机关厉行节约反对浪费的规定,凡与本条例不一致的,按照本条例执行。

8. 中国共产党党员权利保障条例

(中共中央政治局会议修订,中共中央发布,
自2020年12月25日起施行)

第一章 总 则

第一条 为了坚持党的领导,加强党的建设,发扬党内民主,保障党员权利,增强党的生机活力,根据《中国共产党章程》,制定本条例。

第二条 党员权利保障坚持以马克思列宁主义、毛泽东思想、邓小平理论、"三个代表"重要思想、科学发展观、习近平新时代中国特色社会主义思想为指导,增强"四个意识"、坚定"四个自信"、做到"两个维护",不忘初心、牢记使命,坚定不移全面从严治党,推动各级党组织落实和保障党员权利,激发广大党员的积极性、主动性、创造性,增强党的创造力、凝聚力、战斗力,永葆党的先进性和纯洁性,为全面建设社会主义现代化国家、实现中华民族伟大复兴作出贡献。

第三条 党员权利保障应当遵循以下原则:

(一)坚持民主和集中相结合,既激发党员参与党内事务的热情,又要求党员按照党性原则行使权利;

(二)坚持义务和权利相统一,切实履行党章规定的义务,正确行使各项权利,在宪法和法律的范围内活动;

(三)坚持在党的纪律面前人人平等,不允许任何党员享有特权;

(四)坚持充分全面保障党员权利,完善权利保障措施,畅通权利行使渠道,增强工作实效。

第四条 党组织必须尊重党员主体地位,强化管党治党政治责任,将党员权利

保障融入新时代党的建设,严格按照党章和其他党内法规保障党员各项权利、完善党员权利保障制度机制。

党员应当增强党的观念和主体意识,将行使党章规定的权利作为对党应尽的责任,向党组织讲真话、讲实话、讲心里话,敢于担当、敢于负责,遵守纪律规矩,正确行使权利。

第五条 任何侵犯党员权利的行为必须受到追究。党组织应当以事实为根据、以党章党规党纪为准绳,对侵犯党员权利行为作出认定和处理。

第二章 党员权利的行使

第六条 党员享有的党章规定的各项权利必须受到尊重和保护,党的任何一级组织、任何党员都无权剥夺。预备党员除了没有表决权、选举权和被选举权以外,享有同正式党员一样的权利。

党员行使权利时不得侵犯其他党员的权利。

第七条 党员有党内知情权,有权按照规定参加党的有关会议、阅读党的有关文件,了解党的路线方针政策和决议,本人所在党组织贯彻党中央决策部署以及上级党组织决定、落实全面从严治党主体责任、开展重点工作情况以及其他党内事务。

第八条 党员有接受党的教育培训权,有权提出教育培训要求,参加党组织安排的集中学习教育、专题学习教育、集中轮训、脱产培训、网络培训。

第九条 党员有党内参加讨论权,有权在党的会议上和党报党刊上参加关于党的理论、政策的学习讨论,并充分发表意见;有权按照规定在党内参加有关重要决策和重要问题的讨论,参加党组织开展的征求意见等活动,反映真实情况,积极建言献策。

党员在讨论党的基本理论、基本路线、基本方略的过程中,应当自觉同党中央保持高度一致。

第十条 党员有党内建议和倡议权,有权以口头或者书面方式对本人所在党组织、上级党组织直至中央的各方面工作提出建议和倡议,有权按照规定在干部选拔任用中推荐优秀干部,在党组织巡视巡察、检查督查中对党的工作提出建议。

第十一条 党员有党内监督权,有权在党的会议上以口头或者书面方式有根据地批评党的任何组织和任何党员,揭露、要求纠正工作中存在的缺点和问题,在民主评议中指出领导干部和其他党员的缺点错误;有权向党组织反映对本人所在党组织、领导干部、其他党员的意见。党员以书面方式提出的批评意见应当按照规定送被批评者或者有关党组织。

党员有权向党组织负责地揭发、检举党的任何组织和任何党员的违纪违法事实,提出处理、处分有违纪违法行为党组织和党员的要求。

党员进行批评、揭发、检举以及提出处理、处分要求,应当通过组织渠道,不得随意扩散传播、网络散布,不得夸大和歪曲事实,更不得捏造事实、诬告陷害。

第十二条　党员有党内提出罢免撤换要求权,有权向所在党组织或者上级党组织反映领导干部不称职的情况,负责地提出罢免或者撤换不称职领导干部的要求。

党员提出罢免或者撤换要求应当严肃负责,按照组织原则,符合有关程序。

第十三条　党员有党内表决权,有权按照规定在党组织讨论决定问题时参加表决,在表决前了解情况,在讨论中充分发表意见。表决时可以表示赞成、不赞成或者弃权。

第十四条　党员有党内选举权,有权参加党内选举,了解候选人情况、要求改变候选人、不选任何一个候选人和另选他人。

党员有党内被选举权,有权经过规定程序成为候选人和当选。

第十五条　党员有党内申辩权,有权实事求是地对被反映的本人问题向党组织作出说明、解释;在基层党组织讨论决定对自身处分或者作出鉴定时,有权参加和进行申辩,其他党员可以为其作证和辩护。

第十六条　党员有党内提出不同意见权,对党的决议和政策如有不同意见,在坚决执行的前提下,有权向党组织声明保留,并且可以把自己的意见向党的上级组织直至中央反映;有权按照规定在党组织讨论决定"三重一大"事项或者征求意见、干部选拔任用以及公示等过程中提出不同意见。

党员不得公开发表同中央决定不一致的意见。

第十七条　党员有党内请求权,遇到重要问题需要党组织帮助解决的,有权按照规定程序逐级向本人所在党组织、上级党组织直至中央提出请求,并要求有关党组织给予负责的答复。

第十八条　党员有党内申诉权,对于党组织给予本人的处理、处分或者作出的鉴定、审查结论不服的,有权按照规定程序逐级向本人所在党组织、上级党组织直至中央提出申诉。

党员认为党组织给予其他党员的处理、处分或者作出的鉴定、审查结论不当的,有权按照规定程序逐级向党组织直至中央提出意见。

第十九条　党员有党内控告权,合法权益受到党组织或者其他党员侵害的,有权向本人所在党组织、上级党组织直至中央提出控告,要求对侵害其合法权益的行为依规依纪进行处理。

第三章　保　障　措　施

第二十条　党组织应当按照规定确定党务公开的内容、方式和范围,保障党员及时了解党内事务。

党的代表大会、代表会议和党的委员会全体会议以及其他重要会议召开后,党组织应当按照规定将会议内容和精神向党员传达。党组织作出的决议决定应当按照规定及时向党员通报。

党组织应当按照规定为党员提供阅读党内有关文件的必要条件。党员因缺乏阅读能力或者其他原因无法直接阅读文件的,党组织应当按照规定向其传达文件精神。

第二十一条 党组织应当按照规定召开党员大会、党小组会、支部委员会会议和组织生活会,开展谈心谈话,组织民主评议,保障党员参加学习讨论、议事决策,进行批评和自我批评。

第二十二条 党组织应当按照规定、有计划地对党员进行教育和培训,深入开展党的创新理论教育,加强党性教育和理想信念教育,注重了解和掌握党员的学习需求,创新教育培训方式,有针对性地开展政策、科技、管理、法规等培训,保证党员接受教育培训的学时和质量。

第二十三条 党组织作出重要决议决定前,应当通过调研、论证、咨询等方式,充分征求党员意见,在党内凝聚共识、汇集智慧。党的路线方针政策和党中央重大决策部署、重要党内法规研究制定过程中,应当在一定范围内征求党员意见。党的地方组织、基层组织研究作出重要决议决定,应当在本级组织管辖的一定范围内征求党员意见。一般情况下,对于存在重大分歧的,应当在进一步调查研究、交换意见后再启动决策程序。

第二十四条 党组织应当积极利用党的会议、报刊、网站,为党员参加党的理论和政策讨论、发表认识体会、提出意见建议提供条件。注重汇总研究党员意见,用以加强和改进党的工作。下级党组织应当根据上级党组织的安排,组织党员参加讨论。

第二十五条 党组织应当紧扣新时代党建工作特点和党员权利保障要求,创新保障党员权利的方法手段,为党员行使权利提供便捷渠道。

第二十六条 党组织讨论决定问题必须坚持民主集中制,执行少数服从多数原则,决定重要问题应当按照规定进行表决。表决前应当充分讨论酝酿,表决情况和不同意见及其理由应当如实记录。

第二十七条 党组织应当支持和鼓励党员对党的工作提出建议和倡议。对于党员的建议和倡议,党组织应当认真听取、研究,合理的予以采纳;对于改进工作有重大帮助的,应当对提出建议和倡议的党员给予表扬。

党组织应当支持和保护向组织讲真话、报实情的党员,认真听取各种不同意见。对于持有不同意见的党员,只要本人坚决执行党的决议和政策,就不得对其歧视或者进行追究;对于持有错误意见的党员,应当进行批评、帮助、教育。

第二十八条 党组织应当健全党代表大会代表联系党员制度,支持和保障党代表大会代表加强与基层党员的联系，了解和反映党员意见和建议，听取党员对其履职的意见。领导干部应当认真执行直接联系党员制度，深入实际、深入基层，主动听取党员意见和诉求，及时回应党员关切。

第二十九条 党组织进行选举时，应当严格执行选举制度规则，充分体现选举人的意志。

党的任何组织和任何党员不得以任何方式妨碍党员在党内自主行使选举权和被选举权，不得阻挠有选举权和被选举权的人到场，不得以任何方式追查选举人的投票意向。

第三十条 党员被依法留置、逮捕的，党组织应当按照管理权限中止其表决权、选举权和被选举权等党员权利。根据监察机关、司法机关处理结果，可以恢复其党员权利的，应当及时予以恢复。

党员受留党察看处分期间，没有表决权、选举权和被选举权。留党察看期间确有悔改表现的，期满后应当恢复其党员权利。

党员被停止党籍的，党员权利相应停止。对于停止党籍的党员，符合条件的，可以按照规定程序恢复党籍和党员权利。

第三十一条 党组织在巡视巡察和检查督查中，可以通过个别谈话、召开座谈会、调查研究、受理来信来访等方式，广泛收集和听取党员意见建议。

被巡视巡察、检查督查的党组织应当保障党员反映意见的权利，不得妨碍党员反映问题、提出建议。

第三十二条 党组织应当严格落实党内民主监督各项制度，畅通监督渠道，支持和鼓励党员发扬斗争精神，同各种违纪违法行为和不正之风作斗争。对于党员的批评、揭发、检举、控告以及提出的有关处理、处分和罢免、撤换要求，党组织应当按照规定及时恰当处理，并给予负责的答复。

党组织应当保障检举控告人的权益，对检举控告人的信息以及检举控告内容必须严格保密，严禁将检举控告材料转给被检举控告的组织和人员。提倡和鼓励实名检举控告，对实名检举控告优先办理、优先处置，告知受理情况、反馈处理结果；对于检举控告严重违纪违法问题经查证属实的，应当给予表扬。

对于党员检举控告和反映的问题，任何党组织和领导干部都不准隐瞒不报、拖延不办。对于通过正常渠道反映问题的党员，任何组织和个人都不准打击报复，不准擅自进行追查，不准采取调离工作岗位、降格使用等惩罚措施。

第三十三条 党组织应当建立健全激励机制，把党员在推进改革中因缺乏经验、先行先试出现的失误错误，同明知故犯的违纪违法行为区分开来；把尚无明确限制的探索性试验中的失误错误，同明令禁止后依然我行我素的违纪违法行为区分开来；把为推动发展的无意过失，同为谋取私利的违纪违法行为区分开来。正确把握党员在工作中出现失误错误的性质和影响，给予实事求是、客观公正的处理，保护党员担当作为的积极性。

第三十四条 对于诬告陷害行为,党组织应当依规依纪严肃处理。对于经核查认定党员受到失实检举控告、确有必要澄清的,应当按照规定对检举控告失实的具体问题进行澄清。

第三十五条 在对党员进行监督执纪中应当充分保障党员权利,严格依规依纪依法开展工作,不得使用违反党章党规党纪和法律法规的手段、措施。对于本人的说明和申辩、其他党员所作的证明和辩护,应当认真听取、如实记录、及时核实,合理的予以采纳;不予采纳的,应当说明理由。党员实事求是的申辩、作证和辩护,应当受到保护。

处理、处分所依据的事实材料应当同本人见面。处理、处分的决定应当向本人宣布,并写明党员的申诉权以及受理申诉的组织等内容。事实材料和决定应当由本人签署意见,对签署不同意见或者拒不签署意见的,应当作出说明或者注明情况。

第三十六条 党组织对受到处理、处分的党员应当进行跟踪回访,教育引导他们正确认识、改正错误,放下包袱、积极工作。对于影响期满、表现好的党员,符合条件的应当正常使用。

第三十七条 党组织应当认真处理党员的申诉,并给予负责的答复。对于党员的申诉,有关党组织应当按照规定进行复议、复查,不得扣压。上级党组织认为必要时,可以直接或者指定有关党组织进行复议、复查。

经复议、复查或者审查决定,对于全部或者部分纠正的案件,重新作出的决定应当在一定范围内宣布。对于处理正确而本人拒不接受的,给予批评教育;对于无正当理由反复申诉的,有关党组织应当正式通知本人不再受理并在适当范围内宣布。

党员对党组织给予其他党员的处理、处分或者鉴定、审查结论提出的意见,有关党组织应当认真研究处理。

第三十八条 企业、农村和街道、社区等党的基层组织应当注重维护流动党员权利,加强和改进流动党员管理和服务工作,健全流出地、流入地党组织沟通协调机制,保障流动党员正常参加组织生活、行使党员权利。

第三十九条 党组织应当关心党员思想、工作、学习、生活,做好党内关怀帮扶工作。对于党员提出的请求应当及时受理,合理合规的应当及时解决,一时难以解决的应当说明情况,不属于党组织职责范围的可以向有关部门反映。

第四章 职责任务和责任追究

第四十条 党委(党组)必须落实全面从严治党主体责任,加强对党员权利保障工作的领导,严格执行党员权利保障方面的党内法规和制度措施;明确同级纪委和党的工作机关、直属单位以及相当于这一层级的党组(党委)的相关任务和要求,督促下级党组织和领导干部履行相关职责,及时发现和纠正党员权利保障工作中存在的问题;宣传党员权利保障方面的党内法规和政策要求,经常开展党员义务和权利教育,引导广大党员增强责任意识、正确行使权利。

第四十一条 党的纪律检查机关应当担负起保障党员权利的职责,加强对党组织和领导干部履行党员权利保障工作职责情况的监督检查,受理和处置有关党员权利保障方面的检举、控告和申诉,检查和处理侵犯党员权利方面的案件,对侵犯党员权利的党组织和党员作出处理、处分决定或者提出处理、处分建议。

第四十二条 党委办公厅(室)、组织部、宣传部、统战部、政法委员会和党的机关工作委员会等党的工作机关应当结合自身职能和工作实际,抓好党员权利保障工作的落实;研究解决职责范围内党员权利保障工作的重要问题,向本级党委、纪委提出意见建议,为保障党员权利正常行使创造条件、提供服务。

第四十三条 党的基层组织应当发挥战斗堡垒作用,严格落实党员权利保障方面的法规制度,保障党员充分行使各项权利;经常了解党员意见和诉求,及时研究解决,发现党员权利受到侵犯的,及时处理或者向上级党组织报告。

第四十四条 领导干部特别是高级干部应当以身作则,带头履行党员义务、正确行使党员权利,提高民主素养,平等对待同志,自觉同特权思想和特权现象作斗争,营造党员积极行使权利的良好氛围。

领导干部应当模范遵守和严格执行党员权利保障方面的法规制度,支持和鼓励党员正常行使权利。各级党组织主要负责同志应当担负起第一责任人的职责,加强对党员权利保障工作的调查研究和相关机制建设,推动解决突出问题,抓好本地区本部门本单位党员权利保障工作的落实。

第四十五条 党组织和领导干部有下列侵犯党员权利情形之一的,应当依规依纪追究责任:

(一)不按照规定公开党内事务,侵犯党员知情权;

(二)违反民主集中制原则,压制、破坏党内民主,违规决定重大问题;

(三)在民主推荐、民主测评、民主评议、考核考察和党内选举等工作中,违背组织原则,以强迫、威胁、欺骗、拉拢等手段,妨碍党员自主行使表决权、选举权和被选举权等权利;

(四)对党员批评、揭发、检举、控告、申辩、作证、辩护、申诉等正常行使权利的行为进行追究,或者采取阻挠压制、打击报复等措施妨碍党员正常行使权利;

(五)泄露揭发、检举、控告等应当保密的信息;

(六)违规违法使用审查调查措施,侵犯党员合法权益;

(七)对党员正常行使权利的诉求消极应付、推诿扯皮,依照政策或者有关规定能够解决而不及时解决;

(八)其他侵犯党员权利的情形。

第四十六条 党员不正确行使权利,损害党、国家和人民利益,有下列行为之一的,应当依规依纪追究责任:

(一)公开发表违背党的理论路线方针政策和党中央重大决策部署的观点和意见;

(二)不按照组织原则和程序进行批评、揭发、检举、控告以及提出处理、处分、罢免、撤换要求,或者随意扩散、传播;

(三)制作、发布、传播违反党的纪律或者法律法规规定的网络信息或者其他信息;

(四)捏造事实、伪造材料诬告陷害;

(五)其他不正确行使党员权利的行为。

第四十七条 对于有侵犯党员权利行为的党组织,上级党组织应当责令改正;情节较重的,按照规定追究纪律责任。

对于有侵犯党员权利行为的党员,其所在党组织或者上级党组织可以采取责令停止侵权行为、责令赔礼道歉,以及批评教育、责令检查、诫勉等方式给予处理;情节较重的,按照规定给予组织调整或者组织处理、党纪处分。

第四十八条 党组织和领导干部违反党章和其他党内法规的规定,不履行或者不正确履行保障党员权利的职责,造成严重后果或者恶劣影响的,应当按照管理权限由相关党委(党组)、党的纪律检查机关或者党的工作机关予以问责。

第四十九条 对于因侵犯党员权利受到党纪追究或者在保障党员权利方面失职失责被问责的党员,需要给予政务处分或者其他处理的,作出党纪处分决定、问责决定的党组织应当通报相关单位,由相关单位依法给予政务处分或者其他处理;构成犯罪的,依法追究刑事责任。

第五章 附 则

第五十条 中央军事委员会可以根据本条例制定相关规定。

第五十一条 本条例由中央纪律检查委员会商中央组织部解释。

第五十二条 本条例自发布之日起施行。

9.中国共产党纪律检查机关监督执纪工作规则

(中共中央办公厅印发,自2019年1月1日起施行)

第一章 总 则

第一条 为了加强党对纪律检查和国家监察工作的统一领导,加强党的纪律建设,推进全面从严治党,规范纪检监察机关监督执纪工作,根据《中国共产党章程》和有关法律,结合纪检监察体制改革和监督执纪工作实践,制定本规则。

第二条 坚持以马克思列宁主义、毛泽东思想、邓小平理论、"三个代表"重要思想、科学发展观、习近平新时代中国特色社会主义思想为指导,全面贯彻纪律检查委员会和监察委员会合署办公要求,依规依纪依法严格监督执纪,坚持打铁必须自身硬,把权力关进制度笼子,建设忠诚干净担当的纪检监察干部队伍。

第三条 监督执纪工作应当遵循以下原则:

(一)坚持和加强党的全面领导,牢固树立政治意识、大局意识、核心意识、看齐意识,坚定中国特色社会主义道路自信、理论自信、制度自信、文化自信,坚决维护习近平总书记党中央的核心、全党的核心地位,坚决维护党中央权威和集中统一领导,严守政治纪律和政治规矩,体现监督执纪工作的政治性,构建党统一指挥、全面覆盖、权威高效的监督体系;

(二)坚持纪律检查工作双重领导体制,监督执纪工作以上级纪委领导为主,线索处置、立案审查等在向同级党委报告的同时应当向上级纪委报告;

(三)坚持实事求是,以事实为依据,以党章党规党纪和国家法律法规为准绳,强化监督、严格执纪,把握政策、宽严相济,对主动投案、主动交代问题的宽大处理,对拒不交代、欺瞒组织的从严处理;

(四)坚持信任不能代替监督,执纪者必先守纪,以更高的标准、更严的要求约束自己,严格工作程序,有效管控风险,强化对监督执纪各环节的监督制约,确保监督执纪工作经得起历史和人民的检验。

第四条 坚持惩前毖后、治病救人,把纪律挺在前面,精准有效运用监督执纪"四种形态",把思想政治工作贯穿监督执纪全过程,严管和厚爱结合,激励和约束并重,注重教育转化,促使党员自觉防止和纠正违纪行为,惩治极少数,教育大多数,实现政治效果、纪法效果和社会效果相统一。

第二章 领 导 体 制

第五条 中央纪律检查委员会在党中央领导下进行工作。地方各级纪律检查委员会和基层纪律检查委员会在同级党的委员会和上级纪律检查委员会双重领导下进行工作。

党委应当定期听取、审议同级纪律检查委员会和监察委员会的工作报告,加强对纪委监委工作的领导、管理和监督。

第六条 党的纪律检查机关和国家监察机关是党和国家自我监督的专责机关,中央纪委和地方各级纪委贯彻党中央关于国家监察工作的决策部署,审议决定监委依法履职中的重要事项,把执纪和执法贯通起来,实现党内监督和国家监察的有机统一。

第七条 监督执纪工作实行分级负责制：

（一）中央纪委国家监委负责监督检查和审查调查中央委员、候补中央委员、中央纪委委员，中央管理的领导干部，党中央工作部门、党中央批准设立的党组（党委），各省、自治区、直辖市党委、纪委等党组织的涉嫌违纪或者职务违法、职务犯罪问题。

（二）地方各级纪委监委负责监督检查和审查调查同级党委委员、候补委员，同级纪委委员，同级党委管理的党员、干部以及监察对象，同级党委工作部门、党委批准设立的党组（党委），下一级党委、纪委等党组织的涉嫌违纪或者职务违法、职务犯罪问题。

（三）基层纪委负责监督检查和审查同级党委管理的党员，同级党委下属的各级党组织的涉嫌违纪问题；未设立纪律检查委员会的党的基层委员会，由该委员会负责监督执纪工作。

地方各级纪委监委依照规定加强对同级党委履行职责、行使权力情况的监督。

第八条 对党的组织关系在地方、干部管理权限在主管部门的党员、干部以及监察对象涉嫌违纪违法问题，应当按照谁主管谁负责的原则进行监督执纪，由设在主管部门、有管辖权的纪检监察机关进行审查调查，主管部门认为有必要的，可以与地方纪检监察机关联合审查调查。地方纪检监察机关接到问题线索反映的，经与主管部门协调，可以对其进行审查调查，也可以与主管部门组成联合审查调查组，审查调查情况及时向对方通报。

第九条 上级纪检监察机关有权指定下级纪检监察机关对其他下级纪检监察机关管辖的党组织和党员、干部以及监察对象涉嫌违纪或者职务违法、职务犯罪问题进行审查调查，必要时也可以直接进行审查调查。上级纪检监察机关可以将其直接管辖的事项指定下级纪检监察机关进行审查调查。

纪检监察机关之间对管辖事项有争议的，由其共同的上级纪检监察机关确定；认为所管辖的事项重大、复杂，需要由上级纪检监察机关管辖的，可以报请上级纪检监察机关管辖。

第十条 纪检监察机关应当严格执行请示报告制度。中央纪委定期向党中央报告工作，研究涉及全局的重大事项、遇有重要问题以及作出立案审查调查决定、给予党纪政务处分等事项应当及时向党中央请示报告，既要报告结果也要报告过程。执行党中央重要决定的情况应当专题报告。

地方各级纪检监察机关对作出立案审查调查决定、给予党纪政务处分等重要事项，应当向同级党委请示汇报并向上级纪委监委报告，形成明确意见后再正式行文请示。遇有重要事项应当及时报告。

纪检监察机关应当坚持民主集中制，对于线索处置、谈话函询、初步核实、立案审查调查、案件审理、处置执行中的重要问题，经集体研究后，报纪检监察机关相关负责人、主要负责人审批。

第十一条 纪检监察机关应当建立监督检查、审查调查、案件监督管理、案件审理相互协调、相互制约的工作机制。市地级以上纪委监委实行监督检查和审查调查部门分设,监督检查部门主要负责联系地区和部门、单位的日常监督检查和对涉嫌一般违纪问题线索处置,审查调查部门主要负责对涉嫌严重违纪或者职务违法、职务犯罪问题线索进行初步核实和立案审查调查;案件监督管理部门负责对监督检查、审查调查工作全过程进行监督管理,案件审理部门负责对需要给予党纪政务处分的案件审核把关。

纪检监察机关在工作中需要协助的,有关组织和机关、单位、个人应当依规依纪依法予以协助。

第十二条 纪检监察机关案件监督管理部门负责对监督执纪工作全过程进行监督管理,做好线索管理、组织协调、监督检查、督促办理、统计分析等工作。党风政风监督部门应当加强对党风政风建设的综合协调,做好督促检查、通报曝光和综合分析等工作。

第三章 监 督 检 查

第十三条 党委(党组)在党内监督中履行主体责任,纪检监察机关履行监督责任,应当将纪律监督、监察监督、巡视监督、派驻监督结合起来,重点检查遵守、执行党章党规党纪和宪法法律法规,坚定理想信念,增强"四个意识",坚定"四个自信",维护习近平总书记核心地位,维护党中央权威和集中统一领导,贯彻执行党和国家的路线方针政策以及重大决策部署,坚持主动作为、真抓实干,落实全面从严治党责任,民主集中制原则、选人用人规定以及中央八项规定精神,巡视巡察整改,依法履职、秉公用权、廉洁从政从业以及恪守社会道德规范等情况,对发现的问题分类处置、督促整改。

第十四条 纪委监委(纪检监察组、纪检监察工委)报请或者会同党委(党组)定期召开专题会议,听取加强党内监督情况专题报告,综合分析所联系的地区、部门、单位政治生态状况,提出加强和改进的意见及工作措施,抓好组织实施和督促检查。

第十五条 纪检监察机关应当结合被监督对象的职责,加强对行使权力情况的日常监督,通过多种方式了解被监督对象的思想、工作、作风、生活情况,发现苗头性、倾向性问题或者轻微违纪问题,应当及时约谈提醒、批评教育、责令检查、诫勉谈话,提高监督的针对性和实效性。

第十六条 纪检监察机关应当畅通来信、来访、来电和网络等举报渠道,建设覆盖纪检监察系统的检举举报平台,及时受理检举控告,发挥党员和群众的监督作用。

第十七条　纪检监察机关应当建立健全党员领导干部廉政档案，主要内容包括：

（一）任免情况、人事档案情况、因不如实报告个人有关事项受到处理的情况等；

（二）巡视巡察、信访、案件监督管理以及其他方面移交的问题线索和处置情况；

（三）开展谈话函询、初步核实、审查调查以及其他工作形成的有关材料；

（四）党风廉政意见回复材料；

（五）其他反映廉政情况的材料。

廉政档案应当动态更新。

第十八条　纪检监察机关应当做好干部选拔任用党风廉政意见回复工作，对反映问题线索认真核查，综合用好巡视巡察等其他监督成果，严把政治关、品行关、作风关、廉洁关。

第十九条　纪检监察机关对监督中发现的突出问题，应当向有关党组织或者单位提出纪律检查建议或者监察建议，通过督促召开专题民主生活会、组织开展专项检查等方式，督查督办，推动整改。

第四章　线　索　处　置

第二十条　纪检监察机关应当加强对问题线索的集中管理、分类处置、定期清理。信访举报部门归口受理同级党委管理的党组织和党员、干部以及监察对象涉嫌违纪或者职务违法、职务犯罪问题的信访举报，统一接收有关纪检监察机关、派驻或者派出机构以及其他单位移交的相关信访举报，移送本机关有关部门，深入分析信访形势，及时反映损害群众最关心、最直接、最现实的利益问题。

巡视巡察工作机构和审计机关、行政执法机关、司法机关等单位发现涉嫌违纪或者职务违法、职务犯罪问题线索，应当及时移交纪检监察机关案件监督管理部门统一办理。

监督检查部门、审查调查部门、干部监督部门发现的相关问题线索，属于本部门受理范围的，应当送案件监督管理部门备案；不属于本部门受理范围的，经审批后移送案件监督管理部门，由其按程序转交相关监督执纪部门办理。

第二十一条　纪检监察机关应当结合问题线索所涉及地区、部门、单位总体情况，综合分析，按照谈话函询、初步核实、暂存待查、予以了结4类方式进行处置。

线索处置不得拖延和积压，处置意见应当在收到问题线索之日起1个月内提出，并制定处置方案，履行审批手续。

第二十二条　纪检监察机关对反映同级党委委员、候补委员、纪委常委、监委委员，以及所辖地区、部门、单位主要负责人的问题线索和线索处置情况，应当及时

第一部分　职务违纪案件查处的党内法规及规范性文件

向上级纪检监察机关报告。

第二十三条　案件监督管理部门对问题线索实行集中管理、动态更新、定期汇总核对，提出分办意见，报纪检监察机关主要负责人批准，按程序移送承办部门。承办部门应当指定专人负责管理问题线索，逐件编号登记、建立管理台账。线索管理处置各环节应当由经手人员签名，全程登记备查。

第二十四条　纪检监察机关应当根据工作需要，定期召开专题会议，听取问题线索综合情况汇报，进行分析研判，对重要检举事项和反映问题集中的领域深入研究，提出处置要求，做到件件有着落。

第二十五条　承办部门应当做好线索处置归档工作，归档材料齐全完整，载明领导批示和处置过程。案件监督管理部门定期汇总、核对问题线索及处置情况，向纪检监察机关主要负责人报告，并向相关部门通报。

第五章　谈话函询

第二十六条　各级党委（党组）和纪检监察机关应当推动加强和规范党内政治生活，经常拿起批评和自我批评的武器，及时开展谈话提醒、约谈函询，促使党员、干部以及监察对象增强党的观念和纪律意识。

第二十七条　纪检监察机关采取谈话函询方式处置问题线索，应当起草谈话函询报批请示，拟订谈话方案和相关工作预案，按程序报批。需要谈话函询下一级党委（党组）主要负责人的，应当报纪检监察机关主要负责人批准，必要时向同级党委主要负责人报告。

第二十八条　谈话应当由纪检监察机关相关负责人或者承办部门负责人进行，可以由被谈话人所在党委（党组）、党委监委（纪检监察组、纪检监察工委）有关负责人陪同；经批准也可以委托被谈话人所在党委（党组）主要负责人进行。

谈话应当在具备安全保障条件的场所进行。由纪检监察机关谈话的，应当制作谈话笔录，谈话后可以视情况由被谈话人写出书面说明。

第二十九条　纪检监察机关进行函询应当以办公厅（室）名义发函给被反映人，并抄送其所在党委（党组）和派驻纪检监察组主要负责人。被函询人应当在收到函件后15个工作日内写出说明材料，由其所在党委（党组）主要负责人签署意见后发函回复。

被函询人为党委（党组）主要负责人的，或者被函询人所作说明涉及党委（党组）主要负责人的，应当直接发函回复纪检监察机关。

第三十条　承办部门应当在谈话结束或者收到函询回复后1个月内写出情况报告和处置意见，按程序报批。根据不同情形作出相应处理：

（一）反映不实，或者没有证据证明存在问题的，予以采信了结，并向被函询人发函反馈。

(二)问题轻微,不需要追究纪律责任的,采取谈话提醒、批评教育、责令检查、诫勉谈话等方式处理。

(三)反映问题比较具体,但被反映人予以否认且否认理由不充分具体的,或者说明存在明显问题的,一般应当再次谈话或者函询;发现被反映人涉嫌违纪或者职务违法、职务犯罪问题需要追究纪律和法律责任的,应当提出初步核实的建议。

(四)对诬告陷害者,依规依纪依法予以查处。

必要时可以对被反映人谈话函询的说明情况进行抽查核实。

谈话函询材料应当存入廉政档案。

第三十一条 被谈话函询的党员干部应当在民主生活会、组织生活会上就本年度或者上年度谈话函询问题进行说明,讲清组织予以采信了结的情况;存在违纪问题的,应当进行自我批评,作出检讨。

第六章 初 步 核 实

第三十二条 党委(党组)、纪委监委(纪检监察组)应当对具有可查性的涉嫌违纪或者职务违法、职务犯罪问题线索,扎实开展初步核实工作,收集客观性证据,确保真实性和准确性。

第三十三条 纪检监察机关采取初步核实方式处置问题线索,应当制定工作方案,成立核查组,履行审批程序。被核查人为下一级党委(党组)主要负责人的,纪检监察机关应当报同级党委主要负责人批准。

第三十四条 核查组经批准可以采取必要措施收集证据,与相关人员谈话了解情况,要求相关组织作出说明,调取个人有关事项报告,查阅复制文件、账目、档案等资料,查核资产情况和有关信息,进行鉴定勘验。对被核查人及相关人员主动上交的财物,核查组应当予以暂扣。

需要采取技术调查或者限制出境等措施的,纪检监察机关应当严格履行审批手续,交有关机关执行。

第三十五条 初步核实工作结束后,核查组应当撰写初步核实情况报告,列明被核查人基本情况、反映的主要问题、办理依据以及初步核实结果、存在疑点、处理建议,由核查组全体人员签名备查。

承办部门应当综合分析初步核实情况,按照拟立案审查调查、予以了结、谈话提醒、暂存待查,或者移送有关党组织处理等方式提出处置建议。

初步核实情况报告应当报纪检监察机关主要负责人审批,必要时向同级党委主要负责人报告。

第七章 审 查 调 查

第三十六条 党委(党组)应当按照管理权限,加强对党员、干部以及监察对象涉嫌严重违纪或者职务违法、职务犯罪问题审查调查处置工作,定期听取重大案件情况报告,加强反腐败协调机构的机制建设,坚定不移、精准有序惩治腐败。

第三十七条　纪检监察机关经过初步核实,对党员、干部以及监察对象涉嫌违纪或者职务违法、职务犯罪,需要追究纪律或者法律责任的,应当立案审查调查。

凡报请批准立案的,应当已经掌握部分违纪或者职务违法、职务犯罪事实和证据,具备进行审查调查的条件。

第三十八条　对符合立案条件的,承办部门应当起草立案审查调查呈批报告,经纪检监察机关主要负责人审批,报同级党委主要负责人批准,予以立案审查调查。

立案审查调查决定应当向被审查调查人宣布,并向被审查调查人所在党委(党组)主要负责人通报。

第三十九条　对涉嫌严重违纪或者职务违法、职务犯罪人员立案审查调查,纪检监察机关主要负责人应当主持召开由纪检监察机关相关负责人参加的专题会议,研究批准审查调查方案。

纪检监察机关相关负责人批准成立审查调查组,确定审查调查谈话方案、外查方案,审批重要信息查询、涉案财物查扣等事项。

监督检查、审查调查部门主要负责人组织研究提出审查调查谈话方案、外查方案和处置意见建议,审批一般信息查询,对调查取证审核把关。

审查调查组组长应当严格执行审查调查方案,不得擅自更改;以书面形式报告审查调查进展情况,遇有重要事项及时请示。

第四十条　审查调查组可以依照党章党规和监察法,经审批进行谈话、讯问、询问、留置、查询、冻结、搜查、调取、查封、扣押(暂扣、封存)、勘验检查、鉴定,提请有关机关采取技术调查、通缉、限制出境等措施。

承办部门应当建立台账,记录使用措施情况,向案件监督管理部门定期备案。

案件监督管理部门应当核对检查,定期汇总重要措施使用情况并报告纪委监委领导和上一级纪检监察机关,发现违规违纪违法使用措施的,区分不同情况进行处理,防止擅自扩大范围、延长时限。

第四十一条　需要对被审查调查人采取留置措施的,应当依据监察法进行,在24小时内通知其所在单位和家属,并及时向社会公开发布。因可能毁灭、伪造证据,干扰证人作证或者串供等有碍调查情形而不宜通知或者公开的,应当按程序报批并记录在案。有碍调查的情形消失后,应当立即通知被留置人员所在单位和家属。

第四十二条　审查调查工作应当依照规定由两人以上进行,按照规定出示证件,出具书面通知。

第四十三条　立案审查调查方案批准后,应当由纪检监察机关相关负责人或者部门负责人与被审查调查人谈话,宣布立案决定,讲明党的政策和纪律,要求被审查调查人端正态度、配合审查调查。

审查调查应当充分听取被审查调查人陈述,保障其饮食、休息、提供医疗服务,确保安全。严格禁止使用违反党章党规党纪和国家法律的手段,严禁逼供、诱供、侮辱、打骂、虐待、体罚或者变相体罚。

第四十四条 审查调查期间,对被审查调查人以同志相称,安排学习党章党规党纪以及相关法律法规,开展理想信念宗旨教育,通过深入细致的思想政治工作,促使其深刻反省、认识错误、交代问题,写出忏悔反思材料。

第四十五条 外查工作必须严格按照外查方案执行,不得随意扩大审查调查范围、变更审查调查对象和事项,重要事项应当及时请示报告。

外查工作期间,未经批准,监督执纪人员不得单独接触任何涉案人员及其特定关系人,不得擅自采取审查调查措施,不得从事与外查事项无关的活动。

第四十六条 纪检监察机关应当严格依规依纪依法收集、鉴别证据,做到全面、客观,形成相互印证、完整稳定的证据链。

调查取证应当收集原物原件,逐件清点编号,现场登记,由在场人员签字盖章,原物不便搬运、保存或者取得原件确有困难的,可以将原物封存并拍照录像或者调取原件副本、复印件;谈话应当现场制作谈话笔录并由被谈话人阅看后签字。已调取证据必须及时交审查调查组统一保管。

严禁以威胁、引诱、欺骗以及其他违规违纪违法方式收集证据;严禁隐匿、损毁、篡改、伪造证据。

第四十七条 查封、扣押(暂扣、封存)、冻结、移交涉案财物,应当严格履行审批手续。

执行查封、扣押(暂扣、封存)措施,监督执纪人员应当会同原财物持有人或者保管人、见证人,当面逐一拍照、登记、编号,现场填写登记表,由在场人员签名。对价值不明物品应当及时鉴定,专门封存保管。

纪检监察机关应当设立专用账户、专门场所,指定专门人员保管涉案财物,严格履行交接、调取手续,定期对账核实。严禁私自占有、处置涉案财物及其孳息。

第四十八条 对涉嫌严重违纪或者职务违法、职务犯罪问题的审查调查谈话、搜查、查封、扣押(暂扣、封存)涉案财物等重要取证工作应当全过程进行录音录像,并妥善保管,及时归档,案件监督管理部门定期核查。

第四十九条 对涉嫌严重违纪或者职务违法、职务犯罪问题的审查调查,监督执纪人员未经批准并办理相关手续,不得将被审查调查人或者其他重要的谈话、询问对象带离规定的谈话场所,不得在未配置监控设备的场所进行审查调查谈话或者其他重要的谈话、询问,不得在谈话期间关闭录音录像设备。

第五十条 监督检查、审查调查部门主要负责人、分管领导应当定期检查审查调查期间的录音录像、谈话笔录、涉案财物登记资料,发现问题及时纠正并报告。

纪检监察机关相关负责人应当通过调取录音录像等方式,加强对审查调查全过程的监督。

第五十一条 查明涉嫌违纪或者职务违法、职务犯罪问题后,审查调查组应当撰写事实材料,与被审查调查人见面,听取意见。被审查调查人应当在事实材料上签署意见,对签署不同意见或者拒不签署意见的,审查调查组应当作出说明或者注明情况。

审查调查工作结束,审查调查组应当集体讨论,形成审查调查报告,列明被审查调查人基本情况、问题线索来源及审查调查依据、审查调查过程,主要违纪或者职务违法、职务犯罪事实,被审查调查人的态度和认识,处理建议及党纪法律依据,并由审查调查组组长以及有关人员签名。

对审查调查过程中发现的重要问题和意见建议,应当形成专题报告。

第五十二条 审查调查报告以及忏悔反思材料,违纪或者职务违法、职务犯罪事实材料,涉案财物报告等,应当按程序报纪检监察机关主要负责人批准,连同全部证据和程序材料,依照规定移送审理。

审查调查全过程形成的材料应当案结卷成、事毕归档。

第八章 审　　理

第五十三条 纪检监察机关应当对涉嫌违纪或者违法、犯罪案件严格依规依纪依法审核把关,提出纪律处理或者处分的意见,做到事实清楚、证据确凿、定性准确、处理恰当、手续完备、程序合规。

纪律处理或者处分必须坚持民主集中制原则,集体讨论决定,不允许任何个人或者少数人决定和批准。

第五十四条 坚持审查调查与审理相分离的原则,审查调查人员不得参与审理。纪检监察机关案件审理部门对涉嫌违纪或者职务违法、职务犯罪问题,依照规定应当给予纪律处理或者处分的案件和复议复查案件进行审核处理。

第五十五条 审理工作按照以下程序进行:

(一)案件审理部门收到审查调查报告后,经审核符合移送条件的予以受理,不符合移送条件的可以暂缓受理或者不予受理。

(二)对于重大、复杂、疑难案件,监督检查、审查调查部门已查清主要违纪或者职务违法、职务犯罪事实并提出倾向性意见的;对涉嫌违纪或者职务违法、职务犯罪行为性质认定分歧较大的,经批准案件审理部门可以提前介入。

(三)案件审理部门受理案件后,应当成立由两人以上组成的审理组,全面审理案卷材料,提出审理意见。

(四)坚持集体审议原则,在民主讨论基础上形成处理意见;对争议较大的应当及时报告，形成一致意见后再作出决定。案件审理部门根据案件审理情况，应当与被审查调查人谈话，核对违纪或者职务违法、职务犯罪事实，听取辩解意见，了解有关情况。

（五）对主要事实不清、证据不足的，经纪检监察机关主要负责人批准，退回监督检查、审查调查部门重新审查调查；需要补充完善证据的，经纪检监察机关相关负责人批准，退回监督检查、审查调查部门补充审查调查。

（六）审理工作结束后应当形成审理报告，内容包括被审查调查人基本情况、审查调查简况、违纪违法或者职务犯罪事实、涉案财物处置、监督检查或者审查调查部门意见、审理意见等。审理报告应当体现党内审查特色，依据《中国共产党纪律处分条例》认定违纪事实性质，分析被审查调查人违反党章、背离党的性质宗旨的错误本质，反映其态度、认识以及思想转变过程。涉嫌职务犯罪需要追究刑事责任的，还应当形成《起诉意见书》，作为审理报告附件。

对给予同级党委委员、候补委员，同级纪委委员、监委委员处分的，在同级党委审议前，应当与上级纪委监委沟通并形成处理意见。

审理工作应当在受理之日起1个月内完成，重大复杂案件经批准可以适当延长。

第五十六条　审理报告报经纪检监察机关主要负责人批准后，提请纪委常委会会议审议。需报同级党委审批的，应当在报批前以纪检监察机关办公厅（室）名义征求同级党委组织部门和被审查调查人所在党委（党组）意见。

处分决定作出后，纪检监察机关应当通知受处分党员所在党委（党组），抄送同级党委组织部门，并依照规定在1个月内向其所在的党的基层组织中的全体党员以及本人宣布。处分决定执行情况应当及时报告。

第五十七条　被审查调查人涉嫌职务犯罪的，应当由案件监督管理部门协调办理移送司法机关事宜。对于采取留置措施的案件，在人民检察院对犯罪嫌疑人先行拘留后，留置措施自动解除。

案件移送司法机关后，审查调查部门应当跟踪了解处理情况，发现问题及时报告，不得违规过问、干预处理工作。

审理工作完成后，对涉及的其他问题线索，经批准应当及时移送有关纪检监察机关处置。

第五十八条　对被审查调查人违规违纪违法所得财物，应当依规依纪依法予以收缴、责令退赔或者登记上交。

对涉嫌职务犯罪所得财物，应当随案移送司法机关。

对经认定不属于违规违纪违法所得的，应当在案件审结后依规依纪依法予以返还，并办理签收手续。

第五十九条　对不服处分决定的申诉，由批准或者决定处分的党委（党组）或者纪检监察机关受理;需要复议复查的,由纪检监察机关相关负责人批准后受理。

申诉办理部门成立复查组,调阅原案案卷,必要时可以进行取证,经集体研究后,提出办理意见,报纪检监察机关相关负责人批准或者纪委常委会会议研究决定,作出复议复查决定。决定应当告知申诉人,抄送相关单位,并在一定范围内宣布。

坚持复议复查与审查审理分离,原案审查、审理人员不得参与复议复查。

复议复查工作应当在3个月内办结。

第九章 监督管理

第六十条 纪检监察机关应当严格依照党内法规和国家法律,在行使权力上慎之又慎,在自我约束上严之又严,强化自我监督,健全内控机制,自觉接受党内监督、社会监督、群众监督,确保权力受到严格约束,坚决防止"灯下黑"。

纪检监察机关应当加强对监督执纪工作的领导,切实履行自身建设主体责任,严格教育、管理、监督,使纪检监察干部成为严守纪律、改进作风、拒腐防变的表率。

第六十一条 纪检监察机关应当严格干部准入制度,严把政治安全关,纪检监察干部必须忠诚坚定、担当尽责、遵纪守法、清正廉洁,具备履行职责的基本条件。

第六十二条 纪检监察机关应当加强党的政治建设、思想建设、组织建设,突出政治功能,强化政治引领。审查调查组有正式党员3人以上的,应当设立临时党支部,加强对审查调查组成员的教育、管理、监督,开展政策理论学习,做好思想政治工作,及时发现问题、进行批评纠正,发挥战斗堡垒作用。

第六十三条 纪检监察机关应当加强干部队伍作风建设,树立依规依法、纪律严明、作风深入、工作扎实、谦虚谨慎、秉公执纪的良好形象,力戒形式主义、官僚主义,力戒特权思想,力戒口大气粗、颐指气使,不断提高思想政治水平和把握政策能力,建设让党放心、人民信赖的纪检监察干部队伍。

第六十四条 对纪检监察干部打听案情、过问案件、说情干预的,受请托人应当向审查调查组组长和监督检查、审查调查部门主要负责人报告并登记备案。

发现审查调查组成员未经批准接触被审查调查人、涉案人员及其特定关系人,或者存在交往情形的,应当及时向审查调查组组长和监督检查、审查调查部门主要负责人直至纪检监察机关主要负责人报告并登记备案。

第六十五条 严格执行回避制度。审查调查审理人员是被审查调查人或者检举人近亲属、本案证人、利害关系人,或者存在其他可能影响公正审查调查审理情形的,不得参与相关审查调查审理工作,应当主动申请回避,被审查调查人、检举人以及其他有关人员也有权要求其回避。选用借调人员、看护人员、审查场所,应当严格执行回避制度。

第六十六条 审查调查组需要借调人员的,一般应当从审查调查人才库选用,由纪检监察机关组织部门办理手续,实行一案一借,不得连续多次借调。加强对借调人员的管理监督,借调结束后由审查调查组写出鉴定。借调单位和党员干部不得干预借调人员岗位调整、职务晋升等事项。

第六十七条 监督执纪人员应当严格执行保密制度,控制审查调查工作事项知悉范围和时间,不准私自留存、隐匿、查阅、摘抄、复制、携带问题线索和涉案资料,严禁泄露审查调查工作情况。

审查调查组成员工作期间,应当使用专用手机、电脑、电子设备和存储介质,实行编号管理,审查调查工作结束后收回检查。

汇报案情、传递审查调查材料应当使用加密设施,携带案卷材料应当专人专车、卷不离身。

第六十八条 纪检监察机关相关涉密人员离岗离职后,应当遵守脱密期管理规定,严格履行保密义务,不得泄露相关秘密。

监督执纪人员辞职、退休3年内,不得从事与纪检监察和司法工作相关联、可能发生利益冲突的职业。

第六十九条 纪检监察机关开展谈话应当做到全程可控。谈话前做好风险评估、医疗保障、安全防范工作以及应对突发事件的预案;谈话中及时研判谈话内容以及案情变化,发现严重职务违法、职务犯罪,依照监察法需要采取留置措施的,应当及时采取留置措施;谈话结束前做好被谈话人思想工作,谈话后按程序与相关单位或者人员交接,并做好跟踪回访等工作。

第七十条 建立健全安全责任制,监督检查、审查调查部门主要负责人和审查调查组组长是审查调查安全第一责任人,审查调查组应当指定专人担任安全员。被审查调查人发生安全事故的,应当在24小时内逐级上报至中央纪委,及时做好舆论引导。

发生严重安全事故的,或者存在严重违规违纪违法行为的,省级纪检监察机关主要负责人应当向中央纪委作出检讨,并予以通报、严肃问责追责。

案件监督管理部门应当组织开展经常性检查和不定期抽查,发现问题及时报告并督促整改。

第七十一条 对纪检监察干部越权接触相关地区、部门、单位党委(党组)负责人,私存线索、跑风漏气、违反安全保密规定,接受请托、干预审查调查、以案谋私、办人情案,侮辱、打骂、虐待、体罚或者变相体罚被审查调查人,以违规违纪违法方式收集证据,截留挪用、侵占私分涉案财物,接受宴请和财物等行为,依规依纪严肃处理;涉嫌职务违法、职务犯罪的,依法追究法律责任。

第七十二条 纪检监察机关在维护监督执纪工作纪律方面失职失责的,予以严肃问责。

第七十三条 对案件处置出现重大失误,纪检监察干部涉嫌严重违纪或者职务违法、职务犯罪的,开展"一案双查",既追究直接责任,还应当严肃追究有关领导人员责任。

建立办案质量责任制,对滥用职权、失职失责造成严重后果的,实行终身问责。

第十章 附 则

第七十四条 各省(自治区、直辖市)党委、中央和国家机关工委可以根据本规则,结合工作实际,制定实施细则。

中央军事委员会可以根据本规则,制定相关规定。

第七十五条 纪委监委派驻纪检监察组、纪检监察工委除执行本规则外,还应当执行党中央以及中央纪委相关规定。

国有企事业单位纪检监察机构结合实际执行本规则。

第七十六条 本规则由中央纪律检查委员会负责解释。

第七十七条 本规则自2019年1月1日起施行。2017年1月15日中央纪委印发的《中国共产党纪律检查机关监督执纪工作规则(试行)》同时废止。此前发布的其他有关纪检监察机关监督执纪工作的规定,凡与本规则不一致的,按照本规则执行。

10.纪检监察机关处理检举控告工作规则

(中共中央办公厅印发,自2020年1月21日起施行)

第一章 总 则

第一条 为了规范纪检监察机关处理检举控告工作,保障党员、群众行使监督权利,维护党员、干部合法权益,根据《中国共产党章程》、《中国共产党党内监督条例》等党内法规和《中华人民共和国宪法》、《中华人民共和国监察法》等法律,制定本规则。

第二条 坚持以马克思列宁主义、毛泽东思想、邓小平理论、"三个代表"重要思想、科学发展观、习近平新时代中国特色社会主义思想为指导,增强"四个意识"、坚定"四个自信"、做到"两个维护",深入推进全面从严治党,贯彻纪律检查委员会和监察委员会合署办公要求,依规依纪依法处理检举控告,完善党和国家监督体系,强化对权力运行的制约和监督。

第三条 纪检监察机关应当认真处理检举控告,回应群众关切,发挥党和国家监督专责机关作用,保障党的理论和路线方针政策以及重大决策部署贯彻落实,为党风廉政建设、社会和谐稳定服务。

第四条 任何组织和个人对以下行为,有权向纪检监察机关提出检举控告:

(一)党组织、党员违反政治纪律、组织纪律、廉洁纪律、群众纪律、工作纪律、生活纪律等党的纪律行为;

(二)监察对象不依法履职、违反秉公用权、廉洁从政从业以及道德操守等规定,涉嫌贪污贿赂、滥用职权、玩忽职守、权力寻租、利益输送、徇私舞弊以及浪费国家资财等职务违法、职务犯罪行为;

(三)其他依照规定应当由纪检监察机关处理的违纪违法行为。

第五条 纪检监察机关处理检举控告工作应当遵循以下原则:

(一)实事求是。以事实为依据处理检举控告,鼓励支持检举控告人客观真实地反映情况。

(二)依规依纪依法。按照党章党规党纪和宪法法律以及信访工作有关规定处理检举控告,引导检举控告人依规依法、理性有序地反映问题。

(三)保障合法权利。贯彻"三个区分开来"要求,既保障检举控告人的监督权利,又查处诬告陷害行为,保护党员、干部干事创业积极性。

(四)分级负责、分工处理。按照管理权限受理检举控告,建立信访举报、监督检查、审查调查、案件监督管理等部门相互配合、相互制约的工作机制。

第六条 建设覆盖纪检监察系统的检举举报平台,运用互联网技术和信息化手段,畅通检举控告渠道,规范处理检举控告工作,及时发现问题线索,科学研判政治生态,更好服务群众。

第二章 检举控告的接收和受理

第七条 纪检监察机关应当接收检举控告人通过以下方式提出的检举控告:

(一)向纪检监察机关邮寄信件反映的;

(二)到纪检监察机关指定的接待场所当面反映的;

(三)拨打纪检监察机关检举控告电话反映的;

(四)向纪检监察机关的检举控告网站、微信公众平台、手机客户端等网络举报受理平台发送电子材料反映的;

(五)通过纪检监察机关设立的其他渠道反映的。

对其他机关、部门、单位转送的属于纪检监察机关受理范围的检举控告,应当按规定予以接收。

第八条 县级以上纪检监察机关应当明确承担信访举报工作职责的部门和人员,设置接待群众的场所,公开检举控告地址、电话、网站等信息,公布有关规章制度,归口接收检举控告。

巡视巡察工作机构对收到的检举控告,按有关规定处理。

第九条　纪检监察机关应当负责任地接待来访人员,耐心听取其反映的问题,做好解疑释惑和情绪疏导工作,妥善处理问题。

建立纪检监察干部定期接访制度,有关负责人应当接待重要来访、处理重要信访问题。

第十条　纪检监察机关信访举报部门对属于受理范围的检举控告,应当进行编号登记,按规定录入检举举报平台。

对涉及同级党委管理的党员、干部以及监察对象的检举控告,应当定期梳理汇总,并向本机关主要负责人报告。

第十一条　检举控告工作按照管理权限实行分级受理:

(一)中央纪委国家监委受理反映中央委员、候补中央委员,中央纪委委员,中央管理的领导干部,党中央工作机关、党中央批准设立的党组(党委),各省、自治区、直辖市党委、纪委等涉嫌违纪或者职务违法、职务犯罪问题的检举控告。

(二)地方各级纪委监委受理反映同级党委委员、候补委员,同级纪委委员,同级党委管理的党员、干部以及监察对象,同级党委工作机关、党委批准设立的党组(党委),下一级党委、纪委等涉嫌违纪或者职务违法、职务犯罪问题的检举控告。

(三)基层纪委受理反映同级党委管理的党员,同级党委下属的各级党组织涉嫌违纪问题的检举控告;未设立纪律检查委员会的党的基层委员会,由该委员会受理检举控告。

各级纪委监委按照管理权限受理反映本机关干部涉嫌违纪或者职务违法、职务犯罪问题的检举控告。

第十二条　对反映党的组织关系在地方、干部管理权限在主管部门的党员、干部以及监察对象涉嫌违纪或者职务违法、职务犯罪问题的检举控告,由设在主管部门、有管辖权的纪检监察机关受理。地方纪检监察机关接到检举控告的,经与设在主管部门、有管辖权的纪检监察机关协调,可以按规定受理。

第十三条　纪检监察机关对反映的以下事项,不予受理:

(一)已经或者依法应当通过诉讼、仲裁、行政裁决、行政复议等途径解决的;

(二)依照有关规定,属于其他机关或者单位职责范围的;

(三)仅列举出违纪或者职务违法、职务犯罪行为名称但无实质内容的。

对前款第一项、第二项所列事项,通过来信反映的,应当及时转有关机关或者单位处理;通过来访、来电、网络举报受理平台等方式反映的,应当告知检举控告人依规依法向有权处理的机关或者单位反映。

第三章　检举控告的办理

第十四条　纪检监察机关信访举报部门经筛选,对属于本级受理的初次检举控告,应当移送本机关监督检查部门或者相关部门,并按规定将移送情况通报案件监督管理部门;对于重复检举控告,按规定登记后留存备查,并定期向有关部门通报情况。

承办部门应当指定专人负责管理,逐件登记、建立台账。

第十五条　纪检监察机关信访举报部门收到属于上级纪检监察机关受理的检举控告,应当径送本机关主要负责人,并在收到之日起5个工作日内报送上一级纪检监察机关信访举报部门;收到反映本机关主要负责人问题的检举控告,应当径送上一级纪检监察机关信访举报部门。

对属于上级纪检监察机关受理的检举控告,不得瞒报、漏报、迟报,不得扩大知情范围,不得复制、摘抄检举控告内容,不得将有关信息录入检举举报平台。

第十六条　纪检监察机关信访举报部门收到属于下级纪检监察机关受理的检举控告,应当及时予以转送。

下一级纪检监察机关对转送的检举控告,应当进行登记,在收到之日起5个工作日内完成受理或者转办工作。

第十七条　纪检监察机关监督检查部门应当对收到的检举控告进行认真甄别,对没有实质内容的检举控告或者属于其他纪检监察机关受理的检举控告,在沟通研究、经本机关分管领导批准后,按程序退回信访举报部门处理。

监督检查部门对属于本级受理的检举控告,应当结合日常监督掌握的情况,进行综合分析、适当了解,经集体研究并履行报批程序后,以谈话函询、初步核实、暂存待查、予以了结等方式处置,或者按规定移送审查调查部门处置。

第十八条　纪检监察机关监督检查、审查调查部门应当每季度向信访举报部门反馈已办结的检举控告处理结果。

反馈内容应当包括处置方式、属实情况、向检举控告人反馈情况等。

第十九条　纪检监察机关案件监督管理部门应当加强对检举控告办理情况的监督。信访举报、监督检查、审查调查部门应当定期向案件监督管理部门通报有关情况。

第四章　检查督办

第二十条　纪检监察机关信访举报部门对属于下级纪检监察机关受理的检举控告,有以下情形之一,经本机关分管领导批准,可以发函交办:

(一)在落实党中央决策部署中,存在明显违纪违法问题的;

(二)问题典型、群众反映强烈的;

(三)对检举控告问题久拖不办,造成不良影响的;

(四)其他需要交办的情形。

第二十一条　下级纪检监察机关接到交办的检举控告后,一般应当在3个月内办结,并报送核查处理情况;经本机关主要负责人批准,可以延长3个月,并向上级纪检监察机关报告。特殊情况需要再次延长办理期限的,应当报上级纪检监察机关批准。

第二十二条　对交办的检举控告,有以下情形之一,经交办机关分管领导批准,可以采取发函、听取汇报、审阅案卷、检查督促等方式督办:

(一)超过期限仍未办结的;

(二)组织不力、核查处理不认真,或者推诿敷衍的;

(三)需要补充核查、重新研究处理意见或者补报有关材料的;

(四)其他需要督办的情形。

第二十三条　检举控告承办机关对拟上报的核查处理情况,应当集体审核研究,经本机关主要负责人批准后,报上一级纪检监察机关。

第五章　实名检举控告的处理

第二十四条　检举控告人使用本人真实姓名或者本单位名称,有电话等具体联系方式的,属于实名检举控告。

纪检监察机关信访举报部门可以通过电话、面谈等方式核实是否属于实名检举控告。

第二十五条　纪检监察机关提倡、鼓励实名检举控告,对实名检举控告优先办理、优先处置、给予答复。

第二十六条　纪检监察机关信访举报部门对属于本机关受理的实名检举控告,应当在收到检举控告之日起15个工作日内告知实名检举控告人受理情况。重复检举控告的,不再告知。

第二十七条　承办的监督检查、审查调查部门应当将实名检举控告的处理结果在办结之日起15个工作日内向检举控告人反馈,并记录反馈情况。检举控告人提出异议的,承办部门应当如实记录,并予以说明;提供新的证据材料的,承办部门应当核查处理。

第二十八条　实名检举控告经查证属实,对突破重大案件起到重要作用,或者为国家、集体挽回重大经济损失的,纪检监察机关可以按规定对检举控告人予以奖励。

第二十九条　匿名检举控告,属于受理范围的,纪检监察机关应当按程序受理。

对匿名检举控告材料,不得擅自核查检举控告人的笔迹、网际协议地址(IP地址)等信息。对检举控告人涉嫌诬告陷害等违纪违法行为,确有需要采取上述方式追查其身份的,应当经设区的市级以上纪委监委批准。

第三十条　虽有署名但不是检举控告人真实姓名(单位名称)或者无法验证的检举控告,按照匿名检举控告处理。

第六章　检举控告情况的综合运用

第三十一条　纪检监察机关应当定期研判所辖地区、部门、单位检举控告情况,对反映的典型性、普遍性、苗头性问题提出有针对性的工作建议,形成综合分析报告,报上一级纪检监察机关,必要时向同级党委报告。

纪检监察机关应当根据全面从严治党、党风廉政建设和反腐败工作重点以及检举控告反映的热点问题,开展专题分析。

对问题集中、反映强烈的地区、部门、单位,可以将相关分析情况向有关党组织通报。

第三十二条　纪检监察机关应当根据巡视巡察工作机构要求,及时提供涉及被巡视巡察地区、部门、单位的检举控告情况。

第三十三条　纪检监察机关在开展日常监督工作中应当对检举控告情况进行收集、研判,综合各方面信息,全面掌握被监督单位政治生态情况和被监督对象的思想、工作、作风、生活情况,提高监督的针对性和实效性。

第三十四条　对检举控告较多的地区、部门、单位,纪检监察机关经了解核实后,发现有关党组织或者单位党风廉政建设和履行职责存在问题的,应当向其提出纪律检查建议或者监察建议,并督促整改落实。

第七章　当事人的权利和义务

第三十五条　检举控告人享有以下权利:

(一)对党组织和党员、干部以及监察对象涉嫌违纪违法的行为提出检举控告;

(二)申请与检举控告事项相关的工作人员回避;

(三)对受理机关以及处理检举控告工作人员的失职渎职等违纪违法行为提出检举控告;

(四)因检举控告致其合法权利受到威胁或者侵害的,可以提出保护申请;

(五)检举控告严重违纪违法问题,经查证属实的,按规定获得表扬或者奖励;

(六)党内法规和法律法规规定的其他权利。

第三十六条　检举控告人应当履行以下义务:

(一)如实提供所掌握的全部情况和证据,对检举控告内容的真实性负责,不得夸大、歪曲事实,不得诬告陷害他人;

(二)自觉维护社会公共秩序和信访秩序,不得损害党、国家和人民的利益以及公民个人的合法权利;

(三)接受党组织、单位的正确处理意见,不得提出党内法规和法律法规规定以外的要求;

(四)对反馈的处理结果等情况予以保密;

（五）党内法规和法律法规规定的其他义务。

第三十七条 被检举控告人应当履行以下义务：

（一）正确对待检举控告，有则改之、无则加勉，习惯在受监督和约束的环境中工作生活；

（二）相信组织、依靠组织，配合做好了解核实工作，实事求是说明问题，不得对抗审查调查；

（三）尊重检举控告人和处理检举控告工作人员，不得进行打击报复；

（四）党内法规和法律法规规定的其他义务。

第三十八条 被检举控告人享有以下权利：

（一）对被检举控告的问题作出说明、辩解；

（二）基层党组织讨论决定对自身处理、处分时，可以参加和进行申辩；

（三）申请反馈核查处理结论；

（四）对所受处理、处分不服的，可以申诉或者申请复审；

（五）对受理机关以及处理检举控告工作人员的失职渎职等违纪违法行为提出检举控告；

（六）党内法规和法律法规规定的其他权利。

第八章 诬告陷害行为的查处

第三十九条 采取捏造事实、伪造材料等方式反映问题，意图使他人受到不良政治影响、名誉损失或者责任追究的，属于诬告陷害。

认定诬告陷害，应当经设区的市级以上党委或者纪检监察机关批准。

第四十条 纪检监察机关应当加强对检举控告的分析甄别，注意发现异常检举控告行为，有重点地进行查证。属于诬告陷害的，依规依纪依法严肃处理，或者移交有关机关依法处理。

第四十一条 诬告陷害具有以下情形之一，应当从重处理：

（一）手段恶劣，造成不良影响的；

（二）严重干扰换届选举或者干部选拔任用工作的；

（三）经调查已有明确结论，仍诬告陷害他人的；

（四）强迫、唆使他人诬告陷害的；

（五）其他造成严重后果的。

第四十二条 纪检监察机关应当将查处的诬告陷害典型案件通报曝光。

第四十三条 纪检监察机关对通过诬告陷害获得的职务、职级、职称、学历、学位、奖励、资格等利益，应当建议有关组织、部门、单位按规定予以纠正。

第四十四条 对被诬告陷害的党员、干部以及监察对象，纪检监察机关、所在单位党组织应当开展思想政治工作，谈心谈话、消除顾虑，保护干事创业积极性，推动履职尽责、担当作为。

第四十五条　纪检监察机关应当区分诬告陷害和错告。属于错告的,可以对检举控告人进行教育。

第九章　工作要求和责任

第四十六条　纪检监察机关及其工作人员在处理检举控告工作中,应当强化宗旨意识,改进工作作风,注意工作方法,对于不予受理事项或者不合理诉求做好解释说明,不得自以为是、盛气凌人,不得漠视群众疾苦、对群众利益麻木不仁。

第四十七条　纪检监察机关应当建立健全检举控告保密制度,严格落实保密要求:

（一）对检举控告人的姓名（单位名称）、工作单位、住址等有关情况以及检举控告内容必须严格保密;

（二）严禁将检举控告材料、检举控告人信息转给或者告知被检举控告的组织、人员;

（三）受理检举控告或者开展核查工作,应当在不暴露检举控告人身份的情况下进行;

（四）宣传报道检举控告有功人员,涉及公开其姓名、单位等个人信息的,应当征得本人同意。

第四十八条　处理检举控告工作人员有以下情形之一,应当主动提出回避,当事人有权要求其回避,回避决定由纪检监察机关作出:

（一）本人是被检举控告人或者其近亲属的;

（二）本人或者近亲属与被检举控告问题有利害关系的;

（三）其他可能影响检举控告问题公正处理的情形。

第四十九条　检举控告人及其近亲属的人身、财产安全因检举控告而受到威胁或者侵害,并提出保护申请的,纪检监察机关应当依法、及时提供保护。必要时,纪检监察机关可以商请有关机关予以协助。

被检举控告人有危害人身安全和损害财产、名誉等打击报复行为的,依规依纪依法严肃处理。

第五十条　纪检监察机关核查认定检举控告失实、有必要予以澄清的,经本机关主要负责人批准后,可以采取以下方式予以澄清:

（一）向被检举控告人所在地区、部门、单位党委（党组）主要负责人以及本人发函说明或者当面说明;

（二）向被检举控告人所在地区、部门、单位党委（党组）通报情况;

（三）在一定范围内通报。

第五十一条　对因检举控告失实而受到错误处理、处分的,纪检监察机关应当在职权范围内予以纠正,或者向有权机关提出纠正建议。

第五十二条　纪检监察机关及其工作人员有以下情形之一,依规依纪严肃处理;涉嫌职务违法、职务犯罪的,依法追究法律责任：

（一）私存、扣压、篡改、伪造、撤换、隐匿、遗失或者私自销毁检举控告材料的；

（二）超越权限,擅自处理检举控告材料的；

（三）泄露检举控告人信息或者检举控告内容等,或者将检举控告材料转给被检举控告的组织、人员的；

（四）隐瞒、谎报、未按规定期限上报重大检举控告信息,造成严重后果的；

（五）其他违规违纪违法的情形。

利用检举控告材料谋取个人利益或者为打击报复检举控告人提供便利的,应当从重处理。

第十章　附　　则

第五十三条　本规则所称监督检查部门、审查调查部门,指的是纪检监察机关中履行监督检查、审查调查职能的部门和跨部门组建的审查调查组。

第五十四条　对纪检监察机关在监督检查、审查调查中发现的问题线索,审计机关、执法部门、司法机关等单位移交的信访举报以外的问题线索的处理,其他党内法规和法律法规另有规定的,从其规定。

第五十五条　纪委监委派驻（派出）机构和国有企业、高校等企事业单位纪检监察机构除执行本规则外,还应当执行党中央以及中央纪委国家监委相关规定。

第五十六条　中央军事委员会可以根据本规则,制定相关规定。

第五十七条　本规则由中央纪委国家监委负责解释。

第五十八条　本规则自发布之日起施行。此前发布的其他有关纪检监察机关处理检举控告工作的规定,凡与本规则不一致的,按照本规则执行。

11. 中国共产党组织处理规定（试行）

（中共中央办公厅印发,自2021年3月19日起施行）

第一条　为了落实全面从严治党要求,规范组织处理工作,根据《中国共产党章程》和有关党内法规,制定本规定。

第二条　组织处理工作坚持以习近平新时代中国特色社会主义思想为指导,贯彻新时代党的建设总要求和新时代党的组织路线,落实从严管理监督要求,严肃处理对党不忠、从政不廉、为官不为、品行不端等问题，督促领导干部不忘初心、牢记使命，始终做到忠诚干净担当。

第三条 本规定所称组织处理，是指党组织对违规违纪违法、失职失责失范的领导干部采取的岗位、职务、职级调整措施，包括停职检查、调整职务、责令辞职、免职、降职。

第四条 组织处理工作坚持以下原则：

（一）全面从严治党、从严管理监督干部；

（二）党委（党组）领导、分级负责；

（三）实事求是、依规依纪依法；

（四）惩前毖后、治病救人。

第五条 本规定适用于各级党的机关、人大机关、行政机关、政协机关、监察机关、审判机关、检察机关以及事业单位、群团组织中担任领导职务的党员干部。

对以上机关、单位中非中共党员领导干部、不担任领导职务的干部，以及国有企业中担任领导职务的人员进行组织处理，参照本规定执行。

第六条 党委（党组）及其组织（人事）部门按照干部管理权限履行组织处理职责。

有关机关、单位在执纪执法、日常管理监督等工作中发现领导干部存在需要进行组织处理的情形，应当向党委（党组）报告，或者向组织（人事）部门提出建议。

第七条 领导干部在政治表现、履行职责、工作作风、遵守组织制度、道德品行等方面，有苗头性、倾向性或者轻微问题，以批评教育、责令检查、诫勉为主，存在以下情形之一且问题严重的，应当受到组织处理：

（一）在重大原则问题上不同党中央保持一致，有违背"四个意识"、"四个自信"、"两个维护"错误言行的；

（二）理想信念动摇，马克思主义信仰缺失，搞封建迷信活动造成不良影响，或者违规参加宗教活动、信奉邪教的；

（三）贯彻落实党的基本理论、基本路线、基本方略和党中央决策部署不力，做选择、打折扣、搞变通，造成不良影响或者严重后果的；

（四）面对大是大非问题、重大矛盾冲突、危机困难，不敢斗争、不愿担当，造成不良影响或者严重后果的；

（五）工作不负责任、不正确履职或者疏于管理，出现重大失误错误或者发生重大生产安全事故、群体性事件、公共安全事件等严重事故、事件的；

（六）工作不作为，敷衍塞责、庸懒散拖，长期完不成任务或者严重贻误工作的；

（七）背弃党的初心使命，群众意识淡薄，对群众反映强烈的问题推诿扯皮，在涉及群众生产、生活等切身利益问题上办事不公、作风不正，甚至损害、侵占群众利益，造成不良影响或者严重后果的；

(八)形式主义、官僚主义问题突出,脱离实际搞劳民伤财的"形象工程"、"政绩工程",盲目举债,弄虚作假,造成不良影响或者重大损失的;

(九)违反民主集中制原则,个人或者少数人决定重大问题,不执行或者擅自改变集体决定,不顾大局闹无原则纠纷、破坏团结,造成不良影响或者严重后果的;

(十)在选人用人工作中跑风漏气、说情干预、任人唯亲、突击提拔、跑官要官、拉票贿选、违规用人、用人失察失误,造成不良影响或者严重后果的;

(十一)搞团团伙伙、拉帮结派、培植个人势力等非组织活动,破坏所在地方或者单位政治生态的;

(十二)无正当理由拒不服从党组织根据工作需要作出的分配、调动、交流等决定的;

(十三)不执行重大事项请示报告制度产生不良后果,严重违反个人有关事项报告、干部人事档案管理、领导干部出国(境)等管理制度,本人、配偶、子女及其配偶违规经商办企业的;

(十四)诬告陷害、打击报复他人,制造或者散布谣言,阻挠、压制检举控告,造成不良影响或者严重后果的;

(十五)违反中央八项规定精神、廉洁从政有关规定的;

(十六)违背社会公序良俗,造成不良影响或者严重后果的;

(十七)其他应当受到组织处理的情形。

第八条 组织处理可以单独使用,也可以和党纪政务处分合并使用。

第九条 领导干部在推进改革中因缺乏经验、先行先试出现失误,尚无明确限制的探索性试验中出现失误,为推动发展出现无意过失,后果影响不是特别严重的,以及已经履职尽责,但因不可抗力、难以预见等因素造成损失的,可以不予或者免予组织处理。

第十条 组织处理一般按照以下程序进行:

(一)调查核实。组织(人事)部门对领导干部存在的问题以及所应担负的责任进行调查核实,听取有关方面意见,与领导干部本人谈话听取意见。执纪执法等机关已有认定结果的,可以不再进行调查。

(二)提出处理意见。组织(人事)部门根据调查核实情况或者执纪执法等机关认定结果、有关建议,以及领导干部一贯表现、认错悔错改错等情况,综合考虑主客观因素,研究提出组织处理意见报党委(党组)。

(三)研究决定。党委(党组)召开会议集体研究,作出组织处理决定。对双重管理的领导干部,主管方应当就组织处理意见事先征求协管方意见。

(四)宣布实施。组织(人事)部门向受到组织处理的领导干部所在单位和本人书面通知或者宣布组织处理决定,向提出组织处理建议的机关、单位通报处理情况,在1个月内办理受到组织处理的领导干部调整职务、职级、工资以及其他有关待遇的手续。对选举和依法任免的领导干部，按照有关规定履行任免程序。对需要向社会公开的组织处理，按照有关规定予以公开。

第十一条 停职检查期限一般不超过6个月。受到调整职务处理的，1年内不得提拔职务、晋升职级或者进一步使用。受到责令辞职、免职处理的，1年内不得安排领导职务，2年内不得担任高于原职务层次的领导职务或者晋升职级。受到降职处理的，2年内不得提拔职务、晋升职级或者进一步使用。同时受到党纪政务处分和组织处理的，按照影响期长的规定执行。

领导干部受到组织处理的，当年不得评选各类先进。当年年度考核按照以下规定执行：受到调整职务处理的，不得确定为优秀等次；受到责令辞职、免职、降职处理的，只写评语不确定等次。同时受到党纪政务处分和组织处理的，按照对其年度考核结果影响较重的处理处分确定年度考核等次。

对受到责令辞职、免职处理的领导干部，可以根据工作需要以及本人特长，安排适当工作任务。

第十二条 领导干部对组织处理决定不服的，可以在收到组织处理决定后，向作出组织处理决定的党委（党组）提出书面申诉。党委（党组）应当在收到申诉的1个月内作出申诉处理决定，以书面形式告知干部本人以及所在单位。领导干部对申诉处理决定不服的，可以向上级组织（人事）部门提出书面申诉。上级组织（人事）部门应当在2个月内予以办理并作出答复，情况复杂的不超过3个月。

申诉期间，不停止组织处理决定的执行。

第十三条 对领导干部组织处理存在事实认定不清楚、责任界定不准确的，应当重新调查核实。处理不当的，应当及时予以纠正。必要时，上级党委（党组）可以责令作出组织处理决定的党委（党组）予以纠正。

第十四条 组织（人事）部门应当将组织处理决定材料和纠正材料归入本人干部人事档案，根据工作需要抄送有关部门。

第十五条 受到组织处理的领导干部应当认真反省问题，积极整改提高。党组织应当加强对受到组织处理的领导干部日常管理和关心关爱，了解掌握其思想动态和工作状况，有针对性地做好教育引导工作。

第十六条 领导干部受到组织处理，影响期满，表现好且符合有关条件的，按照干部选拔任用等有关规定使用。

第十七条 中央军事委员会可以根据本规定制定相关规定。

第十八条 本规定由中央组织部负责解释。

第十九条 本规定自发布之日起施行。

12. 中国共产党处分违纪党员批准权限和程序规定

（中共中央印发，自2022年9月22日起施行）

第一章 总 则

第一条 为了规范处分违纪党员批准权限和程序，根据《中国共产党章程》和有关党内法规，制定本规定。

第二条 坚持以习近平新时代中国特色社会主义思想为指导，坚持和加强党的全面领导，坚持党要管党，在党中央集中统一领导下，深入贯彻全面从严治党战略方针，严格按照处分违纪党员批准权限和程序实施党纪处分。

第三条 对违纪党员实施党纪处分实行分级负责制。处分违纪党员批准权限主要依据党员组织隶属关系和干部人事管理权限确定，其中系党员干部的，除本规定和有关党内法规规定的特殊情形外，优先依据干部人事管理权限确定。

第四条 对违纪党员实施党纪处分应当坚持党纪面前一律平等、实事求是、民主集中制和惩前毖后、治病救人原则，做到事实清楚、证据确凿、定性准确、处理恰当、手续完备、程序合规。

对违纪党员实施党纪处分应当按照规定程序，经党组织（含纪律检查机关，下同）集体讨论决定，不允许任何个人或者少数人擅自决定和批准。上级党组织对违纪党员作出的处理决定，下级党组织必须执行。

第五条 党纪处分决定自有处分批准权的党组织集体讨论决定之日起生效。

第二章 处分批准权限和程序一般规定

第六条 除本规定和有关党内法规另有规定外，给予各级党委管理的党员警告、严重警告处分，可以由同级纪委审查批准；给予其撤销党内职务、留党察看或者开除党籍处分，须经同级纪委审查同意后报请这一级党委审议批准。

第七条 给予担任两个以上职务（不含党代会代表）的违纪党员党纪处分，按照其中属于最高一级党组织管理的职务履行处分审批程序。

违纪党员所担任的职务中属于最高一级党组织管理的职务有两个以上的，区别下列情形履行处分审批程序：

（一）有一个职务系党的中央或者地方委员会（以下简称地方党委）委员、候补委员的，应当按照该职务对应的处分批准权限履行处分审批程序；

（二）除前项所列情形外，有一个职务系党的中央或者地方纪律检查委员会（以

下简称地方纪委)委员的,应当按照该职务对应的处分批准权限履行处分审批程序;

(三)除前两项所列情形外,应当按照违纪党员所担任的最高一级党组织管理的多个职务分别对应的处分批准权限就高履行处分审批程序。

地方党委委员、候补委员或者地方纪委委员在接受审查期间,其所在的地方党委不得免去其上述职务,也不得接受其辞去上述职务的请求。

第八条 违纪党员系地方党委委员、候补委员或者地方纪委委员,同时担任上级党组织管理的职务的,由该上级党组织的同级纪委依照本规定履行处分审批程序。其中,受到撤销党内职务、留党察看或者开除党籍处分的,地方党委、纪委无需履行本规定第十八条第三款规定的追认程序。

第九条 对党员所作处分,需要变更或者撤销的,由原批准处分决定的党组织或者有处分批准权的党组织审批。原批准处分决定的党组织已撤销的,可以由继续行使其职权的党组织办理。

第十条 上级纪委提级审查的,经审理形成处置意见后,可以交由下级纪委履行处分审批程序;也可以经上级纪委常委会审议同意后,直接作出党纪处分决定,其中上级纪委拟给予提级审查的下级地方党委委员、候补委员撤销党内职务、留党察看或者开除党籍处分的,应当报请同级党委常委会审议批准。

上级纪委指定下级纪委审查的,被指定的下级纪委常委会审议后,按照程序将案件材料和处理意见转有监督执纪权限的纪委经审理后履行处分审批程序。

第十一条 对违纪党员免予党纪处分的,按照给予其警告处分的批准权限履行处分审批程序。

第十二条 对于应当受到撤销党内职务处分,但是本人没有担任党内职务的违纪党员,应当给予其严重警告处分,并按照给予其撤销党内职务处分的批准权限履行处分审批程序。

第十三条 对于各级纪委立案审查的党员,需要给予党纪处分的,除特殊情况外,一般由负责审查的纪委经审理后形成关于违纪事实和处分意见的通报材料,经下一级党组织交由被审查人所在党支部党员大会讨论形成决议,并由该下一级组织报负责审查的纪委履行处分审批程序。被审查人所在党支部系负责审查的纪委下一级党组织的,由负责审查的纪委将关于违纪事实和处分意见的通报材料交由该党支部党员大会讨论形成决议后履行处分审批程序。

对各级纪委监委派出的纪检监察工作委员会(含纪律检查工作委员会,下同)以及未设立纪委的党的基层委员会审查的党员给予党纪处分的,参照前款规定履行处分审批程序。

被审查人所在党支部党员大会讨论给予其党纪处分时,实际到会有表决权的党员人数必须超过全部应到会有表决权的党员的半数,且表决时必须经过全部应到会有表决权的党员过半数赞成,方可形成决议;被审查人有权参加和进行申辩。被审查人应当在党支部党员大会决议上签写意见;拒不签写意见或者因其他原因不能签写意见的,支部委员会(含未设支部委员会的支部书记)应当在决议上注明。

处分决定所依据的事实材料必须同被审查人本人见面,听取其陈述和申辩,并如实记录、及时核实,合理的予以采纳;不予采纳的,应当说明理由。该事实材料应当由被审查人签写意见,对签写不同意见或者拒不签写意见的,应当作出说明或者注明情况。

第十四条 有下列特殊情况之一,县级以上各级党委和纪委可以直接决定给予违纪党员党纪处分:

(一)案情涉密、敏感的;

(二)违纪案件跨地区跨部门跨单位的;

(三)违纪党员系县级以上各级党委管理的党员干部的;

(四)违纪党员所在的基层党组织无法正常履行职责、不正确履行职责或者其负责人同违纪问题有关联的;

(五)违纪党员所在党支部党员大会经讨论无法及时形成决议,或者因可到会有表决权的党员人数未超过全部应到会有表决权的党员半数,不能及时召开党支部党员大会讨论表决的;

(六)县级以上纪委提级审查下级党委(党组)管理的党员的;

(七)党章和有关党内法规规定的其他情况。

除本规定第二十九条、第三十一条、第三十八条第三款另有规定外,给予违纪党员开除党籍处分,须经县级以上纪委审查批准,或者经县级以上纪委审查同意后报请有处分批准权的党组织依照本规定履行处分审批程序。

第十五条 各级纪委拟在给予同级党委管理的党员干部党纪处分的同时,建议给予其组织处理的,应当依照本规定履行处分审批程序,并将组织处理建议通报同级党委组织部门依照规定办理;必要时也可以在书面征求同级党委组织部门意见后,一并报请同级党委审议批准。

第十六条 县级以上纪委依照本规定第十四条第一款规定直接决定给予其审查的党员党纪处分,须报请同级党委或者上级党组织审批的,应当在报批前以纪委办公厅(室)名义书面征求同级党委组织部门和被审查人所在党委(党组)意见。

被审查人所在党组织系接受归口领导、管理,或者接受归口指导、协调或者监督的单位党组织的,前款规定中的被审查人所在党委(党组)是指归口领导、管理单位,或者负有指导、协调或者监督职责的单位党组织。

党组(党委)、党的工作机关、中央和地方党委直属事业单位、由党的工作机关管理的机关以及所在机关党的基层委员会(以下简称机关党委)、机关党的基层纪律检查委员会(以下简称机关纪委)在作出党纪处分决定前,应当征求派驻纪检监察组意见。

第十七条 给予违纪党员党纪处分，依照本规定应当由党委审批的，须经本级纪委常委会（未设常委会的应当召开纪委全体会议，下同）审议通过后于15日内报请这一级党委审议；依照本规定应当由上级党组织审批的，还须经同级党委审议同意后，按照程序于15日内呈报上一级纪委审查批准；党委应当及时审议处分事项，对处分意见分歧较大且确有必要的，也可以先通过召开书记专题会议等形式进行酝酿。

党员严重违纪涉嫌犯罪的，原则上先作出党纪处分决定，再移送司法机关依法处理。案情疑难、复杂，对事实证据、行为性质的认定把握困难或者有重大争议，可能影响党纪处理结果的，或者因留置期限即将届满等原因急需移送司法机关依法处理的，负责审查的纪委监委经本级纪委常委会审议同意后，可以先行移送司法机关，并及时报上一级纪委监委备案；其中给予其党纪处分须报请同级党委或者上级党组织审批的，应当在移送司法机关之日起15日内报请同级党委审议，至迟不晚于司法机关决定提起公诉或者作出不起诉决定前。

给予地方党委委员、候补委员和地方纪委委员、监委委员党纪处分，依照本规定须呈报上级党组织审批的，在报请同级党委审议前，有监督执纪权限的纪委常委会审议通过后，应当于3日内形成书面情况报告与上级纪委沟通；上级纪委应当基于该书面情况报告载明的违纪事实和处分意见进行审核，并及时反馈处理意见。上级纪委受理该案件后，应当认真审核，不受此前已反馈处理意见的限制。

第十八条 经中央委员会全体会议应到会委员三分之二以上的多数赞成，可以对中央政治局在中央委员会全体会议闭会期间先行作出的给予中央委员会委员、候补委员撤销党内职务、留党察看或者开除党籍处分的处理决定予以追认。

经中央纪委全体会议应到会委员三分之二以上的多数赞成，可以对中央纪委常委会在中央纪委全体会议闭会期间先行作出的给予中央纪委委员撤销党内职务、留党察看或者开除党籍处分的处理决定予以追认。

地方各级党委、纪委全体会议对本级地方党委、纪委常委会在全体会议闭会期间先行作出的给予本级党委委员、候补委员和纪委委员撤销党内职务、留党察看或者开除党籍处分的处理决定予以追认，分别参照前两款规定的程序执行。

追认须待对前三款所涉人员作出党纪处分决定后，在下一次相应中央委员会、中央纪委全体会议或者地方党委、纪委全体会议上进行。

前三款所涉人员严重触犯刑律的，必须开除党籍。中央政治局、地方党委常委会分别依照本规定第二十四条第二项、第二十七条第一款第二项规定作出的给予严重触犯刑律的中央委员会委员、候补委员和地方党委委员、候补委员开除党籍处分的处理决定，无须履行本条第一款、第三款规定的追认程序。

第十九条 各级纪委依照本规定呈报同级党委或者上级党组织批准后作出党

纪处分决定的,处分决定执行完毕后,应当按照程序于每季度首月15日前将上一季度的处分决定执行(含处分宣布)情况汇总呈报同级党委或者上级党组织。

第二十条 党组织批准的下列处分事项,应当在作出党纪处分决定后按照下列要求予以备案：

(一)中央纪委批准本规定第三十四条第一项至第三项所涉处分事项后,由中央纪委报党中央备案；

(二)省、自治区、直辖市党委(以下简称省级党委)批准本规定第二十七条第三款所涉处分事项后,由省、自治区、直辖市纪委(以下简称省级纪委)报中央纪委备案；

(三)地方党委批准本规定第二十七条第一款第一项所涉处分事项后,被处分人系按照规定需要报上一级党委备案的在职正职领导干部的,由地方纪委报上一级纪委备案；

(四)地方纪委批准本规定第三十七条第一款第一项至第七项、第三款所涉处分事项后,由地方纪委报同级党委备案；其中本规定第三十七条第一款第三项所涉处分事项还须同时报上一级纪委备案；

(五)党的基层纪律检查委员会(以下简称基层纪委)、党的街道纪检监察工作委员会等审查批准本规定第三十八条第一款、第二款所涉处分事项后,相应报具有审批预备党员权限的同级党的基层委员会(以下简称基层党委)、党的街道工作委员会等备案；

(六)机关党委、机关纪委分别审议批准本规定第三十条第二款、第三十九条所涉处分事项后,相应报党组(党委)、党的工作机关备案；机关纪委审查批准本规定第三十九条所涉处分事项后,还须报机关党委备案。

前款规定中的备案工作,应当由负责报备的党组织于每季度首月15日前,将上一季度对在职党员干部已作出党纪处分决定的案件汇总报相应党组织。

第二十一条 受到留党察看处分的党员,确有悔改表现的,留党察看期满后,由其所在党支部党员大会讨论形成决议,经基层党委审议后层报原作出党纪处分决定的党组织的下一级党委(党组)审议批准。该党委(党组)同意按期恢复党员权利的,作出恢复党员权利决定并抄告原作出党纪处分决定的党组织。基层党委批准给予党员留党察看处分的,恢复党员权利由该基层党委批准,恢复党员权利决定由基层党委或者基层纪委下达。

受到留党察看处分一年的党员,留党察看期满后,原作出党纪处分决定的党组织的下一级党委(党组)审核认为其仍不符合恢复党员权利条件的,经报原作出党纪处分决定的党组织批准,作出延长一年留党察看期限的决定。

党员在留党察看期间,坚持不改或者又发现其他应当受到党纪处分的违纪行为的,应当开除党籍,并由有监督执纪权限的纪律检查机关履行处分审批程序。

受到留党察看处分的党员在留党察看期间转移党员组织关系的，由接收其党员组织关系的党组织分别参照本条第一款至第三款规定恢复其党员权利、延长一年留党察看期限或者给予其开除党籍处分，并抄告原作出党纪处分决定的党组织。

受到留党察看处分的党员所在党支部有本规定第十四条第一款第五项情形的，可以由基层党委直接审议后，依照本条第一款规定程序办理。

受到留党察看处分的党员组织关系隶属于党的工作委员会的，参照前五款规定执行。

第二十二条　党员经过留党察看，恢复党员权利后，又发现其在留党察看期间实施了新的应当受到党纪处分的违纪行为，或者发现其在受到留党察看处分前没有交代的其他应当受到党纪处分的违纪行为的，应当由作出恢复党员权利决定的党组织撤销原决定，由有监督执纪权限的纪律检查机关按照程序给予其开除党籍处分，并抄告原作出党纪处分决定的党组织。

第三章　党中央以及各级党委（党组）处分批准权限

第二十三条　在中央委员会全体会议期间，经中央委员会全体会议应到会委员三分之二以上的多数决定，可以给予中央委员会委员、候补委员撤销党内职务、留党察看或者开除党籍处分。

第二十四条　中央政治局批准下列处分事项：

（一）在中央委员会全体会议闭会期间，先行给予中央委员会委员、候补委员撤销党内职务、留党察看或者开除党籍处分；

（二）给予严重触犯刑律的中央委员会委员、候补委员开除党籍处分。

第二十五条　中央政治局常务委员会批准对有关党的领导干部的处分事项。

第二十六条　在地方党委全体会议期间，给予本级地方党委委员、候补委员撤销党内职务、留党察看或者开除党籍处分的，经地方党委全体会议应到会委员三分之二以上的多数决定，并按照程序呈报上一级纪委常委会审议同意后，由这一级纪委报同级党委常委会审议批准。

在地方党委全体会议闭会期间，地方党委常委会可以先行作出给予本级党委委员、候补委员撤销党内职务、留党察看或者开除党籍处分的处理决定，并依照前款规定履行处分审批程序。

第二十七条　地方党委常委会批准下列处分事项：

（一）给予本级党委讨论决定任免的党员干部撤销党内职务、留党察看或者开除党籍处分；

（二）给予严重触犯刑律的本级党委委员、候补委员开除党籍处分；

（三）给予严重触犯刑律的本级纪委委员开除党籍处分；

（四）给予下一级地方党委委员、候补委员撤销党内职务、留党察看或者开除党籍处分；

（五）给予下一级地方纪委书记、副书记撤销党内职务、留党察看或者开除党籍处分；

（六）党章和有关党内法规规定的其他处分事项。

党的地区委员会和相当于地区委员会的组织，以及设区的市级（不含直辖市的区，下同）以上地方党委在被赋予社会管理权限的开发区、国家级新区等特定地域派出的代表机关，参照前款规定行使处分违纪党员批准权限。

省级党委常委会批准给予省级纪委委员撤销党内职务、留党察看或者开除党籍处分。

新疆维吾尔自治区党委常委会批准给予新疆生产建设兵团党委委员、候补委员撤销党内职务、留党察看或者开除党籍处分。

第二十八条 经负责审查的基层纪委审议并报请，具有审批预备党员权限的基层党委可以批准给予被审查人留党察看以下处分，但被审查人涉及的问题比较重要或者复杂的除外。

党的街道工作委员会和县级地方党委在开发区等特定地域派出的代表机关，参照前款规定行使处分违纪党员批准权限。

第二十九条 基层党委具备下列条件之一，可以依照本规定第十四条规定直接决定给予违纪党员党纪处分，并可以批准给予违纪党员开除党籍处分：

（一）下级党组织具有审批预备党员权限的；

（二）所在党和国家机关机构规格为副厅局级以上的；

（三）上一级党委系设区的市级以上党委的。

第三十条 党组（党委）、党的工作机关根据干部人事管理权限对属于其管理的人员中的党员给予党纪处分，应当按照规定程序集体讨论决定。其中，党组（党委）会议、党的工作机关部（厅、室）务会或者委员会会议必须有三分之二以上成员到会，经超过应到会成员半数赞成为通过。

对未经党组（党委）会议、党的工作机关部（厅、室）务会或者委员会会议讨论决定任免，但属于党组（党委）、党的工作机关管理的人员中的党员给予党纪处分的，也可以由所在机关纪委报机关党委审议批准；给予开除党籍处分的，还须相应报党组（党委）会议、党的工作机关部（厅、室）务会或者委员会会议审议批准。

中央和地方党委直属事业单位、由党的工作机关管理的机关根据干部人事管理权限对属于其管理的人员中的党员给予党纪处分，参照前两款规定行使处分违纪党员批准权限。

中央和地方党委派出的代表机关中，不属于党的工作机关的，除本规定和有关党内法规另有规定外，可以参照党的工作机关行使处分违纪党员批准权限。

第三十一条 党组（党委）、党的工作机关、中央和地方党委直属事业单位、由党的工作机关管理的机关以及本规定第三十条第四款所涉中央和地方党委派出的代表机关,具备下列条件之一,可以依照本规定第十四条规定直接决定给予违纪党员党纪处分,并可以批准给予违纪党员开除党籍处分:

(一)所在单位基层党委具有审批预备党员权限的;

(二)所在党和国家机关机构规格为正县处级以上的;

(三)本级党委系设区的市级以上党委的。

第三十二条 实行党委领导下的行政领导人负责制的事业单位党委根据干部人事管理权限,可以批准给予其管理的人员中的党员党纪处分。

实行行政领导人负责制的事业单位党组织根据干部人事管理权限和党组织在选人用人中的职责作用,经党政主要领导充分沟通后,相应可以批准给予其管理的人员中的党员党纪处分。

事业单位未被赋予干部人事管理权限,由上级党组织统筹管理的,上级党组织可以批准给予该事业单位工作人员中的党员党纪处分。

本条第二款、第三款规定中的党组织,不含党总支和党支部。

第四章 纪律检查机关处分批准权限

第三十三条 在中央纪委全体会议期间,经中央纪委全体会议应到会委员三分之二以上的多数决定,可以作出给予中央纪委委员撤销党内职务、留党察看或者开除党籍处分的处理决定,并待报请中央政治局常务委员会批准后,由中央纪委作出党纪处分决定。

在中央纪委全体会议闭会期间,中央纪委常委会可以先行作出给予中央纪委委员撤销党内职务、留党察看或者开除党籍处分的处理决定,并待报请中央政治局常务委员会批准后,由中央纪委作出党纪处分决定。

第三十四条 中央纪委常委会批准下列处分事项:

(一)给予省部级以下(不含省部级)中管干部以及未明确行政级别的单位中的中管干部警告、严重警告处分;

(二)给予省级党委委员、候补委员警告、严重警告处分;

(三)给予省级纪委常委(不含书记、副书记,下同)、监委委员党纪处分;

(四)党章和有关党内法规规定的其他处分事项。

第三十五条 中央纪委办公会议批准下列处分事项:

(一)给予不是中管干部的中央纪委国家监委机关、直属单位的党员党纪处分;

(二)给予不是中管干部的中央纪委国家监委派驻、派出机构的党员党纪处分;

(三)给予不是中管干部且已离职的中央纪委国家监委机关、直属单位和派驻、派出机构的党员党纪处分。

前款第三项所涉人员违纪行为主要发生在其离职后,且与其离职前在前款所涉单位担任的职务没有关联的，依照本规定第三条规定履行处分审批程序。

第三十六条　在地方纪委全体会议期间，经地方纪委全体会议应到会委员三分之二以上的多数决定，可以作出给予本级纪委委员撤销党内职务、留党察看或者开除党籍处分的处理决定，并待报请本级地方党委常委会审议批准后，由地方纪委作出党纪处分决定，其中系设区的市级以下纪委委员的还须按照程序呈报上一级纪委常委会审查批准。

在地方纪委全体会议闭会期间，地方纪委常委会可以先行作出给予本级纪委委员撤销党内职务、留党察看或者开除党籍处分的处理决定，并依照前款规定履行处分审批程序后，由地方纪委作出党纪处分决定。

第三十七条　地方纪委常委会批准下列处分事项：

（一）给予本级地方党委讨论决定任免的党员干部警告、严重警告处分；

（二）给予未经本级地方党委讨论决定任免、但属于本级地方党委管理的党员干部党纪处分；

（三）给予本级纪委委员警告、严重警告处分；

（四）给予下一级地方党委委员、候补委员警告、严重警告处分；

（五）给予下一级地方纪委书记、副书记警告、严重警告处分；

（六）给予下一级地方纪委常委、监委委员党纪处分；

（七）给予下一级地方纪委委员撤销党内职务、留党察看或者开除党籍处分；

（八）给予本级纪委管理的纪委监委机关、直属单位和派驻、派出机构的党员党纪处分；

（九）党章和有关党内法规规定的其他处分事项。

地区纪委和相当于地区纪委的其他纪律检查机关，以及设区的市级以上地方纪委监委在被赋予社会管理权限的开发区、国家级新区等特定地域派出的纪检监察工作委员会，参照前款规定行使处分违纪党员批准权限。

新疆维吾尔自治区纪委常委会批准给予新疆生产建设兵团党委委员、候补委员警告、严重警告处分，新疆生产建设兵团纪委委员撤销党内职务、留党察看或者开除党籍处分，新疆生产建设兵团纪委常委、监委委员党纪处分。

第三十八条　基层纪委可以批准给予其审查的案件中的被审查人警告、严重警告处分；如果涉及的问题比较重要或者复杂的，应当经同级党委审议同意后，按照程序报有处分批准权的县级以上纪委审查批准。

党的街道纪检监察工作委员会和县级纪委监委在开发区等特定地域派出的纪检监察工作委员会，参照前款规定行使处分违纪党员批准权限。

符合本规定第二十九条规定的基层党委，其同级纪委可以依照本规定第十四条规定直接决定给予违纪党员党纪处分，并可以批准给予违纪党员开除党籍处分。

第三十九条　对未经党组（党委）会议、党的工作机关部（厅、室）务会或者委员会会议讨论决定任免,但属于党组(党委)、党的工作机关管理的人员中的党员给予警告、严重警告处分的,可以由机关纪委审查批准。

第五章　处分批准权限和程序特殊情形

第四十条　违纪党员系实行垂直管理或者实行双重领导并以上级单位领导为主的单位的干部,同时担任地方党委委员、候补委员或者地方纪委委员职务的,由地方纪委依照本规定履行处分审批程序,并将党纪处分决定抄告主管单位党组(党委)。其中,地方纪委立案审查的,应当通过有监督执纪权限的相应派驻纪检监察组或者主管单位内设纪检组织征求主管单位党组(党委)意见后履行处分审批程序。

第四十一条　给予党员组织关系转入援派或者挂职单位,但不改变与原单位人事关系的违纪党员干部党纪处分的,一般应当按照所任原单位职务、职级等对应的干部人事管理权限确定处分批准权限、履行处分审批程序。违纪问题与援派或者挂职期间挂任职务有密切关联的,必要时也可以按照该职务对应的干部人事管理权限确定处分批准权限、履行处分审批程序,但在作出处分决定前,应当按照所任原单位职务、职级等对应的干部人事管理权限征求原单位意见。

给予上级党委委托下级党委管理的党员干部党纪处分的,下级党委、纪委可以依照本规定履行处分审批程序。

第四十二条　给予组织关系转出但尚未被接收的党员党纪处分,由其原所在党组织依照本规定履行处分审批程序。该党组织已撤销的,由继续行使其职权的党组织或者其上一级党组织办理。

给予没有转移组织关系的流动党员和已停止党籍的党员党纪处分,由其组织关系所在党组织依照本规定履行处分审批程序。

第四十三条　给予辞去公职等原因离开公职岗位或者退休的党员干部党纪处分,一般按照其在职时的干部人事管理权限确定处分批准权限、履行处分审批程序。违纪问题发生在离开公职岗位后,且与所任原单位职务、职级等没有关联的,由其组织关系所在党组织依照本规定履行处分审批程序。离开公职岗位后又重新担任公职的,依照本规定第三条规定履行处分审批程序。党纪处分决定作出后,应当抄告违纪党员所在党组织予以执行。

第四十四条　给予党员组织关系转入相应党的街道工作委员会和所辖社区(村)党组织并实行社会化管理的国有企业退休人员党纪处分,按照党员组织隶属关系,由党的街道纪检监察工作委员会审查批准,其中给予撤销党内职务、留党察看或者开除党籍处分的还须报同级党的街道工作委员会审议批准,给予开除党籍处分的还须依照本规定呈报派出党的街道纪检监察工作委员会的地方纪委常委会审查批准。

前款规定的国有企业退休人员,其违纪行为主要发生在在职期间或者与在职期间的职务有密切关联的,有监督执纪权限的相应纪委监委、派驻纪检监察组或者国有企业内设纪检组织审查后认为应当给予党纪处分的,可以按照其退休前的干部人事管理权限确定处分批准权限、履行处分审批程序。党纪处分决定作出后,应当抄告相应党的街道工作委员会、党的街道纪检监察工作委员会予以执行。对于受到留党察看处分的,由党的街道纪检监察工作委员会依照本规定第二十一条第一款至第三款规定的条件,经其所在党支部党员大会讨论形成决议,报请党的街道工作委员会审议同意后,作出恢复其党员权利、延长一年留党察看期限或者给予其开除党籍处分的决定,并抄告原作出党纪处分决定的党组织;其中给予开除党籍处分的还须依照本规定呈报派出党的街道纪检监察工作委员会的地方纪委常委会审查批准。

给予党员组织关系转入相应乡镇(街道)党委和所辖村(社区)党组织并实行社会化管理的国有企业退休人员党纪处分,参照前两款规定执行。

第四十五条 给予以退休方式移交人民政府安置的退役军官中的党员党纪处分,一般可以根据其退役前的职级或者军衔等级(适用于实行军衔主导的军官等级制度改革后的退役军官,下同),由相应的地方纪委常委会审查批准,其中给予撤销党内职务、留党察看或者开除党籍处分的还须报同级地方党委常委会审议批准。

退役前系师职军官(大校军官以及相应职级文职干部)、团职军官(上校、中校军官以及相应职级文职干部)的,一般应当分别由省级纪委、设区的市级纪委负责履行处分审批程序;系营职以下军官(少校以下军官以及相应职级文职干部)的,由县级纪委负责履行处分审批程序。

第四十六条 给予以逐月领取退役金或者自主择业方式安置且未被停发退役金的退役军官中的党员党纪处分,由其组织关系所在地的县级纪委常委会审查批准,其中拟给予撤销党内职务、留党察看或者开除党籍处分的还须报同级地方党委常委会审议批准。

给予以复员方式退役的退役军官,以及采取以逐月领取退役金、自主就业、退休或者供养方式安置的退役军士中的党员党纪处分,由其组织关系所在党组织依照本规定履行处分审批程序。

第四十七条 本规定第四十五条、第四十六条规定中的退役军官、军士的违纪行为主要发生在服役期间或者与服役期间的职务有密切关联,由军队纪律检查机关审查的,军队纪律检查机关可以依照其退役前的职务对应的处分批准权限履行处分审批程序并作出党纪处分决定,抄告退役军官、军士组织关系所在地县级党委、纪委予以执行。

前款规定中的违纪行为由地方纪律检查机关立案审查的,地方纪律检查机关可以依照本规定第四十五条、第四十六条规定履行处分审批程序。

第四十八条 有监督执纪权限的纪律检查机关审查认为预备党员违犯党纪，情节较轻，可以保留预备党员资格的，可以直接给予其批评教育或者按照程序延长一次预备期；情节较重的，应当按照程序取消其预备党员资格。

延长预备期、取消预备党员资格，由有监督执纪权限的纪律检查机关向预备党员所在党组织提出书面建议，预备党员所在党组织无正当理由应当采纳并交由预备党员所在党支部党员大会讨论形成决议，呈报有审批预备党员权限的基层党委批准后作出处理决定。

预备党员组织关系隶属于党的工作委员会的，参照前款规定执行。

第六章 附 则

第四十九条 本规定所确定的权限，均系应当遵照的最低权限。

第五十条 本规定所称以上、以下，除有特别标明外均含本级、本数。

第五十一条 本规定所称严重触犯刑律，是指因犯罪被人民法院判处刑罚。

第五十二条 本规定所称履行处分审批程序，是指依照本规定确定的处分批准权限和程序，对处分事宜进行审议、报批并按照程序作出党纪处分决定。

第五十三条 本规定所称有监督执纪权限，是指按照监督执纪工作实行分级负责制的规定，对涉嫌违纪党员有权行使监督执纪职责，有权对其违纪问题予以立案审查，有权对其提出党纪处分建议或者按照程序作出党纪处分决定。

第五十四条 军队处分违纪党员批准权限和程序规定，由中央军委根据本规定制定。

第五十五条 本规定由中央纪委负责解释。

第五十六条 本规定自发布之日起施行。中央纪委1983年7月6日印发的《关于处分违犯党纪的党员批准权限的具体规定》和1987年3月28日印发的《关于修改〈关于处分违犯党纪的党员批准权限的具体规定〉的通知》同时废止。此前有关规定与本规定不一致的，以本规定为准。

13. 纪检监察机关处理主动投案问题的规定（试行）

（中央纪委办公厅印发，自2019年7月11日起施行）

第一条 为规范纪检监察机关在监督检查、审查调查中对主动投案的认定和处理，根据《中国共产党纪律处分条例》《中国共产党纪律检查机关监督执纪工作规则》等党内法规和《中华人民共和国监察法》等法律法规，结合工作实际，制定本规定。

第二条 本规定所称主动投案,是指:

(一)党员、监察对象的涉嫌违纪或者职务违法、职务犯罪问题,未被纪检监察机关掌握,或者虽被掌握,但尚未受到纪检监察机关的审查调查谈话、讯问或者尚未被采取留置措施时,主动向纪检监察机关投案的;

(二)涉案人员的涉嫌行贿犯罪或者共同职务违法、职务犯罪问题,未被纪检监察机关掌握,或者虽被掌握,但尚未受到纪检监察机关的询问、审查调查谈话、讯问或者尚未被采取留置措施时,主动向纪检监察机关投案。

第三条 本规定中的主动投案既包括涉嫌违纪或者职务违法人员向纪检监察机关投案的情形,也包括《中华人民共和国监察法》第三十一条规定的涉嫌职务犯罪人员向监察机关自动投案的情形。

第四条 有关人员主动向其所在党组织、单位或者有关负责人员投案,向有关巡视巡察机构投案,以及向公安机关、人民检察院、人民法院投案,视为主动投案。

第五条 有关人员具有以下情形之一的,应当视为主动投案:

(一)在初步核实阶段,尚未受到纪检监察机关谈话时主动投案的;

(二)在纪检监察机关谈话函询过程中,主动交代纪检监察机关未掌握的涉嫌违纪或者职务违法、职务犯罪问题的;

(三)因伤病等客观原因无法前往投案,先委托他人代为表达主动投案意愿,或者以书信、网络、电话、传真等方式表达主动投案意愿,后本人到纪检监察机关接受处理的;

(四)涉嫌严重职务违法或者职务犯罪潜逃后又主动投案,包括在被通缉、抓捕过程中主动投案的;

(五)经查实确已准备去投案,或者正在投案途中,被有关机关抓获的;

(六)虽非完全出于本人主动,但经他人规劝、陪同投案的;

(七)其他应当视为主动投案的情形。

第六条 涉嫌职务违法、职务犯罪的单位集体研究决定或者单位负责人决定而主动投案,或者单位直接负责的主管人员主动投案的,应当认定该单位主动投案。

单位主动投案的案件,需要追究相关人员责任的,参与集体研究并同意投案的人员、决定投案的单位负责人以及投案的单位直接负责的主管人员均应当认定为主动投案。

单位没有主动投案,直接责任人员主动投案的,该直接责任人员应当认定为个人主动投案。

第七条 纪检监察机关对有关人员进行初核谈话、审查调查谈话、讯问期间,或者采取留置措施后,有关人员主动交代纪检监察机关未掌握的本人涉嫌违纪或者职务违法、职务犯罪问题的，不认定为主动投案，但可以依规依纪依法从轻或者减轻处理。

主动投案后又有潜逃等逃避审查调查行为的，不认定为主动投案。

第八条 纪检监察机关的信访举报、监督检查、审查调查等部门，根据职责分工接待主动投案人员。纪检监察机关领导班子成员、巡视巡察机构也可以接待直接向其主动投案的人员。

第九条 有关人员向纪检监察机关信访举报、监督检查、审查调查等部门主动投案的，上述部门应当立即安排两名以上工作人员接待，核实其身份信息，简要了解拟交代的问题投案事由等，做好简要记录，并向本纪检监察机关相关负责人报告。

有关人员向巡视巡察机构主动投案的，有关巡视巡察机构按照前款的规定接待，向巡视巡察工作领导小组报告后通知有关纪检监察机关。

有关人员向纪检监察机关以外的组织、单位或者有关负责人员主动投案，有关组织、单位或者有关负责人员与纪检监察机关信访举报部门联系的，信访举报部门按照第一款的规定接待，报本纪检监察机关相关负责人批准，及时通知相关部门后将主动投案人接管带回。

第十条 信访举报部门接待主动投案人后，认为其交代的问题属于本纪检监察机关管辖的，报本纪检监察机关相关负人批准后，通知相关部门将主动投案人接管。

信访举报部门认为主动投案人交代的问题不属于本纪检监察机关管辖的，按照下列情形办理：

（一）属于上级纪检监察机关管辖的，报本纪检监察机关主要负责人批准后，逐级向上级纪检监察机关信访举报部门报告，根据上级纪检监察机关的意见办理；

（二）属于下级纪检监察机关管辖的，应当报本纪检监察机关相关负责人审批后，及时通知下级纪检监察机关信访举报部门在二十四小时内将主动投案人接管，如认为由本机关管辖更为适宜的，报主要负责人批准后，可以通知本机关相关部门将主动投案人接管；

（三）属于其他纪检监察机关管辖的，应当报本纪检监察机关相关负责人审批后，及时通知相关纪检监察机关信访举报部门在二十四小时内将主动投案人接管。

信访举报部门认为主动投案人交代的问题不属于纪检监察机关管辖的，应当及时通知有管辖权的机关将主动投案人接管。

相关纪检监察机关或者其他机关将主动投案人接管之前，由接待的纪检监察机关保障主动投案人的安全。

第十一条 相关监督检查、审查调查部门根据职责分工安排人员与主动投案人开展谈话的，应当由两名以上工作人员在具备安全保障条件的场所进行，并形成谈话笔录。如有必要,可以由主动投案人另行写出书面说明。谈话过程原则上应当全程同步录音录像。

纪检监察机关领导班子成员接待主动投案人的,由该领导班子成员带领相关部门工作人员见面接谈后,将该主动投案人交由相关部门按前款规定的程序办理。

第十二条 接谈部门综合分析主动投案人涉嫌违纪或者职务违法、职务犯罪的性质、数额、情节及其身体精神状况、串供、逃跑、安全风险等因素,按照以下情形提出处置建议并履行相应的审批程序:

(一)主动投案人交代的涉嫌违纪问题情节轻微,不需要给予纪律处分或者可能给予轻处分的,对其进行批评教育后由其自行离开;

(二)主动投案人交代的涉嫌违纪或者职务违法、职务犯罪问题需要进一步核实,但情节较轻,主动投案人离开后不至于发生逃跑、自杀、串供或者伪造、隐匿、毁灭证据等情形的,安排"走读式"谈话;

(三)主动投案人交代的涉嫌违纪或者职务违法、职务犯罪问题严重,存在安全等风险不适宜离开的,应当采取留置措施;

(四)主动投案人还涉嫌其他机关管辖的违法犯罪的可以协调有关机关对其采取强制措施。

第十三条 纪检监察机关应当制定快速采取留置措施的工作预案,需要尽快对主动投案人依法采取留置措施的,承办部门应当立即办理立案、留置相关手续。

情况紧急的,可以先以电话、内网邮件、传真等方式报批后采取留置措施,并在三个工作日内补办相关正式书面手续。

立案、留置须报中央批准的,应当在与主动投案人谈话的同时,以书面形式正式报批。

第十四条 本规定适用于各级纪检监察机关和纪检监察机构。

第十五条 本规定自印发之日起施行。

14. 党委(党组)落实全面从严治党主体责任规定

(中共中央办公厅印发,自 2020 年 3 月 9 日起施行)

第一章 总 则

第一条 为了全面落实党委(党组)全面从严治党主体责任,推动全面从严治党向纵深发展,根据《中国共产党章程》和有关党内法规,制定本规定。

第二条 本规定适用于地方党委和按照《中国共产党党组工作条例》设立的党

组(党委)。

党的纪律检查机关、党的工作机关、党委直属事业单位在本单位落实全面从严治党主体责任,党的基层组织落实全面从严治党主体责任,参照本规定执行。

第三条 党委(党组)必须深入贯彻习近平新时代中国特色社会主义思想,增强"四个意识"、坚定"四个自信"、做到"两个维护",不忘初心、牢记使命,守责、负责、尽责,一以贯之、坚定不移全面从严治党,以伟大自我革命引领伟大社会革命,以科学理论引领全党理想信念,以"两个维护"引领全党团结统一,以正风肃纪反腐凝聚党心军心民心,永葆党的先进性和纯洁性,确保党始终成为中国特色社会主义事业的坚强领导核心。

第四条 党委(党组)落实全面从严治党主体责任,应当遵循以下原则:

(一)坚持紧紧围绕加强和改善党的全面领导;

(二)坚持全面从严治党各领域各方面各环节全覆盖;

(三)坚持真管真严、敢管敢严、长管长严;

(四)坚持全面从严治党过程和效果相统一。

第五条 中央和国家机关在全面从严治党中具有特殊地位和作用,必须在落实全面从严治党责任中走在前、作表率,全面提高机关党的建设质量,建设让党中央放心、让人民群众满意的模范机关,引领带动各地区各部门抓好全面从严治党。

第二章 责 任 内 容

第六条 地方党委应当将党的建设与经济社会发展同谋划、同部署、同推进、同考核,加强对本地区全面从严治党各项工作的领导。主要包括:

(一)坚决维护以习近平同志为核心的党中央权威和集中统一领导,坚决贯彻执行党中央决策部署以及上级党组织决定;

(二)在本地区发挥总揽全局、协调各方的领导作用,在经济社会发展各项工作中坚持和加强党的全面领导,在同级各种组织中发挥领导作用;

(三)把党的政治建设摆在首位,坚定政治信仰,强化政治领导,提高政治能力,净化政治生态,始终在政治立场、政治方向、政治原则、政治道路上同党中央保持高度一致;

(四)把党的思想建设作为基础性建设来抓,坚定理想信念,用习近平新时代中国特色社会主义思想武装头脑、指导实践、推动工作,落实意识形态工作责任制;

(五)贯彻新时代党的组织路线,坚持民主集中制,树立和坚持正确选人用人导向,建设忠诚干净担当的高素质专业化干部队伍,加强党的基层组织和党员队伍建设,做好人才工作,夯实党执政的组织基础;

(六)持之以恒抓好党的作风建设,落实中央八项规定精神,持续整治"四风"特别是形式主义、官僚主义,反对特权思想和特权现象,密切党同人民群众的血肉

第一部分　职务违纪案件查处的党内法规及规范性文件　　119

联系；

（七）加强党的纪律建设,重点强化政治纪律和组织纪律,带动廉洁纪律、群众纪律、工作纪律、生活纪律严起来；

（八）落实制度治党、依规治党要求,加强本地区党内法规制度建设,严格落实党内法规执行责任制,确保党内法规制度落地见效；

（九）落实党风廉政建设主体责任,深入推进反腐败斗争,一体推进不敢腐、不能腐、不想腐,巩固发展反腐败斗争压倒性胜利；

（十）领导、支持和监督党的纪律检查机关、党的工作机关、党委直属事业单位、党组（党委）和下级地方党委、党的基层组织等落实全面从严治党主体责任,形成全面从严治党整体合力；

（十一）加强对本地区统一战线工作和群团工作的领导,动员、组织所属党组织和广大党员,团结带领群众实现党的目标任务；

（十二）勇于和善于结合本地区实际,切实解决影响全面从严治党的突出问题。

第七条　党组（党委）应当坚持党建工作与业务工作同谋划、同部署、同推进、同考核,加强对本单位（本系统）全面从严治党各项工作的领导。主要包括：

（一）坚决维护以习近平同志为核心的党中央权威和集中统一领导,坚决贯彻执行党中央决策部署以及上级党组织决定；

（二）在本单位（本系统）发挥把方向、管大局、保落实的领导作用,推动党的主张和重大决策转化为法律法规、政策政令和社会共识,确保党的理论和路线方针政策在本单位（本系统）贯彻落实；

（三）把党的政治建设摆在首位,提高政治站位,彰显政治属性,强化政治引领,增强政治能力,始终在政治立场、政治方向、政治原则、政治道路上同党中央保持高度一致,涵养良好的机关政治生态；

（四）强化理论武装,学懂弄通做实习近平新时代中国特色社会主义思想,引导党员、干部坚定理想信念宗旨,落实意识形态工作责任制；

（五）坚持民主集中制,贯彻党管干部、党管人才原则,加强忠诚干净担当的高素质专业化干部队伍建设,加强党的基层组织和党员队伍建设,着力提高党内活动和党的组织生活质量,做好人才工作；

（六）加强和改进作风,落实中央八项规定精神,持续整治"四风"特别是形式主义、官僚主义,反对特权思想和特权现象；

（七）加强党的纪律建设,履行党风廉政建设主体责任,支持纪检监察机关履行监督责任,一体推进不敢腐、不能腐、不想腐；

（八）带头遵守党内法规制度,严格落实党内法规执行责任制,建立健全本单位（本系统）党建工作制度,不断提高制度执行力；

（九）领导机关和直属单位党组织的工作,支持配合党的机关工委对本单位（本

系统)党的工作的统一领导,自觉接受党的机关工委对其履行机关党建主体责任的指导督促,防止出现"灯下黑";

(十)加强对本单位(本系统)统一战线工作和群团工作的领导,重视对党外干部、人才的培养使用,团结带领党外干部和群众,凝聚各方面智慧力量,完成党中央以及上级党组织交给的任务;

(十一)勇于和善于结合本单位(本系统)实际,切实解决影响全面从严治党的突出问题。

第八条 党委(党组)领导班子成员应当强化责任担当,狠抓责任落实,增强落实全面从严治党责任的自觉和能力,带头遵守执行全面从严治党各项规定,自觉接受党组织、党员和群众监督,在全面从严治党中发挥示范表率作用。

党委(党组)书记应当履行本地区本单位全面从严治党第一责任人职责,做到重要工作亲自部署、重大问题亲自过问、重点环节亲自协调、重要案件亲自督办;管好班子、带好队伍、抓好落实,支持、指导和督促领导班子其他成员、下级党委(党组)书记履行全面从严治党责任,发现问题及时提醒纠正。

党委(党组)领导班子其他成员根据工作分工对职责范围内的全面从严治党工作负重要领导责任,按照"一岗双责"要求,领导、检查、督促分管部门和单位全面从严治党工作,对分管部门和单位党员干部从严进行教育管理监督。

第九条 党的建设工作领导小组是党委抓全面从严治党的议事协调机构,应当加强对本地区党的建设工作的指导,定期听取工作汇报,及时研究解决重大问题。

党的纪律检查机关在履行全面从严治党监督责任同时,应当通过重大事项请示报告、提出意见建议、监督推动党委(党组)决策落实等方式,协助党委(党组)落实全面从严治党主体责任。

党委办公厅(室)、职能部门、办事机构等是党委抓全面从严治党的具体执行机关,应当在党委统一领导下充分发挥职能作用,在职责范围内抓好全面从严治党相关工作。

党的机关工委作为党委派出机关,应当统一组织、规划、部署本级机关党的工作,指导机关开展党的各方面建设,指导机关各级党组织实施对党员特别是党员领导干部的监督和管理。

部门和单位机关党委作为机关党建工作专责机构,应当聚焦主责主业,充分发挥职能作用,协助党组(党委)落实全面从严治党主体责任。

第三章 责 任 落 实

第十条 党委(党组)每半年应当至少召开1次常委会会议(党组会议)专题研究全面从严治党工作,分析研判形势,研究解决瓶颈和短板,提出加强和改进的措施。

第十一条 党委(党组)可以根据本规定,结合实际制定责任清单,具体明确党委(党组)及其书记和领导班子其他成员承担的全面从严治党责任。制定责任清单,应当坚持简便易行、务实管用。

第十二条 党委(党组)每年年初应当根据党中央决策部署以及上级党组织决定,结合本地区本单位全面从严治党形势和任务,坚持问题导向,突出工作重点,制定本地区本单位落实全面从严治党主体责任的年度任务安排,明确责任分工和完成时限。

第十三条 党委(党组)书记应当加强对全面从严治党的调查研究,了解工作推进情况,发现和解决实践中的突出问题。

调查研究应当注重听取党的代表大会代表、党员、干部、基层党组织和群众关于全面从严治党的意见建议。

第十四条 党委(党组)应当开展经常性的全面从严治党宣传教育,特别是党章党规和党性党风党纪教育,注重发挥正反典型的示范警示作用,在本地区本单位营造全面从严治党良好氛围。

第十五条 党委(党组)及其领导班子成员应当将落实全面从严治党责任情况作为年度民主生活会对照检查内容,深入查摆存在的问题,开展严肃认真的批评和自我批评,提出务实管用的整改措施。

本地区本单位发生重大违纪违法案件、严重"四风"问题,党委(党组)应当及时召开专题民主生活会,认真对照检查,深刻剖析反思,明确整改责任。

第十六条 党委(党组)书记对领导班子其他成员、下一级党委(党组)书记,领导班子其他成员对分管部门和单位党组织书记,发现存在政治、思想、工作、生活、作风、纪律等方面苗头性、倾向性问题的,应当及时进行提醒谈话;发现落实全面从严治党责任不到位、管党治党问题较多、党员群众来信来访反映问题较多的,应当及时进行约谈,严肃批评教育,督促落实责任。

第十七条 党委(党组)应当通过会议、文件等形式通报本地区本单位落实全面从严治党主体责任情况,及时通报因责任落实不力被问责的典型问题,采取组织调整或者组织处理、纪律处分方式问责的,应当以适当方式公开。

第十八条 党委(党组)应当开展有针对性的教育培训,强化政治教育和政治训练,增强本地区本单位党组织和党员领导干部落实全面从严治党责任的意识,提高落实全面从严治党责任的能力和水平。

第四章 监督追责

第十九条 地方党委每年年初应当向上一级党委书面报告上一年度落实全面从严治党主体责任情况。地方党委常委会应当将落实全面从严治党主体责任情况作为向全会报告工作的一项重要内容。

党组(党委)每年年初应当向批准其设立的党组织书面报告上一年度落实全面从严治党主体责任情况。

第二十条 上级党组织应当加强对党委(党组)落实全面从严治党主体责任情况的监督检查和巡视巡察,着力发现和解决责任不明确、不全面、不落实等问题。

监督检查和巡视巡察中,应当注重发挥党员、干部、基层党组织和群众、新闻媒体等的作用,推动形成监督合力。

第二十一条 统筹党风廉政建设、意识形态工作、基层党建工作等方面考核,结合领导班子和领导干部考核,建立健全落实全面从严治党主体责任考核制度,在年度考核和相关考核工作中突出了解全面从严治党责任落实情况。

考核结果在本地区本单位一定范围内公布。考核结果作为对领导班子总体评价和领导干部选拔任用、实绩评价、激励约束的重要依据。

第二十二条 党委(党组)及其领导班子成员落实全面从严治党责任,有下列情形之一的,应当依规依纪追究责任:

(一)贯彻执行党中央关于全面从严治党重大决策部署以及上级党组织有关决定不认真、不得力;

(二)履行全面从严治党第一责任人职责、重要领导责任不担当、不作为;

(三)本地区本单位政治意识淡化、党的领导弱化、党建工作虚化、责任落实软化,管党治党宽松软;

(四)本地区本单位在管党治党方面出现重大问题或者造成严重后果;

(五)其他应当追究责任的情形。

第五章 附 则

第二十三条 中央军事委员会可以根据本规定,制定军队党委落实全面从严治党主体责任规定。

第二十四条 本规定由中央办公厅负责解释。

第二十五条 本规定自发布之日起施行。

15. 领导干部干预司法活动、插手具体案件处理的记录、通报和责任追究规定

(中共中央办公厅、国务院办公厅印发,自2015年3月18日起施行)

第一条 为贯彻落实《中共中央关于全面推进依法治国若干重大问题的决定》

有关要求,防止领导干部干预司法活动、插手具体案件处理,确保司法机关依法独立公正行使职权,根据宪法法律规定,结合司法工作实际,制定本规定。

第二条　各级领导干部应当带头遵守宪法法律,维护司法权威,支持司法机关依法独立公正行使职权。任何领导干部都不得要求司法机关违反法定职责或法定程序处理案件,都不得要求司法机关做有碍司法公正的事情。

第三条　对司法工作负有领导职责的机关,因履行职责需要,可以依照工作程序了解案件情况,组织研究司法政策,统筹协调依法处理工作,督促司法机关依法履行职责,为司法机关创造公正司法的环境,但不得对案件的证据采信、事实认定、司法裁判等作出具体决定。

第四条　司法机关依法独立公正行使职权,不得执行任何领导干部违反法定职责或法定程序、有碍司法公正的要求。

第五条　对领导干部干预司法活动、插手具体案件处理的情况,司法人员应当全面、如实记录,做到全程留痕,有据可查。

以组织名义向司法机关发文发函对案件处理提出要求的,或者领导干部身边工作人员、亲属干预司法活动、插手具体案件处理的,司法人员均应当如实记录并留存相关材料。

第六条　司法人员如实记录领导干部干预司法活动、插手具体案件处理情况的行为,受法律和组织保护。领导干部不得对司法人员打击报复。非因法定事由,非经法定程序,不得将司法人员免职、调离、辞退或者作出降级、撤职、开除等处分。

第七条　司法机关应当每季度对领导干部干预司法活动、插手具体案件处理情况进行汇总分析,报送同级党委政法委和上级司法机关。必要时,可以立即报告。

党委政法委应当及时研究领导干部干预司法活动、插手具体案件处理的情况,报告同级党委,同时抄送纪检监察机关、党委组织部门。干预司法活动、插手具体案件处理的领导干部属于上级党委或者其他党组织管理的,应当向上级党委报告或者向其他党组织通报情况。

第八条　领导干部有下列行为之一的,属于违法干预司法活动,党委政法委按程序报经批准后予以通报,必要时可以向社会公开:

(一)在线索核查、立案、侦查、审查起诉、审判、执行等环节为案件当事人请托说情的;

(二)要求办案人员或办案单位负责人私下会见案件当事人或其辩护人、诉讼代理人、近亲属以及其他与案件有利害关系的人的;

(三)授意、纵容身边工作人员或者亲属为案件当事人请托说情的;

(四)为了地方利益或者部门利益,以听取汇报、开协调会、发文件等形式,超越职权对案件处理提出倾向性意见或者具体要求的;

(五)其他违法干预司法活动、妨碍司法公正的行为。

第九条 领导干部有本规定第八条所列行为之一,造成后果或者恶劣影响的,依照《中国共产党纪律处分条例》、《行政机关公务员处分条例》、《检察人员纪律处分条例(试行)》、《人民法院工作人员处分条例》、《中国人民解放军纪律条令》等规定给予纪律处分;造成冤假错案或者其他严重后果,构成犯罪的,依法追究刑事责任。

领导干部对司法人员进行打击报复的,依照《中国共产党纪律处分条例》、《行政机关公务员处分条例》、《检察人员纪律处分条例(试行)》、《人民法院工作人员处分条例》、《中国人民解放军纪律条令》等规定给予纪律处分;构成犯罪的,依法追究刑事责任。

第十条 司法人员不记录或者不如实记录领导干部干预司法活动、插手具体案件处理情况的,予以警告、通报批评;有两次以上不记录或者不如实记录情形的,依照《中国共产党纪律处分条例》、《行政机关公务员处分条例》、《检察人员纪律处分条例(试行)》、《人民法院工作人员处分条例》、《中国人民解放军纪律条令》等规定给予纪律处分。主管领导授意不记录或者不如实记录的,依纪依法追究主管领导责任。

第十一条 领导干部干预司法活动、插手具体案件处理的情况,应当纳入党风廉政建设责任制和政绩考核体系,作为考核干部是否遵守法律、依法办事、廉洁自律的重要依据。

第十二条 本规定所称领导干部,是指在各级党的机关、人大机关、行政机关、政协机关、审判机关、检察机关、军事机关以及公司、企业、事业单位、社会团体中具有国家工作人员身份的领导干部。

第十三条 本规定自2015年3月18日起施行。

16. 农村基层干部廉洁履行职责若干规定(试行)

(中共中央办公厅、国务院办公厅印发,自2011年5月23日起施行)

为进一步加强农村党风廉政建设,促进农村基层干部廉洁履行职责,维护农村集体和农民群众利益,推动农村科学发展,促进农村社会和谐,依据《中国共产党章程》和其他有关党内法规、国家法律法规,制定本规定。

总　　则

农村党风廉政建设关系党的执政基础。农村基层干部廉洁履行职责,是坚持以邓小平理论和"三个代表"重要思想为指导,深入贯彻落实科学发展观,全面贯彻落实党的路线方针政策,加快推进社会主义新农村建设的重要保障;是新形势下加强党的执政能力建设和先进性建设,造就高素质农村基层干部队伍的重要内容;是保证农村基层干部正确行使权力,发展基层民主,保障农民权益,促进农村和谐稳定的重要基础;是加强和创新社会管理,做好新形势下群众工作,密切党群干群关系的必然要求。

农村基层干部应当坚定理想信念,牢记和践行全心全意为人民服务的宗旨,恪尽职守、为民奉献;应当发扬党的优良传统和作风,求真务实、艰苦奋斗;应当遵守党的纪律和国家法律,知法守法、依法办事;应当正确履行职责和自觉接受监督,清正廉洁、公道正派;应当倡导健康文明的社会风尚,崇尚科学、移风易俗。

第一章 乡镇领导班子成员和基层站所负责人廉洁履行职责行为规范

第一条 禁止滥用职权,侵害群众合法权益。不准有下列行为:

(一)非法征占、侵占、"以租代征"转用、买卖农村土地和森林、山岭、草原、荒地、滩涂、水面等资源;

(二)违反乡镇土地利用总体规划、村镇建设规划和基本农田保护规定进行审批和建设;

(三)侵占、截留、挪用、挥霍或者违反规定借用农村集体财产或者各项强农惠农资金、物资以及征地补偿费等;

(四)违反规定干预、插手农村村级组织选举或者农村集体资金、资产、资源的使用、分配、承包、租赁以及农村工程建设等事项;

(五)违反规定扣押、收缴群众款物或者处罚群众;

(六)对发现的严重侵害群众合法权益的违纪违法行为隐瞒不报、压案不查;

(七)其他滥用职权,侵害群众合法权益的行为。

第二条 禁止利用职务之便,谋取不正当利益。不准有下列行为:

(一)索取、收受或者以借为名占用管理、服务对象财物,或者吃拿卡要;

(二)在管理、服务活动中违反规定收取费用或者谋取私利;

(三)用公款或者由村级组织、乡镇企业、私营企业报销、支付应当由个人负担的费用;

(四)设立"小金库",侵吞、截留、挪用、坐支公款;

(五)利用职权和职务上的影响为亲属谋取利益;

(六)其他利用职务之便,为本人或者他人谋取不正当利益的行为。

第三条 禁止搞不正之风,损害党群干群关系。不准有下列行为:

(一)违反规定选拔任用干部,或者在乡镇党委和政府换届选举中拉票贿选,败坏选人用人风气；

（二）弄虚作假，骗取荣誉和其他利益；

（三）在社会保障、政策扶持、救灾救济款物分配等事项中违规办事、显失公平；

（四）漠视群众正当诉求，或者对待群众态度恶劣、故意刁难群众；

（五）大吃大喝、公款旅游，或者违反规定配备、使用小汽车；

（六）大操大办婚丧喜庆事宜，或者借机敛财。

第二章　村党组织领导班子成员和村民委员会成员廉洁履行职责行为规范

第四条　禁止在村级组织选举中拉票贿选、破坏选举。不准有下列行为：

（一）违反法定程序组织、参与选举，或者伪造选票、虚报选举票数、篡改选举结果；

（二）采取暴力、威胁、欺骗、贿赂等不正当手段参选或者妨害村民依法行使选举权、被选举权；

（三）利用宗教、宗族、家族势力或者黑恶势力干扰、操纵、破坏选举。

第五条　禁止在村级事务决策中独断专行、以权谋私。不准有下列行为：

（一）违反规定处置集体资金、资产、资源，或者擅自用集体财产为他人提供担保，损害集体利益；

（二）违法违规发包集体土地、调整收回农民承包土地、强迫或者阻碍农民流转土地承包经营权，非法转让、出租集体土地，或者违反规定强制调整农民宅基地；

（三）在政府拨付和接受社会捐赠的各类救灾救助、补贴补助资金、物资以及退耕还林退牧还草款物、征地补偿费使用分配发放等方面违规操作、挪用、侵占，或者弄虚作假、优亲厚友；

（四）在集体资金使用、集体经济项目和工程建设项目立项及承包、宅基地使用安排以及耕地、山林等集体资源承包、租赁、流转等经营活动中暗箱操作，为本人或者他人谋取私利；

（五）违背村民意愿超范围、超标准向村民筹资筹劳，加重村民负担，或者向村民乱集资、乱摊派、乱收费。

第六条　禁止在村级事务管理中滥用职权、损公肥私。不准有下列行为：

（一）采取侵占、截留、挪用、私分、骗取等手段非法占有集体资金、资产、资源或者其他公共财物；

（二）在计划生育、落户、殡葬等各项管理、服务工作中或者受委托从事公务活动时，吃拿卡要、故意刁难群众或者收受、索取财物；

（三）违反规定无据收（付）款，不按审批程序报销发票，或者设立"小金库"，隐瞒、截留、坐支集体收入；

（四）以虚报、冒领等手段套取、骗取或者截留、私分国家对集体土地的补偿、补助费以及各项强农惠农补助资金、项目扶持资金；

（五）未经批准擅自借用集体款物或者经批准借用集体款物但逾期不还，或者违反规定用集体资金、公物操办个人婚丧喜庆事宜；

（六）以办理村务为名，请客送礼、大吃大喝，挥霍浪费集体资金，或者滥发奖金、补贴，用集体资金支付应当由个人负担的费用。

第七条 禁止在村级事务监督中弄虚作假、逃避监督。不准有下列行为：

（一）不按照规定实行民主理财，或者伪造、变造、隐匿、销毁财务会计资料；

（二）阻挠、干扰村民依法行使询问质询权、罢免权等监督权利；

（三）阻挠、干扰经济责任审计以及其他重大事项的审计；

（四）阻挠、干扰有关机关、部门依法进行的监督检查或者案件查处。

第八条 禁止妨害和扰乱社会管理秩序。不准有下列行为：

（一）参与、纵容、支持黑恶势力活动；

（二）组织、参与宗族宗派纷争或者聚众闹事；

（三）参与色情、赌博、吸毒、迷信、邪教等活动或者为其提供便利条件；

（四）违反计划生育政策或者纵容、支持他人违反计划生育政策。

第三章　实施与监督

第九条 各级党委和政府负责本规定的贯彻实施。开展教育培训，完善考评激励，落实待遇保障，加强监督检查，促进农村基层干部自觉贯彻执行本规定。

第十条 各级党委和政府应当结合本规定的贯彻实施建立健全农村基层党务公开、政务公开、村务公开和办事公开制度以及农村基层干部经济责任审计制度，推进农村基层权力运行公开透明。

第十一条 县（市、区、旗）党委和政府每年应当对乡镇领导班子成员执行本规定的情况进行一次检查考核。

县（市、区、旗）有关主管部门每年应当按照干部管理权限对基层站所负责人执行本规定的情况进行一次检查考核。检查考核时应当充分听取基层站所所在地的乡镇党委和政府的意见，并将考核结果通报乡镇党委和政府。

乡镇党委和政府每年应当对村党组织领导班子成员和村民委员会成员执行本规定的情况进行一次检查考核。

第十二条 纪检监察机关协助同级党委和政府或者根据职责开展对本规定贯彻实施情况的监督检查，依纪依法查处农村基层干部违反本规定的行为。

第十三条 村党组织和村民委员会应当依据本规定完善村规民约，建立廉政承诺制度，健全监督制约机制，保证本规定的贯彻执行。

第十四条 村党组织和村民委员会应当结合贯彻执行本规定健全党组织领导

的村级民主自治机制。对村级重大事务实行村党组织提议、村党组织和村民委员会商议、党员大会审议、村民会议或者村民代表会议决议,决议内容和实施结果应当公开。

第十五条 村党组织和村民委员会应当结合贯彻执行本规定建立健全党务公开、村务公开和财务公开制度。

第十六条 村党组织领导班子成员和村民委员会成员应当将贯彻执行本规定的情况作为民主生活会对照检查、年度述职述廉和民主评议的重要内容,接受党员和村民的监督。

第十七条 村务监督委员会或者其他形式的村务监督机构应当依法履行监督职责,对村民委员会成员执行本规定的情况进行监督。

第十八条 村民代表可以对村民委员会成员执行本规定的情况进行询问和质询。

第十九条 农村基层干部遵守本规定的情况应当作为对其奖励惩处、考核评价、选拔任用、考录的重要依据。

第四章 违反规定行为的处理

第二十条 乡镇领导班子成员和基层站所负责人有违反本规定第一章所列行为的,视情节轻重,由有关机关、部门依照职责权限给予诫勉谈话、通报批评、调离岗位、责令辞职、免职、降职等处理。

应当追究党纪政纪责任的,依照《中国共产党纪律处分条例》、《行政机关公务员处分条例》等有关规定给予相应的党纪政纪处分。

乡镇党委和政府领导班子成员因工作失职,应当进行问责的,依照《关于实行党政领导干部问责的暂行规定》处理。

涉嫌犯罪的,移送司法机关依法处理。

第二十一条 村党组织领导班子成员有违反本规定第二章所列行为的,视情节轻重,由有关机关、部门依照职责权限给予警示谈话、责令公开检讨、通报批评、停职检查、责令辞职、免职等处理。

应当追究党纪责任的,依照《中国共产党纪律处分条例》给予相应的党纪处分。

涉嫌犯罪的,移送司法机关依法处理。

第二十二条 村民委员会成员有违反本规定第二章所列行为的,视情节轻重,由有关机关、部门依照职责权限给予警示谈话、责令公开检讨、通报批评、取消当选资格等处理或者责令其辞职,拒不辞职的,依照《中华人民共和国村民委员会组织法》的规定予以罢免。

对其中的党员,应当追究党纪责任的,依照《中国共产党纪律处分条例》给予相应的党纪处分。

涉嫌犯罪的,移送司法机关依法处理。

第二十三条 农村基层干部违反本规定获取的不正当经济利益,应当依法予以没收、追缴或者责令退赔;给国家、集体或者村民造成损失的,应当依照有关规定承担赔偿责任。

第二十四条 村党组织领导班子成员和村民委员会成员受到本规定第二十一条、第二十二条处理的,由县(市、区、旗)或者乡镇党委和政府按照规定减发或者扣发绩效补贴(工资)、奖金。

第二十五条 村党组织领导班子成员和村民委员会成员中的党员因违反本规定受到撤销党内职务处分的,或者受到留党察看处分恢复党员权利后,两年内不得担任村党组织领导班子成员;被责令辞职、免职的,一年内不得担任村党组织领导班子成员。

第五章 附 则

第二十六条 本规定适用于乡镇党委和政府领导班子成员、人大主席团负责人、基层站所负责人,村(社区)党组织(含党委、总支、支部)领导班子成员、村(居)民委员会成员。

乡镇其他干部、基层站所其他工作人员,农村集体经济组织中的党组织(含党委、总支、支部)领导班子成员、农村集体经济组织负责人,村民小组负责人,参照执行本规定。

第二十七条 各省、自治区、直辖市党委和政府可以根据本规定,结合实际情况制定具体实施办法,并报中央纪委、监察部备案。

第二十八条 本规定由中央纪委、监察部负责解释。

第二十九条 本规定自发布之日起施行。

17. 党政主要领导干部和国有企事业单位主要领导人员经济责任审计规定

(中共中央办公厅、国务院办公厅印发,自2019年7月7日起施行)

第一章 总 则

第一条 为了坚持和加强党对审计工作的集中统一领导,强化对党政主要领导干部和国有企事业单位主要领导人员(以下统称领导干部)的管理监督,促进领导干部履职尽责、担当作为,确保党中央令行禁止,根据《中华人民共和国审计法》

和有关党内法规,制定本规定。

第二条 经济责任审计工作以马克思列宁主义、毛泽东思想、邓小平理论、"三个代表"重要思想、科学发展观、习近平新时代中国特色社会主义思想为指导,增强"四个意识"、坚定"四个自信"、做到"两个维护",认真落实党中央、国务院决策部署,紧紧围绕统筹推进"五位一体"总体布局和协调推进"四个全面"战略布局,贯彻新发展理念,聚焦经济责任,客观评价,揭示问题,促进经济高质量发展,促进全面深化改革,促进权力规范运行,促进反腐倡廉,推进国家治理体系和治理能力现代化。

第三条 本规定所称经济责任,是指领导干部在任职期间,对其管辖范围内贯彻执行党和国家经济方针政策、决策部署,推动经济和社会事业发展,管理公共资金、国有资产、国有资源,防控重大经济风险等有关经济活动应当履行的职责。

第四条 领导干部经济责任审计对象包括:

(一)地方各级党委、政府、纪检监察机关、法院、检察院的正职领导干部或者主持工作1年以上的副职领导干部;

(二)中央和地方各级党政工作部门、事业单位和人民团体等单位的正职领导干部或者主持工作1年以上的副职领导干部;

(三)国有和国有资本占控股地位或者主导地位的企业(含金融机构,以下统称国有企业)的法定代表人或者不担任法定代表人但实际行使相应职权的主要领导人员;

(四)上级领导干部兼任下级单位正职领导职务且不实际履行经济责任时,实际分管日常工作的副职领导干部;

(五)党中央和县级以上地方党委要求进行经济责任审计的其他主要领导干部。

第五条 领导干部履行经济责任的情况,应当依规依法接受审计监督。

经济责任审计可以在领导干部任职期间进行,也可以在领导干部离任后进行,以任职期间审计为主。

第六条 领导干部的经济责任审计按照干部管理权限确定。遇有干部管理权限与财政财务隶属关系等不一致时,由对领导干部具有干部管理权限的部门与同级审计机关共同确定实施审计的审计机关。

审计署审计长的经济责任审计,按照中央审计委员会的决定组织实施。地方审计机关主要领导干部的经济责任审计,由地方党委与上一级审计机关协商后,由上一级审计机关组织实施。

第七条 审计委员会办公室、审计机关依规依法独立实施经济责任审计,任何组织和个人不得拒绝、阻碍、干涉,不得打击报复审计人员。

对有意设置障碍、推诿拖延的,应当进行批评和通报;造成恶劣影响的,应当严肃问责追责。

第八条 审计委员会办公室、审计机关和审计人员对经济责任审计工作中知悉的国家秘密、商业秘密和个人隐私，负有保密义务。

第九条 各级党委和政府应当保证履行经济责任审计职责所必需的机构、人员和经费。

第二章 组织协调

第十条 各级党委和政府应当加强对经济责任审计工作的领导，建立健全经济责任审计工作联席会议（以下简称联席会议）制度。联席会议由纪检监察机关和组织、机构编制、审计、财政、人力资源社会保障、国有资产监督管理、金融监督管理等部门组成，召集人由审计委员会办公室主任担任。联席会议在同级审计委员会的领导下开展工作。

联席会议下设办公室，与同级审计机关内设的经济责任审计机构合署办公。办公室主任由同级审计机关的副职领导或者相当职务层次领导担任。

第十一条 联席会议主要负责研究拟订有关经济责任审计的制度文件，监督检查经济责任审计工作情况，协调解决经济责任审计工作中出现的问题，推进经济责任审计结果运用，指导下级联席会议的工作，指导和监督部门、单位内部管理领导干部经济责任审计工作，完成审计委员会交办的其他工作。

联席会议办公室负责联席会议的日常工作。

第十二条 经济责任审计应当有计划地进行，根据干部管理监督需要和审计资源等实际情况，对审计对象实行分类管理，科学制定经济责任审计中长期规划和年度审计项目计划，推进领导干部履行经济责任情况审计全覆盖。

第十三条 年度经济责任审计项目计划按照下列程序制定：

（一）审计委员会办公室商同级组织部门提出审计计划安排，组织部门提出领导干部年度审计建议名单；

（二）审计委员会办公室征求同级纪检监察机关等有关单位意见后，纳入审计机关年度审计项目计划；

（三）审计委员会办公室提交同级审计委员会审议决定。

对属于有关主管部门管理的领导干部进行审计的，审计委员会办公室商有关主管部门提出年度审计建议名单，纳入审计机关年度审计项目计划，提交审计委员会审议决定。

第十四条 年度经济责任审计项目计划一经确定不得随意变更。确需调减或者追加的，应当按照原制定程序，报审计委员会批准后实施。

第十五条 被审计领导干部遇有被有关部门采取强制措施、纪律审查、监察调查或者死亡等特殊情况，以及存在其他不宜继续进行经济责任审计情形的，审计委员会办公室商同级纪检监察机关、组织部门等有关单位提出意见，报审计委员会批准后终止审计。

第三章 审 计 内 容

第十六条 经济责任审计应当以领导干部任职期间公共资金、国有资产、国有资源的管理、分配和使用为基础,以领导干部权力运行和责任落实情况为重点,充分考虑领导干部管理监督需要、履职特点和审计资源等因素,依规依法确定审计内容。

第十七条 地方各级党委和政府主要领导干部经济责任审计的内容包括:
(一)贯彻执行党和国家经济方针政策、决策部署情况;
(二)本地区经济社会发展规划和政策措施的制定、执行和效果情况;
(三)重大经济事项的决策、执行和效果情况;
(四)财政财务管理和经济风险防范情况,民生保障和改善情况,生态文明建设项目、资金等管理使用和效益情况,以及在预算管理中执行机构编制管理规定情况;
(五)在经济活动中落实有关党风廉政建设责任和遵守廉洁从政规定情况;
(六)以往审计发现问题的整改情况;
(七)其他需要审计的内容。

第十八条 党政工作部门、纪检监察机关、法院、检察院、事业单位和人民团体等单位主要领导干部经济责任审计的内容包括:
(一)贯彻执行党和国家经济方针政策、决策部署情况;
(二)本部门本单位重要发展规划和政策措施的制定、执行和效果情况;
(三)重大经济事项的决策、执行和效果情况;
(四)财政财务管理和经济风险防范情况,生态文明建设项目、资金等管理使用和效益情况,以及在预算管理中执行机构编制管理规定情况;
(五)在经济活动中落实有关党风廉政建设责任和遵守廉洁从政规定情况;
(六)以往审计发现问题的整改情况;
(七)其他需要审计的内容。

第十九条 国有企业主要领导人员经济责任审计的内容包括:
(一)贯彻执行党和国家经济方针政策、决策部署情况;
(二)企业发展战略规划的制定、执行和效果情况;
(三)重大经济事项的决策、执行和效果情况;
(四)企业法人治理结构的建立、健全和运行情况,内部控制制度的制定和执行情况;
(五)企业财务的真实合法效益情况,风险管控情况,境外资产管理情况,生态环境保护情况;

(六)在经济活动中落实有关党风廉政建设责任和遵守廉洁从业规定情况;

(七)以往审计发现问题的整改情况;

(八)其他需要审计的内容。

第二十条 有关部门和单位、地方党委和政府的主要领导干部由上级领导干部兼任,且实际履行经济责任的,对其进行经济责任审计时,审计内容仅限于该领导干部所兼任职务应当履行的经济责任。

第四章 审计实施

第二十一条 审计委员会办公室、审计机关应当根据年度经济责任审计项目计划,组成审计组并实施审计。

第二十二条 对同一地方党委和政府主要领导干部,以及同一部门、单位2名以上主要领导干部的经济责任审计,可以同步组织实施,分别认定责任。

第二十三条 审计委员会办公室、审计机关应当按照规定,向被审计领导干部及其所在单位或者原任职单位(以下统称所在单位)送达审计通知书,抄送同级纪检监察机关、组织部门等有关单位。

地方审计机关主要领导干部的经济责任审计通知书,由上一级审计机关送达。

第二十四条 实施经济责任审计时,应当召开由审计组主要成员、被审计领导干部及其所在单位有关人员参加的会议,安排审计工作有关事项。联席会议有关成员单位根据工作需要可以派人参加。

审计组应当在被审计单位公示审计项目名称、审计纪律要求和举报电话等内容。

第二十五条 经济责任审计过程中,应当听取被审计领导干部所在单位领导班子成员的意见。

对地方党委和政府主要领导干部的审计,还应当听取同级人大常委会、政协主要负责同志的意见。

审计委员会办公室、审计机关应当听取联席会议有关成员单位的意见,及时了解与被审计领导干部履行经济责任有关的考察考核、群众反映、巡视巡察反馈、组织约谈、函询调查、案件查处结果等情况。

第二十六条 被审计领导干部及其所在单位,以及其他有关单位应当及时、准确、完整地提供与被审计领导干部履行经济责任有关的下列资料:

(一)被审计领导干部经济责任履行情况报告;

(二)工作计划、工作总结、工作报告、会议记录、会议纪要、决议决定、请示、批示、目标责任书、经济合同、考核检查结果、业务档案、机构编制、规章制度、以往审计发现问题整改情况等资料;

(三)财政收支、财务收支相关资料;

（四）与履行职责相关的电子数据和必要的技术文档；

（五）审计所需的其他资料。

第二十七条 被审计领导干部及其所在单位应当对所提供资料的真实性、完整性负责，并作出书面承诺。

第二十八条 经济责任审计应当加强与领导干部自然资源资产离任审计等其他审计的统筹协调，科学配置审计资源，创新审计组织管理，推动大数据等新技术应用，建立健全审计工作信息和结果共享机制，提高审计监督整体效能。

第二十九条 经济责任审计过程中，可以依规依法提请有关部门、单位予以协助。有关部门、单位应当予以支持，并及时提供有关资料和信息。

第三十条 审计组实施审计后，应当向派出审计组的审计委员会办公室、审计机关提交审计报告。

审计报告一般包括被审计领导干部任职期间履行经济责任情况的总体评价、主要业绩、审计发现的主要问题和责任认定、审计建议等内容。

第三十一条 审计委员会办公室、审计机关应当书面征求被审计领导干部及其所在单位对审计组审计报告的意见。

第三十二条 被审计领导干部及其所在单位应当自收到审计组审计报告之日起10个工作日内提出书面意见；10个工作日内未提出书面意见的，视同无异议。

审计组应当针对被审计领导干部及其所在单位提出的书面意见，进一步研究和核实，对审计报告作出必要的修改，连同被审计领导干部及其所在单位的书面意见一并报送审计委员会办公室、审计机关。

第三十三条 审计委员会办公室、审计机关按照规定程序对审计组审计报告进行审定，出具经济责任审计报告；同时出具经济责任审计结果报告，在经济责任审计报告的基础上，简要反映审计结果。

经济责任审计报告和经济责任审计结果报告应当事实清楚、评价客观、责任明确、用词恰当、文字精炼、通俗易懂。

第三十四条 经济责任审计报告、经济责任审计结果报告等审计结论性文书按照规定程序报同级审计委员会，按照干部管理权限送组织部门。根据工作需要，送纪检监察机关等联席会议其他成员单位、有关主管部门。

地方审计机关主要领导干部的经济责任审计结论性文书，由上一级审计机关送有关组织部门。根据工作需要，送有关纪检监察机关。

经济责任审计报告应当送达被审计领导干部及其所在单位。

第三十五条 经济责任审计中发现的重大问题线索，由审计委员会办公室按照规定向审计委员会报告。

应当由纪检监察机关或者有关主管部门处理的问题线索，由审计机关依规依纪依法移送处理。

被审计领导干部所在单位存在的违反国家规定的财政收支、财务收支行为，依法应当给予处理处罚的，由审计机关在法定职权范围内作出审计决定。

第三十六条　经济责任审计项目结束后，审计委员会办公室、审计机关应当组织召开会议，向被审计领导干部及其所在单位领导班子成员等有关人员反馈审计结果和相关情况。联席会议有关成员单位根据工作需要可以派人参加。

第三十七条　被审计领导干部对审计委员会办公室、审计机关出具的经济责任审计报告有异议的，可以自收到审计报告之日起30日内向同级审计委员会办公室申诉。审计委员会办公室应当组成复查工作小组，并要求原审计组人员等回避，自收到申诉之日起90日内提出复查意见，报审计委员会批准后作出复查决定。复查决定为最终决定。

地方审计机关主要领导干部对上一级审计机关出具的经济责任审计报告有异议的，可以自收到审计报告之日起30日内向上一级审计机关申诉。上一级审计机关应当组成复查工作小组，并要求原审计组人员等回避，自收到申诉之日起90日内作出复查决定。复查决定为最终决定。

本条规定的期间的最后一日是法定节假日的，以节假日后的第一个工作日为期间届满日。

第五章　审　计　评　价

第三十八条　审计委员会办公室、审计机关应当根据不同领导职务的职责要求，在审计查证或者认定事实的基础上，综合运用多种方法，坚持定性评价与定量评价相结合，依照有关党内法规、法律法规、政策规定、责任制考核目标等，在审计范围内，对被审计领导干部履行经济责任情况，包括公共资金、国有资产、国有资源的管理、分配和使用中个人遵守廉洁从政（从业）规定等情况，作出客观公正、实事求是的评价。

审计评价应当有充分的审计证据支持，对审计中未涉及的事项不作评价。

第三十九条　对领导干部履行经济责任过程中存在的问题，审计委员会办公室、审计机关应当按照权责一致原则，根据领导干部职责分工，综合考虑相关问题的历史背景、决策过程、性质、后果和领导干部实际所起的作用等情况，界定其应当承担的直接责任或者领导责任。

第四十条　领导干部对履行经济责任过程中的下列行为应当承担直接责任：

（一）直接违反有关党内法规、法律法规、政策规定的；

（二）授意、指使、强令、纵容、包庇下属人员违反有关党内法规、法律法规、政策规定的；

（三）贯彻党和国家经济方针政策、决策部署不坚决不全面不到位，造成公共资金、国有资产、国有资源损失浪费，生态环境破坏，公共利益损害等后果的；

（四）未完成有关法律法规规章、政策措施、目标责任书等规定的领导干部作为第一责任人（负总责）事项，造成公共资金、国有资产、国有资源损失浪费，生态环境破坏，公共利益损害等后果的；

（五）未经民主决策程序或者民主决策时在多数人不同意的情况下，直接决定、批准、组织实施重大经济事项，造成公共资金、国有资产、国有资源损失浪费，生态环境破坏，公共利益损害等后果的；

（六）不履行或者不正确履行职责，对造成的后果起决定性作用的其他行为。

第四十一条　领导干部对履行经济责任过程中的下列行为应当承担领导责任：

（一）民主决策时，在多数人同意的情况下，决定、批准、组织实施重大经济事项，由于决策不当或者决策失误造成公共资金、国有资产、国有资源损失浪费，生态环境破坏，公共利益损害等后果的；

（二）违反部门、单位内部管理规定造成公共资金、国有资产、国有资源损失浪费，生态环境破坏，公共利益损害等后果的；

（三）参与相关决策和工作时，没有发表明确的反对意见，相关决策和工作违反有关党内法规、法律法规、政策规定，或者造成公共资金、国有资产、国有资源损失浪费，生态环境破坏，公共利益损害等后果的；

（四）疏于监管，未及时发现和处理所管辖范围内本级或者下一级地区（部门、单位）违反有关党内法规、法律法规、政策规定的问题，造成公共资金、国有资产、国有资源损失浪费，生态环境破坏，公共利益损害等后果的；

（五）除直接责任外，不履行或者不正确履行职责，对造成的后果应当承担责任的其他行为。

第四十二条　对被审计领导干部以外的其他责任人员，审计委员会办公室、审计机关可以适当方式向有关部门、单位提供相关情况。

第四十三条　审计评价时，应当把领导干部在推进改革中因缺乏经验、先行先试出现的失误和错误，同明知故犯的违纪违法行为区分开来；把上级尚无明确限制的探索性试验中的失误和错误，同上级明令禁止后依然我行我素的违纪违法行为区分开来；把为推动发展的无意过失，同为谋取私利的违纪违法行为区分开来。对领导干部在改革创新中的失误和错误，正确把握事业为上、实事求是、依纪依法、容纠并举等原则，经综合分析研判，可以免责或者从轻定责，鼓励探索创新，支持担当作为，保护领导干部干事创业的积极性、主动性、创造性。

第六章　审计结果运用

第四十四条　各级党委和政府应当建立健全经济责任审计情况通报、责任追究、整改落实、结果公告等结果运用制度，将经济责任审计结果以及整改情况作为考核、任免、奖惩被审计领导干部的重要参考。

经济责任审计结果报告以及审计整改报告应当归入被审计领导干部本人档案。

第四十五条 审计委员会办公室、审计机关应当按照规定以适当方式通报或者公告经济责任审计结果，对审计发现问题的整改情况进行监督检查。

第四十六条 联席会议其他成员单位应当在各自职责范围内运用审计结果：

（一）根据干部管理权限，将审计结果以及整改情况作为考核、任免、奖惩被审计领导干部的重要参考；

（二）对审计发现的问题作出进一步处理；

（三）加强审计发现问题整改落实情况的监督检查；

（四）对审计发现的典型性、普遍性、倾向性问题和提出的审计建议及时进行研究，将其作为采取有关措施、完善有关制度规定的重要参考。

联席会议其他成员单位应当以适当方式及时将审计结果运用情况反馈审计委员会办公室、审计机关。党中央另有规定的，按照有关规定办理。

第四十七条 有关主管部门应当在各自职责范围内运用审计结果：

（一）根据干部管理权限，将审计结果以及整改情况作为考核、任免、奖惩被审计领导干部的重要参考；

（二）对审计移送事项依规依纪依法作出处理处罚；

（三）督促有关部门、单位落实审计决定和整改要求，在对相关行业、单位管理和监督中有效运用审计结果；

（四）对审计发现的典型性、普遍性、倾向性问题和提出的审计建议及时进行研究，并将其作为采取有关措施、完善有关制度规定的重要参考。

有关主管部门应当以适当方式及时将审计结果运用情况反馈审计委员会办公室、审计机关。

第四十八条 被审计领导干部及其所在单位根据审计结果，应当采取以下整改措施：

（一）对审计发现的问题，在规定期限内进行整改，将整改结果书面报告审计委员会办公室、审计机关，以及组织部门或者主管部门；

（二）对审计决定，在规定期限内执行完毕，将执行情况书面报告审计委员会办公室、审计机关；

（三）根据审计发现的问题，落实有关责任人员的责任，采取相应的处理措施；

（四）根据审计建议，采取措施，健全制度，加强管理；

（五）将审计结果以及整改情况纳入所在单位领导班子党风廉政建设责任制检查考核的内容，作为领导班子民主生活会以及领导班子成员述责述廉的重要内容。

第七章 附 则

第四十九条 审计委员会办公室、审计机关和审计人员,被审计领导干部及其所在单位,以及其他有关单位和个人在经济责任审计中的职责、权限、法律责任等,本规定未作规定的,依照党中央有关规定、《中华人民共和国审计法》《中华人民共和国审计法实施条例》和其他法律法规执行。

第五十条 有关部门、单位对内部管理领导干部开展经济责任审计参照本规定执行,或者根据本规定制定具体办法。

第五十一条 本规定由中央审计委员会办公室、审计署负责解释。

第五十二条 本规定自2019年7月7日起施行。2010年10月12日中共中央办公厅、国务院办公厅印发的《党政主要领导干部和国有企业领导人员经济责任审计规定》同时废止。

18. 领导干部报告个人有关事项规定

(中共中央办公厅、国务院办公厅印发,自2017年2月8日起施行)

第一条 为贯彻全面从严治党要求,加强对领导干部的管理和监督,促进领导干部遵纪守规、廉洁从政,根据《中国共产党章程》等党内法规和国家有关法律法规,制定本规定。

第二条 本规定所称领导干部包括:

(一)各级党的机关、人大机关、行政机关、政协机关、审判机关、检察机关、民主党派机关中县处级副职以上的干部(含非领导职务干部,下同);

(二)参照公务员法管理的人民团体、事业单位中县处级副职以上的干部,未列入参照公务员法管理的人民团体、事业单位的领导班子成员及内设管理机构领导人员(相当于县处级副职以上);

(三)中央企业领导班子成员及中层管理人员,省(自治区、直辖市)、市(地、州、盟)管理的国有企业领导班子成员。

上述范围中已退出现职、尚未办理退休手续的人员适用本规定。

第三条 领导干部应当报告下列本人婚姻和配偶、子女移居国(境)外、从业等事项:

(一)本人的婚姻情况;

(二)本人持有普通护照以及因私出国的情况;

（三）本人持有往来港澳通行证、因私持有大陆居民往来台湾通行证以及因私往来港澳、台湾的情况；

（四）子女与外国人、无国籍人通婚的情况；

（五）子女与港澳以及台湾居民通婚的情况；

（六）配偶、子女移居国（境）外的情况，或者虽未移居国（境）外，但连续在国（境）外工作、生活一年以上的情况；

（七）配偶、子女及其配偶的从业情况，含受聘担任私营企业的高级职务，在外商独资企业、中外合资企业、境外非政府组织在境内设立的代表机构中担任由外方委派、聘任的高级职务，以及在国（境）外的从业情况和职务情况；

（八）配偶、子女及其配偶被司法机关追究刑事责任的情况。

本规定所称"子女"，包括领导干部的婚生子女、非婚生子女、养子女和有抚养关系的继子女。

本规定所称"移居国（境）外"，是指取得外国国籍或者获取国（境）外永久居留资格、长期居留许可。

第四条 领导干部应当报告下列收入、房产、投资等事项：

（一）本人的工资及各类奖金、津贴、补贴等；

（二）本人从事讲学、写作、咨询、审稿、书画等劳务所得；

（三）本人、配偶、共同生活的子女为所有权人或者共有人的房产情况，含有单独产权证书的车库、车位、储藏间等（已登记的房产，面积以不动产权证、房屋所有权证记载的为准，未登记的房产，面积以经备案的房屋买卖合同记载的为准）；

（四）本人、配偶、共同生活的子女投资或者以其他方式持有股票、基金、投资型保险等的情况；

（五）配偶、子女及其配偶经商办企业的情况，包括投资非上市股份有限公司、有限责任公司，注册个体工商户、个人独资企业、合伙企业等，以及在国（境）外注册公司或者投资入股等的情况；

（六）本人、配偶、共同生活的子女在国（境）外的存款和投资情况。

本规定所称"共同生活的子女"，是指领导干部不满18周岁的未成年子女和由其抚养的不能独立生活的成年子女。

本规定所称"股票"，是指在上海证券交易所、深圳证券交易所、全国中小企业股份转让系统等发行、交易或者转让的股票。所称"基金"，是指在我国境内发行的公募基金和私募基金。所称"投资型保险"，是指具有保障和投资双重功能的保险产品，包括人身保险投资型保险和财产保险投资型保险。

第五条 领导干部应当于每年1月31日前集中报告一次上一年度本规定第三条、第四条所列事项，并对报告内容的真实性、完整性负责，自觉接受监督。

非本规定第二条所列范围的人员，拟提拔为本规定第二条所列范围的考察对象,或者拟列入第二条所列范围的后备干部人选,在拟提拔、拟列入时,应当报告个人有关事项。

本规定第二条所列范围的人员辞去公职的,在提出辞职申请时,应当一并报告个人有关事项。

第六条 年度集中报告后,领导干部发生本规定第三条所列事项的,应当在事后30日内按照规定报告。因特殊原因不能按时报告的,特殊原因消除后应当及时补报,并说明原因。

第七条 领导干部报告个人有关事项,按照干部管理权限由相应的组织(人事)部门负责受理:

(一)中央管理的领导干部向中共中央组织部报告,报告材料由该领导干部所在单位主要负责人阅签后,由所在单位的组织(人事)部门转交。

(二)属于本单位管理的领导干部,向本单位的组织(人事)部门报告;不属于本单位管理的领导干部,向上一级党委(党组)的组织(人事)部门报告,报告材料由该领导干部所在单位主要负责人阅签后,由所在单位的组织(人事)部门转交。

领导干部因职务变动而导致受理机构发生变化的,原受理机构应当在30日内将该领导干部的所有报告材料按照干部管理权限转交新的受理机构。

第八条 领导干部在执行本规定过程中,认为有需要请示的事项,可以向受理报告的组织(人事)部门请示。受理报告的组织(人事)部门应当认真研究,及时答复。

第九条 组织(人事)部门应当每年对领导干部报告个人有关事项的情况进行汇总综合,向同级党委(党组)和上一级党委(党组)的组织(人事)部门报告。

第十条 组织(人事)部门在干部监督工作和干部选拔任用工作中,按照干部管理权限,经本机关、本单位负责人批准,可以查阅有关领导干部报告个人有关事项的材料。

纪检监察机关(机构)在履行职责时,按照干部管理权限,经本机关负责人批准,可以查阅有关领导干部报告个人有关事项的材料。

巡视机构在巡视工作期间,根据工作需要,经巡视工作领导小组负责人批准,可以查阅有关领导干部报告个人有关事项的材料。

检察机关在查办职务犯罪案件时,经本机关负责人批准,可以查阅案件涉及的领导干部报告个人有关事项的材料。

第十一条 组织(人事)部门应当按照干部管理权限,对领导干部报告个人有关事项的真实性和完整性进行查核。查核方式包括随机抽查和重点查核。

随机抽查每年集中开展一次,按照10%的比例进行。

重点查核对象包括:

(一)拟提拔为本规定第二条所列范围的考察对象;

(二)拟列入本规定第二条所列范围的后备干部人选;

(三)拟进一步使用的人选；

(四)因涉及个人报告事项的举报需要查核的；

(五)其他需要查核的。

纪检监察机关(机构)、巡视机构、检察机关在履行职责时，按照本规定第十条规定履行报批手续后，可以委托组织(人事)部门按照干部管理权限，对领导干部报告个人有关事项的真实性和完整性进行查核。

第十二条 查核发现领导干部的家庭财产明显超过正常收入的，应当要求其作出说明，必要时可以对其财产来源的合法性进行验证。

第十三条 领导干部有下列情形之一的，根据情节轻重，给予批评教育、组织调整或者组织处理、纪律处分。

(一)无正当理由不按时报告的；

(二)漏报、少报的；

(三)隐瞒不报的；

(四)查核发现有其他违规违纪问题的。

第十四条 党委(党组)及其组织(人事)部门应当把查核结果作为衡量领导干部是否忠诚老实、清正廉洁的重要参考，运用到选拔任用、管理监督等干部工作中。对未经查核提拔或者进一步使用干部，或者对查核发现的问题不按照规定处理的，应当追究党委(党组)、组织(人事)部门及其有关领导成员的责任。

第十五条 中共中央组织部和地方党委组织部牵头建立领导干部个人有关事项报告查核联系工作机制，负责组织实施和协调工作。查核联系工作机制成员单位包括审判、检察、外交(外事)、公安、民政、国土资源、住房城乡建设、人民银行、税务、工商、金融监管等单位。各成员单位承担相关信息查询职责，应当在规定时间内，如实向组织部门提供查询结果。

第十六条 组织(人事)部门和查核联系工作机制成员单位，应当严格遵守工作纪律和保密纪律，设专人妥善保管领导干部的个人有关事项报告和汇总综合、查核等材料。对违反工作纪律、保密纪律或者在查核工作中敷衍塞责、徇私舞弊的，追究有关责任人的责任。

第十七条 组织(人事)部门要加强对本规定执行情况的监督检查。

第十八条 中央军委可以根据本规定，结合中国人民解放军和中国人民武装警察部队的实际，制定有关规定。

第十九条 各省、自治区、直辖市党委可以根据本规定，结合实际制定具体办法，报中共中央组织部同意后实施。

第二十条 本规定由中共中央组织部负责解释。

第二十一条 本规定自2017年2月8日起施行。2010年5月26日印发的《关于领导干部报告个人有关事项的规定》同时废止。

19. 事业单位领导人员管理规定

(中共中央修订,中共中央办公厅发布,
自2022年1月14日起施行)

第一章 总 则

第一条 为了加强和改进事业单位领导人员管理,健全选拔任用机制和管理监督机制,建设一支德才兼备、忠诚干净担当的高素质专业化事业单位领导人员队伍,根据有关党内法规和法律,制定本规定。

第二条 本规定适用于省级以上党委和政府直属以及部门所属事业单位领导班子成员,省级以上人大常委会、政协、纪委监委、人民法院、人民检察院、群众团体机关所属事业单位领导班子成员。

有关党内法规和法律对事业单位领导人员管理另有规定的,从其规定。

事业单位内设机构负责人选拔任用工作按照本规定第二章、第三章有关条款执行。

第三条 事业单位领导人员的管理,应当适应事业单位公益性、服务性、专业性、技术性等特点,遵循领导人员成长规律,激发事业单位活力,推动公益事业高质量发展。工作中,坚持下列原则:

(一)党管干部、党管人才;
(二)德才兼备、以德为先,五湖四海、任人唯贤;
(三)事业为上、人岗相适、人事相宜;
(四)注重实干担当和工作实绩、群众公认;
(五)分级分类管理;
(六)民主集中制;
(七)依规依法办事。

第四条 党委(党组)及其组织(人事)部门按照干部管理权限履行事业单位领导人员管理职责,负责本规定的组织实施。

第二章 任职条件和资格

第五条 事业单位领导人员应当具备下列基本条件:

(一)思想政治素质好,理想信念坚定,自觉坚持以马克思列宁主义、毛泽东思想、邓小平理论、"三个代表"重要思想、科学发展观、习近平新时代中国特色社会主义思想为指导,坚决贯彻执行党的理论和路线方针政策,增强"四个意识"、坚定"四个自信"、做到"两个维护",自觉在思想上政治上行动上同党中央保持高度一致。

(二)组织领导能力强,自觉贯彻执行民主集中制,善于科学管理、沟通协调、依法办事、推动落实,工作实绩突出。

(三)专业素养好,熟悉有关政策法规和行业发展情况,具有胜任岗位职责的专业知识和专业能力。

(四)创新意识强,勤于学习,勇于探索,敢于攻坚克难,有开拓进取、追求卓越的韧劲,能够切实推进技术、管理、制度等重要创新。

(五)事业心和责任感强,热爱公益事业;坚持以人民为中心的发展思想,求真务实、勤勉敬业、担当作为,忠实履行公共服务的政治责任和社会责任;有斗争精神和斗争本领;团结协作,群众威信高。

(六)正确行使职权,坚持原则,带头践行社会主义核心价值观,恪守职业道德,严于律己,清正廉洁。

不同行业事业单位领导人员基本条件应当适应本行业特点和要求。其中,宣传思想文化系统事业单位领导人员应当坚持政治家办报办刊办台办新媒体,有强烈的意识形态阵地意识;高等学校和中小学校领导人员应当认真贯彻党的教育方针,坚持社会主义办学方向,自觉落实立德树人根本任务;科研事业单位领导人员应当坚持高水平科技自立自强的方向,坚持面向世界科技前沿、面向经济主战场、面向国家重大需求、面向人民生命健康,尊重科研工作规律,弘扬科学家精神,自觉践行创新科技、服务国家、造福人民的价值理念;公立医院领导人员应当坚持为人民健康服务的方向,有适应医院高质量发展的先进管理理念和实践经验。

党员领导人员应当自觉履行党建工作"一岗双责",专职从事党务工作的领导人员还应当熟悉党建工作,善于做思想政治工作。

正职领导人员应当带头提高政治判断力、政治领悟力、政治执行力,具有驾驭全局的能力,善于抓班子带队伍,民主作风好。

第六条 事业单位领导人员应当具备下列基本资格:

(一)一般应当具有大学本科以上文化程度。

(二)提任六级以上管理岗位领导职务的,一般应当具有5年以上工作经历。

(三)从管理岗位领导职务副职提任正职的,应当具有副职岗位2年以上任职经历;从下级正职提任上级副职的,应当具有下级正职岗位3年以上任职经历。

(四)主要以专业技术面向社会提供公益服务的事业单位领导班子行政正职、分管业务工作的副职一般应当具有从事本行业专业工作的经历。

(五)具有正常履行职责的身体条件。

(六)符合有关党内法规、法律法规和行业主管部门规定的其他任职资格要求。

第七条 事业单位内设机构负责人基本条件应当符合本规定第五条规定;基

本资格应当符合本规定第六条第一、二、三、五、六项规定,其中,负责业务工作的内设机构负责人,还应当具有与本岗位相关的专业教育背景或者具有从事本行业专业工作的经历。

第八条　从专业技术岗位到管理岗位担任领导人员或者内设机构负责人的,其任职资格一般应当符合第六条第一、二、五、六项规定,并且具有相应的专业技术职务(岗位)任职经历。其中,直接提任领导人员的,还应当具有一定的管理工作经历。

第九条　特别优秀的,或者因国家重大战略、重大工程、重大项目、重点任务选拔高精尖缺人才担任领导人员以及内设机构负责人等工作特殊需要的,可以适当放宽任职资格。

放宽任职资格以及从专业技术岗位到管理岗位担任领导班子正职或者四级以上管理岗位领导职务的,应当从严掌握,并报上级组织(人事)部门同意。

第三章　选 拔 任 用

第十条　党委(党组)及其组织(人事)部门按照干部管理权限,根据事业单位不同领导体制和领导班子建设实际,提出启动领导人员选拔任用工作意见。

事业单位领导班子配备和领导人员选拔任用,应当立足事业发展需要,加强通盘考虑、科学谋划,及时选优配强,优化年龄、专业、经历等结构,增强领导班子整体功能。

第十一条　事业单位领导人员选拔任用,必须严格按照核定或者批准的领导职数和岗位设置方案进行。

第十二条　选拔事业单位领导人员,一般采取单位内部推选、外部选派方式进行。根据行业特点和工作需要,可以采取竞争(聘)上岗、公开选拔(聘)、委托相关机构遴选等方式产生人选。

第十三条　选拔事业单位领导人员,应当经过民主推荐,合理确定参加民主推荐人员范围,规范谈话调研推荐和会议推荐方式方法。

第十四条　对事业单位领导职务拟任人选,必须依据选拔任用条件,结合行业特点和岗位要求,全面考察其德、能、勤、绩、廉,严把政治关、品行关、能力关、作风关、廉洁关。

第十五条　综合分析人选的考察考核、一贯表现和人岗相适等情况,全面历史辩证地作出评价,既重管理能力、专业素养和工作实绩,更重政治品质、道德品行、作风和廉政情况,防止简单以票或者以分取人。

第十六条　选拔任用事业单位领导人员,应当严格执行干部选拔任用工作任前事项报告制度,严格遵守党委(党组)讨论决定干部任免事项有关规定,按照干部管理权限由党委(党组)集体讨论作出任免决定,或者决定提出推荐、提名的意见。

第十七条 任用事业单位领导人员,区别不同情况实行选任制、委任制、聘任制。对行政领导人员,结合行业特点和单位实际,逐步加大聘任制推行力度。

实行聘任制的,聘任关系通过聘任通知、聘任书等形式确定,根据需要可以签订聘任合同,所聘职务及相关待遇在聘期内有效。

第十八条 提任三级以下管理岗位领导职务的,应当在一定范围内进行任职前公示,公示期不少于5个工作日。

第十九条 提任非选举产生的三级以下管理岗位领导职务的,实行任职试用期制度。试用期一般为1年。

第二十条 事业单位内设机构负责人选拔任用方式按照本规定第十二条、第十七条规定执行。主要以专业技术面向社会提供公益服务的事业单位,可以根据工作需要积极探索有效办法,搞活搞好内部用人制度。

根据干部管理权限和事业单位不同领导体制实际,实行党委领导下的行政领导人负责制的,由党委集体讨论作出任免决定;实行行政领导人负责制的,党政主要领导应当对人选等情况进行充分沟通,由党组织集体讨论作出任免决定,或者由党组织研究提出拟任人选、党政领导会议集体讨论,依规依法任免(聘任、解聘),根据工作需要,也可以由上级党组织统筹管理,按照规定程序讨论决定。

第二十一条 选拔任用工作具体程序和要求,参照《党政领导干部选拔任用工作条例》及有关规定,结合事业单位实际确定。

第四章 任期和任期目标责任

第二十二条 事业单位领导班子和领导人员一般应当实行任期制。

每个任期一般为3至5年。领导人员在同一岗位连续任职一般不超过10年,工作特殊需要的,按照干部管理权限经批准后可以适当延长任职年限。

第二十三条 事业单位领导班子和领导人员一般应当实行任期目标责任制。

任期目标的设定,应当符合立足新发展阶段、贯彻新发展理念、构建新发展格局、推动高质量发展的要求,体现不同行业、不同类型事业单位特点,注重打基础、利长远、求实效。

第二十四条 任期目标由事业单位领导班子集体研究确定,领导班子的任期目标一般应当报经主管机关(部门)批准或者备案。

制定任期目标时,应当充分听取单位职工代表大会或者职工代表的意见,注意体现服务对象的意见。

第五章 考核评价

第二十五条 事业单位领导班子和领导人员的考核,主要是年度考核和任期考核,根据工作实际开展平时考核、专项考核。考核评价以岗位职责、任期目标为依据,以日常管理为基础,注重政治素质、业绩导向和社会效益,突出党建工作实效。

积极推进分类考核,结合行业特点和事业单位实际,合理确定考核内容和指标,注意改进考核方法,提高质量和效率。

第二十六条 综合分析研判考核情况和日常了解掌握情况,客观公正地作出评价,形成考核评价意见,确定考核评价等次。

领导班子年度考核和任期考核的评价等次,分为优秀、良好、一般、较差;领导人员年度考核和任期考核的评价等次,分为优秀、合格、基本合格、不合格。

平时考核、专项考核的结果可以采用考核报告、评语、等次或者鉴定等形式确定。

第二十七条 考核评价结果应当以适当方式向领导班子和领导人员反馈,并作为领导班子建设和领导人员选拔任用、培养教育、管理监督、激励约束、问责追责等的重要依据。

第六章 交流、回避

第二十八条 完善事业单位领导人员交流制度。交流的重点对象一般是正职领导人员,专职从事党务工作、分管人财物的副职领导人员以及其他因工作需要交流的人员。

第二十九条 积极推进同行业或者相近行业事业单位之间领导人员交流,统筹推进事业单位与党政机关、国有企业、社会组织之间领导人员交流。

专业性强的领导人员交流,应当加强研判和统筹,注意发挥其专业特长。

第三十条 实行事业单位领导人员任职回避制度。有夫妻关系、直系血亲关系、三代以内旁系血亲关系以及近姻亲关系的,不得在同一事业单位领导班子任职,不得在同一单位担任双方直接隶属于同一领导人员的职务或者有直接上下级领导关系的职务,也不得在领导人员所在事业单位本级内设管理机构以及分管联系单位从事组织(人事)、纪检监察、审计、财务部门负责工作。

第三十一条 实行事业单位领导人员履职回避制度。事业单位领导人员在履行职责过程中,涉及本人及其近亲属利害关系或者其他可能影响公正履行职责情况的,本人应当回避。

第七章 职业发展和激励保障

第三十二条 完善事业单位领导人员培养教育制度,加强思想政治建设和能力培养,强化分行业培训,注重实践锻炼,提高思想政治素质、专业水平和管理工作能力。

第三十三条 统筹各类教育培训,充分利用党校(行政学院)、干部学院等机构资源,原则上每 5 年对事业单位领导人员培训全覆盖。

第三十四条 任期结束后未达到退休年龄界限的事业单位领导人员，适合继续从事专业工作的，鼓励和支持其后续职业发展；其他领导人员，根据本人实际和工作需要，作出适当安排。

第三十五条 完善事业单位领导人员收入分配制度，落实工资正常增长机制，根据事业单位类别和经费来源等，结合考核情况合理确定领导人员的绩效工资水平，使其收入与履职情况和单位长远发展相联系，与本单位职工的平均收入水平保持合理关系。

第三十六条 事业单位领导人员在本职工作中表现突出、有显著成绩和贡献的，在处理突发事件和承担专项重要工作中作出显著成绩和贡献的，或者有其他突出事迹的，按照有关规定给予表彰奖励。注意引导和促进领导人员在推动加快科技自立自强、服务保障民生等方面担当作为、履职尽责。

第三十七条 加强对事业单位领导人员的人文关怀，开展经常性谈心谈话，及时了解情况，听取意见建议，帮助解决实际困难。

按照有关规定做好容错纠错工作，宽容领导人员在改革创新中的失误，营造鼓励探索、支持创新的良好环境。

第八章 监督约束

第三十八条 党委(党组)及纪检监察机关、组织(人事)部门、行业主管部门按照管理权限和职责分工，履行对事业单位领导班子和领导人员的监督责任。

第三十九条 监督的重点内容是：践行"两个维护"，对党忠诚，贯彻落实党的理论和路线方针政策、党中央决策部署以及上级党组织决定情况；依法办事，执行民主集中制，履行职责，担当作为，行风建设，选人用人，国有资产管理，收入分配情况；落实全面从严治党主体责任和监督责任，职业操守，以身作则，遵守纪律，廉洁自律等情况。

第四十条 完善事业单位领导班子权力运行机制和领导人员特别是主要负责人监督制约机制，构建严密有效的监督体系。发挥党内监督带动作用，推动民主监督、行政监督、司法监督、审计监督、财会监督、群众监督、舆论监督等贯通协调、形成合力，强化领导班子内部监督，综合运用考察考核、述职述廉、民主生活会、谈心谈话、巡视巡察、提醒、函询、诫勉等措施，对领导班子和领导人员进行监督。

严格落实干部选拔任用工作"一报告两评议"、领导干部报告个人有关事项、规范干部兼职、因私出国(境)和配偶、子女及其配偶经商办企业，以及经济责任审计、问责等管理监督有关制度。

第四十一条 事业单位领导人员有违规违纪违法行为的，依规依纪依法给予处理、处分；构成犯罪的，依法追究刑事责任。

第九章 退 出

第四十二条 完善事业单位领导人员退出机制,促进领导人员能上能下、能进能出,增强队伍生机活力。

第四十三条 事业单位领导人员有下列情形之一,一般应当免去现职:

(一)达到任职年龄界限或者退休年龄界限的;

(二)年度考核、任期考核被确定为不合格的,或者连续2年年度考核被确定为基本合格的;

(三)解除聘任关系(聘任合同)或者聘任期满不再续聘的;

(四)受到责任追究应当免职的;

(五)不适宜担任现职应当免职的;

(六)因违规违纪违法应当免职的;

(七)因健康原因,无法正常履行工作职责1年以上的;

(八)因工作需要或者其他原因应当免去现职的。

第四十四条 实行事业单位领导人员辞职制度。辞职包括因公辞职、自愿辞职、引咎辞职和责令辞职。辞职程序和辞职后从业限制等,按照有关规定执行。

第四十五条 事业单位领导人员的退休,按照有关规定执行。事业单位正职领导人员特别优秀的,根据工作需要和本人履职情况,按照有关规定经批准可以延迟免职(退休)。

第四十六条 事业单位领导人员退出领导岗位从事专业工作的,由本单位党委(党组)研究并报上级组织(人事)部门同意,可以不再按照领导人员管理。

第四十七条 事业单位领导人员退出领导岗位后,应当继续履行保密责任,严格执行保密规定,落实脱密期管理相关要求。

第十章 附 则

第四十八条 中央组织部可以会同有关行业主管部门根据本规定,制定完善有关行业事业单位领导人员管理具体办法。

第四十九条 市(地、州、盟)级以下党委和政府直属以及部门所属事业单位和人大常委会、政协、纪委监委、人民法院、人民检察院、群众团体机关所属事业单位领导人员的管理,由各省、自治区、直辖市党委参照本规定制定或者完善具体办法。

第五十条 本规定由中央组织部负责解释。

第五十一条 本规定自发布之日起施行。

20. 国有企业领导人员廉洁从业若干规定

（中共中央办公厅、国务院办公厅印发，自2009年7月1日起施行）

第一章 总 则

第一条 为规范国有企业领导人员廉洁从业行为，加强国有企业反腐倡廉建设，维护国家和出资人利益，促进国有企业科学发展，依据国家有关法律法规和党内法规，制定本规定。

第二条 本规定适用于国有独资企业、国有控股企业（含国有独资金融企业和国有控股金融企业）及其分支机构的领导班子成员。

第三条 国有企业领导人员应当遵守国家法律法规和企业规章制度，依法经营、开拓创新、廉洁从业、诚实守信，切实维护国家利益、企业利益和职工合法权益，努力实现国有企业又好又快发展。

第二章 廉洁从业行为规范

第四条 国有企业领导人员应当切实维护国家和出资人利益。不得有滥用职权、损害国有资产权益的下列行为：

（一）违反决策原则和程序决定企业生产经营的重大决策、重要人事任免、重大项目安排及大额度资金运作事项；

（二）违反规定办理企业改制、兼并、重组、破产、资产评估、产权交易等事项；

（三）违反规定投资、融资、担保、拆借资金、委托理财、为他人代开信用证、购销商品和服务、招标投标等；

（四）未经批准或者经批准后未办理保全国有资产的法律手续，以个人或者其他名义用企业资产在国（境）外注册公司、投资入股、购买金融产品、购置不动产或者进行其他经营活动；

（五）授意、指使、强令财会人员进行违反国家财经纪律、企业财务制度的活动；

（六）未经履行国有资产出资人职责的机构和人事主管部门批准，决定本级领导人员的薪酬和住房补贴等福利待遇；

（七）未经企业领导班子集体研究，决定捐赠、赞助事项，或者虽经企业领导班子集体研究但未经履行国有资产出资人职责的机构批准，决定大额捐赠、赞助事项；

（八）其他滥用职权、损害国有资产权益的行为。

第五条 国有企业领导人员应当忠实履行职责。不得有利用职权谋取私利以及损害本企业利益的下列行为：

（一）个人从事营利性经营活动和有偿中介活动，或者在本企业的同类经营企业、关联企业和与本企业有业务关系的企业投资入股；

（二）在职或者离职后接受、索取本企业的关联企业、与本企业有业务关系的企业，以及管理和服务对象提供的物质性利益；

（三）以明显低于市场的价格向请托人购买或者以明显高于市场的价格向请托人出售房屋、汽车等物品，以及以其他交易形式非法收受请托人财物；

（四）委托他人投资证券、期货或者以其他委托理财名义，未实际出资而获取收益，或者虽然实际出资，但获取收益明显高于出资应得收益；

（五）利用企业上市或者上市公司并购、重组、定向增发等过程中的内幕消息、商业秘密以及企业的知识产权、业务渠道等无形资产或者资源，为本人或者配偶、子女及其他特定关系人谋取利益；

（六）未经批准兼任本企业所出资企业或者其他企业、事业单位、社会团体、中介机构的领导职务，或者经批准兼职的，擅自领取薪酬及其他收入；

（七）将企业经济往来中的折扣费、中介费、佣金、礼金，以及因企业行为受到有关部门和单位奖励的财物等据为己有或者私分；

（八）其他利用职权谋取私利以及损害本企业利益的行为。

第六条 国有企业领导人员应当正确行使经营管理权，防止可能侵害公共利益、企业利益行为的发生。不得有下列行为：

（一）本人的配偶、子女及其他特定关系人，在本企业的关联企业、与本企业有业务关系的企业投资入股；

（二）将国有资产委托、租赁、承包给配偶、子女及其他特定关系人经营；

（三）利用职权为配偶、子女及其他特定关系人从事营利性经营活动提供便利条件；

（四）利用职权相互为对方及其配偶、子女和其他特定关系人从事营利性经营活动提供便利条件；

（五）本人的配偶、子女及其他特定关系人投资或者经营的企业与本企业或者有出资关系的企业发生可能侵害公共利益、企业利益的经济业务往来；

（六）按照规定应当实行任职回避和公务回避而没有回避；

（七）离职或者退休后三年内，在与原任职企业有业务关系的私营企业、外资企业和中介机构担任职务、投资入股，或者在上述企业或者机构从事、代理与原任职企业经营业务相关的经营活动；

（八）其他可能侵害公共利益、企业利益的行为。

第七条 国有企业领导人员应当勤俭节约，依据有关规定进行职务消费。不得有下列行为：

（一）超出报履行国有资产出资人职责的机构备案的预算进行职务消费；

（二）将履行工作职责以外的费用列入职务消费；

（三）在特定关系人经营的场所进行职务消费；

（四）不按照规定公开职务消费情况；

（五）用公款旅游或者变相旅游；

（六）在企业发生非政策性亏损或者拖欠职工工资期间，购买或者更换小汽车、公务包机、装修办公室、添置高档办公设备等；

（七）使用信用卡、签单等形式进行职务消费，不提供原始凭证和相应的情况说明；

（八）其他违反规定的职务消费以及奢侈浪费行为。

第八条 国有企业领导人员应当加强作风建设，注重自身修养，增强社会责任意识，树立良好的公众形象。不得有下列行为：

（一）弄虚作假，骗取荣誉、职务、职称、待遇或者其他利益；

（二）大办婚丧喜庆事宜，造成不良影响，或者借机敛财；

（三）默许、纵容配偶、子女和身边工作人员利用本人的职权和地位从事可能造成不良影响的活动；

（四）用公款支付与公务无关的娱乐活动费用；

（五）在有正常办公和居住场所的情况下用公款长期包租宾馆；

（六）漠视职工正当要求，侵害职工合法权益；

（七）从事有悖社会公德的活动。

第三章 实施与监督

第九条 国有企业应当依据本规定制定规章制度或者将本规定的要求纳入公司章程，建立健全监督制约机制，保证本规定的贯彻执行。

国有企业党委（党组）书记、董事长、总经理为本企业实施本规定的主要责任人。

第十条 国有企业领导人员应当将贯彻落实本规定的情况作为民主生活会对照检查、年度述职述廉和职工代表大会民主评议的重要内容，接受监督和民主评议。

第十一条 国有企业应当明确决策原则和程序，在规定期限内将生产经营的重大决策、重要人事任免、重大项目安排及大额度资金运作事项的决策情况报告履行国有资产出资人职责的机构，将涉及职工切身利益的事项向职工代表大会报告。

需经职工代表大会讨论通过的事项，应当经职工代表大会讨论通过后实施。

第十二条 国有企业应当完善以职工代表大会为基本形式的企业民主管理制度，实行厂务公开制度，并报履行国有资产出资人职责的机构备案。

第十三条 国有企业应当按照有关规定建立健全职务消费制度，报履行国有资产出资人职责的机构备案,并将职务消费情况作为厂务公开的内容向职工公开。

第十四条 国有企业领导人员应当按年度向履行国有资产出资人职责的机构报告兼职、投资入股、国(境)外存款和购置不动产情况,配偶、子女从业和出国(境)定居及有关情况,以及本人认为应当报告的其他事项,并以适当方式在一定范围内公开。

第十五条 国有企业应当结合本规定建立领导人员从业承诺制度,规范领导人员从业行为以及离职和退休后的相关行为。

第十六条 履行国有资产出资人职责的机构和人事主管部门应当结合实际,完善国有企业领导人员的薪酬管理制度,规范和完善激励和约束机制。

第十七条 纪检监察机关、组织人事部门和履行国有资产出资人职责的机构,应当对国有企业领导人员进行经常性的教育和监督。

第十八条 履行国有资产出资人职责的机构和审计部门应当依法开展各项审计监督,严格执行国有企业领导人员任期和离任经济责任审计制度,建立健全纪检监察和审计监督工作的协调运行机制。

第十九条 各级纪检监察机关、组织人事部门和履行国有资产出资人职责机构的纪检监察机构,应当对所管辖的国有企业领导人员执行本规定的情况进行监督检查。

国有企业的纪检监察机构应当结合年度考核,每年对所管辖的国有企业领导人员执行本规定的情况进行监督检查,并作出评估,向企业党组织和上级纪检监察机构报告。

对违反本规定行为的检举和控告,有关机构应当及时受理,并作出处理决定或者提出处理建议。

对违反本规定行为的检举和控告符合函询条件的,应当按规定进行函询。

对检举、控告违反本规定行为的职工进行打击报复的,应当追究相关责任人的责任。

第二十条 各级组织人事部门和履行国有资产出资人职责的机构,应当将廉洁从业情况作为对国有企业领导人员考察、考核的重要内容和任免的重要依据。

第二十一条 国有企业的监事会应当依照有关规定加强对国有企业领导人员廉洁从业情况的监督。

按照本规定第十一条至第十四条向履行国有资产出资人职责的机构报告、备案的事项,应当同时抄报本企业监事会。

第四章 违反规定行为的处理

第二十二条 国有企业领导人员违反本规定第二章所列行为规范的,视情节轻重,由有关机构按照管理权限分别给予警示谈话、调离岗位、降职、免职处理。

应当追究纪律责任的,除适用前款规定外,视情节轻重,依照国家有关法律法规给予相应的处分。

对于其中的共产党员,视情节轻重,依照《中国共产党纪律处分条例》给予相应的党纪处分。

涉嫌犯罪的,依法移送司法机关处理。

第二十三条 国有企业领导人员受到警示谈话、调离岗位、降职、免职处理的,应当减发或者全部扣发当年的绩效薪金、奖金。

第二十四条 国有企业领导人员违反本规定获取的不正当经济利益,应当责令清退;给国有企业造成经济损失的,应当依据国家或者企业的有关规定承担经济赔偿责任。

第二十五条 国有企业领导人员违反本规定受到降职处理的,两年内不得担任与其原任职务相当或者高于其原任职务的职务。

受到免职处理的,两年内不得担任国有企业的领导职务;因违反国家法律,造成国有资产重大损失被免职的,五年内不得担任国有企业的领导职务。

构成犯罪被判处刑罚的,终身不得担任国有企业的领导职务。

第五章 附 则

第二十六条 国有企业领导班子成员以外的对国有资产负有经营管理责任的其他人员、国有企业所属事业单位的领导人员参照本规定执行。

国有参股企业(含国有参股金融企业)中对国有资产负有经营管理责任的人员参照本规定执行。

第二十七条 本规定所称履行国有资产出资人职责的机构,包括作为国有资产出资人代表的各级国有资产监督管理机构、尚未实行政资分开代行出资人职责的政府主管部门和其他机构以及授权经营的母公司。

本规定所称特定关系人,是指与国有企业领导人员有近亲属以及其他共同利益关系的人。

第二十八条 国务院国资委,各省、自治区、直辖市,可以根据本规定制定实施办法,并报中央纪委、监察部备案。

中国银监会、中国证监会、中国保监会,中央管理的国有独资金融企业和国有控股金融企业,可以结合金融行业的实际,制定本规定的补充规定,并报中央纪委、监察部备案。

第二十九条 本规定由中央纪委商中央组织部、监察部解释。

第三十条 本规定自发布之日起施行。2004年发布的《国有企业领导人员廉洁从业若干规定(试行)》同时废止。

现行的其他有关规定,凡与本规定不一致的,依照本规定执行。

21. 关于实行党风廉政建设责任制的规定

(中共中央、国务院印发，自 2010 年 11 月 10 日起施行)

第一章 总 则

第一条 为了加强党风廉政建设，明确领导班子、领导干部在党风廉政建设中的责任，推动科学发展，促进社会和谐，提高党的执政能力，保持和发展党的先进性，根据《中华人民共和国宪法》和《中国共产党章程》，制定本规定。

第二条 本规定适用于各级党的机关、人大机关、行政机关、政协机关、审判机关、检察机关的领导班子、领导干部。

人民团体、国有和国有控股企业(含国有和国有控股金融企业)、事业单位的领导班子、领导干部参照执行本规定。

第三条 实行党风廉政建设责任制，要以邓小平理论和"三个代表"重要思想为指导，深入贯彻落实科学发展观，坚持党要管党、从严治党，坚持标本兼治、综合治理、惩防并举、注重预防，扎实推进惩治和预防腐败体系建设，保证党中央、国务院关于党风廉政建设的决策和部署的贯彻落实。

第四条 实行党风廉政建设责任制，要坚持党委统一领导，党政齐抓共管，纪委组织协调，部门各负其责，依靠群众的支持和参与。要把党风廉政建设作为党的建设和政权建设的重要内容，纳入领导班子、领导干部目标管理，与经济建设、政治建设、文化建设、社会建设以及生态文明建设和业务工作紧密结合，一起部署，一起落实，一起检查，一起考核。

第五条 实行党风廉政建设责任制，要坚持集体领导与个人分工负责相结合，谁主管、谁负责，一级抓一级、层层抓落实。

第二章 责 任 内 容

第六条 领导班子对职责范围内的党风廉政建设负全面领导责任。

领导班子主要负责人是职责范围内的党风廉政建设第一责任人，应当重要工作亲自部署、重大问题亲自过问、重点环节亲自协调、重要案件亲自督办。

领导班子其他成员根据工作分工，对职责范围内的党风廉政建设负主要领导责任。

第七条 领导班子、领导干部在党风廉政建设中承担以下领导责任：

(一)贯彻落实党中央、国务院以及上级党委(党组)、政府和纪检监察机关关于党风廉政建设的部署和要求,结合实际研究制定党风廉政建设工作计划、目标要求和具体措施,每年召开专题研究党风廉政建设的党委常委会议(党组会议)和政府廉政建设工作会议,对党风廉政建设工作任务进行责任分解,明确领导班子、领导干部在党风廉政建设中的职责和任务分工,并按照计划推动落实;

(二)开展党性党风党纪和廉洁从政教育,组织党员、干部学习党风廉政建设理论和法规制度,加强廉政文化建设;

(三)贯彻落实党风廉政法规制度,推进制度创新,深化体制机制改革,从源头上预防和治理腐败;

(四)强化权力制约和监督,建立健全决策权、执行权、监督权既相互制约又相互协调的权力结构和运行机制,推进权力运行程序化和公开透明;

(五)监督检查本地区、本部门、本系统的党风廉政建设情况和下级领导班子、领导干部廉洁从政情况;

(六)严格按照规定选拔任用干部,防止和纠正选人用人上的不正之风;

(七)加强作风建设,纠正损害群众利益的不正之风,切实解决党风政风方面存在的突出问题;

(八)领导、组织并支持执纪执法机关依纪依法履行职责,及时听取工作汇报,切实解决重大问题。

第三章 检查考核与监督

第八条 党委(党组)应当建立党风廉政建设责任制的检查考核制度,建立健全检查考核机制,制定检查考核的评价标准、指标体系,明确检查考核的内容、方法、程序。

第九条 党委(党组)应当建立健全党风廉政建设责任制领导小组,负责对下一级领导班子、领导干部党风廉政建设责任制执行情况的检查考核。

第十条 检查考核工作每年进行一次。检查考核可以与领导班子、领导干部工作目标考核、年度考核、惩治和预防腐败体系建设检查工作等结合进行,也可以组织专门检查考核。

检查考核情况应当及时向同级党委(党组)报告。

第十一条 党委(党组)应当将检查考核情况在适当范围内通报。对检查考核中发现的问题,要及时研究解决,督促整改落实。

第十二条 党委(党组)应当建立和完善检查考核结果运用制度。检查考核结果作为对领导班子总体评价和领导干部业绩评定、奖励惩处、选拔任用的重要依据。

第十三条 纪检监察机关(机构)、组织人事部门协助同级党委(党组)开展对党风廉政建设责任制执行情况的检查考核,或者根据职责开展检查工作。

第十四条　党委常委会应当将执行党风廉政建设责任制的情况,作为向同级党的委员会全体会议报告工作的一项重要内容。

第十五条　领导干部执行党风廉政建设责任制的情况,应当列为民主生活会和述职述廉的重要内容,并在本单位、本部门进行评议。

第十六条　党委(党组)应当将贯彻落实党风廉政建设责任制的情况,每年专题报告上一级党委(党组)和纪委。

第十七条　中央和省、自治区、直辖市党委巡视组应当依照巡视工作的有关规定,加强对有关党组织领导班子及其成员执行党风廉政建设责任制情况的巡视监督。

第十八条　党委(党组)应当结合本地区、本部门、本系统实际,建立走访座谈、社会问卷调查等党风廉政建设社会评价机制,动员和组织党员、群众有序参与,广泛接受监督。

第四章　责任追究

第十九条　领导班子、领导干部违反或者未能正确履行本规定第七条规定的职责,有下列情形之一的,应当追究责任:

(一)对党风廉政建设工作领导不力,以致职责范围内明令禁止的不正之风得不到有效治理,造成不良影响的;

(二)对上级领导机关交办的党风廉政建设责任范围内的事项不传达贯彻、不安排部署、不督促落实,或者拒不办理的;

(三)对本地区、本部门、本系统发现的严重违纪违法行为隐瞒不报、压案不查的;

(四)疏于监督管理,致使领导班子成员或者直接管辖的下属发生严重违纪违法问题的;

(五)违反规定选拔任用干部,或者用人失察、失误造成恶劣影响的;

(六)放任、包庇、纵容下属人员违反财政、金融、税务、审计、统计等法律法规,弄虚作假的;

(七)有其他违反党风廉政建设责任制行为的。

第二十条　领导班子有本规定第十九条所列情形,情节较轻的,责令作出书面检查;情节较重的,给予通报批评;情节严重的,进行调整处理。

第二十一条　领导干部有本规定第十九条所列情形,情节较轻的,给予批评教育、诫勉谈话、责令作出书面检查;情节较重的,给予通报批评;情节严重的,给予党纪政纪处分,或者给予调整职务、责令辞职、免职和降职等组织处理。涉嫌犯罪的,移送司法机关依法处理。

以上责任追究方式可以单独使用,也可以合并使用。

第二十二条　领导班子、领导干部具有本规定第十九条所列情形,并具有下列情节之一的,应当从重追究责任:

(一)对职责范围内发生的问题进行掩盖、袒护的;

(二)干扰、阻碍责任追究调查处理的。

第二十三条　领导班子、领导干部具有本规定第十九条所列情形,并具有下列情节之一的,可以从轻或者减轻追究责任:

(一)对职责范围内发生的问题及时如实报告并主动查处和纠正,有效避免损失或者挽回影响的;

(二)认真整改,成效明显的。

第二十四条　领导班子、领导干部违反本规定,需要查明事实、追究责任的,由有关机关或者部门按照职责和权限调查处理。其中需要追究党纪政纪责任的,由纪检监察机关按照党纪政纪案件的调查处理程序办理;需要给予组织处理的,由组织人事部门或者由负责调查的纪检监察机关会同组织人事部门,按照有关权限和程序办理。

第二十五条　实施责任追究,要实事求是,分清集体责任和个人责任、主要领导责任和重要领导责任。

追究集体责任时,领导班子主要负责人和直接主管的领导班子成员承担主要领导责任,参与决策的班子其他成员承担重要领导责任。对错误决策提出明确反对意见而没有被采纳的,不承担领导责任。

错误决策由领导干部个人决定或者批准的,追究该领导干部个人的责任。

第二十六条　实施责任追究不因领导干部工作岗位或者职务的变动而免予追究。已退休但按照本规定应当追究责任的,仍须进行相应的责任追究。

第二十七条　受到责任追究的领导班子、领导干部,取消当年年度考核评优和评选各类先进的资格。

单独受到责令辞职、免职处理的领导干部,一年内不得重新担任与其原任职务相当的领导职务;受到降职处理的,两年内不得提升职务。同时受到党纪政纪处分和组织处理的,按影响期较长的执行。

第二十八条　各级纪检监察机关应当加强对下级党委(党组)、政府实施责任追究情况的监督检查,发现有应当追究而未追究或者责任追究处理决定不落实等问题的,应当及时督促下级党委(党组)、政府予以纠正。

第五章　附　　则

第二十九条　各省、自治区、直辖市,中央和国家机关各部委可以根据本规定制定实施办法。

第三十条　中央军委可以根据本规定,结合中国人民解放军和中国人民武装警察部队的实际情况,制定具体规定。

第三十一条 本规定由中央纪委、监察部负责解释。

第三十二条 本规定自发布之日起施行。1998年11月发布的《关于实行党风廉政建设责任制的规定》同时废止。

22. 关于省、地两级党委、政府主要领导干部配偶、子女个人经商办企业的具体规定(试行)

(中共中央纪律检查委员会印发,自2001年2月8日起施行)

为了贯彻落实中央纪委第四次全会提出的"省(部)、地(厅)级领导干部的配偶、子女,不准在该领导干部管辖的业务范围内个人从事可能与公共利益发生冲突的经商办企业活动"的要求,对省(自治区、直辖市)、地(市)两级党委、政府主要领导干部配偶、子女在该领导干部任职地区个人从事经商办企业活动作出如下规定:

一、不准从事房地产开发、经营及相关代理、评估、咨询等有偿中介活动。

二、不准从事广告代理、发布等经营活动。

三、不准开办律师事务所;受聘担任律师的,不准在领导干部管辖地区代理诉讼。

四、不准从事营业性歌厅、舞厅、夜总会等娱乐业,洗浴按摩等行业的经营活动。

五、不准从事其他可能与公共利益发生冲突的经商办企业活动。

已经从事上述经商办企业活动的,或者领导干部的配偶、子女退出所从事的经商办企业活动,或者领导干部本人辞去现任职务或给予组织处理。本规定发布后,再从事上述活动的,对领导干部本人以违纪论处。

各省、自治区、直辖市可根据实际情况制定补充规定。

23. 关于保护检举、控告人的规定

(中共中央纪律检查委员会、监察部印发,自1996年2月13日起施行)

第一条 为了保障检举、控告人依法行使检举、控告的权利,维护检举、控告人的合法权益,促进党风廉政建设和反腐败斗争,根据《中国共产党党员权利保障条

例(试行)》和行政监察法律、法规,制定本规定。

第二条 任何单位和个人有权向纪检监察机关检举、控告党组织、党员以及国家行政机关、国家公务员和国家行政机关任命的其他人员违纪违法的行为。

任何单位和个人不得以任何借口阻拦、压制检举、控告人依法进行的检举、控告。

第三条 检举、控告人应据实检举、控告,不得捏造事实、制造假证、诬告陷害他人。

纪检监察机关对如实检举、控告的,应给予支持,鼓励。对检举、控告有功的,应给予奖励。对检举、控告不实的,必须分清是错告还是诬告。对错告的,应澄清事实;对诬告的,应依照有关规定予以处理。

第四条 纪检监察机关受理检举、控告和查处检举、控告案件,必须严格保密:

(一)纪检监察机关应设立检举、控告接待室,接受当面检举、控告应单独进行,无关人员不得在场。

(二)检举、控告信函的收发、拆阅、登记,当面或电话检举、控告的接待、接听、记录、录音等工作,应建立健全责任制。严防泄密或遗失检举、控告材料。

(三)对检举、控告人的姓名、工作单位、家庭住址等有关情况及检举、控告的内容必须严格保密,严禁将检举、控告人的有关情况以及检举、控告的内容透露给被检举、控告单位和被检举、控告人以及其他单位和人员。

(四)检举、控告材料列入密件管理,不得私自摘抄、复制、扣压、销毁。

(五)检举、控告材料,除查处案件工作需要外,不得向有关人员出示;因查处案件工作需要出示的,必须经本委、部(厅、局)主管领导批准,并隐去可能暴露检举、控告人身份的内容。

(六)核实情况必须在不暴露检举、控告人的情况下进行。

(七)未经检举、控告人同意,不得公开检举、控告人的姓名、工作单位及其他有关情况。

第五条 受理机关工作人员无意或故意泄露检举、控告情况的,应追究责任,严肃处理。

第六条 严禁将检举、控告材料转给被检举、控告单位或被检举、控告人。

第七条 任何单位和个人不得擅自追查检举、控告人。对确属诬告陷害,需要追查诬告陷害者的,必须经地、市级以上(含地、市级)党的委员会、政府或纪检监察机关批准。

第八条 对匿名检举、控告材料,除查处案件工作需要外,不得擅自核对笔迹或进行文检;因查处案件工作需要核对笔迹或进行文检的,必须经地、市级以上(含地、市级)纪检监察机关批准。

第九条 受理机关工作人员有下列情形之一的,应当回避:

（一）是被检举、控告人或被检举、控告人近亲属的；
（二）本人或近亲属与被检举、控告问题有利害关系的；
（三）与检举、控告问题有其他关系，可能影响检举、控告问题公正处理的。

受理机关工作人员应当主动提出回避，检举、控告人有权要求其回避，回避决定由受理机关作出。

第十条 任何单位和个人不得以任何借口和手段打击报复检举、控告人及其亲属或假想检举、控告人。

指使他人打击报复的，或者被指使人、被指使单位的主要负责人和直接责任人员明知实施的行为是打击报复的，以打击报复论处。

第十一条 打击报复检举、控告人的，纪检监察机关应分别不同情况予以处理：
（一）对于正在实施的打击报复行为，纪检监察机关应在其职权范围内采取措施及时制止，并予以处理，或者及时移送有关部门予以处理。
（二）检举、控告人因被打击报复而受到错误处理的，纪检监察机关应在其职权范围内依照有关规定予以纠正，或者建议有关部门予以纠正。
（三）检举、控告人因被打击报复而造成人身伤害及名誉损害、财产损失的，纪检监察机关应在其职权范围内负责处理，或者移送有关部门予以处理。

第十二条 违反本规定的，应依照党纪、政纪的有关规定给予党纪处分、行政处分或其他处理；构成犯罪的，移送司法机关依法追究刑事责任。

第十三条 纪检监察机关受理纪检监察业务范围内的港澳台胞、华侨及外国人的检举、控告，适用本规定。

第十四条 本规定由中共中央纪律检查委员会、中华人民共和国监察部负责解释。

第十五条 本规定自发布之日起施行。

24. 关于对党和国家机关工作人员在国内交往中收受的礼品实行登记制度的规定

（中共中央办公厅、国务院办公厅印发，自1995年4月30日起施行）

第一条 为保持党和国家机关工作人员廉洁从政，加强党风廉政建设，制定本规定。

第二条 党和国家机关工作人员在国内交往中，不得收受可能影响公正执行公务的礼品馈赠，因各种原因未能拒收的礼品，必须登记上交。

党和国家机关工作人员在国内交往（不含亲友之间的交往）中收受的其他礼品，除价值不大的以外，均须登记。

第三条 按照第二条的规定须登记的礼品，自收受礼品之日起（在外地接受礼品的，自回本单位之日起）一个月内由本人如实填写礼品登记表，并将登记表交所在机关指定的受理登记的部门。受理登记的部门可将礼品的登记情况在本机关内公布。

登记的礼品按规定应上交的，与礼品登记表一并上交所在机关指定的受理登记的部门。

第四条 对于收受后应登记、上交的礼品在规定期限内不登记或不如实登记、不上交的，由所在党组织、行政部门或纪检监察机关责令其登记、上交，并给予批评教育或者党纪政纪处分。

第五条 本规定所称党和国家机关工作人员，是指党的机关、人大机关、行政机关、政协机关、审判机关、检察机关中从事公务的人员。

国有企业、事业单位的负责人，国家拨给经费的各社会团体中依照法律从事公务的人员，适用本规定。

第六条 本规定由各级党组织和行政部门负责执行，各级纪检监察机关负责监督检查。

第七条 各省、自治区、直辖市应根据本规定，结合本地区的实际，制定具体的礼品登记标准；中共中央直属机关和中央国家机关的礼品登记标准，由中共中央直属机关事务管理局、国务院机关事务管理局制定。各省、自治区、直辖市和中共中央直属机关事务管理局、国务院机关事务管理局还应制定具体的礼品上交处理办法。各省、自治区、直辖市和中共中央直属机关事务管理局、国务院机关事务管理局制定的礼品登记标准和上交处理办法，要报中央纪委、监察部备案。

第八条 本规定由中共中央纪律检查委员会、监察部负责解释。

第九条 本规定自发布之日起施行。

25. 党组讨论和决定党员处分事项工作程序规定（试行）

（中共中央办公厅印发，自 2019 年 1 月 1 日起施行）

第一条 为了贯彻落实党的十九大精神，规范党组讨论和决定党员处分事项，根据《中国共产党章程》等有关规定，结合工作实际，制定本规定。

第二条　党组(包含党组性质党委,下同)应当认真履行全面从严治党主体责任,纪委监委派驻纪检监察组应当认真履行监督责任。坚持党要管党、全面从严治党,坚持党纪面前一律平等,坚持实事求是,坚持惩前毖后、治病救人,强化监督执纪问责,确保案件处理取得良好政治效果、纪法效果和社会效果,确保案件质量经得起历史和人民的检验。

第三条　党组对其管理的党员干部实施党纪处分,应当按照规定程序经党组集体讨论决定,不允许任何个人或者少数人擅自决定和批准。党纪处分决定以党组名义作出并自党组讨论决定之日起生效。

第四条　中央纪委国家监委派驻纪检监察组(以下简称派驻纪检监察组)按照干部管理权限,对驻在部门(含综合监督单位,下同)党组管理的司局级党员干部涉嫌违纪问题进行立案审查和内部审理,经派驻纪检监察组集体研究,提出党纪处分初步建议,与驻在部门党组沟通并取得一致意见后,将案件移送中央和国家机关纪检监察工委(以下简称纪检监察工委)进行审理。

纪检监察工委对移送的案件应当认真履行审核把关和监督制约职能,形成审理报告并反馈派驻纪检监察组,做到事实清楚、证据确凿、定性准确、处理恰当、手续完备、程序合规。

纪检监察工委在审理过程中,应当加强与派驻纪检监察组沟通。派驻纪检监察组原则上应当尊重纪检监察工委的审理意见。如出现分歧,经沟通不能形成一致意见的,由纪检监察工委将双方意见报中央纪委研究决定。

派驻纪检监察组应当加强与有关方面沟通,特别是对驻在部门党组管理的正司局级党员领导干部违纪案件,在驻在部门党组会议召开前,应当与驻在部门党组和中央纪委充分交换意见。

第五条　经纪检监察工委审理后,派驻纪检监察组将党纪处分建议通报驻在部门党组,由党组讨论决定,党纪处分建议与党组的意见不同又不能协商一致的,由中央纪委研究决定。党纪处分决定应当正式通报派驻纪检监察组。

第六条　给予驻在部门的处级及以下党员干部党纪处分,由部门机关党委、机关纪委进行审查和审理,并依据《中国共产党章程》第四十二条规定履行相应程序后,由党组讨论决定。在作出党纪处分决定前,应当征求派驻纪检监察组意见。

根据工作需要,派驻纪检监察组可以直接审查驻在部门的处级及以下党员干部违反党纪的案件。派驻纪检监察组进行审查和审理后,提出党纪处分建议,移交驻在部门机关党委、机关纪委按照规定履行相应程序后,由党组讨论决定。必要时,派驻纪检监察组可以将党纪处分建议直接通报驻在部门党组,由党组讨论决定。

第七条　给予驻在部门党组管理的司局级党员干部党纪处分、给予处级党员干部撤销党内职务及以上党纪处分的,由驻在部门机关纪委在党纪处分决定生效之日起30日内,将党纪处分决定及相关材料报纪检监察工委备案。纪检监察工委对备案材料应当认真审核,发现问题及时反馈并督促解决。

纪检监察工委应当每季度向中央纪委、中央和国家机关工委报送备案监督情况专项报告,必要时可以随时报告。

给予向中央备案的党员干部党纪处分的,驻在部门党组应当按照规定将党纪处分决定通报中央组织部。

第八条　对于党的组织关系在地方、干部管理权限在主管部门党组的党员干部违纪案件,凡由派驻纪检监察组查处的,由主管部门党组讨论决定,并向地方党组织通报处理结果。

对于地方纪委首先发现并立案审查,接受上级纪委指定或者与派驻纪检监察组协商后由地方纪委立案审查的上述案件,应当由地方纪委按照程序作出党纪处分决定,并向主管部门党组通报处理结果。在作出立案审查决定及审查处理过程中,地方纪委应当与主管部门党组和派驻纪检监察组加强沟通协调;经沟通不能形成一致意见的,报共同的上级党委或者纪委研究决定。

第九条　纪检监察工委在中央纪委领导下建立健全对中央和国家机关审查处理违纪案件的质量评查机制,对党组讨论决定、派驻纪检监察组审查处理的案件事实证据、性质认定、处分档次、程序手续等进行监督检查,采取通报、约谈等方式反馈评查结果。

第十条　党的工作机关、直属事业单位领导机构讨论和决定党员处分事项,参照本规定执行。

派驻纪检监察组给予驻在部门党组管理的干部政务处分,参照本规定办理,并以派驻纪检监察组名义作出政务处分决定,或者交由其任免机关、单位给予处分。

第十一条　各省、自治区、直辖市党委和纪检监察工委可以根据本规定精神,结合实际情况制定实施细则。

第十二条　本规定由中央纪委负责解释。

第十三条　本规定自 2019 年 1 月 1 日起施行。此前发布的有关规定与本规定不一致的,按照本规定执行。

26. 关于严格禁止利用职务上的便利谋取不正当利益的若干规定

(中共中央纪律检查委员会印发,自 2007 年 5 月 29 日起施行)

根据中央纪委第七次全会精神,为贯彻落实标本兼治、综合治理、惩防并举、注重预防的反腐倡廉方针,针对当前查办违纪案件工作中发现的新情况、新问题,特对国家工作人员中的共产党员提出并重申以下纪律要求:

一、严格禁止利用职务上的便利为请托人谋取利益,以下列交易形式收受请托人财物:

(1)以明显低于市场的价格向请托人购买房屋、汽车等物品;

(2)以明显高于市场的价格向请托人出售房屋、汽车等物品;

(3)以其他交易形式非法收受请托人财物。

前款所列市场价格包括商品经营者事先设定的不针对特定人的最低优惠价格。根据商品经营者事先设定的各种优惠交易条件,以优惠价格购买商品的,不属于违纪。

二、严格禁止利用职务上的便利为请托人谋取利益,收受请托人提供的干股。

干股是指未出资而获得的股份。进行了股权转让登记,或者相关证据证明股份发生了实际转让的,违纪数额按转让行为时股份价值计算,所分红利按违纪孳息处理。股份未实际转让,以股份分红名义获取利益的,实际获利数额应当认定为违纪数额。

三、严格禁止利用职务上的便利为请托人谋取利益,由请托人出资,"合作"开办公司或者进行其他"合作"投资。

利用职务上的便利为请托人谋取利益,以合作开办公司或者其他合作投资的名义,没有实际出资和参与管理、经营而获取"利润"的,以违纪论处。

四、严格禁止利用职务上的便利为请托人谋取利益,以委托请托人投资证券、期货或者其他委托理财的名义,未实际出资而获取"收益",或者虽然实际出资,但获取"收益"明显高于出资应得收益。

五、严格禁止利用职务上的便利为请托人谋取利益,通过赌博方式收受请托人财物。

执行中应注意区分前款所列行为与赌博活动、娱乐活动的界限。具体认定时,主要应当结合以下因素进行判断:(1)赌博的背景、场合、时间、次数;(2)赌资来源;(3)其他赌博参与者有无事先通谋;(4)输赢钱物的具体情况和金额大小。

六、严格禁止利用职务上的便利为请托人谋取利益,要求或者接受请托人以给特定关系人安排工作为名,使特定关系人不实际工作却获取所谓薪酬。

特定关系人,是指与国家工作人员有近亲属、情妇(夫)以及其他共同利益关系的人。

七、严格禁止利用职务上的便利为请托人谋取利益,授意请托人以本规定所列形式,将有关财物给予特定关系人。

特定关系人中的共产党员与国家工作人员通谋,共同实施前款所列行为的,对特定关系人以共同违纪论处。特定关系人以外的其他人与国家工作人员通谋,由国家工作人员利用职务上的便利为请托人谋取利益,收受请托人财物后双方共同占有的,以共同违纪论处。

八、严格禁止利用职务上的便利为请托人谋取利益之前或者之后,约定在其离职后收受请托人财物,并在离职后收受。

离职前后连续收受请托人财物的,离职前后收受部分均应计入违纪数额。

九、利用职务上的便利为请托人谋取利益,收受请托人房屋、汽车等物品,未变更权属登记或者借用他人名义办理权属变更登记的,不影响违纪的认定。

认定以房屋、汽车等物品为对象的违纪,应注意与借用的区分。具体认定时,除双方交待或者书面协议之外,主要应当结合以下因素进行判断:(1)有无借用的合理事由;(2)是否实际使用;(3)借用时间的长短;(4)有无归还的条件;(5)有无归还的意思表示及行为。

十、收受请托人财物后及时退还或者上交的,不是违纪。

违纪后,因自身或者与违纪有关联的人、事被查处,为掩饰违纪而退还或者上交的,不影响认定违纪。

各级纪律检查机关在办案中发现有本规定所列禁止行为的,依照《中国共产党纪律处分条例》第八十五条等有关规定处理。

第二部分　职务违法案件查处的国家法律法规

1. 中华人民共和国监察法

(2018年3月20日第十三届全国人民代表大会第一次会议通过，
自2018年3月20日起施行)

目　录

第一章　总　则
第二章　监察机关及其职责
第三章　监察范围和管辖
第四章　监察权限
第五章　监察程序
第六章　反腐败国际合作
第七章　对监察机关和监察人员的监督
第八章　法律责任
第九章　附　则

第一章　总　则

第一条　为了深化国家监察体制改革，加强对所有行使公权力的公职人员的监督，实现国家监察全面覆盖，深入开展反腐败工作，推进国家治理体系和治理能力现代化，根据宪法，制定本法。

第二条　坚持中国共产党对国家监察工作的领导，以马克思列宁主义、毛泽东思想、邓小平理论、"三个代表"重要思想、科学发展观、习近平新时代中国特色社会主义思想为指导，构建集中统一、权威高效的中国特色国家监察体制。

第三条　各级监察委员会是行使国家监察职能的专责机关，依照本法对所有行使公权力的公职人员(以下称公职人员)进行监察，调查职务违法和职务犯罪，开展廉政建设和反腐败工作,维护宪法和法律的尊严。

第四条 监察委员会依照法律规定独立行使监察权,不受行政机关、社会团体和个人的干涉。

监察机关办理职务违法和职务犯罪案件,应当与审判机关、检察机关、执法部门互相配合,互相制约。

监察机关在工作中需要协助的,有关机关和单位应当根据监察机关的要求依法予以协助。

第五条 国家监察工作严格遵照宪法和法律,以事实为根据,以法律为准绳;在适用法律上一律平等,保障当事人的合法权益;权责对等,严格监督;惩戒与教育相结合,宽严相济。

第六条 国家监察工作坚持标本兼治、综合治理,强化监督问责,严厉惩治腐败;深化改革、健全法治,有效制约和监督权力;加强法治教育和道德教育,弘扬中华优秀传统文化,构建不敢腐、不能腐、不想腐的长效机制。

第二章 监察机关及其职责

第七条 中华人民共和国国家监察委员会是最高监察机关。

省、自治区、直辖市、自治州、县、自治县、市、市辖区设立监察委员会。

第八条 国家监察委员会由全国人民代表大会产生,负责全国监察工作。

国家监察委员会由主任、副主任若干人、委员若干人组成,主任由全国人民代表大会选举,副主任、委员由国家监察委员会主任提请全国人民代表大会常务委员会任免。

国家监察委员会主任每届任期同全国人民代表大会每届任期相同,连续任职不得超过两届。

国家监察委员会对全国人民代表大会及其常务委员会负责,并接受其监督。

第九条 地方各级监察委员会由本级人民代表大会产生,负责本行政区域内的监察工作。

地方各级监察委员会由主任、副主任若干人、委员若干人组成,主任由本级人民代表大会选举,副主任、委员由监察委员会主任提请本级人民代表大会常务委员会任免。

地方各级监察委员会主任每届任期同本级人民代表大会每届任期相同。

地方各级监察委员会对本级人民代表大会及其常务委员会和上一级监察委员会负责,并接受其监督。

第十条 国家监察委员会领导地方各级监察委员会的工作,上级监察委员会领导下级监察委员会的工作。

第十一条 监察委员会依照本法和有关法律规定履行监督、调查、处置职责:

（一）对公职人员开展廉政教育，对其依法履职、秉公用权、廉洁从政从业以及道德操守情况进行监督检查；

（二）对涉嫌贪污贿赂、滥用职权、玩忽职守、权力寻租、利益输送、徇私舞弊以及浪费国家资财等职务违法和职务犯罪进行调查；

（三）对违法的公职人员依法作出政务处分决定；对履行职责不力、失职失责的领导人员进行问责；对涉嫌职务犯罪的，将调查结果移送人民检察院依法审查、提起公诉；向监察对象所在单位提出监察建议。

第十二条 各级监察委员会可以向本级中国共产党机关、国家机关、法律法规授权或者委托管理公共事务的组织和单位以及所管辖的行政区域、国有企业等派驻或者派出监察机构、监察专员。

监察机构、监察专员对派驻或者派出它的监察委员会负责。

第十三条 派驻或者派出的监察机构、监察专员根据授权，按照管理权限依法对公职人员进行监督，提出监察建议，依法对公职人员进行调查、处置。

第十四条 国家实行监察官制度，依法确定监察官的等级设置、任免、考评和晋升等制度。

第三章 监察范围和管辖

第十五条 监察机关对下列公职人员和有关人员进行监察：

（一）中国共产党机关、人民代表大会及其常务委员会机关、人民政府、监察委员会、人民法院、人民检察院、中国人民政治协商会议各级委员会机关、民主党派机关和工商业联合会机关的公务员，以及参照《中华人民共和国公务员法》管理的人员；

（二）法律、法规授权或者受国家机关依法委托管理公共事务的组织中从事公务的人员；

（三）国有企业管理人员；

（四）公办的教育、科研、文化、医疗卫生、体育等单位中从事管理的人员；

（五）基层群众性自治组织中从事管理的人员；

（六）其他依法履行公职的人员。

第十六条 各级监察机关按照管理权限管辖本辖区内本法第十五条规定的人员所涉监察事项。

上级监察机关可以办理下一级监察机关管辖范围内的监察事项，必要时也可以办理所辖各级监察机关管辖范围内的监察事项。

监察机关之间对监察事项的管辖有争议的，由其共同的上级监察机关确定。

第十七条 上级监察机关可以将其所管辖的监察事项指定下级监察机关管辖，也可以将下级监察机关有管辖权的监察事项指定给其他监察机关管辖。

监察机关认为所管辖的监察事项重大、复杂,需要由上级监察机关管辖的,可以报请上级监察机关管辖。

第四章 监察权限

第十八条 监察机关行使监督、调查职权,有权依法向有关单位和个人了解情况,收集、调取证据。有关单位和个人应当如实提供。

监察机关及其工作人员对监督、调查过程中知悉的国家秘密、商业秘密、个人隐私,应当保密。

任何单位和个人不得伪造、隐匿或者毁灭证据。

第十九条 对可能发生职务违法的监察对象,监察机关按照管理权限,可以直接或者委托有关机关、人员进行谈话或者要求说明情况。

第二十条 在调查过程中,对涉嫌职务违法的被调查人,监察机关可以要求其就涉嫌违法行为作出陈述,必要时向被调查人出具书面通知。

对涉嫌贪污贿赂、失职渎职等职务犯罪的被调查人,监察机关可以进行讯问,要求其如实供述涉嫌犯罪的情况。

第二十一条 在调查过程中,监察机关可以询问证人等人员。

第二十二条 被调查人涉嫌贪污贿赂、失职渎职等严重职务违法或者职务犯罪,监察机关已经掌握其部分违法犯罪事实及证据,仍有重要问题需要进一步调查,并有下列情形之一的,经监察机关依法审批,可以将其留置在特定场所:

(一)涉及案情重大、复杂的;

(二)可能逃跑、自杀的;

(三)可能串供或者伪造、隐匿、毁灭证据的;

(四)可能有其他妨碍调查行为的。

对涉嫌行贿犯罪或者共同职务犯罪的涉案人员,监察机关可以依照前款规定采取留置措施。

留置场所的设置、管理和监督依照国家有关规定执行。

第二十三条 监察机关调查涉嫌贪污贿赂、失职渎职等严重职务违法或者职务犯罪,根据工作需要,可以依照规定查询、冻结涉案单位和个人的存款、汇款、债券、股票、基金份额等财产。有关单位和个人应当配合。

冻结的财产经查明与案件无关的,应当在查明后三日内解除冻结,予以退还。

第二十四条 监察机关可以对涉嫌职务犯罪的被调查人以及可能隐藏被调查人或者犯罪证据的人的身体、物品、住处和其他有关地方进行搜查。在搜查时,应当出示搜查证,并有被搜查人或者其家属等见证人在场。

搜查女性身体,应当由女性工作人员进行。

监察机关进行搜查时,可以根据工作需要提请公安机关配合。公安机关应当依法予以协助。

　　第二十五条　监察机关在调查过程中,可以调取、查封、扣押用以证明被调查人涉嫌违法犯罪的财物、文件和电子数据等信息。采取调取、查封、扣押措施,应当收集原物原件,会同持有人或者保管人、见证人,当面逐一拍照、登记、编号,开列清单,由在场人员当场核对、签名,并将清单副本交财物、文件的持有人或者保管人。

　　对调取、查封、扣押的财物、文件,监察机关应当设立专用账户、专门场所,确定专门人员妥善保管,严格履行交接、调取手续,定期对账核实,不得毁损或者用于其他目的。对价值不明物品应当及时鉴定,专门封存保管。

　　查封、扣押的财物、文件经查明与案件无关的,应当在查明后三日内解除查封、扣押,予以退还。

　　第二十六条　监察机关在调查过程中,可以直接或者指派、聘请具有专门知识、资格的人员在调查人员主持下进行勘验检查。勘验检查情况应当制作笔录,由参加勘验检查的人员和见证人签名或者盖章。

　　第二十七条　监察机关在调查过程中,对于案件中的专门性问题,可以指派、聘请有专门知识的人进行鉴定。鉴定人进行鉴定后,应当出具鉴定意见,并且签名。

　　第二十八条　监察机关调查涉嫌重大贪污贿赂等职务犯罪,根据需要,经过严格的批准手续,可以采取技术调查措施,按照规定交有关机关执行。

　　批准决定应当明确采取技术调查措施的种类和适用对象,自签发之日起三个月以内有效;对于复杂、疑难案件,期限届满仍有必要继续采取技术调查措施的,经过批准,有效期可以延长,每次不得超过三个月。对于不需要继续采取技术调查措施的,应当及时解除。

　　第二十九条　依法应当留置的被调查人如果在逃,监察机关可以决定在本行政区域内通缉,由公安机关发布通缉令,追捕归案。通缉范围超出本行政区域的,应当报请有权决定的上级监察机关决定。

　　第三十条　监察机关为防止被调查人及相关人员逃匿境外,经省级以上监察机关批准,可以对被调查人及相关人员采取限制出境措施,由公安机关依法执行。对于不需要继续采取限制出境措施的,应当及时解除。

　　第三十一条　涉嫌职务犯罪的被调查人主动认罪认罚,有下列情形之一的,监察机关经领导人员集体研究,并报上一级监察机关批准,可以在移送人民检察院时提出从宽处罚的建议:

　　(一)自动投案,真诚悔罪悔过的;

　　(二)积极配合调查工作,如实供述监察机关还未掌握的违法犯罪行为的;

　　(三)积极退赃,减少损失的;

　　(四)具有重大立功表现或者案件涉及国家重大利益等情形的。

　　第三十二条　职务违法犯罪的涉案人员揭发有关被调查人职务违法犯罪行

为,查证属实的,或者提供重要线索,有助于调查其他案件的,监察机关经领导人员集体研究,并报上一级监察机关批准,可以在移送人民检察院时提出从宽处罚的建议。

第三十三条 监察机关依照本法规定收集的物证、书证、证人证言、被调查人供述和辩解、视听资料、电子数据等证据材料,在刑事诉讼中可以作为证据使用。

监察机关在收集、固定、审查、运用证据时,应当与刑事审判关于证据的要求和标准相一致。

以非法方法收集的证据应当依法予以排除,不得作为案件处置的依据。

第三十四条 人民法院、人民检察院、公安机关、审计机关等国家机关在工作中发现公职人员涉嫌贪污贿赂、失职渎职等职务违法或者职务犯罪的问题线索,应当移送监察机关,由监察机关依法调查处置。

被调查人既涉嫌严重职务违法或者职务犯罪,又涉嫌其他违法犯罪的,一般应当由监察机关为主调查,其他机关予以协助。

第五章 监察程序

第三十五条 监察机关对于报案或者举报,应当接受并按照有关规定处理。对于不属于本机关管辖的,应当移送主管机关处理。

第三十六条 监察机关应当严格按照程序开展工作,建立问题线索处置、调查、审理各部门相互协调、相互制约的工作机制。

监察机关应当加强对调查、处置工作全过程的监督管理,设立相应的工作部门履行线索管理、监督检查、督促办理、统计分析等管理协调职能。

第三十七条 监察机关对监察对象的问题线索,应当按照有关规定提出处置意见,履行审批手续,进行分类办理。线索处置情况应当定期汇总、通报,定期检查、抽查。

第三十八条 需要采取初步核实方式处置问题线索的,监察机关应当依法履行审批程序,成立核查组。初步核实工作结束后,核查组应当撰写初步核实情况报告,提出处理建议。承办部门应当提出分类处理意见。初步核实情况报告和分类处理意见报监察机关主要负责人审批。

第三十九条 经过初步核实,对监察对象涉嫌职务违法犯罪,需要追究法律责任的,监察机关应当按照规定的权限和程序办理立案手续。

监察机关主要负责人依法批准立案后,应当主持召开专题会议,研究确定调查方案,决定需要采取的调查措施。

立案调查决定应当向被调查人宣布,并通报相关组织。涉嫌严重职务违法或者职务犯罪的,应当通知被调查人家属,并向社会公开发布。

第四十条 监察机关对职务违法和职务犯罪案件,应当进行调查,收集被调查人有无违法犯罪以及情节轻重的证据,查明违法犯罪事实,形成相互印证、完整稳定的证据链。

严禁以威胁、引诱、欺骗及其他非法方式收集证据,严禁侮辱、打骂、虐待、体罚或者变相体罚被调查人和涉案人员。

第四十一条 调查人员采取讯问、询问、留置、搜查、调取、查封、扣押、勘验检查等调查措施,均应当依照规定出示证件,出具书面通知,由二人以上进行,形成笔录、报告等书面材料,并由相关人员签名、盖章。

调查人员进行讯问以及搜查、查封、扣押等重要取证工作,应当对全过程进行录音录像,留存备查。

第四十二条 调查人员应当严格执行调查方案,不得随意扩大调查范围、变更调查对象和事项。

对调查过程中的重要事项,应当集体研究后按程序请示报告。

第四十三条 监察机关采取留置措施,应当由监察机关领导人员集体研究决定。设区的市级以下监察机关采取留置措施,应当报上一级监察机关批准。省级监察机关采取留置措施,应当报国家监察委员会备案。

留置时间不得超过三个月。在特殊情况下,可以延长一次,延长时间不得超过三个月。省级以下监察机关采取留置措施的,延长留置时间应当报上一级监察机关批准。监察机关发现采取留置措施不当的,应当及时解除。

监察机关采取留置措施,可以根据工作需要提请公安机关配合。公安机关应当依法予以协助。

第四十四条 对被调查人采取留置措施后,应当在二十四小时以内,通知被留置人员所在单位和家属,但有可能毁灭、伪造证据,干扰证人作证或者串供等有碍调查情形的除外。有碍调查的情形消失后,应当立即通知被留置人员所在单位和家属。

监察机关应当保障被留置人员的饮食、休息和安全,提供医疗服务。讯问被留置人员应当合理安排讯问时间和时长,讯问笔录由被讯问人阅看后签名。

被留置人员涉嫌犯罪移送司法机关后,被依法判处管制、拘役和有期徒刑的,留置一日折抵管制二日、折抵拘役、有期徒刑一日。

第四十五条 监察机关根据监督、调查结果,依法作出如下处置:

(一)对有职务违法行为但情节较轻的公职人员,按照管理权限,直接或者委托有关机关、人员,进行谈话提醒、批评教育、责令检查,或者予以诫勉;

(二)对违法的公职人员依照法定程序作出警告、记过、记大过、降级、撤职、开除等政务处分决定;

(三)对不履行或者不正确履行职责负有责任的领导人员,按照管理权限对其直接作出问责决定,或者向有权作出问责决定的机关提出问责建议;

(四)对涉嫌职务犯罪的,监察机关经调查认为犯罪事实清楚,证据确实、充分的,制作起诉意见书,连同案卷材料、证据一并移送人民检察院依法审查、提起公诉;

(五)对监察对象所在单位廉政建设和履行职责存在的问题等提出监察建议。

监察机关经调查,对没有证据证明被调查人存在违法犯罪行为的,应当撤销案件,并通知被调查人所在单位。

第四十六条 监察机关经调查,对违法取得的财物,依法予以没收、追缴或者责令退赔;对涉嫌犯罪取得的财物,应当随案移送人民检察院。

第四十七条 对监察机关移送的案件,人民检察院依照《中华人民共和国刑事诉讼法》对被调查人采取强制措施。

人民检察院经审查,认为犯罪事实已经查清,证据确实、充分,依法应当追究刑事责任的,应当作出起诉决定。

人民检察院经审查,认为需要补充核实的,应当退回监察机关补充调查,必要时可以自行补充侦查。对于补充调查的案件,应当在一个月内补充调查完毕。补充调查以二次为限。

人民检察院对于有《中华人民共和国刑事诉讼法》规定的不起诉的情形的,经上一级人民检察院批准,依法作出不起诉的决定。监察机关认为不起诉的决定有错误的,可以向上一级人民检察院提请复议。

第四十八条 监察机关在调查贪污贿赂、失职渎职等职务犯罪案件过程中,被调查人逃匿或者死亡,有必要继续调查的,经省级以上监察机关批准,应当继续调查并作出结论。被调查人逃匿,在通缉一年后不能到案,或者死亡的,由监察机关提请人民检察院依照法定程序,向人民法院提出没收违法所得的申请。

第四十九条 监察对象对监察机关作出的涉及本人的处理决定不服的,可以在收到处理决定之日起一个月内,向作出决定的监察机关申请复审,复审机关应当在一个月内作出复审决定;监察对象对复审决定仍不服的,可以在收到复审决定之日起一个月内,向上一级监察机关申请复核,复核机关应当在二个月内作出复核决定。复审、复核期间,不停止原处理决定的执行。复核机关经审查,认定处理决定有错误的,原处理机关应当及时予以纠正。

第六章 反腐败国际合作

第五十条 国家监察委员会统筹协调与其他国家、地区、国际组织开展的反腐败国际交流、合作,组织反腐败国际条约实施工作。

第五十一条 国家监察委员会组织协调有关方面加强与有关国家、地区、国际组织在反腐败执法、引渡、司法协助、被判刑人的移管、资产追回和信息交流等领域的合作。

第五十二条 国家监察委员会加强对反腐败国际追逃追赃和防逃工作的组织

协调，督促有关单位做好相关工作：

（一）对于重大贪污贿赂、失职渎职等职务犯罪案件，被调查人逃匿到国（境）外，掌握证据比较确凿的，通过开展境外追逃合作，追捕归案；

（二）向赃款赃物所在国请求查询、冻结、扣押、没收、追缴、返还涉案资产；

（三）查询、监控涉嫌职务犯罪的公职人员及其相关人员进出国（境）和跨境资金流动情况，在调查案件过程中设置防逃程序。

第七章　对监察机关和监察人员的监督

第五十三条　各级监察委员会应当接受本级人民代表大会及其常务委员会的监督。

各级人民代表大会常务委员会听取和审议本级监察委员会的专项工作报告，组织执法检查。

县级以上各级人民代表大会及其常务委员会举行会议时，人民代表大会代表或者常务委员会组成人员可以依照法律规定的程序，就监察工作中的有关问题提出询问或者质询。

第五十四条　监察机关应当依法公开监察工作信息，接受民主监督、社会监督、舆论监督。

第五十五条　监察机关通过设立内部专门的监督机构等方式，加强对监察人员执行职务和遵守法律情况的监督，建设忠诚、干净、担当的监察队伍。

第五十六条　监察人员必须模范遵守宪法和法律，忠于职守、秉公执法，清正廉洁、保守秘密；必须具有良好的政治素质，熟悉监察业务，具备运用法律、法规、政策和调查取证等能力，自觉接受监督。

第五十七条　对于监察人员打听案情、过问案件、说情干预的，办理监察事项的监察人员应当及时报告。有关情况应当登记备案。

发现办理监察事项的监察人员未经批准接触被调查人、涉案人员及其特定关系人，或者存在交往情形的，知情人应当及时报告。有关情况应当登记备案。

第五十八条　办理监察事项的监察人员有下列情形之一的，应当自行回避，监察对象、检举人及其他有关人员也有权要求其回避：

（一）是监察对象或者检举人的近亲属的；

（二）担任过本案的证人的；

（三）本人或者其近亲属与办理的监察事项有利害关系的；

（四）有可能影响监察事项公正处理的其他情形的。

第五十九条　监察机关涉密人员离岗离职后，应当遵守脱密期管理规定，严格履行保密义务，不得泄露相关秘密。

监察人员辞职、退休三年内，不得从事与监察和司法工作相关联且可能发生利益冲突的职业。

第六十条 监察机关及其工作人员有下列行为之一的,被调查人及其近亲属有权向该机关申诉:

(一) 留置法定期限届满,不予以解除的;

(二) 查封、扣押、冻结与案件无关的财物的;

(三) 应当解除查封、扣押、冻结措施而不解除的;

(四) 贪污、挪用、私分、调换以及违反规定使用查封、扣押、冻结的财物的;

(五) 其他违反法律法规、侵害被调查人合法权益的行为。

受理申诉的监察机关应当在受理申诉之日起一个月内作出处理决定。申诉人对处理决定不服的,可以在收到处理决定之日起一个月内向上一级监察机关申请复查,上一级监察机关应当在收到复查申请之日起二个月内作出处理决定,情况属实的,及时予以纠正。

第六十一条 对调查工作结束后发现立案依据不充分或者失实,案件处置出现重大失误,监察人员严重违法的,应当追究负有责任的领导人员和直接责任人员的责任。

第八章 法 律 责 任

第六十二条 有关单位拒不执行监察机关作出的处理决定,或者无正当理由拒不采纳监察建议的,由其主管部门、上级机关责令改正,对单位给予通报批评;对负有责任的领导人员和直接责任人员依法给予处理。

第六十三条 有关人员违反本法规定,有下列行为之一的,由其所在单位、主管部门、上级机关或者监察机关责令改正,依法给予处理:

(一) 不按要求提供有关材料,拒绝、阻碍调查措施实施等拒不配合监察机关调查的;

(二) 提供虚假情况,掩盖事实真相的;

(三) 串供或者伪造、隐匿、毁灭证据的;

(四) 阻止他人揭发检举、提供证据的;

(五) 其他违反本法规定的行为,情节严重的。

第六十四条 监察对象对控告人、检举人、证人或者监察人员进行报复陷害的;控告人、检举人、证人捏造事实诬告陷害监察对象的,依法给予处理。

第六十五条 监察机关及其工作人员有下列行为之一的,对负有责任的领导人员和直接责任人员依法给予处理:

(一) 未经批准、授权处置问题线索,发现重大案情隐瞒不报,或者私自留存、处理涉案材料的;

(二) 利用职权或者职务上的影响干预调查工作、以案谋私的;

（三）违法窃取、泄露调查工作信息，或者泄露举报事项、举报受理情况以及举报人信息的；

（四）对被调查人或者涉案人员逼供、诱供，或者侮辱、打骂、虐待、体罚或者变相体罚的；

（五）违反规定处置查封、扣押、冻结的财物的；

（六）违反规定发生办案安全事故，或者发生安全事故后隐瞒不报、报告失实、处置不当的；

（七）违反规定采取留置措施的；

（八）违反规定限制他人出境，或者不按规定解除出境限制的；

（九）其他滥用职权、玩忽职守、徇私舞弊的行为。

第六十六条　违反本法规定，构成犯罪的，依法追究刑事责任。

第六十七条　监察机关及其工作人员行使职权，侵犯公民、法人和其他组织的合法权益造成损害的，依法给予国家赔偿。

第九章　附　　则

第六十八条　中国人民解放军和中国人民武装警察部队开展监察工作，由中央军事委员会根据本法制定具体规定。

第六十九条　本法自公布之日起施行。《中华人民共和国行政监察法》同时废止。

2. 中华人民共和国公务员法

（2005年4月27日第十届全国人民代表大会常务委员会第十五次会议通过，2018年12月29日第十三届全国人民代表大会常务委员会第七次会议修订，自2019年6月1日起施行）

目　录

第一章　总　　则

第二章　公务员的条件、义务与权利

第三章　职务、职级与级别

第四章　录　　用

第五章　考　　核

第六章　职务、职级任免
第七章　职务、职级升降
第八章　奖　　励
第九章　监督与惩戒
第十章　培　　训
第十一章　交流与回避
第十二章　工资、福利与保险
第十三章　辞职与辞退
第十四章　退　　休
第十五章　申诉与控告
第十六章　职位聘任
第十七章　法律责任
第十八章　附　　则

第一章　总　　则

第一条　为了规范公务员的管理，保障公务员的合法权益，加强对公务员的监督，促进公务员正确履职尽责，建设信念坚定、为民服务、勤政务实、敢于担当、清正廉洁的高素质专业化公务员队伍，根据宪法，制定本法。

第二条　本法所称公务员，是指依法履行公职、纳入国家行政编制、由国家财政负担工资福利的工作人员。

公务员是干部队伍的重要组成部分，是社会主义事业的中坚力量，是人民的公仆。

第三条　公务员的义务、权利和管理，适用本法。

法律对公务员中领导成员的产生、任免、监督以及监察官、法官、检察官等的义务、权利和管理另有规定的，从其规定。

第四条　公务员制度坚持中国共产党领导，坚持以马克思列宁主义、毛泽东思想、邓小平理论、"三个代表"重要思想、科学发展观、习近平新时代中国特色社会主义思想为指导，贯彻社会主义初级阶段的基本路线，贯彻新时代中国共产党的组织路线，坚持党管干部原则。

第五条　公务员的管理，坚持公开、平等、竞争、择优的原则，依照法定的权限、条件、标准和程序进行。

第六条　公务员的管理，坚持监督约束与激励保障并重的原则。

第七条　公务员的任用，坚持德才兼备、以德为先，坚持五湖四海、任人唯贤，坚持事业为上、公道正派，突出政治标准，注重工作实绩。

第八条　国家对公务员实行分类管理，提高管理效能和科学化水平。

第九条　公务员就职时应当依照法律规定公开进行宪法宣誓。

第十条　公务员依法履行职责的行为，受法律保护。

第十一条　公务员工资、福利、保险以及录用、奖励、培训、辞退等所需经费，列入财政预算，予以保障。

第十二条　中央公务员主管部门负责全国公务员的综合管理工作。县级以上地方各级公务员主管部门负责本辖区内公务员的综合管理工作。上级公务员主管部门指导下级公务员主管部门的公务员管理工作。各级公务员主管部门指导同级各机关的公务员管理工作。

第二章　公务员的条件、义务与权利

第十三条　公务员应当具备下列条件：

（一）具有中华人民共和国国籍；

（二）年满十八周岁；

（三）拥护中华人民共和国宪法，拥护中国共产党领导和社会主义制度；

（四）具有良好的政治素质和道德品行；

（五）具有正常履行职责的身体条件和心理素质；

（六）具有符合职位要求的文化程度和工作能力；

（七）法律规定的其他条件。

第十四条　公务员应当履行下列义务：

（一）忠于宪法，模范遵守、自觉维护宪法和法律，自觉接受中国共产党领导；

（二）忠于国家，维护国家的安全、荣誉和利益；

（三）忠于人民，全心全意为人民服务，接受人民监督；

（四）忠于职守，勤勉尽责，服从和执行上级依法作出的决定和命令，按照规定的权限和程序履行职责，努力提高工作质量和效率；

（五）保守国家秘密和工作秘密；

（六）带头践行社会主义核心价值观，坚守法治，遵守纪律，恪守职业道德，模范遵守社会公德、家庭美德；

（七）清正廉洁，公道正派；

（八）法律规定的其他义务。

第十五条　公务员享有下列权利：

（一）获得履行职责应当具有的工作条件；

（二）非因法定事由、非经法定程序，不被免职、降职、辞退或者处分；

（三）获得工资报酬，享受福利、保险待遇；

（四）参加培训；

（五）对机关工作和领导人员提出批评和建议；

（六）提出申诉和控告；

（七）申请辞职；

（八）法律规定的其他权利。

第三章　职务、职级与级别

第十六条　国家实行公务员职位分类制度。

公务员职位类别按照公务员职位的性质、特点和管理需要，划分为综合管理类、专业技术类和行政执法类等类别。根据本法，对于具有职位特殊性，需要单独管理的，可以增设其他职位类别。各职位类别的适用范围由国家另行规定。

第十七条　国家实行公务员职务与职级并行制度，根据公务员职位类别和职责设置公务员领导职务、职级序列。

第十八条　公务员领导职务根据宪法、有关法律和机构规格设置。

领导职务层次分为：国家级正职、国家级副职、省部级正职、省部级副职、厅局级正职、厅局级副职、县处级正职、县处级副职、乡科级正职、乡科级副职。

第十九条　公务员职级在厅局级以下设置。

综合管理类公务员职级序列分为：一级巡视员、二级巡视员、一级调研员、二级调研员、三级调研员、四级调研员、一级主任科员、二级主任科员、三级主任科员、四级主任科员、一级科员、二级科员。

综合管理类以外其他职位类别公务员的职级序列，根据本法由国家另行规定。

第二十条　各机关依照确定的职能、规格、编制限额、职数以及结构比例，设置本机关公务员的具体职位，并确定各职位的工作职责和任职资格条件。

第二十一条　公务员的领导职务、职级应当对应相应的级别。公务员领导职务、职级与级别的对应关系，由国家规定。

根据工作需要和领导职务与职级的对应关系，公务员担任的领导职务和职级可以互相转任、兼任；符合规定资格条件的，可以晋升领导职务或者职级。

公务员的级别根据所任领导职务、职级及其德才表现、工作实绩和资历确定。公务员在同一领导职务、职级上，可以按照国家规定晋升级别。

公务员的领导职务、职级与级别是确定公务员工资以及其他待遇的依据。

第二十二条　国家根据人民警察、消防救援人员以及海关、驻外外交机构等公务员的工作特点，设置与其领导职务、职级相对应的衔级。

第四章　录　用

第二十三条　录用担任一级主任科员以下及其他相当职级层次的公务员，采取公开考试、严格考察、平等竞争、择优录取的办法。

民族自治地方依照前款规定录用公务员时，依照法律和有关规定对少数民族报考者予以适当照顾。

第二十四条 中央机关及其直属机构公务员的录用,由中央公务员主管部门负责组织。地方各级机关公务员的录用,由省级公务员主管部门负责组织,必要时省级公务员主管部门可以授权设区的市级公务员主管部门组织。

第二十五条 报考公务员,除应当具备本法第十三条规定的条件以外,还应当具备省级以上公务员主管部门规定的拟任职位所要求的资格条件。

国家对行政机关中初次从事行政处罚决定审核、行政复议、行政裁决、法律顾问的公务员实行统一法律职业资格考试制度,由国务院司法行政部门商有关部门组织实施。

第二十六条 下列人员不得录用为公务员:
(一)因犯罪受过刑事处罚的;
(二)被开除中国共产党党籍的;
(三)被开除公职的;
(四)被依法列为失信联合惩戒对象的;
(五)有法律规定不得录用为公务员的其他情形的。

第二十七条 录用公务员,应当在规定的编制限额内,并有相应的职位空缺。

第二十八条 录用公务员,应当发布招考公告。招考公告应当载明招考的职位、名额、报考资格条件、报考需要提交的申请材料以及其他报考须知事项。

招录机关应当采取措施,便利公民报考。

第二十九条 招录机关根据报考资格条件对报考申请进行审查。报考者提交的申请材料应当真实、准确。

第三十条 公务员录用考试采取笔试和面试等方式进行,考试内容根据公务员应当具备的基本能力和不同职位类别、不同层级机关分别设置。

第三十一条 招录机关根据考试成绩确定考察人选,并进行报考资格复审、考察和体检。

体检的项目和标准根据职位要求确定。具体办法由中央公务员主管部门会同国务院卫生健康行政部门规定。

第三十二条 招录机关根据考试成绩、考察情况和体检结果,提出拟录用人员名单,并予以公示。公示期不少于五个工作日。

公示期满,中央一级招录机关应当将拟录用人员名单报中央公务员主管部门备案;地方各级招录机关应当将拟录用人员名单报省级或者设区的市级公务员主管部门审批。

第三十三条 录用特殊职位的公务员,经省级以上公务员主管部门批准,可以简化程序或者采用其他测评办法。

第三十四条 新录用的公务员试用期为一年。试用期满合格的,予以任职;不合格的,取消录用。

第五章 考 核

第三十五条 公务员的考核应当按照管理权限,全面考核公务员的德、能、勤、绩、廉,重点考核政治素质和工作实绩。考核指标根据不同职位类别、不同层级机关分别设置。

第三十六条 公务员的考核分为平时考核、专项考核和定期考核等方式。定期考核以平时考核、专项考核为基础。

第三十七条 非领导成员公务员的定期考核采取年度考核的方式。先由个人按照职位职责和有关要求进行总结,主管领导在听取群众意见后,提出考核等次建议,由本机关负责人或者授权的考核委员会确定考核等次。

领导成员的考核由主管机关按照有关规定办理。

第三十八条 定期考核的结果分为优秀、称职、基本称职和不称职四个等次。

定期考核的结果应当以书面形式通知公务员本人。

第三十九条 定期考核的结果作为调整公务员职位、职务、职级、级别、工资以及公务员奖励、培训、辞退的依据。

第六章 职务、职级任免

第四十条 公务员领导职务实行选任制、委任制和聘任制。公务员职级实行委任制和聘任制。

领导成员职务按照国家规定实行任期制。

第四十一条 选任制公务员在选举结果生效时即任当选职务;任期届满不再连任或者任期内辞职、被罢免、被撤职的,其所任职务即终止。

第四十二条 委任制公务员试用期满考核合格,职务、职级发生变化,以及其他情形需要任免职务、职级的,应当按照管理权限和规定的程序任免。

第四十三条 公务员任职应当在规定的编制限额和职数内进行,并有相应的职位空缺。

第四十四条 公务员因工作需要在机关外兼职,应当经有关机关批准,并不得领取兼职报酬。

第七章 职务、职级升降

第四十五条 公务员晋升领导职务,应当具备拟任职务所要求的政治素质、工作能力、文化程度和任职经历等方面的条件和资格。

公务员领导职务应当逐级晋升。特别优秀的或者工作特殊需要的,可以按照规定破格或者越级晋升。

第四十六条 公务员晋升领导职务,按照下列程序办理:
（一）动议;
（二）民主推荐;
（三）确定考察对象,组织考察;
（四）按照管理权限讨论决定;
（五）履行任职手续。

第四十七条 厅局级正职以下领导职务出现空缺且本机关没有合适人选的,可以通过适当方式面向社会选拔任职人选。

第四十八条 公务员晋升领导职务的,应当按照有关规定实行任职前公示制度和任职试用期制度。

第四十九条 公务员职级应当逐级晋升,根据个人德才表现、工作实绩和任职资历,参考民主推荐或者民主测评结果确定人选,经公示后,按照管理权限审批。

第五十条 公务员的职务、职级实行能上能下。对不适宜或者不胜任现任职务、职级的,应当进行调整。

公务员在年度考核中被确定为不称职的,按照规定程序降低一个职务或者职级层次任职。

第八章 奖 励

第五十一条 对工作表现突出,有显著成绩和贡献,或者有其他突出事迹的公务员或者公务员集体,给予奖励。奖励坚持定期奖励与及时奖励相结合,精神奖励与物质奖励相结合、以精神奖励为主的原则。

公务员集体的奖励适用于按照编制序列设置的机构或者为完成专项任务组成的工作集体。

第五十二条 公务员或者公务员集体有下列情形之一的,给予奖励:
（一）忠于职守,积极工作,勇于担当,工作实绩显著的;
（二）遵纪守法,廉洁奉公,作风正派,办事公道,模范作用突出的;
（三）在工作中有发明创造或者提出合理化建议,取得显著经济效益或者社会效益的;
（四）为增进民族团结,维护社会稳定做出突出贡献的;
（五）爱护公共财产,节约国家资财有突出成绩的;
（六）防止或者消除事故有功,使国家和人民群众利益免受或者减少损失的;
（七）在抢险、救灾等特定环境中做出突出贡献的;
（八）同违纪违法行为作斗争有功绩的;
（九）在对外交往中为国家争得荣誉和利益的;
（十）有其他突出功绩的。

第五十三条 奖励分为:嘉奖、记三等功、记二等功、记一等功、授予称号。

对受奖励的公务员或者公务员集体予以表彰,并对受奖励的个人给予一次性奖金或者其他待遇。

第五十四条 给予公务员或者公务员集体奖励,按照规定的权限和程序决定或者审批。

第五十五条 按照国家规定,可以向参与特定时期、特定领域重大工作的公务员颁发纪念证书或者纪念章。

第五十六条 公务员或者公务员集体有下列情形之一的,撤销奖励:

(一)弄虚作假,骗取奖励的;

(二)申报奖励时隐瞒严重错误或者严重违反规定程序的;

(三)有严重违纪违法等行为,影响称号声誉的;

(四)有法律、法规规定应当撤销奖励的其他情形的。

第九章 监督与惩戒

第五十七条 机关应当对公务员的思想政治、履行职责、作风表现、遵纪守法等情况进行监督,开展勤政廉政教育,建立日常管理监督制度。

对公务员监督发现问题的,应当区分不同情况,予以谈话提醒、批评教育、责令检查、诫勉、组织调整、处分。

对公务员涉嫌职务违法和职务犯罪的,应当依法移送监察机关处理。

第五十八条 公务员应当自觉接受监督,按照规定请示报告工作、报告个人有关事项。

第五十九条 公务员应当遵纪守法,不得有下列行为:

(一)散布有损宪法权威、中国共产党和国家声誉的言论,组织或者参加旨在反对宪法、中国共产党领导和国家的集会、游行、示威等活动;

(二)组织或者参加非法组织,组织或者参加罢工;

(三)挑拨、破坏民族关系,参加民族分裂活动或者组织、利用宗教活动破坏民族团结和社会稳定;

(四)不担当、不作为,玩忽职守,贻误工作;

(五)拒绝执行上级依法作出的决定和命令;

(六)对批评、申诉、控告、检举进行压制或者打击报复;

(七)弄虚作假,误导、欺骗领导和公众;

(八)贪污贿赂,利用职务之便为自己或者他人谋取私利;

(九)违反财经纪律,浪费国家资财;

(十)滥用职权,侵害公民、法人或者其他组织的合法权益;

(十一)泄露国家秘密或者工作秘密;

（十二）在对外交往中损害国家荣誉和利益；

（十三）参与或者支持色情、吸毒、赌博、迷信等活动；

（十四）违反职业道德、社会公德和家庭美德；

（十五）违反有关规定参与禁止的网络传播行为或者网络活动；

（十六）违反有关规定从事或者参与营利性活动，在企业或者其他营利性组织中兼任职务；

（十七）旷工或者因公外出、请假期满无正当理由逾期不归；

（十八）违纪违法的其他行为。

第六十条 公务员执行公务时，认为上级的决定或者命令有错误的，可以向上级提出改正或者撤销该决定或者命令的意见；上级不改变该决定或者命令，或者要求立即执行的，公务员应当执行该决定或者命令，执行的后果由上级负责，公务员不承担责任；但是，公务员执行明显违法的决定或者命令的，应当依法承担相应的责任。

第六十一条 公务员因违纪违法应当承担纪律责任的，依照本法给予处分或者由监察机关依法给予政务处分；违纪违法行为情节轻微，经批评教育后改正的，可以免予处分。

对同一违纪违法行为，监察机关已经作出政务处分决定的，公务员所在机关不再给予处分。

第六十二条 处分分为：警告、记过、记大过、降级、撤职、开除。

第六十三条 对公务员的处分，应当事实清楚、证据确凿、定性准确、处理恰当、程序合法、手续完备。

公务员违纪违法的，应当由处分决定机关决定对公务员违纪违法的情况进行调查，并将调查认定的事实以及拟给予处分的依据告知公务员本人。公务员有权进行陈述和申辩；处分决定机关不得因公务员申辩而加重处分。

处分决定机关认为对公务员应当给予处分的，应当在规定的期限内，按照管理权限和规定的程序作出处分决定。处分决定应当以书面形式通知公务员本人。

第六十四条 公务员在受处分期间不得晋升职务、职级和级别，其中受记过、记大过、降级、撤职处分的，不得晋升工资档次。

受处分的期间为：警告，六个月；记过，十二个月；记大过，十八个月；降级、撤职，二十四个月。

受撤职处分的，按照规定降低级别。

第六十五条 公务员受开除以外的处分，在受处分期间有悔改表现，并且没有再发生违纪违法行为的，处分期满后自动解除。

解除处分后，晋升工资档次、级别和职务、职级不再受原处分的影响。但是，解除降级、撤职处分的，不视为恢复原级别、原职务、原职级。

第十章 培 训

第六十六条 机关根据公务员工作职责的要求和提高公务员素质的需要,对公务员进行分类分级培训。

国家建立专门的公务员培训机构。机关根据需要也可以委托其他培训机构承担公务员培训任务。

第六十七条 机关对新录用人员应当在试用期内进行初任培训;对晋升领导职务的公务员应当在任职前或者任职后一年内进行任职培训;对从事专项工作的公务员应当进行专门业务培训;对全体公务员应当进行提高政治素质和工作能力、更新知识的在职培训,其中对专业技术类公务员应当进行专业技术培训。

国家有计划地加强对优秀年轻公务员的培训。

第六十八条 公务员的培训实行登记管理。

公务员参加培训的时间由公务员主管部门按照本法第六十七条规定的培训要求予以确定。

公务员培训情况、学习成绩作为公务员考核的内容和任职、晋升的依据之一。

第十一章 交流与回避

第六十九条 国家实行公务员交流制度。

公务员可以在公务员和参照本法管理的工作人员队伍内部交流,也可以与国有企业和不参照本法管理的事业单位中从事公务的人员交流。

交流的方式包括调任、转任。

第七十条 国有企业、高等院校和科研院所以及其他不参照本法管理的事业单位中从事公务的人员,可以调入机关担任领导职务或者四级调研员以上及其他相当层次的职级。

调任人选应当具备本法第十三条规定的条件和拟任职位所要求的资格条件,并不得有本法第二十六条规定的情形。调任机关应当根据上述规定,对调任人选进行严格考察,并按照管理权限审批,必要时可以对调任人选进行考试。

第七十一条 公务员在不同职位之间转任应当具备拟任职位所要求的资格条件,在规定的编制限额和职数内进行。

对省部级正职以下的领导成员应当有计划、有重点地实行跨地区、跨部门转任。

对担任机关内设机构领导职务和其他工作性质特殊的公务员,应当有计划地在本机关内转任。

上级机关应当注重从基层机关公开遴选公务员。

第七十二条 根据工作需要,机关可以采取挂职方式选派公务员承担重大工程、重大项目、重点任务或者其他专项工作。

公务员在挂职期间,不改变与原机关的人事关系。

第七十三条 公务员应当服从机关的交流决定。

公务员本人申请交流的,按照管理权限审批。

第七十四条 公务员之间有夫妻关系、直系血亲关系、三代以内旁系血亲关系以及近姻亲关系的,不得在同一机关双方直接隶属于同一领导人员的职位或者有直接上下级领导关系的职位工作,也不得在其中一方担任领导职务的机关从事组织、人事、纪检、监察、审计和财务工作。

公务员不得在其配偶、子女及其配偶经营的企业、营利性组织的行业监管或者主管部门担任领导成员。

因地域或者工作性质特殊,需要变通执行任职回避的,由省级以上公务员主管部门规定。

第七十五条 公务员担任乡级机关、县级机关、设区的市级机关及其有关部门主要领导职务的,应当按照有关规定实行地域回避。

第七十六条 公务员执行公务时,有下列情形之一的,应当回避:

(一)涉及本人利害关系的;

(二)涉及与本人有本法第七十四条第一款所列亲属关系人员的利害关系的;

(三)其他可能影响公正执行公务的。

第七十七条 公务员有应当回避情形的,本人应当申请回避;利害关系人有权申请公务员回避。其他人员可以向机关提供公务员需要回避的情况。

机关根据公务员本人或者利害关系人的申请,经审查后作出是否回避的决定,也可以不经申请直接作出回避决定。

第七十八条 法律对公务员回避另有规定的,从其规定。

第十二章 工资、福利与保险

第七十九条 公务员实行国家统一规定的工资制度。

公务员工资制度贯彻按劳分配的原则,体现工作职责、工作能力、工作实绩、资历等因素,保持不同领导职务、职级、级别之间的合理工资差距。

国家建立公务员工资的正常增长机制。

第八十条 公务员工资包括基本工资、津贴、补贴和奖金。

公务员按照国家规定享受地区附加津贴、艰苦边远地区津贴、岗位津贴等津贴。

公务员按照国家规定享受住房、医疗等补贴、补助。

公务员在定期考核中被确定为优秀、称职的,按照国家规定享受年终奖金。

公务员工资应当按时足额发放。

第八十一条 公务员的工资水平应当与国民经济发展相协调、与社会进步相适应。

国家实行工资调查制度,定期进行公务员和企业相当人员工资水平的调查比较,并将工资调查比较结果作为调整公务员工资水平的依据。

第八十二条 公务员按照国家规定享受福利待遇。国家根据经济社会发展水平提高公务员的福利待遇。

公务员执行国家规定的工时制度,按照国家规定享受休假。公务员在法定工作日之外加班的,应当给予相应的补休,不能补休的按照国家规定给予补助。

第八十三条 公务员依法参加社会保险,按照国家规定享受保险待遇。

公务员因公牺牲或者病故的,其亲属享受国家规定的抚恤和优待。

第八十四条 任何机关不得违反国家规定自行更改公务员工资、福利、保险政策,擅自提高或者降低公务员的工资、福利、保险待遇。任何机关不得扣减或者拖欠公务员的工资。

第十三章 辞职与辞退

第八十五条 公务员辞去公职,应当向任免机关提出书面申请。任免机关应当自接到申请之日起三十日内予以审批,其中对领导成员辞去公职的申请,应当自接到申请之日起九十日内予以审批。

第八十六条 公务员有下列情形之一的,不得辞去公职:

(一)未满国家规定的最低服务年限的;

(二)在涉及国家秘密等特殊职位任职或者离开上述职位不满国家规定的脱密期限的;

(三)重要公务尚未处理完毕,且须由本人继续处理的;

(四)正在接受审计、纪律审查、监察调查,或者涉嫌犯罪,司法程序尚未终结的;

(五)法律、行政法规规定的其他不得辞去公职的情形。

第八十七条 担任领导职务的公务员,因工作变动依照法律规定需要辞去现任职务的,应当履行辞职手续。

担任领导职务的公务员,因个人或者其他原因,可以自愿提出辞去领导职务。

领导成员因工作严重失误、失职造成重大损失或者恶劣社会影响的,或者对重大事故负有领导责任的,应当引咎辞去领导职务。

领导成员因其他原因不再适合担任现任领导职务的,或者应当引咎辞职本人不提出辞职的,应当责令其辞去领导职务。

第八十八条 公务员有下列情形之一的,予以辞退:

(一)在年度考核中,连续两年被确定为不称职的;

(二)不胜任现职工作,又不接受其他安排的;

（三）因所在机关调整、撤销、合并或者缩减编制员额需要调整工作，本人拒绝合理安排的；

（四）不履行公务员义务，不遵守法律和公务员纪律，经教育仍无转变，不适合继续在机关工作，又不宜给予开除处分的；

（五）旷工或者因公外出、请假期满无正当理由逾期不归连续超过十五天，或者一年内累计超过三十天的。

第八十九条　对有下列情形之一的公务员，不得辞退：

（一）因公致残，被确认丧失或者部分丧失工作能力的；

（二）患病或者负伤，在规定的医疗期内的；

（三）女性公务员在孕期、产假、哺乳期内的；

（四）法律、行政法规规定的其他不得辞退的情形。

第九十条　辞退公务员，按照管理权限决定。辞退决定应当以书面形式通知被辞退的公务员，并应当告知辞退依据和理由。

被辞退的公务员，可以领取辞退费或者根据国家有关规定享受失业保险。

第九十一条　公务员辞职或者被辞退，离职前应当办理公务交接手续，必要时按照规定接受审计。

第十四章　退　　休

第九十二条　公务员达到国家规定的退休年龄或者完全丧失工作能力的，应当退休。

第九十三条　公务员符合下列条件之一的，本人自愿提出申请，经任免机关批准，可以提前退休：

（一）工作年限满三十年的；

（二）距国家规定的退休年龄不足五年，且工作年限满二十年的；

（三）符合国家规定的可以提前退休的其他情形的。

第九十四条　公务员退休后，享受国家规定的养老金和其他待遇，国家为其生活和健康提供必要的服务和帮助，鼓励发挥个人专长，参与社会发展。

第十五章　申诉与控告

第九十五条　公务员对涉及本人的下列人事处理不服的，可以自知道该人事处理之日起三十日内向原处理机关申请复核；对复核结果不服的，可以自接到复核决定之日起十五日内，按照规定向同级公务员主管部门或者作出该人事处理的机关的上一级机关提出申诉；也可以不经复核，自知道该人事处理之日起三十日内直接提出申诉：

（一）处分；

（二）辞退或者取消录用；

（三）降职；

（四）定期考核定为不称职；

（五）免职；

（六）申请辞职、提前退休未予批准；

（七）不按照规定确定或者扣减工资、福利、保险待遇；

（八）法律、法规规定可以申诉的其他情形。

对省级以下机关作出的申诉处理决定不服的，可以向作出处理决定的上一级机关提出再申诉。

受理公务员申诉的机关应当组成公务员申诉公正委员会，负责受理和审理公务员的申诉案件。

公务员对监察机关作出的涉及本人的处理决定不服向监察机关申请复审、复核的，按照有关规定办理。

第九十六条 原处理机关应当自接到复核申请书后的三十日内作出复核决定，并以书面形式告知申请人。受理公务员申诉的机关应当自受理之日起六十日内作出处理决定；案情复杂的，可以适当延长，但是延长时间不得超过三十日。

复核、申诉期间不停止人事处理的执行。

公务员不因申请复核、提出申诉而被加重处理。

第九十七条 公务员申诉的受理机关审查认定人事处理有错误的，原处理机关应当及时予以纠正。

第九十八条 公务员认为机关及其领导人员侵犯其合法权益的，可以依法向上级机关或者监察机关提出控告。受理控告的机关应当按照规定及时处理。

第九十九条 公务员提出申诉、控告，应当尊重事实，不得捏造事实，诬告、陷害他人。对捏造事实，诬告、陷害他人的，依法追究法律责任。

第十六章 职位聘任

第一百条 机关根据工作需要，经省级以上公务员主管部门批准，可以对专业性较强的职位和辅助性职位实行聘任制。

前款所列职位涉及国家秘密的，不实行聘任制。

第一百零一条 机关聘任公务员可以参照公务员考试录用的程序进行公开招聘，也可以从符合条件的人员中直接选聘。

机关聘任公务员应当在规定的编制限额和工资经费限额内进行。

第一百零二条 机关聘任公务员，应当按照平等自愿、协商一致的原则，签订书面的聘任合同，确定机关与所聘公务员双方的权利、义务。聘任合同经双方协商一致可以变更或者解除。

聘任合同的签订、变更或者解除,应当报同级公务员主管部门备案。

第一百零三条 聘任合同应当具备合同期限,职位及其职责要求,工资、福利、保险待遇,违约责任等条款。

聘任合同期限为一年至五年。聘任合同可以约定试用期,试用期为一个月至十二个月。

聘任制公务员实行协议工资制,具体办法由中央公务员主管部门规定。

第一百零四条 机关依据本法和聘任合同对所聘公务员进行管理。

第一百零五条 聘任制公务员与所在机关之间因履行聘任合同发生争议的,可以自争议发生之日起六十日内申请仲裁。

省级以上公务员主管部门根据需要设立人事争议仲裁委员会,受理仲裁申请。人事争议仲裁委员会由公务员主管部门的代表、聘用机关的代表、聘任制公务员的代表以及法律专家组成。

当事人对仲裁裁决不服的,可以自接到仲裁裁决书之日起十五日内向人民法院提起诉讼。仲裁裁决生效后,一方当事人不履行的,另一方当事人可以申请人民法院执行。

第十七章 法律责任

第一百零六条 对有下列违反本法规定情形的,由县级以上领导机关或者公务员主管部门按照管理权限,区别不同情况,分别予以责令纠正或者宣布无效;对负有责任的领导人员和直接责任人员,根据情节轻重,给予批评教育、责令检查、诫勉、组织调整、处分;构成犯罪的,依法追究刑事责任:

(一)不按照编制限额、职数或者任职资格条件进行公务员录用、调任、转任、聘任和晋升的;

(二)不按照规定条件进行公务员奖惩、回避和办理退休的;

(三)不按照规定程序进行公务员录用、调任、转任、聘任、晋升以及考核、奖惩的;

(四)违反国家规定,更改公务员工资、福利、保险待遇标准的;

(五)在录用、公开遴选等工作中发生泄露试题、违反考场纪律以及其他严重影响公开、公正行为的;

(六)不按照规定受理和处理公务员申诉、控告的;

(七)违反本法规定的其他情形的。

第一百零七条 公务员辞去公职或者退休的,原系领导成员、县处级以上领导职务的公务员在离职三年内,其他公务员在离职两年内,不得到与原工作业务直接相关的企业或者其他营利性组织任职,不得从事与原工作业务直接相关的营利性活动。

公务员辞去公职或者退休后有违反前款规定行为的,由其原所在机关的同级公务员主管部门责令限期改正；逾期不改正的，由县级以上市场监管部门没收该人员从业期间的违法所得，责令接收单位将该人员予以清退，并根据情节轻重，对接收单位处以被处罚人员违法所得一倍以上五倍以下的罚款。

第一百零八条　公务员主管部门的工作人员，违反本法规定，滥用职权、玩忽职守、徇私舞弊，构成犯罪的，依法追究刑事责任；尚不构成犯罪的，给予处分或者由监察机关依法给予政务处分。

第一百零九条　在公务员录用、聘任等工作中，有隐瞒真实信息、弄虚作假、考试作弊、扰乱考试秩序等行为的，由公务员主管部门根据情节作出考试成绩无效、取消资格、限制报考等处理；情节严重的，依法追究法律责任。

第一百一十条　机关因错误的人事处理对公务员造成名誉损害的，应当赔礼道歉、恢复名誉、消除影响；造成经济损失的，应当依法给予赔偿。

第十八章　附　　则

第一百一十一条　本法所称领导成员，是指机关的领导人员，不包括机关内设机构担任领导职务的人员。

第一百一十二条　法律、法规授权的具有公共事务管理职能的事业单位中除工勤人员以外的工作人员，经批准参照本法进行管理。

第一百一十三条　本法自2019年6月1日起施行。

3. 中华人民共和国监察官法

（2021年8月20日第十三届全国人民代表大会常务委员会第三十次会议通过，自2022年1月1日起施行）

目　　录

第一章　总　　则
第二章　监察官的职责、义务和权利
第三章　监察官的条件和选用
第四章　监察官的任免
第五章　监察官的管理
第六章　监察官的考核和奖励
第七章　监察官的监督和惩戒

第八章　监察官的职业保障
第九章　附　　则

第一章　总　　则

第一条　为了加强对监察官的管理和监督，保障监察官依法履行职责，维护监察官合法权益，推进高素质专业化监察官队伍建设，推进监察工作规范化、法治化，根据宪法和《中华人民共和国监察法》，制定本法。

第二条　监察官的管理和监督坚持中国共产党领导，坚持以马克思列宁主义、毛泽东思想、邓小平理论、"三个代表"重要思想、科学发展观、习近平新时代中国特色社会主义思想为指导，坚持党管干部原则，增强监察官的使命感、责任感、荣誉感，建设忠诚干净担当的监察官队伍。

第三条　监察官包括下列人员：

（一）各级监察委员会的主任、副主任、委员；

（二）各级监察委员会机关中的监察人员；

（三）各级监察委员会派驻或者派出到中国共产党机关、国家机关、法律法规授权或者委托管理公共事务的组织和单位以及所管辖的行政区域等的监察机构中的监察人员、监察专员；

（四）其他依法行使监察权的监察机构中的监察人员。

对各级监察委员会派驻到国有企业的监察机构工作人员、监察专员，以及国有企业中其他依法行使监察权的监察机构工作人员的监督管理，参照执行本法有关规定。

第四条　监察官应当忠诚坚定、担当尽责、清正廉洁，做严格自律、作风优良、拒腐防变的表率。

第五条　监察官应当维护宪法和法律的尊严和权威，以事实为根据，以法律为准绳，客观公正地履行职责，保障当事人的合法权益。

第六条　监察官应当严格按照规定的权限和程序履行职责，坚持民主集中制，重大事项集体研究。

第七条　监察机关应当建立健全对监察官的监督制度和机制，确保权力受到严格约束。

监察官应当自觉接受组织监督和民主监督、社会监督、舆论监督。

第八条　监察官依法履行职责受法律保护，不受行政机关、社会团体和个人的干涉。

第二章　监察官的职责、义务和权利

第九条　监察官依法履行下列职责：

（一）对公职人员开展廉政教育；

（二）对公职人员依法履职、秉公用权、廉洁从政从业以及道德操守情况进行监督检查；

（三）对法律规定由监察机关管辖的职务违法和职务犯罪进行调查；

（四）根据监督、调查的结果，对办理的监察事项提出处置意见；

（五）开展反腐败国际合作方面的工作；

（六）法律规定的其他职责。

监察官在职权范围内对所办理的监察事项负责。

第十条 监察官应当履行下列义务：

（一）自觉坚持中国共产党领导，严格执行中国共产党和国家的路线方针政策、重大决策部署；

（二）模范遵守宪法和法律；

（三）维护国家和人民利益，秉公执法，勇于担当、敢于监督，坚决同腐败现象作斗争；

（四）依法保障监察对象及有关人员的合法权益；

（五）忠于职守，勤勉尽责，努力提高工作质量和效率；

（六）保守国家秘密和监察工作秘密，对履行职责中知悉的商业秘密和个人隐私、个人信息予以保密；

（七）严守纪律，恪守职业道德，模范遵守社会公德、家庭美德；

（八）自觉接受监督；

（九）法律规定的其他义务。

第十一条 监察官享有下列权利：

（一）履行监察官职责应当具有的职权和工作条件；

（二）履行监察官职责应当享有的职业保障和福利待遇；

（三）人身、财产和住所安全受法律保护；

（四）提出申诉或者控告；

（五）《中华人民共和国公务员法》等法律规定的其他权利。

第三章 监察官的条件和选用

第十二条 担任监察官应当具备下列条件：

（一）具有中华人民共和国国籍；

（二）忠于宪法，坚持中国共产党领导和社会主义制度；

（三）具有良好的政治素质、道德品行和廉洁作风；

（四）熟悉法律、法规、政策，具有履行监督、调查、处置等职责的专业知识和能力；

（五）具有正常履行职责的身体条件和心理素质；
（六）具备高等学校本科及以上学历；
（七）法律规定的其他条件。

本法施行前的监察人员不具备前款第六项规定的学历条件的，应当接受培训和考核，具体办法由国家监察委员会制定。

第十三条 有下列情形之一的，不得担任监察官：
（一）因犯罪受过刑事处罚，以及因犯罪情节轻微被人民检察院依法作出不起诉决定或者被人民法院依法免予刑事处罚的；
（二）被撤销中国共产党党内职务、留党察看、开除党籍的；
（三）被撤职或者开除公职的；
（四）被依法列为失信联合惩戒对象的；
（五）配偶已移居国（境）外，或者没有配偶但是子女均已移居国（境）外的；
（六）法律规定的其他情形。

第十四条 监察官的选用，坚持德才兼备、以德为先，坚持五湖四海、任人唯贤，坚持事业为上、公道正派，突出政治标准，注重工作实绩。

第十五条 监察官采用考试、考核的办法，从符合监察官条件的人员中择优选用。

第十六条 录用监察官，应当依照法律和国家有关规定采取公开考试、严格考察、平等竞争、择优录取的办法。

第十七条 监察委员会可以根据监察工作需要，依照法律和国家有关规定从中国共产党机关、国家机关、事业单位、国有企业等机关、单位从事公务的人员中选择符合任职条件的人员担任监察官。

第十八条 监察委员会可以根据监察工作需要，依照法律和国家有关规定在从事与监察机关职能职责相关的职业或者教学、研究的人员中选拔或者聘任符合任职条件的人员担任监察官。

第四章　监察官的任免

第十九条 国家监察委员会主任由全国人民代表大会选举和罢免，副主任、委员由国家监察委员会主任提请全国人民代表大会常务委员会任免。

地方各级监察委员会主任由本级人民代表大会选举和罢免，副主任、委员由监察委员会主任提请本级人民代表大会常务委员会任免。

新疆生产建设兵团各级监察委员会主任、副主任、委员，由新疆维吾尔自治区监察委员会主任提请自治区人民代表大会常务委员会任免。

其他监察官的任免，按照管理权限和规定的程序办理。

第二十条 监察官就职时应当依照法律规定进行宪法宣誓。

第二十一条 监察官有下列情形之一的，应当免去其监察官职务：
（一）丧失中华人民共和国国籍的；
（二）职务变动不需要保留监察官职务的；
（三）退休的；
（四）辞职或者依法应当予以辞退的；
（五）因违纪违法被调离或者开除的；
（六）法律规定的其他情形。

第二十二条 监察官不得兼任人民代表大会常务委员会的组成人员，不得兼任行政机关、审判机关、检察机关的职务，不得兼任企业或者其他营利性组织、事业单位的职务，不得兼任人民陪审员、人民监督员、执业律师、仲裁员和公证员。

监察官因工作需要兼职的，应当按照管理权限批准，但是不得领取兼职报酬。

第二十三条 监察官担任县级、设区的市级监察委员会主任的，应当按照有关规定实行地域回避。

第二十四条 监察官之间有夫妻关系、直系血亲关系、三代以内旁系血亲以及近姻亲关系的，不得同时担任下列职务：
（一）同一监察委员会的主任、副主任、委员，上述人员和其他监察官；
（二）监察委员会机关同一部门的监察官；
（三）同一派驻机构、派出机构或者其他监察机构的监察官；
（四）上下相邻两级监察委员会的主任、副主任、委员。

第五章　监察官的管理

第二十五条 监察官等级分为十三级，依次为总监察官、一级副总监察官、二级副总监察官、一级高级监察官、二级高级监察官、三级高级监察官、四级高级监察官、一级监察官、二级监察官、三级监察官、四级监察官、五级监察官、六级监察官。

第二十六条 国家监察委员会主任为总监察官。

第二十七条 监察官等级的确定，以监察官担任的职务职级、德才表现、业务水平、工作实绩和工作年限等为依据。

监察官等级晋升采取按期晋升和择优选升相结合的方式，特别优秀或者作出特别贡献的，可以提前选升。

第二十八条 监察官的等级设置、确定和晋升的具体办法，由国家另行规定。

第二十九条 初任监察官实行职前培训制度。

第三十条 对监察官应当有计划地进行政治、理论和业务培训。

培训应当突出政治机关特色，坚持理论联系实际、按需施教、讲求实效，提高专业能力。

监察官培训情况，作为监察官考核的内容和任职、等级晋升的依据之一。

第三十一条 监察官培训机构按照有关规定承担培训监察官的任务。

第三十二条 国家加强监察学科建设,鼓励具备条件的普通高等学校设置监察专业或者开设监察课程,培养德才兼备的高素质监察官后备人才,提高监察官的专业能力。

第三十三条 监察官依照法律和国家有关规定实行任职交流。

第三十四条 监察官申请辞职,应当由本人书面提出,按照管理权限批准后,依照规定的程序免去其职务。

第三十五条 监察官有依法应当予以辞退情形的,依照规定的程序免去其职务。

辞退监察官应当按照管理权限决定。辞退决定应当以书面形式通知被辞退的监察官,并列明作出决定的理由和依据。

第六章 监察官的考核和奖励

第三十六条 对监察官的考核,应当全面、客观、公正,实行平时考核、专项考核和年度考核相结合。

第三十七条 监察官的考核应当按照管理权限,全面考核监察官的德、能、勤、绩、廉,重点考核政治素质、工作实绩和廉洁自律情况。

第三十八条 年度考核结果分为优秀、称职、基本称职和不称职四个等次。

考核结果作为调整监察官等级、工资以及监察官奖惩、免职、降职、辞退的依据。

第三十九条 年度考核结果以书面形式通知监察官本人。监察官对考核结果如果有异议,可以申请复核。

第四十条 对在监察工作中有显著成绩和贡献,或者有其他突出事迹的监察官、监察官集体,给予奖励。

第四十一条 监察官有下列表现之一的,给予奖励:

(一)履行监督职责,成效显著的;

(二)在调查、处置职务违法和职务犯罪工作中,做出显著成绩和贡献的;

(三)提出有价值的监察建议,对防止和消除重大风险隐患效果显著的;

(四)研究监察理论、总结监察实践经验成果突出,对监察工作有指导作用的;

(五)有其他功绩的。

监察官的奖励按照有关规定办理。

第七章 监察官的监督和惩戒

第四十二条 监察机关应当规范工作流程,加强内部监督制约机制建设,强化对监察官执行职务和遵守法律情况的监督。

第四十三条 任何单位和个人对监察官的违纪违法行为,有权检举、控告。受理检举、控告的机关应当及时调查处理,并将结果告知检举人、控告人。

对依法检举、控告的单位和个人,任何人不得压制和打击报复。

第四十四条 对于审判机关、检察机关、执法部门等移送的监察官违纪违法履行职责的问题线索,监察机关应当及时调查处理。

第四十五条 监察委员会根据工作需要,按照规定从各方面代表中聘请特约监察员等监督人员,对监察官履行职责情况进行监督,提出加强和改进监察工作的意见、建议。

第四十六条 监察官不得打听案情、过问案件、说情干预。对于上述行为,办理监察事项的监察官应当及时向上级报告。有关情况应当登记备案。

办理监察事项的监察官未经批准不得接触被调查人、涉案人员及其特定关系人,或者与其进行交往。对于上述行为,知悉情况的监察官应当及时向上级报告。有关情况应当登记备案。

第四十七条 办理监察事项的监察官有下列情形之一的,应当自行回避,监察对象、检举人、控告人及其他有关人员也有权要求其回避;没有主动申请回避的,监察机关应当依法决定其回避:

(一)是监察对象或者检举人、控告人的近亲属的;

(二)担任过本案的证人的;

(三)本人或者其近亲属与办理的监察事项有利害关系的;

(四)有可能影响监察事项公正处理的其他情形的。

第四十八条 监察官应当严格执行保密制度,控制监察事项知悉范围和时间,不得私自留存、隐匿、查阅、摘抄、复制、携带问题线索和涉案资料,严禁泄露监察工作秘密。

监察官离岗离职后,应当遵守脱密期管理规定,严格履行保密义务,不得泄露相关秘密。

第四十九条 监察官离任三年内,不得从事与监察和司法工作相关联且可能发生利益冲突的职业。

监察官离任后,不得担任原任职监察机关办理案件的诉讼代理人或者辩护人,但是作为当事人的监护人或者近亲属代理诉讼、进行辩护的除外。

监察官被开除后,不得担任诉讼代理人或者辩护人,但是作为当事人的监护人或者近亲属代理诉讼、进行辩护的除外。

第五十条 监察官应当遵守有关规范领导干部配偶、子女及其配偶经商办企业行为的规定。违反规定的,予以处理。

第五十一条 监察官的配偶、父母、子女及其配偶不得以律师身份担任该监察官所任职监察机关办理案件的诉讼代理人、辩护人,或者提供其他有偿法律服务。

第五十二条 监察官有下列行为之一的,依法给予处理;构成犯罪的,依法追究刑事责任：

（一）贪污贿赂的；

（二）不履行或者不正确履行监督职责，应当发现的问题没有发现，或者发现问题不报告、不处置，造成恶劣影响的；

（三）未经批准、授权处置问题线索，发现重大案情隐瞒不报，或者私自留存、处理涉案材料的；

（四）利用职权或者职务上的影响干预调查工作、以案谋私的；

（五）窃取、泄露调查工作信息，或者泄露举报事项、举报受理情况以及举报人信息的；

（六）隐瞒、伪造、变造、故意损毁证据、案件材料的；

（七）对被调查人或者涉案人员逼供、诱供，或者侮辱、打骂、虐待、体罚、变相体罚的；

（八）违反规定采取调查措施或者处置涉案财物的；

（九）违反规定发生办案安全事故，或者发生安全事故后隐瞒不报、报告失实、处置不当的；

（十）其他职务违法犯罪行为。

监察官有其他违纪违法行为，影响监察官队伍形象，损害国家和人民利益的，依法追究相应责任。

第五十三条 监察官涉嫌违纪违法，已经被立案审查、调查、侦查，不宜继续履行职责的，按照管理权限和规定的程序暂时停止其履行职务。

第五十四条 实行监察官责任追究制度，对滥用职权、失职失责造成严重后果的，终身追究责任或者进行问责。

监察官涉嫌严重职务违法、职务犯罪或者对案件处置出现重大失误的，应当追究负有责任的领导人员和直接责任人员的责任。

第八章 监察官的职业保障

第五十五条 除下列情形外，不得将监察官调离：

（一）按规定需要任职回避的；

（二）按规定实行任职交流的；

（三）因机构、编制调整需要调整工作的；

（四）因违纪违法不适合继续从事监察工作的；

（五）法律规定的其他情形。

第五十六条 任何单位或者个人不得要求监察官从事超出法定职责范围的事务。

对任何干涉监察官依法履职的行为，监察官有权拒绝并予以全面如实记录和报告；有违纪违法情形的，由有关机关根据情节轻重追究有关人员的责任。

第五十七条 监察官的职业尊严和人身安全受法律保护。

任何单位和个人不得对监察官及其近亲属打击报复。

对监察官及其近亲属实施报复陷害、侮辱诽谤、暴力侵害、威胁恐吓、滋事骚扰等违法犯罪行为的，应当依法从严惩治。

第五十八条 监察官因依法履行职责遭受不实举报、诬告陷害、侮辱诽谤，致使名誉受到损害的，监察机关应当会同有关部门及时澄清事实，消除不良影响，并依法追究相关单位或者个人的责任。

第五十九条 监察官因依法履行职责，本人及其近亲属人身安全面临危险的，监察机关、公安机关应当对监察官及其近亲属采取人身保护、禁止特定人员接触等必要保护措施。

第六十条 监察官实行国家规定的工资制度，享受监察官等级津贴和其他津贴、补贴、奖金、保险、福利待遇。监察官的工资及等级津贴制度，由国家另行规定。

第六十一条 监察官因公致残的，享受国家规定的伤残待遇。监察官因公牺牲或者病故的，其亲属享受国家规定的抚恤和优待。

第六十二条 监察官退休后，享受国家规定的养老金和其他待遇。

第六十三条 对于国家机关及其工作人员侵犯监察官权利的行为，监察官有权提出控告。

受理控告的机关应当依法调查处理，并将调查处理结果及时告知本人。

第六十四条 监察官对涉及本人的政务处分、处分和人事处理不服的，可以依照规定的程序申请复审、复核，提出申诉。

第六十五条 对监察官的政务处分、处分或者人事处理错误的，应当及时予以纠正；造成名誉损害的，应当恢复名誉、消除影响、赔礼道歉；造成经济损失的，应当赔偿。对打击报复的直接责任人员，应当依法追究其责任。

第九章 附　　则

第六十六条 有关监察官的权利、义务和管理制度，本法已有规定的，适用本法的规定；本法未作规定的，适用《中华人民共和国公务员法》等法律法规的规定。

第六十七条 中国人民解放军和中国人民武装警察部队的监察官制度，按照国家和军队有关规定执行。

第六十八条 本法自2022年1月1日起施行。

4. 中华人民共和国法官法

（1995年2月28日第八届全国人民代表大会常务委员会第十二次会议通过，根据2001年6月30日第九届全国人民代表大会常务委员会第二十二次会议《关于修改〈中华人民共和国法官法〉的决定》第一次修正，根据2017年9月1日第十二届全国人民代表大会常务委员会第二十九次会议《关于修改〈中华人民共和国法官法〉等八部法律的决定》第二次修正，2019年4月23日第十三届全国人民代表大会常务委员会第十次会议修订，自2019年10月1日起施行）

目　　录

第一章　总　　则
第二章　法官的职责、义务和权利
第三章　法官的条件和遴选
第四章　法官的任免
第五章　法官的管理
第六章　法官的考核、奖励和惩戒
第七章　法官的职业保障
第八章　附　　则

第一章　总　　则

第一条　为了全面推进高素质法官队伍建设，加强对法官的管理和监督，维护法官合法权益，保障人民法院依法独立行使审判权，保障法官依法履行职责，保障司法公正，根据宪法，制定本法。

第二条　法官是依法行使国家审判权的审判人员，包括最高人民法院、地方各级人民法院和军事法院等专门人民法院的院长、副院长、审判委员会委员、庭长、副庭长和审判员。

第三条　法官必须忠实执行宪法和法律，维护社会公平正义，全心全意为人民服务。

第四条　法官应当公正对待当事人和其他诉讼参与人，对一切个人和组织在适用法律上一律平等。

第五条 法官应当勤勉尽责,清正廉明,恪守职业道德。

第六条 法官审判案件,应当以事实为根据,以法律为准绳,秉持客观公正的立场。

第七条 法官依法履行职责,受法律保护,不受行政机关、社会团体和个人的干涉。

第二章 法官的职责、义务和权利

第八条 法官的职责:

(一)依法参加合议庭审判或者独任审判刑事、民事、行政诉讼以及国家赔偿等案件;

(二)依法办理引渡、司法协助等案件;

(三)法律规定的其他职责。

法官在职权范围内对所办理的案件负责。

第九条 人民法院院长、副院长、审判委员会委员、庭长、副庭长除履行审判职责外,还应当履行与其职务相适应的职责。

第十条 法官应当履行下列义务:

(一)严格遵守宪法和法律;

(二)秉公办案,不得徇私枉法;

(三)依法保障当事人和其他诉讼参与人的诉讼权利;

(四)维护国家利益、社会公共利益,维护个人和组织的合法权益;

(五)保守国家秘密和审判工作秘密,对履行职责中知悉的商业秘密和个人隐私予以保密;

(六)依法接受法律监督和人民群众监督;

(七)通过依法办理案件以案释法,增强全民法治观念,推进法治社会建设;

(八)法律规定的其他义务。

第十一条 法官享有下列权利:

(一)履行法官职责应当具有的职权和工作条件;

(二)非因法定事由、非经法定程序,不被调离、免职、降职、辞退或者处分;

(三)履行法官职责应当享有的职业保障和福利待遇;

(四)人身、财产和住所安全受法律保护;

(五)提出申诉或者控告;

(六)法律规定的其他权利。

第三章 法官的条件和遴选

第十二条 担任法官必须具备下列条件:

(一)具有中华人民共和国国籍;

(二)拥护中华人民共和国宪法,拥护中国共产党领导和社会主义制度;

(三)具有良好的政治、业务素质和道德品行;

(四)具有正常履行职责的身体条件;

(五)具备普通高等学校法学类本科学历并获得学士及以上学位;或者普通高等学校非法学类本科及以上学历并获得法律硕士、法学硕士及以上学位;或者普通高等学校非法学类本科及以上学历,获得其他相应学位,并具有法律专业知识;

(六)从事法律工作满五年。其中获得法律硕士、法学硕士学位,或者获得法学博士学位的,从事法律工作的年限可以分别放宽至四年、三年;

(七)初任法官应当通过国家统一法律职业资格考试取得法律职业资格。

适用前款第五项规定的学历条件确有困难的地方,经最高人民法院审核确定,在一定期限内,可以将担任法官的学历条件放宽为高等学校本科毕业。

第十三条 下列人员不得担任法官:

(一)因犯罪受过刑事处罚的;

(二)被开除公职的;

(三)被吊销律师、公证员执业证书或者被仲裁委员会除名的;

(四)有法律规定的其他情形的。

第十四条 初任法官采用考试、考核的办法,按照德才兼备的标准,从具备法官条件的人员中择优提出人选。

人民法院的院长应当具有法学专业知识和法律职业经历。副院长、审判委员会委员应当从法官、检察官或者其他具备法官条件的人员中产生。

第十五条 人民法院可以根据审判工作需要,从律师或者法学教学、研究人员等从事法律职业的人员中公开选拔法官。

除应当具备法官任职条件外,参加公开选拔的律师应当实际执业不少于五年,执业经验丰富,从业声誉良好,参加公开选拔的法学教学、研究人员应当具有中级以上职称,从事教学、研究工作五年以上,有突出研究能力和相应研究成果。

第十六条 省、自治区、直辖市设立法官遴选委员会,负责初任法官人选专业能力的审核。

省级法官遴选委员会的组成人员应当包括地方各级人民法院法官代表、其他从事法律职业的人员和有关方面代表,其中法官代表不少于三分之一。

省级法官遴选委员会的日常工作由高级人民法院的内设职能部门承担。

遴选最高人民法院法官应当设立最高人民法院法官遴选委员会,负责法官人选专业能力的审核。

第十七条 初任法官一般到基层人民法院任职。上级人民法院法官一般逐级遴选;最高人民法院和高级人民法院法官可以从下两级人民法院遴选。参加上级人民法院遴选的法官应当在下级人民法院担任法官一定年限,并具有遴选职位相关工作经历。

第四章　法官的任免

第十八条　法官的任免,依照宪法和法律规定的任免权限和程序办理。

最高人民法院院长由全国人民代表大会选举和罢免,副院长、审判委员会委员、庭长、副庭长和审判员,由院长提请全国人民代表大会常务委员会任免。

最高人民法院巡回法庭庭长、副庭长,由院长提请全国人民代表大会常务委员会任免。

地方各级人民法院院长由本级人民代表大会选举和罢免,副院长、审判委员会委员、庭长、副庭长和审判员,由院长提请本级人民代表大会常务委员会任免。

在省、自治区内按地区设立的和在直辖市内设立的中级人民法院的院长,由省、自治区、直辖市人民代表大会常务委员会根据主任会议的提名决定任免,副院长、审判委员会委员、庭长、副庭长和审判员,由高级人民法院院长提请省、自治区、直辖市人民代表大会常务委员会任免。

新疆生产建设兵团各级人民法院、专门人民法院的院长、副院长、审判委员会委员、庭长、副庭长和审判员,依照全国人民代表大会常务委员会的有关规定任免。

第十九条　法官在依照法定程序产生后,在就职时应当公开进行宪法宣誓。

第二十条　法官有下列情形之一的,应当依法提请免除其法官职务:

(一)丧失中华人民共和国国籍的;

(二)调出所任职人民法院的;

(三)职务变动不需要保留法官职务的,或者本人申请免除法官职务经批准的;

(四)经考核不能胜任法官职务的;

(五)因健康原因长期不能履行职务的;

(六)退休的;

(七)辞职或者依法应当予以辞退的;

(八)因违纪违法不宜继续任职的。

第二十一条　发现违反本法规定的条件任命法官的,任命机关应当撤销该项任命;上级人民法院发现下级人民法院法官的任命违反本法规定的条件的,应当建议下级人民法院依法提请任命机关撤销该项任命。

第二十二条　法官不得兼任人民代表大会常务委员会的组成人员,不得兼任行政机关、监察机关、检察机关的职务,不得兼任企业或者其他营利性组织、事业单位的职务,不得兼任律师、仲裁员和公证员。

第二十三条　法官之间有夫妻关系、直系血亲关系、三代以内旁系血亲以及近姻亲关系的,不得同时担任下列职务:

（一）同一人民法院的院长、副院长、审判委员会委员、庭长、副庭长；
（二）同一人民法院的院长、副院长和审判员；
（三）同一审判庭的庭长、副庭长、审判员；
（四）上下相邻两级人民法院的院长、副院长。

第二十四条 法官的配偶、父母、子女有下列情形之一的，法官应当实行任职回避：
（一）担任该法官所任职人民法院辖区内律师事务所的合伙人或者设立人的；
（二）在该法官所任职人民法院辖区内以律师身份担任诉讼代理人、辩护人，或者为诉讼案件当事人提供其他有偿法律服务的。

第五章 法官的管理

第二十五条 法官实行员额制管理。法官员额根据案件数量、经济社会发展情况、人口数量和人民法院审级等因素确定，在省、自治区、直辖市内实行总量控制、动态管理，优先考虑基层人民法院和案件数量多的人民法院办案需要。

法官员额出现空缺的，应当按照程序及时补充。

最高人民法院法官员额由最高人民法院商有关部门确定。

第二十六条 法官实行单独职务序列管理。

法官等级分为十二级，依次为首席大法官、一级大法官、二级大法官、一级高级法官、二级高级法官、三级高级法官、四级高级法官、一级法官、二级法官、三级法官、四级法官、五级法官。

第二十七条 最高人民法院院长为首席大法官。

第二十八条 法官等级的确定，以法官德才表现、业务水平、审判工作实绩和工作年限等为依据。

法官等级晋升采取按期晋升和择优选升相结合的方式，特别优秀或者工作特殊需要的一线办案岗位法官可以特别选升。

第二十九条 法官的等级设置、确定和晋升的具体办法，由国家另行规定。

第三十条 初任法官实行统一职前培训制度。

第三十一条 对法官应当有计划地进行政治、理论和业务培训。

法官的培训应当理论联系实际、按需施教、讲求实效。

第三十二条 法官培训情况，作为法官任职、等级晋升的依据之一。

第三十三条 法官培训机构按照有关规定承担培训法官的任务。

第三十四条 法官申请辞职，应当由本人书面提出，经批准后，依照法律规定的程序免除其职务。

第三十五条 辞退法官应当依照法律规定的程序免除其职务。

辞退法官应当按照管理权限决定。辞退决定应当以书面形式通知被辞退的法官,并列明作出决定的理由和依据。

第三十六条 法官从人民法院离任后两年内,不得以律师身份担任诉讼代理人或者辩护人。

法官从人民法院离任后,不得担任原任职法院办理案件的诉讼代理人或者辩护人,但是作为当事人的监护人或者近亲属代理诉讼或者进行辩护的除外。

法官被开除后,不得担任诉讼代理人或者辩护人,但是作为当事人的监护人或者近亲属代理诉讼或者进行辩护的除外。

第三十七条 法官因工作需要,经单位选派或者批准,可以在高等学校、科研院所协助开展实践性教学、研究工作,并遵守国家有关规定。

第六章 法官的考核、奖励和惩戒

第三十八条 人民法院设立法官考评委员会,负责对本院法官的考核工作。

第三十九条 法官考评委员会的组成人员为五至九人。

法官考评委员会主任由本院院长担任。

第四十条 对法官的考核,应当全面、客观、公正,实行平时考核和年度考核相结合。

第四十一条 对法官的考核内容包括:审判工作实绩、职业道德、专业水平、工作能力、审判作风。重点考核审判工作实绩。

第四十二条 年度考核结果分为优秀、称职、基本称职和不称职四个等次。

考核结果作为调整法官等级、工资以及法官奖惩、免职、降职、辞退的依据。

第四十三条 考核结果以书面形式通知法官本人。法官对考核结果如果有异议,可以申请复核。

第四十四条 法官在审判工作中有显著成绩和贡献的,或者有其他突出事迹的,应当给予奖励。

第四十五条 法官有下列表现之一的,应当给予奖励:

(一)公正司法,成绩显著的;

(二)总结审判实践经验成果突出,对审判工作有指导作用的;

(三)在办理重大案件、处理突发事件和承担专项重要工作中,做出显著成绩和贡献的;

(四)对审判工作提出改革建议被采纳,效果显著的;

(五)提出司法建议被采纳或者开展法治宣传、指导调解组织调解各类纠纷,效果显著的;

(六)有其他功绩的。

法官的奖励按照有关规定办理。

第四十六条 法官有下列行为之一的,应当给予处分;构成犯罪的,依法追究刑事责任：

（一）贪污受贿、徇私舞弊、枉法裁判的；

（二）隐瞒、伪造、变造、故意损毁证据、案件材料的；

（三）泄露国家秘密、审判工作秘密、商业秘密或者个人隐私的；

（四）故意违反法律法规办理案件的；

（五）因重大过失导致裁判结果错误并造成严重后果的；

（六）拖延办案，贻误工作的；

（七）利用职权为自己或者他人谋取私利的；

（八）接受当事人及其代理人利益输送，或者违反有关规定会见当事人及其代理人的；

（九）违反有关规定从事或者参与营利性活动，在企业或者其他营利性组织中兼任职务的；

（十）有其他违纪违法行为的。

法官的处分按照有关规定办理。

第四十七条 法官涉嫌违纪违法，已经被立案调查、侦查，不宜继续履行职责的，按照管理权限和规定的程序暂时停止其履行职务。

第四十八条 最高人民法院和省、自治区、直辖市设立法官惩戒委员会，负责从专业角度审查认定法官是否存在本法第四十六条第四项、第五项规定的违反审判职责的行为，提出构成故意违反职责、存在重大过失、存在一般过失或者没有违反职责等审查意见。法官惩戒委员会提出审查意见后，人民法院依照有关规定作出是否予以惩戒的决定，并给予相应处理。

法官惩戒委员会由法官代表、其他从事法律职业的人员和有关方面代表组成，其中法官代表不少于半数。

最高人民法院法官惩戒委员会、省级法官惩戒委员会的日常工作，由相关人民法院的内设职能部门承担。

第四十九条 法官惩戒委员会审议惩戒事项时，当事法官有权申请有关人员回避，有权进行陈述、举证、辩解。

第五十条 法官惩戒委员会作出的审查意见应当送达当事法官。当事法官对审查意见有异议的，可以向惩戒委员会提出，惩戒委员会应当对异议及其理由进行审查，作出决定。

第五十一条 法官惩戒委员会审议惩戒事项的具体程序，由最高人民法院商有关部门确定。

第七章 法官的职业保障

第五十二条 人民法院设立法官权益保障委员会，维护法官合法权益，保障法官依法履行职责。

第五十三条 除下列情形外,不得将法官调离审判岗位:

(一)按规定需要任职回避的;

(二)按规定实行任职交流的;

(三)因机构调整、撤销、合并或者缩减编制员额需要调整工作的;

(四)因违纪违法不适合在审判岗位工作的;

(五)法律规定的其他情形。

第五十四条 任何单位或者个人不得要求法官从事超出法定职责范围的事务。

对任何干涉法官办理案件的行为,法官有权拒绝并予以全面如实记录和报告;有违纪违法情形的,由有关机关根据情节轻重追究有关责任人员、行为人的责任。

第五十五条 法官的职业尊严和人身安全受法律保护。

任何单位和个人不得对法官及其近亲属打击报复。

对法官及其近亲属实施报复陷害、侮辱诽谤、暴力侵害、威胁恐吓、滋事骚扰等违法犯罪行为的,应当依法从严惩治。

第五十六条 法官因依法履行职责遭受不实举报、诬告陷害、侮辱诽谤,致使名誉受到损害的,人民法院应当会同有关部门及时澄清事实,消除不良影响,并依法追究相关单位或者个人的责任。

第五十七条 法官因依法履行职责,本人及其近亲属人身安全面临危险的,人民法院、公安机关应当对法官及其近亲属采取人身保护、禁止特定人员接触等必要保护措施。

第五十八条 法官实行与其职责相适应的工资制度,按照法官等级享有国家规定的工资待遇,并建立与公务员工资同步调整机制。

法官的工资制度,根据审判工作特点,由国家另行规定。

第五十九条 法官实行定期增资制度。

经年度考核确定为优秀、称职的,可以按照规定晋升工资档次。

第六十条 法官享受国家规定的津贴、补贴、奖金、保险和福利待遇。

第六十一条 法官因公致残的,享受国家规定的伤残待遇。法官因公牺牲、因公死亡或者病故的,其亲属享受国家规定的抚恤和优待。

第六十二条 法官的退休制度,根据审判工作特点,由国家另行规定。

第六十三条 法官退休后,享受国家规定的养老金和其他待遇。

第六十四条 对于国家机关及其工作人员侵犯本法第十一条规定的法官权利的行为,法官有权提出控告。

第六十五条 对法官处分或者人事处理错误的,应当及时予以纠正;造成名誉损害的,应当恢复名誉、消除影响、赔礼道歉;造成经济损失的,应当赔偿。对打击报复的直接责任人员,应当依法追究其责任。

第八章 附 则

第六十六条 国家对初任法官实行统一法律职业资格考试制度,由国务院司法行政部门商最高人民法院等有关部门组织实施。

第六十七条 人民法院的法官助理在法官指导下负责审查案件材料、草拟法律文书等审判辅助事务。

人民法院应当加强法官助理队伍建设,为法官遴选储备人才。

第六十八条 有关法官的权利、义务和管理制度,本法已有规定的,适用本法的规定;本法未作规定的,适用公务员管理的相关法律法规。

第六十九条 本法自2019年10月1日起施行。

5.中华人民共和国检察官法

(1995年2月28日第八届全国人民代表大会常务委员会第十二次会议通过,根据2001年6月30日第九届全国人民代表大会常务委员会第二十二次会议《关于修改〈中华人民共和国检察官法〉的决定》第一次修正,根据2017年9月1日第十二届全国人民代表大会常务委员会第二十九次会议《关于修改〈中华人民共和国法官法〉等八部法律的决定》第二次修正,2019年4月23日第十三届全国人民代表大会常务委员会第十次会议修订,自2019年10月1日起施行)

目 录

第一章 总 则
第二章 检察官的职责、义务和权利
第三章 检察官的条件和遴选
第四章 检察官的任免
第五章 检察官的管理
第六章 检察官的考核、奖励和惩戒
第七章 检察官的职业保障
第八章 附 则

第一章 总　则

第一条　为了全面推进高素质检察官队伍建设,加强对检察官的管理和监督,维护检察官合法权益,保障人民检察院依法独立行使检察权,保障检察官依法履行职责,保障司法公正,根据宪法,制定本法。

第二条　检察官是依法行使国家检察权的检察人员,包括最高人民检察院、地方各级人民检察院和军事检察院等专门人民检察院的检察长、副检察长、检察委员会委员和检察员。

第三条　检察官必须忠实执行宪法和法律,维护社会公平正义,全心全意为人民服务。

第四条　检察官应当勤勉尽责,清正廉明,恪守职业道德。

第五条　检察官履行职责,应当以事实为根据,以法律为准绳,秉持客观公正的立场。

检察官办理刑事案件,应当严格坚持罪刑法定原则,尊重和保障人权,既要追诉犯罪,也要保障无罪的人不受刑事追究。

第六条　检察官依法履行职责,受法律保护,不受行政机关、社会团体和个人的干涉。

第二章　检察官的职责、义务和权利

第七条　检察官的职责:

(一)对法律规定由人民检察院直接受理的刑事案件进行侦查;

(二)对刑事案件进行审查逮捕、审查起诉,代表国家进行公诉;

(三)开展公益诉讼工作;

(四)开展对刑事、民事、行政诉讼活动的监督工作;

(五)法律规定的其他职责。

检察官对其职权范围内就案件作出的决定负责。

第八条　人民检察院检察长、副检察长、检察委员会委员除履行检察职责外,还应当履行与其职务相适应的职责。

第九条　检察官在检察长领导下开展工作,重大办案事项由检察长决定。检察长可以将部分职权委托检察官行使,可以授权检察官签发法律文书。

第十条　检察官应当履行下列义务:

(一)严格遵守宪法和法律;

(二)秉公办案,不得徇私枉法;

(三)依法保障当事人和其他诉讼参与人的诉讼权利;

(四)维护国家利益、社会公共利益,维护个人和组织的合法权益;

（五）保守国家秘密和检察工作秘密，对履行职责中知悉的商业秘密和个人隐私予以保密；

（六）依法接受法律监督和人民群众监督；

（七）通过依法办理案件以案释法，增强全民法治观念，推进法治社会建设；

（八）法律规定的其他义务。

第十一条 检察官享有下列权利：

（一）履行检察官职责应当具有的职权和工作条件；

（二）非因法定事由、非经法定程序，不被调离、免职、降职、辞退或者处分；

（三）履行检察官职责应当享有的职业保障和福利待遇；

（四）人身、财产和住所安全受法律保护；

（五）提出申诉或者控告；

（六）法律规定的其他权利。

第三章 检察官的条件和遴选

第十二条 担任检察官必须具备下列条件：

（一）具有中华人民共和国国籍；

（二）拥护中华人民共和国宪法，拥护中国共产党领导和社会主义制度；

（三）具有良好的政治、业务素质和道德品行；

（四）具有正常履行职责的身体条件；

（五）具备普通高等学校法学类本科学历并获得学士及以上学位；或者普通高等学校非法学类本科及以上学历并获得法律硕士、法学硕士及以上学位；或者普通高等学校非法学类本科及以上学历，获得其他相应学位，并具有法律专业知识；

（六）从事法律工作满五年。其中获得法律硕士、法学硕士学位，或者获得法学博士学位的，从事法律工作的年限可以分别放宽至四年、三年；

（七）初任检察官应当通过国家统一法律职业资格考试取得法律职业资格。

适用前款第五项规定的学历条件确有困难的地方，经最高人民检察院审核确定，在一定期限内，可以将担任检察官的学历条件放宽为高等学校本科毕业。

第十三条 下列人员不得担任检察官：

（一）因犯罪受过刑事处罚的；

（二）被开除公职的；

（三）被吊销律师、公证员执业证书或者被仲裁委员会除名的；

（四）有法律规定的其他情形的。

第十四条 初任检察官采用考试、考核的办法，按照德才兼备的标准，从具备检察官条件的人员中择优提出人选。

人民检察院的检察长应当具有法学专业知识和法律职业经历。副检察长、检察委员会委员应当从检察官、法官或者其他具备检察官条件的人员中产生。

第十五条 人民检察院可以根据检察工作需要，从律师或者法学教学、研究人员等从事法律职业的人员中公开选拔检察官。

除应当具备检察官任职条件外，参加公开选拔的律师应当实际执业不少于五年，执业经验丰富，从业声誉良好，参加公开选拔的法学教学、研究人员应当具有中级以上职称，从事教学、研究工作五年以上，有突出研究能力和相应研究成果。

第十六条 省、自治区、直辖市设立检察官遴选委员会，负责初任检察官人选专业能力的审核。

省级检察官遴选委员会的组成人员应当包括地方各级人民检察院检察官代表、其他从事法律职业的人员和有关方面代表，其中检察官代表不少于三分之一。

省级检察官遴选委员会的日常工作由省级人民检察院的内设职能部门承担。

遴选最高人民检察院检察官应当设立最高人民检察院检察官遴选委员会，负责检察官人选专业能力的审核。

第十七条 初任检察官一般到基层人民检察院任职。上级人民检察院检察官一般逐级遴选；最高人民检察院和省级人民检察院检察官可以从下两级人民检察院遴选。参加上级人民检察院遴选的检察官应当在下级人民检察院担任检察官一定年限，并具有遴选职位相关工作经历。

第四章　检察官的任免

第十八条 检察官的任免，依照宪法和法律规定的任免权限和程序办理。

最高人民检察院检察长由全国人民代表大会选举和罢免，副检察长、检察委员会委员和检察员，由检察长提请全国人民代表大会常务委员会任免。

地方各级人民检察院检察长由本级人民代表大会选举和罢免，副检察长、检察委员会委员和检察员，由检察长提请本级人民代表大会常务委员会任免。

地方各级人民检察院检察长的任免，须报上一级人民检察院检察长提请本级人民代表大会常务委员会批准。

省、自治区、直辖市人民检察院分院检察长、副检察长、检察委员会委员和检察员，由省、自治区、直辖市人民检察院检察长提请本级人民代表大会常务委员会任免。

省级人民检察院和设区的市级人民检察院依法设立作为派出机构的人民检察院的检察长、副检察长、检察委员会委员和检察员，由派出的人民检察院检察长提请本级人民代表大会常务委员会任免。

新疆生产建设兵团各级人民检察院、专门人民检察院的检察长、副检察长、检察委员会委员和检察员，依照全国人民代表大会常务委员会的有关规定任免。

第十九条 检察官在依照法定程序产生后，在就职时应当公开进行宪法宣誓。

第二十条　检察官有下列情形之一的,应当依法提请免除其检察官职务:

(一)丧失中华人民共和国国籍的;

(二)调出所任职人民检察院的;

(三)职务变动不需要保留检察官职务的,或者本人申请免除检察官职务经批准的;

(四)经考核不能胜任检察官职务的;

(五)因健康原因长期不能履行职务的;

(六)退休的;

(七)辞职或者依法应当予以辞退的;

(八)因违纪违法不宜继续任职的。

第二十一条　对于不具备本法规定条件或者违反法定程序被选举为人民检察院检察长的,上一级人民检察院检察长有权提请本级人民代表大会常务委员会不批准。

第二十二条　发现违反本法规定的条件任命检察官的,任命机关应当撤销该项任命;上级人民检察院发现下级人民检察院检察官的任命违反本法规定的条件的,应当要求下级人民检察院依法提请任命机关撤销该项任命。

第二十三条　检察官不得兼任人民代表大会常务委员会的组成人员,不得兼任行政机关、监察机关、审判机关的职务,不得兼任企业或者其他营利性组织、事业单位的职务,不得兼任律师、仲裁员和公证员。

第二十四条　检察官之间有夫妻关系、直系血亲关系、三代以内旁系血亲以及近姻亲关系的,不得同时担任下列职务:

(一)同一人民检察院的检察长、副检察长、检察委员会委员;

(二)同一人民检察院的检察长、副检察长和检察员;

(三)同一业务部门的检察员;

(四)上下相邻两级人民检察院的检察长、副检察长。

第二十五条　检察官的配偶、父母、子女有下列情形之一的,检察官应当实行任职回避:

(一)担任该检察官所任职人民检察院辖区内律师事务所的合伙人或者设立人的;

(二)在该检察官所任职人民检察院辖区内以律师身份担任诉讼代理人、辩护人,或者为诉讼案件当事人提供其他有偿法律服务的。

第五章　检察官的管理

第二十六条　检察官实行员额制管理。检察官员额根据案件数量、经济社会发展情况、人口数量和人民检察院层级等因素确定,在省、自治区、直辖市内实行总量控制、动态管理,优先考虑基层人民检察院和案件数量多的人民检察院办案需要。

检察官员额出现空缺的,应当按照程序及时补充。

最高人民检察院检察官员额由最高人民检察院商有关部门确定。

第二十七条 检察官实行单独职务序列管理。

检察官等级分为十二级,依次为首席大检察官、一级大检察官、二级大检察官、一级高级检察官、二级高级检察官、三级高级检察官、四级高级检察官、一级检察官、二级检察官、三级检察官、四级检察官、五级检察官。

第二十八条 最高人民检察院检察长为首席大检察官。

第二十九条 检察官等级的确定,以检察官德才表现、业务水平、检察工作实绩和工作年限等为依据。

检察官等级晋升采取按期晋升和择优选升相结合的方式,特别优秀或者工作特殊需要的一线办案岗位检察官可以特别选升。

第三十条 检察官的等级设置、确定和晋升的具体办法,由国家另行规定。

第三十一条 初任检察官实行统一职前培训制度。

第三十二条 对检察官应当有计划地进行政治、理论和业务培训。

检察官的培训应当理论联系实际、按需施教、讲求实效。

第三十三条 检察官培训情况,作为检察官任职、等级晋升的依据之一。

第三十四条 检察官培训机构按照有关规定承担培训检察官的任务。

第三十五条 检察官申请辞职,应当由本人书面提出,经批准后,依照法律规定的程序免除其职务。

第三十六条 辞退检察官应当依照法律规定的程序免除其职务。

辞退检察官应当按照管理权限决定。辞退决定应当以书面形式通知被辞退的检察官,并列明作出决定的理由和依据。

第三十七条 检察官从人民检察院离任后两年内,不得以律师身份担任诉讼代理人或者辩护人。

检察官从人民检察院离任后,不得担任原任职检察院办理案件的诉讼代理人或者辩护人,但是作为当事人的监护人或者近亲属代理诉讼或者进行辩护的除外。

检察官被开除后,不得担任诉讼代理人或者辩护人,但是作为当事人的监护人或者近亲属代理诉讼或者进行辩护的除外。

第三十八条 检察官因工作需要,经单位选派或者批准,可以在高等学校、科研院所协助开展实践性教学、研究工作,并遵守国家有关规定。

第六章 检察官的考核、奖励和惩戒

第三十九条 人民检察院设立检察官考评委员会,负责对本院检察官的考核工作。

第四十条 检察官考评委员会的组成人员为五至九人。

检察官考评委员会主任由本院检察长担任。

第四十一条 对检察官的考核，应当全面、客观、公正，实行平时考核和年度考核相结合。

第四十二条 对检察官的考核内容包括：检察工作实绩、职业道德、专业水平、工作能力、工作作风。重点考核检察工作实绩。

第四十三条 年度考核结果分为优秀、称职、基本称职和不称职四个等次。

考核结果作为调整检察官等级、工资以及检察官奖惩、免职、降职、辞退的依据。

第四十四条 考核结果以书面形式通知检察官本人。检察官对考核结果如果有异议，可以申请复核。

第四十五条 检察官在检察工作中有显著成绩和贡献，或者有其他突出事迹的，应当给予奖励。

第四十六条 检察官有下列表现之一的，应当给予奖励：

（一）公正司法，成绩显著的；

（二）总结检察实践经验成果突出，对检察工作有指导作用的；

（三）在办理重大案件、处理突发事件和承担专项重要工作中，做出显著成绩和贡献的；

（四）对检察工作提出改革建议被采纳，效果显著的；

（五）提出检察建议被采纳或者开展法治宣传、解决各类纠纷，效果显著的；

（六）有其他功绩的。

检察官的奖励按照有关规定办理。

第四十七条 检察官有下列行为之一的，应当给予处分；构成犯罪的，依法追究刑事责任：

（一）贪污受贿、徇私枉法、刑讯逼供的；

（二）隐瞒、伪造、变造、故意损毁证据、案件材料的；

（三）泄露国家秘密、检察工作秘密、商业秘密或者个人隐私的；

（四）故意违反法律法规办理案件的；

（五）因重大过失导致案件错误并造成严重后果的；

（六）拖延办案，贻误工作的；

（七）利用职权为自己或者他人谋取私利的；

（八）接受当事人及其代理人利益输送，或者违反有关规定会见当事人及其代理人的；

（九）违反有关规定从事或者参与营利性活动，在企业或者其他营利性组织中兼任职务的；

(十)有其他违纪违法行为的。

检察官的处分按照有关规定办理。

第四十八条 检察官涉嫌违纪违法,已经被立案调查、侦查,不宜继续履行职责的,按照管理权限和规定的程序暂时停止其履行职务。

第四十九条 最高人民检察院和省、自治区、直辖市设立检察官惩戒委员会,负责从专业角度审查认定检察官是否存在本法第四十七条第四项、第五项规定的违反检察职责的行为,提出构成故意违反职责、存在重大过失、存在一般过失或者没有违反职责等审查意见。检察官惩戒委员会提出审查意见后,人民检察院依照有关规定作出是否予以惩戒的决定,并给予相应处理。

检察官惩戒委员会由检察官代表、其他从事法律职业的人员和有关方面代表组成,其中检察官代表不少于半数。

最高人民检察院检察官惩戒委员会、省级检察官惩戒委员会的日常工作,由相关人民检察院的内设职能部门承担。

第五十条 检察官惩戒委员会审议惩戒事项时,当事检察官有权申请有关人员回避,有权进行陈述、举证、辩解。

第五十一条 检察官惩戒委员会作出的审查意见应当送达当事检察官。当事检察官对审查意见有异议的,可以向惩戒委员会提出,惩戒委员会应当对异议及其理由进行审查,作出决定。

第五十二条 检察官惩戒委员会审议惩戒事项的具体程序,由最高人民检察院商有关部门确定。

第七章 检察官的职业保障

第五十三条 人民检察院设立检察官权益保障委员会,维护检察官合法权益,保障检察官依法履行职责。

第五十四条 除下列情形外,不得将检察官调离检察业务岗位:

(一)按规定需要任职回避的;

(二)按规定实行任职交流的;

(三)因机构调整、撤销、合并或者缩减编制员额需要调整工作的;

(四)因违纪违法不适合在检察业务岗位工作的;

(五)法律规定的其他情形。

第五十五条 任何单位或者个人不得要求检察官从事超出法定职责范围的事务。

对任何干涉检察官办理案件的行为,检察官有权拒绝并予以全面如实记录和报告;有违纪违法情形的,由有关机关根据情节轻重追究有关责任人员、行为人的责任。

第五十六条　检察官的职业尊严和人身安全受法律保护。

任何单位和个人不得对检察官及其近亲属打击报复。

对检察官及其近亲属实施报复陷害、侮辱诽谤、暴力侵害、威胁恐吓、滋事骚扰等违法犯罪行为的,应当依法从严惩治。

第五十七条　检察官因依法履行职责遭受不实举报、诬告陷害、侮辱诽谤,致使名誉受到损害的,人民检察院应当会同有关部门及时澄清事实,消除不良影响,并依法追究相关单位或者个人的责任。

第五十八条　检察官因依法履行职责,本人及其近亲属人身安全面临危险的,人民检察院、公安机关应当对检察官及其近亲属采取人身保护、禁止特定人员接触等必要保护措施。

第五十九条　检察官实行与其职责相适应的工资制度,按照检察官等级享有国家规定的工资待遇,并建立与公务员工资同步调整机制。

检察官的工资制度,根据检察工作特点,由国家另行规定。

第六十条　检察官实行定期增资制度。

经年度考核确定为优秀、称职的,可以按照规定晋升工资档次。

第六十一条　检察官享受国家规定的津贴、补贴、奖金、保险和福利待遇。

第六十二条　检察官因公致残的,享受国家规定的伤残待遇。检察官因公牺牲、因公死亡或者病故的,其亲属享受国家规定的抚恤和优待。

第六十三条　检察官的退休制度,根据检察工作特点,由国家另行规定。

第六十四条　检察官退休后,享受国家规定的养老金和其他待遇。

第六十五条　对于国家机关及其工作人员侵犯本法第十一条规定的检察官权利的行为,检察官有权提出控告。

第六十六条　对检察官处分或者人事处理错误的,应当及时予以纠正;造成名誉损害的,应当恢复名誉、消除影响、赔礼道歉;造成经济损失的,应当赔偿。对打击报复的直接责任人员,应当依法追究其责任。

第八章　附　　则

第六十七条　国家对初任检察官实行统一法律职业资格考试制度,由国务院司法行政部门商最高人民检察院等有关部门组织实施。

第六十八条　人民检察院的检察官助理在检察官指导下负责审查案件材料、草拟法律文书等检察辅助事务。

人民检察院应当加强检察官助理队伍建设,为检察官遴选储备人才。

第六十九条　有关检察官的权利、义务和管理制度,本法已有规定的,适用本法的规定;本法未作规定的,适用公务员管理的相关法律法规。

第七十条　本法自2019年10月1日起施行。

6. 中华人民共和国企业国有资产法

(2008年10月28日第十一届全国人民代表大会常务委员会
第五次会议通过，自2009年5月1日起施行)

目　录

第一章　总　则
第二章　履行出资人职责的机构
第三章　国家出资企业
第四章　国家出资企业管理者的选择与考核
第五章　关系国有资产出资人权益的重大事项
　第一节　一般规定
　第二节　企业改制
　第三节　与关联方的交易
　第四节　资产评估
　第五节　国有资产转让
第六章　国有资本经营预算
第七章　国有资产监督
第八章　法律责任
第九章　附　则

第一章　总　则

第一条　为了维护国家基本经济制度，巩固和发展国有经济，加强对国有资产的保护，发挥国有经济在国民经济中的主导作用，促进社会主义市场经济发展，制定本法。

第二条　本法所称企业国有资产（以下称国有资产），是指国家对企业各种形式的出资所形成的权益。

第三条　国有资产属于国家所有即全民所有。国务院代表国家行使国有资产所有权。

第四条　国务院和地方人民政府依照法律、行政法规的规定，分别代表国家对国家出资企业履行出资人职责，享有出资人权益。

国务院确定的关系国民经济命脉和国家安全的大型国家出资企业，重要基础设施和重要自然资源等领域的国家出资企业，由国务院代表国家履行出资人职责。其他的国家出资企业，由地方人民政府代表国家履行出资人职责。

第五条 本法所称国家出资企业，是指国家出资的国有独资企业、国有独资公司，以及国有资本控股公司、国有资本参股公司。

第六条 国务院和地方人民政府应当按照政企分开、社会公共管理职能与国有资产出资人职能分开、不干预企业依法自主经营的原则，依法履行出资人职责。

第七条 国家采取措施，推动国有资本向关系国民经济命脉和国家安全的重要行业和关键领域集中，优化国有经济布局和结构，推进国有企业的改革和发展，提高国有经济的整体素质，增强国有经济的控制力、影响力。

第八条 国家建立健全与社会主义市场经济发展要求相适应的国有资产管理与监督体制，建立健全国有资产保值增值考核和责任追究制度，落实国有资产保值增值责任。

第九条 国家建立健全国有资产基础管理制度。具体办法按照国务院的规定制定。

第十条 国有资产受法律保护，任何单位和个人不得侵害。

第二章 履行出资人职责的机构

第十一条 国务院国有资产监督管理机构和地方人民政府按照国务院的规定设立的国有资产监督管理机构，根据本级人民政府的授权，代表本级人民政府对国家出资企业履行出资人职责。

国务院和地方人民政府根据需要，可以授权其他部门、机构代表本级人民政府对国家出资企业履行出资人职责。

代表本级人民政府履行出资人职责的机构、部门，以下统称履行出资人职责的机构。

第十二条 履行出资人职责的机构代表本级人民政府对国家出资企业依法享有资产收益、参与重大决策和选择管理者等出资人权利。

履行出资人职责的机构依照法律、行政法规的规定，制定或者参与制定国家出资企业的章程。

履行出资人职责的机构对法律、行政法规和本级人民政府规定须经本级人民政府批准的履行出资人职责的重大事项，应当报请本级人民政府批准。

第十三条 履行出资人职责的机构委派的股东代表参加国有资本控股公司、国有资本参股公司召开的股东会会议、股东大会会议，应当按照委派机构的指示提出提案、发表意见、行使表决权，并将其履行职责的情况和结果及时报告委派机构。

第十四条 履行出资人职责的机构应当依照法律、行政法规以及企业章程履行出资人职责,保障出资人权益,防止国有资产损失。

履行出资人职责的机构应当维护企业作为市场主体依法享有的权利,除依法履行出资人职责外,不得干预企业经营活动。

第十五条 履行出资人职责的机构对本级人民政府负责,向本级人民政府报告履行出资人职责的情况,接受本级人民政府的监督和考核,对国有资产的保值增值负责。

履行出资人职责的机构应当按照国家有关规定,定期向本级人民政府报告有关国有资产总量、结构、变动、收益等汇总分析的情况。

第三章 国家出资企业

第十六条 国家出资企业对其动产、不动产和其他财产依照法律、行政法规以及企业章程享有占有、使用、收益和处分的权利。

国家出资企业依法享有的经营自主权和其他合法权益受法律保护。

第十七条 国家出资企业从事经营活动,应当遵守法律、行政法规,加强经营管理,提高经济效益,接受人民政府及其有关部门、机构依法实施的管理和监督,接受社会公众的监督,承担社会责任,对出资人负责。

国家出资企业应当依法建立和完善法人治理结构,建立健全内部监督管理和风险控制制度。

第十八条 国家出资企业应当依照法律、行政法规和国务院财政部门的规定,建立健全财务、会计制度,设置会计账簿,进行会计核算,依照法律、行政法规以及企业章程的规定向出资人提供真实、完整的财务、会计信息。

国家出资企业应当依照法律、行政法规以及企业章程的规定,向出资人分配利润。

第十九条 国有独资公司、国有资本控股公司和国有资本参股公司依照《中华人民共和国公司法》的规定设立监事会。国有独资企业由履行出资人职责的机构按照国务院的规定委派监事组成监事会。

国家出资企业的监事会依照法律、行政法规以及企业章程的规定,对董事、高级管理人员执行职务的行为进行监督,对企业财务进行监督检查。

第二十条 国家出资企业依照法律规定,通过职工代表大会或者其他形式,实行民主管理。

第二十一条 国家出资企业对其所出资企业依法享有资产收益、参与重大决策和选择管理者等出资人权利。

国家出资企业对其所出资企业,应当依照法律、行政法规的规定,通过制定或者参与制定所出资企业的章程,建立权责明确、有效制衡的企业内部监督管理和风险控制制度,维护其出资人权益。

第四章　国家出资企业管理者的选择与考核

第二十二条　履行出资人职责的机构依照法律、行政法规以及企业章程的规定,任免或者建议任免国家出资企业的下列人员:

(一)任免国有独资企业的经理、副经理、财务负责人和其他高级管理人员;

(二)任免国有独资公司的董事长、副董事长、董事、监事会主席和监事;

(三)向国有资本控股公司、国有资本参股公司的股东会、股东大会提出董事、监事人选。

国家出资企业中应当由职工代表出任的董事、监事,依照有关法律、行政法规的规定由职工民主选举产生。

第二十三条　履行出资人职责的机构任命或者建议任命的董事、监事、高级管理人员,应当具备下列条件:

(一)有良好的品行;

(二)有符合职位要求的专业知识和工作能力;

(三)有能够正常履行职责的身体条件;

(四)法律、行政法规规定的其他条件。

董事、监事、高级管理人员在任职期间出现不符合前款规定情形或者出现《中华人民共和国公司法》规定的不得担任公司董事、监事、高级管理人员情形的,履行出资人职责的机构应当依法予以免职或者提出免职建议。

第二十四条　履行出资人职责的机构对拟任命或者建议任命的董事、监事、高级管理人员的人选,应当按照规定的条件和程序进行考察。考察合格的,按照规定的权限和程序任命或者建议任命。

第二十五条　未经履行出资人职责的机构同意,国有独资企业、国有独资公司的董事、高级管理人员不得在其他企业兼职。未经股东会、股东大会同意,国有资本控股公司、国有资本参股公司的董事、高级管理人员不得在经营同类业务的其他企业兼职。

未经履行出资人职责的机构同意,国有独资公司的董事长不得兼任经理。未经股东会、股东大会同意,国有资本控股公司的董事长不得兼任经理。

董事、高级管理人员不得兼任监事。

第二十六条　国家出资企业的董事、监事、高级管理人员,应当遵守法律、行政法规以及企业章程,对企业负有忠实义务和勤勉义务,不得利用职权收受贿赂或者取得其他非法收入和不当利益,不得侵占、挪用企业资产,不得超越职权或者违反程序决定企业重大事项,不得有其他侵害国有资产出资人权益的行为。

第二十七条　国家建立国家出资企业管理者经营业绩考核制度。履行出资人职责的机构应当对其任命的企业管理者进行年度和任期考核,并依据考核结果决定对企业管理者的奖惩。

履行出资人职责的机构应当按照国家有关规定,确定其任命的国家出资企业管理者的薪酬标准。

第二十八条 国有独资企业、国有独资公司和国有资本控股公司的主要负责人,应当接受依法进行的任期经济责任审计。

第二十九条 本法第二十二条第一款第一项、第二项规定的企业管理者,国务院和地方人民政府规定由本级人民政府任免的,依照其规定。履行出资人职责的机构依照本章规定对上述企业管理者进行考核、奖惩并确定其薪酬标准。

第五章　关系国有资产出资人权益的重大事项

第一节　一般规定

第三十条 国家出资企业合并、分立、改制、上市,增加或者减少注册资本,发行债券,进行重大投资,为他人提供大额担保,转让重大财产,进行大额捐赠,分配利润,以及解散、申请破产等重大事项,应当遵守法律、行政法规以及企业章程的规定,不得损害出资人和债权人的权益。

第三十一条 国有独资企业、国有独资公司合并、分立,增加或者减少注册资本,发行债券,分配利润,以及解散、申请破产,由履行出资人职责的机构决定。

第三十二条 国有独资企业、国有独资公司有本法第三十条所列事项的,除依照本法第三十一条和有关法律、行政法规以及企业章程的规定,由履行出资人职责的机构决定的以外,国有独资企业由企业负责人集体讨论决定,国有独资公司由董事会决定。

第三十三条 国有资本控股公司、国有资本参股公司有本法第三十条所列事项的,依照法律、行政法规以及公司章程的规定,由公司股东会、股东大会或者董事会决定。由股东会、股东大会决定的,履行出资人职责的机构委派的股东代表应当依照本法第十三条的规定行使权利。

第三十四条 重要的国有独资企业、国有独资公司、国有资本控股公司的合并、分立、解散、申请破产以及法律、行政法规和本级人民政府规定应当由履行出资人职责的机构报经本级人民政府批准的重大事项,履行出资人职责的机构在作出决定或者向其委派参加国有资本控股公司股东会会议、股东大会会议的股东代表作出指示前,应当报请本级人民政府批准。

本法所称的重要的国有独资企业、国有独资公司和国有资本控股公司,按照国务院的规定确定。

第三十五条 国家出资企业发行债券、投资等事项,有关法律、行政法规规定应当报经人民政府或者人民政府有关部门、机构批准、核准或者备案的,依照其规定。

第三十六条 国家出资企业投资应当符合国家产业政策,并按照国家规定进行可行性研究;与他人交易应当公平、有偿,取得合理对价。

第三十七条 国家出资企业的合并、分立、改制、解散、申请破产等重大事项,应当听取企业工会的意见,并通过职工代表大会或者其他形式听取职工的意见和建议。

第三十八条 国有独资企业、国有独资公司、国有资本控股公司对其所出资企业的重大事项参照本章规定履行出资人职责。具体办法由国务院规定。

第二节 企 业 改 制

第三十九条 本法所称企业改制是指:

(一)国有独资企业改为国有独资公司;

(二)国有独资企业、国有独资公司改为国有资本控股公司或者非国有资本控股公司;

(三)国有资本控股公司改为非国有资本控股公司。

第四十条 企业改制应当依照法定程序,由履行出资人职责的机构决定或者由公司股东会、股东大会决定。

重要的国有独资企业、国有独资公司、国有资本控股公司的改制,履行出资人职责的机构在作出决定或者向其委派参加国有资本控股公司股东会会议、股东大会会议的股东代表作出指示前,应当将改制方案报请本级人民政府批准。

第四十一条 企业改制应当制定改制方案,载明改制后的企业组织形式、企业资产和债权债务处理方案、股权变动方案、改制的操作程序、资产评估和财务审计等中介机构的选聘等事项。

企业改制涉及重新安置企业职工的,还应当制定职工安置方案,并经职工代表大会或者职工大会审议通过。

第四十二条 企业改制应当按照规定进行清产核资、财务审计、资产评估,准确界定和核实资产,客观、公正地确定资产的价值。

企业改制涉及以企业的实物、知识产权、土地使用权等非货币财产折算为国有资本出资或者股份的,应当按照规定对折价财产进行评估,以评估确认价格作为确定国有资本出资额或者股份数额的依据。不得将财产低价折股或者有其他损害出资人权益的行为。

第三节 与关联方的交易

第四十三条 国家出资企业的关联方不得利用与国家出资企业之间的交易,谋取不当利益,损害国家出资企业利益。

本法所称关联方,是指本企业的董事、监事、高级管理人员及其近亲属,以及这些人员所有或者实际控制的企业。

第四十四条 国有独资企业、国有独资公司、国有资本控股公司不得无偿向关联方提供资金、商品、服务或者其他资产，不得以不公平的价格与关联方进行交易。

第四十五条 未经履行出资人职责的机构同意，国有独资企业、国有独资公司不得有下列行为：

（一）与关联方订立财产转让、借款的协议；

（二）为关联方提供担保；

（三）与关联方共同出资设立企业，或者向董事、监事、高级管理人员或者其近亲属所有或者实际控制的企业投资。

第四十六条 国有资本控股公司、国有资本参股公司与关联方的交易，依照《中华人民共和国公司法》和有关行政法规以及公司章程的规定，由公司股东会、股东大会或者董事会决定。由公司股东会、股东大会决定的，履行出资人职责的机构委派的股东代表，应当依照本法第十三条的规定行使权利。

公司董事会对公司与关联方的交易作出决议时，该交易涉及的董事不得行使表决权，也不得代理其他董事行使表决权。

第四节 资产评估

第四十七条 国有独资企业、国有独资公司和国有资本控股公司合并、分立、改制，转让重大财产，以非货币财产对外投资，清算或者有法律、行政法规以及企业章程规定应当进行资产评估的其他情形的，应当按照规定对有关资产进行评估。

第四十八条 国有独资企业、国有独资公司和国有资本控股公司应当委托依法设立的符合条件的资产评估机构进行资产评估；涉及应当报经履行出资人职责的机构决定的事项的，应当将委托资产评估机构的情况向履行出资人职责的机构报告。

第四十九条 国有独资企业、国有独资公司、国有资本控股公司及其董事、监事、高级管理人员应当向资产评估机构如实提供有关情况和资料，不得与资产评估机构串通评估作价。

第五十条 资产评估机构及其工作人员受托评估有关资产，应当遵守法律、行政法规以及评估执业准则，独立、客观、公正地对受托评估的资产进行评估。资产评估机构应当对其出具的评估报告负责。

第五节 国有资产转让

第五十一条 本法所称国有资产转让，是指依法将国家对企业的出资所形成的权益转移给其他单位或者个人的行为；按照国家规定无偿划转国有资产的除外。

第五十二条 国有资产转让应当有利于国有经济布局和结构的战略性调整，

防止国有资产损失,不得损害交易各方的合法权益。

第五十三条 国有资产转让由履行出资人职责的机构决定。履行出资人职责的机构决定转让全部国有资产的,或者转让部分国有资产致使国家对该企业不再具有控股地位的,应当报请本级人民政府批准。

第五十四条 国有资产转让应当遵循等价有偿和公开、公平、公正的原则。

除按照国家规定可以直接协议转让的以外,国有资产转让应当在依法设立的产权交易场所公开进行。转让方应当如实披露有关信息,征集受让方;征集产生的受让方为两个以上的,转让应当采用公开竞价的交易方式。

转让上市交易的股份依照《中华人民共和国证券法》的规定进行。

第五十五条 国有资产转让应当以依法评估的、经履行出资人职责的机构认可或者由履行出资人职责的机构报经本级人民政府核准的价格为依据,合理确定最低转让价格。

第五十六条 法律、行政法规或者国务院国有资产监督管理机构规定可以向本企业的董事、监事、高级管理人员或者其近亲属,或者这些人员所有或者实际控制的企业转让的国有资产,在转让时,上述人员或者企业参与受让的,应当与其他受让参与者平等竞买;转让方应当按照国家有关规定,如实披露有关信息;相关的董事、监事和高级管理人员不得参与转让方案的制定和组织实施的各项工作。

第五十七条 国有资产向境外投资者转让的,应当遵守国家有关规定,不得危害国家安全和社会公共利益。

第六章 国有资本经营预算

第五十八条 国家建立健全国有资本经营预算制度,对取得的国有资本收入及其支出实行预算管理。

第五十九条 国家取得的下列国有资本收入,以及下列收入的支出,应当编制国有资本经营预算:

(一)从国家出资企业分得的利润;

(二)国有资产转让收入;

(三)从国家出资企业取得的清算收入;

(四)其他国有资本收入。

第六十条 国有资本经营预算按年度单独编制,纳入本级人民政府预算,报本级人民代表大会批准。

国有资本经营预算支出按照当年预算收入规模安排,不列赤字。

第六十一条 国务院和有关地方人民政府财政部门负责国有资本经营预算草案的编制工作,履行出资人职责的机构向财政部门提出由其履行出资人职责的国有资本经营预算建议草案。

第六十二条　国有资本经营预算管理的具体办法和实施步骤,由国务院规定,报全国人民代表大会常务委员会备案。

第七章　国有资产监督

第六十三条　各级人民代表大会常务委员会通过听取和审议本级人民政府履行出资人职责的情况和国有资产监督管理情况的专项工作报告,组织对本法实施情况的执法检查等,依法行使监督职权。

第六十四条　国务院和地方人民政府应当对其授权履行出资人职责的机构履行职责的情况进行监督。

第六十五条　国务院和地方人民政府审计机关依照《中华人民共和国审计法》的规定,对国有资本经营预算的执行情况和属于审计监督对象的国家出资企业进行审计监督。

第六十六条　国务院和地方人民政府应当依法向社会公布国有资产状况和国有资产监督管理工作情况,接受社会公众的监督。

任何单位和个人有权对造成国有资产损失的行为进行检举和控告。

第六十七条　履行出资人职责的机构根据需要,可以委托会计师事务所对国有独资企业、国有独资公司的年度财务会计报告进行审计,或者通过国有资本控股公司的股东会、股东大会决议,由国有资本控股公司聘请会计师事务所对公司的年度财务会计报告进行审计,维护出资人权益。

第八章　法 律 责 任

第六十八条　履行出资人职责的机构有下列行为之一的,对其直接负责的主管人员和其他直接责任人员依法给予处分:

（一）不按照法定的任职条件,任命或者建议任命国家出资企业管理者的;

（二）侵占、截留、挪用国家出资企业的资金或者应当上缴的国有资本收入的;

（三）违反法定的权限、程序,决定国家出资企业重大事项,造成国有资产损失的;

（四）有其他不依法履行出资人职责的行为,造成国有资产损失的。

第六十九条　履行出资人职责的机构的工作人员玩忽职守、滥用职权、徇私舞弊,尚不构成犯罪的,依法给予处分。

第七十条　履行出资人职责的机构委派的股东代表未按照委派机构的指示履行职责,造成国有资产损失的,依法承担赔偿责任;属于国家工作人员的,并依法给予处分。

第七十一条　国家出资企业的董事、监事、高级管理人员有下列行为之一,造成国有资产损失的,依法承担赔偿责任;属于国家工作人员的,并依法给予处分:

（一）利用职权收受贿赂或者取得其他非法收入和不当利益的；

（二）侵占、挪用企业资产的；

（三）在企业改制、财产转让等过程中，违反法律、行政法规和公平交易规则，将企业财产低价转让、低价折股的；

（四）违反本法规定与本企业进行交易的；

（五）不如实向资产评估机构、会计师事务所提供有关情况和资料，或者与资产评估机构、会计师事务所串通出具虚假资产评估报告、审计报告的；

（六）违反法律、行政法规和企业章程规定的决策程序，决定企业重大事项的；

（七）有其他违反法律、行政法规和企业章程执行职务行为的。

国家出资企业的董事、监事、高级管理人员因前款所列行为取得的收入，依法予以追缴或者归国家出资企业所有。

履行出资人职责的机构任命或者建议任命的董事、监事、高级管理人员有本条第一款所列行为之一，造成国有资产重大损失的，由履行出资人职责的机构依法予以免职或者提出免职建议。

第七十二条 在涉及关联方交易、国有资产转让等交易活动中，当事人恶意串通，损害国有资产权益的，该交易行为无效。

第七十三条 国有独资企业、国有独资公司、国有资本控股公司的董事、监事、高级管理人员违反本法规定，造成国有资产重大损失，被免职的，自免职之日起五年内不得担任国有独资企业、国有独资公司、国有资本控股公司的董事、监事、高级管理人员；造成国有资产特别重大损失，或者因贪污、贿赂、侵占财产、挪用财产或者破坏社会主义市场经济秩序被判处刑罚的，终身不得担任国有独资企业、国有独资公司、国有资本控股公司的董事、监事、高级管理人员。

第七十四条 接受委托对国家出资企业进行资产评估、财务审计的资产评估机构、会计师事务所违反法律、行政法规的规定和执业准则，出具虚假的资产评估报告或者审计报告的，依照有关法律、行政法规的规定追究法律责任。

第七十五条 违反本法规定，构成犯罪的，依法追究刑事责任。

第九章 附　则

第七十六条 金融企业国有资产的管理与监督，法律、行政法规另有规定的，依照其规定。

第七十七条 本法自 2009 年 5 月 1 日起施行。

7. 中华人民共和国公职人员政务处分法

(2020年6月20日第十三届全国人民代表大会常务委员会第十九次会议通过，自2020年7月1日起施行)

目 录

第一章　总　则
第二章　政务处分的种类和适用
第三章　违法行为及其适用的政务处分
第四章　政务处分的程序
第五章　复审、复核
第六章　法律责任
第七章　附　则

第一章　总　则

第一条　为了规范政务处分，加强对所有行使公权力的公职人员的监督，促进公职人员依法履职、秉公用权、廉洁从政从业、坚持道德操守，根据《中华人民共和国监察法》，制定本法。

第二条　本法适用于监察机关对违法的公职人员给予政务处分的活动。

本法第二章、第三章适用于公职人员任免机关、单位对违法的公职人员给予处分。处分的程序、申诉等适用其他法律、行政法规、国务院部门规章和国家有关规定。

本法所称公职人员，是指《中华人民共和国监察法》第十五条规定的人员。

第三条　监察机关应当按照管理权限，加强对公职人员的监督，依法给予违法的公职人员政务处分。

公职人员任免机关、单位应当按照管理权限，加强对公职人员的教育、管理、监督，依法给予违法的公职人员处分。

监察机关发现公职人员任免机关、单位应当给予处分而未给予，或者给予的处分违法、不当的，应当及时提出监察建议。

第四条　给予公职人员政务处分，坚持党管干部原则，集体讨论决定；坚持法律面前一律平等，以事实为根据，以法律为准绳，给予的政务处分与违法行为的性质、情节、危害程度相当;坚持惩戒与教育相结合,宽严相济。

第五条 给予公职人员政务处分,应当事实清楚、证据确凿、定性准确、处理恰当、程序合法、手续完备。

第六条 公职人员依法履行职责受法律保护,非因法定事由、非经法定程序,不受政务处分。

第二章 政务处分的种类和适用

第七条 政务处分的种类为:

(一)警告;

(二)记过;

(三)记大过;

(四)降级;

(五)撤职;

(六)开除。

第八条 政务处分的期间为:

(一)警告,六个月;

(二)记过,十二个月;

(三)记大过,十八个月;

(四)降级、撤职,二十四个月。

政务处分决定自作出之日起生效,政务处分期自政务处分决定生效之日起计算。

第九条 公职人员二人以上共同违法,根据各自在违法行为中所起的作用和应当承担的法律责任,分别给予政务处分。

第十条 有关机关、单位、组织集体作出的决定违法或者实施违法行为的,对负有责任的领导人员和直接责任人员中的公职人员依法给予政务处分。

第十一条 公职人员有下列情形之一的,可以从轻或者减轻给予政务处分:

(一)主动交代本人应当受到政务处分的违法行为的;

(二)配合调查,如实说明本人违法事实的;

(三)检举他人违纪违法行为,经查证属实的;

(四)主动采取措施,有效避免、挽回损失或者消除不良影响的;

(五)在共同违法行为中起次要或者辅助作用的;

(六)主动上交或者退赔违法所得的;

(七)法律、法规规定的其他从轻或者减轻情节。

第十二条 公职人员违法行为情节轻微,且具有本法第十一条规定的情形之一的,可以对其进行谈话提醒、批评教育、责令检查或者予以诫勉,免予或者不予政务处分。

公职人员因不明真相被裹挟或者被胁迫参与违法活动,经批评教育后确有悔改表现的,可以减轻、免予或者不予政务处分。

第十三条　公职人员有下列情形之一的,应当从重给予政务处分:
(一)在政务处分期内再次故意违法,应当受到政务处分的;
(二)阻止他人检举、提供证据的;
(三)串供或者伪造、隐匿、毁灭证据的;
(四)包庇同案人员的;
(五)胁迫、唆使他人实施违法行为的;
(六)拒不上交或者退赔违法所得的;
(七)法律、法规规定的其他从重情节。

第十四条　公职人员犯罪,有下列情形之一的,予以开除:
(一)因故意犯罪被判处管制、拘役或者有期徒刑以上刑罚(含宣告缓刑)的;
(二)因过失犯罪被判处有期徒刑,刑期超过三年的;
(三)因犯罪被单处或者并处剥夺政治权利的。

因过失犯罪被判处管制、拘役或者三年以下有期徒刑的,一般应当予以开除;案件情况特殊,予以撤职更为适当的,可以不予开除,但是应当报请上一级机关批准。

公职人员因犯罪被单处罚金,或者犯罪情节轻微,人民检察院依法作出不起诉决定或者人民法院依法免予刑事处罚的,予以撤职;造成不良影响的,予以开除。

第十五条　公职人员有两个以上违法行为的,应当分别确定政务处分。应当给予两种以上政务处分的,执行其中最重的政务处分;应当给予撤职以下多个相同政务处分的,可以在一个政务处分期以上、多个政务处分期之和以下确定政务处分期,但是最长不得超过四十八个月。

第十六条　对公职人员的同一违法行为,监察机关和公职人员任免机关、单位不得重复给予政务处分和处分。

第十七条　公职人员有违法行为,有关机关依照规定给组织处理的,监察机关可以同时给予政务处分。

第十八条　担任领导职务的公职人员有违法行为,被罢免、撤销、免去或者辞去领导职务的,监察机关可以同时给予政务处分。

第十九条　公务员以及参照《中华人民共和国公务员法》管理的人员在政务处分期内,不得晋升职务、职级、衔级和级别;其中,被记过、记大过、降级、撤职的,不得晋升工资档次。被撤职的,按照规定降低职务、职级、衔级和级别,同时降低工资和待遇。

第二十条　法律、法规授权或者受国家机关依法委托管理公共事务的组织中从事公务的人员,以及公办的教育、科研、文化、医疗卫生、体育等单位中从事管理的人员,在政务处分期内,不得晋升职务、岗位和职员等级、职称;其中,被记过、记大过、降级、撤职的,不得晋升薪酬待遇等级。被撤职的,降低职务、岗位或者职员等级,同时降低薪酬待遇。

第二十一条 国有企业管理人员在政务处分期内,不得晋升职务、岗位等级和职称;其中,被记过、记大过、降级、撤职的,不得晋升薪酬待遇等级。被撤职的,降低职务或者岗位等级,同时降低薪酬待遇。

第二十二条 基层群众性自治组织中从事管理的人员有违法行为的,监察机关可以予以警告、记过、记大过。

基层群众性自治组织中从事管理的人员受到政务处分的,应当由县级或者乡镇人民政府根据具体情况减发或者扣发补贴、奖金。

第二十三条 《中华人民共和国监察法》第十五条第六项规定的人员有违法行为的,监察机关可以予以警告、记过、记大过。情节严重的,由所在单位直接给予或者监察机关建议有关机关、单位给予降低薪酬待遇、调离岗位、解除人事关系或者劳动关系等处理。

《中华人民共和国监察法》第十五条第二项规定的人员,未担任公务员、参照《中华人民共和国公务员法》管理的人员、事业单位工作人员或者国有企业人员职务的,对其违法行为依照前款规定处理。

第二十四条 公职人员被开除,或者依照本法第二十三条规定,受到解除人事关系或者劳动关系处理的,不得录用为公务员以及参照《中华人民共和国公务员法》管理的人员。

第二十五条 公职人员违法取得的财物和用于违法行为的本人财物,除依法应当由其他机关没收、追缴或者责令退赔的,由监察机关没收、追缴或者责令退赔;应当退还原所有人或者原持有人的,依法予以退还;属于国家财产或者不应当退还以及无法退还的,上缴国库。

公职人员因违法行为获得的职务、职级、衔级、级别、岗位和职员等级、职称、待遇、资格、学历、学位、荣誉、奖励等其他利益,监察机关应当建议有关机关、单位、组织按规定予以纠正。

第二十六条 公职人员被开除的,自政务处分决定生效之日起,应当解除其与所在机关、单位的人事关系或者劳动关系。

公职人员受到开除以外的政务处分,在政务处分期内有悔改表现,并且没有再发生应当给予政务处分的违法行为的,政务处分期满后自动解除,晋升职务、职级、衔级、级别、岗位和职员等级、职称、薪酬待遇不再受原政务处分影响。但是,解除降级、撤职的,不恢复原职务、职级、衔级、级别、岗位和职员等级、职称、薪酬待遇。

第二十七条 已经退休的公职人员退休前或者退休后有违法行为的,不再给予政务处分,但是可以对其立案调查;依法应当予以降级、撤职、开除的,应当按照规定相应调整其享受的待遇,对其违法取得的财物和用于违法行为的本人财物依照本法第二十五条的规定处理。

已经离职或者死亡的公职人员在履职期间有违法行为的,依照前款规定处理。

第三章 违法行为及其适用的政务处分

第二十八条 有下列行为之一的,予以记过或者记大过;情节较重的,予以降级或者撤职;情节严重的,予以开除:

(一)散布有损宪法权威、中国共产党领导和国家声誉的言论的;

(二)参加旨在反对宪法、中国共产党领导和国家的集会、游行、示威等活动的;

(三)拒不执行或者变相不执行中国共产党和国家的路线方针政策、重大决策部署的;

(四)参加非法组织、非法活动的;

(五)挑拨、破坏民族关系,或者参加民族分裂活动的;

(六)利用宗教活动破坏民族团结和社会稳定的;

(七)在对外交往中损害国家荣誉和利益的。

有前款第二项、第四项、第五项和第六项行为之一的,对策划者、组织者和骨干分子,予以开除。

公开发表反对宪法确立的国家指导思想,反对中国共产党领导,反对社会主义制度,反对改革开放的文章、演说、宣言、声明等的,予以开除。

第二十九条 不按照规定请示、报告重大事项,情节较重的,予以警告、记过或者记大过;情节严重的,予以降级或者撤职。

违反个人有关事项报告规定,隐瞒不报,情节较重的,予以警告、记过或者记大过。

篡改、伪造本人档案资料的,予以记过或者记大过;情节严重的,予以降级或者撤职。

第三十条 有下列行为之一的,予以警告、记过或者记大过;情节严重的,予以降级或者撤职:

(一)违反民主集中制原则,个人或者少数人决定重大事项,或者拒不执行、擅自改变集体作出的重大决定的;

(二)拒不执行或者变相不执行、拖延执行上级依法作出的决定、命令的。

第三十一条 违反规定出境或者办理因私出境证件的,予以记过或者记大过;情节严重的,予以降级或者撤职。

违反规定取得外国国籍或者获取境外永久居留资格、长期居留许可的,予以撤职或者开除。

第三十二条　有下列行为之一的，予以警告、记过或者记大过；情节较重的，予以降级或者撤职；情节严重的，予以开除：

（一）在选拔任用、录用、聘用、考核、晋升、评选等干部人事工作中违反有关规定的；

（二）弄虚作假，骗取职务、职级、衔级、级别、岗位和职员等级、职称、待遇、资格、学历、学位、荣誉、奖励或者其他利益的；

（三）对依法行使批评、申诉、控告、检举等权利的行为进行压制或者打击报复的；

（四）诬告陷害，意图使他人受到名誉损害或者责任追究等不良影响的；

（五）以暴力、威胁、贿赂、欺骗等手段破坏选举的。

第三十三条　有下列行为之一的，予以警告、记过或者记大过；情节较重的，予以降级或者撤职；情节严重的，予以开除：

（一）贪污贿赂的；

（二）利用职权或者职务上的影响为本人或者他人谋取私利的；

（三）纵容、默许特定关系人利用本人职权或者职务上的影响谋取私利的。

拒不按照规定纠正特定关系人违规任职、兼职或者从事经营活动，且不服从职务调整的，予以撤职。

第三十四条　收受可能影响公正行使公权力的礼品、礼金、有价证券等财物的，予以警告、记过或者记大过；情节较重的，予以降级或者撤职；情节严重的，予以开除。

向公职人员及其特定关系人赠送可能影响公正行使公权力的礼品、礼金、有价证券等财物，或者接受、提供可能影响公正行使公权力的宴请、旅游、健身、娱乐等活动安排，情节较重的，予以警告、记过或者记大过；情节严重的，予以降级或者撤职。

第三十五条　有下列行为之一，情节较重的，予以警告、记过或者记大过；情节严重的，予以降级或者撤职：

（一）违反规定设定、发放薪酬或者津贴、补贴、奖金的；

（二）违反规定，在公务接待、公务交通、会议活动、办公用房以及其他工作生活保障等方面超标准、超范围的；

（三）违反规定公款消费的。

第三十六条　违反规定从事或者参与营利性活动，或者违反规定兼任职务、领取报酬的，予以警告、记过或者记大过；情节较重的，予以降级或者撤职；情节严重的，予以开除。

第三十七条　利用宗族或者黑恶势力等欺压群众，或者纵容、包庇黑恶势力活动的，予以撤职；情节严重的，予以开除。

第三十八条　有下列行为之一，情节较重的，予以警告、记过或者记大过；情节严重的，予以降级或者撤职：

（一）违反规定向管理服务对象收取、摊派财物的；

（二）在管理服务活动中故意刁难、吃拿卡要的；

（三）在管理服务活动中态度恶劣粗暴，造成不良后果或者影响的；

（四）不按照规定公开工作信息，侵犯管理服务对象知情权，造成不良后果或者影响的；

（五）其他侵犯管理服务对象利益的行为，造成不良后果或者影响的。

有前款第一项、第二项和第五项行为，情节特别严重的，予以开除。

第三十九条 有下列行为之一，造成不良后果或者影响的，予以警告、记过或者记大过；情节较重的，予以降级或者撤职；情节严重的，予以开除：

（一）滥用职权，危害国家利益、社会公共利益或者侵害公民、法人、其他组织合法权益的；

（二）不履行或者不正确履行职责，玩忽职守，贻误工作的；

（三）工作中有形式主义、官僚主义行为的；

（四）工作中有弄虚作假、误导、欺骗行为的；

（五）泄露国家秘密、工作秘密，或者泄露因履行职责掌握的商业秘密、个人隐私的。

第四十条 有下列行为之一的，予以警告、记过或者记大过；情节较重的，予以降级或者撤职；情节严重的，予以开除：

（一）违背社会公序良俗，在公共场所有不当行为，造成不良影响的；

（二）参与或者支持迷信活动，造成不良影响的；

（三）参与赌博的；

（四）拒不承担赡养、抚养、扶养义务的；

（五）实施家庭暴力，虐待、遗弃家庭成员的；

（六）其他严重违反家庭美德、社会公德的行为。

吸食、注射毒品，组织赌博，组织、支持、参与卖淫、嫖娼、色情淫乱活动的，予以撤职或者开除。

第四十一条 公职人员有其他违法行为，影响公职人员形象，损害国家和人民利益的，可以根据情节轻重给予相应政务处分。

第四章 政务处分的程序

第四十二条 监察机关对涉嫌违法的公职人员进行调查，应当由二名以上工作人员进行。监察机关进行调查时，有权依法向有关单位和个人了解情况，收集、调取证据。有关单位和个人应当如实提供情况。

严禁以威胁、引诱、欺骗及其他非法方式收集证据。以非法方式收集的证据不得作为给予政务处分的依据。

第四十三条 作出政务处分决定前,监察机关应当将调查认定的违法事实及拟给予政务处分的依据告知被调查人,听取被调查人的陈述和申辩,并对其陈述的事实、理由和证据进行核实,记录在案。被调查人提出的事实、理由和证据成立的,应予采纳。不得因被调查人的申辩而加重政务处分。

第四十四条 调查终结后,监察机关应当根据下列不同情况,分别作出处理:

(一)确有应受政务处分的违法行为的,根据情节轻重,按照政务处分决定权限,履行规定的审批手续后,作出政务处分决定;

(二)违法事实不能成立的,撤销案件;

(三)符合免予、不予政务处分条件的,作出免予、不予政务处分决定;

(四)被调查人涉嫌其他违法或者犯罪行为的,依法移送主管机关处理。

第四十五条 决定给予政务处分的,应当制作政务处分决定书。

政务处分决定书应当载明下列事项:

(一)被处分人的姓名、工作单位和职务;

(二)违法事实和证据;

(三)政务处分的种类和依据;

(四)不服政务处分决定,申请复审、复核的途径和期限;

(五)作出政务处分决定的机关名称和日期。

政务处分决定书应当盖有作出决定的监察机关的印章。

第四十六条 政务处分决定书应当及时送达被处分人和被处分人所在机关、单位,并在一定范围内宣布。

作出政务处分决定后,监察机关应当根据被处分人的具体身份书面告知相关的机关、单位。

第四十七条 参与公职人员违法案件调查、处理的人员有下列情形之一的,应当自行回避,被调查人、检举人及其他有关人员也有权要求其回避:

(一)是被调查人或者检举人的近亲属的;

(二)担任过本案的证人的;

(三)本人或者其近亲属与调查的案件有利害关系的;

(四)可能影响案件公正调查、处理的其他情形。

第四十八条 监察机关负责人的回避,由上级监察机关决定;其他参与违法案件调查、处理人员的回避,由监察机关负责人决定。

监察机关或者上级监察机关发现参与违法案件调查、处理人员有应当回避情形的,可以直接决定该人员回避。

第四十九条 公职人员依法受到刑事责任追究的,监察机关应当根据司法机关的生效判决、裁定、决定及其认定的事实和情节,依照本法规定给予政务处分。

公职人员依法受到行政处罚,应当给予政务处分的,监察机关可以根据行政处罚决定认定的事实和情节,经立案调查核实后,依照本法给予政务处分。

监察机关根据本条第一款、第二款的规定作出政务处分后,司法机关、行政机关依法改变原生效判决、裁定、决定等,对原政务处分决定产生影响的,监察机关应当根据改变后的判决、裁定、决定等重新作出相应处理。

第五十条 监察机关对经各级人民代表大会、县级以上各级人民代表大会常务委员会选举或者决定任命的公职人员予以撤职、开除的,应当先依法罢免、撤销或者免去其职务,再依法作出政务处分决定。

监察机关对经中国人民政治协商会议各级委员会全体会议或者其常务委员会选举或者决定任命的公职人员予以撤职、开除的,应当先依章程免去其职务,再依法作出政务处分决定。

监察机关对各级人民代表大会代表、中国人民政治协商会议各级委员会委员给予政务处分的,应当向有关的人民代表大会常务委员会,乡、民族乡、镇的人民代表大会主席团或者中国人民政治协商会议委员会常务委员会通报。

第五十一条 下级监察机关根据上级监察机关的指定管辖决定进行调查的案件,调查终结后,对不属于本监察机关管辖范围内的监察对象,应当交有管理权限的监察机关依法作出政务处分决定。

第五十二条 公职人员涉嫌违法,已经被立案调查,不宜继续履行职责的,公职人员任免机关、单位可以决定暂停其履行职务。

公职人员在被立案调查期间,未经监察机关同意,不得出境、辞去公职;被调查公职人员所在机关、单位及上级机关、单位不得对其交流、晋升、奖励、处分或者办理退休手续。

第五十三条 监察机关在调查中发现公职人员受到不实检举、控告或者诬告陷害,造成不良影响的,应当按照规定及时澄清事实,恢复名誉,消除不良影响。

第五十四条 公职人员受到政务处分的,应当将政务处分决定书存入其本人档案。对于受到降级以上政务处分的,应当由人事部门按照管理权限在作出政务处分决定后一个月内办理职务、工资及其他有关待遇等的变更手续;特殊情况下,经批准可以适当延长办理期限,但是最长不得超过六个月。

第五章 复审、复核

第五十五条 公职人员对监察机关作出的涉及本人的政务处分决定不服的,可以依法向作出决定的监察机关申请复审;公职人员对复审决定仍不服的,可以向上一级监察机关申请复核。

监察机关发现本机关或者下级监察机关作出的政务处分决定确有错误的,应当及时予以纠正或者责令下级监察机关及时予以纠正。

第五十六条 复审、复核期间,不停止原政务处分决定的执行。

公职人员不因提出复审、复核而被加重政务处分。

第五十七条 有下列情形之一的,复审、复核机关应当撤销原政务处分决定,重新作出决定或者责令原作出决定的监察机关重新作出决定:

(一)政务处分所依据的违法事实不清或者证据不足的;

(二)违反法定程序,影响案件公正处理的;

(三)超越职权或者滥用职权作出政务处分决定的。

第五十八条 有下列情形之一的,复审、复核机关应当变更原政务处分决定,或者责令原作出决定的监察机关予以变更:

(一)适用法律、法规确有错误的;

(二)对违法行为的情节认定确有错误的;

(三)政务处分不当的。

第五十九条 复审、复核机关认为政务处分决定认定事实清楚,适用法律正确的,应当予以维持。

第六十条 公职人员的政务处分决定被变更,需要调整该公职人员的职务、职级、衔级、级别、岗位和职员等级或者薪酬待遇等的,应当按照规定予以调整。政务处分决定被撤销的,应当恢复该公职人员的级别、薪酬待遇,按照原职务、职级、衔级、岗位和职员等级安排相应的职务、职级、衔级、岗位和职员等级,并在原政务处分决定公布范围内为其恢复名誉。没收、追缴财物错误的,应当依法予以返还、赔偿。

公职人员因有本法第五十七条、第五十八条规定的情形被撤销政务处分或者减轻政务处分的,应当对其薪酬待遇受到的损失予以补偿。

第六章 法 律 责 任

第六十一条 有关机关、单位无正当理由拒不采纳监察建议的,由其上级机关、主管部门责令改正,对该机关、单位给予通报批评,对负有责任的领导人员和直接责任人员依法给予处理。

第六十二条 有关机关、单位、组织或者人员有下列情形之一的,由其上级机关,主管部门,任免机关、单位或者监察机关责令改正,依法给予处理:

(一)拒不执行政务处分决定的;

(二)拒不配合或者阻碍调查的;

(三)对检举人、证人或者调查人员进行打击报复的;

(四)诬告陷害公职人员的;

(五)其他违反本法规定的情形。

第六十三条 监察机关及其工作人员有下列情形之一的,对负有责任的领导人员和直接责任人员依法给予处理:

(一)违反规定处置问题线索的;

（二）窃取、泄露调查工作信息，或者泄露检举事项、检举受理情况以及检举人信息的；

（三）对被调查人或者涉案人员逼供、诱供，或者侮辱、打骂、虐待、体罚或者变相体罚的；

（四）收受被调查人或者涉案人员的财物以及其他利益的；

（五）违反规定处置涉案财物的；

（六）违反规定采取调查措施的；

（七）利用职权或者职务上的影响干预调查工作、以案谋私的；

（八）违反规定发生办案安全事故，或者发生安全事故后隐瞒不报、报告失实、处置不当的；

（九）违反回避等程序规定，造成不良影响的；

（十）不依法受理和处理公职人员复审、复核的；

（十一）其他滥用职权、玩忽职守、徇私舞弊的行为。

第六十四条　违反本法规定，构成犯罪的，依法追究刑事责任。

第七章　附　则

第六十五条　国务院及其相关主管部门根据本法的原则和精神，结合事业单位、国有企业等的实际情况，对事业单位、国有企业等的违法的公职人员处分事宜作出具体规定。

第六十六条　中央军事委员会可以根据本法制定相关具体规定。

第六十七条　本法施行前，已结案的案件如果需要复审、复核，适用当时的规定。尚未结案的案件，如果行为发生时的规定不认为是违法的，适用当时的规定；如果行为发生时的规定认为是违法的，依照当时的规定处理，但是如果本法不认为是违法或者根据本法处理较轻的，适用本法。

第六十八条　本法自 2020 年 7 月 1 日起施行。

8. 事业单位工作人员处分暂行规定

（人力资源社会保障部部务会、监察部部长办公会审议通过，
自 2012 年 9 月 1 日起施行）

第一章　总　则

第一条　为严肃事业单位纪律，规范事业单位工作人员行为，保证事业单位及

其工作人员依法履行职责,制定本规定。

第二条　事业单位工作人员违法违纪,应当承担纪律责任的,依照本规定给予处分。

对法律、法规授权的具有公共事务管理职能的事业单位中经批准参照《中华人民共和国公务员法》管理的工作人员给予处分,参照《行政机关公务员处分条例》的有关规定办理。

对行政机关任命的事业单位工作人员,法律、法规授权的具有公共事务管理职能的事业单位中不参照《中华人民共和国公务员法》管理的工作人员,国家行政机关依法委托从事公共事务管理活动的事业单位工作人员给予处分,适用本规定;但监察机关对上述人员违法违纪行为进行调查处理的程序和作出处分决定的权限,以及作为监察对象的事业单位工作人员对处分决定不服向监察机关提出申诉的,依照《中华人民共和国行政监察法》及其实施条例办理。

第三条　给予事业单位工作人员处分,应当坚持公正、公平和教育与惩处相结合的原则。

给予事业单位工作人员处分,应当与其违法违纪行为的性质、情节、危害程度相适应。

给予事业单位工作人员处分,应当事实清楚、证据确凿、定性准确、处理恰当、程序合法、手续完备。

第四条　事业单位工作人员涉嫌犯罪的,应当移送司法机关依法追究刑事责任。

第二章　处分的种类和适用

第五条　处分的种类为:

(一)警告;

(二)记过;

(三)降低岗位等级或者撤职;

(四)开除。

其中,撤职处分适用于行政机关任命的事业单位工作人员。

第六条　受处分的期间为:

(一)警告,6个月;

(二)记过,12个月;

(三)降低岗位等级或者撤职,24个月。

第七条　事业单位工作人员受到警告处分的,在受处分期间,不得聘用到高于现聘岗位等级的岗位;在作出处分决定的当年,年度考核不能确定为优秀等次。

事业单位工作人员受到记过处分的,在受处分期间,不得聘用到高于现聘岗位等级的岗位,年度考核不得确定为合格及以上等次。

事业单位工作人员受到降低岗位等级处分的,自处分决定生效之日起降低一个以上岗位等级聘用,按照事业单位收入分配有关规定确定其工资待遇;在受处分期间,不得聘用到高于受处分后所聘岗位等级的岗位,年度考核不得确定为基本合格及以上等次。

行政机关任命的事业单位工作人员在受处分期间的任命、考核、工资待遇按照干部人事管理权限,参照本条第一款、第二款、第三款规定执行。

事业单位工作人员受到开除处分的,自处分决定生效之日起,终止其与事业单位的人事关系。

第八条 事业单位工作人员受到记过以上处分的,在受处分期间不得参加本专业(技术、技能)领域专业技术职务任职资格或者工勤技能人员技术等级考试(评审)。应当取消专业技术职务任职资格或者职业资格的,按照有关规定办理。

第九条 事业单位工作人员同时有两种以上需要给予处分的行为的,应当分别确定其处分。应当给予的处分种类不同的,执行其中最重的处分;应当给予开除以外多个相同种类处分的,执行该处分,但处分期应当按照一个处分期以上、两个处分期之和以下确定。

事业单位工作人员在受处分期间受到新的处分的,其处分期为原处分期尚未执行的期限与新处分期限之和,但是最长不得超过48个月。

第十条 事业单位工作人员两人以上共同违法违纪,需要给予处分的,按照各自应当承担的责任,分别给予相应的处分。

第十一条 有下列情形之一的,应当从重处分:
(一)在两人以上的共同违法违纪行为中起主要作用的;
(二)隐匿、伪造、销毁证据的;
(三)串供或者阻止他人揭发检举、提供证据材料的;
(四)包庇同案人员的;
(五)法律、法规、规章规定的其他从重情节。

第十二条 有下列情形之一的,应当从轻处分:
(一)主动交代违法违纪行为的;
(二)主动采取措施,有效避免或者挽回损失的;
(三)检举他人重大违法违纪行为,情况属实的。

第十三条 事业单位工作人员主动交代违法违纪行为,并主动采取措施有效避免或者挽回损失的,应当减轻处分或者免予处分。

事业单位工作人员违法违纪行为情节轻微,经过批评教育后改正的,可以免予处分。

第十四条 事业单位工作人员有本规定第十一条、第十二条规定情形之一的,应当在本规定第三章规定的处分幅度以内从重或者从轻给予处分。

事业单位工作人员有本规定第十三条第一款规定情形的,应当在本规定第三章规定的处分幅度以外,减轻一个处分的档次给予处分。应当给予警告处分,又有减轻处分的情形的,免予处分。

第十五条 事业单位有违法违纪行为,应当追究纪律责任的,依法对负有责任的领导人员和直接责任人员给予处分。

第三章 违法违纪行为及其适用的处分

第十六条 有下列行为之一的,给予记过处分;情节较重的,给予降低岗位等级或者撤职处分;情节严重的,给予开除处分:

(一)散布损害国家声誉的言论,组织或者参加旨在损害国家利益的集会、游行、示威等活动的;

(二)组织或者参加非法组织的;

(三)接受境外资助从事损害国家利益或者危害国家安全活动的;

(四)接受损害国家荣誉和利益的境外邀请、奖励,经批评教育拒不改正的;

(五)违反国家民族宗教法规和政策,造成不良后果的;

(六)非法出境、未经批准获取境外永久居留资格或者取得外国国籍的;

(七)携带含有依法禁止内容的书刊、音像制品、电子读物进入国(境)内的;

(八)其他违反政治纪律的行为。

有前款第(一)项至第(三)项规定的行为,但属于不明真相被裹挟参加、经批评教育后确有悔改表现的,可以减轻或者免予处分。

第十七条 有下列行为之一的,给予警告或者记过处分;情节较重的,给予降低岗位等级或者撤职处分;情节严重的,给予开除处分:

(一)在执行国家重要任务、应对公共突发事件中,不服从指挥、调遣或者消极对抗的;

(二)破坏正常工作秩序,给国家或者公共利益造成损失的;

(三)违章指挥、违规操作,致使人民生命财产遭受损失的;

(四)发生重大事故、灾害、事件,擅离职守或者不按规定报告、不采取措施处置或者处置不力的;

(五)在项目评估评审、产品认证、设备检测检验等工作中徇私舞弊,或者违反规定造成不良影响的;

(六)泄露国家秘密的;

(七)泄露因工作掌握的内幕信息,造成不良后果的;

(八)采取不正当手段为本人或者他人谋取岗位,或者在事业单位公开招聘等人事管理工作中有其他违反组织人事纪律行为的;

第二部分　职务违法案件查处的国家法律法规　241

（九）其他违反工作纪律失职渎职的行为。

有前款第（六）项规定行为的，给予记过以上处分。

第十八条　有下列行为之一的，给予警告或者记过处分；情节较重的，给予降低岗位等级或者撤职处分；情节严重的，给予开除处分：

（一）贪污、索贿、受贿、行贿、介绍贿赂、挪用公款的；

（二）利用工作之便为本人或者他人谋取不正当利益的；

（三）在公务活动或者工作中接受礼金、各种有价证券、支付凭证的；

（四）利用知悉或者掌握的内幕信息谋取利益的；

（五）用公款旅游或者变相用公款旅游的；

（六）违反国家规定，从事、参与营利性活动或者兼任职务领取报酬的；

（七）其他违反廉洁从业纪律的行为。

有前款第（一）项规定行为的，给予记过以上处分。

第十九条　有下列行为之一的，给予警告或者记过处分；情节较重的，给予降低岗位等级或者撤职处分；情节严重的，给予开除处分：

（一）违反国家财政收入上缴有关规定的；

（二）违反规定使用、骗取财政资金或者社会保险基金的；

（三）擅自设定收费项目或者擅自改变收费项目的范围、标准和对象的；

（四）挥霍、浪费国家资财或者造成国有资产流失的；

（五）违反国有资产管理规定，擅自占有、使用、处置国有资产的；

（六）在招标投标和物资采购工作中违反有关规定，造成不良影响或者损失的；

（七）其他违反财经纪律的行为。

第二十条　有下列行为之一的，给予警告或者记过处分；情节较重的，给予降低岗位等级或者撤职处分；情节严重的，给予开除处分：

（一）利用专业技术或者技能实施违法违纪行为的；

（二）有抄袭、剽窃、侵吞他人学术成果，伪造、篡改数据文献，或者捏造事实等学术不端行为的；

（三）利用职业身份进行利诱、威胁或者误导，损害他人合法权益的；

（四）利用权威、地位或者掌控的资源，压制不同观点，限制学术自由，造成重大损失或者不良影响的；

（五）在申报岗位、项目、荣誉等过程中弄虚作假的；

（六）工作态度恶劣，造成不良社会影响的；

（七）其他严重违反职业道德的行为。

有前款第（一）项规定行为的，给予记过以上处分。

第二十一条　有下列行为之一的，给予警告或者记过处分；情节较重的，给予降低岗位等级或者撤职处分；情节严重的，给予开除处分：

（一）制造、传播违法违禁物品及信息的；

（二）组织、参与卖淫、嫖娼等色情活动的；

（三）吸食毒品或者组织、参与赌博活动的；

（四）违反规定超计划生育的；

（五）包养情人的；

（六）有虐待、遗弃家庭成员，或者拒不承担赡养、抚养、扶养义务等的；

（七）其他严重违反公共秩序、社会公德的行为。

有前款第（二）项、第（三）项、第（四）项、第（五）项规定行为的，给予降低岗位等级或者撤职以上处分。

第二十二条　事业单位工作人员被依法判处刑罚的，给予降低岗位等级或者撤职以上处分。其中，被依法判处有期徒刑以上刑罚的，给予开除处分。

行政机关任命的事业单位工作人员，被依法判处刑罚的，给予开除处分。

第四章　处分的权限和程序

第二十三条　对事业单位工作人员的处分，按照以下权限决定：

（一）警告、记过、降低岗位等级或者撤职处分，按照干部人事管理权限，由事业单位或者事业单位主管部门决定。其中，由事业单位决定的，应当报事业单位主管部门备案。

（二）开除处分由事业单位主管部门决定，并报同级事业单位人事综合管理部门备案。

对中央和地方直属事业单位工作人员的处分，按照干部人事管理权限，由本单位或者有关部门决定；其中，由本单位作出开除处分决定的，报同级事业单位人事综合管理部门备案。

第二十四条　对事业单位工作人员的处分，按照以下程序办理：

（一）对事业单位工作人员违法违纪行为初步调查后，需要进一步查证的，应当按照干部人事管理权限，经事业单位负责人批准或者有关部门同意后立案；

（二）对被调查的事业单位工作人员的违法违纪行为作进一步调查，收集、查证有关证据材料，并形成书面调查报告；

（三）将调查认定的事实及拟给予处分的依据告知被调查的事业单位工作人员，听取其陈述和申辩，并对其所提出的事实、理由和证据进行复核，记录在案。被调查的事业单位工作人员提出的事实、理由和证据成立的，应予采信；

（四）按照处分决定权限，作出对该事业单位工作人员给予处分、免予处分或者撤销案件的决定；

（五）处分决定单位印发处分决定；

（六）将处分决定以书面形式通知受处分事业单位工作人员本人和有关单位，

并在一定范围内宣布；

（七）将处分决定存入受处分事业单位工作人员的档案。

处分决定自作出之日起生效。

第二十五条 事业单位工作人员涉嫌违法违纪，已经被立案调查，不宜继续履行职责的，可以按照干部人事管理权限，由事业单位或者有关部门暂停其职责。

被调查的事业单位工作人员在违法违纪案件立案调查期间，不得解除聘用合同、出国（境）或者办理退休手续。

第二十六条 对事业单位工作人员违法违纪案件进行调查，应当由两名以上办案人员进行；接受调查的单位和个人应当如实提供情况。

以暴力、威胁、引诱、欺骗等非法方式收集的证据不得作为定案的根据。

第二十七条 参与事业单位工作人员违法违纪案件调查、处理的人员有下列情形之一的，应当提出回避申请；被调查的事业单位工作人员以及与案件有利害关系的公民、法人或者其他组织有权要求其回避：

（一）与被调查的事业单位工作人员有夫妻关系、直系血亲、三代以内旁系血亲关系或者近姻亲关系的；

（二）与被调查的案件有利害关系的；

（三）与被调查的事业单位工作人员有其他关系，可能影响案件公正处理的。

第二十八条 处分决定单位负责人的回避，按照干部人事管理权限决定；其他参与违法违纪案件调查、处理的人员的回避，由处分决定单位负责人决定。

处分决定单位发现参与违法违纪案件调查、处理的人员有应当回避情形的，可以直接决定该人员回避。

第二十九条 给予事业单位工作人员处分，应当自批准立案之日起6个月内作出决定；案情复杂或者遇有其他特殊情形的可以延长，但是办案期限最长不得超过12个月。

第三十条 处分决定应当包括下列内容：

（一）受处分事业单位工作人员的姓名、工作单位、原所聘岗位（所任职务）名称及等级等基本情况；

（二）经查证的违法违纪事实；

（三）处分的种类、受处分的期间和依据；

（四）不服处分决定的申诉途径和期限；

（五）处分决定单位的名称、印章和作出决定的日期。

第三十一条 事业单位工作人员受到开除处分后，事业单位应当及时办理档案和社会保险关系转移手续，具体办法按照有关规定执行。

第五章　处分的解除

第三十二条 事业单位工作人员受开除以外的处分，在受处分期间有悔改表现,并且没有再出现违法违纪情形的,处分期满,经原处分决定单位批准后解除处分。

事业单位工作人员在受处分期间终止或解除聘用合同的,处分期满后,自然解除处分。受处分事业单位工作人员要求原处分决定单位提供解除处分相关证明的,原处分决定单位应当予以提供。

第三十三条 事业单位工作人员在受处分期间有重大立功表现,按照有关规定给予个人记功以上奖励的,经批准后可以提前解除处分。

第三十四条 事业单位工作人员处分的解除或者提前解除,按照以下程序办理:

(一)按照干部人事管理权限,事业单位或者有关部门对受处分事业单位工作人员在受处分期间的表现情况,进行全面了解,并形成书面报告;

(二)按照处分决定权限,作出解除或者提前解除处分的决定;

(三)印发解除或者提前解除处分的决定;

(四)将解除或者提前解除处分的决定以书面形式通知本人,并在原宣布处分的范围内宣布;

(五)将解除或者提前解除处分的决定存入该工作人员的档案。

解除处分决定自作出之日起生效。

第三十五条 事业单位工作人员处分的解除或者提前解除按照本规定第二十七条、第二十八条的规定执行回避。

第三十六条 解除或者提前解除处分的决定应当包括原处分的种类和解除或者提前解除处分的依据,以及该工作人员在受处分期间的表现情况等内容。

第三十七条 处分解除后,考核、竞聘上岗和晋升工资按照国家有关规定执行,不再受原处分的影响。但是,受到降低岗位等级或者撤职处分的,不视为恢复受处分前的岗位等级和工资待遇。

第三十八条 解除处分的决定应当在处分期满后一个月内作出。

第六章 复核和申诉

第三十九条 受到处分的事业单位工作人员对处分决定不服的,可以自知道或者应当知道该处分决定之日起三十日内向原处分决定单位申请复核。对复核结果不服的,可以自接到复核决定之日起三十日内,按照规定向原处分决定单位的主管部门或者同级事业单位人事综合管理部门提出申诉。

受到处分的中央和地方直属事业单位工作人员的申诉,按照干部人事管理权限,由同级事业单位人事综合管理部门受理。

第四十条 原处分决定单位应当自接到复核申请后的三十日内作出复核决定。受理申诉的单位应当自受理之日起六十日内作出处理决定;案情复杂的,可以适当延长,但是延长期限最多不超过三十日。

复核、申诉期间不停止处分的执行。

事业单位工作人员不因提出复核、申诉而被加重处分。

第四十一条 有下列情形之一的,受理处分复核、申诉的单位应当撤销处分决定,重新作出决定或者责令原处分决定单位重新作出决定:

(一)处分所依据的事实不清、证据不足的;

(二)违反规定程序,影响案件公正处理的;

(三)超越职权或者滥用职权作出处分决定的。

第四十二条 有下列情形之一的,受理复核、申诉的单位应当变更处分决定或者责令原处分决定单位变更处分决定:

(一)适用法律、法规、规章错误的;

(二)对违法违纪行为的情节认定有误的;

(三)处分不当的。

第四十三条 事业单位工作人员的处分决定被变更,需要调整该工作人员的岗位等级或者工资待遇的,应当按照规定予以调整;事业单位工作人员的处分决定被撤销的,应当恢复该工作人员的岗位等级、工资待遇,按照原岗位等级安排相应的岗位,并在适当范围内为其恢复名誉。

被撤销处分或者被减轻处分的事业单位工作人员工资待遇受到损失的,应当予以补偿。

第七章 附 则

第四十四条 已经退休的事业单位工作人员有违法违纪行为应当受到处分的,不再作出处分决定。但是,应当给予降低岗位等级或者撤职以上处分的,相应降低或者取消其享受的待遇。

第四十五条 对事业单位工作人员处分工作中有滥用职权、玩忽职守、徇私舞弊、收受贿赂等违法违纪行为的工作人员,按照有关规定给予处分;涉嫌犯罪的,移送司法机关依法追究刑事责任。

第四十六条 对机关工勤人员给予处分,参照本规定执行。

第四十七条 教育、医疗卫生、科技、体育等部门,可以依据本规定,结合自身工作的实际情况,与国务院人力资源社会保障部门和国务院监察机关联合制定具体办法。

第四十八条 本规定自 2012 年 9 月 1 日起施行。

9. 中华人民共和国监察法实施条例

(2021年7月20日国家监察委员会全体会议决定，
自2021年9月20日起施行)

目 录

第一章 总 则
第二章 监察机关及其职责
第三章 监察范围和管辖
第四章 监察权限
第五章 监察程序
第六章 反腐败国际合作
第七章 对监察机关和监察人员的监督
第八章 法律责任
第九章 附 则

第一章 总 则

第一条 为了推动监察工作法治化、规范化，根据《中华人民共和国监察法》（以下简称监察法），结合工作实际，制定本条例。

第二条 坚持中国共产党对监察工作的全面领导，增强政治意识、大局意识、核心意识、看齐意识，坚定中国特色社会主义道路自信、理论自信、制度自信、文化自信，坚决维护习近平总书记党中央的核心、全党的核心地位，坚决维护党中央权威和集中统一领导，把党的领导贯彻到监察工作各方面和全过程。

第三条 监察机关与党的纪律检查机关合署办公，坚持法治思维和法治方式，促进执纪执法贯通、有效衔接司法，实现依纪监督和依法监察、适用纪律和适用法律有机融合。

第四条 监察机关应当依法履行监督、调查、处置职责，坚持实事求是，坚持惩前毖后、治病救人，坚持惩戒与教育相结合，实现政治效果、法律效果和社会效果相统一。

第五条 监察机关应当坚定不移惩治腐败，推动深化改革、完善制度，规范权力运行，加强思想道德教育、法治教育、廉洁教育，引导公职人员提高觉悟、担当作为、依法履职,一体推进不敢腐、不能腐、不想腐体制机制建设。

第六条 监察机关坚持民主集中制,对于线索处置、立案调查、案件审理、处置执行、复审复核中的重要事项应当集体研究,严格按照权限履行请示报告程序。

第七条 监察机关应当在适用法律上一律平等,充分保障监察对象以及相关人员的人身权、知情权、财产权、申辩权、申诉权以及申请复审复核权等合法权益。

第八条 监察机关办理职务犯罪案件,应当与人民法院、人民检察院互相配合、互相制约,在案件管辖、证据审查、案件移送、涉案财物处置等方面加强沟通协调,对于人民法院、人民检察院提出的退回补充调查、排除非法证据、调取同步录音录像、要求调查人员出庭等意见依法办理。

第九条 监察机关开展监察工作,可以依法提请组织人事、公安、国家安全、审计、统计、市场监管、金融监管、财政、税务、自然资源、银行、证券、保险等有关部门、单位予以协助配合。

有关部门、单位应当根据监察机关的要求,依法协助采取有关措施、共享相关信息、提供相关资料和专业技术支持,配合开展监察工作。

第二章 监察机关及其职责

第一节 领导体制

第十条 国家监察委员会在党中央领导下开展工作。地方各级监察委员会在同级党委和上级监察委员会双重领导下工作,监督执法调查工作以上级监察委员会领导为主,线索处置和案件查办在向同级党委报告的同时应当一并向上一级监察委员会报告。

上级监察委员会应当加强对下级监察委员会的领导。下级监察委员会对上级监察委员会的决定必须执行,认为决定不当的,应当在执行的同时向上级监察委员会反映。上级监察委员会对下级监察委员会作出的错误决定,应当按程序予以纠正,或者要求下级监察委员会予以纠正。

第十一条 上级监察委员会可以依法统一调用所辖各级监察机关的监察人员办理监察事项。调用决定应当以书面形式作出。

监察机关办理监察事项应当加强互相协作和配合,对于重要、复杂事项可以提请上级监察机关予以协调。

第十二条 各级监察委员会依法向本级中国共产党机关、国家机关、法律法规授权或者受委托管理公共事务的组织和单位以及所管辖的国有企业事业单位等派驻或者派出监察机构、监察专员。

省级和设区的市级监察委员会依法向地区、盟、开发区等不设置人民代表大会的区域派出监察机构或者监察专员。县级监察委员会和直辖市所辖区(县)监察委员会可以向街道、乡镇等区域派出监察机构或者监察专员。

监察机构、监察专员开展监察工作,受派出机关领导。

第十三条 派驻或者派出的监察机构、监察专员根据派出机关授权,按照管理权限依法对派驻或者派出监督单位、区域等的公职人员开展监督,对职务违法和职务犯罪进行调查、处置。监察机构、监察专员可以按规定与地方监察委员会联合调查严重职务违法、职务犯罪,或者移交地方监察委员会调查。

未被授予职务犯罪调查权的监察机构、监察专员发现监察对象涉嫌职务犯罪线索的,应当及时向派出机关报告,由派出机关调查或者依法移交有关地方监察委员会调查。

第二节 监察监督

第十四条 监察机关依法履行监察监督职责,对公职人员政治品行、行使公权力和道德操守情况进行监督检查,督促有关机关、单位加强对所属公职人员的教育、管理、监督。

第十五条 监察机关应当坚决维护宪法确立的国家指导思想,加强对公职人员特别是领导人员坚持党的领导、坚持中国特色社会主义制度,贯彻落实党和国家路线方针政策、重大决策部署,履行从严管理监督职责,依法行使公权力等情况的监督。

第十六条 监察机关应当加强对公职人员理想教育、为人民服务教育、宪法法律法规教育、优秀传统文化教育,弘扬社会主义核心价值观,深入开展警示教育,教育引导公职人员树立正确的权力观、责任观、利益观,保持为民务实清廉本色。

第十七条 监察机关应当结合公职人员的职责加强日常监督,通过收集群众反映、座谈走访、查阅资料、召集或者列席会议、听取工作汇报和述责述廉、开展监督检查等方式,促进公职人员依法用权、秉公用权、廉洁用权。

第十八条 监察机关可以与公职人员进行谈心谈话,发现政治品行、行使公权力和道德操守方面有苗头性、倾向性问题的,及时进行教育提醒。

第十九条 监察机关对于发现的系统性、行业性的突出问题,以及群众反映强烈的问题,可以通过专项检查进行深入了解,督促有关机关、单位强化治理,促进公职人员履职尽责。

第二十条 监察机关应当以办案促进整改、以监督促进治理,在查清问题、依法处置的同时,剖析问题发生的原因,发现制度建设、权力配置、监督机制等方面存在的问题,向有关机关、单位提出改进工作的意见或者监察建议,促进完善制度,提高治理效能。

第二十一条 监察机关开展监察监督,应当与纪律监督、派驻监督、巡视监督统筹衔接,与人大监督、民主监督、行政监督、司法监督、审计监督、财会监督、统计监督、群众监督和舆论监督等贯通协调,健全信息、资源、成果共享等机制,形成监督合力。

第三节 监察调查

第二十二条 监察机关依法履行监察调查职责，依据监察法、《中华人民共和国公职人员政务处分法》（以下简称政务处分法）和《中华人民共和国刑法》（以下简称刑法）等规定对职务违法和职务犯罪进行调查。

第二十三条 监察机关负责调查的职务违法是指公职人员实施的与其职务相关联，虽不构成犯罪但依法应当承担法律责任的下列违法行为：

（一）利用职权实施的违法行为；

（二）利用职务上的影响实施的违法行为；

（三）履行职责不力、失职失责的违法行为；

（四）其他违反与公职人员职务相关的特定义务的违法行为。

第二十四条 监察机关发现公职人员存在其他违法行为，具有下列情形之一的，可以依法进行调查、处置：

（一）超过行政违法追究时效，或者超过犯罪追诉时效、未追究刑事责任，但需要依法给予政务处分的；

（二）被追究行政法律责任，需要依法给予政务处分的；

（三）监察机关调查职务违法或者职务犯罪时，对被调查人实施的事实简单、清楚，需要依法给予政务处分的其他违法行为一并查核的。

监察机关发现公职人员成为监察对象前有前款规定的违法行为的，依照前款规定办理。

第二十五条 监察机关依法对监察法第十一条第二项规定的职务犯罪进行调查。

第二十六条 监察机关依法调查涉嫌贪污贿赂犯罪，包括贪污罪、挪用公款罪、受贿罪、单位受贿罪、利用影响力受贿罪、行贿罪、对有影响力的人行贿罪、对单位行贿罪、介绍贿赂罪、单位行贿罪、巨额财产来源不明罪、隐瞒境外存款罪、私分国有资产罪、私分罚没财物罪，以及公职人员在行使公权力过程中实施的职务侵占罪、挪用资金罪、对外国公职人员、国际公共组织官员行贿罪、非国家工作人员受贿罪和相关联的对非国家工作人员行贿罪。

第二十七条 监察机关依法调查公职人员涉嫌滥用职权犯罪，包括滥用职权罪、国有公司、企业、事业单位人员滥用职权罪、滥用管理公司、证券职权罪、食品、药品监管渎职罪、故意泄露国家秘密罪、报复陷害罪、阻碍解救被拐卖、绑架妇女、儿童罪、帮助犯罪分子逃避处罚罪、违法发放林木采伐许可证罪、办理偷越国（边）境人员出入境证件罪、放行偷越国（边）境人员罪、挪用特定款物罪、非法剥夺公民宗教信仰自由罪、侵犯少数民族风俗习惯罪、打击报复会计、统计人员罪，以及司法工作人员以外的公职人员利用职权实施的非法拘禁罪、虐待被监管人罪、非法搜查罪。

第二十八条 监察机关依法调查公职人员涉嫌玩忽职守犯罪,包括玩忽职守罪,国有公司、企业、事业单位人员失职罪,签订、履行合同失职被骗罪,国家机关工作人员签订、履行合同失职被骗罪,环境监管失职罪,传染病防治失职罪,商检失职罪,动植物检疫失职罪,不解救被拐卖、绑架妇女、儿童罪,失职造成珍贵文物损毁、流失罪,过失泄露国家秘密罪。

第二十九条 监察机关依法调查公职人员涉嫌徇私舞弊犯罪,包括徇私舞弊低价折股、出售国有资产罪,非法批准征收、征用、占用土地罪,非法低价出让国有土地使用权罪,非法经营同类营业罪,为亲友非法牟利罪,枉法仲裁罪,徇私舞弊发售发票、抵扣税款、出口退税罪,商检徇私舞弊罪,动植物检疫徇私舞弊罪,放纵走私罪,放纵制售伪劣商品犯罪行为罪,招收公务员、学生徇私舞弊罪,徇私舞弊不移交刑事案件罪,违法提供出口退税凭证罪,徇私舞弊不征、少征税款罪。

第三十条 监察机关依法调查公职人员在行使公权力过程中涉及的重大责任事故犯罪,包括重大责任事故罪,教育设施重大安全事故罪,消防责任事故罪,重大劳动安全事故罪,强令、组织他人违章冒险作业罪,危险作业罪,不报、谎报安全事故罪,铁路运营安全事故罪,重大飞行事故罪,大型群众性活动重大安全事故罪,危险物品肇事罪,工程重大安全事故罪。

第三十一条 监察机关依法调查公职人员在行使公权力过程中涉及的其他犯罪,包括破坏选举罪,背信损害上市公司利益罪,金融工作人员购买假币、以假币换取货币罪,利用未公开信息交易罪,诱骗投资者买卖证券、期货合约罪,背信运用受托财产罪,违法运用资金罪,违法发放贷款罪,吸收客户资金不入账罪,违规出具金融票证罪,对违法票据承兑、付款、保证罪,非法转让、倒卖土地使用权罪,私自开拆、隐匿、毁弃邮件、电报罪,故意延误投递邮件罪,泄露不应公开的案件信息罪,披露、报道不应公开的案件信息罪,接送不合格兵员罪。

第三十二条 监察机关发现依法由其他机关管辖的违法犯罪线索,应当及时移送有管辖权的机关。

监察机关调查结束后,对于应当给予被调查人或者涉案人员行政处罚等其他处理的,依法移送有关机关。

第四节 监察处置

第三十三条 监察机关对违法的公职人员,依据监察法、政务处分法等规定作出政务处分决定。

第三十四条 监察机关在追究违法的公职人员直接责任的同时,依法对履行职责不力、失职失责,造成严重后果或者恶劣影响的领导人员予以问责。

监察机关应当组成调查组依法开展问责调查。调查结束后经集体讨论形成调查报告,需要进行问责的按照管理权限作出问责决定,或者向有权作出问责决定的机关、单位书面提出问责建议。

第三十五条　监察机关对涉嫌职务犯罪的人员，经调查认为犯罪事实清楚，证据确实、充分，需要追究刑事责任的，依法移送人民检察院审查起诉。

第三十六条　监察机关根据监督、调查结果，发现监察对象所在单位在廉政建设、权力制约、监督管理、制度执行以及履行职责等方面存在问题需要整改纠正的，依法提出监察建议。

监察机关应当跟踪了解监察建议的采纳情况，指导、督促有关单位限期整改，推动监察建议落实到位。

第三章　监察范围和管辖

第一节　监察对象

第三十七条　监察机关依法对所有行使公权力的公职人员进行监察，实现国家监察全面覆盖。

第三十八条　监察法第十五条第一项所称公务员范围，依据《中华人民共和国公务员法》（以下简称公务员法）确定。

监察法第十五条第一项所称参照公务员法管理的人员，是指有关单位中经批准参照公务员法进行管理的工作人员。

第三十九条　监察法第十五条第二项所称法律、法规授权或者受国家机关依法委托管理公共事务的组织中从事公务的人员，是指在上述组织中，除参照公务员法管理的人员外，对公共事务履行组织、领导、管理、监督等职责的人员，包括具有公共事务管理职能的行业协会等组织中从事公务的人员，以及法定检验检测、检疫等机构中从事公务的人员。

第四十条　监察法第十五条第三项所称国有企业管理人员，是指国家出资企业中的下列人员：

（一）在国有独资、全资公司、企业中履行组织、领导、管理、监督等职责的人员；

（二）经党组织或者国家机关，国有独资、全资公司、企业，事业单位提名、推荐、任命、批准等，在国有控股、参股公司及其分支机构中履行组织、领导、管理、监督等职责的人员；

（三）经国家出资企业中负有管理、监督国有资产职责的组织批准或者研究决定，代表其在国有控股、参股公司及其分支机构中从事组织、领导、管理、监督等工作的人员。

第四十一条　监察法第十五条第四项所称公办的教育、科研、文化、医疗卫生、体育等单位中从事管理的人员，是指国家为了社会公益目的，由国家机关举办或者其他组织利用国有资产举办的教育、科研、文化、医疗卫生、体育等事业单位中，从事组织、领导、管理、监督等工作的人员。

第四十二条 监察法第十五条第五项所称基层群众性自治组织中从事管理的人员,是指该组织中的下列人员:

(一)从事集体事务和公益事业管理的人员;

(二)从事集体资金、资产、资源管理的人员;

(三)协助人民政府从事行政管理工作的人员,包括从事救灾、防疫、抢险、防汛、优抚、帮扶、移民、救济款物的管理,社会捐助公益事业款物的管理,国有土地的经营和管理,土地征收、征用补偿费用的管理,代征、代缴税款,有关计划生育、户籍、征兵工作,协助人民政府等国家机关在基层群众性自治组织中从事的其他管理工作。

第四十三条 下列人员属于监察法第十五条第六项所称其他依法履行公职的人员:

(一)履行人民代表大会职责的各级人民代表大会代表,履行公职的中国人民政治协商会议各级委员会委员、人民陪审员、人民监督员;

(二)虽未列入党政机关人员编制,但在党政机关中从事公务的人员;

(三)在集体经济组织等单位、组织中,由党组织或者国家机关,国有独资、全资公司、企业,国家出资企业中负有管理监督国有和集体资产职责的组织,事业单位提名、推荐、任命、批准等,从事组织、领导、管理、监督等工作的人员;

(四)在依法组建的评标、谈判、询价等组织中代表国家机关,国有独资、全资公司、企业,事业单位,人民团体临时履行公共事务组织、领导、管理、监督等职责的人员;

(五)其他依法行使公权力的人员。

第四十四条 有关机关、单位、组织集体作出的决定违法或者实施违法行为的,监察机关应当对负有责任的领导人员和直接责任人员中的公职人员依法追究法律责任。

第二节 管 辖

第四十五条 监察机关开展监督、调查、处置,按照管理权限与属地管辖相结合的原则,实行分级负责制。

第四十六条 设区的市级以上监察委员会按照管理权限,依法管辖同级党委管理的公职人员涉嫌职务违法和职务犯罪案件。

县级监察委员会和直辖市所辖区(县)监察委员会按照管理权限,依法管辖本辖区内公职人员涉嫌职务违法和职务犯罪案件。

地方各级监察委员会按照本条例第十三条、第四十九条规定,可以依法管辖工作单位在本辖区内的有关公职人员涉嫌职务违法和职务犯罪案件。

监察机关调查公职人员涉嫌职务犯罪案件,可以依法对涉嫌行贿犯罪、介绍贿赂犯罪或者共同职务犯罪的涉案人员中的非公职人员一并管辖。非公职人员涉嫌利用影响力受贿罪的,按照其所利用的公职人员的管理权限确定管辖。

第四十七条　上级监察机关对于下一级监察机关管辖范围内的职务违法和职务犯罪案件,具有下列情形之一的,可以依法提级管辖:

（一）在本辖区有重大影响的;

（二）涉及多个下级监察机关管辖的监察对象,调查难度大的;

（三）其他需要提级管辖的重大、复杂案件。

上级监察机关对于所辖各级监察机关管辖范围内有重大影响的案件,必要时可以依法直接调查或者组织、指挥、参与调查。

地方各级监察机关所管辖的职务违法和职务犯罪案件,具有第一款规定情形的,可以依法报请上一级监察机关管辖。

第四十八条　上级监察机关可以依法将其所管辖的案件指定下级监察机关管辖。

设区的市级监察委员会将同级党委管理的公职人员涉嫌职务违法或者职务犯罪案件指定下级监察委员会管辖的,应当报省级监察委员会批准;省级监察委员会将同级党委管理的公职人员涉嫌职务违法或者职务犯罪案件指定下级监察委员会管辖的,应当报国家监察委员会相关监督检查部门备案。

上级监察机关对于下级监察机关管辖的职务违法和职务犯罪案件,具有下列情形之一,认为由其他下级监察机关管辖更为适宜的,可以依法指定给其他下级监察机关管辖:

（一）管辖有争议的;

（二）指定管辖有利于案件公正处理的;

（三）下级监察机关报请指定管辖的;

（四）其他有必要指定管辖的。

被指定的下级监察机关未经指定管辖的监察机关批准,不得将案件再行指定管辖。发现新的职务违法或者职务犯罪线索,以及其他重要情况、重大问题,应当及时向指定管辖的监察机关请示报告。

第四十九条　工作单位在地方、管理权限在主管部门的公职人员涉嫌职务违法和职务犯罪,一般由驻在主管部门、有管辖权的监察机构、监察专员管辖;经协商,监察机构、监察专员可以按规定移交公职人员工作单位所在地的地方监察委员会调查,或者与地方监察委员会联合调查。地方监察委员会在工作中发现上述公职人员有关问题线索,应当向驻在主管部门、有管辖权的监察机构、监察专员通报,并协商确定管辖。

前款规定单位的其他公职人员涉嫌职务违法和职务犯罪,可以由地方监察委员会管辖;驻在主管部门的监察机构、监察专员自行立案调查的,应当及时通报地方监察委员会。

地方监察委员会调查前两款规定案件,应当将立案、留置、移送审查起诉、撤销案件等重要情况向驻在主管部门的监察机构、监察专员通报。

第五十条 监察机关办理案件中涉及无隶属关系的其他监察机关的监察对象,认为需要立案调查的,应当商请有管理权限的监察机关依法立案调查。商请立案时,应当提供涉案人员基本情况、已经查明的涉嫌违法犯罪事实以及相关证据材料。

承办案件的监察机关认为由其一并调查更为适宜的,可以报请有权决定的上级监察机关指定管辖。

第五十一条 公职人员既涉嫌贪污贿赂、失职渎职等严重职务违法和职务犯罪,又涉嫌公安机关、人民检察院等机关管辖的犯罪,依法由监察机关为主调查的,应当由监察机关和其他机关分别依职权立案,监察机关承担组织协调职责,协调调查和侦查工作进度、重要调查和侦查措施使用等重要事项。

第五十二条 监察机关必要时可以依法调查司法工作人员利用职权实施的涉嫌非法拘禁、刑讯逼供、非法搜查等侵犯公民权利、损害司法公正的犯罪,并在立案后及时通报同级人民检察院。

监察机关在调查司法工作人员涉嫌贪污贿赂等职务犯罪中,可以对其涉嫌的前款规定的犯罪一并调查,并及时通报同级人民检察院。人民检察院在办理直接受理侦查的案件中,发现犯罪嫌疑人同时涉嫌监察机关管辖的其他职务犯罪,经沟通全案移送监察机关管辖的,监察机关应当依法进行调查。

第五十三条 监察机关对于退休公职人员在退休前或者退休后,或者离职、死亡的公职人员在履职期间实施的涉嫌职务违法或者职务犯罪行为,可以依法进行调查。

对前款规定人员,按照其原任职务的管辖规定确定管辖的监察机关;由其他监察机关管辖更为适宜的,可以依法指定或者交由其他监察机关管辖。

第四章 监察权限

第一节 一般要求

第五十四条 监察机关应当加强监督执法调查工作规范化建设,严格按规定对监察措施进行审批和监管,依照法定的范围、程序和期限采取相关措施,出具、送达法律文书。

第五十五条 监察机关在初步核实中,可以依法采取谈话、询问、查询、调取、勘验检查、鉴定措施;立案后可以采取讯问、留置、冻结、搜查、查封、扣押、通缉措施。需要采取技术调查、限制出境措施的,应当按照规定交有关机关依法执行。设区的市级以下监察机关在初步核实中不得采取技术调查措施。

开展问责调查，根据具体情况可以依法采取相关监察措施。

第五十六条 开展讯问、搜查、查封、扣押以及重要的谈话、询问等调查取证工作，应当全程同步录音录像，并保持录音录像资料的完整性。录音录像资料应当妥善保管、及时归档，留存备查。

人民检察院、人民法院需要调取同步录音录像的，监察机关应当予以配合，经审批依法予以提供。

第五十七条 需要商请其他监察机关协助收集证据材料的，应当依法出具《委托调查函》；商请其他监察机关对采取措施提供一般性协助的，应当依法出具《商请协助采取措施函》。商请协助事项涉及协助地监察机关管辖的监察对象的，应当由协助地监察机关按照所涉人员的管理权限报批。协助地监察机关对于协助请求，应当依法予以协助配合。

第五十八条 采取监察措施需要告知、通知相关人员的，应当依法办理。告知包括口头、书面两种方式，通知应当采取书面方式。采取口头方式告知的，应当将相关情况制作工作记录；采取书面方式告知、通知的，可以通过直接送交、邮寄、转交等途径送达，将有关回执或者凭证附卷。

无法告知、通知，或者相关人员拒绝接收的，调查人员应当在工作记录或者有关文书上记明。

第二节 证 据

第五十九条 可以用于证明案件事实的材料都是证据，包括：

（一）物证；

（二）书证；

（三）证人证言；

（四）被害人陈述；

（五）被调查人陈述、供述和辩解；

（六）鉴定意见；

（七）勘验检查、辨认、调查实验等笔录；

（八）视听资料、电子数据。

监察机关向有关单位和个人收集、调取证据时，应当告知其必须依法如实提供证据。对于不按要求提供有关材料，泄露相关信息，伪造、隐匿、毁灭证据，提供虚假情况或者阻止他人提供证据的，依法追究法律责任。

监察机关依照监察法和本条例规定收集的证据材料，经审查符合法定要求的，在刑事诉讼中可以作为证据使用。

第六十条 监察机关认定案件事实应当以证据为根据，全面、客观地收集、固定被调查人有无违法犯罪以及情节轻重的各种证据，形成相互印证、完整稳定的证据链。

只有被调查人陈述或者供述,没有其他证据的,不能认定案件事实;没有被调查人陈述或者供述,证据符合法定标准的,可以认定案件事实。

第六十一条 证据必须经过查证属实,才能作为定案的根据。审查认定证据,应当结合案件的具体情况,从证据与待证事实的关联程度、各证据之间的联系、是否依照法定程序收集等方面进行综合判断。

第六十二条 监察机关调查终结的职务违法案件,应当事实清楚、证据确凿。证据确凿,应当符合下列条件:

(一)定性处置的事实都有证据证实;

(二)定案证据真实、合法;

(三)据以定案的证据之间不存在无法排除的矛盾;

(四)综合全案证据,所认定事实清晰且令人信服。

第六十三条 监察机关调查终结的职务犯罪案件,应当事实清楚,证据确实、充分。证据确实、充分,应当符合下列条件:

(一)定罪量刑的事实都有证据证明;

(二)据以定案的证据均经法定程序查证属实;

(三)综合全案证据,对所认定事实已排除合理怀疑。

证据不足的,不得移送人民检察院审查起诉。

第六十四条 严禁以暴力、威胁、引诱、欺骗以及非法限制人身自由等非法方法收集证据,严禁侮辱、打骂、虐待、体罚或者变相体罚被调查人、涉案人员和证人。

第六十五条 对于调查人员采用暴力、威胁以及非法限制人身自由等非法方法收集的被调查人供述、证人证言、被害人陈述,应当依法予以排除。

前款所称暴力的方法,是指采用殴打、违法使用戒具等方法或者变相肉刑的恶劣手段,使人遭受难以忍受的痛苦而违背意愿作出供述、证言、陈述;威胁的方法,是指采用以暴力或者严重损害本人及其近亲属合法权益等进行威胁的方法,使人遭受难以忍受的痛苦而违背意愿作出供述、证言、陈述。

收集物证、书证不符合法定程序,可能严重影响案件公正处理的,应当予以补正或者作出合理解释;不能补正或者作出合理解释的,对该证据应当予以排除。

第六十六条 监察机关监督检查、调查、案件审理、案件监督管理等部门发现监察人员在办理案件中,可能存在以非法方法收集证据情形的,应当依据职责进行调查核实。对于被调查人控告、举报调查人员采用非法方法收集证据,并提供涉嫌非法取证的人员、时间、地点、方式和内容等材料或者线索的,应当受理并进行审核。根据现有材料无法证明证据收集合法性的,应当进行调查核实。

经调查核实,确认或者不能排除以非法方法收集证据的,对有关证据依法予以排除,不得作为案件定性处置、移送审查起诉的依据。认定调查人员非法取证的,应当依法处理，另行指派调查人员重新调查取证。

监察机关接到对下级监察机关调查人员采用非法方法收集证据的控告、举报，可以直接进行调查核实，也可以交由下级监察机关调查核实。交由下级监察机关调查核实的，下级监察机关应当及时将调查结果报告上级监察机关。

第六十七条 对收集的证据材料及扣押的财物应当妥善保管，严格履行交接、调用手续，定期对账核实，不得违规使用、调换、损毁或者自行处理。

第六十八条 监察机关对行政机关在行政执法和查办案件中收集的物证、书证、视听资料、电子数据、勘验、检查等笔录，以及鉴定意见等证据材料，经审查符合法定要求的，可以作为证据使用。

根据法律、行政法规规定行使国家行政管理职权的组织在行政执法和查办案件中收集的证据材料，视为行政机关收集的证据材料。

第六十九条 监察机关对人民法院、人民检察院、公安机关、国家安全机关等在刑事诉讼中收集的物证、书证、视听资料、电子数据、勘验、检查、辨认、侦查实验等笔录，以及鉴定意见等证据材料，经审查符合法定要求的，可以作为证据使用。

监察机关办理职务违法案件，对于人民法院生效刑事判决、裁定和人民检察院不起诉决定采信的证据材料，可以直接作为证据使用。

第三节　谈　　话

第七十条 监察机关在问题线索处置、初步核实和立案调查中，可以依法对涉嫌职务违法的监察对象进行谈话，要求其如实说明情况或者作出陈述。

谈话应当个别进行。负责谈话的人员不得少于二人。

第七十一条 对一般性问题线索的处置，可以采取谈话方式进行，对监察对象给予警示、批评、教育。谈话应当在工作地点等场所进行，明确告知谈话事项，注重谈清问题、取得教育效果。

第七十二条 采取谈话方式处置问题线索的，经审批可以由监察人员或者委托被谈话人所在单位主要负责人等进行谈话。

监察机关谈话应当形成谈话笔录或者记录。谈话结束后，可以根据需要要求被谈话人在十五个工作日以内作出书面说明。被谈话人应当在书面说明每页签名，修改的地方也应当签名。

委托谈话的，受委托人应当在收到委托函后的十五个工作日以内进行谈话。谈话结束后及时形成谈话情况材料报送监察机关，必要时附被谈话人的书面说明。

第七十三条 监察机关开展初步核实工作，一般不与被核查人接触；确有需要与被核查人谈话的，应当按规定报批。

第七十四条 监察机关对涉嫌职务违法的被调查人立案后，可以依法进行谈话。

与被调查人首次谈话时,应当出示《被调查人权利义务告知书》,由其签名、捺指印。被调查人拒绝签名、捺指印的,调查人员应当在文书上记明。对于被调查人未被限制人身自由的,应当在首次谈话时出具《谈话通知书》。

与涉嫌严重职务违法的被调查人进行谈话的,应当全程同步录音录像,并告知被调查人。告知情况应当在录音录像中予以反映,并在笔录中记明。

第七十五条 立案后,与未被限制人身自由的被调查人谈话的,应当在具备安全保障条件的场所进行。

调查人员按规定通知被调查人所在单位派员或者被调查人家属陪同被调查人到指定场所的,应当与陪同人员办理交接手续,填写《陪送交接单》。

第七十六条 调查人员与被留置的被调查人谈话的,按照法定程序在留置场所进行。

与在押的犯罪嫌疑人、被告人谈话的,应当持以监察机关名义出具的介绍信、工作证件,商请有关案件主管机关依法协助办理。

与在看守所、监狱服刑的人员谈话的,应当持以监察机关名义出具的介绍信、工作证件办理。

第七十七条 与被调查人进行谈话,应当合理安排时间、控制时长,保证其饮食和必要的休息时间。

第七十八条 谈话笔录应当在谈话现场制作。笔录应当详细具体,如实反映谈话情况。笔录制作完成后,应当交给被调查人核对。被调查人没有阅读能力的,应当向其宣读。

笔录记载有遗漏或者差错的,应当补充或者更正,由被调查人在补充或者更正处捺指印。被调查人核对无误后,应当在笔录中逐页签名、捺指印。被调查人拒绝签名、捺指印的,调查人员应当在笔录中记明。调查人员也应当在笔录中签名。

第七十九条 被调查人请求自行书写说明材料的,应当准许。必要时,调查人员可以要求被调查人自行书写说明材料。

被调查人应当在说明材料上逐页签名、捺指印,在末页写明日期。对说明材料有修改的,在修改之处应当捺指印。说明材料应当由二名调查人员接收,在首页记明接收的日期并签名。

第八十条 本条例第七十四条至第七十九条的规定,也适用于在初步核实中开展的谈话。

第四节 讯 问

第八十一条 监察机关对涉嫌职务犯罪的被调查人,可以依法进行讯问,要求其如实供述涉嫌犯罪的情况。

第八十二条 讯问被留置的被调查人,应当在留置场所进行。

第八十三条 讯问应当个别进行,调查人员不得少于二人。

首次讯问时,应当向被讯问人出示《被调查人权利义务告知书》,由其签名、捺指印。被讯问人拒绝签名、捺指印的,调查人员应当在文书上记明。被讯问人未被限制人身自由的,应当在首次讯问时向其出具《讯问通知书》。

讯问一般按照下列顺序进行:

(一)核实被讯问人的基本情况,包括姓名、曾用名、出生年月日、户籍地、身份证件号码、民族、职业、政治面貌、文化程度、工作单位及职务、住所、家庭情况、社会经历,是否属于党代表大会代表、人大代表、政协委员,是否受到过党纪政务处分,是否受到过刑事处罚等;

(二)告知被讯问人如实供述自己罪行可以依法从宽处理和认罪认罚的法律规定;

(三)讯问被讯问人是否有犯罪行为,让其陈述有罪的事实或者无罪的辩解,应当允许其连贯陈述。

调查人员的提问应当与调查的案件相关。被讯问人对调查人员的提问应当如实回答。调查人员对被讯问人的辩解,应当如实记录,认真查核。

讯问时,应当告知被讯问人将进行全程同步录音录像。告知情况应当在录音录像中予以反映,并在笔录中记明。

第八十四条 本条例第七十五条至第七十九条的要求,也适用于讯问。

第五节 询 问

第八十五条 监察机关按规定报批后,可以依法对证人、被害人等人员进行询问,了解核实有关问题或者案件情况。

第八十六条 证人未被限制人身自由的,可以在其工作地点、住所或者其提出的地点进行询问,也可以通知其到指定地点接受询问。到证人提出的地点或者调查人员指定的地点进行询问的,应当在笔录中记明。

调查人员认为有必要或者证人提出需要由所在单位派员或者其家属陪同到询问地点的,应当办理交接手续并填写《陪送交接单》。

第八十七条 询问应当个别进行。负责询问的调查人员不得少于二人。

首次询问时,应当向证人出示《证人权利义务告知书》,由其签名、捺指印。证人拒绝签名、捺指印的,调查人员应当在文书上记明。证人未被限制人身自由的,应当在首次询问时向其出具《询问通知书》。

询问时,应当核实证人身份,问明证人的基本情况,告知证人应当如实提供证据、证言,以及作伪证或者隐匿证据应当承担的法律责任。不得向证人泄露案情,不得采用非法方法获取证言。

询问重大或者有社会影响案件的重要证人,应当对询问过程全程同步录音录像，并告知证人。告知情况应当在录音录像中予以反映，并在笔录中记明。

第八十八条　询问未成年人，应当通知其法定代理人到场。无法通知或者法定代理人不能到场的，应当通知未成年人的其他成年亲属或者所在学校、居住地基层组织的代表等有关人员到场。询问结束后，由法定代理人或者有关人员在笔录中签名。调查人员应当将到场情况记录在案。

询问聋、哑人，应当有通晓聋、哑手势的人员参加。调查人员应当在笔录中记明证人的聋、哑情况，以及翻译人员的姓名、工作单位和职业。询问不通晓当地通用语言、文字的证人，应当有翻译人员。询问结束后，由翻译人员在笔录中签名。

第八十九条　凡是知道案件情况的人，都有如实作证的义务。对故意提供虚假证言的证人，应当依法追究法律责任。

证人或者其他任何人不得帮助被调查人隐匿、毁灭、伪造证据或者串供，不得实施其他干扰调查活动的行为。

第九十条　证人、鉴定人、被害人因作证，本人或者近亲属人身安全面临危险，向监察机关请求保护的，监察机关应当受理并及时进行审查；对于确实存在人身安全危险的，监察机关应当采取必要的保护措施。监察机关发现存在上述情形的，应当主动采取保护措施。

监察机关可以采取下列一项或者多项保护措施：

（一）不公开真实姓名、住址和工作单位等个人信息；

（二）禁止特定的人员接触证人、鉴定人、被害人及其近亲属；

（三）对人身和住宅采取专门性保护措施；

（四）其他必要的保护措施。

依法决定不公开证人、鉴定人、被害人的真实姓名、住址和工作单位等个人信息的，可以在询问笔录等法律文书、证据材料中使用化名。但是应当另行书面说明使用化名的情况并标明密级，单独成卷。

监察机关采取保护措施需要协助的，可以提请公安机关等有关单位和要求有关个人依法予以协助。

第九十一条　本条例第七十六条至第七十九条的要求，也适用于询问。询问重要涉案人员，根据情况适用本条例第七十五条的规定。

询问被害人，适用询问证人的规定。

第六节　留　　置

第九十二条　监察机关调查严重职务违法或者职务犯罪，对于符合监察法第二十二条第一款规定的，经依法审批，可以对被调查人采取留置措施。

监察法第二十二条第一款规定的严重职务违法，是指根据监察机关已经掌握的事实及证据，被调查人涉嫌的职务违法行为情节严重，可能被给予撤职以上政务处分;重要问题,是指对被调查人涉嫌的职务违法或者职务犯罪,在定性处置、定罪量刑等方面有重要影响的事实、情节及证据。

监察法第二十二条第一款规定的已经掌握其部分违法犯罪事实及证据,是指同时具备下列情形:

(一)有证据证明发生了违法犯罪事实;

(二)有证据证明该违法犯罪事实是被调查人实施;

(三)证明被调查人实施违法犯罪行为的证据已经查证属实。

部分违法犯罪事实,既可以是单一违法犯罪行为的事实,也可以是数个违法犯罪行为中任何一个违法犯罪行为的事实。

第九十三条　被调查人具有下列情形之一的,可以认定为监察法第二十二条第一款第二项所规定的可能逃跑、自杀:

(一)着手准备自杀、自残或者逃跑的;

(二)曾经有自杀、自残或者逃跑行为的;

(三)有自杀、自残或者逃跑意图的;

(四)其他可能逃跑、自杀的情形。

第九十四条　被调查人具有下列情形之一的,可以认定为监察法第二十二条第一款第三项所规定的可能串供或者伪造、隐匿、毁灭证据:

(一)曾经或者企图串供,伪造、隐匿、毁灭、转移证据的;

(二)曾经或者企图威逼、恐吓、利诱、收买证人,干扰证人作证的;

(三)有同案人或者与被调查人存在密切关联违法犯罪的涉案人员在逃,重要证据尚未收集完成的;

(四)其他可能串供或者伪造、隐匿、毁灭证据的情形。

第九十五条　被调查人具有下列情形之一的,可以认定为监察法第二十二条第一款第四项所规定的可能有其他妨碍调查行为:

(一)可能继续实施违法犯罪行为的;

(二)有危害国家安全、公共安全等现实危险的;

(三)可能对举报人、控告人、被害人、证人、鉴定人等相关人员实施打击报复的;

(四)无正当理由拒不到案,严重影响调查的;

(五)其他可能妨碍调查的行为。

第九十六条　对下列人员不得采取留置措施:

(一)患有严重疾病、生活不能自理的;

(二)怀孕或者正在哺乳自己婴儿的妇女;

(三)系生活不能自理的人的唯一扶养人。

上述情形消除后,根据调查需要可以对相关人员采取留置措施。

第九十七条 采取留置措施时,调查人员不得少于二人,应当向被留置人员宣布《留置决定书》,告知被留置人员权利义务,要求其在《留置决定书》上签名、捺指印。被留置人员拒绝签名、捺指印的,调查人员应当在文书上记明。

第九十八条 采取留置措施后,应当在二十四小时以内通知被留置人员所在单位和家属。当面通知的,由有关人员在《留置通知书》上签名。无法当面通知的,可以先以电话等方式通知,并通过邮寄、转交等方式送达《留置通知书》,要求有关人员在《留置通知书》上签名。

因可能毁灭、伪造证据,干扰证人作证或者串供等有碍调查情形而不宜通知的,应当按规定报批,记录在案。有碍调查的情形消失后,应当立即通知被留置人员所在单位和家属。

第九十九条 县级以上监察机关需要提请公安机关协助采取留置措施的,应当按规定报批,请同级公安机关依法予以协助。提请协助时,应当出具《提请协助采取留置措施函》,列明提请协助的具体事项和建议,协助采取措施的时间、地点等内容,附《留置决定书》复印件。

因保密需要,不适合在采取留置措施前向公安机关告知留置对象姓名的,可以作出说明,进行保密处理。

需要提请异地公安机关协助采取留置措施的,应当按规定报批,向协作地同级监察机关出具协作函件和相关文书,由协作地监察机关提请当地公安机关依法予以协助。

第一百条 留置过程中,应当保障被留置人员的合法权益,尊重其人格和民族习俗,保障饮食、休息和安全,提供医疗服务。

第一百零一条 留置时间不得超过三个月,自向被留置人员宣布之日起算。具有下列情形之一的,经审批可以延长一次,延长时间不得超过三个月:

(一)案情重大,严重危害国家利益或者公共利益的;

(二)案情复杂,涉案人员多、金额巨大、涉及范围广的;

(三)重要证据尚未收集完成,或者重要涉案人员尚未到案,导致违法犯罪的主要事实仍须继续调查的;

(四)其他需要延长留置时间的情形。

省级以下监察机关采取留置措施的,延长留置时间应当报上一级监察机关批准。

延长留置时间的,应当在留置期满前向被留置人员宣布延长留置时间的决定,要求其在《延长留置时间决定书》上签名、捺指印。被留置人员拒绝签名、捺指印的,调查人员应当在文书上记明。

延长留置时间的,应当通知被留置人员家属。

第一百零二条 对被留置人员不需要继续采取留置措施的,应当按规定报批,及时解除留置。

调查人员应当向被留置人员宣布解除留置措施的决定,由其在《解除留置决定书》上签名、捺指印。被留置人员拒绝签名、捺指印的,调查人员应当在文书上记明。

解除留置措施的,应当及时通知被留置人员所在单位或者家属。调查人员应当与交接人办理交接手续,并由其在《解除留置通知书》上签名。无法通知或者有关人员拒绝签名的,调查人员应当在文书上记明。

案件依法移送人民检察院审查起诉的,留置措施自犯罪嫌疑人被执行拘留时自动解除,不再办理解除法律手续。

第一百零三条　留置场所应当建立健全保密、消防、医疗、餐饮及安保等安全工作责任制,制定紧急突发事件处置预案,采取安全防范措施。

留置期间发生被留置人员死亡、伤残、脱逃等办案安全事故、事件的,应当及时做好处置工作。相关情况应当立即报告监察机关主要负责人,并在二十四小时以内逐级上报至国家监察委员会。

第七节　查询、冻结

第一百零四条　监察机关调查严重职务违法或者职务犯罪,根据工作需要,按规定报批后,可以依法查询、冻结涉案单位和个人的存款、汇款、债券、股票、基金份额等财产。

第一百零五条　查询、冻结财产时,调查人员不得少于二人。调查人员应当出具《协助查询财产通知书》或者《协助冻结财产通知书》,送交银行或者其他金融机构、邮政部门等单位执行。有关单位和个人应当予以配合,并严格保密。

查询财产应当在《协助查询财产通知书》中填写查询账号、查询内容等信息。没有具体账号的,应当填写足以确定账户或者权利人的自然人姓名、身份证件号码或者企业法人名称、统一社会信用代码等信息。

冻结财产应当在《协助冻结财产通知书》中填写冻结账户名称、冻结账号、冻结数额、冻结期限起止时间等信息。冻结数额应当具体、明确,暂时无法确定具体数额的,应当在《协助冻结财产通知书》上明确写明"只收不付"。冻结证券和交易结算资金时,应当明确冻结的范围是否及于孳息。

冻结财产,应当为被调查人及其所扶养的亲属保留必需的生活费用。

第一百零六条　调查人员可以根据需要对查询结果进行打印、抄录、复制、拍照,要求相关单位在有关材料上加盖证明印章。对查询结果有疑问的,可以要求相关单位进行书面解释并加盖印章。

第一百零七条　监察机关对查询信息应当加强管理,规范信息交接、调阅、使用程序和手续,防止滥用和泄露。

调查人员不得查询与案件调查工作无关的信息。

第一百零八条 冻结财产的期限不得超过六个月。冻结期限到期未办理续冻手续的,冻结自动解除。

有特殊原因需要延长冻结期限的,应当在到期前按原程序报批,办理续冻手续。每次续冻期限不得超过六个月。

第一百零九条 已被冻结的财产可以轮候冻结,不得重复冻结。轮候冻结的,监察机关应当要求有关银行或者其他金融机构等单位在解除冻结或者作出处理前予以通知。

监察机关接受司法机关、其他监察机关等国家机关移送的涉案财物后,该国家机关采取的冻结期限届满,监察机关续行冻结的顺位与该国家机关冻结的顺位相同。

第一百一十条 冻结财产应当通知权利人或者其法定代理人、委托代理人,要求其在《冻结财产告知书》上签名。冻结股票、债券、基金份额等财产,应当告知权利人或者其法定代理人、委托代理人有权申请出售。

对于被冻结的股票、债券、基金份额等财产,权利人或者其法定代理人、委托代理人申请出售,不损害国家利益、被害人利益,不影响调查正常进行的,经审批可以在案件办结前由相关机构依法出售或者变现。对于被冻结的汇票、本票、支票即将到期的,经审批可以在案件办结前由相关机构依法出售或者变现。出售上述财产的,应当出具《许可出售冻结财产通知书》。

出售或者变现所得价款应当继续冻结在其对应的银行账户中;没有对应的银行账户的,应当存入监察机关指定的专用账户保管,并将存款凭证送监察机关登记。监察机关应当及时向权利人或者其法定代理人、委托代理人出具《出售冻结财产通知书》,并要求其签名。拒绝签名的,调查人员应当在文书上记明。

第一百一十一条 对于冻结的财产,应当及时核查。经查明与案件无关的,经审批,应当在查明后三日以内将《解除冻结财产通知书》送交有关单位执行。解除情况应当告知被冻结财产的权利人或者其法定代理人、委托代理人。

第八节 搜 查

第一百一十二条 监察机关调查职务犯罪案件,为了收集犯罪证据、查获被调查人,按规定报批后,可以依法对被调查人以及可能隐藏被调查人或者犯罪证据的人的身体、物品、住处、工作地点和其他有关地方进行搜查。

第一百一十三条 搜查应当在调查人员主持下进行,调查人员不得少于二人。搜查女性的身体,由女性工作人员进行。

搜查时,应当有被搜查人或者其家属、其所在单位工作人员或者其他见证人在场。监察人员不得作为见证人。调查人员应当向被搜查人或者其家属、见证人出示

《搜查证》，要求其签名。被搜查人或者其家属不在场，或者拒绝签名的，调查人员应当在文书上记明。

第一百一十四条　搜查时，应当要求在场人员予以配合，不得进行阻碍。对以暴力、威胁等方法阻碍搜查的，应当依法制止。对阻碍搜查构成违法犯罪的，依法追究法律责任。

第一百一十五条　县级以上监察机关需要提请公安机关依法协助采取搜查措施的，应当按规定报批，请同级公安机关予以协助。提请协助时，应当出具《提请协助采取搜查措施函》，列明提请协助的具体事项和建议，搜查时间、地点、目的等内容，附《搜查证》复印件。

需要提请异地公安机关协助采取搜查措施的，应当按规定报批，向协作地同级监察机关出具协作函件和相关文书，由协作地监察机关提请当地公安机关予以协助。

第一百一十六条　对搜查取证工作，应当全程同步录音录像。

对搜查情况应当制作《搜查笔录》，由调查人员和被搜查人或者其家属、见证人签名。被搜查人或者其家属不在场，或者拒绝签名的，调查人员应当在笔录中记明。

对于查获的重要物证、书证、视听资料、电子数据及其放置、存储位置应当拍照，并在《搜查笔录》中作出文字说明。

第一百一十七条　搜查时，应当避免未成年人或者其他不适宜在搜查现场的人在场。

搜查人员应当服从指挥、文明执法，不得擅自变更搜查对象和扩大搜查范围。搜查的具体时间、方法，在实施前应当严格保密。

第一百一十八条　在搜查过程中查封、扣押财物和文件的，按照查封、扣押的有关规定办理。

第九节　调　　取

第一百一十九条　监察机关按规定报批后，可以依法向有关单位和个人调取用以证明案件事实的证据材料。

第一百二十条　调取证据材料时，调查人员不得少于二人。调查人员应当依法出具《调取证据通知书》，必要时附《调取证据清单》。

有关单位和个人配合监察机关调取证据，应当严格保密。

第一百二十一条　调取物证应当调取原物。原物不便搬运、保存，或者依法应当返还，或者因保密工作需要不能调取原物的，可以将原物封存，并拍照、录像。对原物拍照或者录像时，应当足以反映原物的外形、内容。

调取书证、视听资料应当调取原件。取得原件确有困难或者因保密工作需要不能调取原件的，可以调取副本或者复制件。

调取物证的照片、录像和书证、视听资料的副本、复制件的,应当书面记明不能调取原物、原件的原因,原物、原件存放地点,制作过程,是否与原物、原件相符,并由调查人员和物证、书证、视听资料原持有人签名或者盖章。持有人无法签名、盖章或者拒绝签名、盖章的,应当在笔录中记明,由见证人签名。

第一百二十二条 调取外文材料作为证据使用的,应当交由具有资质的机构和人员出具中文译本。中文译本应当加盖翻译机构公章。

第一百二十三条 收集、提取电子数据,能够扣押原始存储介质的,应当予以扣押、封存并在笔录中记录封存状态。无法扣押原始存储介质的,可以提取电子数据,但应当在笔录中记明不能扣押的原因、原始存储介质的存放地点或者电子数据的来源等情况。

由于客观原因无法或者不宜采取前款规定方式收集、提取电子数据的,可以采取打印、拍照或者录像等方式固定相关证据,并在笔录中说明原因。

收集、提取的电子数据,足以保证完整性,无删除、修改、增加等情形的,可以作为证据使用。

收集、提取电子数据,应当制作笔录,记录案由、对象、内容,收集、提取电子数据的时间、地点、方法、过程,并附电子数据清单,注明类别、文件格式、完整性校验值等,由调查人员、电子数据持有人(提供人)签名或者盖章;电子数据持有人(提供人)无法签名或者拒绝签名的,应当在笔录中记明,由见证人签名或者盖章。有条件的,应当对相关活动进行录像。

第一百二十四条 调取的物证、书证、视听资料等原件,经查明与案件无关的,经审批,应当在查明后三日以内退还,并办理交接手续。

第十节 查封、扣押

第一百二十五条 监察机关按规定报批后,可以依法查封、扣押用以证明被调查人涉嫌违法犯罪以及情节轻重的财物、文件、电子数据等证据材料。

对于被调查人到案时随身携带的物品,以及被调查人或者其他相关人员主动上交的财物和文件,依法需要扣押的,依照前款规定办理。对于被调查人随身携带的与案件无关的个人用品,应当逐件登记,随案移交或者退还。

第一百二十六条 查封、扣押时,应当出具《查封/扣押通知书》,调查人员不得少于二人。持有人拒绝交出应当查封、扣押的财物和文件的,可以依法强制查封、扣押。

调查人员对于查封、扣押的财物和文件,应当会同在场见证人和被查封、扣押财物持有人进行清点核对,开列《查封/扣押财物、文件清单》,由调查人员、见证人和持有人签名或者盖章。持有人不在场或者拒绝签名、盖章的,调查人员应当在清单上记明。

查封、扣押财物,应当为被调查人及其所扶养的亲属保留必需的生活费用和物品。

第一百二十七条 查封、扣押不动产和置于该不动产上不宜移动的设施、家具和其他相关财物,以及车辆、船舶、航空器和大型机械、设备等财物,必要时可以依法扣押其权利证书,经拍照或者录像后原地封存。调查人员应当在查封清单上记明相关财物的所在地址和特征,已经拍照或者录像及其权利证书被扣押的情况,由调查人员、见证人和持有人签名或者盖章。持有人不在场或者拒绝签名、盖章的,调查人员应当在清单上记明。

查封、扣押前款规定财物的,必要时可以将被查封财物交给持有人或者其近亲属保管。调查人员应当告知保管人妥善保管,不得对被查封财物进行转移、变卖、毁损、抵押、赠予等处理。

调查人员应当将《查封/扣押通知书》送达不动产、生产设备或者车辆、船舶、航空器等财物的登记、管理部门,告知其在查封期间禁止办理抵押、转让、出售等权属关系变更、转移登记手续。相关情况应当在查封清单上记明。被查封、扣押的财物已经办理抵押登记的,监察机关在执行没收、追缴、责令退赔等决定时应当及时通知抵押权人。

第一百二十八条 查封、扣押下列物品,应当依法进行相应的处理:

(一)查封、扣押外币、金银珠宝、文物、名贵字画以及其他不易辨别真伪的贵重物品,具备当场密封条件的,应当当场密封,由二名以上调查人员在密封材料上签名并记明密封时间。不具备当场密封条件的,应当在笔录中记明,以拍照、录像等方法加以保全后进行封存。查封、扣押的贵重物品需要鉴定的,应当及时鉴定。

(二)查封、扣押存折、银行卡、有价证券等支付凭证和具有一定特征能够证明案情的现金,应当记明特征、编号、种类、面值、张数、金额等,当场密封,由二名以上调查人员在密封材料上签名并记明密封时间。

(三)查封、扣押易损毁、灭失、变质等不宜长期保存的物品以及有消费期限的卡、券,应当在笔录中记明,以拍照、录像等方法加以保全后进行封存,或者经审批委托有关机构变卖、拍卖。变卖、拍卖的价款存入专用账户保管,待调查终结后一并处理。

(四)对于可以作为证据使用的录音录像、电子数据存储介质,应当记明案由、对象、内容、录制、复制的时间、地点、规格、类别、应用长度、文件格式及长度等,制作清单。具备查封、扣押条件的电子设备、存储介质应当密封保存。必要时,可以请有关机关协助。

(五)对被调查人使用违法犯罪所得与合法收入共同购置的不可分割的财产,可以先行查封、扣押。对无法分割退还的财产,涉及违法的,可以在结案后委托有关单位拍卖、变卖,退还不属于违法所得的部分及孳息;涉及职务犯罪的,依法移送司法机关处置。

（六）查封、扣押危险品、违禁品，应当及时送交有关部门，或者根据工作需要严格封存保管。

第一百二十九条 对于需要启封的财物和文件，应当由二名以上调查人员共同办理。重新密封时，由二名以上调查人员在密封材料上签名、记明时间。

第一百三十条 查封、扣押涉案财物，应当按规定将涉案财物详细信息、《查封/扣押财物、文件清单》录入并上传监察机关涉案财物信息管理系统。

对于涉案款项，应当在采取措施后十五日以内存入监察机关指定的专用账户。对于涉案物品，应当在采取措施后三十日以内移交涉案财物保管部门保管。因特殊原因不能按时存入专用账户或者移交保管的，应当按规定报批，将保管情况录入涉案财物信息管理系统，在原因消除后及时存入或者移交。

第一百三十一条 对于已移交涉案财物保管部门保管的涉案财物，根据调查工作需要，经审批可以临时调用，并应当确保完好。调用结束后，应当及时归还。调用和归还时，调查人员、保管人员应当当面清点查验。保管部门应当对调用和归还情况进行登记，全程录像并上传涉案财物信息管理系统。

第一百三十二条 对于被扣押的股票、债券、基金份额等财产，以及即将到期的汇票、本票、支票，依法需要出售或者变现的，按照本条例关于出售冻结财产的规定办理。

第一百三十三条 监察机关接受司法机关、其他监察机关等国家机关移送的涉案财物后，该国家机关采取的查封、扣押期限届满，监察机关续行查封、扣押的顺位与该国家机关查封、扣押的顺位相同。

第一百三十四条 对查封、扣押的财物和文件，应当及时进行核查。经查明与案件无关的，经审批，应当在查明后三日以内解除查封、扣押，予以退还。解除查封、扣押的，应当向有关单位、原持有人或者近亲属送达《解除查封/扣押通知书》，附《解除查封/扣押财物、文件清单》，要求其签名或者盖章。

第一百三十五条 在立案调查之前，对监察对象及相关人员主动上交的涉案财物，经审批可以接收。

接收时，应当由二名以上调查人员，会同持有人和见证人进行清点核对，当场填写《主动上交财物登记表》。调查人员、持有人和见证人应当在登记表上签名或者盖章。

对于主动上交的财物，应当根据立案及调查情况及时决定是否依法查封、扣押。

第十一节 勘验检查

第一百三十六条 监察机关按规定报批后，可以依法对与违法犯罪有关的场所、物品、人身、尸体、电子数据等进行勘验检查。

第一百三十七条　依法需要勘验检查的,应当制作《勘验检查证》;需要委托勘验检查的,应当出具《委托勘验检查书》,送具有专门知识、勘验检查资格的单位(人员)办理。

第一百三十八条　勘验检查应当由二名以上调查人员主持,邀请与案件无关的见证人在场。勘验检查情况应当制作笔录,并由参加勘验检查人员和见证人签名。

勘验检查现场、拆封电子数据存储介质应当全程同步录音录像。对现场情况应当拍摄现场照片、制作现场图,并由勘验检查人员签名。

第一百三十九条　为了确定被调查人或者相关人员的某些特征、伤害情况或者生理状态,可以依法对其人身进行检查。必要时可以聘请法医或者医师进行人身检查。检查女性身体,应当由女性工作人员或者医师进行。被调查人拒绝检查的,可以依法强制检查。

人身检查不得采用损害被检查人生命、健康或者贬低其名誉、人格的方法。对人身检查过程中知悉的个人隐私,应当严格保密。

对人身检查的情况应当制作笔录,由参加检查的调查人员、检查人员、被检查人员和见证人签名。被检查人员拒绝签名的,调查人员应当在笔录中记明。

第一百四十条　为查明案情,在必要的时候,经审批可以依法进行调查实验。调查实验,可以聘请有关专业人员参加,也可以要求被调查人、被害人、证人参加。

进行调查实验,应当全程同步录音录像,制作调查实验笔录,由参加实验的人签名。进行调查实验,禁止一切足以造成危险、侮辱人格的行为。

第一百四十一条　调查人员在必要时,可以依法让被害人、证人和被调查人对与违法犯罪有关的物品、文件、尸体或者场所进行辨认;也可以让被害人、证人对被调查人进行辨认,或者让被调查人对涉案人员进行辨认。

辨认工作应当由二名以上调查人员主持进行。在辨认前,应当向辨认人详细询问辨认对象的具体特征,避免辨认人见到辨认对象,并告知辨认人作虚假辨认应当承担的法律责任。几名辨认人对同一辨认对象进行辨认时,应当由辨认人个别进行。辨认应当形成笔录,并由调查人员、辨认人签名。

第一百四十二条　辨认人员时,被辨认的人数不得少于七人,照片不得少于十张。

辨认人不愿公开进行辨认时,应当在不暴露辨认人的情况下进行辨认,并为其保守秘密。

第一百四十三条　组织辨认物品时一般应当辨认实物。被辨认的物品系名贵字画等贵重物品或者存在不便搬运等情况的,可以对实物照片进行辨认。辨认人进行辨认时,应当在辨认出的实物照片与附纸骑缝上捺指印予以确认,在附纸上写明该实物涉案情况并签名、捺指印。

辨认物品时,同类物品不得少于五件,照片不得少于五张。

对于难以找到相似物品的特定物,可以将该物品照片交由辨认人进行确认后,在照片与附纸骑缝上捺指印,在附纸上写明该物品涉案情况并签名、捺指印。在辨认人确认前,应当向其详细询问物品的具体特征,并对确认过程和结果形成笔录。

第一百四十四条 辨认笔录具有下列情形之一的,不得作为认定案件的依据:

(一)辨认开始前使辨认人见到辨认对象的;

(二)辨认活动没有个别进行的;

(三)辨认对象没有混杂在具有类似特征的其他对象中,或者供辨认的对象数量不符合规定的,但特定辨认对象除外;

(四)辨认中给辨认人明显暗示或者明显有指认嫌疑的;

(五)辨认不是在调查人员主持下进行的;

(六)违反有关规定,不能确定辨认笔录真实性的其他情形。

辨认笔录存在其他瑕疵的,应当结合全案证据审查其真实性和关联性,作出综合判断。

第十二节 鉴 定

第一百四十五条 监察机关为解决案件中的专门性问题,按规定报批后,可以依法进行鉴定。

鉴定时应当出具《委托鉴定书》,由二名以上调查人员送交具有鉴定资格的鉴定机构、鉴定人进行鉴定。

第一百四十六条 监察机关可以依法开展下列鉴定:

(一)对笔迹、印刷文件、污损文件、制成时间不明的文件和以其他形式表现的文件等进行鉴定;

(二)对案件中涉及的财务会计资料及相关财物进行会计鉴定;

(三)对被调查人、证人的行为能力进行精神病鉴定;

(四)对人体造成的损害或者死因进行人身伤亡医学鉴定;

(五)对录音录像资料进行鉴定;

(六)对因电子信息技术应用而出现的材料及其派生物进行电子证据鉴定;

(七)其他可以依法进行的专业鉴定。

第一百四十七条 监察机关应当为鉴定提供必要条件,向鉴定人送交有关检材和对比样本等原始材料,介绍与鉴定有关的情况。调查人员应当明确提出要求鉴定事项,但不得暗示或者强迫鉴定人作出某种鉴定意见。

监察机关应当做好检材的保管和送检工作,记明检材送检环节的责任人,确保检材在流转环节的同一性和不被污染。

第一百四十八条　鉴定人应当在出具的鉴定意见上签名，并附鉴定机构和鉴定人的资质证明或者其他证明文件。多个鉴定人的鉴定意见不一致的，应当在鉴定意见上记明分歧的内容和理由，并且分别签名。

监察机关对于法庭审理中依法决定鉴定人出庭作证的，应当予以协调。

鉴定人故意作虚假鉴定的，应当依法追究法律责任。

第一百四十九条　调查人员应当对鉴定意见进行审查。对经审查作为证据使用的鉴定意见，应当告知被调查人及相关单位、人员，送达《鉴定意见告知书》。

被调查人或者相关单位、人员提出补充鉴定或者重新鉴定申请，经审查符合法定要求的，应当按规定报批，进行补充鉴定或者重新鉴定。

对鉴定意见告知情况可以制作笔录，载明告知内容和被告知人的意见等。

第一百五十条　经审查具有下列情形之一的，应当补充鉴定：

（一）鉴定内容有明显遗漏的；

（二）发现新的有鉴定意义的证物的；

（三）对鉴定证物有新的鉴定要求的；

（四）鉴定意见不完整，委托事项无法确定的；

（五）其他需要补充鉴定的情形。

第一百五十一条　经审查具有下列情形之一的，应当重新鉴定：

（一）鉴定程序违法或者违反相关专业技术要求的；

（二）鉴定机构、鉴定人不具备鉴定资质和条件的；

（三）鉴定人故意作出虚假鉴定或者违反回避规定的；

（四）鉴定意见依据明显不足的；

（五）检材虚假或者被损坏的；

（六）其他应当重新鉴定的情形。

决定重新鉴定的，应当另行确定鉴定机构和鉴定人。

第一百五十二条　因无鉴定机构，或者根据法律法规等规定，监察机关可以指派、聘请具有专门知识的人就案件的专门性问题出具报告。

第十三节　技术调查

第一百五十三条　监察机关根据调查涉嫌重大贪污贿赂等职务犯罪需要，依照规定的权限和程序报经批准，可以依法采取技术调查措施，按照规定交公安机关或者国家有关执法机关依法执行。

前款所称重大贪污贿赂等职务犯罪，是指具有下列情形之一：

（一）案情重大复杂，涉及国家利益或者重大公共利益的；

（二）被调查人可能被判处十年以上有期徒刑、无期徒刑或者死刑的；

（三）案件在全国或者本省、自治区、直辖市范围内有较大影响的。

第一百五十四条 依法采取技术调查措施的,监察机关应当出具《采取技术调查措施委托函》《采取技术调查措施决定书》和《采取技术调查措施适用对象情况表》,送交有关机关执行。其中,设区的市级以下监察机关委托有关执行机关采取技术调查措施,还应当提供《立案决定书》。

第一百五十五条 技术调查措施的期限按照监察法的规定执行,期限届满前未办理延期手续的,到期自动解除。

对于不需要继续采取技术调查措施的,监察机关应当按规定及时报批,将《解除技术调查措施决定书》送交有关机关执行。

需要依法变更技术调查措施种类或者增加适用对象的,监察机关应当重新办理报批和委托手续,依法送交有关机关执行。

第一百五十六条 对于采取技术调查措施收集的信息和材料,依法需要作为刑事诉讼证据使用的,监察机关应当按规定报批,出具《调取技术调查证据材料通知书》向有关执行机关调取。

对于采取技术调查措施收集的物证、书证及其他证据材料,监察机关应当制作书面说明,写明获取证据的时间、地点、数量、特征以及采取技术调查措施的批准机关、种类等。调查人员应当在书面说明上签名。

对于采取技术调查措施获取的证据材料,如果使用该证据材料可能危及有关人员的人身安全,或者可能产生其他严重后果的,应当采取不暴露有关人员身份、技术方法等保护措施。必要时,可以建议由审判人员在庭外进行核实。

第一百五十七条 调查人员对采取技术调查措施过程中知悉的国家秘密、商业秘密、个人隐私,应当严格保密。

采取技术调查措施获取的证据、线索及其他有关材料,只能用于对违法犯罪的调查、起诉和审判,不得用于其他用途。

对采取技术调查措施获取的与案件无关的材料,应当经审批及时销毁。对销毁情况应当制作记录,由调查人员签名。

第十四节 通 缉

第一百五十八条 县级以上监察机关对在逃的应当被留置人员,依法决定在本行政区域内通缉的,应当按规定报批,送交同级公安机关执行。送交执行时,应当出具《通缉决定书》,附《留置决定书》等法律文书和被通缉人员信息,以及承办单位、承办人员等有关情况。

通缉范围超出本行政区域的,应当报有决定权的上级监察机关出具《通缉决定书》,并附《留置决定书》及相关材料,送交同级公安机关执行。

第一百五十九条 国家监察委员会依法需要提请公安部对在逃人员发布公安部通缉令的,应当先提请公安部采取网上追逃措施。如情况紧急,可以向公安部同时出具《通缉决定书》和《提请采取网上追逃措施函》。

省级以下监察机关报请国家监察委员会提请公安部发布公安部通缉令的，应当先提请本地公安机关采取网上追逃措施。

第一百六十条 监察机关接到公安机关抓获被通缉人员的通知后，应当立即核实被抓获人员身份，并在接到通知后二十四小时以内派员办理交接手续。边远或者交通不便地区，至迟不得超过三日。

公安机关在移交前，将被抓获人员送往当地监察机关留置场所临时看管的，当地监察机关应当接收，并保障临时看管期间的安全，对工作信息严格保密。

监察机关需要提请公安机关协助将被抓获人员带回的，应当按规定报批，请本地同级公安机关依法予以协助。提请协助时，应当出具《提请协助采取留置措施函》，附《留置决定书》复印件及相关材料。

第一百六十一条 监察机关对于被通缉人员已经归案、死亡，或者依法撤销留置决定以及发现有其他不需要继续采取通缉措施情形的，应当经审批出具《撤销通缉通知书》，送交协助采取原措施的公安机关执行。

第十五节 限 制 出 境

第一百六十二条 监察机关为防止被调查人及相关人员逃匿境外，按规定报批后，可以依法决定采取限制出境措施，交由移民管理机构依法执行。

第一百六十三条 监察机关采取限制出境措施应当出具有关函件，与《采取限制出境措施决定书》一并送交移民管理机构执行。其中，采取边控措施的，应当附《边控对象通知书》；采取法定不批准出境措施的，应当附《法定不准出境人员报备表》。

第一百六十四条 限制出境措施有效期不超过三个月，到期自动解除。

到期后仍有必要继续采取措施的，应当按原程序报批。承办部门应当出具有关函件，在到期前与《延长限制出境措施期限决定书》一并送交移民管理机构执行。延长期限每次不得超过三个月。

第一百六十五条 监察机关接到口岸移民管理机构查获被决定采取留置措施的边控对象的通知后，应当于二十四小时以内到达口岸办理移交手续。无法及时到达的，应当委托当地监察机关及时前往口岸办理移交手续。当地监察机关应当予以协助。

第一百六十六条 对于不需要继续采取限制出境措施的，应当按规定报批，及时予以解除。承办部门应当出具有关函件，与《解除限制出境措施决定书》一并送交移民管理机构执行。

第一百六十七条 县级以上监察机关在重要紧急情况下，经审批可以依法直接向口岸所在地口岸移民管理机构提请办理临时限制出境措施。

第五章 监察程序

第一节 线索处置

第一百六十八条 监察机关应当对问题线索归口受理、集中管理、分类处置、定期清理。

第一百六十九条 监察机关对于报案或者举报应当依法接受。属于本级监察机关管辖的，依法予以受理；属于其他监察机关管辖的，应当在五个工作日以内予以转送。

监察机关可以向下级监察机关发函交办检举控告，并进行督办，下级监察机关应当按期回复办理结果。

第一百七十条 对于涉嫌职务违法或者职务犯罪的公职人员主动投案的，应当依法接待和办理。

第一百七十一条 监察机关对于执法机关、司法机关等其他机关移送的问题线索，应当及时审核，并按照下列方式办理：

（一）本单位有管辖权的，及时研究提出处置意见；

（二）本单位没有管辖权但其他监察机关有管辖权的，在五个工作日以内转送有管辖权的监察机关；

（三）本单位对部分问题线索有管辖权的，对有管辖权的部分提出处置意见，并及时将其他问题线索转送有管辖权的机关；

（四）监察机关没有管辖权的，及时退回移送机关。

第一百七十二条 信访举报部门归口受理本机关管辖监察对象涉嫌职务违法和职务犯罪问题的检举控告，统一接收有关监察机关以及其他单位移送的相关检举控告，移交本机关监督检查部门或者相关部门，并将移交情况通报案件监督管理部门。

案件监督管理部门统一接收巡视巡察机构和审计机关、执法机关、司法机关等其他机关移送的职务违法和职务犯罪问题线索，按程序移交本机关监督检查部门或者相关部门办理。

监督检查部门、调查部门在工作中发现的相关问题线索，属于本部门受理范围的，应当报送案件监督管理部门备案；属于本机关其他部门受理范围的，经审批后移交案件监督管理部门分办。

第一百七十三条 案件监督管理部门应当对问题线索实行集中管理、动态更新，定期汇总、核对问题线索及处置情况，向监察机关主要负责人报告，并向相关部门通报。

问题线索承办部门应当指定专人负责管理线索，逐件编号登记、建立管理台账。线索管理处置各环节应当由经手人员签名，全程登记备查，及时与案件监督管理部门核对。

第一百七十四条　监督检查部门应当结合问题线索所涉及地区、部门、单位总体情况进行综合分析,提出处置意见并制定处置方案,经审批按照谈话、函询、初步核实、暂存待查、予以了结等方式进行处置,或者按照职责移送调查部门处置。

函询应当以监察机关办公厅(室)名义发函给被反映人,并抄送其所在单位和派驻监察机构主要负责人。被函询人应当在收到函件后十五个工作日以内写出说明材料,由其所在单位主要负责人签署意见后发函回复。被函询人为所在单位主要负责人的,或者被函询人所作说明涉及所在单位主要负责人的,应当直接发函回复监察机关。

被函询人已经退休的,按照第二款规定程序办理。

监察机关根据工作需要,经审批可以对谈话、函询情况进行核实。

第一百七十五条　检举控告人使用本人真实姓名或者本单位名称,有电话等具体联系方式的,属于实名检举控告。监察机关对实名检举控告应当优先办理、优先处置,依法给予答复。虽有署名但不是检举控告人真实姓名(单位名称)或者无法验证的检举控告,按照匿名检举控告处理。

信访举报部门对属于本机关受理的实名检举控告,应当在收到检举控告之日起十五个工作日以内按规定告知实名检举控告人受理情况,并做好记录。

调查人员应当将实名检举控告的处理结果在办结之日起十五个工作日以内向检举控告人反馈,并记录反馈情况。对检举控告人提出异议的应当如实记录,并向其进行说明;对提供新证据材料的,应当依法核查处理。

第二节　初步核实

第一百七十六条　监察机关对具有可查性的职务违法和职务犯罪问题线索,应当按规定报批后,依法开展初步核实工作。

第一百七十七条　采取初步核实方式处置问题线索,应当确定初步核实对象,制定工作方案,明确需要核实的问题和采取的措施,成立核查组。

在初步核实中应当注重收集客观性证据,确保真实性和准确性。

第一百七十八条　在初步核实中发现或者受理被核查人新的具有可查性的问题线索的,应当经审批纳入原初核方案开展核查。

第一百七十九条　核查组在初步核实工作结束后应当撰写初步核实情况报告,列明被核查人基本情况、反映的主要问题、办理依据、初步核实结果、存在疑点、处理建议,由全体人员签名。

承办部门应当综合分析初步核实情况,按照拟立案调查、予以了结、谈话提醒、暂存待查,或者移送有关部门、机关处理等方式提出处置建议,按照批准初步核实的程序报批。

第三节 立 案

第一百八十条 监察机关经过初步核实,对于已经掌握监察对象涉嫌职务违法或者职务犯罪的部分事实和证据,认为需要追究其法律责任的,应当按规定报批后,依法立案调查。

第一百八十一条 监察机关立案调查职务违法或者职务犯罪案件,需要对涉嫌行贿犯罪、介绍贿赂犯罪或者共同职务犯罪的涉案人员立案调查的,应当一并办理立案手续。需要交由下级监察机关立案的,经审批交由下级监察机关办理立案手续。

对单位涉嫌受贿、行贿等职务犯罪,需要追究法律责任的,依法对该单位办理立案调查手续。对事故(事件)中存在职务违法或者职务犯罪问题,需要追究法律责任,但相关责任人员尚不明确的,可以以事立案。对单位立案或者以事立案后,经调查确定相关责任人员的,按照管理权限报批确定被调查人。

监察机关根据人民法院生效刑事判决、裁定和人民检察院不起诉决定认定的事实,需要对监察对象给予政务处分的,可以由相关监督检查部门依据司法机关的生效判决、裁定、决定及其认定的事实、性质和情节,提出给予政务处分的意见,按程序移送审理。对依法被追究行政法律责任的监察对象,需要给予政务处分的,应当依法办理立案手续。

第一百八十二条 对案情简单、经过初步核实已查清主要职务违法事实,应当追究监察对象法律责任,不再需要开展调查的,立案和移送审理可以一并报批,履行立案程序后再移送审理。

第一百八十三条 上级监察机关需要指定下级监察机关立案调查的,应当按规定报批,向被指定管辖的监察机关出具《指定管辖决定书》,由其办理立案手续。

第一百八十四条 批准立案后,应当由二名以上调查人员出示证件,向被调查人宣布立案决定。宣布立案决定后,应当及时向被调查人所在单位等相关组织送达《立案通知书》,并向被调查人所在单位主要负责人通报。

对涉嫌严重职务违法或者职务犯罪的公职人员立案调查并采取留置措施的,应当按规定通知被调查人家属,并向社会公开发布。

第四节 调 查

第一百八十五条 监察机关对已经立案的职务违法或者职务犯罪案件应当依法进行调查,收集证据查明违法犯罪事实。

调查职务违法或者职务犯罪案件,对被调查人没有采取留置措施的,应当在立案后一年以内作出处理决定;对被调查人解除留置措施的,应当在解除留置措施后一年以内作出处理决定。案情重大复杂的案件,经上一级监察机关批准,可以适当延长,但延长期限不得超过六个月。

被调查人在监察机关立案调查以后逃匿的,调查期限自被调查人到案之日起重新计算。

第一百八十六条 案件立案后,监察机关主要负责人应当依照法定程序批准确定调查方案。

监察机关应当组成调查组依法开展调查。调查工作应当严格按照批准的方案执行,不得随意扩大调查范围、变更调查对象和事项,对重要事项应当及时请示报告。调查人员在调查工作期间,未经批准不得单独接触任何涉案人员及其特定关系人,不得擅自采取调查措施。

第一百八十七条 调查组应当将调查认定的涉嫌违法犯罪事实形成书面材料,交给被调查人核对,听取其意见。被调查人应当在书面材料上签署意见。对被调查人签署不同意见或者拒不签署意见的,调查组应当作出说明或者注明情况。对被调查人提出申辩的事实、理由和证据应当进行核实,成立的予以采纳。

调查组对于立案调查的涉嫌行贿犯罪、介绍贿赂犯罪或者共同职务犯罪的涉案人员,在查明其涉嫌犯罪问题后,依照前款规定办理。

对于按照本条例规定,对立案和移送审理一并报批的案件,应当在报批前履行本条第一款规定的程序。

第一百八十八条 调查组在调查工作结束后应当集体讨论,形成调查报告。调查报告应当列明被调查人基本情况、问题线索来源及调查依据、调查过程,涉嫌的主要职务违法或者职务犯罪事实,被调查人的态度和认识,处置建议及法律依据,并由调查组组长以及有关人员签名。

对调查过程中发现的重要问题和形成的意见建议,应当形成专题报告。

第一百八十九条 调查组对被调查人涉嫌职务犯罪拟依法移送人民检察院审查起诉的,应当起草《起诉建议书》。《起诉建议书》应当载明被调查人基本情况,调查简况,认罪认罚情况,采取留置措施的时间,涉嫌职务犯罪事实以及证据,对被调查人从重、从轻、减轻或者免除处罚等情节,提出对被调查人移送起诉的理由和法律依据,采取强制措施的建议,并注明移送案卷数及涉案财物等内容。

调查组应当形成被调查人到案经过及量刑情节方面的材料,包括案件来源、到案经过,自动投案、如实供述、立功等量刑情节,认罪悔罪态度,退赃、避免和减少损害结果发生等方面的情况说明及相关材料。被检举揭发的问题已被立案、查破,被检举揭发人已被采取调查措施或者刑事强制措施、起诉或者审判的,还应当附有关法律文书。

第一百九十条 经调查认为被调查人构成职务违法或者职务犯罪的,应当区分不同情况提出相应处理意见,经审批将调查报告、职务违法或者职务犯罪事实材料、涉案财物报告、涉案人员处理意见等材料,连同全部证据和文书手续移送审理。

对涉嫌职务犯罪的案件材料应当按照刑事诉讼要求单独立卷,与《起诉建议书》、涉案财物报告、同步录音录像资料及其自查报告等材料一并移送审理。

调查全过程形成的材料应当案结卷成、事毕归档。

第五节 审 理

第一百九十一条 案件审理部门收到移送审理的案件后,应当审核材料是否齐全、手续是否完备。对被调查人涉嫌职务犯罪的,还应当审核相关案卷材料是否符合职务犯罪案件立卷要求,是否在调查报告中单独表述已查明的涉嫌犯罪问题,是否形成《起诉建议书》。

经审核符合移送条件的,应当予以受理;不符合移送条件的,经审批可以暂缓受理或者不予受理,并要求调查部门补充完善材料。

第一百九十二条 案件审理部门受理案件后,应当成立由二人以上组成的审理组,全面审理案卷材料。

案件审理部门对于受理的案件,应当以监察法、政务处分法、刑法、《中华人民共和国刑事诉讼法》等法律法规为准绳,对案件事实证据、性质认定、程序手续、涉案财物等进行全面审理。

案件审理部门应当强化监督制约职能,对案件严格审核把关,坚持实事求是、独立审理,依法提出审理意见。坚持调查与审理相分离的原则,案件调查人员不得参与审理。

第一百九十三条 审理工作应当坚持民主集中制原则,经集体审议形成审理意见。

第一百九十四条 审理工作应当在受理之日起一个月以内完成,重大复杂案件经批准可以适当延长。

第一百九十五条 案件审理部门根据案件审理情况,经审批可以与被调查人谈话,告知其在审理阶段的权利义务,核对涉嫌违法犯罪事实,听取其辩解意见,了解有关情况。与被调查人谈话时,案件审理人员不得少于二人。

具有下列情形之一的,一般应当与被调查人谈话:

(一)对被调查人采取留置措施,拟移送起诉的;

(二)可能存在以非法方法收集证据情形的;

(三)被调查人对涉嫌违法犯罪事实材料签署不同意见或者拒不签署意见的;

(四)被调查人要求向案件审理人员当面陈述的;

(五)其他有必要与被调查人进行谈话的情形。

第一百九十六条 经审理认为主要违法犯罪事实不清、证据不足的,应当经审批将案件退回承办部门重新调查。

有下列情形之一,需要补充完善证据的,经审批可以退回补充调查:

（一）部分事实不清、证据不足的；
（二）遗漏违法犯罪事实的；
（三）其他需要进一步查清案件事实的情形。

案件审理部门将案件退回重新调查或者补充调查的，应当出具审核意见，写明调查事项、理由、调查方向、需要补充收集的证据及其证明作用等，连同案卷材料一并送交承办部门。

承办部门补充调查结束后，应当经审批将补证情况报告及相关证据材料，连同案卷材料一并移送案件审理部门；对确实无法查明的事项或者无法补充的证据，应当作出书面说明。重新调查终结后，应当重新形成调查报告，依法移送审理。

重新调查完毕移送审理的，审理期限重新计算。补充调查期间不计入审理期限。

第一百九十七条 审理工作结束后应当形成审理报告，载明被调查人基本情况、调查简况、涉嫌违法或者犯罪事实、被调查人态度和认识、涉案财物处置、承办部门意见、审理意见等内容，提请监察机关集体审议。

对被调查人涉嫌职务犯罪需要追究刑事责任的，应当形成《起诉意见书》，作为审理报告附件。《起诉意见书》应当忠实于事实真象，载明被调查人基本情况、调查简况、采取留置措施的时间、依法查明的犯罪事实和证据、从重、从轻、减轻或者免除处罚等情节、涉案财物情况、涉嫌罪名和法律依据、采取强制措施的建议，以及其他需要说明的情况。

案件审理部门经审理认为现有证据不足以证明被调查人存在违法犯罪行为，且通过退回补充调查仍无法达到证明标准的，应当提出撤销案件的建议。

第一百九十八条 上级监察机关办理下级监察机关管辖案件的，可以经审理后按程序直接进行处置，也可以经审理形成处置意见后，交由下级监察机关办理。

第一百九十九条 被指定管辖的监察机关在调查结束后应当将案件移送审理，提请监察机关集体审议。

上级监察机关将其所管辖的案件指定管辖的，被指定管辖的下级监察机关应当按照前款规定办理后，将案件报上级监察机关依法作出政务处分决定。上级监察机关在作出决定前，应当进行审理。

上级监察机关将下级监察机关管辖的案件指定其他下级监察机关管辖的，被指定管辖的监察机关应当按照第一款规定办理后，将案件送交有管理权限的监察机关依法作出政务处分决定。有管理权限的监察机关应当进行审理，审理意见与被指定管辖的监察机关意见不一致的，双方应当进行沟通；经沟通不能取得一致意见的，报请有权决定的上级监察机关决定。经协商，有管理权限的监察机关在被指定管辖的监察机关审理阶段可以提前阅卷，沟通了解情况。

对于前款规定的重大、复杂案件，被指定管辖的监察机关经集体审议后将处意见报有权决定的上级监察机关审核同意的,有管理权限的监察机关可以经集体审议后依法处置。

第六节 处 置

第二百条 监察机关根据监督、调查结果,依据监察法、政务处分法等规定进行处置。

第二百零一条 监察机关对于公职人员有职务违法行为但情节较轻的,可以依法进行谈话提醒、批评教育、责令检查,或者予以诫勉。上述方式可以单独使用,也可以依据规定合并使用。

谈话提醒、批评教育应当由监察机关相关负责人或者承办部门负责人进行,可以由被谈话提醒、批评教育人所在单位有关负责人陪同;经批准也可以委托其所在单位主要负责人进行。对谈话提醒、批评教育情况应当制作记录。

被责令检查的公职人员应当作出书面检查并进行整改。整改情况在一定范围内通报。

诫勉由监察机关以谈话或者书面方式进行。以谈话方式进行的,应当制作记录。

第二百零二条 对违法的公职人员依法需要给予政务处分的,应当根据情节轻重作出警告、记过、记大过、降级、撤职、开除的政务处分决定,制作政务处分决定书。

第二百零三条 监察机关应当将政务处分决定书在作出后一个月以内送达被处分人和被处分人所在机关、单位,并依法履行宣布、书面告知程序。

政务处分决定自作出之日起生效。有关机关、单位、组织应当依法及时执行处分决定,并将执行情况向监察机关报告。处分决定应当在作出之日起一个月以内执行完毕,特殊情况下经监察机关批准可以适当延长办理期限,最迟不得超过六个月。

第二百零四条 监察机关对不履行或者不正确履行职责造成严重后果或者恶劣影响的领导人员,可以按照管理权限采取通报、诫勉、政务处分等方式进行问责;提出组织处理的建议。

第二百零五条 监察机关依法向监察对象所在单位提出监察建议的,应当经审批制作监察建议书。

监察建议书一般应当包括下列内容:

(一)监督调查情况;

(二)调查中发现的主要问题及其产生的原因;

(三)整改建议、要求和期限;

(四)向监察机关反馈整改情况的要求。

第二百零六条　监察机关经调查,对没有证据证明或者现有证据不足以证明被调查人存在违法犯罪行为的,应当依法撤销案件。省级以下监察机关撤销案件后,应当在七个工作日以内向上一级监察机关报送备案报告。上一级监察机关监督检查部门负责备案工作。

省级以下监察机关拟撤销上级监察机关指定管辖或者交办案件的,应当将《撤销案件意见书》连同案卷材料,在法定调查期限到期七个工作日前报指定管辖或者交办案件的监察机关审查。对于重大、复杂案件,在法定调查期限到期十个工作日前报指定管辖或者交办案件的监察机关审查。

指定管辖或者交办案件的监察机关由监督检查部门负责审查工作。指定管辖或者交办案件的监察机关同意撤销案件的,下级监察机关应当作出撤销案件决定,制作《撤销案件决定书》;指定管辖或者交办案件的监察机关不同意撤销案件的,下级监察机关应当执行该决定。

监察机关对于撤销案件的决定应当向被调查人宣布,由其在《撤销案件决定书》上签名、捺指印,立即解除留置措施,并通知其所在机关、单位。

撤销案件后又发现重要事实或者有充分证据,认为被调查人有违法犯罪事实需要追究法律责任的,应当重新立案调查。

第二百零七条　对于涉嫌行贿等犯罪的非监察对象,案件调查终结后依法移送起诉。综合考虑行为性质、手段、后果、时间节点、认罪悔罪态度等具体情况,对于情节较轻,经审批不予移送起诉的,应当采取批评教育、责令具结悔过等方式处置;应当给予行政处罚的,依法移送有关行政执法部门。

对于有行贿行为的涉案单位和人员,按规定记入相关信息记录,可以作为信用评价的依据。

对于涉案单位和人员通过行贿等非法手段取得的财物及孳息,应当依法予以没收、追缴或者责令退赔。对于违法取得的其他不正当利益,依照法律法规及有关规定予以纠正处理。

第二百零八条　对查封、扣押、冻结的涉嫌职务犯罪所得财物及孳息应当妥善保管,并制作《移送司法机关涉案财物清单》随案移送人民检察院。对作为证据使用的实物应当随案移送;对不宜移送的,应当将清单、照片和其他证明文件随案移送。

对于移送人民检察院的涉案财物,价值不明的,应当在移送起诉前委托进行价格认定。在价格认定过程中,需要对涉案财物先行作出真伪鉴定或者出具技术、质量检测报告的,应当委托有关鉴定机构或者检测机构进行真伪鉴定或者技术、质量检测。

对不属于犯罪所得但属于违法取得的财物及孳息,应当依法予以没收、追缴或者责令退赔,并出具有关法律文书。

对经认定不属于违法所得的财物及孳息,应当及时予以返还,并办理签收手续。

第二百零九条 监察机关经调查,对违法取得的财物及孳息决定追缴或者责令退赔的,可以依法要求公安、自然资源、住房城乡建设、市场监管、金融监管等部门以及银行等机构、单位予以协助。

追缴涉案财物以追缴原物为原则,原物已经转化为其他财物的,应当追缴转化后的财物;有证据证明依法应当追缴、没收的涉案财物无法找到、被他人善意取得、价值灭失减损或者与其他合法财产混合且不可分割的,可以依法追缴、没收其他等值财产。

追缴或者责令退赔应当自处置决定作出之日起一个月以内执行完毕。因被调查人的原因逾期执行的除外。

人民检察院、人民法院依法将不认定为犯罪所得的相关涉案财物退回监察机关的,监察机关应当依法处理。

第二百一十条 监察对象对监察机关作出的涉及本人的处理决定不服的,可以在收到处理决定之日起一个月以内,向作出决定的监察机关申请复审。复审机关应当依法受理,并在受理后一个月以内作出复审决定。监察对象对复审决定仍不服的,可以在收到复审决定之日起一个月以内,向上一级监察机关申请复核。复核机关应当依法受理,并在受理后二个月以内作出复核决定。

上一级监察机关的复核决定和国家监察委员会的复审、复核决定为最终决定。

第二百一十一条 复审、复核机关承办部门应当成立工作组,调阅原案卷宗,必要时可以进行调查取证。承办部门应当集体研究,提出办理意见,经审批作出复审、复核决定。决定应当送达申请人,抄送相关单位,并在一定范围内宣布。

复审、复核期间,不停止原处理决定的执行。复审、复核机关经审查认定处理决定有错误或者不当的,应当依法撤销、变更原处理决定,或者责令原处理机关及时予以纠正。复审、复核机关经审查认定处理决定事实清楚、适用法律正确的,应当予以维持。

坚持复审复核与调查审理分离,原案调查、审理人员不得参与复审复核。

第七节 移送审查起诉

第二百一十二条 监察机关决定对涉嫌职务犯罪的被调查人移送起诉的,应当出具《起诉意见书》,连同案卷材料、证据等,一并移送同级人民检察院。

监察机关案件审理部门负责与人民检察院审查起诉的衔接工作,调查、案件监督管理等部门应当予以协助。

国家监察委员会派驻或者派出的监察机构、监察专员调查的职务犯罪案件,应当依法移送省级人民检察院审查起诉。

第二百一十三条 涉嫌职务犯罪的被调查人和涉案人员符合监察法第三十一条、第三十二条规定情形的，结合其案发前的一贯表现、违法犯罪行为的情节、后果和影响等因素，监察机关经综合研判和集体审议，报上一级监察机关批准，可以在移送人民检察院时依法提出从轻、减轻或者免除处罚等从宽处罚建议。报请批准时，应当一并提供主要证据材料、忏悔反思材料。

上级监察机关相关监督检查部门负责审查工作，重点审核拟认定的从宽处罚情形、提出的从宽处罚建议，经审批在十五个工作日以内作出批复。

第二百一十四条 涉嫌职务犯罪的被调查人有下列情形之一，如实交代自己主要犯罪事实的，可以认定为监察法第三十一条第一项规定的自动投案，真诚悔罪悔过：

（一）职务犯罪问题未被监察机关掌握，向监察机关投案的；

（二）在监察机关谈话、函询过程中，如实交代监察机关未掌握的涉嫌职务犯罪问题的；

（三）在初步核实阶段，尚未受到监察机关谈话时投案的；

（四）职务犯罪问题虽被监察机关立案，但尚未受到讯问或者采取留置措施，向监察机关投案的；

（五）因伤病等客观原因无法前往投案，先委托他人代为表达投案意愿，或者以书信、网络、电话、传真等方式表达投案意愿，后到监察机关接受处理的；

（六）涉嫌职务犯罪潜逃后又投案，包括在被通缉、抓捕过程中投案的；

（七）经查确实已准备去投案，或者正在投案途中被有关机关抓获的；

（八）经他人规劝或者在他人陪同下投案的；

（九）虽未向监察机关投案，但向其所在党组织、单位或者有关负责人员投案，向有关巡视巡察机构投案，以及向公安机关、人民检察院、人民法院投案的；

（十）具有其他应当视为自动投案的情形的。

被调查人自动投案后不能如实交代自己的主要犯罪事实，或者自动投案并如实供述自己的罪行后又翻供的，不能适用前款规定。

第二百一十五条 涉嫌职务犯罪的被调查人有下列情形之一的，可以认定为监察法第三十一条第二项规定的积极配合调查工作，如实供述监察机关还未掌握的违法犯罪行为：

（一）监察机关所掌握线索针对的犯罪事实不成立，在此范围外被调查人主动交代其他罪行的；

（二）主动交代监察机关尚未掌握的犯罪事实，与监察机关已掌握的犯罪事实属不同种罪行的；

（三）主动交代监察机关尚未掌握的犯罪事实，与监察机关已掌握的犯罪事实属同种罪行的；

（四）监察机关掌握的证据不充分，被调查人如实交代有助于收集定案证据的。

前款所称同种罪行和不同种罪行，一般以罪名区分。被调查人如实供述其他罪行的罪名与监察机关已掌握犯罪的罪名不同，但属选择性罪名或者在法律、事实上密切关联的，应当认定为同种罪行。

第二百一十六条　涉嫌职务犯罪的被调查人有下列情形之一的，可以认定为监察法第三十一条第三项规定的积极退赃，减少损失：

（一）全额退赃的；

（二）退赃能力不足，但被调查人及其亲友在监察机关追缴赃款赃物过程中积极配合，且大部分已追缴到位的；

（三）犯罪后主动采取措施避免损失发生，或者积极采取有效措施减少、挽回大部分损失的。

第二百一十七条　涉嫌职务犯罪的被调查人有下列情形之一的，可以认定为监察法第三十一条第四项规定的具有重大立功表现：

（一）检举揭发他人重大犯罪行为且经查证属实的；

（二）提供其他重大案件的重要线索且经查证属实的；

（三）阻止他人重大犯罪活动的；

（四）协助抓捕其他重大职务犯罪案件被调查人、重大犯罪嫌疑人（包括同案犯）的；

（五）为国家挽回重大损失等对国家和社会有其他重大贡献的。

前款所称重大犯罪一般是指依法可能被判处无期徒刑以上刑罚的犯罪行为；重大案件一般是指在本省、自治区、直辖市或者全国范围内有较大影响的案件；查证属实一般是指有关案件已被监察机关或者司法机关立案调查、侦查，被调查人、犯罪嫌疑人被监察机关采取留置措施或者被司法机关采取强制措施，或者被告人被人民法院作出有罪判决，并结合案件事实、证据进行判断。

监察法第三十一条第四项规定的案件涉及国家重大利益，是指案件涉及国家主权和领土完整、国家安全、外交、社会稳定、经济发展等情形。

第二百一十八条　涉嫌行贿等犯罪的涉案人员有下列情形之一的，可以认定为监察法第三十二条规定的揭发有关被调查人职务违法犯罪行为，查证属实或者提供重要线索，有助于调查其他案件：

（一）揭发所涉案件以外的被调查人职务犯罪行为，经查证属实的；

（二）提供的重要线索指向具体的职务犯罪事实，对调查其他案件起到实质性推动作用的；

（三）提供的重要线索有助于加快其他案件办理进度，或者对其他案件固定关键证据、挽回损失、追逃追赃等起到积极作用的。

第二百一十九条　从宽处罚建议一般应当在移送起诉时作为《起诉意见书》内

容一并提出,特殊情况下也可以在案件移送后、人民检察院提起公诉前,单独形成从宽处罚建议书移送人民检察院。对于从宽处罚建议所依据的证据材料,应当一并移送人民检察院。

监察机关对于被调查人在调查阶段认罪认罚,但不符合监察法规定的提出从宽处罚建议条件,在移送起诉时没有提出从宽处罚建议的,应当在《起诉意见书》中写明其自愿认罪认罚的情况。

第二百二十条　监察机关一般应当在正式移送起诉十日前,向拟移送的人民检察院采取书面通知等方式预告移送事宜。对于已采取留置措施的案件,发现被调查人因身体等原因存在不适宜羁押等可能影响刑事强制措施执行情形的,应当通报人民检察院。对于未采取留置措施的案件,可以根据案件具体情况,向人民检察院提出对被调查人采取刑事强制措施的建议。

第二百二十一条　监察机关办理的职务犯罪案件移送起诉,需要指定起诉、审判管辖的,应当与同级人民检察院协商有关程序事宜。需要由同级人民检察院的上级人民检察院指定管辖的,应当商请同级人民检察院办理指定管辖事宜。

监察机关一般应当在移送起诉二十日前,将商请指定管辖函送交同级人民检察院。商请指定管辖函应当附案件基本情况,对于被调查人已被其他机关立案侦查的犯罪认为需要并案审查起诉的,一并进行说明。

派驻或者派出的监察机构、监察专员调查的职务犯罪案件需要指定起诉、审判管辖的,应当报派出机关办理指定管辖手续。

第二百二十二条　上级监察机关指定下级监察机关进行调查,移送起诉时需要人民检察院依法指定管辖的,应当在移送起诉前由上级监察机关与同级人民检察院协商有关程序事宜。

第二百二十三条　监察机关对已经移送起诉的职务犯罪案件,发现遗漏被调查人罪行需要补充移送起诉的,应当经审批出具《补充起诉意见书》,连同相关案卷材料、证据等一并移送同级人民检察院。

对于经人民检察院指定管辖的案件需要补充移送起诉的,可以直接移送原受理移送起诉的人民检察院;需要追加犯罪嫌疑人、被告人的,应当再次商请人民检察院办理指定管辖手续。

第二百二十四条　对于涉嫌行贿犯罪、介绍贿赂犯罪或者共同职务犯罪等关联案件的涉案人员,移送起诉时一般应当随主案确定管辖。

主案与关联案件由不同监察机关立案调查的,调查关联案件的监察机关在移送起诉前,应当报告或者通报调查主案的监察机关,由其统一协调案件管辖事宜。因特殊原因,关联案件不宜随主案确定管辖的,调查主案的监察机关应当及时通报和协调有关事项。

第二百二十五条　监察机关对于人民检察院在审查起诉中书面提出的下列要

求应当予以配合：

（一）认为可能存在以非法方法收集证据情形，要求监察机关对证据收集的合法性作出说明或者提供相关证明材料的；

（二）排除非法证据后，要求监察机关另行指派调查人员重新取证的；

（三）对物证、书证、视听资料、电子数据及勘验检查、辨认、调查实验等笔录存在疑问，要求调查人员提供获取、制作的有关情况的；

（四）要求监察机关对案件中某些专门性问题进行鉴定，或者对勘验检查进行复验、复查的；

（五）认为主要犯罪事实已经查清，仍有部分证据需要补充完善，要求监察机关补充提供证据的；

（六）人民检察院依法提出的其他工作要求。

第二百二十六条　监察机关对于人民检察院依法退回补充调查的案件，应当向主要负责人报告，并积极开展补充调查工作。

第二百二十七条　对人民检察院退回补充调查的案件，经审批分别作出下列处理：

（一）认定犯罪事实的证据不够充分的，应当在补充证据后，制作补充调查报告书，连同相关材料一并移送人民检察院审查，对无法补充完善的证据，应当作出书面情况说明，并加盖监察机关或者承办部门公章；

（二）在补充调查中发现新的同案犯或者增加、变更犯罪事实，需要追究刑事责任的，应当重新提出处理意见，移送人民检察院审查；

（三）犯罪事实的认定出现重大变化，认为不应当追究被调查人刑事责任的，应当重新提出处理意见，将处理结果书面通知人民检察院并说明理由；

（四）认为移送起诉的犯罪事实清楚、证据确实、充分的，应当说明理由，移送人民检察院依法审查。

第二百二十八条　人民检察院在审查起诉过程中发现新的职务违法或者职务犯罪问题线索并移送监察机关的，监察机关应当依法处置。

第二百二十九条　在案件审判过程中，人民检察院书面要求监察机关补充提供证据，对证据进行补正、解释，或者协助人民检察院补充侦查的，监察机关应当予以配合。监察机关不能提供有关证据材料的，应当书面说明情况。

人民法院在审判过程中就证据收集合法性问题要求有关调查人员出庭说明情况时，监察机关应当依法予以配合。

第二百三十条　监察机关认为人民检察院不起诉决定有错误的，应当在收到不起诉决定书后三十日以内，依法向其上一级人民检察院提请复议。监察机关应当将上述情况及时向上一级监察机关书面报告。

第二百三十一条　对于监察机关移送起诉的案件，人民检察院作出不起诉决定,人民法院作出无罪判决,或者监察机关经人民检察院退回补充调查后不再移送起诉,涉及对被调查人已生效政务处分事实认定的,监察机关应当依法对政务处分决定进行审核。认为原政务处分决定认定事实清楚、适用法律正确的,不再改变;认为原政务处分决定确有错误或者不当的,依法予以撤销或者变更。

第二百三十二条　对于贪污贿赂、失职渎职等职务犯罪案件,被调查人逃匿,在通缉一年后不能到案,或者被调查人死亡,依法应当追缴其违法所得及其他涉案财产的,承办部门在调查终结后应当依法移送审理。

监察机关应当经集体审议,出具《没收违法所得意见书》,连同案卷材料、证据等,一并移送人民检察院依法提出没收违法所得的申请。

监察机关将《没收违法所得意见书》移送人民检察院后,在逃的被调查人自动投案或者被抓获的,监察机关应当及时通知人民检察院。

第二百三十三条　监察机关立案调查拟适用缺席审判程序的贪污贿赂犯罪案件,应当逐级报送国家监察委员会同意。

监察机关承办部门认为在境外的被调查人犯罪事实已经查清、证据确实、充分,依法应当追究刑事责任的,应当依法移送审理。

监察机关应当经集体审议,出具《起诉意见书》,连同案卷材料、证据等,一并移送人民检察院审查起诉。

在审查起诉或者缺席审判过程中,犯罪嫌疑人、被告人向监察机关自动投案或者被抓获的,监察机关应当立即通知人民检察院、人民法院。

第六章　反腐败国际合作

第一节　工作职责和领导体制

第二百三十四条　国家监察委员会统筹协调与其他国家、地区、国际组织开展反腐败国际交流、合作。

国家监察委员会组织《联合国反腐败公约》等反腐败国际条约的实施以及履约审议等工作,承担《联合国反腐败公约》司法协助中央机关有关工作。

国家监察委员会组织协调有关单位建立集中统一、高效顺畅的反腐败国际追逃追赃和防逃协调机制,统筹协调、督促指导各级监察机关反腐败国际追逃追赃等涉外案件办理工作,具体履行下列职责:

(一)制定反腐败国际追逃追赃和防逃工作计划,研究工作中的重要问题;

(二)组织协调反腐败国际追逃追赃等重大涉外案件办理工作;

(三)办理由国家监察委员会管辖的涉外案件;

(四)指导地方各级监察机关依法开展涉外案件办理工作;

(五)汇总和通报全国职务犯罪外逃案件信息和追逃追赃工作信息;

(六)建立健全反腐败国际追逃追赃和防逃合作网络;

（七）承担监察机关开展国际刑事司法协助的主管机关职责；

（八）承担其他与反腐败国际追逃追赃等涉外案件办理工作相关的职责。

第二百三十五条 地方各级监察机关在国家监察委员会领导下，统筹协调、督促指导本地区反腐败国际追逃追赃等涉外案件办理工作，具体履行下列职责：

（一）落实上级监察机关关于反腐败国际追逃追赃和防逃工作部署，制定工作计划；

（二）按照管辖权限或者上级监察机关指定管辖，办理涉外案件；

（三）按照上级监察机关要求，协助配合其他监察机关开展涉外案件办理工作；

（四）汇总和通报本地区职务犯罪外逃案件信息和追逃追赃工作信息；

（五）承担本地区其他与反腐败国际追逃追赃等涉外案件办理工作相关的职责。

省级监察委员会应当会同有关单位，建立健全本地区反腐败国际追逃追赃和防逃协调机制。

国家监察委员会派驻或者派出的监察机构、监察专员统筹协调、督促指导本部门反腐败国际追逃追赃等涉外案件办理工作，参照第一款规定执行。

第二百三十六条 国家监察委员会国际合作局归口管理监察机关反腐败国际追逃追赃等涉外案件办理工作。地方各级监察委员会应当明确专责部门，归口管理本地区涉外案件办理工作。

国家监察委员会派驻或者派出的监察机构、监察专员和地方各级监察机关办理涉外案件中有关执法司法国际合作事项，应当逐级报送国家监察委员会审批。由国家监察委员会依法直接或者协调有关单位与有关国家（地区）相关机构沟通，以双方认可的方式实施。

第二百三十七条 监察机关应当建立追逃追赃和防逃工作内部联络机制。承办部门在调查过程中，发现被调查人或者重要涉案人员外逃、违法所得及其他涉案财产被转移到境外的，可以请追逃追赃部门提供工作协助。监察机关将案件移送人民检察院审查起诉后，仍有重要涉案人员外逃或者未追缴的违法所得及其他涉案财产的，应当由追逃追赃部门继续办理，或者由追逃追赃部门指定协调有关单位办理。

第二节 国（境）内工作

第二百三十八条 监察机关应当将防逃工作纳入日常监督内容，督促相关机关、单位建立健全防逃责任机制。

监察机关在监督、调查工作中，应当根据情况制定对监察对象、重要涉案人员的防逃方案，防范人员外逃和资金外流风险。监察机关应当会同同级组织人事、外事、公安、移民管理等单位健全防逃预警机制，对存在外逃风险的监察对象早发现、早报告、早处置。

第二百三十九条 监察机关应当加强与同级人民银行、公安等单位的沟通协作，推动预防、打击利用离岸公司和地下钱庄等向境外转移违法所得及其他涉案财产，对涉及职务违法和职务犯罪的行为依法进行调查。

第二百四十条 国家监察委员会派驻或者派出的监察机构、监察专员和地方各级监察委员会发现监察对象出逃、失踪、出走，或者违法所得及其他涉案财产被转移至境外的，应当在二十四小时以内将有关信息逐级报送至国家监察委员会国际合作局，并迅速开展相关工作。

第二百四十一条 监察机关追逃追赃部门统一接收巡视巡察机构、审计机关、行政执法部门、司法机关等单位移交的外逃信息。

监察机关对涉嫌职务违法和职务犯罪的外逃人员，应当明确承办部门，建立案件档案。

第二百四十二条 监察机关应当依法全面收集外逃人员涉嫌职务违法和职务犯罪证据。

第二百四十三条 开展反腐败国际追逃追赃等涉外案件办理工作，应当把思想教育贯穿始终，落实宽严相济刑事政策，依法适用认罪认罚从宽制度，促使外逃人员回国投案或者配合调查、主动退赃。开展相关工作，应当尊重所在国家（地区）的法律规定。

第二百四十四条 外逃人员归案、违法所得及其他涉案财产被追缴后，承办案件的监察机关应当将情况逐级报送国家监察委员会国际合作局。监察机关应当依法对涉案人员和违法所得及其他涉案财产作出处置，或者请有关单位依法处置。对不需要继续采取相关措施的，应当及时解除或者撤销。

第三节 对外合作

第二百四十五条 监察机关对依法应当留置或者已经决定留置的外逃人员，需要申请发布国际刑警组织红色通报的，应当逐级报送国家监察委员会审核。国家监察委员会审核后，依法通过公安部向国际刑警组织提出申请。

需要延期、暂停、撤销红色通报的，申请发布红色通报的监察机关应当逐级报送国家监察委员会审核，由国家监察委员会依法通过公安部联系国际刑警组织办理。

第二百四十六条 地方各级监察机关通过引渡方式办理相关涉外案件的，应当按照引渡法、相关双边及多边国际条约等规定准备引渡请求书及相关材料，逐级报送国家监察委员会审核。由国家监察委员会依法通过外交等渠道向外国提出引渡请求。

第二百四十七条 地方各级监察机关通过刑事司法协助方式办理相关涉外案

件的,应当按照国际刑事司法协助法、相关双边及多边国际条约等规定准备刑事司法协助请求书及相关材料,逐级报送国家监察委员会审核。由国家监察委员会依法直接或者通过对外联系机关等渠道,向外国提出刑事司法协助请求。

国家监察委员会收到外国提出的刑事司法协助请求书及所附材料,经审查认为符合有关规定的,作出决定并交由省级监察机关执行,或者转交其他有关主管机关。省级监察机关应当立即执行,或者交由下级监察机关执行,并将执行结果或者妨碍执行的情形及时报送国家监察委员会。在执行过程中,需要依法采取查询、调取、查封、扣押、冻结等措施或者需要返还涉案财物的,根据我国法律规定和国家监察委员会的执行决定办理有关法律手续。

第二百四十八条 地方各级监察机关通过执法合作方式办理相关涉外案件的,应当将合作事项及相关材料逐级报送国家监察委员会审核。由国家监察委员会依法直接或者协调有关单位,向有关国家(地区)相关机构提交并开展合作。

第二百四十九条 地方各级监察机关通过境外追诉方式办理相关涉外案件的,应当提供外逃人员相关违法线索和证据,逐级报送国家监察委员会审核。由国家监察委员会依法直接或者协调有关单位向有关国家(地区)相关机构提交,请其依法对外逃人员调查、起诉和审判,并商有关国家(地区)遣返外逃人员。

第二百五十条 监察机关对依法应当追缴的境外违法所得及其他涉案财产,应当责令涉案人员以合法方式退赔。涉案人员拒不退赔的,可以依法通过下列方式追缴:

(一)在开展引渡等追逃合作时,随附请求有关国家(地区)移交相关违法所得及其他涉案财产;

(二)依法启动违法所得没收程序,由人民法院对相关违法所得及其他涉案财产作出冻结、没收裁定,请有关国家(地区)承认和执行,并予以返还;

(三)请有关国家(地区)依法追缴相关违法所得及其他涉案财产,并予以返还;

(四)通过其他合法方式追缴。

第七章 对监察机关和监察人员的监督

第二百五十一条 监察机关和监察人员必须自觉坚持党的领导,在党组织的管理、监督下开展工作,依法接受本级人民代表大会及其常务委员会的监督,接受民主监督、司法监督、社会监督、舆论监督,加强内部监督制约机制建设,确保权力受到严格的约束和监督。

第二百五十二条 各级监察委员会应当按照监察法第五十三条第二款规定,由主任在本级人民代表大会常务委员会全体会议上报告专项工作。

在报告专项工作前,应当与本级人民代表大会有关专门委员会沟通协商,并配合开展调查研究等工作。各级人民代表大会常务委员会审议专项工作报告时,本级监察委员会应当根据要求派出领导成员列席相关会议,听取意见。

各级监察委员会应当认真研究办理本级人民代表大会常务委员会反馈的审议意见,并按照要求书面报告办理情况。

第二百五十三条 各级监察委员会应当积极接受、配合本级人民代表大会常务委员会组织的执法检查。对本级人民代表大会常务委员会的执法检查报告,应当认真研究处理,并向其报告处理情况。

第二百五十四条 各级监察委员会在本级人民代表大会常务委员会会议审议与监察工作有关的议案和报告时,应当派相关负责人到会听取意见,回答询问。

监察机关对依法交由监察机关答复的质询案应当按照要求进行答复。口头答复的,由监察机关主要负责人或者委派相关负责人到会答复。书面答复的,由监察机关主要负责人签署。

第二百五十五条 各级监察机关应当通过互联网政务媒体、报刊、广播、电视等途径,向社会及时准确公开下列监察工作信息：

（一）监察法规；

（二）依法应当向社会公开的案件调查信息；

（三）检举控告地址、电话、网站等信息；

（四）其他依法应当公开的信息。

第二百五十六条 各级监察机关可以根据工作需要,按程序选聘特约监察员履行监督、咨询等职责。特约监察员名单应当向社会公布。

监察机关应当为特约监察员依法开展工作提供必要条件和便利。

第二百五十七条 监察机关实行严格的人员准入制度,严把政治关、品行关、能力关、作风关、廉洁关。监察人员必须忠诚坚定、担当尽责、遵纪守法、清正廉洁。

第二百五十八条 监察机关应当建立监督检查、调查、案件监督管理、案件审理等部门相互协调制约的工作机制。

监督检查和调查部门实行分工协作、相互制约。监督检查部门主要负责联系地区、部门、单位的日常监督检查和对涉嫌一般违法问题线索处置。调查部门主要负责对涉嫌严重职务违法和职务犯罪问题线索进行初步核实和立案调查。

案件监督管理部门负责对监督检查、调查工作全过程进行监督管理,做好线索管理、组织协调、监督检查、督促办理、统计分析等工作。案件监督管理部门发现监察人员在监督检查、调查中有违规办案行为的,及时督促整改;涉嫌违纪违法的,根据管理权限移交相关部门处理。

第二百五十九条 监察机关应当对监察权运行关键环节进行经常性监督检查,适时开展专项督查。案件监督管理、案件审理等部门应当按照各自职责,对问题线索处置、调查措施使用、涉案财物管理等进行监督检查,建立常态化、全覆盖的案件质量评查机制。

第二百六十条　监察机关应当加强对监察人员执行职务和遵纪守法情况的监督,按照管理权限依法对监察人员涉嫌违法犯罪问题进行调查处置。

第二百六十一条　监察机关及其监督检查、调查部门负责人应当定期检查调查期间的录音录像、谈话笔录、涉案财物登记资料,加强对调查全过程的监督,发现问题及时纠正并报告。

第二百六十二条　对监察人员打听案情、过问案件、说情干预的,办理监察事项的监察人员应当及时向上级负责人报告。有关情况应当登记备案。

发现办理监察事项的监察人员未经批准接触被调查人、涉案人员及其特定关系人,或者存在交往情形的,知情的监察人员应当及时向上级负责人报告。有关情况应当登记备案。

第二百六十三条　办理监察事项的监察人员有监察法第五十八条所列情形之一的,应当自行提出回避;没有自行提出回避的,监察机关应当依法决定其回避,监察对象、检举人及其他有关人员也有权要求其回避。

选用借调人员、看护人员、调查场所,应当严格执行回避制度。

第二百六十四条　监察人员自行提出回避,或者监察对象、检举人及其他有关人员要求监察人员回避的,应当书面或者口头提出,并说明理由。口头提出的,应当形成记录。

监察机关主要负责人的回避,由上级监察机关主要负责人决定;其他监察人员的回避,由本级监察机关主要负责人决定。

第二百六十五条　上级监察机关应当通过专项检查、业务考评、开展复查等方式,强化对下级监察机关及监察人员执行职务和遵纪守法情况的监督。

第二百六十六条　监察机关应当对监察人员有计划地进行政治、理论和业务培训。培训应当坚持理论联系实际、按需施教、讲求实效,突出政治机关特色,建设高素质专业化监察队伍。

第二百六十七条　监察机关应当严格执行保密制度,控制监察事项知悉范围和时间。监察人员不准私自留存、隐匿、查阅、摘抄、复制、携带问题线索和涉案资料,严禁泄露监察工作秘密。

监察机关应当建立健全检举控告保密制度,对检举控告人的姓名(单位名称)、工作单位、住址、电话和邮箱等有关情况以及检举控告内容必须严格保密。

第二百六十八条　监察机关涉密人员离岗离职后,应当遵守脱密期管理规定,严格履行保密义务,不得泄露相关秘密。

第二百六十九条　监察人员离任三年以内,不得从事与监察和司法工作相关联且可能发生利益冲突的职业。

监察人员离任后,不得担任原任职监察机关办理案件的诉讼代理人或者辩护人,但是作为当事人的监护人或者近亲属代理诉讼或者进行辩护的除外。

第二百七十条 监察人员应当严格遵守有关规范领导干部配偶、子女及其配偶经商办企业行为的规定。

第二百七十一条 监察机关在履行职责过程中应当依法保护企业产权和自主经营权,严禁利用职权非法干扰企业生产经营。需要企业经营者协助调查的,应当依法保障其合法的人身、财产等权益,避免或者减少对涉案企业正常生产、经营活动的影响。

查封企业厂房、机器设备等生产资料,企业继续使用对该财产价值无重大影响的,可以允许其使用。对于正在运营或者正在用于科技创新、产品研发的设备和技术资料等,一般不予查封、扣押,确需调取违法犯罪证据的,可以采取拍照、复制等方式。

第二百七十二条 被调查人及其近亲属认为监察机关及监察人员存在监察法第六十条第一款规定的有关情形,向监察机关提出申诉的,由监察机关案件监督管理部门依法受理,并按照法定的程序和时限办理。

第二百七十三条 监察机关在维护监督执法调查工作纪律方面失职失责的,依法追究责任。监察人员涉嫌严重职务违法、职务犯罪或者对案件处置出现重大失误的,既应当追究直接责任,还应当严肃追究负有责任的领导人员责任。

监察机关应当建立办案质量责任制,对滥用职权、失职失责造成严重后果的,实行终身责任追究。

第八章 法律责任

第二百七十四条 有关单位拒不执行监察机关依法作出的下列处理决定的,应当由其主管部门、上级机关责令改正,对单位给予通报批评,对负有责任的领导人员和直接责任人员依法给予处理:

(一)政务处分决定;

(二)问责决定;

(三)谈话提醒、批评教育、责令检查,或者予以诫勉的决定;

(四)采取调查措施的决定;

(五)复审、复核决定;

(六)监察机关依法作出的其他处理决定。

第二百七十五条 监察对象对控告人、申诉人、批评人、检举人、证人、监察人员进行打击、压制等报复陷害的,监察机关应当依法给予政务处分。构成犯罪的,依法追究刑事责任。

第二百七十六条 控告人、检举人、证人采取捏造事实、伪造材料等方式诬告陷害的,监察机关应当依法给予政务处分,或者移送有关机关处理。构成犯罪的,依法追究刑事责任。

监察人员因依法履行职责遭受不实举报、诬告陷害、侮辱诽谤,致使名誉受到损害的,监察机关应当会同有关部门及时澄清事实,消除不良影响,并依法追究相关单位或者个人的责任。

第二百七十七条 监察机关应当建立健全办案安全责任制。承办部门主要负责人和调查组组长是调查安全第一责任人。调查组应当指定专人担任安全员。

地方各级监察机关履行管理、监督职责不力发生严重办案安全事故的,或者办案中存在严重违规违纪违法行为的,省级监察机关主要负责人应当向国家监察委员会作出检讨,并予以通报、严肃追责问责。

案件监督管理部门应当对办案安全责任制落实情况组织经常性检查和不定期抽查,发现问题及时报告并督促整改。

第二百七十八条 监察人员在履行职责中有下列行为之一的,依法严肃处理;构成犯罪的,依法追究刑事责任:

(一)贪污贿赂、徇私舞弊的;

(二)不履行或者不正确履行监督职责,应当发现的问题没有发现,或者发现问题不报告、不处置,造成严重影响的;

(三)未经批准、授权处置问题线索,发现重大案情隐瞒不报,或者私自留存、处理涉案材料的;

(四)利用职权或者职务上的影响干预调查工作的;

(五)违法窃取、泄露调查工作信息,或者泄露举报事项、举报受理情况以及举报人信息的;

(六)对被调查人或者涉案人员逼供、诱供,或者侮辱、打骂、虐待、体罚或者变相体罚的;

(七)违反规定处置查封、扣押、冻结的财物的;

(八)违反规定导致发生办案安全事故,或者发生安全事故后隐瞒不报、报告失实、处置不当的;

(九)违反规定采取留置措施的;

(十)违反规定限制他人出境,或者不按规定解除出境限制的;

(十一)其他职务违法和职务犯罪行为。

第二百七十九条 对监察人员在履行职责中存在违法行为的,可以根据情节轻重,依法进行谈话提醒、批评教育、责令检查、诫勉,或者给予政务处分。构成犯罪的,依法追究刑事责任。

第二百八十条 监察机关及其工作人员在行使职权时,有下列情形之一的,受害人可以申请国家赔偿:

(一)采取留置措施后,决定撤销案件的;

(二)违法没收、追缴或者违法查封、扣押、冻结财物造成损害的;

（三）违法行使职权，造成被调查人、涉案人员或者证人身体伤害或者死亡的；

（四）非法剥夺他人人身自由的；

（五）其他侵犯公民、法人和其他组织合法权益造成损害的。

受害人死亡的，其继承人和其他有扶养关系的亲属有权要求赔偿；受害的法人或者其他组织终止的，其权利承受人有权要求赔偿。

第二百八十一条　监察机关及其工作人员违法行使职权侵犯公民、法人和其他组织的合法权益造成损害的，该机关为赔偿义务机关。申请赔偿应当向赔偿义务机关提出，由该机关负责复审复核工作的部门受理。

赔偿以支付赔偿金为主要方式。能够返还财产或者恢复原状的，予以返还财产或者恢复原状。

第九章　附　则

第二百八十二条　本条例所称监察机关，包括各级监察委员会及其派驻或者派出监察机构、监察专员。

第二百八十三条　本条例所称"近亲属"，是指夫、妻、父、母、子、女、同胞兄弟姊妹。

第二百八十四条　本条例所称以上、以下、以内，包括本级、本数。

第二百八十五条　期间以时、日、月、年计算，期间开始的时和日不算在期间以内。本条例另有规定的除外。

按照年、月计算期间的，到期月的对应日为期间的最后一日；没有对应日的，月末日为期间的最后一日。

期间的最后一日是法定休假日的，以法定休假日结束的次日为期间的最后一日。但被调查人留置期间应当至到期之日为止，不得因法定休假日而延长。

第二百八十六条　本条例由国家监察委员会负责解释。

第二百八十七条　本条例自发布之日起施行。

10. 国家监察委员会与最高人民检察院办理职务犯罪案件工作衔接办法

（中共中央纪律检查委员会、国家监察委员会、
最高人民检察院印发，自2018年4月16日起施行）

加强党对反腐败工作的集中统一领导，促进国家监察委员会和最高人民检察

院在办理职务犯罪案件过程中互相配合、互相制约,建立权威高效、衔接顺畅的工作机制,根据《中华人民共和国监察法》《中华人民共和国刑事诉讼法》,结合工作实际,制定本办法。

第一章 国家监察委员会案件审理

第一条 案件调查部门收集、固定、审查被调查人涉嫌职务犯罪的供述和辩解、证人证言、物证、书证等证据材料,应严格遵循刑事审判关于证据的要求和标准。

首次讯问、询问时应当告知被调查人、证人有关权利义务等事项;讯问、询问应当制作完整的笔录,注明具体起止时间、地点,并由调查人员和被调查人、证人签名;对关键事实,一般应制作多份笔录,由被调查人书写自书材料。不得在多份笔录之间相互复制;避免提示性、诱导性询问。

讯问以及搜查、查封、扣押等重要取证工作应全程同步录音录像。

第二条 经调查,被调查人涉嫌职务犯罪事实清楚、证据确实充分,需要追究刑事责任的,调查部门应形成调查报告、《起诉建议书》和移送审理的请示,按程序报批后,连同全部案卷、同步录音录像等材料一并移送案件审理室。对被调查人采取留置措施的,应在留置期限届满 30 日前移送审理。

调查报告应载明被调查人的基本情况、调查简况、涉嫌职务犯罪事实、被调查人的态度和认识、涉案款物情况、调查部门意见、法律依据以及是否移送检察机关依法提起公诉等内容。将被调查人忏悔反思材料、涉案款物报告、《起诉建议书》等材料作为附件。

《起诉建议书》应载明被调查人基本情况,调查简况,采取留置措施的时间,涉嫌职务犯罪事实以及证据,被调查人从重、从轻、减轻等情节,提出对被调查人起诉的理由和法律依据,采取强制措施的建议,并注明移送案卷数及涉案款物等内容。

第三条 被调查人涉嫌职务犯罪的案卷材料应参照刑事诉讼要求装订成卷,并按照犯罪事实分别组卷。一般应包括全部证据、法律手续和文书等材料:

(一)证据材料。包括主体身份材料,被调查人供述和辩解,证人证言,物证,书证,视听资料,电子数据,鉴定意见,勘验、检查、搜查笔录等。

(二)法律手续和文书。包括立案决定书、留置决定书、留置通知书、查封、扣押、限制出境等相关文书。

(三)被调查人到案经过等材料。包括被调查人如何到案,调查部门接触被调查人之前是否掌握其犯罪线索、掌握何种犯罪线索,被调查人是否如实供述犯罪事实、供述何种犯罪事实,被调查人是否有自动投案、检举揭发等从宽处罚情形的说明以及相关证据材料。

报请领导审批的内部审批文件,另行归入违纪违法问题案卷。

第四条 案件审理室收到调查部门移送的报告及全部案卷材料后,经审核符合移送条件的,按程序报批后予以受理;经审核不符合要求的,按程序报批后,可暂缓受理或不予受理,并通知调查部门及时补充、更正。

第五条 调查取证工作基本结束,已经查清涉嫌职务犯罪主要事实并提出倾向性意见,但存在重大、疑难、复杂问题等情形的,案件审理室可以提前介入审理。

需提前介入审理的,调查部门应在正式移送审理10日前提出,与案件审理室沟通,并报双方分管领导批准后实施。调查部门应将相关情况及时告知案件监督管理室。

第六条 案件审理室受理案件后,应当成立由2人以上组成的审理组,全面审理案卷材料,按照事实清楚、证据确凿、定性准确、处理恰当、手续完备、程序合法的要求,提出审理意见。

案件审理室根据案件审理情况,可以与被调查人谈话,核对违纪和违法犯罪事实,听取辩解意见,了解有关情况。

第七条 审理中,对存在主要事实不清、证据不足等问题的,按程序报批后,由案件审理室退回调查部门重新调查。

对基本事实清楚,但需要补充完善证据的,按程序报批后,由案件审理室退回调查部门补充调查。

重新调查或者补充调查结束后,调查部门应及时将补证情况报告及相关材料移送案件审理室。

第八条 审理组形成审理意见后应当提请案件审理室室务会议讨论。

案件审理室与调查部门就重大问题意见不一致的,由分管案件审理室的委领导主持召开审理协调会议,对有关问题进行研究。

第九条 审理工作结束后,案件审理室应形成审理报告,并在审核调查部门《起诉建议书》的基础上形成《起诉意见书》,作为审理报告附件,按程序报批后,提请审议。

第十条 审理报告应载明被调查人的基本情况、调查简况、违纪违法或者涉嫌职务犯罪的事实、被调查人的态度和认识、涉案款物情况、调查部门意见,并提出给予处分、涉案款物处置以及是否移送检察机关依法提起公诉等审理意见。

第十一条 国家监察委员会根据工作需要,设立法律专家咨询委员会。

对案件涉及专业技术问题或者具体业务政策、规定的,按程序报批后,可以向法律专家咨询委员会咨询。根据工作需要,可以采取会议或书面等方式咨询。

在审理阶段,对存在重大、疑难、复杂问题等情形的,按程序报批后,由案件审理室组织法律专家咨询委员会论证。参加论证人员应当对论证问题提出书面意见,并由法律专家委员会形成会议纪要。

咨询、论证工作必须严格遵循保密规定,相关人员应严格履行保密义务。

第二章　最高人民检察院提前介入工作

第十二条　国家监察委员会办理的重大、疑难、复杂案件在进入案件审理阶段后，可以书面商请最高人民检察院派员介入。

第十三条　最高人民检察院在收到提前介入书面通知后，应当及时指派检察官带队介入并成立工作小组。

第十四条　工作小组应当在15日内审核案件材料，对证据标准、事实认定、案件定性及法律适用提出书面意见，对是否需要采取强制措施进行审查。

书面意见应当包括提前介入工作的基本情况、审查认定的事实、定性意见、补证意见及需要研究和说明的问题等内容。

第十五条　国家监察委员会案件审理室对最高人民检察院工作小组书面意见审核后，需要补证的，按程序报批后，及时交由调查部门进行补证。补证工作结束后，调查部门应当形成补证情况报告，并将调取的证据材料装订成卷，一并移送案件审理室。

第三章　国家监察委员会向最高人民检察院移送案件

第十六条　国家监察委员会决定移送的案件，案件审理室应当将《起诉意见书》及时移交案件监督管理室，由案件监督管理室出具移送函，连同《起诉意见书》一并移送最高人民检察院。由调查部门负责移送被调查人、全部案卷材料、涉案款物等。案件移送前，应当按程序报批后作出党纪处分、政务处分决定，需要终止人大代表资格的，应当提请有关机关终止人大代表资格。案件移送最高人民检察院后，国家监察委员会调查部门应当跟踪了解案件办理情况，发现问题及时报告，不得违规过问、干预案件办理工作。

第十七条　《起诉意见书》主要内容包括：

（一）被调查人基本情况；

（二）案件来源及立案；

（三）留置的时间；

（四）依法查明的犯罪事实和证据清单；

（五）被调查人从重、从轻、减轻等情节；

（六）涉案款物情况；

（七）涉嫌罪名和法律依据；

（八）对被调查人采取强制措施的建议；

（九）其他需要说明的情况。

第十八条　对被调查人采取留置措施的国家监察委员会应当在正式移送起诉10日前书面通知最高人民检察院移送事宜。

案件材料移送路途时间不计入办案期限。

第十九条 国家监察委员会调查的职务犯罪案件需要在异地起诉、审判的，一般应当在移送起诉20日前，由最高人民检察院商最高人民法院办理指定管辖事宜，并由最高人民检察院向国家监察委员会通报。

第四章　检察机关审查起诉

第二十条 对于国家监察委员会移送的案件，最高人民检察院案件管理部门接收案卷材料后应当立即审查下列内容：

（一）案卷材料齐备、规范，符合有关规定的要求；

（二）移送的款项或者物品与移送清单相符；

（三）被调查人在案情况。

第二十一条 最高人民检察院案件管理部门认为具备受理条件的，应当及时进行登记，并立即将案卷材料移送公诉部门办理；认为不具备受理条件的，应当商国家监察委员会相关部门补送材料。

第二十二条 最高人民检察院公诉部门经审查认为有犯罪事实需要追究刑事责任的，应当立即决定采取强制措施，并与国家监察委员会调查部门办理交接手续。国家监察委员会对被调查人的留置措施自其被检察机关采取强制措施之时自动解除。

最高人民检察院公诉部门在审查期间，检察官应当持《起诉意见书》和检察提讯证提讯犯罪嫌疑人。

对于正在被留置的被调查人，一般应当予以逮捕。如果犯罪嫌疑人涉嫌的罪行较轻，或者患有严重疾病、生活不能自理，是怀孕或者正在哺乳自己婴儿的妇女，不逮捕不致发生社会危险性的，可以采取取保候审或者监视居住措施。

第二十三条 对于确定指定管辖的，应当综合考虑当地人民检察院、人民法院、看守所等的办案力量、办案场所以及交通等因素决定，一般应当指定人民检察院分院、州、市人民检察院审查起诉。

对于一人犯数罪、共同犯罪、多个犯罪嫌疑人实施的犯罪相互关联，并案处理有利于查明案件事实和诉讼进行的，可以并案指定由同一人民检察院审查起诉。

第二十四条 最高人民检察院作出指定管辖决定后，应当在10日内将案卷材料交由被指定的人民检察院办理。

被指定的人民检察院应当重新作出强制措施决定。犯罪嫌疑人被采取监视居住、逮捕措施的，最高人民检察院应当与被指定的人民检察院办理移交犯罪嫌疑人的手续。

第二十五条 被指定的人民检察院应当自收到案卷材料之日起3日内，告知犯罪嫌疑人有权委托辩护人，并告知其如果经济困难或者其他原因没有聘请辩护人的,可以依法申请法律援助。

第二十六条 被指定的人民检察院审查移送起诉的案件,应当查明:

(一)犯罪嫌疑人身份状况是否清楚,包括姓名、性别、国籍、出生年月日、职业和单位等;单位犯罪的,单位的相关情况是否清楚;

(二)犯罪事实、情节是否清楚;实施犯罪的时间、地点、手段、犯罪事实、危害后果是否明确;

(三)认定犯罪性质和罪名的意见是否正确;有无法定的从重、从轻、减轻或者免除处罚的情节及酌定从重、从轻情节;共同犯罪案件的犯罪嫌疑人在犯罪活动中的责任的认定是否恰当;

(四)证明犯罪事实的证据材料包括采取技术调查措施的决定书及证据材料是否随案移送;证明相关财产系违法所得的证据材料是否随案移送;不宜移送的证据的清单、复制件、照片或者其他证明文件是否随案移送;

(五)证据是否确实、充分,是否依法收集,有无应当排除非法证据的情形;

(六)调查的各种手续和文书是否完备;

(七)有无遗漏罪行和其他应当追究刑事责任的人;

(八)是否属于不应当追究刑事责任的;

(九)有无附带民事诉讼;对于国家财产、集体财产遭受损失的,是否需要由人民检察院提起附带民事诉讼;

(十)涉案财物是否查封、扣押、冻结并妥善保管,清单是否齐备;对被害人合法财产的返还和对违禁品或者不宜长期保存的物品的处理是否妥当,移送的证明文件是否完备;

(十一)其他需要审查的事项。

第二十七条 国家监察委员会调查取得的证据材料,可以在刑事诉讼中作为证据使用。被指定的人民检察院应当对取证合法性进行审查。

国家监察委员会对调查过程的录音、录像不随案移送最高人民检察院。最高人民检察院认为需要调取与指控犯罪有关并且需要对证据合法性进行审查的讯问录音录像,可以同国家监察委员会沟通协商后予以调取。所有因案件需要接触录音、录像的人员,应当对录音、录像的内容严格保密。

第二十八条 被指定的人民检察院在审查起诉过程中,发现需要补充提供证据的,可以列明需补充证据的目录及理由,由最高人民检察院同国家监察委员会沟通协商。

第二十九条 在审查起诉阶段,被指定的人民检察院认为可能存在非法取证行为,需要调查核实的,应当报最高人民检察院批准。

第三十条 被指定的人民检察院可以采取以下方式进行调查核实:

(一)讯问犯罪嫌疑人;

(二)询问在场人员及证人;
(三)听取辩护律师意见;
(四)进行伤情、病情检查或者鉴定;
(五)其他调查核实方式。

被指定的人民检察院认为需要国家监察委员会对证据收集的合法性作出书面说明或提供相关证明材料的,应当报最高人民检察院,由最高人民检察院同国家监察委员会沟通协商。

第三十一条 最高人民检察院对于调取讯问录音录像、体检记录等材料的申请,经审查认为申请调取的材料与证明证据收集的合法性有联系的,应当同国家监察委员会沟通协商;认为与证明证据收集的合法性没有联系的,应当决定不予调取。

第三十二条 被指定的人民检察院调查完毕后,应当提出排除或者不排除非法证据的处理意见,报最高人民检察院批准决定。最高人民检察院经与国家监察委员会沟通协商后,作出决定。

被排除的非法证据应当随案移送,并写明为依法排除的非法证据。

第三十三条 被指定的人民检察院对案件进行审查后,认为犯罪嫌疑人的犯罪事实已经查清,证据确实、充分,依法应当追究刑事责任的,应当报最高人民检察院批准后,作出起诉决定,并由最高人民检察院向国家监察委员会通报。对拟作不起诉决定,或者改变犯罪性质、罪名的,应当报最高人民检察院,由最高人民检察院与国家监察委员会沟通协商。

第三十四条 对国家监察委员会移送的案件,最高人民检察院公诉部门应当与最高人民法院相关审判庭共同制定审判预案,对可能出现的突发情况和问题提出应对措施,保证起诉、审判等工作顺利进行。对案件涉及重大复杂敏感问题的,应当及时与国家监察委员会沟通协商,必要时提请中央政法委员会协调,确保案件办理的政治效果、法律效果和社会效果。

第三十五条 国家监察委员会调查的案件,被调查人逃匿,在通缉一年后不能到案,或者死亡,依照刑法规定应当追缴其违法所得及其他涉案财产的,国家监察委员会应当写出没收违法所得意见书,连同相关证据材料一并移送最高人民检察院。

国家监察委员会在移送没收违法所得意见书之前,应当与最高人民检察院、最高人民法院协商办理指定管辖有关事宜。

第三十六条 对于国家监察委员会移送的没收违法所得案件,被指定的人民检察院拟提出没收违法所得申请的,应当报最高人民检察院批准。在审查过程中认为需要补充证据,或者拟不提出没收违法所得申请的,应当报最高人民检察院,由最高人民检察院同国家监察委员会沟通协商。

第五章　退回补充调查和自行补充侦查

第三十七条　移送审查起诉的案件,犯罪事实不清、证据不足的,应当退回国家监察委员会补充调查。被指定的人民检察院经审查,拟退回补充调查的,应当报最高人民检察院批准。最高人民检察院在作出决定前,应当与国家监察委员会沟通协商,具体由最高人民检察院公诉部门和国家监察委员会案件审理室进行对接。

需要退回补充调查的案件,应当以最高人民检察院的名义出具退回补充调查决定书、补充调查提纲,连同案卷材料由最高人民检察院一并送交国家监察委员会案件监督管理室。

第三十八条　最高人民检察院决定退回补充调查的案件,补充调查期间,犯罪嫌疑人沿用人民检察院作出的强制措施。被指定的人民检察院应当将退回补充调查情况书面通知看守所。国家监察委员会需要讯问被调查人的,被指定的人民检察院应当予以配合。

第三十九条　对于退回国家监察委员会补充调查的案件,调查部门应当在一个月内补充调查完毕并形成补充调查报告,经案件审理室审核后按程序报批。

补充调查以二次为限。

补充调查结束后需要提起公诉的,应当由国家监察委员会重新移送最高人民检察院。审查起诉期限重新计算。

第四十条　被指定的人民检察院经审查,认为本案定罪量刑的基本犯罪事实已经查清,但具有下列情形之一的,经报最高人民检察院批准,并同时通报国家监察委员会后,可以自行补充侦查：

（一）证人证言、犯罪嫌疑人供述和辩解、被害人陈述的内容中主要情节一致,个别情节不一致且不影响定罪量刑的；

（二）书证、物证等证据材料需要补充鉴定的；

（三）其他由被指定的人民检察院查证更为便利、更有效率、更有利于查清案件事实的情形。

第四十一条　自行补充侦查的案件,应当在审查起诉期间补充侦查完毕。

被指定的人民检察院自行补充侦查的,可以由最高人民检察院商国家监察委员会提供协助。

自行补充侦查完毕后,被指定的人民检察院应当制作补充侦查终结报告并附相关证据材料,报最高人民检察院批准后入卷,同时抄送国家监察委员会。

第四十二条　被指定的人民检察院发现新的职务犯罪线索的,应当在3日内报最高人民检察院。经批准后,通过最高人民检察院转交国家监察委员会。

第四十三条　被指定的人民检察院经审查发现有下列情形的,经报最高人民

检察院批准,分别作出如下处理:

(一)犯罪嫌疑人没有犯罪事实,或者有《中华人民共和国刑事诉讼法》第十五条规定的情形之一的,可以将案件退回国家监察委员会处理,也可以作出不起诉决定;

(二)经二次退回补充调查仍然认为证据不足,不符合起诉条件的,应当作出不起诉决定;

(三)犯罪情节轻微,依照刑法规定不需要判处刑罚或者免除刑罚的,可以作出不起诉决定。

最高人民检察院在批准不起诉决定前,应当与国家监察委员会沟通协商。

第四十四条 不起诉决定书应当由被指定的人民检察院作出,通过最高人民检察院送达国家监察委员会。国家监察委员会认为不起诉决定书确有错误的,应当在收到不起诉决定书后30日内向最高人民检察院申请复议。

第四十五条 对于国家监察委员会对不起诉决定申请复议的案件,最高人民检察院应当另行指定检察官审查提出意见,并自收到复议申请后30日内,经由检察长或者检察委员会决定后,以最高人民检察院的名义答复国家监察委员会。

最高人民检察院的复议决定可以撤销或者变更原有不起诉决定,交由下级人民检察院执行。

第四十六条 人民检察院决定不起诉的案件,对国家监察委员会随案移送的涉案财产,经最高人民检察院批准,应当区分不同情形,作出相应处理:

(一)因犯罪嫌疑人死亡而决定不起诉,符合《中华人民共和国刑事诉讼法》第二百八十条规定的没收程序条件的,按照本办法的相关规定办理;

(二)因其他原因决定不起诉,对于查封、扣押、冻结的犯罪嫌疑人违法所得及其他涉案财产需要没收的,应当提出检察意见,退回国家监察委员会处理;

(三)对于冻结的犯罪嫌疑人存款、汇款、债券、股票、基金份额等财产能够查明需要返还被害人的,可以通知金融机构返还被害人;对于查封、扣押的犯罪嫌疑人的违法所得及其他涉案财产能够查明需要返还被害人的,直接决定返还被害人。

最高人民检察院批准上述决定前,应当与国家监察委员会沟通。

11. 中央企业贯彻落实《国有企业领导人员廉洁从业若干规定》实施办法

（国务院国有资产监督管理委员会印发，自2011年10月14日起施行）

第一章 总　则

第一条　为贯彻落实《国有企业领导人员廉洁从业若干规定》（以下简称《若干规定》），根据有关法律法规，结合中央企业实际，制定本办法。

第二条　本办法适用于：

（一）中央企业及其独资或者控股子企业的领导班子成员；

（二）中央企业及其独资或者控股子企业的分支机构领导班子成员。

上述所列人员统称为中央企业各级领导人员。

第二章 廉洁从业行为规范

第三条　中央企业各级领导人员决定或办理关系出资人权益的重大事项，应当遵守法律法规、规章、国家有关政策、国有资产监管的有关规定及本企业章程规定，按照《若干规定》要求，严格执行"三重一大"决策制度。不得有滥用职权、损害国有资产权益的下列行为：

（一）违规办理企业改制、兼并、重组、破产、清产核资、资产评估、产权交易等事项；

（二）违规进行投资；

（三）违规使用银行信贷资金；

（四）违规融资、担保、拆借资金、委托理财、金融衍生品交易、为他人代开信用证、购销商品和服务、招标投标等；

（五）未经批准或者经批准后未办理保全国有资产的法律手续，以个人或者其他名义用企业资产在国（境）外注册公司、购买金融产品、购置不动产或者进行其他经营活动。

第四条　中央企业各级领导人员应当忠实履行职责。不得有利用职权谋取私利以及损害本企业利益的下列行为：

（一）利用职权收受财物或者获取其他非法收入和不当利益；

（二）在职或者离职后接受、索取本企业的关联企业、与本企业有业务关系的企业，以及管理和服务对象提供的物质性利益；

(三)从事同类经营和其他营利性经营活动,违反规定投资入股;

(四)侵犯本企业知识产权,泄露或非法使用本企业商业秘密。

第五条 中央企业各级领导人员应当正确行使经营管理权。不得有下列行为:

(一)默许、纵容、授意配偶、子女及其配偶、其他亲属以及身边工作人员以本人名义或利用本人影响谋取私利;

(二)为配偶、子女及其配偶以及其他特定关系人经商、办企业提供便利条件,或者领导人员之间利用职权相互为对方配偶、子女及其配偶以及其他特定关系人经商、办企业提供便利条件;

(三)违规办理向本人、特定关系人所有或实际控制的企业转让国有资产事项;

(四)利用职务之便,为他人谋取利益,其配偶、子女及其他特定关系人收受对方财物。

第六条 中央企业各级领导人员决定重要人事任免事项,应当坚持集体决策原则,严格执行党中央、国务院及国资委有关选拔任用干部的规定。不得有下列行为:

(一)违反规定程序推荐、考察、酝酿、讨论决定任免干部;

(二)私自泄露民主推荐、民主测评、考察、酝酿、讨论决定干部等有关情况;

(三)利用职务便利私自干预下级或者原任职单位干部选拔任用工作;

(四)违反规定突击提拔、调整干部;

(五)其他违反干部选拔任用规定的行为。

第七条 中央企业各级领导人员兼职应当执行审批程序。兼职应按照干部管理权限,经主管部门、上级企业批准。未经批准,不得在本企业所出资企业或者其他企业、事业单位、社会团体、中介机构兼职。

中央企业各级领导人员经批准兼职的,不得擅自领取薪酬及其他收入。

第八条 中央企业各级领导人员应当严格执行国资委和本企业的薪酬管理规定,严格履行薪酬管理的批准、备案程序。不得有下列行为:

(一)自定薪酬、奖励、津贴、补贴和其他福利性货币收入等,超出出资人或董事会核定的薪酬项目和标准发放薪酬、支付福利保障待遇;

(二)除国家另有规定或经出资人或董事会同意外,领取年度薪酬方案所列收入以外的其他货币性收入;

(三)擅自分配各级地方政府或有关部门给予中央企业的各种奖励。

第九条 中央企业各级领导人员应按照国资委和本企业关于职务消费管理的规定,严格执行公务用车、通信、业务招待、差旅、出国(境)外考察、培训等制度,不得超标准职务消费,不得以职务消费的名义支付或者报销应当由个人负担的费用。

第十条 中央企业各级领导人员应当严格遵守财经纪律。不得有下列行为:

（一）授意、指使、强令财务人员进行违反国家财经纪律、企业财务制度的活动；
（二）违规借用公款、公物或者将公款、公物借与他人；
（三）将账内资产（资金）违规转移到账外，设立"小金库"。

第三章 实施与监督

第十一条 中央企业各级党委（党组）书记、董事长、总经理为本企业实施《若干规定》和本办法的主要责任人。纪检监察机构负责协调组织人事部门以及相关业务部门，组织实施《若干规定》和本办法。

中央企业应当将贯彻执行《若干规定》和本办法的情况，作为企业民主生活会、领导人员述职述廉、巡视工作和职工代表大会民主评议的重要内容。

中央企业各级纪检监察机构、组织人事部门，负责对所管辖的领导人员执行《若干规定》和本办法的情况进行监督检查。

第十二条 中央企业应将本企业制订的"三重一大"实施办法报国资委批准后实施。

第十三条 中央企业应当建立健全职工代表大会制度，认真落实职工代表大会各项职权，大力推进厂务公开。关系职工切身利益的重大事项，应经过职工代表大会审议，由职工代表大会投票表决，形成决议。

第十四条 中央企业应当建立健全薪酬管理、职务消费制度，报国资委备案。

第十五条 中央企业应当建立健全兼职制度，纠正违规兼职和违规兼职取酬行为。未经批准兼职取酬的，兼职所得应当上交本企业。

第十六条 中央企业各级领导人员作为国有股东权益代表，参加其控股子企业、参股子企业召开的股东会、股东大会等会议，应当按照委派机构的指示提出议案、发表意见、行使权利，并将其履行职责的情况和结果及时报告委派机构。

第十七条 中央企业各级领导人员应当遵守《关于领导干部报告个人有关事项的规定》和《关于对配偶子女均已移居国（境）外的国家工作人员加强管理的暂行规定》和国资委的相关规定，按照干部管理权限，按年度向中央、国资委或企业组织人事部门报告个人有关事项。

第十八条 中央企业应当将廉洁从业情况作为对领导人员考察、考核的重要内容和任免的重要依据。

第四章 责任追究

第十九条 中央企业各级领导人员违反《若干规定》第二章和本办法第二章所列行为规范的，由有关部门和机构按照干部管理权限，视情节轻重，分别给予警示谈话、调离岗位、降职、免职处理。

应当追究纪律责任的，除适用前款规定外，视情节轻重，依照国家有关法律法规给予相应的处分。

对于其中的共产党员,视情节轻重,依照《中国共产党纪律处分条例》给予相应的党纪处分。

涉嫌犯罪的,依法移送司法机关处理。

以上处理方式,可以单独使用,也可以合并使用。

第二十条 中央企业各级领导人员违反《若干规定》和本办法所列廉洁从业行为规范的,按照干部管理权限,由主管部门研究认定。对构成违纪、应当追究责任的,由纪检监察机构调查处理。

第二十一条 中央企业各级领导人员受到警示谈话、调离岗位、降职、免职处理的,根据有关规定,应当减发或者全部扣发当年的绩效薪金或奖金。

第二十二条 中央企业各级领导人员直接管辖范围内发生违反《若干规定》和本办法所列行为规范的,应当依据党风廉政建设责任制的规定追究其责任。

第二十三条 中央企业各级领导人员违规自定薪酬、奖励、津贴、补贴和其他福利性货币收入等的,除依照本办法第十九条的规定进行处理外,还应当责令清退违规获取的薪酬及其他各类货币性收入,停止其违规享受的福利保障待遇。

第二十四条 中央企业各级领导人员违规兼职的,除依照本办法第十九条的规定进行处理外,还应当责令其辞去本职或者兼任的职务。

第二十五条 中央企业各级领导人员违规进行职务消费的,除依照本办法第十九条的规定进行处理外,还应当责令其清退超标准、超范围部分的费用。

第二十六条 中央企业各级领导人员决定或办理关系职工切身利益的重大事项,应当听取企业工会、职代会意见而没有听取的,应当依照本办法第十九条的规定处理。

第二十七条 中央企业各级领导人员违反《若干规定》和本办法获取的不正当经济利益,应当责令清退。

第二十八条 中央企业各级领导人员违反《若干规定》和本办法造成企业资产损失的,除依照本办法第十九条的规定进行处理外,还应当根据《中央企业资产损失责任追究暂行办法》和企业有关规定等进行责任追究,承担经济赔偿责任。

第二十九条 中央企业各级领导人员违反《若干规定》和本办法所列廉洁行为规范的,实行禁入限制。

(一)受到降职处理的,两年内不得担任与其原任职务相当或者高于其原任职务的职务;

(二)受到免职处理的,两年内不得担任中央企业领导职务;违反国家法律,造成国有资产重大损失被免职的,或对企业国有资产损失负有责任受到撤职以上纪律处分的,五年内不得担任中央企业领导职务;

(三)造成国有资产特别重大损失,或者因贪污、贿赂、侵占财产、挪用财产或者破坏社会主义市场经济秩序被判处刑罚的,终身不得担任中央企业领导职务。

第五章 附 则

第三十条 中央企业及其独资或者控股子企业任命的中高层管理人员、重要岗位人员;中央企业及其独资或者控股子企业派出的在参股企业中担任领导职务的人员;中央企业所属事业单位领导班子成员参照本办法执行。

第三十一条 本办法下列用语的含义:

(一)关系出资人权益的重大事项,是指企业合并、分立、改制、上市,增加或减少注册资本,发行债券,进行重大投资,为他人提供大额担保,转让重大财产,进行大额捐赠,分配利润,解散、申请破产以及其他重大事项。

(二)重要人事任免事项,是指企业直接管理的领导人员以及其他经营管理人员的职务调整事项。主要包括企业中层以上经营管理人员和所属企业、单位领导班子成员的任免、聘用、解除聘用和后备人选的确定,向控股和参股企业委派股东代表,推荐董事会、监事会成员和经理、财务负责人,以及其他重要人事任免事项。

(三)中央企业各级领导人员兼职所得包括基本年薪(或基本工资)、绩效薪金(或奖金)、中长期激励、董事报酬、监事报酬、交通费、各项津贴和补贴、福利费等任何形式的收入和福利。

(四)关系职工切身利益的重大事项,是指企业改制中的职工安置方案,工资奖金分配与福利,职工社会保障基金缴纳,职工奖惩办法,经企业和工会协商提出的集体合同草案、企业年金方案、住房制度改革方案及其他重大事项。

第三十二条 本办法中未列举的廉洁从业行为规范以及实施和监督的条款,依照《若干规定》执行。

第三十三条 中央企业可以根据《若干规定》和本办法制定具体规定,并报国资委备案。

第三十四条 本办法由国资委党委解释。

第三十五条 本办法自公布之日起施行。

12. 关于加强国家工作人员因私事出国(境)管理的暂行规定

(中共中央组织部、公安部、人事部印发,自2003年1月14日起施行)

为适应改革开放和我国加入世贸组织后形势发展的需要,保障公民出国(境)

权利,公安机关将进一步简化公民因私事出国(境)申请手续,2005年以前在全国大、中城市实现公民按需申领护照。即除保留部分国家工作人员仍按照组织、人事管理权限和行政隶属关系出具单位意见外,其他公民只要不具有法律、法规规定的不准出境的情形,凭本人居民身份证、户口簿即可按需要向公安机关申领出入境证件。

为加强国家工作人员因私事出国(境)的管理,落实中央关于加强党政领导干部出国(境)管理的规定,维护党纪政纪,维护国家安全和利益,我们制定了《关于加强国家工作人员因私事出国(境)管理的暂行规定》,请遵照执行。各组织、人事部门和公安机关要相互配合,切实加强对国家工作人员因私事出国(境)的管理工作。各事业单位和企业单位人事部门要参照本规定,加强对有关国家工作人员因私事出国(境)的管理工作。因工作相互推诿扯皮,管理不力,出现漏洞的,要视情节追究有关人员的责任。

第一条 为加强对国家工作人员因私事出国(境)管理,适应改革开放和经济发展的需要,制定本规定。

第二条 国家工作人员因私事出国(境),应按照组织、人事管理权限履行审批手续。

第三条 本规定所称国家工作人员,是指国家公务员以及参照、依照公务员管理的国家工作人员。

国有公司、企业中从事公务的人员和国家机关、国有公司、企业、事业单位委派到非国有企业单位、社会团体从事公务的人员,以国家工作人员论。

第四条 下列国家工作人员(以下称"登记备案人员")申请因私事出国(境),须向户口所在地的公安机关出入境管理部门提交所在工作单位对申请人出国(境)的意见。

(一)各级党政机关、人大、政协、人民法院、人民检察院、人民团体、事业单位在职的县(处)级以上领导干部,离(退)休的厅(局)级以上干部;

(二)金融机构、国有企业的法人代表,县级以上金融机构领导成员及其相应职级的领导干部,国有大中型企业中层以上管理人员,国有控股、参股企业中的国有股权代表;

(三)各部门、行业中涉及国家安全及国有资产安全、行业机密的人员。

第五条 登记备案人员的基本情况由其所在工作单位负责向公安机关登记备案。登记备案的内容包括:姓名、性别、出生日期、身份证号码、户口所在地、工作单位、现任职务、主管部门等。登记备案人员工作单位、现任职务、主管部门等发生变化的,有关单位应当及时变更相应登记备案的内容。

第六条 公安机关负责本地区国家工作人员登记备案工作的业务指导和数据管理。

第七条　公安机关出入境管理部门受理公民因私事出国(境)申请时,应当核实有关单位登记备案的情况,确定是否颁发出入境证件。已登记备案的国家工作人员,如未提交所在工作单位对申请人因私事出国(境)的意见,公安机关出入境管理部门不予受理或办理。

第八条　各级组织、人事部门和公安机关在因私事出国(境)管理工作中,应建立有效的联系机制,制定责任制度和保密制度,指定专人负责。

第九条　各级组织、人事部门应对本单位已申领出入境证件的国家工作人员严格执行有关管理规定,实行因私事出国(境)报告登记制度,要求出国(境)人员在境外遵守外事纪律,未经批准不得逾期滞留。登记备案人员已申领的出入境证件,由所在单位组织、人事部门集中保管。

第十条　各级组织、人事部门因未按规定办理审批手续或登记备案手续的,公安机关违反规定办理出入境证件造成国家利益损失的,应视情节追究直接责任人和主管领导的责任,按照有关规定给予行政处分或者依法予以处罚。

第十一条　各地区、各部门可根据实际情况,制定具体实施办法,按照隶属关系,分别报送中央组织部、中央金融工委、中央企业工委、公安部、人事部备案。

第十二条　本规定由中央组织部、中央金融工委、中央企业工委、公安部、人事部负责解释。

第十三条　本规定自印发之日起执行。

13. 国有重要骨干企业领导人员任职和公务回避暂行规定

(中共中央组织部、中共中央企业工作委员会印发,
自 2001 年 4 月 30 日起施行)

第一章　总　　则

第一条　为加强对国有重要骨干企业的管理,保证国有重要骨干企业领导人员公正履行职责,促进国有重要骨干企业党风廉政建设,制定本规定。

第二条　本规定所称国有重要骨干企业(含国有控股企业)领导人员是指列入中共中央管理和中央企业工委管理的职务名称表的企业领导人员。

第三条　本规定所称企业领导人员亲属是指:配偶,父母,配偶的父母,子女及其配偶,兄弟姐妹及其配偶、子女,配偶的兄弟姐妹。

第二章 任 职 回 避

第四条 企业领导人员有第三条所列亲属关系,并有下列情况之一的,应当实行任职回避。

(一)在同一领导班子中任职的;

(二)同时在有直接隶属关系的领导班子中任主要领导职务的;

(三)一方在领导班子,另一方在其分管的部门、企业、驻外机构(境内外,下同)及工程、投资项目中任领导职务的;

(四)企业领导班子主管部门提出需要任职回避的。

第五条 企业领导人员任职回避应当按照下列程序进行:

(一)本人提出回避申请或者领导班子、有关管理部门提出回避建议;

(二)按企业领导人员管理权限进行审核和做出决定;

(三)需要回避的,由企业领导班子主管部门调整工作岗位。

第六条 回避双方职务不同的,一般由职务较低一方回避;职务相同的,由企业领导班子主管部门根据工作需要和当事人的实际情况决定其中一方回避。

第七条 新任用或新调入的人员在任职或调入企业前,应如实报告应回避的关系,并及时申请回避。因婚姻、职务变化等情况新形成的回避关系,当事人应当及时申请回避。

当事人申请任职回避的,企业领导班子主管部门应在半年内予以调整。

第三章 公 务 回 避

第八条 企业领导人员所在企业不准与企业领导人员的配偶、子女个人所从事的生产经营活动直接发生经济关系;因专利、特许经营等原因具有经营项目的独占性,企业必须与其发生经济往来的,其经营的项目及项目所涉及的重要指标应当列为厂务公开的一项内容。

第三条所列企业领导人员配偶、子女以外的亲属和其他来往密切的亲属,本人或代表其所在单位与企业领导人员所在企业进行业务往来时,企业领导人员应申请公务回避。企业领导人员无法回避时,应将有关情况以适当形式在一定范围内公示,并向纪检监察部门报告。

第九条 企业领导人员在纪检监察、仲裁、组织处理、出国审批、人事考核、任免、奖惩、录用、聘用、调配、专业技术职务评聘、专家选拔、发展党员、调资、安置复转军人、毕业生分配等公务活动中,涉及本人和亲属时,不得参加有关调查、讨论、审核、决定,也不得以任何方式施加影响。

第十条 企业领导人员与在党政机关任职的第三条所列亲属发生直接公务关系时,应回避,不得影响亲属公正执行公务。

第十一条　企业领导人员公务回避程序依照任职回避程序进行。特殊情况下，主管领导或领导班子可直接作出回避决定。

第十二条　严禁企业领导人员利用职权为第三条所列亲属及其他亲属或关系密切的个人从事下列活动：

（一）为其经商办企业提供场地、设备、备品备件及其他生产资料等（含无偿提供、有偿使用、暂时使用）；

（二）为其经商办企业挪用、拆借资金，提供贷款抵押、质押、担保等；

（三）向其批售或授意批售本企业物资、产成品，提供加工产品、备品备件或批购其推销的原材料及产品；

（四）将本企业的项目或下属企业、单位以委托、承包、租赁、转卖等方式给其经营或与其合作、联营；

（五）为其承揽本企业工程或参加自己主管、参与的工程施工、物资采购、加工制作等方面的招投标业务；

（六）企业改制重组时，在处理物资设备、发行股票和企业内部债券等业务中，向其提供便利和优惠条件；

（七）为其提供商标、品牌、专利、非公开信息、客户市场等方面的便利；

（八）其他侵害企业利益的行为。

第四章　监督与处罚

第十三条　企业领导人员任职三个月内，必须向有关管理部门或企业领导班子书面报告第三条所列来往密切的亲属任职从业的情况。

第十四条　企业领导人员每年应向职代会或领导班子成员民主生活会报告执行任职回避和公务回避的情况。

第十五条　本规定按企业领导人员管理权限，由组织人事部门组织实施，纪检监察机关负责监督检查。企业党组织应将回避工作纳入党风廉政建设责任制。

第十六条　企业领导人员有下列行为之一的，视情节轻重，给予组织处理，或根据有关规定给予党纪政纪处分。涉嫌犯罪的，移送司法机关处理。

（一）违反任职回避规定，或拒不执行回避决定；

（二）违反公务回避有关规定，不履行或不正确履行职责，使国家、企业利益受到损害；

（三）违反公务回避有关规定，以权谋私，使本人、亲属、亲属所在单位或合伙人获取不正当利益。

第十七条　企业领导班子主管部门和企业领导班子在回避工作中玩忽职守，致使企业造成重大经济损失或其他严重后果的，要追究有关责任人员的责任，根据情节轻重给予组织处理或党纪政纪处分。

第五章 附　则

第十八条　本规定适用于中共中央和中央企业工委管理的国有重要骨干企业（含国有控股企业）。

第十九条　未列入中共中央和中央企业工委管理的职务名称表的总会计师、总经济师、总工程师等重要岗位的人员，参照本规定执行。

第二十条　各国有重要骨干企业依据本规定，结合企业实际，制定实施办法，分别报中央组织部和中央企业工委备案。个别执行任职回避确有困难的企业，可适当放宽，但必须根据监督制约原则，在实施办法中制定内部监管的条款。

第二十一条　本规定由中央组织部、中央企业工委负责解释。

第二十二条　本规定自发布之日起施行。

14. 关于党政机关工作人员个人证券投资行为若干规定

（中共中央办公厅、国务院办公厅印发，自2001年4月3日起施行）

第一条　为规范党政机关工作人员个人证券投资行为，促进党政机关工作人员廉洁自律，加强党风廉政建设，促进证券市场健康发展，制定本规定。

第二条　本规定所称党政机关工作人员个人证券投资行为，是指党政机关工作人员将其合法的财产以合法的方式投资于证券市场，买卖股票和证券投资基金的行为。

第三条　党政机关工作人员个人可以买卖股票和证券投资基金。在买卖股票和证券投资基金时，应当遵守有关法律、法规的规定，严禁下列行为：

（一）利用职权、职务上的影响或者采取其他不正当手段，索取或者强行买卖股票、索取或者倒卖认股权证；

（二）利用内幕信息直接或者间接买卖股票和证券投资基金，或者向他人提出买卖股票和证券投资基金的建议；

（三）买卖或者借他人名义持有、买卖其直接业务管辖范围内的上市公司的股票；

（四）借用本单位的公款，或者借用管理和服务对象的资金，或者借用主管范围内的下属单位和个人的资金，或者借用其他与其行使职权有关的单位和个人的资金，购买股票和证券投资基金；

（五）以单位名义集资买卖股票和证券投资基金；

（六）利用工作时间、办公设施买卖股票和证券投资基金；

（七）其他违反《中华人民共和国证券法》和相关法律、法规的行为。

第四条 上市公司的主管部门以及上市公司的国有控股单位的主管部门中掌握内幕信息的人员及其父母、配偶、子女及其配偶，不准买卖上述主管部门所管理的上市公司的股票。

第五条 国务院证券监督管理机构及其派出机构、证券交易所和期货交易所的工作人员及其父母、配偶、子女及其配偶，不准买卖股票。

第六条 本人的父母、配偶、子女及其配偶在证券公司、基金管理公司任职的，或者在由国务院证券监督管理机构授予证券期货从业资格的会计（审计）师事务所、律师事务所、投资咨询机构、资产评估机构、资信评估机构任职的，该党政机关工作人员不得买卖与上述机构有业务关系的上市公司的股票。

第七条 掌握内幕信息的党政机关工作人员，在离开岗位三个月内，继续受本规定的约束。

由于新任职务而掌握内幕信息的党政机关工作人员，在任职前已持有的股票和证券投资基金必须在任职后一个月内作出处理，不得继续持有。

第八条 各综合性经济管理部门及行业管理部门，应当根据工作性质，对其工作人员进入证券市场的行为作出限制性规定，报中共中央纪委、监察部备案。

第九条 党政机关工作人员违反本规定的，应当给予党纪处分、行政处分或者其他纪律处分；有犯罪嫌疑的，移送司法机关依法处理。有违法所得的，应当予以没收。

第十条 本规定所称党政机关工作人员，是指党的机关、人大机关、行政机关、政协机关、审判机关、检察机关中的工作人员。依照公务员制度管理的事业单位，具有行政管理职能和行政执法职能的企业、事业单位，以及工会、共青团、妇联、文联、作协、科协等群众团体机关中的工作人员；各级党政机关、工会、共青团、妇联、文联、作协、科协等群众团体机关所属事业单位中的工作人员适用本规定。

第十一条 除买卖股票和证券投资基金外，买卖其他股票类证券及其衍生产品，适用本规定。

第十二条 本规定由中共中央纪委、监察部负责解释。

第十三条 本规定自发布之日起施行。对于本规定发布前党政机关工作人员利用职权或者职务上的影响购买、收受"原始股"，以及其他违反当时规定买卖股票的行为，应当继续依照原有的规定予以查处。

15. 关于县以上党和国家机关退（离）休干部经商办企业问题的若干规定

（中共中央办公厅、国务院办公厅印发，自1988年10月3日起施行）

严禁党和国家机关及机关干部经商办企业，是党中央、国务院的一贯方针。机关退休（含离休，下同）干部从事经商活动，容易助长官商不分，使有的人利用原来的工作关系和影响参与倒卖活动，损害国家和群众利益，滋生腐败现象，必须坚决制止。为了保持党政机关的清正廉洁，保证治理经济环境、整顿经济秩序和全面深化改革的顺利进行，更好地发挥老干部的表率作用，遵照党中央和国务院的指示，在严禁党和国家机关及机关在职干部经商办企业的同时，对县以上机关的退休干部经商办企业问题作如下规定：

一、党和国家机关的退休干部，不得兴办商业性企业，不得到这类企业任职，不得在商品买卖中居间取酬，不得以任何形式参与倒卖生产资料和紧俏商品，不得向有关单位索要国家的物资，不得进行金融活动。

二、党和国家机关的退休干部，不得到全民所有制企业和外商投资企业（公司）担任任何领导职务（含名誉职务）和其他管理职务，企业也不得聘请他们任职。已经任职的，必须辞去职务。

三、党和国家机关的退休干部，可以应聘到非全民所有制的非商业性企业任职，但到本人原所在机关主管的行业和企业任职，必须在办理退休手续满两年以后，到这些企业任职的，要经所在机关退休干部管理部门批准，并与聘用单位签订合同。

退休干部应聘到这些企业任职期间，原所在机关应即中止其享受的各项生活待遇，改由企业负责。本人在企业所得报酬数额，最高不得超过其原工资与原机关干部平均奖金之和。退休干部到企业任职，应向原机关如实呈报自己的收入。按此规定执行的，在退出企业后由原机关恢复其原生活待遇；不按此规定执行的，应取消其退休待遇，并不再恢复。

四、党和国家机关的退休干部从事养殖业、种植业生产，进行技术开发、咨询、服务，讲学、写作、翻译，以及从事为改善机关后勤服务而开办小卖部、洗衣房、理发室等经营服务活动，继续按中发〔1984〕27号文件的有关规定执行，取得合理报酬，严格照章纳税，其原享受的退休待遇不变。

五、党和国家机关要加强退休干部的管理工作。对违反本规定的退休干部，其原所在机关应及时纠正;不按规定纠正的,要追究该机关主要负责人的责任。退休干部管理部门和工商行政管理、税务、监察、纪检等部门,要经常检查执行本规定的情况。机关党组织和企业党组织,要切实负起监督的责任。

六、本规定同时适用于县以上工会、妇联、共青团、文联以及各种协会、学会等群众组织的退休干部。

军队机关的退休干部经商办企业问题,由中央军委参照本规定制定具体办法。

16. 关于在对外公务活动中赠送和接受礼品的规定

（国务院令第133号,自1993年12月5日起施行）

第一条 为了加强对国家行政机关工作人员在对外公务活动中赠送和接受礼品的管理,严肃外事纪律,保持清廉,制定本规定。

第二条 本规定所称的礼品,是指礼物、礼金、有价证券。

第三条 根据国际惯例和对外工作需要,必要时可以对外赠送礼物。礼物的金额标准另行规定。

第四条 对外赠送礼物必须贯彻节约、从简的原则。礼物应当以具有民族特色的纪念品、传统手工艺品和实用物品为主。

第五条 对来访的外宾,不主动赠送礼物。外宾向我方赠送礼物的,可以适当回赠礼物。

第六条 对外赠送礼物或者回赠礼物,必须经国务院所属部门或者省、自治区、直辖市人民政府批准,或者由其授权的机关批准。审批时,应当从严掌握。

第七条 在对外公务活动中接受的礼物,应当妥善处理。价值按我国市价折合人民币二百元以上的,自接受之日起(在国外接受礼物的,自回国之日起)一个月内填写礼品申报单并将应上缴的礼物上缴礼品管理部门或者受礼人所在单位;不满二百元的,归受礼人本人或者受礼人所在单位。

在对外公务活动中,对方赠送礼金、有价证券时,应当予以谢绝;确实难以谢绝的,所收礼金、有价证券必须一律上缴国库。

第八条 在对外公务活动中,不得私相授受礼品,不得以明示或者暗示的方式索取礼品。

第九条 国务院机关事务管理局负责保管、处理国务院各部门上缴的礼品。

县级以上地方各级人民政府指定专门单位负责保管、处理该级人民政府各部门上缴的礼品。

第十条　礼品管理部门及有关部门对于收缴的礼品,应当登记造册,妥善保管,及时处理。礼品保管部门应当每年向受礼单位通报礼品处理情况。受礼单位应当将礼品处理情况告知受礼人。

第十一条　国家行政监察机关按照有关规定负责对对外赠送和接受礼品的情况进行监督、检查。

第十二条　国家行政机关工作人员违反本规定的,对负直接责任的机关有关领导人和直接责任人,给予行政处分;构成犯罪的,由司法机关依法追究刑事责任。

对国家行政机关工作人员的行政处分,按照干部管理权限和规定程序办理。

第十三条　国家行政机关工作人员在公务活动中向华侨和香港、澳门、台湾地区的居民赠送礼品和接受其礼品,依照本规定执行。

第十四条　本规定由国务院办公厅负责解释。

第十五条　本规定自发布之日起施行。

17. 抗震救灾款物管理使用违法违纪行为处分规定

（中共中央纪律检查委员会、监察部印发,自 2008 年 5 月 29 日起施行）

为贯彻落实党中央、国务院抗震救灾的重大决策部署,加强对抗震救灾款物管理使用的监督,防止抗震救灾款物管理使用违法违纪行为的发生,严厉惩处违法违纪行为,保证抗震救灾款物及时用于灾民救助和群众基本生活,尽快恢复生产、重建家园,确保抗震救灾工作有力有序有效进行,根据《中国共产党纪律处分条例》等党内法规和《中华人民共和国防震减灾法》、《行政机关公务员处分条例》、《财政违法行为处罚处分条例》等国家法律法规,作如下规定。

一、严格禁止并严肃查处以赈灾、募捐名义诈骗、敛取不义之财行为。

有关机关、企业事业单位、社会团体、城乡基层群众自治组织开展抗震救灾款物的募集活动要严格按照有关规定进行,应当公开名称、地址、银行账号及接收捐赠情况,并将全部捐赠款物及时通过正规渠道送往灾区。对打着赈灾、募捐旗号,非法募捐,诈骗民众钱财,敛取不义之财的,党内给予开除党籍处分,行政给予开除处分。

二、严格禁止并严肃查处截留、挤占或者无故迟滞拨付、发放抗震救灾款物行为。

各地区各部门要加强协作、积极配合,提高抗震救灾款物运行效率和使用效益,不得截留、挤占或者无故迟滞拨付、发放抗震救灾款物。违反规定的,对有关责任人员党内给予严重警告或者撤销党内职务处分,行政给予记大过、降级或者撤职处分;情节严重的,党内给予留党察看或者开除党籍处分,行政给予开除处分。

三、严格禁止并严肃查处虚报、冒领抗震救灾款物行为。

各地区各部门应当如实上报人员伤亡、财产损失等受灾情况,不得虚报灾情或者骗取、冒领抗震救灾款物。违反规定的,对有关责任人员党内给予严重警告或者撤销党内职务处分,行政给予记大过、降级或者撤职处分;情节严重的,党内给予留党察看或者开除党籍处分,行政给予开除处分。

四、严格禁止并严肃查处利用职权为自己、亲友和有关单位徇私发放或者有偿发放抗震救灾款物行为。

各地区各部门在抗震救灾款物分配使用过程中,要规范管理,保证抗震救灾款物的分配使用公平、公正。不得利用职权为自己、亲友和有关单位徇私发放或者有偿发放抗震救灾款物。违反规定的,对有关责任人员党内给予严重警告或者撤销党内职务处分,行政给予记大过、降级或者撤职处分;情节严重的,党内给予留党察看或者开除党籍处分,行政给予开除处分。

五、严格禁止并严肃查处擅自改变抗震救灾款物用途,挪作他用行为。

各地区各部门应当坚持专款专用、专项专用、重点使用、合理分配,定向捐赠的抗震救灾款物要尊重捐赠人的意愿。不得向非灾区拨款;不得用于弥补救灾之外的其他社会救济费的不足;不得擅自扩大抗震救灾款物使用范围,用于地方其他事业费和任何行政经费开支。违反规定的,对有关责任人员党内给予警告、严重警告处分,行政给予记大过或者降级处分;情节严重的,党内给予撤销党内职务、留党察看或者开除党籍处分,行政给予撤职或者开除处分。

挪用抗震救灾款物归个人使用的,党内给予撤销党内职务或者留党察看处分,行政给予降级或者撤职处分;情节严重的,党内给予开除党籍处分,行政给予开除处分。

六、严格禁止并严肃查处擅自变卖抗震救灾物资行为。

对灾区不适用的境内救灾捐赠物资,经捐赠人书面同意,报县级以上地方人民政府民政部门批准后可以变卖。对灾区不适用的境外救灾捐赠物资以及无法取得捐赠人同意的救灾捐赠物资,应当报省级人民政府民政部门批准后变卖。变卖救灾捐赠物资应当由县级以上地方人民政府民政部门依照有关规定统一组织实施。违反规定的,对有关责任人员党内给予警告或者严重警告处分,行政给予警告、记过或者记大过处分;情节严重的,党内给予撤销党内职务或者留党察看处分,行政给予降级或者撤职处分。

变卖抗震救灾捐赠物资所得款项,应当作为抗震救灾捐赠款管理、使用。

七、严格禁止并严肃查处故意违背政府应急救助和灾后重建规划使用抗震救灾款物行为。

各地区各部门对抗震救灾款物要依法管理、合理安排、科学调度,按照政府应急救助和灾后重建规划使用抗震救灾款物。故意违反规定的,对有关责任人员党内给予警告、严重警告处分,行政给予记大过或者降级处分;情节严重的,党内给予撤销党内职务或者留党察看处分,行政给予撤职处分。

八、严格禁止并严肃查处伪造、变造和毁损抗震救灾款物原始登记资料及相关账簿行为。

各地区各部门应当按照规定设立抗震救灾款物账户和登记制度,做到账目清楚、手续完备。不得伪造、变造、私设抗震救灾款物会计账簿或者在非紧急情况下,不登记、不如实登记捐赠款物;不得违反规定填制、取得原始凭证;不得违反规定保管抗震救灾款物原始登记资料,致使其毁损、灭失。违反规定的,对有关责任人员党内给予警告、严重警告或者撤销党内职务处分,行政给予记大过、降级或者撤职处分;情节严重的,党内给予留党察看或者开除党籍处分,行政给予开除处分。

故意毁损、灭失抗震救灾款物原始登记资料及相关账簿的,从重处分。

九、严格禁止并严肃查处隐瞒抗震救灾款物管理使用分配信息,依照规定应当公开而不公开的行为。

各地区各单位要主动公开抗震救灾款物的来源、数量、种类和去向。市、县两级要重点公开抗震救灾款物的管理、使用和分配情况。乡镇要重点公开抗震救灾款物的发放情况。村民委员会、居民委员会要公开发放的对象和原则;公开上级拨来的抗震救灾款物数量;公开得款户、得物户的名单和数量。违反规定的,对有关责任人员党内给予警告或者严重警告处分,行政给予警告、记过或者记大过处分;情节严重的,党内给予撤销党内职务或者留党察看处分,行政给予降级或者撤职处分。

十、严肃查处在抗震救灾款物管理使用中玩忽职守、贻误工作行为。

有关部门和人员在抗震救灾款物管理使用过程中,应当忠于职守、勤勉尽责,不得敷衍塞责、消极懈怠。对疏于管理,致使抗震救灾款物被贪污、挪用、毁损、灭失或者浪费严重的,对有关责任人员党内给予警告或者严重警告处分,行政给予警告、记过或者记大过处分;情节严重的,党内给予撤销党内职务、留党察看或者开除党籍处分,行政给予降级、撤职或者开除处分。

对因失职渎职影响灾民生活或者造成其他严重后果的,加重或者从重处分。

十一、严肃查处贪污、私分抗震救灾款物行为。

经手管理使用抗震救灾款物应当手续完备、专款专用、专人负责、独立核算、账目清楚。对贪污抗震救灾款物的,党内给予撤销党内职务或者留党察看处分,行政给予降级或者撤职处分;情节严重的,党内给予开除党籍处分,行政给予开除处分。

以集体名义将抗震救灾款物私分给个人的,对有关责任人员党内给予撤销党内职务或者留党察看处分,行政给予降级或者撤职处分;情节严重的,党内给予开除党籍处分,行政给予开除处分。

少数人私分抗震救灾款物的,以贪污论。

十二、有违反抗震救灾款物管理使用有关规定行为的单位,其负有责任的领导人员和直接责任人员,以及有违反抗震救灾款物管理使用有关规定行为的个人,应当承担纪律责任。属于下列人员,按照本规定给予党纪政纪处分:

(一)党员;

(二)行政机关公务员;

(三)法律、法规授权的具有公共事务管理职能的组织中除工勤人员以外的工作人员;

(四)行政机关依法委托的组织中除工勤人员以外的工作人员;

(五)企业、事业单位、社会团体中由行政机关任命的人员;

(六)村民委员会、居民委员会的组成人员。

十三、对违反上述规定的单位和个人,要依法依纪从快、从严查处。涉嫌犯罪的,移送司法机关依法处理。对违反上述规定的案件隐瞒不报、压案不查、包庇袒护的,一经发现,严肃追究有关责任人员的责任。

十四、本规定所称抗震救灾款物,是指各级财政投入、拨付的和社会捐赠的用于抗震救灾的资金、物资。

十五、本规定自发布之日起施行。

本规定发布前,有抗震救灾款物管理使用违法违纪行为,造成严重后果或者恶劣影响的,依照本规定处理。

第三部分　职务犯罪案件查处的国际公约

联合国反腐败公约

序　言

本公约缔约国,

关注腐败对社会稳定与安全所造成的问题和构成的威胁的严重性,它破坏民主体制和价值观、道德观和正义并危害着可持续发展和法治,

并关注腐败同其他形式的犯罪特别是同有组织犯罪和包括洗钱在内的经济犯罪的联系,

还关注涉及巨额资产的腐败案件,这类资产可能占国家资源的很大比例,并对这些国家的政治稳定和可持续发展构成威胁,

确信腐败已经不再是局部问题,而是一种影响所有社会和经济的跨国现象,因此,开展国际合作预防和控制腐败是至关重要的,

并确信需要为有效地预防和打击腐败采取综合性的、多学科的办法,

还确信提供技术援助可以在增强国家有效预防和打击腐败的能力方面发挥重要的作用,其中包括通过加强能力和通过机构建设,

确信非法获得个人财富特别会对民主体制、国民经济和法治造成损害,

决心更加有效地预防、查出和制止非法获得的资产的国际转移,并加强资产追回方面的国际合作,

承认在刑事诉讼程序和判决财产权的民事或者行政诉讼程序中遵守正当法律程序的基本原则,

铭记预防和根除腐败是所有各国的责任,而且各国应当相互合作,同时应当有公共部门以外的个人和团体的支持和参与,例如民间社会、非政府组织和社区组织的支持和参与,只有这样,这方面的工作才能行之有效,

还铭记公共事务和公共财产妥善管理、公平、尽责和法律面前平等各项原则以及维护廉正和提倡拒腐风气的必要性,

赞扬预防犯罪和刑事司法委员会和联合国毒品和犯罪问题办事处在预防和打击腐败方面的工作，

回顾其他国际和区域组织在这一领域开展的工作，包括非洲联盟、欧洲委员会、海关合作理事会(又称世界海关组织)、欧洲联盟、阿拉伯国家联盟、经济合作与发展组织和美洲国家组织所开展的活动，

赞赏地注意到关于预防和打击腐败的各种文书，其中包括：美洲国家组织于1996年3月29日通过的《美洲反腐败公约》、欧洲联盟理事会于1997年5月26日通过的《打击涉及欧洲共同体官员或欧洲联盟成员国官员的腐败行为公约》、经济合作与发展组织于1997年11月21日通过的《禁止在国际商业交易中贿赂外国公职人员公约》、欧洲委员会部长委员会于1999年1月27日通过的《反腐败刑法公约》、欧洲委员会部长委员会于1999年11月4日通过的《反腐败民法公约》和非洲联盟国家和政府首脑于2003年7月12日通过的《非洲联盟预防和打击腐败公约》，

欢迎《联合国打击跨国有组织犯罪公约》于2003年9月29日生效，

一致议定如下：

第一章 总　　则

第一条　宗旨声明

本公约的宗旨是：

（一）促进和加强各项措施，以便更加高效而有力地预防和打击腐败；

（二）促进、便利和支持预防和打击腐败方面的国际合作和技术援助，包括在资产追回方面；

（三）提倡廉正、问责制和对公共事务和公共财产的妥善管理。

第二条　术语的使用

在本公约中：

（一）"公职人员"系指：1.无论是经任命还是经选举而在缔约国中担任立法、行政、行政管理或者司法职务的任何人员，无论长期或者临时，计酬或者不计酬，也无论该人的资历如何；2.依照缔约国本国法律的定义和在该缔约国相关法律领域中的适用情况，履行公共职能，包括为公共机构或者公营企业履行公共职能或者提供公共服务的任何其他人员；3.缔约国本国法律中界定为"公职人员"的任何其他人员。但就本公约第二章所载某些具体措施而言，"公职人员"可以指依照缔约国本国法律的定义和在该缔约国相关法律领域中的适用情况，履行公共职能或者提供公共服务的任何人员；

（二）"外国公职人员"系指外国无论是经任命还是经选举而担任立法、行政、行政管理或者司法职务的任何人员；以及外国，包括为公共机构或者公营企业行使公共职能的任何人员；

（三）"国际公共组织官员"系指国际公务员或者经此种组织授权代表该组织行事的任何人员；

（四）"财产"系指各种资产，不论是物质的还是非物质的、动产还是不动产、有形的还是无形的，以及证明对这种资产的产权或者权益的法律文件或者文书；

（五）"犯罪所得"系指通过实施犯罪而直接或间接产生或者获得的任何财产；

（六）"冻结"或者"扣押"系指依照法院或者其他主管机关的命令暂时禁止财产转移、转换、处分或者移动或者对财产实行暂时性扣留或者控制；

（七）"没收"，在适用情况下还包括充公，系指根据法院或者其他主管机关的命令对财产实行永久剥夺；

（八）"上游犯罪"系指由其产生的所得可能成为本公约第二十三条所定义的犯罪的对象的任何犯罪；

（九）"控制下交付"系指在主管机关知情并由其监控的情况下允许非法或可疑货物运出、通过或者运入一国或多国领域的做法，其目的在于侦查某项犯罪并查明参与该项犯罪的人员。

第三条 适用范围

一、本公约应当根据其规定适用于对腐败的预防、侦查和起诉以及根据本公约确立的犯罪的所得的冻结、扣押、没收和返还。

二、为执行本公约的目的，除非另有规定，本公约中所列犯罪不一定非要对国家财产造成损害或者侵害。

第四条 保护主权

一、缔约国在履行其根据本公约所承担的义务时，应当恪守各国主权平等和领土完整原则以及不干涉他国内政原则。

二、本公约任何规定概不赋予缔约国在另一国领域内行使管辖权和履行该另一国本国法律规定的专属于该国机关的职能的权利。

第二章 预防措施

第五条 预防性反腐败政策和做法

一、各缔约国均应当根据本国法律制度的基本原则，制订和执行或者坚持有效而协调的反腐败政策，这些政策应当促进社会参与，并体现法治、妥善管理公共事务和公共财产、廉正、透明度和问责制的原则。

二、各缔约国均应当努力制订和促进各种预防腐败的有效做法。

三、各缔约国均应当努力定期评估有关法律文书和行政措施，以确定其能否有效预防和打击腐败。

四、缔约国均应当根据本国法律制度的基本原则，酌情彼此协作并同有关国际组织和区域组织协作，以促进和制订本条所述措施。这种协作可以包括参与各种预防腐败的国际方案和项目。

第六条　预防性反腐败机构

一、各缔约国均应当根据本国法律制度的基本原则,确保设有一个或酌情设有多个机构通过诸如下列措施预防腐败:

(一)实施本公约第五条所述政策,并在适当情况下对这些政策的实施进行监督和协调;

(二)积累和传播预防腐败的知识。

二、各缔约国均应当根据本国法律制度的基本原则,赋予本条第一款所述机构必要的独立性,使其能够有效地履行职能和免受任何不正当的影响。各缔约国均应当提供必要的物资和专职工作人员,并为这些工作人员履行职能提供必要的培训。

三、各缔约国均应当将可以协助其他缔约国制订和实施具体的预防腐败措施的机关的名称和地址通知联合国秘书长。

第七条　公共部门

一、各缔约国均应当根据本国法律制度的基本原则,酌情努力采用、维持和加强公务员和适当情况下其他非选举产生公职人员的招聘、雇用、留用、晋升和退休制度,这种制度:

(一)以效率原则、透明度原则和特长、公正和才能等客观标准原则为基础;

(二)对于担任特别容易发生腐败的公共职位的人员,设有适当的甄选和培训程序以及酌情对这类人员实行轮岗的适当程序;

(三)促进充分的报酬和公平的薪资标准,同时考虑到缔约国的经济发展水平;

(四)促进对人员的教育和培训方案,以使其能够达到正确、诚实和妥善履行公务的要求,并为其提供适当的专门培训,以提高其对履行其职能过程中所隐含的腐败风险的认识。这种方案可以参照适当领域的行为守则或者准则。

二、各缔约国均应当考虑采取与本公约的目的相一致并与本国法律的基本原则相符的适当立法和行政措施,就公职的人选资格和当选的标准作出规定。

三、各缔约国还应当考虑采取与本公约的目的相一致并与本国法律的基本原则相符的适当立法和行政措施,以提高公职竞选候选人经费筹措及适当情况下的政党经费筹措的透明度。

四、各缔约国均应当根据本国法律的基本原则,努力采用、维持和加强促进透明度和防止利益冲突的制度。

第八条　公职人员行为守则

一、为了打击腐败,各缔约国均应当根据本国法律制度的基本原则,在本国公职人员中特别提倡廉正、诚实和尽责。

二、各缔约国均尤其应当努力在本国的体制和法律制度范围内适用正确、诚实和妥善履行公务的行为守则或者标准。

三、为执行本条的各项规定,各缔约国均应当根据本国法律制度的基本原则,酌情考虑到区域、区域间或者多边组织的有关举措,例如大会1996年12月12日第51/59号决议附件所载《公职人员国际行为守则》。

四、各缔约国还应当根据本国法律的基本原则,考虑制订措施和建立制度,以便于公职人员在履行公务过程中发现腐败行为时向有关部门举报。

五、各缔约国均应当根据本国法律的基本原则,酌情努力制订措施和建立制度,要求公职人员特别就可能与其公职人员的职能发生利益冲突的职务外活动、任职、投资、资产以及贵重馈赠或者重大利益向有关机关申报。

六、各缔约国均应当考虑根据本国法律的基本原则,对违反依照本条确定的守则或者标准的公职人员采取纪律措施或者其他措施。

第九条 公共采购和公共财政管理

一、各缔约国均应当根据本国法律制度的基本原则采取必要步骤,建立对预防腐败特别有效的以透明度、竞争和按客观标准决定为基础的适当的采购制度。这类制度可以在适用时考虑到适当的最低限值,所涉及的方面应当包括:

(一)公开分发关于采购程序及合同的资料,包括招标的资料与授标相关的资料,使潜在投标人有充分时间准备和提交标书;

(二)事先确定参加的条件,包括甄选和授标标准以及投标规则,并予以公布;

(三)采用客观和事先确定的标准作出公共采购决定,以便于随后核查各项规则或者程序是否得到正确适用;

(四)建立有效的国内复审制度,包括有效的申诉制度,以确保在依照本款制定的规则未得到遵守时可以诉诸法律和进行法律救济;

(五)酌情采取措施,规范采购的负责人员的相关事项,例如特定公共采购中的利益关系申明、筛选程序和培训要求。

二、各缔约国均应当根据本国法律制度的基本原则采取适当措施,促进公共财政管理的透明度和问责制。这些措施应当包括下列方面:

(一)国家预算的通过程序;

(二)按时报告收入和支出情况;

(三)由会计和审计标准及有关监督构成的制度;

(四)迅速而有效的风险管理和内部控制制度;

(五)在本款规定的要求未得到遵守时酌情加以纠正。

三、各缔约国均应当根据本国法律的基本原则,采取必要的民事和行政措施,以维持与公共开支和财政收入有关的账簿、记录、财务报表或者其他文件完整无缺,并防止在这类文件上作假。

第十条　公共报告

考虑到反腐败的必要性,各缔约国均应当根据本国法律的基本原则采取必要的措施,提高公共行政部门的透明度,包括酌情在其组织结构、运作和决策过程方面提高透明度。这些措施可以包括下列各项:

(一)施行各种程序或者条例,酌情使公众了解公共行政部门的组织结构、运作和决策过程,并在对保护隐私和个人资料给予应有考虑的情况下,使公众了解与其有关的决定和法规;

(二)酌情简化行政程序,以便于公众与主管决策机关联系;

(三)公布资料,其中可以包括公共行政部门腐败风险问题定期报告。

第十一条　与审判和检察机关有关的措施

一、考虑到审判机关独立和审判机关在反腐败方面的关键作用,各缔约国均应当根据本国法律制度的基本原则并在不影响审判独立的情况下,采取措施加强审判机关人员的廉正,并防止出现腐败机会。这类措施可以包括关于审判机关人员行为的规则。

二、缔约国中不属于审判机关但具有类似于审判机关独立性的检察机关,可以实行和适用与依照本条第一款所采取的具有相同效力的措施。

第十二条　私营部门

一、各缔约国均应当根据本国法律的基本原则采取措施,防止涉及私营部门的腐败,加强私营部门的会计和审计标准,并酌情对不遵守措施的行为规定有效、适度而且具有警戒性的民事、行政或者刑事处罚。

二、为达到这些目的而采取的措施可以包括下列内容:

(一)促进执法机构与有关私营实体之间的合作;

(二)促进制订各种旨在维护有关私营实体操守的标准和程序,其中既包括正确、诚实和妥善从事商业活动和所有相关职业活动并防止利益冲突的行为守则,也包括在企业之间以及企业与国家的合同关系中促进良好商业惯例的采用的行为守则;

(三)增进私营实体透明度,包括酌情采取措施鉴定参与公司的设立和管理的法人和自然人的身份;

(四)防止滥用对私营实体的管理程序,包括公共机关对商业活动给予补贴和颁发许可证的程序;

(五)在合理的期限内,对原公职人员的职业活动或者对公职人员辞职或者退休后在私营部门的任职进行适当的限制,以防止利益冲突,只要这种活动或者任职同这些公职人员任期内曾经担任或者监管的职能直接有关;

(六)确保私营企业根据其结构和规模实行有助于预防和发现腐败的充分内部审计控制,并确保这种私营企业的账目和必要的财务报表符合适当的审计和核证程序。

三、为了预防腐败,各缔约国均应当根据本国关于账簿和记录保存、财务报表披露以及会计和审计标准的法律法规采取必要措施,禁止为实施根据本公约确立的任何犯罪而从事下列行为:

(一)设立账外账户;

(二)进行账外交易或者账实不符的交易;

(三)虚列支出;

(四)登录负债账目时谎报用途;

(五)使用虚假单据;

(六)故意在法律规定的期限前销毁账簿。

四、鉴于贿赂是依照本公约第十五条和第十六条确立的犯罪构成要素之一,各缔约国均应当拒绝对贿赂构成的费用实行税款扣减,并在适用情况下拒绝对促成腐败行为所支付的其他费用实行税款扣减。

第十三条 社会参与

一、各缔约国均应当根据本国法律的基本原则在其力所能及的范围内采取适当措施,推动公共部门以外的个人和团体,例如民间团体、非政府组织和社区组织等,积极参与预防和打击腐败,并提高公众对腐败的存在、根源、严重性及其所构成的威胁的认识。这种参与应当通过下列措施予以加强:

(一)提高决策过程的透明度,并促进公众在决策过程中发挥作用;

(二)确保公众有获得信息的有效渠道;

(三)开展有助于不容忍腐败的公众宣传活动,以及包括中小学和大学课程在内的公共教育方案;

(四)尊重、促进和保护有关腐败的信息的查找、接收、公布和传播的自由。这种自由可以受到某些限制,但是这种限制应当仅限于法律有规定而且也有必要的下列情形:

1. 尊重他人的权利或者名誉;

2. 维护国家安全或公共秩序,或者维护公共卫生或公共道德。

二、各缔约国均应当采取适当的措施,确保公众知悉本公约提到的相关的反腐败机构,并应当酌情提供途径,以便以包括匿名举报在内的方式向这些机构举报可能被视为构成根据本公约确立的犯罪的事件。

第十四条 预防洗钱的措施

一、各缔约国均应当:

(一)在其权限范围内,对银行和非银行金融机构,包括对办理资金或者价值转移正规或非正规业务的自然人或者法人,并在适当情况下对特别易于涉及洗钱的其他机构,建立全面的国内管理和监督制度,以便遏制并监测各种形式的洗钱,这

种制度应当着重就验证客户身份和视情况验证实际受益人身份、保持记录和报告可疑交易作出规定;

（二）在不影响本公约第四十六条的情况下,确保行政、管理、执法和专门打击洗钱的其他机关（在本国法律许可时可以包括司法机关）能够根据本国法律规定的条件,在国家和国际一级开展合作和交换信息,并应当为此目的考虑建立金融情报机构,作为国家中心收集、分析和传递关于潜在洗钱活动的信息。

二、缔约国应当考虑实施可行的措施,监测和跟踪现金和有关流通票据跨境转移的情况,但必须有保障措施,以确保信息的正当使用而且不致以任何方式妨碍合法资本的移动。这类措施可以包括要求个人和企业报告大额现金和有关流通票据的跨境转移。

三、缔约国应当考虑实施适当而可行的措施,要求包括汇款业务机构在内的金融机构:

（一）在电子资金划拨单和相关电文中列入关于发端人的准确而有用的信息;

（二）在整个支付过程中保留这种信息;

（三）对发端人信息不完整的资金转移加强审查。

四、吁请缔约国在建立本条所规定的国内管理和监督制度时,在不影响本公约其他任何条款的情况下将区域、区域间和多边组织的有关反洗钱举措作为指南。

五、缔约国应当努力为打击洗钱而在司法机关、执法机关和金融监管机关之间开展和促进全球、区域、分区域及双边合作。

第三章　定罪和执法

第十五条　贿赂本国公职人员

各缔约国均应当采取必要的立法措施和其他措施,将下列故意实施的行为规定为犯罪:

（一）直接或间接向公职人员许诺给予、提议给予或者实际给予该公职人员本人或者其他人员或实体不正当好处,以使该公职人员在执行公务时作为或者不作为;

（二）公职人员为其本人或者其他人员或实体直接或间接索取或者收受不正当好处,以作为其在执行公务时作为或者不作为的条件。

第十六条　贿赂外国公职人员或者国际公共组织官员

一、各缔约国均应当采取必要的立法和其他措施,将下述故意实施的行为规定为犯罪:直接或间接向外国公职人员或者国际公共组织官员许诺给予、提议给予或者实际给予该公职人员本人或者其他人员或实体不正当好处,以使该公职人员或者该官员在执行公务时作为或者不作为,以便获得或者保留与进行国际商务有关的商业或者其他不正当好处。

二、各缔约国均应当考虑采取必要的立法和其他措施,将下述故意实施的行为规定为犯罪:外国公职人员或者国际公共组织官员直接或间接为其本人或者其他人员或实体索取或者收受不正当好处,以作为其在执行公务时作为或者不作为的条件。

第十七条 公职人员贪污、挪用或者以其他类似方式侵犯财产

各缔约国均应当采取必要的立法和其他措施,将下述故意实施的行为规定为犯罪:公职人员为其本人的利益或者其他人员或实体的利益,贪污、挪用或者以其他类似方式侵犯其因职务而受托的任何财产、公共资金、私人资金、公共证券、私人证券或者其他任何贵重物品。

第十八条 影响力交易

各缔约国均应当考虑采取必要的立法和其他措施,将下列故意实施的行为规定为犯罪:

(一)直接或间接向公职人员或者其他任何人员许诺给予、提议给予或者实际给予任何不正当好处,以使其滥用本人的实际影响力或者被认为具有的影响力,为该行为的造意人或者其他任何人从缔约国的行政部门或者公共机关获得不正当好处;

(二)公职人员或者其他任何人员为其本人或者他人直接或间接索取或者收受任何不正当好处,以作为该公职人员或者该其他人员滥用本人的实际影响力或者被认为具有的影响力,从缔约国的行政部门或者公共机关获得任何不正当好处的条件。

第十九条 滥用职权

各缔约国均应当考虑采取必要的立法和其他措施,将下述故意实施的行为规定为犯罪:滥用职权或者地位,即公职人员在履行职务时违反法律,实施或者不实施一项行为,以为其本人或者其他人员或实体获得不正当好处。

第二十条 资产非法增加

在不违背本国宪法和本国法律制度基本原则的情况下,各缔约国均应当考虑采取必要的立法和其他措施,将下述故意实施的行为规定为犯罪:资产非法增加,即公职人员的资产显著增加,而本人无法以其合法收入作出合理解释。

第二十一条 私营部门内的贿赂

各缔约国均应当考虑采取必要的立法和其他措施,将经济、金融或者商业活动过程中下列故意实施的行为规定为犯罪:

(一)直接或间接向以任何身份领导私营部门实体或者为该实体工作的任何人许诺给予、提议给予或者实际给予该人本人或者他人不正当好处,以使该人违背职责作为或者不作为;

(二)以任何身份领导私营部门实体或者为该实体工作的任何人为其本人或者他人直接或间接索取或者收受不正当好处,以作为其违背职责作为或者不作为的

条件。

第二十二条 私营部门内的侵吞财产

各缔约国均应当考虑采取必要的立法和其他措施,将经济、金融或者商业活动中下述故意实施的行为规定为犯罪:以任何身份领导私营部门实体或者在该实体中工作的人员侵吞其因职务而受托的任何财产、私人资金、私人证券或者其他任何贵重物品。

第二十三条 对犯罪所得的洗钱行为

一、各缔约国均应当根据本国法律的基本原则采取必要的立法和其他措施,将下列故意实施的行为规定为犯罪:

(一)1.明知财产为犯罪所得,为隐瞒或者掩饰该财产的非法来源,或者为协助任何参与实施上游犯罪者逃避其行为的法律后果而转换或者转移该财产;

2.明知财产为犯罪所得而隐瞒或者掩饰该财产的真实性质、来源、所在地、处分、转移、所有权或者有关的权利;

(二)在符合本国法律制度基本概念的情况下:

1.在得到财产时,明知其为犯罪所得而仍获取、占有或者使用;

2.对本条所确立的任何犯罪的参与、协同或者共谋实施、实施未遂以及协助、教唆、便利和参谋实施;

二、为实施或者适用本条第一款:

(一)各缔约国均应当寻求将本条第一款适用于范围最为广泛的上游犯罪;

(二)各缔约国均应当至少将其根据本公约确立的各类犯罪列为上游犯罪;

(三)就上文第(二)项而言,上游犯罪应当包括在有关缔约国管辖范围之内和之外实施的犯罪。但是,如果犯罪发生在一缔约国管辖权范围之外,则只有当该行为根据其发生地所在国法律为犯罪,而且根据实施或者适用本条的缔约国的法律该行为若发生在该国也为犯罪时,才构成上游犯罪;

(四)各缔约国均应当向联合国秘书长提供其实施本条的法律以及这类法律随后的任何修改的副本或说明;

(五)在缔约国本国法律基本原则要求的情况下,可以规定本条第一款所列犯罪不适用于实施上游犯罪的人。

第二十四条 窝赃

在不影响本公约第二十三条的规定的情况下,各缔约国均应当考虑采取必要的立法和其他措施,将下述故意实施的行为规定为犯罪:行为所涉及的人员虽未参与根据本公约确立的任何犯罪,但在这些犯罪实施后,明知财产是根据本公约确立的任何犯罪的结果而窝藏或者继续保留这种财产。

第二十五条 妨害司法

各缔约国均应当采取必要的立法措施和其他措施,将下列故意实施的行为规定为犯罪：

（一）在涉及根据本公约确立的犯罪的诉讼中使用暴力、威胁或者恐吓，或者许诺给予、提议给予或者实际给予不正当好处，以诱使提供虚假证言或者干扰证言或证据的提供；

（二）使用暴力、威胁或恐吓，干扰审判或执法人员针对根据本公约所确立的犯罪执行公务。本项规定概不影响缔约国就保护其他类别公职人员进行立法的权利。

第二十六条　法人责任

一、各缔约国均应当采取符合其法律原则的必要措施，确定法人参与根据本公约确立的犯罪应当承担的责任。

二、在不违反缔约国法律原则的情况下，法人责任可以包括刑事责任、民事责任或者行政责任。

三、法人责任不应当影响实施这种犯罪的自然人的刑事责任。

四、各缔约国均应当特别确保使依照本条应当承担责任的法人受到有效、适度而且具有警戒性的刑事或者非刑事制裁，包括金钱制裁。

第二十七条　参与、未遂和中止

一、各缔约国均应当采取必要的立法和其他措施，根据本国法律将以共犯、从犯或者教唆犯等任何身份参与根据本公约确立的犯罪规定为犯罪。

二、各缔约国均可以采取必要的立法和其他措施，根据本国法律将实施根据本公约确立的犯罪的任何未遂和中止规定为犯罪。

三、各缔约国均可以采取必要的立法和其他措施，根据本国法律将为实施根据本公约确立的犯罪进行预备的行为规定为犯罪。

第二十八条　作为犯罪要素的明知、故意或者目的

根据本公约确立的犯罪所需具备的明知、故意或者目的等要素，可以根据客观实际情况予以推定。

第二十九条　时效

各缔约国均应当根据本国法律酌情规定一个较长的时效，以便在此期限内对根据本公约确立的任何犯罪启动诉讼程序，并对被指控犯罪的人员已经逃避司法处置的情形确定更长的时效或者规定不受时效限制。

第三十条　起诉、审判和制裁

一、各缔约国均应当使根据本公约确立的犯罪受到与其严重性相当的制裁。

二、各缔约国均应当根据本国法律制度和宪法原则采取必要措施以建立或者保持这样一种适当的平衡：即既照顾到为公职人员履行其职能所给予的豁免或者司法特权，又照顾到在必要时对根据本公约确立的犯罪进行有效的侦查、起诉和审判的可能性。

三、在因根据本公约确立的犯罪起诉某人而行使本国法律规定的任何法律裁量权时，各缔约国均应当努力确保针对这些犯罪的执法措施取得最大成效，并适当考虑到震慑这种犯罪的必要性。

四、就根据本公约确立的犯罪而言，各缔约国均应当根据本国法律并在适当尊重被告人权利的情况下采取适当措施，力求确保就判决前或者上诉期间释放的裁决所规定的条件已经考虑到确保被告人在其后的刑事诉讼中出庭的需要。

五、各缔约国均应当在考虑已经被判定实施了有关犯罪的人的早释或者假释可能性时，顾及这种犯罪的严重性。

六、各缔约国均应当在符合本国法律制度基本原则的范围内，考虑建立有关程序，使有关部门得以对被指控实施了根据本公约确立的犯罪的公职人员酌情予以撤职、停职或者调职，但应当尊重无罪推定原则。

七、各缔约国均应当在符合本国法律制度基本原则的范围内，根据犯罪的严重性，考虑建立程序，据以通过法院令或者任何其他适当手段，取消被判定实施了根据本公约确立的犯罪的人在本国法律确定的一段期限内担任下列职务的资格：

（一）公职；

（二）完全国有或者部分国有的企业中的职务。

八、本条第一款不妨碍主管机关对公务员行使纪律处分权。

九、本公约的任何规定概不影响下述原则：对于根据本公约确立的犯罪以及适用的法定抗辩事由或者决定行为合法性的其他法律原则，只应当由缔约国本国法律加以阐明，而且对于这种犯罪应当根据缔约国本国法律予以起诉和惩罚。

十、缔约国应当努力促进被判定实施了根据本公约确立的犯罪的人重新融入社会。

第三十一条　冻结、扣押和没收

一、各缔约国均应当在本国法律制度的范围内尽最大可能采取必要的措施，以便能够没收：

（一）来自根据本公约确立的犯罪的犯罪所得或者价值与这种所得相当的财产；

（二）用于或者拟用于根据本公约确立的犯罪的财产、设备或者其他工具。

二、各缔约国均应当采取必要的措施，辨认、追查、冻结或者扣押本条第一款所述任何物品，以便最终予以没收。

三、各缔约国均应当根据本国法律采取必要的立法和其他措施，规范主管机关对本条第一款和第二款中所涉及的冻结、扣押或者没收的财产的管理。

四、如果这类犯罪所得已经部分或者全部转变或者转化为其他财产，则应当以这类财产代替原犯罪所得而对之适用本条所述措施。

五、如果这类犯罪所得已经与从合法来源获得的财产相混合，则应当在不影响冻结权或者扣押权的情况下没收这类财产，没收价值最高可以达到混合于其中的犯罪所得的估计价值。

六、对于来自这类犯罪所得、来自这类犯罪所得转变或者转化而成的财产或者来自已经与这类犯罪所得相混合的财产的收入或者其他利益，也应当适用本条所述措施，其方式和程度与处置犯罪所得相同。

七、为本条和本公约第五十五条的目的，各缔约国均应当使其法院或者其他主管机关有权下令提供或者扣押银行记录、财务记录或者商业记录。缔约国不得以银行保密为理由拒绝根据本款的规定采取行动。

八、缔约国可以考虑要求由罪犯证明这类所指称的犯罪所得或者其他应当予以没收的财产的合法来源，但是此种要求应当符合其本国法律的基本原则以及司法程序和其他程序的性质。

九、不得对本条的规定作损害善意第三人权利的解释。

十、本条的任何规定概不影响其所述各项措施应当根据缔约国法律规定并以其为准加以确定和实施的原则。

第三十二条　保护证人、鉴定人和被害人

一、各缔约国均应当根据本国法律制度并在其力所能及的范围内采取适当的措施，为就根据本公约确立的犯罪作证的证人和鉴定人并酌情为其亲属及其他与其关系密切者提供有效的保护，使其免遭可能的报复或者恐吓。

二、在不影响被告人权利包括正当程序权的情况下，本条第一款所述措施可以包括：

（一）制定为这种人提供人身保护的程序，例如，在必要和可行的情况下将其转移，并在适当情况下允许不披露或者限制披露有关其身份和下落的资料；

（二）规定允许以确保证人和鉴定人安全的方式作证的取证规则，例如允许借助于诸如视听技术之类的通信技术或者其他适当手段提供证言。

三、缔约国应当考虑与其他国家订立有关本条第一款所述人员的移管的协定或者安排。

四、本条各项规定还应当适用于作为证人的被害人。

五、各缔约国均应当在不违背本国法律的情况下，在对罪犯提起刑事诉讼的适当阶段，以不损害被告人权利的方式使被害人的意见和关切得到表达和考虑。

第三十三条　保护举报人

各缔约国均应当考虑在本国法律制度中纳入适当措施，以便对出于合理理由善意向主管机关举报涉及根据本公约确立的犯罪的任何事实的任何人员提供保护，使其不致受到任何不公正的待遇。

第三十四条　腐败行为的后果

各缔约国均应当在适当顾及第三人善意取得的权利的情况下，根据本国法律的基本原则采取措施，消除腐败行为的后果。在这方面，缔约国可以在法律程序中将腐败视为废止或者撤销合同、取消特许权或撤销其他类似文书或者采取其他任何救济行动的相关因素。

第三十五条 损害赔偿

各缔约国均应当根据本国法律的原则采取必要的措施,确保因腐败行为而受到损害的实体或者人员有权为获得赔偿而对该损害的责任者提起法律程序。

第三十六条 专职机关

各缔约国均应当根据本国法律制度的基本原则采取必要的措施,确保设有一个或多个机构或者安排了人员专职负责通过执法打击腐败。这类机构或者人员应当拥有根据缔约国法律制度基本原则而给予的必要独立性,以便能够在不受任何不正当影响的情况下有效履行职能。这类人员或者这类机构的工作人员应当受到适当培训,并应当有适当资源,以便执行任务。

第三十七条 与执法机关的合作

一、各缔约国均应当采取适当措施,鼓励参与或者曾经参与实施根据本公约确立的犯罪的人提供有助于主管机关侦查和取证的信息,并为主管机关提供可能有助于剥夺罪犯的犯罪所得并追回这种所得的实际具体帮助。

二、对于在根据本公约确立的任何犯罪的侦查或者起诉中提供实质性配合的被告人,各缔约国均应当考虑就适当情况下减轻处罚的可能性作出规定。

三、对于在根据本公约确立的犯罪的侦查或者起诉中提供实质性配合的人,各缔约国均应当考虑根据本国法律的基本原则就允许不予起诉的可能性作出规定。

四、本公约第三十二条的规定,应当变通适用于为这类人员提供的保护。

五、如果本条第一款所述的、处于某一缔约国的人员能够给予另一缔约国主管机关以实质性配合,有关缔约国可以考虑根据本国法律订立关于由对方缔约国提供本条第二款和第三款所述待遇的协定或者安排。

第三十八条 国家机关之间的合作

各缔约国均应当采取必要的措施,根据本国法律鼓励公共机关及其公职人员与负责侦查和起诉犯罪的机关之间的合作。这种合作可以包括:

(一)在有合理的理由相信发生了根据本公约第十五条、第二十一条和第二十三条确立的任何犯罪时,主动向上述机关举报;

(二)根据请求向上述机关提供一切必要的信息。

第三十九条 国家机关与私营部门之间的合作

一、各缔约国均应当采取必要的措施,根据本国法律鼓励本国侦查和检察机关与私营部门实体特别是与金融机构之间就根据本公约确立的犯罪的实施所涉的事项进行合作。

二、各缔约国均应当考虑鼓励本国国民以及在其领域内有惯常居所的其他人员向国家侦查和检察机关举报根据本公约确立的犯罪的实施情况。

第四十条　银行保密

各缔约国均应当在对根据本公约确立的犯罪进行国内刑事侦查时,确保本国法律制度中有适当的机制,可以用以克服因银行保密法的适用而可能产生的障碍。

第四十一条　犯罪记录

各缔约国均可以采取必要的立法或者其他措施,按其认为适宜的条件并为其认为适宜的目的,考虑另一国以前对被指控罪犯作出的任何有罪判决,以便在涉及根据本公约确立的犯罪的刑事诉讼中利用这类信息。

第四十二条　管辖权

一、各缔约国均应当在下列情况下采取必要的措施,以确立对根据本公约确立的犯罪的管辖权:

(一)犯罪发生在该缔约国领域内;

(二)犯罪发生在犯罪时悬挂该缔约国国旗的船只上或者已经根据该缔约国法律注册的航空器内。

二、在不违背本公约第四条规定的情况下,缔约国还可以在下列情况下对任何此种犯罪确立其管辖权:

(一)犯罪系针对该缔约国国民;

(二)犯罪系由该缔约国国民或者在其领域内有惯常居所的无国籍人实施;

(三)犯罪系发生在本国领域以外的、根据本公约第二十三条第一款第(二)项第 2 目确立的犯罪,目的是在其领域内实施本公约第二十三条第一款第(一)项第 1 目或者第 2 目或者第(二)项第 1 目确立的犯罪;

(四)犯罪系针对该缔约国。

三、为了本公约第四十四条的目的,各缔约国均应当采取必要的措施,在被指控罪犯在其领域内而其仅因该人为本国国民而不予引渡时,确立本国对根据本公约确立的犯罪的管辖权。

四、各缔约国还可以采取必要的措施,在被指控罪犯在其领域内而其不引渡该人时确立本国对根据本公约确立的犯罪的管辖权。

五、如果根据本条第一款或者第二款行使管辖权的缔约国被告知或者通过其他途径获悉任何其他缔约国正在对同一行为进行侦查、起诉或者审判程序,这些缔约国的主管机关应当酌情相互磋商,以便协调行动。

六、在不影响一般国际法准则的情况下,本公约不排除缔约国行使其根据本国法律确立的任何刑事管辖权。

第四章　国际合作

第四十三条　国际合作

一、缔约国应当依照本公约第四十四条至第五十条的规定在刑事案件中相互合作。在适当而且符合本国法律制度的情况下,缔约国应当考虑与腐败有关的民事和行政案件调查和诉讼中相互协助。

二、在国际合作事项中,凡将双重犯罪视为一项条件的,如果协助请求中所指的犯罪行为在两个缔约国的法律中均为犯罪,则应当视为这项条件已经得到满足,而不论被请求缔约国和请求缔约国的法律是否将这种犯罪列入相同的犯罪类别或者是否使用相同的术语规定这种犯罪的名称。

第四十四条 引渡

一、当被请求引渡人在被请求缔约国领域内时,本条应当适用于根据本公约确立的犯罪,条件是引渡请求所依据的犯罪是按请求缔约国和被请求缔约国本国法律均应当受到处罚的犯罪。

二、尽管有本条第一款的规定,但缔约国本国法律允许的,可以就本公约所涵盖但依照本国法律不予处罚的任何犯罪准予引渡。

三、如果引渡请求包括几项独立的犯罪,其中至少有一项犯罪可以依照本条规定予以引渡,而其他一些犯罪由于其监禁期的理由而不可以引渡但却与根据本公约确立的犯罪有关,则被请求缔约国也可以对这些犯罪适用本条的规定。

四、本条适用的各项犯罪均应当视为缔约国之间现行任何引渡条约中的可以引渡的犯罪。缔约国承诺将这种犯罪作为可以引渡的犯罪列入它们之间将缔结的每一项引渡条约。在以本公约作为引渡依据时,如果缔约国本国法律允许,根据本公约确立的任何犯罪均不应当视为政治犯罪。

五、以订有条约为引渡条件的缔约国如果接到未与之订有引渡条约的另一缔约国的引渡请求,可以将本公约视为对本条所适用的任何犯罪予以引渡的法律依据。

六、以订有条约为引渡条件的缔约国应当:

(一)在交存本公约批准书、接受书、核准书或者加入书时通知联合国秘书长,说明其是否将把本公约作为与本公约其他缔约国进行引渡合作的法律依据;

(二)如果其不以本公约作为引渡合作的法律依据,则在适当情况下寻求与本公约其他缔约国缔结引渡条约,以执行本条规定。

七、不以订有条约为引渡条件的缔约国应当承认本条所适用的犯罪为它们之间可以相互引渡的犯罪。

八、引渡应当符合被请求缔约国本国法律或者适用的引渡条约所规定的条件,其中包括关于引渡的最低限度刑罚要求和被请求缔约国可以据以拒绝引渡的理由等条件。

九、对于本条所适用的任何犯罪,缔约国应当在符合本国法律的情况下,努力加快引渡程序并简化与之有关的证据要求。

十、被请求缔约国在不违背本国法律及其引渡条约规定的情况下,可以在认定情况必要而且紧迫时,根据请求缔约国的请求,拘留被请求缔约国领域内的被请求引渡人,或者采取其他适当措施,确保该人在进行引渡程序时在场。

十一、如果被指控罪犯被发现在某一缔约国而该国仅以该人为本国国民为理由不就本条所适用的犯罪将其引渡,则该国有义务在寻求引渡的缔约国提出请求时将该案提交本国主管机关以便起诉,而不得有任何不应有的延误。这些机关应当以与根据本国法律针对性质严重的其他任何犯罪所采用的相同方式作出决定和进行诉讼程序。有关缔约国应当相互合作,特别是在程序和证据方面,以确保这类起诉的效率。

十二、如果缔约国本国法律规定,允许引渡或者移交其国民须以该人将被送还本国,按引渡或者移交请求所涉审判、诉讼中作出的判决服刑为条件,而且该缔约国和寻求引渡该人的缔约国也同意这一选择以及可能认为适宜的其他条件,则这种有条件引渡或者移交即足以解除该缔约国根据本条第十一款所承担的义务。

十三、如果为执行判决而提出的引渡请求由于被请求引渡人为被请求缔约国的国民而遭到拒绝,被请求缔约国应当在其本国法律允许并且符合该法律的要求的情况下,根据请求缔约国的请求,考虑执行根据请求缔约国本国法律判处的刑罚或者尚未服满的刑期。

十四、在对任何人就本条所适用的任何犯罪进行诉讼时,应当确保其在诉讼的所有阶段受到公平待遇,包括享有其所在国本国法律所提供的一切权利和保障。

十五、如果被请求缔约国有充分理由认为提出引渡请求是为了以某人的性别、种族、宗教、国籍、族裔或者政治观点为理由对其进行起诉或者处罚,或者按请求执行将使该人的地位因上述任一原因而受到损害,则不得对本公约的任何条款作规定了被请求国引渡义务的解释。

十六、缔约国不得仅以犯罪也被视为涉及财税事项为由而拒绝引渡。

十七、被请求缔约国在拒绝引渡前应当在适当情况下与请求缔约国磋商,以使其有充分机会陈述自己的意见和提供与其陈述有关的资料。

十八、缔约国应当力求缔结双边和多边协定或者安排,以执行引渡或者加强引渡的有效性。

第四十五条 被判刑人的移管

缔约国可以考虑缔结双边或多边协定或者安排,将因实施根据本公约确立的犯罪而被判监禁或者其他形式剥夺自由的人移交其本国服满刑期。

第四十六条 司法协助

一、缔约国应当在对本公约所涵盖的犯罪进行的侦查、起诉和审判程序中相互提供最广泛的司法协助。

二、对于请求缔约国中依照本公约第二十六条可能追究法人责任的犯罪所进行的侦查、起诉和审判程序,应当根据被请求缔约国有关的法律、条约、协定和安排,尽可能充分地提供司法协助。

三、可以为下列任何目的而请求依照本条给予司法协助：

（一）向个人获取证据或者陈述；

（二）送达司法文书；

（三）执行搜查和扣押并实行冻结；

（四）检查物品和场所；

（五）提供资料、物证以及鉴定结论；

（六）提供有关文件和记录的原件或者经核证的副本，其中包括政府、银行、财务、公司或者商业记录；

（七）为取证目的而辨认或者追查犯罪所得、财产、工具或者其他物品；

（八）为有关人员自愿在请求缔约国出庭提供方便；

（九）不违反被请求缔约国本国法律的任何其他形式的协助；

（十）根据本公约第五章的规定辨认、冻结和追查犯罪所得；

（十一）根据本公约第五章的规定追回资产。

四、缔约国主管机关如果认为与刑事事项有关的资料可能有助于另一国主管机关进行或者顺利完成调查和刑事诉讼程序，或者可以促成其根据本公约提出请求，则在不影响本国法律的情况下，可以无须事先请求而向该另一国主管机关提供这类资料。

五、根据本条第四款的规定提供这类资料，不应当影响提供资料的主管机关本国所进行的调查和刑事诉讼程序。接收资料的主管机关应当遵守对资料保密的要求，即使是暂时保密的要求，或者对资料使用的限制。但是，这不应当妨碍接收缔约国在其诉讼中披露可以证明被控告人无罪的资料。在这种情况下，接收缔约国应当在披露前通知提供缔约国，而且如果提供缔约国要求，还应当与其磋商。如果在特殊情况下不可能事先通知，接收缔约国应当毫不迟延地将披露一事通告提供缔约国。

六、本条各项规定概不影响任何其他规范或者将要规范整个或部分司法协助问题的双边或多边条约所规定的义务。

七、如果有关缔约国无司法协助条约的约束，则本条第九款至第二十九款应当适用于根据本条提出的请求。如果有关缔约国有这类条约的约束，则适用条约的相应条款，除非这些缔约国同意代之以适用本条第九款至第二十九款。大力鼓励缔约国在这几款有助于合作时予以适用。

八、缔约国不得以银行保密为理由拒绝提供本条所规定的司法协助。

九、（一）被请求缔约国在并非双重犯罪情况下对于依照本条提出的协助请求作出反应时，应当考虑到第一条所规定的本公约宗旨。

（二）缔约国可以以并非双重犯罪为理由拒绝提供本条所规定的协助。然而，被请求缔约国应当在符合其法律制度基本概念的情况下提供不涉及强制性行动的协助。如果请求所涉事项极为轻微或者寻求合作或协助的事项可以依照本公约其他条款获得,被请求缔约国可以拒绝这类协助。

(三)各缔约国均可以考虑采取必要的措施,以使其能够在并非双重犯罪的情况下提供比本条所规定的更为广泛的协助。

十、在一缔约国领域内被羁押或者服刑的人,如果被要求到另一缔约国进行辨认、作证或者提供其他协助,以便为就与本公约所涵盖的犯罪有关的侦查、起诉或者审判程序取得证据,在满足下列条件的情况下,可以予以移送:

(一)该人在知情后自由表示同意;

(二)双方缔约国主管机关同意,但须符合这些缔约国认为适当的条件。

十一、就本条第十款而言:

(一)该人被移送前往的缔约国应当有权力和义务羁押被移送人,除非移送缔约国另有要求或者授权;

(二)该人被移送前往的缔约国应当毫不迟延地履行义务,按照双方缔约国主管机关事先达成的协议或者其他协议,将该人交还移送缔约国羁押;

(三)该人被移送前往的缔约国不得要求移送缔约国为该人的交还而启动引渡程序;

(四)该人在被移送前往的国家的羁押时间应当折抵在移送缔约国执行的刑期。

十二、除非依照本条第十款和第十一款的规定移送某人的缔约国同意,否则,不论该人国籍为何,均不得因其在离开移送国领域前的作为、不作为或者定罪而在被移送前往的国家领域使其受到起诉、羁押、处罚或者对其人身自由进行任何其他限制。

十三、各缔约国均应当指定一个中央机关,使其负责和有权接收司法协助请求并执行请求或将请求转交主管机关执行。如果缔约国有实行单独司法协助制度的特区或者领域,可以另指定一个对该特区或者领域具有同样职能的中央机关。中央机关应当确保所收到的请求迅速而妥善地执行或者转交。中央机关在将请求转交某一主管机关执行时,应当鼓励该主管机关迅速而妥善地执行请求。各缔约国均应当在交存本公约批准书、接受书、核准书或者加入书时,将为此目的指定的中央机关通知联合国秘书长。司法协助请求以及与之有关的任何联系文件均应当递交缔约国指定的中央机关。这项规定不得影响缔约国要求通过外交渠道以及在紧急和可能的情况下经有关缔约国同意通过国际刑事警察组织向其传递这种请求和联系文件的权利。

十四、请求应当以被请求缔约国能够接受的语文以书面形式提出,或者在可能情况下以能够生成书面记录的任何形式提出,但须能够使该缔约国鉴定其真伪。各缔约国均应当在其交存本公约批准书、接受书、核准书或者加入书时,将其所能够接受的语文通知联合国秘书长。在紧急情况下,如果经有关缔约国同意,请求可以以口头方式提出,但应当立即加以书面确认。

十五、司法协助请求书应当包括下列内容:

(一)提出请求的机关;

(二)请求所涉及的侦查、起诉或者审判程序的事由和性质,以及进行该项侦查、起诉或者审判程序的机关的名称和职能;

(三)有关事实的概述,但为送达司法文书提出的请求例外;

(四)对请求协助的事项和请求缔约国希望遵循的特定程序细节的说明;

(五)可能时,任何有关人员的身份、所在地和国籍;

(六)索取证据、资料或者要求采取行动的目的。

十六、被请求缔约国可以要求提供按照其本国法律执行该请求所必需或者有助于执行该请求的补充资料。

十七、请求应当根据被请求缔约国的本国法律执行。在不违反被请求缔约国本国法律的情况下,如有可能,应当按照请求书中列明的程序执行。

十八、当在某一缔约国领域内的某人需作为证人或者鉴定人接受另一缔约国司法机关询问,而且该人不可能或者不宜到请求国领域出庭时,被请求缔约国可以依该另一缔约国的请求,在可能而且符合本国法律基本原则的情况下,允许以电视会议方式进行询问,缔约国可以商定由请求缔约国司法机关进行询问,询问时应当有被请求缔约国司法机关人员在场。

十九、未经被请求缔约国事先同意,请求缔约国不得将被请求缔约国提供的资料或者证据转交或者用于请求书所述以外的侦查、起诉或者审判程序。本款规定不妨碍请求缔约国在其诉讼中披露可以证明被告人无罪的资料或者证据。就后一种情形而言,请求缔约国应当在披露之前通知被请求缔约国,并依请求与被请求缔约国磋商。如果在特殊情况下不可能事先通知,请求缔约国应当毫不迟延地将披露一事通告被请求缔约国。

二十、请求缔约国可以要求被请求缔约国对其提出的请求及其内容保密,但为执行请求所必需的除外。如果被请求缔约国不能遵守保密要求,应当立即通知请求缔约国。

二十一、在下列情况下可以拒绝提供司法协助:

(一)请求未按本条的规定提出;

(二)被请求缔约国认为执行请求可能损害其主权、安全、公共秩序或者其他基本利益;

(三)如果被请求缔约国的机关依其管辖权对任何类似犯罪进行侦查、起诉或者审判程序时,其本国法律已经规定禁止对这类犯罪采取被请求的行动;

(四)同意这项请求将违反被请求缔约国关于司法协助的法律制度。

二十二、缔约国不得仅以犯罪也被视为涉及财税事项为理由而拒绝司法协助请求。

二十三、拒绝司法协助时应当说明理由。

二十四、被请求缔约国应当尽快执行司法协助请求,并应当尽可能充分地考虑到请求缔约国提出的、最好在请求中说明了理由的任何最后期限。请求缔约国可以合理要求被请求缔约国提供关于为执行这一请求所采取措施的现况和进展情况的信息。被请求缔约国应当依请求缔约国的合理要求,就其处理请求的现况和进展情况作出答复。请求国应当在其不再需要被请求国提供所寻求的协助时迅速通知被请求缔约国。

二十五、被请求缔约国可以以司法协助妨碍正在进行的侦查、起诉或者审判程序为理由而暂缓进行。

二十六、被请求缔约国在根据本条第二十一款拒绝某项请求或者根据本条第二十五款暂缓执行请求事项之前,应当与请求缔约国协商,以考虑是否可以在其认为必要的条件下给予协助。请求缔约国如果接受附有条件限制的协助,则应当遵守有关的条件。

二十七、在不影响本条第十二款的适用的情况下,对于依请求缔约国请求而同意到请求缔约国领域就某项诉讼作证或者为某项侦查、起诉或者审判程序提供协助的证人、鉴定人或者其他人员,不应当因其离开被请求缔约国领域之前的作为、不作为或者定罪而在请求缔约国领域内对其起诉、羁押、处罚,或者使其人身自由受到任何其他限制。如该证人、鉴定人或者其他人员已经得到司法机关不再需要其到场的正式通知,在自通知之日起连续十五天内或者在缔约国所商定的任何期限内,有机会离开但仍自愿留在请求缔约国领域内,或者在离境后又自愿返回,这种安全保障即不再有效。

二十八、除非有关缔约国另有协议,执行请求的一般费用应当由被请求缔约国承担。如果执行请求需要或者将需要支付巨额或者异常费用,则应当由有关缔约国进行协商,以确定执行该请求的条件以及承担费用的办法。

二十九、被请求缔约国:

(一)应当向请求缔约国提供其所拥有的根据其本国法律可以向公众公开的政府记录、文件或者资料;

(二)可以自行斟酌决定全部或部分地或者按其认为适当的条件向请求缔约国提供其所拥有的根据其本国法律不向公众公开的任何政府记录、文件或者资料。

三十、缔约国应当视需要考虑缔结有助于实现本条目的、具体实施或者加强本条规定的双边或多边协定或者安排的可能性。

第四十七条 刑事诉讼的移交

缔约国如果认为相互移交诉讼有利于正当司法,特别是在涉及数国管辖权时,为了使起诉集中,应当考虑相互移交诉讼的可能性,以便对根据本公约确立的犯罪进行刑事诉讼。

第四十八条　执法合作

一、缔约国应当在符合本国法律制度和行政管理制度的情况下相互密切合作,以加强打击本公约所涵盖的犯罪的执法行动的有效性。缔约国尤其应当采取有效措施,以便:

(一)加强并在必要时建立各国主管机关、机构和部门之间的联系渠道,以促进安全、迅速地交换有关本公约所涵盖的犯罪的各个方面的情报,在有关缔约国认为适当时还可以包括与其他犯罪活动的联系的有关情报;

(二)同其他缔约国合作,就下列与本公约所涵盖的犯罪有关的事项进行调查:

1. 这类犯罪嫌疑人的身份、行踪和活动,或者其他有关人员的所在地点;
2. 来自这类犯罪的犯罪所得或者财产的去向;
3. 用于或者企图用于实施这类犯罪的财产、设备或者其他工具的去向;

(三)在适当情况下提供必要数目或者数量的物品以供分析或者侦查之用;

(四)与其他缔约国酌情交换关于为实施本公约所涵盖的犯罪而采用的具体手段和方法的资料,包括利用虚假身份、经变造、伪造或者假冒的证件和其他旨在掩饰活动的手段的资料;

(五)促进各缔约国主管机关、机构和部门之间的有效协调,并加强人员和其他专家的交流,包括根据有关缔约国之间的双边协定和安排派出联络官员;

(六)交换情报并协调为尽早查明本公约所涵盖的犯罪而酌情采取的行政和其他措施。

二、为实施本公约,缔约国应当考虑订立关于其执法机构间直接合作的双边或多边协定或者安排,并在已经有这类协定或者安排的情况下考虑对其进行修正。如果有关缔约国之间尚未订立这类协定或者安排,这些缔约国可以考虑以本公约为基础,进行针对本公约所涵盖的任何犯罪的相互执法合作。缔约国应当在适当情况下充分利用各种协定或者安排,包括利用国际或者区域组织,以加强缔约国执法机构之间的合作。

三、缔约国应当努力在力所能及的范围内开展合作,以便对借助现代技术实施的本公约所涵盖的犯罪作出反应。

第四十九条　联合侦查

缔约国应当考虑缔结双边或多边协定或者安排,以便有关主管机关可以据以就涉及一国或多国侦查、起诉或者审判程序事由的事宜建立联合侦查机构。如无这类协定或者安排,可以在个案基础上商定进行这类联合侦查。有关缔约国应当确保拟在其领域内开展这种侦查的缔约国的主权受到充分尊重。

第五十条　特殊侦查手段

一、为有效地打击腐败,各缔约国均应当在其本国法律制度基本原则许可的范围内并根据本国法律规定的条件在其力所能及的情况下采取必要措施,允许其主管机关在其领域内酌情使用控制下交付和在其认为适当时使用诸如电子或者其他监视形式和特工行动等其他特殊侦查手段,并允许法庭采信由这些手段产生的证据。

二、为侦查本公约所涵盖的犯罪,鼓励缔约国在必要情况下为在国际一级合作时使用这类特殊侦查手段而缔结适当的双边或多边协定或者安排。这类协定或者安排的缔结和实施应当充分遵循各国主权平等原则,执行时应当严格遵守这类协定或者安排的条款。

三、在无本条第二款所述协定或者安排的情况下,关于在国际一级使用这种特殊侦查手段的决定,应当在个案基础上作出,必要时还可以考虑到有关缔约国就行使管辖权所达成的财务安排或者谅解。

四、经有关缔约国同意,关于在国际一级使用控制下交付的决定,可以包括诸如拦截货物或者资金以及允许其原封不动地继续运送或将其全部或者部分取出或者替换之类的办法。

第五章　资产的追回

第五十一条　一般规定

按照本章返还资产是本公约的一项基本原则,缔约国应当在这方面相互提供最广泛的合作和协助。

第五十二条　预防和监测犯罪所得的转移

一、在不影响本公约第十四条的情况下,各缔约国均应当根据本国法律采取必要的措施,以要求其管辖范围内的金融机构核实客户身份,采取合理步骤确定存入大额账户的资金的实际受益人身份,并对正在或者曾经担任重要公职的个人及其家庭成员和与其关系密切的人或者这些人的代理人所要求开立或者保持的账户进行强化审查。对这种强化审查应当作合理的设计,以监测可疑交易从而向主管机关报告,而不应当将其理解为妨碍或者禁止金融机构与任何合法客户的业务往来。

二、为便利本条第一款所规定措施的实施,各缔约国均应当根据其本国法律和参照区域、区域间和多边组织的有关反洗钱举措:

(一)就本国管辖范围内的金融机构应当对哪类自然人或者法人的账户实行强化审查,对哪类账户和交易应当予以特别注意,以及就这类账户的开立、管理和记录应当采取哪些适当的措施,发出咨询意见;

(二)对于应当由本国管辖范围内的金融机构对其账户实行强化审查的特定自然人或者法人的身份,除这些金融机构自己可以确定的以外,还应当酌情将另一缔约国所请求的或者本国自行决定的通知这些金融机构。

三、在本条第二款第(一)项情况下,各缔约国均应当实行措施,以确保其金融机构在适当期限内保持涉及本条第一款所提到人员的账户和交易的充分记录,记录中应当至少包括与客户身份有关的资料,并尽可能包括与实际受益人身份有关的资料。

四、为预防和监测根据本公约确立的犯罪的所得的转移,各缔约国均应当采取适当而有效的措施,以在监管机构的帮助下禁止设立有名无实和并不附属于受监管金融集团的银行。此外,缔约国可以考虑要求其金融机构拒绝与这类机构建立或者保持代理银行关系,并避免与外国金融机构中那些允许有名无实和并不附属于受监管金融集团的银行使用其账户的金融机构建立关系。

五、各缔约国均应当考虑根据本国法律对有关公职人员确立有效的财产申报制度,并应当对不遵守制度的情形规定适当的制裁。各缔约国还应当考虑采取必要的措施,允许本国的主管机关在必要时与其他国家主管机关交换这种资料,以便对根据本公约确立的犯罪的所得进行调查、主张权利并予以追回。

六、各缔约国均应当根据本国法律考虑采取必要的措施,要求在外国银行账户中拥有利益、对该账户拥有签名权或者其他权力的有关公职人员向有关机关报告这种关系,并保持与这种账户有关的适当记录。这种措施还应当对违反情形规定适当的制裁。

第五十三条 直接追回财产的措施

各缔约国均应当根据本国法律:

(一)采取必要的措施,允许另一缔约国在本国法院提起民事诉讼,以确立对通过实施根据本公约确立的犯罪而获得的财产的产权或者所有权;

(二)采取必要的措施,允许本国法院命令实施了根据本公约确立的犯罪的人向受到这种犯罪损害的另一缔约国支付补偿或者损害赔偿;

(三)采取必要的措施,允许本国法院或者主管机关在必须就没收作出决定时,承认另一缔约国对通过实施根据本公约确立的犯罪而获得的财产所主张的合法所有权。

第五十四条 通过没收事宜的国际合作追回资产的机制

一、为依照本公约第五十五条就通过或者涉及实施根据本公约确立的犯罪所获得的财产提供司法协助,各缔约国均应当根据其本国法律:

(一)采取必要的措施,使其主管机关能够执行另一缔约国法院发出的没收令;

(二)采取必要的措施,使拥有管辖权的主管机关能够通过对洗钱犯罪或者对可能发生在其管辖范围内的其他犯罪作出判决,或者通过本国法律授权的其他程序,下令没收这类外国来源的财产;

(三)考虑采取必要的措施,以便在因为犯罪人死亡、潜逃或者缺席而无法对其起诉的情形或者其他有关情形下，能够不经过刑事定罪而没收这类财产。

二、为就依照本公约第五十五条第二款提出的请求提供司法协助，各缔约国均应当根据其本国法律：

（一）采取必要的措施，在收到请求缔约国的法院或者主管机关发出的冻结令或者扣押令时，使本国主管机关能够根据该冻结令或者扣押令对该财产实行冻结或者扣押，但条件是该冻结令或者扣押令须提供合理的根据，使被请求缔约国相信有充足理由采取这种行动，而且有关财产将依照本条第一款第（一）项按没收令处理；

（二）采取必要的措施，在收到请求时使本国主管机关能够对该财产实行冻结或者扣押，条件是该请求须提供合理的根据，使被请求缔约国相信有充足理由采取这种行动，而且有关财产将依照本条第一款第（一）项按没收令处理；

（三）考虑采取补充措施，使本国主管机关能够保全有关财产以便没收，例如基于与获取这种财产有关的、外国实行的逮捕或者提出的刑事指控。

第五十五条　没收事宜的国际合作

一、缔约国在收到对根据本公约确立的犯罪拥有管辖权的另一缔约国关于没收本公约第三十一条第一款所述的、位于被请求缔约国领域内的犯罪所得、财产、设备或者其他工具的请求后，应当在本国法律制度的范围内尽最大可能：

（一）将这种请求提交其主管机关，以便取得没收令并在取得没收令时予以执行；

（二）将请求缔约国领域内的法院依照本公约第三十一条第一款和第五十四条第一款第（一）项发出的没收令提交本国主管机关，以便按请求的范围予以执行，只要该没收令涉及第三十一条第一款所述的、位于被请求缔约国领域内的犯罪所得、财产、设备或者其他工具。

二、对根据本公约确立的一项犯罪拥有管辖权的缔约国提出请求后，被请求缔约国应当采取措施，辨认、追查和冻结或者扣押本公约第三十一条第一款所述的犯罪所得、财产、设备或者其他工具，以便由请求缔约国下令或者根据本条第一款所述请求由被请求缔约国下令予以没收。

三、本公约第四十六条的规定以经过适当变通适用于本条。除第四十六条第十五款规定提供的资料以外，根据本条所提出的请求还应当包括下列内容：

（一）与本条第一款第（一）项有关的请求，应当有关于应当予以没收财产的说明，尽可能包括财产的所在地和相关情况下的财产估计价值，以及关于请求缔约国所依据的事实的充分陈述，以便被请求缔约国能够根据本国法律取得没收令；

（二）与本条第一款第（二）项有关的请求，应当有请求缔约国发出的据以提出请求的法律上可以采信的没收令副本、关于事实和对没收令所请求执行的范围的说明、关于请求缔约国为向善意第三人提供充分通知并确保正当程序而采取的措

施的具体陈述,以及关于该没收令为已经生效的没收令的陈述;

(三)与本条第二款有关的请求,应当有请求缔约国所依据的事实陈述和对请求采取的行动的说明;如有据以提出请求的法律上可以采信的没收令副本,应当一并附上。

四、被请求缔约国依照本条第一款和第二款作出的决定或者采取的行动,应当符合并遵循其本国法律及程序规则的规定或者可能约束其与请求缔约国关系的任何双边或多边协定或者安排的规定。

五、各缔约国均应当向联合国秘书长提供有关实施本条的任何法律法规以及这类法律法规随后的任何修订或者修订说明。

六、缔约国以存在有关条约作为采取本条第一款和第二款所述措施的条件时,应当将本公约视为必要而充分的条约依据。

七、如果被请求缔约国未收到充分和及时的证据,或者如果财产的价值极其轻微,也可以拒绝给予本条规定的合作,或者解除临时措施。

八、在解除依照本条规定采取的任何临时措施之前,如果有可能,被请求缔约国应当给请求缔约国以说明继续保持该措施的理由的机会。

九、不得对本条规定作损害善意第三人权利的解释。

第五十六条　特别合作

在不影响本国法律的情况下,各缔约国均应当努力采取措施,以便在认为披露根据本公约确立的犯罪的所得的资料可以有助于接收资料的缔约国启动或者实行侦查、起诉或者审判程序时,或者在认为可能会使该缔约国根据本章提出请求时,能够在不影响本国侦查、起诉或者审判程序的情况下,无须事先请求而向该另一缔约国转发这类资料。

第五十七条　资产的返还和处分

一、缔约国依照本公约第三十一条或者第五十五条没收的财产,应当由该缔约国根据本公约的规定和本国法律予以处分,包括依照本条第三款返还其原合法所有人。

二、各缔约国均应当根据本国法律的基本原则,采取必要的立法和其他措施,使本国主管机关在另一缔约国请求采取行动时,能够在考虑到善意第三人权利的情况下,根据本公约返还所没收的财产。

三、依照本公约第四十六条和第五十五条及本条第一款和第二款:

(一)对于本公约第十七条和第二十三条所述的贪污公共资金或者对所贪污公共资金的洗钱行为,被请求缔约国应当在依照第五十五条实行没收后,基于请求缔约国的生效判决,将没收的财产返还请求缔约国,被请求缔约国也可以放弃对生效判决的要求;

(二)对于本公约所涵盖的其他任何犯罪的所得,被请求缔约国应当在依照本公约第五十五条实行没收后，基于请求缔约国的生效判决，在请求缔约国向被请求缔约国合理证明其原对没收的财产拥有所有权时，或者当被请求缔约国承认请求缔约国受到的损害是返还所没收财产的依据时，将没收的财产返还请求缔约国，被请求缔约国也可以放弃对生效判决的要求；

（三）在其他所有情况下，优先考虑将没收的财产返还请求缔约国、返还其原合法所有人或者赔偿犯罪被害人；

四、在适当的情况下，除非缔约国另有决定，被请求缔约国可以在依照本条规定返还或者处分没收的财产之前，扣除为此进行侦查、起诉或者审判程序而发生的合理费用。

五、在适当的情况下，缔约国还可以特别考虑就所没收财产的最后处分逐案订立协定或者可以共同接受的安排。

第五十八条 金融情报机构

缔约国应当相互合作，以预防和打击根据本公约确立的犯罪而产生的所得的转移，并推广追回这类所得的方式方法。为此，缔约国应当考虑设立金融情报机构，由其负责接收、分析和向主管机关转递可疑金融交易的报告。

第五十九条 双边和多边协定和安排

缔约国应当考虑缔结双边或多边协定或者安排，以便增强根据公约本章规定开展的国际合作的有效性。

第六章 技术援助和信息交流

第六十条 培训和技术援助

一、各缔约国均应当在必要的情况下为本国负责预防和打击腐败的人员启动、制定或者改进具体培训方案。这些培训方案可以涉及以下方面：

（一）预防、监测、侦查、惩治和控制腐败的有效措施，包括使用取证和侦查手段；

（二）反腐败战略性政策制定和规划方面的能力建设；

（三）对主管机关进行按本公约的要求提出司法协助请求方面的培训；

（四）评估和加强体制、公职部门管理、包括公共采购在内的公共财政管理，以及私营部门；

（五）防止和打击根据本公约确立的犯罪的所得转移和追回这类所得；

（六）监测和冻结根据本公约确立的犯罪的所得的转移；

（七）监控根据本公约确立的犯罪的所得的流动情况以及这类所得的转移、窝藏或者掩饰方法；

（八）便利返还根据本公约确立的犯罪所得的适当而有效的法律和行政机制及方法；

(九)用以保护与司法机关合作的被害人和证人的方法;

(十)本国和国际条例以及语言方面的培训。

二、缔约国应当根据各自的能力考虑为彼此的反腐败计划和方案提供最广泛的技术援助,特别是向发展中国家提供援助,包括本条第一款中提及领域内的物质支持和培训,以及为便利缔约国之间在引渡和司法协助领域的国际合作而提供培训和援助以及相互交流有关的经验和专门知识。

三、缔约国应当在必要时加强努力,在国际组织和区域组织内并在有关的双边和多边协定或者安排的框架内最大限度地开展业务和培训活动。

四、缔约国应当考虑相互协助,根据请求对本国腐败行为的类型、根源、影响和代价进行评价、分析和研究,以便在主管机关和社会的参与下制定反腐败战略和行动计划。

五、为便利追回根据本公约确立的犯罪的所得,缔约国可以开展合作,互相提供可以协助实现这一目标的专家的名单。

六、缔约国应当考虑利用分区域、区域和国际性的会议和研讨会促进合作和技术援助,并推动关于共同关切的问题的讨论,包括关于发展中国家和经济转型期国家的特殊问题和需要的讨论。

七、缔约国应当考虑建立自愿机制,以便通过技术援助方案和项目对发展中国家和经济转型期国家适用本公约的努力提供财政捐助。

八、各缔约国均应当考虑向联合国毒品和犯罪问题办事处提供自愿捐助,以便通过该办事处促进发展中国家为实施本公约而开展的方案和项目。

第六十一条　有关腐败的资料的收集、交流和分析

一、各缔约国均应当考虑在同专家协商的情况下,分析其领域内腐败方面的趋势以及腐败犯罪实施的环境。

二、缔约国应当考虑为尽可能拟订共同的定义、标准和方法而相互并通过国际和区域组织发展和共享统计数字、有关腐败的分析性专门知识和资料,以及有关预防和打击腐败的最佳做法的资料。

三、各缔约国均应当考虑对其反腐败政策和措施进行监测,并评估其效力和效率。

第六十二条　其他措施:通过经济发展和技术援助实施公约

一、缔约国应当通过国际合作采取有助于最大限度优化本公约实施的措施,同时应当考虑到腐败对社会,尤其是对可持续发展的消极影响。

二、缔约国应当相互协调并同国际和区域组织协调,尽可能作出具体努力:

(一)加强同发展中国家在各级的合作,以提高发展中国家预防和打击腐败的能力;

(二)加强财政和物质援助,以支持发展中国家为有效预防和打击腐败而作出

的努力,并帮助它们顺利实施本公约;

(三)向发展中国家和经济转型期国家提供技术援助,以协助它们满足在实施本公约方面的需要。为此,缔约国应当努力向联合国筹资机制中为此目的专门指定的账户提供充分的经常性自愿捐款。缔约国也可以根据其本国法律和本公约的规定,特别考虑向该账户捐出根据本公约规定没收的犯罪所得或者财产中一定比例的金钱或者相应价值;

(四)酌情鼓励和争取其他国家和金融机构参与根据本条规定所作的努力,特别是通过向发展中国家提供更多的培训方案和现代化设备,以协助它们实现本公约的各项目标。

三、这些措施应当尽量不影响现有对外援助承诺或者其他双边、区域或者国际一级的金融合作安排。

四、缔约国可以缔结关于物资和后勤援助的双边或多边协定或者安排,同时考虑到为使本公约所规定的国际合作方式行之有效和预防、侦查与控制腐败所必需的各种金融安排。

第七章 实 施 机 制

第六十三条 公约缔约国会议

一、特此设立公约缔约国会议,以增进缔约国的能力和加强缔约国之间的合作,从而实现本公约所列目标并促进和审查本公约的实施。

二、联合国秘书长应当在不晚于本公约生效之后一年的时间内召开缔约国会议。其后,缔约国会议例会按缔约国会议通过的议事规则召开。

三、缔约国会议应当通过议事规则和关于本条所列活动的运作的规则,包括关于对观察员的接纳及其参与的规则以及关于支付这些活动费用的规则。

四、缔约国会议应当议定实现本条第一款所述各项目标的活动、程序和工作方法,其中包括:

(一)促进缔约国依照本公约第六十条和第六十二条以及第二章至第五章规定所开展的活动,办法包括鼓励调动自愿捐助;

(二)通过公布本条所述相关信息等办法,促进缔约国之间关于腐败方式和趋势以及关于预防和打击腐败和返还犯罪所得等成功做法方面的信息交流;

(三)同有关国际和区域组织和机制及非政府组织开展合作;

(四)适当地利用从事打击和预防腐败工作的其他国际和区域机制提供的相关信息,以避免工作的不必要的重复;

(五)定期审查缔约国对本公约的实施情况;

(六)为改进本公约及其实施情况而提出建议;

(七)注意到缔约国在实施本公约方面的技术援助要求,并就其可能认为有必要在这方面采取的行动提出建议。

五、为了本条第四款的目的，缔约国会议应当通过缔约国提供的信息和缔约国会议可能建立的补充审查机制，对缔约国为实施公约所采取的措施以及实施过程中所遇到的困难取得必要的了解。

六、各缔约国均应当按照缔约国会议的要求，向缔约国会议提供有关其本国为实施本公约而采取的方案、计划和做法以及立法和行政措施的信息。缔约国会议应当审查接收信息和就信息采取行动的最有效方法，这种信息包括从缔约国和从有关国际组织收到的信息。缔约国会议也可以审议根据缔约国会议决定的程序而正式认可的非政府组织所提供的投入。

七、依照本条第四款至第六款，缔约国会议应当在其认为必要时建立任何适当的机制或者机构，以协助本公约的有效实施。

第六十四条　秘书处

一、联合国秘书长应当为公约缔约国会议提供必要的秘书处服务。

二、秘书处应当：

（一）协助缔约国会议开展本公约第六十三条中所列各项活动，并为缔约国会议的各届会议作出安排和提供必要的服务；

（二）根据请求，协助缔约国向缔约国会议提供本公约第六十三条第五款和第六款所规定的信息；

（三）确保与有关国际和区域组织秘书处的必要协调。

第八章　最后条款

第六十五条　公约的实施

一、各缔约国均应当根据本国法律的基本原则采取必要的措施，包括立法和行政措施，以切实履行其根据本公约所承担的义务。

二、为预防和打击腐败，各缔约国均可以采取比本公约的规定更为严格或严厉的措施。

第六十六条　争端的解决

一、缔约国应当努力通过谈判解决与本公约的解释或者适用有关的争端。

二、两个或者两个以上缔约国对于本公约的解释或者适用发生任何争端，在合理时间内不能通过谈判解决的，应当按其中一方请求交付仲裁。如果自请求交付仲裁之日起六个月内这些缔约国不能就仲裁安排达成协议，则其中任何一方均可以依照《国际法院规约》请求将争端提交国际法院。

三、各缔约国在签署、批准、接受、核准或者加入本公约时，均可以声明不受本条第二款的约束。对于作出此种保留的任何缔约国，其他缔约国也不受本条第二款的约束。

四、凡根据本条第三款作出保留的缔约国，均可以随时通知联合国秘书长撤销该项保留。

第六十七条　签署、批准、接受、核准和加入

一、本公约自2003年12月9日至11日在墨西哥梅里达开放供各国签署，随后直至2005年12月9日在纽约联合国总部开放供各国签署。

二、本公约还应当开放供区域经济一体化组织签署，条件是该组织至少有一个成员国已经按照本条第一款规定签署本公约。

三、本公约须经批准、接受或者核准。批准书、接受书或者核准书应当交存联合国秘书长。如果某一区域经济一体化组织至少有一个成员国已经交存批准书、接受书或者核准书，该组织可以照样办理。该组织应当在该项批准书、接受书或者核准书中宣布其在本公约管辖事项方面的权限范围。该组织还应当将其权限范围的任何有关变动情况通知保存人。

四、任何国家或者任何至少已经有一个成员国加入本公约的区域经济一体化组织均可以加入本公约。加入书应当交存联合国秘书长。区域经济一体化组织加入本公约时应当宣布其在本公约管辖事项方面的权限范围。该组织还应当将其权限范围的任何有关变动情况通知保存人。

第六十八条　生效

一、本公约应当自第三十份批准书、接受书、核准书或者加入书交存之日后第九十天起生效。为本款的目的，区域经济一体化组织交存的任何文书均不得在该组织成员国所交存文书以外另行计算。

二、对于在第三十份批准书、接受书、核准书或者加入书交存后批准、接受、核准或者加入公约的国家或者区域经济一体化组织，本公约应当自该国或者该组织交存有关文书之日后第三十天起或者自本公约根据本条第一款规定生效之日起生效，以较晚者为准。

第六十九条　修正

一、缔约国可以在本公约生效已经满五年后提出修正案并将其送交联合国秘书长。秘书长应当立即将所提修正案转发缔约国和缔约国会议，以进行审议并作出决定。缔约国会议应当尽力就每项修正案达成协商一致。如果已经为达成协商一致作出一切努力而仍未达成一致意见，作为最后手段，该修正案须有出席缔约国会议并参加表决的缔约国的三分之二多数票方可通过。

二、区域经济一体化组织对属于其权限的事项根据本条行使表决权时，其票数相当于已经成为本公约缔约国的其成员国数目。如果这些组织的成员国行使表决权，则这些组织便不得行使表决权，反之亦然。

三、根据本条第一款通过的修正案，须经缔约国批准、接受或者核准。

四、根据本条第一款通过的修正案，应当自缔约国向联合国秘书长交存一份批

准、接受或者核准该修正案的文书之日起九十天之后对该缔约国生效。

五、修正案一经生效,即对已经表示同意受其约束的缔约国具有约束力。其他缔约国则仍受本公约原条款和其以前批准、接受或者核准的任何修正案的约束。

第七十条　退约

一、缔约国可以书面通知联合国秘书长退出本公约。此项退约应当自秘书长收到上述通知之日起一年后生效。

二、区域经济一体化组织在其所有成员国均已经退出本公约时即不再为本公约缔约方。

第七十一条　保存人和语文

一、联合国秘书长应当为本公约指定保存人。

二、本公约原件应当交存联合国秘书长,公约的阿拉伯文、中文、英文、法文、俄文和西班牙文文本同为作准文本。

兹由经各自政府正式授权的下列署名全权代表签署本公约,**以昭信守**。

第四部分　职务犯罪案件查处的刑法规范与法律解释

中华人民共和国刑法（节选）

[1979年7月1日第五届全国人民代表大会第二次会议通过,1997年3月14日第八届全国人民代表大会第五次会议修订,根据全国人大常委会1998年12月29日《关于惩治骗购外汇、逃汇和非法买卖外汇犯罪的决定》、1999年12月25日《中华人民共和国刑法修正案》、2001年8月31日《中华人民共和国刑法修正案(二)》、2001年12月29日《中华人民共和国刑法修正案(三)》、2002年12月28日《中华人民共和国刑法修正案(四)》、2005年2月28日《中华人民共和国刑法修正案(五)》、2006年6月29日《中华人民共和国刑法修正案(六)》、2009年2月28日《中华人民共和国刑法修正案(七)》、2009年8月27日《关于修改部分法律的决定》、2011年2月25日《中华人民共和国刑法修正案(八)》、2015年8月29日《中华人民共和国刑法修正案(九)》、2017年11月4日《中华人民共和国刑法修正案(十)》、2020年12月26日《中华人民共和国刑法修正案(十一)修正]

第一编　总　　则

第一章　刑法的任务、基本原则和适用范围

第一条　【刑法的目的与根据】①为了惩罚犯罪,保护人民,根据宪法,结合我国同犯罪作斗争的具体经验及实际情况,制定本法。

第二条　【刑法的任务】中华人民共和国刑法的任务,是用刑罚同一切犯罪行为作斗争,以保卫国家安全,保卫人民民主专政的政权和社会主义制度,保护国有

---

① 条文主旨根据法律出版社2019年版《刑法一本通》所加,下同。

财产和劳动群众集体所有的财产，保护公民私人所有的财产，保护公民的人身权利、民主权利和其他权利，维护社会秩序、经济秩序，保障社会主义建设事业的顺利进行。

第三条 【罪刑法定原则】法律明文规定为犯罪行为的，依照法律定罪处刑；法律没有明文规定为犯罪行为的，不得定罪处刑。

第四条 【适用刑法人人平等原则】对任何人犯罪，在适用法律上一律平等。不允许任何人有超越法律的特权。

第五条 【罪责刑相适应原则】刑罚的轻重，应当与犯罪分子所犯罪行和承担的刑事责任相适应。

第六条 【属地管辖】凡在中华人民共和国领域内犯罪的，除法律有特别规定的以外，都适用本法。

凡在中华人民共和国船舶或者航空器内犯罪的，也适用本法。

犯罪的行为或者结果有一项发生在中华人民共和国领域内的，就认为是在中华人民共和国领域内犯罪。

第七条 【属人管辖】中华人民共和国公民在中华人民共和国领域外犯本法规定之罪的，适用本法，但是按本法规定的最高刑为三年以下有期徒刑的，可以不予追究。

中华人民共和国国家工作人员和军人在中华人民共和国领域外犯本法规定之罪的，适用本法。

第八条 【保护管辖】外国人在中华人民共和国领域外对中华人民共和国国家或者公民犯罪，而按本法规定的最低刑为三年以上有期徒刑的，可以适用本法，但是按照犯罪地的法律不受处罚的除外。

第九条 【普遍管辖】对于中华人民共和国缔结或者参加的国际条约所规定的罪行，中华人民共和国在所承担条约义务的范围内行使刑事管辖权的，适用本法。

第十条 【对已被外国刑事追究的领域外犯罪的处理】凡在中华人民共和国领域外犯罪，依照本法应当负刑事责任的，虽然经过外国审判，仍然可以依照本法追究，但是在外国已经受过刑罚处罚的，可以免除或者减轻处罚。

第十一条 【外交豁免】享有外交特权和豁免权的外国人的刑事责任，通过外交途径解决。

第十二条 【溯及力】中华人民共和国成立以后本法施行以前的行为，如果当时的法律不认为是犯罪的，适用当时的法律；如果当时的法律认为是犯罪的，依照本法总则第四章第八节的规定应当追诉的，按照当时的法律追究刑事责任，但是如果本法不认为是犯罪或者处刑较轻的，适用本法。

本法施行以前，依照当时的法律已经作出的生效判决，继续有效。

▲1997年9月25日最高人民法院《关于适用刑法时间效力规定若干问题的解释》：

第一条 对于行为人1997年9月30日以前实施的犯罪行为,在人民检察院、公安机关、国家安全机关立案侦查或者在人民法院受理案件以后,行为人逃避侦查或者审判,超过追诉期限或者被害人在追诉期限内提出控告,人民法院、人民检察院、公安机关应当立案而不予立案,超过追诉期限的,是否追究行为人的刑事责任,适用修订前的刑法第七十七条的规定。

第二条 犯罪分子1997年9月30日以前犯罪,不具有法定减轻处罚情节,但是根据案件的具体情况需要在法定刑以下判处刑罚的,适用修订前的刑法第五十九条第二款的规定。

第三条 前罪判处的刑罚已经执行完毕或者赦免,在1997年9月30日以前又犯应当判处有期徒刑以上刑罚之罪的,是否构成累犯,适用修订前的刑法第六十一条的规定；1997年10月1日以后又犯应当判处有期徒刑以上刑罚之罪的,是否构成累犯,适用刑法第六十五条的规定。

第四条 1997年9月30日以前被采取强制措施的犯罪嫌疑人、被告人或者1997年9月30日以前犯罪,1997年10月1日以后仍在服刑的罪犯,如实供述司法机关还未掌握的本人其他罪行的,适用刑法第六十七条第二款的规定。

第五条 1997年9月30日以前犯罪的犯罪分子,有揭发他人犯罪行为,或者提供重要线索,从而得以侦破其他案件等立功表现的,适用刑法第六十八条的规定。

第六条 1997年9月30日以前犯罪被宣告缓刑的犯罪分子,在1997年10月1日以后的缓刑考验期间又犯新罪、被发现漏罪或者违反法律、行政法规或者国务院公安部门有关缓刑的监督管理规定,情节严重的,适用刑法第七十七条的规定,撤销缓刑。

第七条 1997年9月30日以前犯罪,1997年10月1日以后仍在服刑的犯罪分子,因特殊情况,需要不受执行刑期限制假释的,适用刑法第八十一条第一款的规定,报经最高人民法院核准。

第八条 1997年9月30日以前犯罪,1997年10月1日以后仍在服刑的累犯以及因杀人、爆炸、抢劫、强奸、绑架等暴力性犯罪被判处十年以上有期徒刑、无期徒刑的犯罪分子,适用修订前的刑法第七十三条的规定,可以假释。

第九条 1997年9月30日以前被假释的犯罪分子,在1997年10月1日以后的假释考验期内,又犯新罪、被发现漏罪或者违反法律、行政法规或者国务院公安部门有关假释的监督管理规定的,适用刑法第八十六条的规定,撤销假释。

第十条 按照审判监督程序重新审判的案件,适用行为时的法律。

▲1997年10月6日最高人民检察院《关于检察工作中具体适用修订刑法第十二条若干问题的通知》：

一、如果当时的法律(包括1979年刑法,中华人民共和国惩治军人违反职责罪暂行条例,全国人大常委会关于刑事法律的决定、补充规定,民事、经济、行政法律中"依照"、"比照"刑法有关条款追究刑事责任的法律条文,下同),司法解释认为是犯罪,修订刑法不认为是犯罪的,依法不再追究刑事责任。已经立案、侦查的,撤销案件;已批准逮捕的,撤销批准逮捕决定,并建议公安机关撤销案件;审查起诉的,作出不起诉决定;已经起诉的,建议人民法院退回案件,予以撤销;已经抗诉的,撤回抗诉。

二、如果当时的法律、司法解释认为是犯罪,修订刑法也认为是犯罪的,按从旧兼从轻的原则依法追究刑事责任:

1. 罪名、构成要件、情节以及法定刑没有变化的,适用当时的法律追究刑事责任。

2. 罪名、构成要件、情节以及法定刑已经变化的,根据从轻原则,确定适用当时的法律或者修订刑法追究刑事责任。

三、如果当时的法律不认为是犯罪,修订刑法认为是犯罪的,适用当时的法律;但行为连续或者继续到1997年10月1日以后的,对10月1日以后构成犯罪的行为适用修订刑法追究刑事责任。

▲1998年1月13日最高人民法院《关于适用刑法第十二条几个问题的解释》:

第一条 刑法第十二条规定的"处刑较轻",是指刑法对某种犯罪规定的刑罚即法定刑比修订前刑法轻。法定刑较轻是指法定最高刑较轻;如果法定最高刑相同,则指法定最低刑较轻。

第二条 如果刑法规定的某一犯罪只有一个法定刑幅度,法定最高刑或者最低刑是指该法定刑幅度的最高刑或者最低刑;如果刑法规定的某一犯罪有两个以上的法定刑幅度,法定最高刑或者最低刑是指具体犯罪行为应当适用的法定刑幅度的最高刑或者最低刑。

第三条 一九九七年十月一日以后审理一九九七年九月三十日以前发生的刑事案件,如果刑法规定的定罪处刑标准、法定刑与修订前刑法相同的,应当适用修订前的刑法。

▲1998年12月2日最高人民检察院《关于对跨越修订刑法施行日期的继续犯罪、连续犯罪以及其他同种数罪应如何具体适用刑法问题的批复》:

对于开始于1997年9月30日以前,继续或者连续到1997年10月1日以后的行为,以及在1997年10月1日前后分别实施的同种类数罪,如果原刑法和修订刑法都认为是犯罪并且应当追诉,按照下列原则决定如何适用法律:

一、对于开始于1997年9月30日以前,继续到1997年10月1日以后终了的继续犯罪,应当适用修订刑法一并进行追诉。

二、对于开始于1997年9月30日以前,连续到1997年10月1日以后的连续犯罪,或者在1997年10月1日前后分别实施同种类数罪,其中罪名、构成要件、情节以及法定刑均没有变化的,应当适用修订刑法,一并进行追诉;罪名、构成要件、情节以及法定刑已经变化的,也应当适用修订刑法,一并进行追诉,但是修订刑法比原刑法所规定的构成要件和情节较为严格,或者法定刑较重的,在提起公诉时应当提出酌情从轻处理意见。

▲2001年12月17日最高人民法院、最高人民检察院《关于适用刑事司法解释时间效力问题的规定》：

一、司法解释是最高人民法院对审判工作中具体应用法律问题和最高人民检察院对检察工作中具体应用法律问题所作的具有法律效力的解释，自发布或者规定之日起施行，效力适用于法律的施行期间。

二、对于司法解释实施前发生的行为，行为时没有相关司法解释，司法解释施行后尚未处理或者正在处理的案件，依照司法解释的规定办理。

三、对于新的司法解释实施前发生的行为，行为时已有相关司法解释，依照行为时的司法解释办理，但适用新的司法解释对犯罪嫌疑人、被告人有利的，适用新的司法解释。

四、对于在司法解释施行前已办结的案件，按照当时的法律和司法解释，认定事实和适用法律没有错误的，不再变动。

▲2003年1月14日最高人民检察院《关于认真贯彻执行〈中华人民共和国刑法修正案（四）〉和〈全国人大常委会关于《中华人民共和国刑法》第九章渎职罪主体适用问题的解释〉的通知》：

三、要准确把握《刑法修正案（四）》和《解释》的时间效力，正确适用法律。《刑法修正案（四）》是对《刑法》有关条文的修改和补充，实践中办理相关案件时，应当依照《刑法》第十二条规定的原则正确适用法律。对于1997年修订刑法施行以后、《刑法修正案（四）》施行以前发生的枉法执行判决、裁定犯罪行为，应当依照《刑法》第三百九十七条的规定追究刑事责任。根据《立法法》第四十七条的规定，法律解释的时间效力与它所解释的法律的时间效力相同。对于在1997年修订刑法施行以后、《解释》施行以前发生的行为，在《解释》施行以后尚未处理或者正在处理的案件，应当依照《解释》的规定办理。对于在《解释》施行前已经办结的案件，不再变动。

▲2011年5月1日最高人民法院《关于〈中华人民共和国刑法修正案（八）〉时间效力问题的解释》：

第一条　对于2011年4月30日以前犯罪，依法应当判处管制或者宣告缓刑的，人民法院根据犯罪情况，认为确有必要同时禁止犯罪分子在管制期间或者缓刑考验期内从事特定活动，进入特定区域、场所，接触特定人的，适用修正后刑法第三十八条第二款或者第七十二条第二款的规定。

犯罪分子在管制期间或者缓刑考验期内，违反人民法院判决中的禁止令的，适用修正后刑法第三十八条第四款或者第七十七条第二款的规定。

第二条　2011年4月30日以前犯罪，判处死刑缓期执行的，适用修正前刑法第五十条的规定。

被告人具有累犯情节，或者所犯之罪是故意杀人、强奸、抢劫、绑架、放火、爆炸、投放危险物质或者有组织的暴力性犯罪，罪行极其严重，根据修正前刑法判处死刑缓期执行不能体现罪刑相适应原则，而根据修正后刑法判处死刑缓期执行同时决定限制减刑可以罚当其罪的，适用修正后刑法第五十条第二款的规定。

第三条　被判处有期徒刑以上刑罚，刑罚执行完毕或者赦免以后，在2011年4月

30日以前再犯应当判处有期徒刑以上刑罚之罪的,是否构成累犯,适用修正前刑法第六十五条的规定;但是,前罪实施时不满十八周岁的,是否构成累犯,适用修正后刑法第六十五条的规定。

曾犯危害国家安全犯罪,刑罚执行完毕或者赦免以后,在2011年4月30日以前再犯危害国家安全犯罪的,是否构成累犯,适用修正前刑法第六十六条的规定。

曾被判处有期徒刑以上刑罚,或者曾犯危害国家安全犯罪、恐怖活动犯罪、黑社会性质的组织犯罪,在2011年5月1日以后再犯罪的,是否构成累犯,适用修正后刑法第六十五条、第六十六条的规定。

第四条 2011年4月30日以前犯罪,虽不具有自首情节,但是如实供述自己罪行的,适用修正后刑法第六十七条第三款的规定。

第五条 2011年4月30日以前犯罪,犯罪后自首又有重大立功表现的,适用修正前刑法第六十八条第二款的规定。

第六条 2011年4月30日以前一人犯数罪,应当数罪并罚的,适用修正前刑法第六十九条的规定;2011年4月30日前后一人犯数罪,其中一罪发生在2011年5月1日以后的,适用修正后刑法第六十九条的规定。

第七条 2011年4月30日以前犯罪,被判处无期徒刑的罪犯,减刑以后或者假释前实际执行的刑期,适用修正前刑法第七十八条第二款、第八十一条第一款的规定。

第八条 2011年4月30日以前犯罪,因具有累犯情节或者系故意杀人、强奸、抢劫、绑架、放火、爆炸、投放危险物质或者有组织的暴力性犯罪并被判处十年以上有期徒刑、无期徒刑的犯罪分子,2011年5月1日以后仍在服刑的,能否假释,适用修正前刑法第八十一条第二款的规定;2011年4月30日以前犯罪,因其他暴力性犯罪被判处十年以上有期徒刑、无期徒刑的犯罪分子,2011年5月1日以后仍在服刑的,能否假释,适用修正后刑法第八十一条第二款、第三款的规定。

▲2015年11月1日最高人民法院《关于〈中华人民共和国刑法修正案(九)〉时间效力问题的解释》:

第一条 对于2015年10月31日以前因利用职业便利实施犯罪,或者实施违背职业要求的特定义务的犯罪的,不适用修正后刑法第三十七条之一第一款的规定。其他法律、行政法规另有规定的,从其规定。

第二条 对于被判处死刑缓期执行的犯罪分子,在死刑缓期执行期间,且在2015年10月31日以前故意犯罪的,适用修正后刑法第五十条第一款的规定。

第三条 对于2015年10月31日以前一人犯数罪,数罪中有判处有期徒刑和拘役,有期徒刑和管制,或者拘役和管制,予以数罪并罚的,适用修正后刑法第六十九条第二款的规定。

第七条 对于2015年10月31日以前以捏造的事实提起民事诉讼,妨害司法秩序或者严重侵害他人合法权益,根据修正前刑法应当以伪造公司、企业、事业单位、人民团体印章罪或者妨害作证罪等追究刑事责任的,适用修正前刑法的有关规定。但是,根据修正后刑法第三百零七条之一的规定处刑较轻的,适用修正后刑法的有关规定。

实施第一款行为,非法占有他人财产或者逃避合法债务,根据修正前刑法应当以诈骗罪、职务侵占罪或者贪污罪等追究刑事责任的,适用修正前刑法的有关规定。

第八条 对于2015年10月31日以前实施贪污、受贿行为,罪行极其严重,根据修正前刑法判处死刑缓期执行不能体现罪刑相适应原则,而根据修正后刑法判处死刑缓期执行同时决定在其死刑缓期执行二年期满依法减为无期徒刑后,终身监禁,不得减刑、假释可以罚当其罪的,适用修正后刑法第三百八十三条第四款的规定。根据修正前刑法判处死刑缓期执行足以罚当其罪的,不适用修正后刑法第三百八十三条第四款的规定。

第九条 本解释自2015年11月1日起施行。

第二章 犯　　罪

第一节 犯罪和刑事责任

第十三条 【犯罪的概念】一切危害国家主权、领土完整和安全,分裂国家、颠覆人民民主专政的政权和推翻社会主义制度,破坏社会秩序和经济秩序,侵犯国有财产或者劳动群众集体所有的财产,侵犯公民私人所有的财产,侵犯公民的人身权利、民主权利和其他权利,以及其他危害社会的行为,依照法律应当受刑罚处罚的,都是犯罪,但是情节显著轻微危害不大的,不认为是犯罪。

第十四条 【故意犯罪】明知自己的行为会发生危害社会的结果,并且希望或者放任这种结果发生,因而构成犯罪的,是故意犯罪。

故意犯罪,应当负刑事责任。

第十五条 【过失犯罪】应当预见自己的行为可能发生危害社会的结果,因为疏忽大意而没有预见,或者已经预见而轻信能够避免,以致发生这种结果的,是过失犯罪。

过失犯罪,法律有规定的才负刑事责任。

第十六条 【不可抗力和意外事件】行为在客观上虽然造成了损害结果,但是不是出于故意或者过失,而是由于不能抗拒或者不能预见的原因所引起的,不是犯罪。

第十七条 【刑事责任年龄】已满十六周岁的人犯罪,应当负刑事责任。

已满十四周岁不满十六周岁的人,犯故意杀人、故意伤害致人重伤或者死亡、强奸、抢劫、贩卖毒品、放火、爆炸、投毒罪的,应当负刑事责任。

已满十四周岁不满十八周岁的人犯罪,应当从轻或者减轻处罚。

因不满十六周岁不予刑事处罚的,责令他的家长或者监护人加以管教;在必要的时候,也可以由政府收容教养。

第十七条之一 【老年人犯罪的刑事责任】已满七十五周岁的人故意犯罪的,

可以从轻或者减轻处罚;过失犯罪的,应当从轻或者减轻处罚。

第十八条　【精神障碍与刑事责任】精神病人在不能辨认或者不能控制自己行为的时候造成危害结果,经法定程序鉴定确认的,不负刑事责任,但是应当责令他的家属或者监护人严加看管和医疗;在必要的时候,由政府强制医疗。

间歇性的精神病人在精神正常的时候犯罪,应当负刑事责任。

尚未完全丧失辨认或者控制自己行为能力的精神病人犯罪的,应当负刑事责任,但是可以从轻或者减轻处罚。

醉酒的人犯罪,应当负刑事责任。

第十九条　【聋哑人或盲人犯罪的刑事责任】又聋又哑的人或者盲人犯罪,可以从轻、减轻或者免除处罚。

第二十条　【正当防卫】为了使国家、公共利益、本人或者他人的人身、财产和其他权利免受正在进行的不法侵害,而采取的制止不法侵害的行为,对不法侵害人造成损害的,属于正当防卫,不负刑事责任。

正当防卫明显超过必要限度造成重大损害的,应当负刑事责任,但是应当减轻或者免除处罚。

对正在进行行凶、杀人、抢劫、强奸、绑架以及其他严重危及人身安全的暴力犯罪,采取防卫行为,造成不法侵害人伤亡的,不属于防卫过当,不负刑事责任。

第二十一条　【紧急避险】为了使国家、公共利益、本人或者他人的人身、财产和其他权利免受正在发生的危险,不得已采取的紧急避险行为,造成损害的,不负刑事责任。

紧急避险超过必要限度造成不应有的损害的,应当负刑事责任,但是应当减轻或者免除处罚。

第一款中关于避免本人危险的规定,不适用于职务上、业务上负有特定责任的人。

第二节　犯罪的预备、未遂和中止

第二十二条　【犯罪预备】为了犯罪,准备工具、制造条件的,是犯罪预备。

对于预备犯,可以比照既遂犯从轻、减轻处罚或者免除处罚。

第二十三条　【犯罪未遂】已经着手实行犯罪,由于犯罪分子意志以外的原因而未得逞的,是犯罪未遂。

对于未遂犯,可以比照既遂犯从轻或者减轻处罚。

第二十四条　【犯罪中止】在犯罪过程中,自动放弃犯罪或者自动有效地防止犯罪结果发生的,是犯罪中止。

对于中止犯,没有造成损害的,应当免除处罚;造成损害的,应当减轻处罚。

第三节 共同犯罪

第二十五条 【共同犯罪的概念】共同犯罪是指二人以上共同故意犯罪。

二人以上共同过失犯罪，不以共同犯罪论处；应当负刑事责任的，按照他们所犯的罪分别处罚。

第二十六条 【主犯】组织、领导犯罪集团进行犯罪活动的或者在共同犯罪中起主要作用的，是主犯。

三人以上为共同实施犯罪而组成的较为固定的犯罪组织，是犯罪集团。

对组织、领导犯罪集团的首要分子，按照集团所犯的全部罪行处罚。

对于第三款规定以外的主犯，应当按照其所参与的或者组织、指挥的全部犯罪处罚。

> 注：关于主犯与从犯区分的一般规则，请参阅《关于贯彻宽严相济刑事政策的若干意见》第31点、第33点，见本书第374~375页。

第二十七条 【从犯】在共同犯罪中起次要或者辅助作用的，是从犯。

对于从犯，应当从轻、减轻处罚或者免除处罚。

> 注：关于从犯的量刑建议，请参阅《关于常见犯罪的量刑指导意见》"常见量刑情节的适用"第3点，参见本书第377页。

第二十八条 【胁从犯】对于被胁迫参加犯罪的，应当按照他的犯罪情节减轻处罚或者免除处罚。

第二十九条 【教唆犯】教唆他人犯罪的，应当按照他在共同犯罪中所起的作用处罚。教唆不满十八周岁的人犯罪的，应当从重处罚。

如果被教唆的人没有犯被教唆的罪，对于教唆犯，可以从轻或者减轻处罚。

第四节 单位犯罪

第三十条 【单位犯罪的成立范围】公司、企业、事业单位、机关、团体实施的危害社会的行为，法律规定为单位犯罪的，应当负刑事责任。

> ▲2014年4月24日全国人大常委会《关于〈中华人民共和国刑法〉第三十条的解释》：
> 公司、企业、事业单位、机关、团体等单位实施刑法规定的危害社会的行为，刑法分则和其他法律未规定追究单位的刑事责任的，对组织、策划、实施该危害社会行为的人依法追究刑事责任。

▲1999年7月3日最高人民法院《关于审理单位犯罪案件具体应用法律有关问题的解释》：

第一条 刑法第三十条规定的"公司、企业、事业单位"，既包括国有、集体所有的公司、企业、事业单位，也包括依法设立的合资经营、合作经营企业和具有法人资格的独资、私营等公司、企业、事业单位。

第二条 个人为进行违法犯罪活动而设立的公司、企业、事业单位实施犯罪的，或者公司、企业、事业单位设立后，以实施犯罪为主要活动的，不以单位犯罪论处。

第三条 盗用单位名义实施犯罪，违法所得由实施犯罪的个人私分的，依照刑法有关自然人犯罪的规定定罪处罚。

▲2003年10月15日最高人民法院研究室《关于外国公司、企业、事业单位在我国领域内犯罪如何适用法律问题的答复》：

符合我国法人资格条件的外国公司、企业、事业单位，在我国领域内实施危害社会的行为，依照我国《刑法》构成犯成犯罪的，应当依照我国《刑法》关于单位犯罪的规定追究刑事责任。

个人为在我国领域内进行违法犯罪活动而设立的外国公司、企业、事业单位实施犯罪的，或者外国公司、企业、事业单位设立后在我国领域内以实施违法犯罪为主要活动的，不以单位犯罪论处。

▲2007年3月1日公安部《关于村民委员会可否构成单位犯罪主体问题的批复》：

村民委员会是村民自我管理、自我教育、自我服务的基层群众性自治组织，不属于《刑法》第三十条列举的范围。因此，对以村民委员会名义实施犯罪的，不应以单位犯罪论，可以依法追究直接负责的主管人员和其他直接责任人员的刑事责任。

第三十一条 【单位犯罪的处罚原则】单位犯罪的，对单位判处罚金，并对其直接负责的主管人员和其他直接责任人员判处刑罚。本法分则和其他法律另有规定的，依照规定。

▲1998年11月8日最高人民法院研究室《关于企业犯罪后被合并应当如何追究刑事责任问题的答复》：

人民检察院起诉时该犯罪企业已被合并到一个新企业的，仍应依法追究原犯罪企业及其直接负责的主管人员和其他直接人员的刑事责任。人民法院审判时，对被告单位应列原犯罪企业名称，但注明已被并入新的企业，对被告单位所判处的罚金数额以其并入新的企业的财产及收益为限。

▲2000年10月10日最高人民法院《关于审理单位犯罪案件对其直接负责的主管人员和其他直接责任人员是否区分主犯、从犯问题的批复》：

在审理单位故意犯罪案件时，对其直接负责的主管人员和其他直接责任人员，可以不区分主犯、从犯，按照其在单位犯罪中所起的作用判处刑罚。

▲2001年1月21日最高人民法院《全国法院审理金融犯罪案件工作座谈会纪要》：

二、……

（一）关于单位犯罪问题

根据刑法和《最高人民法院关于审理单位犯罪案件具体应用法律有关问题的解释》的规定，以单位名义实施犯罪，违法所得归单位所有的，是单位犯罪。

1. 单位的分支机构或者内设机构、部门实施犯罪行为的处理。以单位的分支机构或者内设机构、部门的名义实施犯罪，违法所得亦归分支机构或者内设机构、部门所有的，应认定为单位犯罪。不能因为单位的分支机构或者内设机构、部门没有可供执行罚金的财产，就不将其认定为单位犯罪，而按照个人犯罪处理。

2. 单位犯罪直接负责的主管人员和其他直接责任人员的认定：直接负责的主管人员，是在单位实施的犯罪中起决定、批准、授意、纵容、指挥等作用的人员，一般是单位的主管负责人，包括法定代表人。其他直接责任人员，是在单位犯罪中具体实施犯罪并起较大作用的人员，既可以是单位的经营管理人员，也可以是单位的职工，包括聘任、雇佣的人员。应当注意的是，在单位犯罪中，对于受单位领导指派或奉命而参与实施了一定犯罪行为的人员，一般不宜作为直接责任人员追究刑事责任。对单位犯罪中的直接负责的主管人员和其他直接责任人员，应根据其在单位犯罪中的地位、作用和犯罪情节，分别处以相应的刑罚，主管人员与直接责任人员，在个案中，不是当然的主、从犯关系，有的案件，主管人员与直接责任人员在实施犯罪行为的主从关系不明显的，可不分主、从犯。但具体案件可以分清主、从犯，且不分清主、从犯，在同一法定刑档次、幅度内量刑无法做到罪刑相适应的，应当分清主、从犯，依法处罚。

3. 对未作为单位犯罪起诉的单位犯罪案件的处理。对于应当认定为单位犯罪的案件，检察机关只作为自然人犯罪案件起诉的，人民法院应及时与检察机关协商，建议检察机关对犯罪单位补充起诉。如检察机关不补充起诉的，人民法院仍应依法审理，对被起诉的自然人根据指控的犯罪事实、证据及庭审查明的事实，依法按单位犯罪中的直接负责的主管人员或者其他直接责任人员追究刑事责任，并应引用刑罚分则关于单位犯罪追究直接负责的主管人员和其他直接责任人员刑事责任的有关条款。

4. 单位共同犯罪的处理。两个以上单位以共同故意实施的犯罪，应根据各单位在共同犯罪中的地位、作用大小，确定犯罪单位。

▲2002年7月15日最高人民检察院《关于涉嫌犯罪单位被撤销、注销、吊销营业执照或者宣告破产的应如何进行追诉问题的批复》：

涉嫌犯罪的单位被撤销、注销、吊销营业执照或者宣告破产的，应当根据刑法关于单位犯罪的相关规定，对实施犯罪行为的该单位直接负责的主管人员和其他直接责任人员追究刑事责任，对该单位不再追诉。

▲2012年12月20日最高人民法院《关于适用〈中华人民共和国刑事诉讼法〉的解释》：

第二百八十三条　对应当认定为单位犯罪的案件，人民检察院只作为自然人犯罪起诉的,人民法院应当建议人民检察院对犯罪单位补充起诉。人民检察院仍以自然人犯罪起诉的,人民法院应当依法审理,按照单位犯罪中的直接负责的主管人员或者其他直接责任人员追究刑事责任,并援引刑法分则关于追究单位犯罪中直接负责的主管人员和其他直接责任人员刑事责任的条款。

第二百八十六条 审判期间,被告单位被撤销、注销、吊销营业执照或者宣告破产的,对单位犯罪直接负责的主管人员和其他直接责任人员应当继续审理。

第二百八十七条 审判期间,被告单位合并、分立的,应当将原单位列为被告单位,并注明合并、分立情况。对被告单位所判处的罚金以其在新单位的财产及收益为限。

第三章 刑　罚

第一节　刑罚的种类

第三十二条 【主刑和附加刑】刑罚分为主刑和附加刑。

第三十三条 【主刑种类】主刑的种类如下:

(一)管制;

(二)拘役;

(三)有期徒刑;

(四)无期徒刑;

(五)死刑。

第三十四条 【附加刑种类】附加刑的种类如下:

(一)罚金;

(二)剥夺政治权利;

(三)没收财产。

附加刑也可以独立适用。

第三十五条 【驱逐出境】对于犯罪的外国人,可以独立适用或者附加适用驱逐出境。

第三十六条 【犯罪分子的民事责任】由于犯罪行为而使被害人遭受经济损失的,对犯罪分子除依法给予刑事处罚外,并应根据情况判处赔偿经济损失。

承担民事赔偿责任的犯罪分子,同时被判处罚金,其财产不足以全部支付的,或者被判处没收财产的,应当先承担对被害人的民事赔偿责任。

第三十七条 【免予刑事处罚及非刑罚性处置措施】对于犯罪情节轻微不需要判处刑罚的,可以免予刑事处罚,但是可以根据案件的不同情况,予以训诫或者责令具结悔过、赔礼道歉、赔偿损失,或者由主管部门予以行政处罚或者行政处分。

第三十七条之一 【职业禁止】因利用职业便利实施犯罪,或者实施违背职业要求的特定义务的犯罪被判处刑罚的,人民法院可以根据犯罪情况和预防再犯罪的需要,禁止其自刑罚执行完毕之日或者假释之日起从事相关职业,期限为三年至五年。

被禁止从事相关职业的人违反人民法院依照前款规定作出的决定的,由公安机关依法给予处罚;情节严重的,依照本法第三百一十三条的规定定罪处罚。

其他法律、行政法规对其从事相关职业另有禁止或者限制性规定的,从其规定。

> 本条根据2015年11月1日全国人大常委会《中华人民共和国刑法修正案(九)》第一条增设。
>
> 职业禁止的溯及力,请参阅《关于〈中华人民共和国刑法修正案(九)〉时间效力问题的解释》第一条,见本书第358页。

第二节 管 制

第三十八条 【管制的期限、禁止令与社区矫正】管制的期限,为三个月以上二年以下。

判处管制,可以根据犯罪情况,同时禁止犯罪分子在执行期间从事特定活动,进入特定区域、场所,接触特定的人。

对判处管制的犯罪分子,依法实行社区矫正。

违反第二款规定的禁止令的,由公安机关依照《中华人民共和国治安管理处罚法》的规定处罚。

第三十九条 【被管制罪犯的义务与权利】被判处管制的犯罪分子,在执行期间,应当遵守下列规定:

(一)遵守法律、行政法规,服从监督;

(二)未经执行机关批准,不得行使言论、出版、集会、结社、游行、示威自由的权利;

(三)按照执行机关规定报告自己的活动情况;

(四)遵守执行机关关于会客的规定;

(五)离开所居住的市、县或者迁居,应当报经执行机关批准。

对于被判处管制的犯罪分子,在劳动中应当同工同酬。

> 被判管制的犯罪人应当遵守的规定,请参阅《关于被判处管制、剥夺政治权利和宣告缓刑、假释的犯罪分子能否外出经商等问题的通知》以及《关于被判处管制、剥夺政治权利和宣告缓刑、假释的犯罪分子能否担任中外合资、合作经营企业领导职务问题的答复》,见本书第406页。

第四十条 【管制期满解除】被判处管制的犯罪分子,管制期满,执行机关应即向本人和其所在单位或者居住地的群众宣布解除管制。

第四十一条 【管制刑期的计算和折抵】管制的刑期,从判决执行之日起计算;判决执行以前先行羁押的,羁押一日折抵刑期二日。

第三节 拘 役

第四十二条 【拘役的期限】拘役的期限,为一个月以上六个月以下。

第四十三条 【拘役的执行】被判处拘役的犯罪分子,由公安机关就近执行。

在执行期间,被判处拘役的犯罪分子每月可以回家一天至两天;参加劳动的,可以酌量发给报酬。

第四十四条 【拘役刑期的计算和折抵】拘役的刑期,从判决执行之日起计算;判决执行以前先行羁押的,羁押一日折抵刑期一日。

第四节 有期徒刑、无期徒刑

第四十五条 【有期徒刑的期限】有期徒刑的期限,除本法第五十条、第六十九条规定外,为六个月以上十五年以下。

第四十六条 【有期徒刑与无期徒刑的执行】被判处有期徒刑、无期徒刑的犯罪分子,在监狱或者其他执行场所执行;凡有劳动能力的,都应当参加劳动,接受教育和改造。

第四十七条 【有期徒刑刑期的计算与折抵】有期徒刑的刑期,从判决执行之日起计算;判决执行以前先行羁押的,羁押一日折抵刑期一日。

第五节 死 刑

第四十八条 【死刑的适用对象及核准程序】死刑只适用于罪行极其严重的犯罪分子。对于应当判处死刑的犯罪分子,如果不是必须立即执行的,可以判处死刑同时宣告缓期二年执行。

死刑除依法由最高人民法院判决的以外,都应当报请最高人民法院核准。死刑缓期执行的,可以由高级人民法院判决或者核准。

第四十九条 【死刑适用对象的限制】犯罪的时候不满十八周岁的人和审判的时候怀孕的妇女,不适用死刑。

审判的时候已满七十五周岁的人,不适用死刑,但以特别残忍手段致人死亡的除外。

第五十条 【死缓的法律后果】判处死刑缓期执行的,在死刑缓期执行期间,如果没有故意犯罪,二年期满以后,减为无期徒刑;如果确有重大立功表现,二年期满以后,减为二十五年有期徒刑;如果故意犯罪,情节恶劣,报请最高人民法院核准后执行死刑;对于故意犯罪未执行死刑的,死刑缓期执行的期间重新计算,并报最高人民法院备案。

对被判处死刑缓期执行的累犯以及因故意杀人、强奸、抢劫、绑架、放火、爆炸、投放危险物质或者有组织的暴力性犯罪被判处死刑缓期执行的犯罪分子,人民法院根据犯罪情节等情况可以同时决定对其限制减刑。

> 本条根据2015年11月1日全国人大常委会《中华人民共和国刑法修正案(九)》第二条修订。原条文为:"判处死刑缓期执行的,在死刑缓期执行期间,如果没有故意犯罪,二年期满以后,减为无期徒刑;如果确有重大立功表现,二年期满以后,减为二十五年有期徒刑;如果故意犯罪,查证属实的,由最高人民法院核准,执行死刑。"(该原文系根据2011年5月1日全国人大常委会《刑法修正案(八)》第四条修正)。
>
> ▲2003年11月26日最高人民法院研究室《关于报送按照审判监督程序改判死刑被告人在死缓考验期内故意犯罪应当执行死刑的复核案件的通知》:
> 根据《中华人民共和国刑事诉讼法》第二百零六条、第二百条,《中华人民共和国刑法》第五十条的规定,今后凡是按照审判监督程序改判被告人死刑,被告人在死缓考验期内故意犯罪应当执行死刑的死刑复核案件,一律报送最高人民法院核准。
> 注:关于死缓变更的时间效力问题,请参阅《关于〈中华人民共和国刑法修正案(八)〉时间效力问题的解释》第二条,见本书第357页。

第五十一条 【死缓的期间及减为有期徒刑的刑期计算】死刑缓期执行的期间,从判决确定之日起计算。死刑缓期执行减为有期徒刑的刑期,从死刑缓期执行期满之日起计算。

第六节 罚　金

第五十二条 【罚金数额的裁量】判处罚金,应当根据犯罪情节决定罚金数额。

> ▲1999年10月27日最高人民法院《全国法院维护农村稳定刑事审判工作座谈会纪要》:
> 三、……
> (四)关于财产刑问题
> 凡法律规定并处罚金或者没收财产的,均应当依法并处,被告人的执行能力不能作为是否判处财产刑的依据。确实无法执行或不能执行的,可以依法执行终结或者减免。对法律规定主刑有死刑、无期徒刑和有期徒刑,同时并处没收财产或罚金的,如决定判处死刑,只能并处没收财产;判处无期徒刑的,可以并处没收财产,也可以并处罚金;判处有期徒刑的,只能并处罚金。
> 对于法律规定有罚金刑的犯罪,罚金的具体数额应根据犯罪的情节确定。刑法和司法解释有明确规定的,按规定判处;没有规定的,各地可依照法律规定的原则和具体情况,在总结审判经验的基础上统一规定参照执行的数额标准。
> 对自由刑与罚金刑均可选择适用的案件,如盗窃罪,在决定刑罚时,既要避免以罚

金刑代替自由刑,又要克服机械执法只判处自由刑的倾向。对于可执行财产刑且罪行又不严重的初犯、偶犯、从犯等,可单处罚金刑。对于应当并处罚金刑的犯罪,如被告人能积极缴纳罚金,认罪态度较好,且判处的罚金数量较大,自由刑可适当从轻,或考虑宣告缓刑。这符合罪刑相适应原则,因为罚金刑也是刑罚。

被告人犯数罪的,应避免判处罚金刑的同时,判处没收部分财产。对于判处没收全部财产,同时判处罚金刑的,应决定执行没收全部财产,不再执行罚金刑。

▲2000年12月19日最高人民法院《关于适用财产刑若干问题的规定》:

第一条 刑法规定"并处"没收财产或者罚金的犯罪,人民法院在对犯罪分子判处主刑的同时,必须依法判处相应的财产刑;刑法规定"可以并处"没收财产或者罚金的犯罪,人民法院应当根据案件具体情况及犯罪分子的财产状况,决定是否适用财产刑。

第二条 人民法院应当根据犯罪情节,如违法所得数额、造成损失的大小等,并综合考虑犯罪分子缴纳罚金的能力,依法判处罚金。刑法没有明确规定罚金数额标准的,罚金的最低数额不能少于一千元。

对未成年人犯罪应当从轻或者减轻判处罚金,但罚金的最低数额不能少于五百元。

第三条 依法对犯罪分子所犯数罪分别判处罚金的,应当实行并罚,将所判处的罚金数额相加,执行总和数额。

一人犯数罪依法同时并处罚金和没收财产的,应当合并执行;但并处没收全部财产的,只执行没收财产刑。

第四条 犯罪情节较轻,适用单处罚金不致再危害社会并具有下列情形之一的,可以依法单处罚金:

(一)偶犯或者初犯;

(二)自首或者有立功表现的;

(三)犯罪时不满十八周岁的;

(四)犯罪预备、中止或者未遂的;

(五)被胁迫参加犯罪的;

(六)全部退赃并有悔罪表现的;

(七)其他可以依法单处罚金的情形。

第八条 罚金刑的数额应当以人民币为计算单位。

第九条 人民法院认为依法应当判处被告人财产刑的,可以在案件审理过程中,决定扣押或者冻结被告人的财产。

第五十三条 【罚金的缴纳、减免】罚金在判决指定的期限内一次或者分期缴纳。期满不缴纳的,强制缴纳。对于不能全部缴纳罚金的,人民法院在任何时候发现被执行人有可以执行的财产,应当随时追缴。

由于遭遇不能抗拒的灾祸等原因缴纳确实有困难的,经人民法院裁定,可以延期缴纳、酌情减少或者免除。

> 本条根据2015年11月1日全国人大常委会《中华人民共和国刑法修正案(九)》第三条修订。原条文为:"罚金在判决指定的期限内一次或者分期缴纳。期满不缴纳的,强制缴纳。对于不能全部缴纳罚金的,人民法院在任何时候发现被执行人有可以执行的财产,应当随时追缴。如果由于遭遇不能抗拒的灾祸缴纳确实有困难的,可以酌情减少或者免除。"
>
> ▲2000年12月19日最高人民法院《关于适用财产刑若干问题的规定》:
> 第五条 刑法第五十三条规定的"判决指定的期限"应当在判决书中予以确定;"判决指定的期限"应为从判决发生法律效力第二日起最长不超过三个月。
> 第六条 刑法第五十三条规定的"由于遭遇不能抗拒的灾祸缴纳确实有困难的",主要是指因遭受火灾、水灾、地震等灾祸而丧失财产;罪犯因重病、伤残等而丧失劳动能力,或者需要罪犯抚养的近亲属患有重病,需支付巨额医药费等,确实没有财产可供执行的情形。
> 具有刑法第五十三条规定"可以酌情减少或者免除"事由的,由罪犯本人、亲属或者犯罪单位向负责执行的人民法院提出书面申请,并提供相应的证明材料。人民法院审查以后,根据实际情况,裁定减少或者免除应当缴纳的罚金数额。
> 第十条 财产刑由第一审人民法院执行。
> 犯罪分子的财产在异地的,第一审人民法院可以委托财产所在地人民法院代为执行。
> 第十一条 自判决指定的期限届满第二日起,人民法院对于没有法定减免事由不缴纳罚金的,应当强制其缴纳。
> 对于隐藏、转移、变卖、损毁已被扣押、冻结财产情节严重的,依照刑法第三百一十四条的规定追究刑事责任。
>
> ▲2014年11月6日最高人民法院《关于刑事裁判涉财产部分执行的若干规定》:
> 第九条第二款(见本书第371页)。

第七节 剥夺政治权利

第五十四条 【剥夺政治权利的范围】剥夺政治权利是剥夺下列权利:
(一)选举权和被选举权;
(二)言论、出版、集会、结社、游行、示威自由的权利;
(三)担任国家机关职务的权利;
(四)担任国有公司、企业、事业单位和人民团体领导职务的权利。

第五十五条 【剥夺政治权利的期限】剥夺政治权利的期限,除本法第五十七条规定外,为一年以上五年以下。

判处管制附加剥夺政治权利的,剥夺政治权利的期限与管制的期限相等,同时执行。

> 关于剥夺政治权利的减刑问题,请参阅《关于办理减刑、假释案件具体应用法律的规定》第十二条、第十七条,见本书第412页。

第五十六条 【剥夺政治权利的附加、独立适用】对于危害国家安全的犯罪分子应当附加剥夺政治权利;对于故意杀人、强奸、放火、爆炸、投毒、抢劫等严重破坏社会秩序的犯罪分子,可以附加剥夺政治权利。

独立适用剥夺政治权利的,依照本法分则的规定。

> ▲1984年3月24日全国人大常委会法制工作委员会、最高人民法院、最高人民检察院、公安部、司法部、民政部《关于正在服刑的罪犯和被羁押的人的选举权问题的联合通知》:
>
> 二、对这次严厉打击严重危害社会治安的刑事犯罪活动中因反革命案或者严重破坏社会秩序案被羁押正在受侦查、起诉、审判的人,应当依照法律规定经人民检察院或者人民法院决定,在被羁押期间停止行使选举权利;其他未经人民检察院或者人民法院决定停止行使选举权利的,应准予行使选举权利。
>
> 三、对正在服刑的反革命罪犯和被判处死刑、无期徒刑的其他罪犯,凡是没有附加剥夺政治权利的,应当由人民法院依照审判监督程序,判处附加剥夺政治权利;被判处有期徒刑(包括原判死缓、无期徒刑与减为有期徒刑的)、现正在服刑的故意杀人、强奸、放火、爆炸、投毒、抢劫、流氓、盗窃(重大)等严重破坏社会秩序的罪犯,凡是需要剥夺选举权利的,也可由人民法院依照审判监督程序,判处附加剥夺政治权利。如果原来是第一审生效的案件,应当由上一级人民法院提审;如果原来是第二审生效的案件,应当由第二审人民法院再审。根据《刑事诉讼法》第一百五十条的规定,依照上述程序所做的判决、裁定,是终审的判决、裁定,不得上诉。
>
> 四、今后对于反革命罪犯和判处死刑、无期徒刑的其他罪犯,各级人民法院在审判时,应当依照《刑法》第五十二条、第五十三条的规定,一律同时判处附加剥夺政治权利;对于严重破坏社会秩序的罪犯,需要剥夺政治权利的,也应依照《刑法》第五十二条的规定,同时判处附加剥夺政治权利。
>
> 五、对准予行使选举权利的被羁押的人和正在服刑的罪犯,经选举委员会和执行羁押、监禁的机关共同决定,可以在原户口所在地参加选举,也可以在劳改场所参加选举;可以在流动票箱投票;也可以委托有选举权的亲属或者其他选民代为投票。

第五十七条 【对死刑、无期徒刑罪犯剥夺政治权利的适用】对于被判处死刑、无期徒刑的犯罪分子,应当剥夺政治权利终身。

在死刑缓期执行减为有期徒刑或者无期徒刑减为有期徒刑的时候,应当把附加剥夺政治权利的期限改为三年以上十年以下。

第五十八条 【剥夺政治权利的刑期计算、效力与执行】附加剥夺政治权利的刑期,从徒刑、拘役执行完毕之日或者从假释之日起计算;剥夺政治权利的效力当然施用于主刑执行期间。

被剥夺政治权利的犯罪分子,在执行期间,应当遵守法律、行政法规和国务院公安部门有关监督管理的规定,服从监督;不得行使本法第五十四条规定的各项权利。

> 被剥夺政治权利的犯罪人应当遵守的规定,请参阅《关于被判处管制、剥夺政治权利和宣告缓刑、假释的犯罪分子能否外出经商等问题的通知》以及《关于被判处管制、剥夺政治权利和宣告缓刑、假释的犯罪分子能否担任中外合资、合作经营企业领导职务问题的答复》,见本书第 406 页。

第八节 没收财产

第五十九条 【没收财产的范围】没收财产是没收犯罪分子个人所有财产的一部或者全部。没收全部财产的,应当对犯罪分子个人及其扶养的家属保留必需的生活费用。

在判处没收财产的时候,不得没收属于犯罪分子家属所有或者应有的财产。

> ▲2000 年 12 月 19 日最高人民法院《关于适用财产刑若干问题的规定》:
> 第一条见本书第 368 页。
> 第九条见本书第 368 页。
> 第十条见本书第 369 页。
> ▲2014 年 11 月 6 日最高人民法院《关于刑事裁判涉财产部分执行的若干规定》:
> 第六条 刑事裁判涉财产部分的裁判内容,应当明确、具体。涉案财物或者被害人人数较多,不宜在判决主文中详细列明的,可以概括叙明并另附清单。
> 判处没收部分财产的,应当明确没收的具体财物或者金额。
> 判处追缴或者责令退赔的,应当明确追缴或者退赔的金额或财物的名称、数量等相关情况。
> 第九条 判处没收财产的,应当执行刑事裁判生效时被执行人合法所有的财产。
> 执行没收财产或罚金刑,应当参照被扶养人住所地政府公布的上年度当地居民最低生活费标准,保留被执行人及其所扶养家属的生活必需费用。

第六十条 【以没收的财产偿还正当债务】没收财产以前犯罪分子所负的正当债务,需要以没收的财产偿还的,经债权人请求,应当偿还。

> ▲2000 年 12 月 19 日最高人民法院《关于适用财产刑若干问题的规定》:
> 第七条 刑法第六十条规定的"没收财产以前犯罪分子所负的正当债务",是指犯罪分子在判决生效前所负他人的合法债务。

▲2014年11月6日最高人民法院《关于刑事裁判涉财产部分执行的若干规定》：

第十三条　被执行人在执行中同时承担刑事责任、民事责任，其财产不足以支付的，按照下列顺序执行：

（一）人身损害赔偿中的医疗费用；

（二）退赔被害人的损失；

（三）其他民事债务；

（四）罚金；

（五）没收财产。

债权人对执行标的依法享有优先受偿权，其主张优先受偿的，人民法院应当在前款第（一）项规定的医疗费用受偿后，予以支持。

第四章　刑罚的具体运用

▲2010年2月8日最高人民法院《关于贯彻宽严相济刑事政策的若干意见》：

二、准确把握和正确适用依法从"严"的政策要求

6.宽严相济刑事政策中的从"严"，主要是指对于罪行十分严重、社会危害性极大，依法应当判处重刑或死刑的，要坚决地判处重刑或死刑；对于社会危害大或者具有法定、酌定从重处罚情节，以及主观恶性深、人身危险性大的被告人，要依法从严惩处。在审判活动中通过体现依法从"严"的政策要求，有效震慑犯罪分子和社会不稳定分子，达到有效遏制犯罪、预防犯罪的目的。

8.对于国家工作人员贪污贿赂、滥用职权、失职渎职的严重犯罪，黑恶势力犯罪、重大安全责任事故、制售伪劣食品药品所涉及的国家工作人员职务犯罪，发生在社会保障、征地拆迁、灾后重建、企业改制、医疗、教育、就业等领域严重损害群众利益、社会影响恶劣、群众反映强烈的国家工作人员职务犯罪，发生在经济社会建设重点领域、重点行业的严重商业贿赂犯罪等，要依法从严惩处。

对于国家工作人员职务犯罪和商业贿赂犯罪中性质恶劣、情节严重、涉案范围广、影响面大的，或者案发后隐瞒犯罪事实、毁灭证据、订立攻守同盟、负案潜逃等拒不认罪悔罪的，要坚决依法从严惩处。

对于被告人犯罪所得数额不大，但对国家财产和人民群众利益造成重大损失、社会影响极其恶劣的职务犯罪和商业贿赂犯罪案件，也应依法从严惩处。

要严格掌握职务犯罪法定减轻处罚情节的认定标准与减轻处罚的幅度，严格控制依法减轻处罚后判处三年以下有期徒刑适用缓刑的范围，切实规范职务犯罪缓刑、免予刑事处罚的适用。

9.当前和今后一段时期，对于集资诈骗、贷款诈骗、制贩假币以及扰乱、操纵证券、期货市场等严重危害金融秩序的犯罪，生产、销售假药、劣药、有毒有害食品等严重危害食品药品安全的犯罪，走私等严重侵害国家经济利益的犯罪，造成严重后果的重大

安全责任事故犯罪、重大环境污染、非法采矿、盗伐林木等各种严重破坏环境资源的犯罪等，要依法从严惩处，维护国家的经济秩序，保护广大人民群众的生命健康安全。

10. 严惩严重刑事犯罪，必须充分考虑被告人的主观恶性和人身危险性。对于事先精心预谋、策划犯罪的被告人，具有惯犯、职业犯等情节的被告人，或者因故意犯罪受过刑事处罚、在缓刑、假释考验期内又犯罪的被告人，要依法严惩，以实现刑罚特殊预防的功能。

11. 要依法从严惩处累犯和毒品再犯。凡是依法构成累犯和毒品再犯的，即使犯罪情节较轻，也要体现从严处处的精神。尤其是对于前罪为暴力犯罪或被判处重刑的累犯，更要依法从严惩处。

12. 要注重综合运用多种刑罚手段，特别是要重视依法适用财产刑，有效惩治犯罪。对于法律规定有附加财产刑的，要依法适用。对于侵财型和贪利型犯罪，更要注重通过依法适用财产刑使犯罪分子受到经济上的惩罚，剥夺其重新犯罪的能力和条件。要切实加大财产刑的执行力度，确保刑罚的严厉性和惩罚功能得以实现。被告人非法占有、处置被害人财产不能退赃的，在决定刑罚时，应作为重要情节予以考虑，体现从严处罚的精神。

三、准确把握和正确适用依法从"宽"的政策要求

14. 宽严相济刑事政策中的从"宽"，主要是指对于情节较轻、社会危害性较小的犯罪，或者罪行虽然严重，但具有法定、酌定从宽处罚情节，以及主观恶性相对较小、人身危险性不大的被告人，可以依法从轻、减轻或者免除处罚；对于具有一定社会危害性，但情节显著轻微危害不大的行为，不作为犯罪处理；对于依法可不监禁的，尽量适用缓刑或者判处管制、单处罚金等非监禁刑。

16. 对于所犯罪行不重、主观恶性不深、人身危险性较小、有悔改表现、不致再危害社会的犯罪分子，要依法从宽处理。对于其中具备条件的，应当依法适用缓刑或者管制、单处罚金等非监禁刑。同时配合做好社区矫正，加强教育、感化、帮教、挽救工作。

17. 对于自首的被告人，除了罪行极其严重、主观恶性极深、人身危险性极大，或者恶意地利用自首规避法律制裁者以外，一般均应当依法从宽处罚。

对于亲属以不同形式送被告人归案或协助司法机关抓获被告人而认定为自首的，原则上都应当依法从宽处罚；有的虽然不能认定为自首，但考虑到被告人亲属支持司法机关工作，促使被告人到案、认罪、悔罪，在决定对被告人具体处罚时，也应当予以充分考虑。

18. 对于被告人检举揭发他人犯罪构成立功的，一般均应当依法从宽处罚。对于犯罪情节不是十分恶劣，犯罪后果不是十分严重的被告人立功的，从宽处罚的幅度应当更大。

19. 对于较轻犯罪的初犯、偶犯，应当综合考虑其犯罪的动机、手段、情节、后果和犯罪时的主观状态，酌情予以从宽处罚。对于犯罪情节轻微的初犯、偶犯，可以免予刑事处罚；依法应当予以刑事处罚的，也应当尽量适用缓刑或者判处管制、单处罚金等非监禁刑。

21. 对于老年人犯罪,要充分考虑其犯罪的动机、目的、情节、后果以及悔罪表现等,并结合其人身危险性和再犯可能性,酌情予以从宽处罚。

24. 对于刑事被告人,如果采取取保候审、监视居住等非羁押性强制措施足以防止发生社会危险性,且不影响刑事诉讼正常进行的,一般可不采取羁押措施。对人民检察院提起公诉而被告人未被采取逮捕措施的,除存在被告人逃跑、串供、重新犯罪等具有人身危险性或者可能影响刑事诉讼正常进行的情形外,人民法院一般可不决定逮捕被告人。

四、准确把握和正确适用宽严"相济"的政策要求

25. 宽严相济刑事政策中的"相济",主要是指在对各类犯罪依法处罚时,要善于综合运用宽和严两种手段,对不同的犯罪和犯罪分子区别对待,做到严中有宽、宽以济严;宽中有严、严以济宽。

26. 在对严重刑事犯罪依法从严惩处的同时,对被告人具有自首、立功、从犯等法定或酌定从宽处罚情节的,还要注意宽以济严,根据犯罪的具体情况,依法应当或可以从宽的,都应当在量刑上予以充分考虑。

27. 在对较轻刑事犯罪依法从轻处罚的同时,要注意严以济宽,充分考虑被告人是否具有屡教不改、严重滋扰社会、群众反映强烈等酌定从严处罚的情况,对于不从严不足以有效惩戒者,也应当在量刑上有所体现,做到济之以严,使犯罪分子受到应有处罚,切实增强改造效果。

28. 对于被告人同时具有法定、酌定从严和法定、酌定从宽处罚情节的案件,要在全面考察犯罪的事实、性质、情节和对社会危害程度的基础上,结合被告人的主观恶性、人身危险性、社会治安状况等因素,综合作出分析判断,总体从严,或者总体从宽。

29. 要准确理解和严格执行"保留死刑,严格控制和慎重适用死刑"的政策。对于罪行极其严重的犯罪分子,论罪应当判处死刑的,要坚决依法判处死刑。要依法严格控制死刑的适用,统一死刑案件的裁判标准,确保死刑只适用于极少数罪行极其严重的犯罪分子。拟判处死刑的具体案件定罪或者量刑的证据必须确实、充分,得出唯一结论。对于罪行极其严重,但只要是依法可不立即执行的,就不应当判处死刑立即执行。

31. 对于一般共同犯罪案件,应当充分考虑各被告人在共同犯罪中的地位和作用,以及在主观恶性和人身危险性方面的不同,根据事实和证据能分清主从犯的,都应当认定主从犯。有多名主犯的,应在主犯中进一步区分出罪行最为严重者。对于多名被告人共同致死一名被害人的案件,要进一步分清各被告人的作用,准确确定各被告人的罪责,以做到区别对待;不能以分不清主次为由,简单地一律判处重刑。

32. 对于过失犯罪,如安全责任事故犯罪等,主要应当根据犯罪造成危害后果的严重程度、被告人主观罪过的大小以及被告人案发后的表现等,综合掌握处罚的宽严尺度。对于过失犯罪后积极抢救、挽回损失或者有效防止损失进一步扩大的,要依法从宽。对于造成的危害后果虽然不是特别严重,但情节特别恶劣或案发后故意隐瞒案情,甚至逃逸,给及时查明事故原因和迅速组织抢救造成贻误的,则要依法从重处罚。

33. 在共同犯罪案件中，对于主犯或首要分子检举、揭发同案地位、作用较次犯罪分子构成立功的，从轻或者减轻处罚应当从严掌握，如果从轻处罚可能导致全案量刑失衡的，一般不予从轻处罚；如果检举、揭发的是其他犯罪案件中罪行同样严重的犯罪分子，或者协助抓获的是同案中的其他主犯、首要分子的，原则上应予依法从轻或者减轻处罚。对于从犯或犯罪集团中的一般成员立功，特别是协助抓获主犯、首要分子的，应当充分体现政策，依法从轻、减轻或者免除处罚。

▲2010年3月24日最高人民法院刑一庭《准确把握和正确适用依法从严政策》：

一是要充分考虑犯罪行为的社会危害性，对于犯罪造成国家利益和人民群众生命、健康、财产重大损失的，要依法从重处刑。同时，要充分考虑案件的法定或酌定从重处罚情节。对于被告人有法定或酌定从重处罚情节的，如共同犯罪中的主犯、集团犯罪中的组织、策划、指挥者和骨干分子等，要依法从重处罚。

二是要充分考虑被告人的主观恶性、人身危险性对量刑的影响。主观恶性的大小是犯罪分子应负刑事责任的重要根据。对于主观恶性大的犯罪分子，如犯罪情节恶劣、犯罪手段残忍、犯罪动机卑劣的，特别是对于事先精心预谋、策划犯罪的被告人，要依法从严惩处。人身危险性的大小是对犯罪分子进行特殊预防的重要依据，对于惯犯、职业犯、累犯、再犯、在缓刑假释考验期内又犯罪等人身危险性特别大的犯罪分子，也要依法从严惩处。

三是对于罪行极其严重的犯罪分子，要坚决地适用重刑直至死刑，以震慑犯罪、伸张正义、鼓舞人民群众与严重犯罪行为作斗争。死刑是对罪行极其严重的犯罪分子的一种最严厉的刑罚方法，虽然我国采取严格控制、慎重适用死刑的方针，但是基于犯罪的客观形势和人民群众的要求，我们仍然保留死刑并适度使用，不仅震慑了犯罪，也满足了群众的正义要求，社会效果是好的。因此，人民法院对于那些罪行极其严重、人身危险性极大的犯罪分子，依法应当判处死刑立即执行的，要毫不手软，坚决判处。

四是对严重犯罪分子不仅可以判处死刑、徒刑，还要依法适用财产刑，如没收财产、罚金等刑罚。对侵财型和贪利型犯罪，要依法没收犯罪分子的犯罪所得，以剥夺犯罪分子重新犯罪的能力和条件。要把犯罪分子的退赃情况作为对其量刑轻重的重要依据，对于拒不退赃的，要依法从重处罚，对于赃款被挥霍客观上不能退赃的，也要适度从严。

第一节　量　刑

第六十一条　【量刑的根据】对于犯罪分子决定刑罚的时候，应当根据犯罪的事实、犯罪的性质、情节和对于社会的危害程度，依照本法的有关规定判处。

▲2017年4月1日最高人民法院《关于常见犯罪的量刑指导意见》：

一、量刑的指导原则

1.量刑应当以事实为根据，以法律为准绳，根据犯罪的事实、性质、情节和对于社会的危害程度,决定判处的刑罚。

2. 量刑既要考虑被告人所犯罪行的轻重,又要考虑被告人应负刑事责任的大小,做到罪责刑相适应,实现惩罚和预防犯罪的目的。

3. 量刑应当贯彻宽严相济的刑事政策,做到该宽则宽,当严则严,宽严相济,罚当其罪,确保裁判法律效果和社会效果的统一。

4. 量刑要客观、全面把握不同时期不同地区的经济社会发展和治安形势的变化,确保刑法任务的实现;对于同一地区同一时期、案情相似的案件,所判处的刑罚应当基本均衡。

二、量刑的基本方法

量刑时,应以定性分析为主,定量分析为辅,依次确定量刑起点、基准刑和宣告刑。

1. 量刑步骤

(1)根据基本犯罪构成事实在相应的法定刑幅度内确定量刑起点。

(2)根据其他影响犯罪构成的犯罪数额、犯罪次数、犯罪后果等犯罪事实,在量刑起点的基础上增加刑罚量确定基准刑。

(3)根据量刑情节调节基准刑,并综合考虑全案情况,依法确定宣告刑。

2. 调节基准刑的方法

(1)具有单个量刑情节的,根据量刑情节的调节比例直接调节基准刑。

(2)具有多个量刑情节的,一般根据各个量刑情节的调节比例,采用同向相加、逆向相减的方法调节基准刑;具有未成年人犯罪、老年人犯罪、限制行为能力的精神病人犯罪、又聋又哑的人或者盲人犯罪、防卫过当、避险过当、犯罪预备、犯罪未遂、犯罪中止、从犯、胁从犯和教唆犯等量刑情节的,先适用该量刑情节对基准刑进行调节,在此基础上,再适用其他量刑情节进行调节。

(3)被告人犯数罪,同时具有适用于各个罪的立功、累犯等量刑情节的,先适用该量刑情节调节个罪的基准刑,确定个罪所应判处的刑罚,再依法实行数罪并罚,决定执行的刑罚。

3. 确定宣告刑的方法

(1)量刑情节对基准刑的调节结果在法定刑幅度内,且罪责刑相适应的,可以直接确定为宣告刑;如果具有应当减轻处罚情节的,应依法在法定最低刑以下确定宣告刑。

(2)量刑情节对基准刑的调节结果在法定最低刑以下,具有法定减轻处罚情节,且罪责刑相适应的,可以直接确定为宣告刑;只有从轻处罚情节的,可以依法确定法定最低刑为宣告刑;但是根据案件的特殊情况,经最高人民法院核准,也可以在法定刑以下判处刑罚。

(3)量刑情节对基准刑的调节结果在法定最高刑以上的,可以依法确定法定最高刑为宣告刑。

(4)综合考虑全案情况,独任审判员或合议庭可以在20%的幅度内对调节结果进行调整,确定宣告刑。当调节后的结果仍不符合罪责刑相适应原则的,应提交审判委员会讨论，依法确定宣告刑。

(5)综合全案犯罪事实和量刑情节，依法应当判处无期徒刑以上刑罚、管制或者单处附加刑、缓刑、免刑的，应当依法适用。

三、常见量刑情节的适用

量刑时要充分考虑各种法定和酌定量刑情节，根据案件的全部犯罪事实以及量刑情节的不同情形，依法确定量刑情节的适用及其调节比例。对严重暴力犯罪、毒品犯罪等严重危害社会治安犯罪，在确定从宽的幅度时，应当从严掌握；对犯罪情节较轻的犯罪，应当充分体现从宽。具体确定各个量刑情节的调节比例时，应当综合平衡调节幅度与实际增减刑罚量的关系，确保罪责刑相适应。

1. 对于未成年人犯罪，应当综合考虑未成年人对犯罪的认识能力、实施犯罪行为的动机和目的、犯罪时的年龄、是否初犯、偶犯、悔罪表现、个人成长经历和一贯表现等情况，予以从宽处罚。

(1)已满十四周岁不满十六周岁的未成年人犯罪，减少基准刑的30%－60%；

(2)已满十六周岁不满十八周岁的未成年人犯罪，减少基准刑的10%－50%。

2. 对于未遂犯，综合考虑犯罪行为的实行程度、造成损害的大小、犯罪未得逞的原因等情况，可以比照既遂犯减少基准刑的50%以下。

3. 对于从犯，应当综合考虑其在共同犯罪中的地位、作用等情况，予以从宽处罚，减少基准刑的20%－50%；犯罪较轻的，减少基准刑的50%以上或者依法免除处罚。

4. 对于自首情节，综合考虑自首的动机、时间、方式、罪行轻重、如实供述罪行的程度以及悔罪表现等情况，可以减少基准刑的40%以下；犯罪较轻的，可以减少基准刑的40%以上或者依法免除处罚。恶意利用自首规避法律制裁等不足以从宽处罚的除外。

5. 对于坦白情节，综合考虑如实供述罪行的阶段、程度、罪行轻重以及悔罪程度等情况，确定从宽的幅度。

(1)如实供述自己罪行的，可以减少基准刑的20%以下；

(2)如实供述司法机关尚未掌握的同种较重罪行的，可以减少基准刑的10%－30%；

(3)因如实供述自己罪行，避免特别严重后果发生的，可以减少基准刑的30%－50%。

6. 对于当庭自愿认罪的，根据犯罪的性质、罪行的轻重、认罪程度以及悔罪表现等情况，可以减少基准刑的10%以下。依法认定自首、坦白的除外。

7. 对于立功情节，综合考虑立功的大小、次数、内容、来源、效果以及罪行轻重等情况，确定从宽的幅度。

(1)一般立功的，可以减少基准刑的20%以下；

(2)重大立功的，可以减少基准刑的20%－50%；犯罪较轻的，减少基准刑的50%以上或者依法免除处罚。

8. 对于退赃、退赔的，综合考虑犯罪性质，退赃、退赔行为对损害结果所能弥补的程度、退赃、退赔的数额及主动程度等情况,可以减少基准刑的30%以下;其中抢劫等严重危害社会治安犯罪的应从严掌握。

9.对于积极赔偿被害人经济损失并取得谅解的,综合考虑犯罪性质、赔偿数额、赔偿能力以及认罪、悔罪程度等情况,可以减少基准刑的40%以下;积极赔偿但没有取得谅解的,可以减少基准刑的30%以下;尽管没有赔偿,但取得谅解的,可以减少基准刑的20%以下。其中抢劫、强奸等严重危害社会治安犯罪的应从严掌握。

10.对于当事人根据刑事诉讼法第二百七十七条达成刑事和解协议的,综合考虑犯罪性质、赔偿数额、赔礼道歉以及真诚悔罪等情况,可以减少基准刑的50%以下;犯罪较轻的,可以减少基准刑的50%以上或者依法免除处罚。

11.对于累犯,应当综合考虑前后罪的性质、刑罚执行完毕或赦免以后至再犯罪时间的长短以及前后罪罪行轻重等情况,增加基准刑的10%-40%,一般不少于3个月。

12.对于有前科的,综合考虑前科的性质、时间间隔长短、次数、处罚轻重等情况,可以增加基准刑的10%以下。前科犯罪为过失犯罪和未成年人犯罪的除外。

13.对于犯罪对象为未成年人、老年人、残疾人、孕妇等弱势人员的,综合考虑犯罪的性质、犯罪的严重程度等情况,可以增加基准刑的20%以下。

14.对于在重大自然灾害、预防、控制突发传染病疫情等灾害期间故意犯罪的,根据案件的具体情况,可以增加基准刑的20%以下。

第六十二条 【从重处罚与从轻处罚情节的适用】犯罪分子具有本法规定的从重处罚、从轻处罚情节的,应当在法定刑的限度以内判处刑罚。

第六十三条 【减轻处罚情节的适用】犯罪分子具有本法规定的减轻处罚情节的,应当在法定刑以下判处刑罚;本法规定有数个量刑幅度的,应当在法定量刑幅度的下一个量刑幅度内判处刑罚。

犯罪分子虽然不具有本法规定的减轻处罚情节,但是根据案件的特殊情况,经最高人民法院核准,也可以在法定刑以下判处刑罚。

> 本条根据2011年5月1日全国人大常委会《中华人民共和国刑法修正案(八)》第五条修正。增加了"本法规定有数个量刑幅度的,应当在法定量刑幅度的下一个量刑幅度内判处刑罚"。
>
> ▲2012年5月30日最高人民法院研究室《关于如何理解"在法定刑以下判处刑罚"问题的答复》:
>
> 刑法第六十三条第一款规定的"在法定刑以下判处刑罚",是指在法定量刑幅度的最低刑以下判处刑罚。刑法分则中规定的"处十年以上有期徒刑、无期徒刑或者死刑",是一个量刑幅度,而不是"十年以上有期徒刑"、"无期徒刑"和"死刑"三个量刑幅度。

▲2021年3月1日最高人民法院《关于适用〈中华人民共和国刑事诉讼法〉的解释》，对在法定刑以下判处刑罚的案件规定如下：

第四百一十四条　报请最高人民法院核准在法定刑以下判处刑罚的案件，应当按照下列情形分别处理：

（一）被告人未上诉、人民检察院未抗诉的，在上诉、抗诉期满后三日以内报请上一级人民法院复核。上级人民法院同意原判的，应当书面层报最高人民法院核准；不同意的，应当裁定发回重新审判，或者按照第二审程序提审；

（二）被告人上诉或者人民检察院抗诉的，上一级人民法院维持原判，或者改判后仍在法定刑以下判处刑罚的，应当依照前项规定层报最高人民法院核准。

第四百一十五条　对符合刑法第六十三条第二款规定的案件，第一审人民法院未在法定刑以下判处刑罚的，第二审人民法院可以在法定刑以下判处刑罚，并层报最高人民法院核准。

第四百一十六条　报请最高人民法院核准在法定刑以下判处刑罚的案件，应当报送判决书、报请核准的报告各五份，以及全部案卷、证据。

第四百一十七条　对在法定刑以下判处刑罚的案件，最高人民法院予以核准的，应当作出核准裁定书；不予核准的，应当作出不核准裁定书，并撤销原判决、裁定，发回原审人民法院重新审判或者指定其他下级人民法院重新审判。

第六十四条　【犯罪所得之物与所用之物的处理】犯罪分子违法所得的一切财物，应当予以追缴或者责令退赔；对被害人的合法财产，应当及时返还；违禁品和供犯罪所用的本人财物，应当予以没收。没收的财物和罚金，一律上缴国库，不得挪用和自行处理。

▲1987年8月26日最高人民法院《关于被告人亲属主动为被告人退缴赃款应如何处理的批复》：

一、被告人是成年人，其违法所得都由自己挥霍，无法追缴的，应责令被告人退赔，其家属没有代为退赔的义务。

被告人在家庭共同财产中有其个人应有部分的，只能在其个人应有部分的范围内，责令被告人退赔。

二、如果被告人的违法所得有一部分用于家庭日常生活，对这部分违法所得，被告人和家属均有退赔义务。

三、如果被告人对责令本人退赔的违法所得已无实际上的退赔能力，但其亲属应被告人的请求，或者主动提出并征得被告人的同意，自愿代被告人退赔部分或者全部违法所得的，法院也可考虑其具体情况，收下其亲属自愿代被告人退赔的款项，并视为被告人主动退赔的款项。

四、属于以上三种情况，已作了退赔的，均可视为被告人退赃较好，可以依法适当从宽处罚。

五、如果被告人的罪行应当判处死刑,并必须执行,属于以上第一、二两种情况的,法院可以接收退赔的款项;属于以上第三种情况的,其亲属自愿代为退赔的款项,法院不应接收。

▲2014年11月6日最高人民法院《关于刑事裁判涉及财产部分执行的若干规定》:

第十条 对赃款赃物及其收益,人民法院应当一并追缴。

被执行人将赃款赃物投资或者置业,对因此形成的财产及其收益,人民法院应予追缴。

被执行人将赃款赃物与其他合法财产共同投资或者置业,对因此形成的财产中与赃款赃物对应的份额及其收益,人民法院应予追缴。

对于被害人的损失,应当按照刑事裁判认定的实际损失予以发还或者赔偿。

第十一条 被执行人将刑事裁判认定为赃款赃物的涉案财物用于清偿债务、转让或者设置其他权利负担,具有下列情形之一的,人民法院应予追缴:

(一)第三人明知是涉案财物而接受的;
(二)第三人无偿或者以明显低于市场的价格取得涉案财物的;
(三)第三人通过非法债务清偿或者违法犯罪活动取得涉案财物的;
(四)第三人通过其他恶意方式取得涉案财物的。

第三人善意取得涉案财物的,执行程序中不予追缴。作为原所有人的被害人对该涉案财物主张权利的,人民法院应当告知其通过诉讼程序处理。

第二节 累 犯

第六十五条 【一般累犯】被判处有期徒刑以上刑罚的犯罪分子,刑罚执行完毕或者赦免以后,在五年以内再犯应当判处有期徒刑以上刑罚之罪的,是累犯,应当从重处罚,但是过失犯罪和不满十八周岁的人犯罪的除外。

前款规定的期限,对于被假释的犯罪分子,从假释期满之日起计算。

本条第一款根据2011年5月1日全国人大常委会《中华人民共和国刑法修正案(八)》第六条修订,增加了不满18周岁的人犯罪不构成累犯的规定。

注:关于累犯的溯及力,请参阅《关于适用刑法时间效力规定若干问题的解释》第三条,见本书第355页;《关于〈中华人民共和国刑法修正案(八)〉时间效力问题的解释》第三条,见本书第357~358页。关于累犯的量刑,请参阅《关于常见犯罪的量刑指导意见》"常见量刑情节的适用"第11点,见本书第378页。

▲2018年12月30日最高人民检察院《关于认定累犯如何确定刑罚执行完毕以后"五年以内"起始日期的批复》:

刑法第六十五条第一款规定的"刑罚执行完毕",是指刑罚执行到期应予释放之日。认定累犯,确定刑罚执行完毕以后"五年以内"的起始日期,应当从刑满释放之日起计算。

▲2020年1月20日最高人民法院、最高人民检察院《关于缓刑犯在考验期满后五年内再犯应当判处有期徒刑以上刑罚之罪应否认定为累犯问题的批复》

被判处有期徒刑宣告缓刑的犯罪分子,在缓刑考验期满后再犯应当判处有期徒刑以上刑罚之罪的,因前罪判处的有期徒刑并未执行,不具备刑法第六十五条规定的"刑罚执行完毕"的要件,故不应认定为累犯,但可作为对新罪确定刑罚的酌定从重情节予以考虑。

第六十六条　【特别累犯】危害国家安全犯罪、恐怖活动犯罪、黑社会性质的组织犯罪的犯罪分子,在刑罚执行完毕或者赦免以后,在任何时候再犯上述任一类罪的,都以累犯论处。

本条根据2011年5月1日全国人大常委会《中华人民共和国刑法修正案(八)》第七条修订,本次修订增加了恐怖活动犯罪、黑社会性质组织犯罪的犯罪分子构成特别累犯的规定。

注:关于累犯的溯及力及量刑,请参阅上文。

第三节　自首和立功

第六十七条　【自首与坦白】犯罪以后自动投案,如实供述自己的罪行的,是自首。对于自首的犯罪分子,可以从轻或者减轻处罚。其中,犯罪较轻的,可以免除处罚。

被采取强制措施的犯罪嫌疑人、被告人和正在服刑的罪犯,如实供述司法机关还未掌握的本人其他罪行的,以自首论。

犯罪嫌疑人虽不具有前两款规定的自首情节,但是如实供述自己罪行的,可以从轻处罚;因其如实供述自己罪行,避免特别严重后果发生的,可以减轻处罚。

本条第三款根据2011年5月1日全国人大常委会《中华人民共和国刑法修正案(八)》第八条增设。

▲1998年5月9日最高人民法院《关于处理自首和立功具体应用法律若干问题的解释》:

第一条　根据刑法第六十七条第一款的规定,犯罪以后自动投案,如实供述自己的罪行的,是自首。

(一)自动投案,是指犯罪事实或者犯罪嫌疑人未被司法机关发觉,或者虽被发觉,但犯罪嫌疑人尚未受到讯问、未被采取强制措施时,主动、直接向公安机关、人民检察院或者人民法院投案。

犯罪嫌疑人向其所在单位、城乡基层组织或者其他有关负责人员投案的；犯罪嫌疑人因病、伤或者为了减轻犯罪后果，委托他人先代为投案，或者先以信电投案的；罪行尚未被司法机关发觉，仅因形迹可疑，被有关组织或者司法机关盘问、教育后，主动交代自己的罪行的；犯罪后逃跑，在被通缉、追捕过程中，主动投案的；经查实确已准备去投案，或者正在投案途中，被公安机关捕获的，应当视为自动投案。

并非出于犯罪嫌疑人主动，而是经亲友规劝、陪同投案的；公安机关通知犯罪嫌疑人的亲友，或者亲友主动报案后，将犯罪嫌疑人送去投案的，也应当视为自动投案。

犯罪嫌疑人自动投案后又逃跑的，不能认定为自首。

（二）如实供述自己的罪行，是指犯罪嫌疑人自动投案后，如实交代自己的主要犯罪事实。

犯有数罪的犯罪嫌疑人仅如实供述所犯数罪中部分犯罪的，只对如实供述部分犯罪的行为，认定为自首。

共同犯罪案件中的犯罪嫌疑人，除如实供述自己的罪行，还应当供述所知的同案犯，主犯则应当供述所知其他同案犯的共同犯罪事实，才能认定为自首。

犯罪嫌疑人自动投案并如实供述自己的罪行后又翻供的，不能认定为自首；但在一审判决前又能如实供述的，应当认定为自首。

第二条 根据刑法第六十七条第二款的规定，被采取强制措施的犯罪嫌疑人、被告人和已宣判的罪犯，如实供述司法机关尚未掌握的罪行，与司法机关已掌握的或者判决确定的罪行属不同种罪行的，以自首论。

第三条 根据刑法第六十七条第一款的规定，对于自首的犯罪分子，可以从轻或者减轻处罚；对于犯罪较轻的，可以免除处罚。具体确定从轻、减轻还是免除处罚，应当根据犯罪轻重，并考虑自首的具体情节。

第四条 被采取强制措施的犯罪嫌疑人、被告人和已宣判的罪犯，如实供述司法机关尚未掌握的罪行，与司法机关已掌握的或者判决确定的罪行属同种罪行的，可以酌情从轻处罚；如实供述的同种罪行较重的，一般应当从轻处罚。

▲2004年4月1日最高人民法院《关于被告人对行为性质的辩解是否影响自首成立问题的批复》：

根据刑法第六十七条第一款和最高人民法院《关于处理自首和立功具体应用法律若干问题的解释》第一条的规定，犯罪以后自动投案，如实供述自己的罪行的，是自首。被告人对行为性质的辩解不影响自首的成立。

▲2010年12月22日最高人民法院《关于处理自首和立功若干具体问题的意见》：

一、关于"自动投案"的具体认定

《解释》第一条第（一）项规定七种应当视为自动投案的情形，体现了犯罪嫌疑人投案的主动性和自愿性。根据《解释》第一条（一）项的规定，犯罪嫌疑人具有以下情形之一的，也应当视为自动投案：(1)犯罪后主动报案，虽未表明自己是作案人，但没有逃离现场，在司法机关询问时交代自己罪行的；(2)明知他人报案而在现场等待，抓捕时无拒捕行为，供认犯罪事实的；(3)在司法机关未确定犯罪嫌疑人，尚在一般性排查询问时主动交代自己罪行的;(4)因特定违法行为被采取劳动教养、行政拘留、司法拘留、强制隔离戒毒等行政、司法强制措施期间,主动向执行机关交代尚未被掌握的犯罪行为的;(5)其他符合立法本意,应当视为自动投案的情形。

罪行未被有关部门、司法机关发觉,仅因形迹可疑被盘问、教育后,主动交代了犯罪事实的,应当视为自动投案,但有关部门、司法机关在其身上、随身携带的物品、驾乘的交通工具等处发现与犯罪有关的物品的,不能认定为自动投案。

交通肇事后保护现场、抢救伤者,并向公安机关报告的,应认定为自动投案,构成自首的,因上述行为同时系犯罪嫌疑人的法定义务,对其是否从宽、从宽幅度要适当从严掌握。交通肇事逃逸后自动投案,如实供述自己罪行的,应认定为自首,但应依法以较重法定刑为基准,视情决定对其是否从宽处罚以及从宽处罚的幅度。

犯罪嫌疑人被亲友采用捆绑等手段送到司法机关,或者在亲友带领侦查人员前来抓捕时无拒捕行为,并如实供认犯罪事实的,虽然不能认定为自动投案,但可以参照法律对自首的有关规定酌情从轻处罚。

二、关于"如实供述自己的罪行"的具体认定

《解释》第一条第(二)项规定如实供述自己的罪行,除供述自己的主要犯罪事实外,还应包括姓名、年龄、职业、住址、前科等情况。犯罪嫌疑人供述的身份等情况与真实情况虽有差别,但不影响定罪量刑的,应认定为如实供述自己的罪行。犯罪嫌疑人自动投案后隐瞒自己的真实身份等情况,影响对其定罪量刑的,不能认定为如实供述自己的罪行。

犯罪嫌疑人多次实施同种罪行的,应当综合考虑已交代的犯罪事实与未交代的犯罪事实的危害程度,决定是否认定为如实供述主要犯罪事实。虽然投案后没有交代全部犯罪事实,但如实交代的犯罪情节重于未交代的犯罪情节,或者如实交代的犯罪数额多于未交代的犯罪数额,一般应认定为如实供述自己的主要犯罪事实。无法区分已交代的与未交代的犯罪情节的严重程度,或者已交代的犯罪数额与未交代的犯罪数额相当,一般不认定为如实供述自己的主要犯罪事实。

犯罪嫌疑人自动投案时虽然没有交代自己的主要犯罪事实,但在司法机关掌握其主要犯罪事实之前主动交代的,应认定为如实供述自己的罪行。

三、关于"司法机关还未掌握的本人其他罪行"和"不同种罪行"的具体认定

犯罪嫌疑人、被告人在被采取强制措施期间,向司法机关主动如实供述本人的其他罪行,该罪行能否认定为司法机关已掌握,应根据不同情形区别对待。如果该罪行已被通缉,一般应以该司法机关是否在通缉令发布范围内作出判断,不在通缉令发布范围内的,应认定为还未掌握,在通缉令发布范围内的,应视为已掌握;如果该罪行已录入全国公安信息网络在逃人员信息数据库,应视为已掌握。如果该罪行未被通缉、也未录入全国公安信息网络在逃人员信息数据库,应以该司法机关是否已实际掌握该罪行为标准。

犯罪嫌疑人、被告人在被采取强制措施期间如实供述本人其他罪行,该罪行与司法机关已掌握的罪行属同种罪行还是不同种罪行,一般应以罪名区分。虽然如实供述

的其他罪行的罪名与司法机关已掌握犯罪的罪名不同，但如实供述的其他犯罪与司法机关已掌握的犯罪属选择性罪名或者在法律、事实上密切关联，如因受贿被采取强制措施后，又交代因受贿为他人谋取利益行为，构成滥用职权罪的，应认定为同种罪行。

八、关于对自首、立功的被告人的处罚

对具有自首、立功情节的被告人是否从宽处罚、从宽处罚的幅度，应当考虑其犯罪事实、犯罪性质、犯罪情节、危害后果、社会影响、被告人的主观恶性和人身危险性等。自首的还应考虑投案的主动性、供述的及时性和稳定性等。立功的还应考虑检举揭发罪行的轻重、被检举揭发的人可能或者已经被判处的刑罚、提供的线索对侦破案件或者协助抓捕其他犯罪嫌疑人所起作用的大小等。

具有自首或者立功情节的，一般应依法从轻、减轻处罚；犯罪情节较轻的，可以免除处罚。类似情况下，对具有自首情节的被告人的从宽幅度要适当宽于具有立功情节的被告人。

虽然具有自首或者立功情节，但犯罪情节特别恶劣、犯罪后果特别严重、被告人主观恶性深、人身危险性大，或者在犯罪前即为规避法律、逃避处罚而准备自首、立功的，可以不从宽处罚。

对于被告人具有自首、立功情节，同时又有累犯、毒品再犯等法定从重处罚情节的，既要考虑自首、立功的具体情节，又要考虑被告人的主观恶性、人身危险性等因素，综合分析判断，确定从宽或者从严处罚。累犯的前罪为非暴力犯罪的，一般可以从宽处罚，前罪为暴力犯罪或者前、后罪为同类犯罪的，可以不从宽处罚。

在共同犯罪案件中，对具有自首、立功情节的被告人的处罚，应注意共同犯罪人以及首要分子、主犯、从犯之间的量刑平衡。犯罪集团的首要分子、共同犯罪的主犯检举揭发或者协助司法机关抓捕同案地位、作用较次的犯罪分子的，从宽处罚与否应当从严掌握，如果从轻处罚可能导致全案量刑失衡的，一般不从轻处罚；如果检举揭发或者协助司法机关抓捕的是其他案件中罪行同样严重的犯罪分子，一般应依法从宽处罚。对于犯罪集团的一般成员、共同犯罪的从犯立功的，特别是协助抓捕首要分子、主犯的，应当充分体现政策，依法从宽处罚。

注：关于自首的溯及力，请参阅刑法第十二条"溯及力"之《关于适用刑法时间效力规定若干问题的解释》第四条，见本书第355页；《关于〈中华人民共和国刑法修正案（八）〉时间效力问题的解释》第四条、第五条，见本书第358页。关于自首的量刑，请参阅《关于常见犯罪的量刑指导意见》"常见量刑情节的适用"第4点，见本书第377页。

▲2009年3月20日最高人民法院、最高人民检察院《关于办理职务犯罪案件认定自首、立功等量刑情节若干问题的意见》：

一、关于自首的认定和处理

根据刑法第六十七条第一款的规定，成立自首需同时具备自动投案和如实供述自己的罪行两个要件。犯罪事实或者犯罪分子未被办案机关掌握，或者虽被掌握，但犯罪分子尚未受到调查谈话、讯问，或者未被宣布采取调查措施或者强制措施时，向办案机关投案的，是自动投案。在此期间如实交代自己的主要犯罪事实的，应当认定为自首。

犯罪分子向所在单位等办案机关以外的单位、组织或者有关负责人员投案的,应当视为自动投案。

没有自动投案,在办案机关调查谈话、讯问、采取调查措施或者强制措施期间,犯罪分子如实交代办案机关掌握的线索所针对的事实的,不能认定为自首。

没有自动投案,但具有以下情形之一的,以自首论:(1)犯罪分子如实交代办案机关未掌握的罪行,与办案机关已掌握的罪行属不同种罪行的;(2)办案机关所掌握线索针对的犯罪事实不成立,在此范围外犯罪分子交代同种罪行的。

单位犯罪案件中,单位集体决定或者单位负责人决定而自动投案,如实交代单位犯罪事实的,或者单位直接负责的主管人员自动投案,如实交代单位犯罪事实的,应当认定为单位自首。单位自首的,直接负责的主管人员和直接责任人员未自动投案,但如实交代自己知道的犯罪事实的,可以视为自首;拒不交代自己知道的犯罪事实或者逃避法律追究的,不应当认定为自首。单位没有自首,直接责任人员自动投案并如实交代自己知道的犯罪事实的,对该直接责任人员应当认定为自首。

对于具有自首情节的犯罪分子,办案机关移送案件时应当予以说明并移交相关证据材料。

对于具有自首情节的犯罪分子,应当根据犯罪的事实、性质、情节和对于社会的危害程度,结合自动投案的动机、阶段、客观环境,交代犯罪事实的完整性、稳定性以及悔罪表现等具体情节,依法决定是否从轻、减轻或者免除处罚以及从轻、减轻处罚的幅度。

三、关于如实交代犯罪事实的认定和处理

犯罪分子依法不成立自首,但如实交代犯罪事实,有下列情形之一的,可以酌情从轻处罚:(1)办案机关掌握部分犯罪事实,犯罪分子交代了同种其他犯罪事实的;(2)办案机关掌握的证据不充分,犯罪分子如实交代有助于收集定案证据的。

犯罪分子如实交代犯罪事实,有下列情形之一的,一般应当从轻处罚:(1)办案机关仅掌握小部分犯罪事实,犯罪分子交代了大部分未被掌握的同种犯罪事实的;(2)如实交代对于定案证据的收集有重要作用的。

延伸阅读:

▲陈国庆、韩耀元、王文利:《关于办理职务犯罪案件认定自首、立功等量刑情节若干问题的意见》的理解与适用(节选)

一、关于自首的认定和处理问题

《关于办理职务犯罪案件认定自首、立功等量刑情节若干问题的意见》(以下简称《意见》)第一条规定了自首的认定和处理意见,着重解决办案机关采取调查措施期间的自首认定问题,同时对单位自首问题提出了一般性处理意见。

(一)关于在纪检监察等办案机关办案期间的自首认定问题

因纪检监察部门不是法律规定的司法机关,对于纪检监察部门采取调查措施期间交代罪行的,能否认定为自首,实践中存在不同看法。最高人民法院1998年《关于处理自首和立功具体应用法律若干问题的解释》规定"犯罪嫌疑人向所在单位、城乡基层组织或者其他有关负责人投案的……应当视为自动投案"。向纪检监察机关投案的,当然也应被视为自动投案。当前有一部分职务犯罪案件是以纪检监察部门的调查违法违纪开始的,将向纪检监察部门主动投案并交代罪行的以自首论,有利于鼓励职务犯罪分子积极投案,符合刑法自首制度的立法精神。

因此《意见》适应当前职务犯罪的办案实际,规定在纪检监察部门采取调查措施期间交代罪行的,可以认定为自首。

《意见》同时强调,在纪检监察机关采取调查措施期间交代罪行的自首认定,同样应当以法律规定的要件为准。根据刑法第六十七条规定,成立自首必须具备自动投案和如实供述自己的罪行两个法定要件,两者缺一不可,否则不能认定为自首。据此,没有自动投案,在办案机关调查谈话、讯问、采取调查措施或者强制措施期间,犯罪分子如实交代办案机关掌握的线索所针对的事实的,则不能认定为自首。

同时,鉴于纪检监察机关办案的特殊性,《意见》对自动投案规定了具体的认定标准,即:"犯罪事实或者犯罪分子未被办案机关掌握,或者虽被掌握,但犯罪分子尚未受到调查谈话、讯问,或者未被宣布采取调查措施或者强制措施时,向办案机关投案的,是自动投案。"应当说明的是,犯罪事实、犯罪分子是否被掌握,犯罪分子是否被采取调查措施或者强制措施,是相对于办案机关而言的。这里的办案机关仅限定为纪检、监察、公安、检察等法定职能部门。同时《意见》还延续了《关于处理自首和立功具体应用法律若干问题的解释》关于视为自动投案的规定精神,进一步规定,"犯罪分子向所在单位等办案机关以外的单位、组织或者有关负责人员投案的,应当视为自动投案。"

(二)关于职务犯罪准自首的认定问题

所谓准自首,即以自首论的情形。刑法第六十七条第二款规定:"被采取强制措施的犯罪嫌疑人、被告人和正在服刑的罪犯,如实供述司法机关还未掌握的本人其他罪行的,以自首论。"实践中,有的对于职务犯罪以自首论的认定条件掌握的过于宽泛,导致认定自首范围的扩大。

刑法规定的以自首论的立法本意,与自首一样,是立足于有利于案件侦破。当犯罪分子不具有自动投案的情节,但由于交代了办案机关没有掌握的其他罪行,从而使案件得以侦破的,应当视为自首,即以自首论。基于职务犯罪案件的实际,《意见》对职务犯罪分子没有自动投案但如实供述司法机关还未掌握的本人其他罪行的,规定了两种以自首论的情形:一是犯罪分子如实交代办案机关未掌握的罪行,与办案机关已掌握的罪行属不同种罪行的。如办案机关掌握的是犯罪分子贪污的罪行,但是在办案机关对其采取调查谈话等措施后,犯罪分子交代了受贿的罪行,对于犯罪分子交代受贿的罪行,应当视为自首。二是办案机关所掌握线索针对的犯罪事实不成立,在此范围外犯罪分子交代同种罪行的。如办案机关收到了某甲收受某乙贿赂的举报材料,但是在对某甲采取调查谈话等措施后,通过调查发现某甲收受某乙贿赂的犯罪事实不存在或者不成立犯罪,但在此期间某甲主动交代了收受某丙贿赂的犯罪事实,对此应视为自首。

（三）关于职务犯罪单位自首的认定问题

刑法虽然明确规定了单位可以成为犯罪主体，但对单位是否能成为自首主体规定并不明确。实践中，贿赂犯罪案件中较多地存在单位犯罪情形，对于单位是否成立自首及单位投案的认定标准存在不同意见，处理也不一致。自首制度是刑法总则规定的刑罚制度，适用于一切犯罪，即不仅适用于自然人犯罪，当然也适用于单位犯罪。最高人民法院、最高人民检察院、海关总署曾于2002年联合颁布实施的《关于办理走私刑事案件适用法律若干问题的意见》规定了单位走私犯罪的自首问题，其第二十一条规定，"在办理单位走私犯罪案件中，对单位集体决定自首的，或者单位直接负责的主管人员自首的，应当认定为单位自首"。此次，《意见》对单位犯职务犯罪的自首问题作了明确规定。

认定成立单位犯罪自首，除与自然人犯罪一样，必须同时具备"自动投案"和"如实供述"两个条件以外，还有一个单位自首的主体确定问题，亦即单位犯罪后谁有资格代表单位自首的问题。单位犯罪自首的主体不同于自然人犯罪自首的主体。单位的特点决定了单位的一切活动都必须通过单位成员具体实施，单位的行为必须是能够代表单位意志的成员的行为。单位的意志是经单位集体研究决定或者其单位负责人决定，由单位负责人或者直接负责的主管人员实施来体现的。

所以，单位犯罪后自动投案的主体只能是单位中能够代表单位意志的成员。单位的主要负责人能够代表犯罪单位意志，其自首行为应视为单位自首；直接负责的主管人员，作为除单位负责人以外的领导层成员，负责一个或几个方面的工作，在其所主管的工作范围内代表着单位的意志，其自首行为也应视为单位自首。因此，《意见》规定，对于单位犯罪有两种情况可以认定为单位自首：一是单位集体决定或者单位负责人决定而自动投案，如实交代单位犯罪事实的；二是单位直接负责的主管人员自动投案，如实交代单位犯罪事实的。

对于单位成立自首的情况下，其效力是否及于个人，《意见》作了肯定的规定，但以个人如实交代自己知道的罪行为条件。《意见》规定，单位自首的，直接负责的主管人员和直接责任人员未自动投案，但接受调查时如实交代自己知道的犯罪事实的，可以视为自首。如果拒不交代自己知道的犯罪事实或者逃避法律追究的，就不能认定为自首。单位没有自首的，其直接责任人员自动投案如实交代自己知道的犯罪事实的，对该直接责任人员应当认定为自首。

（四）关于自首情节在量刑中的作用问题

自首属于法定可以从轻、减轻或者免除处罚情节。实践中有犯罪分子只要具有自首情节，就一律从轻、减轻或者免除处罚的情形，不当放大了自首在量刑中的作用，违背了刑法立法本意。为了正确把握自首的量刑作用，确保宽之有度，《意见》规定，对于具有自首情节的犯罪分子，应当根据犯罪的事实、性质、情节和对于社会的危害程度，结合自动投案的动机、阶段、客观环境，交代犯罪事实的完整性、稳定性以及悔罪表现等具体情节，依法决定是否从轻、减轻或者免除处罚以及从轻、减轻处罚的幅度。从而防止不当扩大自首情节在量刑中的作用。

三、关于如实交代犯罪事实的认定处理问题

鉴于如实交代犯罪事实对于案件的侦破和顺利起诉、审判,具有重要的作用,特别是在一些职务犯罪案件中,如实交代犯罪事实所起的作用不一定低于自首立功的作用。另外,一些地方在个别案件处理上有意识地放宽自首的认定标准,随意认定自首,造成轻判轻罚。因此,《意见》第三条专门就如实交代犯罪事实的认定和处理问题作出规定。

这里规定的如实交代犯罪事实属于坦白范畴,但较通常理解的坦白范围要窄一些。一般而言,犯罪分子在被动归案后,如实供述自己的罪行,不管司法机关掌握程度如何,均应视为坦白。坦白是一个酌定量刑情节,《意见》仅规定了四种对于量刑有积极作用的情形。也就是说,具有《意见》规定的坦白情节的,量刑上均应不同程度地从轻考虑。

对于犯罪分子如实交代犯罪事实的,《意见》区分两类情况作了规定。一类是可以酌情从轻处罚的,具体包括两种情形:一是办案机关掌握部分犯罪事实,犯罪分子交代了同种其他犯罪事实的;二是办案机关掌握的证据不充分,犯罪分子如实交代有助于收集定案证据的。

另一类是一般应当从轻处罚的,也包括两种情形:一是办案机关仅掌握小部分犯罪事实,犯罪分子交代了大部分未被掌握的同种犯罪事实的;二是如实交代对于定案证据的收集有重要作用的。这两种情形下,由于犯罪分子的交代,对于查明犯罪事实和定案所起的作用要大于前两种情形,因此规定原则上从轻处罚,以鼓励犯罪分子如实交代。

▲刘为波:《关于办理职务犯罪案件认定自首、立功等量刑情节若干问题的意见》的理解与适用(节选)

一、关于自首的认定和处理。

在自首的认定和处理问题上,《意见》作了五个方面的规定。

1. 办案机关采取调查措施期间的自首认定。对于纪检监察机关采取调查措施期间交代罪行的能否认定为自首,理论和实践部门长期存在分歧。一种意见认为,纪检监察等办案机关不是法律规定的司法机关,纪检监察机关调查期间如实交代罪行的均可认定为自首;另一种意见认为,不宜一概以有无自动投案作为是否成立自首的条件。该意见论者又分为两种不同观点:一种观点主张以办案机关是否立案作为成立自首与否的认定基准;另一种观点主张以办案机关是否确切掌握犯罪事实作为认定基准。

自动投案和如实供述自己的罪行是成立自首的两个法定要件,两者缺一不可,必须同时具备。在纪检监察机关采取调查措施期间交代罪行的自首认定,同样应当以此为准。纪检监察部门的办案活动虽然不属于司法活动,但其所采取的调查谈话、调查措施与司法机关的讯问、强制措施的内容、目的、效果基本相同,两者具有可比性。当前职务犯罪案件多以纪检监察部门的调查为前置程序,如将纪检监察部门调查期间交代罪行的一概以自首论,势必导致职务犯罪案件自首认定的不当扩大,并在职务犯罪案件和非职务犯罪案件的自首认定中产生实质性的不公。从有利于案件查办的角度

出发主张区别情形分别认定的意见,缺乏法律和理论支撑:一方面,在办案机关立案之前的初步核实阶段即有可能采取"双规"、"两指"等调查措施;另一方面,自首的认定问题,与办案机关是否掌握犯罪事实的确切证据无关。为此,《意见》规定:"没有自动投案,在办案机关调查谈话、讯问、采取调查措施或者强制措施期间,犯罪分子如实交代办案机关掌握的线索所针对的事实的,不能认定为自首。"同时,鉴于纪检监察机关办案的特殊性,《意见》对自动投案规定了具体的认定标准,即:"犯罪事实或者犯罪分子未被办案机关掌握,或者虽被掌握,但犯罪分子尚未受到调查谈话、讯问,或者未被宣布采取调查措施或者强制措施时,向办案机关投案的,是自动投案。"

在理解本规定时,应注意以下四点:一是犯罪事实、犯罪分子是否被掌握,犯罪分子是否被采取调查措施或者强制措施,是相对于办案机关而言的。这里的办案机关仅限定为纪检、监察、公安、检察等法定职能部门,为避免实践执行中可能产生的误解,《意见》进一步明确,"犯罪分子向所在单位等办案机关以外的单位、组织或者有关负责人员投案的,应当视为自动投案。"二是纪检、监察机关办案程序一般是先初步核实、后立案、再调查,依照有关规定,在初步核实阶段也可以采取包括"双规"在内的调查措施。因此,这里的"调查",指的是措施意义上的调查,而非程序意义上的调查。三是调查谈话不同于诫勉谈话,一般指的是立案后依照有关调查程序进行的谈话。考虑到办案实践中立案情况较为复杂,为方便实践部门根据案件情况作出更为合理的认定取舍,《意见》对此未作进一步明确。四是《意见》特别规定被宣布采取调查措施,主要是考虑到调查措施与刑事司法中的强制措施有所不同,在被调查人对调查活动不知情的情况下,自动投案并如实交代罪行的,仍应认定为自首。只有在被宣布采取调查措施期间,被调查人已经知道对其采取调查活动的情况下才丧失自动投案的可能。

2. 准自首的认定。根据职务犯罪案件的实际情况,在刑法和最高人民法院《关于处理自首和立功具体应用法律若干问题的解释》有关规定的基础上,《意见》明确了两种无自动投案的准自首的具体情形,即:(1)犯罪分子如实交代办案机关未掌握的罪行,与办案机关已掌握的罪行属不同种罪行的;(2)办案机关所掌握线索针对的犯罪事实不成立,在此范围外犯罪分子交代同种罪行的。

对于上述第二种情形,有意见主张按坦白处理,以增强司法的可操作性。经研究,此情形属于实质上的准自首,故《意见》未采纳。

3. 单位自首的认定。在2002年由最高人民法院、最高人民检察院、海关总署联合发布的《关于办理走私刑事案件适用法律若干问题的意见》中,对单位走私犯罪案件的自首认定问题提出了一个初步意见,但实践中对于该规定是否具有普遍适用性以及单位自首的具体认定标准存在不同的看法。鉴于职务犯罪案件特别是贿赂犯罪案件中较多地存在单位犯罪情形,《意见》对单位犯罪的自首认定问题予以专门规定。即:"单位犯罪案件中,单位集体决定或者单位负责人决定而自动投案,如实交代单位犯罪事实的,或者单位直接负责的主管人员自动投案,如实交代单位犯罪事实的,应当认定为单位自首。单位自首的,直接负责的主管人员和直接责任人员未自动投案,但如实交代自己知道的犯罪事实的,可以视为自首;拒不交代自己知道的犯罪事实或者逃避法律追究的,不应当认定为自首。单位没有自首,直接责任人员自动投案并如实交代自己知道的犯罪事实的,对该直接责任人员应当认定为自首。"

准确理解本规定,关键在于把握四个要点:单位可以成立自首;区分单位自首与个人自首、检举、揭发的关键在于投案人代表的是单位还是个人;单位自首的效果可及于个人,但需以个人如实交代其掌握的罪行为条件;个人自首的成立不以单位自首为条件,但个人自首的效果不能及于单位。

4. 认定自首的事实根据。鉴于职务犯罪案件查办主体的复杂性,纪律处分与司法处理性质上不同,纪检监察机关移送司法机关查处的案件还需履行证据转化等程序。为加强配合,确保各办案环节的有机衔接以及自首认定的规范性和严肃性,《意见》规定,"对于具有自首情节的犯罪分子,办案机关移送案件时应当予以说明并移交相关证据材料。"

需要注意的是,为方便实际办案,本规定仅适用于存在自首问题的情形,不存在自首问题的无须说明和移交证据材料,以免给办案机关增加不必要的负担。同时,《意见》的这一精神,应当适用于坦白、退赃等量刑情节。至于移送的具体范围和方式等问题,目前有关机关正在加紧研究解决。

5. 自首情节的具体运用。对于具有自首情节的犯罪分子,是否从轻、减轻或者免除处罚以及从轻、减轻处罚的幅度,取决于犯罪行为和自首行为两个方面的具体情况。为此,《意见》对可供参考判断的相关考量因素作了细化规定,即:(1)犯罪的事实、性质、情节和对于社会的危害程度;(2)自动投案的动机、阶段、客观环境,交代犯罪事实的完整性、稳定性以及悔罪表现等。

三、关于如实交代犯罪事实的认定和处理

《意见》第3条对依法不成立自首,但如实交代犯罪事实的犯罪分子,区分具体情况提出了程度不同的处理意见。本条规定的情形属于坦白范畴,但较通常理解的坦白范围要窄一些。一般而言,犯罪分子在被动归案后,如实供述自己的罪行,不管司法机关掌握的程度如何,均应视为坦白。《意见》仅列举了四种情形,为避免逻辑上的不周延,故未使用"坦白"这一称谓。

坦白是一个酌定量刑情节,实践中对此没有疑问。《意见》之所以特别强调坦白的量刑意义,主要有两点考虑:一是宽严相济。坦白对于案件的侦破和顺利起诉、审判,具有重要的作用,特别是在一些较为隐蔽、难以取证的职务犯罪案件中,坦白所起的作用不一定小于自首等法定量刑情节,而这一点往往为办案人员所忽视,在量刑上没有得到应有的体现。二是疏堵并举。刑法在贪污、受贿罪的法定刑规定上存在一些不足,集中体现为计赃论罚这一单一量刑模式所带来的量刑失衡问题。为实现量刑均衡,一些检察院、法院在个别案件处理上有意识地放宽自首的认定标准。《意见》在严格自首认定条件的同时,强调坦白在量刑中的作用,既有效地防止了自首认定的随意性,又能确保在法律限度内尽可能地实现个案公正。

《意见》列举了四种坦白情形:(1)办案机关掌握部分犯罪事实,犯罪分子交代了同种其他犯罪事实的;(2)办案机关掌握的证据不充分,犯罪分子如实交代有助于收集定案证据的;(3)办案机关仅掌握小部分犯罪事实,犯罪分子交代了大部分未被掌握的同种犯罪事实的;(4)如实交代对于定案证据的收集有重要作用的,是对职务犯罪案件办理实践的经验总结,同时也是量刑方面的实际需要。具有本条规定的坦白情节的,量刑上均应不同程度地加以考虑,特别是后两种情形,一般应当从轻处罚。对于司法机关已经完全掌握犯罪分子的犯罪事实情况下的坦白,量刑上则不一定要考虑,实践意义不大,故《意见》未作规定。

▲2019年10月24日最高人民法院刑、最高人民检察院、公安部、国家安全部、司法部《关于适用认罪认罚从宽制度的指导意见》

二、适用范围和适用条件

5.适用阶段和适用案件范围。认罪认罚从宽制度贯穿刑事诉讼全过程,适用于侦查、起诉、审判各个阶段。

认罪认罚从宽制度没有适用罪名和可能判处刑罚的限定,所有刑事案件都可以适用,不能因罪轻、罪重或者罪名特殊等原因而剥夺犯罪嫌疑人、被告人自愿认罪认罚获得从宽处理的机会。但"可以"适用不是一律适用,犯罪嫌疑人、被告人认罪认罚后是否从宽,由司法机关根据案件具体情况决定。

6."认罪"的把握。认罪认罚从宽制度中的"认罪",是指犯罪嫌疑人、被告人自愿如实供述自己的罪行,对指控的犯罪事实没有异议。承认指控的主要犯罪事实,仅对个别事实情节提出异议,或者虽然对行为性质提出辩解但表示接受司法机关认定意见的,不影响"认罪"的认定。犯罪嫌疑人、被告人犯数罪,仅如实供述其中一罪或部分罪名事实的,全案不作"认罪"的认定,不适用认罪认罚从宽制度,但对如实供述的部分,人民检察院可以提出从宽处罚的建议,人民法院可以从宽处罚。

7."认罚"的把握。认罪认罚从宽制度中的"认罚",是指犯罪嫌疑人、被告人真诚悔罪,愿意接受处罚。"认罚",在侦查阶段表现为表示愿意接受处罚;在审查起诉阶段表现为接受人民检察院拟作出的起诉或不起诉决定,认可人民检察院的量刑建议,签署认罪认罚具结书;在审判阶段表现为当庭确认自愿签署具结书,愿意接受刑罚处罚。

"认罚"考察的重点是犯罪嫌疑人、被告人的悔罪态度和悔罪表现,应当结合退赃退赔、赔偿损失、赔礼道歉等因素来考量。犯罪嫌疑人、被告人虽然表示"认罚",却暗中串供、干扰证人作证、毁灭、伪造证据或者隐匿、转移财产,有赔偿能力而不赔偿损失,则不能适用认罪认罚从宽制度。犯罪嫌疑人、被告人享有程序选择权,不同意适用速裁程序、简易程序的,不影响"认罚"的认定。

三、认罪认罚后"从宽"的把握

8."从宽"的理解。从宽处理既包括实体上从宽处罚,也包括程序上从简处理。"可以从宽",是指一般应当体现法律规定和政策精神,予以从宽处理。但可以从宽不是一律从宽,对犯罪性质和危害后果特别严重、犯罪手段特别残忍、社会影响特别恶劣的犯罪嫌疑人、被告人,认罪认罚不足以从轻处罚的,依法不予从宽处罚。

办理认罪认罚案件,应当依照刑法、刑事诉讼法的基本原则,根据犯罪的事实、性质、情节和对社会的危害程度，结合法定、酌定的量刑情节，综合考虑认罪认罚的具体情况，依法决定是否从宽、如何从宽。对于减轻、免除处罚，应当于法有据；不具备减轻处罚情节的，应当在法定幅度以内提出从轻处罚的量刑建议和量刑；对其中犯罪情节轻微不需要判处刑罚的，可以依法作出不起诉决定或者判决免予刑事处罚。

9. 从宽幅度的把握。办理认罪认罚案件，应当区别认罪认罚的不同诉讼阶段、对查明案件事实的价值和意义、是否确有悔罪表现，以及罪行严重程度等，综合考量确定从宽的限度和幅度。在刑罚评价上，主动认罪优于被动认罪，早认罪优于晚认罪，彻底认罪优于不彻底认罪，稳定认罪优于不稳定认罪。

认罪认罚的从宽幅度一般应当大于仅有坦白，或者虽认罪但不认罚的从宽幅度。对犯罪嫌疑人、被告人具有自首、坦白情节，同时认罪认罚的，应当在法定刑幅度内给予相对更大的从宽幅度。认罪认罚与自首、坦白不作重复评价。

对罪行较轻、人身危险性较小的，特别是初犯、偶犯，从宽幅度可以大一些；罪行较重、人身危险性较大的，以及累犯、再犯，从宽幅度应当从严把握。

第六十八条 【立功】犯罪分子有揭发他人犯罪行为，查证属实的，或者提供重要线索，从而得以侦破其他案件等立功表现的，可以从轻或者减轻处罚；有重大立功表现的，可以减轻或者免除处罚。

本条原有第二款，被 2011 年 5 月 1 日全国人大常委会《中华人民共和国刑法修正案(八)》第九条删除。

▲1998 年 5 月 9 日最高人民法院《关于处理自首和立功具体应用法律若干问题的解释》：

第五条 根据刑法第六十八条第一款的规定，犯罪分子到案后有检举、揭发他人犯罪行为，包括共同犯罪案件中的犯罪分子揭发同案犯共同犯罪以外的其他犯罪，经查证属实；提供侦破其他案件的重要线索，经查证属实；阻止他人犯罪活动；协助司法机关抓捕其他犯罪嫌疑人(包括同案犯)；具有其他有利于国家和社会的突出表现的，应当认定为有立功表现。

第六条 共同犯罪案件的犯罪分子到案后，揭发同案犯共同犯罪事实的，可以酌情予以从轻处罚。

第七条 根据刑法第六十八条第一款的规定，犯罪分子有检举、揭发他人重大犯罪行为，经查证属实；提供侦破其他重大案件的重要线索，经查证属实；阻止他人重大犯罪活动；协助司法机关抓捕其他重大犯罪嫌疑人(包括同案犯)；对国家和社会有其他重大贡献等表现的，应当认定为有重大立功表现。

前款所称"重大犯罪"、"重大案件"、"重大犯罪嫌疑人"的标准，一般是指犯罪嫌疑人、被告人可能被判处无期徒刑以上刑罚或者案件在本省、自治区、直辖市或者全国范围内有较大影响等情形。

▲2010年12月22日最高人民法院《关于处理自首和立功若干具体问题的意见》：

四、关于立功线索来源的具体认定

犯罪分子通过贿买、暴力、胁迫等非法手段，或者被羁押后与律师、亲友会见过程中违反监管规定，获取他人犯罪线索并"检举揭发"的，不能认定为有立功表现。

犯罪分子将本人以往查办犯罪职务活动中掌握的，或者从负有查办犯罪、监管职责的国家工作人员处获取的他人犯罪线索予以检举揭发的，不能认定为有立功表现。

犯罪分子亲友为使犯罪分子"立功"，向司法机关提供他人犯罪线索、协助抓捕犯罪嫌疑人的，不能认定为犯罪分子有立功表现。

五、关于"协助抓捕其他犯罪嫌疑人"的具体认定

犯罪分子具有下列行为之一，使司法机关抓获其他犯罪嫌疑人的，属于《解释》第五条规定的"协助司法机关抓捕其他犯罪嫌疑人"：（1）按照司法机关的安排，以打电话、发信息等方式将其他犯罪嫌疑人（包括同案犯）约至指定地点的；（2）按照司法机关的安排，当场指认、辨认其他犯罪嫌疑人（包括同案犯）的；（3）带领侦查人员抓获其他犯罪嫌疑人（包括同案犯）的；(4)提供司法机关尚未掌握的其他案件犯罪嫌疑人的联络方式、藏匿地址的，等等。

犯罪分子提供同案犯姓名、住址、体貌特征等基本情况，或者提供犯罪前、犯罪中掌握、使用的同案犯联络方式、藏匿地址，司法机关据此抓捕同案犯的，不能认定为协助司法机关抓捕同案犯。

六、关于立功线索的查证程序和具体认定

被告人在一、二审审理期间检举揭发他人犯罪行为或者提供侦破其他案件的重要线索，人民法院经审查认为该线索内容具体、指向明确的，应及时移交有关人民检察院或者公安机关依法处理。

侦查机关出具材料，表明在三个月内还不能查证并抓获被检举揭发的人，或者不能查实的，人民法院审理案件可不再等待查证结果。

被告人检举揭发他人犯罪行为或者提供侦破其他案件的重要线索经查证不属实，又重复提供同一线索，且没有提出新的证据材料的，可以不再查证。

根据被告人检举揭发破获的他人犯罪案件，如果已有审判结果，应当依据判决确认的事实认定是否查证属实；如果被检举揭发的他人犯罪案件尚未进入审判程序，可以依据侦查机关提供的书面查证情况认定是否查证属实。检举揭发的线索经查确有犯罪发生，或者确定了犯罪嫌疑人，可能构成重大立功，只是未能将犯罪嫌疑人抓获归案的，对可能判处死刑的被告人一般要留有余地，对其他被告人原则上应酌情从轻处罚。

被告人检举揭发或者协助抓获的人的行为构成犯罪，但因法定事由不追究刑事责任、不起诉、终止审理的，不影响对被告人立功表现的认定；被告人检举揭发或者协助抓获的人的行为应判处无期徒刑以上刑罚，但因具有法定、酌定从宽情节，宣告刑为有期徒刑或者更轻刑罚的，不影响对被告人重大立功表现的认定。

七、关于自首、立功证据材料的审查

人民法院审查的自首证据材料，应当包括被告人投案经过、有罪供述以及能够证

明其投案情况的其他材料。投案经过的内容一般应包括被告人投案时间、地点、方式等。证据材料应加盖接受被告人投案的单位的印章,并有接受人员签名。

人民法院审查的立功证据材料,一般应包括被告人检举揭发材料及证明其来源的材料、司法机关的调查核实材料、被检举揭发人的供述等。被检举揭发案件已立案、侦破,被检举揭发人被采取强制措施、公诉或者审判的,还应审查相关的法律文书。证据材料应加盖接收被告人检举揭发材料的单位的印章,并有接收人员签名。

人民法院经审查认为证明被告人自首、立功的材料不规范、不全面的,应当由检察机关、侦查机关予以完善或者提供补充材料。

上述证据材料在被告人被指控的犯罪一、二审审理时已形成的,应当经庭审质证。

八、关于对自首、立功的被告人的处罚

对具有自首、立功情节的被告人是否从宽处罚、从宽处罚的幅度,应当考虑其犯罪事实、犯罪性质、犯罪情节、危害后果、社会影响、被告人的主观恶性和人身危险性等。自首的还应考虑投案的主动性、供述的及时性和稳定性等。立功的还应考虑检举揭发罪行的轻重、被检举揭发的人可能或者已经被判处的刑罚、提供的线索对侦破案件或者协助抓捕其他犯罪嫌疑人所起作用的大小等。

具有自首或者立功情节的,一般应依法从轻、减轻处罚;犯罪情节较轻的,可以免除处罚。类似情况下,对具有自首情节的被告人的从宽幅度要适当宽于具有立功情节的被告人。

虽然具有自首或者立功情节,但犯罪情节特别恶劣、犯罪后果特别严重、被告人主观恶性深、人身危险性大,或者在犯罪前即为规避法律、逃避处罚而准备自首、立功的,可以不从宽处罚。

对于被告人具有自首、立功情节,同时又有累犯、毒品再犯等法定从重处罚情节的,既要考虑自首、立功的具体情节,又要考虑被告人的主观恶性、人身危险性等因素,综合分析判断,确定从宽或者从严处罚。累犯的前罪为非暴力犯罪的,一般可以从宽处罚,前罪为暴力犯罪或者前、后罪为同类犯罪的,可以不从宽处罚。

在共同犯罪案件中,对具有自首、立功情节的被告人的处罚,应注意共同犯罪人以及首要分子、主犯、从犯之间的量刑平衡。犯罪集团的首要分子、共同犯罪的主犯检举揭发或者协助司法机关抓捕同案地位、作用较次的犯罪分子的,从宽处罚与否应当从严掌握,如果从轻处罚可能导致全案量刑失衡的,一般不从轻处罚;如果检举揭发或者协助司法机关抓捕的是其他案件中罪行同样严重的犯罪分子,一般应依法从宽处罚。对于犯罪集团的一般成员、共同犯罪的从犯立功的,特别是协助抓捕首要分子、主犯的,应当充分体现政策,依法从宽处罚。

注:关于立功的溯及力,请参阅《关于适用刑法时间效力规定若干问题的解释》第五条,见本书第355页;《关于〈中华人民共和国刑法修正案(八)〉时间效力问题的解释》第五条,见本书第358页。关于立功的量刑,请参阅《关于常见犯罪的量刑指导意见》"常见量刑情节的适用"第7点,见本书第377页。

▲2009年3月20日最高人民法院、最高人民检察院《关于办理职务犯罪案件认定自首、立功等量刑情节若干问题的意见》：

二、关于立功的认定和处理

立功必须是犯罪分子本人实施的行为。为使犯罪分子得到从轻处理，犯罪分子的亲友直接向有关机关揭发他人犯罪行为，提供侦破其他案件的重要线索，或者协助司法机关抓捕其他犯罪嫌疑人的，不应当认定为犯罪分子的立功表现。

据以立功的他人罪行材料应当指明具体犯罪事实；据以立功的线索或者协助行为对于侦破案件或者抓捕犯罪嫌疑人要有实际作用。犯罪分子揭发他人犯罪行为时没有指明具体犯罪事实的；揭发的犯罪事实与查实的犯罪事实不具有关联性的；提供的线索或者协助行为对于其他案件的侦破或者其他犯罪嫌疑人的抓捕不具有实际作用的，不能认定为立功表现。

犯罪分子揭发他人犯罪行为，提供侦破其他案件重要线索的，必须经查证属实，才能认定为立功。审查是否构成立功，不仅要审查办案机关的说明材料，还要审查有关事实和证据以及与案件定性处罚相关的法律文书，如立案决定书、逮捕决定书、侦查终结报告、起诉意见书、起诉书或者判决书等。

据以立功的线索、材料来源有下列情形之一的，不能认定为立功：(1)本人通过非法手段或者非法途径获取的；(2)本人因原担任的查禁犯罪等职务获取的；(3)他人违反监管规定向犯罪分子提供的；(4)负有查禁犯罪活动职责的国家机关工作人员或者其他国家工作人员利用职务便利提供的。

犯罪分子检举、揭发的他人犯罪，提供侦破其他案件的重要线索，阻止他人的犯罪活动，或者协助司法机关抓捕的其他犯罪嫌疑人，犯罪嫌疑人、被告人依法可能被判处无期徒刑以上刑罚的，应当认定为有重大立功表现。其中，可能被判处无期徒刑以上刑罚，是指根据犯罪行为的事实、情节可能判处无期徒刑以上刑罚。案件已经判决的，以实际判处的刑罚为准。但是，根据犯罪行为的事实、情节应当判处无期徒刑以上刑罚，因被判刑人有法定情节经依法从轻、减轻处罚后判处有期徒刑的，应当认定为重大立功。

对于具有立功情节的犯罪分子，应当根据犯罪的事实、性质、情节和对于社会的危害程度，结合立功表现所起作用的大小、所破获案件的罪行轻重、所抓获犯罪嫌疑人可能判处的法定刑以及立功的时机等具体情节，依法决定是否从轻、减轻或者免除处罚以及从轻、减轻处罚的幅度。

延伸阅读：

▲陈国庆、韩耀元、王文利：《关于办理职务犯罪案件认定自首、立功等量刑情节若干问题的意见》的理解与适用(节选)

二、关于立功的认定问题

《意见》第二条规定了立功的认定和处理意见，主要解决立功的条件、线索来源等司法实践中存在分歧的问题。

(一)认定职务犯罪分子立功应具备的条件

根据《意见》规定，认定职务犯罪分子立功应具备以下三个条件：

1. 立功必须是犯罪分子本人实施。实践中犯罪分子亲友"代犯罪分子立功"情形屡有出现,如犯罪分子亲友想方设法人为地收集线索、检举揭发犯罪,以期减轻其罪责。如将此种做法视为犯罪分子立功,则违背了立功的亲为性特征。为防止立功扩大化趋向,《意见》规定,犯罪分子亲友直接向有关机关揭发他人犯罪行为,提供侦破其他犯罪案件的重要线索,或者协助司法机关抓捕其他犯罪嫌疑人的,不应当认定为犯罪分子有立功表现。

2. 《意见》明确了据以立功的他人罪行材料应当指明具体犯罪事实;据以立功的线索或者协助行为对于侦破案件或者抓捕罪犯要有实际作用。实践中,有的犯罪分子出于争取立功、减轻自己罪责的动机,向办案机关揭发他人,但揭发内容模糊,没有具体的犯罪事实。对此,《意见》明确规定,犯罪分子揭发他人犯罪行为时没有指明具体犯罪事实的;揭发的犯罪事实与查实的犯罪事实不具有关联性的;提供的线索或者协助行为对于其他案件的侦破或者其他犯罪分子的抓捕不具有实际作用的,不能认定为立功表现。

3. 犯罪分子揭发他人犯罪行为,提供侦破其他案件重要线索的,必须经查证属实,才能认定为立功。实践中的一些案件只有简单说明,司法机关难以作出是否查证属实的结论;如果仅凭一纸说明即认定立功,往往会使犯罪分子逃避应有的惩罚。为确保立功认定的严肃性,《意见》规定,审查是否构成立功,不仅要审查办案机关的说明材料,还要审查有关事实和证据以及与案件定性处罚相关的法律文书,如立案决定书、侦查终结报告、起诉意见书、起诉书或者判决书等。

(二)关于立功线索、材料的来源问题

这里说的来源,主要指的是据以立功的线索、材料来源是否正当。立功的认定,应否考虑立功材料的来源,实践中存在不同认识。如果不考虑立功线索、材料的来源,把不正当或者违反法律的线索来源也作为认定立功的依据,就会严重损及公共利益、公正观念和司法正义。因此,《意见》明确四种因线索来源不正当或者违法而不能作为认定立功的情形:一是本人通过非法手段或者非法途径获取的,如犯罪分子通过向办案人员行贿而获取的有关立功线索材料;二是本人因原担任的查禁犯罪等职务获取的,如原担任人民警察、检察人员、审判人员在履行职务过程中获悉的他人犯罪的线索材料;三是他人违反监管规定向犯罪分子提供的,如律师、亲友违反会见规定,为犯罪分子提供有关立功的线索材料;四是负有查禁犯罪活动职责的国家机关工作人员或者其他国家工作人员利用职务便利提供的,如人民警察、检察人员、审判人员出于私情而主动给犯罪分子提供的立功线材料。

(三)关于重大立功中"无期徒刑以上刑罚"的含义问题

根据《关于处理自首和立功具体应用法律若干问题的解释》的有关规定,犯罪分子检举、揭发他人犯罪,提供侦破其他案件的重要线索,阻止他人的犯罪活动,或者协助司法机关抓捕其他犯罪嫌疑人,犯罪嫌疑人、被告人依法可能被判处无期徒刑以上刑罚的,应当认定为有重大立功表现。对于这里的"可能被判处无期徒刑以上刑罚"的判断依据,司法实践中存在不同认识。为此,《意见》规定,"可能被判处无期徒刑以上刑罚,是指根据犯罪行为的事实、情节可能判处无期徒刑以上刑罚。案件已经判决的,以实际判处的刑罚为准。但是,根据犯罪行为的事实、情节应当判处无期徒刑以上刑罚,因被判刑人有法定情节经依法从轻、减轻处罚后判处有期徒刑的,应当认定为重大立功。"这里,判断是否有重大立功表现,应以被检举揭发或者抓获的犯罪分子所实施的犯罪行为通常应当判处的刑罚为依据。如果被检举揭发或者抓获的犯罪分子本应被判处无期徒刑以上刑罚,但因本身也具有自首、立功等罪后情节或者是未成年人等因素,而对其实际处罚时判处有期徒刑的情况下,也应当认定是重大立功表现。

(四)关于立功情节在量刑中的作用问题

与自首一样,对于具有立功表现的犯罪分子,在具体裁量刑罚时应当充分考虑犯罪行为和立功表现两个方面的具体情况。《意见》规定,对于具有立功情节的犯罪分子,应当根据犯罪的事实、性质、情节和对于社会的危害程度,结合立功表现所起作用的大小、所破获案件的罪行轻重、所抓获犯罪嫌疑人可能判处的法定刑以及立功的时机等具体情节,依法决定是否从轻、减轻或者免除处罚以及从轻、减轻处罚的幅度,防止立功作用不当扩大。

▲刘为波:《关于办理职务犯罪案件认定自首、立功等量刑情节若干问题的意见》的理解与适用(节选)

二、关于立功的认定和处理

在立功的认定和处理问题上,《意见》作了以下六个方面的规定:

1. 协助立功。实践中,犯罪分子请求亲友协助立功或者犯罪分子的亲友主动协助立功的情形屡有发生,司法认定中也存在不同意见。我们认为,立功应该具有亲为性,由犯罪分子的亲友而非其本人直接实施的行为,不能归之于犯罪分子,故协助立功不属于刑法规定中的立功。为此,《意见》规定:"为使犯罪分子得到从轻处理,犯罪分子的亲友直接向有关机关揭发他人犯罪行为,提供侦破其他案件的重要线索,或者协助司法机关抓捕其他犯罪嫌疑人的,不应当认定为犯罪分子的立功表现。"

在理解本规定时,应注意两点:一是《意见》强调"直接"二字,意在说明亲友的协助行为与犯罪分子本人并无实质性的联系。如犯罪分子本人掌握了他人的犯罪行为、其他案件线索或者其他犯罪嫌疑人的藏匿地点,因客观原因由其亲友帮助得以将其他案件侦破或者将其他犯罪嫌疑人抓捕的,则另当别论。二是犯罪分子的亲友应犯罪分子的要求直接向有关机关揭发他人犯罪行为,提供侦破其他案件的重要线索,或者协助司法机关抓捕其他犯罪嫌疑人的,客观上起到了积极作用,而且在一定程度上也体现了犯罪分子的主观意愿,虽不成立立功,但在量刑时可以结合案件的具体情况适当考虑。

2. 抽象立功。抽象立功指的是没有具体证据材料和犯罪事实指向的检举、揭发行为,比如仅根据一夜暴富或者关系密切而检举、揭发他人有贪污或者受贿行为。对此,我们认为,检举、揭发需以具体犯罪事实为前提,此种情形下即便事后查明被检举、揭发的人确有犯罪事实,但因与所谓的检举、揭发行为并无实质性关联,故不属于立功。为此,《意见》规定:"犯罪分子揭发他人犯罪行为时没有指明具体犯罪事实的;揭发的犯罪事实与查实的犯罪事实不具有关联性的,不能认定为立功表现。同时,为进一步强调据以立功的线索或者协助行为对于侦破案件或者抓捕罪犯应当具有客观效果这一点,《意见》规定:"提供的线索或者协助行为对于其他案件的侦破或者其他犯罪分子的抓捕不具有实际作用的,不能认定为立功表现。"

3. 立功事实的审查。查证属实是认定立功的一个法定要求。实践中一些案件往往只有简单说明,司法机关难以据此得出结论。为有效防止立功认定的随意性,确保立功认定的严肃性,《意见》规定,审查是否构成立功,不仅要审查办案机关的说明材料,还要审查有关事实和证据以及与案件定性处罚相关的法律文书。

4. 线索来源与立功认定。立功的认定,应否考虑据以立功的线索、材料的来源情况,实践中存在不同看法。一种意见认为,基于立功这一制度安排的基本价值诉求,立功材料的具体来源一般情况下不影响立功的认定,只是在决定是否从轻、减轻处罚以及从轻、减轻处罚的幅度时应予考虑。

经研究,在线索来源问题上,需要兼顾公正与功利两种价值诉求的内在平衡。任何功利的获取,不得以牺牲公正为代价。作为社会公平正义的守护者,司法机关更应坚守这一原则。为正确发挥司法导向作用,维护社会公平正义的理念,《意见》对据以立功的线索、材料来源作出了限制性的规定,明确以下情形不能认定为立功:犯罪分子通过非法手段或者非法途径获取的;犯罪分子因原担任的查禁犯罪等职务获取的;他人违反监管规定向犯罪分子提供的;负有查禁犯罪活动职责的国家机关工作人员或者其他国家工作人员利用职务便利提供的。

上述四种情形不得认定为立功,是由其行为本身的违法性所决定的,任何人不得从其违法行为中获利,是一个基本的司法准则。其中,第三种、第四种情形属于国家工作人员滥用公权,其本身即为违纪违法甚至是犯罪行为。

5. 对重大立功中无期徒刑以上刑罚的理解。根据最高人民法院《关于处理自首和立功具体应用法律若干问题的解释》的有关规定,犯罪分子检举、揭发他人犯罪,提供侦破其他案件的重要线索,阻止他人的犯罪活动,或者协助司法机关抓捕的其他犯罪嫌疑人,犯罪嫌疑人、被告人依法可能被判处无期徒刑以上刑罚的,应当认定为有重大立功表现。对于这里的"可能被判处无期徒刑以上刑罚"的判断依据,司法实践中存在法定刑、宣告刑、执行刑等不同看法。比如,有意见认为,"可能被判处无期徒刑以上刑罚",是指根据被检举、揭发的犯罪行为本身的严重程度来判断该行为可能判处无期徒刑以上刑罚。案件结案后,是否实际判处无期徒刑以上刑罚,不影响重大立功的认定。据此意见,在有确定的判决作为认定依据的情形下,如果被检举、揭发、协助抓获的罪犯的犯罪行为本身应当依法判处无期徒刑以上刑罚,只是由于该罪犯具有自首、立功、未成年人等犯罪行为实施以外的从轻、减轻量刑情节而被判处有期徒刑以下刑罚,对该罪犯仍应认定重大犯罪嫌疑人。另有意见认为,"可能被判处无期徒刑以上刑罚"应当理解为针对人民法院对有关人员尚未作出判决情形下所作的规定。相关重大案件已经作出判决,被检举、揭发、协助抓获的罪犯已经被实际判处有期徒刑以下刑罚的,表明该罪犯已经不存在判处无期徒刑以上刑罚的可能性,因而不应对检举者、揭发者、协助抓获者认定重大立功。唯有如此,才能找到明确的判断界限。

上述两种意见均有可取之处，但又失于绝对。《意见》在综合两种意见的基础上规定："可能被判处无期徒刑以上刑罚，是指根据犯罪行为的事实、情节可能判处无期徒刑以上刑罚。案件已经判决的，以实际判处的刑罚为准。但是，根据犯罪行为的事实、情节应当判处无期徒刑以上刑罚，因被判刑人有法定情节经依法从轻、减轻处罚后判处有期徒刑的，应当认定为重大立功。"

在理解本规定时，应注意以下两点：一是可能被判处无期徒刑以上刑罚是指根据立功行为实施时就已经存在的案件的主客观事实、情节，依法可能被判处无期徒刑以上刑罚。二是案件已经判决的，除因被判刑人在立功行为实施后形成新的量刑情节经依法从轻、减轻处罚后判处有期徒刑之外，应当以实际判处的刑罚为准。

6. 立功情节的具体运用。对于具有立功表现的犯罪分子，在具体适用刑罚时应当充分考虑犯罪行为和立功表现两个方面的具体情况。为方便实践操作，《意见》对该两个方面的具体情况作了细化规定。

第四节 数罪并罚

第六十九条 【判决宣告前一人犯数罪的并罚】判决宣告以前一人犯数罪的，除判处死刑和无期徒刑的以外，应当在总和刑期以下、数刑中最高刑期以上，酌情决定执行的刑期，但是管制最高不能超过三年，拘役最高不能超过一年，有期徒刑总和刑期不满三十五年的，最高不能超过二十年，总和刑期在三十五年以上的，最高不能超过二十五年。

数罪中有判处有期徒刑和拘役的，执行有期徒刑。数罪中有判处有期徒刑和管制，或者拘役和管制的，有期徒刑、拘役执行完毕后，管制仍须执行。

数罪中有判处附加刑的，附加刑仍须执行，其中附加刑种类相同的，合并执行，种类不同的，分别执行。

本条根据2011年5月1日全国人大常委会《中华人民共和国刑法修正案（八）》第十条修订。原条文为："判决宣告以前一人犯数罪的，除判处死刑和无期徒刑的以外，应当在总和刑期以下、数刑中最高刑期以上，酌情决定执行的刑期，但是管制最高不能超过三年，拘役最高不能超过一年，有期徒刑最高不能超过二十年。"原第二款中增设"其中附加刑种类相同的，合并执行，种类不同的，分别执行"。

本条第二款根据2015年11月1日全国人大常委会《中华人民共和国刑法修正案（九）》第四条增设，原第二款被修正为第三款。

第七十条 【判决宣告后发现漏罪的并罚】判决宣告以后，刑罚执行完毕以前，发现被判刑的犯罪分子在判决宣告以前还有其他罪没有判决的，应当对新发现的罪作出判决，把前后两个判决所判处的刑罚，依照本法第六十九条的规定，决定执行的刑罚。已经执行的刑期，应当计算在新判决决定的刑期以内。

▲1993年4月16日最高人民法院《关于判决宣告后又发现被判刑的犯罪分子的同种漏罪是否实行数罪并罚的批复》：

人民法院的判决宣告并已发生法律效力以后，刑罚还没有执行完毕以前，发现被判刑的犯罪分子在判决宣告以前还有其他罪没有判决的，不论新发现的罪与原判决的罪是否属于同种罪，都应当依照刑法第六十五条的规定实行数罪并罚。但如果在第一审人民法院的判决宣告以后，被告人提出上诉或者人民检察院提出抗诉，判决尚未发生法律效力的，第二审人民法院在审理期间，发现原审被告人在第一审判决宣告以前还有同种漏罪没有判决的，第二审人民法院应当依照刑事诉讼法第一百三十六条第（三）项的规定，裁定撤销原判，发回原审人民法院重新审判，第一审人民法院重新审判时，不适用刑法关于数罪并罚的规定。

▲2011年6月14日最高人民法院研究室《关于罪犯在刑罚执行期间的发明创造能否按照重大立功表现作为对其漏罪审判时的量刑情节问题的答复》：

罪犯在服刑期间的发明创造构成立功或者重大立功的，可以作为依法减刑的条件予以考虑，但不能作为追诉漏罪的法定量刑情节考虑。

▲2012年1月18日最高人民法院《关于罪犯因漏罪、新罪数罪并罚时原减刑裁定应如何处理的意见》：

罪犯被裁定减刑后，因被发现漏罪或者又犯新罪而依法进行数罪并罚时，经减刑裁定减去的刑期不计入已经执行的刑期。

在此后对因漏罪数罪并罚的罪犯依法减刑，决定减刑的频次、幅度时，应当对其原经减刑裁定减去的刑期酌予考虑。

▲2017年1月1日最高人民法院《关于办理减刑、假释案件具体应用法律的规定》：

第三十四条 罪犯被裁定减刑后，刑罚执行期间发现漏罪而数罪并罚的，原减刑裁定自动失效。如漏罪系罪犯主动交代的，对其原减去的刑期，由执行机关报请有管辖权的人民法院重新作出减刑裁定，予以确认；如漏罪系有关机关发现或者他人检举揭发的，由执行机关报请有管辖权的人民法院，在原减刑裁定减去的刑期总和之内，酌情重新裁定。

第三十五条 被判处死刑缓期执行的罪犯，在死刑缓期执行期内被发现漏罪，依据刑法第七十条规定数罪并罚，决定执行死刑缓期执行的，死刑缓期执行期间自新判决确定之日起计算，已经执行的死刑缓期执行期间计入新判决的死刑缓期执行期间内，但漏罪被判处死刑缓期执行的除外。

第三十六条 被判处死刑缓期执行的罪犯，在死刑缓期执行期满后被发现漏罪，依据刑法第七十条规定数罪并罚，决定执行死刑缓期执行的，交付执行时对罪犯实际执行无期徒刑，死缓考验期不再执行，但漏罪被判处死刑缓期执行的除外。

在无期徒刑减为有期徒刑时，前罪死刑缓期执行减为无期徒刑之日起至新判决生效之日止已经实际执行的刑期，应当计算在减刑裁定决定执行的刑期以内。

原减刑裁定减去的刑期依照本规定第三十四条处理。

第三十七条 被判处无期徒刑的罪犯在减为有期徒刑后因发现漏罪,依据刑法第七十条规定数罪并罚,决定执行无期徒刑的,前罪无期徒刑生效之日起至新判决生效之日止已经实际执行的刑期,应当在新判决的无期徒刑减为有期徒刑时,在减刑裁定决定执行的刑期内扣减。

无期徒刑罪犯减为有期徒刑后因发现漏罪判处三年有期徒刑以下刑罚,数罪并罚决定执行无期徒刑的,在新判决生效后执行一年以上,符合减刑条件的,可以减为有期徒刑,减刑幅度依照本规定第八条、第九条的规定执行。

原减刑裁定减去的刑期依照本规定第三十四条处理。

注:关于数罪并罚的溯及力,请参阅《关于〈中华人民共和国刑法修正案(八)〉时间效力问题的解释》第六条,见本书第358页。关于减刑、假释案件中发现漏罪的数罪并罚问题,请参阅《关于办理减刑、假释案件具体应用法律的规定》第三十四条至第三十七条,见本书第400~401页。

第七十一条 【判决宣告后又犯新罪的并罚】 判决宣告以后,刑罚执行完毕以前,被判刑的犯罪分子又犯罪的,应当对新犯的罪作出判决,把前罪没有执行的刑罚和后罪所判处的刑罚,依照本法第六十九条的规定,决定执行的刑罚。

▲1989年5月24日最高人民法院研究室《关于对再审改判前因犯新罪被加刑的罪犯再审时如何确定执行的刑罚问题的电话答复》:

对于再审改判前因犯新罪被加刑的罪犯,在对其前罪再审时,应当将罪犯新罪时的判决中关于前罪与新罪并罚的内容撤销,并把经再审改判后的前罪没有执行完的刑罚和新罪已判处的刑罚,按照刑法第六十六条(1997年刑法第七十一条)的规定依法数罪并罚。关于原前罪与新罪并罚的判决由哪个法院撤销,应视具体情况确定:如果再审法院是对新罪作出判决的法院的上级法院,或者是对新罪作出判决的同一法院,可以由再审法院撤销;否则,应由对新罪作出判决的法院撤销。对于前罪经再审改判为无罪或者免予刑事处分的,其已执行的刑期可以折抵新罪的刑期。

▲1993年1月28日最高人民法院研究室《关于罪犯在保外就医期间又犯罪,事隔一段时间后被抓获,对前罪的余刑应当如何计算的请示的答复》:

服刑罪犯经批准保外就医期应计入执行期,保外就医期限届满后未归监的时间不得计入执行期;又重新犯罪的,其前罪的余刑应从保外就医期限届满第二日起计算至前罪刑满之日为止。

▲2009年6月10日最高人民法院《关于在执行附加刑剥夺政治权利期间犯新罪应如何处理的批复》:

一、对判处有期徒刑并处剥夺政治权利的罪犯,主刑已执行完毕,在执行附加刑剥夺政治权利期间又犯新罪,如果所犯新罪无须附加剥夺政治权利的,依照刑法第七十一条的规定数罪并罚。

二、前罪尚未执行完毕的附加刑剥夺政治权利的刑期从新罪的主刑有期徒刑执行之日起停止计算，并依照刑法第五十八条规定从新罪的主刑有期徒刑执行完毕之日或者假释之日起继续计算；附加刑剥夺政治权利的效力施用于新罪的主刑执行期间。

三、对判处有期徒刑的罪犯，主刑已执行完毕，在执行附加刑剥夺政治权利期间又犯新罪，如果所犯新罪也剥夺政治权利的，依照刑法第五十五条、第五十七条、第七十一条的规定并罚。

注：关于减刑、假释案件中发现漏罪的数罪并罚问题，请参阅《关于办理减刑、假释案件具体应用法律的规定》第三十三条，见本书第 402 页。

▲2017 年 1 月 1 日最高人民法院《关于办理减刑、假释案件具体应用法律的规定》

第三十三条 罪犯被裁定减刑后，刑罚执行期间因故意犯罪而数罪并罚时，经减刑裁定减去的刑期不计入已经执行的刑期。原判死刑缓期执行减为无期徒刑、有期徒刑，或者无期徒刑减为有期徒刑的裁定继续有效。

▲2017 年 11 月 26 日全国人大常委会法制工作委员会《关于对被告人在罚金刑执行完毕前又犯新罪的罚金应否与未执行完毕的罚金适用数罪并罚问题的答复意见》

刑法第七十一条中"刑罚执行完毕以前"应是指主刑执行完毕以前。如果被告人主刑已执行完毕，只是罚金尚未执行完毕的，根据刑法第五十三条的规定，人民法院在任何时候发现有可以执行的财产，应当随时追缴。因此，被告人前罪主刑已执行完毕，罚金未执行完毕的，应当由人民法院继续执行尚未执行完毕的罚金，不必与新罪判处的罚金数罪并罚。

第五节 缓 刑

第七十二条 【缓刑适用条件、禁止令与附加刑的执行】对于被判处拘役、三年以下有期徒刑的犯罪分子，同时符合下列条件的，可以宣告缓刑，对其中不满十八周岁的人、怀孕的妇女和已满七十五周岁的人，应当宣告缓刑：

（一）犯罪情节较轻；

（二）有悔罪表现；

（三）没有再犯罪的危险；

（四）宣告缓刑对所居住社区没有重大不良影响。

宣告缓刑，可以根据犯罪情况，同时禁止犯罪分子在缓刑考验期限内从事特定活动，进入特定区域、场所，接触特定的人。

被宣告缓刑的犯罪分子，如果被判处附加刑，附加刑仍须执行。

本条根据 2011 年 5 月 1 日全国人大常委会《中华人民共和国刑法修正案（八）》第十一条修订。原条文为："对于被判处拘役、三年以下有期徒刑的犯罪分子，根据犯罪分子的犯罪情节和悔罪表现，适用缓刑确实不致再危害社会的，可以宣告缓刑。"

▲1998年9月17日最高人民检察院法律政策研究室《关于对数罪并罚决定执行刑期为三年以下有期徒刑犯罪分子能否适用缓刑问题的复函》：

根据刑法第七十二条的规定，可以适用缓刑的对象是被判处拘役、三年以下有期徒刑的犯罪分子；条件是根据犯罪分子的犯罪情节和悔罪表现，适用缓刑确实不致再危害社会。对于判决宣告以前数罪的犯罪分子，只要判决执行的刑罚为拘役、三年以下有期徒刑，且符合根据犯罪分子的犯罪情节和悔罪表现，适用缓刑确实不致再危害社会的案件，依法可以适用缓刑。（对该解释应在《刑法修正案（八）》第十一条的基础上加以理解——编者注）

▲2011年5月1日最高人民法院、最高人民检察院、公安部、司法部《关于对判处管制、宣告缓刑的犯罪分子适用禁止令有关问题的规定（试行）》：

第一条 对判处管制、宣告缓刑的犯罪分子，人民法院根据犯罪情况，认为从促进犯罪分子教育矫正、有效维护社会秩序的需要出发，确有必要禁止其在管制执行期间、缓刑考验期限内从事特定活动，进入特定区域、场所，接触特定人的，可以根据刑法第三十八条第二款、第七十二条第二款的规定，同时宣告禁止令。

第二条 人民法院宣告禁止令，应当根据犯罪分子的犯罪原因、犯罪性质、犯罪手段、犯罪后的悔罪表现、个人一贯表现等情况，充分考虑与犯罪分子所犯罪行的关联程度，有针对性地决定禁止其在管制执行期间、缓刑考验期限内"从事特定活动，进入特定区域、场所，接触特定的人"的一项或者几项内容。

第三条 人民法院可以根据犯罪情况，禁止判处管制、宣告缓刑的犯罪分子在管制执行期间、缓刑考验期限内从事以下一项或者几项活动：

（一）个人为进行违法犯罪活动而设立公司、企业、事业单位或者在设立公司、企业、事业单位后以实施犯罪为主要活动的，禁止设立公司、企业、事业单位；

（二）实施证券犯罪、贷款犯罪、票据犯罪、信用卡犯罪等金融犯罪的，禁止从事证券交易、申领贷款、使用票据或者申领、使用信用卡等金融活动；

（三）利用从事特定生产经营活动实施犯罪的，禁止从事相关生产经营活动；

（四）附带民事赔偿义务未履行完毕，违法所得未追缴、退赔到位，或者罚金尚未足额缴纳的，禁止从事高消费活动；

（五）其他确有必要禁止从事的活动。

第四条 人民法院可以根据犯罪情况，禁止判处管制、宣告缓刑的犯罪分子在管制执行期间、缓刑考验期限内进入以下一类或者几类区域、场所：

（一）禁止进入夜总会、酒吧、迪厅、网吧等娱乐场所；

（二）未经执行机关批准，禁止进入举办大型群众性活动的场所；

（三）禁止进入中小学校区、幼儿园园区及周边地区，确因本人就学、居住等原因，经执行机关批准的除外；

（四）其他确有必要禁止进入的区域、场所。

第五条 人民法院可以根据犯罪情况，禁止判处管制、宣告缓刑的犯罪分子在管制执行期间、缓刑考验期限内接触以下一类或者几类人员：

（一）未经对方同意，禁止接触被害人及其法定代理人、近亲属；

（二）未经对方同意，禁止接触证人及其法定代理人、近亲属；

（三）未经对方同意，禁止接触控告人、批评人、举报人及其法定代理人、近亲属；

（四）禁止接触同案犯；

（五）禁止接触其他可能遭受其侵害、滋扰的人或者可能诱发其再次危害社会的人。

第六条 禁止令的期限，既可以与管制执行、缓刑考验的期限相同，也可以短于管制执行、缓刑考验的期限，但判处管制的，禁止令的期限不得少于三个月，宣告缓刑的，禁止令的期限不得少于二个月。

判处管制的犯罪分子在判决执行以前先行羁押以致管制执行的期限少于三个月的，禁止令的期限不受前款规定的最短期限的限制。

禁止令的执行期限，从管制、缓刑执行之日起计算。

第七条 人民检察院在提起公诉时，对可能判处管制、宣告缓刑的被告人可以提出宣告禁止令的建议。当事人、辩护人、诉讼代理人可以就否对被告人宣告禁止令提出意见，并说明理由。

公安机关在移送审查起诉时，可以根据犯罪嫌疑人涉嫌犯罪的情况，就应否宣告禁止令及宣告何种禁止令，向人民检察院提出意见。

第八条 人民法院对判处管制、宣告缓刑的被告人宣告禁止令的，应当在裁判文书主文部分单独作为一项予以宣告。

第九条 禁止令由司法行政机关指导管理的社区矫正机构负责执行。

第十条 人民检察院对社区矫正机构执行禁止令的活动实行监督。发现有违反法律规定的情况，应当通知社区矫正机构纠正。

第十一条 判处管制的犯罪分子违反禁止令，或者被宣告缓刑的犯罪分子违反禁止令尚不属情节严重的，由负责执行禁止令的社区矫正机构所在地的公安机关依照《中华人民共和国治安管理处罚法》第六十条的规定处罚。

第十二条 被宣告缓刑的犯罪分子违反禁止令，情节严重的，应当撤销缓刑，执行原判刑罚。原作出缓刑裁判的人民法院应当自收到当地社区矫正机构提出的撤销缓刑建议书之日起一个月内依法作出裁定。人民法院撤销缓刑的裁定一经作出，立即生效。

违反禁止令，具有下列情形之一的，应当认定为"情节严重"：

（一）三次以上违反禁止令的；

（二）因违反禁止令被治安管理处罚后，再次违反禁止令的；

（三）违反禁止令，发生较为严重危害后果的；

（四）其他情节严重的情形。

第十三条 被宣告禁止令的犯罪分子被依法减刑时，禁止令的期限可以相应缩短，由人民法院在减刑裁定中确定新的禁止令期限。

注：关于缓刑的溯及力，请参阅《关于〈中华人民共和国刑法修正案（八）〉时间效力问题的解释》第一条第一款，见本书第357页。

▲2012年8月8日最高人民法院、最高人民检察院《关于办理职务犯罪案件严格适用缓刑、免予刑事处罚若干问题的意见》：

一、严格掌握职务犯罪案件缓刑、免予刑事处罚的适用。职务犯罪案件的刑罚适用直接关系反腐败工作的实际效果。人民法院、人民检察院要深刻认识职务犯罪的严重社会危害性，正确贯彻宽严相济刑事政策，充分发挥刑罚的惩治和预防功能。要在全面把握犯罪事实和量刑情节的基础上严格依照刑法规定的条件适用缓刑、免予刑事处罚，既要考虑从宽情节，又要考虑从严情节；既要做到刑罚与犯罪相当，又要做到刑罚执行方式与犯罪相当，切实避免缓刑、免予刑事处罚不当适用造成的消极影响。

二、具有下列情形之一的职务犯罪分子，一般不适用缓刑或者免予刑事处罚：

（一）不如实供述罪行的；

（二）不予退缴赃款赃物或者将赃款赃物用于非法活动的；

（三）属于共同犯罪中情节严重的主犯的；

（四）犯有数个职务犯罪依法实行并罚或者以一罪处理的；

（五）曾因职务违纪违法行为受过行政处分的；

（六）犯罪涉及的财物属于救灾、抢险、防汛、优抚、扶贫、移民、救济、防疫等特定款物的；

（七）受贿犯罪中具有索贿情节的；

（八）渎职犯罪中徇私舞弊情节或者滥用职权情节恶劣的；

（九）其他不应适用缓刑、免予刑事处罚的情形。

三、不具有本意见第二条规定的情形，全部退缴赃款赃物，依法判处三年有期徒刑以下刑罚，符合刑法规定的缓刑适用条件的贪污、受贿犯罪分子，可以适用缓刑；符合刑法第三百八十三条第一款第（三）项的规定，依法不需要判处刑罚的，可以免予刑事处罚。（注：《刑法修正案（九）》修正第三百八十三条，故本条后半段规定不再适用）

不具有本意见第二条所列情形，挪用公款进行营利活动或者超过三个月未还构成犯罪，一审宣判前已将公款归还，依法判处三年有期徒刑以下刑罚，符合刑法规定的缓刑适用条件的，可以适用缓刑；在案发前已归还，情节轻微，不需要判处刑罚的，可以免予刑事处罚。

四、人民法院审理职务犯罪案件时应当注意听取检察机关、被告人、辩护人提出的量刑意见，分析影响性案件案发前后的社会反映，必要时可以征求案件查办等机关的意见。对于情节恶劣、社会反映强烈的职务犯罪案件，不得适用缓刑、免予刑事处罚。

五、对于具有本意见第二条规定的情形之一，但根据全案事实和量刑情节，检察机关认为确有必要适用缓刑或者免予刑事处罚并据此提出量刑建议的，应经检察委员会讨论决定；审理法院认为确有必要适用缓刑或者免予刑事处罚的，应经审判委员会讨论决定。

第七十三条 【缓刑考验期限】拘役的缓刑考验期限为原判刑期以上一年以下，但是不能少于二个月。

有期徒刑的缓刑考验期限为原判刑期以上五年以下，但是不能少于一年。

缓刑考验期限,从判决确定之日起计算。

▲1964年9月19日最高人民法院《关于判处徒刑宣告缓刑上诉后维持原判的案件其缓刑考验期应从何时起算的批复》:
判处徒刑宣告缓刑,上诉后维持原判的案件,对被告的缓刑考验期应从二审终审判决确定之日起计算。

第七十四条 【不适用缓刑的对象】对于累犯和犯罪集团的首要分子,不适用缓刑。

本条根据2011年5月1日全国人大常委会《中华人民共和国刑法修正案(八)》第十二条修订,增加了犯罪集团的首要分子不适用缓刑的规定。

第七十五条 【缓刑犯应遵守的规定】被宣告缓刑的犯罪分子,应当遵守下列规定:
(一)遵守法律、行政法规,服从监督;
(二)按照考察机关的规定报告自己的活动情况;
(三)遵守考察机关关于会客的规定;
(四)离开所居住的市、县或者迁居,应当报经考察机关批准。

▲1986年11月8日最高人民法院、最高人民检察院、公安部、劳动人事部《关于被判处管制、剥夺政治权利和宣告缓刑、假释的犯罪分子能否外出经商等问题的通知》:
一、对被判处管制、剥夺政治权利和宣告缓刑、假释的犯罪分子,公安机关和有关单位要依法对其实行经常性的监督改造或考察。被管制、假释的犯罪分子,不能外出经商;被剥夺政治权利和宣告缓刑的犯罪分子,按现行规定,属于允许经商范围之内的,如外出经商,需事先经公安机关允许。
二、犯罪分子在被管制、剥夺政治权利、缓刑、假释期间,若原所在单位确有特殊情况不能安排工作的,在不影响对其实行监督考察的情况下,经工商管理部门批准,可以在常住户口所在地自谋生计;家在农村的,亦可就地从事或承包一些农副业生产。
三、犯罪分子在被管制、剥夺政治权利、缓刑、假释期间,不能担任国营或集体企事业单位的领导职务。

▲1991年9月25日最高人民检察院《关于被判处管制、剥夺政治权利和宣告缓刑、假释的犯罪分子能否担任中外合资、合作经营企业领导职务问题的答复》:
最高人民法院、最高人民检察院、公安部、劳动人事部〔86〕高检会(三)字第2号《关于被判处管制、剥夺政治权利和宣告缓刑、假释的犯罪分子能否外出经商等问题的通知》第三条所规定的不能担任领导职务的原则,可适用于中外合资、中外合作企业(包括我方与港、澳、台客商合资、合作企业)。

▲1997年1月20日最高人民检察院《关于被判处徒刑宣告缓刑仍留原单位工作的罪犯在缓刑考验期内能否调动工作的批复》：

根据刑法第七十条的规定，被宣告缓刑的犯罪分子，在缓刑考验期内，由公安机关交所在单位或者基层组织予以考察。为严肃缓刑的考察执行，被判处徒刑宣告缓刑仍留原单位工作的罪犯，在缓刑考验期内一般不得调动工作。对缓刑考验期已经过二分之一以上，并有认罪、悔罪态度，工作表现良好，确因工作特殊需要调动的，应当由所在单位报经负责执行的公安机关批准后办理调动手续。

第七十六条　【社区矫正、缓刑的执行及其法律后果】对宣告缓刑的犯罪分子，在缓刑考验期限内，依法实行社区矫正，如果没有本法第七十七条规定的情形，缓刑考验期满，原判的刑罚就不再执行，并公开予以宣告。

本条根据2011年5月1日全国人大常委会《中华人民共和国刑法修正案（八）》第十三条修订，以社区矫正取代公安机关的缓刑考察。

第七十七条　【缓刑的撤销及其法律后果】被宣告缓刑的犯罪分子，在缓刑考验期限内犯新罪或者发现判决宣告以前还有其他罪没有判决的，应当撤销缓刑，对新犯的罪或者新发现的罪作出判决，把前罪和后罪所判处的刑罚，依照本法第六十九条的规定，决定执行的刑罚。

被宣告缓刑的犯罪分子，在缓刑考验期限内，违反法律、行政法规或者国务院有关部门关于缓刑的监督管理规定，或者违反人民法院判决中的禁止令，情节严重的，应当撤销缓刑，执行原判刑罚。

本条根据2011年5月1日全国人大常委会《中华人民共和国刑法修正案（八）》第十四条修订，增加了"违反人民法院判决中的禁止令，情节严重的，应当撤销缓刑"的规定，并将第二款中的"国务院公安部门"修改为"国务院有关部门"。

▲2002年4月18日最高人民法院《关于撤销缓刑时罪犯在宣告缓刑前羁押的时间是否折抵刑期问题的批复》：

根据刑法第七十七条的规定，对被宣告缓刑的犯罪分子撤销缓刑执行原判刑罚的，对其在宣告缓刑钱羁押的时间应当折抵刑期。

注：缓刑的撤销及其处理的时效认定问题，请参阅《关于适用刑法时间效力规定若干问题的解释》第六条，见本书355页；《关于〈中华人民共和国刑法修正案（八）〉时间效力问题的解释》第一条第二款，见本书357页。

第六节　减　　刑

第七十八条　【减刑的适用条件及限度】被判处管制、拘役、有期徒刑、无期徒刑的犯罪分子，在执行期间，如果认真遵守监规，接受教育改造，确有悔改表现的，或

者有立功表现的,可以减刑;有下列重大立功表现之一的,应当减刑:

(一)阻止他人重大犯罪活动的;

(二)检举监狱内外重大犯罪活动,经查证属实的;

(三)有发明创造或者重大技术革新的;

(四)在日常生产、生活中舍己救人的;

(五)在抗御自然灾害或者排除重大事故中,有突出表现的;

(六)对国家和社会有其他重大贡献的。

减刑以后实际执行的刑期不能少于下列期限:

(一)判处管制、拘役、有期徒刑的,不能少于原判刑期的二分之一;

(二)判处无期徒刑的,不能少于十三年;

(三)人民法院依照本法第五十条第二款规定限制减刑的死刑缓期执行的犯罪分子,缓期执行期满后依法减为无期徒刑的,不能少于二十五年,缓期执行期满后依法减为二十五年有期徒刑的,不能少于二十年。

> 本条第二款根据2011年5月1日全国人大常委会《中华人民共和国刑法修正案(八)》第十五条修订,原条文为:"减刑以后实际执行的刑期,判处管制、拘役、有期徒刑的,不能少于原判刑期的二分之一;判处无期徒刑的,不能少于十年。"
>
> ▲1989年1月3日最高人民法院《关于对无期徒刑犯减刑后原审法院发现原判决确有错误予以改判,原减刑裁定应否撤销问题的批复》:
>
> 被判处无期徒刑的罪犯由服刑地的高级人民法院依法裁定减刑后,原审人民法院发现原判决确有错误,并按照审判监督程序改判为有期徒刑的,应当将改判的判决书送达罪犯所在的劳改部门和罪犯服刑地的高级人民法院,按照改判的刑期执行,并由罪犯服刑地的高级人民法院裁定撤销原减刑裁定。如果罪犯在原判执行期间确有悔改或者立功表现,还需要依法减刑的,应当重新办理对改判后有期徒刑减刑的法律手续。
>
> ▲2014年1月21日中共中央政法委《关于严格规范减刑、假释、暂予监外执行切实防止司法腐败的意见》:
>
> 一、从严把握减刑、假释、暂予监外执行的实体条件
>
> 1.对职务犯罪、破坏金融管理秩序和金融诈骗犯罪、组织(领导、参加、包庇、纵容)黑社会性质组织犯罪等罪犯(以下简称三类罪犯)减刑、假释,必须从严把握法律规定的"确有悔改表现"、"立功表现"、"重大立功表现"的标准。
>
> 对三类罪犯"确有悔改表现"的认定,不仅应当考察其是否认罪悔罪,认真遵守法律法规及监规、接受教育改造,积极参加思想、文化、职业技术教育,积极参加劳动、努力完成劳动任务,而且应当考察其是否通过主动退赃、积极协助追缴境外赃款赃物、主动赔偿损失等方式,积极消除犯罪行为所产生的社会影响。对服刑期间利用个人影响力和社会关系等不正当手段企图获得减刑、假释机会的,不认定其"确有悔改表现"。
>
> 对三类罪犯拟按法律规定的"在生产、科研中进行技术革新,成绩突出"或者"对

国家和社会有其他贡献"认定为"立功表现"的,该技术革新或者其他贡献必须是该罪犯在服刑期间独立完成,并经省级主管部门确认。

对三类罪犯拟按法律规定的"有发明创造或者重大技术革新"认定为"重大立功表现"的,该发明创造或重大技术革新必须是该罪犯在服刑期间独立完成并经国家主管部门确认的发明专利,且不包括实用新型专利和外观设计专利;拟按法律规定的"对国家和社会有其他重大贡献"认定为"重大立功表现"的,该重大贡献必须是该罪犯在服刑期间独立完成并经国家主管部门确认的劳动成果。

2. 对三类罪犯与其他罪犯的计分考核应当平等、平衡。在三类罪犯计分考核项目和标准的设计上,不仅应当考虑对其他罪犯教育改造的普遍性要求,而且应当考虑对三类罪犯教育改造的特殊性要求,防止三类罪犯在考核中比其他罪犯容易得分。进一步限制、规范三类罪犯的加分项目,严格控制加分总量。对利用个人影响力和社会关系、提供虚假证明材料、贿赂等不正当手段企图获得加分的,不但不能加分,还要扣分。司法部应当根据上述要求,抓紧修改罪犯的计分考核办法。

3. 对依法可以减刑的三类罪犯,必须从严把握减刑的起始时间、间隔时间和幅度。被判处十年以下有期徒刑的,执行二年以上方可减刑,一次减刑不超过一年有期徒刑,两次减刑之间应当间隔一年以上。被判处十年以上有期徒刑的,执行二年以上方可减刑,一次减刑不超过一年有期徒刑,两次减刑之间应当间隔一年六个月以上。被判处无期徒刑的,执行三年以上方可减刑,可以减为二十年以上二十二年以下有期徒刑;减为有期徒刑后,一次减刑不超过一年有期徒刑,两次减刑之间应当间隔二年以上。死刑缓期执行罪犯减为无期徒刑后,执行三年以上方可减刑,可以减为二十五年有期徒刑;减为有期徒刑后,一次减刑不超过一年有期徒刑,两次减刑之间应当间隔二年以上。

确有阻止或检举他人重大犯罪活动、舍己救人、发明创造或者重大技术革新、在抗御自然灾害或者排除重大事故中表现突出等重大立功表现的,可以不受上述减刑起始时间和间隔时间的限制。

4. 对三类罪犯适用保外就医,必须从严把握严重疾病范围和条件。虽然患有高血压、糖尿病、心脏病等疾病,但经诊断在短期内不致危及生命的,或者不积极配合刑罚执行机关安排的治疗的,或者适用保外就医可能有社会危险性的,或者自伤自残的,一律不得保外就医。

5. 从2014年1月开始,以省、自治区、直辖市和新疆生产建设兵团为单位,各地职务犯罪罪犯减刑、假释、暂予监外执行的比例,不得明显高于其他罪犯的相应比例。中央政法相关单位应当积极指导和督促本系统落实相关比例要求。

▲2017年1月1日最高人民法院《关于办理减刑、假释案件具体应用法律的规定》:

第一条 减刑、假释是激励罪犯改造的刑罚制度,减刑、假释的适用应当贯彻宽严相济刑事政策,最大限度地发挥刑罚的功能,实现刑罚的目的。

第二条 对于罪犯符合刑法第七十八条第一款规定"可以减刑"条件的案件,在办理时应当综合考察罪犯犯罪的性质和具体情节、社会危害程度、原判刑罚及生效裁判中财产性判项的履行情况、交付执行后的一贯表现等因素。

第三条 "确有悔改表现"是指同时具备以下条件：

（一）认罪悔罪；

（二）遵守法律法规及监规，接受教育改造；

（三）积极参加思想、文化、职业技术教育；

（四）积极参加劳动，努力完成劳动任务。

对职务犯罪、破坏金融管理秩序和金融诈骗犯罪、组织（领导、参加、包庇、纵容）黑社会性质组织犯罪等罪犯，不积极退赃、协助追缴赃款赃物、赔偿损失，或者服刑期间利用个人影响力和社会关系等不正当手段意图获得减刑、假释的，不认定其"确有悔改表现"。

罪犯在刑罚执行期间的申诉权利应当依法保护，对其正当申诉不能不加分析地认为是不认罪悔罪。

第四条 具有下列情形之一的，可以认定为有"立功表现"：

（一）阻止他人实施犯罪活动的；

（二）检举、揭发监狱内外犯罪活动，或者提供重要的破案线索，经查证属实的；

（三）协助司法机关抓捕其他犯罪嫌疑人的；

（四）在生产、科研中进行技术革新，成绩突出的；

（五）在抗御自然灾害或者排除重大事故中，表现积极的；

（六）对国家和社会有其他较大贡献的。

第（四）项、第（六）项中的技术革新或者其他较大贡献应当由罪犯在刑罚执行期间独立或者为主完成，并经省级主管部门确认。

第五条 具有下列情形之一的，应当认定为有"重大立功表现"：

（一）阻止他人实施重大犯罪活动的；

（二）检举监狱内外重大犯罪活动，经查证属实的；

（三）协助司法机关抓捕其他重大犯罪嫌疑人的；

（四）有发明创造或者重大技术革新的；

（五）在日常生产、生活中舍己救人的；

（六）在抗御自然灾害或者排除重大事故中，有突出表现的；

（七）对国家和社会有其他重大贡献的。

第（四）项中的发明创造或者重大技术革新应当是罪犯在刑罚执行期间独立或者为主完成并经国家主管部门确认的发明专利，且不包括实用新型专利和外观设计专利；第（七）项中的其他重大贡献应当由罪犯在刑罚执行期间独立或者为主完成，并经国家主管部门确认。

第六条 被判处有期徒刑的罪犯减刑起始时间为：不满五年有期徒刑的，应当执行一年以上方可减刑；五年以上不满十年有期徒刑的，应当执行一年六个月以上方可减刑；十年以上有期徒刑的，应当执行二年以上方可减刑。有期徒刑减刑的起始时间自判决执行之日起计算。

确有悔改表现或者有立功表现的,一次减刑不超过九个月有期徒刑;确有悔改表现并有立功表现的,一次减刑不超过一年有期徒刑;有重大立功表现的,一次减刑不超过一年六个月有期徒刑;确有悔改表现并有重大立功表现的,一次减刑不超过二年有期徒刑。

被判处不满十年有期徒刑的罪犯,两次减刑间隔时间不得少于一年;被判处十年以上有期徒刑的罪犯,两次减刑间隔时间不得少于一年六个月。减刑间隔时间不得低于上次减刑减去的刑期。

罪犯有重大立功表现的,可以不受上述减刑起始时间和间隔时间的限制。

第七条 对符合减刑条件的职务犯罪罪犯,破坏金融管理秩序和金融诈骗犯罪罪犯,组织、领导、参加、包庇、纵容黑社会性质组织犯罪罪犯,危害国家安全犯罪罪犯,恐怖活动犯罪罪犯,毒品犯罪集团的首要分子及毒品再犯,累犯,确有履行能力而不履行或者不全部履行生效裁判中财产性判项的罪犯,被判处十年以下有期徒刑的,执行二年以上方可减刑,减刑幅度应当比照本规定第六条从严掌握,一次减刑不超过一年有期徒刑,两次减刑之间应当间隔一年以上。

对被判处十年以上有期徒刑的前款罪犯,以及因故意杀人、强奸、抢劫、绑架、放火、爆炸、投放危险物质或者有组织的暴力性犯罪被判处十年以上有期徒刑的罪犯,数罪并罚且其中两罪以上被判处十年以上有期徒刑的罪犯,执行二年以上方可减刑,减刑幅度应当比照本规定第六条从严掌握,一次减刑不超过一年有期徒刑,两次减刑之间应当间隔一年六个月以上。

罪犯有重大立功表现的,可以不受上述减刑起始时间和间隔时间的限制。

第八条 被判处无期徒刑的罪犯在刑罚执行期间,符合减刑条件的,执行二年以上,可以减刑。减刑幅度为:确有悔改表现或者有立功表现的,可以减为二十二年有期徒刑;确有悔改表现并有立功表现的,可以减为二十一年以上二十二年以下有期徒刑;有重大立功表现的,可以减为二十年以上二十一年以下有期徒刑;确有悔改表现并有重大立功表现的,可以减为十九年以上二十年以下有期徒刑。无期徒刑罪犯减为有期徒刑后再减刑时,减刑幅度依照本规定第六条的规定执行。两次减刑间隔时间不得少于二年。

罪犯有重大立功表现的,可以不受上述减刑起始时间和间隔时间的限制。

第九条 对被判处无期徒刑的职务犯罪罪犯,破坏金融管理秩序和金融诈骗犯罪罪犯,组织、领导、参加、包庇、纵容黑社会性质组织犯罪罪犯,危害国家安全犯罪罪犯,恐怖活动犯罪罪犯,毒品犯罪集团的首要分子及毒品再犯,累犯以及因故意杀人、强奸、抢劫、绑架、放火、爆炸、投放危险物质或者有组织的暴力性犯罪的罪犯,确有履行能力而不履行或者不全部履行生效裁判中财产性判项的罪犯,数罪并罚被判处无期徒刑的罪犯,符合减刑条件的,执行三年以上方可减刑,减刑幅度应当比照本规定第八条从严掌握,减刑后的刑期最低不得少于二十年有期徒刑;减为有期徒刑后再减刑时,减刑幅度比照本规定第六条从严掌握,一次不超过一年有期徒刑,两次减刑之间应当间隔二年以上。

罪犯有重大立功表现的,可以不受上述减刑起始时间和间隔时间的限制。

第十条 被判处死刑缓期执行的罪犯减为无期徒刑后,符合减刑条件的,执行三年以上方可减刑。减刑幅度为:确有悔改表现或者有立功表现的,可以减为二十五年有期徒刑;确有悔改表现并有立功表现的,可以减为二十四年以上二十五年以下有期徒刑;有重大立功表现的,可以减为二十三年以上二十四年以下有期徒刑;确有悔改表现并有重大立功表现的,可以减为二十二年以上二十三年以下有期徒刑。

被判处死刑缓期执行的罪犯减为有期徒刑后再减刑时,比照本规定第八条的规定办理。

第十一条 对被判处死刑缓期执行的职务犯罪罪犯,破坏金融管理秩序和金融诈骗犯罪罪犯,组织、领导、参加、包庇、纵容黑社会性质组织犯罪罪犯,危害国家安全犯罪罪犯,恐怖活动犯罪罪犯,毒品犯罪集团的首要分子及毒品再犯,累犯以及因故意杀人、强奸、抢劫、绑架、放火、爆炸、投放危险物质或者有组织的暴力性犯罪的罪犯,确有履行能力而不履行或者不全部履行生效裁判中财产性判项的罪犯,数罪并罚被判处死刑缓期执行的罪犯,减为无期徒刑后,符合减刑条件的,执行三年以上方可减刑,一般减为二十五年有期徒刑,有立功表现或者重大立功表现的,可以比照本规定第十条减为二十三年以上二十五年以下有期徒刑;减为有期徒刑后再减刑时,减刑幅度比照本规定第六条从严掌握,一次不超过一年有期徒刑,两次减刑之间应当间隔二年以上。

第十二条 被判处死刑缓期执行的罪犯经过一次或者几次减刑后,其实际执行的刑期不得少于十五年,死刑缓期执行期间不包括在内。

死刑缓期执行罪犯在缓期执行期间不服从监管、抗拒改造,尚未构成犯罪的,在减为无期徒刑后再减刑时应当适当从严。

第十三条 被限制减刑的死刑缓期执行罪犯,减为无期徒刑后,符合减刑条件的,执行五年以上方可减刑。减刑间隔时间和减刑幅度依照本规定第十一条的规定执行。

第十四条 被限制减刑的死刑缓期执行罪犯,减为有期徒刑后再减刑时,一次减刑不超过六个月有期徒刑,两次减刑间隔时间不得少于二年。有重大立功表现的,间隔时间可以适当缩短,但一次减刑不超过一年有期徒刑。

第十五条 对被判处终身监禁的罪犯,在死刑缓期执行期满依法减为无期徒刑的裁定中,应当明确终身监禁,不得再减刑或者假释。

第十六条 被判处管制、拘役的罪犯,以及判决生效后剩余刑期不满二年有期徒刑的罪犯,符合减刑条件的,可以酌情减刑,减刑起始时间可以适当缩短,但实际执行的刑期不得少于原判刑期的二分之一。

第十七条 被判处有期徒刑罪犯减刑时,对附加剥夺政治权利的期限可以酌减。酌减后剥夺政治权利的期限,不得少于一年。

被判处死刑缓期执行、无期徒刑的罪犯减为有期徒刑时,应当将附加剥夺政治权利的期限减为七年以上十年以下,经过一次或者几次减刑后,最终剥夺政治权利的期限不得少于三年。

第十八条 被判处拘役或者三年以下有期徒刑,并宣告缓刑的罪犯,一般不适用减刑。

前款规定的罪犯在缓刑考验期内有重大立功表现的,可以参照刑法第七十八条的规定予以减刑,同时应当依法缩减其缓刑考验期。缩减后,拘役的缓刑考验期限不得少于二个月,有期徒刑的缓刑考验期限不得少于一年。

第十九条 对在报请减刑前的服刑期间不满十八周岁,且所犯罪行不属于刑法第八十一条第二款规定情形的罪犯,认罪悔罪,遵守法律法规及监规,积极参加学习、劳动,应当视为确有悔改表现。

对上述罪犯减刑时,减刑幅度可以适当放宽,或者减刑起始时间、间隔时间可以适当缩短,但放宽的幅度和缩短的时间不得超过本规定中相应幅度、时间的三分之一。

第二十条 老年罪犯、患严重疾病罪犯或者身体残疾罪犯减刑时,应当主要考察其认罪悔罪的实际表现。

对基本丧失劳动能力,生活难以自理的上述罪犯减刑时,减刑幅度可以适当放宽,或者减刑起始时间、间隔时间可以适当缩短,但放宽的幅度和缩短的时间不得超过本规定中相应幅度、时间的三分之一。

第二十一条 被判处有期徒刑、无期徒刑的罪犯在刑罚执行期间又故意犯罪,新罪被判处有期徒刑的,自新罪判决确定之日起三年内不予减刑;新罪被判处无期徒刑的,自新罪判决确定之日起四年内不予减刑。

罪犯在死刑缓期执行期间又故意犯罪,未被执行死刑的,死刑缓期执行的期间重新计算,减为无期徒刑后,五年内不予减刑。

被判处死刑缓期执行罪犯减刑后,在刑罚执行期间又故意犯罪的,依照第一款规定处理。

第二十二条 办理假释案件,认定"没有再犯罪的危险",除符合刑法第八十一条规定的情形外,还应当根据犯罪的具体情节、原判刑罚情况,在刑罚执行中的一贯表现,罪犯的年龄、身体状况、性格特征,假释后生活来源以及监管条件等因素综合考虑。

第二十三条 被判处有期徒刑的罪犯假释时,执行原判刑期二分之一的时间,应当从判决执行之日起计算,判决执行以前先行羁押的,羁押一日折抵刑期一日。

被判处无期徒刑的罪犯假释时,刑法中关于实际执行刑期不得少于十三年的时间,应当从判决生效之日起计算。判决生效以前先行羁押的时间不予折抵。

被判处死刑缓期执行的罪犯减为无期徒刑或者有期徒刑后,实际执行十五年以上,方可假释,该实际执行时间应当从死刑缓期执行期满之日起计算。死刑缓期执行期间不包括在内,判决确定以前先行羁押的时间不予折抵。

第二十四条 刑法第八十一条第一款规定的"特殊情况",是指有国家政治、国防、外交等方面特殊需要的情况。

第二十五条 对累犯以及因故意杀人、强奸、抢劫、绑架、放火、爆炸、投放危险物质或者有组织的暴力性犯罪被判处十年以上有期徒刑、无期徒刑的罪犯,不得假释。

因前款情形和犯罪被判处死刑缓期执行的罪犯,被减为无期徒刑、有期徒刑后,也不得假释。

第二十六条 对下列罪犯适用假释时可以依法从宽掌握:

（一）过失犯罪的罪犯、中止犯罪的罪犯、被胁迫参加犯罪的罪犯；

（二）因防卫过当或者紧急避险过当而被判处有期徒刑以上刑罚的罪犯；

（三）犯罪时未满十八周岁的罪犯；

（四）基本丧失劳动能力、生活难以自理，假释后生活确有着落的老年罪犯、患严重疾病罪犯或者身体残疾罪犯；

（五）服刑期间改造表现特别突出的罪犯；

（六）具有其他可以从宽假释情形的罪犯。

罪犯既符合法定减刑条件，又符合法定假释条件的，可以优先适用假释。

第二十七条 对于生效裁判中有财产性判项，罪犯确有履行能力而不履行或者不全部履行的，不予假释。

第二十八条 罪犯减刑后又假释的，间隔时间不得少于一年；对一次减去一年以上有期徒刑后，决定假释的，间隔时间不得少于一年六个月。

罪犯减刑后余刑不足二年，决定假释的，可以适当缩短间隔时间。

第二十九条 罪犯在假释考验期内违反法律、行政法规或者国务院有关部门关于假释的监督管理规定的，作出假释裁定的人民法院，应当在收到报请机关或者检察机关撤销假释建议书后及时审查，作出是否撤销假释的裁定，并送达报请机关，同时抄送人民检察院、公安机关和原刑罚执行机关。

罪犯在逃的，撤销假释裁定书可以作为对罪犯进行追捕的依据。

第三十条 依照刑法第八十六条规定被撤销假释的罪犯，一般不得再假释。但依照该条第二款被撤销假释的罪犯，如果罪犯对漏罪曾作如实供述但原判未予认定，或者漏罪系其自首，符合假释条件的，可以再假释。

被撤销假释的罪犯，收监后符合减刑条件的，可以减刑，但减刑起始时间自收监之日起计算。

第三十一条 年满八十周岁、身患疾病或者生活难以自理、没有再犯罪危险的罪犯，既符合减刑条件，又符合假释条件的，优先适用假释；不符合假释条件的，参照本规定第二十条有关的规定从宽处理。

第三十二条 人民法院按照审判监督程序重新审理的案件，裁定维持原判决、裁定的，原减刑、假释裁定继续有效。

再审裁判改变原判决、裁定的，原减刑、假释裁定自动失效，执行机关应当及时报请有管辖权的人民法院重新作出是否减刑、假释的裁定。重新作出减刑裁定时，不受本规定有关减刑起始时间、间隔时间和减刑幅度的限制。重新裁定时应综合考虑各方面因素，减刑幅度不得超过原裁定减去的刑期总和。

再审改判为死刑缓期执行或者无期徒刑的，在新判决减为有期徒刑之时，原判决已经实际执行的刑期一并扣减。

再审裁判宣告无罪的，原减刑、假释裁定自动失效。

第三十八条 人民法院作出的刑事判决、裁定发生法律效力后，在依照刑事诉讼法第二百五十三条、第二百五十四条的规定将罪犯交付执行刑罚时，如果生效裁判中有财产性判项,人民法院应当将反映财产性判项执行、履行情况的有关材料一并随案移送刑罚执行机关。罪犯在服刑期间本人履行或者其亲属代为履行生效裁判中财产性判项的,应当及时向刑罚执行机关报告。刑罚执行机关报请减刑时应随案移送以上材料。

人民法院办理减刑、假释案件时,可以向原一审人民法院核实罪犯履行财产性判项的情况。原一审人民法院应当出具相关证明。

刑罚执行期间,负责办理减刑、假释案件的人民法院可以协助原一审人民法院执行生效裁判中的财产性判项。

第三十九条 本规定所称"老年罪犯",是指报请减刑、假释时年满六十五周岁的罪犯。

本规定所称"患严重疾病罪犯",是指因患有重病、久治不愈,而不能正常生活、学习、劳动的罪犯。

本规定所称"身体残疾罪犯",是指因身体有肢体或者器官残缺、功能不全或者丧失功能,而基本丧失生活、学习、劳动能力的罪犯,但是罪犯犯罪后自伤致残的除外。

对刑罚执行机关提供的证明罪犯患有严重疾病或者有身体残疾的证明文件,人民法院应当审查,必要时可以委托有关单位重新诊断、鉴定。

第四十条 本规定所称"判决执行之日",是指罪犯实际送交刑罚执行机关之日。

本规定所称"减刑间隔时间",是指前一次减刑裁定送达之日起至本次减刑报请之日止的期间。

第四十一条 本规定所称"财产性判项"是指判决罪犯承担的附带民事赔偿义务判项,以及追缴、责令退赔、罚金、没收财产等判项。

▲2019年6月1日最高人民法院《关于办理减刑、假释案件具体应用法律的补充规定》:

为准确把握宽严相济刑事政策,严格执行《最高人民法院关于办理减刑、假释案件具体应用法律的规定》,现对《中华人民共和国刑法修正案(九)》施行后,依照刑法分则第八章贪污贿赂罪判处刑罚的原具有国家工作人员身份的罪犯的减刑、假释补充规定如下:

第一条 对拒不认罪悔罪的,或者确有履行能力而不履行或者不全部履行生效裁判中财产性判项的,不予假释,一般不予减刑。

第二条 被判处十年以上有期徒刑,符合减刑条件的,执行三年以上方可减刑;被判处不满十年有期徒刑,符合减刑条件的,执行二年以上方可减刑。

确有悔改表现或者有立功表现的,一次减刑不超过六个月有期徒刑;确有悔改表现并有立功表现的,一次减刑不超过九个月有期徒刑;有重大立功表现的,一次减刑不超过一年有期徒刑。

被判处十年以上有期徒刑的,两次减刑之间应当间隔二年以上;被判处不满十年有期徒刑的,两次减刑之间应当间隔一年六个月以上。

第三条 被判处无期徒刑,符合减刑条件的,执行四年以上方可减刑。

确有悔改表现或者有立功表现的,可以减为二十三年有期徒刑;确有悔改表现并有立功表现的,可以减为二十二年以上二十三年以下有期徒刑;有重大立功表现的,可以减为二十一年以上二十二年以下有期徒刑。

无期徒刑减为有期徒刑后再减刑时,减刑幅度比照本规定第二条的规定执行。两次减刑之间应当间隔二年以上。

第四条 被判处死刑缓期执行的,减为无期徒刑后,符合减刑条件的,执行四年以上方可减刑。

确有悔改表现或者有立功表现的,可以减为二十五年有期徒刑;确有悔改表现并有立功表现的,可以减为二十四年六个月以上二十五年以下有期徒刑;有重大立功表现的,可以减为二十四年以上二十四年六个月以下有期徒刑。

减为有期徒刑后再减刑时,减刑幅度比照本规定第二条的规定执行。两次减刑之间应当间隔二年以上。

第五条 罪犯有重大立功表现的,减刑时可以不受上述起始时间和间隔时间的限制。

第六条 对本规定所指贪污贿赂罪犯适用假释时,应当从严掌握。

第七条 本规定自2019年6月1日起施行。此前发布的司法解释与本规定不一致的,以本规定为准。

第七十九条 【减刑的程序】 对于犯罪分子的减刑,由执行机关向中级以上人民法院提出减刑建议书。人民法院应当组成合议庭进行审理,对确有悔改或者立功事实的,裁定予以减刑。非经法定程序不得减刑。

▲2014年1月21日中共中央政法委《关于严格规范减刑、假释、暂予监外执行切实防止司法腐败的意见》:

二、完善减刑、假释、暂予监外执行的程序规定

6.对三类罪犯的计分考核、行政奖励、立功表现等信息,应当在罪犯服刑场所及时公开;拟提请减刑、假释的,一律提前予以公示。拟提请暂予监外执行的,除病情严重必须立即保外就医的,应当提前予以公示。减刑、假释裁定书及暂予监外执行决定书,一律上网公开。

7.对三类罪犯中因重大立功而提请减刑、假释的案件,原县处级以上职务犯罪罪犯的减刑、假释案件,组织(领导、包庇、纵容)黑社会性质组织罪犯的减刑、假释案件,原判死刑缓期执行、无期徒刑的破坏金融管理秩序和金融诈骗犯罪罪犯的减刑、假释案件,一律开庭审理。

8.健全检察机关对减刑、假释、暂予监外执行的同步监督制度。刑罚执行机关在决定提请减刑、假释、暂予监外执行前,审判机关在作出暂予监外执行决定前,应当征求检察机关意见。审判机关开庭审理减刑、假释案件,检察机关应当派员出庭并发表检察意见。刑罚执行机关、审判机关对检察机关提出的不同意见未予采纳的,应当予

以回复或者在裁定书、决定书中说明理由。检察机关可以向有关单位和人员调查核实情况、调阅复制案卷材料、重新组织对病残罪犯的诊断鉴别,并依法作出处理。

9. 推进刑罚执行机关、审判机关、检察机关减刑、假释网上协同办案平台建设,对执法办案和考核奖惩中的重要事项、重点环节,实行网上录入、信息共享、"全程留痕",从制度和技术上确保监督到位。

10. 对原厅局级以上职务犯罪罪犯减刑、假释、暂予监外执行的,裁定、决定或者批准后十日内,由省级政法机关向相应中央政法机关逐案报请备案审查。对原县处级职务犯罪罪犯减刑、假释、暂予监外执行的,裁定、决定或者批准后十日内,由地市级政法机关向相应省级政法机关逐案报请备案审查(省级政法机关裁定、决定或者批准的除外)。中央和省级政法机关对报请备案审查的减刑、假释、暂予监外执行案件,应当认真审查,发现问题的,立即责令下求政法机关依法纠正。

三、强化减刑、假释、暂予监外执行各个环节的责任

11. 对减刑、假释、暂予监外执行各个环节的承办人、批准人等执法司法人员,实行"谁承办谁负责、谁主管谁负责、谁签字谁负责"制度,执法司法人员在职责范围内对执法办案质量终身负责。其中,执法司法人员因故意或者重大过失造成减刑、假释、暂予监外执行案件在认定事实或者适用法律上确有错误的,由该直接责任人员承担责任;经主管人员批准或者许可的,由该主管人员和有关直接责任人员承担责任;减刑、假释、暂予监外执行多个环节共同造成案件在认定事实或者适用法律上确有错误的,根据具体违法或过错情况分别追究责任;有关单位、部门集体讨论决定的减刑、假释、暂予监外执行案件确有错误的,由各相关单位、部门负责人承担责任。

12. 审判机关应当建立专门审理减刑、假释、暂予监外执行案件的审判庭。检察机关应当加强派驻监管场所检察室建设,明确派驻检察室人员配备标准,落实同步监督。刑罚执行机关应当充实机构人员,为实现减刑、假释、暂予监外执行逐人逐案依法常态化办理提供保障。

第八十条 【无期徒刑减为有期徒刑的刑期计算】无期徒刑减为有期徒刑的刑期,从裁定减刑之日起计算。

第七节 假 释

第八十一条 【假释的适用条件】被判处有期徒刑的犯罪分子,执行原判刑期二分之一以上,被判处无期徒刑的犯罪分子,实际执行十三年以上,如果认真遵守监规,接受教育改造,确有悔改表现,没有再犯罪的危险的,可以假释。如果有特殊情况,经最高人民法院核准,可以不受上述执行刑期的限制。

对累犯以及因故意杀人、强奸、抢劫、绑架、放火、爆炸、投放危险物质或者有组织的暴力性犯罪被判处十年以上有期徒刑、无期徒刑的犯罪分子,不得假释。

对犯罪分子决定假释时,应当考虑其假释后对所居住社区的影响。

> 本条根据2011年5月1日全国人大常委会《中华人民共和国刑法修正案(八)》第十六条修订。原条文为:"被判处有期徒刑的犯罪分子,执行原判刑期二分之一以上,被判处无期徒刑的犯罪分子,实际执行十年以上,如果认真遵守监规,接受教育改造,确有悔改表现,假释后不致再危害社会的,可以假释。如果有特殊情况,经最高人民法院核准,可以不受上述执行刑期的限制。
>
> 对累犯以及因杀人、爆炸、抢劫、强奸、绑架等暴力性犯罪被判处十年以上有期徒刑、无期徒刑的犯罪分子,不得假释。"
>
> 假释的溯及力,请参阅《关于〈中华人民共和国刑法修正案(八)〉时间效力问题的解释》第七条、第八条,见本书第358页;《关于适用刑法时间效力规定若干问题的解释》第七条至第九条,见本书第355页。假释的条件,请参阅《关于办理减刑、假释案件具体应用法律的规定》第二十二条至第三十二条,见本书第413~414页。防止假释中的司法腐败,请参阅《关于严格规范减刑、假释、暂予监外执行切实防止司法腐败的意见》,见本书第408~409页。2017年1月1日最高人民法院《关于办理减刑、假释案件具体应用法律的规定》,参见本书第409~415页。

第八十二条 【假释的程序】 对于犯罪分子的假释,依照本法第七十九条规定的程序进行。非经法定程序不得假释。

第八十三条 【假释考验期限与计算】 有期徒刑的假释考验期限,为没有执行完毕的刑期;无期徒刑的假释考验期限为十年。

假释考验期限,从假释之日起计算。

第八十四条 【假释犯应遵守的规定】 被宣告假释的犯罪分子,应当遵守下列规定:

(一)遵守法律、行政法规,服从监督;
(二)按照监督机关的规定报告自己的活动情况;
(三)遵守监督机关关于会客的规定;
(四)离开所居住的市、县或者迁居,应当报经监督机关批准。

> 假释犯应当遵守的规定,请参阅《关于被判处管制、剥夺政治权利和宣告缓刑、假释的犯罪分子能否外出经商等问题的通知》,见本书第406页;《关于被判处管制、剥夺政治权利和宣告缓刑、假释的犯罪分子能否担任中外合资、合作经营企业领导职务问题的答复》,见本书第406页。

第八十五条 【社区矫正、假释的执行及其法律后果】 对假释的犯罪分子,在假释考验期限内,依法实行社区矫正,如果没有本法第八十六条规定的情形,假释考验期满,就认为原判刑罚已经执行完毕,并公开予以宣告。

> 本条根据2011年5月1日全国人大常委会《中华人民共和国刑法修正案（八）》第十七条修订，增加了对假释犯进行社会矫正的规定，删除了"由公安机关予以监督"的规定。

第八十六条 【假释的撤销及其法律后果】被假释的犯罪分子，在假释考验期限内犯新罪，应当撤销假释，依照本法第七十一条的规定实行数罪并罚。

在假释考验期限内，发现被假释的犯罪分子在判决宣告以前还有其他罪没有判决的，应当撤销假释，依照本法第七十条的规定实行数罪并罚。

被假释的犯罪分子，在假释考验期限内，有违反法律、行政法规或者国务院有关部门关于假释的监督管理规定的行为，尚未构成新的犯罪的，应当依照法定程序撤销假释，收监执行未执行完毕的刑罚。

> 本条根据2011年5月1日全国人大常委会《中华人民共和国刑法修正案（八）》第十八条修订，将原条文的"国务院公安部门"修正为"国务院有关部门"。
>
> 假释的撤销及其溯及力，请参阅《关于适用刑法时间效力规定若干问题的解释》第九条，见本书第355页。

第八节 时 效

第八十七条 【追诉期限】犯罪经过下列期限不再追诉：

（一）法定最高刑为不满五年有期徒刑的，经过五年；

（二）法定最高刑为五年以上不满十年有期徒刑的，经过十年；

（三）法定最高刑为十年以上有期徒刑的，经过十五年；

（四）法定最高刑为无期徒刑、死刑的，经过二十年。如果二十年以后认为必须追诉的，须报请最高人民检察院核准。

> ▲2012年10月9日最高人民检察院《关于办理核准追诉案件若干问题的规定》：
>
> 第一条 为了规范办理核准追诉案件工作，依法打击严重犯罪，保障国家利益和社会公共利益以及公民合法权利，根据《中华人民共和国刑法》、《中华人民共和国刑事诉讼法》等有关规定，结合工作实际，制定本规定。
>
> 第二条 办理核准追诉案件应当严格依法、从严控制。
>
> 第三条 法定最高刑为无期徒刑、死刑的犯罪，已过二十年追诉期限的，不再追诉。如果认为必须追诉的，须报请最高人民检察院核准。
>
> 第四条 须报请最高人民检察院核准追诉的案件在核准之前，侦查机关可以依法对犯罪嫌疑人采取强制措施。
>
> 侦查机关报请核准追诉并报请逮捕犯罪嫌疑人，人民检察院经审查认为必须追诉而且符合法定逮捕条件的，可以依法批准逮捕，同时要求侦查机关在报请核准追诉期间不停止对案件的侦查。

未经最高人民检察院核准,不得对案件提起公诉。

第五条 报请核准追诉的案件应当同时符合下列条件:

(一)有证据证明存在犯罪事实,且犯罪事实是犯罪嫌疑人实施的;

(二)涉嫌犯罪的行为应当适用的法定量刑幅度的最高刑为无期徒刑或者死刑的;

(三)涉嫌犯罪的性质、情节和后果特别严重,虽然已过二十年追诉期限,但社会危害性和影响依然存在,不追诉会严重影响社会稳定或者产生其他严重后果,而必须追诉的;

(四)犯罪嫌疑人能够及时到案接受追诉的。

第六条 侦查机关报请核准追诉的案件,由同级人民检察院受理并层报最高人民检察院审查决定。

第七条 人民检察院对侦查机关移送的报请核准追诉的案件,应当审查是否移送下列材料:

(一)报请核准追诉案件意见书;

(二)证明犯罪事实的证据材料;

(三)关于发案、立案、侦查、采取强制措施和犯罪嫌疑人是否重新犯罪等有关情况的书面说明及相关法律文书;

(四)被害方、案发地群众、基层组织等的意见和反映。

材料齐备的,应当受理案件;材料不齐备的,应当要求侦查机关补充移送。

第八条 地方各级人民检察院对侦查机关报请核准追诉的案件,应当及时进行审查并开展必要的调查,经检察委员会审议提出是否同意核准追诉的意见,在受理案件后十日之内制作《报请核准追诉案件报告书》,连同案件材料一并层报最高人民检察院。

第九条 最高人民检察院收到省级人民检察院报送的《报请核准追诉案件报告书》及案件材料后,应当及时审查,必要时派人到案发地了解案件有关情况。经检察长批准或者检察委员会审议,应当在受理案件后一个月之内作出是否核准追诉的决定,特殊情况下可以延长十五日,并制作《核准追诉决定书》或者《不予核准追诉决定书》,逐级下达最初受理案件的人民检察院,送达报请核准追诉的侦查机关。

第十条 对已经批准逮捕的案件,侦查羁押期限届满不能做出是否核准追诉决定的,应当依法对犯罪嫌疑人变更强制措施或者延长侦查羁押期限。

第十一条 最高人民检察院决定核准追诉的案件,最初受理案件的人民检察院应当监督侦查机关及时开展侦查取证。

最高人民检察院决定不予核准追诉,侦查机关未及时撤销案件的,同级人民检察院应当予以监督纠正。犯罪嫌疑人在押的,应当立即释放。

第十二条 人民检察院直接立案侦查的案件报请最高人民检察院核准追诉的,参照本规定办理。

第八十八条 【追诉期限的延长】在人民检察院、公安机关、国家安全机关立案侦查或者在人民法院受理案件以后,逃避侦查或者审判的,不受追诉期限的限制。

被害人在追诉期限内提出控告,人民法院、人民检察院、公安机关应当立案而不予立案的,不受追诉期限的限制。

▲2017年2月13日最高人民法院《关于被告人林少钦受贿请示一案的答复》:
追诉时效是依照法律规定对犯罪分子追究刑事责任的期限,在追诉时效期限内,司法机关应当依法追究犯罪分子刑事责任。对于法院正在审理的贪污贿赂案件,应当依据司法机关立案侦查时的法律规定认定追诉时效。依据立案侦查时的法律规定未过时效,且已经进入诉讼程序的案件,在新的法律规定生效后应当继续审理。

延伸阅读:
▲苗有水:贪污贿赂刑事司法解释具体问题解读(节选)
二十六、如何处理《解释》颁布以后部分案件的追诉时效问题

刑法第八十七条、第八十八条、第八十九条明确规定了追诉时效期限的长短及其计算规则。根据刑法规定,法定最高刑不满五年有期徒刑的,追诉时效期限为五年。"不满五年"其实指的是三年以下。根据《解释》的规定,贪污罪、受贿罪的第一个量刑档次是有期徒刑三年以下或者拘役的,即无从严情节犯罪数额20万元以下的这个档次,追诉时效就是五年。问题是,贪污、受贿犯罪的法定刑调整后,有的案件按照当时的量刑标准是没有过追诉时效的,但是按照《解释》规定的标准,就过了追诉时效期限了。那么这个计算追诉时效的量刑幅度是以旧标准为准还是以新标准为准呢?例如,被告人2006年贪污15万元,2014年被移送司法机关立案侦查,那么2006年到2014年之间不满十年但超过了五年。如果按照旧标准,5万元在过去是要被判十年有期徒刑以上的,它的时效期限是十五年,所以肯定是没有超过的。但是被告人2015年被提起公诉,一审法院2015年11月开庭审理。根据《解释》的规定,贪污15万元,没有从严处罚情节的只能判处三年以下有期徒刑了。这样,追诉时效期限就是五年了,此案在立案侦查时已经超过五年的期限,是否已经过了追诉时效期限呢?这里首先需要说明的是,什么是"追诉"?理论界对此一直是有争议的,后来"两高"在2012年制定了《关于办理行贿刑事案件具体应用法律若干问题的解释》(以下简称《行贿解释》)第十三条规定了什么叫"被追诉前",所谓"被追诉前"就是"刑事立案前"。从这个时候开始,审判人员的思想就统一了,把"刑事立案"理解为"追诉"的时间节点。

我认为,追诉时效是依照法律规定对犯罪分子追究刑事责任的期限,对于法院正在审理的贪污贿赂案件,应当依据司法机关立案侦查时的法律规定认定追诉时效。在上述案例中,该贪污行为在2014年就已经被刑事立案了,而且在被刑事立案的时候根据当时的标准是没过追诉期限的,因而在《解释》出台后不能认为过了追诉时效期限而直接适用刑事诉讼法第十五条的规定,对案件终止审理。对于立案侦查时依据法律规定未过时效的案件,如果案件已经进入诉讼程序,在新的法律规定生效后应当继续审理。

……

二十八、《解释》颁布后如何理解从旧兼从轻原则

从表面上来看,这似乎也是如何判处罚金刑的问题,但实际上是个法律适用问题,即从旧兼从轻原则的适用问题。例如,某被告人在《刑法修正案(九)》实施之前犯行贿罪,行贿数额为200万元,按照《行贿解释》,应当认定为"情节特别严重",处以十年以上有期徒刑;按最新的《解释》,应当认定为"情节严重",处刑五年至十年有期徒刑。现在假定这个案件在《解释》颁布前已经一审宣判了,一审判了十年有期徒刑,肯定没有处罚金,那个时候《刑法修正案(九)》还没有出台。但是到二审判的时候,能否按照刚才的思路把上诉人把主刑减下来,然后加判罚金?如果这么判的话,就判错了这个案件。这个道理很复杂:《刑法修正案(九)》对于受贿罪和行贿罪作了不同的修正,前者修改了整个定罪量刑标准,后者只是加上了罚金刑,对主刑并未改动,因而对于具体案件而言适用法律的思路是不同的。我认为此案应当适用《刑法修正案(九)》修正前的刑法,同时适用新的司法解释,即认定"情节严重",处刑五年至十年有期徒刑,同时并判处罚金,这是不矛盾的。这里需要着重说明的是,在适用修正前的刑法的前提下为什么可以适用新的司法解释呢?这是因为,新的司法解释不仅是对《刑法修正案(九)》修正后的刑法条款的诠释,也是对《刑法修正案(九)》没有修正的条款的诠释,并且是对《刑法修正案(九)》所没有触及的那些犯罪构成要件的重新解释,同时也是对2013年生效的《行贿解释》的修改。关于行贿罪,我们在过去的司法解释中规定了"情节严重",现在又用新的解释把它修改了,《行贿解释》规定100万元是"情节特别严重"的标准,现在500万元才达到"情节特别严重"标准。不过,刑法上一直沿用"情节严重"一词,刑法本身并未修改。所以,适用修正前的刑法和适用新的司法解释并不矛盾。

第八十九条　【追诉期限的计算与中断】追诉期限从犯罪之日起计算;犯罪行为有连续或者继续状态的,从犯罪行为终了之日起计算。

在追诉期限以内又犯罪的,前罪追诉的期限从犯后罪之日起计算。

追诉时效计算的相关问题,请参阅《关于对跨越修订刑法施行日期的继续犯罪、连续犯罪以及其他同种数罪应如何具体适用刑法问题的批复》,见本书第356页。

第五章　其他规定

第九十条　【民族自治地方适用刑法的变通或补充】民族自治地方不能全部适用本法规定的,可以由自治区或者省的人民代表大会根据当地民族的政治、经济、文化的特点和本法规定的基本原则,制定变通或者补充的规定,报请全国人民代表大会常务委员会批准施行。

第九十一条　【公共财产的范围】本法所称公共财产,是指下列财产:

(一)国有财产;

(二)劳动群众集体所有的财产;

(三)用于扶贫和其他公益事业的社会捐助或者专项基金的财产。

在国家机关、国有公司、企业、集体企业和人民团体管理、使用或者运输中的私人财产,以公共财产论。

第九十二条 【公民私人所有财产的范围】本法所称公民私人所有的财产,是指下列财产:

(一)公民的合法收入、储蓄、房屋和其他生活资料;

(二)依法归个人、家庭所有的生产资料;

(三)个体户和私营企业的合法财产;

(四)依法归个人所有的股份、股票、债券和其他财产。

第九十三条 【国家工作人员的含义】本法所称国家工作人员,是指国家机关中从事公务的人员。

国有公司、企业、事业单位、人民团体中从事公务的人员和国家机关、国有公司、企业、事业单位委派到非国有公司、企业、事业单位、社会团体从事公务的人员,以及其他依照法律从事公务的人员,以国家工作人员论。

▲2000年4月29日全国人大常委会《关于〈中华人民共和国刑法〉第九十三条第二款的解释》:

村民委员会等村基层组织人员协助人民政府从事下列行政管理工作,属于刑法第九十三条第二款规定的"其他依照法律从事公务的人员":

(一)救灾、抢险、防汛、优抚、扶贫、移民、救济款物的管理;

(二)社会捐助公益事业款物的管理;

(三)国有土地的经营和管理;

(四)土地征收、征用补偿费用的管理;

(五)代征、代缴税款;

(六)有关计划生育、户籍、征兵工作;

(七)协助人民政府从事的其他行政管理工作。

村民委员会等村基层组织人员从事前款规定的公务,利用职务上的便利,非法占有公共财物、挪用公款、索取他人财物或者非法收受他人财物,构成犯罪的,适用刑法第三百八十二条和第三百八十三条贪污罪、第三百八十四条挪用公款罪、第三百八十五条和第三百八十六条受贿罪的规定。

注:根据2009年8月全国人民代表大会常务委员会《关于修改部分法律的决定》,本条第一款第四项"征用"被修正为"征收、征用"。

▲2000年4月30日最高人民检察院《对〈关于中国证监会主体认定的请示〉的答复》:

中国证券监督管理委员会为国务院直属事业单位,是全国证券期货市场的主管部门。其主要职责是统一管理证券期货市场,按规定对证券期货监管机构实行垂直领导,所以,它是具有行政职责的事业单位。据此,北京证券监督管理委员会干部应视同为国家机关工作人员。

▲2000年5月12日最高人民法院《关于农村合作基金会从业人员犯罪如何定性问题的批复》：

农村合作基金会从业人员，除具有金融机构现职工作人员身份的以外，不属于金融机构工作人员。对其实施的犯罪行为，应当依照刑法的有关规定定罪处罚。

▲2000年6月5日最高人民检察院《关于贯彻执行〈全国人民代表大会常务委员会关于〈中华人民共和国刑法〉第九十三条第二款的解释〉的通知》：

一、各级检察机关要认真学习《解释》和刑法的有关规定，深刻领会《解释》的精神，充分认识检察机关依法查处村民委员会等村基层组织人员贪污、受贿、挪用公款犯罪案件对于维护农村社会稳定、惩治腐败、保障农村经济发展的重要意义。

二、根据《解释》，检察机关对村民委员会等村基层组织人员协助人民政府从事《解释》所规定的行政管理工作中发生的利用职务上的便利，非法占有公共财物、挪用公款、索取他人财物或者非法收受他人财物，构成犯罪的案件，应直接受理，分别适用刑法第三百八十二条、第三百八十三条、第三百八十四条和第三百八十五条、第三百八十六条的规定，以涉嫌贪污罪、挪用公款罪、受贿罪立案侦查。

三、各级检察机关在依法查处村民委员会等村基层组织人员贪污、受贿、挪用公款犯罪案件过程中，要根据《解释》和其他有关法律的规定，严格把握界限，准确认定村民委员会等村基层组织人员的职务活动是否属于协助人民政府从事《解释》所规定的行政管理工作，并正确把握刑法第三百八十三条贪污罪、第三百八十四条挪用公款罪和第三百八十五条、第三百八十六条受贿罪的构成要件。对村民委员会等村基层组织人员从事属于村民自治范围的经营、管理活动不能适用《解释》的规定。

四、各级检察机关在依法查处村民委员会等村基层组织人员涉嫌贪污、受贿、挪用公款犯罪案件过程中，要注意维护农村社会的稳定，注重办案的法律效果与社会效果的统一。对疑难、复杂、社会影响大的案件，下级检察机关要及时向上级检察机关请示。上级检察机关要认真及时研究，加强指导，以准确适用法律，保证办案质量。

▲2000年6月29日最高人民检察院《关于〈全国人民代表大会常务委员会关于〈中华人民共和国刑法〉第九十三条第二款的解释〉的时间效力的批复》：

《全国人民代表大会常务委员会关于〈中华人民共和国刑法〉第九十三条第二款的解释》是对刑法第九十三条第二款关于"其他依照法律从事公务的人员"规定的进一步明确，并不是对刑法的修改。因此，该《解释》的效力适用于修订刑法的施行日期，其溯及力适用修订刑法第12条的规定。

▲2000年6月29日最高人民检察院研究室《关于国家工作人员在农村基金会兼职从事管理工作如何认定身份问题的答复》：

国家工作人员自行到农村合作基金会兼职从事管理工作的，因其兼职工作与国家工作人员身份无关，应认定为农村合作基金会一般从业人员；国家机关、国有公司、企业、事业单位委派到农村合作基金会兼职从事管理工作的人员，以国家工作人员论。

▲2000年9月28日最高人民检察院《对〈关于中国保险监督管理委员会主体认定的请示〉的答复》

经我院函请中央机构编制委员会核定,中编办答复如下:"中国保险监督管理委员会为国务院直属事业单位,是全国商业保险的主管部门。根据国务院授权履行行政管理职能,依法对全国保险市场实行集中统一的监督管理,对中国保险监督管理委员会的派出机构实行垂直领导。所以,对于中国保险监督管理委员会可参照对国家机关的办法进行管理。"据此,中国保险监督管理委员会干部应视同为国家机关工作人员。(根据2018年《国务院机构改革方案》,中国保险监督管理委员会已被撤销,其职责由国务院直属事业单位"中国银行保险监督管理委员会"承担。据此,中国银行保险监督管理委员会干部应视同为国家机关工作人员——编者注)

▲2003年11月13日最高人民法院《全国法院审理经济犯罪案件工作座谈会纪要》:

一、关于贪污贿赂犯罪和渎职犯罪主体

(一)国家机关工作人员的认定

刑法中所称的国家机关工作人员,是指在国家机关中从事公务的人员,包括在各级国家权力机关、行政机关、司法机关和军事机关中从事公务的人员。

根据有关立法解释的规定,在依照法律、法规规定行使国家行政管理职权的组织中从事公务的人员,或者在受国家机关委托代表国家行使职权的组织中从事公务的人员,或者虽未列入国家机关人员编制但在国家机关中从事公务的人员,视为国家机关工作人员。在乡(镇)以上中国共产党机关、人民政协机关中从事公务的人员,司法实践中也应当视为国家机关工作人员。

(二)国家机关、国有公司、企业、事业单位委派到非国有公司、企业、事业单位、社会团体从事公务的人员的认定

所谓委派,即委任、派遣,其形式多种多样,如任命、指派、提名、批准等。不论被委派的人身份如何,只要是接受国家机关、国有公司、企业、事业单位委派,代表国家机关、国有公司、企业、事业单位在非国有公司、企业、事业单位、社会团体中从事组织、领导、监督、管理等工作,都可以认定为国家机关、国有公司、企业、事业单位委派到非国有公司、企业、事业单位、社会团体从事公务的人员——如国家机关、国有公司、企业、事业单位委派在国有控股或者参股的股份有限公司从事组织、领导、监督、管理等工作的人员,应当以国家工作人员论;国有公司、企业改制为股份有限公司后,原国有公司、企业的工作人员和股份有限公司新任命的人员中,除代表国有投资主体行使监督、管理职权的人外不以国家工作人员论。

(三)"其他依照法律从事公务的人员"的认定

刑法第九十三条第二款规定的"其他依照法律从事公务的人员"应当具有两个特征:一是在特定条件下行使国家管理职能;二是依照法律规定从事公务。具体包括:(1)依法履行职责的各级人民代表大会代表;(2)依法履行审判职责的人民陪审员;(3)协助乡镇人民政府、街道办事处从事行政管理工作的村民委员会、居民委员会等农村和城市基层组织人员;(4)其他由法律授权从事公务的人员。

(四)关于"从事公务"的理解

从事公务,是指代表国家机关、国有公司、企业事业单位、人民团体等履行组织、领导、监督、管理等职责。公务主要表现为与职权相联系的公共事务以及监督、管理国有财产的职务活动。如国家机关工作人员依法履行职责,国有公司的董事、经理、监事、会计、出纳人员等管理、监督国有财产等活动,属于从事公务。那些不具备职权内容的劳务活动、技术服务工作,如售货员、售票员等所从事的工作,一般不认为是公务。

▲2004年11月3日最高人民检察院法律政策研究室《关于国家机关、国有公司、企业委派到非国有公司、企业从事公务但尚未依照规定程序获取该单位职务的人员是否适用刑法第九十三条第二款问题的答复》:

对于国家机关、国有公司、企业委派到非国有公司、企业从事公务但尚未依照规定程序获取该单位职务的人员,涉嫌职务犯罪的,可以依照刑法第九十三条第款关于"国家机关、国有公司、企业委派到非国有公司、企业、事业单位、社会团体从事公务的人员","以国家工作人员论"的规定追究刑事责任。

延伸阅读:
▲郭清国:《全国法院审理经济犯罪案件工作座谈会纪要》的理解与适用(节选)
一、国家工作人员的认定问题

关于国家工作人员,刑法第93条规定:"本法所称国家工作人员,是指国家机关中从事公务的人员。国有公司、企业、事业单位、人民团体中从事公务的人员和国家机关、国有公司、企业、事业单位委派到非国有公司、企业、事业单位、社会团体从事公务的人员,以及其他依照法律从事公务的人员,以国家工作人员论。"根据该条的规定,是否属于刑法意义上的国家工作人员应当同时具备以下两个特征:一是从事公务;二是具有一定的身份或者资格。具体包括三种情况:在国有单位中从事公务,或者受国有单位委派从事公务,或者依照法律规定从事公务。

(一)关于从事公务

根据刑法第93条的规定,"从事公务"是国家工作人员的共同特征,但由于刑法没有明确"从事公务"的含义,理论上也没有形成统一的认识,如何认定国家工作人员,一直是司法实践中的难点。由于公务内容、范围的广泛性,如在国家机构从事公务通常表现为对国家资产的监督、经营、管理。同时,随着经济的发展和科学技术在生产、生活中的应用,公务在形式上也表现为多种多样,很难将其与劳务截然分开,《纪要》(《全国法院审理经济犯罪案件工作座谈会纪要》)没有对公务的概念作出明确的界定,仅明确"从事公务,是指代表国家机关、国有公司、企业、事业单位、人民团体等履行组织、领导、管理、监督等职责",强调"公务主要表现为与职权相联系的公共事务以及监督、管理国有财产的职务活动",并将"那些不具备职权内容的劳务活动、技术服务工作,如售货员、收银员、售票员等所从事的工作",从公务中予以排除。

(二)关于国有单位中从事公务的人员

根据刑法第93条的规定,在国有单位中从事公务的人员应当包括国家机关工作人员和在国有公司、企业、事业单位、人民团体中从事公务的人员。鉴于《最高人民法院关于在国有资本控股、参股的股份有限公司中从事管理工作的人员利用职务便利非法占有本公司财物如何定罪问题的批复》明确"在国有资本控股、参股的股份有限公司中从事管理工作的人员、除受国家机关、国有公司企业、事业单位委派从事公务的以外,不属于国家工作人员"。《事业单位登记管理暂行条例》第2条第1款规定:"事业单位,是指国家为了社会公益目的,由国家机关举办或者其他组织利用国有资产举办的,从事教育、科技、文化、卫生等活动的社会服务组织。"《纪要》没有对在国有公司、企业、事业单位、人民团体从事公务人员的范围作出进一步的规定,而是重点明确国家机关工作人员的认定问题。

根据宪法第三章的规定,各级国家权力机关、行政机关、司法机关和军事机关都是我国的国家机构,在这些国家机构从事公务的人员当然属于刑法意义上的国家机关工作人员。因此,《纪要》首先明确:"刑法中所称的国家机关工作人员,是指在国家机关中从事公务的人员,包括在各级权力机关、行政机关、司法机关和军事机关中从事公务的人员。"司法实践中,对于这部分国家机关工作人员不应当等同于宪法意义上的国家机构工作人员,特别是在近年来的机构改革中,有一部分非宪法意义上的国家机构或者国家机构中的一些非正式在编人员实际上履行了部分国家管理职权,如中国银行业监督管理委员会不是宪法意义上的国家机构,但根据2003年4月26日全国人民代表大会常务委员会《关于中国银行业监督管理委员会履行原由中国人民银行履行的监督管理职责的决定》,中国银行业监督管理委员会履行对银行和其他非银行金融机构的监督管理职责。再如,各级人民法院的聘用制书记员,实际上也履行了部分国家司法权,等等。对于这类在形式上未列入国家机关编制,实际行使国家机关工作人员的权力或者在国家机关中工作的人员,能否认定为刑法意义上的国家机关工作人员,以及在认定为国家机关工作人员时,其范围如何掌握,是司法实践中的难点。

《纪要》根据2002年12月28日全国人大常委会《关于〈中华人民共和国刑法〉第九章渎职罪主体适用问题的解释》明确:"在依照法律、法规规定行使国家行政管理职权的组织中从事公务的人员,或者在受国家机关委托代表国家行使职权的组织中从事公务的人员,视为国家机关工作人员。"实践中,对于这部分国家机关工作人员的认定应把握以下三点:一是行为人是否有行使国家管理职权。需要注意的是,依照法律、法规规定行使国家行政管理职权的组织或者受国家机关委托代表国家行使职权的组织本身不是国家机关,在这些组织中的工作人员不是当然的国家机关工作人员,只有在代表国家行使管理职权,并且有渎职行为,需要追究行为人的渎职犯罪行为时,才适用刑法关于国家机关工作人员的条款。二是行使国家行政管理职权是否有法律、法规的规定,或者国家机关的授权、委托。三是行为人所在的组织的性质不影响国家机关工作人员的认定,不能完全看身份,即不能看他是不是过去所说的干部,也不能看所在的单位是行政编制、机关,还是事业单位,即不能看个人的身份,也不能看单位的身份。

此外,考虑到中国共产党是我国的执政党,中国共产党领导的多党合作和政治协商制度是我国的根本政治制度,并且将长期存在和发展。在我国的政治生活、社会生活和对外友好活动中,在进行社会主义现代化建设、维护国家的统一和团结的斗争中,中国共产党和人民政协实际履行着国家管理职能，但并非所有的党组织和政协机关履行了国家管理职能，《纪要》还明确："在乡（镇）以上中国共产党机关、人民政协机关中从事公务的人员，司法实践中也应当视为国家机关工作人员。"这里的"乡（镇）以上"，是指中国共产党中央委员会和全国政协，省、自治区、直辖市、市、县（区）、乡（镇）党委和政协，而不包括基层党支部，也不包括公司、企业等单位中的党组织。

（三）关于受委派从事公务的人员

根据刑法第93条的规定，国家机关、国有公司、企业、事业单位委派到非国有公司、企业、事业单位、社会团体从事公务的人员，以国家工作人员论。《纪要》重点明确两方面的问题：一是委派的形式，二是委派后所从事的工作。

实践中，受委派从事公务的人员主要是指在国有控股或者参股的有限（责任）公司、中外合资经营企业，中外合作经营企业中对国有资产负有监督、管理等职责的人员，通常为董事长、副董事长、总经理、董事、监事、财务负责人等。但这些人员一般不能直接由国有单位正式行文任命产生，如根据公司法的规定的办法产生，总经理、副总经理和财务负责人均由董事会聘任；股份有限公司的董事长、副董事长由董事会以全体董事的过半数选举产生，总经理、副总经理和财务负责人均由董事会聘任；有限公司和股份有限公司的董事、监事，应当由股东（大）会选举产生。中外合资经营企业法则规定，董事长和副董事长由合营各方协商确定或者由董事会选举产生，总经理、副总经理、总会计师等由董事会任命。中外合作经营企业的董事会或者联合管理机构，依照中外合作经营企业法的规定，则应根据合作企业合同或者章程的规定产生。考虑到"推荐"和"提名"通常是国有单位行使人事权的实质性行为，被国有单位推荐或者提名的人一旦在非国有单位担任相应的职务，即获得了代表国有单位对国有资产的监督、管理职责，不能因为须经过股东大会选举或者董事会聘任程序而否认国有单位委派的性质。因此，《纪要》明确："所谓委派，即委任、派遣，其形式多种多样，如任命指派、提名、批准等。不论被委派的人身份如何，只要是接受国家机关、国有公司、企业、事业单位委派，代表国家机关、国有公司、事业单位到非国有公司、企业、事业单位、社会团体中行使管理职权，都可以认定为国家机关、国有公司、企业、事业单位委派到非国有公司、企业、事业单位、社会团体从事公务的人员。"在具体认定是否属于受委派从事公务的人员时，应当从以下三个方面进行把握：一是委派不问来源，不论行为人在受委派以前是否具有国家工作人员身份，也不论行为人是委派单位或者接受委派单位是原有职工，还是为了委派而临时从社会上招聘的人员（如农民），都能成为国有单位委派人员。二是委派的形式多种多样，即可以是事前、事中的提名、推荐、指派、任命，也可以是事后的认可、同意、批准等，但应当注意的是，单纯的事后备案行为不属于受委派从事公务的人员。三是受委派后必须代表国有单位在非国有单位中从事组织、领导、监督、管理等职责。

《纪要》还针对国有公司、企业改制的特殊情况明确："国有公司、企业改制为股份有限公司后，原国有公司、企业的工作人员和股份有限公司新任命的人员中，除代表国有投资主体行使监督、管理职权的人外，不以国家工作人员论。"对此，应当把握以下两点:一是国有公司、企业改制后,不能因行为人在改制前的国有公司、企业中从事公务,而认定其为国家工作人员;二是国有公司、企业改制后,在股份有限公司中代表国有投资主体行使监督、管理职权的人员,应当认定为受委派从事公务的人员。

(四)关于其他依照法律从事公务的人员

"其他依照法律从事公务的人员",即不属于国有单位工作人员,也不是受国有单位委派从事公务的人员,但行使了国家管理职能,如在人民代表大会闭会期间持代表证就地进行视察,并向本级或者下级有关国家机关负责人提出建议、批语和意见的农民人大代表;在法院担任职务的人民陪审员;"协助人民政府或者它的派出机构做好与居民利益有关的公共卫生、计划生育、优抚救济、青少年教育等项工作"的城市居民委员会成员。根据刑法第93条的规定,这类人员在行使国家管理职权时实施与其职责有关的犯罪行为时,应当适用刑法关于国家工作人员的规定。《纪要》明确了"其他依照法律从事公务的人员"的两个特征:一是在特定条件下行使国家管理职能。二是行使国家管理职能要有法律依据,即依照法律规定从事公务。应当注意的是,"其他依照法律从事公务的人员"是一种兜底性规定,其不是固定不变的,而随着我国政治、经济体制的改革不断发展变化。在现阶段,"其他依照法律从事公务的人员"主要有下列四种:一是履行职责的各级人民代表大会代表;二是依法履行职责的各级人民政协委员;三是履行审判职责的人民陪审员;四是协助乡镇人民政府、街道办事处从事行政管理工作的村民委员会、居民委员会等农村和城市基层组织人员。

注:关于贪污贿赂犯罪、渎职犯罪、经济犯罪中具体国家工作人员或国家机关工作人员身份的认定,请参阅刑法分则各罪部分。

▲2010年11月26日最高人民法院、最高人民检察院《关于办理国家出资企业中职务犯罪案件具体应用法律若干问题的意见》:

六、关于国家出资企业中国家工作人员的认定

经国家机关、国有公司、企业、事业单位提名、推荐、任命、批准等,在国有控股、参股公司及其分支机构中从事公务的人员,应当认定为国家工作人员。具体的任命机构和程序,不影响国家工作人员的认定。

经国家出资企业中负有管理、监督国有资产职责的组织批准或者研究决定,代表其在国有控股、参股公司及其分支机构中从事组织、领导、监督、经营、管理工作的人员,应当认定为国家工作人员。

国家出资企业中的国家工作人员,在国家出资企业中持有个人股份或者同时接受非国有股东委托的,不影响其国家工作人员身份的认定。

七、关于国家出资企业的界定

本意见所称"国家出资企业",包括国家出资的国有独资公司、国有独资企业,以及国有资本控股公司、国有资本参股公司。

是否属于国家出资企业不清楚的,应遵循"谁投资、谁拥有产权"的原则进行界定。企业注册登记中的资金来源与实际出资不符的,应根据实际出资情况确定企业的性质。企业实际出资情况不清楚的,可以综合工商注册、分配形式、经营管理等因素确定企业的性质。

延伸阅读:
▲刘为波:《关于办理国家出资企业中职务犯罪案件具体应用法律若干问题的意见》的理解与适用(节选)

七、关于国家出资企业中国家工作人员的认定

国家出资企业中受委派从事公务的国家工作人员是司法认定中的一个难点,也是《意见》拟重点解决的一个问题。《意见》第六条从委派形式、委派主体及双重身份三个方面对该问题进行了明确。其中,核心内容体现在第六条第二款关于委派主体的规定上。据此规定,过去通常认为不属于国家工作人员的部分"间接委派"人员将有条件地纳入委派人员的认定范畴。分别说明如下:

1. 委派形式

本问题在《全国法院审理经济犯罪案件工作座谈会纪要》已有原则性规定,考虑到实践中在该问题的理解和处理上还存在一定偏差,故《意见》予以进一步明确。《纪要》规定,"所谓委派,即委任、派遣,其形式多种多样,如任命、指派、提名、批准等。不论被委派的人身份如何,只要是接受国家机关、国有公司、企业、事业单位委派,代表国家机关、国有公司、企业、事业单位在非国有公司、企业、事业单位、社会团体中从事组织、领导、监督、管理等工作,都可以认定为国家机关、国有公司、企业、事业单位委派到非国有公司、企业、事业单位、社会团体从事公务的人员。如国家机关、国有公司、企业、事业单位委派在国有控股或者参股的股份有限公司从事组织、领导、监督、管理等工作的人员,应当以国家工作人员论"。实践中反映《纪要》对于以下问题的处理不够明确,即行为人的任职由作为国有单位的委派方提名后,再由被委派方按照自己的内部程序进行选举产生的情形能否认定为国家工作人员。对此,一种意见认为,尽管此类人员在任职期间,也代表国有投资方的利益,但其任职并非基于国有单位的委派,而是经所在企业的选举产生,其任职体现的是企业决策机构的整体意志,也是全体投资人共同意志的反映,其代表的不仅是国有出资人的利益,更重要的是代表公司的整体利益,故此类人员不宜认定为国家工作人员。

经研究,对于委派的内涵及外延,应从两个方面的特征来加以理解和把握:一是形式特征,委派在形式上可以不拘一格,如任命、指派、提名、推荐、认可、同意、批准等均无不可;二是实质特征,需代表国家机关、国有公司、企业、事业单位在非国有公司、企业、事业单位、社会团体中从事组织、领导、监督、管理等公务活动,亦即国有单位意志的直接代表性。随着企业治理体系的健全与完善,企业的董事会成员和总经理均需由股东会选举或者董事会决定(国有独资公司的董事会成员由相关部门直接委派者除外),而国有出资单位依法仅享有提名、推荐权。如依照上述意见,将从根本上排除在刑事司法中认定受委派从事公务人员的可能性。区分是否委派的关键不在于行为人管理职位的直接来源,而是在于其管理职位与相关国有单位的意志行为是否具有关联性和延续性。此种情形中行为人之所以能够在非国有企业中的经营管理层获得职位,与国有出资单位的指派密不可分。具体依照何种程序、形式取得非国有企业的管理职位,对于成立委派与否的认定不具有决定性意义。故此,《意见》第六条第一款明确,"具体的任命机构和程序,不影响国家工作人员的认定"。

2. 委派主体

股份制日益成为公有制主要实现形式的当下，实践中存在大量多次委派、层层委派的情况。如何在兼顾企业改制实际、国有资产保护和处罚公平的基础上，依法妥善地认定国有资本控股、参股公司中的国家工作人员，是当前亟须解决的一个问题。对此问题的处理，《意见》研究起草过程中主要有以下几种思路：

第一，修改刑法，统一罪名，取消区别身份分别论罪的现有立法，实行公有制经济和非公有制经济的一体化保护。经研究，该思路体现了刑法修改完善的发展方向，但从目前情况看条件尚不具备，时机尚不成熟：一是国家出资企业的股权结构、治理体系与现代企业制度要求还有差距，需要进一步发展完善；二是考虑到法定刑配置的发展趋势，平等保护将直接意味着降低对国家出资企业中国家工作人员的求刑标准，与从严惩治腐败的政策要求不符。

第二，重新解释刑法中的"国有公司、企业"，将国有控股公司视同为国有公司。该意见认为，在国有控股公司、企业中从事管理工作的人员，除受非国有单位委派到国有控股公司、企业，代表非国有投资主体行使职权的人员外，应以国家工作人员论。受国有控股公司、企业委派到公司、企业，代表受委派的国有控股公司、企业从事管理工作的人员，也应以国家工作人员论。理由是：(1) 国有控股公司、企业中，国有资本占主体地位，在其各级下属公司、企业中也通常以国有资产为主，甚至有的国有公司、企业在改制时整体划归国有资本控股的上市公司；(2) 国有控股公司、企业兼具社会公共目标和经济目标，以经济目标支撑社会公共目标，涉及国家经济命脉和国家经济安全，应加强对其中国有资产的保护力度；(3) 国家对国有控股公司的管理、统计与纯国有公司、企业没有差别，如财政部统计经济运行情况时将国有企业和国有控股企业一并统计；(4) 严格意义上的国有独资公司、企业已经很少，对国有控股公司、企业的管理人员不以国家工作人员论，刑法规定受委派从事公务的国家工作人员的立法意图将落空。经研究，该意见充分考虑了当前企业改制的实际情况，但是存在诸多法律上和操作上的障碍：(1) 公司法上的障碍。公司法赋予了公司独立的法律人格特别是公司的财产所有权，以出资者的控制地位来判断公司的性质是否妥当，其他投资主体的地位、出资、权益如何体现，都将成为问题。(2) 刑法规定上的逻辑障碍。依据《刑法》第九十三条第二款规定，"国有公司、企业……委派到非国有公司、企业……从事公务的人员……以国家工作人员论"。这里的非国有公司，在逻辑上一般应当是国有资本控股、参股公司，因为只有在存在国有资本出资的情况下才谈得上委派工作人员从事管理、监督等公务问题。(3) 刑事司法的现实障碍。根据《最高人民法院关于在国有资本控股、参股的股份有限公司中从事管理工作的人员利用职务便利非法占有本公司财物如何定罪问题的批复》的意见，可以推断出国有资本控股或参股公司本身不属于国有公司。(4) 司法判断、操作上的障碍。如何确定控股的量化标准，这在理论上和实践上始终都是一个问题，尤其是考虑到股权份额的易变动性及由此导致的控股与否的不确定性。

第三，对委派主体作适度扩张解释。这也是《意见》所持意见。《意见》第六条第二款规定:"经国家出资企业中负有管理、监督国有资产职责的组织批准或者研究决定,代表其在国有控股、参股公司及其分支机构中从事组织、领导、监督、经营、管理工作的人员,应当认定为国家工作人员。"主要理由是:(1)大型国企改制后管理运营模式尚未发生大的转变,管理人员的身份和职责也基本没变。"二次委派"不属于委派的传统认定模式,没有反映这一实际情况。(2)根据党管干部的组织原则,改制后企业一般设有党委,并由本级或者上级党委决定人事任免。(3)以国家出资企业中负有管理、监督国有资产职责的组织决定作为联结点,既反映了当前国家出资企业的经营管理实际,又体现了从事公务活动这一认定国家工作人员的实质要求,可以保证认定范围的正当性、确定性和内敛性。

起草过程中有意见指出,根据《企业国有资产法》第二十二条、第十一条的规定,国家工作人员是指履行出资人职责的机构依照法律、行政法规以及企业章程的规定,任免或者建议任免国家出资企业的有关人员。其中,履行出资人职责的机构包括:国务院国有资产监督管理机构和地方人民政府按照国务院的规定设立的国有资产监督管理机构;国务院和地方人民政府根据需要,授权代表本级人民政府对国家出资企业履行出资人职责的其他部门、机构。据此,只有受国资委等国家机关委派的人员才属于国家工作人员。经研究,该意见主要是基于行业管理的立场得出的结论,其确立的国家工作人员的范围明显过窄,与刑法规定和客观实际均不符合。如刑法第九十三条规定,委派主体既包括国家机关,也包括国有公司、企业、事业单位,故未采纳。另有意见提出,本款规定法律依据不足,将国有资产管理行为视为公务行为值得推敲,也不符合现代企业制度和公司治理要求。经研究,将国有资产的监督、经营、管理职责理解为公务活动,符合当前国家出资企业的实际情况,也是司法实践的一贯做法,当前情况下将此类人员作非国家工作人员处理反而可能造成更大的不公,故未采纳。

在具体适用本款规定时,应注意以下几个问题:(1)关于负有管理、监督国有资产职责的组织。这里所谓的"组织",除国有资产监督管理机构、国有公司、企业、事业单位之外,主要是指上级或者本级国有出资企业内部的党委、党政联席会。(2)关于代表性。有无代表性是认定委派来源的一个内含要件。虽经有关组织研究决定,但任职与该组织没有必然联系,被委派人对该组织亦无职责义务关系的,不应认定为国家工作人员。(3)关于公务性。国家出资企业的公务活动主要体现为国有资产的组织、领导、监督、经营、管理活动,企业中的具体事务活动一般不应当认定为公务。(4)关于国家出资企业的分支机构。在公司、企业还是在其分支机构,在法律意义上对于国家工作人员的认定并无必然关联,鉴于同家出资企业中普遍存在分支机构,故《意见》特别加以说明。对此,相关文件也有明确规定。比如,《国有企业领导人员廉洁从业若干规定》第二条规定:"本规定适用于国有独资企业、国有控股企业(含国有独资金融企业和国有控股金融企业)及其分支机构的领导班子成员。"

3. 双重身份

国有公司、企业改制为国有控股、参股公司后,国家持有部分股份,行为人也持有部分股份,行为人在改制后企业中任职不仅代表其本人或者他人的意志,同时又代表国有出资主体的意志的情形下，能否认定其为国家工作人员，实践中存在意见分歧。对此，《意见》明确，"国家出资企业中的国家工作人员，在国家出资企业中持有个人股份或者同时接受非国有股东委托的，不影响其国家工作人员身份的认定"。主要考虑是：尽管此情形下行为人具有多重代表性，作为国家出资企业的经营管理人员，首先需要代表企业的利益；作为国有出资主体的委派人员，又需要对国有出资主体负责；作为实际出资人，又具有个人利益的代表性；但是，三种利益又是协调一致的一个整体，不能人为割裂，更不能相互否定。

此外，实践中还存在一种委派情形，国有企业改制后，不再含有任何国有股份，但是出于习惯等原因，原主管部门仍然以行政审批方式任命企业负责人。鉴于此种情形较为特殊，仅属特例，故《意见》未作规定。讨论中倾向于根据具体从事的活动是否具有公务性质进行具体认定，一般情况下因不存在国有资产监管这个前提，无从谈起公务活动，故可不认定为国家工作人员。但是，党政部门出于公共管理活动需要而委派从事公务活动，比如党团工作、特定时期的整改监督等，仍应认定为国家工作人员。

第九十四条　【司法工作人员的含义】本法所称司法工作人员，是指有侦查、检察、审判、监管职责的工作人员。

▲1986年7月10日全国人大常委会法制工作委员会、最高人民法院、最高人民检察院、司法部《关于劳教工作干警适用刑法关于司法工作人员规定的通知》：

劳教工作干警担负着对劳教人员的管理、教育、改造工作，可适用刑法关于司法工作人员的规定。劳教工作干警违反监管法规，体罚虐待劳教人员，情节严重的，依照《刑法》第一百八十九条的规定处理。

过去对这类案件已经作过处理，与本通知规定不符的，不再变更。

第九十五条　【重伤的含义】本法所称重伤，是指有下列情形之一的伤害：

（一）使人肢体残废或者毁人容貌的；

（二）使人丧失听觉、视觉或者其他器官机能的；

（三）其他对于人身健康有重大伤害的。

第九十六条　【违反国家规定的含义】本法所称违反国家规定，是指违反全国人民代表大会及其常务委员会制定的法律和决定，国务院制定的行政法规、规定的行政措施、发布的决定和命令。

▲2011年4月8日最高人民法院《关于准确理解和适用刑法中"国家规定"的有关问题的通知》：

一、根据刑法第九十六的规定，刑法中的"国家规定"是指，全国人民代表大会及其常务委员会制定的法律和决定，国务院制定的行政法规、规定的行政措施、发布的决定和命令。其中，"国务院规定的行政措施"应当由国务院决定，通常以行政法规或者

> 国务院制发文件的形式加以规定。以国务院办公厅名义制发的文件,符合以下条件的,亦应视为刑法中的"国家规定":(1)有明确的法律依据或者同相关行政法规不相抵触;(2)经国务院常务会议讨论通过或者经国务院批准;(3)在国务院公报上公开发布。
> 　　二、各级人民法院在刑事审判工作中,对有关案件所涉及的"违反国家规定"的认定,要依照相关法律、行政法规及司法解释的规定准确把握。对于规定不明确的,要按照本通知的要求审慎认定。对于违反地方性法规、部门规章的行为,不得认定为"违反国家规定"。对被告人的行为是否"违反国家规定"存在争议的,应当作为法律适用问题,逐级向最高人民法院请示。

　　第九十七条　【首要分子的含义】本法所称首要分子,是指在犯罪集团或者聚众犯罪中起组织、策划、指挥作用的犯罪分子。

　　第九十八条　【告诉才处理的含义】本法所称告诉才处理,是指被害人告诉才处理。如果被害人因受强制、威吓无法告诉的,人民检察院和被害人的近亲属也可以告诉。

　　第九十九条　【以上、以下、以内的界定】本法所称以上、以下、以内,包括本数。

　　第一百条　【前科报告与报告义务免除】依法受过刑事处罚的人,在入伍、就业的时候,应当如实向有关单位报告自己曾受过刑事处罚,不得隐瞒。

　　犯罪的时候不满十八周岁被判处五年有期徒刑以下刑罚的人,免除前款规定的报告义务。

　　第一百零一条　【总则的效力】本法总则适用于其他有刑罚规定的法律,但是其他法律有特别规定的除外。

第二编　分　　则

第二章　危害公共安全罪

　　第一百三十一条　【重大飞行事故罪】航空人员违反规章制度,致使发生重大飞行事故,造成严重后果的,处三年以下有期徒刑或者拘役;造成飞机坠毁或者人员死亡的,处三年以上七年以下有期徒刑。

　　第一百三十二条　【铁路运营安全事故罪】铁路职工违反规章制度,致使发生铁路运营安全事故,造成严重后果的,处三年以下有期徒刑或者拘役;造成特别严重后果的,处三年以上七年以下有期徒刑。

> 　　关于本罪的立案标准,请参阅《关于办理危害生产安全刑事案件适用法律若干问题的解释》第六条,见本书第435~436页。关于本罪的刑罚适用,请参阅《关于办理危害生产安全刑事案件适用法律若干问题的解释》第七条和第十二条,见本书第438页。

第一百三十四条 【重大责任事故罪】在生产、作业中违反有关安全管理的规定,因而发生重大伤亡事故或者造成其他严重后果的,处三年以下有期徒刑或者拘役;情节特别恶劣的,处三年以上七年以下有期徒刑。

【强令违章冒险作业罪】强令他人违章冒险作业,或者明知存在重大事故隐患而不排除,仍冒险组织作业,因而发生重大伤亡事故或者造成其他严重后果的,处五年以下有期徒刑或者拘役;情节特别恶劣的,处五年以上有期徒刑。

一、立法修正

本条被修订两次,涉及罪名变更与法定刑的调整。1997年刑法中,重大责任事故行为与强令违章冒险作业行为被规定于同一条文中,且法定刑相同。2006年6月29日全国人大常委会《刑法修正案(六)》第一条分款规定重大责任事故行为与强令违章冒险作业行为,并对后者独立设置了更重的法定刑。2020年12月26日全国人大常委会《刑法修正案(十一)》第三条修订中增加"明知存在重大事故隐患而不排除,仍冒险组织作业"的规定。

二、立案标准

▲2008年6月25日最高人民检察院、公安部《关于公安机关管辖的刑事案件立案追诉标准的规定(一)》:

第八条 在生产、作业中违反有关安全管理的规定,涉嫌下列情形之一的,应予立案追诉:

(一)造成死亡一人以上,或者重伤三人以上;

(二)造成直接经济损失五十万元以上的;

(三)发生矿山生产安全事故,造成直接经济损失一百万元以上的;

(四)其他造成严重后果的情形。

第九条 强令他人违章冒险作业,涉嫌下列情形之一的,应予立案追诉:

(一)造成死亡一人以上,或者重伤三人以上;

(二)造成直接经济损失五十万元以上的;

(三)发生矿山生产安全事故,造成直接经济损失一百万元以上的;

(四)其他造成严重后果的情形。

▲2015年12月16日最高人民法院、最高人民检察院《关于办理危害生产安全刑事案件适用法律若干问题的解释》:

第六条 实施刑法第一百三十二条、第一百三十四条第一款、第一百三十五条、第一百三十五条之一、第一百三十六条、第一百三十九条规定的行为,因而发生安全事故,具有下列情形之一的,应当认定为"造成严重后果"或者"发生重大伤亡事故或者造成其他严重后果",对相关责任人员,处三年以下有期徒刑或者拘役:

(一)造成死亡一人以上,或者重伤三人以上的;

(二)造成直接经济损失一百万元以上的;

(三)其他造成严重后果或者重大安全事故的情形。

实施刑法第一百三十四条第二款规定的行为,因而发生安全事故,具有本条第一款规定情形的,应当认定为"发生重大伤亡事故或者造成其他严重后果",对相关责任人员,处五年以下有期徒刑或者拘役。

实施刑法第一百三十七条规定的行为,因而发生安全事故,具有本条第一款规定情形的,应当认定为"造成重大安全事故",对直接责任人员,处五年以下有期徒刑或者拘役,并处罚金。

实施刑法第一百三十八条规定的行为,因而发生安全事故,具有本条第一款第一项规定情形的,应当认定为"发生重大伤亡事故",对直接责任人员,处三年以下有期徒刑或者拘役。

三、主体要件的认定

▲2015 年 12 月 16 日最高人民法院、最高人民检察院《关于办理危害生产安全刑事案件适用法律若干问题的解释》:

第一条 刑法第一百三十四条第一款规定的犯罪主体,包括对生产、作业负有组织、指挥或者管理职责的负责人、管理人员、实际控制人、投资人等人员,以及直接从事生产、作业的人员。

第二条 刑法第一百三十四条第二款规定的犯罪主体,包括对生产、作业负有组织、指挥或者管理职责的负责人、管理人员、实际控制人、投资人等人员。

四、客观要件的认定

▲2015 年 12 月 16 日最高人民法院、最高人民检察院《关于办理危害生产安全刑事案件适用法律若干问题的解释》:

第五条 明知存在事故隐患、继续作业存在危险,仍然违反有关安全管理的规定,实施下列行为之一的,应当认定为刑法第一百三十四条第二款规定的"强令他人违章冒险作业":

(一)利用组织、指挥、管理职权,强制他人违章作业的;

(二)采取威逼、胁迫、恐吓等手段,强制他人违章作业的;

(三)故意掩盖事故隐患,组织他人违章作业的;

(四)其他强令他人违章作业的行为。

▲2020 年 3 月 16 日最高人民法院、最高人民检察院、公安部《关于办理涉窨井盖相关刑事案件的指导意见》:

第五条 在生产、作业中违反有关安全管理的规定,擅自移动窨井盖或者未做安全防护措施等,发生重大伤亡事故或者造成其他严重后果的,依照刑法第一百三十四条第一款的规定,以重大责任事故罪处罚。

窨井盖建设、设计、施工、工程监理单位违反国家规定,降低工程质量标准,造成重大安全事故的,依照刑法第一百三十七条的规定,以工程重大安全事故罪定罪处罚。

五、刑罚的适用

▲2011 年 12 月 30 日最高人民法院《关于进一步加强危害生产安全刑事案件审判工作的意见》:

五、准确把握宽严相济刑事政策

13. 审理危害生产安全刑事案件，应综合考虑生产安全事故所造成的伤亡人数、经济损失、环境污染、社会影响、事故原因与被告人职责的关联程度、被告人主观过错大小、事故发生后被告人的施救表现、履行赔偿责任情况等，正确适用刑罚，确保裁判法律效果和社会效果相统一。

14. 造成《关于办理危害矿山生产安全刑事案件具体应用法律若干问题的解释》第四条规定的"重大伤亡事故或者其他严重后果"，同时具有下列情形之一的，也可以认定为刑法第一百三十四条、第一百三十五条规定的"情节特别恶劣"：

（一）非法、违法生产的；

（二）无基本劳动安全设施或未向生产、作业人员提供必要的劳动防护用品，生产、作业人员劳动安全无保障的；

（三）曾因安全生产设施或者安全生产条件不符合国家规定，被监督管理部门处罚或责令改正，一年内再次违规生产致使发生重大生产安全事故的；

（四）关闭、故意破坏必要安全警示设备的；

（五）已发现事故隐患，未采取有效措施，导致发生重大事故的；

（六）事故发生后不积极抢救人员，或者毁灭、伪造、隐藏影响事故调查的证据，或者转移财产逃避责任的；

（七）其他特别恶劣的情节。

15. 相关犯罪中，具有以下情形之一的，依法从重处罚：

（一）国家工作人员违反规定投资入股生产经营企业，构成危害生产安全犯罪的；

（二）贪污贿赂行为与事故发生存在关联性的；

（三）国家工作人员的职务犯罪与事故存在直接因果关系的；

（四）以行贿方式逃避安全生产监督管理，或者非法、违法生产、作业的；

（五）生产安全事故发生后，负有报告职责的国家工作人员不报或者谎报事故情况，贻误事故抢救，尚未构成不报、谎报安全事故罪的；

（六）事故发生后，采取转移、藏匿、毁灭遇难人员尸体，或者毁灭、伪造、隐藏影响事故调查的证据，或者转移财产，逃避责任的；

（七）曾因安全生产设施或者安全生产条件不符合国家规定，被监督管理部门处罚或责令改正，一年内再次违规生产致使发生重大生产安全事故的。

16. 对于事故发生后，积极施救，努力挽回事故损失，有效避免损失扩大；积极配合调查，赔偿受害人损失的，可依法从宽处罚。

六、依法正确适用缓刑和减刑、假释

17. 对于危害后果较轻，在责任事故中不负主要责任，符合法律有关缓刑适用条件的，可以依法适用缓刑，但应注意根据案件具体情况，区别对待，严格控制，避免适用不当造成的负面影响。

18. 对于具有下列情形的被告人，原则上不适用缓刑：

（一）具有本意见第14条、第15条所规定的情形的；

（二）数罪并罚的。

19. 宣告缓刑，可以根据犯罪情况，同时禁止犯罪分子在缓刑考验期限内从事与安全生产有关的特定活动。

▲2015年12月16日最高人民法院、最高人民检察院《关于办理危害生产安全刑事案件适用法律若干问题的解释》：

第七条　实施刑法第一百三十二条、第一百三十四条第一款、第一百三十五条、第一百三十五条之一、第一百三十六条、第一百三十九条规定的行为，因而发生安全事故，具有下列情形之一的，对相关责任人员，处三年以上七年以下有期徒刑：

（一）造成死亡三人以上或者重伤十人以上，负事故主要责任的；

（二）造成直接经济损失五百万元以上，负事故主要责任的；

（三）其他造成特别严重后果、情节特别恶劣或者后果特别严重的情形。

实施刑法第一百三十四条第二款规定的行为，因而发生安全事故，具有本条第一款规定情形的，对相关责任人员，处五年以上有期徒刑。

……

第十二条　实施刑法第一百三十二条、第一百三十四条至第一百三十九条之一规定的犯罪行为，具有下列情形之一的，从重处罚：

（一）未依法取得安全许可证件或者安全许可证件过期、被暂扣、吊销、注销后从事生产经营活动的；

（二）关闭、破坏必要的安全监控和报警设备的；

（三）已经发现事故隐患，经有关部门或者个人提出后，仍不采取措施的；

（四）一年内曾因危害生产安全违法犯罪活动受过行政处罚或者刑事处罚的；

（五）采取弄虚作假、行贿等手段，故意逃避、阻挠负有安全监督管理职责的部门实施监督检查的；

（六）安全事故发生后转移财产意图逃避承担责任的；

（七）其他从重处罚的情形。

……

第十三条　实施刑法第一百三十二条、第一百三十四条至第一百三十九条之一规定的犯罪行为，在安全事故发生后积极组织、参与事故抢救，或者积极配合调查、主动赔偿损失的，可以酌情从轻处罚。

第十四条　国家工作人员违反规定投资入股生产经营，构成本解释规定的有关犯罪的，或者国家工作人员的贪污、受贿犯罪行为与安全事故发生存在关联性的，从重处罚……

六、罪数的认定

▲2011年12月30日最高人民法院《关于进一步加强危害生产安全刑事案件审判工作的意见》：

四、准确适用法律

10. 以行贿方式逃避安全生产监督管理，或者非法、违法生产、作业，导致发生重大生产安全事故，构成数罪的，依照数罪并罚的规定处罚。

违反安全生产管理规定,非法采矿、破坏性采矿或排放、倾倒、处置有害物质严重污染环境,造成重大伤亡事故或者其他严重后果,同时构成危害生产安全犯罪和破坏环境资源保护犯罪的,依照数罪并罚的规定处罚。

▲2015年12月16日最高人民法院、最高人民检察院《关于办理危害生产安全刑事案件适用法律若干问题的解释》:

第十二条第一款第三项(见本书第438页)。

第二款 实施前款第五项规定的行为,同时构成刑法第三百八十九条规定的犯罪的,依照数罪并罚的规定处罚。

第十四条 国家工作人员违反规定投资入股生产经营,构成本解释规定的有关犯罪的,或者国家工作人员的贪污、受贿犯罪行为与安全事故发生存在关联性的,从重处罚;同时构成贪污、受贿犯罪和危害生产安全犯罪的,依照数罪并罚的规定处罚。

第十五条 国家机关工作人员在履行安全监督管理职责时滥用职权、玩忽职守,致使公共财产、国家和人民利益遭受重大损失的,或者徇私舞弊,对发现的刑事案件依法应当移交司法机关追究刑事责任而不移交,情节严重的,分别依照刑法第三百九十七条、第四百零二条的规定,以滥用职权罪、玩忽职守罪或者徇私舞弊不移交刑事案件罪定罪处罚。

公司、企业、事业单位的工作人员在依法或者受委托行使安全监督管理职责时滥用职权或者玩忽职守,构成犯罪的,应当依照《全国人民代表大会常务委员会关于〈中华人民共和国刑法〉第九章渎职罪主体适用问题的解释》的规定,适用渎职罪的规定追究刑事责任。

七、刑罚的执行

▲2015年12月16日最高人民法院、最高人民检察院《关于办理危害生产安全刑事案件适用法律若干问题的解释》:

第十六条 对于实施危害生产安全犯罪适用缓刑的犯罪分子,可以根据犯罪情况,禁止其在缓刑考验期限内从事与安全生产相关联的特定活动;对于被判处刑罚的犯罪分子,可以根据犯罪情况和预防再犯罪的需要,禁止其自刑罚执行完毕之日或者假释之日起三年至五年内从事与安全生产相关的职业。

八、刑事政策的规定

▲2011年12月30日最高人民法院《关于进一步加强危害生产安全刑事案件审判工作的意见》:

为依法惩治危害生产安全犯罪,促进全国安全生产形势持续稳定好转,保护人民群众生命财产安全,现就进一步加强危害生产安全刑事案件审判工作,制定如下意见。

一、高度重视危害生产安全刑事案件审判工作

1. 充分发挥刑事审判职能作用,依法惩治危害生产安全犯罪,是人民法院为大局服务、为人民司法的必然要求。安全生产关系到人民群众生命财产安全,事关改革、发展和稳定的大局。当前,全国安全生产状况呈现总体稳定、持续好转的发展态势,但形势依然严峻,企业安全生产基础依然薄弱;非法、违法生产,忽视生产安全的现象仍然

十分突出;重特大生产安全责任事故时有发生,个别地方和行业重特大责任事故上升。一些重特大生产安全责任事故举国关注,相关案件处理不好,不仅起不到应有的警示作用,不利于生产安全责任事故的防范,也损害党和国家形象,影响社会和谐稳定。各级人民法院要从政治和全局的高度,充分认识审理好危害生产安全刑事案件的重要意义,切实增强工作责任感,严格依法、积极稳妥地审理相关案件,进一步发挥刑事审判工作在创造良好安全生产环境、促进经济平稳较快发展方面的积极作用。

2. 采取有力措施解决存在的问题,切实加强危害生产安全刑事案件审判工作。近年来,各级人民法院依法审理危害生产安全刑事案件,一批严重危害生产安全的犯罪分子及相关职务犯罪分子受到法律制裁,对全国安全生产形势持续稳定好转发挥了积极促进作用。2010 年,监察部、国家安全生产监督管理总局会同最高人民法院等部门对部分省市重特大生产安全事故责任追究落实情况开展了专项检查。从检查的情况来看,审判工作总体情况是好的,但仍有个别案件在法律适用或者宽严相济刑事政策具体把握上存在问题,需要切实加强指导。各级人民法院要高度重视,确保相关案件审判工作取得良好的法律效果和社会效果。

二、危害生产安全刑事案件审判工作的原则

3. 严格依法,从严惩处。对严重危害生产安全犯罪,尤其是相关职务犯罪,必须始终坚持严格依法、从严惩处。对于人民群众广泛关注、社会反映强烈的案件要及时审结,回应人民群众关切,维护社会和谐稳定。

4. 区分责任,均衡量刑。危害生产安全犯罪,往往涉案人员较多,犯罪主体复杂,既包括直接从事生产、作业的人员,也包括对生产、作业负有组织、指挥或者管理职责的负责人、管理人员、实际控制人、投资人等,有的还涉及国家机关工作人员渎职犯罪。对相关责任人的处理,要根据事故原因、危害后果、主体职责、过错大小等因素,综合考虑全案,正确划分责任,做到罪责刑相适应。

5. 主体平等,确保公正。审理危害生产安全刑事案件,对于所有责任主体,都必须严格落实法律面前人人平等的刑法原则,确保刑罚适用公正,确保裁判效果良好。

三、正确确定责任

6. 审理危害生产安全刑事案件,政府或相关职能部门依法对事故原因、损失大小、责任划分作出的调查认定,经庭审质证后,结合其他证据,可作为责任认定的依据。

7. 认定相关人员是否违有关安全管理规定,应当根据相关法律、行政法规,参照地方性法规、规章及国家标准、行业标准,必要时可参考公认的惯例和生产经营单位制定的安全生产规章制度、操作规程。

8. 多个原因行为导致生产安全事故发生的,在区分直接原因与间接原因的同时,应当根据原因行为在引发事故中所具作用的大小,分清主要原因与次要原因,确认主要责任和次要责任,合理确定罪责。

一般情况下,对生产、作业负有组织、指挥或者管理职责的负责人、管理人员、实际控制人、投资人,违反有关安全生产管理规定,对重大生产安全事故的发生起决定性、关键性作用的,应当承担主要责任。

对于直接从事生产、作业的人员违反安全管理规定，发生重大生产安全事故的，要综合考虑行为人的从业资格、从业时间、接受安全生产教育培训情况、现场条件、是否受到他人强令作业、生产经营单位执行安全生产规章制度的情况等因素认定责任，不能将直接责任简单等同于主要责任。

对于负有安全生产管理、监督职责的工作人员，应根据其岗位职责、履职依据、履职时间等，综合考察工作职责、监管条件、履职能力、履职情况等，合理确定罪责。

四、准确适用法律

9.严格把握危害生产安全犯罪与以其他危险方法危害公共安全罪的界限，不应将生产经营中违章违规的故意不加区别地视为对危害后果发生的故意。

12.非矿山生产安全事故中，认定"直接负责的主管人员和其他直接责任人员"、"负有报告职责的人员"的主体资格，认定构成"重大伤亡事故或者其他严重后果"、"情节特别恶劣"，不报、谎报事故情况，贻误事故抢救，"情节严重"、"情节特别严重"等，可参照最高人民法院、最高人民检察院《关于办理危害矿山生产安全刑事案件具体应用法律若干问题的解释》的相关规定。

六、依法正确适用缓刑和减刑、假释

20.办理与危害生产安全犯罪相关的减刑、假释案件，要严格执行刑法、刑事诉讼法和有关司法解释规定。是否决定减刑、假释，既要看罪犯服刑期间的悔改表现，还要充分考虑原判认定的犯罪事实、性质、情节、社会危害程度等情况。

七、加强组织领导，注意协调配合

21.对于重大、敏感案件，合议庭成员要充分做好庭审前期准备工作，全面、客观掌握案情，确保案件开庭审理稳妥顺利、依法公正。

22.审理危害生产安全刑事案件，涉及专业技术问题的，应有相关权威部门出具的咨询意见或者司法鉴定意见；可以依法邀请具有相关专业知识的人民陪审员参加合议庭。

23.对于审判工作中发现的安全生产事故背后的渎职、贪污贿赂等违法犯罪线索，应当依法移送有关部门处理。对于情节轻微，免予刑事处罚的被告人，人民法院可建议有关部门依法给予行政处罚或纪律处分。

24.被告人具有国家工作人员身份的，案件审结后，人民法院应当及时将生效的裁判文书送达行政监察机关和其他相关部门。

25.对于造成重大伤亡后果的案件，要充分运用财产保全等法定措施，切实维护被害人依法获得赔偿的权利。对于被告人没有赔偿能力的案件，应当依靠地方党委和政府做好善后安抚工作。

26.积极参与安全生产综合治理工作。对于审判中发现的安全生产管理方面的突出问题，应当发出司法建议，促使有关部门强化安全生产意识和制度建设，完善事故预防机制，杜绝同类事故发生。

27.重视做好宣传工作。对于社会关注的典型案件，要重视做好审判情况的宣传报道，规范裁判信息发布，及时回应社会的关切，充分发挥重大、典型案件的教育警示作用。

28. 各级人民法院要在依法履行审判职责的同时,及时总结审判经验,深入开展调查研究,推动审判工作水平不断提高。上级法院要以辖区内发生的重大生产安全责任事故案件为重点,加强对下级法院危害生产安全刑事案件审判工作的监督和指导,适时检查此类案件的审判情况,提出有针对性的指导意见。

▲2015年9月16日最高人民法院《关于充分发挥审判职能作用切实维护公共安全的若干意见》:

三、依法惩治危害安全生产犯罪,促进安全形势根本好转

6. 加大对危害安全生产犯罪的惩治力度。坚持发展是第一要务,安全是第一保障。针对近年来非法、违法生产,忽视生产安全的现象十分突出,造成群死群伤的重特大生产安全责任事故屡有发生的严峻形势,充分发挥刑罚的惩罚和预防功能,加大对各类危害安全生产犯罪的惩治力度,用严肃、严格、严厉的责任追究和法律惩罚,推动安全生产责任制的有效落实,促进安全生产形势根本好转,确保人民生命财产安全。

7. 准确把握打击重点。结合当前形势并针对犯罪原因,既要重点惩治发生在危险化学品、民爆器材、烟花爆竹、电梯、煤矿、非煤矿山、油气运送管道、建筑施工、消防、粉尘涉爆等重点行业领域企业,以及港口、码头、人员密集场所等重点部位的危害安全生产犯罪,更要从严惩治发生在这些犯罪背后的国家机关工作人员贪污贿赂和渎职犯罪。既要依法追究直接造成损害的从事生产、作业的责任人员,更要依法从严惩治对生产、作业负有组织、指挥或者管理职责的负责人、管理人、实际控制人、投资人。既要加大对各类安全生产犯罪的惩治力度,更要从严惩治因安全生产条件不符合国家规定被处罚而又违规生产,关闭或者故意破坏安全警示设备,事故发生后不积极抢救人员或者毁灭、伪造、隐藏影响事故调查证据,通过行贿非法获取相关生产经营资质等情节的危害安全生产的犯罪。

8. 依法妥善审理与重大责任事故有关的赔偿案件。对当事人因重大责任事故遭受人身、财产损失而提起诉讼要求赔偿的,应当依法及时受理,保障当事人诉权。对两人以上实施危及他人人身、财产安全的行为,其中一人或者数人的行为造成他人损害,能够确定具体责任人的,由责任人承担赔偿责任,不能确定具体责任人的,由行为人承担连带责任。被告人因重大责任事故既承担刑事、行政责任,又承担民事责任的,其财产应当优先承担民事责任。原告因重大责任事故遭受损失而无法及时履行赡养、抚养等义务,申请先予执行的,应当依法支持。

延伸阅读:

▲沈亮、汪斌、李加玺:《关于办理危害生产安全刑事案件适用法律若干问题的解释》的理解与适用(节选)

二、《解释》的主要内容

《解释》共17条,内容涵盖相关罪名主体范围、定罪量刑标准、宽严相济刑事政策的具体把握、相关公职人员贪污贿赂以及渎职犯罪的认定处理等法律适用方面的多个问题。择要说明如下:

（一）关于犯罪主体范围

《矿山司法解释》对重大责任事故罪、强令违章冒险作业罪、重大劳动安全事故罪和不报、谎报安全事故罪四个罪名的主体范围作出了规定。《解释》吸收《矿山司法解释》的相关规定内容，并根据司法实践的需要，将规制范围由原来的矿山生产经营领域扩大到一般生产经营领域。

《解释》第1~4条将对生产、作业负有组织、指挥或者管理职责的负责人、管理人员等具有生产经营单位管理者身份和职务的人员纳入相关犯罪的主体范围。由于单位负责人、管理人员的业务过失行为与事故后果之间的因果关系一般较为明显，逻辑上容易理解，司法实践中，大部分案件的处罚对象也主要是上述人员。除此之外，《解释》还明确将单位实际控制人、投资人纳入刑事追究的范围，但实践中对于实际控制人、投资人的范围界定问题一直存在争议，需要进一步明确。

首先，根据公司法的规定，实际控制人，是指虽不是公司股东，但通过投资关系、协议或者其他安排，能够实际支配公司行为的人。实践中比较常见的实际控制人是所谓隐名持股人，即某些国家机关工作人员或者具有特定职务身份的公司、企业管理人员，为了规避法律、法规关于国家机关工作人员不得投资入股生产经营企业，或者公司、企业管理人员不得违规从事与所任职公司、企业同类业务等方面的禁止性规定，以他人名义投资入股相关生产经营单位，从而达到隐藏自己股东身份的目的。上述人员通过他人代持生产经营单位股份，自己隐藏在幕后的真实目的，在于一方面可以行使对相关单位生产经营、人事任免等重大事项的决定权，另一方面可以逃避承担股东依法应当承担的生产经营责任和安全生产责任。从理论上讲，实际控制人作为对生产经营单位的生产经营活动起实际支配作用的人员，如果其在行使组织、指挥、管理职权过程中违反安全管理规定，进而引发安全事故，理应认定为犯罪，否则就是放纵真正的犯罪人，亦无法达到从源头上预防事故发生的实际效果。

其次，投资人是指从事投资活动、具有一定资金来源、享有投资收益的权、责、利的统一体，是生产经营单位资金的参与者和经营收益的分享者。根据安全生产法的规定，生产经营单位应当具备的安全生产条件所必需的资金投入，由生产经营单位的决策机构、主要负责人或者个人经营的投资人予以保证，并对由于安全生产所必需的资金投入不足导致的后果承担责任。此处规定的主要是个人经营企业投资人的安全生产资金投入义务。在有限责任公司、股份有限公司等类型的生产经营实体中，投资人是指享有投资权益、对公司经营方针和投资计划享有管理权或决策权的股东。因投资人的行为导致生产经营单位安全生产资金投入不足，或者投资人在生产经营活动中违反安全管理规定，进而导致发生安全事故的，应当依法追究刑事责任。但是，由于市场经济条件下所有权与经营权相分离的情况大量存在，投资人参与公司、企业经营管理的程度大小不一，特别是通过股市公开交易方式购买上市公司少量股票的小股东，一般不参与公司的经营管理决策活动，追究其对公司安全生产方面的刑事责任，明显不符合权责一致原则。因此，《解释》将作为相关犯罪主体的投资人限定为"对生产、作业负有组织、指挥或者管理职责的投资人"。

(二)关于定罪标准

《解释》原则上以造成死亡一人以上,或者重伤三人以上,或者造成直接经济损失一百万元以上作为相关犯罪的定罪标准。但是,根据刑法第一百三十八条的规定,教育设施重大安全事故罪的定罪标准为"致使发生重大伤亡事故",故该罪的定罪标准仅应限定为人员伤亡结果,具体伤亡人数采用与其他危害生产安全犯罪罪名相同的标准。

《解释》制定过程中,曾考虑根据近年来出台的多个司法解释的一般作法,在定罪人身伤亡标准中增加轻伤结果,对死亡、重伤和轻伤结果依次按照三倍比例进行折算,并将经济损失标准中的直接经济损失修改为"经济损失",将部分间接经济损失纳入定罪标准之中。征求意见过程中,多个部门提出:(1)国务院《生产安全事故报告和调查处理条例》未将轻伤结果和间接经济损失作为事故等级分类标准,行政机关出具的事故调查报告一般也不统计轻伤人数和间接经济损失。实践中,生产安全事故发生后,一般先由行政机关组成事故调查组开展调查,形成调查报告后再移送公安、检察机关进一步侦查,不经行政机关调查、由司法机关直接介入处理的案件极少。这种情况下,《解释》规定的定罪量刑标准以与行政机关事故调查报告的相关内容保持一致为宜,否则可能造成案件处理的不协调。(2)一般情况下,危害生产安全犯罪案件导致的死亡、重伤人数众多,事故影响时间较长,往往涉及被害人后期伤病救治费用以及亲属赡养、抚养等多方面问题,损失计算和费用支付情况较为复杂,如规定为"经济损失",可能引发认识分歧,不利于案件处理。经研究认为,上述意见具有合理性,故未将轻伤人数和间接经济损失数额纳入定罪量刑标准。

部分行政主管部门还提出,《解释》规定的定罪量刑标准应分别与国务院《生产安全事故报告和调查处理条例》以及《铁路交通事故应急救援和调查处理条例》规定的重大事故、特别重大事故认定标准相对应,以死亡十人以上或重伤五十人以上作为定罪标准,以死亡三十人以上或重伤一百人以上作为处第二档法定刑的标准。经研究认为,上述意见涉及的问题由来已久,在2007年《矿山司法解释》起草过程中即已存在,并曾引发激烈争论。经慎重考虑,《解释》未采纳上述意见,主要理由在于,行政机关关于生产安全事故等级的分类是依据事故危害程度、社会影响、处理效果以及事故调查权限等标准划分的,与刑法规定的相关犯罪定罪量刑标准的含义不同。如果按照行政机关关于事故等级的划分标准确定相关犯罪的定罪量刑,将导致现有的定罪量刑标准被大幅提高,之前大量可被认定为犯罪或处第二档法定刑的行为,将无法被归入犯罪范畴或仅能处以较低的法定刑,既不利于严惩犯罪,也无法与玩忽职守罪、滥用职权罪等其他相关犯罪的追诉标准保持平衡。

(三)关于量刑标准

《矿山司法解释》规定的处第二档法定刑的标准为事故造成的人身伤亡结果和直接经济损失数额,即主要以事故后果的严重程度确定刑罚。但是,上述标准在实践中适用效果不佳,并造成了一些消极后果,主要体现在以下几个方面:(1)唯事故结果量刑,导致轻罪重罚,重刑聚集。危害生产安全犯罪均属过失犯罪,对于过失犯罪中因果关系的确定,司法实践中的做法接近于条件说,过失行为与事故结果之间具有条件因果关系的行为人,均有可能被认定为犯罪嫌疑人和被告人。同时,我国刑法不承认过失共同犯罪,对于危害生产安全犯罪中处于同一因果链条上的多个犯罪人,无法适用共同犯罪从犯、胁从犯减轻、免除处罚的规定。实践中,某一安全事故发生后,对事故负有责任的人员众多,其中既有直接责任人和主要责任人,也有间接责任人和次要责任人,均需对同一事故结果承担刑事责任,适用同一档法定刑。根据《矿山司法解释》的规定,只要事故后果达到一定程度,对该事故承担责任的相关人员均需处以第二档法定刑,导致在案众多被告人的量刑幅度无法拉开,特别是对于事故次要责任人的处刑明显过重。(2)引起法律适用方面的连锁反应。部分案件中,由于对某些负次要责任的被告人无法降档处刑,有的法院为追求个案量刑的合理性,将不具备法定自首条件的被告人认定为自首,导致自首情节认定过多,引起认定标准的混乱;有的法院则直接对部分被告人适用免予刑事处罚措施,导致免予刑事处罚措施适用过滥,造成不良社会影响。(3)不利于突出打击重点,预防再次犯罪。从刑事政策的角度考虑,刑法打击重点应当是对安全事故的发生起最直接作用、负最主要责任的犯罪人,对众多事故次要责任人课以重刑,对于预防其再次犯罪、防止事故再次发生并无太大意义,且处刑范围过广、判处刑期过重,还可能引发案件当事人和社会公众对安全生产工作的抵触心理。

经研究认为,对于危害生产安全犯罪处第二档法定刑的条件,应当坚持实事求是的态度,改变现阶段唯事故结果论罚的不利局面。从理论上讲,安全事故造成的危害后果是客观存在的,但是,行为人的行为对引发事故结果所起的原因力是不同的。各被告人应负的刑事责任是主客观相统一的结果,对于同一事故后果,主要责任人和次要责任人应负责任大小不一,理应在量刑幅度上有所体现,而不应一律处以第二档法定刑,这是现代刑法罪责刑相适应原则的当然要求。经慎重考虑、反复研究,《解释》对第二档法定刑量刑标准采取了"事故结果+责任大小"的规定方式,即原则上安全事故造成的后果达到一定程度,同时行为人对事故承担主要责任的,方可处以第二档法定刑;对于事故仅负次要责任的被告人,即使事故后果达到了一定严重程度,原则上也不应处以第二档法定刑。理解《解释》的上述规定,应注意以下几个问题:

首先,关于事故后果标准。《矿山司法解释》对于处第二档法定刑的事故后果标准,采用了三倍于定罪标准的方式予以认定。经研究认为,在当前安全生产形势依然严峻的情况下,社会公众对动辄造成群死群伤的安全事故的反应依然强烈,以人为本、生命至上的理念必须始终坚持。与2007年相比,社会公众心理对于人身伤亡结果的容忍度并未发生根本性转变,故对于人身伤亡标准不宜更改。但是,《矿山司法解释》出台已经八年,其间我国的人均GDP翻了一番,对于事故造成的直接经济损失数额,人民群众在2007年和2015年的心理感受是不同的。从严惩危害生产安全犯罪的角度出发,对于定罪直接经济损失标准可不作更改,但是,在保持定罪标准不变的情况下,根据经济社会发展的实际情况,适当提高处第二档法定刑的直接经济损失标准是合理可行的。基于以上考虑,《解释》按照近年来司法解释的通常做法,对于处第二档法定刑的直接经济损失数额标准作了适当提高,按照入罪标准的五倍确定。另外,关于教育设施重大安全事故罪处第二档法定刑的条件,刑法第一百三十八条规定为"后果特别严重"。为与定罪标准相协调,《解释》起草初期拟仅限定为人身伤亡结果。征求意见过程中,有部门提出,为严密刑事法网,建议在考虑造成的人员伤亡结果的同时,考虑经济损失、造成恶劣社会影响等因素。经研究,采纳了该意见,规定教育设施安全事故达到定罪人身伤亡标准,同时造成直接经济损失五百万元以上,或者同时造成恶劣社会影响的,也可认定为达到了处第二档法定刑的事故后果标准。

其次,关于事故责任标准。《解释》将处第二档法定刑的犯罪人限定为对事故负主要责任的人员,如何认定主要责任人,在案件审判过程中就变得至关重要。由于具体案情千差万别,在诸多被告人中如何区分主要责任人和次要责任人,难以在《解释》中作出明确规定,还需在个案中由司法工作人员具体把握。基本判断原则是,应当以犯罪人所承担的工作职责为基础,考察其业务过失行为在引发事故发生的因果链条中所起原因力大小,以及过失行为反映出的个人主观罪过程度,综合全案情况,正确划分责任。具体的划分标准,可以按照《意见》第8条的相关规定处理。

危害生产安全犯罪案件具体情况千差万别。在某些案件中,是否可能出现绝大多数被告人均被认定为次要责任人,进而导致全案量刑偏轻的情况呢?经研究认为,对于上述问题,首先,应当严格裁判标准,坚持事故责任划分原则,切实防止将主要责任降格认定为次要责任、将主要责任人错误认定为次要责任人的情况;其次,对于部分次要责任人不处以第二档法定刑难以作到罪责刑相适应、不利于全案量刑平衡且可能造成不良社会影响的情况,可以考虑适用《解释》规定的兜底条款,认定为"其他造成特别严重后果、情节特别恶劣或者后果特别严重"的情形。

(四)关于强令违章冒险作业罪的具体认定

刑法修正案(六)增设了强令违章冒险作业罪,法定最高刑为有期徒刑十五年,属于过失犯罪中的重罪,但实践中,司法机关对本罪名的适用率偏低。经调研发现,问题主要在于两个方面。一方面,错误认定行为人对危害结果所持主观心态,将某些强令违章冒险作业行为认定为以危险方法危害公共安全罪等故意犯罪,导致处刑过重;另一方面,对"强令"一词理解不当,将某些强令违章冒险作业行为认定为普通的违章生产、作业行为,错误认定为重大责任事故罪,导致处刑过低。为指导司法机关正确适用本罪名,《解释》第5条对如何理解"强令违章冒险作业"作出了专门规定,内容包括以下几个方面:

首先,关于刑法规定的"违章"的含义。此处的"违章",是指违反有关安全管理的规定。关于安全管理规定的具体范围,按照《意见》第7条的规定内容认定。

其次,关于"强令"的具体行为方式。(1)《解释》第5条第(1)、(2)项规定了强令的两种常见方式。其一,采取威逼、胁迫、恐吓等强制性手段强制他人违章作业,比如采取威胁实施罚款、降低工资待遇、解除劳动关系等强制手段,均系强令违章冒险作业的典型行为方式,也是"强令"。其二,生产经营单位管理者利用自身享有的组织、指挥、管理职权,强制他人违章作业,这种行为方式的强制性特征不太明显,但由于管理者与一线作业者之间存在领导与被领导、管理与被管理的权属关系,管理者作出的安排或者下达的指令自然带有一线作业者必须服从的权威,从而在客观上对一线作业者形成心理压力。因此,管理者利用自身组织、指挥、管理职权提出的指令和要求,足以对一线作业者的心理意志产生强制效力,也应认定为强令。(2)第(3)项规定的强令违章冒险作业的其他行为方式。实践中,有的生产经营单位管理人员在明知存在事故隐患、继续作业存在危险的情况下,采用关闭、破坏相关的安全监控和报警设备等方式,故意掩盖工作环境中存在事故隐患的事实,使一线作业者放松心理戒备,进行违章作业,此类行为的社会危险性极大,以重大责任事故罪论处无法做到罪责刑相适应。经研究认为,这种情况下,一线作业者开展作业看似未受强制和胁迫,但其如果了解事实真相,绝不肯违章冒险作业。管理者故意掩盖事故隐患,直接影响了一线作业者的心理选择,实质上与采用强制手段或者利用自身职务身份要求他人违章冒险作业的行为没有根本性区别,也应认定为强令。(3)第(4)项系兜底条款。司法解释难以对实践中存在的各种情况进行毫无遗漏的列举式规定,除前三项规定的三种强令违章冒险作业情形外,对于未来实践中可能出现的其他强令违章冒险作业的行为,可依法归入第(4)项的规定范围处理。

▲杨万明、沈亮、汪斌:《关于进一步加强危害生产安全刑事案件审判工作的意见》的理解与适用(节选)

二、《意见》主要内容及应当注意的问题

一是,首次明确了审判危害生产安全刑事案件的三项原则。《意见》针对相关案件特点,明确了严格依法、从严惩处,区分责任、均衡量刑,主体平等、确保公正三项审判工作应当坚持的原则。强调对严重危害生产安全犯罪,尤其是生产安全事故背后的权钱交易和渎职犯罪,必须始终坚持严格依法、从严惩处。对相关责任人的处理,要根据事故原因、后果大小、主体职责、过错大小等因素,综合考虑全案,正确划分责任,做到罪责刑相适应。对于所有责任主体,都必须严格落实法律面前人人平等的刑法原则,确保刑罚适用公正,确保裁判效果良好。

二是,对审理相关案件时如何正确认定责任提出了原则性要求。危害生产安全犯罪,涉案人员往往较多,犯罪主体复杂,事故原因错综复杂,有直接原因,又有间接原因,原因行为与危害后果之间的关联程度也存在差异,如何坚持实事求是,正确区分责任,确保罪责刑相适应,是审理此类案件的难点。《意见》指出,政府或相关职能部门依法对事故原因、损失大小、责任划分作出的调查认定,经庭审质证后,结合其他证据,可作为责任认定的依据。对于多个原因行为导致生产安全事故发生的,在区分直接原因与间接原因的同时,应当根据原因行为在引发事故中所具作用的大小,分清主要原因与次要原因,确认主要责任和次要责任,合理确定罪责。一般情况下,对生产、作业负有组织、指挥或者管理职责的负责人、管理人员、实际控制人、投资人,违反有关安全生产管理规定,对重大生产安全事故的发生起决定性、关键性作用的,应当承担主要责任。对于直接从事生产、作业的人员违反安全管理规定,发生重大生产安全事故的,要综合考虑行为人的从业资格、从业时间、接受安全生产教育培训情况、现场条件、是否受到他人强令作业、生产经营单位执行安全生产规章制度的情况等因素认定责任,不能将直接责任简单等同于主要责任。对于负有安全生产管理、监督职责的工作人员,应根据其岗位职责、履职依据、履职时间等,综合考察工作职责、监管条件、履职能力、履职情况等合理确定罪责。

三是,进一步明确了相关案件中宽严相济刑事政策的把握尺度。一方面,《意见》明确了实践中对安全生产危害严重,社会反响强烈,应当特别强调予以从严的若干情形,规定具有这些情形的原则上不得适用缓刑,其中包括:非法、违法生产的;曾因安全生产设施或者安全生产条件不符合国家规定,被监督管理部门处罚或责令改正,一年内再次违规生产致使发生重大生产安全事故的;关闭、故意破坏必要安全警示设备的;已发现事故隐患,未采取有效措施,导致发生重大事故的;国家工作人员违反规定投资入股生产经营企业,构成危害生产安全犯罪的;贪污贿赂行为与事故发生存在关联性的;国家工作人员的职务犯罪与事故存在直接因果关系的;以行贿方式逃避安全生产监督管理的;无基本劳动安全设施或未向生产、作业人员提供必要的劳动防护用品,生产、作业人员劳动安全无保障的;事故发生后,负有报告职责的国家工作人员不报或谎报事故情况,贻误事故抢救,尚未构成不报、谎报安全事故罪的;事故发生后不积极抢救人员,采取转移、藏匿、毁灭遇难人员尸体,或者毁灭、伪造、隐藏影响事故调查的证据,或者转移财产逃避责任的。同时规定刑罚执行过程中适用减刑、假释,不仅要看罪犯服刑期间的悔改表现,还要充分考虑原判认定的犯罪事实、性质、情节、社会危害程度等,从严掌握。另一方面,《意见》规定了对于事故发生后,积极施救,努力挽回事故损失,有效避免损失扩大;积极配合调查,赔偿受害人损失的,可以依法从宽处罚,确保宽严并用、罚当其罪。

四是,对危害生产安全犯罪案件中正确适用缓刑提出了指导意见。关于缓刑适用的标准,刑法第七十二条规定,对犯罪情节较轻,有悔罪表现,没有再犯罪危险,宣告缓刑对所居住社区没有重大不良影响的,可以宣告缓刑。危害生产安全犯罪绝大多数都是过失犯罪,有别于故意犯罪,除个别罪名最高刑可判10年以上有期徒刑外,绝大多数罪名的法定最高刑都在有期徒刑7年以下,很多被告人符合法律规定的缓刑适用条件。但在是否缓刑适用问题上,人民法院还要贯彻罪责刑相适应原则,确保刑罚的轻重与犯罪分子所犯罪行相适应。危害生产安全犯罪基本上都是结果犯,整个案件判处的刑罚应当充分考虑危害后果的大小以及应当承担的责任,不能不加区别地适用缓刑。要切实体现宽严相济刑事政策,对于危害后果较轻,在事故中不负主要责任的犯罪分子,可以依法适用缓刑。《意见》第18条对缓刑适用作出了严格限定,实践中应注意根据案件具体情况,区别对待,严格控制,确保缓刑适用取得良好法律效果和社会效果。

五是,对人民法院积极参与安全生产综合治理工作提出了明确要求。为加强与相关部门的协调配合,共同促进安全生产形势持续稳定好转,切实维护人民群众合法权益,《意见》强调,人民法院要积极参与安全生产综合治理工作。对于审判中发现的安全生产管理方面的突出问题,应当发出司法建议,促使有关部门强化安全生产意识和制度建设,完善事故预防机制。对于造成重大伤亡后果的案件,要充分运用财产保全等法定措施,切实维护被害人依法获得赔偿的权利。被告人没有赔偿能力的案件,要依靠地方党委和政府做好善后安抚工作。对于社会关注的典型案件,要重视做好审判情况的宣传报道,规范裁判信息发布,及时回应社会关切,充分发挥重大、典型案件的教育警示作用。

第一百三十五条 【重大劳动安全事故罪】安全生产设施或者安全生产条件不符合国家规定,因而发生重大伤亡事故或者造成其他严重后果的,对直接负责的主管人员和其他直接责任人员,处三年以下有期徒刑或者拘役;情节特别恶劣的,处三年以上七年以下有期徒刑。

一、立法修正

本条根据2006年6月29日全国人大常委会《中华人民共和国刑法修正案(六)》第二条修订。原条文为:"工厂、矿山、林场、建筑企业或者其他企业、事业单位的劳动安全设施不符合国家规定,经有关部门或单位职工提出后,对事故隐患仍不采取措施,因而发生重大伤亡事故或者造成其他严重后果的,对直接责任人员,处三年以下有期徒刑或者拘役;情节特别恶劣的,处三年以上七年以下有期徒刑。"

二、立案标准

▲2008年6月25日最高人民检察院、公安部《关于公安机关管辖的刑事案件立案追诉标准的规定(一)》:

第十条 安全生产设施或者安全生产条件不符合国家规定,涉嫌下列情形之一的,应予立案追诉:

(一)造成死亡一人以上,或者重伤三人以上;

(二)造成直接经济损失五十万元以上的;

(三)发生矿山生产安全事故,造成直接经济损失一百万元以上的;

(四)其他造成严重后果的情形。

▲2015年12月16日最高人民法院、最高人民检察院《关于办理危害生产安全刑事案件适用法律若干问题的解释》:

第六条(见本书第435~436页)。

三、犯罪主体的认定

▲2015年12月16日最高人民法院、最高人民检察院《关于办理危害生产安全刑事案件适用法律若干问题的解释》:

第三条 刑法第一百三十五条规定的"直接负责的主管人员和其他直接责任人员",是指对安全生产设施或者安全生产条件不符合国家规定负有直接责任的生产经营单位负责人、管理人员、实际控制人、投资人,以及其他对安全生产设施或者安全生产条件负有管理、维护职责的人员。

四、客观要件的认定

▲2009年12月25日最高人民法院研究室《关于被告人阮某重大劳动安全事故案有关法律适用问题的答复》：

用人单位违反职业病防治法的规定，职业病危害预防设施不符合国家规定，因而发生重大伤亡事故或者造成其他严重后果的，对直接负责的主管人员和其他直接责任人员，可以依照刑法第一百三十五条的规定，以重大劳动安全事故罪定罪处罚。

五、罪数的认定

▲2015年12月16日最高人民法院、最高人民检察院《关于办理危害生产安全刑事案件适用法律若干问题的解释》：

第十一条　生产不符合保障人身、财产安全的国家标准、行业标准的安全设备，或者明知安全设备不符合保障人身、财产安全的国家标准、行业标准而进行销售，致使发生安全事故，造成严重后果的，依照刑法第一百四十六条的规定，以生产、销售不符合安全标准的产品罪定罪处罚。

六、刑罚适用

▲2015年12月16日最高人民法院、最高人民检察院《关于办理危害生产安全刑事案件适用法律若干问题的解释》：

第七条（见本书第438页）。

第一百三十五条之一　【大型群众性活动重大安全事故罪】举办大型群众性活动违反安全管理规定，因而发生重大伤亡事故或者造成其他严重后果的，对直接负责的主管人员和其他直接责任人员，处三年以下有期徒刑或者拘役；情节特别恶劣的，处三年以上七年以下有期徒刑。

一、立法修正

本条根据2006年6月29日全国人大常委会《中华人民共和国刑法修正案（六）》第三条增设。

二、立案标准

▲2008年6月25日最高人民检察院、公安部《关于公安机关管辖的刑事案件立案追诉标准的规定（一）》：

第十一条　举办大型群众性活动违反安全管理规定，涉嫌下列情形之一的，应予立案追诉：

（一）造成死亡一人以上，或者重伤三人以上；

（二）造成直接经济损失五十万元以上的；

（三）其他造成严重后果的情形。

▲2015年12月16日最高人民法院、最高人民检察院《关于办理危害生产安全刑事案件适用法律若干问题的解释》：

第六条（见本书第435~436页）。

三、刑罚适用

▲2015年12月16日最高人民法院、最高人民检察院《关于办理危害生产安全刑事案件适用法律若干问题的解释》:

第七条(见本书第438页)。

第一百三十六条 【危险物品肇事罪】违反爆炸性、易燃性、放射性、毒害性、腐蚀性物品的管理规定,在生产、储存、运输、使用中发生重大事故,造成严重后果的,处三年以下有期徒刑或者拘役;后果特别严重的,处三年以上七年以下有期徒刑。

立案标准

▲2008年6月25日最高人民检察院、公安部《关于公安机关管辖的刑事案件立案追诉标准的规定(一)》:

第十二条 违反爆炸性、易燃性、放射性、毒害性、腐蚀性物品的管理规定,在生产、储存、运输、使用中发生重大事故,涉嫌下列情形之一的,应予立案追诉:

(一)造成死亡一人以上,或者重伤三人以上;

(二)造成直接经济损失五十万元以上的;

(三)其他造成严重后果的情形。

▲2015年12月16日最高人民法院、最高人民检察院《关于办理危害生产安全刑事案件适用法律若干问题的解释》

第六条(见本书第435~436页)。

关于本罪罪数的认定、刑罚的执行以及刑事政策的规定,请参见本书第438~442页。

第一百三十七条 【工程重大安全事故罪】建设单位、设计单位、施工单位、工程监理单位违反国家规定,降低工程质量标准,造成重大安全事故的,对直接责任人员,处五年以下有期徒刑或者拘役,并处罚金;后果特别严重的,处五年以上十年以下有期徒刑,并处罚金。

一、立案标准

▲2008年6月25日最高人民检察院、公安部《关于公安机关管辖的刑事案件立案追诉标准的规定(一)》:

第十三条 建设单位、设计单位、施工单位、工程监理单位违反国家规定,降低工程质量标准,涉嫌下列情形之一的,应予立案追诉:

(一)造成死亡一人以上,或者重伤三人以上;

(二)造成直接经济损失五十万元以上的;

(三)其他造成严重后果的情形。

▲2015年12月16日最高人民法院、最高人民检察院《关于办理危害生产安全刑事案件适用法律若干问题的解释》第六条(见本书第435~436页)。

二、刑罚的适用

▲2015年12月16日最高人民法院、最高人民检察院《关于办理危害生产安全刑事案件适用法律若干问题的解释》：

第七条第一款(见本书第438页)

第三款 实施刑法第一百三十七条规定的行为，因而发生安全事故，具有本条第一款规定情形的，对直接责任人员，处五年以上十年以下有期徒刑，并处罚金。

注：关于本罪罪数的认定、刑罚的执行以及刑事政策的规定，请参见本书第438~442页。

第一百三十八条 【教育设施重大安全事故罪】明知校舍或者教育教学设施有危险，而不采取措施或者不及时报告，致使发生重大伤亡事故的，对直接责任人员，处三年以下有期徒刑或者拘役；后果特别严重的，处三年以上七年以下有期徒刑。

一、立案标准

▲2008年6月25日最高人民检察院、公安部《关于公安机关管辖的刑事案件立案追诉标准的规定(一)》：

第十四条 明知校舍或者教育教学设施有危险，而不采取措施或者不及时报告，涉嫌下列情形之一的，应予立案追诉：

(一)造成死亡一人以上、重伤三人以上或轻伤十人以上的；

(二)其他致使发生重大伤亡事故的情形。

▲2015年12月16日最高人民法院、最高人民检察院《关于办理危害生产安全刑事案件适用法律若干问题的解释》第六条(见本书第435~436页)。

二、刑罚的适用

▲2015年12月16日最高人民法院、最高人民检察院《关于办理危害生产安全刑事案件适用法律若干问题的解释》：

第七条第四款 实施刑法第一百三十八条规定的行为，因而发生安全事故，具有下列情形之一的，对直接责任人员，处三年以上七年以下有期徒刑：

(一)造成死亡三人以上或者重伤十人以上，负事故主要责任的；

(二)具有本解释第六条第一款第一项规定情形，同时造成直接经济损失五百万元以上并负事故主要责任的，或者同时造成恶劣社会影响的。

注：关于本罪罪数的认定、刑罚的执行以及刑事政策的规定，请参见本书第438~442页。

第一百三十九条 【消防责任事故罪】违反消防管理法规，经消防监督机构通知采取改正措施而拒绝执行，造成严重后果的，对直接责任人员，处三年以下有期徒刑或者拘役；后果特别严重的，处三年以上七年以下有期徒刑。

立案标准

▲2008年6月25日最高人民检察院、公安部《关于公安机关管辖的刑事案件立案追诉标准的规定(一)》：

第十五条 违反消防管理法规，经消防监督机构通知采取改正措施而拒绝执行，涉嫌下列情形之一的，应予立案追诉：

（一）造成死亡一人以上，或者重伤三人以上的；

（二）造成直接经济损失五十万元以上的；

（三）造成森林火灾；

（四）其他造成严重后果的情形。

注：关于本罪的立案标准，请参阅《关于办理危害生产安全刑事案件适用法律若干问题的解释》第六条，见本书第435～436页。关于本罪罪数的认定、刑罚的适用、刑罚的执行以及刑事政策的规定，请参见本书第438～442页。

第一百三十九条之一 【不报、谎报安全事故罪】在安全事故发生后，负有报告职责的人员不报或者谎报事故情况，贻误事故抢救，情节严重的，处三年以下有期徒刑或者拘役；情节特别严重的，处三年以上七年以下有期徒刑。

一、立法修正

本条根据2006年6月29日全国人大常委会《中华人民共和国刑法修正案(六)》第四条增设。

二、立案标准

▲2017年7月7日最高人民检察院、公安部《关于公安机关管辖的刑事案件立案追诉标准的规定(一)的补充规定》第一条、2015年12月16日最高人民法院、最高人民检察院《关于办理危害生产安全刑事案件适用法律若干问题的解释》第八条，均规定：

在安全事故发生后，负有报告职责的人员不报或者谎报事故情况，贻误事故抢救，涉嫌下列情形之一的，应予立案追诉：

（一）导致事故后果扩大，增加死亡一人以上，或者增加重伤三人以上，或者增加直接经济损失一百万元以上的；

（二）实施下列行为之一，致使不能及时有效开展事故抢救的：

1. 决定不报、迟报、谎报事故情况或者指使、串通有关人员不报、迟报、谎报事故情况的；

2. 在事故抢救期间擅离职守或者逃匿的；

3. 伪造、破坏事故现场，或者转移、藏匿、毁灭遇难人员尸体，或者转移、藏匿受伤人员的；

4. 毁灭、伪造、隐匿与事故有关的图纸、记录、计算机数据等资料以及其他证据的；

（三）其他不报、谎报安全事故情节严重的情形。

三、主体要件的认定

▲2017年7月7日最高人民检察院、公安部《关于公安机关管辖的刑事案件立案追诉标准的规定(一)的补充规定》第一条、2015年12月16日最高人民法院、最高人民检察院《关于办理危害生产安全刑事案件适用法律若干问题的解释》第四条,均规定:

刑法第一百三十九条之一规定的"负有报告职责的人员",是指负有组织、指挥或者管理职责的负责人、管理人员、实际控制人、投资人,以及其他负有报告职责的人员。

四、刑罚的适用

▲2015年12月16日最高人民法院、最高人民检察院《关于办理危害生产安全刑事案件适用法律若干问题的解释》:

第八条第二款 具有下列情形之一的,应当认定为刑法第一百三十九条之一规定的"情节特别严重":

(一)导致事故后果扩大,增加死亡三人以上,或者增加重伤十人以上,或者增加直接经济损失五百万元以上的;

(二)采用暴力、胁迫、命令等方式阻止他人报告事故情况,导致事故后果扩大的;

(三)其他情节特别严重的情形。

五、共犯的认定

▲2015年12月16日最高人民法院、最高人民检察院《关于办理危害生产安全刑事案件适用法律若干问题的解释》:

第九条 在安全事故发生后,与负有报告职责的人员串通,不报或者谎报事故情况,贻误事故抢救,情节严重的,依照刑法第一百三十九条之一的规定,以共犯论处。

延伸阅读:

▲沈亮、汪斌、李加玺:《关于办理危害生产安全刑事案件适用法律若干问题的解释》的理解与适用(节选)

(五)关于不报、谎报安全事故罪的构成条件和共犯认定

关于不报、谎报安全事故罪的构成条件,《解释》制定过程中曾存在争论,规定内容也数易其稿。主要问题在于,从刑法第一百三十九条之一条文规定的字面理解,"贻误事故抢救"和"情节严重"是罪与非罪的重要界限,必须同时具备上述两个条件,才能构成不报、谎报安全事故罪。《矿山司法解释》也将"贻误事故抢救"这一要件规定在居首部分。根据该规定,所有不报、谎报行为只有造成贻误事故抢救的后果,才可能构成本罪。但是,实践中大量存在的情况是,事故抢救工作基本结束后,行为人为降低认定事故等级、避免上级机关介入调查,故意伪造、破坏事故现场,或者转移、藏匿遇难者尸体。上述行为社会影响恶劣、危害性大,但往往并不足以导致贻误事故抢救的后果,依据《矿山司法解释》的规定,可能难以定罪。据此,有意见提出,可将"贻误事故抢救"解释为不报、谎报行为的当然结果,即只要行为人实施了不报、谎报行为,就应认定其造成了贻误事故抢救的危险性结果,同时符合情节严重标准的,就应以不报、谎报安全事故罪论处。

经反复慎重研究,考虑到刑法条文明确将贻误事故抢救规定为不报、谎报安全事

故罪的构成条件,如果在《解释》中明确将贻误事故抢救解释为不报、谎报事故行为的当然结果,法律依据不够充分,故对上述意见未予采纳,《解释》基本保留了《矿山司法解释》的规定方式。但是,上述意见提出的问题应引起重视。在案件审判过程中,对于刑法第一百三十九条之一规定的"贻误事故抢救",以及《矿山司法解释》第6条第1款第(2)项规定的"致使不能及时有效开展事故抢救"两个条件,不宜作过于严格的限定。另外,《解释》还将不报、谎报安全事故情节特别严重的直接经济损失标准由三百万元提高至五百万元,以与《解释》第7条的规定保持协调一致,并在不报、谎报的具体行为方式中增加了迟报以进一步严密刑事法网。根据国务院《生产安全事故报告和调查处理条例》的相关规定,此处规定的"迟报",是指未按法律法规规定的时限及时报告,可归入广义的不报行为的范畴。

《解释》还对不报、谎报安全事故罪的共犯认定问题作出了规定。《矿山司法解释》第7条规定:"在矿山生产安全事故发生后,实施本解释第6条规定的相关行为,帮助负有报告职责的人员不报或者谎报事故情况,贻误事故抢救的,对组织者或者积极参加者,依照刑法第一百三十九条之一的规定,以共犯论处。"该条规定有以下两个方面问题:首先,将共犯的成立范围限定为帮助行为,即认为无身份之人只可能构成帮助犯和从犯,但实践中,对于组织、指使、强令负有报告职责的人员不报、谎报事故情况的,也可以认定为共犯,并可能构成主犯;其次,仅对帮助犯中的组织者或者积极参加者以共犯论处,不当缩小了共犯成立范围,并无明确的理论基础,且在仅有一名帮助犯的情况下,由于不存在参照对象,难以认定为组织者或积极参加者,这种情况下是否应当认定为共犯,实践中存在争议。经研究,《解释》删去了《矿山司法解释》中仅对帮助犯中的组织者和积极参加者认定为共犯的规定,明确与负有报告职责的人员串通,不报或者谎报安全事故情况的,只要符合刑法规定的共犯成立条件,即可认定为共犯。

六、罪数的认定

▲2011年12月30日最高人民法院《关于进一步加强危害生产安全刑事案件审判工作的意见》:

四、准确运用法律

11. 安全事故发生后,负有报告职责的国家工作人员不报或者谎报事故情况,贻误事故抢救,情节严重,构成不报、谎报安全事故罪,同时构成职务犯罪或其他危害生产安全犯罪的,依照数罪并罚的规定处罚。

▲2015年12月16日最高人民法院、最高人民检察院《关于办理危害生产安全刑事案件适用法律若干问题的解释》:

第十条 在安全事故发生后,直接负责的主管人员和其他直接责任人员故意阻挠开展抢救,导致人员死亡或者重伤,或者为了逃避法律追究,对被害人进行隐藏、遗弃,致使被害人因无法得到救助而死亡或者重度残疾的,分别依照刑法第二百三十二条、第二百三十四条的规定,以故意杀人罪或者故意伤害罪定罪处罚。

注:关于本罪刑事政策的规定,请参见本书第439~442页。

第三章 破坏社会主义市场经济秩序罪

第三节 妨害对公司、企业的管理秩序罪

第一百六十三条 【非国家工作人员受贿罪】公司、企业或者其他单位的工作人员利用职务上的便利,索取他人财物或者非法收受他人财物,为他人谋取利益,数额较大的,处三年以下有期徒刑或者拘役,并处罚金;数额巨大或者有其他严重情节的,处三年以上十年以下有期徒刑,并处罚金;数额特别巨大或者有其他特别严重情节的,处十年以上有期徒刑或者无期徒刑,并处罚金。

公司、企业或者其他单位的工作人员在经济往来中,利用职务上的便利,违反国家规定,收受各种名义的回扣、手续费,归个人所有的,依照前款的规定处罚。

【受贿罪】国有公司、企业或者其他国有单位中从事公务的人员和国有公司、企业或者其他国有单位委派到非国有公司、企业以及其他单位从事公务的人员有前两款行为的,依照本法第三百八十五条、第三百八十六条的规定定罪处罚。

一、立法修正

本条经历了两次修订,涉及罪名变更与法定刑的调整。1997年刑法中,犯罪主体仅规定了公司、企业工作人员。2006年6月29日全国人大常委会《刑法修正案(六)》第七条增加了"其他单位的工作人员"。2020年12月26日全国人大常委会《刑法修正案(十一)》第十条修订了本条第一款的法定刑,降低了第一档法定刑,增设了第三档法定刑。《刑法修正案(六)》中,该条第一款的法定刑为五年以下有期徒刑或者拘役。

二、立案标准

▲2010年5月7日最高人民检察院、公安部《关于公安机关管辖的刑事案件立案追诉标准的规定(二)》:

第十条 公司、企业或者其他单位的工作人员利用职务上的便利,索取他人财物或者非法收受他人财物,为他人谋取利益,或者在经济往来中,利用职务上的便利,违反国家规定,收受各种名义的回扣、手续费,归个人所有,数额在五千元以上的,应予立案追诉。

▲2016年4月18日最高人民法院、最高人民检察院《关于办理贪污贿赂刑事案件适用法律若干问题的解释》:

第十一条第一款 刑法第一百六十三条规定的非国家工作人员受贿罪、第二百七十一条规定的职务侵占罪中的"数额较大""数额巨大"的数额起点,按照本解释关于受贿罪、贪污罪相对应的数额标准规定的二倍、五倍执行。(根据该司法解释,本罪入罪数额为6万元以上或2万~6万元且有特定情节)

延伸阅读：
▲苗有水：贪污贿赂刑事司法解释具体问题解读（节选）
十七、实施职务侵占和非国家工作人员受贿行为的，是否存在数额减半入罪的情形

关于这个问题，回答是否定的，理由是：职务侵占和非国家工作人员受贿这两个罪名不是刑法分则第八章里的罪名，而是第五章、第三章里的，刑法没有对这些罪名规定"数额加情节"。《解释》第十一条第一款规定，职务侵占罪的"数额较大"按照贪污罪"数额较大"的2倍执行，即以6万元为起刑点。例如，某公司职员实施职务侵占行为，数额是4万元，但他有从重情节，即把赃款用于非法活动，那么该行为是不是构成职务侵占罪呢？答案是不构成。因为刑法规定的职务侵占罪的条款没有得到修正，立法机关未将它设计为"数额加情节"。

三、犯罪主体的认定

▲2005年8月11日最高人民法院《关于如何认定国有控股、参股股份有限公司中的国有公司、企业人员的解释》：

国有公司、企业委派到国有控股、参股公司从事公务的人员，以国有公司、企业人员论。

▲2008年11月20日最高人民法院、最高人民检察院《关于办理商业贿赂刑事案件适用法律若干问题的意见》：

二、刑法第一百六十三条、第一百六十四条规定的"其他单位"，既包括事业单位、社会团体、村民委员会、居民委员会、村民小组等常设性的组织，也包括为组织体育赛事、文艺演出或者其他正当活动而成立的组委会、筹委会、工程承包队等非常设性的组织。

三、刑法第一百六十三条、第一百六十四条规定的"公司、企业或者其他单位的工作人员"，包括国有公司、企业以及其他国有单位中非国家工作人员。

四、医疗机构中的国家工作人员，在药品、医疗器械、医用卫生材料等医药产品采购活动中，利用职务上的便利，索取销售方财物，或者非法收受销售方财物，为销售方谋取利益，构成犯罪的，依照刑法第三百八十五条的规定，以受贿罪定罪处罚。

医疗机构中的非国家工作人员，有前款行为，数额较大的，依照刑法第一百六十三条的规定，以非国家工作人员受贿罪定罪处罚。

医疗机构中的医务人员，利用开处方的职务便利，以各种名义非法收受药品、医疗器械、医用卫生材料等医药产品销售方财物，为医药产品销售方谋取利益，数额较大的，依照刑法第一百六十三条的规定，以非国家工作人员受贿罪定罪处罚。

五、学校及其他教育机构中的国家工作人员，在教材、教具、校服或者其他物品的采购等活动中，利用职务上的便利，索取销售方财物，或者非法收受销售方财物，为销售方谋取利益，构成犯罪的，依照刑法第三百八十五条的规定，以受贿罪定罪处罚。

学校及其他教育机构中的非国家工作人员，有前款行为，数额较大的，依照刑法第一百六十三条的规定，以非国家工作人员受贿罪定罪处罚。

学校及其他教育机构中的教师,利用教学活动的职务便利,以各种名义非法收受教材、教具、校服或者其他物品销售方财物,为教材、教具、校服或者其他物品销售方谋取利益,数额较大的,依照刑法第一百六十三条的规定,以非国家工作人员受贿罪定罪处罚。

六、依法组建的评标委员会、竞争性谈判采购中谈判小组、询价采购中询价小组的组成人员,在招标、政府采购等事项的评标或者采购活动中,索取他人财物或者非法收受他人财物,为他人谋取利益,数额较大的,依照刑法第一百六十三条的规定,以非国家工作人员受贿罪定罪处罚。

依法组建的评标委员会、竞争性谈判采购中谈判小组、询价采购中询价小组中国家机关或者其他国有单位的代表有前款行为的,依照刑法第三百八十五条的规定,以受贿罪定罪处罚。

四、客观要件的认定

▲2008年11月20日最高人民法院、最高人民检察院《关于办理商业贿赂刑事案件适用法律若干问题的意见》:

七、商业贿赂中的财物,既包括金钱和实物,也包括可以用金钱计算数额的财产性利益,如提供房屋装修、含有金额的会员卡、代币卡(券)、旅游费用等。具体数额以实际支付的资费为准。

八、收受银行卡的,不论受贿人是否实际取出或者消费,卡内的存款数额一般应全额认定为受贿数额。使用银行卡透支的,如果由给予银行卡的一方承担还款责任,透支数额也应当认定为受贿数额。

十、办理商业贿赂犯罪案件,要注意区分贿赂与馈赠的界限。主要应当结合以下因素全面分析、综合判断:(1)发生财物往来的背景,如双方是否存在亲友关系及历史上交往的情形和程度;(2)往来财物的价值;(3)财物往来的缘由、时机和方式,提供财物方对于接受方有无职务上的请托;(4)接受方是否利用职务上的便利为提供方谋取利益。

五、共犯的认定

▲2008年11月20日最高人民法院、最高人民检察院《关于办理商业贿赂刑事案件适用法律若干问题的意见》:

十一、非国家工作人员与国家工作人员通谋,共同收受他人财物,构成共同犯罪的,根据双方利用职务便利的具体情形分别定罪追究刑事责任:

(1)利用国家工作人员的职务便利为他人谋取利益的,以受贿罪追究刑事责任。

(2)利用非国家工作人员的职务便利为他人谋取利益的,以非国家工作人员受贿罪追究刑事责任。

(3)分别利用各自的职务便利为他人谋取利益的,按照主犯的犯罪性质追究刑事责任,不能分清主从犯的,可以受贿罪追究刑事责任。

六、刑罚的适用

注:关于本罪刑事政策的规定,请参阅第八章贪污贿赂犯罪之《宽严相济在经济犯罪和职务犯罪案件审判中的具体贯彻》,第494~495页。

第四部分　职务犯罪案件查处的刑法规范与法律解释　　459

第一百六十四条　【对非国家工作人员行贿罪】为谋取不正当利益,给予公司、企业或者其他单位的工作人员以财物,数额较大的,处三年以下有期徒刑或者拘役,并处罚金;数额巨大的,处三年以上十年以下有期徒刑,并处罚金。

【对外国公职人员、国际公共组织官员行贿罪】为谋取不正当商业利益,给予外国公职人员或者国际公共组织官员以财物的,依照前款的规定处罚。

单位犯前两款罪的,对单位判处罚金,并对其直接负责的主管人员和其他直接责任人员,依照第一款的规定处罚。

行贿人在被追诉前主动交待行贿行为的,可以减轻处罚或者免除处罚。

一、立法修正

2006年6月29日全国人大常委会《中华人民共和国刑法修正案(六)》第八条将本罪的犯罪主体扩大至"其他单位的工作人员";2015年11月1日全国人大常委会《刑法修正案(九)》第十条增设了"并处罚金"的规定,原条文为:"为谋取不正当利益,给予公司、企业或者其他单位的工作人员以财物,数额较大的,处三年以下有期徒刑或者拘役;数额巨大的,处三年以上十年以下有期徒刑,并处罚金。"

2011年5月1日全国人大常委会《中华人民共和国刑法修正案(八)》第二十九条增设了"对外国公职人员、国际公共组织官员行贿罪"。

二、立案标准

▲2010年5月7日最高人民检察院、公安部《关于公安机关管辖的刑事案件立案追诉标准的规定(二)》:

第十一条　为谋取不正当利益,给予公司、企业或者其他单位的工作人员以财物,个人行贿数额在一万元以上的,单位行贿数额在二十万元以上的,应予立案追诉。

▲2011年11月14日最高人民检察院、公安部《关于公安机关管辖的刑事案件立案追诉标准的规定(二)的补充规定》:

第一条　为谋取不正当商业利益,给予外国公职人员或者国际公共组织官员以财物,个人行贿数额在1万元以上的,单位行贿数额在20万元以上的,应予以立案追诉。

▲2016年4月18日最高人民法院、最高人民检察院《关于办理贪污贿赂刑事案件适用法律若干问题的解释》:

第十一条第三款　刑法第一百六十四条第一款规定的对非国家工作人员行贿罪中的"数额较大""数额巨大"的数额起点,按照本解释第七条、第八条第一款关于行贿罪的数额标准规定的2倍执行(根据该司法解释,本罪入罪数额为6万元以上或2万～6万元且有特定情节,但不适用于单位行贿的情形)。

延伸阅读:

▲苗有水:贪污贿赂刑事司法解释具体问题解读(节选)

十九、如何把握单位对非国家工作人员行贿行为的入罪标准

刑法第一百六十四条第一款规定了对非国家工作人员行贿罪,同时该条第三款规定"单位犯前两款罪的,对单位判处罚金,并对其直接负责的主管人员和其他直接责任

人员,依照第一款的规定处罚"。这意味着刑法没有把"单位对非国家工作人员行贿罪"规定为独立罪名。但是,单位对非国家工作人员行贿行为的入罪标准是需要明确的。《解释》未对单位对非国家工作人员行贿行为的入罪数额标准作出规定,对此,可以参照 2010 年颁布的《最高人民检察院、公安部关于公安机关管辖的刑事案件立案追诉标准的规定(二)》第十一条的规定执行,即单位对非国家工作人员行贿行为起刑点为 20 万元。

三、刑罚的适用

▲2016 年 4 月 18 日最高人民法院、最高人民检察院《关于办理贪污贿赂刑事案件适用法律若干问题的解释》:

第十一条第一款(见本书第 456 页)。根据该司法解释,本罪的加重数额为 100 万元以上或 50 万~100 万元且有特定情节)。

第一百六十五条 【非法经营同类营业罪】 国有公司、企业的董事、经理利用职务便利,自己经营或者为他人经营与其所任职公司、企业同类的营业,获取非法利益,数额巨大的,处三年以下有期徒刑或者拘役,并处或者单处罚金;数额特别巨大的,处三年以上七年以下有期徒刑,并处罚金。

立案标准

▲2010 年 5 月 7 日最高人民检察院、公安部《关于公安机关管辖的刑事案件立案追诉标准的规定(二)》:

第十二条 国有公司、企业的董事、经理利用职务便利,自己经营或者为他人经营与其所任职公司、企业同类的营业,获取非法利益,数额在十万元以上的,应予立案追诉。

第一百六十六条 【为亲友非法牟利罪】 国有公司、企业、事业单位的工作人员,利用职务便利,有下列情形之一,使国家利益遭受重大损失的,处三年以下有期徒刑或者拘役,并处或者单处罚金;致使国家利益遭受特别重大损失的,处三年以上七年以下有期徒刑,并处罚金:

(一)将本单位的盈利业务交由自己的亲友进行经营的;

(二)以明显高于市场的价格向自己的亲友经营管理的单位采购商品或者以明显低于市场的价格向自己的亲友经营管理的单位销售商品的;

(三)向自己的亲友经营管理的单位采购不合格商品的。

立案标准

▲2010 年 5 月 7 日最高人民检察院、公安部《关于公安机关管辖的刑事案件立案追诉标准的规定(二)》:

第十三条 国有公司、企业、事业单位的工作人员,利用职务便利,为亲友非法牟

利,涉嫌下列情形之一的,应予立案追诉:
(一)造成国家直接经济损失数额在十万元以上的;
(二)使其亲友非法获利数额在二十万元以上的;
(三)造成有关单位破产、停业、停产六个月以上,或者被吊销许可证和营业执照、责令关闭、撤销、解散的;
(四)其他致使国家利益遭受重大损失的情形。

第一百六十七条 【签订、履行合同失职被骗罪】国有公司、企业、事业单位直接负责的主管人员,在签订、履行合同过程中,因严重不负责任被诈骗,致使国家利益遭受重大损失的,处三年以下有期徒刑或者拘役;致使国家利益遭受特别重大损失的,处三年以上七年以下有期徒刑。

一、立案标准
▲2010 年 5 月 7 日最高人民检察院、公安部《关于公安机关管辖的刑事案件立案追诉标准的规定(二)》:

第十四条 国有公司、企业、事业单位直接负责的主管人员,在签订、履行合同过程中,因严重不负责任被诈骗,涉嫌下列情形之一的,应予立案追诉:
(一)造成国家直接经济损失数额在五十万元以上的;
(二)造成有关单位破产、停业、停产六个月以上,或者被吊销许可证和营业执照、责令关闭、撤销、解散的;
(三)其他致使国家利益遭受重大损失的情形。
金融机构、从事对外贸易经营活动的公司、企业的工作人员严重不负责任,造成一百万美元以上外汇被骗购或者逃汇一千万美元以上的,应予立案追诉。
本条规定的"诈骗",是指对方当事人的行为已经涉嫌诈骗犯罪,不以对方当事人已经被人民法院判决构成诈骗犯罪作为立案追诉的前提。

二、客观要件的认定
▲1998 年 12 月 29 日全国人大常委会《关于惩治骗购外汇、逃汇和非法买卖外汇犯罪的决定》:

七、金融机构、从事对外贸易经营活动的公司、企业的工作人员严重不负责任,造成大量外汇被骗购或者逃汇,致使国家利益遭受重大损失的,依照刑法第一百六十七条的规定定罪处罚。

▲2001 年 4 月最高人民法院刑二庭《关于签订、履行合同失职被骗犯罪是否以对方当事人的行为构成诈骗罪为要件的意见》:

认定签订、履行合同失职被骗罪和国家机关工作人员签订、履行合同失职被骗罪应当以对方当事人涉嫌诈骗,行为构成犯罪为前提。但司法机关在办理或者审判行为人被指控犯有上述两罪的案件过程中,不能以对方当事人已经被人民法院判决构成诈骗犯罪作为认定本案当事人构成签订、履行合同失职被骗罪或者国家机关工作人员签订、履行合同失职被骗罪的前提。也就是说，司法机关在办理案件过程中，只要认定对方当事人的行为已经涉嫌构成诈骗犯罪，就可依法认定认为人构成构成签订、履行合同失职被骗罪或者国家机关工作人员签订、履行合同失职被骗罪，而不需要搁置或者中止审理，直至对方当事人被人民法院审理并判决构成诈骗犯罪。

第一百六十八条 【国有公司、企业、事业单位人员失职罪】【国有公司、企业、事业单位人员滥用职权罪】国有公司、企业的工作人员，由于严重不负责任或者滥用职权，造成国有公司、企业破产或者严重损失，致使国家利益遭受重大损失的，处三年以下有期徒刑或者拘役；致使国家利益遭受特别重大损失的，处三年以上七年以下有期徒刑。

国有事业单位的工作人员有前款行为，致使国家利益遭受重大损失的，依照前款的规定处罚。

国有公司、企业、事业单位的工作人员，徇私舞弊，犯前两款罪的，依照第一款的规定从重处罚。

一、立法修正

本条根据1999年12月25日全国人大常委会《中华人民共和国刑法修正案》第二条修订。原条文为："国有公司、企业直接负责的主管人员，徇私舞弊，造成国有公司、企业破产或者严重亏损，致使国家利益遭受重大损失的，处三年以下有期徒刑或者拘役。"

二、立法草案说明

▲1999年10月25日全国人大法律委员会《关于〈中华人民共和国刑法修正案（草案）〉的说明》：

1997年修改刑法时，对国家机关工作人员的渎职犯罪在渎职罪一章中作了规定。同时，对国有公司、企业的工作人员严重不负责任，签订、履行合同被诈骗，徇私舞弊造成破产、亏损，徇私舞弊低价折股、出售国有资产等犯罪，在破坏社会主义经济秩序罪中作了规定。有些人大代表、最高人民检察院和一些部门、地方反映，在刑法执行过程中，对国有公司、企业、事业单位的工作人员由于严重不负责任或者滥用职权，致使国家利益遭受重大损失的有些行为，如擅自为他人提供担保，给本单位造成重大损失的；违反国家规定，在国际外汇、期货市场上进行外汇、期货投机，给国家造成重大损失的；在仓储或者企业管理方面严重失职，造成重大损失等，根据刑法现有规定难以追究刑事责任。针对这种情况，经征求中政委、最高法院、最高检察院、公安部和有关部门的意见，建议将刑法第一百六十八条"国有公司、企业直接负责的主管人员，徇私舞弊，造成国有公司、企业破产或者严重亏损，致使国家利益遭受重大损失的，处三年以下有期徒刑或者拘役"修改为："国有公司、企业、事业单位的工作人员，由于严重不负责任或者滥用职权，造成国有公司、企业破产或者给本单位造成严重损害，致使国家利益遭受重大损失的，处三年以下有期徒刑或者拘役；致使国家利益遭受特别重大损失的，处三年以上七年以下有期徒刑。""国有公司、企业、事业单位的工作人员，徇私舞弊，犯前款罪的,依照前款的规定从重处罚。"

三、立案标准

▲2010年5月7日最高人民检察院、公安部《关于公安机关管辖的刑事案件立案追诉标准的规定(二)》：

第十五条 国有公司、企业、事业单位的工作人员,严重不负责任,涉嫌下列情形之一的,应予立案追诉：

(一)造成国家直接经济损失数额在五十万元以上的；

(二)造成有关单位破产、停业、停产一年以上,或者被吊销许可证和营业执照、责令关闭、撤销、解散的；

(三)其他致使国家利益遭受重大损失的情形。

第十六条 国有公司、企业、事业单位的工作人员,滥用职权,涉嫌下列情形之一的,应予立案追诉：

(一)造成国家直接经济损失数额在三十万元以上的；

(二)造成有关单位破产、停业、停产六个月以上,或者被吊销许可证和营业执照、责令关闭、撤销、解散的；

(三)其他致使国家利益遭受重大损失的情形。

四、主体要件的认定

▲2000年5月24日最高人民法院《关于审理扰乱电信市场管理秩序案件具体应用法律若干问题的解释》：

第六条 国有电信企业的工作人员,由于严重不负责任或者滥用职权,造成国有电信企业破产或者严重损失,致使国家利益遭受重大损失的,依照刑法第一百六十八条的规定定罪处罚。

▲2002年9月23日最高人民检察院法律政策研究室《关于中国农业发展银行及其分支机构的工作人员法律适用问题的答复》：

中国农业发展银行及其分支机构的工作人员严重不负责任或者滥用职权,构成犯罪的,应当依照刑法第一百六十八条的规定追究刑事责任。

▲2003年5月14日最高人民法院、最高人民检察院《关于办理妨害预防、控制突发传染病疫情等灾害的刑事案件具体应用法律若干问题的解释》：

第四条 国有公司、企业、事业单位的工作人员,在预防、控制突发传染病疫情等灾害的工作中,由于严重不负责任或者滥用职权,造成国有公司、企业破产或者严重损失,致使国家利益遭受重大损失的,依照刑法第一百六十八条的规定,以国有公司、企业、事业单位人员失职罪或者国有公司、企业、事业单位人员滥用职权罪定罪处罚。

▲2010年11月26日最高人民法院、最高人民检察院《关于办理国家出资企业中职务犯罪案件具体应用法律若干问题的意见》：

四、关于国家工作人员在企业改制过程中的渎职行为的处理

国家出资企业中的国家工作人员在公司、企业改制或国有资产处置过程中严重不负责任或者滥用职权,致使国家利益遭受重大损失的,依照刑法第一百六十八条的

规定,以国有公司、企业人员失职罪或者国有公司、企业人员滥用职权罪定罪处罚。
……

五、罪数的认定

▲2010年11月26日最高人民法院、最高人民检察院《关于办理国家出资企业中职务犯罪案件具体应用法律若干问题的意见》:

四、关于国家工作人员在企业改制过程中的渎职行为的处理

……

国家出资企业中的国家工作人员因实施第一款、第二款行为收受贿赂,同时又构成刑法第三百八十五条规定之罪的,依照处罚较重的规定定罪处罚。(第一款规定见本罪"主体要件的认定"之《关于办理国家出资企业中职务犯罪案件具体应用法律若干问题的意见》)

六、追诉期限的认定

▲2005年1月13日最高人民法院刑事审判第二庭《关于国有公司人员滥用职权犯罪追溯期限等问题的答复》:

国有公司人员滥用职权或失职罪的追诉期限应从损失结果发生之日起计算。就本案而言,追诉期限应以法律意义上的损失发生为标准,即以人民法院民事终审判决之日起计算。

第一百六十九条 【徇私舞弊低价折股、出售国有资产罪】国有公司、企业或者其上级主管部门直接负责的主管人员,徇私舞弊,将国有资产低价折股或者低价出售,致使国家利益遭受重大损失的,处三年以下有期徒刑或者拘役;致使国家利益遭受特别重大损失的,处三年以上七年以下有期徒刑。

一、立案标准

▲2010年5月7日最高人民检察院、公安部《关于公安机关管辖的刑事案件立案追诉标准的规定(二)》:

第十七条 国有公司、企业或者其上级主管部门直接负责的主管人员,徇私舞弊,将国有资产低价折股或者低价出售,涉嫌下列情形之一的,应予立案追诉:

(一)造成国家直接经济损失数额在三十万元以上的;

(二)造成有关单位破产,停业、停产六个月以上,或者被吊销许可证和营业执照、责令关闭、撤销、解散的;

(三)其他致使国家利益遭受重大损失的情形。

二、主体要件的认定

▲2010年11月26日最高人民法院、最高人民检察院《关于办理国家出资企业中职务犯罪案件具体应用法律若干问题的意见》:

四、关于国家工作人员在企业改制过程中的渎职行为的处理

……

国家出资企业中的国家工作人员在公司、企业改制或者国有资产处置过程中徇私舞弊，将国有资产低价折股或者低价出售给其本人未持有股份的公司、企业或者其他个人，致使国家利益遭受重大损失的，依照刑法第一百六十九条的规定，以徇私舞弊低价折股、出售国有资产罪定罪处罚。

......

注：关于本罪的罪数，请参阅《关于办理国家出资企业中职务犯罪案件具体应用法律若干问题的意见》相关内容，见本书第464页。

延伸阅读：
▲刘为波：《关于办理国家出资企业中职务犯罪案件具体应用法律若干问题的意见》的理解与适用（节选）
五、关于国家工作人员在企业改制过程中的渎职行为的定性处理
企业改制和产权交易当中滥用职权、徇私舞弊、低估贱卖国有资产、收受贿赂的现象较为严重，法律适用上也存在诸多问题。为依法惩处此类犯罪，《意见》第四条作了以下几个方面的规定：

第一，关于国有公司、企业人员失职罪、国有公司、企业人员滥用职权罪的认定。《意见》第四条第一款规定："国家出资企业中的国家工作人员在公司、企业改制或者国有资产处置过程中严重不负责任或者滥用职权，致使国家利益遭受重大损失的，依照刑法第一百六十八条的规定，以国有公司、企业人员失职罪或者国有公司、企业人员滥用职权罪定罪处罚。"在适用本款规定时需特别注意，本款规定对刑法第一百六十八条规定作了一定程度的扩张解释，即将刑法第一百六十八条关于"造成国有公司、企业破产或者严重损失，致使国家利益遭受重大损失的"的表述调整为"致使国家利益遭受重大损失的"。据此，造成国有控股、参股公司重大经济损失的同样可以构成本罪。主要考虑是：（1）随着国家出资企业产权多元化的逐步实现，机械地理解刑法本条规定中的"国有公司、企业破产或者严重损失"的含义，将导致本罪在实践中基本无法适用。（2）《最高人民法院关于如何认定国有控股、参股股份有限公司中的国有公司、企业人员的解释》已对刑法分则第三章第三节中的国有公司、企业人员的认定问题进行了明确，即国有公司、企业委派到国有控股、参股公司从事公务的人员，以国有公司、企业人员论。（3）为保持协调一致，有必要适当转换损失认定的角度。问题的关键不在于损失具体发生在在何种企业，而在于国有资产是否受到了损失。发生在国有独资公司还是国有控股、参股公司，在某种意义上只是直接和间接的不同而已。

对于本款规定，起草过程中有意见建议，增加"造成国家出资企业破产或者严重损失"的文字表述，以便与刑法规定保持一致。《意见》未采纳选一意见，主要考虑是：（1）国家出资企业改制后不一定还是国家出资企业，不好说是给国家出资企业造成了损失。（2）改制过程中所造成的损失，主要体现为国有出资者的损失，公司本身未必有什么损失。比如，资产被低估，受到损失的是股权出让者的利益，而公司资产保持不变。（3）联系前后文，这里的国家利益显然是指经济利益或者说是国有资产及其收益，实践中对于损失后果的判断还是会从具体的经济损失入手，文字上来作表述不会造成实践中的误解。

第二,关于徇私舞弊低价折股、出售国有资产罪的认定。《意见》第四条第二款规定:"国家出资企业中的国家工作人员在公司、企业改制或者国有资产处置过程中徇私舞弊,将国有资产低价折股或者低价出售给其本人未持有股份的公司、企业或者其他个人,致使国家利益遭受重大损失的,依照刑法第一百六十九条的规定,以徇私舞弊低价折股、出售国有资产罪定罪处罚。"本款规定与刑法第一百六十九条的规定基本一致,其核心内容在于出售对象为"本人未持有股份的"企业,这也是本罪区别于贪污罪的关键所在,即行为人是否直接从低价折股或者低价出售国有资产当中获取了非法利益。

起草过程中有意见提出,根据本款规定可以推断出行为人本人持有股份的,应一概以贪污处理。而一概以贪污处理特别是在行为人持股比例极小的情形下仍以贪污处理,是否科学、合理,不无疑问。经研究,现表述的确存在不完整的地方,即未对本人持有股份的情形提出处理意见。此种情形有作贪污处理的余地,但一概作贪污处理明显不妥。同时,如果删去"其本人未持有股份的"的限定,即意味着排除了认定贪污的可能,同样存在问题。权衡利弊,尽管现表述不够完整,但作为一项原则性规定并无大碍,司法实践中可应视具体情况灵活掌握。

另有意见提出,本款规定不够全面,实践中收购国有资产的企业在注册登记上未必都是行为人本人持股的企业,但这些企业与其存在直接的经济利益关系,比如,行为人实际控制的企业或者其特定关系人的企业等。这些企业或者企业持股人获利,与其本人获利并无实质不同,理当以贪污罪定罪处罚。经研究,该意见与《意见》第一条规定的精神一致,为了避免因本条第二款规定而引起不必要的误解,《意见》第四条第三款作了进一步的说明,即"国家出资企业中的国家工作人员在公司、企业改制或者国有资产处置过程中徇私舞弊,将国有资产低价折股或者低价出售给特定关系人持有股份或者本人实际控制的公司、企业,致使国家利益遭受重大损失的,依照刑法第三百八十二条、第三百八十三条的规定,以贪污罪定罪处罚。贪污数额以国有资产的损失数额计算"。对于本款规定中的"特定关系人",实践中需注意从严掌握。《最高人民法院、最高人民检察院关于办理受贿刑事案件适用法律若干问题的意见》规定,特定关系人是指"与国家工作人员有近亲属、情妇(夫)以及其他共同利益关系的人"。据此,认定是否属于"特定关系人",关键在于该第三人是否与行为人有共同利益关系。这里的共同利益关系,主要是指经济利益关系,不得将一般的同学、同事、朋友、亲戚关系理解为共同利益关系。这也是《意见》规定此类行为以贪污罪处理的重要依据所在。

第一百六十九条之一 【背信损害上市公司利益罪】上市公司的董事、监事、高级管理人员违背对公司的忠实义务,利用职务便利,操纵上市公司从事下列行为之一,致使上市公司利益遭受重大损失的,处三年以下有期徒刑或者拘役,并处或者单处罚金;致使上市公司利益遭受特别重大损失的,处三年以上七年以下有期徒刑,并处罚金:

(一)无偿向其他单位或者个人提供资金、商品、服务或者其他资产的;

(二)以明显不公平的条件,提供或者接受资金、商品、服务或者其他资产的;

（三）向明显不具有清偿能力的单位或者个人提供资金、商品、服务或者其他资产的；

（四）为明显不具有清偿能力的单位或者个人提供担保，或者无正当理由为其他单位或者个人提供担保的；

（五）无正当理由放弃债权、承担债务的；

（六）采用其他方式损害上市公司利益的。

上市公司的控股股东或者实际控制人，指使上市公司董事、监事、高级管理人员实施前款行为的，依照前款的规定处罚。

犯前款罪的上市公司的控股股东或者实际控制人是单位的，对单位判处罚金，并对其直接负责的主管人员和其他直接责任人员，依照第一款的规定处罚。

一、立法修正

本条根据2006年6月29日全国人大常委会《中华人民共和国刑法修正案（六）》第九条增设。

二、立案标准

▲2010年5月7日最高人民检察院、公安部《关于公安机关管辖的刑事案件立案追诉标准的规定（二）》：

第十八条　上市公司的董事、监事、高级管理人员违背对公司的忠实义务，利用职务便利，操纵上市公司从事损害上市公司利益的行为，以及上市公司的控股股东或者实际控制人，指使上市公司董事、监事、高级管理人员实施损害上市公司利益的行为，涉嫌下列情形之一的，应予立案追诉：

（一）无偿向其他单位或者个人提供资金、商品、服务或者其他资产，致使上市公司直接经济损失数额在一百五十万元以上的；

（二）以明显不公平的条件，提供或者接受资金、商品、服务或者其他资产，致使上市公司直接经济损失数额在一百五十万元以上的；

（三）向明显不具有清偿能力的单位或者个人提供资金、商品、服务或者其他资产，致使上市公司直接经济损失数额在一百五十万元以上的；

（四）为明显不具有清偿能力的单位或者个人提供担保，或者无正当理由为其他单位或者个人提供担保，致使上市公司直接经济损失数额在一百五十万元以上的；

（五）正当理由放弃债权、承担债务，致使上市公司直接经济损失数额在一百五十万元以上的；

（六）致使公司发行的股票、公司债券或者国务院依法认定的其他证券被终止上市交易或者多次被暂停上市交易的；

（七）其他致使上市公司利益遭受重大损失的情形。

第四节　破坏金融管理秩序罪

第一百七十一条第二款　【金融工作人员购买假币、以假币换取货币罪】银行或者其他金融机构的工作人员购买伪造的货币或者利用职务上的便利,以伪造的货币换取货币的,处三年以上十年以下有期徒刑,并处二万元以上二十万元以下罚金;数额巨大或者有其他严重情节的,处十年以上有期徒刑或者无期徒刑,并处二万元以上二十万元以下罚金或者没收财产;情节较轻的,处三年以下有期徒刑或者拘役,并处或者单处一万元以上十万元以下罚金。

> 一、立案标准
> ▲2010年5月7日最高人民检察院、公安部《关于公安机关管辖的刑事案件立案追诉标准的规定(二)》:
> 第二十一条 银行或者其他金融机构的工作人员购买伪造的货币或者利用职务上的便利,以伪造的货币换取货币,总面额在二千元以上或者币量在二百张(枚)以上的,应予立案追诉。
> 二、主体要件的认定
> ▲2000年5月12日最高人民法院《关于农村合作基金会从业人员犯罪如何定性问题的批复》:
> (见本书第424页)

第一百八十条 【内幕交易、泄露内幕信息罪】证券、期货交易内幕信息的知情人员或者非法获取证券、期货交易内幕信息的人员,在涉及证券的发行,证券、期货交易或者其他对证券、期货交易价格有重大影响的信息尚未公开前,买入或者卖出该证券,或者从事与该内幕信息有关的期货交易,或者泄露该信息,或者明示、暗示他人从事上述交易活动,情节严重的,处五年以下有期徒刑或者拘役,并处或者单处违法所得一倍以上五倍以下罚金;情节特别严重的,处五年以上十年以下有期徒刑,并处违法所得一倍以上五倍以下罚金。

单位犯前款罪的,对单位判处罚金,并对其直接负责的主管人员和其他直接责任人员,处五年以下有期徒刑或者拘役。

内幕信息、知情人员的范围,依照法律、行政法规的规定确定。

【利用未公开信息交易罪】证券交易所、期货交易所、证券公司、期货经纪公司、基金管理公司、商业银行、保险公司等金融机构的从业人员以及有关监管部门或者行业协会的工作人员,利用因职务便利获取的内幕信息以外的其他未公开的信息,违反规定,从事与该信息相关的证券、期货交易活动,或者明示、暗示他人从事相关交易活动,情节严重的,依照第一款的规定处罚。

> 一、立法修正
> 本条有过两次修订。1997年刑法原条文第一款仅处罚证券内幕交易、泄露证券内幕信息的行为。1999年12月25日全国人大常委会《中华人民共和国刑法修正案》第四条在刑法典第一百八十条中增设了对期货内幕交易、泄露期货内幕信息的处罚。

2009年2月28日全国人大常委会《中华人民共和国刑法修正案(七)》第二条增加处罚"明示、暗示他人从事上述交易活动"的规定,并增设利用未公开信息交易罪。

二、立法草案说明

▲2009年6月9日全国人大常委会法制工作委员会《关于〈中华人民共和国刑法修正案(七)(草案)〉的说明》:

二、关于破坏社会主义市场经济秩序犯罪

2.刑法第一百八十条对利用证券、期货交易的内幕信息从事内幕交易的犯罪及刑事责任作了规定。有些全国人大代表和中国证监会提出,一些证券投资基金管理公司、证券公司等金融机构的从业人员,利用其因职务便利知悉的法定内幕信息以外的其他未公开的经营信息,如本单位受托管理资金的交易信息等,违反规定从事相关交易活动,牟取非法利益或者转嫁风险。这种被称为"老鼠仓"的行为,严重破坏金融管理秩序,损害公众投资者利益,应当作为犯罪追究刑事责任。

经同有关部门研究,建议在刑法第一百八十条中增加一款,规定:金融机构的工作人员,利用因职务便利获取的内幕信息以外的其他未公开的经营信息,违反规定从事相关交易活动,情节严重的,依照本条第一款关于从事内幕交易犯罪的规定处罚。

三、立案标准

▲2010年5月7日最高人民检察院、公安部《关于公安机关管辖的刑事案件立案追诉标准的规定(二)》:

第三十六条 证券交易所、期货交易所、证券公司、期货公司、基金管理公司、商业银行、保险公司等金融机构的从业人员以及有关监管部门或者行业协会的工作人员,利用因职务便利获取的内幕信息以外的其他未公开的信息,违反规定,从事与该信息相关的证券、期货交易活动,或者明示、暗示他人从事相关交易活动,涉嫌下列情形之一的,应予立案追诉:

(一)证券交易成交额累计在五十万元以上的;
(二)期货交易占用保证金数额累计在三十万元以上的;
(三)获利或者避免损失数额累计在十五万元以上的;
(四)多次利用内幕信息以外的其他未公开信息进行交易活动的;
(五)其他情节严重的情形。

四、客观要件的认定

▲2019年12月28日全国人大常委会第十五次会议第二次修订的《中华人民共和国证券法》:

第五十一条 证券交易内幕信息的知情人包括:
(一)发行人及其董事、监事、高级管理人员;
(二)持有公司百分之五以上股份的股东及其董事、监事、高级管理人员,公司的实际控制人及其董事、监事、高级管理人员;
(三)发行人控股或者实际控制的公司及其董事、监事、高级管理人员;
(四)由于所任公司职务或者因与公司业务往来可以获取公司有关内幕信息的人员;

（五）上市公司收购人或者重大资产交易方及其控股股东、实际控制人、董事、监事和高级管理人员；

（六）因职务、工作可以获取内幕信息的证券交易场所、证券公司、证券登记结算机构、证券服务机构的有关人员；

（七）因职责、工作可以获取内幕信息的证券监督管理机构工作人员；

（八）因法定职责对证券的发行、交易或者对上市公司及其收购、重大资产交易进行管理可以获取内幕信息的有关主管部门、监管机构的工作人员；

（九）国务院证券监督管理机构规定的可以获取内幕信息的其他人员。

第五十二条 证券交易活动中，涉及发行人的经营、财务或者对该发行人证券的市场价格有重大影响的尚未公开的信息，为内幕信息。

本法第八十条第二款、第八十一条第二款所列重大事件属于内幕信息。

……

第八十条 发生可能对上市公司、股票在国务院批准的其他全国性证券交易场所交易的公司的股票交易价格产生较大影响的重大事件，投资者尚未得知时，公司应当立即将有关该重大事件的情况向国务院证券监督管理机构和证券交易场所报送临时报告，并予公告，说明事件的起因、目前的状态和可能产生的法律后果。

前款所称重大事件包括：

（一）公司的经营方针和经营范围的重大变化；

（二）公司的重大投资行为，公司在一年内购买、出售重大资产超过公司资产总额百分之三十，或者公司营业用主要资产的抵押、质押、出售或者报废一次超过该资产的百分之三十；

（三）公司订立重要合同、提供重大担保或者从事关联交易，可能对公司的资产、负债、权益和经营成果产生重要影响；

（四）公司发生重大债务和未能清偿到期重大债务的违约情况；

（五）公司发生重大亏损或者重大损失；

（六）公司生产经营的外部条件发生的重大变化；

（七）公司的董事、三分之一以上监事或者经理发生变动，董事长或者经理无法履行职责；

（八）持有公司百分之五以上股份的股东或者实际控制人持有股份或者控制公司的情况发生较大变化，公司的实际控制人及其控制的其他企业从事与公司相同或者相似业务的情况发生较大变化；

（九）公司分配股利、增资的计划，公司股权结构的重要变化，公司减资、合并、分立、解散及申请破产的决定，或者依法进入破产程序、被责令关闭；

（十）涉及公司的重大诉讼、仲裁，股东大会、董事会决议被依法撤销或者宣告无效；

（十一）公司涉嫌犯罪被依法立案调查，公司的控股股东、实际控制人、董事、监事、高级管理人员涉嫌犯罪被依法采取强制措施；

（十二）国务院证券监督管理机构规定的其他事项。

公司的控股股东或者实际控制人对重大事件的发生、进展产生较大影响的，应当及时将其知悉的有关情况书面告知公司，并配合公司履行信息披露义务。

第八十一条 发生可能对上市交易公司债券的交易价格产生较大影响的重大事件，投资者尚未得知时，公司应当立即将有关重大事件的情况向国务院证券监督管理机构和证券交易场所报送临时报告，并予公告，说明事件的起因、目前的状态和可能产生的法律后果。

前款所称重大事件包括：

（一）公司股权结构或者生产经营状况发生重大变化；

（二）公司债券信用评级发生变化；

（三）公司重大资产抵押、质押、出售、转让、报废；

（四）公司发生未能清偿到期债务的情况；

（五）公司新增借款或者对外提供担保超过上年末净资产的百分之二十；

（六）公司放弃债权或者财产超过上年末净资产的百分之十；

（七）公司发生超过上年末净资产百分之十的重大损失；

（八）公司分配股利，作出减资、合并、分立、解散及申请破产的决定，或者依法进入破产程序、被责令关闭；

（九）涉及公司的重大诉讼、仲裁；

（十）公司涉嫌犯罪被依法立案调查，公司的控股股东、实际控制人、董事、监事、高级管理人员涉嫌犯罪被依法采取强制措施；

（十一）国务院证券监督管理机构规定的其他事项。

▲2017年3月1日修订后的《期货交易管理条例》：

第八十一条 （十一）内幕信息，是指可能对期货交易价格产生重大影响的尚未公开的信息，包括：国务院期货监督管理机构以及其他相关部门制定的对期货交易价格可能发生重大影响的政策，期货交易所作出的可能对期货交易价格发生重大影响的决定，期货交易所会员、客户的资金和交易动向以及国务院期货监督管理机构认定的对期货交易价格有显著影响的其他重要信息。

（十二）内幕信息的知情人员，是指由于其管理地位、监督地位或者职业地位，或者作为雇员、专业顾问履行职务，能够接触或者获得内幕信息的人员，包括：期货交易所的管理人员以及其他由于任职可获取内幕信息的从业人员，国务院期货监督管理机构和其他有关部门的工作人员以及国务院期货监督管理机构规定的其他人员。

▲2012年6月1日最高人民法院、最高人民检察院《关于办理内幕交易、泄露内幕交易信息刑事案件具体应用法律若干问题的解释》：

为维护证券、期货市场管理秩序，依法惩治证券、期货犯罪，根据刑法有关规定，现就办理内幕交易、泄露内幕信息刑事案件具体应用法律的若干问题解释如下：

第一条 下列人员应当认定为刑法第一百八十条第一款规定的"证券、期货交易内幕信息的知情人员"：

（一）证券法第七十四条规定的人员；

（二）期货交易管理条例第八十五条第十二项规定的人员。（2016年《期货交易管理条例》修正为第八十一条第十二项）

第二条 具有下列行为的人员应当认定为刑法第一百八十条第一款规定的"非法获取证券、期货交易内幕信息的人员"：

（一）利用窃取、骗取、套取、窃听、利诱、刺探或者私下交易等手段获取内幕信息的；

（二）内幕信息知情人员的近亲属或者其他与内幕信息知情人员关系密切的人员，在内幕信息敏感期内，从事或者明示、暗示他人从事，或者泄露内幕信息导致他人从事与该内幕信息有关的证券、期货交易，相关交易行为明显异常，且无正当理由或者正当信息来源的；

（三）在内幕信息敏感期内，与内幕信息知情人员联络、接触，从事或者明示、暗示他人从事，或者泄露内幕信息导致他人从事与该内幕信息有关的证券、期货交易，相关交易行为明显异常，且无正当理由或者正当信息来源的。

第三条 本解释第二条第二项、第三项规定的"相关交易行为明显异常"，要综合以下情形，从时间吻合程度、交易背离程度和利益关联程度等方面予以认定：

（一）开户、销户、激活资金账户或者指定交易（托管）、撤销指定交易（转托管）的时间与该内幕信息形成、变化、公开时间基本一致的；

（二）资金变化与该内幕信息形成、变化、公开时间基本一致的；

（三）买入或者卖出与内幕信息有关的证券、期货合约时间与内幕信息的形成、变化和公开时间基本一致的；

（四）买入或者卖出与内幕信息有关的证券、期货合约时间与获悉内幕信息的时间基本一致的；

（五）买入或者卖出证券、期货合约行为明显与平时交易习惯不同的；

（六）买入或者卖出证券、期货合约行为，或者集中持有证券、期货合约行为与该证券、期货公开信息反映的基本面明显背离的；

（七）账户交易资金进出与该内幕信息知情人员或者非法获取人员有关联或者利害关系的；

（八）其他交易行为明显异常情形。

第四条 具有下列情形之一的，不属于刑法第一百八十条第一款规定的从事与内幕信息有关的证券、期货交易：

（一）持有或者通过协议、其他安排与他人共同持有上市公司百分之五以上股份的自然人、法人或者其他组织收购该上市公司股份的；

（二）按照事先订立的书面合同、指令、计划从事相关证券、期货交易的；

（三）依据已被他人披露的信息而交易的；

（四）交易具有其他正当理由或者正当信息来源的。

第五条 本解释所称"内幕信息敏感期"是指内幕信息自形成至公开的期间。

证券法第六十七条第二款所列"重大事件"的发生时间,第七十五条规定的"计划"、"方案"以及期货交易管理条例第八十五条第十一项规定的"政策"、"决定"等的形成时间,应当认定为内幕信息的形成之时。

影响内幕信息形成的动议、筹划、决策或者执行人员,其动议、筹划、决策或者执行初始时间,应当认定为内幕信息的形成之时。

内幕信息的公开,是指内幕信息在国务院证券、期货监督管理机构指定的报刊、网站等媒体披露。

第六条 在内幕信息敏感期内从事或者明示、暗示他人从事或者泄露内幕信息导致他人从事与该内幕信息有关的证券、期货交易,具有下列情形之一的,应当认定为刑法第一百八十条第一款规定的"情节严重":

(一)证券交易成交额在五十万元以上的;
(二)期货交易占用保证金数额在三十万元以上的;
(三)获利或者避免损失数额在十五万元以上的;
(四)三次以上的;
(五)具有其他严重情节的。

第七条 在内幕信息敏感期内从事或者明示、暗示他人从事或者泄露内幕信息导致他人从事与该内幕信息有关的证券、期货交易,具有下列情形之一的,应当认定为刑法第一百八十条第一款规定的"情节特别严重":

(一)证券交易成交额在二百五十万元以上的;
(二)期货交易占用保证金数额在一百五十万元以上的;
(三)获利或者避免损失数额在七十五万元以上的;
(四)具有其他特别严重情节的。

第八条 二次以上实施内幕交易或者泄露内幕信息行为,未经行政处理或者刑事处理的,应当对相关交易数额依法累计计算。

第九条 同一案件中,成交额、占用保证金额、获利或者避免损失额分别构成情节严重、情节特别严重的,按照处罚较重的数额定罪处罚。

构成共同犯罪的,按照共同犯罪行为人的成交总额、占用保证金总额、获利或者避免损失总额定罪处罚,但判处各被告人罚金的总额应掌握在获利或者避免损失总额的一倍以上五倍以下。

第十条 刑法第一百八十条第一款规定的"违法所得",是指通过内幕交易行为所获利益或者避免的损失。

内幕信息的泄露人员或者内幕交易的明示、暗示人员未实际从事内幕交易的,其罚金数额按照因泄露而获悉内幕信息人员或者被明示、暗示人员从事内幕交易的违法所得计算。

第十一条 单位实施刑法第一百八十条第一款规定的行为,具有本解释第六条规定情形之一的,按照刑法第一百八十条第二款的规定定罪处罚。

▲2019 年 7 月 1 日最高人民法院、最高人民检察院《**关于办理利用未公开信息交易刑事案件适用法律若干问题的解释**》:

为依法惩治证券、期货犯罪，维护证券、期货市场管理秩序，促进证券、期货市场稳定健康发展，保护投资者合法权益，根据《中华人民共和国刑法》《中华人民共和国刑事诉讼法》的规定，现就办理利用未公开信息交易刑事案件适用法律的若干问题解释如下：

第一条 刑法第一百八十条第四款规定的"内幕信息以外的其他未公开的信息"，包括下列信息：

（一）证券、期货的投资决策、交易执行信息；

（二）证券持仓数量及变化、资金数量及变化、交易动向信息；

（三）其他可能影响证券、期货交易活动的信息。

第二条 内幕信息以外的其他未公开的信息难以认定的，司法机关可以在有关行政主（监）管部门的认定意见的基础上，根据案件事实和法律规定作出认定。

第三条 刑法第一百八十条第四款规定的"违反规定"，是指违反法律、行政法规、部门规章、全国性行业规范有关证券、期货未公开信息保护的规定，以及行为人所在的金融机构有关信息保密、禁止交易、禁止利益输送等规定。

第四条 刑法第一百八十条第四款规定的行为人"明示、暗示他人从事相关交易活动"，应当综合以下方面进行认定：

（一）行为人具有获取未公开信息的职务便利；

（二）行为人获取未公开信息的初始时间与他人从事相关交易活动的初始时间具有关联性；

（三）行为人与他人之间具有亲友关系、利益关联、交易终端关联等关联关系；

（四）他人从事相关交易的证券、期货品种、交易时间与未公开信息所涉证券、期货品种、交易时间等方面基本一致；

（五）他人从事的相关交易活动明显不具有符合交易习惯、专业判断等正当理由；

（六）行为人对明示、暗示他人从事相关交易活动没有合理解释。

第五条 利用未公开信息交易，具有下列情形之一的，应当认定为刑法第一百八十条第四款规定的"情节严重"：

（一）违法所得数额在一百万元以上的；

（二）二年内三次以上利用未公开信息交易的；

（三）明示、暗示三人以上从事相关交易活动的。

第六条 利用未公开信息交易，违法所得数额在五十万元以上，或者证券交易成交额在五百万元以上，或者期货交易占用保证金数额在一百万元以上，具有下列情形之一的，应当认定为刑法第一百八十条第四款规定的"情节严重"：

（一）以出售或者变相出售未公开信息等方式，明示、暗示他人从事相关交易活动的；

（二）因证券、期货犯罪行为受过刑事追究的；

（三）二年内因证券、期货违法行为受过行政处罚的；

（四）造成恶劣社会影响或者其他严重后果的。

第七条　刑法第一百八十条第四款规定的"依照第一款的规定处罚",包括该条第一款关于"情节特别严重"的规定。

利用未公开信息交易,违法所得数额在一千万元以上的,应当认定为"情节特别严重"。

违法所得数额在五百万元以上,或者证券交易成交额在五千万元以上,或者期货交易占用保证金数额在一千万元以上,具有本解释第六条规定的四种情形之一的,应当认定为"情节特别严重"。

第八条　二次以上利用未公开信息交易,依法应予行政处理或者刑事处理而未经处理的,相关交易数额或者违法所得数额累计计算。

第九条　本解释所称"违法所得",是指行为人利用未公开信息从事与该信息相关的证券、期货交易活动所获利益或者避免的损失。

行为人明示、暗示他人利用未公开信息从事相关交易活动,被明示、暗示人员从事相关交易活动所获利益或者避免的损失,应当认定为"违法所得"。

第十条　行为人未实际从事与未公开信息相关的证券、期货交易活动的,其罚金数额按照被明示、暗示人员从事相关交易活动的违法所得计算。

第十一条　符合本解释第五条、第六条规定的标准,行为人如实供述犯罪事实,认罪悔罪,并积极配合调查,退缴违法所得的,可以从轻处罚;其中犯罪情节轻微的,可以依法不起诉或者免予刑事处罚。

符合刑事诉讼法规定的认罪认罚从宽适用范围和条件的,依照刑事诉讼法的规定处理。

第十二条　本解释自 2019 年 7 月 1 日起施行。

注:《证券法》《期货交易管理条例》《关于办理内幕交易、泄露内幕交易信息刑事案件具体应用法律若干问题的解释》的相关规定虽未对本罪做出直接解释,但对于理解本罪"未公开的信息"范围具有参考意义。

第一百八十一条第二款　【诱骗投资者买卖证券、期货合约罪】证券交易所、期货交易所、证券公司、期货经纪公司的从业人员,证券业协会、期货业协会或者证券期货监督管理部门的工作人员,故意提供虚假信息或者伪造、变造、销毁交易记录,诱骗投资者买卖证券、期货合约,造成严重后果的,处五年以下有期徒刑或者拘役,并处或者单处一万元以上十万元以下罚金;情节特别恶劣的,处五年以上十年以下有期徒刑,并处二万元以上二十万元以下罚金。

单位犯前两款罪的,对单位判处罚金,并对其直接负责的主管人员和其他直接责任人员,处五年以下有期徒刑或者拘役。

一、立法修正

1999 年 12 月 25 日全国人大常委会《中华人民共和国刑法修正案》第五条在本罪中增设了期货交易犯罪的规定。

二、立案标准

2010年5月7日最高人民检察院、公安部《关于公安机关管辖的刑事案件立案追诉标准的规定(二)》：

第三十八条　证券交易所、期货交易所、证券公司、期货公司的从业人员，证券业协会、期货业协会或者证券期货监督管理部门的工作人员，故意提供虚假信息或者伪造、变造、销毁交易记录，诱骗投资者买卖证券、期货合约，涉嫌下列情形之一的，应予立案追诉：

（一）获利或者避免损失数额累计在五万元以上的；

（二）造成投资者直接经济损失数额在五万元以上的；

（三）致使交易价格和交易量异常波动的；

（四）其他造成严重后果的情形。

第一百八十三条　【职务侵占罪】保险公司的工作人员利用职务上的便利，故意编造未曾发生的保险事故进行虚假理赔，骗取保险金归自己所有的，依照本法第二百七十一条的规定定罪处罚。

【贪污罪】国有保险公司工作人员和国有保险公司委派到非国有保险公司从事公务的人员有前款行为的，依照本法第三百八十二条、第三百八十三条的规定定罪处罚。

第一百八十四条　【非国家工作人员受贿罪】银行或者其他金融机构的工作人员在金融业务活动中索取他人财物或者非法收受他人财物，为他人谋取利益的，或者违反国家规定，收受各种名义的回扣、手续费，归个人所有的，依照本法第一百六十三条的规定定罪处罚。

【受贿罪】国有金融机构工作人员和国有金融机构委派到非国有金融机构从事公务的人员有前款行为的，依照本法第三百八十五条、第三百八十六条的规定定罪处罚。

第一百八十五条　【挪用资金罪】商业银行、证券交易所、期货交易所、证券公司、期货经纪公司、保险公司或者其他金融机构的工作人员利用职务上的便利，挪用本单位或者客户资金的，依照本法第二百七十二条的规定定罪处罚。

【挪用公款罪】国有商业银行、证券交易所、期货交易所、证券公司、期货经纪公司、保险公司或者其他国有金融机构的工作人员和国有商业银行、证券交易所、期货交易所、证券公司、期货经纪公司、保险公司或者其他国有金融机构委派到前款规定中的非国有机构从事公务的人员有前款行为的，依照本法第三百八十四条的规定定罪处罚。

第四部分　职务犯罪案件查处的刑法规范与法律解释　　477

> 本条为 1999 年 12 月 25 日全国人大常委会《中华人民共和国刑法修正案》第七条修订。原条文为："银行或者其他金融机构的工作人员利用职务上的便利,挪用本单位或者客户资金的,依照本法第二百七十二条的规定定罪处罚。"

第一百八十五条之一　【背信运用受托财产罪】商业银行、证券交易所、期货交易所、证券公司、期货经纪公司、保险公司或者其他金融机构,违背受托义务,擅自运用客户资金或者其他委托、信托的财产,情节严重的,对单位判处罚金,并对其直接负责的主管人员和其他直接责任人员,处三年以下有期徒刑或者拘役,并处三万元以上三十万元以下罚金;情节特别严重的,处三年以上十年以下有期徒刑,并处五万元以上五十万元以下罚金。

【违法运用资金罪】社会保障基金管理机构、住房公积金管理机构等公众资金管理机构,以及保险公司、保险资产管理公司、证券投资基金管理公司,违反国家规定运用资金的,对其直接负责的主管人员和其他直接责任人员,依照前款的规定处罚。

> 一、立法修正
> 本条根据 2006 年 6 月 29 日全国人大常委会《中华人民共和国刑法修正案(六)》第十二条增设。
> 二、立法草案说明
> ▲2005 年 12 月 24 日全国人大常委会法制工作委员会《关于〈中华人民共和国刑法修正案(六)〉(草案)的说明》:
> 一、关于破坏金融管理秩序的犯罪
> 3. 刑法第一百八十五条对商业银行和其他金融机构的工作人员利用职务上的便利,挪用本单位或者客户资金的犯罪及刑事责任作了规定。有关部门提出,有些金融机构挪用客户资金的行为并不是其工作人员个人的行为,而是由单位决定实施的;对情节严重的,也应当追究刑事责任。有些部门提出,负责经营、管理保险资金、社会保障基金、住房公积金等公众资金的单位,违反国家规定运用资金的,将会严重影响公众资金的安全,影响社会稳定,对情节严重的,应当追究刑事责任。法制工作委员会经同有关部门研究,拟在刑法中增加规定:对商业银行、证券公司、期货经纪公司、保险公司等金融机构,违背受托义务,擅自运用客户资金以及其他委托或者信托财产,情节严重的,追究刑事责任;对保险公司、保险资产管理公司、证券投资基金管理公司、社会保障基金管理机构、住房公积金管理机构等公众资金经营、管理机构,违反国家规定运用资金,情节严重的,追究刑事责任。
> 三、立案标准
> ▲2010 年 5 月 7 日最高人民检察院、公安部《关于公安机关管辖的刑事案件立案追诉标准的规定(二)》:
> 第四十条　商业银行、证券交易所、期货交易所、证券公司、期货公司、保险公司或

者其他金融机构，违背受托义务，擅自运用客户资金或者其他委托、信托的财产，涉嫌下列情形之一的，应予立案追诉：

（一）擅自运用客户资金或者其他委托、信托的财产数额在三十万元以上的；

（二）虽未达到上述数额标准，但多次擅自运用客户资金或者其他委托、信托的财产，或者擅自运用多个客户资金或者其他委托、信托的财产的；

（三）其他情节严重的情形。

第四十一条　社会保障基金管理机构、住房公积金管理机构等公众资金管理机构，以及保险公司、保险资产管理公司、证券投资基金管理公司，违反国家规定运用资金，涉嫌下列情形之一的，应予立案追诉：

（一）违反国家规定运用资金数额在三十万元以上的；

（二）虽未达到上述数额标准，但多次违反国家规定运用资金的；

（三）其他情节严重的情形。

第一百八十六条　【违法发放贷款罪】银行或者其他金融机构的工作人员违反国家规定发放贷款，数额巨大或者造成重大损失的，处五年以下有期徒刑或者拘役，并处一万元以上十万元以下罚金；数额特别巨大或者造成特别重大损失的，处五年以上有期徒刑，并处二万元以上二十万元以下罚金。

银行或者其他金融机构的工作人员违反国家规定，向关系人发放贷款的，依照前款的规定从重处罚。

单位犯前两款罪的，对单位判处罚金，并对其直接负责的主管人员和其他直接责任人员，依照前两款的规定处罚。

关系人的范围，依照《中华人民共和国商业银行法》和有关金融法规确定。

一、立法修正

本条第一款、第二款根据2006年6月29日全国人大常委会《中华人民共和国刑法修正案（六）》第十三条修订。

原条文第一款、第二款为："银行或者其他金融机构的工作人员违反法律、行政法规规定，向关系人发放信用贷款或者发放担保贷款的条件优于其他借款人同类贷款的条件，造成较大损失的，处五年以下有期徒刑或者拘役，并处一万元以上十万元以下罚金；造成重大损失的，处五年以上有期徒刑，并处二万元以上二十万元以下罚金。

银行或者其他金融机构的工作人员违反法律、行政法规规定，向关系人以外的其他人发放贷款，造成重大损失的，处五年以下有期徒刑或者拘役，并处一万元以上十万元以下罚金；造成特别重大损失的，处五年以上有期徒刑，并处二万元以上二十万元以下罚金。"

二、立法草案说明

▲2005年12月24日全国人大常委会法制工作委员会《关于〈中华人民共和国刑法修正案（六）〉（草案）的说明》：

一、关于破坏金融管理秩序的犯罪

4.刑法第一百八十六条、第一百八十八条分别对银行或者其他金融机构的工作人员违法发放贷款、违反规定为他人出具信用证等金融票证，造成重大损失的行为，规定了刑事责任。司法机关和有关部门提出，在司法实践中，对如何认定违法发放贷款或非法出具金融票证的行为所造成的损失，较为困难；对这类违法行为，只要涉及的资金数额巨大或者有其他严重情节的，就应当追究刑事责任。法制工作委员会经同有关部门研究，拟将上述两条规定中的"造成重大损失"，分别修改为"数额巨大"或"情节严重"。

三、立案标准

▲2010年5月7日最高人民检察院、公安部《关于公安机关管辖的刑事案件立案追诉标准的规定(二)》：

第四十二条　银行或者其他金融机构及其工作人员违反国家规定发放贷款，涉嫌下列情形之一的，应予立案追诉：

(一)违法发放贷款，数额在一百万元以上的；

(二)违法发放贷款，造成直接经济损失数额在二十万元以上的。

四、客观要件的认定

▲2015年8月29日《中华人民共和国商业银行法》：

第四十条　商业银行不得向关系人发放信用贷款；向关系人发放担保贷款的条件不得优于其他借款人同类贷款的条件。

前款所称关系人是指：(一)商业银行的董事、监事、管理人员、信贷业务人员及其近亲属；(二)前项所列人员投资或者担任高级管理职务的公司、企业和其他经济组织。

▲2006年7月5日最高人民法院刑事审判第二庭《关于对银行工作人员违规票据贴现行为如何适用法律问题的函》：

根据我国法律规定，票据贴现属于贷款的一种类型。违规票据贴现行为是否构成违法发放贷款罪，应当根据案件事实和刑法规定综合评判加以认定。

第一百八十七条　【吸收客户资金不入账罪】银行或者其他金融机构的工作人员吸收客户资金不入帐，数额巨大或者造成重大损失的，处五年以下有期徒刑或者拘役，并处二万元以上二十万元以下罚金；数额特别巨大或者造成特别重大损失的，处五年以上有期徒刑，并处五万元以上五十万元以下罚金。

单位犯前款罪的，对单位判处罚金，并对其直接负责的主管人员和其他直接责任人员，依照前款的规定处罚。

一、立法修正

▲本条为2006年6月29日全国人大常委会《中华人民共和国刑法修正案(六)》第十四条修订。原条文为："银行或者其他金融机构的工作人员以牟利为目的，采取吸

收客户资金不入帐的方式,将资金用于非法拆借、发放贷款、造成重大损失的,处五年以下有期徒刑或者拘役,并处二万元以上二十万元以下罚金;造成特别重大损失的,处五年以上有期徒刑,并处五万元以上五十万元以下罚金。"

二、立法草案说明

▲2005年12月24日全国人大常委会法制工作委员会《关于〈中华人民共和国刑法修正案(六)〉(草案)的说明》:

一、关于破坏金融管理秩序的犯罪

5.刑法第一百八十七条对银行或者其他金融机构的工作人员以牟利为目的,采取吸收客户资金不入账的方式,将资金用于非法拆借、发放贷款,造成重大损失的行为,规定了刑事责任。有关部门提出,金融机构吸收客户资金不入账,破坏了金融管理秩序,危害金融安全,而监管机构却又难以监管,因此,对其中数额巨大的,应当追究刑事责任。法制工作委员会经同有关部门研究,拟对刑法第一百八十七条作相应修改:对金融机构工作人员吸收客户资金不入账,数额巨大的,追究刑事责任。

三、立案标准

▲2010年5月7日最高人民检察院、公安部《关于公安机关管辖的刑事案件立案追诉标准的规定(二)》:

第四十三条 银行或者其他金融机构及其工作人员吸收客户资金不入账,涉嫌下列情形之一的,应予立案追诉:

(一)吸收客户资金不入账,数额在一百万元以上的;

(二)吸收客户资金不入账,造成直接经济损失数额在二十万元以上的。

四、客观要件的认定

▲2001年1月21日最高人民法院《全国法院审理金融犯罪案件工作座谈会纪要》:

二、……吸收客户资金不入账,是指不记入金融机构的法定存款账目,以逃避国家金融监管,至于是否记入法定账目以外设立的账目,不影响该罪成立。

▲2010年12月13日最高人民检察院法律政策研究室《对〈关于征求吸收客户资金不入账犯罪法律适用问题的函〉的回复意见》:

保险费属于刑法第一晨八十七条规定的客户资金,保险公司及其工作人员收到保险费不入账,数额巨大或者造成重大损失的,应按吸收客户资金不入账罪追究刑事责任。

第一百八十八条 【违规出具金融票证罪】银行或者其他金融机构的工作人员违反规定,为他人出具信用证或者其他保函、票据、存单、资信证明,情节严重的,处五年以下有期徒刑或者拘役;情节特别严重的,处五年以上有期徒刑。

单位犯前款罪的,对单位判处罚金,并对其直接负责的主管人员和其他直接责任人员,依照前款的规定处罚。

一、立法修正

▲本条第一款为2006年6月29日全国人大常委会《中华人民共和国刑法修正案（六）》第十五条修订。原条文为："银行或者其他金融机构的工作人员违反规定，为他人出具信用证或者其他保函、票据、存单、资信证明，造成较大损失的，处五年以下有期徒刑或者拘役；造成重大损失的，处五年以上有期徒刑。"

注：请参阅《关于〈中华人民共和国刑法修正案（六）〉（草案）的说明》，见本书第477页。

二、立案标准

▲2010年5月7日最高人民检察院、公安部《关于公安机关管辖的刑事案件立案追诉标准的规定（二）》：

第四十四条 银行或者其他金融机构及其工作人员违反规定，为他人出具信用证或者其他保函、票据、存单、资信证明，涉嫌下列情形之一的，应予立案追诉：

（一）违反规定为他人出具信用证或者其他保函、票据、存单、资信证明，数额在一百万元以上的；

（二）违反规定为他人出具信用证或者其他保函、票据、存单、资信证明，造成直接经济损失数额在二十万元以上的；

（三）多次违规出具信用证或者其他保函、票据、存单、资信证明的；

（四）接受贿赂违规出具信用证或者其他保函、票据、存单、资信证明的；

（五）其他情节严重的情形。

三、客观要件的认定

2000年6月27日最高人民法院刑事审判第一庭《关于银行内部机构的工作人员以本部门与他人合办的公司为受益人开具信用证是否属于"为他人出具信用证"问题的复函》：

刑法第188条非法出具金融票证罪（罪名已被变更为违规出具金融票证罪——编者注）规定的"为他人出具信用证"中的"他人"，是指银行或者其他金融机构以外的个人或者单位。银行内部机构的工作人员以本部门与他人合办的公司为受益人，违反规定开具信用证，属于为他人非法出具信用证。

第一百八十九条 【对违法票据承兑、付款、保证罪】银行或者其他金融机构的工作人员在票据业务中，对违反票据法规定的票据予以承兑、付款或者保证，造成重大损失的，处五年以下有期徒刑或者拘役；造成特别重大损失的，处五年以上有期徒刑。

单位犯前款罪的，对单位判处罚金，并对其直接负责的主管人员和其他直接责任人员，依照前款的规定处罚。

立案标准

▲2010年5月7日最高人民检察院、公安部《关于公安机关管辖的刑事案件立案追诉标准的规定（二）》：

> **第四十五条** 银行或者其他金融机构及其工作人员在票据业务中,对违反票据法规定的票据予以承兑、付款或者保证,造成直接经济损失数额在二十万元以上的,应予立案追诉。

第八节 扰乱市场秩序罪

第二百二十八条 【非法转让、倒卖土地使用权罪】 以牟利为目的,违反土地管理法规,非法转让、倒卖土地使用权,情节严重的,处三年以下有期徒刑或者拘役,并处或者单处非法转让、倒卖土地使用权价额百分之五以上百分之二十以下罚金;情节特别严重的,处三年以上七年以下有期徒刑,并处非法转让、倒卖土地使用权价额百分之五以上百分之二十以下罚金。

> **一、立案标准**
> 2010年5月7日最高人民检察院、公安部《关于公安机关管辖的刑事案件立案追诉标准的规定(二)》:
> **第八十条** 以牟利为目的,违反土地管理法规,非法转让、倒卖土地使用权,涉嫌下列情形之一的,应予立案追诉:
> (一)非法转让、倒卖基本农田五亩以上的;
> (二)非法转让、倒卖基本农田以外的耕地十亩以上的;
> (三)非法转让、倒卖其他土地二十亩以上的;
> (四)违法所得数额在五十万元以上的;
> (五)虽未达到上述数额标准,但因非法转让、倒卖土地使用权受过行政处罚,又非法转让、倒卖土地的;
> (六)其他情节严重的情形。
> 注:2000年6月22日最高人民法院《关于审理破坏土地资源刑事案件具体应用法律若干问题的解释》第一条关于本罪成立的"情节严重"标准与立案追诉标准相同。
> **二、客观要件的认定**
> ▲2001年8月31日全国人大常委会《关于〈中华人民共和国刑法〉第二百二十八条、第三百四十二条、第四百一十条的解释》:
> **第一款** 刑法第二百二十八条、第三百四十二条、第四百一十条规定的"违反土地管理法规",是指违反土地管理法、森林法、草原法等法律以及有关行政法规中关于土地管理的规定。
> **三、刑罚的适用**
> ▲2000年6月22日最高人民法院《关于审理破坏土地资源刑事案件具体应用法律若干问题的解释》:
> **第二条** 实施第一条规定的行为,具有下列情形之一的,属于非法转让、倒卖土地使用权"情节特别严重":

（一）非法转让、倒卖基本农田十亩以上的；
（二）非法转让、倒卖基本农田以外的耕地二十亩以上的；
（三）非法转让、倒卖其他土地四十亩以上的；
（四）非法获利一百万元以上的；
（五）非法转让、倒卖土地接近上述数量标准并具有其他恶劣情节,如造成严重后果等。

第八条　单位犯非法转让、倒卖土地使用权罪、非法占用耕地罪的定罪量刑标准,依照本解释第一条、第二条、第三条的规定执行。

第九条　多次实施本解释规定的行为依法应当追诉的,或者一年内多次实施本解释规定的行为未经处理的,按照累计的数量、数额处罚。

第四章　侵犯公民人身权利、民主权利罪

第二百五十一条　【非法剥夺公民宗教信仰自由罪】【侵犯少数民族风俗习惯罪】国家机关工作人员非法剥夺公民的宗教信仰自由和侵犯少数民族风俗习惯,情节严重的,处二年以下有期徒刑或者拘役。

第二百五十三条第一款　【私自开拆、隐匿、毁弃邮件、电报罪】邮政工作人员私自开拆或者隐匿、毁弃邮件、电报的,处二年以下有期徒刑或者拘役。

第二百五十四条　【报复陷害罪】国家机关工作人员滥用职权、假公济私,对控告人、申诉人、批评人、举报人实行报复陷害的,处二年以下有期徒刑或者拘役;情节严重的,处二年以上七年以下有期徒刑。

立案标准

▲2006年7月26日最高人民检察院《关于渎职侵权犯罪案件立案标准的规定》：
二、国家机关工作人员利用职权实施的侵犯公民人身权利、民主权利犯罪案件
（六）报复陷害案(第254条)
……
涉嫌下列情形之一的,应予立案：
1.报复陷害,情节严重,导致控告人、申诉人、批评人、举报人或者其近亲属自杀、自残造成重伤、死亡,或者精神失常的;2.致使控告人、申诉人、批评人、举报人或者其近亲属的其他合法权利受到严重损害的;3.其他报复陷害应予追究刑事责任的情形。

第二百五十五条　【打击报复会计、统计人员罪】公司、企业、事业单位、机关、团体的领导人,对依法履行职责、抵制违反会计法、统计法行为的会计、统计人员实行打击报复,情节恶劣的,处三年以下有期徒刑或者拘役。

第二百五十六条　【破坏选举罪】在选举各级人民代表大会代表和国家机关领导人员时,以暴力、威胁、欺骗、贿赂、伪造选举文件、虚报选举票数等手段破坏选举或者妨害选民和代表自由行使选举权和被选举权,情节严重的,处三年以下有期徒

刑、拘役或者剥夺政治权利。

> **立案标准**
> ▲2006年7月26日最高人民检察院《关于渎职侵权犯罪案件立案标准的规定》：
> 二、国家机关工作人员利用职权实施的侵犯公民人身权利、民主权利犯罪案件
> (七)国家机关工作人员利用职权实施的破坏选举案(第256条)
> ……
> 国家机关工作人员利用职权破坏选举,涉嫌下列情形之一的,应予立案:1.以暴力、威胁、欺骗、贿赂等手段,妨害选民、各级人民代表大会代表自由行使选举权和被选举权,致使选举无法正常进行,或者选举无效,或者选举结果不真实的;2.以暴力破坏选举场所或者选举设备,致使选举无法正常进行的;3.伪造选民证、选票等选举文件,虚报选举票数,产生不真实的选举结果或者强行宣布合法选举无效、非法选举有效的;4.聚众冲击选举场所或者故意扰乱选举场所秩序,使选举工作无法进行的;5.其他情节严重的情形。

第五章　侵犯财产罪

第二百七十一条　【职务侵占罪】公司、企业或者其他单位的人员,利用职务上的便利,将本单位财物非法占为己有,数额较大的,处三年以下有期徒刑或者拘役,并处罚金;数额巨大的,处三年以上十年以下有期徒刑,并处罚金;数额特别巨大的,处十年以上有期徒刑或者无期徒刑,并处罚金。

【贪污罪】国有公司、企业或者其他国有单位中从事公务的人员和国有公司、企业或者其他国有单位委派到非国有公司、企业以及其他单位从事公务的人员有前款行为的,依照本法第三百八十二条、第三百八十三条的规定定罪处罚。

> 一、立法修正
> 本条根据《中华人民共和国刑法修正案(十一)》第二十九条修正,将原两档法定刑改为三档法定刑,并增设了罚金刑。
> 二、立案标准
> ▲2010年5月7日最高人民检察院、公安部《关于公安机关管辖的刑事案件立案追诉标准的规定(二)》：
> 第八十四条　公司、企业或者其他单位的人员,利用职务上的便利,将本单位财物非法占为己有,数额在五千元至一万元以上的,应予立案追诉。
> ▲2016年4月18日最高人民法院、最高人民检察院《关于办理贪污贿赂刑事案件适用法律若干问题的解释》：
> 第十一条第一款(见本书第456页)
> 三、主体要件的认定
> ▲1999年7月3日最高人民法院《关于村民小组组长利用职务便利非法占有公

共财物行为如何定性问题的批复》：

对村民小组组长利用职务上的便利，将村民小组集体财产非法占为己有，数额较大的行为，应当依照刑法第二百七十一条第一款的规定，以职务侵占罪定罪处罚。

▲1999年10月27日最高人民法院《全国法院维护农村稳定刑事审判工作座谈会纪要》：

三、……

（三）关于村委会和村党支部成员利用职务便利侵吞集体财产犯罪的定性问题

为了保证案件的及时审理，在没有司法解释规定之前，对于已起诉到法院的这类案件，原则上以职务侵占罪定罪处罚。（符合2000年4月29日全国人大常委会《关于〈中华人民共和国刑法〉第九十三条第二款的解释》之规定的，即属于协助乡镇人民政府、街道办事处从事行政管理工作的，应以贪污罪定罪处罚。）

▲2001年5月26日最高人民法院《关于在国有资本控股、参股的股份有限公司中从事管理工作的人员利用职务便利非法占有本公司财物如何定罪问题的批复》：

在国有资本控股、参股的股份有限公司中从事管理工作的人员，除受国家机关、国有公司、企业、事业单位委派从事公务的以外，不属于国家工作人员。对其利用职务上的便利，将本单位财物非法占为己有，数额较大的，应当依照刑法第二百七十一条第一款的规定，以职务侵占罪定罪处罚。

▲2005年8月11日最高人民法院《关于如何认定国有控股、参股股份有限公司中的国有公司、企业人员的解释》：

（见本书第457页）

▲2008年6月17日最高人民法院研究室《关于对通过虚假验资骗取工商营业执照的"三无"企事业能否成为职务侵占罪客体问题征求意见的复函》：

根据1999年7月3日施行的《最高人民法院关于审理单位犯罪案件具体应用法律若干问题的解释》第一条的规定，私营、独资等公司、企业、事业单位占有具有法人资格才属于我国刑法中所指单位，其财产权才能成为职务侵占罪的客体。也就是说，是否具有法人资格是私营、独资等公司、企业、事业单位成为我国刑法中"单位"的关键。行为人通过虚假验资骗取工商营业执照成立的企业，即便为"三无"企业，只要具有法人资格，并且不是为进行违法犯罪活动而设立的公司、企业、事业单位，或公司、企业、事业单位设立后，不是以实施犯罪为主要活动的，能够成为《刑法》第271条第1款规定的"公司、企业或者其他单位"。这些单位中的人员，利用职务上的便利，将单位财物非法占为己有，数额较大的，构成职务侵占罪。

▲2010年11月26日最高人民法院、最高人民检察院《关于办理国家出资企业中职务犯罪案件具体应用法律若干问题的意见》：

一、关于国家出资企业工作人员在改制过程中隐匿公司、企业财产归个人持股的改制后公司、企业所有的行为的处理

国家工作人员或者受国家机关、国有公司、企业、事业单位、人民团体委托管理、经营国有财产的人员利用职务上的便利，在国家出资企业改制过程中故意通过低估资产、

隐瞒债权、虚设债务、虚构产权交易等方式隐匿公司、企业财产，转为本人持有股份的改制后公司、企业所有，应当依法追究刑事责任，依照刑法第三百八十二条、第三百八十三条的规定，以贪污罪定罪处罚……

第一款规定以外的人员实施该款行为的，依照刑法第二百七十一条的规定，以职务侵占罪定罪处罚；第一款规定以外的人员与第一款规定的人员共同实施该款行为的，以贪污罪的共犯论处。

▲2011年2月15日最高人民法院研究室《关于个人独资企业员工能否成为职务侵占罪主体问题的复函》：

刑法第二百七十一条第一款规定中的"单位"，包括"个人独资企业"。主要理由是：刑法第三十条规定的单位犯罪的"单位"与刑法第二百七十一条第一款职务犯罪的单位概念不尽一致，前者是指作为犯罪主体应当追究刑事责任的"单位"，后者是指财产被侵害需要刑法保护的"单位"，责任追究针对的是"单位"中的个人。有关司法解释之所以规定，不具有法人资格的独资企业不能成为单位犯罪的主体，主要是考虑此类企业因无独立财产、个人与企业行为的界限难以区分；不具有独立承担刑事责任的能力。刑法第二百七十一条第一款立法的目的基于保护单位财产，惩处单位内部工作人员利用职务便利，侵占单位财产的行为，因此该款规定的"单位"应当也包括独资企业。

四、客观要件的认定

▲2005年12月1日全国人大常委会法工委《关于公司人员利用职务上的便利采取欺骗等手段非法占有股东股权的行为如何定性处理的批复的意见》：

据刑法第九十二条的规定，股份属于财产。采用各种非法手段侵吞、占有他人依法享有的股份，构成犯罪的，适用刑法有关非法侵犯他人财产的犯罪规定。

五、共犯的认定

▲2000年7月8日最高人民法院《关于审理贪污、职务侵占案件如何认定共同犯罪几个问题的解释》：

第二条 行为人与公司、企业或者其他单位的人员勾结，利用公司、企业或者其他单位人员的职务便利，共同将该单位财物非法占为己有，数额较大的，以职务侵占罪共犯论处。

第三条 公司、企业或者其他单位中，不具有国家工作人员身份的人与国家工作人员勾结，分别利用各自的职务便利，共同将本单位财物非法占为己有的，按照主犯的犯罪性质定罪。

注：关于共犯的认定，亦请参阅《刑法》部分第三百八十二条对应标题下相关内容，见本书第504~505页。

延伸阅读：

▲孙军工：《关于审理贪污、职务侵占案件如何认定共同犯罪几个问题的解释》的理解与适用（节选）

一、关于利用国家工作人员的职务便利共同侵吞、窃取、骗取或者以其他手段非法占有公共财物以贪污罪的共犯论处问题

根据刑法第三百八十二条第三款，与国家工作人员和受委托管理、经营国有财产

的人员勾结，伙同贪污的，以共犯论处的规定，《解释》（《关于审理贪污、职务侵占案件如何认定共同犯罪几个问题的解释》）第一条规定："行为人与国家工作人员勾结，利用国家工作人员的职务便利，共同侵吞、窃取、骗取或者以其他手段非法占有公共财物的，以贪污罪共犯论处。"需要注意的是，《解释》中虽然只规定与国家工作人员共同贪污的情况，但不能据此得出只有与"国家工作人员"共同贪污的，才能认定为贪污共犯。《解释》这样规定只是为了表述上简明而已，实际的含义应当理解为：行为人与贪污罪的主体共同非法占有公共财物的，均以贪污罪共犯论处。也就是说，行为人与受委托管理、经营国有财产人员勾结，利用受委托管理、经营国有财产的人员的职务便利，共同侵吞、窃取、骗取或者以其他手段非法占有公共财物的，也要以贪污罪共犯论处。

二、关于利用公司、企业或者其他单位人员的职务便利共同非法占有该单位财物，数额较大的，以职务侵占罪的共犯论处问题

根据刑法第九十三条第二款、第三百八十二条第二款和第二百七十一条第二款的规定，刑法意义上的公司、企业或者其他单位人员，可分三类：第一类是以"国家工作人员"论的人员；第二类是受委托、管理、经营国有财产的人员；第三类既不属于"国家工作人员"，也不是受委托管理、经营国有财产的人员。前两类人员是贪污罪的主体，后一类是职务侵占罪的主体。《解释》第二条提到的"公司、企业或者其他单位的人员"，实际上是指刑法第二百七十一条第一款规定的职务侵占罪的主体，行为人与他们勾结，利用其职务便利，共同非法占有公司、企业或者其他单位财物的，以职务侵占罪共犯论处。

三、关于非国有公司、企业或者其他非国有单位中，非国家工作人员与国家工作人员勾结，分别利用各自的职务便利，共同将本单位财物非法占为己有的行为如何认定问题

对此，实践中有不同认识：

一种意见认为，应当依照刑法第三百八十二条和第二百七十一条第一款的规定，分别以贪污罪和职务侵占罪定罪处罚。主要理由是：刑法对贪污行为和职务侵占行为分别规定了相应的处罚，明确表明了两者的区别。因此，对于公司、企业或者其他单位中，非国家工作人员与国家工作人员分别利用了各自职务上的便利，共同将本单位财物非法占为己有，依照刑法的规定分别定罪处罚，能够体现罪、责、刑相适应的原则。

另一种意见认为，虽然可以依法对上述行为分别定罪处罚，但是由于贪污罪的法定刑较之职务侵占罪重，假设在这种共同犯罪中国家工作人员是从犯，非国家工作人员是主犯，如果分别定罪，就有可能出现对从犯量刑比主犯重的情况，将会违背刑法有关共同犯罪处罚的规定，导致主、从犯的量刑失衡，甚至对整个案件从轻处罚影响对此类犯罪行为的打击力度。根据刑法第三百八十二条第三款的规定，以贪污罪共犯定罪处罚既有充足的法律依据，又可避免出现上述问题。

笔者认为，上述两种意见都有一定道理，但也值得商榷。依法分别定罪固然可以最大程度地体现"罪、责、刑相适应"原则，但在有些具体案件中确实可能会出现不符

合刑法有关共同犯罪的处罚规定导致案件处理不能收到良好的社会效果。这种共同犯罪的特点在于，行为人分别利用各自的职务便利，共同将本单位财物非法占为己有。如果不加区分，一律以贪污罪共犯论处，则缺乏对公司、企业或者其他单位中非国家工作人员职务犯罪行为的刑罚评价，与立法本意也不完全吻合。因此，《解释》第三条规定，对这种共同犯罪形式，应当"按照主犯的犯罪性质定罪"。即如果国家工作人员是主犯的，对处于从犯地位的公司、企业或者其他单位中非国家工作人员，应当以贪污罪共犯定罪处罚；反之，则应当以职务侵占罪的共犯论处。

此外，对《解释》第三条中的"国家工作人员"也不能狭隘的理解，前文已有说明，不再赘述。

六、刑罚的适用

▲2003年5月14日最高人民法院、最高人民检察院《关于办理妨害预防、控制突发传染病疫情等灾害的刑事案件具体应用法律若干问题的解释》：

第十四条第一款 贪污、侵占用于预防、控制突发传染病疫情等灾害的款物或者挪用归个人使用，构成犯罪的，分别依照刑法第三百八十二条、第三百八十三条、第二百七十一条、第三百八十四条、第二百七十二条的规定，以贪污罪、侵占罪、挪用公款罪、挪用资金罪定罪，依法从重处罚。

▲2017年4月1日最高人民法院《关于常见犯罪的量刑指导意见》：

四、常见犯罪的量刑

（九）职务侵占罪

1. 构成职务侵占罪的，可以根据下列不同情形在相应的幅度内确定量刑起点：

(1)达到数额较大起点的，可以在二年以下有期徒刑、拘役幅度内确定量刑起点。

(2)达到数额巨大起点的，可以在五年至六年有期徒刑幅度内确定量刑起点。

2. 在量刑起点的基础上，可以根据职务侵占数额等其他影响犯罪构成的犯罪事实增加刑罚量，确定基准刑。

▲2016年4月18日最高人民法院、最高人民检察院《关于办理贪污贿赂刑事案件适用法律若干问题的解释》：

第十一条第一款（见本书第456页）

第二百七十二条 【挪用资金罪】公司、企业或者其他单位的工作人员，利用职务上的便利，挪用本单位资金归个人使用或者借贷给他人，数额较大、超过三个月未还的，或者虽未超过三个月，但数额较大、进行营利活动的，或者进行非法活动的，处三年以下有期徒刑或者拘役；挪用本单位资金数额巨大的，处三年以上七年以下有期徒刑；数额特别巨大的，处七年以上有期徒刑。

【挪用公款罪】国有公司、企业或者其他国有单位中从事公务的人员和国有公司、企业或者其他国有单位委派到非国有公司、企业以及其他单位从事公务的人员有前款行为的，依照本法第三百八十四条的规定定罪处罚。

有第一款行为，在提起公诉前将挪用的资金退还的，可以从轻或者减轻处罚。

其中,犯罪较轻的,可以减轻或者免除处罚。

一、立法修正

本条根据2020年12月26日全国人大常委会《刑法修正案(十一)》第三十条修订,此次修订,删除了第一款"数额较大不退还"的规定,同时增设了第三款从宽处罚规定。

二、立案标准

▲2010年5月7日最高人民检察院、公安部《关于公安机关管辖的刑事案件立案追诉标准的规定(二)》:

第八十五条 公司、企业或者其他单位的工作人员,利用职务上的便利,挪用本单位资金归个人使用或者借贷给他人,涉嫌下列情形之一的,应予立案追诉:

(一)挪用本单位资金数额在一万元至三万元以上,超过三个月未还的;

(二)挪用本单位资金数额在一万元至三万元以上,进行营利活动的;

(三)挪用本单位资金数额在五千元至二万元以上,进行非法活动的。

具有下列情形之一的,属于本条规定的"归个人使用":

(一)将本单位资金供本人、亲友或者其他自然人使用的;

(二)以个人名义将本单位资金供其他单位使用的;

(三)个人决定以单位名义将本单位资金供其他单位使用,谋取个人利益的。

▲2016年4月18日最高人民法院、最高人民检察院《关于办理贪污贿赂刑事案件适用法律若干问题的解释》:

第十一条第二款 刑法第二百七十二条规定的挪用资金罪的"数额较大""数额巨大"以及"进行非法活动"情形的数额起点,按照本解释关于挪用公款罪"数额较大"、"情节严重"以及"进行非法活动"的数额标准规定的2倍执行。(根据该司法解释,挪用资金超过三个月未还或虽未超过三个月但进行营利活动的,入罪数额标准为10万元以上;挪用资金进行非法活动的,入罪数额标准为6万元以上)

三、主体要件的认定

▲2000年2月24日最高人民法院《关于对受委托管理、经营国有财产人员挪用国有资金行为如何定罪问题的批复》:

对于受国家机关、国有公司、企业、事业单位、人民团体委托,管理、经营国有财产的非国家工作人员,利用职务上的便利,挪用国有资金归个人使用构成犯罪的,应当依照刑法第二百七十二条第一款的规定定罪处罚。

▲2000年10月9日最高人民检察院《关于挪用尚未注册成立公司资金的行为适用法律问题的批复》:

筹建公司的工作人员在公司登记注册前,利用职务上的便利,挪用准备设立的公司在银行开设的临时账户上的资金,归个人使用或者借贷给他人,数额较大、超过三个月未还的,或者虽未超过三个月,但数额较大、进行营利活动的,或者进行非法活动的,应当根据刑法第二百七十二条的规定,追究刑事责任。

四、客观要件的认定

▲2000年7月27日最高人民法院《关于如何理解刑法第二百七十二条规定的"挪用本单位资金归个人使用或者借贷给他人"问题的批复》：

公司、企业或者其他单位的非国家工作人员，利用职务上的便利，挪用本单位资金归本人或者其他自然人使用，或者挪用人以个人名义将所挪用的资金借给其他自然人和单位，构成犯罪的，应当依照刑法第二百七十二条第一款的规定定罪处罚。

▲2001年4月26日公安部《关于村民小组组长以本组资金为他人担保如何定性处理问题的批复》：

村民小组组长利用职务上的便利，擅自将村民小组的集体财产为他人担保贷款，并以集体财产承担担保责任的，属于挪用本单位资金归个人使用的行为。构成犯罪的，应当依照刑法第二百七十二条第一款的规定，以挪用资金罪追究行为人的刑事责任。

▲2004年9月8日全国人大常委会法制工作委员会刑法室《关于挪用资金罪有关问题的答复》：

刑法第二百七十二条规定的挪用资金罪中的"归个人使用"与刑法第三百八十四条规定的挪用公款罪中的"归个人使用"的含义基本相同。1997年修改刑法时，针对当时挪用资金中比较突出的情况，在规定"归个人使用"时的同时，进一步明确了"借贷给他人"属于挪用资金罪的一种表现形式。

延伸阅读：

▲苗有水：贪污贿赂刑事司法解释具体问题解读（节选）

十八、如何把握挪用资金罪的定罪量刑标准

《解释》第十一条第二款规定了挪用资金罪的定罪量刑标准。由于条文表述过于简略，可能导致误解。需要注意的要点有：

1. 挪用资金"数额较大"的标准是10万元，挪用资金"进行非法活动"的起刑点是6万元。

2. 挪用资金的"数额巨大"不能与挪用公款的"数额巨大"相比较而应当与挪用公款的"情节严重"相比较。挪用资金的"数额巨大"，一般情况是以400万元为标准，进行非法活动的"数额巨大"是以200万元为标准。

3. 挪用资金"数额较大不退还"与挪用公款中的"情节严重不退还"相比较，一般以200万元为标准，进行非法活动的以100万元为标准。

五、刑罚的适用

▲2016年4月18日最高人民法院、最高人民检察院《关于办理贪污贿赂刑事案件适用法律若干问题的解释》：

第十一条第二款（见本书第489页）

注：关于本罪犯罪对象的认定，请参阅《关于挪用退休职工社会养老金行为如何适用法律问题的复函》，见本书第491~492页；关于本罪客观行为的认定，请参阅《关于办理国家出资企业中职务犯罪案件具体应用法律若干问题的意见》，见本书第503页；关于本罪刑罚的适用，亦请参阅《关于办理妨害预防、控制突发传染病疫情等灾害的刑事案件具体应用法律若干问题的解释》，见本书第488页。

第二百七十三条 【挪用特定款物罪】挪用用于救灾、抢险、防汛、优抚、扶贫、移民、救济款物，情节严重，致使国家和人民群众利益遭受重大损害的，对直接责任人员，处三年以下有期徒刑或者拘役；情节特别严重的，处三年以上七年以下有期徒刑。

一、立案标准
▲2010 年 5 月 7 日最高人民检察院、公安部《关于公安机关管辖的刑事案件立案追诉标准的规定（二）》：

第八十六条　挪用用于救灾、抢险、防汛、优抚、扶贫、移民、救济款物，涉嫌下列情形之一的，应予立案追诉：

（一）挪用特定款物数额在五千元以上的；
（二）造成国家和人民群众直接经济损失数额在五万元以上的；
（三）虽未达到上述数额标准，但多次挪用特定款物的，或者造成人民群众的生产、生活严重困难的；
（四）严重损害国家声誉，或者造成恶劣社会影响的；
（五）其他致使国家和人民群众利益遭受重大损害的情形。

二、犯罪对象的认定
▲2003 年 1 月 30 日最高人民检察院《关于挪用失业保险基金和下岗职工基本生活保障资金的行为适用法律问题的批复》：

挪用失业保险基金和下岗职工基本生活保障资金属于挪用救济款物。挪用失业保险基金和下岗职工基本生活保障资金，情节严重，致使国家和人民群众利益遭受重大损害的，对直接责任人员，应当依照刑法第二百七十三条的规定，以挪用特定款物罪追究刑事责任；国家工作人员利用职务上的便利，挪用失业保险基金和下岗职工基本生活保障资金归个人使用，构成犯罪的，应当依照刑法第三百八十四条的规定，以挪用公款罪追究刑事责任。

▲2003 年 2 月 24 日最高人民法院研究室《关于挪用民族贸易和民族用品生产贷款利益补贴行为如何定性问题的复函》：

中国人民银行给予中国农业银行发放民族贸易和民族用品生产贷款的利息补贴，不属于刑法第二百七十三条规定的特定款物。

▲2003 年 5 月 14 日最高人民法院、最高人民检察院《关于办理妨害预防、控制突发传染病疫情等灾害的刑事案件具体应用法律若干问题的解释》：

第十四条第二款　挪用用于预防、控制突发传染病疫情等灾害的救灾、优抚、救济等款物，构成犯罪的，对直接责任人员，依照刑法第二百七十三条的规定，以挪用特定款物罪定罪处罚。

▲2004 年 7 月 9 日最高人民法院研究室《关于挪用退休职工社会养老金行为如何适用法律问题的复函》：

退休职工养老保险金不属于我国刑法中的救灾、抢险、防汛、优抚、扶贫、移民、救济等特定款物的任何一种。因此，对于挪用退休职工养老保险金的行为，构成犯罪时，

> 不能以挪用特定款物罪追究刑事责任,而应当按照行为人身份的不同,分别以挪用资金罪或者挪用公款罪追究刑事责任。

第六章　妨害社会管理秩序罪

第一节　扰乱公共秩序罪

第三百零四条　【故意延误投递邮件罪】邮政工作人员严重不负责任,故意延误投递邮件,致使公共财产、国家和人民利益遭受重大损失的,处二年以下有期徒刑或者拘役。

> **立案标准**
>
> ▲2008年6月25日最高人民检察院、公安部《关于公安机关管辖的刑事案件立案追诉标准的规定(一)》:
>
> 第四十五条　邮政工作人员严重不负责任,故意延误投递邮件,涉嫌下列情形之一的,应予立案追诉:
>
> (一)造成直接经济损失二万元以上的;
>
> (二)延误高校录取通知书或者其他重要邮件投递,致使他人失去高校录取资格或者造成其他无法挽回的重大损失的;
>
> (三)严重损害国家声誉或者造成其他恶劣社会影响的;
>
> (四)其他致使公共财产、国家和人民利益遭受重大损失的情形。

第二节　妨害司法罪

第三百零八条之一　【泄露不应公开的案件信息罪】司法工作人员、辩护人、诉讼代理人或者其他诉讼参与人,泄露依法不公开审理的案件中不应当公开的信息,造成信息公开传播或者其他严重后果的,处三年以下有期徒刑、拘役或者管制,并处或者单处罚金。

有前款行为,泄露国家秘密的,依照本法第三百九十八条的规定定罪处罚。

【披露、报道不应公开的案件信息罪】公开披露、报道第一款规定的案件信息,情节严重的,依照第一款的规定处罚。

单位犯前款罪的,对单位判处罚金,并对其直接负责的主管人员和其他直接责任人员,依照第一款的规定处罚。

> 本条根据2015年11月1日全国人大常委会《中华人民共和国刑法修正案(九)》第三十六条增设。

第七章　危害国防利益罪

第三百七十四条 【接送不合格兵员罪】在征兵工作中徇私舞弊，接送不合格兵员，情节严重的，处三年以下有期徒刑或者拘役；造成特别严重后果的，处三年以上七年以下有期徒刑。

> **立案标准**
>
> 2008年6月25日最高人民检察院、公安部《关于公安机关管辖的刑事案件立案追诉标准的规定（一）》：
>
> 第九十三条　在征兵工作中徇私舞弊，接送不合格兵员，涉嫌下列情形之一的，应予立案追诉：
> （一）接送不合格特种条件兵员一名以上或者普通兵员三名以上的；
> （二）发生在战时的；
> （三）造成严重后果的；
> （四）其他情节严重的情形。

第八章　贪污贿赂罪

> 本章犯罪的共性问题
> 一、刑事政策的规定
> ▲2008年9月24日最高人民法院《关于依法惩处涉抗震救灾款物犯罪确保灾后恢复重建工作顺利进行的通知》：
> 一、各级人民法院要把依法审理贪污、盗窃、挪用抗震救灾资金物资等犯罪案件作为当前保障灾后恢复重建的一项重要任务切实抓紧抓好。党中央、国务院高度重视救灾资金物资的安全有效使用，要求确保全部救灾款物真正用于灾区和受灾群众，确保廉洁救灾，向人民群众交一个明白账、放心账。对涉抗震救灾资金物资的犯罪要严肃查处。全国各级人民法院要从党和国家工作的大局出发，认真贯彻落实中央关于抗震救灾资金物资监管的重要指示精神，依法审理好有关犯罪案件，为灾后恢复重建工作顺利进行提供强有力的司法保障。
> 二、依法严惩涉抗震救灾资金物资犯罪，坚决维护灾区社会稳定。对抗震救灾和灾后恢复重建期间发生的针对抗震救灾资金物资的以下犯罪行为，人民法院要坚持特殊时期、特殊案件、特殊办理的方针，依法及时受理，依法从重从快审判：
> （一）贪污、挪用、侵占抗震救灾资金物资的犯罪行为。
> （二）国家机关工作人员滥用职权或者玩忽职守，迟滞拨付救灾款物造成严重后果或者致使救灾物资严重毁损浪费的犯罪行为。

(三)国家工作人员利用管理、分配、拨付、发放、使用和监督检查抗震救灾资金物资的职务便利,索取他人财物或者非法收受他人财物的犯罪行为。

(四)盗窃、诈骗、抢夺、抢劫、故意毁坏抗震救灾资金物资的犯罪行为。

(五)其他针对抗震救灾资金物资的犯罪行为。

三、加强对涉抗震救灾资金物资犯罪案件审判工作的监督指导。各高级人民法院要统一协调,加强调研工作,提高监督指导的针对性和实效性,确保审判工作法律效果和社会效果的有机统一。受理或者审判的重大、敏感案件及相关情况、问题,要及时层报最高人民法院。要结合审判实际,认真剖析发案原因,积极向有关部门提出加强和完善抗震救灾资金物资监管的司法建议,促进抗震救灾资金物资安全、合理、有效使用,推动灾后恢复重建工作又好又快进行。

四、加强宣传报道工作,为灾后恢复重建营造良好的舆论氛围。要通过发布典型案例等多种形式向社会进行广泛宣传,努力扩大审判的社会效果,切实维护抗震救灾资金物资的安全与效用。对涉抗震救灾资金物资犯罪案件的宣传报道,一定要从大局出发,要有利于维护社会稳定,有利于维护灾区广大人民的根本利益,有利于巩固抗震救灾的成果和灾后恢复重建工作的顺利进行。要进一步严肃司法宣传纪律,凡涉及此类案件的宣传报道,须层报最高人民法院批准,由最高人民法院统一组织实施。

▲2010年4月7日最高人民法院刑二庭《**宽严相济在经济犯罪和职务犯罪案件审判中的具体贯彻**》:

二、宽严相济刑事政策在职务犯罪案件审判中的具体贯彻

(一)关于从严惩处的案件范围。保持惩治的高压态势,依法从严惩治,是我国惩治和预防工作的一项长期政策。根据《意见》第8条第1款规定,当前要特别注意严肃惩处以下职务犯罪:发生在领导机关和领导干部中滥用职权、贪污贿赂、腐化堕落、失职渎职等职务犯罪;工程建设、土地出让、产权交易、医药购销、政府采购、资源开发和经销、金融等多发易发领域的商业贿赂犯罪;在扩内需、保增长,灾后恢复重建等专项工作中发生的贪污贿赂、挪用公款、渎职等职务犯罪;黑恶势力犯罪、重大安全生产事故、重大食品安全等群体性事件背后的行贿受贿、徇私舞弊、滥用职权、玩忽职守等职务犯罪;贪污、挪用、侵占农业投资专项资金等职务犯罪。

(二)关于政策法律界限。在坚持依法从严惩处职务犯罪的同时,同样需要根据《意见》第14条、第25条的规定,体现宽严"相济",做到严中有宽、宽以济严。以贿赂犯罪为例说明如下:

(1)对于收受财物后于案发前退还或上交所收财物的,应当区分情况做出不同处理:收受请托人财物后及时退还或者上交的,因其受贿故意不能确定,同时为了感化、教育潜在受贿犯罪分子,故不宜以受贿处理;受贿后因自身或者与其受贿有关联的人、事被查处,为掩饰犯罪而退还或者上交的,因受贿行为既已完毕,且无主动悔罪之意思,故不影响受贿罪的认定。

(2)对于行业、领域内带有一定普遍性、涉案人员众多的案件,要注意区别对待,防止因打击面过宽导致不良的社会效果。特别是对于普通医生的商业贿赂犯罪问题,

更要注意运用多种手段治理应对。对收受回扣数额大的；明知药品伪劣，但为收受回扣而要求医院予以采购的；为收受回扣而给病人大量开药或者使用不对症药品，造成严重后果的；收受回扣造成其他严重影响的等情形，应依法追究刑事责任。

（3）对于性质恶劣、情节严重、涉案范围广、影响面大的商业贿赂犯罪案件，特别是对于顶风作案的，或者案发后隐瞒犯罪事实、毁灭证据、订立攻守同盟、负案潜逃等企图逃避法律追究的，应当依照《意见》第8条第2款的规定依法从严惩处的同时，对于在自查自纠中主动向单位、行业主管（监管）部门讲清问题、积极退赃的，或者检举、揭发他人犯罪行为，有自首、立功情节的，应当依照《意见》有关规定依法从轻、减轻或者免予处罚。

（三）关于自首、立功等量刑情节的运用。自首、立功是法定的从宽情节。实践中要注意依照《意见》第17条、第18条等规定，结合"两高"《关于办理职务犯罪案件认定自首、立功等量刑情节若干问题的意见》的规定，做好职务犯罪案件审判工作中宽严相济刑事政策与法律规定的有机结合，具体如下：（1）要严格掌握自首、立功等量刑情节的法定标准和认定程序，确保自首、立功等量刑情节认定的严肃性和规范性的。（2）对于具有自首情节的犯罪分子，应当根据犯罪事实并结合自动投案的动机、阶段、客观环境，交代犯罪事实的完整性、稳定性以及悔罪表现等具体情节，依法决定是否从轻、减轻或者免除处罚以及从轻、减轻处罚的幅度。（3）对于具有立功情节的犯罪分子，应当根据犯罪事实并结合立功表现所起作用的大小、所破获案件的罪行轻重、所抓获犯罪嫌疑人可能判处的法定刑以及立功的时机等具体情节，依法决定是否从轻、减轻或者免除处罚以及从轻、减轻处罚的幅度。（4）对于犯罪分子依法不成立自首，但主动交代犯罪事实的，应当视其主动交代的犯罪事实情况及对证据收集的作用大小、酌情从轻处罚。（5）赃款赃物追回的，应当注意区分贪污、受贿等不同性质的犯罪以及犯罪分子在追赃中的具体表现，决定是否从轻处罚以及从轻处罚的幅度。

在依照《意见》第14条、第15条、第16条规定适用缓刑等非监禁刑时，应当充分考虑到当前职务犯罪案件缓刑等非监禁刑适用比例偏高的实际情况，以及职务犯罪案件适用非监禁刑所需要的社会民意基础和过多适用非监禁刑可能带来的社会负面影响。贪污、受贿犯罪分子具有下列情形之一的，一般不得适用缓刑：致使国家、集体和人民利益遭受重大损失或者影响恶劣的；不退赃或者退赃不积极，无悔罪表现的；犯罪动机、手段等情节恶劣，或者将赃款用于非法经营、走私、赌博、行贿等违法犯罪活动的；属于共同犯罪中情节严重的主犯，或者犯有数罪的；曾因职务、经济违法犯罪行为受过行政处分或者刑事处罚的；犯罪涉及的财物属于救灾、抢险、防汛、防疫、优抚、扶贫、移民、救济、捐助、社会保险、教育、征地、拆迁等专项款项和物资的。

▲2010年11月26日最高人民法院、最高人民检察院《关于办理国家出资企业中职务犯罪案件具体应用法律若干问题的意见》：

八、关于宽严相济政策的具体贯彻

办理国家出资企业中的职务犯罪案件时，要综合考虑历史条件、企业发展、职工就业、社会稳定等因素，注意具体情况具体分析，严格把握犯罪与一般违规行为的区分界限。对于主观恶意明显、社会危害严重、群众反映强烈的严重犯罪,要坚决依法从严惩处;对于特定历史条件下、为了顺利完成企业改制而实施的违反国家政策法律规定的行为,行为人无主观恶意或者主观恶意不明显,情节较轻,危害不大的,可以不作为犯罪处理。

对于国家出资企业中的职务犯罪,要加大经济上的惩罚力度,充分重视财产刑的适用和执行,最大限度地挽回国家和人民利益遭受的损失。不能退赃的,在决定刑罚时,应当作为重要情节予以考虑。

▲2014年1月21日中央政法委《关于严格规范减刑、假释、暂予监外执行切实防止司法腐败的意见》:

三、从严惩处减刑、假释、暂予监外执行中的腐败行为

13. 检察机关对减刑、假释、暂予监外执行中有关执法司法人员涉嫌违法犯罪的举报、控告和相关线索,应当依法严查,并根据情况,向有关单位提出纠正违法或者不当的建议,或者建议更换办案人,并对涉嫌违法犯罪的,建议依纪予以纪律处分或者依法追究刑事责任。

14. 对执法司法人员在减刑、假释、暂予监外执行中捏造事实、伪造材料、收受财物或者接受吃请的,一律清除出执法司法队伍;徇私舞弊、权钱交易、失职渎职构成犯罪的,一律依法从重追究刑事责任,且原则上不适用缓刑或者免予刑事处罚。

15. 对非执法司法单位和个人,为罪犯减刑、假释、暂予监外执行出具虚假病情诊断证明等材料,违法违规提供便利条件的,或者在罪犯减刑、假释、暂予监外执行中搞权钱交易的,执法司法机关应当建议主管部门依法依规追究责任,并有针对性地加强管理、堵塞漏洞;对构成犯罪的,依法追究刑事责任。

16. 对任何单位和个人干预减刑、假释、暂予监外执行,或者施加压力要求执法司法人员违法违规办理减刑、假释、暂予监外执行的,执法司法机关及其工作人员应当坚决抵制,并向其上级机关报告。有关机关应当依法严肃追究有关单位和个人的违纪违法责任。

延伸阅读:

▲刘为波:《关于办理国家出资企业中职务犯罪案件具体应用法律若干问题的意见》的理解与适用(节选)

九、关于宽严相济刑事政策的具体贯彻

很长一段时期内,企业改制工作主要是在政策主导、行政指令下边摸索边开展的,企业改制中国有资产流失除了行为人恶意侵占之外,还有政策理解、工作方法、客观条件等方面的原因。比如,一些地方不计转让价格和收益,下指标、限时间、赶进度,集中成批向非国有投资者转让国有产权等。办理企业改制相关务犯罪案件时,在坚持依法从严惩治严重腐败犯罪的同时,要注意全面、客观、历史、发展地看待问题,做到有利、有理、有节,确保法律效果和社会效果的高度统一。为此,《意见》第八条专门规定了宽严相济刑事政策的具体贯彻问题,要求"综合考虑历史条件、企业发展、职工就业、社会稳定等因素,注意具体情况具体分析,严格把握犯罪与一般违规行为的区分界限",

并分别对从严情形、从宽情形和财产刑适用作出了具体规定,分别说明如下:

第一,关于从严情形。保持惩治腐败的高压态势,依法从严惩治腐败,是我国惩治和预防腐败工作的一项长期政策。对于发生在国家出资企业领域和企业改制、产权交易环节,主观恶意明显,严重损害国家和职工利益,社会影响恶劣,群众反映强烈的贪污贿赂、徇私舞弊、失职渎职等严重职务犯罪,要坚决依法从严惩处;在从轻减轻处罚情节的认定标准、减轻处罚的幅度、缓刑、免予刑事处罚适用上要依法从严掌握。

第二,关于从宽情形。特定历史条件下由于政策等原因造成的国有资产流失问题,比如出于完成改制任务、盘活资产、安排就业等原因以"零资产"转让或者提供各种优惠条件等,在清产核资、资产评估过程中没有弄虚作假,行为人没有明显主观犯意,总体上不具有社会危害性,或者情节较轻、危害不大的,应当尽量采取民事、行政手段加以解决,慎用刑罚。为此《意见》规定:"对于特定历史条件下、为了顺利完成企业改制而实施的违反国家政策法律规定的行为,行为人无主观恶意或者主观恶意不明显,情节较轻,危害不大的,可以不作为犯罪处理。"

第三,关于财产刑适用。为了最大限度地挽回国有资产,安抚受害职工群众,同时考虑到此类犯罪的目的就是获得非法利益,有针对性地加大经济制裁力度,可以有效发挥刑罚的预防作用。故《意见》强调,对于国家出资企业中职务犯罪,要充分重视财产刑的适用和追赃工作。不能退赃的,在决定刑罚时应当作为重要情节予以考虑。

▲2016年7月7日最高人民检察院《关于充分发挥检察职能依法保障和促进科技创新的意见》:

三、准确把握法律政策界限,改进司法办案方式方法

7.准确把握法律政策界限。充分考虑科技创新工作的体制机制和行业特点,认真研究科技创新融资、科研成果资本化产业化、科研成果转化收益中的新情况、新问题,保护科研人员凭自己的聪明才智和创新成果获取的合法收益。办案中要正确区分罪与非罪界限:对于身兼行政职务的科研人员特别是学术带头人,要区分其科研人员与公务人员的身份,特别是要区分科技创新活动与公务管理,正确把握科研人员以自身专业知识提供咨询等合法兼职获利的行为,与利用审批、管理等行政权力索贿受贿的界限;要区分科研人员合法的股权分红、知识产权收益、科技成果转化收益分配与贪污、受贿之间的界限;要区分科技创新探索失败、合理损耗与骗取科研立项、虚增科研经费投入的界限;要区分突破现有规章制度,按照科技创新需求使用科研经费与贪污、挪用、私分科研经费的界限;要区分风险投资、创业等造成的正常亏损与失职渎职的界限。坚持罪刑法定原则和刑法谦抑性原则,禁止以刑事手段插手民事经济纠纷。对于法律和司法解释规定不明确、法律政策界限不明、罪与非罪界限不清的,不作为犯罪处理;对于认定罪与非罪争议较大的案件,及时向上级检察机关请示报告。

8.切实贯彻宽严相济刑事政策。对于锐意创新探索,但出现决策失误、偏差,造成一定损失的行为,要区分情况慎重对待。没有徇私舞弊、中饱私囊,或者没有造成严重后果的,不作为犯罪处理。在科研项目实施中突破现有制度,但有利于实现创新预期成果的,应当予以宽容。在创新过程中发生轻微犯罪、过失犯罪但完成重大科研创新

任务的,应当依法从宽处理。对于科技创新中发生的共同犯罪案件,重点追究主犯的刑事责任,对于从犯和犯罪情节较轻的,依法从宽处理。对于以科技创新为名骗取、套取、挥霍国家科研项目投资,严重危害创新发展的犯罪,应当依法打击。

9. 注重改进司法办案方式方法。要尊重科技创新规律,保护科技创新主体积极性、创造性,努力实现办案的最佳效果。查办涉及科技创新的犯罪,要慎重选择办案时机和方式,注意听取行业主管、监管部门以及科技专家、法律专家等意见,防止因办案时机和方式不当影响正常的科技创新工作。对于正在承担重大科研项目攻关、重大科技发展规划制定、重大涉外项目实施等职责的涉案科研人员,检察机关在做好相关保密和防逃工作的同时,可以根据具体情况确定办案时机。对于重点科研单位、重大科研项目关键岗位的涉案科研人员,尽量不使用拘留、逮捕等强制措施;必须采取拘留、逮捕等措施的,应当及时通报有关部门做好科研攻关的衔接工作,确有必要的,可以在不影响诉讼正常进行的前提下,为其指导科研攻关提供一定条件。对于被采取逮捕措施的涉案科研人员,检察机关应当依照有关规定对羁押必要性开展审查。对于科研单位用于科技创新、产品研发的设备、资金和技术资料,一般不予以查封、扣押、冻结;确实需要查封、扣押、冻结的,应当为其预留必要的流动资金、往来账户和关键设备资料,防止因办案造成科研项目中断、停滞,或者因处置不当造成科研成果流失。

二、刑罚的裁量与适用

▲2009年3月20日最高人民法院、最高人民检察院《关于办理职务犯罪案件认定自首、立功等量刑情节若干问题的意见》:

四、关于赃款赃物追缴等情形的处理

贪污案件中赃款赃物全部或者大部分追缴的,一般应当考虑从轻处罚。

受贿案件中赃款赃物全部或者大部分追缴的,视具体情况可以酌定从轻处罚。

犯罪分子及其亲友主动退赃或者在办案机关追缴赃款赃物过程中积极配合的,在量刑时应当与办案机关查办案件过程中依职权追缴赃款赃物的有所区别。

职务犯罪案件立案后,犯罪分子及其亲友自行挽回的经济损失,司法机关或者犯罪分子所在单位及其上级主管部门挽回的经济损失,或者因客观原因减少的经济损失,不予扣减,但可以作为酌情从轻处罚的情节。

延伸阅读:

▲陈国庆、韩耀元、王文利:《关于办理职务犯罪案件认定自首、立功等量刑情节若干问题的意见》的理解与适用(节选)

四、关于赃款赃物追缴对量刑的影响问题

《意见》第四条规定了赃款赃物追回对于量刑的影响,主要是针对实践中存在的不同意见而作出的细化规定。

(一)赃款赃物追缴对于贪污罪和贿赂罪在量刑方面的作用问题

退赃表现对于贪污、受贿在量刑方面的作用是不同的。尽管贪污、受贿都是职务犯罪,但在侵害客体上各有侧重,前者主要侵犯的是公共财产关系,退赃对此具有一定的恢复、补偿作用;后者主要侵犯的是职务廉洁性或者不可收买性,退赃对此不具有补救作用。因此,《意见》规定:贪污案件中赃款赃物全部或者大部分追缴的,一般应考虑从轻处罚。受贿案件中赃款赃物全部或者大部分追缴的,视具体情况可以酌定从轻处罚。

(二)关于退赃和追赃在量刑中的作用问题

作为酌定量刑情节,退赃表现对于职务犯罪案件量刑的作用越来越受到重视,同时,实践中存在一种倾向,只要赃款追回的,都一概视为有退赃表现,而不再细究犯罪分子(或其家属)在赃款追缴过程中的实际作用。这种只问结果不问过程的做法,客观上导致了一些职务犯罪分子被不当从轻处罚。犯罪分子及其亲友主动退赃,表明犯罪分子认罪态度好,是悔过自新的表现,有利于被侵害社会关系的恢复,也有利于犯罪分子以后的教育、改造。量刑时作为酌定从轻情节予以考虑;反之,在办案过程中,犯罪分子及其亲友不主动退赃甚至千方百计阻挠办案机关追赃的,表明认罪态度恶劣,则不能考虑酌定从轻处罚。基于上述两种情形所反映出来的主观认罪态度存在明显差别,《意见》规定,犯罪分子及其亲友主动退赃或者在办案机关追缴赃款赃物过程中积极配合的,在量刑时应当与办案机关查办案件过程中依职权追缴赃款赃物的有所区别。

(三)职务犯罪案件中的经济损失的计算问题

关于经济损失的计算原则在相关司法解释如最高人民检察院《关于渎职侵权犯罪案件立案标准的规定》中已经有规定,这里再次明确,主要是考虑到实践中在此问题上仍然存在分歧。《意见》规定,经济损失的计算以立案时为准。这样规定,一是经济损失的大小是衡量职务犯罪特别是渎职犯罪罪与非罪界限的标准之一,截至立案时经济损失达到了追究刑事责任的标准,说明犯罪后果严重,应予追究刑事责任。二是维护法律的严肃性。立案是刑事诉讼程序的开始,在立案前违法犯罪分子及其亲友积极挽回经济损失的,予以扣减,可不作犯罪处理;启动立案程序后,则不能再从立案时认定的经济损失中扣减,否则司法机关的立案活动失去了事实依据。因此,立案后犯罪分子及其亲友自行挽回的经济损失,司法机关或者犯罪分子所在单位及其上级主管部门挽回的经济损失,或者因客观原因减少的经济损失,不影响职务犯罪案件特别是渎职侵权案件损失后果的认定。同时,考虑到立案后挽回经济损失具有一定的积极意义,将立案后挽回经济损失规定作为酌定从轻量刑情节。

▲刘为波:《关于办理职务犯罪案件认定自首、立功等量刑情节若干问题的意见》的理解与适用(节选)

四、关于赃款赃物追缴等情形的处理

对该问题,《意见》主要明确了三点:

第一,《意见》规定,赃款赃物全部或者大部分追缴的,贪污案件一般应当考虑从轻处罚;受贿案件则需视具体情况酌定从轻处罚。这里区分贪污与受贿,主要是考虑到贪污和受贿在侵害客体上各有侧重:前者主要侵犯的是公共财产关系,退赃对此具有一定的恢复补救作用;后者主要侵犯的是职务廉洁性或者不可收买性,危害性主要体现在国家、人民利益遭受重大损失或者恶劣社会影响方面,退赃对此不具有直接的补救作用。如郑筱萸一案,尽管受贿赃款全部追回,但考虑到其受贿行为造成了特别重大的损失和极为恶劣的影响,仍然被依法从重处理。

第二,《意见》规定,犯罪分子及其亲友主动退赃或者在办案机关追缴赃款赃物过程中积极配合的,在量刑时应当与办案机关查办案件过程中依职权追缴赃款赃物的有所区别。区分主动退赃和办案机关依职权追缴,主要原因是两者所反映出来的主观认罪态度存在明显差别。之所以特别在此加以说明,主要是考虑到当前实践中存在一种倾向,只要赃款被追回的,都一概视为有退赃表现,而不再细究犯罪分子(或其家属)在赃款追缴过程中的主观态度或者实际作用。这种只问结果不问过程的做法,客观上导致了一些职务犯罪分子被不当从轻处罚。

第三,《意见》规定,经济损失的计算以立案时为准,立案后挽回的经济损失或者因客观原因减少的损失,不影响职务犯罪案件特别是渎职侵权案件损失后果的认定。应当说,该认定原则在此前相关司法文件中业已明确,比如,2006年发布的最高人民检察院《关于渎职侵权犯罪案件立案标准的规定》即明确,"直接经济损失和间接经济损失,是指立案时确已造成的经济损失。"这里再次重申,主要是考虑到不同司法机关之间在此问题上仍然存在分歧。同时,考虑到立案后挽回经济损失,因客观原因损失减少比如股市上涨股值提升等,在客观上降低了犯罪行为的社会危害性,《意见》将立案后挽回经济损失或者因客观原因损失减少的情形规定为酌定从轻量刑情节。

▲裴显鼎、苗有水、刘为波、王坤:《关于办理贪污贿赂刑事案件适用法律若干问题的解释》的理解与适用(节选)

十一、关于贪污贿赂犯罪的经济处罚

为进一步加大对贪污贿赂犯罪分子的经济剥夺和处罚力度,《解释》明确了赃款赃物追缴要求和罚金刑的判罚标准。

1.赃款赃物的追缴。刑法第六十四条规定犯罪分子违法所得的一切财物,应当予以追缴或者责令退赔;被害人的合法财产,应当及时返还。为有效剥夺贪污贿赂犯罪分子的违法所得,尽可能挽回经济损失,《解释》第十八条强调,贪污贿赂犯罪分子违法所得的一切财物,应当依法予以追缴或者责令退赔;尚未追缴到案或者尚未足额退赔的违法所得,应当继续追缴或者责令退赔。据此,追缴赃款赃物不设时限,一追到底、永不清零,随时发现随时追缴。

2.罚金刑的判罚标准。《刑法修正案(九)》增加了贪污罪和相关贿赂犯罪的罚金刑规定,为加大对腐败犯罪的经济处罚力度,提高腐败犯罪的经济成本,剥夺腐败分子再犯罪的物质基础,充分发挥刑事立法和司法的预防犯罪功能提供了重要的法律依据。罚金刑判罚标准的设定,既要体现立法意图,确保罚金刑充分有效,又要立足实际,避免无法执行而损及司法的严肃性。为确保罚金刑适用的有效性和严肃性,《解释》第十九条依托主刑的不同,分层次对贪污、受贿罪规定了较其他犯罪更重的罚金刑判罚标准:一是对贪污罪、受贿罪判处三年有期徒刑以下刑罚的,应当并处十万元以上五十万元以下的罚金;二是判处三年以上十年以下有期徒刑的,应当并处二十万元以上犯罪数额二倍以下的罚金或者没收财产;三是判处十年以上有期徒刑或者无期徒刑的,应当并处五十万元以上犯罪数额二倍以下的罚金或者没收财产。并明确,对刑法规定并处罚金的其他贪污贿赂犯罪,应当在十万元以上犯罪数额二倍以下判处罚金。适用本规定时需要注意两点:一是第二款规定中的"其他贪污贿赂犯罪",应当理解为除贪污罪、受贿罪之外规定在刑法分则第八章中的其他贪污贿赂犯罪,而不包括非国家工作人员职务犯罪。二是贪污贿赂犯罪的罚金刑最低判罚标准为十万元,除适用刑法第三十七条的规定免予刑事处罚之外,不得减至十万元以下判处罚金。

最后,需要补充说明的是,《解释》对贪污贿赂犯罪的定罪量刑标准作了较大调整,在选择适用新旧法律、新旧司法解释时,要注意正确理解和执行从旧兼从轻的法律和司法解释适用原则。一是对于2015年10月31日以前实施的贪污罪、受贿罪,一般适用新法新解释。即:适用《刑法修正案(九)》修正后规定将判处更轻自由刑的,适用修正后刑法和本解释规定。其中,修正前刑法未规定罚金刑但修正后刑法规定了罚金刑的,应当按照本解释确定的判罚标准一并适用修正后刑法有关罚金刑的规定;一审在《刑法修正案(九)》实施之前已经判处没收财产刑的,二审可以按照本解释确定的判罚标准改判罚金刑。二是对于2015年10月31日以前实施的行贿罪,一般适用旧法新解释。由于《刑法修正案(九)》对行贿罪增加规定了罚金刑并对行贿罪规定了更加严格的从宽处罚适用条件,故一般应当适用修正前刑法。同时,由于《刑法修正案(九)》未对行贿罪的基础法定刑作出修改,本解释有关行贿罪的主刑判罚标准可以溯及修正前的行贿罪刑法规定,较之于前述《行贿解释》,适用本解释对被告人有利的,适用本解释规定。

第三百八十二条 【贪污罪】国家工作人员利用职务上的便利,侵吞、窃取、骗取或者以其他手段非法占有公共财物的,是贪污罪。

受国家机关、国有公司、企业、事业单位、人民团体委托管理、经营国有财产的人员,利用职务上的便利,侵吞、窃取、骗取或者以其他手段非法占有国有财物的,以贪污论。

与前两款所列人员勾结,伙同贪污的,以共犯论处。

一、立案标准

▲2016年4月18日最高人民法院、最高人民检察院《关于办理贪污贿赂刑事案件适用法律若干问题的解释》:

第一条 贪污或者受贿数额在三万元以上不满二十万元的,应当认定为刑法第三百八十三条第一款规定的"数额较大",依法判处三年以下有期徒刑或者拘役,并处罚金。

贪污数额在一万元以上不满三万元，具有下列情形之一的，应当认定为刑法第三百八十三条第一款规定的"其他较重情节"，依法判处三年以下有期徒刑或者拘役，并处罚金：

（一）贪污救灾、抢险、防汛、优抚、扶贫、移民、救济、防疫、社会捐助等特定款物的；

（二）曾因贪污、受贿、挪用公款受过党纪、行政处分的；

（三）曾因故意犯罪受过刑事追究的；

（四）赃款赃物用于非法活动的；

（五）拒不交待赃款赃物去向或者拒不配合追缴工作，致使无法追缴的；

（六）造成恶劣影响或者其他严重后果的。

二、客观要件的认定

▲2003年11月13日最高人民法院《全国法院审理经济犯罪案件工作座谈会纪要》：

（二）"受委托管理、经营国有财产"的认定

刑法第三百八十二条第二款规定的"受委托管理、经营国有财产"，是指因承包、租赁、临时聘用等管理、经营国有财产。

延伸阅读：

▲郭清国：《全国法院审理经济犯罪案件工作座谈会纪要》的理解与适用（节选）

（二）关于"受委托管理、经营国有财产"的认定

刑法为了加强对国有财产的保护而在第382条第2款特别规定："受国家机关、国有公司、企业、事业单位、人民团体委托管理、经营国有财产的人员，利用职务上的便利，侵吞、窃取、骗取或者以其他手段非法占有国有财物的，以贪污论。"应该说明的是，受委托管理、经营国有财产的人员不是国家工作人员，也不能以国家工作人员论，因此，只能成为贪污犯罪的主体，不能成为受贿、挪用公款等其他国家工作人员职务犯罪的主体。在形式上，无论是在受托前还是受托后，受托人与委托单位之间都不存在行政上的隶属关系。对于国有单位中非从事公务的工作人员，即使是合同工，一旦在国有单位内部承担管理、经营国有财产的职责，则应当直接认定为国有单位中从事公务的人员，而不是受委托管理、经营国有财产的人员；如其被国有单位聘用后指派到非国有单位管理、经营国有财产的人员。在实质上，受托人行使了管理、经营国有资产的职责。这里的"管理国有资产"，是一种具有公共事务性质的活动，不仅仅意味着对国有资产进行保管，通常还意味着受托人对国有财产具有一定的处分权。所谓管理，是指具有监守或者保管公共财物的职权。经营者在经营期间通常同时行使管理职权，对公共财物具有处分权。所谓经营，是指将公共财物投放市场并作为资本使其增值的商业活动，或者利用公共财物从事营利性活动。虽然管理、经营国有财产也是从事公务的具体表现，由于受委托管理、经营国有财产的人员，并不属于受托单位的工作人员，因此，不属于国家工作人员。因此，《纪要》进一步明确"受委托管理、经营国有财产，是指因承包、租赁、临时聘用等管理、经营国有财产"。

▲2010年11月26日最高人民法院、最高人民检察院《关于办理国家出资企业中职务犯罪案件具体应用法律若干问题的意见》：
一、关于国家出资企业工作人员在改制过程中隐匿公司、企业财产归个人持股的改制后公司、企业所有的行为的处理

国家工作人员或者受国家机关、国有公司、企业、事业单位、人民团体委托管理、经营国有财产的人员利用职务上的便利，在国家出资企业改制过程中故意通过低估资产、隐瞒债权、虚设债务、虚构产权交易等方式隐匿公司、企业财产，转为本人持有股份的改制后公司、企业所有，应当依法追究刑事责任的，依照刑法第三百八十二条、第三百八十三条的规定，以贪污罪定罪处罚。贪污数额一般应当以所隐匿财产全额计算；改制后公司、企业仍有国有股份的，按股份比例扣除归为国有的部分。

……

在企业改制过程中未采取低估资产、隐瞒债权、虚设债务、虚构产权交易等方式故意隐匿公司、企业财产的，一般不应当认定为贪污；造成国家资产重大损失，依法构成刑法第一百六十八条或者第一百六十九条规定的犯罪的，依照该规定定罪处罚。

二、关于国有公司、企业在改制过程中隐匿公司、企业财产归职工集体持股的改制后公司、企业所有的行为的处理

……

改制后的公司、企业中只有改制前公司、企业的管理人员或者少数职工持股，改制前公司、企业的多数职工未持股的，依照本意见第一条的规定，以贪污罪定罪处罚。

四、关于国家工作人员在企业改制过程中的渎职行为的处理

……

国家出资企业中的国家工作人员在公司、企业改制或者国有资产处置过程中徇私舞弊，将国有资产低价折股或者低价出售给特定关系人持有股份或者本人实际控制的公司、企业，致使国家利益遭受重大损失的，依照刑法第三百八十二条、第三百八十三条的规定，以贪污罪定罪处罚。贪污数额以国有资产的损失数额计算。

▲2017年8月7日最高人民检察院《关于贪污养老、医疗等社会保险基金能否适用〈最高人民法院、最高人民检察院关于办理贪污贿赂刑事案件适用法律若干问题的解释〉第一条第二款第一项规定的批复》：

养老、医疗、工伤、失业、生育等社会保险基金可以认定为《最高人民法院、最高人民检察院关于办理贪污贿赂刑事案件适用法律若干问题的解释》第一条第二款第一项规定的"特定款物"。

根据刑法和有关司法解释规定，贪污罪和挪用公款罪中的"特定款物"的范围有所不同，实践中应注意区分，依法适用。

三、停止形态的认定

▲2003年11月13日最高人民法院《全国法院审理经济犯罪案件工作座谈会纪要》：

二、关于贪污罪

(一) 贪污罪既遂与未遂的认定

贪污罪是一种以非法占有为目的的财产性职务犯罪,与盗窃、诈骗、抢夺等侵犯财产罪一样,应当以行为人是否实际控制财物作为区分贪污罪既遂与未遂的标准。对于行为人利用职务上的便利,实施了虚假平帐等贪污行为,但公共财物尚未实际转移,或者尚未被行为人控制就被查获的,应当认定为贪污未遂。行为人控制公共财物后,是否将财物据为己有,不影响贪污既遂的认定。

▲2010年11月26日最高人民法院、最高人民检察院《关于办理国家出资企业中职务犯罪案件具体应用法律若干问题的意见》:

一、关于国家出资企业工作人员在改制过程中隐匿公司、企业财产归个人持股的改制后公司、企业所有的行为的处理

……

所隐匿财产在改制过程中已为行为人实际控制,或者国家出资企业改制已经完成的,以犯罪既遂处理。

延伸阅读:

▲郭清国:《全国法院审理经济犯罪案件工作座谈会纪要》的理解与适用(节选)

二、贪污犯罪案件中的法律适用问题

(一) 关于贪污罪既遂与未遂的界定

贪污罪是直接故意犯罪,存在着未遂形态,但对于贪污罪既遂与未遂的区分问题,有不同的认识,主要有四种观点:一是以行为人是否实际取得公共财物作为区分贪污既遂与未遂的标准;二是以财物所有人或者持有人是否失去对公共财物的控制作为区分贪污既遂与未遂的标准;三是以行为人是否取得对财物的控制权作为区分贪污既遂与未遂的标准;四是财物所有人或者持有人失去对财物的控制并被行为人所实际控制,才能认定为贪污既遂。鉴于行为人实际控制财物与财物所有人或者持有人失去对公共财物的控制、行为人实际取得财物之间往往存在时间差,如国家工作人员利用职务上的便利采取非法手段平账后,将钱款从单位账户转至他人的账户中,在行为人还没有来得及将钱款取出前便案发,此种情况下,虽然行为人还没有实际取得公共财物,但并不影响贪污既遂的认定;而财物所有人或者持有人失去对财物的控制并不等于行为人已实际取得或者控制了该财物,如国家工作人员明知有一笔单位应收款即将到账,便采用非法手段平账,致命在单位的财务账目中已不能反映该笔应收款,但在付款方还没有付款前便案发,此种情况下,单位已失去对财物的控制,由于行为人还没有取得对该笔应收款的实际控制权,应当认定为贪污未遂。因此,《纪要》明确:"应当以行为人是否实际控制财物作为区分贪污罪既遂与未遂的标准"。

四、共犯的认定

▲2000年7月8日最高人民法院《关于审理贪污、职务侵占案件如何认定共同犯罪几个问题的解释》:

第一条 行为人与国家工作人员勾结,利用国家工作人员的职务便利,共同侵吞、

窃取、骗取或者以其他手段非法占有公共财物的,以贪污罪共犯论处。

第三条(见本书第486页)

▲2003年11月13日最高人民法院《**全国法院审理经济犯罪案件工作座谈会纪要**》:

二、关于贪污罪

(三)国家工作人员与非国家工作人员勾结共同非法占有单位财物行为的认定

对于国家工作人员与他人勾结,共同非法占有单位财物的行为,应当按照《最高人民法院关于审理贪污、职务侵占案件如何认定共同犯罪几个问题的解释》的规定定罪处罚。对于在公司、企业或者其他单位中,非国家工作人员与国家工作人员勾结,分别利用各自的职务便利,共同将本单位财物非法占有的,应当尽量区分主从犯,按照主犯的犯罪性质定罪。司法实践中,如果根据案件的实际情况,各共同犯罪人在共同犯罪中的地位、作用相当,难以区分主从犯的,可以贪污罪定罪处罚。

延伸阅读:

▲郭清国:《**全国法院审理经济犯罪案件工作座谈会纪要**》的理解与适用(节选)

(四)同一单位中国家工作人员与非国家工作人员勾结共同非法占有单位财物行为的犯罪性质问题

《最高人民法院关于审理贪污、职务侵占案件如何认定共同犯罪几个问题的解释》第3条规定:"公司、企业或者其他单位中,不具有国家工作人员身份的人与国家工作人员勾结,分别利用各自的职务便利,共同将本单位财物非法占为己有的,按照主犯的犯罪性质定罪。"但在司法实践中存在难以区分主从犯的情形,对此应如何确定罪名,有不同的认识:一种意见认为,对于国家工作人员和非国家工作人员应以贪污罪和职务侵占罪分别定罪;另一种意见认为,应将职务高的认定为主犯,在职务相同时,将与被占有财物联系更密切的人认定为主犯,在职务相同时,将与被占有财物联系更密切的人认定为主犯,然后按照主犯的犯罪性质定罪;还有一种意见认为,应统一定贪污罪。

从理论上讲,既然是难以区分主、从犯,通常意味着各共同贪污犯罪的行为人在共同犯罪中的地位、作用相当,不能简单地将职务高的或者与被占有财物联系更密切的人认定为主犯,而分别定罪又可能由于定罪量刑标准的不同出现处罚不公平的情况,也不符合刑法第382条第3款规定的与国家工作人员或者受委托管理、经营国有财产的人员勾结,伙同贪污的,以贪污共犯论处的规定。这种情况实际属于刑法理论上的想象竞合犯,即一方面,国家工作人员利用了非国家工作人员的职务便利,非法占有单位财物成为职务侵占罪的共犯;另一方面,非国家工作人员利用了国家工作人员的职务便利,成为贪污罪的共犯。因此《纪要》明确:"对于在公司、企业或者其他单位中,非国家工作人员与国家工作人员勾结,分别利用各自的职务便利,共同将本单位财物非法占有的,应当尽量区分主从犯,按照主犯的犯罪性质定罪。如果各共同犯罪人在共同犯罪中的地位、作用相当,难以区分主从犯的,可以贪污罪定罪处罚。"也就是说,应当按照想象竞合犯的法律适用原则"择一重处"。

▲2010年11月26日最高人民法院、最高人民检察院《**关于办理国家出资企业中**

职务犯罪案件具体应用法律若干问题的意见》：

一、关于国家出资企业工作人员在改制过程中隐匿公司、企业财产归个人持股的改制后公司、企业所有的行为的处理

（见本书第503页）

五、罪数的认定

▲2004年3月30日最高人民法院研究室《关于对行为人通过伪造国家机关公文、证件担任国家工作人员职务并利用职务上的便利侵占本单位财物、收受贿赂、挪用本单位资金等行为如何适用法律问题的答复》：

行为人通过伪造国家机关公文、证件担任国家工作人员职务以后，又利用职务上的便利实施侵占本单位财物、收受贿赂、挪用本单位资金等行为，构成犯罪的，应当分别以伪造国家机关公文、证件罪和相应的贪污罪、受贿罪、挪用公款罪等追究刑事责任，实行数罪并罚。

▲2010年11月26日最高人民法院、最高人民检察院《关于办理国家出资企业中职务犯罪案件具体应用法律若干问题的意见》：

五、关于改制前后主体身体发生变化的犯罪的处理

国家工作人员在国家出资企业改制前利用职务上的便利实施犯罪，在其不再具有国家工作人员身份后又实施同种行为，依法构成不同犯罪的，应当分别定罪，实行数罪并罚。

国家工作人员利用职务上的便利，在国家出资企业改制过程中隐匿公司、企业财产，在其不再具有国家工作人员身份后将所隐匿财产据为己有的，依照刑法第三百八十二条、第三百八十三条的规定，以贪污罪定罪处罚。

……

延伸阅读：

▲刘为波：《关于办理国家出资企业中职务犯罪案件具体应用法律若干问题的意见》的理解与适用（节选）

六、关于改制前后主体身份发生变化的犯罪的处理

实施犯罪过程中行为人主体身份发生变化，在职务犯罪案件中较为典型，在国家出资企业这一领域尤为突出。鉴于此，《意见》对相关问题的处理作了具体规定，主要有以下几个方面：

第一，关于主体身份变化前后实施同类型犯罪行为的处理。起草过程中有意见认为，此情形属于连续犯，应适用犯罪行为终了时触犯的罪名定罪处罚。比如，改制前具有国家工作人员身份时利用职务便利侵占企业财物，改制后不再具有国家工作人员时继续利用职务便利侵占企业财物的，应根据改制后触犯的罪名即职务侵占罪定罪处罚。《意见》持数罪处理意见，规定"国家工作人员在国家出资企业改制前利用职务上的便利实施犯罪，在其不再具有国家工作人员身份后又实施同种行为，依法构成不同犯罪的，应当分别定罪，实行数罪并罚"。主要理由是：犯罪行为不同于客观行为，对于刑法基于不同主体身份而将同类型行为规定为不同犯罪的，应当将其视为性质不同的

犯罪行为。而连续犯仅针对同种犯罪行为而言，故本款规定情形不属于连续犯。适用本款规定时，在具体执行和量刑上可能会出现个别不合理现象。比如，行为人在改制前或者改制后的行为，均未达到职务犯罪的立案标准，但总数额却达到任何一个罪名所要求的数额，对这样的行为将不能作为犯罪处理。我们认为该问题属于立法问题，既然刑法按主体身份将相关行为规定为不同犯罪，司法中不宜随意变通。

第二，实施某一职务侵占行为但前后主体身份发生变化的处理。此情形的特点在于实施了一个职务侵占行为但先后利用了国家工作人员和非国家工作人员两个不同身份的职务便利。对此，《意见》明确应以贪污罪定罪处罚，主要考虑是：(1)此情形同时触犯了贪污罪和职务侵占罪两个罪名，但实质上只有一个行为，可以作想象竞合犯理解。根据想象竞合犯择一重罪处理的原则，应以贪污罪处理。(2)此情形不同于共同犯罪中多个犯罪主体分别利用不同身份的职务便利，无须区分不同身份的职务便利的作用主次分别论罪。(3)以贪污处理，可以与《意见》第一条第二款关于企业改制完成后即视为既遂的规定在逻辑上保持一致。

第三，关于主体身份变化之后收受贿赂行为的处理。《意见》规定，"国家工作人员在国家出资企业改制过程中利用职务上的便利为请托人谋取利益，事先约定在其不再具有国家工作人员身份后收受请托人财物，或者在身份变化前后连续收受请托人财物的，依照刑法第三百八十五条、第三百八十六条的规定，以受贿罪定罪处罚"。本款规定主要是《最高人民法院关于国家工作人员利用职务上的便利为他人谋取利益离退休后收受财物行为如何处理问题的批复》和《最高人民法院、最高人民检察院关于办理受贿刑事案件适用法律若干问题的意见》确定的原则的具体运用。《最高人民法院关于国家工作人员利用职务上的便利为他人谋取利益离退休后收受财物行为如何处理问题的批复》和《最高人民法院、最高人民检察院关于办理受贿刑事案件适用法律若干问题的意见》分别规定，国家工作人员利用职务上的便利为请托人谋取利益，并与请托人事先约定，在其离退休后收受请托人财物，构成犯罪的，受贿罪定罪处罚；国家工作人员利用职务上的便利为请托人谋取利益之前或者之后，约定在其离职后收受请托人财物，并在离职后收受的，以受贿论处，国家工作人员利用职务上的便利为请托人谋取利益，离职前后连续收受请托人财物的，离职前后收受部分均应计入受贿数额。

起草过程中有意见提出，上述司法文件规定的"事先约定"要件主要依靠行、受贿双方的口供，实践中很难认定，建议删去"事先约定"要件，或者明确只要具备了利用职务便利为他人谋取利益和收受贿赂两点，即可推定成立受贿。经研究，首先，收受财物与国家工作人员的职务之间存在关联，是受贿罪的内在要求。对于不再具有国家工作人员身份的人收受财物的行为，有必要通过"事先约定"这一纽带建立这种联系；否则，很有可能会造成客观归罪。而且，受贿罪属于国家工作人员的职务犯罪，将不具有国家工作人员身份的人收受财物的行为一概认定为受贿罪，与受贿罪的主体构成要件也不符。其次，仅根据有身份时为他人谋利和无身份后收受他人财物两点，尚不足以排除双方无"事先约定"的情形。在对相关犯罪尚无举证责任倒置的法律规定的前提下，以司法文件的形式确立推定制度，法律依据不足，亦与无罪推定的刑事诉讼原则相抵触,故《意见》未予采纳。

在理解本款规定的"身份变化前后连续收受请托人财物"时,应注意与第一款规定的区分。第一款规定的是分别利用不同主体身份的不同职务便利实施了数个行为,故应实行数罪并罚;本款规定的是只利用了国家工作人员的职务便利为他人谋取利益,实施了一个受贿行为,故应以受贿罪一罪处理。如同时又利用了非国家工作人员的职务便利为他人谋取利益收受贿赂的,则应适用第一款的规定,实行数罪并罚。

此外,《意见》起草过程中还对企业改制完成的时间界点进行了讨论。企业改制一般历时较长,需经改制方案审批、清产核资、财务审计、资产评估、进场交易,签订产权转让合同、产权变割、工商登记变更等多个环节,企业改制过程中各个环节都有可能发生职务犯罪。鉴于实际情况的复杂性,难以规定一个一体适用的认定标准,而如何确定国有企业改制的完成叫间,又关系到主体身份、行为性质及犯罪既、未遂认定等定罪量刑的重要问题,故《意见》未作规定,而是留给司法实践自行掌握。从讨论情况看,主要存在形式认定和实质认定两种意见的分歧。形式认定意见主张以变更登为准。鉴于实践中办理登记手续通常都有很长的时滞性,改制企业虽然尚未办理变更登记,但由于产权交割已经完毕,产权交易已经完成,经营管理已经实际发生变化,公共管理活动已经不复存在,故我们基本倾向于实质认定的意见,即变更注册登记之前,产权交易已经完成的,可以实事求是地视为企业改制已经完成。同时,需要注意避免认定标准过于靠前。比如,有意见提出以"产权交易合同生效"为改制完成的认定标准。很明显,合同生效不意味着产权已经交割、公司性质已经发生变化,相关改制工作并未最后完成,仍具有不确定性,仍有相关的公务活动需要继续处理,故该意见存在不妥之处。

注:有关本罪刑事政策的规定,请参阅"本章犯罪的共性问题"之"刑事政策的规定"相关解释,见本书第493~496页。

第三百八十三条　【贪污罪的处罚】对犯贪污罪的,根据情节轻重,分别依照下列规定处罚:

(一)贪污数额较大或者有其他较重情节的,处三年以下有期徒刑或者拘役,并处罚金。

(二)贪污数额巨大或者有其他严重情节的,处三年以上十年以下有期徒刑,并处罚金或者没收财产。

(三)贪污数额特别巨大或者有其他特别严重情节的,处十年以上有期徒刑或者无期徒刑,并处罚金或者没收财产;数额特别巨大,并使国家和人民利益遭受特别重大损失的,处无期徒刑或者死刑,并处没收财产。

对多次贪污未经处理的,按照累计贪污数额处罚。

犯第一款罪,在提起公诉前如实供述自己罪行、真诚悔罪、积极退赃,避免、减少损害结果的发生,有第一项规定情形的,可以从轻、减轻或者免除处罚;有第二项、第三项规定情形的,可以从轻处罚。

犯第一款罪,有第三项规定情形被判处死刑缓期执行的,人民法院根据犯罪情节等情况可以同时决定在其死刑缓期执行二年期满依法减为无期徒刑后,终身监禁,不得减刑、假释。

一、立法修正

本条根据2015年8月29日全国人大常委会《中华人民共和国刑法修正案(九)》第四十四条修订。原条文为:"对犯贪污罪的,根据情节轻重,分别依照下列规定处罚:(一)个人贪污数额在十万元以上的,处十年以上有期徒刑或者无期徒刑,可以并处没收财产;情节特别严重的,处死刑,并处没收财产。(二)个人贪污数额在五万元以上不满十万元的,处五年以上有期徒刑,可以并处没收财产;情节特别严重的,处无期徒刑,并处没收财产。(三)个人贪污数额在五千元以上不满五万元的,处一年以上七年以下有期徒刑;情节严重的,处七年以上十年以下有期徒刑。个人贪污数额在五千元以上不满一万元,犯罪后有悔改表现、积极退赃的,可以减轻处罚或者免予刑事处罚,由其所在单位或者上级主管机关给予行政处分。(四)个人贪污数额不满五千元,情节较重的,处二年以下有期徒刑或者拘役;情节较轻的,由其所在单位或者上级主管机关酌情给予行政处分。对多次贪污未经处理的,按照累计贪污数额处罚。"

二、立法草案说明

▲2014年10月27日全国人大常委会法制工作委员会《关于〈中华人民共和国刑法修正案(九)(草案)〉的说明》:

按照党的十八届三中全会对加强反腐败工作、完善惩治腐败法律规定的要求,加大惩处腐败犯罪力度,拟对刑法作出以下修改:修改贪污受贿犯罪的定罪量刑标准。现行刑法对贪污受贿犯罪的定罪量刑标准规定了具体数额。这样规定是1988年全国人大常委会根据当时惩治贪污贿赂犯罪的实际需要和司法机关的要求作出的。从实践的情况看,规定数额虽然明确具体,但此类犯罪情节差别很大,情况复杂,单纯考虑数额,难以全面反映具体个罪的社会危害性。同时,数额规定过死,有时难以根据案件的不同情况做到罪刑相适应,量刑不统一。根据各方面意见,拟删去对贪污受贿犯罪规定的具体数额,原则规定数额较大或者情节较重、数额巨大或者情节严重、数额特别巨大或者情节特别严重三种情况,相应规定三档刑罚,并对数额特别巨大,并使国家和人民利益遭受特别重大损失的,保留适用死刑。具体定罪量刑标准可由司法机关根据案件的具体情况掌握,或者由最高人民法院、最高人民检察院通过制定司法解释予以确定。同时,考虑到反腐斗争的实际需要,对犯贪污受贿罪,如实供述自己罪行、真诚悔罪、积极退赃、避免、减少损害结果发生的,规定可以从宽处理。

三、刑罚的适用

▲2003年5月14日最高人民法院、最高人民检察院《关于办理妨害预防、控制突发传染病疫情等灾害的刑事案件具体应用法律若干问题的解释》:

第十四条第一款(见本书第488页)

▲2003年11月13日最高人民法院《全国法院审理经济犯罪案件工作座谈会纪要》：

（四）共同贪污犯罪中"个人贪污数额"的认定

刑法第三百八十三条第一款规定的"个人贪污数额"，在共同贪污犯罪案件中应理解为个人所参与或者组织、指挥共同贪污的数额，不能只按个人实际分得的赃款数额来认定。对共同贪污犯罪中的从犯，应当按照其所参与的共同贪污的数额确定量刑幅度，并依照刑法第二十七条第二款的规定，从轻、减轻处罚或者免除处罚。

延伸阅读：

▲郭清国：《全国法院审理经济犯罪案件工作座谈会纪要》的理解与适用（节选）

（三）关于共同贪污犯罪中"个人贪污数额"问题

"个人贪污数额"作为对贪污罪的定罪处刑标准，首先出现在1988年全国人大常委会《关于惩治贪污罪贿赂罪的补充规定》（以下简称《补充规定》）第2条中，并被1997年刑法所沿用。《补充规定》第2条第2款规定："二人以上共同贪污的，按照个人所得数额及其在共同犯罪中的作用，分别处罚。对贪污集团的首要分子，按照集团贪污的数额处罚；对其他共同贪污罪中的主犯，情节严重的，按照共同贪污的总数额处罚。"也就是说，在共同贪污犯罪中，只有首犯和主犯应对贪污总数额承担刑事责任，从犯仅对个人所得数额承担刑事责任。1997年刑法删除了《补充规定》第2条第2款的规定，在总则部分规定了对主犯的处罚原则，即"对组织、领导犯罪集团的首要分子，按照集团所犯的全部罪行处罚。对于第3款规定以外的主犯，应当按照其所参与的或者组织、指挥的全部犯罪处罚"，没有规定对从犯如何处理。因此，在司法实践中，对于从犯"个人贪污数额"的认定，有的为了避免对从犯量刑失重，仍按照《补充规定》确定的原则，以个人所得数额确定刑事责任；有的则按照个人参与的贪污总数额，确定从犯的刑事责任。为了统一刑法的适用，《纪要》根据共同犯罪的行为人应当对其共同实施的犯罪行为承担刑事责任的刑法规定和刑法理论明确："刑法第三百八十三条第一款规定的'个人贪污数额'，在共同贪污犯罪案件中应理解为个人参与或组织、指挥共同贪污的数额，不能只按个人分得的贪污赃款数额来认定。"即共同贪污犯罪的组织、指挥者的"个人贪污数额"是其组织、指挥共同贪污的贪污总数额，其他主犯和从犯的"个人贪污数额"按照其参与数额认定。鉴于从犯在共同犯罪中起次要或者辅助作用，为避免按照个人参与数额确定刑事责任导致量刑明显过重的情形，《纪要》进一步明确："对共同贪污犯罪中的从犯，应当按照其所参与的共同贪污的数额确定量刑幅度，并依照刑法第二十七条第二款的规定，从轻、减轻处罚或者免除处罚。"

▲2016年4月18日最高人民法院、最高人民检察院《关于办理贪污贿赂刑事案件适用法律若干问题的解释》：

第二条 贪污或者受贿数额在二十万元以上不满三百万元的，应当认定为刑法第三百八十三条第一款规定的"数额巨大"，依法判处三年以上十年以下有期徒刑，并处罚金或者没收财产。

贪污数额在十万元以上不满二十万元，具有本解释第一条第二款规定的情形之一的,应当认定为刑法第三百八十三条第一款规定的"其他严重情节",依法判处三年以上十年以下有期徒刑,并处罚金或者没收财产。

......

第三条 贪污或者受贿数额在三百万元以上的,应当认定为刑法第三百八十三条第一款规定的"数额特别巨大",依法判处十年以上有期徒刑、无期徒刑或者死刑,并处罚金或者没收财产。

贪污数额在一百五十万元以上不满三百万元,具有本解释第一条第二款规定的情形之一的,应当认定为刑法第三百八十三条第一款规定的"其他特别严重情节",依法判处十年以上有期徒刑、无期徒刑或者死刑,并处罚金或者没收财产。

......

第四条 贪污、受贿数额特别巨大,犯罪情节特别严重、社会影响特别恶劣、给国家和人民利益造成特别重大损失的,可以判处死刑。

符合前款规定的情形,但具有自首、立功,如实供述自己罪行、真诚悔罪、积极退赃,或者避免、减少损害结果的发生等情节,不是必须立即执行的,可以判处死刑缓期二年执行。

符合第一款规定情形的,根据犯罪情节等情况可以判处死刑缓期二年执行,同时裁判决定在其死刑缓期执行二年期满依法减为无期徒刑后,终身监禁,不得减刑、假释。

第十八条 贪污贿赂犯罪分子违法所得的一切财物,应当依照刑法第六十四条的规定予以追缴或者责令退赔,对被害人的合法财产应当及时返还。对尚未追缴到案或者尚未足额退赔的违法所得,应当继续追缴或者责令退赔。

第十九条 对贪污罪、受贿罪判处三年以下有期徒刑或者拘役的,应当并处十万元以上五十万元以下的罚金;判处三年以上十年以下有期徒刑的,应当并处二十万元以上犯罪数额二倍以下的罚金或者没收财产;判处十年以上有期徒刑或者无期徒刑的,应当并处五十万元以上犯罪数额二倍以下的罚金或者没收财产。

对刑法规定并处罚金的其他贪污贿赂犯罪,应当在十万元以上犯罪数额二倍以下判处罚金。

延伸阅读:

▲裴显鼎、苗有水、刘为波、王珅:《关于办理贪污贿赂刑事案件适用法律若干问题的解释》的理解与适用(节选)

一、关于贪污罪、受贿罪定罪量刑的数额标准

《解释》第一条至第三条分别对贪污罪、受贿罪中的"数额较大"、"数额巨大"、"数额特别巨大"的具体标准掌握作出了规定。

1. 贪污、受贿罪起刑点数额即"数额较大"标准。对于1997年刑法确定的五千元起刑点数额维持不变还是有所上提,存在意见分歧。一种意见认为,当前反腐败形势依然严峻复杂,从增强人民群众对党和政府推进反腐败工作信心的角度,五千元起刑点数额宜维持不变。经认真研究近年来司法实证数据并广泛听取意见,本着实事求是的原则,《解释》将原先的五千元上调至三万元。具体考虑如下:一是随着经济社会的

发展变化,适度提高贪污、受贿犯罪起刑点数额标准有先例可循。1988年《全国人大常委会关于惩治贪污罪贿赂罪的补充规定》对贪污罪设置的起刑点是二千元,10年后1997年刑法修订时,将该标准调整为五千元。五千元的数额标准已经适用18年,人均GDP自1997年至2015年增长了6.69倍(1997年为6420元,2015年为49351元),适度提高数额标准有其客观社会基础。二是近年来司法实践中贪污、受贿数额二万元左右受到刑事追诉的案件已经较为少见。从实际受到刑事追究的贪污、受贿案件看,数额低于三万元的主要是因为其他犯罪牵连出来的,且多被判处免予刑事处罚。三是将贪污罪、受贿罪起点数额提高到三万元,不意味着低于三万元的贪污、受贿行为就一概不作为犯罪处理。《刑法修正案(九)》对贪污、受贿罪的处罚标准增加了其他情节的规定,贪污、受贿虽不满三万元,但具有其他较重情节的,根据《解释》规定仍可以追究刑事责任。四是零容忍不意味着零刑事门槛。惩治腐败在刑罚之外还有党纪、行政处分。对数额不满三万元且无其他较重情节的贪污、受贿行为予以党纪、行政处分,可以为党纪处分、行政处罚预留出必要的空间,有利于体现党纪严于国法、"把党纪挺在前面"的反腐精神和宽严相济刑事政策,突出刑事打击重点,增进刑事处罚的确定性、公平性与严肃性。

2. 数额巨大、数额特别巨大的标准。《解释》结合调研情况和审判实际,将数额巨大、数额特别巨大的标准分别确定为二十万元、三百万元。其主要考虑有:一是适当拉开不同量刑档的级差,体现《刑法修正案(九)》的立法精神。贪污、受贿案件量刑实践当中长期存在罪刑失衡、重刑集聚问题。根据原刑法关于十万元判处十年有期徒刑以上刑罚的规定,贪污、受贿十万元与贪污、受贿不满十万元的案件在量刑上存在明显差别,而贪污、受贿十万元与贪污、受贿一百万元甚至数百万元的量刑却无实质分别。二是促进自首等量刑情节司法认定的严肃性。自首等从宽情节认定不严肃,是职务犯罪案件较为突出的一个问题,究其原因,其中不乏系为了个案量刑需要而采取的权宜做法。《解释》将十年有期徒刑以上刑罚的数额标准由十万元上调至三百万元,为十年有期徒刑以下刑罚留出尽可能大的数额空间,有利于从根本上解决罪刑失衡问题。同时,随着重刑标准的上提,量刑空间的增大,量刑情节认定中的问题也有望好转。此外,将"数额巨大"的起点数额标准确定为二十万元,还有着新旧刑法有序衔接、平稳过渡的考虑。据此标准,有从重处罚情节,数额在十万元以上的仍需在三年以上十年以下有期徒刑量刑,可以避免量刑上的大起大落。

二、关于贪污罪、受贿罪定罪量刑的情节标准

1. 贪污罪的定罪量刑情节。对于贪污罪的定罪量刑情节,《解释》明确了五种具体情形,简要说明如下:

第一项是贪污救灾、抢险、防汛、优抚、扶贫、移民、救济、防疫、社会捐助等特定款物的。对于本项规定中的"等"字,实践中要注意从两个方面来把握:一是这里的"等"为"等外等",这也是法律文件中"等"字的通常性理解,所以,特定款物不限于列明的九种款物;二是其他特定款物的认定要从严掌握,只有与所列举的款物具有实质相当性的款物才可以认定为特定款物,具体可以从事项重要性、用途特定性以及时间紧迫

性等方面进行判断。

第二、三项是曾因贪污、受贿、挪用公款受过党纪、行政处分或者因故意犯罪受过刑事追究的。适用本规定时需要注意以下几点：一是严格限定党纪、行政处分的事由。第二项原表述为"贪污、受贿等职务违纪违法行为"。征求意见时有意见提出，党纪、行政处分的事由各不相同，且党纪、行政处分轻重不一，为防止情节认定过于宽泛可能导致的刑责不相适应，同时确保处分事由的相对一致性，建议对处分事由作出限定。为此，《解释》将处分事由明确为"贪污、受贿、挪用公款"三种具体职务违纪违法行为。二是"刑事追究"的理解。鉴于实践中受过刑事追究的仍有担任公职特别是在国家出资企业任职的情况，且由于工作衔接等原因受过刑事追究的未必都进行过党纪、行政处分，故《解释》第三项对因故意犯罪受过刑事追究的情形一并作出规定。文字表述上之所以用"刑事追究"而非"刑事处罚"，主要是考虑到较轻的刑事犯罪还有不起诉或者免予刑事处罚等处理措施，"刑事追究"一词更具包容性。三是"故意犯罪"的理解。故意犯罪侧重于主观恶性，不能因为一些过失犯罪的刑罚重于故意犯罪而对这里的"故意犯罪"人为设限。但是，综合全案情节，贪污、受贿行为确实属于情节显著轻微危害不大，符合刑法第13条但书条款规定的，可以不作为犯罪处理。

第四项是赃款赃物用于非法活动的。适用本项规定时要注意避免绝对化理解：一方面，不要求赃款赃物全部或者大部分用于非法活动；另一方面，用于非法活动的赃款赃物数额需要达到一定程度，对于用于非法活动的赃款赃物占比较小的，不宜适用本项规定。"度"的具体把握，实践中可以根据个案情况结合非法活动的比例数和绝对数综合判断。对于《解释》规定的其他相关定罪量刑情节，也应当秉承这一思路进行认定。

第五项是拒不交待赃款赃物去向致使赃款赃物无法追缴或者拒不配合追缴工作，致使无法追缴的。这是综合行为人认罪悔罪态度和损害后果而提出的，不同于因客观原因不能追缴，行为人拒不交待或者拒绝配合致使赃款赃物无法追缴的，不仅损失结果不能依法挽回，而且反映出行为人毫无认罪悔罪之态度，故作为加重情节予以规定是合理的。

此外，为避免挂一漏万，《解释》还在第六项规定了"造成恶劣影响或者其他严重后果的"情节。作为兜底条款，本项规定对危害结果予以了特别强调，本质上是结果加重情节，所以，在开放性程度上与其他司法解释文件的相关规定是有所不同的。具体适用本项规定时，一方面要注意发挥其兜底性作用，这里的影响或者后果不局限于物质层面的损失；另一方面要注意结合《解释》的本意从严掌握，影响或者后果必须实际发生且为相关证据证明。

2. 受贿罪的定罪量刑情节。对于受贿罪的定罪量刑情节，除《解释》在贪污罪中规定的第二至第六种情形外，《解释》针对受贿罪的特点另外规定了三种情形，分别说明如下：

第一项是多次索贿。对于这里的"多次"，实践中要注意结合行为人的主观目的、索贿事由、对象等进行具体认定，避免单纯形式化的理解。比如，基于一笔款项10万元的索贿目的经多次索要才陆续得逞的,不宜认定为多次索贿;同时向多个不同的对象索贿的,也应当认定为多次索贿。此外,这里的"多次"没有时间限定。不论时间长短,凡是基于具体职务行为索要贿赂的,均应一并纳入犯罪处理。

第二项是为他人谋取不正当利益,致使公共财产、国家和人民利益遭受损失。受贿罪以"为他人谋取利益"为法定要件,但是否实际为他人谋取利益、所谋取的利益正当与否均不影响受贿罪的认定。从损害结果的角度,受贿罪存在三种情形,分别是:收受财物后未实施相关职务行为;收受财物后正常履职;收受财物后违法行使职权为他人谋取不正当利益。第三种情形直接以妨害公权力正当行使、损害国家或者他人利益为交换条件,具有明显更为严重的危害性,理应从严惩处。

第三项是为他人谋取职务提拔、调整。通过贿赂买官卖官的行为严重违反党的组织纪律,严重败坏政治生态,当前查处的区域性腐败、系统性腐败案件往往与此有关,危害性十分严重。适用本项规定时需要注意以下几点:一是"为他人谋取职务提拔、调整"不要求实际谋取,承诺、实施、实现三个阶段中任何一个阶段的行为均应认定为本项规定的情形。《解释》第七条关于行贿罪定罪量刑情节规定中的"谋取职务提拔、调整"也作此理解。二是职务"调整"包括职务的平级调整,但是,离职、退休等不再具有国家工作人员公职身份的调整一般不宜认定为这里的职务调整。

正确理解贪污受贿犯罪的定罪量刑情节,还需要注意以下几点:第一,《解释》对于受贿罪规定的八种情节,既适用于定罪,也适用于加重量刑。不能因为《解释》第二条第三款"其他严重情节"、第三条第三款"其他特别严重情节"与第一条第三款"其他较重情节"表述上的差异,而错误地认为加重量刑情节仅为第一条第三款中具体列举的三种情节。第二,《解释》第二条第二款规定"贪污数额在十万元以上不满二十万元",具有《解释》规定的从重情形的,应当认定为刑法规定的"其他严重情节,依法判处三年以上十年以下有期徒刑"等类似表述,主要解决的是入罪和升档量刑的门槛问题。对于数额在二十万元以上不满一百五十万元、具有从重情形的,同样适用该档法定刑规定,实践中要注意避免此种情形下数额接近二十万元的就应当在该档法定刑的上限量刑的简单化理解。第三,关于重复评价的问题。一是加重量刑情节与定罪事实能否同时评价,如《解释》将"为他人谋取不正当利益,致使公共财产、国家和人民利益遭受损失的"规定为受贿罪的加重情节的同时,在第十七条明确受贿又渎职的实行数罪并罚,能否据此规定既加重量刑又数罪并罚?经研究,源于"为他人谋取利益"在受贿罪构成体系中的定位的分歧,同时评价和择一重处理两种意见均有一定道理,实践中可以根据个案情况具体掌握。二是加重量刑情节能否作为一般量刑情节再次评价,如前科情节构成累犯时在提档量刑后是否还要从重处罚,以及入罪情节与2012年"两高"《关于办理职务犯罪案件严格适用缓刑、免予刑事处罚若干问题的意见》规定的不得适用缓刑情节重合时能否适用缓刑等?对此,我们的意见是明确的,即可以再次评价。当然,不管是第一种情形还是第二种情形,同时评价之后都要考虑到这一特殊性,并在量刑时予以充分体现。

三、关于贪污罪、受贿罪的死刑适用原则

《解释》第四条分三款对贪污罪、受贿罪的死刑适用作出了原则性规定。

第一款属于对死刑适用作出的一般性规定。本款规定判处死刑必须同时具备数额特别巨大、犯罪情节特别严重、社会影响特别恶劣、给国家和人民利益造成特别重大损失的四个条件,以此对刑法规定的无期徒刑和死刑的适用标准作出进一步区分,体现严格控制死刑适用的政策精神,确保死刑立即执行仅适用于极个别罪行极其严重的贪污受贿犯罪分子。适用本款规定时要注意,这里规定的"特别重大损失",包括但不限于物质损失。

第二款属于一般死缓规定。对于贪污、受贿犯罪判处死缓的,首先考虑适用的是一般死缓,而非终身监禁,以此避免实践中可能出现的、不加区分地一概适用终身监禁,从而加重原本就应当判处一般死缓的被告人刑罚的不当做法。为此,《解释》一方面通过第一、二款的衔接,强调符合死刑适用条件但同时具备从宽情节、不是必须立即执行的,可以判处一般死缓;另一方面,通过设定相对宽松的死缓适用条件,为一般死缓的实践适用提供必要的政策空间。

第三款属于终身监禁的规定。本款从实体和程序两个方面明确了终身监禁的具体适用:一是通过与第一款直接对接,强调终身监禁主要适用于原本可能判处死刑立即执行的情形;二是明确在一、二审作出死缓裁判的同时应当一并作出终身监禁的决定,而不能等到死缓执行期间届满再视情而定,以此强调终身监禁不受执行期间重大立功等服刑表现的影响。适用终身监禁时需要注意把握两点:一是坚决。对于符合终身监禁适用条件的要坚决判处终身监禁,以此发挥终身监禁在填补死刑立即执行和一般死缓之间的空档、严肃惩治严重腐败犯罪中的特殊作用。二是慎重。终身监禁是介于一般死缓与死刑立即执行之间极为严厉的一种刑罚执行措施,其适用同样需要严格控制,主要适用于过去可能需要判处死刑立即执行、现在适用终身监禁同样可以做到罚当其罪的情形,要切实防止适用一般死缓即可做到罪刑相当的案件被不当升格为终身监禁。

▲苗有水:贪污贿赂刑事司法解释具体问题解读(节选)

一、《解释》所使用的"贪污贿赂犯罪"概念是指哪些犯罪

《解释》除了标题使用了"贪污贿赂刑事案件"的概念外,文本中三次出现了"贪污贿赂犯罪"一词。《解释》所谓的"贪污贿赂犯罪"是指刑法分则第八章规定的贪污贿赂罪,是刑法上的一类犯罪。可是,该解释实际上又不仅仅诠释刑法分则第八章的犯罪,还规定其他章节的犯罪。比如,《解释》第十一条规定了职务侵占罪、非国家工作人员受贿罪、对非国家工作人员行贿罪、挪用资金罪的定罪量刑标准,这些罪名就不是贪污贿赂罪所能包含的,而是刑法分则第三章第三节(妨害对公司、企业的管理秩序罪)和第五章(侵犯财产罪)规定的犯罪。最高人民法院审判委员会于2016年3月28日下午讨论本解释,注意到了这个问题。有委员提出建议,可否在《解释》标题的"贪污贿赂"一词之后加个"等"字?经过讨论,最后决定不加这个"等"字,理由是:尽管《解释》主旨逻辑本意上兼涉其他犯罪,但在题目中加个"等"字可能降低文字的通顺

程度。从原则上来讲解释题目和条文中使用的"贪污贿赂犯罪"是指刑法分则第八章规定的贪污贿赂罪。《解释》同时规定了其他犯罪的定罪量刑标准,而职务侵占等其他犯罪不属于"贪污贿赂犯罪"的范畴,理论上可以统称为"其他职务犯罪"。

与此问题相联系,有审判人员提出,《解释》第十八条、第十九条第二款规定的"贪污贿赂犯罪"既然不包括职务侵占、挪用资金等其他职务犯罪,那么该两个条款规定的原则是否适用于其他职务犯罪案件?对此,需要具体分析。《解释》第十八条是关于违法所得的追缴和退赔的原则性规定,是对刑法第六十四条的具体落实。该条虽然是以"贪污贿赂犯罪分子"为对象进行规定的,但其原则适用于刑法上所有可能产生违法所得的经济犯罪、财产犯罪和职务犯罪。《解释》第十九条第二款是关于罚金刑判罚标准的规定,适用于贪污罪、受贿罪以外的"其他贪污贿赂犯罪",如利用影响力受贿罪、行贿罪等;但不适用于其他职务犯罪,如,刑法第一百六十四条规定的对非国工作人员行贿罪。当然,在办理对非国家工作人员行贿犯罪案件时,参考《解释》第十九条第二款规定的罚金刑判罚标准,也是完全可以的。

二、《解释》规定了几种具体犯罪的定罪量刑标准

《解释》共有20条,规定了贪污贿赂犯罪及其他职务犯罪(包含10种具体犯罪)的定罪量刑标准。《解释》第一条至第三条规定的是贪污罪和贿赂罪的定罪量刑标准,第五条、第六条是关于挪用公款罪的定罪量刑标准,第七条、第八条、第九条规定的是行贿罪的定罪量刑标准,第十条规定的是利用影响力受贿罪和对有影响力的人行贿罪的定罪量刑标准,第十一条规定了非国家工作人员受贿罪、职务侵占罪、挪用资金罪、对非国家工作人员行贿罪的定罪量刑标准。第十一条规定的4个罪名,严格来说不属于贪污贿赂犯罪。

三、如何理解贪污贿赂犯罪定罪量刑标准的"数额加情节"

"数额加情节"是《中华人民共和国刑法修正案(九)》(以下简称《刑法修正案(九)》)对一段时间以来司法实践的总结和肯定,也是最重要的修正规定之一,因此也就成为《解释》最重要的规定内容。《解释》既要讲清楚数额标准还要讲清楚情节标准,并且使两者有机统一。例如,根据《解释》第一条的规定,受贿1万元以上不满3万元的,本来是没有达到定罪的数额标准的,但是如果受贿行为有其他较重情节,如把赃款用于非法活动,即构成犯罪。这就叫"数额加情节"。

"数额加情节"主要表现在两个方面:一是入罪时的"数额加情节",指认定犯罪是否成立时不仅考虑数额因素,而且考虑相关情节。这种情况下纯粹考虑数额不能满足定罪的条件,必须兼顾相关从严处罚情节才能入罪。此种情况,理论上可以称为"特别入罪"。二是量刑时的"数额加情节",主要指选择量刑档次时不仅考虑数额因素,还要考虑相关情节,即属于升档量刑时的"数额加情节",理论上可以称为"特别升档量刑"。

四、《解释》提高贪污贿赂犯罪的定罪量刑数额标准,是否符合党和国家关于从严惩治腐败的精神

无疑,笔者对于这个问题的回答是肯定的。《解释》颁布后,一些经济相对落后地

区的同行朋友提出质疑说,这个司法解释规定的起刑点太高了,贪污、受贿3万元以上的才追诉,意味着有很多贪污、受贿行为因为数额较小而无法打击。这样做是不是轻纵腐败犯罪?事实上,《解释》第一条至第三条规定贪污罪、受贿罪的起刑点一般是3万元,但在特殊情况下1万元也是可以追诉的。我们回顾一下,1997年刑法规定贪污罪、受贿罪的起刑点数额是多少呢?一般情况下是5000元。如此来说,此次司法解释把贪污罪、受贿罪的起刑点提高了6倍。相比之下,提高的幅度是不是过大?"两高"于2016年4月18日召开的新闻发布会重点回答了这个问题。道理很简单:今天的人民币3万元的购买力比不上1997年的5000元!根据有关部门统计,我国人均GDP自1997年至2014年增长了约6.25倍。GDP是国家公布的,我们制定司法解释时,应当参考相关部门的统计数据来判断我国的经济发展状况,以便进一步判断一定数额的贪污贿赂犯罪行为的社会危害性大小。1997年,你如果拥有3万元,可以考虑在北京某个地段购买一套也许面积不大的二手房。但在2016年,你想花3万元在那里买1平方米都很困难。所以有位学者写了一篇文章提出,"与其说贪官的命更值钱了,还不如说是钱不值钱了"。我觉得,贪污贿赂犯罪的数额标准,多年以前就应该调整了,只是到了制定刑法修正案(九)的时候,立法机关才下决心对此予以修正。提高贪污贿赂犯罪定罪量刑的数额标准,是与我国社会发展的实际相适应的。我们不能认为提高数额标准就背离了党和国家关于从严惩治腐败的精神。

五、《解释》为什么不采取"幅度数额"的规定方式

在《解释》起草过程中,有专家建议:对贪污贿赂犯罪,也可以像以往司法解释对于盗窃罪的规定一样,实行"幅度数额"。比如,可以设置1万元到5万元之间的数额幅度,让地方高级人民法院在此幅度内选择适合于本地的标准报最高人民法院备案。例如,黑龙江省可以选1万元开始追诉,广东省可以选5万元。经过论证,我们认为这样做是不合适的。对于盗窃、诈骗犯罪可以这样规定,但对贪污贿赂犯罪不能这样做。惩治贪污贿赂犯罪属于反腐败工作,反腐败又属于吏治范畴,应当规定一个统一的适用于全国的标准。吏治如果不统一,就会乱套,因为干部是流动的,有时甚至是全国统一调配的。这个跟打击盗窃、诈骗犯罪不是一回事。更应考虑的是,如果我们制定"幅度数额"标准,就会给我们的职务犯罪审判工作带来极大的麻烦。这是因为,贪污贿赂犯罪异地指定管辖的很多,北京的贪官指定到山东去审,山西的贪官指定到江苏去审,江苏的贪官指定到浙江去审,是经常发生的。一旦不同省区市的数额标准规定得不一样,那么贪官们会纷纷提出申请希望指定到广东去审,这样岂不生乱?!专家们继续建议说,可以按照犯罪地的数额标准来量刑,而不管在什么地方审判。其实这样想下去问题就更复杂了,因为贪污贿赂犯罪案件的犯罪地很多,有些省部级贪官的受贿犯罪事实有数十项之多,他们在全国不同地方任过职,所以他们收受贿赂的地点分散在全国各地,那怎么按照犯罪地的数额标准来量刑呢?所以不能搞不同地区不同的标准。

六、《解释》对贪污贿赂犯罪及职务侵占等其他职务犯罪的定罪量刑数额标准提高后,相比之下,盗窃、诈骗等侵犯财产罪的起刑点是不是偏低了

《解释》将贪污罪和受贿罪的起刑点从5000元提高到3万元,并将这两种犯罪判

处十年以上有期徒刑的数额起点的从过去的10万元提高到300万元。按照《解释》第十一条的规定,非国家工作人员受贿罪和职务侵占罪的定罪量刑数额标准按照贪污罪、受贿罪的2倍执行。也就是说,职务侵占罪和非国家工作人员受贿罪的起刑点是6万元。如果仅从货币的数量来看,上述犯罪的定罪数额标准的确是大大地提高了。这样就引出一个问题:贪污罪、受贿罪、非国家工作人员受贿罪、职务侵占罪与盗窃罪、诈骗罪等其他犯罪相比,是不是定罪量刑标准不平衡了?我个人认为,确实存在不平衡的问题。上文已经述及,因为国家货币的购买力下降了,因而职务犯罪的定刑数额标准需要提高。那么,难道盗窃、诈骗犯罪分子手里的货币这些年来没有贬值吗?同样在贬值。从这个意义上来说,盗窃罪、诈骗罪的定罪量刑数额标准也需要适当调整,但要循序渐进。

不平衡的问题怎么解决呢?是不是要把盗窃罪、诈骗罪的定罪数额标准提高到与贪污罪、受贿罪、职务侵占罪一样高?我觉得这是不可能也是没有必要的,因为这是两类不同性质的犯罪社会危害性也有所不同。

七、最高司法机关有无对财产犯罪的定罪标准作出相应调整的计划

关于《解释》规定的职务犯罪数额标准与盗窃罪、诈骗罪等财产犯罪的数额标准的不平衡问题,在最高人民法院审判委员会讨论《解释》时,委员们研究了这个问题。会上,有的委员提出,对盗窃等其他犯罪的数额标准应当进行通盘研究并借鉴境外的立法实践,必要时进行适当调整。2016年4月18日上午,最高人民法院常务副院长沈德咏在电视电话会议上指出,要深入研究对类似犯罪定罪量刑标准及刑罚体系调整完善问题,加强调查研究,积极提出立法、修法建议。

八、在"数额加情节"的立法背景下,如果只有部分贪污受贿数额所对应的行为符合"其他较重情节""其他严重情节"或者"其他特别严重情节"的情形的,能否按照相关从严情节入罪或者升档量刑

例如,某被告人受贿240万元,但是其中一笔100万元是因为帮助行贿人职务提拔而收受的,这种情况是否可以认定为《解释》第三条第三款规定的"其他特别严重情节"?问题的关键是240万元中只有100万元与从严处罚情节相挂钩,是否可以判处十年以上有期徒刑?对于上述问题,需要明确的是:一是贪污受贿数额所对应的行为符合"其他较重情节""其他严重情节"或者"其他特别严重情节"情形的部分,不要求达到总额的50%,即可以考虑特别入罪或者升档量刑。二是与从严处罚情节相对应的数额必须达到一定的量(比率不能过低),才可以考虑特别入罪或者升档量刑。三是在办理具体案件时,应当综合全案具体情况,权衡各种情节,从而决定是否特别入罪或者升档量刑。

对于部分数额具备升档情节的案件,有的审判人员提出,只要这部分数额不到《解释》规定的标准,如第三条第三款规定的150万元,就不能适用上一个量刑档次。我觉得这种理解不甚妥当。对于只有部分数额相对应的事实符合升档情节的案件,不要求该部分数额必须达到相应数额幅度的低限,如前面所举总额240万元的例子中,不应要求这部分具备升档情节对应的数额达到150万元,即可按照上一量刑档次处罚。但

是，为了兼顾合理性，对于这部分数额比例过低的案件，可以不认定具有升档的量刑情节。至于多少比例才能算比例够高，交由司法工作人员针对个案作出具体裁量。上述案例，有100万元属于从严处罚情节，可以考虑升档量刑。假定240万元中只有10万元即1/24涉及从严情节，那么此案判十年以上就不大合适。

九、怎样理解《解释》第一条第二款第一项规定的"救灾、抢险、防汛、优抚、扶贫、移民、救济、防疫、社会捐助等特定款物"的"等"

这里的"等"表示等外的意思，即除了救灾、抢险、防汛、优抚、扶贫、移民、救济、防疫、社会捐助以外的其他特定款物。关于其他特定款物的认定，应当注意：一是考虑某种未予明确的款物是否可以认定为特定款物时，必须注重研究相关行政法律、法规和规章的规定，以便确认这种款项与救灾、抢险、防汛、优抚、扶贫、移民、救济、防疫、社会捐助款项是否具有相同的性质。二是近几年来中央或地方政府出台的一些惠农政策，包括农村一事一议的工程补贴款、沼气太阳能水窖建设补贴款、生态保护补贴款、危房改造补助金、泥草房改造补贴、农机补贴、粮食直补款、"普九"化债专项资金、退耕还林补偿款、拆迁补偿款等，是否可以认定为特定款项，应当结合相关行政法律、法规和规章的规定具体分析，不能一概而论。三是对于性质存在争议的款物，认定为特定款物时，应当特别慎重。

十、怎样理解"曾因贪污、受贿、挪用公款受过党纪、行政处分"

《解释》第一条第二款第二项规定"曾因贪污、受贿、挪用公款受过党纪行政处分的"，属于贪污犯罪的"其他较重情节"之一。首先，需要明确的是，这里所指的党纪、行政处分的原因仅限于贪污、受贿、挪用公款三种行为，而不包括其他情形。其次，所谓党纪处分，是指依照《中国共产党纪律处分条例》对违反党的纪律的党员或者党组织所作的处分，包括警告、严重警告撤销党内职务、留党察看、开除党籍等五种。所谓行政处分，是指国家机关、企业、事业单位依照《中华人民共和国公务员法》《行政机关公务员处分条例》《中华人民共和国行政监察法》等法律、法规，对所属国家工作人员的违法失职行为的一种惩戒。行政处分有警告、记过、记大过、降级、撤职、开除等六种。行政处分是一种内部行政行为，不同于行政处罚。

有的审判人员提出，本次贪污、受贿行为实施以前曾因贪污、受贿行为已经受过党纪、政纪处分的，在认定本次贪污、受贿数额时，是否应当累计计算？笔者认为不应当累计，理由是：以前的行为已经受过党纪、政纪处分，而不是"未经处理"，但应属于不思悔改的从重情节。

十一、怎样理解"曾因故意犯罪受过刑事追究的"

《解释》第一条第二款第三项规定"曾因故意犯罪受过刑事追究的"，系一种从严情节。有同行写文章指出，这一规定令人费解，理由是：根据《中华人民共和国公务员法》第二十四条关于"曾因犯罪受过刑事处罚的""曾被开除公职的"不得录用为公务员的规定和党纪严于国法的政策，难以想象"因故意犯罪受过刑事追究"，即使因撤案、不起诉而未受过刑事处罚，一般也会被党纪政纪处理乃至开除公职，虽然可能存在少数"曾因故意犯罪受过刑事追究"，但保留国家工作人员身份的，但在实践中确实罕见。因此,解释将"曾因故意犯罪受过刑事追究"规定为从重情节,可能在实践难有适用机会。

我觉得,上述论者知其一未知其二。《解释》第一条第二款第三项的规定是特别有所指的。相关部门提供的资料显示,全国有大量因故意犯罪被判缓刑、免刑的人并未被清除出国家工作人员队伍。这还不包括国有公司、企业、事业单位中大量曾经被判处刑罚的人。从刑法关于犯罪主体的规定来看,国有公司、企业、事业单位中,以及非国有公司、企业、事业单位中,曾经有故意犯罪前科的人,仍然有许多实施贪污、受贿犯罪的机会——这些人出现在具体案件中可能是"受委派从事公务的人"。另外,由于管理跟不上,目前尚有服刑人员党籍未被开除的现象,发现这些现象后,有关部门曾要求司法机关加强执法力度,注重部门之间的协调配合,予以妥善解决。

这里需要指出,"刑事追究"不同于"刑事处罚"。前者包括免予刑事处罚,后者不包括。此外,"刑事追究"还包括检察机关依据刑事诉讼法第一百七十三条第二款对于"犯罪情节轻微"案件所作的"相对不起诉",但不包括绝对不起诉"和"事实不清不起诉"。

十二、怎样理解"赃款赃物用于非法活动的"

"赃款赃物用于非法活动"的认定,不要求赃款赃物大部分用于非法活动,即不要求用于非法活动的比例达到50%。但是,用于非法活动的比例过低的,可以不认定具备该种从严处罚情节。实践中,可以根据个案的具体情况进行合理裁量。

十三、怎样理解"多次索贿"

《解释》第一条第三款第一项规定的"多次索贿",是指3次以上索贿。这一点没有争议,争议的是次数的计算问题。首先,"多次索贿"是否应当把未遂的情形计入次数?笔者认为,回答应当是肯定的,即多次索贿未遂的部分也应当计入索贿次数。例如,国家工作人员向3个人索贿,其中1人给了他2万元,另外两个人拒绝给付贿赂,那也应当认定该国家工作人员的行为符合"多次索贿"的情形。之所以这样解释,是因为索贿是一种恶劣的依法应当从重处罚的受贿行为方式,必须从严把握。

其次,"多次索贿"的对象,是1个人还是包括多人?这个问题比较复杂,我觉得,如果1次索贿对象是1个人,那当然就是1次;如果是多人,那就得看具体情况:如果在一个场合,因为同一个事由,同时向多人发出索贿的信息,且被索贿的多人相互知悉,那可以认定为一个整体的被索取对象,可以认定为1次索贿;如果是因为不同的事由在同一场所分别向不同的人索贿,那么认定为1次索贿恐怕就不合理。当然这是特例,这种案子实践中不大可能发生。这里讨论的是关于什么叫"一次索贿"的问题应当具体问题具体分析。这就像过去我们办理抢劫案件是如何认定"多次抢劫"一样,只能具体个案具体分析认定。

十四、怎样理解"为他人谋取职务提拔、调整"

"为他人谋取职务提拔、调整"属于"为他人谋取利益"的一种表现形式。问题是,"为他人谋取职务提拔、调整"是否可以包括"承诺、实施、实现"三个阶段中任何一个阶段的行为?我认为回答是肯定的。这里值得一提的是2003年11月13日最高人民法院发布的"重庆会议纪要",即《全国法院审理经济犯罪案件工作座谈会纪要》。该纪要把受贿罪的构成要件"为他人谋取利益"解释为包括承诺、实施、实现三个阶段的行为,只要是符合其中任何一个阶段的行为,就认为具备这个构成要件。也就是说,明知他人有具体的请托事项而收受他人财物的,就应当认为具有为他人谋取利益的故意,就可以构成受贿犯罪了。这实际上是把受贿罪所要求具备的"为他人谋取利益"要件解释为"主观要件"了。那么,"为他人谋取职务提拔、调整"是不是也可以作为"主观要件"来理解呢?答案也是肯定的。"为他人谋取职务提拔、调整"是"为他人谋取利益"的一种表现,所以在认定这种行为是否构成"为他人谋取利益"时,适用的标准跟一般的"为他人谋取利益"应当是一样的。

有的审判人员提出,这里的"调整"一词比较费解。"调整"是不是包括平级调动?我认为应当包括,否则就没有必要在"提拔"之外加上"调整"一词。通常,这种"调整"是指调到一个较好的岗位上工作,这样才存在"跑官、要官"的必要。

十五、如何把握终身监禁的法律性质

终身监禁不是一种独立的刑种,是死缓减为无期徒刑后的一种刑罚执行措施,为严格控制死刑立即执行的适用提供了重要的制度支持。实务探讨《解释》只是规定了终身监禁的适用原则,而没有规定具体的适用条件。终身监禁是《刑法修正案(九)》新设立的,而且它针对的就是两个罪——贪污罪、贿赂罪。终身监禁是介于死刑和死缓之间的一种中间措施。《刑法修正案(九)》生效后,死刑的执行方式由两种变成三种了。第一种是死刑立即执行;第二种就是终身监禁,即决定死缓时宣告了终身监禁;第三种是普通的死缓。那么目前存在争议的是,立法者究竟是想对过去那些判处死刑立即执行的人都决定终身监禁呢?还是把那些过去判处死缓但罪行比较重的人刑罚拔高,对其决定终身监禁呢?对此,立法、实务和学界的意见比较一致,认为一些过去判死刑立即执行的人,特别是判处死刑立即执行偏重,不判又失轻的人现在可以适用终身监禁。可以预见,由于终身监禁的适用,今后贪污贿赂犯罪适用死刑立即执行的标准会更加严格。

十六、被决定终身监禁的罪犯,有重大立功的能否得到减刑

这个问题的本意是:被决定终身监禁的罪犯,是不是真的终身被关押?关于这个问题,沈德咏常务副院长在2016年4月18日电视电话会议上的讲话中明确指出,因贪污受贿犯罪判处终身监禁的,不受总则条文的制约,就是说死缓期间即使有重大立功,也不能减为有期徒刑。由于《刑法修正案(九)》明确规定"终身监禁,不得减刑、假释",因此即使在死刑缓期执行期间有重大立功表现,也不得减为二十五年有期徒刑。所以最高人民法院刑二庭裴显鼎庭长在新闻发布会上说的"牢底坐穿",我觉得是符合立法本意的。如果认为终身监禁决定后在死刑缓期执行期间有重大立功表现的就可以减为二十五年有期徒刑,不再执行终身监禁,那终身监禁制度就形同虚设了。那么,如果在死刑缓期执行期间,发生了故意犯罪呢?那还要执行终身监禁吗?这的确是个问题,但这个问题与能否减刑的问题是不同的。这种情况不是《刑法修正案(九)》所规定的"不得减刑"的范围,而是属于"加刑"。所以如果发生故意犯罪,可以

改为死刑立即执行,然后报请最高人民法院核准。当然,是否核准是另一个问题。

二十、对于《解释》没有规定定罪量刑具体数额标准的其他职务犯罪,如何定罪处罚

《解释》总共规定了10个罪名的定罪量刑标准,包括贪污罪、受贿罪、挪用公款罪、行贿罪、利用影响力受贿罪、对有影响力的人行贿罪、非国家工作人员受贿罪、职务侵占罪、挪用资金罪、对非国家工作人员行贿罪。除此以外,刑法中还有10个罪名属于职务犯罪的范畴,《解释》没有涉及,包括单位受贿罪、对单位行贿罪、介绍贿赂罪、单位行贿罪、巨额财产来源不明罪、隐瞒境外存款罪、私分国有资产罪、私分罚没款物罪、挪用特定款物罪以及对外国公职人员、国际公共组织官员行贿罪。笔者认为,《解释》未对单位行贿罪、对单位行贿罪、单位受贿罪、隐瞒境外存款罪的量刑幅度作出规定,主要是因为这几个罪名只有一个量刑幅度,且已有追诉标准,故无须另行规定。

有审判人员提出:单位受贿、对单位行贿、单位行贿、巨额财产来源不明、隐瞒境外存款、私分国有资产、私分罚没财物这几个罪名,虽然《解释》没有涉及,但入罪数额标准是否也应相应提高?否则会出现一些量刑上的不均衡?这个问题有一定的复杂性,不能一概而论。应当根据不同的罪名,考察过去相关规定包括追诉标准规定的数额标准分别予以妥善处理——有的罪名可以适当调整,也有的罪名按过去追诉标准办理就可以。分述如下:一是单位行贿罪,过去有追诉标准规定,一般情节的从20万元开始追诉;具有特殊情节的,10万元至20万元也可以追诉。我看这个标准其实就已经够高了,不应该再往上调整。也就是说,对于单位行贿罪,应当继续沿用原来标准。二是单位受贿罪,追诉标准是10万元以上,我个人觉得也已经够高了。对于此罪,应当继续沿用原来标准。三是对单位行贿罪,过去的追诉标准规定得非常详细。如个人对单位行贿的,标准是10万元以上;单位对单位行贿的,标准是20万元以上,这些现在都可以继续执行。四是还有其他罪名,如介绍贿赂罪、挪用特定款物罪,过去的追诉标准似乎规定得有点低,有待今后解决。这些案件不多,可以由地方法院自行把握。还有巨额财产来源不明罪,过去的标准是以30万元为起刑点,其实没有意义。隐瞒境外存款不报罪、私分国有资产罪、私分罚没财物罪等,都可以具体案件具体分析。也有些罪名,据统计部门透露,好像迄今为止没有起诉到法院过,如对外国公职人员、国际公共组织官员行贿罪。这样的罪名,几乎也没有遇到过,所以暂时不必确定定罪量刑标准。

四、溯及力的规定

▲2015年11月1日最高人民法院《关于〈中华人民共和国刑法修正案(九)〉时间效力问题的解释》:

第八条(见本书第359页)

第三百八十四条 【挪用公款罪】国家工作人员利用职务上的便利,挪用公款归个人使用,进行非法活动的,或者挪用公款数额较大、进行营利活动的,或者挪用公款数额较大、超过三个月未还的,是挪用公款罪,处五年以下有期徒刑或者拘役;情节严重的,处五年以上有期徒刑。挪用公款数额巨大不退还的,处十年以上有期

徒刑或者无期徒刑。

挪用用于救灾、抢险、防汛、优抚、扶贫、移民、救济款物归个人使用的，从重处罚。

一、立法解释

▲2002年4月28日第九届全国人民代表大会常务委员会《关于〈中华人民共和国刑法〉第三百八十四条第一款的解释》：

有下列情形之一的，属于挪用公款"归个人使用"：

（一）将公款供本人、亲友或者其他自然人使用的；

（二）以个人名义将公款供其他单位使用的；

（三）个人决定以单位名义将公款供其他单位使用，谋取个人利益的。

二、立法解释草案说明

▲《全国人民代表大会常务委员会关于〈中华人民共和国刑法〉第三百八十四条第一款的解释（草案）》：

刑法第三百八十四条第一款规定："国家工作人员利用职务上的便利，挪用公款归个人使用，进行非法活动的，或者挪用公款数额较大、进行营利活动的，或者挪用公款数额较大、超过三个月未还的，是挪用公款罪，处五年以下有期徒刑或者拘役；情节严重的，处五年以上有期徒刑。挪用公款数额巨大不退还的，处十年以上有期徒刑或者无期徒刑。"最高人民法院于2001年9月18日作出了《关于如何认定挪用公款归个人使用有关问题的解释》，该《解释》规定，国家工作人员利用职务上的便利，以个人名义将公款借给其他自然人或者不具有法人资格的私营独资企业、私营合伙企业等使用，或者为谋取个人利益，以个人名义将公款借给其他单位使用的，属于挪用公款归个人使用。

在司法实践中，司法机关对国家工作人员将公款借给其他单位使用，是否要以个人名义或者自己从中牟利作为犯罪界限，认识不一致。根据《中华人民共和国立法法》第四十三条的规定，最高人民检察院于2001年11月向全国人大常委会提出对刑法第三百八十四条第一款规定中"挪用公款归个人使用"的含义作法律解释的要求。

根据立法法第四十四条的规定，法制工作委员会对上述问题专门听取了最高人民检察院的意见，又与中央政法委员会、最高人民检察院、最高人民法院、公安部及法律专家多次进行研究。经研究认为，刑法规定的国家工作人员利用职务上的便利，挪用公款归个人使用，实质上是将公款非法置于个人的支配之下，公款私用，将公款供本人、亲友或者其他自然人使用，或者以个人名义将公款供其他单位使用。对于以单位名义将公款借给其他单位使用的，应当区别情况处理。属于单位之间的拆借行为一般不应按照挪用公款罪处理。但是，由个人决定以单位名义将公款借给其他单位使用，自己谋取利益的，实际上也是挪用公款私用的一种表现形式，应当属于刑法规定的挪用公款"归个人使用"。

为进一步明确刑法第三百八十四条有关规定的含义，有力打击挪用公款的犯罪活动，拟对刑法第三百八十四条第一款作如下解释：

"有下列情形之一的,属于挪用公款'归个人使用':
(一)将公款供本人、亲友或者其他自然人使用的;
(二)以个人名义将公款供其他单位使用的;
(三)个人决定以单位名义将公款供其他单位使用,谋取个人利益的。"

延伸阅读:
▲黄太云:全国人大常委会《关于〈中华人民共和国刑法〉第三百八十四条第一款的解释》的背景说明及具体理解(节选)

二、挪用公款"归个人使用"立法解释的具体理解

在起草过程中,法律专家对刑法第三百八十四条规定的挪用公款归个人使用中的"个人",是指挪用者将公款供本人和其他自然人使用没有异议,但对在什么情况下将公款挪用给单位使用的,也作为挪用公款"归个人使用"处理,有以下四种不同的观点。

第一种观点认为,对于以个人名义将公款挪用给单位使用的,不管挪用人是否谋取了个人利益,也不管单位的性质是私有还是公有,都应属于挪用公款归个人使用。对于以个人名义将公款挪用给单位使用,自己收取好处的,应当以受贿罪定罪处罚。

第二种观点认为,对于为谋取个人利益将公款挪用给单位使用的,不管单位的性质是私有还是公有,不管是否以个人名义,都应当属于挪用公款归个人使用。认为这种行为违反了公款的合法使用性,实际上是一种利益的交换,是归个人使用的一种方式。

第三种观点认为,行为人将公款挪用给单位使用的,不管是否以个人名义,也不论是否谋取个人利益,不论用款单位是国有、集体还是私营企业等单位,都不属于挪用公款归个人使用。

第四种观点认为,挪用公款罪应当解决的是单位对资金的占有权、使用权保证国有资产不流失。因此,应当从单位的利益、挪用性质上考虑是否违法,而不应从使用者的身份去考虑。挪用公款行为本身就是违法,凡未经过批准或者超越职权,不管挪用给单位还是个人使用,都应以挪用公款罪定罪处罚。

经研究后认为,挪用公款罪侵犯的是单位对于公款的使用权,其实质是将单位公款非法置于个人的支配之下,也就是公款私用。这里所说的"私用",不是看最终的公款使用者是个人还是单位,而是指个人非法支配、使用单位公款,侵犯了本单位对于公款的正常使用权。

立法解释规定以下三种情形属于挪用公款"归个人使用":

(1)将公款供本人、亲友或者其他自然人使用的。无论本人、亲友还是其他自然人,相对于单位来讲都是个人。这是一种典型的挪用公款归个人使用的表现形式。

(2)以个人名义将公款供其他单位使用的。该种行为的关键是"以个人名义",它是指打着个人的旗号。实践中多表现为在单位的出借款条上或者其他提供款项的文件上签的是个人的名字且无单位的公章。这样,虽然把单位的公款借给了其他单位,但手续上反映的却是个人把钱借出。解释中的"供"是提供的意思,包括借出或者赠与。

公款属于单位，而非个人。虽然单位负责人在职权范围内有决定一定数额公款使用的权力但那实际上是单位赋予其负责人代表单位正确支配、使用公款的权力。绝不意味着单位授权其负责人可以个人名义任意非法支配、使用单位公款。以个人名义将公款供其他单位使用，本身就是将公款非法置于个人支配之下的一种表现形式。根据立法解释，以个人名义将公款供其他单位使用的，无须再看是否谋取个人利益，即可认定挪用公款"归个人使用"。

有的人认为，"以个人名义"，必须是借款、还款都以个人名义进行才能认定。这种观点没有全面理解"以个人名义"的立法含义。立法解释所说"以个人名义将公款供其他单位使用的"，主要是管行为人是如何将单位公款提供出去的，从而进一步判断是否侵犯了本单位对于公款的占有、使用权。当然，借款、还款都以个人名义是一种典型的挪用公款。但在实践中，挪用公款的许多案件在案发时用款单位有的还没有开始还，有的根本就还不上，只有挪用人在出借款条上的个人签名。这种由于行为人对于公款的个人非法支配、使用，严重地侵犯了本单位对公款的支配使用权的行为，也是刑法挪用公款罪要管的。

（3）个人决定以单位名义将公款供其他单位使用，谋取个人利益的。该行为属于"归个人使用"，主要是基于以下考虑：个人决定以单位名义将公款供其他单位使用，谋取个人利益，实际上是以公款谋取个人私利的一种方式，符合将公款非法置于个人的支配之下，公款私用的本质特征。"个人决定"，既包括行为人在其职权范围内决定，也包括超越职权决定。但是，单位集体讨论决定的，不属于"个人决定"。"以单位名义"，是指出借、提供公款的款条上清楚地写着单位的名称，而非个人的名字。这里所说"其他单位"中的"单位"，与刑法第三十条中单位的范围是一致的，即包括公司、企业、事业单位、机关、团体。"谋取个人利益"，既包括合法利益，也包括非法利益；既包括谋取财产性利益，如钱物，也包括谋取非财产性利益，如为子女解决住房等。

在起草过程中，有的部门建议，凡是个人擅自决定以单位名义将公款供其他单位使用的，都应属于"归个人使用"，不应还有"谋取个人利益"的限制。考虑到"个人决定以单位名义将公款供其他单位使用"，有的在负责人的职责权限内，有的虽然超出了个人权限，属于擅自决定，但反映出来的毕竟还是单位与单位之间的用款关系，这与以个人名义将公款供其他单位使用大不相同。正如全国人大常委会法制工作委员会副主任胡康生在向全国人大常委会所作的立法解释说明中所指出的："对于以单位名义将公款借给其他单位使用，应当区别情况处理。属于单位之间的拆借行为一般不应按挪用公款罪处理。但是，由个人决定以单位名义将公款借给其他单位使用，自己谋取利益的，实际上也是挪用公款私用的一种表现形式应当属于刑法规定的挪用公款'归自己使用'。"个人决定以单位名义将公款供其他单位使用，个人未从中谋取个人利益的，不具备公款私用的本质特征。因此，没有采纳这个意见。"个人利益"是指具体的利益，而不是指挪用人和用款单位的负责人相互认识、关系不错，是好朋友等。

在起草过程中，有的建议，应将"个人决定以单位名义将公款供其他单位使用，谋取个人利益的"行为以受贿罪定罪处罚。考虑到刑法对受贿罪要求行为人有非法收受他人财物的行为,而且一般要在5000元以上。对于实践中挪用公款后没有收受财物的,或者虽收受了财物但不到5000元的,或者只谋取了非财产性利益的,就难以定罪处罚。因此,立法解释没有采纳这个意见。

应当指出的是,实践中有的人利用职权个人决定以单位名义将公款供其他单位使用,自己又没有从中谋取个人利益,但用款单位无力还款,给单位造成重大损失的,对挪用人可以渎职罪追究刑事责任。

三、立案标准

▲2016年4月18日最高人民法院、最高人民检察院《关于办理贪污贿赂刑事案件适用法律若干问题的解释》:

第五条 挪用公款归个人使用,进行非法活动,数额在三万元以上的,应当依照刑法第三百八十四条的规定以挪用公款罪追究刑事责任……

四、客观要件的认定

1. 犯罪对象

▲1997年10月13日最高人民检察院《关于挪用国库券如何定性问题的批复》:

国家工作人员利用职务上的便利,挪用公有或本单位的国库券的行为以挪用公款论;符合刑法第384条、第272条第2款规定的情形构成犯罪的,按挪用公款罪追究刑事责任。

▲2003年1月30日最高人民检察院《关于挪用失业保险基金和下岗职工基本生活保障资金的行为适用法律问题的批复》:

(见本书第491页)

▲2004年7月9日最高人民法院研究室《关于挪用退休职工社会养老金行为如何适用法律问题的复函》:

(见本书第491~492页)

2. 行为要素

▲1998年5月9日最高人民法院《关于审理挪用公款案件具体应用法律若干问题的解释》:

第一条 刑法第三百八十四条规定的"挪用公款归个人使用",包括挪用者本人使用或者给他人使用。

挪用公款给私有公司、私有企业使用的,属于挪用公款归个人使用。

第二条 对挪用公款罪,应区分三种不同情况予以认定:

(一)挪用公款归个人使用,数额较大,超过三个月未还的,构成挪用公款罪。

挪用正在生息或者需要支付利息的公款归个人使用,数额较大,超过三个月但在案发前全部归还本金的,可以从轻处罚或者免除处罚。给国家、集体造成的利息损失应于追缴。挪用公款数额巨大,超过三个月,案发前全部归还的,可以酌情从轻处罚。

(二)挪用公款数额较大,归个人进行营利活动的,构成挪用公款罪,不受挪用时间和是否归还的限制。在案发前部分或者全部归还本息的,可以从轻处罚;情节轻微的,可以免除处罚。

挪用公款存入银行、用于集资、购买股票、国债等,属于挪用公款进行营利活动。所获取的利息、收益等违法所得,应当追缴,但不计入挪用公款的数额。

(三)挪用公款归个人使用,进行赌博、走私等非法活动的,构成挪用公款罪,不受《数额较大》和挪用时间的限制。

挪用公款给他人使用,不知道使用人用公款进行营利活动或者用于非法进行营利活动或者用于非法活动,数额较大、超过三个月未还的,构成挪用公款罪;明知使用人用于营利活动或者非法活动的,应当认定为挪用人挪用公款进行营利活动或者非法活动。

延伸阅读:
▲熊选国:关于挪用公款案件司法解释的理解与适用(节选)
二、构成挪用公款罪的三种形式

根据刑法规定,挪用公款罪有三种情况:挪用公款归个人使用,进行非法活动的;挪用公款归个人使用,数额较大,进行营利活动的;挪用公款归个人使用,数额较大,超过三个月未还的。《解释》对如何认定上述三种形式分别作了具体规定。理解《解释》的规定,要注意以下问题:

关于挪用公款归个人使用,数额较大,超过三个月未还的认定问题。一种意见认为,这种情况构成犯罪,必须同时具备"超过三个月"和"未还"(即案发前未还)两个条件,行为人挪用公款虽超过三个月,但在案发前已归还的,不论数额多大,时间多长,均不构成犯罪。笔者认为,从立法原意看,"超过三个月未还",应当是指挪用公款超过三个月后仍未归还,"超过三个月"是修饰"未还"的定语。只要挪用公款时间超过三个月未还,不论案发前是否归还,均应构成犯罪。如果将"未还"理解为案发前未还,则犯罪分子越狡猾,作案手段越隐蔽,就越可能逃避制裁,而且,挪用公款犯罪侵犯的是公款的使用权和收益权,在客观方面挪用时间长短是影响其社会危害性大小的一个重要因素,与案发前是否归还没有直接联系,后者只是量刑时应考虑的因素。因此,《解释》规定,挪用公款归个人使用,数额较大,超过三个月,虽在案发前已归还的,仍构成犯罪,但可根据不同情况从轻或者免除处罚。

关于挪用公款用途的认定问题。挪用公款的用途不同,其构成犯罪的条件也不相同,因此,正确认定挪用公款的用途,对于把握挪用公款行为是否构成犯罪有重要意义。在司法实践中,一般说来,挪用公款的用途是不难认定的,但在挪用人与使用人不是一人的情况下,如何认定则常常有争议。针对这种情况,《解释》规定,挪用公款给他人使用,不知道使用人用公款进行营利活动或者用于非法活动,数额较大、超过三个月未还的,构成挪用公款罪;明知使用人用于营利活动或者非法活动的,应当认定为挪用人挪用公款进行营利活动或者非法活动。根据上述规定精神,如果行为人挪用公款用于个人贷款或者私人借款的,也应当根据个人贷款或者私人借款的具体用途,认定其挪用公款的性质。如果个人贷款或者私人借款用于营利活动或者用于非法活动的,对其挪用行为应当视为挪用公款进行营利活动或者进行非法活动。

▲王尚新、王宁:《关于对刑法第二百九十四条第一款和第三百八十四条第一款的立法解释》的理解与适用(节选)

二、关于刑法第三百八十四条第一款的解释

刑法第三百八十四条第一款规定:"国家工作人员利用职务上的便利,挪用公款归个人使用,进行非法活动的,或者挪用公款数额较大、进行营利活动的,或者挪用公款数额较大、超过三个月未还的,是挪用公款罪,处五年以下有期徒刑或者拘役;情节严重的,处五年以上有期徒刑。挪用公款数额巨大不退还的,处十年以上有期徒刑或者无期徒刑。"

根据上述规定,挪用公款"归个人使用"是构成挪用公款罪的必要条件,也是罪与非罪的主要界限。对于挪用公款归个人使用,构成犯罪的,应当追究刑事责任,对于单位之间的拆借行为,则应按违反财经纪律处理。在司法实践中,对于挪用公款供本人、亲友或者其他自然人使用,属于挪用公款归个人使用,大家没有异议,但是对于将公款借给其他单位的,在什么情况下应当按照归个人使用对待,以挪用公款罪追究刑事责任,有不同的认识。在这一问题上,关键要把握刑法规定的国家工作人员利用职务上的便利,挪用公款归个人使用,实质上是将公款非法置于个人的支配之下,公款私用。将公款供本人、亲友或者其他自然人使用,是公款私用,以个人名义将公款借给其他单位使用和个人决定将公款借给其他单位使用自己谋取利益的,实际上也是公款私用,应当属于刑法规定的挪用公款归个人使用。《解释》根据司法实践的情况对挪用公款"归个人使用"的不同形式具体作了规定。

《全国人民代表大会常务委员会关于〈中华人民共和国刑法〉第三百八十四条第一款的解释》规定:国家工作人员利用职务上的便利,"有下列情形之一的,属于挪用公款'归个人使用':(一)将公款供本人、亲友或者其他自然人使用的;(二)以个人名义将公款借给其他单位使用的;(三)个人决定以单位名义将公款借给其他单位使用,谋取个人利益的。"

根据上述规定,挪用公款"归个人使用"包括以下三种情况:

1. 将公款供本人、亲友或者其他自然人使用的。"供本人使用"是指挪用人私自将自己经手或者管理的公款拿出给自己使用,包括用于婚丧嫁娶、买房子、炒股票等;"供亲友使用"是指挪用人私自将自己经手或者管理的公款借给自己的亲戚或者朋友使用;"供其他自然人使用"是指挪用人私自将自己经手或者管理的公款借给除亲戚、朋友以外的其他自然人使用。

2. 以个人名义将公款供其他单位使用的。"以个人名义将公款供其他单位使用"包括挪用人私自将自己经手或者管理的公款以个人的名义借给其他单位使用,也包括虽然通过集体决定的方式,但行为人以自己的名义,而不是以单位名义将公款借给其他单位使用。这种情况,行为人个人实际上对公款进行了控制和支配,是利用单位的钱为自己作人情,使借钱的单位承行为人个人的情,实质上属于行为人自己使用了公款。

3. 个人决定以单位名义将公款供其他单位使用,谋取个人利益的。"个人决定以单位名义将公款供其他单位使用"是指挪用人自己决定将经手或者管理的公款以单位的名义借给其他单位使用,既包括行为人在职权范围内将公款借与其他单位,也包括行为人超越职权,擅自将公款借与其他单位。"谋取个人利益"是指挪用人自己从中谋取利益的行为,既包括物质利益,也包括非物质利益;既包括非法利益,也包括合法利益。在这种情况下,行为人以单位名义将公款借给其他单位使用,虽然表面上类似单位之间的拆借,但其将公款借给其他单位使用,实际上是为了谋取私利,是将公款作为自己谋取利益的工具,仍属公款私用,是挪用公款归个人使用的一种表现形式。

实践中应当注意,对于违反财经纪律,集体决定以单位名义将公款借给其他单位使用的,属于单位之间的非法拆借行为,不构成挪用公款罪。如果个人从中谋取利益的,应当以受贿罪定罪处罚。

▲2000年3月15日最高人民检察院《关于国家工作人员挪用非特定公物能否定罪的请示的批复》:

刑法第384条规定的挪用公款罪中未包括挪用非特定公物归个人使用的行为,对该行为不以挪用公款罪论处。如构成其他犯罪的,依照刑法的相关规定定罪处罚。

▲2002年5月13日最高人民检察院《关于认真贯彻执行全国人民代表大会常务委员会〈关于刑法第二百九十四条第一款的解释〉和〈关于刑法第三百八十四条第一款的解释〉的通知》:

对于国家工作人员利用职务上的便利,实施《解释》规定的挪用公款"归个人使用"的三种情形之一的,无论使用公款的是个人还是单位以及单位的性质如何,均应认定为挪用公款归个人使用,构成犯罪的,应依法严肃查处。

▲2003年11月13日最高人民法院《全国法院审理经济犯罪案件工作座谈会纪要》:

四、关于挪用公款罪

(一)单位决定将公款给个人使用行为的认定

经单位领导集体研究决定将公款给个人使用,或者单位负责人为了单位的利益,决定将公款给个人使用的,不以挪用公款罪定罪处罚。上述行为致使单位遭受重大损失,构成其他犯罪的,依照刑法的有关规定对责任人员定罪处罚。

(二)挪用公款供其他单位使用行为的认定

根据全国人大常委会《关于〈中华人民共和国刑法〉第三百八十四条第一款的解释》的规定,"以个人名义将公款供其他单位使用的"、"个人决定以单位名义将公款供其他单位使用,谋取个人利益的",属于挪用公款"归个人使用"。在司法实践中,对于将公款供其他单位使用的,认定是否属于"以个人名义",不能只看形式,要从实质上把握。对于行为人逃避财务监管,或者与使用人约定以个人名义进行,或者借款、还款都以个人名义进行,将公款给其他单位使用的,应认定为"以个人名义"。"个人决定"既包括行为人在职权范围内决定,也包括超越职权范围决定。"谋取个人利益",既包括行为人与使用人事先约定谋取个人利益实际尚未获取的情况,也包括虽未事先约定但实际已获取了个人利益的情况。其中的"个人利益",既包括不正当利益,也包括正当利益;既包括财产性利益,也包括非财产性利益,但这种非财产性利益应当是具体的实际利益,如升学、就业等。

(三)国有单位领导向其主管的具有法人资格的下级单位借公款归个人使用的认定

国有单位领导利用职务上的便利指令具有法人资格的下级单位将公款供个人使用的,属于挪用公款行为,构成犯罪的,应以挪用公款罪定罪处罚。

(四)挪用有价证券、金融凭证用于质押行为性质的认定

挪用金融凭证、有价证券用于质押,使公款处于风险之中,与挪用公款为他人提供担保没有实质的区别,符合刑法关于挪用公款罪规定的,以挪用公款罪定罪处罚,挪用公款数额以实际或者可能承担的风险数额认定。

(五)挪用公款归还个人欠款行为性质的认定

挪用公款归还个人欠款的,应当根据产生欠款的原因,分别认定属于挪用公款的何种情形。归还个人进行非法活动或者进行营利活动产生的欠款,应当认定为挪用公款进行非法活动或者进行营利活动。

(六)挪用公款用于注册公司、企业行为性质的认定

申报注册资本是为进行生产经营活动作准备,属于成立公司、企业进行营利活动的组成部分。因此,挪用公款归个人用于公司、企业注册资本验资证明的,应当认定为挪用公款进行营利活动。

(七)挪用公款后尚未投入实际使用的行为性质的认定

挪用公款后尚未投入实际使用的,只要同时具备"数额较大"和"超过三个月未还"的构成要件,应当认定为挪用公款罪,但可以酌情从轻处罚。

延伸阅读:

▲郭清国:《全国法院审理经济犯罪案件工作座谈会纪要》的理解与适用(节选)

四、挪用公款犯罪案件中的法律适用问题

(一)关于单位能否构成挪用公款罪的问题

在司法实践中,有些国有公司、企业、事业单位或者人民团体的负责人为了单位的利益,违反规定以单位名义将公款借给个人使用,对于这种行为能否以挪用公款罪对单位中直接负责的主管人员和其他直接责任人员追究刑事责任,实践中有不同的做法:有的以挪用公款罪定罪处罚,有的不以犯罪论处。为了统一刑法的适用,《纪要》明确:"经单位领导集体研究决定给个人使用,或者单位负责人为了单位的利益,决定将公款给个人使用的,不以挪用公款罪定罪处罚。"因此,对于以单位名义将公款借给个人使用的行为,能否以挪用公款罪定罪处罚,应当审查认定该行为是否属于单位行为。对于单位行为,即经单位领导集体研究决定将公款给个人使用,或者单位负责人为了单位的利益,决定将公款给个人使用的,由于刑法没有规定单位挪用公款罪,根据罪刑法定原则,既不能以挪用公款罪追究单位的刑事责任,也不能以挪用公款罪追究单位中直接负责的主管人员和其他直接责任人员的刑事责任。上述行为如果致使单位遭受重大损失,构成渎职等其他犯罪的,按照刑法的相关规定定罪处罚。

（二）关于挪用公款给其他单位使用是否构成挪用公款罪的问题

根据刑法第384条的规定，"挪用公款归个人使用"，是构成挪用为公款罪的必要构成要件，不包括挪用公款归单位使用的情况，但根据2002年4月28日第九届全国人民代表大会常务委员会第二十七次会议通过的《关于刑法第三百八十四条第一款的解释》，对于以下两种情形应当认定为"属于挪用公款'归个人使用'"，构成犯罪的，应当以挪用公款罪定罪处罚：一是"以个人名义将公款供其他单位使用的"。所谓"以个人名义"，不能只看形式，要从实质上把握。对于行为人逃避财务监管，或者与使用人约定以个人名义进行，或者借款、还款都以个人名义进行，将公款给其他单位使用的，应认定为"以个人名义"。二是"个人决定以单位名义将公款供其他单位使用，谋取个人利益的"。这里的"个人决定"，既包括行为人在职权范围，也包括超越职权范围决定。"谋取个人利益"，既包括行为人与使用人事先约定谋取个人利益实际尚未获取的情况，也包括虽未事先约定但实际已获取了个人利益的情况。其中的"个人利益"，既包括不正当利益，也包括正当利益的情况。既包括财产性利益，也包括非财产性利益，但这种非财产性利益是指具体的可以用证据证明的利益，如升学、就业等。

（三）关于挪用公款用途的认定问题

根据刑法第384条的规定，挪用公款的用途不同，成立犯罪的条件也不相同，即挪用公款归个人使用，进行赌博、走私等非法活动的，构成挪用公款罪，不受"数额较大"和挪用时间的限制；将挪用的公款用于集资、购买股票、国债等营利活动的，构成挪用公款罪，须具备"数额较大"这一条件，但不受挪用时间的限制；将挪用的公款用于其他个人目的，构成挪用公款罪，必须同时具备"数额较大"和"超过三个月未还"两个条件。因此，挪用的公款用途的认定直接涉及罪与非罪。《纪要》明确了司法实践中的一些常见的、在用途认定上存在的分歧的情形：一是挪用公款归还个人欠款的，应当根据产生欠款的原因，分别认定属于挪用公款的何种情形。归还个人进行非法活动或者进行营利活动产生的欠款，应当认定为挪用公款进行非法活动或者进行营利活动。二是挪用公款用于注册公司、企业的，应当认定为挪用公款进行营利活动。三是挪用公款后尚未投入实际使用的，构成挪用公款罪，应当同时具备"数额较大"和"超过三个月未还"两个条件。应当注意的是，为了进行走私等非法活动或者炒股、做生意等营利活动而将挪用公款存入银行，虽然尚未投入实际使用便案发，不属于挪而未用，应当根据《最高人民法院关于审理挪用公款案件具体应用法律若干问题的解释》第2条的规定，认定为挪用公款进行非法活动或者营利活动。

▲2010年11月26日最高人民法院、最高人民检察院《关于办理国家出资企业中职务犯罪案件具体应用法律若干问题的意见》：

三、关于国家出资企业工作人员使用改制公司、企业的资金担保个人贷款，用于购买改制公司、企业股份行为的处理

国家出资企业的工作人员在公司、企业改制过程中为购买公司、企业股份，利用职务上的便利，将公司、企业的资金或者金融凭证、有价证券等用于个人贷款担保的，依照刑法第二百七十二条或者第三百八十四条的规定，以挪用资金罪或者挪用公款罪定

罪处罚。

行为人在改制前的国家出资企业持有股份的,不影响挪用数额的认定,但量刑时应当酌情考虑。

经有关主管部门批准或者按照有关政策规定,国家出资企业的工作人员为购买改制公司、企业股份实施前款行为的,可以视具体情况不作为犯罪处理。

3. 数额、情节要素

▲1998年5月9日最高人民法院《关于审理挪用公款案件具体应用法律若干问题的解释》:

第四条 多次挪用公款不还,挪用公款数额累计计算;多次挪用公款,并以后次挪用的公款归还前次挪用的公款,挪用公款数额以案发时未还的实际数额认定。

第五条 "挪用公款数额巨大不退还的",是指挪用公款数额巨大,因客观原因在一审宣判前不能退还的。

五、刑罚的适用

▲2016年4月18日最高人民法院、最高人民检察院《关于办理贪污贿赂刑事案件适用法律若干问题的解释》:

第五条 挪用公款归个人使用,进行非法活动,数额在三万元以上的,应当依照刑法第三百八十四条的规定以挪用公款罪追究刑事责任;数额在三百万元以上的,应当认定为刑法第三百八十四条第一款规定的"数额巨大"。具有下列情形之一的,应当认定为刑法第三百八十四条第一款规定的"情节严重":

(一)挪用公款数额在一百万元以上的;

(二)挪用救灾、抢险、防汛、优抚、扶贫、移民、救济特定款物,数额在五十万元以上不满一百万元的;

(三)挪用公款不退还,数额在五十万元以上不满一百万元的;

(四)其他严重的情节。

第六条 挪用公款归个人使用,进行营利活动或者超过三个月未还,数额在五万元以上的,应当认定为刑法第三百八十四条第一款规定的"数额较大";数额在五百万元以上的,应当认定为刑法第三百八十四条第一款规定的"数额巨大"。具有下列情形之一的,应当认定为刑法第三百八十四条第一款规定的"情节严重":

(一)挪用公款数额在二百万元以上的;

(二)挪用救灾、抢险、防汛、优抚、扶贫、移民、救济特定款物,数额在一百万元以上不满二百万元的;

(三)挪用公款不退还,数额在一百万元以上不满二百万元的;

(四)其他严重的情节。

延伸阅读:

▲裴显鼎、苗有水、刘为波、王坤:《关于办理贪污贿赂刑事案件适用法律若干问题的解释》的理解与适用(节选)

1. 挪用公款罪定罪量刑标准的调整。1998年《最高人民法院关于审理挪用公款案件具体应用法律若干问题的解释》(以下称《挪用公款解释》)对挪用公款罪的定罪量刑标准已有规定。鉴于贪污罪的定罪量刑标准作了较大调整，加之《挪用公款解释》原有的一些规定不够明确，《解释》第五条、第六条对挪用公款罪定罪量刑标准进行了调整和完善，主要体现在以下三个方面：一是对原数额标准由数额幅度调整为具体数额，同时适度提高数额标准。《解释》参考贪污罪定罪量刑的数额标准并适当上浮，将挪用公款进行非法活动的起刑点数额由原五千元至一万元调整为三万元；挪用公款进行营利活动或者超过三个月未还的起刑点数额即数额较大的起点数额由原一万元至三万元调整为五万元，数额巨大的起点数额由十五万元至二十万元调整为五百万元。二是完善"情节严重"的认定标准，并将情节严重的数额标准与"数额巨大"的标准相区分。《挪用公款解释》规定"情节严重"时，除单纯数额标准外，对于"多次挪用公款"、"因挪用公款严重影响生产、经营，造成严重损失"等情形未明确数额要求。为防止出现数额刚达到追诉标准但具有规定情形的即被认定为情节严重，就在五年以上有期徒刑判处刑罚的不当做法，《解释》对情节标准的认定明确了数额要求。同时，《挪用公款解释》将"数额巨大"的标准直接作为挪用公款进行营利活动或者超过三个月未归还情形下"情节严重"的认定标准，有可能出现相同数额量刑反差过大的不合理现象，《解释》在上提情节严重的数额认定标准的基础上，对严重情节中的数额标准与数额巨大的标准作出区别规定。其中，较大幅度上提情节严重的数额认定标准，主要是考虑到刑法对于挪用公款罪和贪污罪的法定刑配置上存在较大差异。三是明确挪用公款进行非法活动"数额巨大"的认定标准，即此种情形数额巨大的认定标准为三百万元以上。

六、共犯的认定

▲1998年5月9日最高人民法院《关于审理挪用公款案件具体应用法律若干问题的解释》：

第八条 挪用公款给他人使用，使用人与挪用人共谋，指使或者参与策划取得挪用款的，以挪用公款罪的共犯定罪处罚。

七、罪数的认定

▲1998年5月9日最高人民法院《关于审理挪用公款案件具体应用法律若干问题的解释》：

第六条 携带挪用的公款潜逃的，依照刑法第三百八十二条、第三百八十三条的规定定罪处罚。

第七条 因挪用公款索取、收受贿赂构成犯罪的，依照数罪并罚的规定处罚。挪用公款进行非法活动构成其他犯罪的，依照数罪并罚的规定处罚。

▲2003年11月13日最高人民法院《全国法院审理经济犯罪案件工作座谈会纪要》：

四、关于挪用公款罪

(八)挪用公款转化为贪污的认定

挪用公款罪与贪污罪的主要区别在于行为人主观上是否具有非法占有公款的目

的。挪用公款是否转化为贪污，应当按照主客观相一致的原则，具体判断和认定行为人主观上是否具有非法占有公款的目的。在司法实践中，具有以下情形之一的，可以认定行为人具有非法占有公款的目的：

1. 根据《最高人民法院关于审理挪用公款案件具体应用法律若干问题的解释》第六条的规定，行为人"携带挪用的公款潜逃的"，对其携带挪用的公款部分，以贪污罪定罪处罚。

2. 行为人挪用公款后采取虚假发票平账、销毁有关账目等手段，使所挪用的公款已难以在单位财务帐目上反映出来，且没有归还行为的，应当以贪污罪定罪处罚。

3. 行为人截取单位收入不入帐，非法占有，使所占有的公款难以在单位财务账目上反映出来，且没有归还行为的，应当以贪污罪定罪处罚。

4. 有证据证明行为人有能力归还所挪用的公款而拒不归还，并隐瞒挪用的公款去向的，应当以贪污罪定罪处罚。

延伸阅读：

▲郭清国：《全国法院审理经济犯罪案件工作座谈会纪要》的理解与适用(节选)

(四)关于挪用公款转化为贪污罪的问题

1997年刑法取消了1988年《全国人民代表大会常务委员会关于惩治贪污罪贿赂罪的补充规定》中关于"挪用公款数额较大不退还的，以贪污论"的规定，并明确"挪用公款数额巨大不退还的"，属于法定的加重处罚条件，但挪用公款行为转化为贪污行为是客观存在的。转化的标志就是行为人在主观上已由准备以后归还，不打算永久占有，转变为永久占有其挪用的公款，不打算归还。《纪要》根据行为人挪用公款后的客观行为表现，明确具有以下情形之一的，可以认定行为人具有非法占有公款的目的，以贪污罪定罪处罚：一是挪用公款后采取虚假平帐、销毁有关账目等手段，使所挪用的公款已难以在单位财务账目上反映出来，且没有归还行为的；二是截取单位收入不入帐，且没有归还行为的；三是有证据证明行为人有能力归还所挪用的公款而拒不归还，并隐瞒挪用的公款去向的。此外，由于《最高人民法院关于审理挪用公款案件具体应用法律若干问题的解释》第6条已规定，"携带挪用的公款潜逃的"，依照贪污罪定罪处罚，《纪要》明确了此种情况下以贪污罪定罪处罚的数额，即行为人潜逃时携带的公款部分。

八、追诉期限的认定

▲2003年10月10日最高人民法院《关于挪用公款犯罪如何计算追诉期限问题的批复》：

挪用公款归个人使用，进行非法活动的，或者挪用公款数额较大、进行营利活动的，犯罪的追诉期限从挪用行为实施完毕之日起计算；挪用公款数额较大、超过三个月未还的，犯罪的追诉期限从挪用公款罪成立之日起计算。挪用公款行为有连续状态的，犯罪的追诉期限应当从最后一次挪用行为实施完毕之日或者犯罪成立之日起计算。

注：关于本罪刑罚的适用，请参阅"本章犯罪的共性问题"之"刑罚的适用"、第三

百八十三条"刑罚的适用"之《关于办理妨害预防、控制突发传染病疫情等灾害的刑事案件具体应用法律若干问题的解释》,见本书第488页;关于本罪刑事政策的规定,请参阅"本章犯罪的共性问题"之"刑事政策的规定",见本书第493~496页)

第三百八十五条 【受贿罪】国家工作人员利用职务上的便利,索取他人财物的,或者非法收受他人财物,为他人谋取利益的,是受贿罪。

国家工作人员在经济往来中,违反国家规定,收受各种名义的回扣、手续费,归个人所有的,以受贿论处。

一、立案标准

▲2016年4月18日最高人民法院、最高人民检察院《关于办理贪污贿赂刑事案件适用法律若干问题的解释》:

第一条第一款和第二款(见本书第501~502页)

第三款 受贿数额在一万元以上不满三万元,具有前款第二项至第六项规定的情形之一,或者具有下列情形之一的,应当认定为刑法第三百八十三条第一款规定的"其他较重情节",依法判处三年以下有期徒刑或者拘役,并处罚金:

(一)多次索贿的;

(二)为他人谋取不正当利益,致使公共财产、国家和人民利益遭受损失的;

(三)为他人谋取职务提拔、调整的。

二、主体要件的认定

▲2000年7月13日最高人民法院《关于国家工作人员利用职务上的便利为他人谋取利益离退休后收受财物行为如何处理问题的批复》:

国家工作人员利用职务上的便利为请托人谋取利益,并与请托人事先约定,在其离退休后收受请托人财物,构成犯罪的,以受贿罪定罪处罚。

延伸阅读:

▲孙军工:《关于国家工作人员利用职务上的便利为他人谋取利益离退休后收受财物行为如何处理问题的批复》的理解与适用(节选)

对于国家工作人员利用职务上的便利为他人谋取利益,离退休后收受财物的行为,是否构成犯罪,司法实践中和刑法理论上长期存在争论。为依法打击各种形式的受贿犯罪活动,最高人民法院于2000年7月19日颁行了《关于国家工作人员利用职务上的便利为他人谋取利益离退休后收受财物行为如何处理问题的批复》(以下简称批复)。

在职时为他人谋取利益、离退休以后收受财物的行为,从表面上看,似乎不符合先收受财物、后为他人谋利的受贿罪的典型行为特征,但从实质意义上说,由于与请托人有事先约定,国家工作人员离退休后收受的财物,是因其离退休前利用职务上的便利为他人谋利而换取的,是行为人为规避法律制裁而采取的手段。行为人主观上有利用职务上的便利,索取或者非法收受他人财物,为他人谋利的意向(比如,事先约定先为请托人谋利,在其离退休后收取原请托人提供的财物或者在其离退休以后主动向请托人索取财物),客观上有收受请托人财物的行为(虽然这种行为发生在离退休以后,属于事后受贿的情形),对行为人以受贿罪追究,符合刑法关于打击受贿犯罪的立法本意。因此,批复规定国家工作人员利用职务上的便利为请托人谋取利益,并与请托人事先约定,在其离退休后收受请托人财物,构成犯罪的,以受贿罪定罪处罚。

根据批复规定,对在职时为他人谋取利益、离退休以后收受财物的行为,以受贿罪定罪处罚,与请托人有事先约定,是认定受贿罪的关键。对于国家工作人员利用职务上的便利为请托人谋取利益时,并未索取或者非法收受请托人财物,也未约定请托人在其离退休以后提供财物的,对于其在离退休以后,收受原请托人提供的财物的,行为人虽然利用职务上的便利为请托人谋取了利益,离退休后也收受了请托人提供的财物,但是行为人在为请托人谋利时,主观上并未具有索取或者非法收受请托人财物的目的,离退休以后,虽收受了原请托人的财物,但已不具有利用职务上的便利的条件。因事先没有约定,其为他人谋利的行为与收取财物的行为在其职务已失去的情况下,再以受贿罪论处,不符合主、客观相一致的原则,不符合受贿罪的构成要件,故对其收受请托人财物的行为,不能以受贿罪定罪处罚。

▲2003年1月13日最高人民检察院法律政策研究室《关于佛教协会工作人员能否构成受贿罪或者公司、企业人员受贿罪主体问题的答复》:

佛教协会属于社会团体,其工作人员除符合刑法第九十三条第二款的规定属于受委托从事公务的人员外,既不属于国家工作人员,也不属于公司、企业人员。根据刑法的规定,对非受委托从事公务的佛教协会的工作人员利用职务之便收受他人财物,为他人谋取利益的行为,不能按受贿罪或者公司、企业人员受贿罪追究刑事责任。

▲2003年4月2日最高人民检察院法律政策研究室《关于集体性质的乡镇卫生院院长利用职务之便收受他人财物的行为如何适用法律问题的答复》:

经过乡镇政府或者主管行政机关任命的乡镇卫生院院长,在依法从事本区域卫生工作的管理与业务技术指导,承担医疗预防保健服务工作等公务活动时,属于刑法第九十三条第二款规定的其他依照法律从事公务的人员。对其利用职务上的便利,索取他人财物的,或者非法收受他人财物,为他人谋取利益的,应当依照刑法第三百八十五条、第三百八十六条的规定,以受贿罪追究刑事责任。

▲2003年11月13日最高人民法院《全国法院审理经济犯罪案件工作座谈会纪要》:

三、关于受贿罪

(四)离职国家工作人员收受财物的处理

参照《最高人民法院关于国家工作人员利用职务上的便利为他人谋取利益离退休后收受财物行为如何处理问题的批复》规定的精神,国家工作人员利用职务上的便利为请托人谋取利益,并与请托人事先约定,在其离职后收受请托人财物,构成犯罪的,以受贿罪定罪处罚。

三、客观要件的认定

▲1999年9月16日最高人民检察院《关于人民检察院直接受理立案侦查案件立案标准的规定（试行）》：

一、贪污贿赂犯罪案件

（三）受贿案（第385条、第386条、第388条、第163条第3款、第184条第2款）

……

"利用职务上的便利"，是指利用本人职务范围内的权力，即自己职务上主管、负责或者承办某项公共事务的职权及其所形成的便利条件。

索取他人财物的，不论是否"为他人谋取利益"，均可构成受贿罪。非法收受他人财物的，必须同时具备"为他人谋取利益"的条件，才能构成受贿罪。但是为他人谋取的利益是否正当，为他人谋取的利益是否实现，不影响受贿罪的认定。

国家工作人员在经济往来中，违反国家规定，收受各种名义的回扣、手续费，归个人所有的，以受贿罪追究刑事责任。

国有公司、企业中从事公务的人员和国有公司、企业委派到非国有公司、企业从事公务的人员利用职务上的便利，索取他人财物或者非法收受他人财物，为他人谋取利益，或者在经济往来中，违反国家规定，收受各种名义的回扣、手续费，归个人所有的，以受贿罪追究刑事责任。

国有金融机构工作人员和国有金融机构委派到非国有金融机构从事公务的人员在金融业务活动中索取他人财物或者非法收受他人财物，为他人谋取利益的，或者违反国家规定，收受各种名义的回扣、手续费归个人所有的，以受贿罪追究刑事责任。

国家工作人员利用本人职权或者地位形成的便利条件，通过其他国家工作人员职务上的行为，为请托人谋取不正当利益，索取请托人财物或者收受请托人财物的，以受贿罪追究刑事责任。

……

▲2003年11月13日最高人民法院《全国法院审理经济犯罪案件工作座谈会纪要》：

三、关于受贿罪

（一）关于"利用职务上的便利"的认定

刑法第三百八十五条第一款规定的"利用职务上的便利"，既包括利用本人职务上主管、负责、承办某项公共事务的职权，也包括利用职务上有隶属、制约关系的其他国家工作人员的职权。担任单位领导职务的国家工作人员通过不属自己主管的下级部门的国家工作人员的职务为他人谋取利益的，应当认定为"利用职务上的便利"为他人谋取利益。

（二）"为他人谋取利益"的认定

为他人谋取利益包括承诺、实施和实现三个阶段的行为。只要具有其中一个阶段的行为，如国家工作人员收受他人财物时，根据他人提出的具体请托事项，承诺为他人谋取利益的，就具备了为他人谋取利益的要件。明知他人有具体请托事项而收受其财物的,视为承诺为他人谋取利益。

(三)"利用职权或地位形成的便利条件"的认定

刑法第三百八十八条规定的"利用本人职权或者地位形成的便利条件",是指行为人与被其利用的国家工作人员之间在职务上虽然没有隶属、制约关系,但是行为人利用了本人职权或者地位产生的影响和一定的工作联系,如单位内不同部门的国家工作人员之间、上下级单位没有职务上隶属、制约关系的国家工作人员之间、有工作联系的不同单位的国家工作人员之间等。

(六)以借款为名索取或者非法收受财物行为的认定

国家工作人员利用职务上的便利,以借为名向他人索取财物,或者非法收受财物为他人谋取利益的,应当认定为受贿。具体认定时,不能仅仅看是否有书面借款手续,应当根据以下因素综合判定:(1)有无正当、合理的借款事由;(2)款项的去向;(3)双方平时关系如何、有无经济往来;(4)出借方是否要求国家工作人员利用职务上的便利为其谋取利益;(5)借款后是否有归还的意思表示及行为;(6)是否有归还的能力;(7)未归还的原因;等等。

(七)涉及股票受贿案件的认定

在办理涉及股票的受贿案件时,应当注意:(1)国家工作人员利用职务上的便利,索取或非法收受股票,没有支付股本金,为他人谋取利益,构成受贿罪的,其受贿数额按照收受股票时的实际价格计算。(2)行为人支付股本金而购买较有可能升值的股票,由于不是无偿收受请托人财物,不以受贿罪论处。(3)股票已上市且已升值,行为人仅支付股本金,其"购买"股票时的实际价格与股本金的差价部分应认定为受贿。

延伸阅读:

▲郭清国:《全国法院审理经济犯罪案件工作座谈会纪要》的理解与适用(节选)

三、受贿犯罪案件中的法律适用问题

(一)关于"利用职务上的便利"

"利用职务上的便利"是受贿犯罪的必要构成要件,也是受贿罪被称为职务犯罪的原因。在受贿罪的刑法规定中,"利用职务上的便利"通常与"为他人谋取利益"相联系,但行为人为他人谋取利益时所利用的职务情况比较复杂,有的是直接利用本人的职务,有的是间接利用,如利用第三者的职务,为他人谋取利益。由于刑法第388条规定"通过其他国家工作人员职务上的行为"为他人谋取利益构成受贿罪,须以"为他人谋取不正当利益"为必要条件,司法实务中对于利用第三者的职务便利为他人谋取利益正当利益,非法收受或者索要他人财物的行为,能否以受贿罪定罪处罚,有不同的认识。考虑到行为人利用第三者的职务便利为他人谋取利益的情形中,存在着利用本部门、本系统中与自己隶属、制约关系的国家工作人员的职务行为,二者之间存在管理体制上的隶属、制约关系,因此,这种利用带有指挥、命令、下级不敢不从的性质,是国家工作员利用本人的职务便利、为他人谋取利益的具体表现,《纪要》明确:"刑法第三百八十五条第一款规定的'利用职务上的便利',既包括利用本人职务上主管、负责、承办某项公共事务的职权,也包括利用职务上的隶属、制约关系的其他国家工作人员的职权",并强调,利用本人职权并不局限于国家工作人员的职责分工,"担任单位领导职务的国家工作人员通过不属自己主管的下级部门的国家工作人员的职务为他人谋取利益的,应当认定为'利用职务上的便利'为他人谋取利益。"

(二)关于"为他人谋取利益"

根据刑法第385条第1款和第387条第1款的规定,国家工作人员非法收受他人财物,或者国家机关、国有公司、企业、事业单位、人民团体索取、非法收受他人财物,构成受贿罪,必须具有"为他人谋取利益"这一条件。这种利益既可以是正当利益,也可以是不正当利益;既可以是物质利益,也可以是非物质利益。至于"他人谋取利益"的时间是在非法收受他人财物的同时还是之前或者之后,不影响受贿罪的成立。但是,在司法实践中存在着国家工作人员收受他人财物,并没有利用职务便利为请托人谋取利益的情形,对于这种行为是否构成受贿罪的问题,在理论界和司法实践部门都有争论。考虑到受贿罪的社会危害性主要体现在侵害了国家工作人员职务行为的廉洁性,只要是以谋取利益作为收受财物的交换条件,无论有无实际的谋取利益行为或者所谋取的利益是否实现,均不影响受贿罪的成立。《纪要》明确:刑法规定的"为他人谋取利益"应当包括承诺、实施和实现三个阶段的行为。只要具有其中一个阶段的行为,就具备了为他人谋取利益的要件。明知他人有具体请托事项而收受其财物的,视为承诺为他人谋取利益。换言之,只要国家工作人员明知他人所送财物是希望自己利用职务上的便利为他人谋取利益而予以收受的,就构成刑法意义上的受贿。

(三)关于"利用职权或地位形成的便利条件"

刑法第388条关于"利用本人职权或者地位形成的便利条件"的规定,直接来源于《最高人民法院、最高人民检察院关于执行〈关于惩治贪污罪贿赂罪的补充规定〉若干问题的解答》。该解答第3条第2项规定:"受贿罪中'利用职务上的便利',是指利用职权或者与职务有关的便利条件。'职权'是指本人职务范围内的权力。'与职务有关',是指虽然不直接利用职权,但利用了本人的职权或地位形成的便利条件。国家工作人员不是直接利用本人职权,而是利用本人职权或地位形成的便利条件,通过其他国家工作人员职务上的行为,为请托人谋取利益,而本人从中向请托人索取或者非法收受财物的,应以受贿论处。对于单纯利用亲友关系,为请托人办事,从中收受财物的,不应以受贿论处。"1997年修订刑法时,将"利用本人职权或者地位形成的便利条件"与"为请托人谋取不正当利益"相联系,作为国家工作人员斡旋受贿,构成受贿罪的共同条件。为了与刑法第385条第1款的规定进行区分,《纪要》明确了斡旋贿赂构成受贿罪的两个特点:一是接受请托、索取或者收受财物的国家工作人员与利用职务行为为请托人谋取不正当利益的国家工作人员之间没有职务上的隶属、制约关系,如单位内不同部门的国家工作人员之间、上下级单位没有隶属、制约关系的国家工作人员之间、有工作联系的不同单位的国家工作人员之间等;二是索取或者收受财物的国家工作人员对于被利用的国家工作人员职务行为存在一定的影响,但这种影响应当是间接的,如果能够直接影响,则应适用刑法第385条第1款。

(四)关于共同受贿犯罪的认定

根据刑法关于受贿罪的有关规定,受贿罪是职务犯罪,只能由国家工作人员构成,非国家工作人员不能单独构成受贿罪,但根据刑法关于共同犯罪的规定,非国家工作人员可以作为国家工作人员的共犯而构成受贿罪。认定非国家工作人员是否构成受贿罪共犯,应当取决于是否符合刑法关于共同犯罪的规定,即"双方有无共同受贿的故意和行为"。对于与国家工作人员通谋,由国家工作人员利用职务上的便利为请托人谋取利益,非国家工作人员索取或者非法收受请托人财物,并被双方共同占有的,非国家工作人员当然构成受贿罪的共犯。

由于国家工作人员与其近亲属之间的共同受贿故意通常难以查证,司法实践中,对于如何认定国家工作人员近亲属为受贿犯罪共犯问题,争议较大、问题较多,《纪要》明确以下的两种情形可以认定近亲属构成共同受贿犯罪:一是国家工作人员的近亲属向国家工作人员代为转达请托事项,收受请托人财物并告知该国家工作人员;二是国家工作人员明知其近亲属收受了他人财物,仍按照近亲属的要求利用职权为他人谋取利益。在第一种情形中,近亲属实际上是共同受贿犯罪的帮助犯,即为国家工作人员收受贿赂创造了必要的便利条件,如为与国家工作人员共同商议收受贿赂,传递信息,沟通关系并收受财物,帮助国家工作人员向行贿人索取贿赂等。在第二种情形中,近亲属则是共同受贿犯罪的教唆犯,主要表现在诱导、劝说、催促甚至威逼国家工作人员利用职务上的便利为请托人谋取利益,国家工作人员在近亲属的教唆下产生了受贿犯罪的故意,并实施了受贿行为。只要能证明国家工作人员的近亲属实施了相应的帮助或者教唆行为,就可以认定双方具有共同受贿的故意和行为,构成共同受贿犯罪。但是,对于近亲属明知他人所送财物系国家工作人员为他人谋取利益的结果而代为收受,但事前没有教唆行为,或者明知系国家工作人员受贿所得而与其共享的,属于知情不举,不能以受贿罪的共犯追究刑事责任。

(五)关于对国家工作人员"借款"行为性质的认定

在审理受贿犯罪案件中,有部分受贿行为是以"借款"的名义存在的,由于民间借贷行为的合法性,对于国家工作人员的正当借款行为,当然不能以受贿犯罪论处。但在有些情况下,国家工作人员的"借款"行为实质上是以"借款"为名的受贿行为。在实践中,国家工作人员的借款的情况比较复杂,有的确实是因生活急需而借款,甚至没有书面借款手续;有的虽有借款的书面手续,但不存在任何正当的借款事由;有的虽在正当、合理的情况下借款,但事后有归还的能力和条件,却没有归还的行为及意思表示。由于很难对正当借款与以"借款"为名的受贿行为划定统一的标准,《纪要》只在明确"国家工作人员利用职务上的便利,以借为名向他人索取财物,或者非法收受财物为他人谋取利益的,应当认定为受贿"的前提下,对于如何认定以"借款"为名的受贿行为提出了一种工作思路,供审理案件的法官参照把握。

(七)涉及股票受贿案件的认定问题

股票作为有价证券,成为受贿罪的犯罪对象,实践中不存在分歧。只要行为人收受股票,无论该股票价值的涨跌,均不影响受贿罪的构成。司法实践中的难点在于,由于股票的价值随着时间推移而发生变化,而刑法规定的受贿罪是以收受财物的数额作为定罪处刑的依据,那么收受股票的,如何计算受贿数额。《纪要》根据行为人在收受股票时是否支付股本金明确:(1)国家工作人员利用职务上的便利,索取或非法收受股票,没有支付股本金,为他人谋取利益,构成受贿罪的,其受贿数额按照收受股票时的实际价格计算。(2)行为人支付股本金而购买较有可能升值的股票,由于不是无偿收受请托人财物,不以受贿罪论处。(3)股票已上市且已升值,行为人仅支付股本金,其"购买"股票时的实际价格与股本金的差价部分应认定为受贿。

▲裴显鼎、苗有水、刘为波、王坤:《关于办理贪污贿赂刑事案件适用法律若干问题的解释》的理解与适用(节选)

六、关于受贿犯罪中"为他人谋取利益"要件的认定

《解释》第十三条第一款明确了三种应当认定为"为他人谋取利益"的情形。

第一项规定明确,承诺为他人谋取利益即可认定为为他人谋取利益,是否着手为他人谋取利益以及为他人谋利事项是否既已完成均在所不问,既不影响定罪也不影响既遂的认定。本项内容来源于《全国法院审理经济犯罪案件工作座谈会纪要》(以下称《纪要》)的规定,即"为他人谋取利益"包括"承诺、实施和实现三个阶段的行为",只要实施其一即可认定。

第二项规定同样来源于《纪要》内容。《纪要》规定,"明知他人有具体请托事项而收受其财物的,视为承诺为他人谋取利益"。本项规定的要点在于"具体请托事项",只要收受财物与职务相关的具体请托事项建立起关联,即应以受贿犯罪处理。具体包括两种情况:一是行贿人告知受贿人具体请托事项,或者受贿人基于客观情况能够判断出行贿人有请托事项,受贿人收受对方财物的,虽然尚未实施具体谋取利益行为,也应认定为受贿人"为他人谋取利益";二是受贿人知道或应当知道行贿人的具体请托事项,但并不想具体实施为对方谋取利益的行为,此种情形同样属于基于具体职务行为的权钱交易行为,公职人员的职务廉洁性同样受到侵害,故也应认定为受贿人"为他人谋取利益"。

第三项是针对事后受贿作出的新规定。履行职责时没有受贿故意,双方亦未就请托事项进行意思沟通,但在履行职责后收取他人财物的,只要该收受财物与其先前职务行为存在关联,其收受财物的行为同样侵犯了国家工作人员的职务廉洁性。起草过程中有意见提出,本项规定突破了"为他人谋取利益"的字面含义。《解释》保留该项规定,其主要考虑是:事前受贿和事后受贿没有实质不同,关键在于收受财物与具体职务行为有无关联,而不在于何者为因何者为果,也不在于时间先后。适用本项规定时需要注意以下两点:一是根据此前司法解释等文件的规定,国家工作人员离职、退休后收受财物,认定受贿需以离职、退休之前即国家工作人员身份存续期间有事先约定为条件。本项规定同样受此约束,不能认为本项规定修改了此前文件的规定。二是"事后"的时间间隔没有限制,但收受财物与履职事项之间应存在实质关联。

第二款规定的是受贿犯罪与"感情投资"的界限划分问题。在刑法没有规定赠贿、收受礼金方面犯罪的情况下,受贿犯罪谋利要件的认定需要把握住一个底线,这个

底线就是《纪要》确立的具体请托事项。鉴于此，纯粹的感情投资不能以受贿犯罪处理。同时，对于日常意义上的"感情投资"，又有必要在法律上作进一步区分：一种是与行为人的职务无关的感情投资；另一种是与行为人职务行为有着具体关联的所谓的"感情投资"。对于后者，由于双方在职务活动中日常而紧密的关系，谋利事项要么已经通过具体的职务行为得以实现，要么可以推断出给付金钱有对对方职务行为施加影响的意图，这种情况下只要能够排除正常人情往来的，同样应认定为受贿。基于这一理解，《解释》规定，"国家工作人员索取、收受具有上下级关系的下属或者具有行政管理关系的被管理人员的财物价值三万元以上，可能影响职权行使的，视为承诺为他人谋取利益。"其中，"价值三万元以上"是为了便于实践掌握而对非正常人情往来作出的量化规定。该款规定充分考虑了与《中国共产党纪律处分条例》关于违纪收受礼金规定的衔接，将收受财物的对象限制在具有上下级关系的下属或者行政管理关系的被管理人，并加以金额三万元以上、可能影响职权行使的限制，较好地区分了受贿犯罪与正常人情往来以及违纪行为的政策法律界限。具体适用本款规定时，要注意把"价值三万元以上"和"可能影响职权行使"结合起来作整体理解：一方面，"价值三万元以上"可以累计计算，而不以单笔为限；另一方面，对于确实属于正常人情往来、不影响职权行使的部分，不宜计入受贿数额。

▲2007年7月8日最高人民法院、最高人民检察院《**关于办理受贿刑事案件适用法律若干问题的意见**》：

一、关于以交易形式收受贿赂问题

国家工作人员利用职务上的便利为请托人谋取利益，以下列交易形式收受请托人财物的，以受贿论：

（1）以明显低于市场的价格向请托人购买房屋、汽车等物品的；

（2）以明显高于市场的价格向请托人出售房屋、汽车等物品的；

（3）以其他交易形式非法收受请托人财物的。

受贿数额按照交易时当地市场价格与实际支付价格的差额计算。

前款所列市场价格包括商品经营者事先设定的不针对特定人的最低优惠价格。根据商品经营者事先设定的各种优惠交易条件，以优惠价格购买商品的，不属于受贿。

二、关于收受干股问题

干股是指未出资而获得的股份。国家工作人员利用职务上的便利为请托人谋取利益，收受请托人提供的干股的，以受贿论处。进行了股权转让登记，或者相关证据证明股份发生了实际转让的，受贿数额按转让行为时股份价值计算，所分红利按受贿孳息处理。股份未实际转让，以股份分红名义获取利益的，实际获利数额应当认定为受贿数额。

三、关于以开办公司等合作投资名义收受贿赂问题

国家工作人员利用职务上的便利为请托人谋取利益，由请托人出资，"合作"开办公司或者进行其他"合作"投资的，以受贿论处。受贿数额为请托人给国家工作人员的出资额。

国家工作人员利用职务上的便利为请托人谋取利益,以合作开办公司或者其他合作投资的名义获取"利润",没有实际出资和参与管理、经营的,以受贿论处。

四、关于以委托请托人投资证券、期货或者其他委托理财的名义收受贿赂问题

国家工作人员利用职务上的便利为请托人谋取利益,以委托请托人投资证券、期货或者其他委托理财的名义,未实际出资而获取"收益",或者虽然实际出资,但获取"收益"明显高于出资应得收益的,以受贿论处。受贿数额,前一情形,以"收益"额计算;后一情形,以"收益"额与出资应得收益额的差额计算。

五、关于以赌博形式收受贿赂的认定问题

根据《最高人民法院、最高人民检察院关于办理赌博刑事案件具体应用法律若干问题的解释》第七条规定,国家工作人员利用职务上的便利为请托人谋取利益,通过赌博方式收受请托人财物的,构成受贿。

实践中应注意区分贿赂与赌博活动、娱乐活动的界限。具体认定时,主要应当结合以下因素进行判断:(1)赌博的背景、场合、时间、次数;(2)赌资来源;(3)其他赌博参与者有无事先通谋;(4)输赢钱物的具体情况和金额大小。

六、关于特定关系人"挂名"领取薪酬问题

国家工作人员利用职务上的便利为请托人谋取利益,要求或者接受请托人以给特定关系人安排工作为名,使特定关系人不实际工作却获取所谓薪酬的,以受贿论处。

七、关于由特定关系人收受贿赂问题

国家工作人员利用职务上的便利为请托人谋取利益,授意请托人以本意见所列形式,将有关财物给予特定关系人的,以受贿论处。

特定关系人与国家工作人员通谋,共同实施前款行为的,对特定关系人以受贿罪的共犯论处。特定关系人以外的其他人与国家工作人员通谋,由国家工作人员利用职务上的便利为请托人谋取利益,收受请托人财物后双方共同占有的,以受贿罪的共犯论处。

八、关于收受贿赂物品未办理权属变更问题

国家工作人员利用职务上的便利为请托人谋取利益,收受请托人房屋、汽车等物品,未变更权属登记或者借用他人名义办理权属变更登记的,不影响受贿的认定。

认定以房屋、汽车等物品为对象的受贿,应注意与借用的区分。具体认定时,除双方交代或者书面协议之外,主要应当结合以下因素进行判断:(1)有无借用的合理事由;(2)是否实际使用;(3)借用时间的长短;(4)有无归还的条件;(5)有无归还的意思表示及行为。

九、关于收受财物后退还或者上交问题

国家工作人员收受请托人财物后及时退还或者上交的,不是受贿。

国家工作人员受贿后,因自身或者与其受贿有关联的人、事被查处,为掩饰犯罪而退还或者上交的,不影响认定受贿罪。

十、关于在职时为请托人谋利,离职后收受财物问题

国家工作人员利用职务上的便利为请托人谋取利益之前或者之后,约定在其离职

后收受请托人财物,并在离职后收受的,以受贿论处。

国家工作人员利用职务上的便利为请托人谋取利益,离职前后连续收受请托人财物的,离职前后收受部分均应计入受贿数额。

十一、关于"特定关系人"的范围

本意见所称"特定关系人",是指与国家工作人员有近亲属、情妇(夫)以及其他共同利益关系的人。

十二、关于正确贯彻宽严相济刑事政策的问题

依照本意见办理受贿刑事案件,要根据刑法关于受贿罪的有关规定和受贿罪权钱交易的本质特征,准确区分罪与非罪、此罪与彼罪的界限,惩处少数,教育多数。在从严惩处受贿犯罪的同时,对于具有自首、立功等情节的,依法从轻、减轻或者免除处罚。

延伸阅读:

▲最高人民法院、最高人民检察院有关负责人就《关于办理受贿刑事案件适用法律若干问题的意见》答记者问(节选)

问:以交易形式收受贿赂的具体界定,是当前办理腐败案件极为复杂的一个问题,《意见》是从哪几个方面来明确这一问题的处理意见的?

答:第一,以交易形式收受财物,如以低于市场价格购买或者以高于市场价格出售的方式买卖房屋、汽车等物品,与直接收受财物相比只是手法上有所不同,性质上都属于权钱交易,可以认定为受贿。第二,考虑到这类交易行为的对象多为房屋、汽车等大宗贵重物品,如简单规定以低于市场的价格购买或者高于市场的价格出售房屋、汽车等物品,达到受贿犯罪的定罪数额起点的,都将构成受贿犯罪,则有可能混淆正常交易与权钱交易的界限,也不利于控制打击面。为此,《意见》规定了"明显"低于或者高于市场价格的限制性条件。第三,受贿数额按照交易时当地市场价格与实际支付价格的差额计算。以交易形式收受财物,行为人实际获取的好处是交易时当地市场价格与实际支付价格的差额,以此认定受贿数额符合刑法规定。第四,考虑到市场经济条件下优惠让利是一种正常而普遍的销售方式,《意见》明确,根据商品经营者事先设定的、不针对特定人的各种优惠交易条件,以优惠价格购买商品的,不属于受贿。

问:实践中对于国家工作人员收受请托人干股应以受贿处理,应该分歧不大,《意见》第二条规定所要解决的问题是哪些?

答:主要解决两方面问题:一是收受干股是否需要经过登记才可以认定?刑事犯罪行为和民商事法律行为的认定上应当有所区分,刑事犯罪行为侧重于客观事实的认定,所以,没有进行转让登记,但相关证据证明股份发生了事实转让的,也应当认定为受贿。二是干股没有实际转让的情况下应如何处理?在股权没有进行登记或者事实上转让的情况下,所谓的干股,只是名义上的干股,受贿人真实得到的是以赢利名义给付的红利,故应当以实际得到的好处即分红来计算受贿数额。

问:如何理解以开办公司等合作投资名义收受贿赂问题?

答:国家工作人员利用职务上的便利为请托人谋取利益,以合作开办公司或者进行其他合作投资的名义收受请托人财物,是近几年来出现的新情况。主要有两种:一

是由请托人出资，国家工作人员"合作"开办公司或者进行其他"合作"投资的，这与直接收受贿赂财物没有本质区别，应以受贿处理。二是以合作开办公司或者进行其他合作投资的名义，既没有实际出资也不参与管理、经营，这意味着行为人没有任何正当理由获取所谓"利润"，属于打着合作开办公司或者其他合作投资的名义，行受贿之实的变相受贿行为。

问：《意见》第四条明确了以委托请托人投资证券、期货或者其他委托理财的名义收受贿赂问题的处理意见，实践中应当如何正确理解和执行？

答：国家工作人员利用职务上的便利为请托人谋取利益，以委托请托人投资证券、期货或者其他委托理财的名义收受请托人财物的，主要有两种情形：一是国家工作人员利用职务上的便利为他人谋取利益，未实际出资，借委托他人投资证券、期货或者其他委托理财的名义变相收受他人财物的；二是他人虽然将国家工作人员出资实际用于投资活动，但国家工作人员所获"收益"与实际赢利明显不符。对于第一种情形，既然没有出资，也就谈不上委托理财，更谈不上理财"收益"，应当以受贿处理。对于第二种情形，其实质就是变相受贿。

问：《最高人民法院、最高人民检察院关于办理赌博刑事案件具体应用法律若干问题的解释》（以下简称《解释》）中对以赌博形式收受贿赂问题的处理已有明确规定，《意见》第五条再次规定是出于什么考虑？

答：司法实践中反映，《解释》虽然明确了此类行为的定性处理意见，但在具体查证和认定中存在一定困难。为此，《意见》第五条列举了一些可资区分贿赂与赌博活动、娱乐活动的界限的参考因素。应当注意到，这些因素本身不一定具有独立的判断意义，这更多的是提供一个查证方向和认定思路。

问：如何理解特定关系人"挂名"领取薪酬问题的处理意见？

答：国家工作人员要求或者接受他人给特定关系人安排工作的情况较为复杂，主要有三种情形：一是特定关系人"挂名"领取薪酬的，这与直接接受财物没有实质区别，应以受贿论处；二是特定关系人虽然参与工作但领取的薪酬明显高于该职位正常薪酬水平的，其性质属于变相受贿，但考虑到当前一些企业，尤其是私营企业薪酬发放不规范，如何认定实际领取的薪酬与正常薪酬是否相当以及如何认定受贿数额，均存在困难，故《意见》对这种情况暂没作规定；三是特定关系人正常工作和领取薪酬的，不存在非法收受财物问题，不能以犯罪处理。

问：如何理解由特定关系人收受贿赂问题？

答：实践中，一些国家工作人员，尤其是一些职务较高的国家工作人员利用职务上的便利为请托人谋取利益，往往不是其本人亲自收受请托人财物，而是授意请托人与特定关系人以买卖房屋、汽车等物品的方式进行交易，有关财物也由特定关系人收取。这类行为，虽然表面上国家工作人员本人没有获得"财物，但实质上行贿人的指向是很明确的，最后送给特定关系人完全是根据国家工作人员的意思，是国家工作人员对于财物的处置行为所致，同样可以认定国家工作人员获得了财物，故应以受贿论处。

关于特定关系人的范围，《意见》予以明确，即"是指与国家工作人员有近亲属、情妇(夫)以及其他共同利益关系的人"。

问:《意见》第八条规定,"收受请托人房屋、汽车等物品,未变更权属登记或者借用他人名义办理权属变更登记的,不影响受贿的认定",这与物权法关于不动产等物品实行登记变更的规定是否相悖?

答:刑法上非法占有的认定标准与物权法上的合法所有的认定标准不完全一样,非法占有目的的实现并不以得到法律上的确认为条件,是否在法律上取得对房屋、汽车等的所有权,并不能对事实上占有房屋、汽车等的认定构成障碍。只要双方有明确的送、收的意思表示,受贿方实际占有房屋、汽车等即可认定为受贿。同时,考虑到未办理权属登记情形下受贿犯罪容易与合法借用混淆,《意见》特别强调要准确区分以借为名的受贿与真实借用的界限,并为此列举了几种主要的判断参照因素。

问:《意见》对于收受财物后退还或者上交的,区分两种情形规定了不同的处理意见,这种区分的依据何在?

答:对于国家工作人员收受请托人财物后,及时退还或者上交的,说明其主观上没有受贿故意,因此,不是受贿。收受财物后,因自身或与其受贿有关联的人、事被查处,为掩饰犯罪而退还或者上交的,从法律上讲受贿犯罪已经实施完毕,而且主观上也没有悔罪的意思,依法依理均应定罪处罚。

问:对于在职时为请托人谋利、离职后收受贿赂问题,最高人民法院此前出过一个批复,《意见》第十条规定在这方面有突破吗?

答:根据最高人民法院《关于国家工作人员利用职务上的便利为他人谋取利益离退休后收受财物行为如何处理问题的批复》(以下简称《批复》)规定,国家工作人员利用职务上的便利为请托人谋取利益,在其离退休后收受请托人财物的,须以在职时有事先约定为定罪条件。如果没有"事先约定"的限制要件,很有可能造成客观归罪,将离职后不再具有国家工作人员身份的人收受他人财物的行为一概作为受贿罪追究,与受贿罪的构成要件不符。同时,有必要对该《批复》精神进一步具体化,以满足办案实践的需要。出于这一考虑,《意见》规定了国家工作人员利用职务上的便利为请托人谋取利益,离职前后连续收受请托人财物的,离职前后收受部分均应计入受贿数额。离职前后连续收受财物,在客观上足以表明国家工作人员在离职前与请托人有约定,与《批复》规定的原则是一致的。

问:正确贯彻宽严相济刑事政策问题应该不是一个具体问题,《意见》最后一条对此予以特别强调,主要是出于哪些方面的考虑?

答:《意见》起草之初,我们即确立了三项原则:一是立足实际、急用为先,重点解决当前受贿案件查办当中实际遇到、亟须明确的法律政策界限问题。二是依法、稳妥,根据刑法规定和受贿罪权钱交易的本质特征,对当前查办受贿案件各方面认识比较一致的相关法律界限予以明确,争议较大、拿不准的问题,暂时搁置。三是宽严相济。既要从严打击腐败犯罪,不让腐败分子逃漏法网;又要区别对待,统筹法律、政策、社会等因素,确保打击面的合理性。

该三项原则贯穿《意见》起草始终,在每一条规定中都有具体体现,其核心要求就是宽严相济,做到严之有据,宽之有度。这集中体现在,以交易形式收受贿赂须以"明显"低于或者高于市场价格为前提;由第三人收受财物的受贿认定须以特定关系人为条件;对于案发前退还或上交所收财物的需区分情形分别定性处理等。宽严相济,既是《意见》的起草原则,也是《意见》的灵魂所在,应当成为正确理解和适用《意见》规定的指针。同时,《意见》不可能穷尽现实生活中所有形式的贿赂行为,而且可以预见新的贿赂手段还会不断出现,准确适用法律惩治各类受贿行为,关键在于把握两点,一是受贿的权钱交易本质,二是宽严相济刑事政策。本条规定的意义即在于此。

▲陈国庆、韩耀元、邱利军:《关于办理受贿刑事案件适用法律若干问题的意见》的解读(节选)

二、《意见》的主要内容

(一)关于以交易形式收受财物的定性处理问题

当前司法实践中,除赤裸裸的权钱交易外,还出现了一些新的形式,如以低于正常价格购买或者以高于正常价格出售的方式买卖房屋、汽车等大宗贵重物品,由于行为人支付了一定费用,并非完全无偿占有,能否认定为受贿,争议较大。

经研究认为,国家工作人员利用职务上的便利为请托人谋取利益,以低于正常价格购买或者以高于正常价格出售房屋、汽车等大宗贵重物品,虽然行为人支付了一定费用,但其支付的费用与该物品的正常价格明显不符。因此,与贪污行为中的"以无报有、以少报多"一样,无偿受贿和有偿受贿,都属于受贿行为。在贿赂数额的认定上,一般是以受贿时房屋、汽车等商品的正常市场价格与实际购买出售价格之间的差价计算。但是由于实践中房屋、汽车等商品存在成本价、优惠价、市场价等多种价格,尤其是有些优惠价的幅度较大,因此,必须注意区分以低价购物形式实施的受贿行为与以优惠价格购物行为的界限。根据商品经营者事先设定的不针对特定人的各种优惠交易条件,以优惠价格购买商品的,不属于受贿。

需要特别注意的是,考虑到房屋、汽车等属于大宗贵重物品,降低几个百分点的价格,其数额就可能达到数万元甚至数十万元,如果简单地规定"以低于正常价格购买或者以高于正常价格出售房屋、汽车等大宗贵重物品"的,达到受贿犯罪的定罪数额起点,都属于受贿犯罪的话,打击面可能过宽。从当前查处的一些案件来看,应该严厉打击的是那些以很低甚至是象征性的价格收受请托人价值巨大的房屋或者汽车的国家工作人员,一般的以略低于正常价格购买的,尽管其数额可能较大,但不宜都作为犯罪追究。因此,《意见》规定了"明显"低于或者高于正常市场价格的限制性条件。依此查处的案件应当是社会影响大的严重案件,并且数额巨大或者特别巨大。到底相差多少数额属于"明显低于"的问题,可根据实践中遇到的个案,具体情况具体处理。

(二)关于收受干股及股份分红的定性处理问题

实践中对于国家工作人员利用职务上的便利为请托人谋取利益,收受请托人送的干股,并已进行股权转让登记的,认定为受贿没有分歧,但对于未进行股权转让登记的,以及收受干股分红的,能否认定为受贿以及受贿数额如何认定有争议。有的认为,未进行股权转让登记的干股也可认定为受贿;有的认为,无论是哪种形式的干股分红,都可认定为受贿;有的认为,已进行股权转让登记的干股本金属于受贿,其分红则不应再认定为受贿,应作为违法所得追缴,未进行股权转让登记的干股本金不属于受贿,其分红应认定为受贿。

经研究认为,股权是一种综合性权利,其中财产权是重要组成部分,股权登记是其实现有关权利的必要程序。因此,收受请托人送的干股,并已进行股权转让登记的,无论是以本人名义,还是以其指定的其他人名义,干股本金都应认定为受贿数额。而未进行股权转让登记的干股本金,不应认定为受贿数额。

需要注意的是,刑事犯罪行为和民商事法律行为在认定上应当有所区分,刑事犯罪行为侧重于客观事实的认定,所以,即使没有进行转让登记,但相关证据证明股份发生了事实转让的,也应当认定为受贿。

收受干股后所得分红分两种情况:一是干股已进行股权转让登记,干股本金已被认定为受贿数额的;二是未进行股权转让登记,干股本金未被认定为受贿数额的。前者与贪污、挪用公款所生利息类似,既已认定本金为受贿数额,其因此取得的分红就不应再认定为受贿,而应认定为受贿所得的孳息。后者往往是以送干股为名,实际上是送分红,因此,其分红应认定为受贿数额。

(三)关于以开办公司等合作投资名义收受财物的定性处理问题

国家工作人员以参与合作开办公司或者进行其他合作投资的形式收受财物,是近几年来出现的新问题,如何准确定性处理需要认真研究。国家工作人员以参与合作开办公司或者进行其他合作投资的形式收受财物,主要有三种情况:一是国家工作人员利用职务上的便利为请托人谋取利益,由请托人出资,国家工作人员或者其指定的第三人参与合作开办公司或者进行其他形式合作投资的,这与国家工作人员直接收受贿赂财物没有本质区别,就是受贿。受贿数额按国家工作人员或者第三人收受的出资额计算。二是国家工作人员利用职务上的便利为请托人谋取利益,由请托人垫付资金,国家工作人员或者其指定的第三人以参与合作开办公司或者进行其他形式合作投资的形式,不实际参与经营而获取经营"利润",这属于变相受贿,受贿数额为实际"获利"数额。三是由请托人垫付资金,国家工作人员或者其指定的第三人实际参与经营而获利的,不以犯罪论处。

《意见》第三条对前两种情况作了明确规定。

需要注意的是,对于第三种情况,其实质是国家工作人员向请托人借款,但到底是以借款(垫付资金)为名,还是真实借款(垫付资金),要认真审查,防止以名为借款(垫付资金)实为受贿的行为逃避打击。具体认定时,除双方交代或者书面协议之外,主要应当结合以下因素进行判断:(1)有无正当、合理借用(垫款)事由;(2)款项的去向;(3)有无归还的能力和条件;(4)有无归还的意思表示及行为;(5)未归还的原因,等等。如果是国家工作人员以借款(垫付资金)为名向请托人索要财物,或者非法收受财物为请托人谋取利益的,应当认定为受贿。

(四)关于以委托请托人投资证券、期货或者其他委托理财的名义收受财物的定性处理问题

国家工作人员以委托请托人投资证券、期货或者其他委托理财的名义收受请托人

财物，也是近几年来出现的新问题。实践中国家工作人员借委托请托人投资证券、期货或者其他委托理财的名义收受请托人财物，主要有两种情况：一是国家工作人员利用职务上的便利为请托人谋取利益，未实际出资，以委托请托人投资证券、期货或者其他委托理财的名义收受请托人财物的；二是国家工作人员虽然实际出资，但是其所获"收益"明显高于实际出资应得收益的。对于第一种情况属于受贿，构成犯罪的，应以受贿罪定罪处罚，没有什么分歧意见。但对于第二种情况，认识有分歧。一种意见认为，这种情况也属于变相受贿，构成犯罪的，应以受贿罪定罪处罚。另一种意见认为，在这种情况中，国家工作人员确实投了资，至于是否盈利，以及实际盈利数额多少不是他能决定或者应该负责的，不能以实际盈利数额来确定国家工作人员是否构成犯罪。

经研究认为，对于第二种情形，既然是委托投资理财，就应当按照市场经济规律办事，虽然实际出资，但获取收益明显高于出资应得收益的，属于变相受贿，也应当以受贿处理。《意见》第四条对此作了明确规定。

（五）关于以赌博形式收受财物的定性处理问题

实践中，一些国家工作人员利用职务上的便利，为请托人谋取利益后，不是直接收受贿赂，而是通过与请托人等人赌博的形式收受钱物，对该种方式，有的认为，应定性为受贿；也有的认为更符合赌博的特征，应定性为赌博。

经研究认为，国家工作人员利用赌博活动收受钱物有两种情况：一是收受请托人提供的赌资；二是通过与请托人及有关人员赌博的形式赢取钱物。前者属于典型的收受贿赂，"两高"《关于办理赌博刑事案件具体应用法律若干问题的解释》中明确规定该种行为应以受贿定性处理。后者属于变相收受贿赂，也应认定为受贿。实践中反映较为普遍的是取证困难。为此，《意见》第五条列举了一些可以区分贿赂与赌博活动、娱乐活动的界限的判断标准，具体认定时，主要应当结合以下因素进行判断：(1)赌博的背景、场合、时间、次数；(2)赌资来源；(3)其他赌博参与者有无事先通谋；(4)输赢钱物的具体情况和金额大小。

（六）关于特定关系人"挂名"领取薪酬的定性处理问题.

实践中，一些人采取给国家工作人员的近亲属、情人或者其他与国家工作人员有共同利益关系的人（下称特定关系人）安排工作的方式感谢或者请托国家工作人员为自己谋利，对此种行为定性分歧较大。有的认为，"安排工作"不属于刑法中的"财物"，接受"安排工作"不能认定为受贿。有的认为，工作和工资是挂钩的，接受"安排工作"就等于是接受财物，可以认定为受贿。

经研究认为，国家工作人员要求或者接受他人给特定关系人安排工作的情况较为复杂，主要有三种情况：一是特定关系人不实际工作，"挂名"领取薪酬的；二是特定关系人虽然参与工作但领取的薪酬明显高于该职位正常薪酬水平的；三是特定关系人是正常工作和领取薪酬的。由于接受安排工作获取薪酬与直接接受财物有区别，能否定为受贿，应区分情况定性处理：对于第一种情况，应当认定国家工作人员受贿。对于第二种情况，一般应当认定国家工作人员受贿。对于第三种情况，不宜认定为受贿。

需要特别说明的是，对于第二种情况能否认定为受贿，争议较大，有意见认为，当前工资体系较为混乱,尤其是一些私营企业,有些岗位薪酬差别较大且不透明,如何认定实际领取的薪酬与正常薪酬明显不成比例,如何认定受贿数额,均存在困难,建议对该种情况不作规定。经研究认为,从理论上讲,将该种情况规定为受贿没有问题,实践中可根据具体案件具体处理。但鉴于认识分歧较大,《意见》对第二种情况未作明确规定。

(七)关于由特定关系人收受贿赂的定性处理问题

实践中,一些国家工作人员,尤其是一些职务较高的国家工作人员利用职务上的便利为请托人谋取利益,往往不是其本人亲自收受请托人财物,而是指使、授意请托人与特定关系人以买卖房屋、汽车等物品及其他一些交易方式进行交易,有关财物也由特定关系人收取,对于该国家工作人员行为能否认定为受贿,存在争议。

经研究认为,国家工作人员收受财物的方式有三种:一是本人直接获取并归本人使用;二是本人直接获取但交给他人使用;三是对于他人明确送给本人的财物,本人不直接收取而是指示送财物的人将有关财物直接交给其指定的特定关系人。前两种方式中,国家工作人员本人直接获得了财物,认定其本人所有没有争议,第三种方式虽然表面上国家工作人员本人没有获得财物,但实质上行贿人的指向是很明确的,最后送给特定关系人完全是根据国家工作人员的意思,是国家工作人员对于财物的处置行为所致,该种方式同样可以认定国家工作人员获得了财物。

实践中对于帮助进行交易或者接受财物的特定关系人能否构成受贿罪的共犯,在什么情况下构成共犯有不同认识。有的认为,只要特定关系人明知是国家工作人员利用职务上的便利为请托人谋取利益,授意请托人将财物直接或者采取交易方式交给自己的,都可认定为受贿共犯。有的认为,能否认定受贿共犯,既要考虑国家工作人员和特定关系人是否通谋,还要强调特定关系人的积极主动行为,例如特定关系人提议国家工作人员实施前述行为的,应当认定为共犯。经研究认为,上述第一种意见容易造成打击面过宽的不良后果,第二种意见则存在放纵犯罪的可能。因此,只要能证明国家工作人员与特定关系人有通谋的,就可认定为受贿共犯。

(八)关于收受贿赂物品未办理权属变更的定性处理问题

实践中,对于房屋、汽车等属于刑法规定的财物,可以成为受贿犯罪的对象,没有分歧。但对于收受房屋、汽车等是否要求以办理权属变更手续为认定构成受贿的条件问题,争议较大。有的认为,根据物权法的有关规定,房屋、汽车等所有权的转移应当以办理权属变更手续为准。因此,未办理权属变更手续的一般不宜认定为受贿,若认定为受贿也只能定未遂。

经研究认为:收受房屋、汽车等不要求以办理权属变更手续为认定受贿既遂与否的条件,只要双方有明确的送、收的意思表示,受贿方实际占有房屋、汽车等即可认定为受贿既遂。理由是:受贿罪是行为犯,行为人只要实施了刑法分则关于受贿罪的构成要件的行为,就构成了受贿既遂。收受没有过户的房产,构成了刑法中的事实占有。刑法上非法占有的认定标准与物权法上的合法所有的认定标准不是完全一样的,非法占有目的的实现并不以得到法律上的确认为条件,是否在法律上取得对房屋、汽车等的所有权,并不能对事实上占有房屋、汽车等的认定构成障碍。如盗窃或者抢劫汽车,既不需要也不可能要求盗抢行为人办理车辆过户手续,同样可以认定盗窃或者抢劫既遂。

(九)关于收受财物后退还或者上交的定性处理问题

实践中对于国家工作人员利用职务上的便利,为请托人谋取利益,并收受请托人财物,但在案发前退还或上交所收财物的,是否一律认定为受贿罪,有争议。一种意见认为,上述情况属于受贿既遂后的赃物处置问题,只影响量刑,不影响定罪。另一种意见认为,根据刑事政策,只要行为人在案发前退还或上交,可不以犯罪处理。

经研究认为,实践中国家工作人员收受请托人财物后,在案发前退还或上交所收财物的情况复杂,主要有三种情况:第一种是并无收受财物的故意,行贿人送财物时国家工作人员确无法推辞而收下或者系他人代收,事后立即设法退还或者上交的。第二种是收受财物,未立即退还或者上交,但在案发前自动退还或者如实说明情况上交的。第三种是收受财物后,因自身或与其受贿有关联的人被查处,为掩饰犯罪而退还或者上交的。

第一种情况说明其主观上没有受贿故意,因此,不是受贿。对此没有分歧意见。第三种情况说明其主观上并无悔罪意思,符合受贿罪的构成要件,应定罪处罚。对此也没有分歧意见。但对于第二种情况认识分歧较大。一种意见认为,从刑事政策考虑,案发前自动退还或者如实说明情况上交的,一般都可不以受贿罪处理,这有利于解脱一部分想悔改的国家工作人员。但其为他人谋取利益,致使公共财产、国家和人民利益遭受重大损失的除外,如果其行为构成滥用职权等其他犯罪的,依照刑法的相关规定定罪处罚。另一种意见认为,刑法规定"情节显著轻微危害不大的,不认为是犯罪",但"案发前自动退还或者如实说明情况上交"是否都能认定为"情节显著轻微,不认为是犯罪",需要进一步研究。

经研究认为,受贿罪侵犯的客体主要是国家工作人员的职务廉洁性,因此,国家工作人员利用职务上的便利,为请托人谋取利益,并已收受请托人财物的,一般应认定为受贿既遂。如果不分数额、不分退还的时间长短,只要"在案发前自动退还或者如实说明情况上交的",都不以犯罪处理的话,势必带来"先收钱再说,是否退还观望再定"的心理误导,有可能放纵犯罪。因此,"在案发前退还或上交所收财物的,不认定为受贿罪"的意见不妥。实践中存在的国家工作人员收受财物后未及退还或上交即出差,或者是由别人擅自代收等情况,只要该国家工作人员一有条件便立即退还或者上交的,与第一种立即退还或上交的情况一样,同样说明其主观上并没有受贿的故意,不属于受贿,尽管此时距离请托人送财物,已过去了一段时间。考虑到实践情况的复杂性和宽严相济刑事政策的需要,《意见》没有规定"立即退还或上交的,不是受贿",而是规定"及时退还或上交的,不是受贿"。《意见》第九条规定:"国家工作人员收受请托人财物后及时退还或者上交的,不是受贿。国家工作人员受贿后,因自身或者与其受贿有关联的人、事被查处,为掩饰犯罪而退还或者上交的,不影响认定受贿罪。"

(十)关于在职为请托人谋利,离职后收受财物的定性处理问题

实践中出现一些国家工作人员在职时为请托人谋利而于离职后收受请托人财物的情况,如何定性处理有分歧。一种意见认为,根据 2000 年 7 月最高人民法院《关于国家工作人员利用职务上的便利为他人谋取利益离退休后收受财物行为如何处理问题的批复》(下称《批复》)的规定,如有证据证明国家工作人员利用职务上的便利为请托人谋取利益,并与请托人事先约定,在其离退休后收受请托人财物,可以定受贿罪,否则不能定罪。另一种意见认为,由于《批复》中关于"事先约定"的要件,主要依靠行、受贿双方的口供,只要双方或者一方否认,就不能认定。对于上述情况,如果简单地照搬《批复》中关于"事先约定"的规定,很有可能由于"事先约定"证明的困难,而放纵了犯罪,建议取消《批复》中关于"事先约定"的要件。

经研究认为,《批复》解决了实践中关于国家工作人员利用职务上的便利为他人谋取利益退休后收受财物行为如何处理的争议。如果没有"事先约定"的要件,很有可能造成客观归罪,将离职后不再具有国家工作人员身份的人收受他人财物的行为一概作为受贿罪追究,与受贿罪的构成要件不符,会不恰当地扩大打击面。但是实践中确实存在国家工作人员为规避法律,逃避打击,采取在职为请托人谋利,离职收请托人财物,并订立攻守同盟,拒不承认事先有约定的情况。为满足办案需要,有必要对《批复》精神进一步细化。但在如何细化问题上也存在争议。有的建议规定:"国家工作人员利用职务上的便利为他人谋取利益,离职前后多次收受他人财物的,离职后收受部分可视为双方具有'事先约定',计入受贿数额。"另有意见建议规定:"国家工作人员利用职务上的便利为他人谋取利益,离职前后多次收受他人财物,经查明,不属于礼尚往来及亲友馈赠的,离职后收受部分,计入受贿数额。"两种建议均有道理,但第一种建议容易产生对于"事先约定"作了扩大解释的歧义,第二种意见更符合实际。实际上只要国家工作人员利用职务上的便利为请托人谋取利益,离职前后连续收受请托人财物,在客观上就足以表明国家工作人员在离职前与请托人有约定,可按受贿处理。《意见》第十条规定:"国家工作人员利用职务上的便利为请托人谋取利益之前或者之后,约定在其离职后收受请托人财物,并在离职后收受的,以受贿论处。国家工作人员利用职务上的便利为请托人谋取利益,离职前后连续收受请托人财物的,离职前后收受部分均应计入受贿数额。"

(十一)关于"特定关系人"的范围问题

《意见》第六条、第七条规定均涉及"特定关系人",有必要明确"特定关系人"的范围。但范围应如何界定有分歧,第一种意见认为,"特定关系人"包括受贿人和行贿人之外的所有其他人;第二种意见认为,"特定关系人"包括国家工作人员的近亲属以及其他与之有共同经济利益关系的人;第三种意见认为,"特定关系人"包括国家工作人员的近亲属以及其他与之有特殊关系的人。

经研究认为,由于"特定关系人"的范围问题实际涉及以交易、合作开办公司等形式由特定关系人收受财物和特定关系人"挂名"领取薪酬是否构成贿赂的问题,换言之,涉及对国家工作人员在上述情形下能否定受贿罪、特定关系人能否构成受贿罪共

犯的问题。如果将"特定关系人"解释为包括受贿人和行贿人之外的所有其他人,势必不恰当地扩大打击面。而且实践中,国家工作人员利用职务便利为请托人谋利后,却要求请托人将财物送给与本人没有什么共同利益关系的第三人的情况不符合逻辑,也极为罕见。"特定关系人"一般都是国家工作人员的近亲属以及情妇(夫)等其他与之有共同利益关系的人。《意见》第十一条对"特定关系人"作了明确规定。

(十二)关于正确贯彻宽严相济刑事政策问题

贯彻宽严相济的刑事政策,既是《意见》起草时遵循的原则,也是适用《意见》要把握的原则。如《意见》关于"以交易形式收受贿赂"问题规定中的"明显低于"或者"明显高于"市场价格的规定;关于"收受请托人财物及时退还或者上交,不是受贿"的规定;关于"特定关系人"范围的规定;以及关于"正确贯彻宽严相济刑事政策"的规定等,都体现了《意见》在起草过程中贯彻宽严相济刑事政策的原则。在具体适用《意见》过程中,同样要注意贯彻宽严相济刑事政策的原则。一是要把握受贿的权钱交易本质,这是认定《意见》所规定的各种新的受贿形式能否构成受贿罪的关键。二是要坚持惩处少数,教育多数。三是要坚持在从严惩处受贿犯罪的同时,对于具有自首、立功等情节的,依法从轻、减轻或者免除处罚。

▲刘为波:《关于办理受贿刑事案件适用法律若干问题的意见》的理解与适用(节选)

二、《意见》的主要内容

关于以交易形式收受贿赂问题。

以交易形式收受贿赂行为的具体认定,是当前办案机关反映较为普遍、分歧较大的一个问题。理解《意见》的规定,需要注意把握以下几点:

第一,关于以交易形式收受财物行为的定性。对于当前大量存在的以各种交易形式实施的、更为隐蔽的受贿行为,有必要依法予以刑事打击。以交易形式收受贿赂,如以低于市场价格购买或者高于市场价格出售的方式买卖房屋、汽车等物品,较之于直接收受财物的传统意义上的受贿,虽然因支付了一定费用而在手法上有所不同,但性质上并无不同,都属于权钱交易。而且,从刑法第三百八十五条关于受贿罪的罪状表述看,只是对受贿罪的构成作了性质(即权钱交易)上的规定,而没有对具体的受贿行为方式进行列举或者加以限定。《意见》将以交易形式收受贿赂的行为明确为受贿,是在刑法框架内,结合实际情况对受贿行为的具体诠释,并无超越、背离立法之处。基于此,《意见》第1条第1款规定,国家工作人员利用职务上的便利为请托人谋取利益,以交易形式收受请托人财物的,以受贿论处。

第二,关于具体交易形式。实践中交易形式具有多样性,除低价向请托人购买房屋、汽车等物品,高价向请托人出售房屋、汽车等物品之外,还存在高价反(回)购、不等值置换等形式。在已查处的案件中即有请托人(系房地产开发商)先行将房屋压低价格出售给国家工作人员,之后再以高价购买回来,通过对向交易,完成行、受贿的情形。为防止挂一漏万,《意见》在交易形式的规定上采用了列举加概括的表述方法,除具体列举低价购入、高价卖出两种情形外,还规定了一个兜底条款,即以其他交易形式非法收受请托人财物的。

另外,有建议提出,应将明显低价或者高价的租用、出租问题一并规定进来。考虑到此类情形实践中不多见,认定时有一定难度,同时也为了保持体例上的一致性,《意见》对此类行为暂未规定。

第三,关于受贿数额的认定基准。一种意见主张以成本价或者象征性价格作为计算基准,理由:一是实践中房屋等物品的市场价格有多种,如市场销售价、销售优惠价、成本价和评估价等,如以市场价格计算不好操作。二是市场经济条件下房地产商等商品经营者有自主定价权,不好确定是不是优惠价。三是以市场价格计算可能会导致打击面过宽的不利后果。相反,成本价可以准确评估,有利于从严把握,防止不恰当地扩大打击面。经研究,市场价格受市场供求关系的影响,的确具有一定程度的不确定性,但是,对于房屋等商品,成本价和市场价相差非常悬殊,若以成本价或者象征性价格为标准,很大一部分受贿罪将不能得到依法追究。相比之下,市场价格更具合理性,也更具包容性。市场价格波动较大的,可以通过专业机构对一个特定时点(交易时当地)的物品价格进行评估,得出一个相对确定、合理的价格,故《意见》规定,"受贿数额按照交易时当地市场价格与实际支付价格的差额计算。"

第四,关于"度"的把握。鉴于此类交易行为的对象多为房屋、汽车等大宗贵重物品,稍微降低几个百分点,数额即可能达到数万元甚至数十万元,如简单规定以低于市场的价格购买或者高于市场的价格出售房屋、汽车等物品,达到受贿犯罪的定罪数额起点的,都构成受贿犯罪的话,打击面可能失之过宽,故《意见》规定了明显低于或者高于市场价格的限制性条件。借此,也有利于区分受贿犯罪与正常的优惠购物、一般违法违纪行为之间的界限,确保刑事打击的准确性和谦抑性。

第五,关于以交易形式实施的受贿与优惠购物两者的区分。市场经济条件下优惠让利是一种正常而普遍的营销方式,属于公司、企业的自主经营行为,应依法予以尊重和认可。故《意见》规定,前款所列市场价格包括商品经营者事先设定的不针对特定人的最低优惠价格。根据商品经营者事先设定的各种优惠交易条件,以优惠价格购买商品的,不属于受贿。在理解本款规定时应注意两点:一是优惠价格不限于社会上明示或者公开的价格;二是优惠价格必须针对不特定人。讨论中有意见指出,优惠价格既可以是商品经营者面向社会公众设定的,也可以是商品经营者专门针对国家工作人员设定的。而后者本身可能就具有行贿的性质。如果将这两种情形都认定为优惠价格范畴,将会严重缩小以交易形式实施的受贿罪的认定范围,因而建议将优惠价格限定为面向社会公众的优惠价格。经研究,我们认为该意见过于严苛,现实当中优惠价格有多种表现形式,存在各式各样的明折暗扣,不同层级的销售人员拥有的优惠权限不尽一致,同时也考虑到我国人情社会的特点,为避免错误打击,故未采纳该意见。至于该意见的顾虑,通过事先设定和不针对特定人两个限制性条件则可以得到有效地排除。

关于收受干股问题。

第一,关于干股的理解。干股虽然不是一个严格的法律术语,但基本意思明确,主要有两种情形：一种是由他人实际出资、无偿转让的干股；另一种是没有资金依托的干股，其本身并无价值，其他股东的份额也无减损。后者不属于严格意义上的干股。故《意见》规定，干股是指未出资而获得的股份，并区分两种情形分别予以规定。

第二，关于收受干股的具体认定。非法收受干股应以受贿处理，司法实践中对此意见基本一致，《全国法院审理经济犯罪案件工作座谈会纪要》（以下简称《纪要》）也有类似规定："国家工作人员利用职务上的便利，索取或非法收受股票，没有支付股本金，为他人谋取利益的，构成受贿罪，其受贿数额按照收受股票时的实际价格计算。"争议的焦点集中在以下三个方面：

1. 收受干股应否以登记为成立要件。在该问题上，刑事犯罪行为和民商事法律行为在认定上应当有所区分，前者强调客观事实，后者侧重法律形式的齐备。没有进行转让登记，但发生了事实转让的，也应当认定为受贿。另外，经调研了解，实践中多数收受干股的行为均未履行相关的登记手续，如果强调登记要件，将势必导致大量的受贿犯罪逃脱法网。同时为避免冤及无辜，在事实转让的认定中，《意见》强调，必须具有相关的证据证明。

2. 收受有资本依托的干股，是否应当将红利计入受贿数额。肯定论者的理由是，此类行为多发生于暴利行业，红利金额往往远大于股份价值；将收受红利视为一个连续的受贿行为，理论上也说得通。而《意见》则规定，进行了股权转让登记，或者相关证据证明股份发生了实际转让的，受贿数额按转让行为时股份的价值计算，所分红利按受贿孳息处理。主要考虑是：首先，既往的做法，特别是《纪要》在收受股票问题的处理意见中，都是将红利视为非法所得处理的。其次，将收受股份和收受红利割裂开来作独立理解，忽视了股份不同于其他物品的特殊性及红利对于股份的依附性，有重复评价之嫌。再次，肯定论者仅考虑到有赢利的情况，那么，如果经营亏损，股份价值贬损的情况下，是不是还要按照新的价值来计算此前收受的股份价值？这将带来司法操作和司法公正等系列问题。最后，明确股份价值按转让行为时计算，主要是因为股份价值处于不断变动之中，行为时与案发时的价值有时并不一致，有必要确定一个计算的时间点，以消除司法实践中的困惑与分歧。以行为时价值为计算依据，也应当成为今后审理类似案件的一项基本司法原则。

3. 收受无资本依托的干股，按照红利计算是否合理。有意见指出，收受有资本依托的干股，按行为时的股本金计算；如收受无资本依托的干股，按红利计算，有双重标准之嫌。我们认为，该意见没有注意到两种干股之间的实质差别。前者干股是具有价值的实质性的财物；后者则属于无价值的名义上的干股。在后者，受贿人实际得到的是以赢利名义给付的红利，这也是其唯一收受的财物。还有意见提出，前者不计红利，后者以红利计，实践中红利数额往往大于干股价值，意味着有可能出现收受空股的处罚重于实际收受干股的情形，这将导致事实上的处断不公。我们认为，这种可能性的确存在，但是这里首先需要关注的是两种行为对象及由此所决定的受贿事实上的不同，而且，公正是相对的，司法寻求的应当是法律范围内的公正并尽可能避免事实结果上的不公正。鉴于此，《意见》规定，"股份未实际转让，以股份分红名义获取利益的，实际获利数额应当认定为受贿数额。"

关于以开办公司等合作投资名义收受贿赂的问题。

国家工作人员利用职务上的便利为请托人谋取利益,以合作开办公司或者进行其他合作投资的名义收受请托人财物,是近几年来出现的新情况,主要有两种:

第一,由请托人出资,国家工作人员"合作"开办公司或者进行其他"合作"投资。此情形类似于前述收受干股问题,与直接收受贿赂财物没有本质的区别,应以受贿处理。故《意见》规定,国家工作人员利用职务上的便利为请托人谋取利益,由请托人出资,"合作"开办公司或者进行其他"合作"投资的,以受贿论处。受贿数额为请托人给国家工作人员的出资额。

第二,以合作开办公司或者进行其他合作投资的名义,既没有实际出资也不参与管理、经营而获取所谓利润。此种情形,行为人没有获取所谓利润的任何正当理由,属于打着合作开办公司或者其他合作投资的名义行受贿之实的变相受贿行为。故《意见》规定,国家工作人员利用职务上的便利为请托人谋取利益,以合作开办公司或者其他合作投资的名义获取利润,没有实际出资和参与管理、经营的,以受贿论处。

应当注意到本条规定与《意见》第1条规定在表述上的差异:第1条规定的是以交易形式;本条规定的是以合作开办公司或者进行其他合作投资的名义,并在相应措辞上加上了引号。这意味着,对于以交易形式收受贿赂的认定中,并不排除存在真实交易的成分,这也是第1条规定计算受贿数额时应将已支付价格扣除、按市场价格与实际支付价格的差额计算的理由所在。而根据本条规定,具有真实投资成分的情形,即便国家工作人员未实际参与管理、经营活动,也将被排除受贿罪的认定。以合作开办公司或者进行其他合作投资,是否构成受贿的认定,关键在于国家工作人员本人有无实际出资。《意见》之所以强调这一点,主要是因为该问题在现实生活中较为复杂,对于具有真实投资成分的情形不易细分和作出具体认定。还有意见指出,根据公司法的规定,是否投资是能否取得收益的唯一依据,《意见》在规定没有实际出资的同时,辅之以国家工作人员不参与管理、经营条件,这是否必要、妥当?我们认为,《意见》的规定与该观点并不相左:规定不参与管理、经营,是以确认名义投资而非真实投资为前提的,不参与管理、经营是判断是否名义投资诸多可资判断因素的一个方面,同时,管理、经营行为在一定情况下也可能成为出资方式的一种。所以,《意见》关于此种情形是否成立受贿的认定,坚持的标准仍然是名义投资抑或实际投资。

起草过程中,有意见提出现实生活中还存在一种情形,即国家工作人员利用职务上的便利为他人谋取利益,由请托人垫付资金,国家工作人员或者其指定的第三人以参与合作开办公司或者进行其他形式合作投资的形式,不实际参与管理、经营而获取经营利润的情形。并建议即便国家工作人员事后归还了请托人的垫付款,此种情形也应当以实际收受的利润部分追究受贿责任。其主要理由是,由他人垫付出资,只是一种更为隐蔽的受贿手法,归还出资的本意是掩盖非法收受的所谓的投资收益,这类行为同样属于打着合作开办公司或者其他合作投资的名义行受贿之实的行为。反对意见则认为,按照谁出资、谁收益的原则,既然是垫付,就意味着国家工作人员是投资方,那么其获取公司收益是合法、合理的。鉴于该问题争议较大,需要统筹法律与现实等多方面关系,多数意见认为在该问题的处理上须持谨慎态度,故《意见》对该问题未作专门规定,而是留待司法实践结合实际情况,根据是否真实投资这一判断标准,进行具体认定。

关于以委托请托人投资证券、期货或者其他委托理财的名义收受贿赂问题。

实践中国家工作人员借委托他人投资证券、期货或者其他委托理财的名义收受他人财物,主要有三种情形:一是国家工作人员利用职务上的便利为他人谋取利益,未实际出资,借委托他人投资证券、期货或者其他委托理财的名义变相收受他人财物的;二是国家工作人员虽然实际出资,但是在他人未将出资实际用于投资活动的情况下,收受他人以赢利名义给付的财物的;三是他人虽然将出资实际用于投资活动,但所获收益与实际赢利明显不符的。

对于第一种情形,既然没有出资,也就谈不上委托理财,更谈不上理财收益,应当以受贿处理。故《意见》规定,国家工作人员利用职务上的便利为请托人谋取利益,以委托请托人投资证券、期货或者其他委托理财的名义,未实际出资而获取收益的,以受贿论处。

对于第三种情形,虽然存在真实委托理财的成分,但其性质与以交易形式收受贿赂相同,属于变相受贿,故《意见》规定,"国家工作人员利用职务上的便利为请托人谋取利益,以委托请托人投资证券、期货或者其他委托理财的名义……虽然实际出资,但获取'收益'明显高于出资应得收益的,以受贿论处。"受贿数额以收益额与出资应得收益额的差额计算。在适用本规定时,应当注意坚持主客观相一致的刑事司法原则。现实生活中投资收益及其比例均具有不确定性,尤其是在具有高风险、高回报特点的证券、期货领域,所以,成立受贿,需以国家工作人员对于所获收益高于出资应得收益具有主观明知为条件。《规定》之所以强调"明显"二字,意义即在于此。

第二种情形是《意见》制定过程中争议较大的一个问题,多数意见认为对于此种情形的处理需持谨慎态度。理由是:第一,委托理财操作上较为复杂,做法不尽一致,具体投资时受托方不一定要为委托方开设专户,而且,作为一般等价物,在有实际投资的情况下,不易判断也不宜区分钱款的出资者归属,所以,是否将出资实际用于具体投资活动,实践中很难认定。第二,收益回报不必须以实际用于投资为条件。一方面,受托方对于如何投资、何时投资有一个自主决定权;另一方面,约定高回报额虽不受法律保护,但这种违约做法实践中的确存在,在刑事和民事的司法认定上应有所区分并适当考虑。此外,作为受贿处理,还牵涉一个委托方是否事先明知的问题。考虑到实际情况的复杂性,为避免客观归罪,《意见》对此情形未作专门规定。应当注意,《意见》未作规定,并不意味着此情形一律不以受贿处理,只是说此情形不再具有独立的认定意义,对于符合第三种情形,即所获收益与出资应得收益明显不符的,同样应当根据《意见》的规定处理。

此外,有意见提出,应将通过把由他人补偿亏损方式变相受贿的情形一并规定进来。考虑到此种情形多出于真实的委托理财意思,且犯意产生于事后,在认定上有一定难度，故《意见》未作规定。

关于以赌博形式收受贿赂的认定问题。

国家工作人员利用赌博活动收受钱物有两种情况：一是收受他人提供的赌资；二是通过与他人赌博的形式收受他人钱物。前者属于典型的收受贿赂，对于后者，"两高"《关于办理赌博刑事案件具体应用法律若干问题的解释》中明确规定该种行为应以受贿定性处理，亦无分歧。实践中反映较为普遍、急需解决的问题是此类行为的查证和具体认定。为此，《意见》第5条列举了四个方面可资区分贿赂与赌博、娱乐活动的界限的参考因素，即赌博的背景、场合、时间、次数；赌资来源；其他赌博参与者有无事先通谋；输赢钱物的具体情况和金额大小。其中，赌博的背景、场合、时间、次数是指赌博的时机问题，包括以往有无共同赌博的经历，以此查证利用职务上的便利为请托人谋取利益与赌博两者间的客观因果关系。赌资来源是指国家工作人员用于赌博的钱款系本人自备还是请托人所提供，以此判断国家工作人员有无赌博、娱乐活动的真实意思。其他赌博参与者有无事先通谋是指在多人参与赌博的情况下，国家工作人员之外的其他参与人对于行、受贿双方的真实意思是否知悉，包括其他参与人的赌资是否系行贿人提供，以此旁证行、受贿双方的真实意图。输赢钱物的具体情况和金额大小，主要是指国家工作人员赢取钱物是否出于对方配合的结果，以及输赢钱款较之于平时在数量上有无异常。应当注意到，这些因素本身不一定具有独立的判断意义，这里更多的是提供一个查证方向和认定思路。

现实生活中还存在一种情形：双方均有通过赌博形式实施行、受贿的意思，且行贿方预先设定了一个行贿数额，但因客观方面的原因，致使受贿方实际收受财物的数额大于原先预计的行贿数额。比如，原计划通过打麻将行贿10万元，但受贿人手气好，结果"赢取"了20万元，此情形应如何认定受贿数额？对此，虽然《意见》没有明确规定，但实践中以全额认定受贿数额是妥当的。这不仅是实践操作的需要，也符合犯罪构成的一般理论，因为这是基于一个概括的行、受贿故意实施的一个完整的行、受贿行为。行贿方完全可以自主控制行贿数额，所谓客观方面的原因，完全是行贿方主观放任的结果。

关于特定关系人挂名领取薪酬的问题。

一种意见认为，国家工作人员要求或者接受他人给特定关系人安排工作的情况较为复杂，且与直接接受财物有区别，能否定为受贿，应区分情况分别定性处理：一是如果特定关系人是挂名领取薪酬的，应当认定国家工作人员受贿。受贿数额为特定关系人实际领取的薪酬数额。二是如果特定关系人虽然参与工作但领取的薪酬明显高于该职位正常薪酬水平的，应当认定国家工作人员受贿，受贿数额为特定关系人实际领取的薪酬与正常薪酬的差额。三是如果特定关系人是正常工作和领取薪酬的，对国家工作人员要求或者同意受益人给特定关系人安排工作的行为一般不宜认定为受贿。

上述第一种情形中，特定关系人不实际从事工作、挂名领取薪酬，与直接接受财物没有实质区别，应以受贿论处；第三种情形中，特定关系人正常工作和领取薪酬，所领取薪酬为合法劳动所得，不存在非法收受财物问题，不能以犯罪处理。对于该两者的处理,在《意见》的研究起草过程中意见分歧不大,争议较大的是对于第二种情形的处理。一种意见主张此种情形应以受贿处理,认为在特定关系人实际从事工作的情况下,特定关系人的薪酬是否明显超出其应得利益,对国家工作人员的行为性质也会产生影响,这与以交易形式收受贿赂问题性质上一样。经研究,特定关系人虽然参与工作但领取的薪酬明显高于该职位正常薪酬水平的,其性质属于变相受贿,但考虑到当前一些企业尤其是私营企业薪酬发放不规范,认定薪酬是否明显不成比例,实践中存在一定难度。另外,实际从事工作的,也应当有一部分合理薪酬,认定具体的受贿数额也将是一个问题。故《意见》第6条仅明确,"国家工作人员利用职务上的便利为请托人谋取利益,要求或者接受请托人以给特定关系人安排工作为名,使特定关系人不实际工作却获取所谓薪酬的,以受贿论处",而对第二种情形则暂不作规定。

在理解本条规定时,应注意以下两点:第一,特定关系人是否实际从事工作是一个实体判断问题,形式上、象征性的工作,如名义上的顾问等,不能认定为实际从事工作;第二,特定关系人不实际从事工作领取薪酬,须以基于国家工作人员的意思或者国家工作人员有主观明知为条件,否则,不能将特定关系人的行为归之于国家工作人员。

关于由特定关系人收受贿赂的问题。

第一,关于由特定关系人收受财物的定性。当前,国家工作人员收受他人财物的方式呈现出一定的复杂性,大体上可以归为三类:一是本人直接收取并归本人所有;二是本人直接收取后转送给他人;三是本人不直接收取,而是授意他人将有关财物直接交给其指定的第三人。前两种情形,认定国家工作人员收受贿赂不存在争议。对于第三种情形,能否视为国家工作人员收受财物,实践中存在疑虑。根据《纪要》规定,"国家工作人员的近亲属向国家工作人员代为转达请托事项,收受请托人财物并告知该国家工作人员,或者国家工作人员明知其近亲属收受了他人财物,仍按照近亲属的要求利用职权为他人谋取利益的,对该国家工作人员应认定为受贿罪"。该规定部分澄清了前述争议。但是,司法部门普遍反映,该规定仅限定于有财产关系的近亲属,不能满足打击此类犯罪的现实需要,实践中大量存在要求请托人将财产直接归于近亲属之外的其他关系人(比如情人)的情形。

我们认为,此种情形虽然表面上国家工作人员本人没有获得财物,但请托人的行贿指向是明确的,最后送给第三人完全是基于国家工作人员的意思,而第三人之所以获利,完全源于国家工作人员与他人之间的权钱交易和国家工作人员对交易对象的处分,故应视同为国家工作人员本人收受了财物。同时,考虑到此种受贿是通过交易等非直接收受财物形式实施的,不排除存在一些无受贿主观故意的情形,而且此种受贿国家工作人员本人确实没有收受好处,不宜将第三人收受财物的行为一概归之于国家工作人员本人,故从法律上和政策上均有必要加以区分和限定。为此,《意见》第7条第1款规定,"国家工作人员利用职务上的便利为请托人谋取利益,授意请托人以本意见所列形式,将有关财物给予特定关系人的,以受贿论处。"

较之于《纪要》有关国家工作人员明知其近亲属收受了他人财物,仍按照近亲属的要求利用职权为他人谋取利益的,对该国家工作人员应认定为受贿罪的规定,《意见》作了两处明显修改：一是将明知限缩为授意；二是将近亲属扩大为特定关系人。对于前者，有意见指出应将同意、默许等情形一并规定进来。我们认为，此种情形下国家工作人员的主观受贿故意具有不确定性，为避免不当入罪，做到严之有据，对于非国家工作人员本人实际收取财物的受贿的认定，有必要从严把握，故《意见》没有采纳。对于后者，主要是出于新形势下打击此类受贿犯罪现实需要的考虑，有关特定关系人的范围及其理解，详见第11条规定的说明。应当说，两处改动，一紧一松，更为准确地揭示了此类受贿行为的实质。

第二，关于第三人共同犯罪的认定。《意见》规定，"特定关系人与国家工作人员通谋，共同实施前款行为的，对特定关系人以受贿罪的共犯论处。特定关系人以外的其他人与国家工作人员通谋，由国家工作人员利用职务上的便利为请托人谋取利益，收受请托人财物后双方共同占有的，以受贿罪的共犯论处。"在理解和适用本款规定时，应注意把握通谋的要件以及特定关系人与非特定关系第三人两者在成立受贿共犯要件上的不同。(1)关于通谋。通谋是特定关系人和非特定关系第三人成立受贿共犯均具备的主观要件。所谓通谋，是指共同谋划。之所以在这里规定较一般共同犯罪更为严格的主观条件，主要是考虑到受贿行为具有一定的复合性，也就是说，受贿行为由两部分组成：一是为他人谋利；二是收受他人财物，如第三人未参与为请托人谋利行为，或者对国家工作人员为请托人谋利不知情，仅仅是奉命收受财物的，因不具有在为他人谋利方面的意思联络，故不宜将第三人作为共犯处理。起草过程中，有人建议能否考虑根据实际情况，规定更为严格的条件，即只有当第三人提议的情况下，才将第三人作为共犯处理，以此限缩刑罚的打击面，实现对国家工作人员的重点打击。我们认为，该表述与一贯的共犯理论相去甚远，而且，"提议"一词，没有很好地反映共同犯罪人相互之间的合意，具体到实践层面，恐怕会出现不同理解，甚至导致打击面更宽的结果，故《意见》未采纳该意见。(2)关于共同占有。区分特定关系人与非特定关系第三人，并规定后者需以共同占有为条件，主要是出于主客观相一致原则与刑事打击面的考虑，考虑到特定关系人与国家工作人员已有共同利益关系，故不再要求共同占有要件。

关于收受贿赂物品未办理权属变更的问题。

实践中，对于房屋、汽车等属于刑法规定的财物，可以成为受贿犯罪的对象，没有分歧，但对于收受房屋、汽车等是否要求以办理权属变更手续为认定成立受贿的条件，争议较大。有意见认为，根据物权法的有关规定，房屋、汽车等所有权的转移应当以办理权属变更手续为准，因此，未办理权属变更手续的一般不宜认定为受贿，即便认定为受贿，也应按未遂处理。

我们认为，收受房屋、汽车等不必须以办理权属变更手续为其成立要件。房产证等权属证书只是证明权利人对该房产拥有房产所有权。换言之，有房产证可以说明权利人对该房产拥有房产所有权，但没办房产证不能说明权利人对该房产就一定没有房产所有权。刑法上非法占有的认定标准与物权法上的合法所有的认定标准应当有所区别，非法占有目的的实现并不以得到法律上的确认为条件，是否在法律上取得对房屋、汽车等的所有权,并不能对事实上占有房屋、汽车等的认定构成障碍。反之,即便行贿人以受贿人的名义办理了产权证书,但未交付的,应当视情况分别认定为受贿未遂或者不构成受贿。故《意见》规定,"国家工作人员利用职务上的便利为请托人谋取利益,收受请托人房屋、汽车等物品,未变更权属登记或者借用他人名义办理权属变更登记的,不影响受贿的认定。"

同时,考虑到未办理权属登记情形下受贿罪认定当中的潜在风险,《意见》特别强调认定以房屋、汽车等物品为对象的受贿,应注意与借用的区分。并规定,"具体认定时,除双方交代或者书面协议之外,主要应当结合以下因素进行判断:(1)有无借用的合理事由;(2)是否实际使用;(3)借用时间的长短;(4)有无归还的条件;(5)有无归还的意思表示及行为。"需要指出的是,这些因素是一个有机判断体系,在司法实践中应注意综合考虑。其中,核心精神有两点:一是有无借用的必要;二是有无归还的真实意思。

《意见》制定过程中,有意见认为,即便是真实借用,但国家工作人员利用职务上的便利为他人谋取利益,由他人支付与借用有关的费用的,如物业管理费、水费、电费、车辆保险费、燃油费、维修费等,有关费用也应当认定为受贿数额。主要理由:一是当前社会上大量存在此种现象,通过司法解释明确该问题的处理意见,有着重要的法律警示意义。二是借用产生的各项费用,一方面出借方有实际的金钱付出;另一方面借用方实实在在获得了好处,与直接付给金钱并无实质上的不同。另有意见认为,此种情形不仅要追究有关费用的责任,还要将房租和有关物品的使用折旧一并计入受贿数额。

我们认为,借用本身即蕴含着借用物的损耗,而且,使用收益是以实际使用为前提的,在未使用的情况下,也就谈不上使用收益,故主张将房租和有关物品的使用折旧计入受贿数额背离了日常事理,殊为不妥。同时,对于在借用关系中由对方支付实际发生的有关费用的,现实生活中的表现较为复杂,比如,有些费用是因使用而发生的,有些费用则即便不使用也同样需要支付,而且,这些费用通常情况下数额较小,认定起来也有一定难度,故《意见》不作明确规定,而是留待办案机关根据个案情况具体处理。

关于收受财物后退还或者上交的问题。

实践中对于国家工作人员利用职务上的便利,为他人谋取利益,并已收受他人财物后,但在案发前退还或上交所收财物的,是否一律认定以受贿罪处理,有争议。一种意见认为,上述情况均属受贿既遂后的赃物处置问题,只影响量刑,不影响定罪。另一种意见认为,只要行为人在案发前退还或上交,均可不以犯罪处理。

我们认为,受贿罪侵犯的客体主要是国家工作人员的职务廉洁性,因此,国家工作人员利用职务上的便利,为他人谋取利益,并已收受他人财物的,一般应认定为受贿既遂。但实践中国家工作人员收受他人财物后,在案发前退还或上交所收的情况较复杂,要区分不同情况,分别定性处理:第一,国家工作人员收下他人财物后,及时退还或者上交的,这种情况因其主观上没有受贿故意,不属于受贿。第二,国家工作人员受贿后,因自身或与其受贿有关联的人、事被查处,为掩饰犯罪退还或者上交的,法律上受贿罪已经实施完毕,而且主观上也没有悔罪的意思,依法依理均应定罪处罚。故《意见》第9条规定,"国家工作人员收受请托人财物后及时退还或者上交的,不是受贿。国家工作人员受贿后,因自身或者与其受贿有关联的人、事被查处,为掩饰犯罪而退还或者上交的,不影响认定受贿罪。"

需要强调指出的是,第一种情形中所谓的及时,主要是基于受贿故意而言的,所以,及时不仅限于当时当刻,如果主观上有归还或者上交的意思,但因为客观方面的原因未能立即归还或者上交,在客观障碍消除后立即归还或者上交的,同样应当理解为及时。此外,之所以特别规定第二种情形,主要是考虑到实践中较多地存在此种情形,很明显,此种情形应该作为犯罪处理。至于此种情形应否作为从轻处罚的情节,考虑到实践中情况的复杂性,《意见》未予明确。

另外,有意见认为,收受他人财物,虽未及时退还或者上交,但案发前自动退还或者如实说明情况上交的,可不以受贿罪处理。其中,为他人谋取利益,致使公共财产、国家和人民利益遭受重大损失,构成其他犯罪的,依照刑法的相关规定定罪处罚。该意见在认可此种情形性质上已经构成犯罪的同时主张一般不作为犯罪处理,主要考虑是:贯彻宽严相济的刑事政策,并充分发挥司法的感化教育功能,节约司法成本,提高办案效率。而且,为他人谋利行为造成重大损失,构成渎职等其他犯罪的,还应当依法追究相应刑事责任,在客观效果上并不会轻纵罪犯。我们认为,此种情形不作为受贿罪处理,有其一定的实践合理性,但于法无据,而且,社会效果如何,会不会出现先收钱再观望的情况,也是一个疑问,故《意见》未作规定,实践部门可以结合收受时间长短、数额大小等具体个案情况,依法作从轻或者无罪处理。

关于在职时为请托人谋利,离职后收受财物的问题。

根据最高人民法院《关于国家工作人员利用职务上的便利为他人谋取利益离退休后收受财物行为如何处理问题的批复》(以下简称《批复》)的规定,国家工作人员利用职务上的便利为请托人谋取利益,与请托人事先约定,在其离退休后收受请托人财物,应认定为受贿。实践中反映,《批复》所规定的事先约定要件,主要依靠行、受贿双方的口供,只要双方或者一方否认,就很难认定。如严格按照《批复》中关于事先约定的规定,很有可能由于事先约定证明的困难而放纵犯罪,并由此建议取消《批复》中关于事先约定的要件。

我们认为,《批复》的立场应予坚持。如果没有事先约定的限制要件,很有可能造成客观归罪,将离职后不再具有国家工作人员身份的人收受他人财物的行为一概作为受贿罪追究,与受贿罪的构成要件不符。同时,有必要对该《批复》精神进一步具体化,以满足办案实践的需要。经总结实践中遇到的案例,认定下列两种情形成立受贿是妥当的,一是对于离职前仍然具有国家工作人员身份的事后收受的;二是国家工作人员利用职务上的便利为他人谋取利益,离职前后连续多次收受他人财物的。

对于第一种情形,形式上是约定于事后,实质上是约定于事中,犯意产生时仍具有国家工作人员身份,故符合受贿罪的一般构成。对于第二种情形,作为一个受贿的连续行为,将基于同一事由于离职后继续收受的财物计入受贿数额,符合连续犯的一般理论。故《意见》规定,"国家工作人员利用职务上的便利为请托人谋取利益之前或者之后,约定在其离职后收受请托人财物,并在离职后收受的,以受贿论处。国家工作人员利用职务上的便利为请托人谋取利益,离职前后连续收受请托人财物的,离职前后收受部分均应计入受贿数额。"

在理解第二种情形时,应注意坚持连续犯的认定标准,避免作扩大化解释,只有是基于一个概括的连续受贿意思的事后收受,才可以按照《意见》的规定处理。

此外,鉴于事先约定在司法认定上的重重困难,有意见提出了通过《意见》确立推定制度的构想。即国家工作人员基于在职时为他人谋利行为而在离职后收受他人财物的,可以推定双方具有事先约定。并指出,虽然国内法还没有推定制度的明确规定,但以客观事实推定主观故意是司法实践的长期做法,并得到了刑事诉讼法和相关司法解释的确认。同时,推定制度近年来得到了越来越多国际法律文件的认可,且日益成为一项普遍的国际刑事司法原则,如我国已加入的《联合国反腐败公约》第28条就专条规定可依据客观实际情况予以推定。我们认为,仅根据在职时为他人谋利和离职后收受他人财物两点,尚不足以排除双方无事先约定的情形,在对相关犯罪尚无举证责任倒置的法律规定的前提下,以司法文件的形式确立推定制度,法律依据不足,亦与无罪推定的刑事诉讼原则相抵触,故《意见》对此未予采纳。需要强调说明的是,不予采纳不是否定推定做法本身,而是因为上述两方面事实尚不足以推定有事先约定的结论。

关于特定关系人的范围。

该问题在《意见》制定过程中争议较多,主要集中在以下两个方面:

第一,是否有必要对第三人的范围加以限定。《意见》多处涉及行、受贿双方之外的第三人问题,是否有必要对第三人范围加以限定是第一个分歧问题。反对意见认为,对第三人范围作限制性解释,不仅可能不当地缩小受贿罪的打击范围,而且要作出准确的限制非常困难。从实践的角度,只要是国家工作人员和给予国家工作人员财物的人之外的人,都可以是第三人,至于该第三人与国家工作人员的关系如何,不应当影响到对国家工作人员行为性质的认定。我们认为,对第三人范围有必要加以限定。首先,由于第三人的范围问题实际涉及以交易、合作开办公司等形式由第三人收受财物和第三人挂名领取薪酬是否构成贿赂的问题。换言之,涉及对国家工作人员在上述情形下能否定受贿罪的问题。如果将第三人解释为包括受贿人和行贿人之外的所有其他人,会将一些纯粹的同事之间、朋友之间的帮忙行为人罪,从而不当地扩大打击面。其次,作为受贿行为,其本质是权钱交易、以权易钱,对于国家工作人员为他人谋利但将利益归之于第三人,其本人没有实际拿到好处的,一概作为受贿处理,有违情理。所以,将第三人限定为有特定利益关系人是必要的。

第二,如何理解特定关系人。《意见》规定,本意见所称特定关系人,是指与国家工作人员有近亲属、情妇(夫)以及其他共同利益关系的人。据此,认定是否属于特定关系人,关键在于该第三人是否与国家工作人员有共同利益关系。对于共同利益关系的理解,应注意把握两点:一是共同利益关系主要是指经济利益关系,纯粹的同学、同事、朋友关系不属于共同利益关系;二是共同利益关系不限于共同财产关系,《意见》规定的特定关系人的范围,明显要宽于《纪要》基于共同财产关系所确定的近亲属的范围。

关于正确贯彻宽严相济刑事政策的问题。

宽严相济是刑事司法总的指导政策。《意见》起草之初即确立了三项原则:一是立足实际,重点解决当前受贿案件查办当中实际遇到、亟须明确的法律政策界限问题。二是依法、稳妥,根据刑法规定和受贿罪权钱交易的本质特征,对当前查办受贿案件各方面认识比较一致的相关法律界限予以明确,争议较大、拿不准的问题,暂时搁置。三是宽严相济。既要从严打击腐败犯罪,不让腐败分子逃漏法网;又要区别对待,统筹法律、政策、社会等因素,确保打击面的合理性。

该三项原则贯穿于《意见》起草始终,在每一条的规定中都有具体体现,其核心要求就是宽严相济,做到严之有据,宽之有度。这集中体现在,以交易形式收受贿赂须以明显低于或者高于市场价格为前提;由第三人收受财物的受贿认定须以特定关系人为条件;对于案发前退还或上交所收财物的需区分情形分别定性处理等。宽严相济,既是《意见》的起草原则、灵魂所在,也是正确理解和适用《意见》规定的指针。《意见》不可能穷尽现实生活中所有形式的贿赂行为,而且可以预见新的贿赂手段还会不断出现,准确适用法律惩治各类受贿行为,关键在于要把握两点:一是受贿的权钱交易本质,二是宽严相济刑事政策。鉴于此,《意见》特别规定,"依照本意见办理受贿刑事案件,要根据刑法关于受贿罪的有关规定和受贿罪权钱交易的本质特征,准确区分罪与非罪、此罪与彼罪的界限,惩处少数,教育多数。在从严惩处受贿犯罪的同时,对于具有自首、立功等情节的,依法从轻、减轻或者免除处罚。"

▲2008年11月20日最高人民法院、最高人民检察院《关于办理商业贿赂刑事案件适用法律若干问题的意见》:

四、医疗机构中的国家工作人员,在药品、医疗器械、医用卫生材料等医药产品采购活动中,利用职务上的便利,索取销售方财物,或者非法收受销售方财物,为销售方谋取利益,构成犯罪的,依照刑法第三百八十五条的规定,以受贿罪定罪处罚。

医疗机构中的非国家工作人员,有前款行为,数额较大的,依照刑法第一百六十三条的规定,以非国家工作人员受贿罪定罪处罚。

医疗机构中的医务人员,利用开处方的职务便利,以各种名义非法收受药品、医疗器械、医用卫生材料等医药产品销售方财物,为医药产品销售方谋取利益,数额较大的,依照刑法第一百六十三条的规定,以非国家工作人员受贿罪定罪处罚。

五、学校及其他教育机构中的国家工作人员,在教材、教具、校服或者其他物品的采购等活动中,利用职务上的便利,索取销售方财物,或者非法收受销售方财物,为销售方谋取利益,构成犯罪的,依照刑法第三百八十五条的规定,以受贿罪定罪处罚。

学校及其他教育机构中的非国家工作人员,有前款行为,数额较大的,依照刑法第一百六十三条的规定,以非国家工作人员受贿罪定罪处罚。

学校及其他教育机构中的教师,利用教学活动的职务便利,以各种名义非法收受教材、教具、校服或者其他物品销售方财物,为教材、教具、校服或者其他物品销售方谋取利益,数额较大的,依照刑法第一百六十三条的规定,以非国家工作人员受贿罪定罪处罚。

六、依法组建的评标委员会、竞争性谈判采购中谈判小组、询价采购中询价小组的组成人员,在招标、政府采购等事项的评标或者采购活动中,索取他人财物或者非法收受他人财物,为他人谋取利益,数额较大的,依照刑法第一百六十三条的规定,以非国家工作人员受贿罪定罪处罚。

依法组建的评标委员会、竞争性谈判采购中谈判小组、询价采购中询价小组中国家机关或者其他国有单位的代表有前款行为的,依照刑法第三百八十五条的规定,以受贿罪定罪处罚。

七、商业贿赂中的财物,既包括金钱和实物,也包括可以用金钱计算数额的财产性利益,如提供房屋装修、含有金额的会员卡、代币卡(券)、旅游费用等。具体数额以实际支付的资费为准。

八、收受银行卡的,不论受贿人是否实际取出或者消费,卡内的存款数额一般应全额认定为受贿数额。使用银行卡透支的,如果由给予银行卡的一方承担还款责任,透支数额也应当认定为受贿数额。

十、办理商业贿赂犯罪案件,要注意区分贿赂与馈赠的界限。主要应当结合以下因素全面分析、综合判断:(1)发生财物往来的背景,如双方是否存在亲友关系及历史上交往的情形和程度;(2)往来财物的价值;(3)财物往来的缘由、时机和方式,提供财物方对于接受方有无职务上的请托;(4)接受方是否利用职务上的便利为提供方谋取利益。

延伸阅读:

▲最高人民法院、最高人民检察院有关部门负责人就《关于办理商业贿赂刑事案件适用法律若干问题的意见》答记者问(节选)

问:如何理解商业贿赂犯罪的范围?

答:治理商业贿赂专项工作开展之初,对商业贿赂犯罪的范围存在不同认识,一定程度上影响着专项治理工作的开展及其效果。从司法实践的客观需要及专项治理工作的要求看,商业贿赂犯罪并不局限于刑法第一百六十三条、第一百六十四条规定的非国家工作人员贿赂犯罪,而是涉及刑法规定的全部八种贿赂犯罪。因此,《意见》对此予以明确,有利于专项治理工作的深入开展及良好效果的实现。

问:如何认定刑法第一百六十三条、第一百六十四条规定的"公司、企业或者其他单位的工作人员"?

答:《刑法修正案(六)》将刑法第一百六十三条、第一百六十四条犯罪的主体范围扩大到公司、企业以外的其他单位的工作人员,从而使"其他单位"的认定问题成为认定公司、企业以外的其他单位工作人员的基础性问题。一般意义上讲,单位是相对于自然人的组织体,但并非所有的组织体都属于刑法中的单位。从司法实践看,刑法第一百六十三条、第一百六十四条中的"其他单位",既包括事业单位、社会团体、村民委员会、居民委员会、村民小组等常设性的组织,也包括为组织体育赛事、文艺演出或者其他正当活动而成立的组委会、筹委会、工程承包队等临时性的组织。这里的单位不包括从事非正当活动的组织。据此,《意见》第二条对"其他单位"的范围作了明确界定。

根据刑法第一百六十三条第三款的规定,国有公司、企业或者其他国有单位中的工作人员虽然都有一定的职务,具有职务上的便利,但所从事的事务并非全都属于公务,其职务便利有履行公务的职务便利和非履行公务的职务便利之分,因而就其主体身份而言,国有单位中还有一些工作人员属于非国家工作人员。《意见》第四条对此作了明确规定。从文义上讲,其他国有单位,包括国家机关、国有事业单位、国有社会团体等单位。

问:当前,医药购销、工程建设、政府采购等领域中商业贿赂犯罪比较突出,群众反映强烈,《意见》对此是如何规定的?

答:当前,在一些与群众利益密切相关的领域,如医疗、教育、招投标等领域,严重危害群众利益的商业贿赂犯罪较为突出,如医生"开单提成",收受医药产品销售方以各种名义给予的回扣,学校中教师在教材、教具、校服或者其他物品采购中收受回扣,评标委员会组成人员在评标中索取或者非法收受他人财物等,群众反映强烈。依法严惩这些领域内的商业贿赂犯罪行为,是专项治理工作的一项重要内容。发生在这些领域内的商业贿赂犯罪情况比较复杂,特别是相关责任人员的主体身份,理论上和实践中均存在不同认识。针对这些情况,《意见》区分不同情形,分别作出规定。特别是针对实践中分歧较大的问题,明确了医务人员、教师、评标委员会等组成人员构成商业贿赂犯罪的刑事责任问题。根据《意见》规定,医疗机构中的医务人员,利用开处方的职务便利,以各种名义非法收受药品、医疗器械、医用卫生材料等医药产品销售方财物,为医药产品销售方谋取利益,数额较大的;学校及其他教育机构中的教师,利用教学活动的职务便利,以各种名义非法收受教材、教具、校服或者其他物品销售方财物,为教材、教具、校服或者其他物品销售方谋取利益,数额较大的;依法组建的评标委员会、竞争性谈判采购中谈判小组、询价采购中询价小组的组成人员,在招标、政府采购等事项的评标或者采购活动中,索取他人财物或者非法收受他人财物,为他人谋取利益,数额较大的,分别依照刑法第一百六十三条的规定,以非国家工作人员受贿罪定罪处罚。

问:如何理解贿赂的范围及其数额的认定?

答:随着经济社会的不断发展变化,贿赂的手法呈现出不断翻新的趋势。一些人为了规避法律,采用货币、物品之外的方式贿赂对方,有的提供房屋装修、含有金额的会员卡、代币卡(券)、旅游服务等,有的通过虚设债权、减免债务等方式增加对方的财产价值等。特别是近年来随着贿赂犯罪由权钱交易发展到权力交易、权色交易,用设立债权、无偿劳务、免费旅游等财物以外的财产性利益以及晋职招工、迁移户口、提供女色等非财产性利益进行贿赂的案件频繁发生。对这样一些案件特别是采用非财产性利益进行贿赂的案件能否认定贿赂犯罪,理论上和实践中均存在不同认识。为适应新形势下惩治贿赂犯罪的客观需要,参酌我国加入的有关国际公约规定,综合考虑我国国情和司法操作的实效性,《意见》将贿赂的范围由财物扩大至财产性利益。财产性利益的数额认定,以实际支付的资费为准。收受银行卡的,不论受贿人是否实际取出或者消费,卡内的存款数额一般应全额认定为受贿数额。使用银行卡透支的,如果由给予银行卡的一方承担还款责任,透支数额也应当认定为受贿数额。

问:如何认定行贿犯罪中的"不正当利益"?

答:1999年"两高"在《关于在办理受贿犯罪大要案的同时要严肃查处严重行贿犯罪分子的通知》中对"谋取不正当利益"的认定作了规定。这为司法实践正确认定"不正当利益"以打击行贿犯罪提供了依据。但是,由于社会背景的原因,该通知所规定的"不正当利益"的范围相对较窄,随着经济社会的发展,已不能全面反映有关领域中的实际情况,有些谋取与该通知规定的利益本质相同同样具有不正当性的利益的行为不能得到正确的认定与处理,实践中对此反映较为强烈。为适应惩治贿赂犯罪的客观需要,有必要对不正当利益的范围做适当的调整,即在该通知认为谋取违反法律、法规、国家政策和国务院各部门规章规定的利益,以及要求国家工作人员或者有关单位提供违反法律、法规、国家政策和国务院各部门规章规定的帮助或者方便条件属于不正当利益之外,增加规定谋取违反规章、政策规定的利益,或者要求对方违反规章、政策、行业规范的规定提供帮助或者方便条件的亦为谋取不正当利益,同时《意见》还特别增加规定,在招标投标、政府采购等商业活动中,违背公平原则,给予相关人员财物以谋取竞争优势的,属于"谋取不正当利益"。

问:如何正确区分贿赂与亲友正当馈赠的界限?

答:中国是一个人情社会,崇尚礼尚往来,法律并不禁止亲友之间的正当馈赠行为。然而,一些犯罪分子在实施贿赂犯罪的时候,借馈赠之名而行贿赂之实,并以馈赠正当为其行为辩解。为正确区分贿赂与亲友正当馈赠,划清罪与非罪的界限,《意见》主要从以下几个因素的结合上进行区分:(1)发生财物往来的背景,如双方是否存在亲友关系及历史上交往的情形和程度;(2)往来财物的价值大小;(3)财物往来的缘由、时机和方式,提供财物方对于接受方有无职务上的请托;(4)接受方是否利用职务上的便利为提供方谋取利益。

▲牛克乾:对《关于办理商业贿赂刑事案件适用法律若干问题的意见》的理解与思考(节选)

二、关于"罪刑系列"和"堵截构成要件"的理解与适用

"罪刑系列",是指就同一种罪法律规定的一串近似的犯罪构成以及与之相应的刑罚。比如我国刑法第九章规定的渎职罪,包括故意泄露国家秘密、徇私枉法等34个罪名,法定刑相应有差异。"堵截构成要件",是指刑事立法制定的具有堵塞、拦截犯罪人逃漏法网功能的构成要件,其类型大致有"或者其他型"、"持有型"和"最低要求型"。"或者其他型"的"堵截构成要件",比如我国刑法第一百三十四条"重大责任事故罪"规定的"工厂、矿山、林场、建筑企业或者其他企业、事业单位的职工"等。"罪刑系列"和"堵截构成要件"是适应社会关系复杂化和犯罪方式多样化的现实情况,平衡刑法立法明确性和模糊性的两种重要的刑法立法方法。

《意见》第一条明确了商业贿赂犯罪的范围,指出商业贿赂犯罪并不局限于刑法第一百六十三条、第一百六十四条规定的非国家工作人员的贿赂犯罪,而是涉及刑法规定的全部八种贿赂犯罪。这实际是对刑法有关贿赂犯罪所规定的"罪刑系列"的进一步明确。司法实践中,应将商业活动领域发生的国家工作人员利用职权参与或干预企业事业单位经营、谋取非法利益、索贿受贿的行为作为治理商业贿赂专项工作查处的重点。"罪刑系列"的适用,要求我们必须全面把握刑法的有关规定,进行体系性的思考,避免因"无知"而出现定罪量刑的错误。比如,对于实践中发生的单位贷款诈骗案件,如果从刑法规定的十个诈骗犯罪的罪刑系列全局思考,就不会轻率得出无罪的结论,而会根据案件具体情况认定构成单位合同诈骗罪。

《意见》第二条和第三条分别界定了刑法第一百六十三条、第一百六十四条中的"其他单位"和"公司、企业或者其他单位的工作人员"。明确指出,"其他单位"既包括事业单位、社会团体、村民委员会、居民委员会、村民小组等常设性的组织,也包括为组织体育赛事、文艺演出或者其他正当活动而成立的组委会、筹委会、工程承包队等临时性的组织。"公司、企业或者其他单位的工作人员"包括国有公司、企业以及其他国有单位中的非国家工作人员。可见,《意见》明确了刑法第一百六十三条、第一百六十四条中规定的"或者其他型"的"堵截构成要件",有利于准确认定非国家工作人员受贿罪、对非国家工作人员行贿罪的犯罪主体和犯罪对象。在司法实践中,必须准确理解和适用。

"堵截构成要件"的适用,要求我们把握相关犯罪构成要件的本质,准确理解有关规定的内涵和外延,避免因"滥用"而造成非枉即纵的后果。比如,实践中发生的无证销售盗版光盘的犯罪行为,是否符合刑法第二百二十五条第四项"其他严重扰乱市场秩序的非法经营行为"的"堵截构成要件"规定,构成非法经营罪?考察刑法第二百二十五条的规定可知,这里"其他"的内涵和外延不能任意扩大,该条前三项规定的"专营、专卖物品"、"进出口许可证"、"证券、期货、保险业务"等,已经表明了非法经营罪犯罪对象在国家经济、社会生活中的重要性质。根据同类解释规则,对于并列规定的第四项的内容,应当理解为是指非法经营与其他三项的内容具有同一性的关系国计民生的其他重要物品或业务。因此,无证销售盗版光盘的犯罪行为,不宜解释为刑法第二百二十五条规定的"其他严重扰乱市场秩序的非法经营行为",当然不能认定构成非法经营罪,不属于非法经营罪与销售侵权复制品罪的竞合,只能认定构成销售侵权复制品罪。

三、关于刑法术语扩大解释与类推解释的界分

我国刑法规定中将"贿赂"定位于"财物"。如何理解这里的"财物",《意见》在总结司法经验的基础上,综合考虑我国国情和司法操作的实效性,将贿赂的范围由财物扩大至财产性利益,在第七条明确规定:"商业贿赂中的财物,既包括金钱和实物,也包括可以用金钱计算数额的财产性利益,如提供房屋装修、含有金额的会员卡、代币卡(券)、旅游费用等。具体数额以实际支付的资费为准。"《意见》的该处规定,为我们坚持罪刑法定原则,准确界分扩大解释和类推解释、正确理解刑法术语提供了样本。

罪刑法定原则是刑法的生命,刑法解释绝不能违背罪刑法定原则。从解释方法的角度讲,类推解释因违背罪刑法定原则而被禁止,扩大解释因其结论并未超出刑法用语可能具有的含义而被允许。从理论上讲,类推解释,是指对刑法没有明文规定的事项,通过类比推理,将该事项适用于相类似的刑法条文的解释方法;扩大解释,则是指超越刑法语词或词组通常的字面含义,但仍然在字面含义能够涵盖范围之内解释刑法的方法。扩张解释是在合目的性原则指导下对立法文义射程最大程度的扩张;类推解释则完全超越立法文义,是先认定某种行为是不被允许的,然后再设法找出类似的刑法分则条文以资援引。理论上似乎可以将类推解释与扩大解释区分得很清楚,但司法实践中的区分却着实不易。

扩大解释与类推解释区分的界限究竟何在?某种解释是否被罪刑法定原则所禁止,要通过权衡刑法条文的目的、行为的处罚必要性、国民的预测可能性、刑法条文的协调性、解释结论与用语核心含义的距离、刑法用语的发展趋势等诸多方面得出结论。《意见》第七条将法条规定的"财物"解释为包括可以用金钱计算数额的财产性利益,但并不包括非财产性利益,就是对"财物"进行了扩大解释,同时排斥了类推解释。司法工作人员在具体办案中的刑法解释,当然应以此为鉴,在罪刑法定原则的指引下,合理进行扩大解释,禁止类推解释。

▲2016年4月18日最高人民法院、最高人民检察院《关于办理贪污贿赂刑事案件适用法律若干问题的解释》:

第十二条 贿赂犯罪中的"财物",包括货币、物品和财产性利益。财产性利益包括可以折算为货币的物质利益如房屋装修、债务免除等,以及需要支付货币的其他利益如会员服务、旅游等。后者的犯罪数额,以实际支付或者应当支付的数额计算。

第十三条 具有下列情形之一的,应当认定为"为他人谋取利益",构成犯罪的,应当依照刑法关于受贿犯罪的规定定罪处罚:

(一)实际或者承诺为他人谋取利益的;

(二)明知他人有具体请托事项的;

(三)履职时未被请托,但事后基于该履职事由收受他人财物的。

国家工作人员索取、收受具有上下级关系的下属或者具有行政管理关系的被管理人员的财物价值三万元以上,可能影响职权行使的,视为承诺为他人谋取利益。

延伸阅读:

▲裴显鼎、苗有水、刘为波、王珅:《关于办理贪污贿赂刑事案件适用法律若干问题的解释》的理解与适用(节选)

五、关于贿赂犯罪对象"财物"范围的理解

《解释》第十二条对贿赂犯罪的对象范围和财产性利益的具体认定作出了规定。该规定主要借鉴了2008年"两高"《关于办理商业贿赂刑事案件适用法律若干问题的意见》第七条的规定,即:"商业贿赂中的财物,既包括金钱和实物,也包括可以用金钱计算数额的财产性利益,如提供房屋装修、含有金额的会员卡、代币卡(券)、旅游费用等。具体数额以实际支付的资费为准。"除文字调整之外,《解释》将财产性利益作了进一步的归类细分,明确财产性利益包括可以折算为货币的物质利益和需要支付货币才能获得的其他利益两种。前者如房屋装修、债务免除等,其本质上是一种物质利益。后者如会员服务、旅游,就其性质而言不属于物质利益,但由于取得这种利益需要支付相应的货币对价,故应当在法律上视同为财产性利益。实践中提供或者接受后者利益主要有两种情形:一是行贿人支付货币购买后转送给受贿人消费;二是行贿人将在社会上作为商品销售的自有利益免费提供给受贿人消费。两种情形实质相同,均应纳入贿赂犯罪处理,但因表现形式不同有可能导致第二种情形数额认定上的意见分歧,故《解释》同时明确,"后者的犯罪数额,以实际支付或者应当支付的数额计算"。

▲苗有水:贪污贿赂刑事司法解释具体问题解读(节选)

二十一、如何理解"事后受贿"情形下的"为他人谋取利益"要件

《解释》第十三条第一款规定了"为他人谋取利益"的三种表现形式,其中第三种形式是"履职时未被请托,但是事后基于该履职事由收受他人财物的",这可以叫作"事后受贿"。在这种情形下,只要行为人实施了收受他人财物的行为,就应当认定为具备了"为他人谋取利益"的要件。过去的司法解释都没有对"事后受贿"作出明确规定,但2000年7月13日下发的《最高人民法院关于国家工作人员利用职务上的便利为他人谋取利益离退休后收受财物行为如何处理问题的批复》(以下简称《批复》)规定了国家工作人员离职以后收受他人财物的是否构成受贿罪的问题。根据《批复》的规定,必须在离职前双方有约定才可以定罪。那么,如果是离职以后出现《解释》规定的"事后受贿"情形,是否适用2000年7月13日下发的《批复》?我认为应当适用。《解释》第十三条第一款第三项的规定不是对上述批复的突破。事实上无法突破,因为职务丧失,构成受贿犯罪的条件就发生变化。上述问题,最高人民法院审判委员会在讨论《解释》时有过研究。有委员提出,《解释》规定的"事后受贿",是否包括退休以后?事后到多少年才叫事后?20年以后给付财物的怎么办呢?我们认为,20年以后给付财物的案件可能无法认定因果关系,等到国家工作人员退休以后向其赠送财物的,如果事先没有约定,不宜按贿赂犯罪来认定。从办案实践来看,"世界上没有无缘无故的爱,也没有无缘无故的恨",没有人向国家工作人员赠送财物是因为喜欢他,而是因为他手中有权,向他行贿的都是求他办事,这是铁的规律。因此《解释》关于事后受贿的规定并不是对《批复》的否定,《批复》仍然有效。

二十二、怎样划分人情往来、感情投资与受贿的界限

通常认为,人情往来是指人们之间的感情联络。人情,就是人的感情,即所谓的"人之常情"。人情往来具有互动、双向的特征。在任何社会里,都不大可能将人情往来作为犯罪来处理。以人情往来为名、行贿赂之实的现象是很常见的,必须纳入刑法打击的视野。司法实务中,对于超出人情往来的部分行为,符合贿赂犯罪的构成要件的,一般按犯罪处理。

感情投资是指以增进感情为目的而进行的物质投入。感情投资与人情往来不同,具有单向性。感情投资如果发生在具有上下级关系的国家工作人员之间,或者具有行政管理关系的双方之间,数额超过一定范围的,则可能具备贿赂的性质。当然有的数

额微小的感情投资,不应当是刑法关注的对象。《解释》第十三条第二款规定了这个问题的处理原则。我个人认为,就受贿犯罪构成要件的认定而言,《解释》中最重要的内容,就是第十三条第二款。该款规定:"国家工作人员索取、收受具有上下级关系的下属或者具有行政管理关系的被管理人的财物价值三万元以上,可能影响职权行使的,视为承诺为他人谋取利益。"

首先,这里的3万元,是指单笔3万元还是累计3万元?这个问题在《解释》制定过程中就有过讨论,结论是可以累计。那么,累计是针对一个下属或者被管理人员,还是不同的下属或者被管理人员呢?我个人的观点是,不能一概而论。对于那种涉及人数众多,分散到某个送礼人那里数额会很小,按受贿认定会显得很不合理,设定3万元这个数额界限也就没有意义,3万元这个数额界限的意义在于,这是个"超出人情往来"的数额,应当认定为贿赂。因而从另一个角度来说,那种针对不同相对人的累计极易混淆人情往来、感情投资与受贿之间的分界。比如说,国家工作人员的管理相对人有十几个,在该国家工作人员女儿出嫁时每个人给他送了3000元的红包,总额超过3万元,但是确实没有具体的请托事项,只是双方具有行政管理关系,这个例子如果按受贿罪处理一定是有问题的,混淆了人情往来与受贿罪的界限。我觉得,这个案例作为违纪处理比较妥当,也能够体现"把党纪挺在前面"的精神。当然,如果遇到一些特例,即便把3万元的数额分散到不同的相对人,也能排除人情往来的可能性,则不妨累计。因此,法有限,情无穷,具体认定可以留得个案解决。

其次,《解释》第十五条第二款规定:"国家工作人员利用职务上的便利为请托人谋取利益前后多次收受请托人财物,受请托之前收受的财物数额在一万元以上的,应当一并计入受贿数额。"这里的"一万元"是否指单笔数额?我认为不仅限于单笔数额,即可以累计。在这一款规定中,不存在需要针对不同行贿人所送财物进行数额累计的问题。

最后,如何理解"可能影响职权行使"这一用语?据我理解,"可能影响职权行使"的本意就是"超出人情往来的范围",或者已经不是通常意义上的"感情投资"。当然,就我个人的认识而言,很难想象下属向上司送钱送物或者行政管理相对人向国家工作人员送钱送物而不会影响到职权行使。

二十三、如何认定"特定关系人"收受贿赂

"特定关系人"是2007年7月8日下发的《最高人民法院、最高人民检察院关于办理受贿刑事案件适用法律若干问题的意见》创造性使用的一个概念。所谓"特定关系人",是指国家工作人员的近亲属、情人以及其他有共同利益关系的人。《解释》第十六条第二款规定:"特定关系人索取、收受他人财物,国家工作人员知道后未退还或者上交的,应当认定国家工作人员具有受贿故意。"这个"知道"的时间点是否包含离职或退休后的情况?我认为,"知道"的时间不应该包括离职以后的时间,它限于在职时间。如果是离职以后,职务之便不存在了,那应受到原来的相关司法解释即2000年《批复》的约束。有同行提出质疑,认为《解释》第十六条第二款的规定违背刑法理论上的主客观相统一、罪责自负原则。他们认为,特定关系人收受财物要求国家工作人员办事,后者办事时并不知前者收受财物,办完事后才知道,若对国家工作人员定受贿罪,对特定关系人是否定受贿共犯,而不是利用影响力受贿罪?对行贿人是不是也是定行贿?我觉得这一规定不违背主客观相统一、罪责自负原则。相反,这是《解释》的亮点之一。这一规定突破了一直强调的事先通谋。以前很多重大案件都这样掌握了,如薄熙来案。薄熙来案的判决书已经在网络上公布,其中有一段关于犯罪事实的叙述:2001年7月9日,薄谷开来用其收受徐明给予的购房资金2318604欧元(折合人民币16249709元)购买了位于法国尼斯地区戛纳市松树大道7号的枫丹·圣乔治别墅。2002年8月,薄谷开来在沈阳家中将徐明出资在法国购买别墅事宜告知了被告人薄熙来。"这是薄案中数额最大的一项犯罪事实,法院已经认定薄熙来的行为构成受贿罪。此外,如果对国家工作人员认定受贿罪,那特定关系人是不是要定共犯,利用影响力受贿罪就不能定了?行贿人是定行贿罪还是定对有影响力的人行贿罪。这些问题要具体案件具体分析,要看相关行为人主观上是怎么认识的。

四、主观要件的认定

▲2016年4月18日最高人民法院、最高人民检察院《关于办理贪污贿赂刑事案件适用法律若干问题的解释》:

第十六条 国家工作人员出于贪污、受贿的故意,非法占有公共财物、收受他人财物之后,将赃款赃物用于单位公务支出或者社会捐赠的,不影响贪污罪、受贿罪的认定,但量刑时可以酌情考虑。

特定关系人索取、收受他人财物,国家工作人员知道后未退还或者上交的,应当认定国家工作人员具有受贿故意。

延伸阅读:

▲裴显鼎、苗有水、刘为波、王珅:《关于办理贪污贿赂刑事案件适用法律若干问题的解释》的理解与适用》(节选)

九、关于贪污、受贿犯罪故意的认定

《解释》第十六条明确了实践中较为常见的两个与贪污、受贿故意认定相关的问题的具体处理意见。

一是赃款赃物去向与贪污、受贿故意的认定关系问题。《解释》明确,只要基于个人非法所有为目的而实施贪污、受贿行为,不管事后赃款赃物的去向如何,均不影响贪污、受贿罪的认定。该规定的道理在于,贪污、受贿犯罪既已实施完毕,赃款赃物的事后处分不影响刑事定罪。适用本规定时需要注意以下两点:其一是赃款赃物的具体去向,在一些情形下特别是用于公务支出的情形下与贪污、受贿故意的认定是存在关联的,这也是《解释》强调只有当贪污、受贿故意得以认定时,用于公务支出或者社会捐赠才不影响定罪的原因所在。对于行为时犯罪故意不明确或者不能证明存在贪污或者个人受贿故意的,则应根据案件事实并结合赃款赃物具体去向实事求是地加以认定。其二是对于赃款赃物用于公务支出或者社会捐赠的,量刑时应予酌情考虑。

二是国家工作人员办事、"身边人"收钱行为的刑事定罪问题。本着主客观相一致的定罪原则,此行为能否认定国家工作人员构成受贿犯罪,关键看其对收钱一事是否知情及知情后的态度。为此,《解释》明确,特定关系人索取、收受他人财物,国家工作人员知道后未退还或者上交的,应当认定国家工作人员具有受贿故意。适用本规定时需要注意以下四点:其一是此情形以国家工作人员接受特定关系人转请托为前提,特定关系人未将转请托事项告知国家工作人员的不适用本规定。其二是不同于刑法在影响力贿赂犯罪中规定的"关系密切的人",对于"特定关系人"的认定范围要依照《最高人民法院、最高人民检察院关于办理受贿刑事案件适用法律若干问题的意见》的相关规定从严掌握,即"特定关系人"仅指"与国家工作人员有近亲属、情妇(夫)以及其他共同利益关系的人"。其三是知道后未退还或者上交强调的是主观故意的判断,因赃款赃物被特定关系人挥霍等,知道时确实已经不具备退还或者上交的客观条件的,则应当有所区别慎重适用。其四是影响力贿赂犯罪以国家工作人员不构成受贿罪为前提,在认定国家工作人员构成受贿罪的情况下,相关行贿犯罪的罪名适用应当保持协调一致,对特定关系人不得另以利用影响力受贿罪处理,对行贿人也不得以对有影响力的人行贿罪处理。

五、共犯的认定

▲2003年11月13日最高人民法院**《全国法院审理经济犯罪案件工作座谈会纪要》**:

三、关于受贿罪

(五)共同受贿犯罪的认定

根据刑法关于共同犯罪的规定,非国家工作人员与国家工作人员勾结,伙同受贿的,应当以受贿罪的共犯追究刑事责任。非国家工作人员是否构成受贿罪共犯,取决于双方有无共同受贿的故意和行为。国家工作人员的近亲属向国家工作人员代为转达请托事项,收受请托人财物并告知该国家工作人员,或者国家工作人员明知其近亲属收受了他人财物,仍按照近亲属的要求利用职权为他人谋取利益的,对该国家工作人员应认定为受贿罪,其近亲属以受贿罪共犯论处。近亲属以外的其他人与国家工作人员通谋,由国家工作人员利用职务上的便利为请托人谋取利益,收受请托人财物后双方共同占有的,构成受贿罪共犯。国家工作人员利用职务上的便利为他人谋取利益,并指定他人将财物送给其他人,构成犯罪的,应以受贿罪定罪处罚。

延伸阅读:

▲郭清国:**《全国法院审理经济犯罪案件工作座谈会纪要》的理解与适用(节选)**

(四)关于共同受贿犯罪的认定

根据刑法关于受贿罪的有关规定,受贿罪是职务犯罪,只能由国家工作人员构成,非国家工作人员不能单独构成受贿罪,但根据刑法关于共同犯罪的规定,非国家工作人员可以作为国家工作人员的共犯而构成受贿罪。认定非国家工作人员是否构成受贿罪共犯,应当取决于是否符合刑法关于共同犯罪的规定,即"双方有无共同受贿的故意和行为"。对于与国家工作人员通谋,由国家工作人员利用职务上的便利为请托人谋取利益,非国家工作人员索取或者非法收受请托人财物,并被双方共同占有的,非国家工作人员当然构成受贿罪的共犯。

由于国家工作人员与其近亲属之间的共同受贿故意通常难以查证，司法实践中，对于如何认定国家工作人员近亲属为受贿犯罪共犯问题，争议较大、问题较多，《纪要》明确以下的两种情形可以认定近亲属构成共同受贿犯罪：一是国家工作人员的近亲属向国家工作人员代为转达请托事项，收受请托人财物并告知该国家工作人员；二是国家工作人员明知其近亲属收受了他人财物，仍按照近亲属的要求利用职权为他人谋取利益。在第一种情形中，近亲属实际上是共同受贿犯罪的帮助犯，即为国家工作人员收受贿赂创造了必要的便利条件，如为与国家工作人员共同商议收受贿赂，传递信息，沟通关系并收受财物，帮助国家工作人员向行贿人索取贿赂等。在第二种情形中，近亲属则是共同受贿犯罪的教唆犯，主要表现在诱导、劝说、催促甚至威逼国家工作人员利用职务上的便利为请托人谋取利益，国家工作人员在近亲属的教唆下产生了受贿犯罪的故意，并实施了受贿行为。只要能证明国家工作人员的近亲属实施了相应的帮助或者教唆行为，就可以认定双方具有共同受贿的故意和行为，构成共同受贿罪。但是，对于近亲属明知他人所送财物系国家工作人员为他人谋取利益的结果而代为收受，但事前没有教唆行为，或者明知系国家工作人员受贿所得而与其共享的，属于知情不举，不能以受贿罪的共犯追究刑事责任。

▲2008年11月20日最高人民法院、最高人民检察院《关于办理商业贿赂刑事案件适用法律若干问题的意见》：

十一、非国家工作人员与国家工作人员通谋，共同收受他人财物，构成共同犯罪的，根据双方利用职务便利的具体情形分别定罪追究刑事责任：

（1）利用国家工作人员的职务便利为他人谋取利益的，以受贿罪追究刑事责任。

（2）利用非国家工作人员的职务便利为他人谋取利益的，以非国家工作人员受贿罪追究刑事责任。

（3）分别利用各自的职务便利为他人谋取利益的，按照主犯的犯罪性质追究刑事责任，不能分清主从犯的，可以受贿罪追究刑事责任。

延伸阅读：

▲最高人民法院、最高人民检察院有关部门负责人就《关于办理商业贿赂刑事案件适用法律若干问题的意见》答记者问（节选）

问：如何正确认定商业贿赂犯罪的共同犯罪？

答：司法实践中，商业贿赂犯罪常常以共同犯罪的形式出现，特别是非国家工作人员与国家工作人员通谋，共同收受他人财物的情形时有发生。对于商业贿赂犯罪共同犯罪的认定与处理，存在的主要问题是对非国家工作人员与国家工作人员通谋，分别利用各自的职务便利为他人谋取利益，共同收受他人财物的如何追究刑事责任。《意见》区分了商业贿赂犯罪共同犯罪的三种情形，根据双方利用职务便利的具体情形分别定罪追究刑事责任：一是利用国家工作人员的职务便利为他人谋取利益的，以受贿罪追究刑事责任。二是利用非国家工作人员的职务便利为他人谋取利益的，以非国家工作人员受贿罪追究刑事责任。三是分别利用各自的职务便利为他人谋取利益的，按照主犯的犯罪性质追究刑事责任，不能分清主从犯的，可以受贿罪追究刑事责任。

六、罪数的认定

▲1998年5月8日最高人民法院、最高人民检察院、公安部、国家工商行政管理局《关于依法查处盗窃、抢劫机动车案件的规定》：

第八条 公安、工商行政管理人员利用职务上的便利，索取或者非法收受他人财物，为赃车入户、过户、验证构成犯罪的，依照《刑法》第三百八十五条、第三百八十六条的规定处罚。

▲2010年11月26日最高人民法院、最高人民检察院《关于办理国家出资企业中职务犯罪案件具体应用法律若干问题的意见》：

五、关于改制前后主体身体发生变化的犯罪的处理

国家工作人员在国家出资企业改制前利用职务上的便利实施犯罪，在其不再具有国家工作人员身份后又实施同种行为，依法构成不同犯罪的，应当分别定罪，实行数罪并罚。

……

国家工作人员在国家出资企业改制过程中利用职务上的便利为请托人谋取利益，事先约定在其不再具有国家工作人员身份后收受请托人财物，或者在身份变化前后连续收受请托人财物的，依照刑法第三百八十五条、第三百八十六条的规定，以受贿罪定罪处罚。

▲2016年4月18日最高人民法院、最高人民检察院《关于办理贪污贿赂刑事案件适用法律若干问题的解释》：

第十七条 国家工作人员利用职务上的便利，收受他人财物，为他人谋取利益，同时构成受贿罪和刑法分则第三章第三节、第九章规定的渎职犯罪的，除刑法另有规定外，以受贿罪和渎职犯罪数罪并罚。

延伸阅读：

▲裴显鼎、苗有水、刘为波、王珅:《关于办理贪污贿赂刑事案件适用法律若干问题的解释》的理解与适用(节选)

八、关于多次受贿的数额计算

受贿案件往往涉及多笔受贿事实，受贿数额的认定特别是小额贿款、历史性收受的款物是否累计计算，实践中存在意见分歧。为此，《解释》第十五条对受贿犯罪的数额计算作出了规定。

第一款主要针对的是小额贿款的计算问题。《解释》明确多次受贿未经处理的，累计计算受贿数额，主要借鉴了刑法对于多次贪污的数额计算规定。这里的"未经处理"，既包括达到定罪标准未受处理，也包括未达到定罪标准未受处理。受贿人多次收受小额贿款，虽每次均未达到《解释》规定的定罪标准，但多次累计后达到定罪标准的，也应当依法定罪处罚。这里的"处理"包括刑事处罚和党纪、行政处分，已经受过处理的原则上不再累计。

第二款针对的是行贿人长期连续给予受贿人超出正常人情往来范围的财物，收受财物与具体请托事项不能一一对应情况下受贿数额如何计算的问题。我们认为，行贿

人长期连续给予受贿人财物,且超出正常人情往来,期间只要发生过具体请托事项,则可以把这些连续收受的财物视为一个整体行为,全额认定受贿数额。适用本款规定时要注意多次收受财物之间应具有连续性,这是得以在法律上将收受财物与谋利事项建立联系进而将之作为整体受贿行为对待的事实基础。起草过程中有意见指出,规定中的"一万元以上"是否限于单笔收受在"一万元以上"需进一步明确。经研究,能否认定受贿的关键不在于单笔金额的大小,而在于收受时是否与具体职务行为相关,能够证明与具体请托或者谋利事项相关且数额超过一万元的,不管是单笔还是多笔累计,都应一并计入受贿数额。另有意见提出,受请托之前收受财物的数额累计不足一万元,但有其他受贿事实的,是否需要按照第一款的规定计入受贿数额?我们认为,第二款解决的是受贿事实的认定问题;第一款解决的是受贿数额的计算问题,以受贿事实业已确定为前提。未达到第二款规定的一万元数额标准的,意味着性质上不属于受贿,故不宜计入受贿数额。

......

十、关于受贿犯罪同时构成渎职犯罪的处理

受贿犯罪当中,受贿人往往在为请托人谋取利益时存在渎职行为。在受贿行为和渎职行为均构成犯罪的情况下,是择一重罪处罚还是实行数罪并罚,理论上长期存在意见分歧。2012年《最高人民法院、最高人民检察院关于办理渎职刑事案件适用法律若干问题的解释(一)》规定,国家机关工作人员实施刑法分则第九章渎职犯罪并收受贿赂的,除刑法另外有规定外,应当实行数罪并罚。但是,此前于2010年发布的《最高人民法院、最高人民检察院关于办理国家出资企业中职务犯罪案件具体应用法律若干问题的意见》规定,国有公司、企业工作人员实施刑法分则第三章渎职犯罪并收受贿赂的,择一重罪处理。两者性质相同,但意见相左,影响到了司法处理的统一性和严肃性。为协调并整合两个司法文件规定,《解释》第十七条明确,不管是国家机关工作人员还是国有公司、企业的工作人员,同时构成受贿罪和刑法分则第三章第三节、第九章规定的渎职犯罪的,除刑法另有规定外,均应当以受贿罪和渎职犯罪实行数罪并罚。《解释》持并罚立场,主要有以下三点考虑:一是牵连犯择一重罪处理的理论观点,不具有普遍适用性,刑法和相关司法解释中不乏数罪并罚的规定;二是成立受贿犯罪不以实际为他人谋取利益、更不以渎职为他人谋取非法利益为条件,受贿与渎职相对独立,实行并罚不存在明显的重复评价问题;三是数罪并罚有利于从严惩处此类犯罪。

注:本罪立法修正及立法草案说明,请参阅刑法第三百八十三条之"立法修正"、"立法草案说明",见本书第509页。

第三百八十六条 【受贿罪的处罚】对犯受贿罪的,根据受贿所得数额及情节,依照本法第三百八十三条的规定处罚。索贿的从重处罚。

▲2016年4月18日最高人民法院、最高人民检察院《关于办理贪污贿赂刑事案件适用法律若干问题的解释》:

第二条(见本书第 510~511 页)
第三条(见本书第 511 页)
第四条(见本书第 511 页)
第十五条 对多次受贿未经处理的,累计计算受贿数额。
国家工作人员利用职务上的便利为请托人谋取利益前后多次收受请托人财物,受请托之前收受的财物数额在一万元以上的,应当一并计入受贿数额。
第十八条(见本书第 511 页)
第十九条(见本书第 511 页)
延伸阅读:
▲苗有水:贪污贿赂刑事司法解释具体问题解读(节选)
二十四、怎样对贪污罪、受贿罪适用罚金刑
对贪污罪、受贿罪适用罚金的判罚标准,是《解释》第十九条规定的。第十九条包含两款,第一款规定:对贪污罪、受贿罪判处三年以下有期徒刑或者拘役的,罚金就是 10 万元以上 50 万元以下;如果主刑是三年到十年的,就应该并处 20 万元以上犯罪数额 2 倍以下罚金或者没收财产;如果主刑在十年以上,就应当并处 50 万元以上犯罪数额 2 倍以下的罚金或者没收财产。第二款规定了其他贪污贿赂犯罪的罚金判罚标准,规定为 10 万元以上犯罪数额 2 倍以下。这一规定引出以下一些问题:
第一,《解释》规定罚金数额最低为 10 万元,那么,如有自首、立功等减轻处罚情节的,能否将罚金减至 10 万元以下? 我认为,具体案件中无论有多少个减轻处罚情节,都不能把罚金减到不满 10 万元。从理论上来说,主刑减轻处罚时,附加刑包括罚金也可以减轻处罚,但是无论一个案件有几个减轻处罚情节,主刑只能减到三年以下有期徒刑,这种情况下,罚金最低就是 10 万元。也就是说,三年以下有期徒刑或者拘役的主刑,所对应的罚金数额就是 10 万元以上 50 万元以下。这是司法解释的硬性规定,不能违反。这样理解,是为了落实中央关于从严适用财产刑,不让犯罪分子从经济上占便宜的精神。
第二,共同贪污、共同受贿犯罪案件中,罚金数额是否可以低于 10 万元? 也就是说,共同犯罪案件中,罚金的数额是不是几个共同犯罪人加起来达到 10 万元就可以? 就共同贪污、共同受贿犯罪而言,根据《解释》第十九条的表述,不能对某个共同犯罪人判处 10 万元以下罚金,因为该条是按照每个共同犯罪人所判处的主刑来规定罚金刑的判罚标准的,即便每个共同犯罪人的主刑判处三年以下有期徒刑或者拘役,但罚金刑也得在 10 万元以上。
二十五、二审法院加判罚金刑的做法是否影响上诉不加刑原则的适用
一审适用《刑法修正案(九)》修正以前的刑法对被告人判处有期徒刑,但没有判处罚金的受贿案件,二审适用修正后的刑法,如果判处罚金,是否违背上诉不加刑原则? 经研究,倾向性意见认为,应当整体评价上诉不加刑原则的具体运用:如果自由刑维持不变——当然这样的案件一定少见——则不应加判罚金,这种情况是适用《刑法修正案(九)》修正以前的刑法;如果二审对一审判处的主刑改轻,则可以加判罚金刑。

> 这里关系到对上诉不加刑的理解问题。在适用上诉不加刑原则之前，二审法院首先要选择对上诉人的行为适用的法律。通常情况下，选择新法对上诉人有利。当然选择了新法而新法规定并处罚金，二审法官选择不判罚金，是不是可以？我觉得，如果判了罚金就违反上诉不加刑原则，那二审法官可以不判罚金。这样就引出了上诉不加刑原则的"加刑"的理解问题。经过研究，像我刚才举的那种主刑改轻的例子，多数人认为判了罚金也不违反上诉不加刑原则，即二审加判罚金10万元不违反上诉不加刑原则。是否加刑的问题要从总体上考虑，要从被告人的整体利益来考虑，不能仅仅考虑主刑、附加刑其中一项刑罚。而且，刑事诉讼法及相关司法解释没有规定绝对禁止二审加判附加刑，就是没有这个禁止性条款。这样做不违背《最高人民法院关于适用〈中华人民共和国刑事诉讼法〉的解释》第三百二十五条第一款第七项以及2008年最高人民法院下发的有关批复的精神。

第三百八十七条　【单位受贿罪】国家机关、国有公司、企业、事业单位、人民团体，索取、非法收受他人财物，为他人谋取利益，情节严重的，对单位判处罚金，并对其直接负责的主管人员和其他直接责任人员，处五年以下有期徒刑或者拘役。

前款所列单位，在经济往来中，在帐外暗中收受各种名义的回扣、手续费的，以受贿论，依照前款的规定处罚。

> **一、立案标准**
> ▲1999年9月16日最高人民检察院《关于人民检察院直接受理立案侦查案件立案标准的规定（试行）》：
> 一、贪污贿赂犯罪案件
> （四）单位受贿案（第381条）
> 索取他人财物或者非法收受他人财物，必须同时具备为他人谋取利益的条件，且是情节严重的行为，才能构成单位受贿罪。
> 国家机关、国有公司、企业、事业单位、人民团体，在经济往来中，在账外暗中收受各种名义的回扣、手续费的，以单位受贿罪追究刑事责任。
> 涉嫌下列情形之一的，应予立案：
> 1. 单位受贿数额在10万元以上的；
> 2. 单位受贿数额不满10万元，但具有下列情形之一的：
> （1）故意刁难、要挟有关单位、个人，造成恶劣影响的；
> （2）强行索取财物的；
> （3）致使国家或者社会利益遭受重大损失的。
> **二、主体要件的认定**
> ▲2006年9月12日最高人民检察院法律政策研究室《关于国有单位的内设机构

能否构成单位受贿罪主体问题的答复》：

国有单位的内设机构利用其行使职权的便利，索取、非法收受他人财物并归该内设机构所有或者支配，为他人谋取利益，情节严重的，依照刑法第三百八十七条的规定以单位受贿罪追究刑事责任。

上述内设机构在经济往来中，在账外暗中收受各种名义的回扣、手续费的，以受贿论。

延伸阅读：

▲张玉梅：《关于国有单位的内设机构能否构成单位受贿罪主体问题的答复》适用精解(节选)

二、在具体适用《答复》的过程中需要注意的问题

(一)准确把握《答复》规定的适用条件，依法打击国有单位的内设机构受贿犯罪活动

国有单位的内设机构犯受贿罪，必须同时具备以下条件：其一，利用其行使职权的便利。这是从国有单位的内设机构具有相对独立性的角度而言，该内设机构受贿犯罪与其所拥有的职权密不可分，行贿与受贿的关键因素是因为一方在特定领域掌握权力。一般来说，这些内设机构往往按照职责分工主管、负责、承办某方面的公共事务，在人、财、物上有一定的控制权，可以利用其行使职权的便利，进行权钱交易。其二，违法所得归该内设机构所有或者支配。这是从利益归属的角度而言，是上述内设机构整体意志的体现，这里的"所有或者支配"一般理解为处于其实际控制之下的状态。其三，为他人谋取利益。为他人谋取的利益是否正当，谋取的利益是否实现不影响单位受贿罪的认定。其四，情节严重。根据1999年9月16日最高人民检察院公布的《关于人民检察院直接受理立案侦查案件立案标准的规定(试行)》对于单位受贿罪的规定，具有下列情形之一的，应予立案：(1)单位受贿数额在10万元以上的；(2)单位受贿数额不满10万元，但故意刁难、要挟有关单位、个人，造成恶劣影响的，或者强行索取财物的，或者致使国家或者社会利益遭受重大损失的。

(二)准确区分个人受贿与单位受贿的条件，严格掌握罪与非罪的界限

在办理此类案件过程中，要注意区分自然人共同受贿与单位受贿。国有单位的内设机构实施的单位受贿是由其组成人员具体实施的，大部分情况下是国有单位的内设机构的负责人与工作人员共同实施的，这样就很容易与国有单位的内设机构中的人员实施的自然人共同受贿犯罪行为混淆。区分这两种行为，关键还是把握两个核心条件：一是利用职权行为的性质。国有单位的内设机构受贿体现的是该内设机构利用其承担的职责范围内的职权，具有整体性；而自然人共同受贿虽然是多人参与，但体现的仍然是行为人个人(主要是主犯本人)利用其担任的职务便利，具有个体性。二是违法所得的归属。认定国有单位的内设机构受贿的一个要件是违法所得"归该内设机构所有或者支配"，如果违法所得归个人所有，包括参与者多人共同所有，则以个人受贿犯罪追究刑事责任。

第三百八十八条 【受贿罪】国家工作人员利用本人职权或者地位形成的便利条件,通过其他国家工作人员职务上的行为,为请托人谋取不正当利益,索取请托人财物或者收受请托人财物的,以受贿论处。

第三百八十八条之一 【利用影响力受贿罪】国家工作人员的近亲属或者其他与该国家工作人员关系密切的人,通过该国家工作人员职务上的行为,或者利用该国家工作人员职权或者地位形成的便利条件,通过其他国家工作人员职务上的行为,为请托人谋取不正当利益,索取请托人财物或者收受请托人财物,数额较大或者有其他较重情节的,处三年以下有期徒刑或者拘役,并处罚金;数额巨大或者有其他严重情节的,处三年以上七年以下有期徒刑,并处罚金;数额特别巨大或者有其他特别严重情节的,处七年以上有期徒刑,并处罚金或者没收财产。

离职的国家工作人员或者其近亲属以及其他与其关系密切的人,利用该离职的国家工作人员原职权或者地位形成的便利条件实施前款行为的,依照前款的规定定罪处罚。

一、立法修正

本条根据2009年2月28日全国人大常委会《中华人民共和国刑法修正案(七)》第十三条增设。

二、立法草案说明

▲2008年8月25日全国人大常委会法制工作委员会《关于〈中华人民共和国刑法修正案(七)(草案)〉的说明》:

一、关于贪污贿赂犯罪

1.刑法第三百八十八条对国家工作人员利用本人职权或地位形成的便利条件,通过其他国家工作人员的职务行为为请托人谋取不正当利益,索取或收受请托人财物的犯罪作了规定。有些全国人大代表和有关部门提出,有些国家工作人员的配偶、子女等近亲属,以及其他与该国家工作人员关系密切的人,通过该国家工作人员职务上的行为,或者利用该国家工作人员职权或者地位形成的便利条件,通过其他国家工作人员职务上的行为,为请托人谋取不正当利益,自己从中索取或者收受财物。同时,一些已离职的国家工作人员,虽已不具有国家工作人员身份,但利用其在职时形成的影响力,通过其他国家工作人员的职务行为为请托人谋取不正当利益,自己从中索取或者收受财物。这类行为败坏党风、政风和社会风气,对情节较重的,也应作为犯罪追究刑事责任。

经同中央纪委、最高人民法院、最高人民检察院等部门研究,建议在刑法第三百八十八条中增加两款,对上述应作为犯罪的行为及刑事责任作出规定。

三、刑罚的适用

▲2016年4月18日最高人民法院、最高人民检察院《关于办理贪污贿赂刑事案件适用法律若干问题的解释》:

第十条第一款 刑法第三百八十八条之一规定的利用影响力受贿罪的定罪量刑适用标准,参照本解释关于受贿罪的规定执行。

延伸阅读:
▲裴显鼎、苗有水、刘为波、王坤:《关于办理贪污贿赂刑事案件适用法律若干问题的解释》的理解与适用(节选)

3. 明确影响力贿赂犯罪的定罪量刑标准。利用影响力受贿罪和对有利用影响力的人行贿罪这两种犯罪,由于受贿人非直接利用本人的职权为他人谋取不正当利益,被利用(或被企图利用)的国家工作人员主观上没有为他人谋取利益的故意,相对于受贿罪、行贿罪直接的权钱交易而言,其实际危害相对要轻一些。但是,考虑到刑法对利用影响力受贿罪和对有利用影响力的人行贿罪已经设置了轻于受贿罪和行贿罪的法定刑,而且这类行为间接侵犯了国家工作人员的职务廉洁性,与非国家工作人员受贿罪和对非国家工作人员行贿罪存在明显不同,《解释》第十条规定,该两个罪名与行贿罪、受贿罪适用相同的定罪量刑标准。同时考虑到该二罪与受贿罪、行贿罪在主体要件等方面存在不同,《解释》对受贿罪、行贿罪规定的定罪量刑情节不能完全适用,如受贿罪中的"曾因贪污、受贿、挪用公款受过党纪、行政处分的"情节等,故规定"参照"而非"按照"受贿罪、行贿罪的标准执行。

第三百八十九条 【行贿罪】为谋取不正当利益,给予国家工作人员以财物的,是行贿罪。

在经济往来中,违反国家规定,给予国家工作人员以财物,数额较大的,或者违反国家规定,给予国家工作人员以各种名义的回扣、手续费的,以行贿论处。

因被勒索给予国家工作人员以财物,没有获得不正当利益的,不是行贿。

一、立案标准
▲2016 年 4 月 18 日最高人民法院、最高人民检察院《关于办理贪污贿赂刑事案件适用法律若干问题的解释》:

第七条 为谋取不正当利益,向国家工作人员行贿,数额在三万元以上的,应当依照刑法第三百九十条的规定以行贿罪追究刑事责任。

行贿数额在一万元以上不满三万元,具有下列情形之一的,应当依照刑法第三百九十条的规定以行贿罪追究刑事责任:

(一)向三人以上行贿的;

(二)将违法所得用于行贿的;

(三)通过行贿谋取职务提拔、调整的;

(四)向负有食品、药品、安全生产、环境保护等监督管理职责的国家工作人员行贿,实施非法活动的;

(五)向司法工作人员行贿,影响司法公正的;

(六)造成经济损失数额在五十万元以上不满一百万元的。

二、客观要件的认定

▲1999年3月4日最高人民法院、最高人民检察院《关于在办理受贿犯罪大要案的同时要严肃查处严重行贿犯罪分子的通知》：

三、当前要特别注意依法严肃惩处下列严重行贿犯罪行为：

1. 行贿数额巨大、多次行贿或者向多人行贿的；
2. 向党政干部和司法工作人员行贿的；
3. 为进行走私、偷税、骗税、骗汇、逃汇、非法买卖外汇等违法犯罪活动，向海关、工商、税务、外汇管理等行政执法机关工作人员行贿的；
4. 为非法办理金融、证券业务，向银行等金融机构、证券管理机构工作人员行贿，致使国家利益遭受重大损失的；
5. 为非法获取工程、项目的开发、承包、经营权，向有关主管部门及其主管领导行贿，致使公共财产、国家和人民利益遭受重大损失的；
6. 为制售假冒伪劣产品，向有关国家机关、国有单位及国家工作人员行贿，造成严重后果的；
7. 其他情节严重的行贿犯罪行为。

延伸阅读：

▲敬大力、王洪祥、韩耀元：《关于在办理受贿犯罪大要案的同时要严肃查处严重行贿犯罪分子的通知》的理解与适用(节选)

一、正确把握行贿犯罪的构成要件

行贿犯罪，是指为谋取不正当利益给予国家工作人员或者国家机关、国有公司、企业、事业单位、人民团体以财物，或者在经济往来中给予国家工作人员或者国家机关、国有公司、企业、事业单位、人民团体以回扣、手续费的行为。行贿犯罪，包括刑法第三百八十九条规定的行贿罪、第三百九十一条规定的向单位行贿罪、第三百九十三条规定的单位行贿罪。

(一)关于"不正当利益"

构成行贿犯罪，行为人或者行贿单位除具有行贿行为外，在主观上还必须是为谋取"不正当利益"。对"不正当利益"的理解，刑法理论和司法实践中曾存在分歧。《通知》解决了这一问题，明确规定：谋取"不正当利益"，是指谋取违反法律、法规、国家政策和国务院各部门规章规定的利益，以及要求国家工作人员或者有关单位提供违反法律、法规、国家政策和国务院各部门规章规定的帮助或者方便条件。

谋取"不正当利益"包括两种情况：

一是谋取违反法律、法规、国家政策和国务院各部门规章规定的利益。"法律"是指全国人大及其常委会通过的各种刑事、民事、行政、经济等法律；"法规包括行政法规即以国务院名义制定、颁布的各种规范性文件，以及各省、自治区、直辖市人大及其常委会制定的各种地方性法规。如果地方性法规与国家法律、国务院制定、颁布的法规相冲突，则不应作为认定"不正当利益"的依据。"国家政策"，是指党和政府制定的各项政策、措施,如计划生育政策、环境保护政策、科教兴国政策等;"国务院各部门规章",是指国务院各部、委以及国务院各专门机构制定、颁布的各种规范性文件。

凡是谋取违反上述法律、法规、国家政策和国务院各部门规章规定的利益的,都属谋取不正当利益。

二是要求国家工作人员或者有关单位提供违反法律、法规、国家政策和国务院各部门规章规定的帮助或者方便条件。

要求国家工作人员或者有关单位提供违反法律、法规、国家政策和国务院各部门规章规定的帮助或者方便条件,是指通过行贿手段所要最终获取的利益本身可能不违反法律、法规、国家政策和国务院各部门规章的规定,但其要求国家工作人员或者有关单位为其获得利益所采取的手段却违反法律、法规、国家政策和国务院各部门规章的规定,或者要求国家工作人员或者有关单位通过违反法律法规、国家政策和国务院各部门规章规定的手段提供该利益。例如,在工程招投标过程中,尽管投标单位符合投标条件,通过正常投标也可能中标,但是为了中标,通过行贿手段要求招标单位负责人违反规定提供有关投标者不应知道的情况而使其他竞标者处于不利地位并因此中标,那么尽管欲中标的利益本身是正当的,但是要求招标单位负责人损害其他竞标者的利益并违反规定为其提供有关情况,这种提供有关情况的帮助则是不正当的。谋取这种不正当的帮助,即属"谋取不正当利益"。

需要强调说明的是,要求国家工作人员或者有关单位提供的帮助或者方便条件,必须是违反法律、法规、国家政策、国务院各部门规章规定的帮助或者方便条件。如果国家工作人员或者有关单位提供的帮助或者方便条件并不违反法律、法规、国家政策、国务院各部门规章的规定,那么通过行贿手段要求提供这种帮助或者方便条件的,就不属于谋取不正当利益。例如,在申请公司注册登记过程中,符合公司注册登记条件的申请人为了使工商行政管理机关尽快批准公司登记,尽早开业,采取贿赂手段使登记机关在规定的期限内从快批准了公司登记,那么这种通过贿赂手段要求提供的帮助或者方便条件,就不属于谋取不正当利益。

(二)关于"为谋取不正当利益"

根据刑法有关规定,"为谋取不正当利益"是构成行贿罪、向单位行贿罪、单位行贿罪的必备要件,但是并没有明确这是犯罪的主观要件还是客观要件。这关系到谋取的不正当利益实现与否是否影响行贿犯罪的成立。我们认为,根据刑法第三百八十九条第三款关于"因被勒索给予国家工作人员以财物,没有获得不正当利益的,不是行贿"的规定,可以得出这样两个结论:一是即使因被勒索给予国家工作人员以财物,但如果获得不正当利益的,也是行贿;二是如果不是因为被勒索而给予国家工作人员以财物,即使最终没有获得不正当利益,也是行贿。

在被勒索的情况下,"谋取不正当利益"是行贿罪的客观要件,如果没有获得不正当利益,则不构成行贿罪;在未被勒索的情况下,"谋取不正当利益"是行贿罪的主观要件,即使没有获得不正当利益,只要主观上具有谋取不正当利益的目的,并给予国家工作人员以财物的,也构成行贿罪。

上述结论对于向单位行贿罪、单位行贿罪是否可以适用？我们认为，答案是肯定的。主要理由：一是刑法第三百八十九条、第三百九十一条、第三百九十三条中都使用了"为谋取不正当利益"，那么"为谋取不正当利益"在行贿罪构成中的作用应当与其在向单位行贿罪、单位行贿罪构成中的作用相同；二是行贿犯罪的社会危害性本质上是完全一致的，与此相应，"谋取不正当利益"这一要件的作用在行贿罪中与在向单位行贿罪、单位行贿罪中应该是一样的；三是刑法第三百八十九条第三款关于"因被勒索给予国家工作人员以财物，没有获得不正当利益的，不是行贿"的规定，实际上是对因被勒索被迫行贿而又没有获得不正当利益的"行贿"行为所规定的刑事政策，其精神应该适用于向单位行贿罪、单位行贿罪。

▲2000年12月21日最高人民检察院《关于进一步加大对严重行贿犯罪打击力度的通知》：

2. 突出工作重点，依法严肃查办那些拉拢腐蚀国家工作人员情节恶劣、危害后果严重的行贿犯罪行为。对进行走私、制假、骗税、骗汇等非法活动行贿的；向党政机关领导干部、法机关和行政执法机关工作人员、经济管理部门工作人员行贿的；因行贿致使国家利益和公共财产遭受重大损失、对人民群众生命安全造成严重危害的；行贿数额巨大、多次行贿、向多人行贿的；为谋取不正当利益，向单位行贿、单位行贿情节严重的；介绍贿赂，情节严重，构成犯罪的；以及其他情节严重的行贿犯罪行为，都要坚决依法立案查处。特别是对党政干部向上级领导或其他党政机关行贿和在全国有影响、有震动的受贿犯罪大案要案中涉及的重要行贿犯罪分子，坚决从严惩处，依法追究刑事责任。

▲2005年5月13日最高人民法院、最高人民检察院《关于办理赌博刑事案件具体应用法律若干问题的解释》：

第七条 通过赌博或者为国家工作人员赌博提供资金的形式实施行贿、受贿行为，构成犯罪的，依照刑法关于贿赂犯罪的规定定罪处罚。

三、主观要件的认定

▲1999年3月4日最高人民法院、最高人民检察院《关于在办理受贿犯罪大要案的同时要严肃查处严重行贿犯罪分子的通知》：

对于为谋取不正当利益而行贿，构成行贿罪、向单位行贿罪、单位行贿罪的，必须依法追究刑事责任。"谋取不正当利益"是指谋取违反法律、法规、国家政策和国务院各部门规章规定的利益，以及要求国家工作人员或者有关单位提供违反法律、法规、国家政策和国务院各部门规章规定的帮助或者方便条件。

▲2008年11月20日最高人民法院、最高人民检察院《关于办理商业贿赂刑事案件适用法律若干问题的意见》：

九、在行贿犯罪中，"谋取不正当利益"，是指行贿人谋取违反法律、法规、规章或者政策规定的利益，或者要求对方违反法律、法规、规章、政策、行业规范的规定提供帮助或者方便条件。

在招标投标、政府采购等商业活动中，违背公平原则，给予相关人员财物以谋取竞争优势的,属于"谋取不正当利益"。

▲2013年1月1日最高人民法院、最高人民检察院《关于办理行贿刑事案件具体应用法律若干问题的解释》:

第十二条 行贿犯罪中的"谋取不正当利益",是指行贿人谋取的利益违反法律、法规、规章、政策规定,或者要求国家工作人员违反法律、法规、规章、政策、行业规范的规定,为自己提供帮助或者方便条件。

违背公平、公正原则,在经济、组织人事管理等活动中,谋取竞争优势的,应当认定为"谋取不正当利益"。

四、罪数的认定

▲2011年12月30日最高人民法院《关于进一步加强危害生产安全刑事案件审判工作的意见》:

四、准确适用法律

(见本书第438~439页)

▲2013年1月1日最高人民法院、最高人民检察院《关于办理行贿刑事案件具体应用法律若干问题的解释》:

第六条 行贿人谋取不正当利益的行为构成犯罪的,应当与行贿犯罪实行数罪并罚。

延伸阅读:

▲陈国庆、韩耀元、宋丹:《关于办理行贿刑事案件具体应用法律若干问题的解释》理解和适用(节选)

(五)行贿犯罪数罪并罚的处罚原则

《解释》第五条规定了行贿人谋取不正当利益的行为又构成其他犯罪的,应当与行贿犯罪数罪并罚的处罚原则。实践中,对行贿人谋取不正当利益的行为又构成犯罪的处理并不统一。有意见认为,行贿人谋取不正当利益的行为又构成其他犯罪的属于以行贿为手段实现不正当利益目的的牵连关系,应当按牵连犯处罚。经研究认为,"为谋取不正当利益"是行贿犯罪的主观要件,并不必然外化为客观行为,但当行贿人"为谋取不正当利益"外化为客观行为且构成其他犯罪的情况下,行贿人实施了两个行为(一个是行贿行为本身,一个是"为谋取不正当利益"的客观行为,侵犯了两个犯罪客体,应当对其数罪并罚。如果谋取不正当利益的行为仅构成一般违法,尚未构成犯罪的,则作为量刑情节考虑。

第三百九十条 【行贿罪的处罚】对犯行贿罪的,处五年以下有期徒刑或者拘役,并处罚金;因行贿谋取不正当利益,情节严重的,或者使国家利益遭受重大损失的,处五年以上十年以下有期徒刑,并处罚金;情节特别严重的,或者使国家利益遭受特别重大损失的,处十年以上有期徒刑或者无期徒刑,并处罚金或者没收财产。

行贿人在被追诉前主动交待行贿行为的,可以从轻或者减轻处罚。其中,犯罪较轻的,对侦破重大案件起关键作用的,或者有重大立功表现的,可以减轻或者免除处罚。

一、立法修正

本条根据2015年8月29日全国人大常委会《中华人民共和国刑法修正案(九)》第四十五条修订。原条文为:"对犯行贿罪的,处五年以下有期徒刑或者拘役;因行贿谋取不正当利益,情节严重的,或者使国家利益遭受重大损失的,处五年以上十年以下有期徒刑;情节特别严重的,处十年以上有期徒刑或者无期徒刑,可以并处没收财产。

行贿人在被追诉前主动交待行贿行为的,可以减轻处罚或者免除处罚。"

二、立法草案说明

▲2014年10月27日全国人大常委会法制工作委员会《关于〈中华人民共和国刑法修正案(九)(草案)〉的说明》:

加大对行贿犯罪的处罚力度。主要是:第一,完善行贿犯罪财产刑规定,使犯罪分子在受到人身处罚的同时,在经济上也得不到好处(修正案草案第九条、第四十一条、第四十二条、第四十三条、第四十四条)。第二,进一步严格对行贿罪从宽处罚的条件。拟将"行贿人在被追诉前主动交待行贿行为的,可以减轻处罚或者免除处罚"的规定,修改为"行贿人在被追诉前主动交待行贿行为的,可以从轻或者减轻处罚。其中,犯罪较轻的,检举揭发行为对侦破重大案件起关键作用,或者有其他重大立功表现的,可以免除处罚。"

三、刑罚的适用

▲1999年3月4日最高人民法院、最高人民检察院《关于在办理受贿犯罪大要案的同时要严肃查处严重行贿犯罪分子的通知》:

四、在查处严重行贿、介绍贿赂犯罪案件中,既要坚持从严惩处的方针,又要注意体现政策。行贿人、介绍贿赂人具有刑法第三百九十条第二款、第三百九十二条第二款规定的在被追诉前主动交代行贿、介绍贿赂犯罪情节的,依法分别可以减轻或者免除处罚;行贿人、介绍贿赂人在被追诉后如实交待行贿、介绍贿赂行为的,也可以酌情从轻处罚。

延伸阅读:

▲裴显鼎、苗有水、刘为波、王坤:《关于办理贪污贿赂刑事案件适用法律若干问题的解释》的理解与适用(节选)

2.行贿罪定罪量刑标准的调整。《解释》第七条至第九条对2012年《最高人民法院、最高人民检察院关于办理行贿刑事案件具体应用法律若干问题的解释》(以下称《行贿解释》)确定的行贿罪的定罪量刑标准作出了调整,集中体现在两个方面:一是提高了行贿罪的起刑点以及"情节严重"、"情节特别严重"中的数额标准。将行贿罪的起刑点由原先的一万元调整为三万元,与受贿罪保持一致,主要是出于行受贿打击并重,从源头上有效治理贿赂犯罪的政策考虑。将"情节严重"中单纯的数额标准由原先的二十万元以上不满一百万元调整为一百万元以上不满五百万元,"数额+情节"中的数额标准由原先的十万元以上不满二十万元调整为五十万元以上不满一百万元;"情节特别严重"中单纯的数额标准由原先的一百万元以上调整为五百万元以上,"数额+情节"中的数额标准由原先的五十万元以上不满一百万元调整为二百五十万元以上不满五百万元,则主要是出于行受贿平衡量刑的考虑。二是对起刑点增设了"数额+情节"的规定。明确行贿数额在一万元以上不满三万元,同时具有《解释》规定的情形之一的,也应当追究刑事责任。在加重情节的具体理解上,需要注意两点:一是对《解释》第七条第二款第四项"向负有食品、药品、安全生产、环境保护等监督管理职责的国家工作人员行贿,实施非法活动的"和第五项"向司法工作人员行贿,影响司法公正的"规定中的"实施非法活动"和"影响司法公正",应作客观化理解,只有客观实施了"非法活动"或者实际发生了"影响司法公正"的结果,才适用该两项规定。二是对《解释》第七条第二款第六项"造成经济损失数额在五十万元以上不满一百万元的"规定中的"经济损失",可以参考2012年"两高"《关于办理渎职刑事案件具体应用法律若干问题的解释(一)》第八条的规定精神进行理解,即:"经济损失"是指已经实际造成的财产损失,包括为挽回损失而支付的各种开支、费用等。

▲2000年12月21日最高人民检察院《关于进一步加大对严重行贿犯罪打击力度的通知》:

4.在查处严重行贿犯罪案件中,既要坚持依法从严惩处的方针;又要注意按照法律规定体现政策。对具有法定的从轻、减轻和免除处罚条件的应依法从轻、减轻和免除处罚,对于主动交待行贿罪行,并积极揭发检举受贿犯罪,有重大立功表现的,要按照法律规定减轻和免除处罚。但对那些拒不交待行贿罪行的要坚决追究其刑事责任。

▲2013年1月1日最高人民法院、最高人民检察院《关于办理行贿刑事案件具体应用法律若干问题的解释》:

第二条　因行贿谋取不正当利益,具有下列情形之一的,应当认定为刑法第三百九十条第一款规定的"情节严重":

(一)行贿数额在二十万元以上不满一百万元的;

(二)行贿数额在十万元以上不满二十万元,并具有下列情形之一的:

1.向三人以上行贿的;

2.将违法所得用于行贿的;

3.为实施违法犯罪活动,向负有食品、药品、安全生产、环境保护等监督管理职责的国家工作人员行贿,严重危害民生、侵犯公众生命财产安全的;

4.向行政执法机关、司法机关的国家工作人员行贿,影响行政执法和司法公正的;

(三)其他情节严重的情形。

第三条　因行贿谋取不正当利益,造成直接经济损失数额在一百万元以上的,应当认定为刑法第三百九十条第一款规定的"使国家利益遭受重大损失"。

第四条　因行贿谋取不正当利益,具有下列情形之一的,应当认定为刑法第三百九十条第一款规定的"情节特别严重":

(一)行贿数额在一百万元以上的;

(二)行贿数额在五十万元以上不满一百万元,并具有下列情形之一的:

1.向三人以上行贿的;

2.将违法所得用于行贿的;

3.为实施违法犯罪活动,向负有食品、药品、安全生产、环境保护等监督管理职责的国家工作人员行贿,严重危害民生、侵犯公众生命财产安全的;

4.向行政执法机关、司法机关的国家工作人员行贿,影响行政执法和司法公正的;

(三)造成直接经济损失数额在五百万元以上的;

(四)其他情节特别严重的情形。

第五条 多次行贿未经处理的,按照累计行贿数额处罚。

第七条第一款 因行贿人在被追诉前主动交待行贿行为而破获相关受贿案件的,对行贿人不适用刑法第六十八条关于立功的规定,依照刑法第三百九十条第二款的规定,可以减轻或者免除处罚。

第八条 行贿人被追诉后如实供述自己罪行的,依照刑法第六十七条第三款的规定,可以从轻处罚;因其如实供述自己罪行,避免特别严重后果发生的,可以减轻处罚。

第九条 行贿人揭发受贿人与其行贿无关的其他犯罪行为,查证属实的,依照刑法第六十八条关于立功的规定,可以从轻、减轻或者免除处罚。

第十条 实施行贿犯罪,具有下列情形之一的,一般不适用缓刑和免予刑事处罚:

(一)向三人以上行贿的;

(二)因行贿受过行政处罚或者刑事处罚的;

(三)为实施违法犯罪活动而行贿的;

(四)造成严重危害后果的;

(五)其他不适用缓刑和免予刑事处罚的情形。

具有刑法第三百九十条第二款规定的情形的,不受前款规定的限制。

第十一条 行贿犯罪取得的不正当财产性利益应当依照刑法第六十四条的规定予以追缴、责令退赔或者返还被害人。

因行贿犯罪取得财产性利益以外的经营资格、资质或者职务晋升等其他不正当利益,建议有关部门依照相关规定予以处理。

第十三条 刑法第三百九十条第二款规定的"被追诉前",是指检察机关对行贿人的行贿行为刑事立案前。

注:该解释与2016年4月18日最高人民法院、最高人民检察院《关于办理贪污贿赂刑事案件适用法律若干问题的解释》相冲突的,以后者为准。

延伸阅读:

▲陈国庆、韩耀元、宋丹:《关于办理行贿刑事案件具体应用法律若干问题的解释》理解和适用(节选)

二、《解释》的主要内容

《解释》共13条,主要规定了7个方面的内容:行贿罪定罪量刑标准;行贿人谋取不正当利益的行为又构成其他犯罪的处罚原则;对行贿人、行贿单位从轻、减轻、免除处罚的规定;行贿犯罪适用缓、免刑的限制性规定;对因行贿犯罪所取得的不正当利益的处理;"谋取不正当利益"的司法认定;"被追诉前"的司法认定。

(一)行贿罪的入罪数额标准

《解释》第一条规定,为谋取不正当利益,向国家工作人员行贿,数额在一万元以上的,应当以行贿罪追究刑事责任。确定行贿罪的入罪数额标准为一万元,主要考虑:一是与受贿罪的入罪门槛相协调,确定行贿罪的入罪起点要适当高于受贿罪的起点,为受贿罪入罪数额标准五千元的二倍;二是与先前的司法解释文件规定相协调,1999年9月最高人民检察院《关于人民检察院直接受理立案侦查案件立案标准的规定(试行)》规定行贿罪的立案标准为一万元,《解释》沿用了该数额标准;三是结合办案实际情况,近年来审理的行贿案件行贿数额没有低于一万元的,故没有规定行贿数额不满一万元应予刑事处罚的情形。在实践中,对行贿数额低于一万元的,可以通过行政处罚或纪律处分予以处理;对多次小额行贿未经处理的,可根据《解释》第五条的规定,累计行贿数额达到一万元的,以行贿罪追究刑事责任。

(二)行贿罪"情节严重"、"情节特别严重"的规定

《解释》第二条对行贿罪"情节严重"作出规定。具有下列情形之一的,应当认定为行贿罪"情节严重":1.行贿数额在二十万元以上不满一百万元的;2.行贿数额在十万元以上不满二十万元,并具有下列情形之一的:①向三人以上行贿的;②将违法所得用于行贿的;③为实施违法犯罪活动,向负有食品、药品、安全生产、环境保护等监督管理职责的国家工作人员行贿,严重危害民生、侵犯公众生命财产安全的;④向行政执法机关、司法机关工作人员行贿,影响行政执法和司法公正的;3.其他情节严重的情形。

《解释》第四条规定了"情节特别严重"的情形。行贿数额在一百万元以上的,行贿数额在五十万元以上不满一百万元并具有"情节严重"四种特殊情形之一的,造成直接经济损失五百万元以上的,可认定为行贿罪"情节特别严重"。

犯罪数额是行贿罪量刑首要考虑的因素。以往并无在全国范围内适用的行贿罪数额标准,在调研中了解到,部分地区掌握的"情节严重"标准为十万元。经研究认为,为与当前社会经济发展水平相适应,"情节严重"的数额标准应在十万元的基础上有所提高;另外,为使目前行贿数额普遍较高但量刑较低的实际情况得到有效控制,加大对行贿犯罪打击力度,数额标准又不宜定得过高。综合上述因素,并考虑到行贿罪与受贿罪之间的量刑平衡,避免对行贿罪的处罚重于受贿罪或者较受贿罪畸轻,《解释》第二条第一项确定单纯以数额认定的情形下,"情节严重"的标准为二十万元以上不满一百万元,第四条第一项确定"情节特别严重"的标准为一百万元以上。

《解释》第二条、第四条第二项确定了行贿罪"情节严重"、"情节特别严重"的四种特殊情形。主要考虑到两个方面的问题:一是数额标准,对四种情形的犯罪数额作了一定的限制,数额起点为单纯以数额认定的一半,即行贿数额分别达到十万元、五十万元的。二是四种情形主要针对实际中多发的、涉及公共利益、危害民生民利的社会危害性严重的行贿行为作出了规定。其中:①向三人以上行贿的。主要考虑到向多人行贿意味着腐蚀多名国家工作人员,其社会危害性更大。②将违法所得用于行贿的。主要是指行为人将通过实施其他违法犯罪活动获取的财物用于行贿的情况,如行为人长期使用制售假冒伪劣商品的违法所得向执法人员行贿,以确保其制售行为不受查处,

这种情形比使用合法财产行贿的社会危害性更大。③针对特殊领域行贿的。特殊领域主要是指食品、药品、安全生产、环境保护等与民生密切相关的领域。④针对特定对象行贿的。特定对象主要是指行政执法机关和司法机关的国家工作人员。

（三）行贿罪"使国家利益遭受重大损失"的数额规定

《解释》第三条规定"使国家利益遭受重大损失"是指造成直接经济损失数额一百万元以上的。主要考虑：一是刑法第三百九十条第一款将"使国家利益遭受重大损失"作为与"情节严重"并列的情形，规定相同的量刑档；二是实践中行贿犯罪造成直接经济损失以外的其他损失情况比较复杂，不宜作出统一明确的规定，如果查明造成其他损失的，可以认定为具有《解释》第二条第三项规定的"其他情节严重的情形"或第四条第四项"其他情节特别严重的情形"进行处罚；三是确定一百万的具体数额主要是综合司法实践中的具体案件情况。

（四）多次行贿未经处理的犯罪数额计算方法

为解决实践中多次行贿没有处理，特别是行贿数额较小但多次行贿或向多人行贿均未达到行贿罪入罪数额标准的问题，《解释》第五条规定了多次行贿未经处理的处罚原则，按照累计行贿数额处罚。

……

（六）行贿犯罪从轻、减轻、免除处罚的规定

办理行贿刑事案件需要贯彻宽严相济刑事政策，对符合法定从轻、减轻或者免除处罚等量刑情节的，应依法对行贿人、行贿单位从轻、减轻或者免除处罚。《解释》第七条、第八条、第九条规定了适用刑法第三百九十条第二款、第六十七条第三款、第六十八条对某些情形的行贿犯罪从宽处理。

1.《解释》第七条第一款规定因行贿人在被追诉前主动交待行贿行为而破获相关受贿案件的，对行贿人不适用刑法第六十八条关于立功的规定，依照刑法第三百九十条第二款的规定，可以减轻或者免除处罚。征求意见过程中，有部门提出，行贿人在被追诉前主动交待行贿行为而破获相关受贿案件的应以立功论。经研究认为，行贿与受贿属于对合犯，行贿人交待行贿事实必然要交待受贿人。行贿人在被追诉前主动交待虽会使相关受贿案件得以侦破，但这种破案并非基于行贿人的检举揭发，仍属于如实供述自己犯罪事实的范畴，依法不能认定立功，而应当适用刑法第三百九十条第二款的规定予以减轻或者免除处罚。相比刑法第六十八条立功的规定，适用刑法第三百九十条第二款刑罚更为轻缓，更有利于鼓励行贿人主动交待犯罪事实，有效打击贿赂犯罪特别是受贿犯罪。

第二款规定了单位犯罪主体在被追诉前主动交待单位行贿行为的认定和处罚原则。一是单位在被追诉前，集体决定或者其负责人决定主动交待单位行贿行为的，依照刑法第三百九十条第二款的规定，对单位及相关责任人员可以减轻处罚或者免除处罚，需要注意的是，对单位适用本款从宽处罚的规定，必须是向办案机关主动交待单位行贿的行为能够体现单位的意志；二是受委托直接办理单位行贿事项的直接责任人员在被追诉前主动交待自己知道的单位行贿行为的，对该直接责任人员可以依照刑法第

三百九十条第二款的规定减轻处罚或者免除处罚,明确了直接责任人员交待自己知道的单位行贿行为的,减轻处罚或免除处罚并不及于单位,只及于直接责任人员本人。

2.《解释》第八条规定行贿人被追诉后如实供述自己罪行的,依照刑法第六十七条第三款的规定,可以从轻处罚;因其如实供述自己罪行,避免特别严重后果发生的,可以减轻处罚。此条明确了行贿犯罪适用坦白从宽处罚原则。《刑法修正案(八)》补充规定了坦白的内容。为在办理行贿犯罪案件时体现和执行坦白从宽的刑事政策,根据刑法第六十七条第三款的内容作出上述规定。

3.《解释》第九条规定行贿人揭发受贿人与其行贿无关的其他犯罪行为,查证属实的,依照刑法第六十八条关于立功的规定,可以从轻、减轻或者免除处罚。此条明确了行贿人立功情形下的处罚原则,需要说明的是,行贿人揭发的是与行贿行为无关的其他犯罪行为,包括揭发受贿人收受其他人贿赂的犯罪行为。

(七)行贿犯罪适用缓、免刑的限制性规定

《解释》第十条规定了行贿犯罪不适用缓、免刑的情形。第一款规定了一般不适用缓刑和免刑事处罚的五种情形:一是向三人以上行贿的。从行贿的人数多少严格限制适用缓免刑。二是因行贿受过行政处罚或者刑事处罚的。适用缓免刑很重要的一个条件是"没有再犯罪的危险",对于多次行贿,经过行政处罚、刑事处罚仍屡教不改的,即使行贿数额较小,也不应对其适用缓、免刑。三是为实施违法犯罪活动而行贿的。为实施违法犯罪活动而行贿,说明其主观恶性大,有必要限制缓、免刑的适用。四是造成严重危害后果的。客观危害后果可以反映社会危害性大小,有必要从犯罪后果限制缓、免刑的适用。五是其他不适用缓刑和免予刑事处罚的情形。

第二款是第一款规定的例外。这主要是基于刑法的规定,对于行贿人在被追诉前主动交待行贿行为而破获相关受贿案件的,可以减轻或者免除处罚,符合缓刑、免予刑事处罚条件的,可以依法适用缓刑、免予刑事处罚,不受第一款规定的限制。

▲2016年4月18日最高人民法院、最高人民检察院《关于办理贪污贿赂刑事案件适用法律若干问题的解释》:

第八条 犯行贿罪,具有下列情形之一的,应当认定为刑法第三百九十条第一款规定的"情节严重":

(一)行贿数额在一百万元以上不满五百万元的;

(二)行贿数额在五十万元以上不满一百万元,并具有本解释第七条第二款第一项至第五项规定的情形之一的;

(三)其他严重的情节。

为谋取不正当利益,向国家工作人员行贿,造成经济损失数额在一百万元以上不满五百万元的,应当认定为刑法第三百九十条第一款规定的"使国家利益遭受重大损失"。

第九条 犯行贿罪,具有下列情形之一的,应当认定为刑法第三百九十条第一款规定的"情节特别严重":

(一)行贿数额在五百万元以上的;

(二)行贿数额在二百五十万元以上不满五百万元,并具有本解释第七条第二款第一项至第五项规定的情形之一的;

(三)其他特别严重的情节。

为谋取不正当利益,向国家工作人员行贿,造成经济损失数额在五百万元以上的,应当认定为刑法第三百九十条第一款规定的"使国家利益遭受特别重大损失"。

第十四条 根据行贿犯罪的事实、情节,可能被判处三年有期徒刑以下刑罚的,可以认定为刑法第三百九十条第二款规定的"犯罪较轻"。

根据犯罪的事实、情节,已经或者可能被判处十年有期徒刑以上刑罚的,或者案件在本省、自治区、直辖市或者全国范围内有较大影响的,可以认定为刑法第三百九十条第二款规定的"重大案件"。

具有下列情形之一的,可以认定为刑法第三百九十条第二款规定的"对侦破重大案件起关键作用":

(一)主动交待办案机关未掌握的重大案件线索的;

(二)主动交待的犯罪线索不属于重大案件的线索,但该线索对于重大案件侦破有重要作用的;

(三)主动交待行贿事实,对于重大案件的证据收集有重要作用的;

(四)主动交待行贿事实,对于重大案件的追逃、追赃有重要作用的。

延伸阅读:

▲裴显鼎、苗有水、刘为波、王珅:《关于办理贪污贿赂刑事案件适用法律若干问题的解释》的理解与适用(节选)

七、关于行贿罪从宽处罚适用条件的理解

《解释》第十四条对《刑法修正案(九)》新规定的行贿罪可以减免处罚情形的具体理解作了规定。

第一款将"犯罪较轻"明确为"可能判处三年有期徒刑以下刑罚"的犯罪。其主要考虑是:将三年有期徒刑以下刑罚作为犯罪较轻的认定标准,符合立法和司法的普遍认识。比如,刑法将缓刑的适用条件确定为判处三年有期徒刑以下刑罚。起草过程中中有意见建议将行贿罪的第一个量刑档即五年刑期以下作为犯罪较轻的认定标准,以方便实践适用。经研究,判处五年刑期的通常即可认为是重罪,在重罪与较轻犯罪之间有必要留出一个中间地带,故未采纳。

第二款将判处十年刑期以上刑罚和省级影响性案件确定为"重大案件"。本款内容主要借鉴了《最高人民法院关于处理自首和立功具体应用法律若干问题的解释》(以下简称《自首和立功解释》)关于"重大案件"的规定,即:可能判处无期徒刑以上刑罚的案件,以及在本省、自治区、直辖市或全国有较大影响的案件。之所以将《自首和立功解释》规定的无期徒刑以上调整为十年有期徒刑以上,主要有两方面的考虑:一是行贿人的配合对于受贿犯罪的查处具有难以替代的重要作用。行贿罪的从宽处罚规定,既有罪刑相适应的考虑,也有打击策略的考虑。适当调低重大案件的掌握标准,可以为该规定的实践适用提供必要的空间。二是受贿罪的罪重罪轻主要取决于数额大小。将重大案件的标准定得过高,将导致只有极少数犯罪数额极大的行贿犯罪分子才有"资格"适用本从宽规定的不合理现象,亦即,犯罪越严重越可以得到减免处理,这对于那些罪行更轻但又不属于前述犯罪较轻的行贿犯罪分子将是不公平的。

第三款从线索提供、证据收集、追逃追赃等方面列举了"对侦破重大案件起关键作用"的四种具体情形。行贿人主动交待行贿事实,对侦破重大案件所起作用主要体现在两个方面:一是提供案件线索,即司法机关不掌握某一行受贿案件的线索,由于行贿人主动交待,使得重大案件得以侦破。其中又分为两种情况:行贿人主动交待的行贿行为相对应的受贿本身就构成重大案件,以及行贿人主动交待的行贿行为相对应的受贿不构成重大案件,但以此为线索另外查出受贿人其他重大受贿犯罪事实。二是对受贿案件的证据收集、事实认定、追逃追赃起关键作用,即司法机关虽掌握某行受贿案件的线索,但未掌握追究刑事责任的足够证据,行贿人主动交待的事实为司法机关收集、完善、固定证据起到关键作用,或者行贿人主动交待的事实涉及受贿犯罪分子的行踪或者赃款赃物的去向等,对于办案机关抓捕受贿犯罪分子、追缴赃款赃物起到关键作用的。

第三百九十条之一 【对有影响力的人行贿罪】为谋取不正当利益,向国家工作人员的近亲属或者其他与该国家工作人员关系密切的人,或者向离职的国家工作人员或者其近亲属以及其他与其关系密切的人行贿的,处三年以下有期徒刑或者拘役,并处罚金;情节严重的,或者使国家利益遭受重大损失的,处三年以上七年以下有期徒刑,并处罚金;情节特别严重的,或者使国家利益遭受特别重大损失的,处七年以上十年以下有期徒刑,并处罚金。

单位犯前款罪的,对单位判处罚金,并对其直接负责的主管人员和其他直接责任人员,处三年以下有期徒刑或者拘役,并处罚金。

一、立法修正

本条根据2015年11月1日全国人大常委会《中华人民共和国刑法修正案(九)》第四十六条增设。

二、刑罚的适用

▲2016年4月18日最高人民法院、最高人民检察院《关于办理贪污贿赂刑事案件适用法律若干问题的解释》:

第十条第二款、第三款 刑法第三百九十条之一规定的对有影响力的人行贿罪的定罪量刑适用标准,参照本解释关于行贿罪的规定执行。

单位对有影响力的人行贿数额在二十万元以上的,应当依照刑法第三百九十条之一的规定以对有影响力的人行贿罪追究刑事责任。

第三百九十一条 【对单位行贿罪】为谋取不正当利益,给予国家机关、国有公司、企业、事业单位、人民团体以财物的,或者在经济往来中,违反国家规定,给予各种名义的回扣、手续费的,处三年以下有期徒刑或者拘役,并处罚金。

单位犯前款罪的,对单位判处罚金,并对其直接负责的主管人员和其他直接责任人员,依照前款的规定处罚。

> **一、立法修正**
>
> 本条第一款根据 2015 年 11 月 1 日全国人大常委会《中华人民共和国刑法修正案(九)》第四十七条修订。原条文为:"为谋取不正当利益,给予国家机关、国有公司、企业、事业单位、人民团体以财物的,或者在经济往来中,违反国家规定,给予各种名义的回扣、手续费的,处三年以下有期徒刑或者拘役。"
>
> **二、立案标准**
>
> ▲2000 年 12 月 22 日最高人民检察院《关于行贿罪立案标准的规定》:
>
> 二、对单位行贿案
>
> 涉嫌下列情形之一的,应予立案:
>
> 1. 个人行贿数额在十万元以上、单位行贿数额在二十万元以上的;
>
> 2. 个人行贿数额不满十万元、单位行贿数额在十万元以上不满二十万元,但具有下列情形之一的:
>
> (1)为谋取非法利益而行贿的;
>
> (2)向三个以上单位行贿的;
>
> (3)向党政机关、司法机关、行政执法机关行贿的;
>
> (4)致使国家或者社会利益遭受重大损失的。

第三百九十二条 【介绍贿赂罪】向国家工作人员介绍贿赂,情节严重的,处三年以下有期徒刑或者拘役,并处罚金。

介绍贿赂人在被追诉前主动交待介绍贿赂行为的,可以减轻处罚或者免除处罚。

> **一、立法修正**
>
> 本条第一款根据 2015 年 11 月 1 日全国人大常委会《中华人民共和国刑法修正案(九)》第四十八条修订。原条文为:"向国家工作人员介绍贿赂,情节严重的,处三年以下有期徒刑或者拘役。"
>
> **二、立案标准**
>
> ▲1999 年 9 月 16 日最高人民检察院《关于人民检察院直接受理立案侦查案件立案标准的规定(试行)》:
>
> 一、贪污贿赂犯罪案件
>
> (七)介绍贿赂案(第 392 条)
>
> "介绍贿赂"是指在行贿人与受贿人之间沟通关系、撮合条件,使贿赂行为得以实现的行为。
>
> 涉嫌下列情形之一的,应予立案:

1.介绍个人向国家工作人员行贿,数额在2万元以上的;介绍单位向国家工作人员行贿,数额在20万元以上的;
　　2.介绍贿赂数额不满上述标准,但具有下列情形之一的:
　　(1)为使行贿人获取非法利益而介绍贿赂的;
　　(2)3次以上或者3人以上介绍贿赂的;
　　(3)向党政领导、司法工作人员、行政执法人员介绍贿赂的;
　　(4)致使国家或者社会利益遭受重大损失的。

第三百九十三条　【单位行贿罪】单位为谋取不正当利益而行贿,或者违反国家规定,给予国家工作人员以回扣、手续费,情节严重的,对单位判处罚金,并对其直接负责的主管人员和其他直接责任人员,处五年以下有期徒刑或者拘役,并处罚金。因行贿取得的违法所得归个人所有的,依照本法第三百八十九条、第三百九十条的规定定罪处罚。

　　一、立法修正
　　本条第一款根据2015年11月1日全国人大常委会《中华人民共和国刑法修正案(九)》第四十九条修订。原条文为:"单位为谋取不正当利益而行贿,或者违反国家规定,给予国家工作人员以回扣、手续费,情节严重的,对单位判处罚金,并对其直接负责的主管人员和其他直接责任人员,处五年以下有期徒刑或者拘役。因行贿取得的违法所得归个人所有的,依照本法第三百八十九条、第三百九十条的规定定罪处罚。"
　　二、立案标准
　　▲2000年12月22日最高人民检察院《关于行贿罪立案标准的规定》:
　　三、单位行贿案
　　涉嫌下列情形之一的,应予立案:
　　1.单位受贿数额在10万元以上的;
　　2.单位受贿数额不满10万元,但具有下列情形之一的:
　　(1)故意刁难、要挟有关单位、个人,造成恶劣影响的;
　　(2)强行索取财物的;
　　(3)致使国家或者社会利益遭受重大损失的;
　　三、刑罚的适用
　　▲2013年1月1日最高人民法院、最高人民检察院《关于办理行贿刑事案件具体应用法律若干问题的解释》:
　　第七条第二款　单位行贿的,在被追诉前,单位集体决定或者单位负责人决定主动交待单位行贿行为的,依照刑法第三百九十条第二款的规定,对单位及相关责任人员可以减轻处罚或者免除处罚;受委托直接办理单位行贿事项的直接责任人员在被追诉前主动交待自己知道的单位行贿行为的,对该直接责任人员可以依照刑法第三百九十条第二款的规定减轻处罚或者免除处罚。

第三百九十四条 【贪污罪】国家工作人员在国内公务活动或者对外交往中接受礼物,依照国家规定应当交公而不交公,数额较大的,依照本法第三百八十二条、第三百八十三条的规定定罪处罚。

第三百九十五条 【巨额财产来源不明罪】国家工作人员的财产、支出明显超过合法收入,差额巨大的,可以责令该国家工作人员说明来源,不能说明来源的,差额部分以非法所得论,处五年以下有期徒刑或者拘役;差额特别巨大的,处五年以上十年以下有期徒刑。财产的差额部分予以追缴。

【隐瞒境外存款罪】国家工作人员在境外的存款,应当依照国家规定申报。数额较大、隐瞒不报的,处二年以下有期徒刑或者拘役;情节较轻的,由其所在单位或者上级主管机关酌情给予行政处分。

一、立法修正

本条第一款根据2009年2月28日全国人大常委会《中华人民共和国刑法修正案(七)》第十四条修订。原条文为:"国家工作人员的财产或者支出明显超过合法收入,差额巨大的,可以责令说明来源。本人不能说明其来源是合法的,差额部分以非法所得论,处五年以下有期徒刑或者拘役,财产的差额部分予以追缴。"

二、立案标准

▲1999年9月16日最高人民检察院《关于人民检察院直接受理立案侦查案件立案标准的规定(试行)》:

一、贪污贿赂犯罪案件

(九)巨额财产来源不明案(第395条第1款)

涉嫌巨额财产来源不明,数额在30万元以上的,应予立案;涉嫌隐瞒境外存款,折合人民币数额在30万元以上的,应予立案。

(十)隐瞒境外存款案(第395条第2款)

涉嫌隐瞒境外存款,折合人民币数额在30万元以上的,应予立案。

三、客观要件的认定

2003年11月13日最高人民法院《全国法院审理经济犯罪案件工作座谈会纪要》:

五、关于巨额财产来源不明罪

(一)行为人不能说明巨额财产来源合法的认定

刑法第三百九十五条第一款规定的"不能说明",包括以下情况:(1)行为人拒不说明财产来源;(2)行为人无法说明财产的具体来源;(3)行为人所说的财产来源经司法机关查证并不属实;(4)行为人所说的财产来源因线索不具体等原因,司法机关无法查实,但能排除存在来源合法的可能性和合理性的。

(二)"非法所得"的数额计算

刑法第三百九十五条规定的"非法所得",一般是指行为人的全部财产与能够认定的所有支出的总和减去能证实的有真实来源的所得。在具体计算时,应注意以下问题:(1)应把国家工作人员个人财产和与其共同生活的家庭成员的财产、支出等一并计算,而且一并减去他们所有的合法收入以及确属与其共同生活的家庭成员个人的非法收入。(2)行为人所有的财产包括房产、家具、生活用品、学习用品及股票、债券、存款等动产和不动产;行为人的支出包括合法支出和不合法的支出,包括日常生活、工作、学习费用、罚款及向他人行贿的财物等;行为人的合法收入包括工资、奖金、稿酬、继承等法律和政策允许的各种收入。(3)为了便于计算犯罪数额,对于行为人的财产和合法收入,一般可以从行为人有比较确定的收入和财产时开始计算。

第三百九十六条 【私分国有资产罪】国家机关、国有公司、企业、事业单位、人民团体,违反国家规定,以单位名义将国有资产集体私分给个人,数额较大的,对其直接负责的主管人员和其他直接责任人员,处三年以下有期徒刑或者拘役,并处或者单处罚金;数额巨大的,处三年以上七年以下有期徒刑,并处罚金。

【私分罚没财物罪】司法机关、行政执法机关违反国家规定,将应当上缴国家的罚没财物,以单位名义集体私分给个人的,依照前款的规定处罚。

一、立案标准
▲1999年9月16日最高人民检察院《关于人民检察院直接受理立案侦查案件立案标准的规定(试行)》:
一、贪污贿赂犯罪案件
(十一)私分国有资产案(第396条第1款)
涉嫌私分国有资产,累计数额在10万元以上的,应予立案;
(十二)私分罚没财物案(第396条第2款)
涉嫌私分罚没财物,累计数额在10万元以上,应予立案。
二、客观要件的认定
▲2010年11月26日最高人民法院、最高人民检察院《关于办理国家出资企业中职务犯罪案件具体应用法律若干问题的意见》:
二、……国有公司、企业违反国家规定,在改制过程中隐匿公司、企业财产,转为职工集体持股的改制后公司、企业所有的,对其直接负责的主管人员和其他直接责任人员,依照刑法第三百九十六条第一款的规定,以私分国有资产罪定罪处罚。

第九章 渎职罪

一、主体要件的认定
▲2002年12月28日全国人大常委会《关于〈中华人民共和国刑法〉第九章渎职罪主体适用问题的解释》:
在依照法律、法规规定行使国家行政管理职权的组织中从事公务的人员,或者在

受国家机关委托代表国家机关行使职权的组织中从事公务的人员,或者虽未列入国家机关人员编制但在国家机关中从事公务的人员,在代表国家机关行使职权时,有渎职行为,构成犯罪的,依照刑法关于渎职罪的规定追究刑事责任。

▲2002年12月31日全国人大常委会法制工作委员会《对〈全国人民代表大会常务委员会关于〈中华人民共和国刑法〉第九章渎职罪主体适用问题的解释(草案)〉的说明》:

根据宪法的规定,国家机关包括国家权力机关、行政机关、审判机关、检察机关、军事机关。国家机关工作人员应是在上述机关中从事公务的人员。近年来,在司法实践中遇到一些新情况:一是法律授权规定某些非国家机关的组织,在某些领域行使国家行政管理职权。如根据证券法的规定,证券业和银行业、信托业、保险业实行分业经营、分业管理。证券公司与银行、信托、保险业务机构分别设立。国务院证券监督管理机构依法对全国证券市场实行集中统一监督管理。保险法也作了修改,规定国务院保险监督管理机构负责对保险业实施监督管理,而这些权力过去法律规定是由中国人民银行行使的。二是在机构改革中,有的地方将原来的一些国家机关调整为事业单位,但仍然保留其行使某些行政管理的职能。三是有些国家机关将自己行使的职权依法委托给一些组织行使。四是实践中有的国家机关根据工作需要聘用了一部分国家机关以外的人员从事公务。上述这些人员虽然在形式上未列入国家机关编制,但实际是在国家机关中工作或者行使国家机关工作人员的权力。一些部门认为,这些人员在行使国家权力时,玩忽职守、滥用职权、徇私舞弊构成犯罪的,也应按照国家机关工作人员渎职罪的规定处罚。

▲2002年5月16日最高人民检察院《关于企业事业单位的公安机构在机构改革过程中其工作人员能否构成渎职侵权犯罪主体问题的批复》:

企业事业单位的公安机构在机构改革过程中虽尚未列入公安机关建制,其工作人员在行使侦查职责时,实施渎职侵权行为的,可以成为渎职侵权犯罪的主体。

▲2013年1月9日最高人民法院、最高人民检察院《关于办理渎职刑事案件适用法律若干问题的解释(一)》:

第五条 国家机关负责人员违法决定,或者指使、授意、强令其他国家机关工作人员违法履行职务或者不履行职务,构成刑法分则第九章规定的渎职犯罪的,应当依法追究刑事责任。

以"集体研究"形式实施的渎职犯罪,应当依照刑法分则第九章的规定追究国家机关负有责任的人员的刑事责任。对于具体执行人员,应当在综合认定其行为性质、是否提出反对意见、危害结果大小等情节的基础上决定是否追究刑事责任和应当判处的刑罚。

第七条 依法或者受委托行使国家行政管理职权的公司、企业、事业单位的工作人员,在行使行政管理职权时滥用职权或者玩忽职守,构成犯罪的,应当依照《全国人民代表大会常务委员会关于〈中华人民共和国刑法〉第九章渎职罪主体适用问题的解释》的规定,适用渎职罪的规定追究刑事责任。

延伸阅读:
▲黄太云:《关于〈中华人民共和国刑法〉第九章渎职罪主体适用问题的解释》的理解与适用(节选)

二、立法解释的主要内容

全国人大常委会《关于〈中华人民共和国刑法〉第九章渎职罪主体适用问题的解释》主要内容如下:"在依照法律、法规规定行使国家行政管理职权的组织中从事公务的人员,或者在受国家机关委托代表国家机关行使职权的组织中从事公务的人员,或者虽未列入国家机关人员编制但在国家机关中从事公务的人员,在代表国家机关行使职权时,有渎职行为,构成犯罪的,依照刑法关于渎职罪的规定追究刑事责任。"根据此解释,除国家机关工作人员以外,在行使国家权力时,玩忽职守、滥用职权、徇私舞弊构成犯罪,应依照刑法关于渎职罪的规定追究刑事责任的还包括以下几类人:1. 在依照法律、法规规定行使国家行政管理职权的组织中从事公务的人员。《行政处罚法》第十七条规定:"法律、法规授权的具有管理公共事务职能的组织可以在法定授权范围内实施行政处罚。"近年来,随着机构改革的深入和政府部分权力的下放,一些法律、法规授权某些非国家机关的组织在某些领域行使国家行政管理职权。如根据《证券法》的规定,证券业和银行业、信托业、保险业实行分业经营、分业管理。证券公司与银行、信托、保险业务机构分别设立。国务院证券监督管理机构依法对全国证券市场实行集中统一监督管理;《保险法》规定,国务院保险监督管理机构负责对保险业实施监督管理。这些权力过去法律规定是由中国人民银行行使的,而证监会、保监会并非国家机关。虽然法律授权行使国家行政管理职权的主体由过去的国家机关变为现在的非国家机关的组织,但从职权的性质和权限上讲,仍属于国家管理职权的一部分,与过去由国家机关行使时的权限是一样的。在依照法律、法规规定行使国家行政管理职权的组织中从事公务的人员的权力与过去该权力由国家机关行使时国家机关工作人员的权力也是一样的。2. 在受国家机关委托代表国家机关行使职权的组织中从事公务的人员。《行政处罚法》第十八条规定:行政机关依照法律、法规或者规章的规定,可以在其法定权限内委托符合法定条件的组织实施行政处罚,受委托组织在委托范围内,以委托行政机关名义实施行政处罚。在实践中,一些国家行政机关将部分行政处罚权进行了委托授权。如一些地方的卫生行政部门委托卫生防疫站向食品卫生经营企业和食品生产经营人员发放卫生许可证,文化局委托其事业单位文化市场管理办公室负责开办文化娱乐场所的审批,等等,都属于此类委托。接受委托的组织可以委托行政机关名义实施行政处罚。很显然,接受委托的组织行使的仍是国家的行政处罚权。在受委托的组织中从事公务的人员,与委托授权的国家机关工作人员所拥有的该项行政处罚权是相同的。3. 虽未列入国家机关人员编制但在国家机关中从事公务的人员。这主要是指那些虽不属于国家机关的正式在编人员,但由于临时借调、聘用关系而在国家机关中行使国家机关职权的人员。如在监狱行使监管、看守职责的合同制民警,等等。应当指出的是,本立法解释所要解决的不是这三类人的"血统"、"身份"问题,而是要解决当这些人在行使国家机关职权过程中,有渎职行为构成犯罪时,如何适用刑法追究刑事责任的问题。因此,立法解释强调这三类人必须是"在依照法律、法规规定行使国家行政管理职权的组织中从事公务的人员"、"在受国家机关委托代表国家机关行使职权的组织中从事公务的人员",或者"虽未列入国家机关人员编制但在国家机关中从事公务的人员",并且是在代表国家机关行使职权时,发生的渎职行为,构成犯罪的,才依照渎职罪追究刑事责任。换言之,虽在这类组织中或者在国家机关中工作,但不是从事公务,而是从事其他事务,如从事劳务的人员,也就谈不上"代表国家机关行使职权",即使有犯罪行为,也不应按渎职罪追究刑事责任。

▲苗有水、刘为波:《关于办理渎职刑事案件具体应用法律若干问题的解释(一)》的理解与适用(节选)

八、关于渎职罪主体的认定

全国人民代表大会常务委员会2002年制定的《关于〈中华人民共和国刑法〉第九章渎职罪主体适用问题的解释》(以下简称《渎职主体解释》)规定,"在依照法律、法规规定行使国家行政管理职权的组织中从事公务的人员,或者在受国家机关委托代表国家机关行使职权的组织中从事公务的人员……在代表国家机关行使职权时,有渎职行为,构成犯罪的,依照刑法关于渎职罪的规定追究刑事责任。"由于刑法在国家机关工作人员渎职罪之外还于第一百六十八条规定了国有公司、企业、事业单位人员的失职、滥用职权犯罪,实践中对于《渎职主体解释》规定中的"组织"是否包括国有公司、企业、事业单位存在不同意见。一种意见认为,立法解释中的"组织"不包括国有公司、企业、事业单位,国有公司、企业、事业单位人员的渎职犯罪应一概依照刑法第一百六十八条的规定处理。我们持不同意见。首先,将从事国家行政管理职责的国有公司、企业、事业单位有条件地纳入"组织"的范围,并不会导致立法解释与刑法规定之间的冲突,前者限于国家行政管理事务,后者限于企业管理事务;其次,国有公司、企业、事业单位人员的失职、滥用职权犯罪仅以经济损失为其结果要件,对于行使国家行政管理事务中造成其他损失后果的,无从以该罪定罪处罚。鉴此,《解释》第7条明确,"依法或者受委托行使国家行政管理职权的公司、企业、事业单位的工作人员,在行使行政管理职权时滥用职权或者玩忽职守,构成犯罪的,应当依照立法解释的规定,适用渎职罪的规定追究刑事责任。"

适用本规定时,需要注意以下两个问题:第一,国有公司、企业、事业单位人员渎职犯罪与国家机关工作人员渎职犯罪的关系。一种意见认为,刑法第一百六十八条规定的国有公司、企业、事业单位人员的失职罪、滥用职权罪与刑法分则第九章规定的国家机关工作人员渎职罪属于法条竞合关系。如前所述,两罪的公务内容不同,故不存在交叉竞合关系。对于依法或者受委托行使国家行政管理职权的公司、企业、事业单位的工作人员,在行使行政管理职权时滥用职权或者玩忽职守构成犯罪的,只构成单一的国家机关工作人员渎职罪。第二,依法行使国家行政管理职权的公司、企业、事业单位的工作人员的认定。依照法律、法规规定行使国家行政管理职权的公司、企业、事业单位从事的不一定都是国家行政管理事务,这些组织中从事公务的人员不是当然的国家机关工作人员渎职罪的主体,只有在依法行使国家行政管理职权时实施了相关渎行为的,才适用刑法关于国家机关工作人员渎职罪的规定。

▲陈国庆、韩耀元、卢宇蓉、吴峤滨:《关于办理渎职刑事案件适用法律若干问题的解释(一)》理解与适用(节选)

(八)关于渎职罪主体国家机关工作人员的认定问题。《解释》第七条明确,依法或者受委托行使国家行政管理职权的公司、企业、事业单位的工作人员,在行使行政管理职权时滥用职权或者玩忽职守,构成犯罪的,应当依照全国人大常委会《关于〈中华人民共和国刑法〉第九章渎职罪主体适用问题的解释》的规定,适用渎职罪的规定追究刑事责任。

由于渎职犯罪易发领域的权力运行和职权行使具有特殊性和复杂性,加之事权不明、职能交叉等问题,实践中对国家机关工作人员的认定存在一定困难。从司法实践看,刑法关于渎职犯罪的主体规定主要存在两个问题:一是仅限于国家机关工作人员,与实际发案情况不完全相符合。部分渎职犯罪中,刑法规定的主体往往没有条件实施,而有条件实施的又不符合主体规定,如招收公务员、学生徇私舞弊罪、失职造成珍贵文物损毁、流失罪。二是国家机关工作人员的范围不明确,具体认定有分歧。经研究认为,第一个问题属于立法问题,应当通过立法途径加以解决,第二个问题有必要在司法解释中予以明确。除了刑法第九章国家机关工作人员渎职罪之外,刑法第一百六十八条还规定了国有公司、企业、事业单位人员的失职、滥用职权犯罪。2002年全国人大常委会《关于〈中华人民共和国刑法〉第九章渎职罪主体适用问题的解释》规定:"在依照法律、法规规定行使国家行政管理职权的组织中从事公务的人员,或者在受国家机关委托代表国家机关行使职权的组织中从事公务的人员,或者虽未列入国家机关人员编制但在国家机关中从事公务的人员,在代表国家机关行使职权时,有渎职行为,构成犯罪的,依照刑法关于渎职罪的规定追究刑事责任。"实践中对于2002年立法解释规定的"组织"是否包括国有公司、企业、事业单位存在不同意见。经研究认为,刑法第一百六十八条针对企业管理事务,2002年立法解释关于渎职罪主体范围的界定限于国家行政管理事务。根据2002年立法解释的精神,依法或者受委托行使国家行政管理职权的公司、企业、事业单位的工作人员,在行使行政管理职权时可以成为渎职罪的犯罪主体。

二、客观要件的认定

▲2003年11月13日最高人民法院《全国法院审理经济犯罪案件工作座谈会纪要》:

六、关于渎职罪

(一)渎职犯罪行为造成的公共财产重大损失的认定

根据刑法规定,玩忽职守、滥用职权等渎职犯罪是以致使公共财产、国家和人民利益遭受重大损失为构成要件的。其中,公共财产的重大损失,通常是指渎职行为已经造成的重大经济损失。在司法实践中,有以下情形之一的,虽然公共财产作为债权存在,但已无法实现债权的,可以认定为行为人的渎职行为造成了经济损失:(1)债务人已经法定程序被宣告破产;(2)债务人潜逃,去向不明;(3)因行为人责任,致使超过诉讼时效;(4)有证据证明债权无法实现的其他情况。

(四)关于"徇私"的理解

徇私舞弊型渎职犯罪的"徇私"应理解为徇个人私情、私利。国家机关工作人员为了本单位的利益,实施滥用职权、玩忽职守行为,构成犯罪的,依照刑法第三百九十七条第一款的规定定罪处罚。

延伸阅读:

▲郭清国:《全国法院审理经济犯罪案件工作座谈会纪要》的理解与适用(节选)

(一)关于渎职行为造成的重大损失的问题

根据刑法规定,致使公共财产、国家和人民利益遭受重大损失,是玩忽职守、滥用职权等渎职犯罪的必要构成条件。虽然重大损失的外延宽泛,很难予以统一,但造成重大的经济损失,应当认定为致使公共财产、国家和人民利益遭受重大损失,这一点是没有疑义的。通常情况下,认定是否造成了经济损失比较容易,但对于行为人的渎职行为致使债权无法实现的,能否认定为行为人的渎职行为造成了经济损失,司法实践中存在分歧。《纪要》明确:"在司法实践中,有以下情形之一的,虽然公共财产作为债权存在,但已无法实现债权的,可以认定为行为人的渎职行为造成了经济损失:(1)债务人已经法定程序被宣告破产;(2)债务人潜逃,去向不明;(3)因行为人责任,致使超过诉讼时效;(4)有证据证明债权无法实现的其他情况。"

……

(四)关于渎职犯罪中"徇私舞弊"的理解与适用问题

刑法分则第九章规定的渎职罪共有23条,其中13条明将"徇私舞弊"行为渎职犯罪的必要构成要件或者加重处罚情节。但在司法实践中,对于这里的"徇私",是否包括徇单位、集体之私,存在不同的认识。考虑到"私"的通常含义是指私情、私利,而国家机关工作人员为了本单位的利益,实施滥用职权、玩忽职守行为,情节严重的,可以依照刑法第397条第1款的规定定罪处罚,不影响追究其刑事责任,《纪要》明确:"徇私舞弊型渎职犯罪的'徇私'应理解为徇个人私情、私利。"

▲2013年1月9日最高人民法院、最高人民检察院《关于办理渎职刑事案件适用法律若干问题的解释(一)》:

第八条 本解释规定的"经济损失",是指渎职犯罪或者与渎职犯罪相关联的犯罪立案时已经实际造成的财产损失,包括为挽回渎职犯罪所造成损失而支付的各种开支、费用等。立案后至提起公诉前持续发生的经济损失,应一并计入渎职犯罪造成的经济损失。

债务人经法定程序被宣告破产,债务人潜逃、去向不明,或者因行为人的责任超过诉讼时效等,致使债权已经无法实现,无法实现的债权部分应当认定为渎职犯罪的经济损失。

渎职犯罪或者与渎职犯罪相关联的犯罪立案后,犯罪分子及其亲友自行挽回的经济损失,司法机关或者犯罪分子所在单位及其上级主管部门挽回的经济损失,或者因客观原因减少的经济损失,不予扣减,但可以作为酌定从轻处罚的情节。

第九条 负有监督管理职责的国家机关工作人员滥用职权或者玩忽职守,致使不符合安全标准的食品、有毒有害食品、假药、劣药等流入社会,对人民群众生命、健康造成严重危害后果的,依照渎职罪的规定从严惩处。

延伸阅读:

▲苗有水、刘为波:《关于办理渎职刑事案件具体应用法律若干问题的解释(一)》的理解与适用(节选)

2.是否区分直接经济损失和间接经济损失确定不同的定罪量刑标准。

《立案标准》区分直接经济损失与间接经济损失,并据此确定了不同的入罪标准。《解释》未延续《立案标准》这种分别规定的做法,主要有两点考虑:一是直接经济损失与间接经济损失的认定标准不统一,行政执法与刑事司法不衔接。例如,《水域污染事故渔业损失计算方法》规定的直接经济损失包括清除污染费和监测部门取证、鉴定等工作的实际费用,为消除、减少环境污染采取的处理、处置以及监测等合理措施而发生的费用。这里的直接经济损失实际上涵括了《立案标准》规定的间接经济损失,即"正常情况下可以获得的利益和为恢复正常的管理活动或者挽回所造成的损失所支付的各种开支、费用等"。二是间接经济损失的外延不易界定,带有不确定性。在缺乏行之有效的界定标准的情况下,以间接经济损失作为定罪量刑标准有可能会影响到案件的公正处理。需要强调指出的是,《解释》未区分直接经济损失和间接经济损失不意味着否定间接经济损失,而是将间接损失有条件地纳入到经济损失计算中去。为此,《解释》第8条规定,经济损失是指渎职犯罪或者与渎职犯罪相关联的犯罪立案时"已经实际造成的财产损失",包括为挽回渎职犯罪所造成损失而支付的各种开支、费用等。

▲陈国庆、韩耀元、卢宇蓉、吴峤滨:《关于办理渎职刑事案件适用法律若干问题的解释(一)》理解与适用(节选)

(九)渎职罪中经济损失的认定问题。《解释》第八条共分三款。第一款明确《解释》中的"经济损失",是指渎职犯罪或者与渎职犯罪相关联的犯罪立案时已经实际造成的财产损失,包括为挽回渎职犯罪所造成损失而支付的各种开支、费用等。《立案标准》中将"经济损失"分为直接经济损失和间接经济损失:"直接经济损失",是指与行为有直接因果关系而造成的财产损毁、减少的实际价值;"间接经济损失",是指由直接经济损失引起和牵连的其他损失,包括失去的在正常情况下可以获得的利益和为恢复正常的管理活动或者挽回所造成的损失所支付的各种开支、费用等。《解释》统一采用"经济损失"的表述,不再区分直接经济损失和间接经济损失,但其计算范围实际上已基本涵盖了原有的直接经济损失和间接经济损失。只是间接经济损失中在正常情况下可以获得的利益即预期收益部分,根据近年来司法解释规定未纳入经济损失的计算范围。征求意见过程中,有意见提出,"经济损失"是指犯罪立案时确已造成的经济损失的规定存在局限。渎职犯罪界定经济损失的情况比较复杂,有些案件的经济损失在立案时可以确定,也有些案件的经济损失在立案时可能尚未完全显现或者处于持续扩大状态。经研究,根据该意见对第一款进行了完善,增加了"立案后至提起公诉前持续发生的损失,应一并计入渎职犯罪造成的经济损失"的表述。

《解释》第八条第二款明确债务人经法定程序被宣告破产、债务人潜逃、去向不明,或者因行为人的责任超过诉讼时效等,致使债权已经无法实现的,无法实现的债权部分应当认定为渎职犯罪的经济损失。本款规定与《立案标准》的有关规定保持一致。

《解释》第八条第三款明确渎职犯罪或者与渎职犯罪相关联的犯罪立案后,犯罪分子及其亲友自行挽回的经济损失,司法机关或者犯罪分子所在单位及其上级主管部门挽回的经济损失,或者因客观原因减少的经济损失,不予扣减,但可以作为酌定从轻处罚的情节。本款规定与《立案标准》和2009年"两高"《关于办理职务犯罪案件认定自首、立功等量刑情节若干问题的意见》的规定保持一致。

三、罪数的认定

▲2013年1月9日最高人民法院、最高人民检察院《关于办理渎职刑事案件适用法律若干问题的解释(一)》:

第二条 国家机关工作人员实施滥用职权或者玩忽职守犯罪行为,触犯刑法分则第九章第三百九十八条至第四百一十九条规定的,依照该规定定罪处罚。

国家机关工作人员滥用职权或者玩忽职守,因不具备徇私舞弊等情形,不符合刑法分则第九章第三百九十八条至第四百一十九条的规定,但依法构成第三百九十七条规定的犯罪的,以滥用职权罪或者玩忽职守罪定罪处罚。

第三条 国家机关工作人员实施渎职犯罪并收受贿赂,同时构成受贿罪的,除刑法另有规定外,以渎职犯罪和受贿罪数罪并罚。

第四条 国家机关工作人员实施渎职行为,放纵他人犯罪或者帮助他人逃避刑事处罚,构成犯罪的,依照渎职罪的规定定罪处罚。

国家机关工作人员与他人共谋,利用其职务行为帮助他人实施其他犯罪行为,同时构成渎职犯罪和共谋实施的其他犯罪共犯的,依照处罚较重的规定定罪处罚。

国家机关工作人员与他人共谋,既利用其职务行为帮助他人实施其他犯罪,又以非职务行为与他人共同实施该其他犯罪行为,同时构成渎职犯罪和其他犯罪的共犯的,依照数罪并罚的规定定罪处罚。

注:罪数的认定,请参阅《关于办理贪污贿赂刑事案件适用法律若干问题的解释》第十七条,见本书第575页。

延伸阅读:

▲苗有水、刘为波:《关于办理渎职刑事案件具体应用法律若干问题的解释(一)》的理解与适用(节选)

四、关于渎职当中收受贿赂的处理

渎职罪特别是徇私类渎职犯罪,往往与受贿行为相互交织。实施渎职行为并收受贿赂,同时构成渎职犯罪和受贿的,是择一重罪处罚还是实行数罪并罚,理论上长期存在争论,实践中各地做法不一。《解释》持并罚立场,其主要考虑是:(1)牵连犯择一重罪处理的理论观点,不具有普遍适用性,刑法和相关司法解释中不乏数罪并罚的规定。(2)成立受贿犯罪不以实际为他人谋取利益、更不以渎职为他人谋取非法利益为条件,受贿与渎职相对独立,实行并罚不存在明显的重复评价问题。(3)择一重罪处理难以满足从严惩治渎职犯罪的实践需要。一是受贿罪的处罚通常重于渎职罪,加之实践中检察机关对于牵连犯中的轻罪一般不再起诉,择一重罪处理不利于司法上对渎职罪全面、充分地作出评价;二是受贿罪和渎职罪在检察机关内部分由不同职能部门侦查,择一重罪处理客观上影响到了全面侦查案件的积极性,不利于案件深挖。故此,《解释》第3条规定,"国家机关工作人员实施渎职犯罪并收受贿赂,同时构成受贿罪的,除刑法另有规定外,以渎职犯罪和受贿罪数罪并罚。"

《解释》施行后一些地方提出了"两高"于2010年发布的《关于办理国家出资企业中职务犯罪案件具体应用法律若干问题的意见》第4条规定是否仍需执行的问题,即:国有公司、企业人员实施刑法分则第三章第一百六十八条、第一百六十九条规定的渎职犯罪,同时收受贿赂构成受贿罪的,依照处罚较重的规定定罪处罚。对此,我们的看法是,尽管实质上都属于渎职犯罪,但在刑法区分主体在不同章节作出不同规定的情况下,司法上有必要根据立法原意将之视为不同的犯罪。《解释》针对的仅仅是刑法分则第九章规定的渎职罪,不能据此认为《解释》修改或者取代了《意见》的规定,在《意见》该规定作出明确修改之前以继续执行为宜。

▲陈国庆、韩耀元、卢宇蓉、吴峤滨:《关于办理渎职刑事案件适用法律若干问题的解释(一)》理解与适用(节选)

(四)关于对实施渎职犯罪同时构成受贿罪实行数罪并罚的规定。

实践中,对实施刑法第三百九十九条规定以外的渎职犯罪同时构成受贿罪的是从一重处罚还是数罪并罚存在认识分歧,各地做法不一,有必要通过司法解释予以明确。

《解释》第三条明确规定,国家机关工作人员实施渎职犯罪并收受贿赂,同时构成受贿罪的,除刑法另有规定外,以渎职犯罪和受贿罪数罪并罚。主要考虑:一是从一重罪论处不能全面体现法律对国家机关工作人员渎职犯罪和利用职权受贿犯罪的否定评价,既不利于更好地实现罪刑相适应原则,也不利于对渎职犯罪的查处。实践中存在两方面倾向:一方面,受贿罪的法定刑一般都会比徇私舞弊类渎职犯罪的法定刑高,这类犯罪往往仅立案为单纯的贪污贿赂案件,只要查实了受贿问题后往往就不再追查渎职问题,致使受贿行为造成的严重渎职后果被掩盖;另一方面,有的地方为确保能以渎职罪名判决,在深挖受贿上积极性不高,甚至人为掩盖较大数额的受贿犯罪,造成重罪轻判,大案小查,影响打击效果。二是受贿犯罪不以为他人实际谋取利益,更不以渎职为他人谋取非法利益为构成要件,渎职犯罪和受贿犯罪的犯罪构成相互独立,行为人实质上实施了两个独立的犯罪行为,不存在重复评价的问题。

四、刑罚的适用

▲2010年4月7日最高人民法院刑二庭《宽严相济在经济犯罪和职务犯罪案件审判中的具体贯彻》:

二、……

渎职犯罪分子具有下列情形之一的,一般不适用缓刑:(1)依法减轻处罚后判处三年有期徒刑以下刑罚的;(2)渎职犯罪造成特别恶劣影响的;(3)渎职行为同时构成其他犯罪,以渎职犯罪一罪处理或者实行数罪并罚的。

五、追诉时效与溯及力的认定

▲2003年11月13日最高人民法院《全国法院审理经济犯罪案件工作座谈会纪要》：

六、关于渎职罪

（二）玩忽职守罪的追诉时效

玩忽职守行为造成的重大损失当时没有发生，而是玩忽职守行为之后一定时间发生的，应从危害结果发生之日起计算玩忽职守罪的追诉期限。

（三）国有公司、企业人员渎职犯罪的法律适用

对于1999年12月24日《中华人民共和国刑法修正案》实施以前发生的国有公司、企业人员渎职行为（不包括徇私舞弊行为），尚未处理或者正在处理的，不能按照刑法修正案追究刑事责任。

▲2013年1月9日最高人民法院、最高人民检察院《关于办理渎职刑事案件适用法律若干问题的解释（一）》：

第六条 以危害结果为条件的渎职犯罪的追诉期限，从危害结果发生之日起计算；有数个危害结果的，从最后一个危害结果发生之日起计算。

延伸阅读：

▲苗有水、刘为波：《关于办理渎职刑事案件具体应用法律若干问题的解释（一）》的理解与适用（节选）

七、关于追诉期限的计算

渎职犯罪的危害结果通常具有滞后性，一些渎职犯罪的危害结果甚至在渎职行为实施多年之后才发生。由于多数渎职犯罪属于结果犯，且渎职犯罪的法定刑期普遍不高，实践中反映，渎职行为尚未造成危害结果的，因不构成犯罪不能追究刑事责任；而等到危害结果发生后，往往又因渎职行为已过追诉期限不能追究刑事责任。造成这种尴尬局面的原因不在于法律规定，而是在于对法律规定理解上的偏差。刑法规定追诉期限自犯罪之日起计算，以危害结果为条件的渎职犯罪的犯罪之日应为犯罪成立即危害结果发生之日。为防止因追诉期限计算不当而轻纵犯罪，《解释》第6条规定，"以危害结果为条件的渎职犯罪的追诉期限，从危害结果发生之日起计算；有数个危害结果的，从最后一个危害结果发生之日起计算。"适用本规定时，需要注意以下几点：第一，犯罪结果发生之日仅限于结果犯，行为犯仍应以具体行为实施之日或者终了之日起计算。第二，危害结果发生之日不同于危害结果发现之日，不得以危害结果被发现之日计算追诉期限。第三，多个危害结果以最后一个危害结果计算追诉期限。渎职罪的危害结果往往具有持续性和连续性，为此，《解释》明确，"有数个危害结果的，从最后一个危害结果发生之日起计算。"对于本规定，应严格依照刑法关于"犯罪行为有连续或者继续状态的，从犯罪行为终了之日起计算"的规定精神来理解。首先，这里针对的是犯罪结果扩大的情形，最后一个犯罪结果的发生与犯罪结果的持续状态不同，不得以某一犯罪结果持续状态的结束之日计算追诉期限。其次，从最后一个危害结果发生之日起计算的根据在于结果的延续性，可以在整体上视为单一的渎职犯罪，如果成

立渎职犯罪的危害结果已经停止,由于其他行为的介入又产生新的危害结果的,一般应以之前的危害结果计算追诉期限。

▲陈国庆、韩耀元、卢宇蓉、吴峤滨:《关于办理渎职刑事案件适用法律若干问题的解释(一)》理解与适用(节选)

(七)关于渎职罪追诉期限的计算问题。《解释》第六条明确,以危害结果为条件的渎职犯罪的追诉期限,从危害结果发生之日起计算;有数个危害结果的,从最后一个危害结果发生之日起计算。

司法实践中,渎职犯罪的危害结果通常具有滞后性,一些渎职犯罪的危害结果甚至在渎职行为实施多年之后才发生或呈现出来。由于多数渎职犯罪都是结果犯,且渎职犯罪的法定刑期普遍不高,实践中往往因为渎职行为的危害结果尚未发生,难以追究刑事责任,而等到危害结果发生或呈现出来后,又可能因渎职行为已过追诉期限不能追究刑事责任。因此,对应当从何时开始计算追诉期限有必要予以明确。

经研究认为,刑法规定追诉期限自"犯罪之日"起计算,以危害结果为条件的渎职犯罪的"犯罪之日"应为危害结果发生之日。2003年《全国法院审理经济犯罪案件工作座谈会纪要》(以下简称《纪要》)也规定:"玩忽职守行为造成的重大损失当时没有发生,而是玩忽职守行为之后一定时间发生的,应从危害结果发生之日起计算玩忽职守罪的追诉期限。"本条参照《纪要》的规定精神,将适用范围扩大到所有以危害结果为条件的渎职犯罪,并对存在数个危害后果的情形作出规定。

六、刑事政策的规定

▲2010年7月26日最高人民法院、最高人民检察院、公安部、国家安全部、司法部《关于对司法工作人员在诉讼活动中的渎职行为加强法律监督的若干规定(试行)》:

第一条 加强对司法工作人员在诉讼活动中的渎职行为的法律监督,完善和规范监督措施,保证司法工作人员公正司法,根据《中华人民共和国刑法》、《中华人民共和国刑事诉讼法》、《中华人民共和国民事诉讼法》、《中华人民共和国行政诉讼法》等有关法律的规定,制定本规定。

第二条 人民检察院依法对诉讼活动实行法律监督。对司法工作人员的渎职行为可以通过依法审查案卷材料、调查核实违法事实、提出纠正违法意见或者建议更换办案人、立案侦查职务犯罪等措施进行法律监督。

第三条 司法工作人员在诉讼活动中具有下列情形之一的,可以认定为司法工作人员具有涉嫌渎职的行为,人民检察院应当调查核实:

(一)徇私枉法、徇情枉法,对明知是无罪的人而使其受追诉,或者对明知是有罪的人而故意包庇不使其受追诉,或者在审判活动中故意违背事实和法律作枉法裁判的;

(二)非法拘禁他人或者以其他方法非法剥夺他人人身自由的;

(三)非法搜查他人身体、住宅,或者非法侵入他人住宅的;

(四)对犯罪嫌疑人、被告人实行刑讯逼供或者使用暴力逼取证人证言,或者以暴力、威胁、贿买等方法阻止证人作证或者指使他人作伪证的,或者帮助当事人毁灭、伪造证据的；

（五）侵吞或者违法处置被查封、扣押、冻结的款物的；

（六）违反法律规定的拘留期限、侦查羁押期限或者办案期限，对犯罪嫌疑人、被告人超期羁押，情节较重的；

（七）私放在押的犯罪嫌疑人、被告人、罪犯，或者严重不负责任，致使在押的犯罪嫌疑人、被告人、罪犯脱逃的；

（八）徇私舞弊，对不符合减刑、假释、暂予监外执行条件的罪犯，违法提请或者裁定、决定、批准减刑、假释、暂予监外执行的；

（九）在执行判决、裁定活动中严重不负责任或者滥用职权，不依法采取诉讼保全措施、不履行法定执行职责，或者违法采取诉讼保全措施、强制执行措施，致使当事人或者其他人的合法利益遭受损害的；

（十）对被监管人进行殴打或者体罚虐待或者指使被监管人殴打、体罚虐待其他被监管人的；

（十一）收受或者索取当事人及其近亲属或者其委托的人等的贿赂的；

（十二）其他严重违反刑事诉讼法、民事诉讼法、行政诉讼法和刑法规定，不依法履行职务，损害当事人合法权利，影响公正司法的诉讼违法行为和职务犯罪行为。

第四条 人民检察院在开展法律监督工作中，发现有证据证明司法工作人员在诉讼活动中涉嫌渎职，应当报经检察长批准，及时进行调查核实。

对于单位或者个人向人民检察院举报或者控告司法工作人员在诉讼活动中有渎职行为的，人民检察院应当受理并进行审查，对于需要进一步调查核实的，应当报经检察长批准，及时进行调查核实。

第五条 人民检察院认为需要核实国家安全机关工作人员在诉讼活动中的渎职行为的，应当报经检察长批准，委托国家安全机关进行调查。国家安全机关应当及时将调查结果反馈人民检察院。必要时，人民检察院可以会同国家安全机关共同进行调查。

对于公安机关工作人员办理危害国家安全犯罪案件中渎职行为的调查，比照前款规定执行。

第六条 人民检察院发现检察人员在诉讼活动中涉嫌渎职的，应当报经检察长批准，及时进行调查核实。

人民法院、公安机关、国家安全机关、司法行政机关有证据证明检察人员涉嫌渎职的，可以向人民检察院提出，人民检察院应当及时进行调查核实并反馈调查结果。

上一级人民检察院接到对检察人员在诉讼活动中涉嫌渎职行为的举报、控告的，可以直接进行调查，也可以交由下级人民检察院调查。交下级人民检察院调查的，下级人民检察院应当将调查结果及时报告上一级人民检察院。

第七条 人民检察院调查司法工作人员在诉讼活动中的渎职行为，可以询问有关当事人或者知情人，查阅、调取或者复制相关法律文书或者报案登记材料、案卷材料、罪犯改造材料，对受害人可以进行伤情检查，但是不得限制被调查人的人身自由或者财产权利。

人民检察院通过查阅、复制、摘录等方式能够满足调查需要的，一般不调取相关法律文书或者报案登记材料、案卷材料、罪犯改造材料。

人民检察院在调查期间，应当对调查内容保密。

第八条 人民检察院对司法工作人员在诉讼活动中的涉嫌渎职行为进行调查，调查期限不得超过一个月。确需延长调查期限的，可以报经检察长批准，延长二个月。

第九条 人民检察院对司法工作人员在诉讼活动中的涉嫌渎职行为进行调查，在查证属实并由有关机关作出停止执行职务的处理前，被调查人不停止执行职务。

第十条 人民检察院对司法工作人员在诉讼活动中的涉嫌渎职行为调查完毕后，应当制作调查报告，根据已经查明的情况提出处理意见，报检察长决定后作出处理。

（一）认为有犯罪事实需要追究刑事责任的，应当按照刑事诉讼法关于管辖的规定依法立案侦查或者移送有管辖权的机关立案侦查，并建议有关机关停止被调查人执行职务，更换办案人。

（二）对于确有渎职违法行为，但是尚未构成犯罪的，应当依法向被调查人所在机关发出纠正违法通知书，并将证明其渎职行为的材料按照干部管理权限移送有关机关处理。对于确有严重违反法律的渎职行为，虽未构成犯罪，但被调查人继续承办案件将严重影响正在进行的诉讼活动的公正性，且有关机关未更换办案人的，应当建议更换办案人。

（三）对于审判人员在审理案件时有贪污受贿、徇私舞弊、枉法裁判或者其他违反法律规定的诉讼程序的行为，可能影响案件正确判决、裁定的，应当分别依照刑事诉讼法、民事诉讼法和行政诉讼法规定的程序对该案件的判决、裁定提出抗诉。

（四）对于举报、控告不实的，应当及时向被调查人所在机关说明情况。调查中询问过被调查人的，应当及时向被调查人本人说明情况，并采取适当方式在一定范围内消除不良影响。同时，将调查结果及时回复举报人、控告人。

（五）对于举报人、控告人捏造事实诬告陷害，意图使司法工作人员受刑事追究，情节严重的，依法追究刑事责任。调查人员与举报人、控告人恶意串通，诬告陷害司法工作人员的，一并追究相关法律责任。

对于司法工作人员涉嫌渎职犯罪需要立案侦查的，对渎职犯罪的侦查和对诉讼活动的其他法律监督工作应当分别由不同的部门和人员办理。

第十一条 被调查人不服人民检察院的调查结论的，可以向人民检察院提出申诉，人民检察院应当进行复查，并在十日内将复查决定反馈申诉人及其所在机关。申诉人不服人民检察院的复查决定的，可以向上一级人民检察院申请复核。上一级人民检察院应当进行复核，并在二十日内将复核决定及时反馈申诉人，通知下级人民检察院。

第十二条 人民检察院经过调查，认为作为案件证据材料的犯罪嫌疑人、被告人供述、证人证言、被害人陈述系司法工作人员采用暴力、威胁、引诱、欺骗等违法手段获取的，在审查或者决定逮捕、审查起诉时应当依法予以排除，不得作为认定案件事实的根据。有关调查材料应当存入诉讼卷宗,随案移送。

第十三条　人民检察院提出纠正违法意见或者更换办案人建议的,有关机关应当在十五日内作出处理并将处理情况书面回复人民检察院。对于人民检察院的纠正违法通知书和更换办案人建议书,有关机关应当存入诉讼卷宗备查。

有关机关对人民检察院提出的纠正违法意见有异议的,应当在收到纠正违法通知书后五日内将不同意见书面回复人民检察院,人民检察院应当在七日内进行复查。人民检察院经过复查,认为纠正违法意见正确的,应当立即向上一级人民检察院报告;认为纠正违法意见错误的,应当撤销纠正违法意见,并及时将撤销纠正违法意见书送达有关机关。

上一级人民检察院经审查,认为下级人民检察院的纠正违法意见正确的,应当及时与同级有关机关进行沟通,同级有关机关应当督促其下级机关进行纠正;认为下级人民检察院的纠正违法意见不正确的,应当书面通知下级人民检察院予以撤销,下级人民检察院应当执行,并依照本规定第十条第一款第四项的规定,说明情况,消除影响。

第十四条　有关机关在查处本机关司法工作人员的违纪违法行为时,发现已经涉嫌职务犯罪的,应当及时将犯罪线索及相关材料移送人民检察院。人民检察院应当及时进行审查,符合立案条件的,依法立案侦查,并将有关情况反馈移送犯罪线索的机关。

第十五条　检察人员对于司法工作人员在诉讼活动中的渎职行为不依法履行法律监督职责,造成案件被错误处理或者其他严重后果,或者放纵司法工作人员职务犯罪,或者滥用职权违法干扰有关司法机关依法办案的,人民检察院的纪检监察部门应当进行查处;构成犯罪的,依法追究刑事责任。

第十六条　本规定所称的司法工作人员,是指依法负有侦查、检察、审判、监管和判决、裁定执行职责的国家工作人员。

第十七条　本规定所称的对司法工作人员渎职行为的调查,是指人民检察院在对刑事诉讼、民事审判、行政诉讼活动进行法律监督中,为准确认定和依法纠正司法工作人员的渎职行为,而对该司法工作人员违反法律的事实是否存在及其性质、情节、后果等进行核实、查证的活动。

▲2015年9月16日最高人民法院《关于充分发挥审判职能作用切实维护公共安全的若干意见》:

四、做好涉民生案件审判工作,切实保障人民群众合法权益

12.从严惩治危害民生的职务犯罪。对于制售伪劣食品药品、破坏环境资源所涉及的国家工作人员渎职犯罪,发生在社会保障、征地拆迁、灾后重建、企业改制、医疗、教育、就业等领域严重损害群众利益、社会影响恶劣、群众反映强烈的国家工作人员贪污贿赂犯罪、渎职犯罪,发生在事关民生和公共安全的重点领域、重点行业的严重商业贿赂犯罪等,要依法从严惩处。

第三百九十七条 【滥用职权罪】【玩忽职守罪】 国家机关工作人员滥用职权或者玩忽职守，致使公共财产、国家和人民利益遭受重大损失的，处三年以下有期徒刑或者拘役；情节特别严重的，处三年以上七年以下有期徒刑。本法另有规定的，依照规定。

国家机关工作人员徇私舞弊，犯前款罪的，处五年以下有期徒刑或者拘役；情节特别严重的，处五年以上十年以下有期徒刑。本法另有规定的，依照规定。

一、立案标准

▲2006年7月26日最高人民检察院《关于渎职侵权犯罪案件立案标准的规定》

一、渎职犯罪案件

（一）滥用职权案（第397条）

滥用职权罪是指国家机关工作人员超越职权，违法决定、处理其无权决定、处理的事项，或者违反规定处理公务，致使公共财产、国家和人民利益遭受重大损失的行为。

涉嫌下列情形之一的，应予立案：

1. 造成死亡1人以上，或者重伤2人以上，或者重伤1人、轻伤3人以上，或者轻伤5人以上的；

2. 导致10人以上严重中毒的；

3. 造成个人财产直接经济损失10万元以上，或者直接经济损失不满10万元，但间接经济损失50万元以上的；

4. 造成公共财产或者法人、其他组织财产直接经济损失20万元以上，或者直接经济损失不满20万元，但间接经济损失100万元以上的；

5. 虽未达到3、4两项数额标准，但3、4两项合计直接经济损失20万元以上，或者合计直接经济损失不满20万元，但合计间接经济损失100万元以上的；

6. 造成公司、企业等单位停业、停产6个月以上，或者破产的；

7. 弄虚作假，不报、缓报、谎报或者授意、指使、强令他人不报、缓报、谎报情况，导致重特大事故危害结果继续、扩大，或者致使抢救、调查、处理工作延误的；

8. 严重损害国家声誉，或者造成恶劣社会影响的；

9. 其他致使公共财产、国家和人民利益遭受重大损失的情形。

国家机关工作人员滥用职权，符合刑法第九章所规定的特殊渎职罪构成要件的，按照该特殊规定追究刑事责任；主体不符合刑法第九章所规定的特殊渎职罪的主体要件，但滥用职权涉嫌前款第1项至第9项规定情形之一的，按照刑法第397条的规定以滥用职权罪追究刑事责任。

（二）玩忽职守案（第397条）

玩忽职守罪是指国家机关工作人员严重不负责任，不履行或者不认真履行职责，致使公共财产、国家和人民利益遭受重大损失的行为。

涉嫌下列情形之一的，应予立案：

1. 造成死亡1人以上，或者重伤3人以上，或者重伤2人、轻伤4人以上，或者重

伤1人、轻伤7人以上,或者轻伤10人以上的;

2. 导致20人以上严重中毒的;

3. 造成个人财产直接经济损失15万元以上,或者直接经济损失不满15万元,但间接经济损失75万元以上的;

4. 造成公共财产或者法人、其他组织财产直接经济损失30万元以上,或者直接经济损失不满30万元,但间接经济损失150万元以上的;

5. 虽未达到3、4两项数额标准,但3、4两项合计直接经济损失30万元以上,或者合计直接经济损失不满30万元,但合计间接经济损失150万元以上的;

6. 造成公司、企业等单位停业、停产1年以上,或者破产的;

7. 海关、外汇管理部门的工作人员严重不负责任,造成100万美元以上外汇被骗购或者逃汇1000万美元以上的;

8. 严重损害国家声誉,或者造成恶劣社会影响的;

9. 其他致使公共财产、国家和人民利益遭受重大损失的情形。

国家机关工作人员玩忽职守,符合刑法第九章所规定的特殊渎职罪构成要件的,按照该特殊规定追究刑事责任;主体不符合刑法第九章所规定的特殊渎职罪的主体要件,但玩忽职守涉嫌前款第1项至第9项规定情形之一的,按照刑法第397条的规定以玩忽职守罪追究刑事责任。

注:根据2013年1月9日最高人民法院、最高人民检察院《关于办理渎职刑事案件适用法律若干问题的解释(一)》的规定,本规定中滥用职权案中的1~5不再适用,玩忽职守案中1~5、7不再适用。

▲2013年1月9日最高人民法院、最高人民检察院**《关于办理渎职刑事案件适用法律若干问题的解释(一)》**

第一条第一款 国家机关工作人员滥用职权或者玩忽职守,具有下列情形之一的,应当认定为刑法第三百九十七条规定的"致使公共财产、国家和人民利益遭受重大损失":

(一)造成死亡1人以上,或者重伤3人以上,或者轻伤9人以上,或者重伤2人、轻伤3人以上,或者重伤1人、轻伤6人以上的;

(二)造成经济损失30万元以上的;

(三)造成恶劣社会影响的;

(四)其他致使公共财产、国家和人民利益遭受重大损失的情形。

第十条 最高人民法院、最高人民检察院此前发布的司法解释与本解释不一致的,以本解释为准。

延伸阅读:

▲苗有水、刘为波:《关于办理渎职刑事案件具体应用法律若干问题的解释(一)》的理解与适用(节选)

二、关于滥用职权罪和玩忽职守罪的定罪量刑标准

最高人民检察院于2006年制定的《关于渎职侵权犯罪案件立案标准的规定》(以

下简称《立案标准》)对滥用职权罪和玩忽职守罪的入罪标准作出了规定,实践应用中对于《立案标准》能否作为人民法院审理渎职犯罪案件的定罪依据存在疑虑,且《立案标准》未涉及滥用职权罪和玩忽职守罪的加重量刑情节的认定标准。为此,《解释》第1条第1款对滥用职权罪和玩忽职守罪的定罪标准即"致使公共财产、国家和人民利益遭受重大损失"这一结果要件的具体认定作出了规定,并于第2款明确了加重量刑情节即"情节特别严重"的认定标准。正确理解本规定,需重点把握以下几个问题:

1. 滥用职权罪和玩忽职守罪的定罪量刑标准应否区分。

《立案标准》基于滥用职权罪较玩忽职守罪主观恶性更大的认识,对两者的入罪门槛予以适当区分。《解释》对此作出了重要调整,规定滥用职权罪和玩忽职守罪适用相同的定罪量刑标准。主要考虑是:(1)刑法将滥用职权和玩忽职守并列规定,并配置了相同的法定刑,就刑法规定而言,无从看出滥用职权罪重于玩忽职守罪的立法意图;(2)滥用职权同样可以由过失构成,从实际办案情况看,玩忽职守罪的主观恶性未必就小于滥用职权;(3)滥用职权和玩忽职守的区分界限较为模糊,对实践中大量存在的违反规定处理公务行为究竟是滥用职权还是玩忽职守长期存在争议。需要注意的是,《解释》仅涉及滥用职权罪和玩忽职守罪两个主观方面区分不明显的渎职犯罪定罪量刑标准的统一问题,对于其他故意类渎职犯罪如徇私枉法、私放在押人员等,因主观恶性明显不同,定罪量刑标准的掌握上可以且有必要适当降低。

3. 不报、迟报、谎报事故情况宜否作为定罪量刑情节。

《解释》起草之初将"不报、迟报、谎报或者授意、指使、强令他人不报、迟报、谎报事故情况,致使损失后果持续、扩大或者抢救工作延误的",分别规定为滥用职权罪和玩忽职守罪的入罪情节和加重量刑情节。征求意见时有单位提出不同看法:一是不报、迟报、谎报行为本身即属于渎职行为,不宜将之作为其他渎职犯罪的定罪量刑情节;二是不报、迟报、谎报行为是否构成犯罪,仍需视具体情节而定。经研究,我们形成了两个结论性意见:一是不报、迟报、谎报事故情况致使损失后果持续、扩大或者抢救工作延误的,可以作为滥用职权罪或者玩忽职守罪的加重量刑情节。首先,这里的不报、迟报、谎报行为仅针对同一行为人的其他渎职行为,而不报、迟报、谎报行为本身不足以单独构成渎职犯罪的情形,故不存在数个不同犯罪的问题。其次,对已经造成损失后果而不履行报告义务,致使损失后果持续、扩大或者抢救延误的行为追究刑事责任,一方面,因仍以造成危害结果为前提,故不存在处罚依据不足的问题,以往司法解释中不乏通过"损失加情节"确定加重量刑档的做法;另一方面,此类行为有必要从严处理,以有效发挥刑事司法的预防功能。二是不报、迟报、谎报事故情况致使损失后果持续、扩大或者抢救工作延误的,不宜独立作为滥用职权罪或者玩忽职守罪的入罪情节。滥用职权罪和玩忽职守罪属于结果犯,是否构成犯罪,应统一以是否造成刑法规定的公共财产、国家和人民利益遭受重大损失这一结果要件为准。据此,《解释》仅于第1条第2款规定,"造成前款规定的损失后果,不报、迟报、谎报或者授意、指使、强令他人不报、迟报、谎报事故情况,致使损失后果持续、扩大或者抢救工作延误的",属于情节特别严重的情形之一。适用本规定时需特别注意,这里的不报、迟报、谎报行为是作为其他渎职行为的情节而存在的,对于单纯的不报、迟报、谎报行为构成渎职犯罪并据此追究刑事责任的,不适用本规定。

▲陈国庆、韩耀元、卢宇蓉、吴峤滨:《关于办理渎职刑事案件适用法律若干问题的解释(一)》理解与适用(节选)

(二)关于滥用职权罪和玩忽职守罪的定罪量刑标准。

《解释》第一条共分两款。第一款规定了滥用职权罪、玩忽职守罪的入罪门槛,即刑法第三百九十七条第一档刑幅度中滥用职权或者玩忽职守"致使公共财产、国家和人民利益遭受重大损失"的认定问题,具体包括四种情形:(一)造成死亡1人以上,或者重伤3人以上,或者轻伤9人以上,或者重伤2人、轻伤3人以上,或者重伤1人、轻伤6人以上的;(二)造成经济损失30万元以上的;(三)造成恶劣社会影响的;(四)其他致使公共财产、国家和人民利益遭受重大损失的情形。

《解释》第一条第一款规定在《立案标准》关于滥用职权案、玩忽职守案有关规定基础上作了适当修改,主要修改之处如下:一是将滥用职权罪和玩忽职守罪的定罪量刑标准合二为一。《立案标准》中滥用职权案的立案标准略低于玩忽职守案,现将两罪标准合二为一,主要考虑是:刑法第三百九十七条对滥用职权罪和玩忽职守罪作了并列规定,两罪的法定刑完全相同,实践中滥用职权罪和玩忽职守罪立案有时难以区分,规定统一入罪门槛既有利于及时立案,也不影响判决时根据案件具体情况准确定罪和在量刑时予以区别。本款中将滥用职权和玩忽职守罪的定罪量刑标准作统一规定,并不是否认两罪犯罪构成上的本质区别,而只是规定统一的入罪门槛和量刑幅度。二是对伤亡人数的比例关系进行了调整,大体上按照1死亡、3重伤、9轻伤的比例进行规定。三是删去"严重中毒"的规定,主要是考虑到"严重中毒"与伤亡后果存在一定的交叉,而且实践中对"严重中毒"缺少明确的认定依据。四是在经济损失的认定上作统一规定,不区分"个人财产与公共财产或者法人、其他组织财产",也不区分"直接经济损失与间接经济损失"。前者主要出于平等保护,方便实践操作;后者主要是认为区分直接经济损失和间接经济损失的做法有时影响损失计算的确定性,为此,《解释》第八条对"经济损失"的认定作出专门规定。此外,将滥用职权罪的定罪标准由《立案标准》确定的20万元上提至30万元,也符合当前社会发展实际。五是删去"造成公司、企业等单位停业、停产、破产"的规定,主要考虑到公司、企业有大有小,以此判断危害后果具有不确定性,统一以经济损失为判断标准更具合理性和可操作性。六是删去了《立案标准》关于滥用职权案应予立案情形规定中的"弄虚作假,不报、缓报、谎报或者授意、指使、强令他人不报、缓报、谎报情况,导致重特大事故危害结果继续、扩大,或者致使抢救、调查、处理工作延误的"规定。七是删去《立案标准》中玩忽职守案应予立案情形中"海关、外汇管理部门的工作人员严重不负责任,造成100万美元以上外汇被骗或者逃汇1000万美元以上的"规定。八是删去《立案标准》中"严重损害国家声誉"的规定,主要考虑是国家声誉比较抽象、原则,实践中不易把握,用"造成恶劣社会影响"也可以概括。需要注意的是,在司法实践中,对国家机关工作人员滥用职权或者玩忽职守造成上述"严重中毒"、"公司、企业等单位停业、停产、破产"、"严重损害国家声誉"等后果的，不意味着就不定罪处罚，而是应该根据案件具体情况，认定造成的人员伤亡、经济损失、社会影响等情况，适用《解释》第一条第一款的相应规定，有的可以适用《解释》第一条第一款第四项兜底条款"其他致使公共财产、国家和人民利益遭受重大损失的情形"追究刑事责任。

《解释》第一条第二款是关于滥用职权罪和玩忽职守罪第二档量刑幅度的适用标准，即滥用职权或者玩忽职守"情节特别严重"的认定问题，具体包括五种情形：(一)造成伤亡达到前款第一项规定人数3倍以上的；(二)造成经济损失150万元以上的；(三)造成前款规定的损失后果，不报、迟报、谎报或者授意、指使、强令他人不报、迟报、谎报事故情况，致使损失后果持续、扩大或者抢救工作延误的；(四)造成特别恶劣社会影响的；(五)其他特别严重的情节。相对于第一款规定而言，一是人身伤亡数量标准掌握在3倍的比例关系，经济损失数额标准掌握在5倍的比例关系予以规定。二是将"造成前款规定的损失后果，不报、缓报、谎报或者授意、指使、强令他人不报、缓报、谎报事故情况，致使损失后果持续、扩大或者抢救工作延误的"作为"情节特别严重"的情形之一予以规定。这里采用结果加情节的标准，既明确了处罚的依据是造成了损失后果，又将有不报、缓报、谎报作为加重处罚的情节，体现了对此类行为的从严处理，增强了可操作性。三是规定了"造成特别恶劣社会影响的"和"其他特别严重的情节"的兜底性规定。

(三)关于滥用职权罪、玩忽职守罪与渎职罪其余35个特别罪名的关系和法律适用问题。

刑法第三百九十七条规定了渎职罪的一般罪名，即滥用职权罪和玩忽职守罪，第三百九十八条至第四百一十九条还结合特殊主体、特殊领域规定了渎职罪的35个特别罪名。关于渎职罪的一般罪名与特别罪名在法律适用上，主要存在两个问题：一是刑法关于特别罪名的构成要件设置比较复杂，如必须是特殊主体、具备"徇私舞弊"等，实践中，这些特殊要件往往因为事实或者证据原因难以满足，办案部门对渎职行为不构成渎职罪的特别罪名能否适用一般渎职罪处理的认识不一致。二是特别罪名虽构成要件设置复杂，但其法定刑规定有的却比一般罪名要轻(如刑法四百一十八条招收公务员、学生徇私舞弊罪)法定刑设置不相协调。经研究认为，渎职犯罪法定刑之间不协调是立法问题，应通过立法途径加以解决；对于一般渎职罪与特殊渎职罪的法律适用问题，则可以通过司法解释解决。

《解释》第二条第一款明确国家机关工作人员实施渎职行为，符合特殊渎职罪规定的，应当依照特殊渎职罪处理。因为刑法第三百九十七条第一款和第二款均已明确规定"本法另有规定的，依照规定"，对于符合刑法第三百九十八条至第四百一十九条规定的特殊渎职罪构成要件的，只能按照该特殊渎职罪追究其刑事责任。

《解释》第二条第二款明确了国家机关工作人员的渎职行为不符合渎职罪的特别罪名的规定，但是符合一般罪名规定的，可以按照一般罪名，即滥用职权罪、玩忽职守罪追究其刑事责任，以防止放纵犯罪。第二款主要参考了《立案标准》有关规定的精神。经征求意见，形成共识认为，特殊渎职罪不构成的情况下以一般渎职罪处理，并不违反特别法优于一般法的处理原则。

二、主体要件的认定

▲1998年12月29日全国人大常委会《关于惩治骗购外汇、逃汇和非法买卖外汇犯罪的决定》：

六、海关、外汇管理部门的工作人员严重不负责任，造成大量外汇被骗购或者逃汇，致使国家利益遭受重大损失的，依照刑法第三百九十七条的规定定罪处罚。

▲2000年5月4日最高人民检察院《关于镇财政所所长是否适用国家机关工作人员的批复》：

对于属行政执法事业单位的镇财政所中按国家机关在编干部管理的工作人员，在履行政府行政公务活动中，滥用职权或玩忽职守构成犯罪的，应以国家机关工作人员论。

▲2000年10月9日最高人民检察院《关于合同制民警能否成为玩忽职守罪主体问题的批复》：

根据刑法第九十三条第二款的规定，合同制民警在依法执行公务期间，属其他依照法律从事公务的人员，应以国家机关工作人员论。对合同制民警在依法执行公务活动中的玩忽职守行为，符合刑法第三百九十七条规定的玩忽职守罪构成条件的，依法以玩忽职守罪追究刑事责任。

▲2000年10月31日最高人民检察院《关于属工人编制的乡（镇）工商所所长能否依照刑法第三百九十七条的规定追究刑事责任问题的批复》：

根据刑法第93条第2款的规定，经人事部门任命，但为工人编制的乡（镇）工商所所长，依法履行工商行政管理职责时，属其他依照法律从事公务的人员，应以国家机关工作人员论。如果玩忽职守，致使公共财产、国家和人民利益遭受重大损失，可适用刑法第397条的规定，以玩忽职守罪追究刑事责任。

▲2003年1月13日最高人民检察院研究室《关于对海事局工作人员如何适用法律问题的答复》：

海事局负责行使国家水上安全监督和防止船舶污染及海上设施检验、航海保障的管理职权，是国家执法监督机构。海事局及其分支机构工作人员在从事上述公务活动中，滥用职权或者玩忽职守，致使公共财产、国家和人民利益遭受重大损失的，应当依照刑法第三百九十七条的规定，以滥用职权罪或者玩忽职守罪追究刑事责任。

▲2003年5月15日最高人民法院、最高人民检察院《关于办理妨害预防、控制突发传染病疫情等灾害的刑事案件具体应用法律若干问题的解释》：

第十五条 在预防、控制突发传染病疫情等灾害的工作中，负有组织、协调、指挥、灾害调查、控制、医疗救治、信息传递、交通运输、物资保障等职责的国家机关工作人员，滥用职权或者玩忽职守，致使公共财产、国家和人民利益遭受重大损失的，依照刑法第三百九十七条的规定，以滥用职权罪或者玩忽职守罪定罪处罚。

延伸阅读：

▲孙军工：解读《关于办理妨害预防、控制突发传染病疫情等灾害的刑事案件具体应用法律若干问题的解释》(节选)

六、关于传染病防治期间有关人员渎职行为的法律适用问题

(一)《解释》第四条和《解释》第十五条，分别就国有公司、企业、事业单位的工作人员和负有组织、协调、指挥、灾害调查、控制、医疗救治、信息传递、交通运输、物资保障等职责的国家机关工作人员，在预防、控制突发传染病疫情等灾害的工作中，由于严重不负责任或者滥用职权，致使国家利益遭受重大损失行为的法律适用问题做了明确规定。

(二)《解释》重点规定了刑法第四百零九条传染病防治失职罪的适用问题。首先，《解释》第十六条第一款的规定，解决了传染病防治失职罪的犯罪主体范围问题。条文的内容按照全国人大常委会《关于〈中华人民共和国刑法〉第九章渎职罪主体适用问题的解释》的规定拟就。

其次，该条第二款规定了传染病防治失职行为"情节严重"的四种情形：1.对发生突发传染病疫情等灾害的地区或者突发传染病病人、病原携带者、疑似突发传染病病人，未按照预防、控制突发传染病疫情等灾害工作规范的要求做好防疫、检疫、隔离、防护、救治等工作，或者采取的预防、控制措施不当，造成传染范围扩大或者疫情、灾情加重的；2.隐瞒、缓报、谎报或者授意、指使、强令他人隐瞒、缓报、谎报疫情、灾情，造成传染范围扩大或者疫情、灾情加重的；3.拒不执行突发传染病疫情等灾害应急处理指挥机构的决定、命令，造成传染范围扩大或者疫情、灾情加重的；4.具有其他严重情节的。

再次，第二款的规定同时还明确了政策界限，即对于在国家对突发传染病疫情等灾害采取预防、控制措施后，具有上述四种情形之一的，才可以追究卫生行政部门工作人员渎职行为的刑事责任，以避免因国家应对突发事件工作机制不完善而不当追究有关工作人员刑事责任的问题，防止可能出现的消极影响。

▲2003年10月1日最高人民法院、最高人民检察院《关于办理非法制造、买卖、运输、储存毒鼠强等禁用剧毒化学品刑事案件具体应用法律若干问题的解释》：

第四条 对非法制造、买卖、运输、储存毒鼠强等禁用剧毒化学品行为负有查处职责的国家机关工作人员，滥用职权或者玩忽职守，致使公共财产、国家和人民利益遭受重大损失的，依照刑法第三百九十七条的规定，以滥用职权罪或者玩忽职守罪追究刑事责任。

▲2015年12月16日最高人民法院、最高人民检察院《关于办理危害生产安全刑事案件适用法律若干问题的解释》：

第十五条第二款(见本书第439页)

▲2017年7月1日最高人民法院、最高人民检察院《关于办理扰乱无线电通讯管理秩序等刑事案件适用法律若干问题的解释》：

第七条第一款 负有无线电监督管理职责的国家机关工作人员滥用职权或者玩忽职守，致使公共财产、国家和人民利益遭受重大损失的，应当依照刑法第三百九十七

条的规定,以滥用职权罪或者玩忽职守罪追究刑事责任。

▲2017年9月1日最高人民法院、最高人民检察院《关于办理药品、医疗器械注册申请材料造假刑事案件适用法律若干问题的解释》:

第七条 对药品、医疗器械注册申请负有核查职责的国家机关工作人员,滥用职权或者玩忽职守,导致使用虚假证明材料的药品、医疗器械获得注册,致使公共财产、国家和人民利益遭受重大损失的,应当依照刑法第三百九十七条规定,以滥用职权罪或者玩忽职守罪追究刑事责任。

延伸阅读:

▲苗有水、刘为波:《关于办理渎职刑事案件具体应用法律若干问题的解释(一)》的理解与适用(节选)

六、关于责任追究和责任人员的确定

鉴于渎职罪责任认定的特殊性和复杂性,《解释》第5条针对实践中反映突出的三个问题,对渎职罪的刑事责任提出了认定意见,分别说明如下:

1. 国家机关负责人员的责任。很大一部分渎职犯罪系由国家机关负责人员违法决定所致,而实践中通常只追究一线执行人员的刑事责任。这种"抓小放大"的现象,严重背离了问责机制的基本要求,既不公平,也不利于从源头上预防渎职犯罪。为突出刑事打击重点,确保刑事打击效果,《解释》第1款规定,"国家机关负责人员违法决定,或者指使、授意、强令其他国家机关工作人员违法履行职务或者不履行职务,构成刑法分则第九章规定的渎职犯罪的,应当依法追究刑事责任。"适用本规定时,需要注意两点:一是负责人员的刑事责任追究具有相对独立性。负责人员的监管过错行为可单独成立渎职犯罪,而无须依赖共犯理论或者其他执行人员的行为。是否同时追究执行人员的刑事责任,不影响负责人员的责任追究。二是这里的负责人员,既包括主要负责人,也包括直接负责的分管领导;既包括本单位的负责人员,也包括上级单位的负责人员。

2. 集体研究的刑事责任。当前在土地资源、生态环境、房屋拆迁、税收征管等领域存在行政主管部门甚至是地方一级党政部门集体研究违法决定的渎职现象,一些国家机关负责人员还刻意假借集体研究形式掩饰其个人意志。对此能否依法追究相关责任人员渎职犯罪的刑事责任,实践中存有顾虑。经研究,尽管当前对于刑法未规定单位犯罪能否追究单位行为中负有责任的人员的刑事责任存在争议,但是,具体到渎职犯罪,不应该有任何疑问。渎职犯罪非但不排斥单位行为,而且还内在地包含着单位行为,只不过对单位行为实行单罚仅追究相关责任人员的刑事责任而已。据此,《解释》第5条第2款规定,"以'集体研究'形式实施的渎职犯罪,应当依照刑法分则第九章的规定追究国家机关负有责任的人员的刑事责任。"

适用本规定时,需要注意以下两点:第一,追究集体研究相关人员渎职罪的刑事责任,其直接根据既非单位犯罪亦非共同犯罪,而是相关人员自身的具体履职行为。实践中应当注意区分各参与研究人员的地位、作用合理确定责任人员的范围,对于不负有直接主管职责而只是消极附议的,或者在集体研究当中明确提出反对意见的人员,不宜追究刑事责任。第二,"集体研究"既包括真实意义上的集体研究,也包括假借集体研究行个人之私的情形。《解释》施行后一些地方认为这里带有引号的集体研究仅限于后一种情形,这是对《解释》规定的误读。

3. 具体执行人员的刑事责任。为进一步解决"抓小放大"的问题,《解释》第 2 款还根据过错责任原则,对具体执行人员的责任作了规定,即:"对于具体执行人员,应当在综合认定其行为性质、是否提出反对意见、危害结果大小等情节的基础上决定是否追究刑事责任和应当判处的刑罚。"该规定主要参考了公务员法第五十四条的规定,"公务员执行公务时,认为上级的决定或者命令有错误的,可以向上级提出改正或者撤销该决定或者命令的意见;上级不改变该决定或者命令,或者要求立即执行的,公务员应当执行该决定或者命令,执行的后果由上级负责,公务员不承担责任;但是,公务员执行明显违法的决定或者命令的,应当依法承担相应的责任。"

鉴于实际情况的复杂性,《解释》仅作了原则性规定,为便于实践具体把握,我们提出以下几点意见供参考:第一,具体执行行为未明显违反法律规定,或者存在严重性错误但已经提出反对意见或者改正建议的,应由作出决定的人员承担渎职罪的刑事责任,对于执行人员一般不宜作犯罪处理。第二,具体执行行为明显违反法律规定且造成严重危害结果的,执行人员应承担相应的责任。第三,对于执行人员的责任追究应有别于决定人员,实践中可以结合执行中的具体情况适当从宽处理,对于执行人员判处的刑罚不得高于决定人员,更不允许以追究执行人员的责任取代对决定人员的责任追究。

▲2020 年 1 月 1 日最高人民法院《关于审理走私、非法经营、非法使用兴奋剂刑事案件适用法律若干问题的解释》

第六条 国家机关工作人员在行使兴奋剂管理职权时滥用职权或者玩忽职守,造成严重兴奋剂违规事件,严重损害国家声誉或者造成恶劣社会影响,符合刑法第三百九十七条规定的,以滥用职权罪、玩忽职守罪定罪处罚。

依法或者受委托行使反兴奋剂管理职权的单位的工作人员,在行使反兴奋剂管理职权时滥用职权或者玩忽职守的,依照前款规定定罪处罚。

▲2020 年 2 月 6 日最高人民法院《关于依法惩治妨害新型冠状病毒感染肺炎疫情防控违法犯罪的意见》

在疫情防控工作中,负有组织、协调、指挥、灾害调查、控制、医疗救治、信息传递、交通运输、物资保障等职责的国家机关工作人员,滥用职权或者玩忽职守,致使公共财产、国家和人民利益遭受重大损失的,依照刑法第三百九十七条的规定,以滥用职权罪或者玩忽职守罪定罪处罚。

三、客观要件的认定

▲1992 年 3 月 21 日司法部、最高人民检察院《关于认真加强公证人员玩忽职守案件的通知》:

二、公证人员玩忽职守,是指公证人员在公证活动中严重不负责任,不履行或不正确履行法定职责的行为。具体表现为:

1. 无视国家法律、法规和政策规定,对明显违反国家法律、法规和政策或严重损害国家、集体利益或公民合法权益的行为、文书予以公证的;

2. 严重违反办证程序,对应当审查的材料不予审查,应当调查核实的事实不予调查核实,应当报送领导审批的事项不报送审批,对不真实、不合法并严重损害国家、集体利益或公民合法权益的行为、事实或文书予以公证的。

三、公证人员具有下列情形者不应视为玩忽职守行为:

1. 公证人员在公证活动中虽有失职行为,但不属于严重不负责任,而是由于制度不完善、法律政策规定不明确,或由于工作缺乏经验、业务素质不高造成的;

2. 公证人员已尽到自己的职责,由于当事人或有关证人故意提供伪证,或当事人双方串通欺骗公证机关,造成公证书不真实或不合法的。

▲1998年5月8日最高人民法院、最高人民检察院、公安部、国家工商行政管理局《关于依法查处盗窃、抢劫机动车案件的规定》:

第九条 公安、工商行政管理人员或者其他国家机关工作人员滥用职权或者玩忽职守、徇私舞弊,致使赃车入户、过户、验证的,给予行政处分;致使公共财产、国家和人民利益遭受重大损失的,依照《刑法》第三百九十七条的规定处罚。

▲2002年1月1日最高人民检察院《人民检察院直接受理立案侦查的渎职侵权重特大案件标准(试行)》:

一、滥用职权案

(一)重大案件

1. 致人死亡二人以上,或者重伤五人以上,或者轻伤十人以上的;

2. 造成直接经济损失五十万元以上的。

(二)特大案件

1. 致人死亡五人以上,或者重伤十人以上,或者轻伤二十人以上的;

2. 造成直接经济损失一百万元以上的。

二、玩忽职守案

(一)重大案件

1. 致人死亡三人以上,或者重伤十人以上,或者轻伤十五人以上的;

2. 造成直接经济损失一百万元以上的。

(二)特大案件

1. 致人死亡七人以上,或者重伤十五人以上,或者轻伤三十人以上的;

2. 造成直接经济损失二百万元以上的。

▲2002年9月25日最高人民检察院研究室《关于买卖尚未加盖印章的空白〈边境证〉行为如何适用法律问题的答复》:

对买卖尚未加盖发证机关的行政印章或者通行专用章印鉴的空白《中华人民共和国边境管理区通行证》的行为,不宜以买卖国家机关证件罪追究刑事责任。国家机关工作人员实施上述行为,构成犯罪的,可以按滥用职权等相关犯罪依法追究刑事责任。

▲2003年11月12日最高人民法院、最高人民检察院、公安部《关于严格执行刑事诉讼法、切实纠正超期羁押的通知》：

五、严格执行超期羁押责任追究制度。超期羁押侵犯犯罪嫌疑人、被告人的合法权益，损害司法公正，对此必须严肃查处，绝不姑息。本通知发布以后，凡违反刑事诉讼法和本通知的规定，造成犯罪嫌疑人、被告人超期羁押的，对于直接负责的主管人员和其他直接责任人员，由其所在单位或者上级主管机关依照有关规定予以行政或者纪律处分；造成犯罪嫌疑人、被告人超期羁押，情节严重的，对于直接负责的主管人员和其他直接责任人员，依照刑法第三百九十七条的规定，以玩忽职守罪或者滥用职权罪追究刑事责任。

▲2007年1月19日最高人民法院、最高人民检察院《关于办理盗窃油气、破坏油气设备等刑事案件具体应用法律若干问题的解释》：

第七条　国家机关工作人员滥用职权或者玩忽职守，实施下列行为之一，致使公共财产、国家和人民利益遭受重大损失的，依照刑法第三百九十七条的规定，以滥用职权罪或者玩忽职守罪定罪处罚：

（一）超越职权范围，批准发放石油、天然气勘查、开采、加工、经营等许可证的；

（二）违反国家规定，给不符合法定条件的单位、个人发放石油、天然气勘查、开采、加工、经营等许可证的；

（三）违反《石油天然气管道保护条例》等国家规定，在油气设备安全保护范围内批准建设项目的；

（四）对发现或者经举报查实的未经依法批准、许可擅自从事石油、天然气勘查、开采、加工、经营等违法活动不予查处、取缔的。

▲2007年5月11日最高人民法院、最高人民检察院《关于办理与盗窃、抢劫、诈骗、抢夺机动车相关刑事案件具体应用法律若干问题的解释》：

第三条　国家机关工作人员滥用职权，有下列情形之一，致使盗窃、抢劫、诈骗、抢夺的机动车被办理登记手续，数量达到三辆以上或者价值总额达到三十万元以上的，依照刑法第三百九十七条第一款的规定，以滥用职权罪定罪，处三年以下有期徒刑或者拘役：

（一）明知是登记手续不全或者不符合规定的机动车而办理登记手续的；

（二）指使他人为明知是登记手续不全或者不符合规定的机动车办理登记手续的；

（三）违规或者指使他人违规更改、调换车辆档案的；

（四）其他滥用职权的行为。

国家机关工作人员疏于审查或者审查不严，致使盗窃、抢劫、诈骗、抢夺的机动车被办理登记手续，数量达到五辆以上或者价值总额达到五十万元以上的，依照刑法第三百九十七条第一款的规定，以玩忽职守罪定罪，处三年以下有期徒刑或者拘役。

国家机关工作人员实施前两款规定的行为，致使盗窃、抢劫、诈骗、抢夺的机动车被办理登记手续，分别达到前两款规定数量、数额标准五倍以上的，或者明知是盗窃、抢劫、诈骗、抢夺的机动车而办理登记手续的,属于刑法第三百九十七条第一款规定的"情节特别严重",处三年以上七年以下有期徒刑。

国家机关工作人员徇私舞弊,实施上述行为,构成犯罪的,依照刑法第三百九十七条第二款的规定定罪处罚。

▲2013年1月9日最高人民法院、最高人民检察院《关于办理渎职刑事案件适用法律若干问题的解释(一)》:

第一条第一款(见本书第612页)

第二款 具有下列情形之一的,应当认定为刑法第三百九十七条规定的"情节特别严重":

(一)造成伤亡达到前款第(一)项规定人数3倍以上的;

(二)造成经济损失150万元以上的;

(三)造成前款规定的损失后果,不报、迟报、谎报或者授意、指使、强令他人不报、迟报、谎报事故情况,致使损失后果持续、扩大或者抢救工作延误的;

(四)造成特别恶劣社会影响的;

(五)其他特别严重的情节。

延伸阅读:

▲苗有水、刘为波:《关于办理渎职刑事案件具体应用法律若干问题的解释(一)》的理解与适用(节选)

九、关于经济损失的认定

《解释》第8条规定,经济损失是指渎职犯罪或者与渎职犯罪相关联的犯罪立案时已经实际造成的财产损失,包括为挽回渎职犯罪所造成损失而支付的各种开支、费用等;立案后至提起公诉前持续发生的经济损失,一并计入渎职犯罪造成的经济损失;债务人经法定程序被宣告破产,债务人潜逃、去向不明,或者因行为人的责任超过诉讼时效等,致使债权已经无法实现的,无法实现的债权部分应当认定为渎职犯罪的经济损失;渎职犯罪或者与渎职犯罪相关联的犯罪立案后,犯罪分子及其亲友自行挽回的经济损失,司法机关或者犯罪分子所在单位及其上级主管部门挽回的经济损失,或者因客观原因减少的经济损失,不予扣减,但可以作为酌定从轻处罚的情节。本条规定内容较为丰富,适用时需注意重点把握以下两个问题:

1. 经济损失的概念和范围。《解释》对于经济损失的基本定位是已经实际造成的财产损失,具体适用时需注意以下两点:第一,经济损失必须是实际造成、确定可计算的财产损失。在犯罪结果的理解上,我们历来坚持客观化的立场,尽管一些渎职案件造成了严重的潜在危险,但危险毕竟不同于结果,如无从确定具体损失的,不宜纳入经济损失的计算范畴。第二,经济损失不限于财产毁损、灭失。《立案标准》规定经济损失是指财产损毁、减少的实际价值,《解释》未再采用这一表述,而是笼统地规定为"财产损失"。主要是考虑到,财产损失不仅包括事实意义上的损失,还应包括法律意义上的流失,相对于权利主体而言,财产流失也是一种损失。

2. 计算经济损失的时间界点。在该问题上,起草过程中存在多种不同意见,包括终审判决时、庭审时、起诉时以及不宜人为设置时间界点等。《解释》延用了《立案标准》确定的"立案时"时间界点，主要有两点考虑：一是以起诉或者审判时经济损失是否挽回作为定罪量刑的依据，将直接影响到刑事诉讼活动的确定性和严肃性。二是一个行为是否构成犯罪，原则上应以行为实施时为准，由于渎职犯罪行为与结果不同步的特征，为方便实践操作才确定以立案时为损失计算基准，但这不意味着损失挽回的就不构成犯罪。适用本规定时需注意把握以下几点：第一，经济损失的认定以立案时为准，与是否行为人自行挽回没有关系。第二，渎职犯罪尚未立案但与渎职犯罪相关联的犯罪已经立案的，以关联犯罪立案时已经实际造成的财产损失认定犯罪数额。第三，立案后至提起公诉前持续发生的经济损失，应一并计入渎职犯罪造成的经济损失。第四，立案后挽回的损失不影响定罪，但可以作为酌定从轻处罚的情节。

▲2015年12月16日最高人民法院、最高人民检察院《关于办理危害生产安全刑事案件适用法律若干问题的解释》：

第十五条（见本书第439页）

第三百九十八条　【故意泄露国家秘密罪】【过失泄露国家秘密罪】 国家机关工作人员违反保守国家秘密法的规定，故意或者过失泄露国家秘密，情节严重的，处三年以下有期徒刑或者拘役；情节特别严重的，处三年以上七年以下有期徒刑。

非国家机关工作人员犯前款罪的，依照前款的规定酌情处罚。

一、立案标准

▲2006年7月26日最高人民检察院《关于渎职侵权犯罪案件立案标准的规定》：

一、渎职犯罪案件

（三）故意泄露国家秘密案（第398条）

故意泄露国家秘密罪是指国家机关工作人员或者非国家机关工作人员违反保守国家秘密法，故意使国家秘密被不应知悉者知悉，或者故意使国家秘密超出了限定的接触范围，情节严重的行为。

涉嫌下列情形之一的，应予立案：

1．泄露绝密级国家秘密1项（件）以上的；

2．泄露机密级国家秘密2项（件）以上的；

3．泄露秘密级国家秘密3项（件）以上的；

4．向非境外机构、组织、人员泄露国家秘密，造成或者可能造成危害社会稳定、经济发展、国防安全或者其他严重危害后果的；

5．通过口头、书面或者网络等方式向公众散布、传播国家秘密的；

6．利用职权指使或者强迫他人违反国家保守秘密法的规定泄露国家秘密的；

7．以牟取私利为目的泄露国家秘密的；

8．其他情节严重的情形。

(四)过失泄露国家秘密案(第398条)

过失泄露国家秘密罪是指国家机关工作人员或者非国家机关工作人员违反保守国家秘密法,过失泄露国家秘密,或者遗失国家秘密载体,致使国家秘密被不应知悉者知悉或者超出了限定的接触范围,情节严重的行为。

涉嫌下列情形之一的,应予立案:

1. 泄露绝密级国家秘密1项(件)以上的;
2. 泄露机密级国家秘密3项(件)以上的;
3. 泄露秘密级国家秘密4项(件)以上的;
4. 违反保密规定,将涉及国家秘密的计算机或者计算机信息系统与互联网相连接,泄露国家秘密的;
5. 泄露国家秘密或者遗失国家秘密载体,隐瞒不报、不如实提供有关情况或者不采取补救措施的;
6. 其他情节严重的情形。

二、客观要件的认定

▲2010年10月1日《中华人民共和国保守国家秘密法》:

第二条 国家秘密是关系国家安全和利益,依照法定程序确定,在一定时间内只限一定范围的人员知悉的事项。

第九条 下列涉及国家安全和利益的事项,泄露后可能损害国家在政治、经济、国防、外交等领域的安全和利益的,应当确定为国家秘密:

(一)国家事务重大决策中的秘密事项;

(二)国防建设和武装力量活动中的秘密事项;

(三)外交和外事活动中的秘密事项以及对外承担保密义务的秘密事项;

(四)国民经济和社会发展中的秘密事项;

(五)科学技术中的秘密事项;

(六)维护国家安全活动和追查刑事犯罪中的秘密事项;

(七)经国家保密行政管理部门确定的其他秘密事项。

政党的秘密事项中符合前款规定的,属于国家秘密。

▲2001年1月22日最高人民法院《关于审理为境外窃取、刺探、收买、非法提供国家秘密、情报案件具体应用法律若干问题的解释》:

第六条 通过互联网将国家秘密或者情报非法发送给境外的机构、组织、个人的,依照刑法第一百一十一条的规定定罪处罚;将国家秘密通过互联网予以发布,情节严重的,依照刑法第三百九十八条的规定定罪处罚。

▲2002年1月1日最高人民检察院《人民检察院直接受理立案侦查的渎职侵权重特大案件标准(试行)》:

三、故意泄露国家秘密案

(一)重大案件

1. 故意泄露绝密级国家秘密一项以上,或者泄露机密级国家秘密三项以上,或者

泄露秘密级国家秘密五项以上的;
2. 故意泄露国家秘密造成直接经济损失五十万元以上的;
3. 故意泄露国家秘密对国家安全构成严重危害的;
4. 故意泄露国家秘密对社会秩序造成严重危害的。
(二)特大案件
1. 故意泄露绝密级国家秘密二项以上,或者泄露机密级国家秘密五项以上,或者泄露秘密级国家秘密七项以上的;
2. 故意泄露国家秘密造成直接经济损失一百万元以上的;
3. 故意泄露国家秘密对国家安全构成特别严重危害的;
4. 故意泄露国家秘密对社会秩序造成特别严重危害的。
四、过失泄露国家秘密案
(一)重大案件
1. 过失泄露绝密级国家秘密一项以上,或者泄露机密级国家秘密五项以上,或者泄露秘密级国家秘密七项以上并造成严重危害后果的;
2. 过失泄露国家秘密造成直接经济损失一百万元以上的;
3. 过失泄露国家秘密对国家安全构成严重危害的;
4. 过失泄露国家秘密对社会秩序造成严重危害的。
(二)特大案件
1. 过失泄露绝密级国家秘密二项以上,或者泄露机密级国家秘密七项以上,或者泄露秘密级国家秘密十项以上的;
2. 过失泄露国家秘密造成直接经济损失二百万元以上的;
3. 过失泄露国家秘密对国家安全构成特别严重危害的;
4. 过失泄露国家秘密对社会秩序造成特别严重危害的。

第三百九十九条 【徇私枉法罪】司法工作人员徇私枉法、徇情枉法,对明知是无罪的人而使他受追诉、对明知是有罪的人而故意包庇不使他受追诉,或者在刑事审判活动中故意违背事实和法律作枉法裁判的,处五年以下有期徒刑或者拘役;情节严重的,处五年以上十年以下有期徒刑;情节特别严重的,处十年以上有期徒刑。

【民事、行政枉法裁判罪】在民事、行政审判活动中故意违背事实和法律作枉法裁判,情节严重的,处五年以下有期徒刑或者拘役;情节特别严重的,处五年以上十年以下有期徒刑。

【执行判决、裁定失职罪】【执行判决、裁定滥用职权罪】在执行判决、裁定活动中,严重不负责任或者滥用职权,不依法采取诉讼保全措施、不履行法定执行职责,或者违法采取诉讼保全措施、强制执行措施,致使当事人或者其他人的利益遭受重大损失的,处五年以下有期徒刑或者拘役;致使当事人或者其他人的利益遭受特别重大损失的,处五年以上十年以下有期徒刑。

司法工作人员收受贿赂，有前三款行为的，同时又构成本法第三百八十五条规定之罪的，依照处罚较重的规定定罪处罚。

一、立法修正

▲本条根据2002年12月28日全国人大常委会《中华人民共和国刑法修正案（四）》第八条修订，原条文为："司法工作人员徇私枉法、徇情枉法，对明知是无罪的人而使他受追诉、对明知是有罪的人而故意包庇不使他受追诉，或者在刑事审判活动中故意违背事实和法律作枉法裁判的，处五年以下有期徒刑或者拘役；情节严重的，处五年以上十年以下有期徒刑；情节特别严重的，处十年以上有期徒刑。

在民事、行政审判活动中故意违背事实和法律作枉法裁判，情节严重的，处五年以下有期徒刑或者拘役；情节特别严重的，处五年以上十年以下有期徒刑。

司法工作人员贪赃枉法，有前两款行为的，同时又构成本法第三百八十五条规定之罪的，依照处罚较重的规定定罪处罚。"

二、立法草案说明

▲2002年12月23日全国人大常委会法制工作委员会《关于〈中华人民共和国刑法修正案（四）（草案）〉的说明》：

刑法第三百九十九条规定，司法工作人员徇私枉法、徇情枉法，对明知是无罪的人而使他受追究、对明知有罪的人而故意包庇不使他受追究，或者在刑事审判活动中故意违背事实和法律作枉法裁判的，或者在民事、行政审判活动中故意违背事实和法律作枉法裁判，情节严重的，构成徇私枉法罪和枉法裁判罪。有些常委委员和有关部门提出，司法工作人员徇私舞弊的情况除在侦查、起诉、审判阶段存在外，在执行阶段也同样存在。有的司法工作人员徇私舞弊，对能够执行的案件故意拖延执行，或者违法采取诉讼保全措施、强制执行措施，给当事人或者他人的利益造成重大损失，社会危害较大，也需要追究刑事责任，对此刑法应有明确规定。法制工作委员会与有关部门、专家学者研究后认为，上述行为，按刑法第三百九十七条规定的滥用职权罪和玩忽职守罪是可以追究的，在司法实践中对这种行为没有及时追究刑事责任，主要是由于刑法对这种行为未作具体规定，司法机关在适用法律时认识不明确造成的。有关部门、专家学者还提出，这种行为与刑法第三百九十九条规定的犯罪行为在性质和犯罪表现形式上更接近，在刑法第三百九十九条中对这种行为作明确规定，更有利于惩处这种司法腐败行为。因此，建议在刑法第三百九十九条第二款后增加一款，作为第三款："在执行判决、裁定活动中，严重不负责任或者滥用职权，不依法采取诉讼保全措施、不履行法定执行职责，或者违法采取诉讼保全措施、强制执行措施，致使当事人或者他人的利益遭受重大损失的，处五年以下有期徒刑或者拘役；致使当事人或者他人的利益遭受特别重大损失的，处五年以上十年以下有期徒刑"。将刑法第三百九十九条第三款相应修改为"司法工作人员收受贿赂，有前三款行为的，同时又构成本法第三百八十五条规定之罪的，依照处罚较重的规定定罪处罚"，作为第四款。

三、立案标准

▲2006年7月26日最高人民检察院《关于渎职侵权犯罪案件立案标准的规定》：

一、渎职犯罪案件

（五）徇私枉法案（第399条第1款）

徇私枉法罪是指司法工作人员徇私枉法、徇情枉法，对明知是无罪的人而使他受追诉、对明知是有罪的人而故意包庇不使他受追诉，或者在刑事审判活动中故意违背事实和法律作枉法裁判的行为。

涉嫌下列情形之一的，应予立案：

1. 对明知是没有犯罪事实或者其他依法不应当追究刑事责任的人，采取伪造、隐匿、毁灭证据或者其他隐瞒事实、违反法律的手段，以追究刑事责任为目的立案、侦查、起诉、审判的；

2. 对明知是有犯罪事实需要追究刑事责任的人，采取伪造、隐匿、毁灭证据或者其他隐瞒事实、违反法律的手段，故意包庇使其不受立案、侦查、起诉、审判的；

3. 采取伪造、隐匿、毁灭证据或者其他隐瞒事实、违反法律的手段，故意使罪重的人受较轻的追诉，或者使罪轻的人受较重的追诉的；

4. 在立案后，采取伪造、隐匿、毁灭证据或者其他隐瞒事实、违反法律的手段，应当采取强制措施而不采取强制措施，或者虽然采取强制措施，但中断侦查或者超过法定期限不采取任何措施，实际放任不管，以及违法撤销、变更强制措施，致使犯罪嫌疑人、被告人实际脱离司法机关侦控的；

5. 在刑事审判活动中故意违背事实和法律，作出枉法判决、裁定，即有罪判无罪、无罪判有罪，或者重罪轻判、轻罪重判的；

6. 其他徇私枉法应予追究刑事责任的情形。

（六）民事、行政枉法裁判案（第399条第2款）

民事、行政枉法裁判罪是指司法工作人员在民事、行政审判活动中，故意违背事实和法律作枉法裁判，情节严重的行为。

涉嫌下列情形之一的，应予立案：

1. 枉法裁判，致使当事人或者其近亲属自杀、自残造成重伤、死亡，或者精神失常的；

2. 枉法裁判，造成个人财产直接经济损失10万元以上，或者直接经济损失不满10万元，但间接经济损失50万元以上的；

3. 枉法裁判，造成法人或者其他组织财产直接经济损失20万元以上，或者直接经济损失不满20万元，但间接经济损失100万元以上的；

4. 伪造、变造有关材料、证据，制造假案枉法裁判的；

5. 串通当事人制造伪证，毁灭证据或者篡改庭审笔录而枉法裁判的；

6. 徇私情、私利，明知是伪造、变造的证据予以采信，或者故意对应当采信的证据不予采信，或者故意违反法定程序，或者故意错误适用法律而枉法裁判的；

7. 其他情节严重的情形。

(七)执行判决、裁定失职案(第399条第3款)

执行判决、裁定失职罪是指司法工作人员在执行判决、裁定活动中,严重不负责任,不依法采取诉讼保全措施、不履行法定执行职责,或者违法采取保全措施、强制执行措施,致使当事人或者其他人的利益遭受重大损失的行为。

涉嫌下列情形之一的,应予立案:

1. 致使当事人或者其近亲属自杀、自残造成重伤、死亡,或者精神失常的;
2. 造成个人财产直接经济损失15万元以上,或者直接经济损失不满15万元,但间接经济损失75万元以上的;
3. 造成法人或者其他组织财产直接经济损失30万元以上,或者直接经济损失不满30万元,但间接经济损失150万元以上的;
4. 造成公司、企业等单位停业、停产1年以上,或者破产的;
5. 其他致使当事人或者其他人的利益遭受重大损失的情形。

(八)执行判决、裁定滥用职权案(第399条第3款)

执行判决、裁定滥用职权罪是指司法工作人员在执行判决、裁定活动中,滥用职权,不依法采取诉讼保全措施、不履行法定执行职责,或者违法采取保全措施、强制执行措施,致使当事人或者其他人的利益遭受重大损失的行为。

涉嫌下列情形之一的,应予立案:

1. 致使当事人或者其近亲属自杀、自残造成重伤、死亡,或者精神失常的;
2. 造成个人财产直接经济损失10万元以上,或者直接经济损失不满10万元,但间接经济损失50万元以上的;
3. 造成法人或者其他组织财产直接经济损失20万元以上,或者直接经济损失不满20万元,但间接经济损失100万元以上的;
4. 造成公司、企业等单位停业、停产6个月以上,或者破产的;
5. 其他致使当事人或者其他人的利益遭受重大损失的情形。

四、共犯的认定

▲2003年4月16日最高人民检察院法律政策研究室《关于非司法工作人员是否可以成为徇私枉法罪共犯问题的答复》:

非司法工作人员与司法工作人员勾结,共同实施徇私枉法行为,构成犯罪的,应当以徇私枉法罪的共犯追究刑事责任。

第三百九十九条之一 【枉法仲裁罪】依法承担仲裁职责的人员,在仲裁活动中故意违背事实和法律作枉法裁决,情节严重的,处三年以下有期徒刑或者拘役;情节特别严重的,处三年以上七年以下有期徒刑。

一、立法修正

本条根据2006年6月29日全国人大常委会《中华人民共和国刑法修正案(六)》第二十条增设。

二、立法草案说明

▲2005年12月24日全国人大常委会法制工作委员会《关于〈中华人民共和国刑法修正案（六）（草案）〉的说明》：

四、关于其他犯罪

5.刑法第三百九十九条对司法工作人员在审判活动中枉法裁判的行为，规定了刑事责任。有关部门提出，对仲裁机构中承担仲裁职责的人员在仲裁活动中枉法仲裁，情节严重的行为，也应追究其刑事责任。法制工作委员会经同司法机关和有关部门研究，拟在刑法中增加规定：对依法承担仲裁职责的人员，在仲裁活动中故意违背事实和法律作枉法裁决，情节严重的，追究刑事责任。

第四百条 【私放在押人员罪】司法工作人员私放在押的犯罪嫌疑人、被告人或者罪犯的，处五年以下有期徒刑或者拘役；情节严重的，处五年以上十年以下有期徒刑；情节特别严重的，处十年以上有期徒刑。

【失职致使在押人员脱逃罪】司法工作人员由于严重不负责任，致使在押的犯罪嫌疑人、被告人或者罪犯脱逃，造成严重后果的，处三年以下有期徒刑或者拘役；造成特别严重后果的，处三年以上十年以下有期徒刑。

一、立案标准

▲2006年7月26日最高人民检察院《关于渎职侵权犯罪案件立案标准的规定》：

一、渎职犯罪案件

（九）私放在押人员案（第400条第1款）

私放在押人员罪是指司法工作人员私放在押（包括在羁押场所和押解途中）的犯罪嫌疑人、被告人或者罪犯的行为。

涉嫌下列情形之一的，应予立案：

1.私自将在押的犯罪嫌疑人、被告人、罪犯放走，或者授意、指使、强迫他人将在押的犯罪嫌疑人、被告人、罪犯放走的；

2.伪造、变造有关法律文书、证明材料，以使在押的犯罪嫌疑人、被告人、罪犯逃跑或者被释放的；

3.为私放在押的犯罪嫌疑人、被告人、罪犯，故意向其通风报信、提供条件，致使该在押的犯罪嫌疑人、被告人、罪犯脱逃的；

4.其他私放在押的犯罪嫌疑人、被告人、罪犯应予追究刑事责任的情形。

（十）失职致使在押人员脱逃案（第400条第2款）

失职致使在押人员脱逃罪是指司法工作人员由于严重不负责任，不履行或者不认真履行职责，致使在押（包括在羁押场所和押解途中）的犯罪嫌疑人、被告人、罪犯脱逃，造成严重后果的行为。

涉嫌下列情形之一的，应予立案：

1. 致使依法可能判处或者已经判处十年以上有期徒刑、无期徒刑、死刑的犯罪嫌疑人、被告人、罪犯脱逃的；
2. 致使犯罪嫌疑人、被告人、罪犯脱逃3人次以上的；
3. 犯罪嫌疑人、被告人、罪犯脱逃以后，打击报复报案人、控告人、举报人、被害人、证人和司法工作人员等，或者继续犯罪的；
4. 其他致使在押的犯罪嫌疑人、被告人、罪犯脱逃，造成严重后果的情形。

二、犯罪主体的认定

▲2000年9月19日最高人民法院《关于未被公安机关正式录用的人员、狱医能否构成失职致使在押人员脱逃罪主体问题的批复》：

对于未被公安机关正式录用，受委托履行监管职责的人员，由于严重不负责任，致使在押人员脱逃，造成严重后果的，应当依照刑法第四百条第二款的规定定罪处罚。

不负监管职责的狱医，不构成失职致使在押人员脱逃罪的主体。但是受委派承担了监管职责的狱医，由于严重不负责任，致使在押人员脱逃，造成严重后果的，应当依照刑法第四百条第二款的规定定罪处罚。

▲2001年3月2日最高人民检察院《关于工人等非监管机关在编监管人员私放在押人员和失职致使在押人员脱逃行为适用法律问题的解释》：

工人等非监管机关在编监管人员在被监管机关聘用受委托履行监管职责的过程中私放在押人员的，应当依照刑法第四百条第一款的规定，以私放在押人员罪追究刑事责任；由于严重不负责任，致使在押人员脱逃，造成严重后果的，应当依照刑法第四百条第二款的规定，以失职致使在押人员脱逃罪追究刑事责任。

第四百零一条 【徇私舞弊减刑、假释、暂予监外执行罪】司法工作人员徇私舞弊，对不符合减刑、假释、暂予监外执行条件的罪犯，予以减刑、假释或者暂予监外执行的，处三年以下有期徒刑或者拘役；情节严重的，处三年以上七年以下有期徒刑。

立案标准

▲2006年7月26日最高人民检察院《关于渎职侵权犯罪案件立案标准的规定》：

一、渎职犯罪案件

（十一）徇私舞弊减刑、假释、暂予监外执行案（第401条）

徇私舞弊减刑、假释、暂予监外执行罪是指司法工作人员徇私舞弊，对不符合减刑、假释、暂予监外执行条件的罪犯予以减刑、假释、暂予监外执行的行为。

涉嫌下列情形之一的，应予立案：

1. 刑罚执行机关的工作人员对不符合减刑、假释、暂予监外执行条件的罪犯，捏造事实，伪造材料，违法报请减刑、假释、暂予监外执行的；
2. 审判人员对不符合减刑、假释、暂予监外执行条件的罪犯，徇私舞弊，违法裁定减刑、假释或者违法决定暂予监外执行的；

3. 监狱管理机关、公安机关的工作人员对不符合暂予监外执行条件的罪犯，徇私舞弊，违法批准暂予监外执行的；

4. 不具有报请、裁定、决定或者批准减刑、假释、暂予监外执行权的司法工作人员利用职务上的便利，伪造有关材料，导致不符合减刑、假释、暂予监外执行条件的罪犯被减刑、假释、暂予监外执行的；

5. 其他徇私舞弊减刑、假释、暂予监外执行应予追究刑事责任的情形。

第四百零二条 【徇私舞弊不移交刑事案件罪】行政执法人员徇私舞弊，对依法应当移交司法机关追究刑事责任的不移交，情节严重的，处三年以下有期徒刑或者拘役；造成严重后果的，处三年以上七年以下有期徒刑。

一、立案标准
▲2006年7月26日最高人民检察院《关于渎职侵权犯罪案件立案标准的规定》：
一、渎职犯罪案件
（十二）徇私舞弊不移交刑事案件案（第402条）
徇私舞弊不移交刑事案件罪是指工商行政管理、税务、监察等行政执法人员，徇私舞弊，对依法应当移交司法机关追究刑事责任的案件不移交，情节严重的行为。
涉嫌下列情形之一的，应予立案：
1. 对依法可能判处3年以上有期徒刑、无期徒刑、死刑的犯罪案件不移交的；
2. 不移交刑事案件涉及3人次以上的；
3. 司法机关提出意见后，无正当理由仍然不予移交的；
4. 以罚代刑，放纵犯罪嫌疑人，致使犯罪嫌疑人继续进行违法犯罪活动的；
5. 行政执法部门主管领导阻止移交的；
6. 隐瞒、毁灭证据，伪造材料，改变刑事案件性质的；
7. 直接负责的主管人员和其他直接责任人员为牟取本单位私利而不移交刑事案件，情节严重的；
8. 其他情节严重的情形。
二、客观要件的认定
▲2015年12月16日最高人民法院、最高人民检察院《关于办理危害生产安全刑事案件适用法律若干问题的解释》：
第十五条第一款（见本书第439页）

第四百零三条 【滥用管理公司、证券职权罪】国家有关主管部门的国家机关工作人员，徇私舞弊，滥用职权，对不符合法律规定条件的公司设立、登记申请或者股票、债券发行、上市申请，予以批准或者登记，致使公共财产、国家和人民利益遭受重大损失的，处五年以下有期徒刑或者拘役。

上级部门强令登记机关及其工作人员实施前款行为的，对其直接负责的主管人员,依照前款的规定处罚。

> **立案标准**
>
> ▲2006 年 7 月 26 日最高人民检察院《关于渎职侵权犯罪案件立案标准的规定》:
> 一、渎职犯罪案件
> (十三)滥用管理公司、证券职权案(第 403 条)
> 滥用管理公司、证券职权罪是指工商行政管理、证券管理等国家有关主管部门的工作人员徇私舞弊,滥用职权,对不符合法律规定条件的公司设立、登记申请或者股票、债券发行、上市申请予以批准或者登记,致使公共财产、国家和人民利益遭受重大损失的行为,以及上级部门、当地政府强令登记机关及其工作人员实施上述行为的行为。
>
> 涉嫌下列情形之一的,应予立案:
> 1. 造成直接经济损失 50 万元以上的;
> 2. 工商管理部门的工作人员对不符合法律规定条件的公司设立、登记申请,违法予以批准、登记,严重扰乱市场秩序的;
> 3. 金融证券管理机构工作人员对不符合法律规定条件的股票、债券发行、上市申请,违法予以批准,严重损害公众利益,或者严重扰乱金融秩序的;
> 4. 工商管理部门、金融证券管理机构的工作人员对不符合法律规定条件的公司设立、登记申请或者股票、债券发行、上市申请违法予以批准或者登记,致使犯罪行为得逞的;
> 5. 上级部门、当地政府直接负责的主管人员强令登记机关及其工作人员,对不符合法律规定条件的公司设立、登记申请或者股票、债券发行、上市申请予以批准或者登记,致使公共财产、国家或者人民利益遭受重大损失的;
> 6. 其他致使公共财产、国家和人民利益遭受重大损失的情形。

第四百零四条 【徇私舞弊不征、少征税款罪】税务机关的工作人员徇私舞弊,不征或者少征应征税款,致使国家税收遭受重大损失的,处五年以下有期徒刑或者拘役;造成特别重大损失的,处五年以上有期徒刑。

> **立案标准**
>
> 2006 年 7 月 26 日最高人民检察院《关于渎职侵权犯罪案件立案标准的规定》:
> 一、渎职犯罪案件
> (十四)徇私舞弊不征、少征税款案(第 404 条)
> 徇私舞弊不征、少征税款罪是指税务机关工作人员徇私舞弊,不征、少征应征税款,致使国家税收遭受重大损失的行为。
>
> 涉嫌下列情形之一的,应予立案:
> 1. 徇私舞弊不征、少征应征税款,致使国家税收损失累计达 10 万元以上的;

2.上级主管部门工作人员指使税务机关工作人员徇私舞弊不征、少征应征税款，致使国家税收损失累计达10万元以上的；

3.徇私舞弊不征、少征应征税款不满10万元，但具有索取或者收受贿赂或者其他恶劣情节的；

4.其他致使国家税收遭受重大损失的情形。

第四百零五条　【徇私舞弊发售发票、抵扣税款、出口退税罪】税务机关的工作人员违反法律、行政法规的规定，在办理发售发票、抵扣税款、出口退税工作中，徇私舞弊，致使国家利益遭受重大损失的，处五年以下有期徒刑或者拘役；致使国家利益遭受特别重大损失的，处五年以上有期徒刑。

【违法提供出口退税凭证罪】其他国家机关工作人员违反国家规定，在提供出口货物报关单、出口收汇核销单等出口退税凭证的工作中，徇私舞弊，致使国家利益遭受重大损失的，依照前款的规定处罚。

一、立案标准

▲2006年7月26日最高人民检察院《关于渎职侵权犯罪案件立案标准的规定》：

一、渎职犯罪案件

（十五）徇私舞弊发售发票、抵扣税款、出口退税案（第405条第1款）

徇私舞弊发售发票、抵扣税款、出口退税罪是指税务机关工作人员违反法律、行政法规的规定，在办理发售发票、抵扣税款、出口退税工作中徇私舞弊，致使国家利益遭受重大损失的行为。

涉嫌下列情形之一的，应予立案：

1.徇私舞弊，致使国家税收损失累计达10万元以上的；

2.徇私舞弊，致使国家税收损失累计不满10万元，但发售增值税专用发票25份以上或者其他发票50份以上或增值税专用发票与其他发票合计50份以上，或者具有索取、收受贿赂或者其他恶劣情节的；

3.其他致使国家利益遭受重大损失的情形。

（十六）违法提供出口退税凭证案（第405条第2款）

违法提供出口退税凭证罪是指海关、外汇管理等国家机关工作人员违反国家规定，在提供出口货物报关单、出口收汇核销单等出口退税凭证的工作中徇私舞弊，致使国家利益遭受重大损失的行为。

涉嫌下列情形之一的，应予立案：

1.徇私舞弊，致使国家税收损失累计达10万元以上的；

2.徇私舞弊，致使国家税收损失累计不满10万元，但具有索取、收受贿赂或者其他恶劣情节的；

3.其他致使国家利益遭受重大损失的情形。

二、客观要件的认定

▲2012年5月3日最高人民法院研究室《关于违反行政法规授权制定的规范一般纳税人资格的文件应否认定为"违反法律、行政法规的规定"问题的答复》：

国家税务总局《关于加强新办商贸企业增值税征收管理有关问题的紧急通知》（国税发明电〔2004〕37号）和《关于加强新办商贸企业增值税征收管理有关问题的补充通知》（国税发明电〔2004〕62号），是根据1993年制定的《中华人民共和国增值税暂行条例》的规定对一般纳税人资格认定的细化，且2008年修订后的《中华人民共和国增值税暂行条例》第十三条明确规定："小规模纳税人以外的纳税人应当向主管税务机关申请资格认定。具体认定办法由国务院主管部门制定。"因此，违反上述两个通知关于一般纳税人资格的认定标准及相关规定，授予不合格单位一般纳税人资格的，相应违反了《中华人民共和国增值税暂行条例》的有关规定，应当认定为刑法第四百零五条第一款规定的"违反法律、行政法规的规定"。

第四百零六条 【国家机关工作人员签订、履行合同失职被骗罪】国家机关工作人员在签订、履行合同过程中，因严重不负责任被诈骗，致使国家利益遭受重大损失的，处三年以下有期徒刑或者拘役；致使国家利益遭受特别重大损失的，处三年以上七年以下有期徒刑。

立案标准

2006年7月26日最高人民检察院《关于渎职侵权犯罪案件立案标准的规定》：

一、渎职犯罪案件

（十七）国家机关工作人员签订、履行合同失职被骗案（第406条）

国家机关工作人员签订、履行合同失职被骗罪是指国家机关工作人员在签订、履行合同过程中，因严重不负责任，不履行或者不认真履行职责被诈骗，致使国家利益遭受重大损失的行为。

涉嫌下列情形之一的，应予立案：

1.造成直接经济损失30万元以上，或者直接经济损失不满30万元，但间接经济损失150万元以上的；

2.其他致使国家利益遭受重大损失的情形。

第四百零七条 【违法发放林木采伐许可证罪】林业主管部门的工作人员违反森林法的规定，超过批准的年采伐限额发放林木采伐许可证或者违反规定滥发林木采伐许可证，情节严重，致使森林遭受严重破坏的，处三年以下有期徒刑或者拘役。

一、立案标准

▲2006年7月26日最高人民检察院《关于渎职侵权犯罪案件立案标准的规定》：

一、渎职犯罪案件

（十八）违法发放林木采伐许可证案（第407条）

违法发放林木采伐许可证罪是指林业主管部门的工作人员违反森林法的规定，超过批准的年采伐限额发放林木采伐许可证或者违反规定滥发林木采伐许可证，情节严重，致使森林遭受严重破坏的行为。

涉嫌下列情形之一的，应予立案：

1. 发放林木采伐许可证允许采伐数量累计超过批准的年采伐限额，导致林木被超限额采伐10立方米以上的；

2. 滥发林木采伐许可证，导致林木被滥伐20立方米以上，或者导致幼树被滥伐1000株以上的；

3. 滥发林木采伐许可证，导致防护林、特种用途林被滥伐5立方米以上，或者幼树被滥伐200株以上的；

4. 滥发林木采伐许可证，导致珍贵树木或者国家重点保护的其他树木被滥伐的；

5. 滥发林木采伐许可证，导致国家禁止采伐的林木被采伐的；

6. 其他情节严重，致使森林遭受严重破坏的情形。

林业主管部门工作人员之外的国家机关工作人员，违反森林法的规定，滥用职权或者玩忽职守，致使林木被滥伐40立方米以上或者幼树被滥伐2000株以上，或者致使防护林、特种用途林被滥伐10立方米以上或者幼树被滥伐400株以上，或者致使珍贵树木被采伐、毁坏4立方米或者4株以上，或者致使国家重点保护的其他植物被采伐、毁坏后果严重的，或者致使国家严禁采伐的林木被采伐、毁坏情节恶劣的，按照刑法第397条的规定以滥用职权罪或者玩忽职守罪追究刑事责任。

二、客观要件的认定

▲2007年5月14日最高人民检察院《关于对林业主管部门工作人员在发放林木采伐许可证之外滥用职权玩忽职守致使森林遭受严重破坏的行为适用法律问题的批复》：

林业主管部门工作人员违法发放林木采伐许可证，致使森林遭受严重破坏的，依照刑法第四百零七条的规定，以违法发放林木采伐许可证罪追究刑事责任；以其他方式滥用职权或者玩忽职守，致使森林遭受严重破坏的，依照刑法第三百九十七条的规定，以滥用职权罪或者玩忽职守罪追究刑事责任，立案标准依照《最高人民检察院关于渎职侵权犯罪案件立案标准的规定》第一部分渎职犯罪案件第十八条第三款的规定执行。

第四百零八条 【环境监管失职罪】负有环境保护监督管理职责的国家机关工作人员严重不负责任，导致发生重大环境污染事故，致使公私财产遭受重大损失或者造成人身伤亡的严重后果的，处三年以下有期徒刑或者拘役。

一、立案标准

▲2017年1月1日最高人民法院、最高人民检察院《关于办理环境污染刑事案件适用法律若干问题的解释》：

第一条 实施刑法第三百三十八条规定的行为，具有下列情形之一的，应当认定为"严重污染环境"：

（一）在饮用水水源一级保护区、自然保护区核心区排放、倾倒、处置有放射性的废物、含传染病病原体的废物、有毒物质的；

（二）非法排放、倾倒、处置危险废物三吨以上的；

（三）排放、倾倒、处置含铅、汞、镉、铬、砷、铊、锑的污染物，超过国家或者地方污染物排放标准三倍以上的；

（四）排放、倾倒、处置含镍、铜、锌、银、钒、锰、钴的污染物，超过国家或者地方污染物排放标准十倍以上的；

（五）通过暗管、渗井、渗坑、裂隙、溶洞、灌注等逃避监管的方式排放、倾倒、处置有放射性的废物、含传染病病原体的废物、有毒物质的；

（六）二年内曾因违反国家规定，排放、倾倒、处置有放射性的废物、含传染病病原体的废物、有毒物质受过两次以上行政处罚，又实施前列行为的；

（七）重点排污单位篡改、伪造自动监测数据或者干扰自动监测设施，排放化学需氧量、氨氮、二氧化硫、氮氧化物等污染物的；

（八）违法减少防治污染设施运行支出一百万元以上的；

（九）违法所得或者致使公私财产损失三十万元以上的；

（十）造成生态环境严重损害的；

（十一）致使乡镇以上集中式饮用水水源取水中断十二小时以上的；

（十二）致使基本农田、防护林地、特种用途林地五亩以上，其他农用地十亩以上，其他土地二十亩以上基本功能丧失或者遭受永久性破坏的；

（十三）致使森林或者其他林木死亡五十立方米以上，或者幼树死亡二千五百株以上的；

（十四）致使疏散、转移群众五千人以上的；

（十五）致使三十人以上中毒的；

（十六）致使三人以上轻伤、轻度残疾或者器官组织损伤导致一般功能障碍的；

（十七）致使一人以上重伤、中度残疾或者器官组织损伤导致严重功能障碍的；

（十八）其他严重污染环境的情形。

二、刑罚的适用

▲2017年1月1日最高人民法院、最高人民检察院《关于办理环境污染刑事案件适用法律若干问题的解释》：

第一条（见本书第636页）

第二条 实施刑法第三百三十九条、第四百零八条规定的行为，致使公私财产损失三十万元以上，或者具有本解释第一条第十项至第十七项规定情形之一的，应当认定为"致使公私财产遭受重大损失或者严重危害人体健康"或者"致使公私财产遭受重大损失或者造成人身伤亡的严重后果"。

第三条 实施刑法第三百三十八条、第三百三十九条规定的行为,具有下列情形之一的,应当认定为"后果特别严重":

（一）致使县级以上城区集中式饮用水水源取水中断十二小时以上的；

（二）非法排放、倾倒、处置危险废物一百吨以上的；

（三）致使基本农田、防护林地、特种用途林地十五亩以上,其他农用地三十亩以上,其他土地六十亩以上基本功能丧失或者遭受永久性破坏的；

（四）致使森林或者其他林木死亡一百五十立方米以上,或者幼树死亡七千五百株以上的；

（五）致使公私财产损失一百万元以上的；

（六）造成生态环境特别严重损害的；

（七）致使疏散、转移群众一万五千人以上的；

（八）致使一百人以上中毒的；

（九）致使十人以上轻伤、轻度残疾或者器官组织损伤导致一般功能障碍的；

（十）致使三人以上重伤、中度残疾或者器官组织损伤导致严重功能障碍的；

（十一）致使一人以上重伤、中度残疾或者器官组织损伤导致严重功能障碍,并致使五人以上轻伤、轻度残疾或者器官组织损伤导致一般功能障碍的；

（十二）致使一人以上死亡或者重度残疾的；

（十三）其他后果特别严重的情形。

第四条 实施刑法第三百三十八条、第三百三十九条规定的犯罪行为,具有下列情形之一的,应当从重处罚：

（一）阻挠环境监督检查或者突发环境事件调查,尚不构成妨害公务等犯罪的；

（二）在医院、学校、居民区等人口集中地区及其附近,违反国家规定排放、倾倒、处置有放射性的废物、含传染病病原体的废物、有毒物质或者其他有害物质的；

（三）在重污染天气预警期间、突发环境事件处置期间或者被责令限期整改期间,违反国家规定排放、倾倒、处置有放射性的废物、含传染病病原体的废物、有毒物质或者其他有害物质的；

（四）具有危险废物经营许可证的企业违反国家规定排放、倾倒、处置有放射性的废物、含传染病病原体的废物、有毒物质或者其他有害物质的。

第四百零八条之一 【食品、药品监管渎职罪】负有食品药品安全监督管理职责的国家机关工作人员,滥用职权或者玩忽职守,有下列情形之一,造成严重后果或者有其他严重情节的,处五年以下有期徒刑或者拘役；造成特别严重后果或者有其他特别严重情节的,处五年以上十年以下有期徒刑：

（一）瞒报、谎报食品安全事故、药品安全事件的；

（二）对发现的严重食品药品安全违法行为未按规定查处的；

（三）在药品和特殊食品审批审评过程中，对不符合条件的申请准予许可的；
（四）依法应当移交司法机关追究刑事责任不移交的；
（五）有其他滥用职权或者玩忽职守行为的。
徇私舞弊犯前款罪的，从重处罚。

一、立法修正

本条根据2011年5月1日全国人大常委会《中华人民共和国刑法修正案（八）》第四十九条增设。2020年12月26日全国人大常委会《刑法修正案（十一）》第四十五条对此条进行了修订，原条文为："负有食品安全监督管理职责的国家机关工作人员，滥用职权或者玩忽职守，导致发生重大食品安全事故或者造成其他严重后果的，处五年以下有期徒刑或者拘役；造成特别严重后果的，处五年以上十年以下有期徒刑。"此次修订，列举了五种食品、药品监管渎职的情形，将"导致发生重大食品安全事故或者造成其他严重后果"修改为"造成严重后果或者有其他严重情节"，在"造成特别严重后果"后增加了"或者有其他特别严重情节"的规定。

二、罪数的认定

▲2013年5月4日最高人民法院、最高人民检察院《关于办理危害食品安全刑事案件适用法律若干问题的解释》：

第十六条 负有食品安全监督管理职责的国家机关工作人员，滥用职权或者玩忽职守，导致发生重大食品安全事故或者造成其他严重后果，同时构成食品监管渎职罪和徇私舞弊不移交刑事案件罪、商检徇私舞弊罪、动植物检疫徇私舞弊罪、放纵制售伪劣商品犯罪行为罪等其他渎职犯罪的，依照处罚较重的规定定罪处罚。

负有食品安全监督管理职责的国家机关工作人员滥用职权或者玩忽职守，不构成食品监管渎职罪，但构成前款规定的其他渎职犯罪的，依照该其他犯罪定罪处罚。

负有食品安全监督管理职责的国家机关工作人员与他人共谋，利用其职务行为帮助他人实施危害食品安全犯罪行为，同时构成渎职犯罪和危害食品安全犯罪共犯的，依照处罚较重的规定定罪处罚。

三、溯及力的认定

▲2011年5月27日最高人民法院《关于进一步加大力度，依法严惩危害食品安全及相关职务犯罪的通知》：

2011年4月30日以前实施食品安全监管渎职行为，依法构成滥用职权罪、玩忽职守罪或其他渎职犯罪，在5月1日以后审理的，适用修正前刑法的规定定罪处罚。5月1日以后实施食品安全监管渎职行为，未导致发生重大食品安全事故或者造成其他严重后果，不构成食品监管渎职罪，但符合其他渎职犯罪构成要件的，依照刑法相关规定对其定罪处罚。

第四百零九条 【传染病防治失职罪】从事传染病防治的政府卫生行政部门的工作人员严重不负责任，导致传染病传播或者流行，情节严重的，处三年以下有期徒刑或者拘役。

一、立案标准

▲2006年7月26日最高人民检察院《关于渎职侵权犯罪案件立案标准的规定》：

一、渎职犯罪案件

（二十）传染病防治失职案（第409条）

传染病防治失职罪是指从事传染病防治的政府卫生行政部门的工作人员严重不负责任，不履行或者不认真履行传染病防治监管职责，导致传染病传播或者流行，情节严重的行为。

涉嫌下列情形之一的，应予立案：

1. 导致甲类传染病传播的；
2. 导致乙类、丙类传染病流行的；
3. 因传染病传播或者流行，造成人员重伤或者死亡的；
4. 因传染病传播或者流行，严重影响正常的生产、生活秩序的；
5. 在国家对突发传染病疫情等灾害采取预防、控制措施后，对发生突发传染病疫情等灾害的地区或者突发传染病病人、病原携带者、疑似突发传染病病人，未按照预防、控制突发传染病疫情等灾害工作规范的要求做好防疫、检疫、隔离、防护、救治等工作，或者采取的预防、控制措施不当，造成传染范围扩大或者疫情、灾情加重的；
6. 在国家对突发传染病疫情等灾害采取预防、控制措施后，隐瞒、缓报、谎报或者授意、指使、强令他人隐瞒、缓报、谎报疫情、灾情，造成传染范围扩大或者疫情、灾情加重的；
7. 在国家对突发传染病疫情等灾害采取预防、控制措施后，拒不执行突发传染病疫情等灾害应急处理指挥机构的决定、命令，造成传染范围扩大或者疫情、灾情加重的；
8. 其他情节严重的情形。

二、主体要件的认定

▲2003年5月15日最高人民法院、最高人民检察院《关于办理妨害预防、控制突发传染病疫情等灾害的刑事案件具体应用法律若干问题的解释》：

第十六条 在预防、控制突发传染病疫情等灾害期间，从事传染病防治的政府卫生行政部门的工作人员，或者在受政府卫生行政部门委托代表政府卫生行政部门行使职权的组织中从事公务的人员，或者虽未列入政府卫生行政部门人员编制但在政府卫生行政部门从事公务的人员，在代表政府卫生行政部门行使职权时，严重不负责任，导致传染病传播或者流行，情节严重的，依照刑法第四百零九条的规定，以传染病防治失职罪定罪处罚。

在国家对突发传染病疫情等灾害采取预防、控制措施后，具有下列情形之一的，属于刑法第四百零九条规定的"情节严重"：

（一）对发生突发传染病疫情等灾害的地区或者突发传染病病人、病原携带者、疑似突发传染病病人，未按照预防、控制突发传染病疫情等灾害工作规范的要求做好防疫、检疫、隔离、防护、救治等工作，或者采取的预防、控制措施不当，造成传染病范围扩大或者疫情、灾情加重的；

（二）隐瞒、缓报、谎报或者授意、指使、强令他人隐瞒、缓报、谎报疫情、灾情，造成传染病范围扩大或者疫情、灾情加重的；

（三）拒不执行突发传染病疫情等灾害应急处理指挥机构的决定、命令，造成传染范围扩大或者疫情、灾情加重的；

（四）具有其他严重情节的。

三、客观要件的认定

▲2020年2月6日最高人民法院、最高人民检察院、公安部、司法部《关于依法惩治妨害新型冠状病毒感染肺炎疫情防控违法犯罪的意见》

卫生行政部门的工作人员严重不负责任，不履行或者不认真履行防治监管职责，导致新型冠状病毒感染肺炎传播或者流行，情节严重的，依照刑法第四百零九条的规定，以传染病防治失职罪定罪处罚。

第四百一十条 【非法批准征收、征用、占用土地罪】【非法低价出让国有土地使用权罪】国家机关工作人员徇私舞弊，违反土地管理法规，滥用职权，非法批准征收、征用、占用土地，或者非法低价出让国有土地使用权，情节严重的，处三年以下有期徒刑或者拘役；致使国家或者集体利益遭受特别重大损失的，处三年以上七年以下有期徒刑。

一、立法解释

▲2001年8月31日全国人大常委会《关于〈中华人民共和国刑法〉第二百二十八条、第三百四十二条、第四百一十条的解释》：

第一款（见本书第482页）

第二款 刑法第四百一十条规定的"非法批准征收、征用、占用土地"，是指非法批准征收、征用、占用耕地、林地等农用地以及其他土地。

注：2009年8月27日全国人大常委会《关于修改部分法律的决定》，将本条中的"征用"修改为"征收、征用"。

二、立案标准

▲2000年6月22日最高人民法院《关于审理破坏土地资源刑事案件具体应用法律若干问题的解释》：

第四条 国家机关工作人员徇私舞弊，违反土地管理法规，滥用职权，非法批准征用、占用土地，具有下列情形之一的，属于非法批准征用、占用土地"情节严重"，依照刑法第四百一十条的规定，以非法批准征用、占用土地罪定罪处罚：

（一）非法批准征用、占用基本农田十亩以上的；

（二）非法批准征用、占用基本农田以外的耕地三十亩以上的；

（三）非法批准征用、占用其他土地五十亩以上的；

（四）虽未达到上述数量标准，但非法批准征用、占用土地造成直接经济损失三十万元以上；造成耕地大量毁坏等恶劣情节的。

第六条 国家机关工作人员徇私舞弊，违反土地管理法规，非法低价出让国有土地使用权，具有下列情形之一的，属于"情节严重"，依照刑法第四百一十条的规定，以非法低价出让国有土地使用权罪定罪处罚：

（一）出让国有土地使用权面积在三十亩以上，并且出让价额低于国家规定的最低价额标准的百分之六十的；

（二）造成国有土地资产流失价额在三十万元以上的。

▲2005年12月30日最高人民法院《关于审理破坏林地资源刑事案件具体应用法律若干问题的解释》：

第二条 国家机关工作人员徇私舞弊，违反土地管理法规，滥用职权，非法批准征用、占用林地，具有下列情形之一的，属于刑法第四百一十条规定的"情节严重"，应当以非法批准征用、占用土地罪判处三年以下有期徒刑或者拘役：

（一）非法批准征用、占用防护林地、特种用途林地数量分别或者合计达到十亩以上；

（二）非法批准征用、占用其他林地数量达到二十亩以上；

（三）非法批准征用、占用林地造成直接经济损失达到三十万元以上，或者造成本条第（一）项规定的林地数量分别或者合计达到五亩以上或本条第（二）项规定的林地数量达到十亩以上毁坏。

第四条 国家机关工作人员徇私舞弊，违反土地管理法规，非法低价出让国有林地使用权，具有下列情形之一的，属于刑法第四百一十条规定的"情节严重"，应当以非法低价出让国有土地使用权罪判处三年以下有期徒刑或者拘役：

（一）林地数量合计达到三十亩以上，并且出让价额低于国家规定的最低价额标准的百分之六十；

（二）造成国有资产流失价额达到三十万元以上的。

▲2006年7月26日最高人民检察院《关于渎职侵权犯罪案件立案标准的规定》：

一、渎职犯罪案件

（二十一）非法批准征用、占用土地案（第410条）

非法批准征用、占用土地罪是指国家机关工作人员徇私舞弊，违反土地管理法、森林法、草原法等法律以及有关行政法规中关于土地管理的规定，滥用职权，非法批准征用、占用耕地、林地等农用地以及其他土地，情节严重的行为。

涉嫌下列情形之一的，应予立案：

1. 非法批准征用、占用基本农田10亩以上的；

2. 非法批准征用、占用基本农田以外的耕地30亩以上的；

3. 非法批准征用、占用其他土地50亩以上的；

4. 虽未达到上述数量标准，但造成有关单位、个人直接经济损失30万元以上，或者造成耕地大量毁坏或者植被遭到严重破坏的；

5. 非法批准征用、占用土地,影响群众生产、生活,引起纠纷,造成恶劣影响或者其他严重后果的;

6. 非法批准征用、占用防护林地、特种用途林地分别或者合计10亩以上的;

7. 非法批准征用、占用其他林地20亩以上的;

8. 非法批准征用、占用林地造成直接经济损失30万元以上,或者造成防护林地、特种用途林地分别或者合计5亩以上或者其他林地10亩以上毁坏的;

9. 其他情节严重的情形。

(二十二)非法低价出让国有土地使用权案(第410条)

非法低价出让国有土地使用权罪是指国家机关工作人员徇私舞弊,违反土地管理法、森林法、草原法等法律以及有关行政法规中关于土地管理的规定,滥用职权,非法低价出让国有土地使用权,情节严重的行为。

涉嫌下列情形之一的,应予立案:

1. 非法低价出让国有土地30亩以上,并且出让价额低于国家规定的最低价额标准的百分之六十的;

2. 造成国有土地资产流失价额30万元以上的;

3. 非法低价出让国有土地使用权,影响群众生产、生活,引起纠纷,造成恶劣影响或者其他严重后果的;

4. 非法低价出让林地合计30亩以上,并且出让价额低于国家规定的最低价额标准的百分之六十的;

5. 造成国有资产流失30万元以上的;

6. 其他情节严重的情形。

▲2012年11月22日最高人民法院《关于审理破坏草原资源刑事案件应用法律若干问题的解释》:

第三条第一款 国家机关工作人员徇私舞弊,违反草原法等土地管理法规,具有下列情形之一的,应当认定为刑法第四百一十条规定的"情节严重":

(一)非法批准征收、征用、占用草原四十亩以上的;

(二)非法批准征收、征用、占用草原,造成二十亩以上草原被毁坏的;

(三)非法批准征收、征用、占用草原,造成直接经济损失三十万元以上,或者具有其他恶劣情节的。

三、客观要件的认定

▲2008年11月6日最高人民检察院《关于加强查办危害土地资源渎职犯罪工作的指导意见》:

二、准确确定损失后果

在查办案件中,对损失后果的认定,既要考虑被破坏的土地资源的经济价值,按照有关部门做出的鉴定结论,以经济损失计算损失后果,也要充分考虑土地作为特殊资源,被破坏土地的性质、地理位置、实际用处等差异所产生的土地价值,受损后无法用经济价值数额衡量的特殊性,可以采取经济标准或者面积标准认定损失后果,准确适用《中华人民共和国刑法》第三百九十七条和第四百一十条的规定以及相关司法解释查处犯罪。

四、刑罚的适用

▲2000年6月22日最高人民法院《关于审理破坏土地资源刑事案件具体应用法律若干问题的解释》：

第四条 （请参阅本条"立案标准"部分，见本书第640~641页）

第五条 实施第四条规定的行为，具有下列情形之一的，属于非法批准征用、占用土地"致使国家或者集体利益遭受特别重大损失"：

（一）非法批准征用、占用基本农田二十亩以上的；

（二）非法批准征用、占用基本农田以外的耕地六十亩以上的；

（三）非法批准征用、占用其他土地一百亩以上的；

（四）非法批准征用、占用土地，造成基本农田五亩以上，其他耕地十亩以上严重毁坏的；

（五）非法批准征用、占用土地造成直接经济损失五十万元以上等恶劣情节的。

第六条（见本书第641页）

第七条 实施第六条规定的行为，具有下列情形之一的，属于非法低价出让国有土地使用权，"致使国家和集体利益遭受特别重大损失"：

（一）非法低价出让国有土地使用权面积在六十亩以上，并且出让价额低于国家规定的最低价额标准的百分之四十的；

（二）造成国有土地资产流失价额在五十万元以上的。

第九条 多次实施本解释规定的行为依法应当追诉的，或者一年内多次实施本解释规定的行为未经处理的，按照累计的数量、数额处罚。

▲2005年12月30日最高人民法院《关于审理破坏林地资源刑事案件具体应用法律若干问题的解释》：

第三条 实施本解释第二条规定的行为，具有下列情形之一的，属于刑法第四百一十条规定的"致使国家或者集体利益遭受特别重大损失"，应当以非法批准征用、占用土地罪判处三年以上七年以下有期徒刑：

（一）非法批准征用、占用防护林地、特种用途林地数量分别或者合计达到二十亩以上；

（二）非法批准征用、占用其他林地数量达到四十亩以上；

（三）非法批准征用、占用林地造成直接经济损失数额达到六十万元以上，或者造成本条第（一）项规定的林地数量分别或者合计达到十亩以上或者本条第（二）项规定的林地数量达到二十亩以上毁坏的。

第五条 实施本解释第四条规定的行为，造成国有资产流失价额达到六十万元以上的，属于刑法第四百一十条规定的"致使国家和集体利益遭受特别重大损失"，应当以非法低价出让国有土地使用权罪判处三年以上七年以下有期徒刑。

第六条 单位实施破坏林地资源犯罪的，依照本解释规定的相关定罪量刑标准执行。

第七条　多次实施本解释规定的行为依法应当追诉且未经处理的,应当按照累积的数量、数额处罚。

▲2012年11月22日最高人民法院《关于审理破坏草原资源刑事案件应用法律若干问题的解释》：

第三条第二款　具有下列情形之一,应当认定为刑法第四百一十条规定的"致使国家或者集体利益遭受特别重大损失"：

(一)非法批准征收、征用、占用草原八十亩以上的；

(二)非法批准征收、征用、占用草原,造成四十亩以上草原被毁坏的；

(三)非法批准征收、征用、占用草原,造成直接经济损失六十万元以上,或者具有其他特别恶劣情节的。

第四百一十一条　【放纵走私罪】海关工作人员徇私舞弊,放纵走私,情节严重的,处五年以下有期徒刑或者拘役；情节特别严重的,处五年以上有期徒刑。

一、立案标准

▲2006年7月26日最高人民检察院《关于渎职侵权犯罪案件立案标准的规定》：

一、渎职犯罪案件

(二十三)放纵走私案(第411条)

涉嫌下列情形之一的,应予立案：

1. 放纵走私犯罪的；

2. 因放纵走私致使国家应收税额损失累计达10万元以上的；

3. 放纵走私行为3起次以上的；

4. 放纵走私行为,具有索取或者收受贿赂情节的；

5. 其他情节严重的情形。

二、客观要件的认定

▲2002年7月8日最高人民法院、最高人民检察院、海关总署《关于办理走私刑事案件适用法律若干问题的意见》：

十六、关于放纵走私罪的认定问题

依照刑法第四百一十一条的规定,负有特定监管义务的海关工作人员徇私舞弊,利用职权,放任、纵容走私犯罪行为,情节严重的,构成放纵走私罪。放纵走私行为,一般是消极的不作为。如果海关工作人员与走私分子通谋,在放纵走私过程中以积极的行为配合走私分子逃避海关监管或者在放纵走私之后分得赃款的,应以共同走私犯罪追究刑事责任。

……

三、罪数的认定

▲2002年7月8日最高人民法院、最高人民检察院、海关总署《关于办理走私刑事案件适用法律若干问题的意见》：

> 十六、关于放纵走私罪的认定问题
> ……
> 海关工作人员收受贿赂又放纵走私的,应以受贿罪和放纵走私罪数罪并罚。

第四百一十二条 【商检徇私舞弊罪】国家商检部门、商检机构的工作人员徇私舞弊,伪造检验结果的,处五年以下有期徒刑或者拘役;造成严重后果的,处五年以上十年以下有期徒刑。

【商检失职罪】前款所列人员严重不负责任,对应当检验的物品不检验,或者延误检验出证、错误出证,致使国家利益遭受重大损失的,处三年以下有期徒刑或者拘役。

> **立案标准**
> ▲2006 年 7 月 26 日最高人民检察院《关于渎职侵权犯罪案件立案标准的规定》:
> 一、渎职犯罪案件
> (二十四)商检徇私舞弊案(第 412 条第 1 款)
> 商检徇私舞弊罪是指出入境检验检疫机关、检验检疫机构工作人员徇私舞弊,伪造检验结果的行为。
> 涉嫌下列情形之一的,应予立案:
> 1. 采取伪造、变造的手段对报检的商品的单证、印章、标志、封识、质量认证标志等作虚假的证明或者出具不真实的证明结论的;
> 2. 将送检的合格商品检验为不合格,或者将不合格商品检验为合格的;
> 3. 对明知是不合格的商品,不检验而出具合格检验结果的;
> 4. 其他伪造检验结果应予追究刑事责任的情形。
> (二十五)商检失职案(第 412 条第 2 款)
> 商检失职罪是指出入境检验检疫机关、检验检疫机构工作人员严重不负责任,对应当检验的物品不检验,或者延误检验出证、错误出证,致使国家利益遭受重大损失的行为。
> 涉嫌下列情形之一的,应予立案:
> 1. 致使不合格的食品、药品、医疗器械等商品出入境,严重危害生命健康的;
> 2. 造成个人财产直接经济损失 15 万元以上,或者直接经济损失不满 15 万元,但间接经济损失 75 万元以上的;
> 3. 造成公共财产、法人或者其他组织财产直接经济损失 30 万元以上,或者直接经济损失不满 30 万元,但间接经济损失 150 万元以上的;
> 4. 未经检验,出具合格检验结果,致使国家禁止进口的固体废物、液态废物和气态废物等进入境内的;
> 5. 不检验或者延误检验出证、错误出证,引起国际经济贸易纠纷,严重影响国家对

> 外经贸关系,或者严重损害国家声誉的;
> 6.其他致使国家利益遭受重大损失的情形。

第四百一十三条 【动植物检疫徇私舞弊罪】动植物检疫机关的检疫人员徇私舞弊,伪造检疫结果的,处五年以下有期徒刑或者拘役;造成严重后果的,处五年以上十年以下有期徒刑。

【动植物检疫失职罪】前款所列人员严重不负责任,对应当检疫的检疫物不检疫,或者延误检疫出证、错误出证,致使国家利益遭受重大损失的,处三年以下有期徒刑或者拘役。

> **立案标准**
> ▲2006年7月26日最高人民检察院《关于渎职侵权犯罪案件立案标准的规定》:
> 一、渎职犯罪案件
> (二十六)动植物检疫徇私舞弊案(第413条第1款)
> 动植物检疫徇私舞弊罪是指出入境检验检疫机关、检验检疫机构工作人员徇私舞弊,伪造检疫结果的行为。
> 涉嫌下列情形之一的,应予立案:
> 1.采取伪造、变造的手段对检疫的单证、印章、标志、封识等作虚假的证明或者出具不真实的结论的;
> 2.将送检的合格动植物检疫为不合格,或者将不合格动植物检疫为合格的;
> 3.对明知是不合格的动植物,不检疫而出具合格检疫结果的;
> 4.其他伪造检疫结果应予追究刑事责任的情形。
> (二十七)动植物检疫失职案(第413条第2款)
> 动植物检疫失职罪是指出入境检验检疫机关、检验检疫机构工作人员严重不负责任,对应当检疫的检疫物不检疫,或者延误检疫出证、错误出证,致使国家利益遭受重大损失的行为。
> 涉嫌下列情形之一的,应予立案:
> 1.导致疫情发生,造成人员重伤或者死亡的;
> 2.导致重大疫情发生、传播或者流行的;
> 3.造成个人财产直接经济损失15万元以上,或者直接经济损失不满15万元,但间接经济损失75万元以上的;
> 4.造成公共财产或者法人、其他组织财产直接经济损失30万元以上,或者直接经济损失不满30万元,但间接经济损失150万元以上的;
> 5.不检疫或者延误检疫出证、错误出证,引起国际经济贸易纠纷,严重影响国家对外经贸关系,或者严重损害国家声誉的;
> 6.其他致使国家利益遭受重大损失的情形。

第四百一十四条 【放纵制售伪劣商品犯罪行为罪】对生产、销售伪劣商品犯罪行为负有追究责任的国家机关工作人员，徇私舞弊，不履行法律规定的追究职责，情节严重的，处五年以下有期徒刑或者拘役。

> **立案标准**
> ▲2006年7月26日最高人民检察院《关于渎职侵权犯罪案件立案标准的规定》：
> 一、渎职犯罪案件
> （二十八）放纵制售伪劣商品犯罪行为案（第414条）
> 放纵制售伪劣商品犯罪行为罪是指对生产、销售伪劣商品犯罪行为负有追究责任的国家机关工作人员徇私舞弊，不履行法律规定的追究职责，情节严重的行为。
> 涉嫌下列情形之一的，应予立案：
> 1. 放纵生产、销售假药或者有毒、有害食品犯罪行为的；
> 2. 放纵生产、销售伪劣农药、兽药、化肥、种子犯罪行为的；
> 3. 放纵依法可能判处三年有期徒刑以上刑罚的生产、销售伪劣商品犯罪行为的；
> 4. 对生产、销售伪劣商品犯罪行为不履行追究职责，致使生产、销售伪劣商品犯罪行为得以继续的；
> 5. 三次以上不履行追究职责，或者对三个以上有生产、销售伪劣商品犯罪行为的单位或者个人不履行追究职责的；
> 6. 其他情节严重的情形。

第四百一十五条 【办理偷越国（边）境人员出入境证件罪】【放行偷越国（边）境人员罪】负责办理护照、签证以及其他出入境证件的国家机关工作人员，对明知是企图偷越国（边）境的人员，予以办理出入境证件的，或者边防、海关等国家机关工作人员，对明知是偷越国（边）境的人员，予以放行的，处三年以下有期徒刑或者拘役；情节严重的，处三年以上七年以下有期徒刑。

> **立案标准**
> ▲2006年7月26日最高人民检察院《关于渎职侵权犯罪案件立案标准的规定》：
> 一、渎职犯罪案件
> （二十九）办理偷越国（边）境人员出入境证件案（第415条）
> 办理偷越国（边）境人员出入境证件罪是指负责办理护照、签证以及其他出入境证件的国家机关工作人员，对明知是企图偷越国（边）境的人员，予以办理出入境证件的行为。
> 负责办理护照、签证以及其他出入境证件的国家机关工作人员涉嫌在办理护照、签证以及其他出入境证件的过程中，对明知是企图偷越国（边）境的人员而予以办理出入境证件的，应予立案。

(三十)放行偷越国(边)境人员案(第415条)

放行偷越国(边)境人员罪是指边防、海关等国家机关工作人员,对明知是偷越国(边)境的人员予以放行的行为。

边防、海关等国家机关工作人员涉嫌在履行职务过程中,对明知是偷越国(边)境的人员而予以放行的,应予立案。

第四百一十六条 【不解救被拐卖、绑架妇女、儿童罪】对被拐卖、绑架的妇女、儿童负有解救职责的国家机关工作人员,接到被拐卖、绑架的妇女、儿童及其家属的解救要求或者接到其他人的举报,而对被拐卖、绑架的妇女、儿童不进行解救,造成严重后果的,处五年以下有期徒刑或者拘役。

【阻碍解救被拐卖、绑架妇女、儿童罪】负有解救职责的国家机关工作人员利用职务阻碍解救的,处二年以上七年以下有期徒刑;情节较轻的,处二年以下有期徒刑或者拘役。

立案标准

▲2006年7月26日最高人民检察院《关于渎职侵权犯罪案件立案标准的规定》:

一、渎职犯罪案件

(三十一)不解救被拐卖、绑架妇女、儿童案(第416条第1款)

不解救被拐卖、绑架妇女、儿童罪是指对被拐卖、绑架的妇女、儿童负有解救职责的公安、司法等国家机关工作人员接到被拐卖、绑架的妇女、儿童及其家属的解救要求或者接到其他人的举报,而对被拐卖、绑架的妇女、儿童不进行解救,造成严重后果的行为。

涉嫌下列情形之一的,应予立案:

1. 导致被拐卖、绑架的妇女、儿童或者其家属重伤、死亡或者精神失常的;
2. 导致被拐卖、绑架的妇女、儿童被转移、隐匿、转卖,不能及时进行解救的;
3. 对被拐卖、绑架的妇女、儿童不进行解救3人次以上的;
4. 对被拐卖、绑架的妇女、儿童不进行解救,造成恶劣社会影响的;
5. 其他造成严重后果的情形。

(三十二)阻碍解救被拐卖、绑架妇女、儿童案(第416条第2款)

阻碍解救被拐卖、绑架妇女、儿童罪是指对被拐卖、绑架的妇女、儿童负有解救职责的公安、司法等国家机关工作人员利用职务阻碍解救被拐卖、绑架的妇女、儿童的行为。

涉嫌下列情形之一的,应予立案:

1. 利用职权,禁止、阻止或者妨碍有关部门、人员解救被拐卖、绑架的妇女、儿童的;
2. 利用职务上的便利,向拐卖、绑架者或者收买者通风报信,妨碍解救工作正常进行的;
3. 其他利用职务阻碍解救被拐卖、绑架的妇女、儿童应予追究刑事责任的情形。

第四百一十七条 【帮助犯罪分子逃避处罚罪】有查禁犯罪活动职责的国家机关工作人员,向犯罪分子通风报信、提供便利,帮助犯罪分子逃避处罚的,处三年以下有期徒刑或者拘役;情节严重的,处三年以上十年以下有期徒刑。

> 一、立案标准
> ▲2006年7月26日最高人民检察院《关于渎职侵权犯罪案件立案标准的规定》:
> 一、渎职犯罪案件
> (三十三)帮助犯罪分子逃避处罚案(第417条)
> 帮助犯罪分子逃避处罚罪是指有查禁犯罪活动职责的司法及公安、国家安全、海关、税务等国家机关工作人员,向犯罪分子通风报信、提供便利,帮助犯罪分子逃避处罚的行为。
> 涉嫌下列情形之一的,应予立案:
> 1.向犯罪分子泄漏有关部门查禁犯罪活动的部署、人员、措施、时间、地点等情况的;
> 2.向犯罪分子提供钱物、交通工具、通讯设备、隐藏处所等便利条件的;
> 3.向犯罪分子泄漏案情的;
> 4.帮助、示意犯罪分子隐匿、毁灭、伪造证据,或者串供、翻供的;
> 5.其他帮助犯罪分子逃避处罚应予追究刑事责任的情形。
> 二、主体要件的认定
> ▲1998年5月8日最高人民法院、最高人民检察院、公安部、国家工商行政管理局《关于依法查处盗窃、抢劫机动车案件的规定》:
> 十、公安人员对盗窃、抢劫的机动车辆,非法提供机动车牌证或者为其取得机动车牌证提供便利,帮助犯罪分子逃避处罚的,依照《刑法》第四百一十七条规定处罚。
> ▲2017年7月1日最高人民法院、最高人民检察院《关于办理扰乱无线电通讯管理秩序等刑事案件适用法律若干问题的解释》:
> 第七条第二款 有查禁扰乱无线电管理秩序犯罪活动职责的国家机关工作人员,向犯罪分子通风报信、提供便利,帮助犯罪分子逃避处罚的,应当依照刑法第四百一十七条的规定,以帮助犯罪分子逃避处罚罪追究刑事责任;事先通谋的,以共同犯罪论处。
> ▲2020年12月17日最高人民法院、最高人民检察院、公安部、农业农村部《依法惩治长江流域非法捕捞等违法犯罪的意见》:
> 负有查禁破坏水生生物资源犯罪活动职责的国家机关工作人员,向犯罪分子通风报信、提供便利,帮助犯罪分子逃避处罚的,应当依照刑法第四百一十七条的规定,以帮助犯罪分子逃避处罚罪定罪处罚。

第四百一十八条 【招收公务员、学生徇私舞弊罪】国家机关工作人员在招收公务员、学生工作中徇私舞弊,情节严重的,处三年以下有期徒刑或者拘役。

一、立案标准

▲2006年7月26日最高人民检察院《关于渎职侵权犯罪案件立案标准的规定》：

一、渎职犯罪案件

（三十四）招收公务员、学生徇私舞弊案（第418条）

招收公务员、学生徇私舞弊罪是指国家机关工作人员在招收公务员、省级以上教育行政部门组织招收的学生工作中徇私舞弊，情节严重的行为。

涉嫌下列情形之一的，应予立案：

1. 徇私舞弊，利用职务便利，伪造、变造人事、户口档案、考试成绩或者其他影响招收工作的有关资料，或者明知是伪造、变造的上述材料而予以认可的；
2. 徇私舞弊，利用职务便利，帮助5名以上考生作弊的；
3. 徇私舞弊招收不合格的公务员、学生3人次以上的；
4. 因徇私舞弊招收不合格的公务员、学生，导致被排挤的合格人员或者其近亲属自杀、自残造成重伤、死亡，或者精神失常的；
5. 因徇私舞弊招收公务员、学生，导致该项招收工作重新进行的；
6. 其他情节严重的情形。

二、主体要件的认定

▲2001年4月最高人民法院刑二庭审判长会议纪要《关于教师能否成为招收学生徇私舞弊罪主体的问题》：

刑法第四百一十八条所规定的招收学生徇私舞弊的主体是国家机关工作人员，学校的教师属于文教事业单位人员，不属于国家机关工作人员，因此不能成为招收学生徇私舞弊的构成主体；教师接受委托或者聘请临时担任考试监考员等与招收学生相关职务的，并不具有国家机关工作人员身份，同样不能成为招收学生徇私舞弊罪的犯罪主体。

第四百一十九条 【失职造成珍贵文物损毁、流失罪】国家机关工作人员严重不负责任，造成珍贵文物损毁或者流失，后果严重的，处三年以下有期徒刑或者拘役。

立案标准

▲2006年7月26日最高人民检察院《关于渎职侵权犯罪案件立案标准的规定》：

一、渎职犯罪案件

（三十五）失职造成珍贵文物损毁、流失案（第419条）

失职造成珍贵文物损毁、流失罪是指文物行政部门、公安机关、工商行政管理部门、海关、城乡建设规划部门等国家机关工作人员严重不负责任，造成珍贵文物损毁或者流失，后果严重的行为。

涉嫌下列情形之一的，应予立案：

1. 导致国家一、二、三级珍贵文物损毁或者流失的；

2. 导致全国重点文物保护单位或者省、自治区、直辖市级文物保护单位损毁的；

3. 其他后果严重的情形。

▲2016 年 1 月 1 日最高人民法院、最高人民检察院《**关于办理妨害文物管理等刑事案件适用法律若干问题的解释**》：

第十条 国家机关工作人员严重不负责任，造成珍贵文物损毁或者流失，具有下列情形之一的，应当认定为刑法第四百一十九条规定的"后果严重"：

（一）导致二级以上文物或者五件以上三级文物损毁或者流失的；

（二）导致全国重点文物保护单位、省级文物保护单位的本体严重损毁或者灭失的；

（三）其他后果严重的情形。

第五部分　职务犯罪案件典型判解指引与重点解释释义

一、《刑法·分则》第二章　危害公共安全罪

（一）重大劳动安全事故罪

1. 主体要素的认定
宋某某等人重大责任事故案[①]
【适法规则】
1. 违反规定自行组织施工，项目安全管理不到位，施工决定虽由矿委会作出，但是，矿长是矿井安全生产的第一责任人，矿主应当对责任事故承担刑事责任。
2. 事故调查报告可以作为刑事诉讼中的证据使用。

【基本案情】
2016年5月，宋某某作为A煤业公司矿长，在3号煤层配采项目建设过程中，违反《关于加强煤炭建设项目管理的通知》要求，在无施工单位和监理单位的情况下，即开始自行组织工人进行施工，并与周某某（另案处理）签订虚假的施工、监理合同以应付相关单位的验收。杨某作为该矿的总工程师，违反《煤矿安全规程》要求，未结合实际情况加强设计和制订安全措施，在3号煤层配采施工遇到旧巷时仍然采用常规设计，且部分设计数据与相关要求不符。2017年3月9日3时许，该矿施工人员赵某某带领4名工人在工作面清煤时，发生顶部支护板塌落事故，造成3名工人死亡，2人受伤，直接经济损失635.9万元。

【裁判结果】
山西省长治市上党区人民法院作出刑事判决，被告人宋某某、杨某犯重大责任事故罪分别被判处有期徒刑三年，缓刑三年。二被告人均未上诉，判决已生效。

[①] 2021年1月20日最高人民检察院《关于印发最高人民检察院第二十五批指导性案例的通知》（检例第95号）。

【裁判理由】

本案中，矿山的自行组织施工方案由煤业公司矿委会集体决定，而非矿长一人擅自决定，对于本案犯罪主体的确定需要全面分析以作决定。《关于加强煤炭建设项目管理的通知》要求建设单位要按有关规定，通过招投标、结合煤矿建设施工的灾害特点，确定施工和监理单位。宋某某作为煤业公司矿长，是矿井安全生产第一责任人，负责全矿安全生产工作，为节约成本，明知施工应当由有资质的施工单位进行且应在监理单位监理下施工，仍自行组织工人施工，在没有施工单位和监理单位（均要求具备相关资质）的情况下，弄虚作假应付验收，无资质情况下自行组织工人施工，长期危险作业，最终发生该起事故，对事故的发生负主要责任。且事故发生后，其对事故的迟报负直接责任，矿长对事故的发生负主要责任，应当在重大责任事故罪追究其刑事责任。

安全生产事故发生后，相关部门作出的事故调查报告，与收集调取的物证、书证、视听资料、电子数据等相关证据材料一并移送给司法机关后，调查报告和这些证据材料在刑事诉讼中可以作为证据使用。调查报告对事故原因、事故性质、责任认定、责任者处理等提出的具体意见和建议，是检察机关办案中是否追究相关人员刑事责任的重要参考，但不应直接作为定案的依据，检察机关应结合全案证据进行审查，准确认定案件事实和涉案人员责任。

2. 行为要素、竞合关系的认定

尚知国等重大劳动安全事故、重大责任事故案[①]

【适法规则】

1. 完全因安全生产设施或者安全生产条件不符合国家规定（生产、作业不违反具体的安全管理规定）而发生严重后果的，成立重大劳动安全事故罪。

2. 安全生产设施或者安全生产条件不符合国家规定，且生产、作业违反了具体的安全管理规定而发生严重后果的，应根据不同情节，选择适用重大责任事故罪或者重大劳动安全事故罪。

【基本案情】

2004年4月，唐山恒源实业有限公司法定代表人朱文友购买唐山市刘官屯煤矿后，任命被告人尚知国担任矿长助理，主持煤矿全面工作，行使矿长职责，被告人李守耕担任生产副矿长兼调度室主任，被告人李启新担任技术副矿长兼安全科科长，进行矿井基建。2005年4月，朱文友任命尚知国为矿长，同年12月2日尚知国取得矿长资格证。被告人吕学增原系唐山市刘官屯煤矿矿长，被告人朱文友购买该矿后仍担任矿长职务，同时担任该矿党支部书记兼保卫科科长，负责保卫工作，

[①] 中华人民共和国最高人民法院刑事审判第一、二、三、四、五庭主办：《刑事审判参考》（总第64辑），法律出版社2009年版，第14～19页。

没有行使矿长职责,2005年11月其矿长资格证被注销。在矿井基建过程中,该矿违规建设,私自找没有设计资质的单位修改设计,将矿井设计年生产能力30万吨改为15万吨。在《安全专篇》未经批复的情况下,擅自施工;河北煤矿安全监察局冀东监察分局于2005年7月18日向该矿下达了停止施工的通知,但该矿拒不执行,继续施工。2005年12月7日8时,该矿负责人无视国家法律法规,拒不执行停工指令,继续安排井下9个工作面基建工作。176名工人下井作业后,担任调度员兼安全员的被告人周炳义没有按照国家有关矿井安全规章制度下井进行安全检查,只是在井上调度室值班。负责瓦斯检测的通风科科长刘文成违反安全生产规定,安排无瓦斯检测证的李金刚、郑建华在井下检测瓦斯浓度。当日15时10分许,该矿发生特别重大瓦斯煤尘爆炸事故,造成108人死亡,29人受伤,直接经济损失4870.67万元。经事故调查组调查报告认定,刘官屯煤矿"12·7"特别重大瓦斯煤尘爆炸事故是一起责任事故。事故的直接原因是:工作面切眼遇到断层,煤层垮落,引起瓦斯涌出量突然增加;在切眼下部用绞车回柱作业时,产生摩擦火花引爆瓦斯,煤尘参与爆炸。事故的间接原因是:刘官屯煤矿违规建设,非法生产,拒不执行停工指令,采掘及通风系统布置不合理,无综合防尘系统,特种作业人员严重不足,无资质的承包队伍在井下施工。事故发生后,尚知国、李启新、吕学增等及时向有关部门进行了汇报,并积极组织抢救,朱文友积极配合、参与矿难的善后处理工作,对遇难矿工和受伤矿工的经济损失进行了赔偿。

【裁判结果】

河北省唐山市开平区人民法院作出刑事判决:被告人尚知国犯重大劳动安全事故罪,判处有期徒刑六年;被告人朱文友犯重大劳动安全事故罪,判处有期徒刑三年;被告人李启新犯重大劳动安全事故罪,判处有期徒刑五年;被告人吕学增犯重大劳动安全事故罪,判处有期徒刑三年。

【裁判理由】

一审法院认为,被告人尚知国身为该矿矿长,主持该矿全面工作,被告人李启新身为技术副矿长兼安全科科长,对排除事故隐患,防止事故发生负有职责义务。上述被告人无视国家安全生产法律、法规,忽视安全生产,拒不执行停止施工指令,对事故的发生负有直接责任;被告人吕学增作为矿长(2004年4月至2005年11月间)未履行矿长职责,在得知煤矿安全监察部门向该矿下达了停止施工的通知后,对该矿继续施工不予阻止,对事故的发生亦负有直接责任。被告人尚知国、李启新、吕学增的行为均已构成重大劳动安全事故罪。被告人朱文友作为唐山恒源实业有限公司法定代表人、煤矿投资人,对该矿的劳动安全设施是否符合国家规定负有管理义务,对事故负有直接责任,其行为亦构成重大劳动安全事故罪。

重大责任事故罪的客观要件是"在生产、作业中违反有关安全管理的规定",重大劳动安全事故罪的客观要件是"安全生产设施或者安全生产条件不符合国家规定",因此,若不违反安全管理规定,但因安全生产设施或条件不符合国家规定而导致严重后果,仅符合重大劳动安全事故罪的客观要件。当行为同时符合重大责任事故罪和重大劳动安全事故罪的构成要件时,两罪产生竞合关系。在发生竞合时,应当考虑:(1)当二罪中某一罪的情节明显重于另一罪时,应按情节较重的罪名定罪量刑。(2)当二罪的情节基本相当的情况下,对于实际控制人、投资人,他们对安全生产设施或者安全生产条件是否符合国家规定负有直接责任,在无法查清对生产、作业是否负有组织、指挥或者管理职责时,以重大劳动安全事故罪定罪量刑。对生产、作业同时负有组织、指挥或者管理职责的实际控制人、投资人以及对生产、作业负有组织、指挥或者管理职责,又对安全生产设施或者安全生产条件是否符合国家规定负有直接责任的负责人、管理人员,一般也以重大劳动安全事故罪定罪为宜,而将"在生产、作业中违反有关安全管理的规定"的行为作为从重处罚的情节。对于"对安全生产设施或者安全生产条件负有管理、维护职责的电工、瓦斯检查工等人员",亦参照上述原则处理。

被告人尚知国身为该矿矿长,主持该矿全面工作,既对安全生产设施、安全生产条件是否符合国家规定负有直接责任,又对生产、作业负有组织、指挥、管理职责,其造成重大伤亡事故的行为同时构成重大劳动安全事故罪和重大责任事故罪,且其在二罪中的犯罪情节基本相当,参照上述原则,对其应以重大劳动安全事故罪定罪处罚。被告人朱文友是该矿的投资人和实际控制人,对安全生产设施、安全生产条件是否符合国家规定负有管理义务和直接责任,鉴于其未直接参与煤矿的经营管理,对其直接以重大劳动安全事故罪定罪量刑。被告人李启新身为该矿技术副矿长兼安全科科长,其作为技术和安全方面的主要负责人,对安全生产设施、安全生产条件是否符合国家规定,以及排除安全生产设施隐患,防止事故发生负有更重要的责任,参照上述原则,对其以重大劳动安全事故罪定罪处罚。被告人吕学增作为煤矿党支部书记兼保卫科科长,虽不直接参与生产管理,但作为该矿的负责人之一,在得知安全监察部门因该矿安全生产设施不符合国家规定而下达停工通知后,未履行职责,对该矿继续施工不予阻止,对事故的发生亦负有直接责任,故以重大劳动安全事故罪定罪处罚。

3. 行为要素、罪质界限的认定
余某某等人重大劳动安全事故、重大责任事故案[①]
【适法规则】
1. 对企业安全生产负有责任的人员,在生产、作业过程中违反安全管理规定的,

---

① 2021年1月20日最高人民检察院《关于印发最高人民检察院第二十五批指导性案例的通知》(检例第94号)。

应认定为重大责任事故罪。

2.对企业安全生产设施或者安全生产条件不符合国家规定负有责任的人员,应认定为重大劳动安全事故罪。

【基本案情】

2015年6月,B矸石发电公司热电联产项目开工建设。施工中,余某某、双某某为加快建设进度,在采购设备时,未按湖北省发展与改革委员会关于须公开招投标的要求,自行组织邀请招标。公司人员收受无资质公司负责人给予的好处费后,向其采购了质量不合格部件。项目建成后,余、双二人擅自决定试生产。

2016年8月10日凌晨,发电公司锅炉车间当班员工发现集中控制室前楼板滴水。8月11日11时许,锅炉运行人员发现事故喷嘴附近有泄漏声音且温度比平时高。13时许,锅炉蒸汽泄漏更加明显且伴随高频啸叫。赵玉某、王某某未按《锅炉安全技术规程》《锅炉运行规程》等规定下达紧急停炉指令。叶某某三次接到报告"2号锅炉主蒸汽管道有泄漏,请求停炉"。叶某某既未到现场处置,也未按规定下达停炉指令。14时30分,叶某某向赵某某报告"蒸汽管道泄漏,电厂要求停炉"。赵某某未按规定下达停炉指令,亦未到现场处置。14时49分,锅炉发生爆裂,造成22人死亡、4人受伤,直接经济损失2313万元。

【裁判结果】

湖北省当阳市人民法院作出刑事判决:被告人余某某、双某某等犯重大劳动安全事故罪分别被判处有期徒刑五年、四年;被告人赵某某犯重大责任事故罪、帮助毁灭证据罪分别被判处有期徒刑四年、六个月,数罪并罚决定执行四年三个月;被告人叶某某、赵玉某、王某某犯重大责任事故罪分别被判处有期徒刑四年、五年、四年。各被告人均未上诉,判决已生效。

【裁判理由】

本案中,发电公司在热电联产项目建设中,擅改省发改委批准的设计内容,在安全保护设计上存在重大隐患;未按审批内容公开招投标而采取邀标形式采购存在严重安全隐患的劣质产品;项目建成后,未按规定委托有资质的单位开展调试工作;未经锅炉安全检测验收、按照机组考核期要求开展未完成项目的调试和消缺工作的情况下,进行连续供热供电生产,因而发生重大伤亡事故,情节特别恶劣。余某某、双某某作为企业的主要领导,直接参与更改省发改委批准设计内容和采购设备招标形式的决策,违反规定擅自决定企业自行调试,在锅炉未经安全检测验收的情况下决定进行生产,是直接负责的主管人员,均构成重大劳动安全事故罪。

准确界分重大责任事故罪与重大劳动安全事故罪的关键在于,查明行为特征的差异,安全生产事故的发生,仅为生产、作业中违反有关安全管理规定,或者仅为提供的安全生产设施或条件不符合国家规定的,罪名较易确定。若事故发生系上述两方面混合因素所致,两罪出现竞合的,应当根据相关涉案人员的工作职责和具体行为来认定其罪名。对企业安全生产负有责任的人员,在生产、作业过程中违反安全管理规定的,应认定为重大责任事故罪;对企业安全生产设施或者安全生产条件不符合国家规定负有责任的人员,应认定为重大劳动安全事故罪;行为人同时包括在生产、作业中违反有关安全管理的规定和提供安全生产设施或条件不符合国家规定,为全面评价其行为,应认定为重大责任事故罪。

(二)重大责任事故罪

1. 行为要素的认定
夏某某等人重大责任事故案[①]
【适法规则】
1. 内河运输中发生的船舶交通事故,责任人员同时涉嫌交通肇事罪和重大责任事故罪的,应当根据运输活动是否具有营运性质及具体职责和行为准确定罪。
2. 重大责任事故的因果关系认定,要准确判定涉案单位投资人、管理人员及相关国家工作人员等的责任。

【基本案情】
2012年3月,左某某召集"X号"等四艘平板拖船的股东夏某某、刘某某等十余人经协商签订联营协议,左某某负责日常经营管理及财务,并与段某某共同负责船只调度;夏某某、刘某某负责平板拖船的具体经营。在未依法取得船舶检验合格证书、船舶登记证书、水路运输许可证、船舶营业运输证等经营资质的情况下,上述拖船即在湖南省安化县资江河段部分水域进行货运车辆运输业务。

2012年12月8日晚12时许,根据段某某的调度安排,夏、刘驾驶的"X号"在安化县烟溪镇十八渡码头搭载四台货运车,经资江水域柘溪水库航道前往安化县平口镇。因"X号"无车辆固定装置,夏、刘仅在车辆左后轮处塞上长方形木条、三角木防止其滑动,且未要求驾乘人员"人车分离"。次日凌晨3时许,"X号"行驶至平口镇安平村河段时,因刘某某操作不当,船体发生侧倾,致使所搭载的四台货运车辆滑入柘溪水库,造成10名司乘人员落水,9人当场溺亡,直接经济损失100万元。

【裁判结果】
湖南省安化县人民法院作出刑事判决:被告人夏某某、刘某某犯交通肇事罪分别被判处有期徒刑四年六个月。安化县人民检察院抗诉后,益阳市中级人民法院以重大责任事故罪分别判处夏某某、刘某某有期徒刑四年六个月。其后,安化县人

[①] 2021年1月20日最高人民检察院《关于印发最高人民检察院第二十五批指导性案例的通知》(检例第97号)。

民法院以被告人左某某、段某某、夏英某犯重大责任事故罪分别有期徒刑三年；有期徒刑三年，缓刑五年。一审宣判后，左某某提起上诉，二审法院裁定维持原判。段某某、夏英某二人未上诉，判决已生效。

【裁判理由】

对于从事营运活动的交通运输组织而言，航道、公路既属公共交通领域，亦属其生产经营场所，"交通运输法规"同时亦属交通运输组织的"安全管理的规定"，交通运输活动的负责人、投资人、驾驶人员等违反有关规定导致在航道、公路上发生交通事故，造成人员伤亡或者财产损失的，可能同时触犯交通肇事罪与重大责任事故罪。要综合考虑行为人对交通运输活动是否负有安全管理职责、对事故发生是否负有直接责任、所实施行为违反的主要是交通运输法规还是其他安全管理的法规等，准确选择适用罪名。具有营运性质的交通运输活动中，行为人既违反交通运输法规，也违反其他安全管理规定（如未取得安全许可证、经营资质、不配备安全设施等），发生重大事故的，因该类运输活动主要是生产经营活动，并非单纯的交通运输行为，一般可按照重大责任事故罪认定。交通运输活动的负责人、投资人等负有安全监管职责的人员违反有关安全管理规定，造成重大事故发生，应认定为重大责任事故罪；驾驶人员等一线运输人员违反交通运输法规造成事故发生的，应认定为交通肇事罪。

危害生产安全往往存在多因一果的问题，存在认定行为与事故后果之间是否存在刑法意义上的因果关系的困难。若投资人、实际控制人等实施了未取得经营资质和安全生产许可证、未制定安全生产管理规定或规章制度、不提供安全生产条件和必要设施等不履行安全监管职责的行为，此时进行生产、作业，导致重大伤亡事故或者造成其他严重后果发生的，不论事故发生是否介入第三人违规行为或者其他因素，均不影响认定其行为与事故后果之间存在刑法上的因果关系，应当依法追究其刑事责任。对发案单位的生产、作业负有安全监管、查处等职责的国家工作人员，不履行或者不正确履行工作职责，致使发案单位违规生产、作业或者危险状态下生产、作业，发生重大安全事故的，其行为也是造成危害结果发生的重要原因，应以渎职犯罪追究其刑事责任。

2. 因果关系与罪数认定

黄某某等人重大责任事故案①

【适法规则】

1.谎报安全事故罪的认定，要重点审查谎报行为与贻误事故抢救结果之间的因

---

① 2021年1月20日最高人民检察院《关于印发最高人民检察院第二十五批指导性案例的通知》（检例第96号）。

果关系。

2.对同时构成重大责任事故罪和谎报安全事故罪的,应当数罪并罚

【基本案情】

2018年3月,C公司与A公司签订货品仓储租赁合同,租用A公司储罐存储工业用裂解碳九(简称碳九)。同年,B公司与C公司签订船舶运输合同,委派"天桐1"船舶到A公司码头装载碳九。11月3日16时许,"天桐1"靠泊在A公司2000吨级码头,当班的刘某某、陈小某开始装船作业,因码头吊机自2018年以来一直处于故障状态,二人便违规操作,人工拖拽输油软管,将岸上输送碳九的管道终端阀门和船舶货总阀门相连接。被告人徐某某作为值班经理,刘、陈作为操作班长及操作工,均未按规定在各自职责范围内对装船情况进行巡查。4日凌晨,输油软管因两端被绳索固定致下拉长度受限而破裂,约69.1吨碳九泄漏,造成码头附近海域水体、空气等受到污染,周边69名居民身体不适接受治疗。泄漏的碳九越过围油栏扩散至附近海域网箱养殖区,部分浮体被碳九溶解,导致网箱下沉。

事故发生后,雷某某到达现场并得知泄漏事件后,要求船方隐瞒事故原因和泄漏量。A公司未按照海上溢油事故专项应急预案等有关规定启动一级应急响应程序,导致不能及时有效地组织应急处置人员开展事故抢救工作,贻误事故抢救时机,进一步扩大事故危害后果,造成不良的社会影响。

【裁判结果】

福建省泉州市泉港区人民法院作出刑事判决:被告人黄某某犯重大责任事故罪、谎报安全事故罪分别判处有期徒刑三年六个月、一年六个月,数罪并罚决定执行四年六个月。被告人雷某某犯重大责任事故罪、谎报安全事故罪分别判处有期徒刑二年六个月、二年三个月,数罪并罚决定执行四年三个月。禁止黄某某、雷某某在判决规定期限内从事与安全生产相关的职业。雷某某等人不服,提出上诉。泉州市中级人民法院裁定驳回上诉,维持原判。

【裁判理由】

本案中,黄某某等人合谋并串通他人瞒报碳九泄露数量,致使A公司未能采取最高级别的一级响应(溢油量50吨以上),按照规定,一级响应需要全公司和社会力量参与应急。黄某某等人的谎报行为贻误了事故救援时机,导致直接经济损失扩大,造成了恶劣社会影响,依法构成谎报安全事故罪。陈某某在案发前被任命为常务副总经理兼安全生产管理委员会主任,并已实际履行职务,系A公司安全生产第一责任人,其未在责任范围内有效履行安全生产管理职责,未发现并制止企业日常经营中长期存在的违规操作行为,致使企业在生产、作业过程中存在重大安全隐患,最终导致本案事故的发生,其应当对事故的发生承担主要责任,构成重大责任事故罪。

二、《刑法·分则》第三章
破坏社会主义市场经济秩序罪

（一）非国家工作人员受贿罪

1. 主体要素的认定

高世银非国家工作人员受贿案[①]

【适法规则】

村委会主任在从事村民自治范围内的事务时，不属于国家工作人员，不构成受贿罪。

【基本案情】

2007年12月，綦江县公路建设指挥部规定村级公路建设项目由镇政府组织实施，后又明确可由村民委员会在镇政府监督指导下自建，县财政给予补贴，不足部分由镇、村自筹。2009年3月，綦江县永新镇镇政府规定，新改建村级公路由各村组织施工，镇政府每公里追加补贴4万元。镇政府为此成立领导小组，负责组织全镇公路建设项目的申报、规划、招投标和实施，同时要求各村成立相应领导机构。2009年5月，重庆市綦江县永新镇长田村村民委员会召集村民代表会议，决定通过自筹资金、社会募捐和政府补贴，硬化该村"柑木"公路。6月5日，村民委员会主任高世银以村民委员会名义，书面承诺将该工程交兰文仕承包，兰遂向冯鹰、王斌收取项目转让费20余万元，并于次日给予高好处费6万元。同月，高世银以长田村村民委员会名义，与冯鹰、王斌挂靠的重庆斌鑫建筑工程有限公司签订施工合同。但镇政府认为该合同违反签订程序，遂将该工程交给吴某承包。后高世银等人与吴某协商，将工程转让给冯鹰、王斌等。

【裁判结果】

綦江县人民法院以非国家工作人员受贿罪判处被告人有期徒刑一年二个月。

【裁判理由】

本案中，綦江县建设乡村道路，并不是将农村集体土地转为国有建设用地后由有关政府部门组织建设，而是由政府补贴部分资金，在不改变土地性质的前提下，由各村自行修建并负责给予农户相应补偿。所以，綦江县、永新镇两级政府虽然给予了相应的资金补贴，并规定镇政府负责工程的组织实施，以及镇政府或者镇政府

[①] 中华人民共和国最高人民法院刑事审判第一、二、三、四、五庭主办：《刑事审判参考》（总第97辑），法律出版社2014年版，第19～23页。

指导下的村民委员会为道路建设的责任主体,但均未改变"柑木"公路硬化工程属于村民自治范围内的事务、建设主体为村民委员会的性质。

最高人民检察院《关于贯彻执行〈全国人民代表大会常务委员会关于《中华人民共和国刑法》第九十三条第二款的解释〉的通知》明确:"对村民委员会等村基层组织人员从事属于村民自治范围的经营、管理活动不能适用《解释》的规定。"根据上述法律及文件规定,高世银组织、实施"柑木"公路硬化工程建设,属于从事村民自治范围内的事务,不能"以国家工作人员论"。

2. 行为要素的认定
(1)周根强、朱江华非国家工作人员受贿案①
【适法规则】
1. 受国家机关委托行使行政管理职权的公司将相关职权再次委托给其他人员,相关人员收受财物的行为,成立非国家工作人员受贿罪。
2. 上述人员在接受委托期间造成国有财产损失的,不成立滥用职权罪和国有公司、企业人员滥用职权罪。

【基本案情】
上海南外滩集团房产前期开发有限公司(以下简称"前期公司")系国有公司。2007年8月至2008年1月间,前期公司受上海市市政工程管理处委托,负责西藏路道路改建工程所涉周边房屋拆迁工作。前期公司与周根强、朱江华所在的更强公司签订《委托实施拆迁劳务协议》、《委托动拆迁劳务费结算协议》,委托该公司以前期公司动迁二部的名义实施拆迁具体工作,并支付劳务费用。周根强、朱江华受前期公司负责人口头任命,分别以前期公司动迁二部总经理、经理的名义,具体负责动拆迁工作。黄浦区动迁指挥部将动迁款分成安置费和劳务费两部分下拨到前期公司,被动迁户的安置费根据周根强、朱江华提供的清册,二人在安置审批表上签字后,由前期公司审核后直接支付到具体动迁户的专用存折里。期间,周根强、朱江华明知涉案房屋系空户状态,仍受他人请托,违规审批他人提供的虚假材料,使拆迁补偿款被冒领,致使公共财产遭受138万余元的损失。周、朱二人共同收受"好处费"21.8万元。

【裁判结果】
上海市黄浦区人民法院作出刑事判决,周根强、朱江华犯滥用职权罪、受贿罪,应当数罪并罚。上海市第二中级人民法院认为,国有公司前期公司与非国有公司更强公司之间的委托关系仅存续于拆迁项目的运作中,周根强、朱江华属于受合同

---

① 中华人民共和国最高人民法院刑事审判庭第一、二、三、四、五庭主办:《刑事审判参考》(总第111辑),法律出版社2018年版,第13~23页。

委托在特定时间段内从事特定事务,此后即无相关权限,二人仍系更强公司的工作人员,而非前期公司的工作人员,故二人不符合受贿犯罪的主体要件,二人作为公司、企业工作人员,利用职务上的便利,非法收受他人财物,为他人谋取利益,数额较大,其行为均构成非国家工作人员受贿罪。二人工作职能的依据系前期公司与更强公司之间的委托协议及前期公司管理人员的口头委托,并非依法或受国家机关委托进行工作,故不符合滥用职权罪的主体要件。以非国家工作人员受贿罪分别改判周根强、朱江华有期徒刑一年六个月。

【裁判理由】

1.受贿罪的行为主体是《刑法》第93条规定的国家工作人员,《全国人民代表大会常务委员会关于〈中华人民共和国刑法〉第九十三条第二款的解释》对村民委员会等村基层组织人员协助人民政府从事下列行政管理工作成立国家工作人员做出规定。2003年11月13日最高人民法院发布的《全国法院审理经济犯罪案件工作座谈会纪要》就贪污贿赂犯罪和渎职犯罪的主体中"其他依照法律从事公务的人员"的认定作出界定。核心是要求必须从事公务。判断立法解释和《纪要》之外的主体是否属于国家工作人员,关键是看其是否是依照法律,在法律的授权下对包括国家事务、社会事务等在内的公共事务进行管理。受国有公司而非直接接受国家机关的委托,不属于国家工作人员。

2.滥用职权罪的行为主体为国家机关工作人员。2002年《全国人民代表大会常务委员会关于〈中华人民共和国刑法〉第九章渎职罪主体适用问题的解释》对之进行了解释。2012年最高人民法院、最高人民检察院《关于办理渎职刑事案件适用法律若干问题的解释(一)》第7条规定,"依法或者受委托行使国家行政管理职权的公司、企业、事业单位的工作人员,在行使行政管理职权时滥用职权或者玩忽职守,构成犯罪的,应当依照《全国人民代表大会常务委员会关于〈中华人民共和国刑法〉第九章渎职罪主体适用问题的解释》的规定,适用渎职罪的规定追究刑事责任"。从司法解释文意来看,主体身份的认定,只有接受特定的委托主体(国家机关)的委托才可能构成渎职罪。本案中,前期公司属于受国家机关委托代表国家机关行使职权的国有公司,市政工程管理处并未将相关职权委托给更强公司,更强公司系受前期公司转委托而行使管理职权。周、朱二人工作职能的依据系前期公司与更强公司之间的委托协议及前期公司管理人员的口头委托,并非依法或受国家机关委托进行工作。

3.二人的行为不构成国有公司、企业人员滥用职权罪。本案中,周根强、朱江华分别受前期公司委托,担任动迁项目总经理和经理,更强公司是依照平等主体间签订的委托合同的规定,以前期公司名义从事拆迁工作。双方委托关系仅存续于拆迁项目的运作中,在从事拆迁工作期间,周根强、朱江华仍然系更强公司的人员,而非前期公司的人员,因此二人不是国有公司、企业的工作人员,不构成国有公司、企业人员滥用职权罪。

(2)朱思亮非国家工作人员受贿案①

【适法规则】

1. 非国家机关、国有企业或国家出资企业委派的人员,以及无委派权单位进行的人事任命,均不能成为受委派从事公务的人员。

2. 上述人员利用职务便利收取他人财物的,成立非国家工作人员受贿罪。

【基本案情】

2006年,湖北省政府根据中央要求对农村信用社管理体制进行改革,全省农村信用社的管理由省人民政府组建湖北省农村信用社联合社(以下简称省联社),履行省政府对全省农村信用社的管理、指导、协调和服务职能。经湖北省银监局批准,湖北省天门市农村信用合作社联合社改制为股份合作制的社区性地方金融机构(天门市信用合作联社,简称天门联社),由自然人股本金和法人股本金构成注册资本,由社员代表大会选举理事组成理事会,由理事会聘任联社主任。根据中共湖北省委组织部、省联社党委相关文件,各市县联社理事长、副理事长、主任、副主任等职务属省联社党委管理的干部,由省联社党委考察和任免。2009年12月,省联社党委明确被告人朱思亮为天门联社党委委员,提名主任人选。2010年1月,天门联社理事会聘任朱思亮为联社主任,后由省银监局核准其任职资格。

2010年7月至2011年1月,朱思亮在担任天门联社主任、贷款审查委员会主任委员期间,利用职务上的便利,为天门某投资公司申请贷款提供帮助,伙同他人先后三次收受该公司所送人民币130万元及其他有价物品。

【裁判结果】

湖北省松滋市人民法院认为,被告人朱思亮任职的单位性质为股份合作制企业,不属于国有单位,但综合分析其任职方式,省联社经省政府授权承担对全省农村信用社进行管理的职能,其人事任免在省政府授权的职能范围内,朱思亮符合"受委派从事公务"的特征,应以国家工作人员论。被告人朱思亮犯受贿罪判处有期徒刑十一年,并处没收个人部分财产。一审宣判后,被告人提出上诉。湖北省荆州市中级人民法院认为,湖北省联社、天门联社均不属国有企业或国家出资企业,省联社党委不构成法定的"委派"主体,朱思亮的职位不具有"从事公务"性质,不能以国家工作人员论。被告人朱思亮犯非国家工作人员受贿罪被判处有期徒刑九年,并处没收个人部分财产。

【裁判理由】

根据本案查明的事实,天门联社和湖北省联社均不属于国有企业或者国家出

---

① 中华人民共和国最高人民法院刑事审判第一、二、三、四、五庭主办:《刑事审判参考》(总第112集),法律出版社2018年版,第102~108页。

资企业,本案准确定性的关键在于,省联社党委是否具有"委派"的主体资格。二审法院认为,"委派"主体限于国有单位或者国家出资企业中特定组织,湖北省联社党委不具有"委派"的主体资格。其根据在于:(1)"两高"《关于办理国家出资企业中职务犯罪案件具体应用法律若干问题的意见》对于如何认定"国家机关、国有公司、企业、事业单位委派到非国有公司、企业、事业单位、社会团体从事公务"规定:"经国家出资企业中负有管理、监督国有资产职责的组织批准或者研究决定,代表其在国有控股、参股公司及其分支机构中从事组织、领导、监督、经营、管理工作的人员,应当认定为国家工作人员"。(2)根据国务院、湖北省改革方案和湖北省联社章程,省联社的主要职能是对成员社提供协调关系、资金调剂、信息支持、风险处置等方面的有偿服务。省联社管理职责限于规范经营和防范风险等宏观方面,不对全省众多成员社的经营管理负责,有别于总公司对分公司的管理职能,而类似于人民银行对商业银行和其他金融机构的监督、管理。省联社的管理权不包括对高级管理人员实质意义上的任免权。(3)省联社是受国家机关委托对辖区内信用社进行管理的组织,由于省政府的委托授权,省联社代为行使了省政府的部分行政职权。然而,受国家机关委托代表国家行使职权的组织本身不能视为国家机关,也并不因该授权委托而改变其自身的法律性质。

农村信用社是独立经营、自负盈亏的以盈利为宗旨的股份制企业,服务"三农"、防止金融风险等只是附带责任。从刑法第九十三条第二款的立法目的看,"受委派从事公务"人员作为国家工作人员认定主要是保护国有资产。受委派人员是否属于从事公务,与接受委派的公司是否包含国有资产具有直接关联。国有资产所在,即是受委派人员的公务所在。一般情况下,只有非国有公司中有国有资产,才存在委派;若无国有资产,既无委派必要,亦无委派可能。

(二)非法经营同类营业罪

1. 主体要素的认定
吴小军非法经营同类营业案[①]
【适法规则】
1. 非法经营同类营业罪中的"国有公司、企业",不限于国有独资公司、企业。
2. "同类营业"的认定,不应受到《国民经济行业分类》的限制。
【基本案情】
被告人吴小军原系中国农业银行江苏省分行员工。2011年10月24日,省农

[①] 中华人民共和国最高人民法院刑事审判第一、二、三、四、五庭主办:《刑事审判参考》(总第120集),法律出版社2019年版,第7~14页。

行聘任其为投资银行部总经理、农银国联总经理。吴在担任农银国联总经理期间，利用本公司与苏宁电器集团接洽并提供融资服务的便利，得知该集团有10亿元融资需求，遂安排人员以苏宁集团需融资5亿元立项上报北京总部。在总部作出暂缓决议后，吴个人决定私下运作该融资项目，在其运作下，苏宁集团与安徽国元达成10亿元借款合同，吴小军通过其朋友控制的中港担保有限责任公司与苏宁集团签订财务顾问协议，收取顾问费，非法获利7800万元。2012年6月，被告人吴小军结识南京产业控股集团有限公司总经理后，初步认为可以用丰盛集团"六合文化城"项目融资。吴遂安排农银国联人员与丰盛集团对接，并完成项目尽职报告。2012年9月，因北京总部认为有风险，项目未获批准。在与丰盛集团接触中，吴小军得知该集团还需融资30亿元，遂在未告知本公司的情况下，决定利用自己实际控制的南京来恩投资管理有限公司完成该业务，其后，丰盛集团融资项目得以落实。吴小军将自己的收益分别从丰盛集团及安徽国元收取财务顾问费，非法获利共计23,119余万元。（其他涉嫌罪名略）

【裁判结果】

江苏省淮安市中级人民法院作出刑事判决，被告人吴小军犯非法经营同类营业罪判处有期徒刑四年，并处罚金人民币200万元。一审宣判后，被告人不服，提出上诉。江苏省高级人民法院作出刑事裁定，驳回上诉，维持原判。

【裁判理由】

刑法中的国有公司、企业限于国有独资公司、企业。然而，随着我国经济体制改革的深入推进，市场经济体制的完善，国有经济更多以国有控股、参股形式出现，为顺应经济发展现实，最高法院先后颁布多个规范性文件，在坚持国有公司、企业既定外延（即仅限于国有独资公司）的基础上，逐步扩大"国有公司、企业人员"的范围。本案中，省农行系国有控股公司，被告人由省农行党委以中国农业银行总行发文推荐的方式，推荐为国有控股的农银国联总经理，其职务范围属于《意见》所规定的"组织、领导、监督、经营、管理工作"，符合非法经营同类营业罪的主体资格。

根据《国民经济行业分类》，吴小军进行的业务对应的分类是"财务管理咨询"，而农银国联工商登记资料显示其经营范围为"投资管理；企业管理咨询；利用自有资金对外投资"，不包括"财务管理咨询"。然而，根据《公司法》的相关规定，公司的经营活动即便超出其营业执照标示的范围，只要不违反国家禁止性规定，都不应被认定为无效。"同类营业"并非"同样营业"，应将该笔业务作为一次交易机会，审查农银国联是否可以在自己的业务范围内满足相对方的融资需求，对于其利用职务之便获知的丰盛集团融资项目未做汇报，剥夺了本公司的交易机会，属于同类营业行为。

2.行为要素的认定
杨文康非法经营同类营业案[①]
【适法规则】
1.行为人存在具体的经营活动并从经营活动中获得直接的经营报酬的,应当认定为非法经营同类营业罪。

2.行为人不属于国有公司、企业董事、经理的,不能认定为非法经营同类营业罪。

【基本案情】

嘉陵—本田发动机有限公司系中国嘉陵工业股份有限公司(国有公司)与日本本田株式会社等额出资(各50%)组建的合资公司。2000年4月,被告人杨文康被该公司董事会聘任为营业部副部长,主管销售零件和售后服务。2000年7月,被告人杨文康拟增加重庆一坪高级润滑油公司生产的SC15-40型机油为指定用油予以销售。2000年8月8日,被告人杨文康以其母赖发英为法定代表人,其妻谭继兰、岳母刘学梅和李从兵为股东注册成立重庆嘉本物资销售公司。随后,被告人杨文康指使其下属黎海以嘉陵—本田发动机有限公司营业部的名义,委托嘉本物资销售公司在销售网络中销售重庆一坪高级润滑油公司生产的SC15-40机油给客户。黎海给一坪高级润滑油公司出具嘉陵—本田发动机有限公司授权委托书,要求在包装上印制"嘉陵—本田指定产品"标识。同年9月18日,被告人杨文康以嘉陵—本田发动机有限公司营业部的名义,在销售网络中发出"我公司现推出金装版新型嘉陵—本田纯正机油"的通知,要求用户大力推广,并指定汇款直接汇入嘉本物资公司账户。9月至11月,嘉本物资销售公司共向嘉陵—本田发动机有限公司的用户销售重庆一坪高级润滑油公司生产的SC15-40机油1684件,销售金额385,805.13元,获利115,023.8元。后被日方代表发现,终止了嘉本物资销售公司的销售活动。

【裁判结果】

重庆市沙坪区人民法院作出刑事判决:被告人杨文康无罪。重庆市沙坪区人民检察院提出抗诉。重庆市第一中级人民法院作出二审裁定:驳回抗诉,维持原判。

【裁判理由】

法院认为,杨文康系合资企业的管理人员,利用职务之便,让其亲属经营与其任职公司业务范围同类的经营活动,从中谋取非法利益,其行为损害了合资企业的利益,系违法行为。但鉴于其任职的嘉陵—本田发动机有限公司不属于国有公司,其所担任的职务不属国有公司董事、经理,与《刑法》第一百六十五条所要求的犯罪

[①] 中华人民共和国最高人民法院刑事审判第一庭、第二庭编:《刑事审判参考》(总第27辑),法律出版社2002年版,第1~3页。

构成不符,不应按犯罪论处。

非法经营同类营业罪包括了"为他人经营与其所任职公司、企业同类的营业"的情形,与为亲友非法牟利罪与"将本单位的盈利业务交由自己的亲友进行经营"的情形容易混淆。两罪的区分在于:一是非法经营同类营业罪要求行为人利用职务之便实施具体的、积极的、具有实质性的经营活动,为亲友非法牟利罪是行为人在本单位的经营管理活动中,利用职务便利经营或者参与亲友的经营行为;二是非法经营同类营业罪要求行为人获得与非法经营活动具有直接的对应关系的非法经营利润或者经营报酬;为亲友非法牟利罪是中行为人得到的报酬并非直接源于行为人在本单位的具体经营行为,而是其利用职务便利行为所获,属于受贿性质;三是非法经营同类营业罪的主体是特殊主体,即国有公司、企业的董事、经理。董事、经理的身份取得应符合《公司法》的规定,国有公司、企业的部门经理等中层管理人员,一般不构成非法经营同类营业罪的主体。

本案中,被告人利用职务之便,实施了让其亲属经营与其所任职的公司业务范围同类的经营活动,有直接的具体的经营行为,并从中获取经营报酬,属于非法经营同类营业的行为,但被告人任职的嘉陵——本田发动机有限公司系中外合资经营公司,并非国有公司,且杨为中层管理人员,不具备国有公司、企业的董事、经理这一特殊主体要件,其行为不构成非法经营同类营业罪。

(三)签订、履行合同失职被骗罪

主体与行为要素的认定
梁汉钊签订、履行合同失职被骗案[①]
【适法规则】
1. 国有公司直接负责的主管人员包括部门经理。
2. 行骗人是否已被人民法院判决构成诈骗犯罪,不是本罪成立的前提条件。
【基本案情】
1998年间,被告人高原与香港鹏昌集团公司(以下简称鹏昌公司)的朱柏炎合谋后,由鹏昌公司与中国国际企业合作公司(以下简称国企公司)签订虚假的进口合同,据此以鹏昌公司为受益人向中国建设银行北京分行申请开立22单信用证,开证金额1093万余美元(折合人民币9051万余元);向中国银行北京分行申请开立2单信用证,开证金额94万余美元(折合人民币780万余元)、由中国惠通(集团)总公司(以下简称惠通公司)代国企公司向中国农业银行北京分行申请开立

---
① 中华人民共和国最高人民法院刑事审判第一庭、第二庭编:《刑事审判参考》(总第35辑),法律出版社2004年版,第27~34页。

5单信用证,开证金额220万余美元(折合人民币1829万余元);由惠通公司代国企公司向香港上海汇丰银行有限公司北京分行申请开立2单信用证,开证金额95万余美元(折合人民币793万余元);向北京市商业银行申请开立4单信用证,开证金额175万余美元(折合人民币1454万余元)、由中国燕兴总公司(以下简称燕兴公司)代国企公司向工行北京分行申请开立2单信用证,开证金额76万余美元(折合人民币630万余元),共计开证金额1789万余美元,折合人民币14,537万余元;由鹏昌公司从香港提供虚假的信用证附随单据,将信用证项下资金贴现,用于鹏昌公司的经营活动,除向中国银行北京分行支付人民币358万余元外,其余全部损失,未能追回。

同年,被告人梁汉钊担任国企公司进出口五部经理,在国企公司进出口五部与鹏昌公司签订进口合同,通过中国建设银行北京分行开立19单信用证,开证金额941万余美元(折合人民币7791万余元);通过北京市商业银行开立4单信用证,开证金额175万余美元(折合人民币1454万余元)的过程中,严重不负责任,不认真审查合同真伪、进口是否落实,盲目签约,致使信用证项下资金1116万余美元(折合人民币9245万余元)被骗,至今无法追回,给国有财产造成重大损失。

【裁判结果】
北京市第一中级人民法院于2011年12月17日以(2001)一中刑初字第847号作出刑事判决:被告人高原犯信用证诈骗罪,判处无期徒刑,剥夺政治权利终身;被告人梁汉钊犯签订、履行合同失职被骗罪,判处有期徒刑六年。一审宣判后,被告人梁汉钊不服,向北京市高级人民法院提出上诉。北京市高级人民法院作出刑事裁定:驳回上诉,维持原判。

【裁判理由】
签订、履行合同失职被骗罪的犯罪主体为国有公司、企业、事业单位直接负责的主管人员。直接负责的主管人员必须具有管理人员的身份,行使实际管理职权,并且对合同的签订、履行负有直接责任。直接负责的主管人员不限于法定代表人、分管副职领导、部门、分支机构的负责人等均属管理人员。本案中,被告人梁汉钊任国企公司经理,负责五部的全面工作,在系列被骗合同签订过程中代表五部签字、盖章,合同履行过程中不履行职责而被骗,正是其失职所致,理应对合同被骗后果承担管理失职之责任。

签订、履行合同失职被骗罪的成立,不以合同对方构成诈骗罪为前提,在程序上仅需认定对方当事人的行为已经涉嫌构成诈骗犯罪即可。在本案中,被告人梁汉钊严重不负责任,对进口事项能否落实不加审查,造成了国企公司1116万余美元(折合人民币9245万余元)的特别重大经济损失,符合签订、履行合同失职被骗罪的构成要件。

(四)国有公司、企业人员滥用职权罪

主体要素的认定
工商银行神木支行、童某等国有公司、企业人员滥用职权案①

【适法规则】

1. 国家控股、参股公司、企业不属于私分国有资产罪中的"国有公司、企业"。
2. 国家控股、参股公司、企业工作人员私分本公司、企业资产的,成立国有公司、企业人员滥用职权罪。

【基本案情】

2010年11月,被告人童某担任被告单位中国工商银行股份有限公司神木支行(简称神木支行)行长后,为解决经费不足和职工福利问题,授意办公室主任、被告人张某采取虚拟项目方式,向上级行榆林分行套取经营性费用。2010年,张某以虚拟的维修费、燃料费、绿化费等名目套取资金65.0261万元。经行长办公会决定,将其中22万元以过节费名义发给支行全体职工。2011年2月,被告人温某出任支行副行长,分管财务和市场营销。童某、温某继续指使张某套取资金。2011年间,张某以上述方式向榆林分行套取费用303.9538万元。经行长办公会决定,将其中38.6万元以福利费名义发给全体职工;以第三、四季度奖励和专项奖励的名义发放给职工62.69万元。

【裁判结果】

陕西省神木县人民法院作出刑事判决,被告人童某、温某、张某犯国有公司人员滥用职权罪被免于刑事处罚。宣判后,没有上诉、抗诉,判决发生法律效力。

【裁判理由】

国家控股、参股公司、企业不属于私分国有资产罪中的"国有公司、企业"。对《刑法》规定的私分国有资产罪中的"国有公司、企业"应作限制解释,仅指国有独资公司、企业。根据在于:一是本罪中"国家机关、国有公司、企业、事业单位、人民团体"是并列主体,国家机关的资产是纯国有资产,国有公司、企业、事业单位、人民团体的资产也应为纯国有资产,上述单位主体中符合该条件要求的,只有国有独资公司、企业。二是私分国有资产罪被规定于《刑法》分则第八章,且仅与同章中单位受贿罪的犯罪主体、对单位行贿罪的犯罪对象一样,都是国家机关、国有公司、企业、事业单位、人民团体,故对私分国有资产罪中的"国有公司、企业"参照单位受贿罪中的犯罪主体、对单位行贿罪的犯罪对象来解释具有一定立法依据。国家控股、参股

---

① 中华人民共和国最高人民法院刑事审判第一、二、三、四、五庭主办:《刑事审判参考》(总第112集),法律出版社2018年版,第109~115页。

公司、企业工作人员私分本公司、企业国有资产行为成立国有公司人员滥用职权罪。

（五）利用未公开信息交易罪

情节要素的认定
马乐利用未公开信息交易案①
【适法规则】
　　刑法第一百八十条第四款是入罪标准，并非是法定刑档次标准，"情节严重"并未列明具体的法定刑，其量刑依据在于"依照第一款的规定处罚"，即依照内幕交易、泄露内幕信息罪的全部法定刑处罚，利用未公开信息交易罪应有"情节严重""情节特别严重"两种情形和两个量刑档次。

【基本案情】
　　2011年3月9日至2013年5月30日期间，被告人马乐担任博时基金管理有限公司旗下的博时精选股票证券投资经理，全权负责投资基金投资股票市场，掌握了博时精选股票证券投资基金交易的标的股票、交易时间和交易数量等未公开信息。马乐在任职期间利用其掌控的上述未公开信息，从事与该信息相关的证券交易活动，操作自己控制的"金某""严某甲""严某乙"三个股票账户，通过临时购买的不记名神州行电话卡下单，先于（1~5个交易日）、同期或稍晚于（1~2个交易日）其管理的"博时精选"基金账户买卖相同股票76只，累计成交金额10.5亿余元，非法获利18,833,374.74元。2013年7月17日，马乐主动到深圳市公安局投案，且到案之后能如实供述其所犯罪行，属自首；马乐认罪态度良好，违法所得能从扣押、冻结的财产中全额返还，判处的罚金亦能全额缴纳。

【裁判结果】
　　广东省深圳市中级人民法院于2016年3月24日以（2014）深中法刑二初字第27号刑事判决：判处马乐有期徒刑三年，缓刑五年，并处罚金人民币1884万元；违法所得人民币18,833,374.74元依法予以追缴，上缴国库。深圳市人民检察院提出抗诉认为，被告人马乐的行为应认定为犯罪情节特别严重，依照"情节特别严重"的量刑档次处罚。广东省高级人民法院于2014年10月20日以（2014）粤高法刑二终字第137号作出刑事裁定：驳回抗诉，维持原判。二审裁定生效后，广东省人民检察院提请最高人民检察院按照审判监督程序向最高人民法院提出抗诉。最高人民检察院抗诉提出，刑法第一百八十条第四款属于援引法定刑的情形，应当引用第一款处罚的全部规定；利用未公开信息交易罪与内幕交易、泄露内幕信息罪的违法与责

---

① 最高人民法院指导案例第13批第61号；最高人民检察院指导案例第7批第24号。

任程度相当,法定刑亦应相当;马乐的行为应当认定为犯罪情节特别严重,对其适用缓刑明显不当。本案终审裁定以刑法第一百八十条第四款未对利用未公开信息交易罪规定有"情节特别严重"为由,降格评价马乐的犯罪行为,属于适用法律确有错误,导致量刑不当,应当依法纠正。最高人民法院依法组成合议庭对该案直接进行再审,并公开开庭审理了本案。最高人民法院于2015年11月23日以(2015)刑抗字第1号刑事判决:(1)维持广东省高级人民法院(2014)粤高法刑二终字第137号刑事裁定和深圳市中级人民法院(2014)深中法刑二初字第27号刑事判决中对原审被告人马乐的定罪部分;(2)撤销广东省高级人民法院(2014)粤高法刑二终字第137号刑事裁定和深圳市中级人民法院(2014)深中法刑二初字第27号刑事判决中对原审被告人马乐的量刑及追缴违法所得部分;(3)原审被告人马乐犯利用未公开信息交易罪,判处有期徒刑三年,并处罚金人民币1913万元;(4)违法所得人民币19,120,246.98元依法予以追缴,上缴国库。

【裁判理由】

一审法院认为,被告人马乐的行为已构成利用未公开信息交易罪。但刑法中并未对利用未公开信息交易罪规定"情节特别严重"的情形,因此只能认定马乐的行为属于"情节严重"。

二审法院认为,刑法第一百八十条第四款规定,利用未公开信息交易,情节严重的,依照第一款的规定处罚,该条款并未对利用未公开信息交易罪规定有"情节特别严重"情形;而根据第一百八十条第一款的规定,情节严重的,处五年以下有期徒刑或者拘役,并处或者单处违法所得一倍以上五倍以下罚金,故马乐利用未公开信息交易,属于犯罪情节严重,应在该量刑幅度内判处刑罚。

再审法院认为,原审被告人马乐的行为已构成利用未公开信息交易罪。马乐利用未公开信息交易股票76只,累计成交额10.5亿余元,非法获利1912万余元,属于情节特别严重。

刑法第一百八十条第四款规定了利用未公开信息交易,情节严重的,按照第一款内幕交易、泄露内幕信息罪的规定处罚,而第一款中又区分出"情节严重"和"情节特别严重"两档法定刑。利用未公开信息交易罪中的"情节严重"属于入罪标准,不具量刑条款的性质,其功能在于表明该罪情节犯的属性,具有限定处罚范围的作用,以避免"情节不严重"的行为也入罪。本条款中"情节严重"之后并未列明具体的法定刑,应当理解为对第一款法定刑的全部援引而非部分援引,即同时存在"情节严重"、"情节特别严重"两种情形和两个量刑档次。

三、《刑法·分则》第五章 侵犯财产罪

（一）职务侵占罪

1. 主体要素的认定

（1）于庆伟职务侵占案[①]

【适法规则】

单位临时工利用职务上的便利非法占有本单位财物的行为，应以职务侵占罪定罪处罚。

【基本案情】

2001年3月，北京市联运公司海淀分公司聘用被告人于庆伟为公司临时工，后根据其工作表现，任命为上站业务员，具体负责将货物从本单位签收后领出、掌管货票、持货票到火车站将领出的货物办理托运手续等发送业务。2001年9月21日，于庆伟从单位领出货物后，与同事王峰、林占江一同去北京站办理货物托运。在北京站，于庆伟与林占江一起将所托运的货物搬入行李车间后，于庆伟独自去办理货物托运手续。于庆伟对北京站行李车间工作人员谎称，有4件货物单位让其取回，不再托运了，并将这4件货物暂存在行李车间（货件总计价值人民币2.152万元）。23日，于庆伟持上述4件货物的货票将货物从北京站取出，将其中的20个软驱藏匿在北京市香山附近其女友的住处，其余物品寄往广州市于永飞处。当日，于庆伟找来3个纸箱，充填上泡沫和砖头，到北京站用原货票将其发往吉林，又趁北京站工作人员不备将站内一箱待发运货物的标签撕下，贴上发往东营的标签。此后，于庆伟将货物交接证交给北京市联运公司海淀分公司。

【裁判结果】

北京铁路运输法院于2002年7月15日以（2002）京铁刑初字第54号作出刑事判决：被告人于庆伟犯职务侵占罪，判处有期徒刑一年零六个月。宣判后，于庆伟没有上诉，检察机关亦未抗诉，判决发生法律效力。

【裁判理由】

根据《中华人民共和国劳动法》的规定，固定工、合同工、临时工均为单位职工。认定行为人是否具有职务上的便利，不能以其是正式职工、合同工还是临时工为划分标准，而应当从其所在的岗位和所担负的工作上看其有无主管、管理或者经手单

[①] 中华人民共和国最高人民法院刑事审判第一庭、第二庭编：《刑事审判参考》（总第31辑），法律出版社2003年版，第51~52页。

位财物的职责。只要经公司、企业或者单位聘用,并赋予其主管、管理或者经手本单位财物的权力,无论是正式职工、合同工还是临时工,都可以成为职务侵占罪的犯罪主体。职务侵占罪中的"利用职务上的便利"可理解为单位人员利用主管、管理、经手单位财物的便利条件。本案中,被告人作为业务员,对货件有一定的管理权和经手权,符合职务侵占罪的构成要件。

(2)赵玉生、张书安职务侵占案①

【适法规则】

1. 村民组长在从事土地征收、征用补偿费用等特定事项的管理工作时,可以国家工作人员论。

2. 村民委员会等村基层组织人员协助人民政府从事土地征收、征用补偿费用管理等行政管理工作结束后,土地补偿费已拨付至村集体,村民组长在管理村集体事务过程中侵吞集体财产的,不构成贪污罪。

【基本案情】

2011 年以来,被告人赵玉生利用担任河南省新郑市城关乡沟张村二组组长的职务便利,与该村文书被告人张书安商议后,在发放二组村民南水北调工程永久用地补偿费过程中,以在该村二组南水北调永久用地补偿费分配表中添加张书安的方式,先后两次以张书安的名义套取人民币 169,120 元,张书安分得 3 万元,赵玉生将余款据为己有。案发后,张书安家属代为退赃 3 万元。

【裁判结果】

新郑市人民法院以贪污罪分别判处被告人赵玉生、张书安有期徒刑十年六个月、五年。

郑州市中级人民法院判决:1. 撤销河南省新郑市人民法院(2014)新刑初字第 338 号刑事判决;2. 以职务侵占罪分别判处赵玉生、张书安有期徒刑六年、三年。

【裁判理由】

村民委员会等村基层组织人员在协助人民政府从事土地征收、征用补偿费用的管理等行政管理工作时,属于刑法第九十三条第二款规定的"其他依照法律从事公务的人员",以国家工作人员论。村民小组组长若从事特定公务,可以成为贪污罪的主体;如果村民小组组长利用职务便利,在协助人民政府处理特定公务时非法占有公共财产的,应当成立贪污罪。在协助政府从事此类行政管理工作过程中利用职务便利侵吞财物的方式包括:在协助清点、丈量、测算、确认、统计土地、登记地上附着物时虚构补偿项目或多报土地面积、地上附着物数及青苗补偿亩数;在协助统计、登记、向上报送以及核实、发放补偿款时将政府拨付的补偿款不计入村集体

---

① 中华人民共和国最高人民法院刑事审判第一、二、三、四、五庭主办:《刑事审判参考》(总第 106 辑),法律出版社 2017 年版,第 12~18 页。

账目,用补偿款给村干部发奖金,并以此名义套取补偿款等。

本案中,南水北调工程永久用地补偿费下拨至河南省新郑市城关乡"三资"委托代理服务中心后,系由新郑市城关乡沟张村二组制定本村组的补偿费发放标准,即由村民小组集体决定本组土地补偿费的发放及相关标准。款项发放过程中,二被告人以在补偿费分配表中添加非本组成员的方式套取财产,进而非法占为己有。鉴于南水北调工程永久用地补偿费系集体土地被国家征用而支付给该村组集体的补偿费用,该款进入委托代理服务中心账户后,即成为该中心代为管理的村组集体财产,故其行为应成立职务侵占罪。

2. 利用职务便利要素的认定
张珍贵、黄文章职务侵占案[①]
【适法规则】
1. 国有公司的雇佣人员,既不属于国家工作人员,也不属于"受委托管理、经营国有财产的人员",不能成为贪污罪的主体。

2. 国有公司受聘人员利用职务之便窃取国有财产,在实施过程中同时存在非利用职务便利行为的,若能证明犯罪结果与行为人利用职务便利存在必然的因果关系,非利用职务便利的行为仅占次要地位的,应按职务侵占罪定罪。

【基本案情】
被告人张珍贵通过与国有的储运公司签订临时劳务合同,受聘担任储运公司承包经营的海关验货场门卫,当班时负责验货场内货柜及物资安全,凭司机所持的缴费卡放行车辆,晚上还代业务员、核算员对进出场车辆进行打卡、收费。受聘用期间,张珍贵多次萌发纠集他人合伙盗窃验货场内货柜之邪念,自结识了在厦门市象屿胜狮货柜有限公司任初验员的被告人黄文章后,两人经密谋商定作案。1999年4月29日,五矿公司将欲出口的6个集装箱货柜运入海关验货场等待检验。当日,正值被告人张珍贵当班。张珍贵即按与被告人黄文章的约定,通知黄文章联系拖车前来行窃。当日下午7时许,黄文章带着联系好的拖车前往海关验货场,在张珍贵的配合下,将场中3个集装箱货柜(内装1860箱涤纶丝)连同3个车架(总价值659,878元)偷运出验货场,并利用其窃取的厦门象屿胜狮货柜公司货物出场单,将货柜运出保税区大门,连夜运往龙海市港尾镇准备销赃。黄文章走后,张珍贵到保税区门岗室,乘值班经警不备,将上述3个货柜的货物出场单及货物出区登记表偷出销毁。

【裁判结果】
福建省厦门市中级人民法院于1999年11月23日作出刑事判决:(1)被告人张

[①] 中华人民共和国最高人民法院刑事审判第一庭、第二庭编:《刑事审判参考》(总第35辑),法律出版社2004年版,第55~63页。

珍贵犯职务侵占罪,判处有期徒刑九年,并处没收财产1万元;(2)被告人黄文章犯职务侵占罪,判处有期徒刑八年,并处没收财产1万元。一审宣判后,被告人张珍贵、黄文章没有提出上诉,公诉机关也未抗诉,判决发生法律效力。

【裁判理由】

储运公司是两家国有公司投资设立的股份公司,该公司保管的财产虽可列为经手管理的国有财产,但被告人张珍贵身份是公司雇佣的工勤人员,从事的只是看管验货场的劳务工作,既不属于在"公司、企业或者其他国有单位中从事公务的人员",也不属于"受委托管理、经营国有财产的人员",不能成为贪污罪的主体。起诉书指控被告人的行为构成贪污罪,定性不当,应当纠正。被告人张珍贵通过与储运公司签订临时劳务合同,受聘为储运公司承包经营的海关验货场门岗。被告人既有利用职务便利实施的行为,即,允许拖车进入海关验货场和窃取成功后允许拖车离开验货场,又有利用窃取的货物出场单将货柜运出保税区大门以及销毁门岗室保存的货物出场单和货物出区登记表的非利用职务便利的行为,但犯罪能够既遂,与张珍贵利用职务便利有着必然的因果关系,二人非利用职务便利的行为占据次要地位,故应以职务侵占定罪。

3.行为要素的认定

(1)钱银元贪污、职务侵占案①

【适法规则】

1.村委会基于平等民事关系收取土地租金,不属于协助行使行政管理职能。

2.以村委名义从事的村务活动,不属于协助人民政府从事"国有土地的经营和管理"工作。

【基本案情】

被告人钱银元于1998年7月被中共锡山市鸿声镇委员会任命为锡山市鸿声镇鸿声村党支部书记。2003年3月,被告人钱银元利用职务上的便利,将无锡市锡山区鸿山镇鸿声村民委员会(以下简称鸿声村委)从无锡市锡山区鸿声镇名圆纸张经营部收取的集体土地租用费收款不入账,交龚燕敏处保管。2007年3月,被告人钱银元以及龚燕敏将上述土地租用费中的人民币(以下币种均为人民币)3万元进行私分,非法占为己有。其中,被告人钱银元分得2万元,龚燕敏分得1万元。在2001年至2004年间,鸿声村委先后将六宗集体土地出租给无锡市健明冷作装潢厂等单位使用,并收取了五十年的集体土地租用费。被告人钱银元于2004年12月至2005年5月间,利用其职务上的便利,以为租用集体土地的单位办理国有土地使用权证,

---

① 中华人民共和国最高人民法院刑事审判第一、二、三、四、五庭主办:《刑事审判参考》(总第75辑),法律出版社2011年版,第87~89页。

需增收土地租金的名义,先后收取健明厂、海圣厂、恒益厂共计63,000元,后采用收款不入账的手法,将该款非法占为己有。

【裁判结果】

无锡市高新技术产业开发区人民法院作出刑事判决:被告人钱银元犯职务侵占罪,判处有期徒刑三年,缓刑三年。一审宣判后,被告人钱银元未提出上诉,公诉机关未提起抗诉,判决发生法律效力。

【裁判理由】

村民委员会、居民委员会是基层群众自治性组织,职责主要是管理村、居民点的集体性事务,其本身并无行政管理权能,在存在协助政府从事行政管理工作的情形下,必须是以政府的名义,且从事公务行为。本案中,村委会将集体土地出租给用地单位,双方属于平等的民事租赁关系,关系双方是平等民事主体。用地单位根据村委会要求向其补交的租金,是基于民事合同关系的履行行为,不是行政法上的强制行为。租地部门与土管部门之间无直接法律关系。鸿声村委会是法律规定的土地年租金的交纳义务人,不是国有划拨土地使用权人,其没有交纳土地年租金的法定义务,而仅有依据租赁关系产生的合同义务。因此,不能认为村委会收取土地租金是在协助行使行政管理职能。本案被告人基于租赁关系向对方当事人增收租金,是以村委会的名义,而不是以政府的名义;鸿声村委会将集体土地出租给用地单位并收取租金,后该土地收归国有,村委会将拥有使用权的该宗土地继续出租,并增收租金,其行为始终属于从事村务性质。因此,被告人的行为不属于协助政府从事公务的行为,应当以职务侵占罪追究刑事责任。

(2)曹建亮等职务侵占案[①]

【适法规则】

行为时已经不处于土地征收补偿费用的管理阶段,行为亦不具有协助人民政府从事行政管理工作的属性,不构成贪污罪。

【基本案情】

2005年因修筑福银高速公路,长武县曹公村部分土地被征用,其中征用村便道和公用地拨付的青苗补偿款为19,592元,2007年旱原地按水浇地补偿标准为村便道和公用地追加补偿款73,602元,以上两项补偿款均未计入村委会的账务。2007年3月10日,洪家镇政府向长武县民政局书面报告,建议曹公、沟北两村并为一村,但至2007年12月长武县民政局一直未予批复。2007年6月,五被告人在曹公村村委会开会,因两村准备合并,曹军民不再担任村出纳职务,村会计曹清亮向村主任曹建亮请示未入账的19,592元、73,602元如何处理。另外,经计算高速公路赔偿

---

① 中华人民共和国最高人民法院刑事审判第一、二、三、四、五庭主办:《刑事审判参考》(总第92辑),法律出版社2014年版,第108~111页。

专用现金账上还剩村便道和公用地征用补偿款104,426.60元。曹建亮提出把款分了,其他四被告人均同意。后村出纳曹军民以现金、存折、票据抵顶的形式分发给各被告人39,500元。从2007年年初曹宽亮就陆续接管出纳工作,至2007年12月5日,曹军民将出纳手续全部交清。2009年,长武县纪委、长武县检察院检查曹公村账务时,曹清亮用村里的其他已支出票据将有关账目平账。案发后,五被告人于2010年5月27日各自向长武县人民检察院退赃39,500元。

【裁判结果】

陕西省咸阳市长武县人民法院以贪污罪判处被告人曹建亮有期徒刑十年,曹军民有期徒刑六年,曹清亮有期徒刑五年,曹建林有期徒刑四年,曹宽亮有期徒刑三年,缓刑四年。一审宣判后,被告人曹建亮等5人均不服,向咸阳市中级人民法院提起上诉。咸阳市中级人民法院以事实不清、证据不足为由,依法裁定撤销原判,发回重审。长武县人民法院以贪污罪判处被告人曹建亮有期徒刑五年,曹军民有期徒刑三年六个月,曹清亮有期徒刑三年,缓刑五年,曹建林有期徒刑二年,缓刑三年,曹宽亮有期徒刑二年,缓刑三年。一审宣判后,被告人曹建亮、曹军民不服,向咸阳市中级人民法院提起上诉。咸阳市中级人民法院依法以职务侵占罪改判上诉人曹建亮有期徒刑三年六个月;上诉人曹军民有期徒刑三年,缓刑四年;原审被告人曹清亮有期徒刑三年,缓刑五年;原审被告人曹建林有期徒刑二年,缓刑三年;原审被告人曹宽亮有期徒刑二年,缓刑三年。

【裁判理由】

一审法院认为,被告人曹建亮等5人在协助人民政府从事土地征用补偿费用的管理等公务中,利用职务上的便利,私分土地补偿款197,500元,其行为均构成贪污罪。

二审法院认为,虽然本案涉案款项是土地征用补偿费,但是当村委会在协助乡镇政府给村民个人分发时才属于协助人民政府从事行政管理工作,该补偿费一旦分发到村民个人手中,即属于村民个人财产;当村委会从乡镇政府领取属于村集体的补偿费时,村委会属于收款人,与接收补偿费的村民个人属于同一性质,该补偿费一旦拨付到村委会,即属于村民集体财产。此时,村委会不具有协助人民政府从事行政管理工作的属性。五被告人利用职务上的便利,采取侵吞手段,将集体财产非法占为己有,数额较大,其行为构成职务侵占罪。

村干部协助人民政府从事"土地征收、征用补偿费用的管理"的公务,应当限于协助政府核准、测算以及向因土地征用受损方发放补偿费用的环节。一旦补偿到位,来源于政府的补偿费用就转变为因出让集体土地所有权和个人土地使用权而获得的集体财产和个人财产,之后对该款项的处理属于村自治事务和个人财产处置。在本案中,第一次土地补偿费虽然未入账,但属于按照人口发放之后的结余款项,属于村集体财产,行为人协助发放职责已经终止;第二次土地补偿已经入账,如何分配属于村自治管理范畴,也不存在协助政府从事行政管理工作的问题。即,行为时已经不在土地征收补偿费用的管理阶段,而是集体财产的分配阶段。行为人侵害的是集体财产权,故只能构成职务侵占罪。

(二)挪用资金罪

1. 主体要素的认定

王江浩挪用资金案[①]

【适法规则】

小区业主委员会主任挪用业主委员会银行账户资金的,成立挪用资金罪。

【基本案情】

被告人王江浩作为业主委员会主任(业主委员会已获深圳市市场监督管理局颁发的组织机构代码证),利用职务上的便利,挪用业主委员会资金44万元归个人使用,其中40万元用于营利活动,4万元借贷给他人,数额较大,超过三个月未还。

【裁判结果】

深圳市南山区人民法院作出刑事判决,被告人王江浩犯挪用资金罪,判处有期徒刑九个月。一审宣判后,被告人不服原判,提出上诉。深圳市中级人民法院作出刑事裁定,驳回上诉,维持原判。

【裁判理由】

《刑法》第三十条列举了五类单位,实践中对"公司、企业、事业单位"的范围把握不准,引发定性争议。为此,《最高人民法院关于审理单位犯罪案件具体应用法律有关问题的解释》第一条规定:"刑法第三十条规定的公司、企业、事业单位,既包括国有、集体所有的公司、企业、事业单位,也包括依法设立的合资经营、合作经营企业和具有法人资格的独资、私营公司、企业、事业单位。"《刑法》总则和《单位犯罪司法解释》规定,在单位犯罪中,由于单位需要对外承担刑事责任,因此单位犯罪中的"单位"主体条件基本的要素是必须具备法人资格,且与自然人犯罪相区别和对应。

单位犯罪中的"单位"主要是用以区别自然人犯罪,对作为犯罪主体的单位的认定,适用从严把握。而"其他单位"作为被害人出现时,主要是从其在遭到犯罪侵害时,保护其合法权益尤其是财产权的角度出发予以考量。对合法权益的保护,"其他单位"可以作为独立的主体主张权利,而不需要以其名义单独承担刑事责任,与需要承担刑事责任的单位犯罪中的"单位"相比,其成立要件、形式要件也相对宽松,且随着经济社会的发展,刑法也必须保持适当的社会张力,才能适应社会的发

[①] 中华人民共和国最高人民法院刑事审判庭第一、二、三、四、五庭主办:《刑事审判参考》(总第122辑),法律出版社2020年版,第63~69页。

展,因而可以做扩大解释。参照上述司法解释中对"单位"的扩大解释规定,对业主委员会可以认定为挪用资金罪中的"其他单位"。

2. 行为要素的认定
(1)刘顺新等挪用资金案①
【适法规则】
行为人挪用的单位资金没有归自然人使用,或者行为人没有以个人名义将资金挪用给其他单位使用,不构成挪用资金罪

【基本案情】
1986年7月,经中国人民银行批准,爱建信托成立,经营范围包括信托存款、贷款、信托投资等金融业务。1998年5月至2004年9月间,被告人马建平担任爱建信托总经理,主持公司的经营管理工作,直接负责爱建信托的贷款等业务。2000年10月,被告人刘顺新曾因动用爱建证券巨额资金至香港炒股被套牢而急需资金用于解套,遂召集被告人颜立燕、陈辉、马建平三人一起商量。经商定,由颜立燕以其公司名义向爱建信托申请贷款,刘顺新、陈辉所在的爱建证券为颜立燕出具形式上符合贷款要求的质押证明,马建平利用其担任爱建信托总经理的职务便利发放贷款,贷款资金用于炒股,三方共同牟利。2000年11月至2001年9月间,颜立燕以其实际控制的骏乐实业、达德投资有限公司名义向爱建信托申请质押贷款,质押物为颜立燕妻子张伟玲在爱建证券开设账户内所拥有的股票和资金。刘顺新、陈辉以爱建证券的名义,为上述账户出具了虚假足额抵押证明。马建平向爱建信托贷审会隐瞒了贷款实际用途以及质押物严重不足的情况,使贷款得以审核通过。其间,马建平还两次将贷款予以拆分,以规避其贷款审批权限不超过人民币(以下币种同)1亿元的规定,先后16次向骏乐实业、达德投资发放贷款共计9.6976亿元。2001年8月至9月间,马建平因担心直接发放给颜立燕公司的贷款金额过大,违规贷款行为容易被发现,遂与刘顺新、颜立燕商议,由陈辉等人操作,以爱建证券下属的方达公司作为平台,爱建信托与方达公司签订了虚假的《信托资金委托管理合同》,将爱建信托4.289亿元资金划至方达公司的账户,然后在无任何质押担保手续的情况下,再将上述资金划转给颜立燕实际控制的公司。经审计查明,在爱建信托发放的总计13.9866亿元资金中,划至境外炒股的资金为4.8亿余元;颜立燕及其亲属用于境内炒股、出借、归还借款、提现等用途的资金共计4.5亿余元;划入爱建证券控制账户的资金3.1亿余元;归还爱建信托贷款本金1亿余元。上述贷款中,除归还5.8亿余元外,尚有8.1亿余元贷款本金没有归还。

---
① 中华人民共和国最高人民法院刑事审判第一、二、三、四、五庭主办:《刑事审判参考》(总第90辑),法律出版社2013年版,第7~10页。

【裁判结果】

上海市第一中级人民法院作出刑事判决:被告人刘顺新犯违法发放贷款罪,判处有期徒刑十三年,并处罚金人民币20万元;被告人马建平犯违法发放贷款罪,判处有期徒刑十二年六个月,并处罚金人民币20万元;被告人陈辉犯违法发放贷款罪,判处有期徒刑三年,缓刑五年,并处罚金人民币10万元;被告人颜立燕犯违法发放贷款罪,判处有期徒刑三年,缓刑五年,并处罚金人民币20万元。一审宣判后,刘顺新、马建平不服,以违法发放贷款所造成的6.87亿元亏空已由颜立燕在一审宣判前全部退赔,本案没有造成重大损失等为由,提出上诉。上海市高级人民法院作出刑事裁定:驳回上诉,维持原判。

【裁判理由】

一审法院认为,从爱建信托的资金流向看,难以认定系给个人使用或者借贷给个人;从爱建信托资金的流出方式看,主要是通过贷款形式发放,故目前证据不宜认定四名被告人的行为构成挪用资金罪。现有证据也不足以证明颜立燕具有非法占有爱建信托资金的目的,难以认定爱建信托受到欺骗,故认定被告人颜立燕、马建平的行为构成合同诈骗罪证据不足,罪名不能成立。综合本案事实和证据,四被告人的行为构成违法发放贷款罪,且构成共同犯罪。

二审法院认为,马建平作为金融机构工作人员,在明知质押物不足,贷款资金用于炒股的情况下,利用其担任爱建信托总经理的职务便利,违反相关法律法规,采取化整为零及操控贷款审查等方法,将贷款发放给颜立燕,数额特别巨大,且造成特别重大损失,其行为符合违法发放贷款罪的构成要件。刘顺新等其他同案被告人与马建平具有违法发放贷款的共同犯罪故意,实施了共同犯罪行为,其行为亦构成违法发放贷款罪的共同犯罪。

本案被告马建平是以贷款形式还是以委托理财形式将爱建信托资金发放给颜立燕实际控制的公司,都是以爱建信托的单位名义,并非以其个人名义。从四被告人共谋贷款的目的以及爱建证券主动承担骏乐实业、达德投资欠爱建信托的贷款等证据来看,不能排除此笔资金实为爱建证券所用,认定四被告人共同挪用资金给个人使用的证据不足。故而,不符合挪用资金罪的构成条件。被告人马建平作为金融机构工作人员,在发放贷款过程中存在向爱建信托贷款审查委员会隐瞒贷款用途及抵押物不足的情况、超越贷款审批权限等违反法律、行政法规的行为,且发放贷款数额特别巨大,造成特别重大损失,构成违法发放贷款罪。

(2)陈焕林、杨茂浩挪用资金、贪污案[①]

【适法规则】

在无法区分被挪用的款项为公款还是集体资金的情况下,应以挪用资金罪追

[①] 中华人民共和国最高人民法院刑事审判第一、二、三、四、五庭主办:《刑事审判参考》(总第57辑),法律出版社2007年版,第56~59页。

究村民委员会工作人员的刑事责任。

【基本案情】

被告人陈焕林从 2000 年 11 月至 2005 年上半年任潮安县彩塘镇和平村村民委员会主任,被告人杨茂浩从 2000 年 11 月至 2005 年 7 月任潮安县彩塘镇和平村村民委员会委员、出纳员。在二被告人任职期间,经该村村委会决定,将村集体资金交由杨茂浩存入杨茂浩个人的银行账户中。2004 年间,陈焕林利用职务之便,多次从杨茂浩处借出由杨茂浩保管的该村集体资金,用于赌博,并以借付工程款的名义立下六单借条,共计人民币 4,125,000 元。所有款项被陈焕林用于赌博输光,案发后无法追回。杨茂浩在明知陈焕林借钱不是用于支付和平村的工程款或其他公共开支而是另作他用的情况下,仍按陈焕林的指令连续、多次把和平村的集体资金共 4,125,000 元借给陈焕林个人使用。其间还按陈焕林的授意用假存折和假利息单据来冲抵被陈焕林借走的资金数额,以欺瞒、应付村查账小组的查账。2005 年 4 月和平村村民委员会换届选举,陈焕林落选,后于 2005 年 7 月 25 日潜逃。

被告人陈焕林于 2004 年 12 月 18 日,利用其担任潮安县彩塘镇和平村村民委员会主任职务之便,经手向潮安县彩塘镇民政办公室领取民政部门发给该村的在伍军人补助款 9000 元和烈属补助款 300 元,共计人民币 9300 元,后将该款据为己有,挥霍花光。案发后赃款无法追回。

【裁判结果】

广东省潮州市潮安县人民法院作出刑事判决:(1)被告人陈焕林犯挪用资金罪,判处有期徒刑十年;犯贪污罪,判处有期徒刑一年,总和刑期十一年,决定执行有期徒刑十一年;(2)被告人杨茂浩犯挪用资金罪,判处有期徒刑二年六个月。一审宣判后,杨茂浩以原审判决量刑畸重,要求对其适用缓刑为由,提出上诉。上诉期届满后,潮州市中级人民法院受理前,杨茂浩申请撤回上诉,潮州市中级人民法院经审查,裁定准许上诉人杨茂浩撤回上诉。

【裁判理由】

法院认为,被告人陈焕林身为村民委员会工作人员,利用职务之便,挪用本单位资金用于赌博,数额巨大,已构成挪用资金罪,其又在协助人民政府从事优抚款物管理公务过程中,利用职务之便,侵吞国有财物,已构成贪污罪。被告人杨茂浩身为村民委员会出纳,明知被告人陈焕林借集体资金是要挪作他用,仍听从其指令,将所保管的集体资金借给陈焕林,已构成挪用资金罪。

挪用公款罪的行为对象是公款,而挪用资金罪的行为对象则为公司、企业或其他单位的资金。根据立法解释,基层组织人员利用职务便利,挪用协助人民政府从事行政管理工作七项事务中的款项,构成挪用公款罪,若基层组织人员利用的是村内自治管理服务工作之便,挪用村集体资金的,则构成挪用资金罪。但是,如果无法查明挪用款项的性质,则根据刑法的谦抑原则,从有利于被告人角度出发,按照处罚较轻的挪用资金罪加以认定。本案中,集体资金和征地补偿款混同,二被告人每次所挪用的资金的性质不明,既可能均是集体资金,也有可能均是征地补偿款,或者是两者兼有。在无法确定款项性质以及挪用有关款项利用的是从事特定公务之便还是村内自治管理服务工作之便的情形下,应当按照挪用资金罪定罪处罚。

(3) 李毅挪用资金案[①]

【适法规则】

挪用型犯罪中,被告人挪用资金超过三个月未还的时间计算,应当分别以行为人挪出与实际归还的时间作为区间计算的起点与终点。

【基本案情】

被告人李毅2010年5月开始担任孚润达公司业务员,从事销售工作。2011年5月至2012年1月间,李毅利用职务之便,从业务单位西格玛集团有限公司、莱阳市桥安机械配件有限公司等公司,收取货款人民币289,110元,未经孚润达公司同意,挪用上述货款归个人使用,超过三个月未还。其中,2012年4月13日挪用公司8万元资金的行为,至同年7月5日公司报案时未超过三个月,但直至其归案,均未主动归还该笔挪用的资金。至归还时,已超过三个月。

【裁判结果】

江苏省无锡市惠山区人民法院作出刑事判决,被告人李毅犯挪用资金罪判处有期徒刑二年,缓刑三年。一审宣判后,无锡市惠山区人民检察院提出抗诉,案经无锡市中级人民法院审理认为,从2012年4月13日原审被告人李毅挪用该笔资金至同年7月5日被害单位向公安机关报案,时间虽未满三个月,但其在被害单位报案后直至超过三个月仍未归还上述资金,故8万元应当计入其犯罪总额,二审改判李毅犯挪用资金罪,判处有期徒刑三年,缓刑四年。

【裁判理由】

挪用单位资金行为是否达到必须追究刑事责任的程度,要结合挪用的具体数额、目的、用途、时间、是否归还造成损失等综合分析认定。"两高"对挪用类犯罪(挪用公款、挪用资金)颁布过多部司法解释,1998年《最高人民法院关于审理挪用公款案件具体应用法律若干问题的解释》(以下简称《挪用公款解释》)第四条规定:"……多次挪用公款,并以后次挪用的公款归还前次挪用的公款,挪用公款数额以案发时未还的实际数额认定。"该解释虽是针对挪用公款罪,但其精神应适用于挪用资金罪。最高人民法院2003年9月18日《关于挪用公款犯罪如何计算追诉期限问题的批复》规定:"挪用公款数额较大,超过三个月未还的,犯罪的追诉期限从挪

---

① 中华人民共和国最高人民法院刑事审判第一、二、三、四、五庭主办:《刑事审判参考》(总第109集),法律出版社2017年版,第55~63页。

用公款罪成立之日起计算。挪用公款行为有连续状态的,犯罪的追诉期限应当从最后一次挪用行为实施完毕之日或者犯罪成立之日起计算。"但均未对数额截止日计算及在挪用期计算中的期间中止等做出规定。挪用型犯罪时间节点的确定,应以挪用行为持续的时间为依据,只要挪用较大数额资金持续超过三个月,就可以追究刑事责任。"案发时"涉及报案时、被主管机关发现时、立案时、被采取强制措施时,而其挪用终结的日期应以实际归还日作为判断标准。

挪用型犯罪中挪用时间的计算可因两种情形而发生中止或终止。一是司法机关介入挪用资金未超过三个月未还的案件,挪用人被采取强制措施后,三个月的时限可以暂时中止,待司法机关经审查后发现挪用人未构成挪用资金罪而作出撤案决定的,因强制措施被取消,挪用人仍不归还的,此时应当将挪用之日后司法机关介入前的时间与司法机关撤案后挪用人未还的时间合并计算。二是单位的承诺。挪用资金罪是侵犯财产犯罪,被害单位的意见十分重要。如,在挪用一个月未还时,被害单位发现后告知挪用人不用再归还单位资金了,此时因单位承诺或者双方协议,挪用人便没有了归还的义务和责任,导致三个月期限彻底终止,司法机关不能以三个月未还为由再对挪用人定罪处罚。被害单位的承诺导致三个月期限的暂时中止。如被害单位为追回损失,三个月内与挪用人约定,只要在一年内归还被挪用资金便不向司法机关报案。挪用人基于对单位承诺的信任,选择从挪用之日起超过三个月但在约定期限内归还挪用资金的,三个月期限应当从单位承诺或与单位达成协议之日起停止计算。当然,上述两种情况仅限于挪用资金犯罪适用,不能适用于挪用公款犯罪。因为国有单位对于国有资产并不具有所有权,无权对擅自挪用人作出免除或者延迟还款义务的承诺。

3. 数额要素与法定刑的认定
曾齐长挪用资金案[①]
【适法规则】
　　挪用资金罪条款中多处出现的"数额较大",其适用的标准并不同一,应当根据相关司法解释加以具体确定。
【基本案情】
　　2008年7月25日,时任汉滨区恒口镇曾家湾村村支部书记兼曾家湾村四组组长的被告人曾齐长,将该村四组河滩地以20万元的价格转让,向村民支付补偿款后,自行保管了剩余款项132,500元。2012年曾齐长以个人名义入股恒升新型建材有限公司105,000元,2014年6月7日曾齐长领取砖厂分红8300元。2017年5

---

① 中华人民共和国最高人民法院刑事审判庭第一、二、三、四、五庭主办:《刑事审判参考》(总第125辑),法律出版社2020年版,第54~60页。

月20日曾齐长召集组员曾修龙等8人以会议记录形式将自己入股砖厂的股份划归四组集体所有。该行为既未经该村民小组会议讨论决定,亦未实质办理股权变更手续,其所挪用105,000元集体资金属至今未退还。

【裁判结果】

陕西省安康市汉滨区人民法院作出刑事判决,被告人曾齐长犯挪用资金罪判处有期徒刑三年。一审宣判后,曾齐长提出上诉,陕西省安康市中级人民法院作出二审判决,被告人曾齐长犯挪用资金罪判处有期徒刑六个月。

【裁判理由】

挪用资金罪中"数额较大不退还"的计算标准,与"数额较大进行营利活动"中的数额标准并不相同。根据"两高"《关于办理贪污贿赂刑事案件适用法律若干问题的解释》第六条、第十一条,挪用资金罪"数额较大进行营利活动"的数额标准应为10万元以上、不满200万元。而"挪用公款不退还",数额在100万元以上不满200万元的,属于"情节严重",即,"挪用公款不退还"的法定刑升格数额标准为100万元。挪用公款罪较挪用资金罪为重罪,重罪法定刑升格数额标准为100万元,如果作为轻罪的挪用资金罪法定刑升格数额标准按照10万元认定,将导致轻罪重判。考虑司法解释本意,参照其他相关罪名的数额标准,挪用资金罪中"数额较大不退还"的数额标准应为200万元以上。本案中,挪用本单位资金105,000元不符合"数额较大不退还"的标准,故对其应在三年以下有期徒刑或者拘役幅度内量刑。

四、《刑法·分则》第八章 贪污贿赂罪

(一)贪 污 罪

1. 主体要素的认定

(1)严先贪污案[①]

【适法规则】

行为人受国家机关委派到集体所有制企业任职,后经企业职工代表大会选举并由上级主管部门批复同意后继续任职,均属于受国家机关委派从事公务,应以国家工作人员论,其侵吞单位财产的行为,应认定为贪污罪。

【基本案情】

1994年12月,被告人严先被中共重庆市委组织部从重庆市地方税务局派到原重庆市机械工业管理局所属的集体企业重庆弹簧厂挂职锻炼,担任副厂长。1996

---

① 《最高人民法院公报》2004年第12期(总第98期)。

年1月18日，严先经重庆弹簧厂职代会选举，并经原重庆市机械工业管理局批复同意担任该厂厂长。

1994年12月，被告人严先利用担任重庆弹簧厂副厂长的职务便利，擅自以本厂名义在重庆储金城市信用社开立由其本人控制的银行账户。同年12月29日，严先谎称预付重庆市机械工业管理局门面工程款，从本厂出纳处领取金额为13万元人民币的转账支票1张，将款转入上述银行账户，由个人占有使用。

1994年12月30日，被告人严先要求本厂财务人员以预付重庆市西园建筑工程公司工程款的名义一次性下账人民币564,640元，并分次支付、冲减。但严先并未将该部分款项付给重庆市西园建筑工程公司，而是于1995年1月3日至3月30日，先后6次从本厂出纳处领取共计564,640元人民币的转账支票6张，将此款转入上述银行账户，由个人占有使用。

1995年11月，被告人严先以本厂将与中国嘉陵工业股份有限公司（集团）合资生产弹簧等为由，要求本厂财务人员以归还中国嘉陵工业股份有限公司（集团）垫款的名义，一次性下账人民币1,179,397.46元。但严先并未将上述款项付给中国嘉陵工业股份有限公司（集团），而是先后利用担任重庆弹簧厂副厂长、厂长的职务便利，于1995年12月19日至1996年6月，8次从本厂出纳处领取转账支票、现金支票共8张，采取转账、提取现金方式将其中579,397.46元人民币据为己有；于1996年4月至7月，以转账等手段，将其中30万元人民币从本厂账上转出，并通过他人提出现金，据为己有。同年9月，严先携款潜逃。

综上，被告人严先利用职务便利，侵吞重庆弹簧厂公款共计人民币1,574,037.46元。案发后，检察机关追缴赃款和用赃款购买的物品共计价值人民币89,851.9元。

【裁判结果】

重庆市第一中级人民法院于1999年2月26日作出（1998）渝一中刑初字第498号刑事判决：被告人严先犯贪污罪，判处死刑，剥夺政治权利终身；并处没收财产人民币20万元。宣判后，严先不服，提出上诉。重庆市高级人民法院于1999年12月24日以（1999）渝高法刑终字第131号作出刑事裁定：一审认定的事实不清，证据不足，撤销一审判决，发回重审。重庆市第一中级人民法院于2001年3月15日以（2000）渝一中刑初字第577号刑事判决，认定被告人严先犯贪污罪，判处死刑，剥夺政治权利终身，并处没收财产人民币10万元；犯侵占罪，判处有期徒刑15年，剥夺政治权利5年，并处没收财产人民币5万元，决定执行死刑，剥夺政治权利终身，并处没收财产人民币15万元。宣判后，严先不服，提出上诉。重庆市高级人民法院于2001年12月28日以（2001）渝高法刑终字第445号刑事裁定，驳回上诉，维持原判，并依法报请最高人民法院核准。最高人民法院于2002年11月21日以（2002）刑复字第57号依法组成合议庭，对本案作出刑事判决：一、撤销重庆市高级人民法院（2001）渝高法刑终字第445号刑事裁定和重庆市第一中级人民法院（2000）渝一中刑初字第577号刑事判决;二、被告人严先犯贪污罪,判处死刑,缓期二年执行,剥夺政治权利终身,并处没收财产人民币15万元;被告人严先非法所得孳息人民币16,220.86元予以没收,尚未退出的赃款人民币1,484,185.56元继续予以追缴。

【裁判理由】

最高人民法院经复核认为,被告人严先受中共重庆市委组织部委派,挂职担任重庆弹簧厂副厂长和经重庆弹簧厂职代会选举并经国家机关原重庆市机械工业管理局批复同意担任该厂厂长,均属于受国家机关委派从事公务,对其应以国家工作人员论。其在担任重庆弹簧厂副厂长、厂长期间利用职务便利,采取让本单位财会人员做假账、通过转账划款、提取现金等手段,侵吞公款共计人民币157.4万余元的行为已构成贪污罪。其贪污数额特别巨大,并携款潜逃,尚有140余万元赃款未能追回,情节特别严重,论罪应当判处死刑。但鉴于其在二审期间检举其他犯罪嫌疑人藏匿地点,协助公安机关抓获其他犯罪嫌疑人,有立功表现,对其判处死刑,可不立即执行。一审判决、二审裁定认定的事实清楚、证据确实、充分。审判程序合法。一审判决、二审裁定认定严先担任重庆弹簧厂厂长,属于集体企业人员,对其在担任该厂厂长期间侵吞公款的行为认定为侵占罪,而未认定为贪污罪不当,应予纠正。

(2)李殿孝贪污案①

【适法规则】

1. 不能仅以工商登记为准,而应着重从投资、人员派遣、经营管理等实质内容上认定国有企业性质。

2. 在刑事案件中,企业的性质应当通过在案证据、事实和相关规定加以认定,无须通过民事诉讼程序来解决。

【基本案情】

北京市针棉织品进出口集团公司原名北京市针棉织品进出口公司(以下简称针织公司),是1989年1月成立的全民所有制企业。被告人李殿孝于1989年2月任针织公司副经理,常驻香港工作。1990年10月5日,针织公司委派李殿孝以个人名义在香港成立国际永年纺织有限公司(以下简称永年公司),委派李殿孝领导针织公司部分员工对该公司进行实际经营和管理,并无偿提供纺织品配额,支持、扶植永年公司发展。1993年2月3日,针织公司指派永年公司与集体企业北京市延庆县大榆树农工商联合企业总公司合作成立北京永大制衣有限公司(以下简称永大公司),该公司住所地北京市延庆县大榆树乡,注册资本为人民币500万元,永年公司出资人民币450万元,北京市延庆县大榆树农工商联合企业总公司出资人民币50万元,以50亩土地折合。针织公司指派时任副总经理的李殿孝担任永大公司

---

① 国家法官学院、中国人民大学法学院编:《中国审判案例要览》(2011年刑事审判案例卷),中国人民大学出版社2013年版,第412~418页。

董事长,永年公司亦出具了委派李殿孝任永大公司董事长的委托书。1993年11月18日,针织公司在《国际经贸消息》报纸上刊载介绍该公司的资料时,永年公司被列为针织公司海外企业机构。1996年2月16日,应李殿孝的要求,针织公司与李殿孝签订了《承包协议书》。该协议书载明:永年公司是针织公司以李殿孝个人名义在香港注册的分支机构,针织公司同意李殿孝个人承包永年公司。2004年10月15日,永大公司因未在规定期限内申报2003年度企业年检被吊销营业执照。2003年5月至2007年2月,被告人李殿孝利用担任永大公司董事长的职务便利,私自出售永大公司坐落在北京市延庆县大榆树乡的全部房产,先后收取购买方支付的购房款共计人民币1500万元,均据为己有,用于购买房产等个人用途。后李殿孝于2008年8月29日被查获归案。

【裁判结果】

北京市第二中级人民法院于2010年9月19日以(2010)二中刑初字第347号作出刑事判决:李殿孝犯贪污罪,判处有期徒刑十五年,并处没收个人部分财产人民币15万元。继续追缴李殿孝犯罪所得,发还北京市针棉织品进出口集团公司。李殿孝不服一审判决,提出上诉。北京市高级人民法院于2010年12月14日以(2010)高刑终字第586号作出裁定:驳回上诉,维持原判。

【裁判理由】

根据《刑法》第九十三条规定,国家机关、国有公司、企业、事业单位委派到非国有公司、企业、事业单位、社会团体中从事公务的人员属于贪污罪的主体之一。要证明此主体资格,必须证明委派的企业属为国有性质。判断一个企业是否为国有企业,不能仅以工商登记为准,而应着重从投资、人员派遣、经营管理等实质内容上加以考察,如根据投资、人员派遣、经营管理等实际情况。永年公司虽系以李殿孝等个人名义在香港注册成立的私人有限公司,而实为针织公司的驻港分支机构,系实质上的国有企业。李殿孝被针织公司委派担任永年公司的董事和负责人,又被针织公司和永年公司委派担任永大公司的董事长,其担任永大公司董事长一职时,属于受国有单位委派到非国有单位中从事公务的国家工作人员。

本案中永年公司的资产是国有资产,故该公司虽然名义上是李殿孝等自然人在香港注册成立的有限公司,但是实质上为针织公司的驻港分支机构,应认定为国有企业。对此结论,刑事诉讼程序中可直接作出认定,无须通过民事诉讼程序另行解决。

(3)顾荣忠挪用公款、贪污案[1]

【适法规则】

1.国有单位委派到非国有单位从事公务的人员,其认定标准是"委派"和"从事

---

[1] 中华人民共和国最高人民法院刑事审判第一、二、三、四、五庭主办:《刑事审判参考》(总第56辑),法律出版社2007年版,第49~52页。

公务",而不是其职位来源,具体的任命机构和程序,不影响国家工作人员的认定。

2. 一般情况下,在犯罪主体均为国家工作人员,且都利用了职务之便的情况下,如果行为人非法获取的是其他单位或他人的财物,则不可能构成贪污罪;而如果行为人非法获取的是本单位的财物,则不可能是受贿罪。

【基本案情】

1999年9月,被告人顾荣忠经铁实公司董事长张伯端提名,由铁成公司(铁实公司参股的非国有公司)的董事会聘任,时任铁成公司总经理。华勤投资有限公司(以下简称华勤公司)总经理张斌找到顾荣忠,要求将铁成公司持有的"同仁铝业"股票"转仓"给华勤公司。双方约定以股市交易价在上海证券公司交易,但实际按每股人民币18元结算。"同仁铝业"股票的股市交易价与议定的每股18元实际结算价间的差额款由华勤公司另行支付。1999年9月16日,铁成公司将2,582,821股"同仁铝业"股票通过股市交易转给华勤公司。被告人顾荣忠提供给张斌两个股票账户(A178275 159、A13248830),要求张斌将差额款在上述两个股票账户中买入国债和"宁城老窖"股票。1999年9月16日,华勤公司在A178275159股票账户中买入4,986,240元国债;同年9月22日,华勤公司在A13248830股票账户中买入84,000股"宁城老窖"股票,市值计人民币1,041,512.2元。上述款项被顾荣忠非法占有。

【裁判结果】

南京市中级人民法院作出刑事判决:(1)被告人顾荣忠犯贪污罪,判处无期徒刑,剥夺政治权利终身,没收个人全部财产;犯挪用公款罪,判处有期徒刑七年,决定执行无期徒刑,剥夺政治权利终身,没收个人全部财产。(2)贪污罪赃款人民币6,027,752.2元予以追缴。非法所得人民币10,224,391.8元、西安旅游股票456,711股予以追缴。一审宣判后,江苏省南京市人民检察院提出抗诉称:一审判决将价值人民币600余万元的国债、股票的补偿款,认定为是华勤公司给铁成公司的事实有误,被告人顾荣忠构成受贿罪,一审判决认定顾荣忠构成贪污罪,属适用法律不当。被告人顾荣忠及其辩护人均提出上诉。江苏省高级人民法院经二审审理,认为一审判决适用法律正确,定罪准确,量刑适当,审判程序合法,裁定:驳回抗诉、上诉,维持原判。

【裁判理由】

国有单位委派到非国有单位从事公务的人员认定标准是"委派"和"从事公务",而不是其职位来源。我国法律并没有对"委派"的形式进行限制。因此,如任命、指派、提名、推荐、认可、同意、批准等均可,无论是书面委任文件还是口头提名,只要是有证据证明属上述委派形式之一即可。顾荣忠担任总经理是经铁成公司董事长沈金法委托国有公司铁实公司董事长张伯端提名,由董事会聘任的。因此,顾荣忠任铁成公司总经理是受铁实公司的委派,代表国有公司在非国有公司中从事公务,应当以国家工作人员论,其身份符合贪污罪的主体要件。

贪污罪与受贿罪都属于以权谋私的职务型犯罪,在犯罪构成的主客观方面两罪的重要界限在于,犯罪对象即非法获取的财物有所不同。一般情况下,在犯罪主体均为国家工作人员,且都利用了职务之便的情况下,如果行为人非法获取的是其他单位或他人的财物,则不可能构成贪污罪;而如果行为人非法获取的是本单位的财物,则不可能是受贿罪。在本案中,实际交易价与股票市场交易价之间的差价补偿款是华勤公司支付给铁成公司的差价款,为铁成公司应得的利益,属公司所有财产。顾荣忠利用职务之便非法占有的应为公司利益的财物,不能构成受贿罪,而应认定为贪污罪。

(4)朱洪岩贪污案①

【适法规则】

租赁国有企业的人员属于受委托管理、经营国有财产的人员,其在租赁期间盗卖国有资产的行为,应当认定为贪污罪。

【基本案情】

2002年年底,被告人朱洪岩与泗阳县食品总公司破产清算组签订租赁经营泗阳县食品总公司肉联厂(国有企业)的合同,租赁期限为2003年1月1日至2003年12月31日。协议签订前后,由韩林业、王士宇等9名股东入股经营,朱洪岩任厂长,韩林业、王士宇任副厂长。由于经营亏损,股东向朱洪岩索要股金。2003年11月,被告人朱洪岩以破产清算组没有尽到合同义务导致亏损,自己决定变卖部分设备以弥补损失为由,让王士宇通过马庚国联系,与扬州市一名做废旧金属生意的商人蒋某达成协议,将肉联厂一台12V-135型柴油发电机和一台170型制冷机以8万元价格卖给蒋某。2004年1月2日深夜,被告人朱洪岩及韩林业、王士宇等人将蒋某等人及货车带到肉联厂院内,将两台机器及附属设备(价值9.4万余元)拆卸装车运走。被告人朱洪岩及韩林业、王士宇等人将蒋某的货车"护送"出泗阳后,携带蒋某支付的8万元返回泗阳。在王士宇家中,朱洪岩从卖机器款中取3万元给王士宇,让王士宇按股东出资比例予以分配,又取2000元交给韩林业,作为对泗阳县食品公司破产清算组进行诉讼的费用。朱洪岩携带其余4.8万元潜逃。2004年7月,朱洪岩写信给泗阳县反贪局供述自己盗卖机器事实。2004年8月,朱洪岩被抓获归案。案发后,朱洪岩亲属退回赃款计6.5万元。

【裁判结果】

江苏省泗阳县人民法院作出刑事判决:被告人朱洪岩犯贪污罪,判处有期徒刑七年,追缴违法所得八万元。宣判后,朱洪岩不服,以不具备贪污罪的主体身份,其

---

① 中华人民共和国最高人民法院刑事审判第一庭、第二庭编:《刑事审判参考》(总第45辑),法律出版社2006年版,第18~20页。

行为构成投案自首等为由,向江苏省宿迁市中级人民法院提出上诉。江苏省宿迁市中级人民法院作出二审裁定:驳回上诉,维持原判。

【裁判理由】
　　一审法院认为,朱洪岩作为受委托代为管理、保管国有财产人员,利用职务之便,盗卖国有资产,其行为构成贪污罪。二审法院认为,上诉人朱洪岩在承包租赁属于国有性质的食品厂厂房机器设备期间,即具备"受委托管理、经营国有财产人员"的贪污罪主体身份,此间利用负责经营管理的职务之便利,盗卖所承租的国有资产,其行为构成贪污罪。

　　根据刑法第三百八十二条的规定,贪污罪的主体包括两类:一类是国家工作人员;另一类是受国家机关、国有公司、企业、事业单位、人民团体委托管理、经营国有财产的人员。"受委托管理、经营国有财产"是指因承包、租赁、临时聘用等管理、经营国有财产。委托方式多种多样,实践中除了承包、租赁和临时聘用以外,不排除其他形式存在的可能,其共同特征在于,委托双方属于平等的民事主体关系,这种委托是国有单位以平等主体身份就国有财产的管理、经营与被委托者达成的协议,本质上是民事委托关系,因此有别于刑法第九十三条规定的"委派"。委派的实质是任命,具有一定的行政性,被委派者在委派事项及是否接受委派方面,与委派方不是处于平等地位而是具有行政隶属性质,两者间的关系具有隶属性和服从性。本案被告人朱洪岩与泗阳县食品总公司破产清算组签订了租赁经营泗阳县食品总公司肉联厂的合同,属于典型的民事委托方式,因此,朱洪岩属于"受委托管理、经营国有财产的人员",应当认定为贪污罪。

2. 非法占有为目的的认定
胡滋玮贪污案①
【适法规则】
　　贪污罪中的非法占有目的需结合公款的具体去向及行为人的处置意思来加以综合认定,不能仅根据行为人具备了将公共财产据为己有的客观可能性,就推定具有非法占为己有的主观目的。

【基本案情】
　　被告人胡滋玮于 1990 年 11 月 18 日至 1997 年 2 月 17 日担任苏州物资集团公司(后更名为苏州物贸中心(集团)有限公司)总经理助理;1990 年 11 月至 1996 年 7 月间被告人胡滋玮担任苏州物资集团公司汽车经营公司(1993 年 10 月起更名为苏州物资集团汽车贸易总公司)总经理;1992 年 5 月至 1995 年兼任苏州物资集团

---

① 中华人民共和国最高人民法院刑事审判第一庭、第二庭编:《刑事审判参考》(总第 37 辑),法律出版社 2004 年版,第 63~69 页。

公司第三贸易公司总经理。1997年2月17日胡滋玮辞去苏州物贸中心（集团）有限公司董事、苏州物资集团股份有限公司董事职务，同时被苏州物贸中心（集团）有限公司解除其担任的该公司总经理助理的职务。1998年2月，胡滋玮重回苏州物贸中心（集团）有限公司，担任董事、副总经理。被告人胡滋玮于1992年1月15日被吸收为国家干部。另查明：苏州物资集团公司系全民联营企业；苏州物资集团公司汽车经营公司是由苏州物资集团公司投资500万元注册成立的全民企业；苏州物资集团第三贸易公司是苏州物资集团公司拨款50万元注册成立，隶属于苏州物资集团公司的非独立核算全民联营公司。

1991年至1993年间，被告人胡滋玮利用担任苏州物资集团汽车经营公司总经理、苏州物资集团公司第三贸易公司总经理的职务便利，在公司经营活动中，采用"虚开发票""收入不入账""串票经营""两价结算""抬高进价、故意亏损"及虚设"外汇补差""联合经营钢材业务利润分成"等手段，将本公司公款人民币1777.620263万元截留至海南华洋科技发展有限公司等单位。被告人胡滋玮于1999年3月利用上述截留利润中1658.8万元，联系了苏州对外贸易公司、苏州物资集团经营服务公司，并借用了吴江市机电工业供销总公司、深圳特发实业有限公司、深圳俊洋电子有限公司、中国第一汽车集团公司供应处、中国第一汽车集团公司吉林轻型车厂供应公司等单位的名义成立了苏州外贸机电产品公司（后更名为苏州外贸物资总公司），该公司经济性质为全民与集体联营，实际由被告人控制。

1992年至1993年间，被告人胡滋玮通过王道玉等人，在香港美国运通银行办事处办理了户名为"胡滋玮"的美国运通卡一张、非法购置外籍护照两本、为邢桐补贴个人购车款10万元。1993年10月，被告人胡滋玮与王道玉结账时，以所谓"苏州外贸物资总公司分配利润"的名义从该公司汇给王道玉所在的深圳特发实业有限公司人民币50万元，连同胡滋玮存放在海南华洋科技发展有限公司的剩余截留利润118.820263万元，共计人民币168.820263万元，支付了上述费用，同王道玉结清了账目。

【裁判结果】

江苏省苏州市中级人民法院作出刑事判决：(1)被告人胡滋玮犯贪污罪，判处有期徒刑十五年，剥夺政治权利五年，并处没收财产人民币50万元。(2)扣押的赃款人民币626,752.63元及运通卡本息港币1,252,762.59元发还苏州物资集团公司。一审宣判后，被告人胡滋玮不服，提出上诉。江苏省高级人民法院经审理认为，原审人民法院判决认定胡滋玮犯贪污罪的事实清楚，证据确实、充分，定罪准确，量刑适当，审判程序合法，裁定：驳回上诉，维持原判。

【裁判理由】

贪污罪既属职务犯罪，也是一种典型的占有型财产犯罪，非法占有目的是成立贪污罪的主观要件。认定行为人"获取"公共财产时具有非法占有为目的的要求必须证据达到确实、充分,在根据相关证据尚不足以判断行为人"获取"公共财产行为时的主观目的的情形中,就须结合公款的去向及行为人对于公款的具体处置等进行认定。在本案中,被告人胡滋玮分别用于办理美国运通卡、外国护照及支付他人购车款的 168 万余元公款,因相关证据充分证明系个人目的使用、处置行为,故推定其对于该部分公款主观上具有非法占有目的是可靠的、成立的。但是,对于被告人胡滋玮私自截留、隐匿公司利润并将其中 1658.8 万元用于开办苏外贸公司的行为,并无对于苏外贸公司的具体处置意向的相关证据,根据现有的证据,不足以认定被告人对 1658.8 万元具有主观上的非法占有目的,因此,不能将该笔金额计算在贪污罪的数额之中。

3. 利用职务上的便利要素的认定

杨延虎等贪污案[①]

【适法规则】

贪污罪中的"利用职务上的便利",是指利用职务上主管、管理、经手公共财物的权力及方便条件,既包括利用本人职务上主管、管理公共财物的职务便利,也包括利用职务上有隶属关系的其他国家工作人员的职务便利。

【基本案情】

被告人杨延虎 1996 年 8 月任浙江省义乌市市委常委,2003 年 3 月任义乌市人大常委会副主任,2000 年 8 月兼任中国小商品城福田市场(2003 年 3 月改称中国义乌国际商贸城,简称国际商贸城)建设领导小组副组长兼指挥部总指挥,主持指挥部全面工作。2002 年,杨延虎得知义乌市稠城街道共和村将列入拆迁和旧村改造范围后,决定在该村购买旧房,利用其职务便利,在拆迁安置时骗取非法利益。杨延虎遂与被告人王月芳(杨延虎的妻妹)、被告人郑新潮(王月芳之夫)共谋后,由王、郑二人出面,通过共和村王某某,以王月芳的名义在该村购买赵某某的 3 间旧房(房产证登记面积 61.87 平方米,发证日期 1998 年 8 月 3 日)。按当地拆迁和旧村改造政策,赵某某有无该旧房,其所得安置土地面积均相同,事实上赵某某也按无房户得到了土地安置。2003 年三四月,为使 3 间旧房所占土地确权到王月芳名下,在杨延虎指使和安排下,郑新潮再次通过共和村王某某,让该村村民委员会及其成员出具了该 3 间旧房系王月芳 1983 年所建的虚假证明。杨延虎利用职务便利,要求兼任国际商贸城建设指挥部分管土地确权工作的副总指挥、义乌市国土资源局副局长吴某某和指挥部确权报批科人员,对王月芳拆迁安置、土地确权予以关照。国际商贸城建设指挥部遂将王月芳所购房屋作为有村证明但无产权证的旧房进行确权审核,上报义乌市国土资源局确权,并按丈量结果认定其占地面积 64.7 平方米。

---

① 最高人民法院指导案例第 3 批第 11 号。

此后,被告人杨延虎与郑新潮、王月芳等人共谋,在其岳父王某祥在共和村拆迁中可得25.5平方米土地确权的基础上,于2005年1月编造了由王月芳等人签名的申请报告,谎称"王某祥与王月芳共有三间半房屋,占地90.2平方米,二人在1986年分家,王某祥分得36.1平方米,王月芳分得54.1平方米,有关部门确认王某祥房屋25.5平方米、王月芳房屋64平方米有误",要求义乌市国土资源局更正。随后,杨延虎利用职务便利,指使国际商贸城建设指挥部工作人员以该部名义对该申请报告盖章确认,并使该申请报告得到义乌市国土资源局和市政府认可,从而让王月芳、王某祥分别获得72平方米和54平方米(共126平方米)的建设用地审批。按王某祥的土地确权面积仅应得36平方米建设用地审批,其余90平方米系非法所得。2005年5月,杨延虎等人在支付选位费24.552万元后,在国际商贸城拆迁安置区获得两间店面72平方米土地的拆迁安置补偿。该处地块在用作安置前已被国家征用并转为建设用地,属国有划拨土地。经评估,该处每平方米的土地使用权价值35,270元。杨延虎等人非法所得的建设用地90平方米,按照当地拆迁安置规定,折合拆迁安置区店面的土地面积为72平方米,价值253.944万元,扣除其支付的24.552万元后,实际非法所得229.392万元。

【裁判结果】

浙江省金华市中级人民法院作出刑事判决:(1)被告人杨延虎犯贪污罪,判处有期徒刑十五年,并处没收财产20万元;犯受贿罪,判处有期徒刑十一年,并处没收财产10万元;决定执行有期徒刑十八年,并处没收财产30万元。(2)被告人郑新潮犯贪污罪,判处有期徒刑五年。(3)被告人王月芳犯贪污罪,判处有期徒刑三年。宣判后,三被告人均提出上诉。浙江省高级人民法院作出刑事裁定,驳回上诉,维持原判。

【裁判理由】

法院认为,贪污罪中的"利用职务上的便利",是指利用职务上主管、管理、经手公共财物的权力及方便条件,既包括利用本人职务上主管、管理公共财物的职务便利,也包括利用职务上有隶属关系的其他国家工作人员的职务便利。义乌国际商贸城指挥部系义乌市委、市政府为确保国际商贸城建设工程顺利进行而设立的机构,指挥部下设确权报批科,工作人员从国土资源局抽调,负责土地确权、建房建设用地的审核及报批工作,分管该科的副总指挥吴某某也是国土资源局的副局长。确权报批科作为指挥部下设机构,同时受指挥部的领导,作为指挥部总指挥的杨延虎具有对该科室的领导职权。本案中,杨延虎正是利用担任义乌市委常委、义乌市人大常委会副主任和兼任指挥部总指挥的职务便利,给下属的土地确权报批科人员及其分管副总指挥打招呼,才使得王月芳等人虚报的拆迁安置得以实现,应当认定为"利用职务上的便利"。

4.行为要素的认定
(1)窦沛颖、冼晓玲贪污案[1]
【适法规则】

国家工作人员利用职务上的便利将私人账户上的期货合约在价格下跌时转入国有企业账户,造成国有企业持仓亏损,该转嫁个人损失的行为,构成贪污罪。

【基本案情】

被告人窦沛颖自1995年5月起,担任中国有色金属材料华东公司(以下简称华东公司)期货部经理。被告人冼晓玲自1995年4月至1996年6月间,任上海市金属材料总公司(以下简称金属公司)期货部报单员。二人因业务关系相识后,冼晓玲提出,以其丈夫朱敏的名义开设私人账户。窦沛颖同意,在华东公司期货部为冼晓玲设立了编码为034的私人账户。

1995年11月1日,被告人冼晓玲电话委托被告人窦沛颖,在034账户上买入交割期为1995年11月、代号为9511的胶合板300手(每手200张,买入价为每张43.7元)。成交后,胶合板行情下跌,冼晓玲为避免个人损失,利用其报单员的职务便利,通知窦沛颖将这300手合约转入金属公司开设的001期货自营账户上。窦沛颖同意,但提出冼晓玲必须向该公司副总经理何伟报告。当日交易所收盘后,窦沛颖通知华东公司的结算人员,将原本应入034私人账户上的300手胶合板合约,转入金属公司的001自营账户。冼晓玲则对何伟谎称,该300手合约是其听错指令购入的,因此得到金属公司认可,记入该公司持仓情况汇总表。11月1日胶合板的收盘价为每张43.06元。因冼晓玲的转嫁行为,300手胶合板合约使得金属公司当天持仓亏损3.84万元。之后,冼晓玲按何伟的指令,将这300手合约平仓卖出,共亏损26.9万元。

1995年11月17日,被告人冼晓玲电话通知被告人窦沛颖,要求在034账户上买入交割期为1995年12月、代号为9512的红小豆400手(每手2吨,每吨买入价为2380元)。成交后,红小豆价格上涨,冼晓玲电话通知窦沛颖下仓。而窦沛颖认为红小豆的行情还会继续上涨,劝冼晓玲再看一看,冼晓玲同意。但在当日临收盘前,红小豆价格下跌。交易所收盘后,冼晓玲给窦沛颖打电话,责怪其没有及时平仓。窦沛颖坚称此行情还会看好,并表示如果冼晓玲后悔,这400手可算在他们公司的自营账户上,冼晓玲听后默认。窦沛颖随后电话通知华东公司结算人员,将原本应入冼晓玲私人账户上的合约,转入华东公司编号为018的自营账户上。当日红小豆的收盘价为每吨2345元,400手红小豆合约使华东公司当天持仓亏损2.8万元。同年11月22日,窦沛颖因担心红小豆行情继续下跌会影响当年利润指标的完成,遂决定将400手红小豆平仓,此举使华东公司亏损24.4万元。平仓后,红小豆行情反弹,窦沛颖又大量买入后不久即平仓,又使华东公司获利。

---

[1]《最高人民法院公报》2003年第2期(总第82期)。

【裁判结果】

上海市黄浦区人民法院经审理认为,窦沛颖、冼晓玲的行为不符合《中华人民共和国刑法》第三百八十二条所规定的"侵吞、窃取、骗取或者以其他手段非法占有公共财物"这些贪污罪的客观要件。据此判决,宣告窦沛颖、冼晓玲无罪。判决生效后,上海市高级人民法院经审查认为,原判在适用法律上确有错误,遂指令再审。上海市第二中级人民法院接到指令后经审理,撤销了原二审裁定和一审判决,将此案发回上海市黄浦区人民法院重新审判。

上海市黄浦区人民法院作出刑事判决:(1)被告人窦沛颖犯贪污罪,判处有期徒刑一年六个月。(2)被告人冼晓玲犯贪污罪,判处有期徒刑一年九个月。宣判后,被告人未上诉,公诉机关未抗诉,判决发生法律效力。

【裁判理由】

国家工作人员利用职务之便,采取欺骗手法,将私人账户上的期货合约在价格下跌时转入国有企业账户,造成国有企业持仓亏损的,该行为是向国有企业转嫁个人损失的做法。虽然没有表现为直接地占有国有财物,但实质是以用国有企业亏损来弥补个人损失的手段占有国有财物,因此是一种非法占有的行为。该国家工作人员移仓当日给国有企业造成的持仓亏损,应成为认定其构成贪污罪的事实基础。被告人窦沛颖、冼晓玲身为国有企业中的工作人员,在为各自单位从事期货交易活动中,利用职务便利,采取欺骗手法,将私人账户上的期货合约在价格下跌时分别转入国有企业的账户,造成国有企业在转入当天的持仓亏损,其行为的实质是以用国有企业亏损来弥补个人损失,属于非法占有行为,构成贪污罪。

(2)陈新贪污、挪用公款案[①]

【适法规则】

国有银行工作人员,利用职务便利挪用公款炒股,事情暴露后携带公司银行账户凭证和全部炒股手续潜逃,依旧将其中的公款置于自己控制之下,有能力偿还而拒不偿还,主观上具有非法占有的故意,其行为构成贪污罪。

【基本案情】

1995年5月22日至7月17日,被告人陈新利用担任中国工商银行重庆市九龙坡区支行杨家坪分理处(以下简称杨家坪分理处)票据交换会计,直接处理客户各种往来票据,管理284科目资金的职务便利,采用扣押客户往来进账单,以自制的虚假进账单予以替换的手段,先后16次挪用客户资金人民币100万余元进入由其控制的重庆新元物资公司(以下简称新元公司)账户,将其中99.7万元划入其在申银万国证券公司重庆营业部开立的账户,用于炒股牟利。同年7月,陈新两次从其股票账户上划款人民币100万余元,归还了挪用的公款。1996年4月至2000年4月,

---

[①] 《最高人民法院公报》2004年第1期(总第87期)。

被告人陈新利用职务便利，依然采用上述手段，先后挪用资金743万余元用于炒股牟利，并于1996年6月至1998年12月间从其股票账户划款归还部分挪用的资金，但尚有人民币475万余元不能归还。

2000年5月8日、10日，被告人陈新利用经营中国工商银行九龙坡支行解报资金的921科目的职务便利，在杨家坪分理处账上虚增解报资金人民币475万余元，填平了284科目上的资金缺口人民币475万余元。2000年5月25日、30日，被告人陈新利用职务便利，在921科目正常解报单上二次虚增解报杨家坪分理处资金人民币2000万元，尔后填制虚假进账单，分三次将2000万元转入其在申银万国证券公司杨家坪营业部开设的股票资金账户（以下简称申银万国股票账户），用于炒股牟利。2000年6月1日至9月19日，被告人陈新利用职务便利，采用同样手段，挪用人民币1524万余元到自己控制的账户中，用于填平挪用的资金缺口、个人消费和炒股牟利。

在罪行即将败露时，被告人陈新携带现金及银行汇票等699万余元潜逃，并带走全部炒股手续和其控制的各公司银行账户凭证。案发后，追缴了剩余的赃款和大量股票，总价值人民币35,182,871.1元，尚有人民币4,817,128.9元未能追回。

【裁判结果】

重庆市第一中级人民法院于2001年9月6日以（2001）渝一中刑初字第363号作出刑事判决：认定被告人陈新犯贪污罪，判处死刑，剥夺政治权利终身，并处没收个人全部财产；犯挪用公款罪，判处有期徒刑十年，决定执行死刑，剥夺政治权利终身，并处没收个人全部财产。宣判后，陈新不服，提出上诉。重庆市高级人民法院于2001年12月30日以（2001）渝高法刑终字第432号作出刑事裁定：驳回上诉，维持原判，并依法报请最高人民法院核准。最高人民法院依法组成合议庭，对本案进行了复核。经审判委员会第1257次会议讨论决定，于2003年1月7日以（2002）刑复字第19号作出复核裁定：核准重庆市高级人民法院（2001）渝高刑终字第432号维持一审以贪污罪判处被告人陈新死刑，剥夺政治权利终身，并处没收个人全部财产；以挪用公款罪判处其有期徒刑十年，决定执行死刑，剥夺政治权利终身，并处没收个人全部财产的刑事裁定。

【裁判理由】

最高人民法院经复核认为，被告人陈新身为国有银行工作人员，利用职务上的便利，采用扣押客户进账单，以自制的虚假进账单进行替换的手段，多次挪用客户资金人民币843万元，用于炒股牟利，尔后归还的行为，已构成挪用公款罪。其采取虚增账上资金，自制虚假单据的手段，将公款4000万元人民币挪入自己控制的账户中，用于填平挪用的资金缺口、个人消费和炒股牟利，在罪行即将败露时，携带现金及银行汇票等699万余元潜逃，并带走全部炒股手续和其控制的各公司银行账户凭证，将尚未带走的公款置于自己控制之下，有能力归还而拒不归还，主观上具有非法占有的故意，其行为已构成贪污罪。

(3) 胡启能受贿、贪污案①

【适法规则】

受国家机关委派在非国有公司从事公务的人员，截留并非法占有本单位应得利润款的行为，应当认定为贪污罪。

【基本案情】

被告人胡启能于1994年被任命为重庆市农资公司总经理。1998年10月，广东省汕头农资公司总经理周鸿耀与胡启能商定联营3万吨进口化肥配额指标，每吨以150元计价。胡同时提出，其中每吨100元汇到重庆农资公司账上，另外50元提现金直接付款给胡。此后，胡启能先后三次从周鸿耀处收受现金共计人民币140万元。1999年8月，周鸿耀与胡启能商定联营1万吨进口化肥配额指标，付款方式同上述约定。据此，胡启能从周鸿耀处收受现金共计人民币40万元（其中10万元系补足上次欠款）。被告人胡启能在转卖重庆农资公司4万吨进口化肥配额指标给广东省汕头农资公司过程中，索取人民币180万元。1999年3月、7月，被告人胡启能在转卖6.5万吨进口化肥配额指标给广西广源贸易公司（以下称广源公司）过程中，采用同样方式，个人索取人民币320万元。1999年4月、8月，被告人胡启能在转卖2万吨进口化肥配额指标、3万吨进口实物化肥给中农广州公司过程中，采用同样方式，索取人民币75万元、美金8.24万元（折合人民币75万元）。1997年3月、下半年，被告人胡启能在转卖4.3万吨进口化肥配额指标给从化农资公司中，采用同样方式，索取人民币102万元。1996年10月至1998年间，被告人胡启能在转卖13.7万吨进口化肥配额指标给珠海农资公司的过程中，采用同样方式，索取现金491万元。（注：已略去其他与本案讨论焦点无关的事实。）

【裁判结果】

重庆市第一中级人民法院作出刑事判决：被告人胡启能犯受贿罪，判处死刑，剥夺政治权利终身，并处没收个人全部财产；犯贪污罪，判处有期徒刑十五年，剥夺政治权利五年；决定执行死刑，剥夺政治权利终身，并处没收个人全部财产。一审宣判后，被告人胡启能向重庆市高级人民法院提出上诉。

重庆市高级人民法院作出刑事裁定：驳回上诉，维持原判，并依法报请最高人民法院核准。最高人民法院经复核作出刑事判决：撤销重庆市高级人民法院（2002）渝高法刑终字第99号刑事裁定和重庆市第一中级人民法院（2001）渝一中刑初字第594号刑事判决中对被告人胡启能的定罪、量刑部分；被告人胡启能犯贪污罪，判处死刑，剥夺政治权利终身，并处没收个人全部财产。

---

① 中华人民共和国最高人民法院刑事审判第一庭、第二庭编：《刑事审判参考》（总第35辑），法律出版社2004年版，第64~77页。

【裁判理由】

最高人民法院经复核认为，被告人胡启能在任重庆市农业生产资料总公司总经理期间，在公司以联营形式向其他单位转卖进口化肥配额指标或实物化肥的经营过程中，利用职务便利，侵吞公司利润款占为己有。一审判决、二审裁定认定的基本事实清楚，证据确实、充分，审判程序合法。但一审判决、二审裁定将胡启能利用职务便利，侵吞单位利润款的行为认定为胡启能向他人索取贿赂，构成受贿罪，定性不当，应予纠正。被告人胡启能利用职务便利，在转卖本公司进口化肥配额指标及进口实物化肥中，将属于本公司应得的利润款据为己有，成立贪污罪。

对被告人胡启能收受对方单位财物的行为认定贪污还是受贿的关键在于，对其非法取得的财物的性质如何判断。一般而言，根据《刑法》第三百八十五条第二款规定，在经济往来中，国家工作人员利用签订、履行合同的职务便利，经由交易对方以各种名义的回扣、手续费等形式给付其个人的财物，应当认定为受贿行为。但如果购入方行为人收受的各种名义的回扣、手续费等直接来源于虚增标的金额，或者卖出方行为人收受的各种名义的回扣、手续费，直接来源于降低标的金额者，该回扣或者手续费实质上属于本单位的额外支出或者应得利益，侵犯的是本单位的财产权利，属于变相的贪污行为。在本案中，被告人胡启能在转卖进口化肥配额指标及进口实物化肥中所收受的巨额款项，名义上是回扣或者手续费，但实际上是各购入公司本应付给重庆市农资公司的转让（转卖）款。"回扣"实质上是本单位的应收款项，实际上遭受财产损失的是本单位，因而其行为与利用职务上的便利，索取他人财物的受贿行为存在明显的区别。

（4）阎怀民、钱玉芳贪污、受贿案①

【适法规则】

国家工作人员利用职务上的便利，以本单位的名义向被其职权制约的相关单位索要财物并占为己有，在行为人私自占有的真实意图和被索要人的行为指向系对方单位而非行为人个人的情况下，应当认定构成贪污罪

【基本案情】

1996年1月，被告人阎怀民利用担任江苏省体制改革委员会（以下简称体改委）副主任、江苏省市场协会（体改委下设机构，以下简称市场协会）理事长的职务便利，以市场协会需投资为由，向其下属的苏州商品交易所（以下简称苏交所）索要80万元的"赞助"。阎怀民、钱玉芳为方便该款的取得，商议开设市场协会的银行临时账户。经阎向钱提供市场协会相关证件，由钱办理了开户事宜。后钱玉芳持阎怀民提供的市场协会介绍信直接到苏交所办理了该80万元转至市场协会上述临时账

---

① 中华人民共和国最高人民法院刑事审判第一庭、第二庭编：《刑事审判参考》（总第42辑），法律出版社2005年版，第51~57页。

户的手续。该款到账后,钱玉芳按阎怀民的要求提现并交给阎50万元及以9.9904万元人民币购买的面值为10万元的国库券一张,余款20.0096万元被钱个人取得。苏交所事后要市场协会就以上80万元出具手续,阎怀民遂向体改委工会要了空白收据一张并加盖市场协会公章,经钱玉芳以借款为由填写内容后直接交苏交所入账。因群众举报,在江苏省纪委对此事进行调查时,阎怀民经与钱玉芳及钱的丈夫谷平(另案处理)共谋,由钱玉芳、谷平伪造了市场协会与其他单位的投资协议及财务凭证,以掩盖其伙同阎怀民非法占有80万元的犯罪事实。①

【裁判结果】

江苏省南京市中级人民法院作出刑事判决:(1)被告人阎怀民犯受贿罪,判处无期徒刑,剥夺政治权利终身,没收个人全部财产;(2)被告人钱玉芳犯包庇罪,判处有期徒刑二年六个月;(3)被告人阎怀民受贿赃款123.67281万元予以追缴。一审宣判后,阎怀民不服,提出上诉。江苏省高级人民法院作出刑事判决:(1)撤销江苏省南京市中级人民法院的刑事判决;(2)上诉人(原审被告人)阎怀民犯贪污罪,判处有期徒刑十四年,没收财产人民币15万元;犯受贿罪,判处有期徒刑十二年,没收财产人民币10万元。决定执行有期徒刑十八年,没收财产人民币25万元;(3)原审被告人钱玉芳犯贪污罪,判处有期徒刑二年六个月;案发后扣押的上诉人阎怀民、原审被告人钱玉芳的赃款赃物依法追缴;对违法所得不足部分继续予以追缴。

【裁判理由】

一审法院认为,被告人阎怀民利用职务上的便利,索取和非法收受他人财物,共计价值人民币123.67281万元,为他人谋取利益,其行为已构成受贿罪。二审法院认为,上诉人阎怀民以单位名义向苏交所索要80万元赞助款,以其法定代表人的职权开设账户,并将苏交所汇至其单位账户中的款项与他人秘密私分的行为,缺乏索贿行为中被索贿人对索贿行为性质的认知和向索贿人付款之行为指向的目的特征,故不属受贿罪的性质,而是构成贪污罪。

本案的特殊性在于,被告人没有利用职务上的便利直接占有本单位原有的公共财物,而是将以单位名义向其他单位索要的财物占为己有。因此,从行为方式看,被告人阎怀民系以单位名义向苏交所索要财物,使得苏交所不具备向阎个人行贿的主客观要件。从本案80万元款项的性质分析,被告人阎怀民伙同钱玉芳开设的单位账户是市场协会的有效账户,其占有的80万元系市场协会的公款。阎怀民利用职务之便开设并被其控制的单位账户,就其本质而言无异于单位使用的其他银行账户,因而是有效的市场协会之账户。苏交所依其真实的意思表示将赞助市场协会的80万元转账至该账户后,该款的所有权即转移至市场协会,故阎怀民伙同钱玉芳占有该80万元系非法占有本单位财产的行为,应当以贪污罪定罪处罚。

---

① 已省略其他与本案讨论焦点无关的事实。

(5) 王玉文贪污案①

【适法规则】

国家工作人员利用职务便利,隐瞒离退休人员已死亡的真相并虚构养老金发放地址以非法占有社保资金的行为,构成贪污罪。

【基本案情】

被告人王玉文负责管理呼和浩特铁路局离退休人员养老工作。2004年至2012年间,王玉文利用制作呼和浩特铁路局离退休人员数据库(其中包含离退休人员死亡和住址变更等信息)和向内蒙古自治区社保局报送该数据库的职务便利,先后隐瞒168名离退休人员已死亡的真相,并虚构这些人员社保养老金发放地址由外地变更为呼和浩特市的事实,用这些人员的身份资料在呼和浩特邮政储蓄银行重新开设养老金账户,并将这168个养老金账户的银行卡(折)归其个人掌握使用,骗取国家社保资金共人民币(以下币种同)23,236,605.79元,并非法占有利息208,704.44元。事后,王玉文先后采用转账、提现、消费的方式,从68个养老金账户中提出共5,548,087.27元。

【裁判结果】

呼和浩特铁路运输中级法院作出刑事判决:被告人王玉文犯贪污罪,判处死刑,缓期二年执行,剥夺政治权利终身,并处没收个人全部财产。宣判后,被告人王玉文提起上诉,内蒙古自治区高级人民法院作出刑事裁定:驳回上诉,维持原判。同时,根据《中华人民共和国刑事诉讼法》第二百三十七条的规定,核准以贪污罪判处上诉人王玉文死刑,缓期二年执行,剥夺政治权利终身,并处没收个人全部财产。

【裁判理由】

贪污罪在客观方面表现为国家工作人员利用职务上的便利,侵吞、窃取、骗取或者以其他手段非法占有公共财物的行为。国家工作人员利用职务便利,隐瞒离退休人员已死亡的真相并虚构养老金发放地址变更的事实,将本应停止发放的养老金重新开户后据为己有的行为,是其利用管理和经手离退休人员养老金的职务上的便利实施的骗取社保资金的行为,应当构成贪污罪。

(6) 赵亚明贪污案②

【适法规则】

行为人利用职务之便,向送审单位隐瞒优惠事实而与送审单位商定收取高于优惠标准的费用,截留多收费用的行为,应认定为贪污罪。

---

① 最高人民法院中国应用法学研究所编:《人民法院案例选》,人民法院出版社2014年版,第114~146页。

② 《中国指导案例》编委会编:《人民法院指导案例裁判要旨汇览》(刑事卷·一),中国法制出版社2013年版,第463~465页。

【基本案情】

被告人赵亚明于 2004 年 9 月被无锡市建设工程设计审查中心任命为设计审查中心滨湖区审查部主任，2007 年 1 月被无锡市滨湖区建设局任命为无锡市建设局安置管理科科长。2005 年 9 月至 2008 年 2 月间，被告人赵亚明利用职务之便，采用两种方式侵吞公共财物。第一种方式，被告人赵亚明利用负责和受无锡市滨湖区建设局领导授权受理审图业务的职务之便，在办理审图业务过程中，向送审单位隐瞒审图费优惠收取的事实而与送审单位商定高于优惠标准的审图费，并要求送审单位将商定的审图费用两张转账支票支付，其中一部分为按优惠收费标准收取的审图费，该部分用支票交至无锡市滨湖区建设局账户或无锡市建设工程设计审查中心账户入账；剩余部分则要求送审单位开具收款单位为无锡市九三学社科技咨询服务部的转账支票，之后赵亚明将该笔费用予以侵吞；第二种方式，被告人赵亚明利用其负责编制"外区审图项目引进人员劳务费"名单、发放劳务费的职务之便，于 2006 年 3 月至 2007 年 8 月间，虚构外区审图项目引进人员名单并冒签上述人员签名，先后 9 次从无锡市滨湖区建设局财务科领取劳务费计人民币 306,200 元予以侵吞。通过以上手段，被告人赵亚明共侵吞公款人民币计 2,347,752 元。

【裁判结果】

无锡市滨湖区人民法院作出刑事判决：被告人赵亚明犯贪污罪，判处有期徒刑十三年，并处没收财产人民币 20 万元，剥夺政治权利四年。一审宣判后，被告人赵亚明不服，向无锡市中级人民法院提出上诉。无锡市中级人民法院作出刑事裁定：驳回上诉，维持原判。

【裁判理由】

法院认为，赵亚明截留的审图费是利用职务之便以单位名义收取，属单位的应得收入，性质上应认定为公共财物。赵亚明自身并不具备进行审图业务实质审查的资格，职责范围不包括技术咨询服务，其在收取审图费时也并未实际提供任何技术咨询服务。因此，赵亚明截留的审图费不可能是其个人技术咨询服务费，而属于公共财产，其身为国家工作人员，非法占有审图费的过程中运用了欺骗手段，应当构成贪污罪。

(7) 刘宝春贪污案[①]

【适法规则】

自收自支事业单位的工作人员，违规发放奖金的，应根据所发放钱款的性质来源、行为方式等区分犯罪与一般违纪、共同贪污与私分国有资产的界限。

[①] 中华人民共和国最高人民法院刑事审判第一、二、三、四、五庭主办：《刑事审判参考》（总第 115 集），法律出版社 2019 年版，第 92~96 页。

【基本案情】

北京市顺义区自来水公司自2006年至2013年系自收自支事业单位(2016年改制变更为北京顺义自来水有限责任公司,以下简称自来水公司)。2007年至2012年,被告人刘宝春在担任自来水公司经理期间,利用管理全面工作的职务便利,指使公司财务科科长、现金会计,采取虚构交易、通过其他公司倒账等形式每年从公司账户套取现金为其本人、公司其他领导班子成员及财务科长、会计发放年度"额外奖金",并采取虚列开支、使用没有发生真实业务的发票等方式平账。刘宝春分得人民币63万元。

【裁判结果】

北京市顺义区人民法院作出刑事判决,被告人刘宝春犯贪污罪,判处有期徒刑三年,并处罚金人民币20万元。宣判后,被告人刘宝春提出上诉。北京市第三中级人民法院作出刑事裁定,驳回上诉,维持原判。

【裁判理由】

对于自收自支事业单位中违规发放奖金的行为,应当从发放钱款的性质来源及行为方式等方面区分犯罪与一般违纪行为。本案中,从钱款来源和性质分析,自来水公司虽在案发期间系自收自支事业单位,但其经营具有社会公共性和垄断性,国家对自来水公司的投资和投资形成的财产权益属国有资产。自来水公司作为自收自支的事业单位,其发放工资、奖金由国资委进行核定,超出核定范围的资金,公司不具有支配权。被告人刘宝春所发放的奖金系其授意财务人员通过不如实记账、虚构与其他公司的交易套取的资金,该部分钱款属于自来水公司和刘宝春无权支配与处分的公款。从行为方式看,以发放奖金为名侵吞公共财产的犯罪行为,往往巧立名目,采取虚假记账、虚构交易等手段掩人耳目。本案中,被告人刘宝春授意财务人员通过虚增支出套取资金,并在账目上进行虚假平账,以套取的公款为单位领导班子成员及两名财务人员发放奖金,发放范围、标准均由刘个人决定,能够认定其具有非法侵吞公款的目的。

区分共同贪污与私分国有资产罪的关键在于,共同贪污是有权决定者共同利用职权便利,为少数人牟私利;私分国有资产罪是有权决定者利用职权便利,非法为多数人牟私利。从发放程序来看,虽然被告人辩解发放奖金前召开过班子会议,但并无会议记录、决议等相关文件,发放奖金的人员范围、数额标准均由其个人决定,未经正常决策和发放程序,发放额外奖金实为个人意志而非单位意志。从发放范围来看,发放对象仅限所有领导班子成员、财务人员,相对于全体职工而言范围很小,且对其他职工保密,不具备一定的公开性。从奖金来源来看,发放的奖金均系由虚增支出等倒账形式套取出来的钱款,且使用未真实发生的发票进行虚假平账。故该行为不构成私分国有资产罪。

5. 行为与数额要素的认定

(1) 束兆龙贪污案①

【适法规则】

1. 在国有事业单位改制中,行为人利用职务便利隐瞒国有资产,并将其转移到改制后自己占有投资份额的公司中,构成贪污罪。

2. 贪污数额应按照行为人在改制后的公司中所占投资份额的比例认定。

【基本案情】

2002年下半年,经无锡市北塘区改革工作领导小组办公室同意,全民所有制的原设计所进行改制工作,委托宝光会计所对原设计所的全部资产及负债进行评估,确定2002年11月30日为资产评估基准日。被告人束兆龙利用担任原设计所所长的职务便利,对改制基准日前原设计所承接的建筑设计项目合同应收款1,020,795元,不按规定如实申报,致使宝光会计所于2003年6月11日提交的资产评估报告书中,对该部分资产未作评估。

2003年9月5日,经工商变更登记确认,原设计所更名为嘉德公司,被告人束兆龙个人投资占嘉德公司总投资的25%,成为嘉德公司的法定代表人,另一国有事业单位市政设计院的投资占嘉德公司总投资的10%。

案发后,宝光会计所对原设计所未如实申报的1,020,795元建筑设计项目合同应收款重新进行了评估。扣除在改制基准日前原设计所为履行合同应当支付的成本费用,再扣除改制基准日后因嘉德公司代为履行了合同而应当由嘉德公司收取的费用,宝光会计所确认原设计所被瞒报的净资产值为413,287.78元,此款由原设计所改制成的嘉德公司收取。

原设计所委派钱彦为项目负责人履行了盐都宏都花园的建设工程设计合同后,工程设计费86,000元于改制基准日后到账。2003年2月,钱彦按25%的比例,领取了完成此项目的奖金21,500元。钱彦在改制基准日后领取的奖金,未从宝光会计所确认的瞒报净资产值中扣除。硕放镇星月苑b区工程项目中的勘察费,已由市政设计院在该项目设计费中直接支付给完成此项勘察工作的华东勘察院,宝光会计所确认的瞒报净资产值中,只计算了扣除勘察费后的设计费,故勘察费不应再从瞒报净资产值中扣除。从宝光会计所确认的瞒报净资产值中,扣除钱彦领取的奖金,原设计所被瞒报的净资产值应为391,787.78元。

【裁判结果】

无锡市北塘区人民法院作出刑事判决:被告人束兆龙犯贪污罪,判处有期徒刑五年,并处没收财产10万元。一审宣判后,被告人未上诉,公诉机关未抗诉,判决已发生法律效力。

---

① 《最高人民法院公报》2005年第7期(总第105期)。

【裁判理由】

法院认为,束兆龙在隐瞒原设计所管理的国有资产时,明知这些资产将来只能由原设计所改制后形成的有限责任公司取得,其个人不能直接非法占有。在这种情况下,束兆龙仍实施了隐瞒国有资产的行为,并将国有资产转移到自己占有投资份额的公司中,其行为符合以骗取的手段非法占有公共财物的特征,构成贪污罪。然而,若将原设计所被隐瞒的国有资产全部认定为贪污犯罪金额,无法解释市政设计院按投资份额分享到的3.91万余元的财产性质。这样认定既不符合事实,也不符合法律规定。因此,按束兆龙在嘉德公司的投资比例25%计算,被其隐瞒的391,787.78元国有资产中的9.79万余元,才是实施贪污行为主观上想得到、客观上也已经实现的贪污数额;391,787.78元国有资产中的10%即3.91万余元,仍是国有事业单位市政设计院在嘉德公司内占有的国有资产;391,787.78元国有资产中的65%即25万余元,是束兆龙犯罪行为给国有资产造成的损失,应当在量刑时考虑。

(2)王志杰贪污案①

【适法规则】

1. 国家工作人员在国有企业改制中隐匿房产,后将该房产登记在改制后企业名下,但实为个人控制的,应认定为贪污罪。

2. 国有股全部退出改制企业,行为人未将该房产纳入评估分配,其贪污数额应以该房产的全部价值认定。

【基本案情】

吴江市医药总公司及吴江市医药总公司盛泽医药公司系全民所有制企业。1999年,被告人王志杰任吴江市医药总公司总经理并兼任盛泽医药公司经理,负责包括盛泽医药公司在内的吴江市医药公司改制工作。同年8月,被告人王志杰在负责盛泽医药公司改制评估过程中,采用隐匿、瞒报等手段,侵吞位于盛泽镇太平街后街25号的A-02、A-04、A-06房产3套,共计价值人民币553,056元。2000年6月27日,吴江市国医药业有限公司设立,注册资本1043.8万元,其中国有股占667.79万元,被告人王志杰任总经理。2001年1月10日,涉案房产登记至吴江市国医药业有限公司盛泽分公司名下。2003年4月,吴江市国医药业有限公司变更为自然人投资企业。2010年6月,被告人王志杰交出上述房产所有权证。2010年10月12日,涉案房产所有权人变更为吴江市商业资产经营有限公司。

【裁判结果】

吴江市人民法院作出刑事判决:被告人王志杰犯贪污罪,判处有期徒刑12年,并处没收财产人民币300万元;贪污的赃款予以发还。宣判后,被告人王志杰未上

---

① 国家法官学院、中国人民大学法学院编:《中国审判案例要览》(2012年刑事审判案例卷),中国人民大学出版社2014年版,第486~490页。

诉,检察机关亦未抗诉,判决已发生法律效力。

【裁判理由】

"两高"《关于办理国家出资企业中职务犯罪案件具体应用法律若干问题的意见》第一条规定,"国家工作人员或者受国家机关、国有公司、企业、事业单位、人民团体委托管理、经营国有财产的人员利用职务上的便利,在国家出资企业改制过程中故意通过低估资产、隐瞒债权、虚设债务、虚构产权交易等隐匿公司、企业财产,转为本人持有股份的改制后公司、企业所有,应当依法追究刑事责任,依照刑法第三百八十二条、第三百八十三条的规定,以贪污罪定罪处罚"。

国家工作人员在国有企业改制中隐匿不动产的行为是认定为贪污罪还是私分国有资产罪应当根据"是否通过单位决定机构讨论、知晓人员数量、知晓人员对决定是否有表决权、是否分配给单位大多数职工还是将国有资产私自占有或控制"等具体案情综合判定。本案涉案房产虽然最后登记在改制后企业的分公司名下,但王志杰私自决定将涉案房产隐匿,并没有通过单位决定机构讨论,也只有少数经手人员知晓,且知晓人员对决定也没有表决权,没有分配给单位大多数职工,只是将国有资产私自占有或控制,因此,本案不能认定为私分国有资产罪。

本案中,被告人王志杰在国有公司改制过程中将国有房产隐匿,当时便取得该房产的实际控制。在公司改制过程中,被告人王志杰明知国有股将会全部退出,为了减轻改制后的企业负担,个人决定将属于全民所有制企业的房产全部隐匿。在吴江市国医药业有限公司成立后,涉案房产虽然登记在盛泽分公司的名下,但仍未纳入该公司及其盛泽分公司的固定资产账目中,而当国有股先后三次从该公司退出时,涉案房产也未纳入该公司的资产进行评估,这实际上造成了涉案国有资产的全部流失。因此,王志杰构成贪污罪,贪污数额为隐匿的全部国有资产。即便之后又将房产登记至改制后企业的名下,但该房产也为改制后企业所使用,这只是对赃物的具体处置,不影响行为性质的认定。认定贪污既、未遂标准不在于产权是否变更登记,关键要看行为人是否形成对财产的实际控制。本案中,在公司改制评估过程中,王志杰将涉案房产予以隐匿,并且实际掌握该房产的使用情况,在隐匿时已排除所有权人对该房产的监管,并形成了对该房产的实际控制,应当认定为贪污既遂,故贪污的数额以此时房产的全部价值来认定。

6. 对象要素的认定

(1) 尚荣多等贪污案[①]

【适法规则】

国有事业单位工作人员利用职务便利,截留并侵吞本单位违法收取的不合理

[①] 《最高人民法院公报》2004 年第 12 期(总第 98 期)。

费用,应当成立贪污罪。

【基本案情】

尚荣多原系成都理工大学副校长(副厅级),李域明原系成都理工大学传播艺术学院党支部书记(正处级)。在原商专2001年招生工作中,二被告人负责招生录取领导小组的工作,学生处处长彭义斌具体负责收取和保管"点招费"。2001年10月招生工作结束后,经尚荣多、李域明、彭义斌三人清点,除用于招生工作的开支,"点招费"余款为34.2万元。三人商量后决定,只向学校上缴14.2万元。2001年11月28日,彭义斌将20万元转入以其子名义开设的私人账户。2002年春节前,三人共谋将截留的20万元私分,议定三人各得6万元,给原商专校长张小南2万元。后尚荣多单独找到彭义斌商定:李域明仍得6万元,尚荣多得5万元、彭义斌得4万元,张小南得5万元。后彭义斌给李域明6万元,存入尚荣多个人户头5万元,以学生处所留活动费的名义送给张小南5万元,但被张当场退回。2001年12月,被告人尚荣多要彭义斌从"点招费"14.2万元中提点钱作为活动费。彭义斌以奖励招生工作人员的名义打报告,经当时负责行政工作的副校长蔡永恒签字同意后,从"点招费"中提出5.7万元。随后,彭义斌按照尚荣多的要求,将其中的7000元用于学生处发奖金,5万元于2001年12月28日存入尚荣多的私人账户。尚荣多于同月31日、2002年1月4日分两次取出此款,用于个人开支。

【裁判结果】

成都市中级人民法院作出刑事判决:(1)被告人尚荣多犯贪污罪,判处有期徒刑十年;(2)被告人李域明犯贪污罪,减轻判处有期徒刑六年;(3)对被告人尚荣多的违法所得10万元、被告人李域明的违法所得6万元予以追缴,上缴国库。宣判后,二人不服,均提出上诉。四川省高级人民法院作出刑事裁定:驳回上诉,维持原判。

【裁判理由】

法院认为,国家行政主管部门明令禁止学校在招生工作中收取"点招费","点招费"是原商专以学校名义违法收取的费用,对于单位违法收取的费用,应当由单位对其非法行为负责;在行政主管部门未对学校的乱收费行为进行查处前,这笔费用应当视为由原商专授权学生处管理的公共财产,即公款;被告人尚荣多、李域明等人共谋截留并侵吞该款的行为,侵犯了公共财物的所有权,构成贪污罪。

(2)陆建中贪污案[①]

【适法规则】

律师事务所主任将名为国有实为个体的律师事务所的财产据为己有的,不构

[①] 中华人民共和国最高人民法院刑事审判第一庭、第二庭编:《刑事审判参考》(总第12辑),法律出版社2001年版,第17~19页。

成贪污罪。

【基本案情】

1992年12月22日,常州市天宁区编制委员会同意成立常州市天元律师事务所,其性质为全民事业单位。1993年2月3日江苏省司法厅批准成立常州市第五律师事务所(即原天元律师事务所)。1993年3月1日常州市天宁区司法局聘任陆建中为该所主任。该所设立时,由陆建中自筹资金、自行解决办公场所、办公用品。该所在运作过程中,实行独立核算,自负盈亏。常州市天宁区司法局作为主管部门未对该所实行全民事业单位管理。1994年3月18日陆建中离任时,未将诉讼代理费人民币43,000余元列入移交。

【裁判结果】

常州市天宁区人民法院于1995年6月15日以(1995)天刑初字第85号作出刑事判决:被告人陆建中犯贪污罪,判处有期徒刑十二年,剥夺政治权利三年。一审宣判后,被告人陆建中不服,以其行为不构成贪污罪为由,向常州市中级人民法院提起上诉。常州市中级人民法院于1995年11月27日作出二审判决:(1)撤销江苏省常州市天宁区人民法院(1995)天刑初字第85号刑事判决。(2)被告人陆建中犯贪污罪,判处有期徒刑八年。常州市中级人民法院二审判决生效后,原审被告人陆建中以自己不构成贪污罪为由向江苏省高级人民法院提出申诉。江苏省高级人民法院经复查做出再审决定,指令常州市中级人民法院对本案进行再审。常州市中级人民法院于2000年8月16日作出再审判决:(1)撤销江苏省常州市中级人民法院(1995)常刑初字第38号刑事判决和常州市天宁区人民法院(1995)天刑初字第85号刑事判决。(2)原审被告人陆建中无罪。

【裁判理由】

法院认为,原常州市第五律师事务所在陆建中任职期间系名为全民事业单位、实为个体性质,故陆建中不具备贪污罪的主体资格。本案中,1992年12月22日常州市天宁区编制委员会同意成立常州市天元律师事务所,其性质定为全民事业单位。需要注意的是,天元律师事务所是特定历史时期的产物,当时除少数地方进行合作律师事务所试点外,绝大多数地方仍依照《律师暂行条例》审批律师事务所,有相当一部分自筹资金、自我管理、自负盈亏的律师事务所被登记为全民事业单位,本案即属此类情况。该所设立时,由陆建中自筹资金、自行解决办公场所、办公用品。该所在运作过程中,实行独立核算,自负盈亏。常州市天宁区司法局作为主管部门也未对该所实行全民事业单位管理。因此,天元律师事务所在性质上名为"国办",实为"个体"。天元律师事务所的财产不属于《补充规定》中规定的"公共财物"(国有财产和集体财产)。

本案中,陆建中属于受国家机关或"国有"单位委托进行管理、经营的人员,其管理、经营的天元律师事务所的财产不属于"公共财物"(国有财产和集体财产),因而其不构成贪污罪。

(3)吴常文贪污案①

【适法规则】

1. 科研经费具有明确的专属性,并非课题组的私有财产,课题组对项目承担单位管理的科研经费不具有随意处置的权利。

2. 行为人通过虚列支出、虚开发票等手段套取科研经费转入个人实际控制的公司或关联公司,公司确有参与科研合作的,应从公司参与科研项目实施和完成情况、公司实际为科研项目的支出情况、科研经费真实去向等方面,综合认定行为人对套取的科研经费是否具有非法占有目的。

【基本案情】

浙江海洋学院系国有事业单位,2016年3月更名为浙江海洋大学(以下简称海洋大学)。被告人吴常文自2005年8月相继担任学院副院长、院长、党委副书记,2016年5月至2017年5月担任海洋大学校长、党委副书记。2010年9月至2016年12月间,被告人吴常文利用担任副院长、院长、校长以及科研项目负责人、研究生平台负责人和学科建设负责人的职务便利,单独或指使被告人、大海洋公司管理人员徐梅英等人,以实施学校科研项目为名,通过故意扩大科研教育等经费预算和虚列支出、虚开发票等手段,从学校上述经费中套取款项,分别用于吴常文个人日常开支、归还个人借款,或其实际控制的私营企业大海洋公司的日常运转和经营活动,共计581余万元,被告人徐梅英参与套取281余万元。

【裁判结果】

浙江省绍兴市中级人民法院作出刑事判决,被告人吴常文犯贪污罪,判处有期徒刑九年,并处罚金人民币50万元。一审宣判后,被告人不服,提出上诉。浙江省高级人民法院作出刑事裁定,驳回上诉,维持原判。

【裁判理由】

利用担任学院领导和教学、科研项目负责人等职务的便利,在真实科研项目费用和开支之外,采取套用科研项目中开支科目虚开发票等方式骗取了科研教育经费,无论是用于个人日常开支、归还个人借款、个人实际控制公司的日常经营,还是以个人实际控制的大海洋公司名义投入东极基地、苍南基地建设维修开支,均系非法侵吞国有科研教育经费归其个人使用,均属非法占有国有科研、教育经费归个人使用。涉案的581余万元均系利用职务便利从科研教育经费中骗取,骗取后如何使用系个人处分行为。行为人将骗取的515万余元科研、教育经费用于私营企业的日常经营和对外投资等,系对非法占有财产的处分。退一步说,科研、教育经费投入大

---

① 中华人民共和国最高人民法院刑事审判庭第一、二、三、四、五庭主办:《刑事审判参考》(总第128辑),法律出版社2021年版,第113~124页。

海洋公司可能被其他股东共享部分利益,但贪污罪的非法占有目的并不排除为第三人占有,吴常文实际控制大海洋公司的大部分股份,实际支配公司的资产、实际决定公司股份和利益的分配,且公司的日常经营亦由其一人决策、掌控,因此大海洋公司虽是企业法人,但不能否定吴常文骗取科研、教育经费后实际支配、控制和处分的客观事实。近年来,国家及有关部委、浙江省虽然对科研经费的管理和使用政策作出部分调整,但是现行政策和管理规定均依然严格禁止以虚开发票、虚列开支的手段骗取科研经费归个人非法占有。

7. 对象、数额要素的认定
(1) 李国森贪污案[①]
【适法规则】
1. 国有单位负责人签订抵债协议过程合法有效,但事后侵占债务人交付的抵债物的,构成贪污罪,且贪污对象应为抵债物,而不是债权。

2. 签订抵债协议的过程涉及两个环节:一是签订以物抵债协议的行为;二是贪污抵债物的行为。前者属于民事法律行为,不影响贪污罪数额的认定,而"贪污抵债物的行为"所造成的国有资产损失的金额才是真正的贪污罪数额,即贪污罪的数额以抵债物的实际鉴定价值为准。

【基本案情】
被告人李国森于1989年6月到天竺电管站任站长,2002年天竺电管站更名为天竺供电所,李国森继续担任天竺供电所所长至2005年7月退休。李国森在担任天竺供电所所长期间,负责全面工作。2002年、2004年、2005年,天竺供电所为天竺房地产开发公司进行了5次电线工程改造,天竺房地产开发公司在支付工程款时,经天竺房地产开发公司与李国森同意,2005年6月1日,天竺房地产开发公司与天竺供电所签订购车抵款协议,由天竺房地产开发公司以两辆汽车向天竺供电所抵扣55,000元工程款。该两辆汽车为黑色皇冠3.0汽车(车牌号为京A05028,登记车主杨威廉,抵款50,000元)、2020型吉普车(抵款5000元)。2005年8月25日,天竺房地产公司又为皇冠轿车交纳保险费4298.55元,以抵扣工程款。李国森与天竺房地产开发公司签订协议之后,未将皇冠轿车交到天竺供电所,也未告知区供电公司,私自将该车留作私用。李国森退休后将该车转卖他人。案发后,涉案车辆及保险费4298.55元均已扣押。经鉴定,涉案黑色皇冠3.0汽车2005年6月价值人民币39,800元,李国森已将上述价款退赔。

[①] 国家法官学院、中国人民大学法学院编:《中国审判案例要览》(2013年刑事审判案例卷),中国人民大学出版社2015年版,第356~359页。

【裁判结果】

北京市顺义区人民法院作出刑事判决:被告人李国森犯贪污罪,判处有期徒刑三年,缓刑四年;在案扣押的赃款人民币44,098.55元,发还北京市顺义区天竺供电所;在案扣押的皇冠牌汽车(京A05028)退还李国森。一审宣判后,北京市顺义区人民检察院提出抗诉。北京市第二中级人民法院作出刑事裁定:驳回抗诉,维持原判。

【裁判理由】

本案在审理过程中对李国森构成贪污罪不存在异议,控辩双方争议的焦点在于犯罪数额的认定,即是"以皇冠汽车抵扣的5万元债权"还是以"皇冠汽车抵扣时的实际价格3.98万元"为准?以物抵债是经济往来中一种常见的债权实现形式,债权人基于各种原因与债务人达成协议,同意接收债务人的某一物品,从而放弃原来的债权,达到消灭债权债务的目的。本案中,李国森作为供电所所长,负责全面工作,有权代表供电所对外处理债权债务,其与天竺房地产开发公司签订的购车抵款协议,实质上是一种民事法律关系,系双方真实意思表示,应认定合法有效。随着协议的履行,天竺房地产开发公司将轿车交付,供电所该部分的债权已经实现,供电所理论上拥有了皇冠轿车的所有权。李国森隐瞒事实,将轿车私自占为己有,侵犯的是供电所对皇冠轿车的所有权,因此,其贪污的犯罪对象应是皇冠轿车,犯罪数额应以轿车的实际鉴定价值认定。

李国森签订的协议合法有效,协议签订后已注定供电所的债权不能完全实现,如有损失已在此环节发生,而非是其之后贪污车辆行为造成。如查明李国森在签订协议过程中,有失职或其他违法行为,可以追究其相应责任,但不影响对其贪污数额的认定。因此,对于贪污罪数额的认定,应以第二个环节"贪污抵债物的行为"所造成的国有资产损失的金额为准。

(2)周爱武、周晓贪污案①

【适法规则】

1.贪污罪中"特定款物"的性质判断,应当结合代表事项的重要性、用途的特定性、时间的紧迫性等要素加以判定。以虚报人数的方式,从政府多领取养老服务券的,不属于贪污特定款物;成立贪污罪的,其犯罪数额以票面金额确定。

2.新法的法定刑幅度在整体上轻于旧法的,可以直接选择新法的法定刑幅度作为量刑依据,新法法定刑中的罚金刑应当一并适用。

【基本案情】

被告人周爱武、周晓均在北京市朝阳区安贞街道社区服务中心从事居家养老

---

① 中华人民共和国最高人民法院刑事审判第一、二、三、四、五庭主办:《刑事审判参考》(总第106辑),法律出版社2017年版,第19~25页。

服务工作,共同负责安贞街道办事处居家养老(助残)服务券(以下简称服务券)的申领、发放工作。2012年至2014年间,经周爱武提议,二被告人共同利用职务便利,虚报养老(助残)人数申领服务券,然后按实有人数发放,从中截留面值共计人民币916,900元的服务券据为己有。后由周爱武通过北京康复信和商贸有限公司等朝阳区养老服务商将其中面值814,573元的服务券兑换成钱款,并将其中部分钱款分配给周晓。二被告人于2015年1月9日主动投案,并各自退赃30万元。尚未兑换现金的服务券102,327元,起获后已退回朝阳区社区服务中心。在法院审理期间,周爱武亲属退缴134,573元,周晓亲属退缴80,000元。

【裁判结果】

北京市朝阳区人民法院以贪污罪分别判决被告人周爱武有期徒刑四年,罚金人民币30万元;周晓有期徒刑三年,罚金人民币20万元;涉案赃款上缴国库。

【裁判理由】

本案中,二被告人身为社区工作人员,其工作职责是向政府报告辖区内符合领取服务券人员的数量和金额,并在代为领取后向符合条件的人员发放。二被告人采取虚报冒领的方式,从政府多领取服务券,并将超出的部分截留、套现,其贪污的是养老(助残)服务券,即,对老年人和残疾人这一特殊群体进行救助而发放的具有一定面额的纸质券,其领取对象具有特定性。因本案是以虚报手段,骗取政府多付资金,而非截留侵吞政府按实际名额发放的资金,其行为性质属于贪污普通公款。被告人的行为未侵犯特定老年人或者残疾人的受救济权利和国家救济制度,只是导致了财政款项的流失,故其犯罪对象仍为普通款物。二被告人从政府机关领取的面值达90余万元的服务券,且对多领部分没有下发的打算,具有截留的直接故意,其犯罪针对的就是90余万元金额的服务券,二被告人实际取得了可以支配使用的服务券,故应当将全部票面金额认定为犯罪数额。

就本案的刑罚适用,二被告人贪污90余万元,按照1997年刑法,对应的法定刑幅度为十年以上有期徒刑。而按照《刑法修正案(九)》,对应的法定刑幅度为三年以上十年以下有期徒刑,并处罚金。新法在整体上轻于旧法,可以直接选择新法的法定刑幅度作为量刑依据,新法的法定刑中包括罚金刑的,应当予以适用。

(3)王雪龙贪污案[①]

【适法规则】

1.个人决定或者以个人名义截留公共款项设立的"小金库",属于违纪违法甚至犯罪行为的,不应认定为单位的"小金库"。

2.行为人将部分赃款用于单位公务性支出的,对该部分赃款不应从贪污数额中

[①] 中华人民共和国最高人民法院刑事审判第一、二、三、四、五庭主办:《刑事审判参考》(总第106辑),法律出版社2017年版,第40~46页。

扣除,只能在量刑时酌情考虑。

【基本案情】

上海市青浦区农业机械管理站(以下简称青浦区农机站)是青浦区农业委员会设立的全额拨款事业单位。上海神牛农机服务有限公司(以下简称神牛公司)是青浦区农机站全额出资成立的有限责任公司。2008年1月至2014年间,被告人王雪龙任青浦区农机站站长、神牛公司法定代表人。

2009年8月,神牛公司以设置青浦区农机零配件服务网点名义出资成立上海通阳农机服务有限公司(以下简称通阳公司),王雪龙担任公司法定代表人,股东为王雪龙及时任青浦区农机站党支部书记的祝建林。2011年4月19日,王雪龙利用其全面负责神牛公司、通阳公司工作的职务便利,私自将通阳公司无偿转让至马雪元名下,并由王雪龙个人实际控制,至工商变更登记当日,通阳公司利润合计22万余元。2012年9月,王雪龙个人决定将上海昊桑农业机械设备有限公司(以下简称昊桑公司)支付神牛公司的服务费36万元由通阳公司收取。后王雪龙将上述通阳公司利润及收取的服务费用于个人套现、消费等。2013年4月,王雪龙与王川民经事先商量,成立上海厚缘农业科技服务有限公司(以下简称厚缘公司),王雪龙为实质股东之一。2013年5月、12月,王雪龙利用其全面负责神牛公司的职务便利,个人决定将昊桑公司支付神牛公司的服务费42万元由厚缘公司收取。后王雪龙将上述厚缘公司收取的服务费用于个人套现、消费等。(挪用公款罪犯罪事实略)

【裁判结果】

上海市青浦区人民法院以挪用公款罪判处王雪龙有期徒刑二年;以贪污罪判处有期徒刑五年六个月,并处罚金人民币50万元,决定执行有期徒刑七年,并处罚金人民币50万元。一审宣判后,被告人不服,提出上诉。理由是:通阳公司、厚缘公司均属于青浦区农机站下属的"小金库"性质企业,且其将绝大部分涉案款项用于青浦区农机站日常开支等公务性支出,其行为不构成贪污罪。即使构成贪污罪,也应将用于公务性支出的款项从贪污数额中扣除。上海市第二中级人民法院裁定驳回上诉,维持原判。

【裁判理由】

贪污罪认定中涉及"小金库"及其性质认定的问题,根据现有相关规定,作为单位设立的"小金库",需要满足在设立管理、使用过程中均应经过单位集体决策程序,体现单位意志的要件,任何个人决定或者以个人名义截留公共款项设立的所谓"小金库",不应当被认定为本单位的"小金库"。

本案中,转制前的通阳公司由神牛公司出资设立,神牛公司管理层对通阳公司的设立是知悉的。2011年4月,王雪龙利用职务便利私自将通阳公司转让给马雪元并办理了工商变更登记,此后神牛公司管理层对通阳公司的存在及运营状毫不知情,完全由王雪龙一人实际控制。厚缘公司从设立之初就与神牛公司没有关联,神牛公司对其存在更无法知情。而王雪龙控制通阳公司、厚缘公司的目的完全是供个人套现、消费、截留神牛公司的业务款项,与神牛公司安置支出资金无关,不符合单位设置"小金库"的目的性要求。因通阳公司、厚缘公司并非"小金库"性质的公司,王雪龙利用职务便利将昊桑公司支付给神牛公司的服务费通过上述其个人控制的公司进行截留,由其个人套现消费的行为,应当认定为贪污罪。

本案中,通阳公司、厚缘公司属于财务独立核算的私营企业,王雪龙将本应由神牛公司收取的款项转由两家公司分别收取后,便实际实现了对这部分款项的控制、支配,其贪污犯罪行为已经既遂。行为人将赃款用于公务性支出的,不影响对其贪污行为的认定,用于公务支出的部分不能从贪污数额中扣除。

8.犯罪形态的认定
(1) 于继红贪污案[①]

【适法规则】

1.贪污罪的对象不仅仅限于动产,国家工作人员利用职务上的便利,采用欺骗手段非法占有公有房屋的行为,应以贪污罪定罪处罚。

2.国家工作人员利用职务上的便利,非法占有公有房屋,但未办理产权登记的,应当认定贪污既遂。

【基本案情】

1992年年底,白山市建设银行房地产综合开发公司(以下简称开发公司)归还因开发建银小区而占用八道江房产管理所(以下简称房管所)商企房面积321.52平方米(5户),被告人于继红利用负责房管所回迁工作之机,于1993年12月18日在给财务科填报经租房产增加、减少通知单时,将建行开发公司归还的面积填报为305.75平方米,并将其中4户面积加大,从中套取商企房1户,面积为52.03平方米,价值人民币93,133.70元,用于个人出租牟利。同年,白山市建设银行房地产综合开发公司开发建银小区时,被告人于继红利用负责开发建银小区拆迁房产管理所管理的房屋工作之机,在其母亲孙秀香购买拆迁户房屋面积时,虚添拆迁面积17平方米,价值人民币16,320元,并将建行开发公司还房管所面积顶交其母所购买房屋取暖费、热水费2669.55元。综上,被告人于继红利用职务上的便利,非法占有公共财物计价值人民币112,123.25元。

【裁判结果】

吉林省白山市中级人民法院作出刑事判决:被告人于继红犯贪污罪,判处有期徒刑十年,并处没收个人财产人民币30,000元,追缴52.03平方米商企房一户,赃

[①] 中华人民共和国最高人民法院刑事审判第一庭、第二庭编:《刑事审判参考》(总第29辑),法律出版社2003年版,第43~46页。

款 18,989.55 元(含 17 平方米面积折价)。一审宣判后,于继红不服,提出上诉。吉林省高级人民法院作出刑事裁定:驳回上诉,维持原判。

【裁判理由】

法院认为,被告人于继红身为国家工作人员,利用职务便利,非法占有公共财物,数额在 10 万元以上,其行为已构成贪污罪,虽未办理私有产权证,仍应构成贪污既遂。《刑法》第九十一条规定"公共财产"包括国有财产、劳动群众集体所有的财产、用于扶贫和其他公益事业的社会捐助或者专项基金以及在国家机关、国有公司、企业、事业单位和人民团体管理、使用或者运输中的私人财产。《刑法》第三百八十二条规定的贪污罪对象的"公共财物"与《刑法》第九十一条规定的"公共财产"的内涵与外延是相同的,均未将不动产排除在公共财产之外。作为以非法占有为目的的直接故意犯罪,贪污罪存在未遂形态;其既、未遂的判断标准是是否实际取得财物。具体到贪污不动产犯罪,只要行为人利用职务之便,采取欺骗等非法手段,使公有不动产脱离了公有产权人的实际控制,并被行为人现实地占有的,或者行为人已经就所有权的取得进行了变更登记的,即可认定为贪污罪的既遂。而且,在办理不动产转移登记之后,即使不动产尚未实现事实上的转移,也不影响贪污罪既遂的成立。

(2)黄亚屏等贪污案[①]

【适法规则】

1. 国有单位管理人员利用管理公司的职务便利,违反有关养老保险金的缴纳规定,擅自决定将公款以补充养老保险金的形式,秘密缴纳至个人养老金账户予以侵吞的,构成贪污罪。

2. 行为人客观上"完成了贪污行为并控制了公共财物",主观上"达到了非法占有的目的",即为贪污既遂。

【基本案情】

申汇房地产公司和新申汇物业公司均系上海地产资产管理有限公司与徐房集团各出资 50% 共同成立的国有企业。被告人黄亚屏、孙龙、马建生均为受国有企业委派在以上公司从事公务的人员。根据申汇房地产公司、新申汇物业公司的章程规定,被告人黄亚屏、孙龙、马建生的薪金、福利等需经董事会确定。

2000 年 3 月,上海市劳动和社会保障局颁发了沪劳保补发(2000)28 号《关于单位工资总额超过缴纳基本养老保险费基数以上部分提取的养老保险费专项用于补充保险的通知》(简称 28 号文)。2003 年,被告人黄亚屏在担任申汇房地产公司、新申汇物业公司总经理期间,未经董事会批准,擅自与公司副总经理孙龙、党支部

[①] 国家法官学院案例开发研究中心编:《中国法院 2015 年度案例》(刑法分则案例),中国法制出版社 2015 年版,第 215~217 页。

副书记马建生及时任申汇房地产公司和新申汇物业公司办公室副主任孔毅敏商量,并经黄亚屏决定,将上述28号文件规定的补充养老保险金以该公司全部职工16人的名义向社保中心申报并打入黄亚屏、孙龙、马建生、孔毅敏及公司职员蔡育如等五人的养老保险个人账户。2003年至2005年,经孔毅敏制作《上海市单位补充养老金记入个人账户申请表》并交黄亚屏审核签名确认,将该公司补充养老保险单位账户的公款共计417,005.26元分别打入被告人黄亚屏、孙龙、马建生及孔毅敏、蔡育如的补充养老保险个人账户予以侵吞。

2005年12月,被告人黄亚屏离任,由陆伟雄继任申汇房地产公司和新申汇物业公司总经理。当陆伟雄得知黄亚屏等人私分补充养老金之事后,授意孔毅敏为其补缴2000~2005年间的补充养老保险金。2006年8月,经孔毅敏制作《上海市单位补充养老金记入个人账户申请表》并交陆伟雄审核签名确认,将该公司补充养老保险单位账户的公款共计79,466.67元分别打入陆伟雄、孙龙、马建生及孔毅敏、蔡育如等五人的养老保险个人账户。

另查,2010年8月,被告人黄亚屏退休,但未提取其个人养老保险账户内的钱款。2012年3月,被告人孙龙退休,并从其个人账户内提取养老保险金93,109.8元。蔡育如退休后亦从其个人账户内提取养老保险金112,543.71元。

【裁判结果】

上海市徐汇区人民法院作出刑事判决:(1)被告人黄亚屏犯贪污罪,判处有期徒刑五年六个月,并处没收财产人民币5万元;(2)被告人孙龙犯贪污罪,判处有期徒刑五年六个月,并处没收财产人民币5万元;(3)被告人马建生犯贪污罪,判处有期徒刑五年六个月,并处没收财产人民币5万元;(4)侵吞的公款予以追缴,退赔的赃款予以发还。被告人黄亚屏不服提起上诉。上海市第一中级人民法院作出刑事裁定:驳回上诉,维持原判。

【裁判理由】

法院认为,被告人利用管理公司的职务便利,违反有关养老保险缴纳规定,既未经职工代表大会审议,也未与工会组织协商一致,更未经过董事会批准,违反有关养老保险金的缴纳规定,擅自决定将公款以补充养老保险金的形式,秘密缴纳至个人养老金账户予以侵吞,其行为应当构成贪污罪。

2003年11月最高人民法院《全国法院审理经济犯罪案件工作座谈会纪要》第二条第一项规定:"贪污罪既遂与未遂的认定。贪污罪是一种以非法占有为目的的财产性职务犯罪,与盗窃、诈骗、抢劫等侵犯财产罪一样,应当以行为人是否实际控制财物作为区分贪污罪既遂与未遂的标准。对于行为人利用职务上的便利,实施了虚假平账等贪污行为,但公共财物尚未实际转移,或者尚未被行为人控制就被查获的,应当认定为贪污未遂。行为人控制公共财物后,是否将财物据为己有,不影响贪污既遂的认定"。因此,我国采取"控制说"作为贪污罪既遂的认定标准。行为人客观上"完成了贪污行为并控制了公共财物",主观上"达到了非法占有的目的",即为贪污既遂。否则,就属于贪污未遂。实践中,若行为人实施了贪污行为,但公共财物尚未从单位转移,或已经转移但尚未被行为人控制即被查获的,则为未遂。

在本案中,三名被告人将单位资金贪污进个人补充养老金账户中,根据当前关于养老金缴纳、使用等法律法规的规定,个人在退休之前是无法实际控制、支配其账户里的资金的,而是统一由国家进行统筹、调配。因而,对于已着手实施了贪污行为,将补充养老金解入个人账户后,若不符合提取条件的,即没有实际控制的,应当认定为贪污罪未遂。若符合提取条件而没有提取的,则不影响贪污既遂的认定。且由于本案系共同犯罪,若有一人符合提取条件而提取既遂的,则全体既遂。

9. 共犯形态的认定
高建华、岳保生、张艳萍、许福成贪污案[①]

【适法规则】

1. 在"党委扩大会"上共谋"集资购房",将公款用于参与会议的少数人购买私房,构成共同贪污。

2. 私自截留公款假借单位的名义买房,由个人私自非法占有,构成贪污罪,不因其案发时补办公房租赁协议而改变性质。

【基本案情】

1994年12月16日,时任郑州市二七区铭功路办事处党委书记的被告人高建华,主持召开了办事处党委扩大会议,被告人岳保生、张艳萍、许福成等参加了会议。会议讨论了用公款购买私房的问题,经研究决定,每人交集资款30,000元,并动用祥云大厦给付铭功路办事处的拆迁补偿费,给包括四被告人在内的9人共购买房屋9套,并要求参与买房人员要保密。高建华还指示该办事处劳动服务公司会计将拆迁补偿费不入服务公司账,单独走账。之后,9人向服务公司各交纳了30,000元,并选定了购买的房屋,后一人退出购房。铭功路办事处劳动服务公司陆续向中亨(河南)房地产开发管理有限公司(以下简称中亨公司)等处汇款。被告人高建华、岳保生、张艳萍、许福成共同将二七区铭功路办事处拆迁补偿费人民币824,103.4元用于购买私房。之后,四被告人均以个人名义交纳了契税。案发时,房屋所有权证尚未办理。案发后上述公款均已被追回。1997年3月,被告人高建华为购买私房,利用担任二七区房管局局长职务之便,指使时任局长助理的张绍华到二七区拆迁办公室,将应补偿给二七区房管局的苑陵街拆迁补偿费人民币264,600元在不入该局财务账的情况下,私自取出,直接在郑州市南阳路中亨花园1号院2号楼为高

[①] 中华人民共和国最高人民法院刑事审判第一、二、三、四、五庭主办:《刑事审判参考》(总第58辑),法律出版社2008年版,第62~66页。

建华购房一套,并将剩余的款项用于装修使用。案发前,高建华已向产权单位办理了公房租赁手续,该房产已纳入单位管理。

【裁判结果】

郑州市中级人民法院作出刑事判决:以贪污罪判处被告人高建华有期徒刑十一年,并处没收个人财产10,000元,违法所得96,000元,予以追缴;以贪污罪判处被告人岳保生有期徒刑二年,缓刑三年;以贪污罪判处被告人张艳萍、许福成免予刑事处罚。一审宣判后,郑州市人民检察院提出抗诉。被告人提出上诉。河南省高级人民法院审理作出刑事判决:以贪污罪改判上诉人高建华有期徒刑十三年,并处没收个人财产人民币10,000元,违法所得96,000元,予以追缴。

【裁判理由】

一审法院认为,各被告人的行为均已构成贪污罪。但是,由于意志以外的原因未办理产权证,系犯罪未遂。

二审法院认为,各被告人将公款侵吞后购买住房,已实现了对公款的非法占有,公款已发生实际转移,各被告人虽未取得所购房屋所有权,并不改变贪污公款的性质。高建华、岳保生、张艳萍、许福成利用职务上的便利,以集资购房为名,共同侵吞公款,并实质上用于购买私房,应认定为贪污犯罪,且系既遂。

集体共同贪污与私分国有资产犯罪的主要区分在于:(1)在客观行为方式上,集体共同贪污一般是少数人以侵吞、窃取、骗取或者其他手段秘密进行的,而对单位内部其他多数成员则是不公开的,多会采取作假账或平账的手法以掩人耳目;私分国有资产一般是在本单位内部以公开、表面合法的形式进行的,比如以发红包、发福利、发奖金的形式进行私分,一般在财务账上不会隐瞒私分的国有资产,只是会采取不按规定规范记账的方法来应付各种监督。(2)在主体方面,集体共同贪污属于个人共同犯罪,一般是利用职务便利非法占有公共财产的个别单位成员,因此承担刑事责任的主体是参与贪污犯罪的自然人;私分国有资产属于单位犯罪,参与私分国有资产的一般是单位的一定层次、规模的所有人或大多数人,其中大多数人是被动分到国有资产的,承担刑事责任的主体只是对私分国有资产直接负责的主管人员和其他直接责任人员。

本案中,被告人高建华、岳保生、张艳萍、许福成,都是办事处的领导成员,在党委扩大会上研究决定使用公款为其个人"集资"购买私房时,均利用了自己的职务便利,形成了明确的侵吞公款的共同主观故意,该扩大会实质上是被告人利用领导管理层决策的形式来掩盖共同实施贪污的手段。会后,各行为人又相互配合,各自按会议预谋方案将公款用于购买个人私房,将公款据为己有。从非法占有公款的主体看,基本上是参与会议的少数人员,并不是单位大多数人或者所有人。从该行为的公开程度看,会议要求对单位其他职工保密,且单位正式财务账上不显示这一支出,因为是以个人名义购房,在单位固定资产上也不进行房产登记。因此,完全符合共同贪污犯罪的构成要件,应追究参与会议决策的各被告人的刑事责任。

(二)挪用公款罪

1. 主体要素的认定

(1)马平华挪用公款案[①]

【适法规则】

国有公司原负责人在国有公司改制为国有控股公司过程中,因既是受委派从事管理、经营国有资产的国家工作人员,又是改制的国有控股公司的大股东,故仍然具有国家工作人员身份,其为个人购买国有控股公司再次改制为有限责任公司后的股份,而动用国有控股公司资金作为贷款担保的行为,构成挪用公款罪。

【基本案情】

南通市土地综合开发公司(以下简称土综公司)于1992年成立,系全民所有制事业单位。马平华于1998年2月至2003年间任该公司总经理。2003年7月至12月间该公司进行改制,转让40%的国有股权,其中25%明确向原公司的经营层转让,另15%向社会公开转让。2003年7月,向社会公开出让的15%股权后来由马平华委托李志刚通过竞拍程序购得。同年8月,向原公司经营层转让的另25%国有股权由马平华和严荣华分别购得20%、5%。另60%的国有股权由南通市国有资产管理局授权众和公司经营管理。2003年10月28日,南通市国土资源局与受让方马平华、严荣华、李志刚完成了产权交割手续。2003年11月14日,南通市政府办公室批复同意土综公司改制转企。2003年12月16日,经中共南通市委组织部对改制后土综公司领导班子考察研究后,由众和公司推荐马平华为土综公司董事、董事长,并于12月18日经该公司董事会选举和聘任,马平华担任该公司董事长和总经理。2004年1月13日,经南通市工商行政管理局核准,土综公司完成变更注册。2005年7月,土综公司进行再次改制,公开转让剩余60%的国有股权,由马平华受让53%,严荣华受让7%。原国有性质的土综公司经两次改制后,实际变更为由马平华出资88%、严荣华出资12%的有限责任公司。

2003年9月,马平华为筹集购买国有股权的资金,于当月个人向银行贷款2000万元(期限6个月)。但按银行对个人贷款必须有担保的要求,马平华即与坤园公司(原系土综公司下属企业)董事长杨林建商定,由坤园公司向银行贷款2000万元(期限1年),作为马平华个人2000万元贷款的担保。与此同时,马平华又个人决定坤园公司向银行的2000万元贷款由土综公司担保。两笔2000万元的贷款利息均

---

① 中华人民共和国最高人民法院刑事审判第一、二、三、四、五庭主办:《刑事审判参考》(总第64辑),法律出版社2009年版,第54~57页。

由马平华个人支付。为此,马平华、坤园公司及银行三方办理了续贷2000万元个人贷款的手续,期限6个月。

2004年3月30日,马平华为了免除由其个人支付的坤园公司向银行贷款的利息,个人决定由土综公司向银行贷款2000万元(贷款利息由土综公司支付),作为土综公司的单位定期存款存到银行,并同意开立该单位定期存款开户证实书交由银行工作人员,于2004年4月8日存放于银行金库,作为马平华个人贷款2000万元的担保,但双方并未办理书面质押担保手续。同日,坤园公司在银行的2000万元保证金提前归还。

2004年9月,马平华个人向银行贷款2500万元(期限1年),其中2000万元为以贷还贷,仍以土综公司的原2000万元单位定期存款作担保,500万元由坤园公司在土综公司担保下(系经该公司董事会集体讨论决定)向银行以等额贷款作担保,同时,马平华承诺以其个人所有财产及权利为担保。2005年8月29日,银行将土综公司的2000万元定期存款转入了保证金专户,后于2005年9月22日用该款归还了土综公司的等额贷款。

【裁判结果】

南通市崇川区人民法院作出刑事判决:被告人马平华犯挪用公款罪,判处有期徒刑九年。一审宣判后,马平华不服提出上诉。南通市中级人民法院经审理认为,原审判决认定事实没有错误,但鉴于挪用公款行为未造成实际损失,原判对马平华马挪用公款犯罪量刑畸重。遂作出刑事判决:上诉人马平华犯挪用公款罪,判处有期徒刑五年六个月。

【裁判理由】

本案最大争议在于被告人身份的认定。土综公司第一次改制完成(即2004年1月13日申请变更注册)前,因属国有独资公司,被告人马平华作为该公司的总经理,属于在国有公司中从事公务的人员,符合刑法第九十三条第二款的规定,应以国家工作人员论。第一次改制后至2005年7月第二次改制完成前,土综公司改制为国有控股公司,在此阶段马平华实际具有了双重身份:一方面,他在改制后的公司中实际占有35%的股份,成为土综公司的第二大股东;另一方面,在由政府部门召开的相关会议上,南通市委组织部决定由经营管理60%国有股权的众和公司出面推荐马平华任董事长,然后通过股东大会选举履行相关手续,再由董事会聘任其担任总经理的职务。形式上看虽然马平华的职务由董事会聘任,但其实质来源于国有单位即南通市委组织部和众和公司的委派。直至2005年7月土综公司第二次改制结束后,国有股完全退出,马平华受国家单位委派的身份才彻底脱去。因此,应当认定马平华在初次改制完成后至二次改制之前,仍然属于国家工作人员。"两高"《关于办理国家出资企业中职务犯罪案件具体应用法律若干问题的意见》第六条明确规定:"国家出资企业中的国家工作人员,在国家出资企业中持有个人股份或者同时接受非国有股东委托的,不影响其国家工作人员身份的认定。"

马平华 2003 年 9 月为其个人银行贷款 2000 万元所提供的担保,形式上是由坤园公司向银行同时贷款 2000 万元后转作为马平华个人 2000 万元贷款的担保,但坤园公司该等额贷款的背后,又是由马平华为了谋取个人利益,决定由土综公司为坤园公司的该 2000 万元贷款进行担保,马平华已将本单位公款置于风险之中,其行为已符合挪用公款罪的构成要件。2004 年 3 月,马平华为了免除支付由其个人承担的坤园公司 2000 万元贷款的利息,个人决定将土综公司向银行贷款 2000 万元后转为单位存款,然后将单位存款开户证实书放置于银行不动用,其主观目的还是为其个人 2000 万元贷款进行质押。尽管该开户证实书注明了不能用于质押,不属金融凭证而不具有交换功能,且土综公司也未与银行签订质押合同,但单位定期存款开户证实书是存款人的债权证明,并且是办理单位定期存单质押贷款时必备的证明文件,马平华个人决定将本单位 2000 万元存款开户证实书放置银行,脱离了本单位的控制,客观上已使本单位对 2000 万元资金在超过 3 个月以上的时间内无法行使权利,亦侵犯了本单位资金的使用权,马平华的行为已完全符合挪用公款罪的构成要件,且属犯罪既遂。因马平华先后两次作案是为个人同一笔贷款作保证,且第二次保证时,银行操作不规范,故其挪用公款的数额可以认定为 2000 万元。

(2) 吴泽坚挪用公款案[①]

【适法规则】

国有单位中的劳务派遣人员,如果其工作性质为从事公务,则依然可以成为挪用公款罪适格主体,其利用职务便利,挪用公款归个人使用(如赌博等),符合挪用公款罪的构成要件,构成挪用公款罪。

【基本案情】

被告人吴泽坚于 2008 年 1 月经汕尾市劳务服务有限公司派遣至汕尾市邮政局报刊发行局(旧称为"汕尾市邮政投递局",属于汕尾市邮政局的二级局,以下简称投递局)上班,自 2010 年 10 月起被投递局任命为投递班副班长,主要负责报刊收订、收取和管理市区范围内的订阅报刊款、报刊系统的信息录入、邮政的妥投情况汇总等工作。在投递局 2012 年度报刊大收订期间,即 2011 年 9 月 1 日至 2012 年 1 月 31 日期间,被告人吴泽坚利用职务上的便利,将陆续从投递班各投递员处收取的本应上缴至市邮政局专用账户的报刊款人民币合计 427,337.05 元,用于个人赌博且全额输掉。2012 年 2 月 5 日,投递局通知被告人吴泽坚次日参加会议清算 2012 年度报刊款,被告人吴泽坚因无力归还于同月 6 日潜逃。同年 11 月 8 日,被告人吴泽坚在汕头市潮南区陈店镇溪美村被抓获归案。

---

① 国家法官学院案例开发研究中心编:《中国法院 2015 年度案例》(刑法分则案例),中国法制出版社 2015 年版,第 236~237 页。

【裁判结果】

汕尾市中级人民法院作出刑事判决：以挪用公款罪，判处被告人吴泽坚有期徒刑十一年。吴泽坚不服一审判决，提出上诉。广东省高级人民法院作出刑事裁定：驳回上诉，维持原判。

【裁判理由】

法院认为，被告人吴泽坚身为国有单位从事公务的人员，利用职务上的便利，挪用公款归个人使用，进行非法活动，其行为已构成挪用公款罪。根据我国《刑法》第九十三条第二款的规定："国有公司、企业、事业单位、人民团体中从事公务的人员和国家机关、国有公司、企业、事业单位委派到非国有公司、企业、事业单位、社会团体从事公务的人员，以及其他依照法律从事公务的人员，以国家工作人员论。"因此，在国有单位中工作的劳务派遣人员，若其工作性质具有"从事公务性"，即以国家工作人员论，进而成为挪用公款罪适格主体。具体到本案，被告人吴泽坚受汕尾市劳务服务有限公司派遣到汕尾市邮政投递局工作，任投递局投递班副班长，从事报刊收订、报刊系统的信息录入、收取和管理市区范围内的订阅报刊款等公务行为，而邮政局属国有单位，虽然其系非在编人员，但仍属于《刑法》第九十三条第二款规定的"国有公司、企业、事业单位、人民团体中从事公务的人员"，应以国家工作人员论，符合挪用公款罪的犯罪主体资格条件。

2. 利用职务上的便利要素的认定

万国英受贿、挪用公款、巨额财产来源不明案①

【适法规则】

1. 担任领导职务的国家工作人员，即使是通过属于自己主管的本单位或者下级单位的国家工作人员的职务行为挪用公款的，也应当认定为"利用职务上的便利"。

2. 利用职务上的便利借用下级单位公款，归个人使用，数额较大进行营利活动的，构成挪用公款罪。

【基本案情】

甘肃省白银市白银有色金属公司（以下简称白银公司）是国有公司，被告人万国英系白银公司副总经理。1997年4月，被告人万国英为炒期货向其分管的白银公司疗养院院长李某提出借公款5万元。5月2日，李某让单位财务人员从该院下属的滨河贸易公司开出5万元转账支票，交给万国英。万国英将此5万元及自筹的15万元用于炒期货，后获利7万元。1998年1月4日，万国英归还了上述5万元公款（受贿及巨额财产来源不明的案情事实已略）。

---

① 中华人民共和国最高人民法院刑事审判第一庭、第二庭编：《刑事审判参考》（总第29辑），法律出版社2003年版，第51~53页。

【裁判结果】

兰州市中级人民法院作出刑事判决：被告人万国英犯受贿罪，判处有期徒刑二年；犯挪用公款罪，判处有期徒刑一年；犯巨额财产来源不明罪，判处有期徒刑一年，决定执行有期徒刑三年，缓刑三年。来源不明的财产449,082.49元、挪用公款的获利17,500元，共计466,582.49元予以追缴，上缴国库。宣判后，万国英服判，不上诉，检察机关不抗诉。判决发生法律效力。

【裁判理由】

挪用公款罪中的"利用职务上的便利"，是指国家工作人员职务活动的一切便利，包括利用本人对下属单位领导、管理关系中的各种便利。担任单位领导职务的国家工作人员通过自己主管的下级部门的国家工作人员实施违法犯罪活动的，应当认定为"利用职务上的便利"。从我国国有企业的实际情况来看，大量的国有企业是由上级国有企业出资设立的，下级企业的主要领导也是由上级企业任命的，上下级企业虽然都具备公司法规定的独立法人资格，但实质上仍有较强的行政领导的特点。被告人万国英虽然不具有直接经管、支配疗养院及滨河贸易公司财产的权力，但是作为白银公司主管疗养院的副经理，在职务上对疗养院具有管理职权，其打电话给疗养院院长李某，提出"借"款5万元供自己使用，正是利用了其主管疗养院的职权。因此，被告人万国英利用主管疗养院职务上的便利，挪用疗养院公款5万元，进行营利活动，其行为构成挪用公款罪。2003年《全国法院审理经济犯罪案件工作座谈会纪要》第四条第三项对此作出明确规定："国有单位领导利用职务上的便利指令具有法人资格的下级单位将公款供个人使用的，属于挪用公款行为，构成犯罪的，应以挪用公款罪定罪处罚。"

3. 行为要素的认定

（1）马德君挪用公款案①

【适法规则】

国家工作人员具有国有企业负责人和私营企业实际控制人的双重身份，事前未经国有企业同意，利用职务便利，私自将国有企业货物赊销给自己实际控制的私营企业，并将货款截留给该私营企业使用，事后也未经国有企业追认的，属于利用职务便利，通过"双方代理"方式将公物变卖归个人使用的行为，构成挪用公款罪。

【基本案情】

北京市机电设备总公司（以下简称机电公司）系全民所有制企业，北京市机电

---

① 国家法官学院、中国人民大学法学院编：《中国审判案例要览》（2013年刑事审判案例卷），中国人民大学出版社2015年版，第389～392页。

设备总公司机械设备公司(以下简称机械公司)系其分支机构(非法人),2008年1月至2010年12月,被告人马德君担任机械公司钢材部副主任,主要工作职责为负责钢材货物货源的调拨、采购等销售工作、货款结算事宜及应收账款的清收工作等。2008年5月至7月期间,被告人马德君利用担任机械公司钢材部副主任,负责本单位钢材销售及账款清收的职务便利,隐瞒本单位出售给北京德利恒源商贸有限公司(以下简称德利公司,马德君持有40%股份)220余吨钢材的事实,并将该127万余元钢材货款用于其个人参股的德利公司的经营,以缓解德利恒源公司的资金压力,后机械公司在核实其他公司欠款时,马德君谎称自己将该笔德利公司的钢材货款错记至其他公司名下,但深知此事早晚败露,其于2011年9月马德君将127万余货款返还机械公司。

【裁判结果】

北京市石景山区人民法院作出刑事判决:马德君犯挪用公款罪,判处有期徒刑六年。一审宣判后,马德君以其系退休后返聘,不符合挪用公款罪的主体要件提出上诉。北京市第一中级人民法院作出刑事判决:驳回上诉,维持原判。

【裁判理由】

法院认为,被告人身为国家工作人员,利用负责钢材货物货源的调拨、采购等销售工作的职务便利,将机械公司220余吨价值127万余元的钢材赊销给自持40%股份的德利恒源商贸有限公司,并在之后的几年中,不但不收回此笔货款,而且还用来缓解德利恒源公司的资金压力,属于挪用公款进行营利活动,其行为已构成挪用公款罪。

本案中,机械公司与德利公司采取赊销方式销售钢材。所谓赊销,是指商品发出后所有权发生了转移,中间商拥有商品所有权,承担向供货商付款的责任,供货商随即拥有向中间商收款的权利,在供货商的财务账上相应产生了应收账款。从常理而言,德利公司有权使用其公司账户的资金,包括钢材销售款。但是本案的特殊性在于,马德君具有国有企业负责人和私营企业实际控制人的双重身份,从民法角度上,这种情形属于双方代理或共同代理。如果双方代理事先得到了双方当事人的同意或事后得到了其追认,法律承认其效力。马德君私自将本单位220余吨钢材出售给自持40%股份的德利公司,并将127万余元货款截留给德利公司经营使用的事实,明显违背了机械公司的利益,事先没有得到同意,事后也没有得到追认,因此,德利公司与机械公司之间的该笔钢材生意应认定为无效,钢材的所有权仍然属于机械公司。鉴于德利公司已经将钢材予以出售,机械公司对于钢材的变价款享有所有权。马德君作为国家工作人员,利用职务便利,通过双方代理的身份,私自截留钢材销售款用于偿还德利公司债务的行为,符合刑法及司法解释中挪用公款"归个人使用"的情形。马德君为了应付机械公司上级领导的质询,通过开具虚假的商品销售清单的方式将该笔货款记在其他公司名下,但是从财务手续上看,该笔钢材并未平账,马德君在公司领导的催问下交代了实情,并以自己的财产清偿了全部债务,说明其主观上没有非法占有货款的故意,不符合贪污罪的主观要件。

(2)歹进学挪用公款案①

【适法规则】

1. 工商行政管理机关核发的营业执照所标明的企业性质,与企业的实际情况不一致时,应当根据企业的成立过程、资金来源、利润分配、管理经营方式等情况,认定企业性质。

2. 国有企业工作人员根据集体决定,将公款划拨至名为个体实为国有企业下属企业(集体企业)的其他企业使用,没有从中谋取私人利益的,不构成挪用公款罪。

【基本案情】

1999年5月,被告人歹进学通过竞争方式担任了国有企业农机公司的经理。该公司当时负债高达637.8万元,职工两年未领到工资,公司濒临倒闭。为扭转该公司单纯从事农机产品的销售和严重亏损的局面,歹进学经与农机公司其他领导研究,并在本公司职工大会上提出决定成立金华机械厂。歹进学同农机公司党委书记马新喜(同时兼任公司副经理及办公室主任)商量并向公司的上级主管单位新郑市农机局领导汇报,将金华机械厂的工商营业执照办成由其本人负责的个体性质的企业,并由歹进学、马新喜二人办理金华机械厂的工商营业执照,该执照记载,金华机械厂负责人为歹进学,马新喜、王国选(农机公司工会主席)、董乐平(农机公司副经理)为雇工。金华机械厂资金由公司职工集资,农机公司本身亦集资2万元,厂房设在农机公司院内。该厂两任厂长分别由马新喜、董乐平担任,会计、出纳分别由农机公司职工曹甲申、刘阳担任,该厂职工由农机公司下岗职工组成,且金华机械厂的有关事宜在农机公司内部会议一并做出安排,并将该厂的生产经营状况反映到农机公司的财务报表中向税务部门呈报。2000年1月至7月间,歹进学将农机公司公款38.71万元挪至金华机械厂使用,用于购车及生产资料,其中购桑塔纳轿车及农用汽车共花去22.5213万元,入该厂固定资产账。

【裁判结果】

河南省新郑市人民法院作出刑事判决:被告人歹进学犯挪用公款罪,判处有期徒刑五年。一审宣判后,歹进学不服,提出上诉。理由是:原判认定金华机械厂属个人所有的私营企业确有错误,该厂实际系农机公司的下属企业,将农机公司公款挪至金华机械厂使用的行为,不构成犯罪。郑州市中级人民法院作出刑事判决:撤销一审判决,宣告歹进学无罪。

---

① 中华人民共和国最高人民法院刑事审判第一庭、第二庭编:《刑事审判参考》(总第41辑),法律出版社2005年版,第50~58页。

【裁判理由】

二审法院认为,歹进学虽然是以个人名义注册登记金华机械厂的,但本案的大量证据证实,成立金华机械厂是经农机公司集体研究后作出的决定,并曾经多次向上级行政主管部门的领导汇报,是在取得了上级行政主管部门同意后办理的相关手续,并非歹进学个人的决定。对于工商行政管理机关核发的营业执照标明的企业性质,与企业的实际情况不一致的,在审判时不能仅以工商执照认定,而应当根据企业的成立过程、资金来源等,如实认定企业性质。从金华机械厂的资金来源、职工组成、生产场地、利润分配、管理经营方式及挪用款项用途等各方面证据看,均不能证明金华机械厂为歹进学个人所有。故一审判决仅根据该厂在工商营业执照中的记载认定金华机械厂属个体性质,证据不足。挪用公款罪的主要特征是挪用公款归个人使用。歹进学在担任国有公司经理职务期间,因所在单位经营的需要,经集体研究决定,将公款划拨到名为个体实为集体的其他企业使用,虽情况属实,但其本人并没有从中谋取私人的利益,不构成挪用公款罪。

(3) 张威同挪用公款案①

【适法规则】

个人决定以单位名义将公款借给其他单位使用,没有谋取个人利益的不构成挪用公款罪。

【基本案情】

2002年8月底,酒泉三正世纪学校董事长王宗红以该校资金紧张为由,向被告人张威同(原系甘肃省酒泉市肃州区西峰乡新村村委会主任)提出想从张威同所在的新村村委会贷款200万元,月息为0.8%,张威同在未与村委会其他成员商议的情况下,安排村委会文书兼出纳柴景荣将村里的征地补偿款共210万元分3次借给三正世纪学校使用,约定月利息为0.8%。2002年10月,王宗红再次找张威同提出向新村村委会借款600万元,包括前面已经借出的210万元。张威同召集村委会委员会议就是否给三正学校借款进行讨论,张威同未将此前已经借款给三正学校210万元向会议说明,会上大家一致同意借款给三正学校600万元。会后新村村委会与三正学校签订了600万元的贷款合同。合同签订后,新村村委会实际只给三正学校借款531.5万元,包括开会研究之前借给三正学校的210万元。其后,三正学校归还220万元,案发时未归还的资金,大部分已追回。

【裁判结果】

甘肃省酒泉市肃州区人民法院作出刑事判决:被告人张威同犯挪用公款罪,判处有期徒刑八年。一审宣判后,张威同不服,提出上诉。甘肃省酒泉市中级人民法

---

① 中华人民共和国最高人民法院刑事审判第一、二、三、四、五庭主办:《刑事审判参考》(总第63辑),法律出版社2008年版,第54~56页。

院作出刑事判决:判决撤销酒泉市肃州区人民法院原审判决,宣告上诉人张威同无罪。

【裁判理由】

一审法院认为,张威同作为新村村委会主任,在协助政府从事土地征用补偿费用的管理工作中,超越职权范围,在未经村委会集体讨论的情况下,以个人名义将资金借与三正世纪学校使用,成立挪用公款罪。二审法院认为,本案中,被告人张威同系西峰乡新村村委会主任,利用职权借给三正世纪学校的是人民政府发放给村民的征地补偿款,根据全国人大常委会《关于〈中华人民共和国刑法〉第九十三条第二款的解释》的规定,应当认定为刑法第九十三条第二款规定的"其他依照法律从事公务的人员",以国家工作人员论。被告人张威同将公款借给三正世纪学校使用,三正世纪学校将该款用于正当的办学行为,显然不是进行非法活动;同时,三正世纪学校属于合法民办非企业单位,单位之间相互救急的行为,不应认定将公款借给私立学校进行筹建工作就是进行营利活动。

刑法规定的国家工作人员利用职务上的便利,挪用公款归个人使用,实质上是将公款非法置于个人的支配之下,也就是公款私用。对于将公款借给其他单位使用的,应当区别情况处理。属于单位之间拆借行为的,不应按照挪用公款罪处理;对以个人名义将公款借给其他单位使用的,则属于"私用"。因为,公款属于单位,而非个人。虽然单位负责人在职权范围内有决定一定数额公款使用的权力,但实际上是单位赋予其负责人代表单位正确支配、使用公款的权力,绝不意味着单位授权其负责人可以个人名义任意非法支配、使用单位公款。以个人名义将公款供其他单位使用,本身就是将公款非法置于个人支配之下的一种表现形式。本案中,张威同决定出借的 210 万元征地补偿款,从现有证据上看,是以村委会名义借出的,张威同并不是私下将公款借出,而是通过村委会成员文书兼出纳的柴景荣经手办理,使该款始终控制在村委会名下,直至到期还款,三正世纪学校也是直接将款还给了新村村委会,而不是还给张威同个人。可见张威同不是以个人名义借款给三正世纪学校。此外,张威同决定借出 210 万元后,经村委会讨论决定,向三正世纪学校借出 600 万元,张威同虽在村委会研究时对先前借出的 210 万元未作说明,但在与三正世纪学校履行合同时实际上包含了这 210 万元,且没有任何证据证明张威同因此谋取了个人利益,故其行为不属于"个人决定以单位名义将公款供其他单位使用,谋取个人利益的"情形,不构成挪用公款罪。

(4) 梁某挪用公款案①

【适法规则】

行为人利用职务上的便利,将自己经管的公款支出使用,但没有采取平账或销

---

① 中华人民共和国最高人民法院刑事审判第一庭、第二庭编:《刑事审判参考》(总第27辑),法律出版社2002年版,第47~50页。

毁账目等其他方式改变公款的所有权的,只能成立挪用公款罪。

【基本案情】

1996年8月至1999年9月间,被告人梁某伙同被告人张某,利用梁某担任某国家机关老干部局行政处财务科会计职务上的便利,采取支出款项不记账、销毁支票存根及银行对账单的手段,使用现金支票和转账支票从梁某分管的银行账户中,先后150余次提款、转款共计人民币670万元,梁某将大部分赃款交由张某用于营利活动,小部分赃款被二人挥霍。其间,因单位用款,二被告人恐罪行败露,先后拿出人民币145万元支付单位用款。二被告人实际侵吞人民币520余万元。1999年10月8日,在司法机关接到群众举报,告知梁某所在单位,单位对其经管的账目进行核查时,梁某向单位投案。案发后追缴人民币23万元,扣押铃木牌吉普车一辆,价值人民币22余万元(张某犯盗窃罪案情略)。

【裁判结果】

北京市第一中级人民法院作出刑事判决:被告人梁某犯贪污罪,判处无期徒刑,剥夺政治权利终身,没收个人全部财产。(对张某的判决略)一审宣判后,梁某以原判认定其具有非法占有公款的主观故意的证据不足,定贪污罪不准,量刑过重为由提起上诉;张某服判,未上诉。北京市高级人民法院作出刑事判决:撤销原审判决第一项对被告人梁某的定罪量刑部分,第二项中对被告人张某犯贪污罪的定罪量刑部分;判决梁某犯挪用公款罪,判处有期徒刑十五年,剥夺政治权利三年;继续追缴未归还的赃款。

【裁判理由】

一审法院认为,被告人梁某身为国家工作人员,被告人张某勾结国家工作人员,利用梁某担任某国家机关老干部局行政处财务科会计的职务便利,侵吞大量公款,其行为已构成贪污罪。根据犯罪的手段、情节,均具有侵吞和将公款非法据为己有的主观故意,成立贪污罪,应认定二被告人构成贪污罪。

二审法院认为,梁某利用职务上的便利,采用支取公款不记账、销毁支票存根和银行对账单的手段,伙同张某将自己经管的巨额公款支出使用,虽然部分公款被挥霍,但梁某并没有采取平账或销毁账目等其他方式改变公款的所有权,且在私自支出使用公款期间,还陆续归还人民币145万元,证实其与张某没有非法占有公款的主观目的,原审认定梁某、张某犯贪污罪定性不当。梁某身为国家工作人员,为谋私利,受张某唆使,利用职务便利,采取提取现金、转款不记账、销毁支票存根和银行对账单的手段,挪用公款进行营利活动,构成挪用公款罪。

挪用公款罪以非法使用公款为目的,而贪污罪以非法占有公共财物为目的,这是两罪最本质的区别。司法实践中,对于行为人私自将公款支出使用,客观上未能归还的行为性质认定,其判断根据是行为人有无平账的行为。如果使用虚假票据平账,账面与实际资金情况一致,行为人支取公款的行为被完全掩盖,应当认定行为人具有对公款非法占有的目的,其行为成立贪污罪。本案中,梁某利用担任会计的职务便利,支取公款不记账,销毁银行对账单和支票存根,虽然从单位账面上看似乎是平的,但实际上账面与库存资金情况根本不符,对于单位来说账上仍有670余万元,而实际上已被梁某支取,此时,梁某是不能够达到侵吞公款的目的的。因此,梁某尚未做到真正意义上的平账。梁某将赃款大部分给张某用于经营活动,二人挥霍了小部分。反映其主观上是想营利,造成公款没有归还的原因,是由于张某在经营中亏损及被骗造成了公款不能归还,而不是梁某、张某有能力归还而不归还,故不能认定其有非法占有公款的故意。

4. 对象要素的认定

杨永利挪用公款案[①]

【适法规则】

1. 土地征用补偿款入账前仍属于"公款",村党支部书记对其的管理行为仍属于协助政府管理的职务行为。

2. 私自截留尚未入账的土地征用补偿款归个人使用的属于利用职务上的便利挪用公款,超过三个月未还的,构成挪用公款罪。

【基本案情】

辽阳市弓长岭区安平街道鑫源小区总占地58.76亩,其中征用辽阳市弓长岭区安平乡尤吉村集体土地29.5亩。辽阳市弓长岭区政府于2003年8月13日通过挂牌出让方式出让,辛伟挂靠辽阳龙峰房地产开发有限公司取得了该宗土地进行商业开发,征地补偿费29.5035万元由辛伟代替辽阳市弓长岭区政府直接支付给辽阳市弓长岭区安平乡尤吉村集体。至2007年年底,辛伟已付给征地费16万元。2008年3月17日,时任尤吉村党支部书记的被告人杨永利将辛伟还欠尤吉村13.5万元征地款取回,交到村里上账3.5万元,其余10万元被杨永利私自截留据为己有。其中用于偿还其个人债务5万元,给其母亲看病花掉近3万元,余款被其丢失。当月月底,被告人杨永利将自己占用10万元征地款的情况告诉当时任村主任的邱文良。2011年1月11日,被告人杨永利将其截留的款项归还所在村。

【裁判结果】

辽宁省辽阳市弓长岭区人民法院作出刑事判决:杨永利犯挪用公款罪,判处有期徒刑二年,缓刑三年。

【裁判理由】

根据全国人大常委会《关于〈中华人民共和国刑法〉第九十三条第二款的解释》

[①] 国家法官学院、中国人民大学法学院编:《中国审判案例要览》(2011年刑事审判案例卷),中国人民大学出版社2013年版,第497~499页。

规定,村民委员会等村基层组织人员协助人民政府从事土地征用补偿费用的管理工作的,属于刑法规定的"其他依照法律从事公务的人员",以国家工作人员论。而土地征用补偿款在入账前属于"公款",因此,村民委员会等村基层组织人员(如本案的村党支部书记)利用职务上的便利,私自截留土地征用补偿款归个人使用,超过三个月未还的,构成挪用公款罪。

5. 谋取个人利益要素的认定
(1)姚太文受贿、贪污、挪用公款案①
【适法规则】

个人决定以单位名义将公款借给其他单位使用,虽然在事后收受对方财物,但难以证实借款当时具有谋取个人利益目的的,只能认定事后的受贿罪,而不应按受贿罪与挪用公款罪数罪并罚。

【基本案情】

1999年10月,姚太文在任吉林省慈善总会秘书长、吉林省民政福利大厦筹建办公室主任期间,利用掌管慈善基金和基建资金的职务便利,以吉林省慈善总会名义与吉林省大力实业公司(以下简称大力公司)签订借款协议,将吉林省慈善总会的440万元公款借给大力公司用于支付工程保证金。2000年6月至2001年8月,大力公司经理王步前分六次将440万元返还。2003年春节,王步前为感谢姚太文,送姚10万元。(注:贪污罪的案件情节已略)

【裁判结果】

长春市中级人民法院作出刑事判决:被告人姚太文犯受贿罪,判处有期徒刑十年,并处没收个人财产二万元。(关于贪污罪的定罪量刑略)一审宣判后,吉林省长春市人民检察院提出抗诉,理由是被告人姚太文的行为同时触犯了刑法关于挪用公款罪和受贿罪的规定,根据《最高人民法院关于审理挪用公款案件具体应用法律若干问题的解释》第七条之规定,应予数罪并罚。吉林省高级人民法院裁定:驳回抗诉,维持原判。

【裁判理由】

一审法院认为,被告人决定以慈善总会名义借款给大力公司的时间是1999年,大力公司还款的时间是2000年6月至2001年8月。姚太文因上述借款事宜收受王步前贿赂的10万元的时间是2003年春节期间。姚太文借款当时谋取个人利益的意图并不明显,在案证据也难以证实姚太文与王步前具有事后收受贿赂的合意或者默契,故姚太文以个人名义借款大力公司的行为,不属于《全国人大常委会关

---

① 中华人民共和国最高人民法院刑事审判第一、二、三、四、五庭主办:《刑事审判参考》(总第87辑),法律出版社2013年版,第107~108页。

于《中华人民共和国刑法》第三百八十四条第一款的解释》第三项所规定的"个人决定以单位名义将公款供其他单位使用,谋取个人利益的"情形,其行为不构成挪用公款罪。

"挪用公款归个人使用"有三种类型,其中,将公款供本人、亲友或者其他自然人使用的;以个人名义将公款供其他单位使用的,均不以谋取个人利益为要件;而个人决定以单位名义将公款供其他单位使用的,则必须以谋取个人利益为构成要件。若属于前两种情形,行为人在挪用过程中,索要或者收受他人财物的,产生新的受贿罪犯意,应当数罪并罚。若属于第三种情形,行为人索取或收受他人财物行为,本身就是谋取个人利益的表现,应当按照想象竞合犯从一重罪处断原则,不能进行并罚。原因在于,对行为人以挪用公款罪和受贿罪实行并罚,则实质上是对谋取个人利益的事实(包括挪用公款的事实)进行了双重评价,违反了刑法禁止重复评价的原则。综上,个人决定以单位名义将公款借给其他单位使用,虽然在事后收受对方财物,但难以证实借款当时具有谋取个人利益目的的,不能构成挪用公款罪,但因事后收受贿赂的行为,依然可以构成受贿罪。

(2)王成虎挪用公款案①

【适法规则】

1. 个人决定以单位名义将公款供其他单位使用,谋取单位利益的,不构成挪用公款罪。

2. "为单位利益"应从行为人客观行为中推断,只要不能排除单位负责人系出于生产经营原因或单位利益原因出借款项,根据刑法谦抑性原则、刑事诉讼严格证明规则及有利于被告人的原则,不应以挪用公款罪定罪处罚。

【基本案情】

王成虎系今世缘公司(江苏今世缘酒业有限公司)副总经理,该公司为国有控股公司。期间,今世缘公司与破产企业职工安置办、林维杰等三方签订了合作协议,约定今世缘公司借资200万元用于项目建设,林维杰以自然人身份受聘管理酒精生产经营业务,自主经营、自负盈亏;协议期满后,技改投入形成的全部资产产权归破产企业职工安置办所有;今世缘公司从林维杰方采购酒精。协议签订后,林维杰等人按约对酒精生产线进行了技术改造,今世缘公司亦按约借给其200万元。林维杰向王成虎请求帮助其解决流动资金问题,王成虎同意并以公司名义出借300万元。其后,王成虎向董事长周素明汇报工作时讲,共借出了500万元。周素明后找林维杰等了解300万元借款情况,才得知300万元是经王成虎手借出去的。因董事长追查此事,王成虎便让林维杰尽快还款,至案发前,林维杰已归还1,406,430.88元。

---

① 最高人民法院中国应用法学研究所编:《人民法院案例选》,人民法院出版社2014年版,第144~146页。

另查明，王成虎在任今世缘公司副总经理期间，利用职务之便，非法收受周爱东送给的财物计人民币 6.32 万元，并收受姬佰年感谢费 2000 元。

【裁判结果】

淮安市涟水县人民法院作出刑事判决：王成虎犯挪用公款罪，判处有期徒刑十一年；犯受贿罪，判处有期徒刑三年，并处没收财产人民币 10,000 元；决定执行有期徒刑十三年，并处没收财产人民币 10,000 元。王成虎所退人民币 64,700 元，系受贿赃款，予以追缴，上交国库。未退受贿赃款人民币 500 元继续追缴，上交国库；未退挪用公款赃款人民 1,593,569.12 元继续追缴，发还被害单位。王成虎不服一审判决，提起上诉。江苏省淮安市中级人民法院作出刑事判决：维持一审判决第一项中对王成虎受贿罪的定罪和量刑部分及对所退的赃款予以追缴，上交国库，未退受贿赃款继续追缴，上交国库的判决部分；撤销一审判决第一项中对王成虎挪用公款部分的定罪和量刑及第二项对未退赃款继续追缴的判决。

【裁判理由】

行为人的主观目的应当从客观行为中加以推断。被告人王成虎的行为属于解释中列举的个人决定以单位名义将公款供其他单位使用的情形，但本案中现有客观证据（借款人林维杰是今世缘公司的合作伙伴、贿赂款的金额与挪用 300 万元公款的风险责任相距甚远）尚不足以证明王成虎借款给林维杰的主观动机是"为谋取其个人利益"，也即无法排除是"为了今世缘单位的利益"的合理怀疑，因此不满足全国人大常委会《关于〈中华人民共和国刑法〉第三百八十四条第一款的解释》中的"谋取个人利益要件"，换言之，其行为可能属于以单位名义将公款挪用给其他单位使用，故王成虎不构成挪用公款罪，不应追究刑事责任。

6. 自首的认定

刘某、姚某挪用公款案[①]

【适法规则】

1. 职务犯罪案件中"办案机关掌握的线索"，不限于直接查证犯罪事实的线索，还包括与所查证的犯罪事实有关联的线索。

2. 纪检部门将行为人送至检察机关或者通知检察机关到纪检部门接人的，因其归案缺乏自动性，不成立自首。

3. 行为人自动到纪检部门投案，纪检部门让其回家等候处理，后检察机关介入，到其住所将其带走或通知其到检察机关接受处理，成立自首。

[①] 中华人民共和国最高人民法院刑事审判第一、二、三、四、五庭主办：《刑事审判参考》（总第 84 辑），法律出版社 2012 年版，第 64~65 页。

【基本案情】

2004年10月至2006年3月,被告人刘某在担任北京华康宾馆、康乐工贸公司经理期间,指使被告人姚某三次使用本单位资金共计人民币58万元为刘某个人购买国债,后均在当月归还。集团公司纪委于2010年4月16日找到当时的财务主管姚某谈话,并问及李某的身份,姚某交代了三次使用公款为刘某购买国债的事实。次日,刘某主动到纪委交代其挪用公款的事实。经集团公司纪委向检察机关举报,检察机关到被告人单位将二人带至检察机关调查后提起公诉。

【裁判结果】

北京市某区人民法院以挪用公款罪判处被告人刘某、姚某有期徒刑三年,缓刑三年。

【裁判理由】

2009年"两高"《关于办理职务犯罪案件认定自首、立功等量刑情节若干问题的意见》(以下简称《意见》)对职务犯罪案件中的自首做出特别规定。本案中,被告人姚某所在集团公司纪委掌握了"小金库"所涉个人存折曾转账用于购买国债的线索,并未掌握姚某挪用公款的事实。转账用于购买国债的线索并不必然反映犯罪事实,而仅属与犯罪事实具有一定关联性的线索。姚某在被调查谈话期间交代了其受被告人刘某指使挪用公款为刘某个人购买国债的事实,该犯罪事实在办案机关掌握线索的范围内,故不能认定为自首。

职务犯罪案件由纪检部门先行调查后,再由检察机关介入的,行为人在纪检部门办案时主动投案,只要没有抗拒或者翻供行为,不论如何被移送至检察机关,均不影响自首的成立。行为人在纪检部门办案时未主动投案,而仅是如实供述的,不成立自首。若纪检部门将其送至检察机关或者通知检察机关到纪检部门接人的,因其归案缺乏自动性,不成立自首。若纪检部门调查、谈话后让其回去等候处理,检察机关介入后直接到其住所将其带走的,也不成立自首。

本案中,被告人刘某在未接到办案机关任何调查、谈话通知的情况下,主动到集团公司纪委投案,属于自动投案,且投案后如实供述了犯罪事实,成立自首。检察机关在介入后到刘某单位将其带走归案,刘某未逃跑或者抗拒,故应认定具有自首情节。被告人姚某是在集团公司纪委已掌握一定线索后找其调查谈话时如实交代犯罪事实,根据《意见》规定,在公司纪委调查谈话阶段不能成立自首。后纪检部门让其回去等候处理,检察机关介入后直接到其单位将其带至检察机关,因此,在检察机关介入阶段也不具有归案的主动性,故不能认定为自首。

(三) 受 贿 罪

1. 主体要素的认定
(1) 丁利康受贿案[①]
【适法规则】
1. 国有医疗机构从事医疗数据统计、传输、维护等信息管理工作的人员,其对信息和数据的统计、传输与维护行为,具有公务性质,该人员属于国家工作人员。
2. 该类人员利用从事信息管理的职务便利,非法收受医药营销人员财物,向其提供药品使用等信息,为相关企业以不正当手段销售药品提供便利的,成立受贿罪。

【基本案情】
被告人丁利康在担任上海市嘉定区马陆镇社区卫生服务中心办公室信息管理员期间,利用负责构建、维护计算机网络及日常信息统计工作的便利,于2006年至2011年间收受非洛地平片、伤湿止痛膏等医药销售代表许荣给予的好处费27,600元,2007年下半年至2011年三四月间收受浙江海力生制药公司医药销售代表张汉球给予的好处费18,000余元,并向上述医药销售代表提供医院药品使用情况。2008年至2010年间,收受电脑设备供应商上海银兵贸易有限公司负责人吴银兵给予的价值2000元的礼券、消费卡。

【裁判结果】
上海市嘉定区人民法院作出判决:丁利康犯非国家工作人员受贿罪,判处有期徒刑一年九个月,缓刑一年九个月;违法所得予以没收。一审宣判后,被告人提出上诉。上海市第二中级人民法院作出刑事判决:丁利康犯受贿罪,判处有期徒刑三年,缓刑三年;维持违法所得予以没收。

【裁判理由】
"从事公务"是判断行为人是否属于国家工作人员和能否以国家工作人员论的基本标准。《全国法院审理经济犯罪案件工作座谈会纪要》指出:"从事公务,是指代表国家机关、国有公司、企业事业单位、人民团体等履行组织领导、监督、管理等职责。公务主要表现为与职权相联系的公共事务以及监督管理国有财产的职务活动。如国家机关工作人员依法履行职责国有公司的董事、经理、监事、会计、出纳人员等管理、监督国有财产等活动,属于从事公务。"从事公务的本质在于,代表国家行使国家管理职能,公务直接或者间接地体现国家对社会的管理,对于保证社会稳定、有序的发展具有重要意义,关系到多数人或者不特定人的利益,具有裁量、判断、

[①] 中华人民共和国最高人民法院刑事审判第一、二、三、四、五庭主办:《刑事审判参考》(总第106辑),法律出版社2017年版,第78~85页。

决定性质,由国家机关或者其他法定公共机构或者公共团体组织或者安排。

本案中,丁利康系国有事业单位工作人员,承担国家对医保信息、国有资产行使管理权,其工作职责具有技术性和管理性的双重属性,丁利用医院赋予的信息管理的职务便利,私自向医药销售代表提供相关用药数据,收受钱款,为医药销售代表谋取利益。这些用药数据正是基于丁利康日常负责、承办的信息管理事务的职权所获取的,利用了其职务上的便利。医药销售代表之所以给付其金钱,在于其提供的相关用药数据可使医药销售代表在市场竞争中获得优势地位,本质上属于通过非正当手段获取经济利益,符合受贿罪的本质。此外,丁利康利用其对单位电脑采购方面具有建议权的,在履行国有资产管理职责的过程中,收取电脑设备供应商的礼券、消费卡,也符合受贿罪的构成要件。

（2）曹军受贿案①

【适法规则】

国有单位委派到非国有单位从事公务的人员认定标准是"委派"和"从事公务",而不是其职位来源,依照公司法规定产生的公司负责人,只要符合"委派"和"从事公务"两个标准,依然应当认定为受国有单位委派从事公务的人员。

【基本案情】

1992年7月,中国农业银行南通分行(以下简称南通农行)注册设立了南通市兴隆房地产开发公司(以下简称兴隆公司),性质为集体所有制。兴隆公司的注册资金系南通农行筹集,属南通农行管理下的集体企业。被告人曹军原系南通农行工作人员,被南通农行任命为兴隆公司副总经理,系受委派从事公务的人员。但1996年6月兴隆公司改制为股份有限公司,股东变更为如皋市长江信用社、海安县大公信用社和南通农行工会,三家股东一致推举曹军为兴隆有限公司执行董事兼经理、法定代表人,并办理了工商变更登记手续。兴隆公司与南通农行脱钩后,曹军的经理职务来源于股东的推举,南通农行于1997年4月依照管理习惯任命曹军为兴隆有限公司经理。1997年夏至2001年年底,被告人曹军利用担任兴隆有限公司法定代表人的职务便利,在决定南通市农金科技培训中心工程施工单位、供货单位、支付工程款等方面为他人谋取利益,先后收受他人人民币81.98万元、港币1万元、欧米茄手表(价值人民币1.25万元)1块和玉佛1件。1998年年初,被告人曹军利用担任兴胜公司董事长、负责兴胜大厦建设的职务便利,在决定施工单位、支付工程款等方面为海门三建集团谋取利益,收受该集团梁贻伦人民币1万元。

【裁判结果】

南通市中级人民法院作出刑事判决:(1)被告人曹军犯公司、企业人员受贿罪,

---

① 中华人民共和国最高人民法院刑事审判第一庭、第二庭编:《刑事审判参考》(总第42辑),法律出版社2005年版,第62~68页。

判处有期徒刑七年,并处没收财产人民币30万元。(2)受贿所得予以追缴,上缴国库。一审宣判后,曹军不服,提出上诉,南通市人民检察院亦提出抗诉,江苏省人民检察院支持抗诉。江苏省高级人民法院作出如下判决:(1)撤销江苏省南通市中级人民法院的刑事判决。(2)上诉人曹军犯受贿罪,判处有期徒刑十一年,并处没收财产30万元;犯公司人员受贿罪,判处有期徒刑六个月。决定执行有期徒刑十一年,并处没收财产30万元。(3)对于上诉人曹军的受贿所得予以追缴,上缴国库。

【裁判理由】

一审法院认为,被告人曹军犯公司、企业人员受贿罪(注:该罪后被2006年6月29日全国人大常委会《刑法修正案(六)》第七条修正为非国家工作人员受贿罪)。南通农行于1997年4月依照管理习惯任命曹军为兴隆有限公司经理,违背了《中华人民共和国公司法》及兴隆有限公司章程有关公司经理产生的程序,不能成为认定曹军受南通农行委派从事公务的依据,曹军不再属于受国有企业委派从事公务的人员。根据南通农行与兴隆公司之间签订的委托建设协议,二者之间形成委托代建关系。虽然南通农行基建办未被撤销,但基建办的职能及职责并未明确,也无相关证据证实曹军被任命为基建办负责人。曹军在基建过程中受贿是利用担任兴隆有限公司经理、法定代表人的职务便利,其主体身份应是公司、企业工作人员。

二审法院认为,上诉人曹军构成受贿罪。"受国有单位委派从事公务的人员"中的委派,其形式多种多样,但不论被委派人身份如何,只要经过了国有单位的委派程序,并代表国有单位在非国有单位中履行组织、领导、监督、管理等公务性的职责,就应当认定为与国有单位有行政上的隶属关系,进而认定为"受国有单位委派从事公务的人员"。不能因为被委派人员担任相应的职务还需要根据公司法的规定由股东会选举或者董事会聘任,而否认被委派人员是受国有公司、企业委派从事公务的性质。

以上问题在2010年《最高人民法院、最高人民检察院关于办理国家出资企业中职务犯罪案件具体应用法律若干问题的意见》通过司法解释的形式对"受国有单位委派从事公务的人员"的认定进行了明确。其中第六条规定,经国家机关、国有公司、企业、事业单位提名、推荐、任命、批准等,在国有控股、参股公司及其分支机构中从事公务的人员,应当认定为国家工作人员。具体的任命机构和程序,不影响国家工作人员的认定。经国家出资企业中负有管理、监督国有资产职责的组织批准或者研究决定,代表其在国有控股、参股公司及其分支机构中从事组织、领导、监督、经营、管理工作的人员,应当认定为国家工作人员。国家出资企业中的国家工作人员,在国家出资企业中持有个人股份或者同时接受非国有股东委托的,不影响其国家工作人员身份的认定。

(3) 李万、唐自成受贿案①

【适法规则】

国有媒体记者对公共事务行使舆论监督权，属于"从事公务活动"，应以国家工作人员论，其利用舆论监督权索要财物的，符合受贿罪权钱交易的本质特征。

【基本案情】

《经济日报农村版》报社是国有事业单位，广西记者站是该报社的派出机构。2005 年 9 月至 10 月间，被告人李万、唐自成在分别担任记者站副站长、工作人员期间，利用职务之便，在采访全区"对农民直接补贴与储备粮订单挂钩试点工作"过程中，利用各粮食系统因粮食直补工作中存在一些问题害怕上报、曝光的心理，共同索取来宾市的象州县、兴宾区粮食局各 1 万元、贵港市覃塘区粮食局 6 万元、桂平市粮食局 6 万元和河池市环江县粮食局 8 万元，以上共计现金 22 万元，得款后两人均分，各分得 11 万元。

【裁判结果】

港南区人民法院作出刑事判决：(1) 被告人李万犯受贿罪，判处有期徒刑三年，并处没收个人财产人民币 5 万元；(2) 被告人唐自成犯受贿罪，判处有期徒刑三年，并处没收个人财产人民币 5 万元；(3) 追缴被告人李万、唐自成违法所得人民币 22 万元，上缴国库。一审宣判后，被告人李万、唐自成提出上诉。贵港市中级人民法院作出刑事裁定：驳回上诉，维持原判。

【裁判理由】

二审法院认为，上诉人李万、唐自成作为国有事业单位《经济日报农村版》报社聘用的记者和工作人员，代表报社对广西粮食系统直补工作进行调查采访，履行社会舆论监督职能，行使对国家公共事务的管理监督权力，属于国有事业单位中从事公务人员，符合《刑法》第九十三条第二款的规定，应以国家工作人员论。李万、唐自成在采访过程中，利用相关单位工作中存在问题，向相关单位索取钱款，得款后二人平分，其行为构成受贿罪。

受贿罪与非国家工作人员受贿罪区别的关键在于，是利用"从事公务的职务之便"还是利用"从事非公务的职务之便"强索财物。根据我国新闻媒体的具体情形，舆论监督，属于"从事公务"。具体认定条件：一是行使舆论监督权的主体必须是国有媒体，此为身份要件；二是行使的舆论监督必须针对公共事务，此为对象要件。因此，履行社会舆论监督职能，行使对国家公共事务的管理监督权力，属于国有事业单位中从事公务人员，符合《刑法》第九十三条第二款的规定，应以国家工作人员论。此外，索贿行为与敲诈勒索区别的关键在于，行为人对他人的要挟是否利用了

---

① 中华人民共和国最高人民法院刑事审判第一、二、三、四、五庭主办：《刑事审判参考》（总第 72 辑），法律出版社 2010 年版，第 81~83 页。

职务之便实现。记者从事的新闻报道等业务活动属于"职务行为",记者利用采访等舆论监督之便索要财物属于利用职务之便,构成索贿。

(4)陈凯旋受贿案①

【适法规则】

在非国家出资企业中,即使具有受国有单位委派的形式特征,但并非代表国家机关、国有公司、企业、事业单位、人民团体等履行组织、领导、监督、管理等职责,其所从事的工作不属于以国家管理及国有财产监管事务为主要内容的公务活动,不具备"从事公务"的实质内容,不能认定为"国家工作人员"。

【基本案情】

被告人陈凯旋,原系广东阳东农村商业银行股份有限公司党委书记、董事长。阳东农村信用合作社联合社成立于1997年2月19日,性质为集体所有制。2009年1月改为阳东农村信用合作联社,性质为其他企业(股份合作制),注册资本由自然人和法人股本构成,不接受各级财政资金入股,陈凯旋为法定代表人。2011年8月阳东农村信用合作联社改为广东阳东农村商业银行股份有限公司,公司类型为股份有限公司,陈凯旋为法定代表人。陈凯旋在阳东农村信用合作社联合社、阳东农村信用合作联社担任副理事长、副主任、理事长、主任等职务期间,利用职务便利,于2006年11月至2007年间多次收受林国钦所送"感谢费"共计人民币27万元。2009年11月,陈凯旋以其姐的名义到阳江涛景度假村有限公司办理高尔夫会员卡,为感谢陈凯旋在公司贷款一事上的帮忙,涛景公司以6.8万元的优惠价格为陈凯旋办理家庭终身会员卡,同期该卡的市场价为12.8万元,陈凯旋从中收受6万元好处。

【裁判结果】

阳江市江城区人民法院作出刑事判决:被告人陈凯旋犯非国家工作人员受贿罪,判处有期徒刑五年二个月,并处没收个人财产10万元;对被告人陈凯旋受贿的赃款33万元予以追缴,上缴国库。一审宣判后,陈凯旋不服,提出上诉,阳江市江城区人民检察院也提出抗诉。阳江市中级人民法院作出二审裁决:驳回上诉、抗诉,维持原判。

【裁判理由】

本案被告人所在单位为非国有公司,其是否属于受国有单位委派到非国有单位中的人员,是本案的争议焦点。对此,需要考察其是否同时具备"受委派"和"从事公务"两个要件。根据2003年最高人民法院《全国法院审理经济犯罪案件工作座谈会纪要》中一、(四)的规定:关于"从事公务"的理解。从事公务,是指代表国家

---

① 中华人民共和国最高人民法院刑事审判第一、二、三、四、五庭主办:《刑事审判参考》(总第95辑),法律出版社2014年版,第123~125页。

机关、国有公司、企业、事业单位、人民团体等履行组织、领导、监督、管理等职责。公务主要表现为与职权相联系的公共事务以及监督、管理国有财产的职务活动。如国家机关工作人员依法履行职责，国有公司的董事、经理、监事、会计、出纳人员等管理、监督国有财产等活动，属于从事公务。本案中陈凯旋虽然具有受国有单位委派的形式特征，但由于是在非国家出资企业中工作，不存在监督国有资产的职能，其所在的非国有企业也不具有社会公共事务管理职责，进而无法认定行为人具有"与职权相联系的公共事务以及监督、管理国有财产的职务活动"，所以不存在"从事公务"这一认定国家工作人员的实质内容，不属于国家工作人员。

（5）章国钧受贿案①

【适法规则】

1. 国家出资企业中，"负有管理、监督国有资产职责的组织"，主要是指上级或者本级国家出资企业内部的党委、党政联席会。

2. 国家出资企业中"从事组织、领导、监督、经营、管理工作"的人员，应当满足"党委任命"的形式要件，和"代表性"及所从事工作性质属"从事公务"的实质要件。其中，中层以上管理人员，可被视为代表管理、监督国有资产职责的组织从事公务；中层以下管理人员若主要从事事务性、技术性、业务性等工作，则不宜认定为从事公务。

【基本案情】

交通银行股份有限公司是国有参股的股份制银行。2003年7月至2012年2月26日，被告人章国钧系交通银行湖州分行的合同制职工。2008年8月至2011年3月，经交通银行湖州分行党委研究决定，章国钧担任交通银行湖州新天地支行公司的业务管理经理。2011年3月至2012年2月，章国钧担任新天地支行行长助理，主要负责公司类客户的营销和日常管理，以及公司客户经理队伍的日常管理，2011年2月至9月，章国钧利用担任新天地支行业务管理经理、行长助理职务上的便利，为李金星谋取利益，先后多次非法收受李贿送的现金，共计约人民币49,200元。

【裁判结果】

吴兴区人民法院以受贿罪判处被告人章国钧有期徒刑二年六个月。扣押在案的赃款，予以追缴，上缴国库。

【裁判理由】

2010年"两高"《关于办理国家出资企业中职务犯罪案件具体应用法律若干问题的意见》（以下简称《意见》）规定："经国家出资企业中负有管理、监督国有资产职责的组织批准或者研究决定，代表其在国有控股、参股公司及其分支机构中从事

---

① 中华人民共和国最高人民法院刑事审判第一、二、三、四、五庭主办：《刑事审判参考》（总第97辑），法律出版社2014年版，第110～116页。

组织、领导、监督、经营、管理工作的人员,应当认定为国家工作人员。"《意见》将国家出资企业中的国家工作人员分为"经国家机关、国有公司、企业、事业单位提名、推荐、任命、批准等,在国有控股、参股公司及其分支机构中从事公务的人员"和"经国家出资企业中负有管理、监督国有资产职责的组织批准或者研究决定,代表其在国有控股、参股公司及其分支机构中从事组织、领导、监督、经营、管理工作的人员"两种类型。根据《意见》,关于"负有管理、监督国有资产职责的组织",除国家资产监督管理机构、国有公司、企业、事业单位外,主要是指上级或者本级国家出资企业内部的党委、党政联席会。关于"代表其从事组织、领导、监督、经营、管理工作",除满足"党委任命"的形式要件外,还要满足具有"代表性"及所从事工作的属"从事公务"的实质要件。本案中,交通银行属于"国家出资企业",章国钧因受交通银行湖州分行党委的任命,其对贷款审查和监管的工作职责属于对国有资产的管理、监督,系代表委派组织从事监督、经营、管理工作,符合国家工作人员的本质要求。

2. 行为要素的认定
(1) 雷政富受贿案①
【适法规则】
利用职务便利为他人谋取利益,授意他人向第三人出借款项,还款义务最终被免除的,属于受贿。

【基本案情】
2007年7月至2008年12月,雷政富利用职务之便,为勇智公司承接工程项目等提供帮助。2008年1月,华伦达公司法定代表人肖烨(另案处理)等人为谋取非法利益,安排赵某(另案处理)偷拍赵某与雷政富的性爱视频。同年2月14日,雷政富与赵某在金源大饭店再次开房时被肖烨安排的人当场"捉奸",假扮赵某男友的张进、扮私家侦探的严鹏(另案处理)对雷政富播放了雷与赵某的性爱视频,双方为此发生纠纷。肖烨接赵某的电话通知来到饭店后假意协调解决,让雷政富离开。2008年2月16日,肖烨以张进要闹事为由,以借为名向雷政富提出"借款"300万元,雷担心不雅视频曝光,在明知其被肖烨设局敲诈的情况下,要求勇智公司法定代表人明勇智"借款"300万元给肖烨的公司。同年2月18日,肖烨向勇智公司出具借条。次日,勇智公司向华伦达公司转账300万元。同年8月18日,该"借款"期满后,肖烨个人及其永煌公司的账上均有足额资金,但未归还。雷政富得知肖烨未归还后向明勇智表示由其本人归还,勇智公司提出不用雷归还,雷予以认可。2010年11月,雷政富害怕事情败露,经与肖烨共谋后,为掩饰该事实,于2010年11月16

---

① 中华人民共和国最高人民法院刑事审判第一、二、三、四、五庭主办:《刑事审判参考》(总第93辑),法律出版社2014年版,第83~85页。

日,以"还款"的名义,由永煌公司转账100万元到勇智公司账上。

【裁判结果】

重庆市第一中级人民法院作出刑事判决:被告人雷政富犯受贿罪,判处有期徒刑十三年,剥夺政治权利三年,并处没收个人财产30万元。一审宣判后,被告人雷政富不服,向重庆市高级人民法院提起上诉。重庆市高级人民法院2013年9月17日以(2013)渝高法刑终字第00192号作出刑事裁定:驳回上诉,维持原判。

【裁判理由】

最高人民法院2003年印发的《全国法院审理经济犯罪案件工作座谈会纪要》三、(六)规定,国家工作人员利用职务上的便利,以借为名向他人索取财物,或者非法收受财物为他人谋取利益的,应当认定为受贿。具体认定时,不能仅仅看是否有书面借款手续,应当根据以下因素综合判定:(1)有无正当、合理的借款事由;(2)款项的去向;(3)双方平时关系如何、有无经济往来;(4)出借方是否要求国家工作人员利用职务上的便利为其谋取利益;(5)借款后是否有归还的意思表示及行为;(6)是否有归还的能力;(7)未归还的原因,等等。但是如果国家工作人员并没有自己借款,而是要求向第三人出借款项,事后无法还款才自揽还款义务,进而被免除债务,这种情况下判定借用人与出借人之间是真实的借用关系还是以借为名的贿赂关系,关键要看借款到底是归谁使用。如果是因为国家工作人员利用职务或者地位形成的影响而授意他人向第三人出借款项,此时难以直接认定为受贿。但是当第三人不归还时,如果由国家工作人员自揽还款义务,此时该笔借款即转为该国家工作人员所有,而出借因考虑到此前曾许诺将感谢国家工作人员的职务帮助,或想以后获得该国家工作人员的关照而最终免除还款义务,国家工作人员予以接受的,本质上即符合"国家工作人员为他人谋取利益,并以借款为名索取或者非法收受财物行为"的权钱交易特征,构成受贿罪。

本案300万元"借款"实际上是勇智通过出借资金的方式,为肖烨敲诈雷政富的款项埋单,无论是明勇智答应借款给肖烨,还是放弃对该"借款"的追索,目的是出于对雷之前对其公司关照的感谢,并希望继续得到雷的关照,都是基于雷政富的职权。至于明勇智是否知道雷牵涉不雅视频,不影响对案件性质的认定。本案表面上看雷政富本人没有获得财物,但请托人的行贿指向是明确的,最后免除第三人肖烨的债务,完全是基于国家工作人员雷政富的意思,而第三人之所以获利,完全源于雷政富与明勇智之间的权钱交易和雷政富最终对该财产的处分意思。该笔款项名为肖烨公司与勇智公司的民间借贷款,实为明勇智与雷政富之间的权钱交易款,属于贿赂款的性质。

(2) 陆某受贿案①

【适法规则】

1. 通过上级的职务行为,为请托人谋取不正当利益,索取或者收受财物,属于利用本人职权或者地位形成的便利条件受贿。

2. 国家工作人员利用与其具有不正当关系的其他国家工作人员的职权或者地位所形成的便利条件,为他人谋取不正当利益的,应当适用《刑法》第三百八十八条的规定。

【基本案情】

2009年年底至2010年5月期间,被告人陆某利用担任某市某区新城管委会办公室主任及发展和改革局副局长这一职权、地位形成的便利条件,通过刘某担任某市某区人民政府副区长、中共某区新城工委书记并全面负责某区新城建设的职务上的行为,使不具备投标资格的某区森林地面工程有限公司,通过挂靠有资质的企业参与某区新城4个建设工程的投标并中标,为该公司谋取不正当利益,先后4次收受该公司法定代表人薛某所送现金合计70万元。

2009年年底至2010年5月期间,陆某利用自己职权形成的便利条件,通过刘某职务上的行为,使某市建设管理咨询有限公司违规承接了某区新城建设项目编标业务,为该公司谋取不正当利益,先后两次收受该公司董事长陈某所送现金合计15万元。2010年春节前,陆某以同样手段,使不具备投标资格的某市市政工程有限公司,通过挂靠有资质的企业参与某区道路及排水工程的投标并中标,为该公司谋取不正当利益,收受该公司董事长薛某所送现金1万元。

【裁判结果】

某区人民法院以受贿罪判处陆某有期徒刑十年六个月,并处没收财产10万元;暂扣于某区人民检察院的赃款86万元予以追缴,上缴国库。

【裁判理由】

刑法第三百八十八条规定的"利用本人职权或者地位形成的便利条件",是指行为人对被其利用的国家工作人员之间在职务上没有制约关系,而是利用了本人职权或者地位产生的影响。本案被告人陆某先后担任某区城管委会办公室主任、发展和改革局副局长,与时任某区人民政府副区长、某区新城工委书记的刘某在职务上没有制约关系,但有工作联系,且陆某的职权和地位对刘某职务上的行为能够产生一定影响,陆某通过刘某职务上的行为,为请托人谋取不正当利益,并收受请托人财物的,应以受贿论处。

本案中,陆某除是刘某的下属,有工作上的联系外,还与刘某有不正当的男女

---

① 中华人民共和国最高人民法院刑事审判第一、二、三、四、五庭主办:《刑事审判参考》(总第84辑),法律出版社2012年版,第59~60页。

关系,存在关系竞合的情况,即,一方面,其与刘某有工作联系,可以利用本人职权形成的便利条件,通过刘某职务上的行为为请托人谋取不正当利益;另一方面,其与刘某有情人关系,不排除其可通过其他方法影响刘某,进而通过刘某职务上的行为为请托人谋取不正当利益。区分受贿罪与刑法第三百八十八条之一所规定的利用影响力受贿罪的标准在于,只要国家工作人员同时具备本人的职权或者地位形成的便利条件,和其与其他国家工作人员的密切关系,原则上应当依照刑法第三百八十八条的规定,以受贿罪论处;但是,确有证据证实国家工作人员仅利用了其与被其利用的其他国家工作人员的密切关系的,应当依照刑法第三百八十八条之一的规定,以利用影响力受贿罪论处。

(3)胡伟富受贿案[①]

【适法规则】

1. 行为人具有利用职权,采用超过正常的最大优惠幅度购房,以交易方式占有购房差价款的故意,符合权钱交易的特征,成立受贿罪。

2. 判断是否超出优惠力度购房,应当以其他普通购房人获得的优惠作为参照。

【基本案情】

常山县城市规划管理所为全额拨款事业单位,对常山县范围内建设项目的选址、建设用地和工程规划许可证的核发、建筑设计方案的审查以及工程验收、组织综合验收等方面具有职权。被告人胡伟富于1988年1月至2003年4月在常山县规划建设局规划办(后改为规划管理所)工作,2003年4月任该所副所长。

2002年,江山市民建房地产有限公司(以下简称民建公司)在常山县天马镇东苑小区A-2地块开发商住楼。同年11月,胡伟富之妻徐敏向民建公司常山县开发项目部负责人周小明预定东苑小区26幢商品房一套,优惠1%后房价计人民币157,155元,同日,胡伟富交纳首付57,155元。2003年,胡伟富及其弟胡伟贵到该公司购买东苑小区26幢商品房时,胡伟富要求周给予优惠,周与民建公司总经理商量后同意给予优惠,但考虑查账等原因,周让胡伟富仍按市场基准价签订购房合同并付款,事后,由胡伟富向公司提供他人名义的购货发票,将优惠款以报销形式返还,胡同意。2003年3月、9月,胡伟贵和胡伟富分别以优惠的价款付清房款,后胡伟富凭购货发票从民建公司获得现金5万元。民建公司针对不特定对象售楼的最高优惠幅度为3%,胡伟富实际支付的房款比公司最优惠价格少4万余元。2004年,浙江晨源置业有限公司(以下简称晨源公司)在常山县天马镇开发柚香城综合大楼。2007年10月,晨源公司进入尾房销售,时任公司销售主管的汪素芳以7.3折优惠价购房一套。2007年11月,胡伟富之妻徐敏(曾在该公司工作过)得知公司进入尾

[①] 中华人民共和国最高人民法院刑事审判第一、二、三、四、五庭主办:《刑事审判参考》(总第97辑),法律出版社2014年版,第117~123页。

房销售，且汪以7.5折优惠购房后，便与胡伟富商量到晨源公司以7.5折优惠价购房。晨源公司经理陈述，若不考虑胡伟富的职务因素，仅考虑徐敏在公司做过销售，最多只能优惠到7.9折，与7.5折之间差价为19,000余元。

【裁判结果】

常山县人民法院以受贿罪判处被告人胡伟富有期徒刑十年，并处没收财产人民币15万元。衢州市中级人民法院裁定驳回上诉，维持原判。

【裁判理由】

本案中，胡伟富之妻在向民建公司预定购房时载明的优惠幅度仅为1%，胡伟富在其本人和弟弟购房时向民建公司提出再给予一定优惠本属正常。而民建公司售房的最大优惠幅度仅为3%，该优惠幅度是民建公司事先确定的购房最低折扣，面向不特定的人，而胡伟富所享受的优惠幅度达到总房款的13%以上，是民建公司根据胡伟富个人身份临时确定的优惠幅度，民建公司给予的优惠幅度，唯一的原因就是因胡对民建公司具有职务上的监管权力。胡伟富主观上具有利用职权，采用超过正常的最大优惠幅度购房，以交易方式占有4万余元购房差价款的故意，胡伟富在该起购房中所享受的不是正常的市场优惠，而是变相收受贿赂。

在向晨源公司购房过程中，胡伟富未实施积极行为以追求获得额外优惠。虽然晨源公司的陈述提及，若不考虑胡伟富的职务因素，仅考虑徐敏本身在公司做过销售，最多只能给7.9折的优惠，但这一情况，购房当时相关人员并未将此情况告诉徐敏，胡伟富更不知情，故该起购房中没有体现出明显的权钱交易特征。

(4) 吴六徕受贿案①

【适法规则】

国家工作人员虚构事实以向行贿人施加压力，促使其实施行贿行为的，应当认定为索贿行为。

【基本案情】

2006年至2013年3月，被告人吴六徕在担任湖南省高速公路管理局养护工程公司副经理、湖南省郴州至宁远高速公路筹备组组长、湖南省郴宁高速公路建设开发有限公司总监、湖南省洞口至新宁高速公路筹备组组长和湖南省洞新高速公路建设开发有限公司（以下简称洞新公司）经理期间，利用职务之便，在未宜高速维护业务，郴宁高速公路、洞新高速公路的土建工程、监理、路面工程、材料供应及驻地建设等业务的招投标，以及工程质量监督、工程管理、工程款支付等方面为他人谋取利益，单独或伙同其情妇赵某某（另案处理）、其妻成某某共同收受其他单位和个人财物。吴六徕收受财物共计折合人民币1223.0789万元。其中，2010年下半年，吴

---

① 中华人民共和国最高人民法院刑事审判第一、二、三、四、五庭主办：《刑事审判参考》（总第106辑），法律出版社2017年版，第74~77页。

六徕担任洞新公司经理期间,某公司股东徐某某多次找其要求承接某高速所需钢绞线供应业务。吴六徕原计划安排赵某某承接该业务,便以"让领导的朋友退出"为由,要徐给予"领导的朋友"好处费100万元,徐同意。之后,吴六徕利用职权,决定由徐某某以三家公司的名义承接总额7000余万元的钢绞线供应业务。2010年9月底,徐某某按约定向吴交付100万元好处费时,吴带徐某某与赵某某的弟弟见面,谎称赵某某的弟弟系领导的朋友。赵某某的弟弟收到徐某某所送的100万元后将该笔钱款转交给赵某某(其他犯罪事实略)。

【裁判结果】

湖南省岳阳市中级人民法院作出刑事判决:被告人吴六徕犯受贿罪,判处无期徒刑,剥夺政治权利终身,并处没收个人全部财产。一审宣判后,吴六徕不服,提出上诉。湖南省高级人民法院作出裁定,驳回上诉,维持原判。

【裁判理由】

《刑法》第三百八十五条第一款规定了受贿罪"索取他人财物"和"非法收受他人财物"两种行为方式,行为人利用职务上的便利,主动向他人索要财物的,即属"索取他人财物"。本案中,被告人吴六徕以要给"领导的朋友"好处费为由,主动要求徐某某交付财物给"第三人",在徐"自愿"交付前已向其传递出明确的若不付出一定代价不可能顺利承揽业务的信号,对此,徐某某并无选择余地。吴六徕实施上述行为时利用了职务上的便利,徐某某也是基于对吴职权的信任而交付财物,并在吴帮助下承接了业务。徐某某虽误以为其所送财物交给了"领导的朋友",但其对送出财物以满足吴六徕的要求,进而借助吴的权力谋取利益有清晰的认识,其关注的重点不在于何人收取贿赂,而在于能否用贿赂换取利益,事实上徐某某也确实通过行贿获得了利益。该起事实中,吴六徕与徐某某的沟通,符合索贿犯罪中受贿人积极主导地权钱交易进程,而行贿人比较被动地按照受贿人的要求给付财物的特点,其所使用的欺骗手段,并不改变其主动向徐某某索要巨额贿赂的实质。

(5)张帆受贿案①

【适法规则】

1. 国家工作人员利用职务上的便利,为其参股企业或者项目谋利,不属于股东正常参与企业或者项目经营的管理行为。

2. 国家工作人员非系企业或者项目的独立或者主要投资授意人的,利用职务之便为企业或者项目谋利,虽客观上也为自己谋利,但同时亦为他人谋利的,不阻却受贿罪中"为他人谋利"的构成要件。

3. 国家工作人员利用职务便利,为其参股企业或者项目谋利后,超出出资比例

---

① 中华人民共和国最高人民法院刑事审判第一、二、三、四、五庭主办:《刑事审判参考》(总第113集),法律出版社2019年版,第96~102页。

所获分红款,属于非法收受他人的财物。

【基本案情】

2004年4月,时任安徽省太和县建设委员会副主任的被告人张帆与他人商议共同投资房地产开发项目。6月,几人以安徽诚发置业有限公司(简称诚发公司)名义竞得政府挂牌出让的旧城改造项目,竞拍中,张利用了职务便利。为便于项目运作,张帆、张培亮与诚发公司负责人孙诚发等人签订合伙投资开发协议,注册成立诚发公司太和分公司,约定首期投资总额,张帆出资20%。其后,该分公司投资开发了商住小区。项目实际投资总额为897余万元,张帆实交投资款139余万元,其余人按实际总投资比例足额投入。2008年年底,张帆等人分别收回各自投资本金后,将"太和世家"剩余的75间门面房作为利润予以分配。根据当时房屋的实际市场销售价格,门面房总价值为3254余万元,张帆按照20%的比例分到的门面房,在找补差价后,实际价值为650余万元,张获得了超过其实际投资比例的利润120余万元。

【裁判结果】

安徽省颍上县人民法院作出刑事判决,被告人张帆犯受贿罪,判处有期徒刑十一年,并处没收个人财产10万元,认定涉案金额146余万元。一审宣判后,被告人不服,提出上诉。阜阳市中级人民法院作出二审刑事判决,被告人张帆犯受贿罪被判处有期徒刑4年,并处罚金40万元,认定涉案金额126余万元。

【裁判理由】

受贿罪的成立须满足利用职务上的便利的要件,被告人对建设项目用地和审批等有直接的职务便利,其他人选择与其合作正是基于对其职务便利的期待。合作后,积极利用职务便利为项目谋利,通过一系列操作使本无竞拍资格的诚发公司获得资格并顺利拍得土地,使与其有制约或者隶属关系的他人按照其要求为涉案项目谋取利益,而非利用地缘、人缘等职务外便利或普通工作上的便利,不属于正常参与项目经营的行为,侵犯了公权的不可私利性。行为人自己谋利的同时亦为他人谋利。项目的发起、出资、分配利润,自始至终不是张一人,而是仅占有少量比例(约定20%,实际只出资15%余),其完全明知自己是在为整个项目的土地获得和顺利进行而向他人打招呼,是为项目所涉每个股东谋取利益。尽管行为人在项目中亦有所出资,亦有利益,不影响认定其主观明知并客观在为自己谋利的同时为他人谋取了利益,并成为后面其要求从其他股东的份额里获得超额分红的对价。其获取的超额分红中应含有他人的份额,即为收受的他人财物。表现为,行为人虽未足额投资,但其他股东考虑到需要其职务帮助,同意其仍按约定比例分红,后其按约定比例而非实际投资比例获得分红,而其多获得的分红款正是本属于其他股东而由其他股东让渡的利润。

(6) 李群受贿案[①]

【适法规则】

国家工作人员利用职务上的便利,为他人谋取利益,接受他人装修房屋长期未付款,也未有付款表示的,成立受贿罪。

【基本案情】

被告人李群于 2007 年至 2015 年任石泉县残疾人联合会理事长。2012 年陕西省残疾人联合会下文各市按要求上报符合享受省级残疾人就业保障金支持集中安置残疾人就业企业补助资金项目条件的企业,石泉县残联负责审核上报项目。2013 年 5 月,安康美沃窗业有限责任公司法定代表人韩某某得知李自建房屋建成后,提出为自建房安装窗户、幕墙,李同意。韩安排员工李群军拆除原已安装好的窗户。施工过程中,韩找到李群要求申报残疾人企业补助项目。工程完工后,李群军向李群出示工程价款为 5 万余元的项目结算单,但并未要求立即结算。李群明知美沃公司不符合申报条件向其提供制造虚假申报材料的方法,并利用职权助该公司申报到补助,获取国家补助资金 90 万元。李群因帮助申报补助一事,在工程结束后一直不予结算,美沃公司于 2014 年年底核销了该工程款。

【裁判结果】

陕西省石泉县人民法院作出刑事判决,被告人李群犯受贿罪,判处有期徒刑七个月并处罚金人民币十万元。宣判后,被告人李群不服,提出上诉。陕西省安康市中级人民法院经审理后作出刑事裁定,驳回上诉,维持原判。

【裁判理由】

国家工作人员在接受装修后,本应及时结清价款,但其既未结清装修价款,也未有任何还款的意思表示,且在明知美沃公司不符合条件的情况下,连续三年为其争取残疾人就业补助资金,美沃公司在争取到该补助资金后,将该笔账务予以核销。虽然行为人未直接索取贿赂,也未直接收取美沃公司的财物,美沃公司也没有明确告知其免除李群的装修款,但是,从李群的偿还能力、拖欠装修款的时间,美沃公司财务上予以核销该笔装修款以及委托李群办理残疾人补助金,李群利用职务之便违规为美沃公司办理残疾人补助金等事实,可以推定美沃公司已经将装修款作为李群为美沃公司办理残疾人补助金项目的回报这一事实。根据"两高"《关于办理贪污贿赂刑事案件适用法律若干问题的解释》第十二条之规定:"贿赂犯罪中的财物,包括货币、物品和财产性利益。财产性利益包括可以折算为货币的物质利益如房屋装修、债务免除等,以及需要支付货币的其他利益如会员服务、旅游等。后者的犯罪数额,以实际支付或者应当支付的数额计算。"行为人接受他人房屋装修

[①] 中华人民共和国最高人民法院刑事审判第一、二、三、四、五庭主办:《刑事审判参考》(总第 122 集),法律出版社 2020 年版,第 125～129 页。

的财产性利益,成立受贿罪。

3. 行为与数额要素的认定
(1) 梁晓琦受贿案[①]
【适法规则】
1. 行为人收受无具体金额的会员卡,应认定为受贿罪,其受贿金额以行贿人实际支付的资费作为计算受贿数额的标准,无法计算实际支付的资费数额的,可以受贿人实际消费使用的金额认定受贿数额。

2. 行为人与他人达成以低价购买商品房的口头买卖合意,并支付了全额房款,虽未签订商品房买卖书面合同,也未验收并交付,但只要买卖合同已经成立且支付全部房款,即确立了对房屋的控制权利,可认定为受贿行为既遂,受贿数额按照交易时当地市场价格与实际支付价格的差额计算。

3. 未出资而委托他人购买股票获利应当认定为受贿,数额应当以行贿人实际获利金额计算。

【基本案情】
被告人梁晓琦于2002年至2008年1月先后担任重庆市规划局总规划师、副局长和重庆市江北城开发投资有限公司董事长期间,利用审批规划调整、建设工程选址定点和检查董事会决议执行、签署董事会文件文书等职权,27次为请托人谋取利益,非法收受财物折合人民币1370万余元。

2005年年初,梁晓琦应重庆国际高尔夫俱乐部有限公司总经理杨传全的请托,调整了国际高尔夫俱乐部的规划,增加了居住用地、商业用地和公共绿地。为此,杨传全送给梁晓琦人民币18万元和一张免费高尔夫荣誉会员消费卡,梁晓琦使用该卡实际消费人民币12,292元。

2005年下半年,梁晓琦应重庆浦辉房地产开发公司董事长曾礼浦的请托,通过调整规划,将该公司开发的"海棠晓月"商业街二期17号、18号楼,改建为滨江温泉大酒店,并扩大了"海棠晓月"B区城市之窗滨江花园商务区项目建设用地规模。同年9月,曾礼浦将其公司开发的"海棠晓月"B区2号楼2套住宅以每平方米人民币3000元,总价人民币86.32万元的价格销售给梁晓琦。梁晓琦安排妻子于2005年9月24日支付了全额房款,重庆浦辉房地产开发公司开具了销售不动产专用发票。经鉴定,该房在价格鉴定基准日(2005年9月24日)的价格为人民币186.5万元。此外,曾礼浦还两次送给梁晓琦人民币共计21.5万元。

2005年,梁晓琦应重庆中渝物业发展有限公司总经理曾维才的请托,通过调整

[①] 中华人民共和国最高人民法院刑事审判第一、二、三、四、五庭主办:《刑事审判参考》(总第68辑),法律出版社2009年版,第54~56页。

规划,将该公司渝北区新溉路北侧18号、19号地块内的学校用地规模减少,开发用地增加,容积率上调,满足了该公司的要求,并为曾维才的加州高尔夫练习场搬迁选址提供了帮助。2007年5月,梁晓琦得知一只港股要涨一倍多,在没有给付股本金的情况下,让曾维才在香港帮其买100万股,同年7月又让曾维才将该股卖出,获利50万港元,后曾维才将50万港元按照梁晓琦的指示换成50万元人民币交给梁晓琦。另外,曾维才还先后送给梁晓琦人民币20万元和港币5万元。

【裁判结果】

重庆市第一中级人民法院作出刑事判决:被告人梁晓琦犯受贿罪,判处死刑,缓期二年执行,剥夺政治权利终身,并处没收个人全部财产;对违法所得人民币1589.3836万元予以追缴。一审宣判后,被告人梁晓琦未提出上诉,检察院未提出抗诉,该判决已被重庆市高级人民法院核准生效。

【裁判理由】

1. 关于收受会员卡事实的认定。被告人梁晓琦收受并持有该无具体金额的会员卡免费消费的行为构成受贿罪。对于受贿的数额,参照"两高"《关于办理商业贿赂刑事案件适用法律若干问题的意见》第七条的规定,对"含有金额的会员卡、消费券"本应以"实际支付的资费"作为计算受贿数额的标准,但由于该俱乐部所有会员卡均没有实际对外销售,办案部门走访了有关鉴定机构,无法对该卡价值进行鉴定和价格评估,该会员卡的价值无法确定,故法院以梁晓琦夫妇持该卡在俱乐部签单免费消费的12292元来计算其本次受贿金额。

2. 关于低价购买房屋事实的认定。根据"两高"《关于办理受贿刑事案件适用法律若干问题的意见》(以下简称《受贿意见》)第一条规定,国家工作人员以明显低于市场的价格向请托人购买房屋汽车等物品的,以受贿论处。受贿数额按照交易时当地市场价格与实际支付价格的差额计算。因此,行为人与他人达成以低价购买商品房的口头房屋买卖合意,并支付了全额房款,虽未签订商品房买卖书面合同,也未验收并交付的,但只要买卖合同已经成立且支付全部房款,即确立了对房屋的控制权利,可认定为受贿行为既遂。受贿数额按照交易时当地市场价格与实际支付价格的差额计算。在本案中,由于梁晓琦考虑到自己的购买价格明显低于市场价格,为规避法律追究,不留下书面证据,其只与浦辉公司达成口头的房屋买卖合意,并支付了全额房款,应当视为梁晓琦已经履行了主要义务;浦辉公司出具了销售不动产专用发票,并在其销控表等销售资料上载明该房产已经销售,注明不得再对外销售。事实上浦辉公司直至案发时也未再出售该房,也表明浦辉公司已经同意了与梁晓琦口头订立的买卖合同并也履行了卖方义务。据此,被告人梁晓琦与浦辉公司之间的房屋买卖关系已经成立。房屋没有交付,不影响对该笔事实认定受贿。经估价鉴定,梁晓琦所付房款与交易时当地市场价格的差额为100.187万元,因此,认定梁晓琦此项受贿数额即为100.187万元。

3. 关于未出资购买股票事实的认定。《受贿意见》第四条规定："国家工作人员利用职务上的便利为请托人谋取利益，以委托请托人投资证券、期货或者其他委托理财的名义，未实际出资而获取'收益'，或者虽然实际出资，但获取'收益'明显高于出资应得收益的，以受贿论处。据此，前一情形的受贿数额，以'收益'额计算；后一情形，以'收益'额与出资应得收益额的差额计算。"本案中，被告人梁晓琦利用职务上的便利，为请托人重庆中渝物业发展有限公司谋取利益，在始终未出资的情况下，委托该公司的总经理曾维才在香港为其购买股票，并获取收益50万元，其行为应以受贿论处，此项受贿数额为50万元。

（2）潘玉梅、陈宁受贿案①

【适法规则】

1. 国家工作人员利用职务上的便利，为请托人谋取利益，没有实际出资也不参与管理、经营而获得的"利润"，以受贿论处。

2. 国家工作人员利用职务上的便利，为请托人谋取利益，以明显低于市场的价格向请托人购买房屋等物品的，以受贿论处。受贿数额按照交易时当地市场价格与实际支付价格的差额计算。

【基本案情】

2003年八九月间，被告人潘玉梅、陈宁分别利用担任江苏省南京市栖霞区迈皋桥街道工委书记、迈皋桥办事处主任的职务便利，为南京某房地产开发有限公司总经理陈某在迈皋桥创业园区低价获取100亩土地等提供帮助，并于9月3日分别以其亲属名义与陈某共同注册成立南京多贺工贸有限责任公司（以下简称多贺公司），以"开发"上述土地。潘玉梅、陈宁既未实际出资，也未参与该公司经营管理。2004年6月，陈某以多贺公司的名义将该公司及其土地转让给南京某体育用品有限公司，潘玉梅、陈宁以参与利润分配名义，分别收受陈某给予的480万元。2007年3月，陈宁因潘玉梅被调查，在美国出差期间安排其驾驶员退给陈某80万元。案发后，潘玉梅、陈宁所得赃款及赃款收益均被依法追缴。

2004年2月至10月，被告人潘玉梅、陈宁分别利用担任迈皋桥街道工委书记、迈皋桥办事处主任的职务之便，为南京某置业发展有限公司在迈皋桥创业园购买土地提供帮助，并先后4次各收受该公司总经理吴某某给予的50万元。

2004年上半年，被告人潘玉梅利用担任迈皋桥街道工委书记的职务便利，为南京某发展有限公司受让金桥大厦项目减免100万元费用提供帮助，并在购买对方开发的一处房产时接受该公司总经理许某某为其支付的房屋差价款和相关税费61万余元（潘支付60万元）。2006年4月，潘玉梅因检察机关从许某某的公司账上已掌握其购房仅支付部分款项的情况而补还给许55万元。

---

① 最高人民法院第1批指导案例第3号。

此外,2000年春节前至2006年12月,被告人潘玉梅利用职务便利,先后收受迈皋桥办事处一党支部书记兼南京某商贸有限责任公司总经理高某某人民币201万元和美元49万元、浙江某房地产集团南京置业有限公司范某某美元1万元。2002年至2005年间,被告人陈宁利用职务便利,先后收受迈皋桥办事处一党支部书记高某某21万元、迈皋桥办事处副主任刘某8万元。

【裁判结果】

江苏省南京市中级人民法院作出刑事判决:(1)认定被告人潘玉梅犯受贿罪,判处死刑,缓期二年执行,剥夺政治权利终身,并处没收个人全部财产;(2)被告人陈宁犯受贿罪,判处无期徒刑,剥夺政治权利终身,并处没收个人全部财产。宣判后,潘玉梅、陈宁不服,提出上诉。江苏省高级人民法院于2009年11月30日以同样的事实和理由作出刑事裁定,驳回上诉,维持原判,并核准一审以受贿罪判处被告人潘玉梅死刑,缓期二年执行,剥夺政治权利终身,并处没收个人全部财产的刑事判决。

【裁判理由】

法院生效裁判认为,潘玉梅时任迈皋桥街道工委书记,陈宁时任迈皋桥街道办事处主任,对迈皋桥创业园区的招商工作、土地转让负有领导或协调职责,二人分别利用各自职务便利,为陈某低价取得创业园区的土地等提供了帮助,属于利用职务上的便利为他人谋取利益。合作开办公司,可以是货币出资,也可以是劳务出资。若国家工作人员不存在任何出资行为,却获得所谓"利润",并且具有利用职务上便利为他人谋取利益的情形,则应当构成受贿罪。潘玉梅、陈宁利用职务便利为陈某谋取利益,以与陈某合办公司开发该土地的名义而分别获取的480万元,并非所谓的公司利润,而是利用职务便利使陈某低价获取土地并转卖后获利的一部分,体现了受贿罪权钱交易的本质,属于以合办公司为名的变相受贿,应以受贿论处。此外,在本案中,被告人购买的房产市场价格含税费共计应为121万余元,实际支付60万元,明显低于该房产交易时当地市场价格,属于以形式上支付一定数额的价款来掩盖其受贿权钱交易本质的一种手段,应以受贿论处。

(3)江建国受贿案[①]

【适法规则】

1. 国家工作人员利用职务之便,收受干股并以股份分红名义收受他人款项,为他人谋取利益,构成受贿罪。

2. 股份未实际转让,以股份分红名义获取利益的,实际获利数额应当认定为受贿数额。

---

① 《中国指导案例》编委会编:《人民法院指导案例裁判要旨汇览》(刑事卷·一),中国法制出版社2013年版,第538~540页。

【基本案情】

1997年4月至2007年9月,被告人江建国担任龙文区交通局副局长和运输管理所所长期间,为交服中心谋取利益,收受交服中心股东陈建山等人提供的干股,先后三次以股份分红名义获利130,000元,以工资名义获利74,400元,共计204,400元。案发后被告人江建国已被扣押170,000元。交服中心系股份制合作企业,原有股东与江建国口头约定,江建国无需出资即享有交付中心1/4股份,双方未约定江建国应履行合伙义务及享有股份处分权、企业剩余资产处分权等。

【裁判结果】

福建省漳州市龙文区人民法院作出刑事判决:被告人江建国犯受贿罪,判处有期徒刑十一年,赃款204,400元予以追缴。一审判决后,被告人江建国提出上诉。福建省漳州市中级人民法院作出刑事裁定:驳回上诉,维持原判。

【裁判理由】

国家工作人员利用职务之便,以股份分红名义收受他人款项,为他人谋取利益的,若进行了股权转让登记,或者相关证据证明股份发生了实际转让的,受贿数额按转让行为时股份价值计算,所分红利按受贿孳息处理。股份未实际转让,以股份分红名义获取利益的,实际获利数额应当认定为受贿数额。在本案中,原有股份对被告人江建国并不存在登记转让或实际转让的情形,实际上被告人江建国是利用职务便利,享有交服中心的资产收益权,即可以定期分取红利的分红权,其参与的是只获得利润分红的干股,该股份本身并没有被赋予财产价值,不存在股份的价值计算问题,被告人江建国以股份分红名义获取利益的实际获利数额应当认定为受贿数额,即204,400元。被告人收取贿赂,为他人谋取利益,其行为已构成受贿罪,应予追究其刑事责任。

(4)龚润源受贿案①

【适法规则】

1.通过交易形式收受贿赂,并通过将交易标的转让他人的方式实现和占有该贿赂,属于"以其他交易方式"非法收受请托人财物的行为,实际受贿数额应按照交易时当地市场价格与实际支付价格的差额计算,不以受贿人主观上认为的数额计算。

2.标的物交易时市场价格应按照专业机构经过评估鉴证得出的结论来认定,并以预售合同和定金交付的时间节点为评估节点。

【基本案情】

2001年年初,霞浦县金山房地产开发有限公司(以下简称金山公司)在霞浦县通过转让方式获得一宗面积55亩的项目用地的土地使用权,并将该项目用地开发

---

① 国家法官学院、中国人民大学法学院编:《中国审判案例要览》(2012年刑事审判案例卷),中国人民大学出版社2014年版,第502~506页。

成"金山花园"房地产项目。2001年上半年,金山公司总经理金孔璋找到时任霞浦县建设委员会主任的被告人龚润源,要求其在"金山花园"项目审批过程给予照顾,并提议龚润源在"金山花园"购买一幢溜房,承诺日后以低于市场价格优惠出售,被告人龚润源遂在"金山花园"相关图纸上标注预留了B13号溜房。2001年五六月间,被告人龚润源弟弟龚任旋的朋友许永清想在"金山花园"购房,遂叫龚任旋去询问被告人龚润源,能否帮其介绍在"金山花园"购买一幢溜房。被告人龚润源遂电话联系金孔璋,称其弟龚任旋会前来办理原先预订溜房的购房手续,金孔璋在电话中亦明确以低于该幢溜房的市场销售价格人民币10万元为其办理购房手续。之后,被告人龚润源将上述情况告诉龚任旋,并叫龚任旋带许永清找金孔璋办理购房手续,并交代龚任旋将金孔璋答应给予的购房优惠款人民币10万元带回给被告人龚润源。嗣后,龚任旋找到金孔璋办理购房手续时,金孔璋开具了一张写有房号为B13号及购房价款的条子,交给龚任旋去办理购房手续,同时告之,凭该张单据可以优惠购房款人民币10万元。龚任旋遂带许永清以这张单据到售楼部办理购房手续,并要求许永清将少交的人民币10万元购房款交给他。因许永清从售楼部工作人员处得知龚任旋提供的单据可以优惠人民币10万元购房款,便要求龚任旋也对其便宜人民币2万元,经龚任旋与被告人龚润源协商同意后,由龚任旋从许永清处取回了人民币8万元优惠款项。2001年6月29日,许永清持上述单据以其妻子李穗清的名义交付了定金,并以单价每平方米人民币884.355元与金山公司订立了购房协议,2002年7月9日,许永清以李穗清名义与金山公司正式签订了单价为每平方米人民币884.355元,面积为436.2平方米,购房款总额为人民币38.58万元的商品房买卖合同,后因该商品房面积实际测算为413.05平方米,许永清实际向金山公司支付购房款总额为人民币365,282.83元。经宁德市价格认证中心鉴定,上述"金山花园"B幢B13号房产在2001年6月29日估价时点的房地产市场价格为人民币444,189.83元(单价为每平方米人民币1075.39元,面积为413.05平方米)。2009年10月25日,被告人龚润源到霞浦县纪律检查委员会自动投案。投案后,在司法机关立案前向霞浦县纪律检查委员会退缴款项人民币10万元。

【裁判结果】

福建省屏南县人民法院作出刑事判决:龚润源犯受贿罪,判处有期徒刑三年,缓刑三年。龚润源退缴受贿非法所得赃款人民币78,907元及孳息人民币1093元,共计人民币8万元予以没收,上缴国库。

【裁判理由】

本案中,行为人龚润源通过交易形式收受贿赂,并通过将交易标的转让他人的方式实现和占有该贿赂,其行为属于"两高"《意见》第一条第一款第三项关于以其他交易方式非法收受请托人财物的行为,因此,其实际受贿数额应按照交易时当地市场价格与实际支付价格的差额计算。因此,应以价格鉴证机构评估出的涉案房屋交易节点的市场价格人民币 444,189.83 元与交易方实际支付人民币 365,282.83 元的差额人民币 78,907 元作为龚润源受贿的实际数额。

由于商品房买卖的特殊性，商品房预售合同签订和定金交付的时间实际为商品房交易价格确定的时间，因而本案市场价格的评估应以预售合同和定金交付时间节点即 2001 年 6 月 29 日为评估节点，而不应以购房合同正式签订时间即 2002 年 7 月 8 日为评估节点。本案标的物交易时市场价格应按照专业机构经过评估鉴证得出的结论来认定。虽然龚润源主观上认为其收受房地产开发商 10 万元，金孔璋也认为以交易方式送给其人民币 10 万元，但在实际交房时，经测算该 B13 号溜房实际面积仅为 413.05 平方米，后来实际购房款也仅为人民币 365,309.36 元，因此，在房屋面积缩小后，其实际优惠款也相应地小于人民币 10 万元。

(5) 毋保良受贿案①

【适法规则】

1. 行为人出于受贿故意实施非法收受他人财物行为，部分赃款交存于国有单位，后大部分用于公务支出，仍应当以受贿论处。

2. 索取、收受具有上下级关系的下属，或者具有行政管理关系的被管理人员价值较大的财物，可能影响职权行使的，应当视为承诺为他人谋取利益。

【基本案情】

2003 年至 2012 年间，被告人毋保良利用担任萧县人民政府副县长、县长，中共萧县县委副书记、书记等职务便利，在工程项目、征地拆迁、干部调整等方面为他人谋取利益，非法收受他人财物，共计人民币 1869.2 万元、美元 4.2 万元、购物卡 6.4 万元以及价值 3.5 万元的手表一块。

2006 年 12 月至 2012 年 2 月间，毋保良累计 23 次将现金人民币 1790 余万元及美元、购物卡、手表等物品交存到萧县招商局、县委办，其知情范围极其有限，款物的使用、支配均由毋保良本人决定。后 1100 余万元用于公务支出，400 余万元用于退还他人、为退休领导违规配车及招待费用等，尚有余款 280 余万元及购物卡、物品等。2012 年年初，毋保良在与其有关联的他人遭查处，办案机关已初步掌握其涉嫌受贿犯罪线索后，始退还部分款项，并向县委班子通报、向上级领导报告收受他人 1600 余万元及交存情况。

【裁判结果】

合肥市中级人民法院以受贿罪判处被告人毋保良无期徒刑，剥夺政治权利终身，并处没收个人财产 60 万元；受贿所得赃款、赃物依法予以追缴，上缴国库。

安徽省高级人民法院裁定驳回上诉，维持原判。

---

① 中华人民共和国最高人民法院刑事审判第一、二、三、四、五庭主办：《刑事审判参考》（总第 106 辑），法律出版社 2017 年版，第 86~92 页。

【裁判理由】

受贿罪属故意犯罪，国家工作人员基于受贿的故意，利用职务上的便利，为他人谋取利益，或者利用本人职权或者地位形成的便利条件，通过其他国家工作人员职务上的行为，为请托人谋取不正当利益，并实际索取、收受他人财物的，即应认定为受贿既遂。"两高"《关于办理受贿刑事案件适用法律若干问题的意见》（以下简称《意见》）第九条第一款"国家工作人员收受请托人财物后及时退还或者上交的，不是受贿"之规定，是针对实践中国家工作人员主观上没有受贿故意，但客观上收受了他人财物，并及时退还或者上交，并非针对受贿既遂后退还或者上交的情形。

本案中，毋保良基于受贿的犯罪故意，而收受他人财产，并为他人实际谋取或者承诺谋取利益，部分谋利行为积极主动。毋保良交存款物后，主要用于公共支出，系其受贿犯罪既遂后对赃款、赃物的处置，属自由行使处分权的范畴，不影响受贿犯罪的性质及故意犯罪完成形态的认定，仅应作为量刑情节酌情考虑。

"为他人谋取利益"是受贿犯罪的法定构成要件，也是界分受贿犯罪与"感情投资"的标准，日常意义上的"感情投资"涉及两种类型：一是与行为人当前职务无关的感情投资；二是与当前行为人职务行为有着具体关联的"感情投资"。对于后者，由于双方行为人在日常职务活动中的紧密关系，谋利事项要么已经通过具体的职务行为得以体现，要么可以直接推断出给付金钱有对对方职务行为施加影响的图谋，在这种情况下，只要能够排除正常人情往来的，即可认定为受贿。本案中，给予毋保良数额较大甚至巨大财物者，或者为已在或者为欲在萧县境内从事经营活动的商人，或者为与毋保良存在职务隶属关系的萧县乡镇科局干部，这些人员除了商业经营、工作需要可能与毋发生联系外，并无证据证明他们与毋存在长期的、深厚的亲情、友情等特殊关系；毋保良既没有给予他们大体相当的款物，也不能作出合理解释。上述人员，均是在谋求与毋处好关系，由毋对现行或者将来请托事项给予帮助，而实际上毋亦实际给予或者承诺给予帮助，实质上仍是典型的权钱交易关系，并非正常的人情往来，故相应款物应当依法应计入受贿数额。

(6) 杨玉成受贿案[①]

【适法规则】

1. 价格认定机构不具有书画真伪鉴定的资质。职务犯罪案件中涉案书画的鉴定，宜参照文物犯罪刑事案件的鉴定流程。

2. 鉴定人未签字的书画鉴定意见不应采信。

【基本案情】

2003年至2017年，被告人杨玉成在担任盐城市体育局局长、党委书记期间，利

[①] 中华人民共和国最高人民法院刑事审判第一、二、三、四、五庭主办：《刑事审判参考》（总第125集），人民法院出版社2020年版，第111～121页。

用职务便利,为薛锋、盐城市建筑设计研究院有限公司等单位或个人谋取利益,先后收受薛锋等人贿送的款物212余万元。其中,2010年至2014年,杨玉成先后5次以出售字画为名收受倪雪峰等人款项32万元。(其他部分犯罪事实略)

【裁判结果】

盐城市中级人民法院作出刑事判决,被告人杨玉成犯受贿罪,判处有期徒刑七年六个月,并处罚金人民币50万元。一审宣判后,被告人不服,提出上诉。江苏省高级人民法院作出二审判决,维持原判主刑部分,调整涉案金额。

【裁判理由】

本案系被告人通过向请托人高价出售自己书画藏品的形式收受贿赂,案涉五幅书画作品,案件审理过程中,对于该五幅书画作品的来源、真伪,除被告人的供述外,难以收集到其他客观证据予以印证,且被告人在法院审理期间推翻其在侦查期间所作的有关供述,否认其向请托人高价出售赝品书画藏品的受贿事实。鉴于五幅书画的真伪对于书画价格有重大影响,且书画真伪的认定具有专业性,一、二审法院均决定启动鉴定程序,委托专业鉴定机构对书画真伪进行鉴定。对此,物价局价格认定中心仅能对书画价格进行认定,其不具有书画真伪鉴定资质,不能委托此类专家对书画的真伪进行鉴定,应委托有书画真伪鉴定资质的专业鉴定机构对涉案书画重新鉴定,价格认定结论书不应作为定案证据采信。关于书画鉴定机构的选取,应参照国家文物局、最高人民法院、最高人民检察院、公安部、海关总署共同制定的《涉案文物鉴定评估管理办法》的规定,选取国家文物局指定的涉案文物鉴定评估机构和予以备案的文物鉴定评估人员,对涉案书画进行真伪鉴定。鉴定人签字是基本的鉴定原则,是强制性规定,未经鉴定人签字的鉴定意见一律不能作为定案的证据。

(7)吴仕宝受贿案[①]

【适法规则】

1. 国家工作人员利用职务上的便利,以明显低于市场的价格获取承包经营权,属于利用职权以交易方式受贿,成立受贿罪。

2. 以交易方式受贿的数额,应以客货运公司出租车的最低市场承包价与被告人承包价的差额计算。

3. 索取型受贿罪的认定,应当根据被告人的职务、地位及其影响、是否为行贿人谋取利益、是否主动提起犯意、行贿人的利益是否违法等情节综合判断。

【基本案情】

2001年4月,被告人吴仕宝任义乌市运输管理稽征所所长后结识了市客货运

[①] 中华人民共和国最高人民法院刑事审判第一、二、三、四、五庭主办:《刑事审判参考》(总第128集),人民法院出版社2021年版,第125~133页。

输有限公司(以下简称客货运公司)法定代表人、董事长金某。金某因公司业务有求于吴,逢年过节都给其送若干香烟票。吴则利用所长职权,对客货运公司在出租车招投标、日常监管、企业考核及客运线路审批等方面给予便利及帮助。在吴仕宝的帮助下,客货运公司于2004年9月在义乌市交通局组织的义乌市客运出租汽车经营权招标活动中被确定为中标单位,取得70辆出租车的经营权。中标后,吴仕宝伙同缪某、傅某(均另案处理)等人,以只支付车辆成本及相关费用的方式,向金某、客货运公司索取其中15辆出租车的经营权,先后索取8批56辆出租车经营权。经会计师事务所审计,其从客货运公司攫取承包款差价共计人民币1,058,304.44元。

【裁判结果】

浙江省义乌市人民法院作出刑事判决,被告人吴仕宝犯受贿罪,判处有期徒刑十二年,并处罚金人民币100万元。一审宣判后,被告人不服,提起上诉。浙江省金华市中级人民法院作出刑事裁定,驳回上诉,维持原判。

【裁判理由】

交易型受贿与传统意义上直接收受财物的受贿,虽然手法不同,本质并无区别,应当纳入刑事规制的范围。2007年"两高"《关于办理受贿刑事案件适用法律若干问题的意见》(以下简称《意见》)规定,国家工作人员利用职务上的便利,为请托人谋取利益,以下列交易形式收受请托人财物的,以受贿论处:(1)以明显低于市场的价格向请托人购买房屋、汽车等物品的;(2)以明显高于市场的价格向请托人出售房屋、汽车等物品的;(3)以其他交易形式非法收受请托人财物的。交易型受贿犯罪的数额计算,应当从交易行为中剥离出权钱交易的部分,区分经营行为的利润与行为人的受贿数额。《意见》规定,应当按照交易时当地市场价格与实际支付价格的差额计算。市场价格则包括商品经营者事先设定的不针对特定人的最低优惠价格。实践中重点关注:(1)并非国家工作人员先提出的均构成索贿,但是索贿应当是国家工作人员率先通过明示或者暗示的方式向请托人表达了收取财物的意图。(2)索贿的本质是违背行贿人的意愿,虽然不要求达到被胁迫、勒索的程度,但是应当能够反映出行贿人是出于压力、无奈、不情愿才交付财物。(3)可根据受贿人给请托人谋取利益的大小,受贿人提出的财物要求是否在请托人心理预期之内,请托人请托的事项是否违法等进行综合判断。

(8)寿永年受贿案[①]

【适法规则】

1.房产交易型受贿案件中,判定房屋交易价格是否明显高于或者低于市场价,应以二者的差价绝对值作为基础,同时兼顾折扣率(差额比)的高低做出综合判断。

[①] 中华人民共和国最高人民法院刑事审判第一、二、三、四、五庭主办:《刑事审判参考》(总第128集),人民法院出版社2021年版,第134~143页。

2. 认定国家工作人员向请托人以明显高于或者低于市场的价格交易房产构成受贿,需要进行主客观要件符合性的综合判断。

【基本案情】

1999年以来,被告人寿永年利用其担任浙江省鄞县人民政府县长、宁波市鄞州区人民政府区长等职务上的便利,为宁波金盛置业有限公司等7家企业在企业用地、企业经营、资产处置、项目审批等事项上提供帮助,单独或者与特定关系人共同非法收受上述企业实际控制人给予的财物1144余万元。其中,在购买3套商品房过程中,以明显低于市场价购买房屋受贿:一套以总价235万余元价格购买的商品房,其市场总价为328万余元,购房价低于市场价92万余元。一套以总价313万余元价格购买的商品房,其市场订购价为364万余元,购房价低于市场价51万余元。一套以总价391万余元的价格购买的商品房,其市场总价为553万余元,购房价低于市场价162万余元。

【裁判结果】

浙江省金华市中级人民法院作出刑事判决,被告人寿永年犯受贿罪,判处有期徒刑八年,并处罚金人民币六十万元。宣判后,当事人未上诉,公诉机关未抗诉。判决已经发生法律效力。

【裁判理由】

涉案物品价值、价格的认定直接关系行为人的刑事责任,有必要遵循特定的认定规则。一般来说,犯罪数额的认定应当体现危害行为发生时涉案物品的市场价值,才能相对客观反映行为的社会危害性和行为人的主观恶性。这与以行为时的法律判断行为是否构成犯罪的定罪原则是一样的原理。在"二手房"买卖收受差价贿赂的犯罪中,房屋市场价的认定首先应当参考房屋的买入价,如果买入时的市场行情与行贿人和国家工作人员发生转让时的市场行情变化较大的,则应按照转让行为发生时的市场价认定。应当以差价绝对值为基础,同时兼顾折扣率的高低,综合判断购房价是否明显低于市场价,避免造成打击面过宽和放纵犯罪两个方面的弊端。市场价的认定方法和明显低于市场价的判断标准,适用于国家工作人员以明显高于市场的价格出售房屋给请托人收受贿赂的情形。

4. 主观要素、完成形态的认定

(1)朱渭平受贿案[①]

【适法规则】

1. 国家工作人员知道特定关系人索取、收受请托人财物后,虽有退还的意思表

---

① 中华人民共和国最高人民法院刑事审判第一、二、三、四、五庭主办:《刑事审判参考》(总第106辑),法律出版社2017年版,第59~66页。

示，但发现特定关系人未退还后予以默认的，应当认定其主观上具有受贿的故意。

2.国家工作人员收受请托人所送房产，后请托人又将该房产用于抵押贷款的，应当认定构成受贿的既遂。

【基本案情】

1998年至2012年间，被告人朱渭平利用担任中共无锡市滨湖区委书记等职务的便利，在企业经营、工程承揽、职务晋升、工作安排等方面为他人谋取利益，单独或者通过其妻金某等人先后非法收受吴某某、刘某等人和单位给予的财物，共计折合人民币2000余万元。其中：(1)接受上海某房地产有限公司总经理吴某某的请托，为吴收购上海某酒店式公寓项目提供帮助，收受吴所送价值1400余万元的住房一套及其他财物。(2)接受无锡某建设有限公司法定代表人刘某的请托，为该公司承接建设工程提供帮助，后通过其妻金某收受刘某所送价值12.5万余元的500克金条一根。(其他受贿犯罪事实略)

【裁判结果】

南京市中级人民法院以受贿罪判处朱渭平有期徒刑十五年，并处没收财产人民币200万元。

【裁判理由】

被告人朱渭平在收受刘某所送500克金条的事实中，其本人与刘某并不相识，妻子金某和刘某在业务交往中相识。刘某在得知金某系朱渭平的妻子后，欲让金某通过朱渭平向相关人员打招呼，以获得土石方工程的承接机会。朱渭平应妻子金某要求，为刘某承接土石方工程向相关人员打招呼，后妻子金某收受刘某所送的500克金条。金某将上述金条带回家后告知朱渭平，朱渭平因担心刘某不可靠，遂让金某退还该金条，但金某并未退还，朱渭平发现金某未退还金条后，未再继续要求金某退还，应当认定国家工作人员主观上具有受贿的故意。对受贿故意的考察判断，不能将国家工作人员得知特定关系人收受他人财物后的个别言语和行为孤立化，应当综合考察国家工作人员知情后，是否积极敦促、要求特定关系人退还财物，以确定其对收受他人财物是否持认可、默许的态度。国家工作人员和特定关系人具有利益共同体关系，共同体中的任何一方收受他人财物的行为，客观上应视为"利益共同体"的整体行为。当国家工作人员发现特定关系人未按要求退还财物仍然默许的，表明其对共同体另一方收受财物的行为总体上持认可态度，故应当对这种客观上未退还的不法后果承担刑事责任。

本案中，被告人朱渭平利用职务上的便利为吴某某收购房地产项目提供融资帮助，后其为掩人耳目，与吴某某商定，将欲收受的房产过户至其实际控制的上海某公司名下，其行为已构成受贿罪。在该房产完成交易过户至被告人朱渭平实际控制的公司名下后，受贿已经既遂。吴某某因资金周转困难，利用代办被告人朱渭平实际控制的某公司年检等事项的便利，将该房产用于抵押，获取贷款以解决自己资金转困难的行为,并不影响朱渭平受贿犯罪的形态认定。

(2)程绍志受贿案①

【适法规则】

国家工作人员利用职务上的便利,为他人谋取利益,收受他人的银行卡并改动密码,至案发时虽未实际支取卡中存款,但主观上明显具有非法占有的故意,应当认定受贿罪既遂。

【基本案情】

1997年至1998年6月间,程绍志担任河南石油勘探局副局长兼采购开采聚丙烯酰胺招标小组组长。在河南石油勘探局进口聚丙烯酰胺的招标活动中,中国国际企业合作公司代理的外国投标商英国联胶公司生产的1285聚合物中标。1997年5月2日、1998年4月18日,中国国际企业合作公司与河南石油勘探局签订了聚丙烯酰胺的购销合同。2000年8月,双方经协商修改了合同中英国联胶公司生产的聚丙烯酰胺1285hn的单价和总价。同年8月4日,英国联胶公司的代理商陈汉顺(另案处理)为感谢程绍志在业务活动中的合作,送给程绍志一张存有81,867美元的招商银行"一卡通"银行卡,折合人民币678,841.16元;同时还有一张写有银行卡密码和数额的字条。后程绍志变更了密码,并将该银行卡和字条存放于自己租用的招商银行北京分行亚运村支行保管箱内,案发后被起获。

【裁判结果】

北京市第二中级人民法院作出刑事判决:被告人程绍志犯受贿罪,判处有期徒刑十一年。一审宣判后,程绍志不服,向北京市高级人民法院提出上诉。北京市高级人民法院作出刑事裁定:驳回上诉,维持原判。

【裁判理由】

法院认为,程绍志收受陈汉顺给予的招商银行"一卡通"银行卡的事实存在,程绍志修改"一卡通"银行卡密码的行为,能说明其具有受贿的故意,程绍志长期将银行卡存放在自己租用的银行保管箱内的行为,符合受贿罪的特征。受贿罪的犯罪对象是财物,但不应狭隘地理解为现金、具体物品,而应看其是否含有财产或其他利益成分。这种利益既可以当即实现,也可以在将来实现。用户名为他人的银行卡作为财物进行贿赂,受贿人更改了银行卡密码,但因有期限限制,无法支取卡内存款,那么该存款并没有由受贿人自由支配。可是,受贿人更改银行卡密码的行为,银行卡长期存储于保险箱内的行为,均说明其对该卡及卡内存款有非法占有的主观故意,符合受贿罪的特征。因此,国家工作人员利用职务便利为他人谋利,收受他人银行卡并修改密码,虽未支取过卡中存款,仍构成受贿罪。

---

① 《最高人民法院公报》2004年第1期(总第87期)。

5. 共犯形态的认定
(1) 成克杰受贿案①

【适法规则】

国家工作人员对他人利用其职权单独出面收受贿赂，行为人仍为请托人谋取利益的，构成共同受贿。

【基本案情】

被告人成克杰与其情妇李平（香港居民，另案处理）于1993年年底商议各自离婚后结婚，并商定先赚钱后结婚，利用成克杰的职务便利，为他人谋取利益，收受他人财物，以备婚后使用。1994年年初至1997年年底，成克杰从李平处得知，如帮助广西银兴实业发展公司（以下简称银兴公司）承建南宁市江南停车购物城工程和广西民族宫工程及解决建设资金等，可获得"好处费"，便接受银兴公司负责人周坤的请托，利用职权，将银兴公司划归自治区政府办公厅管理；将南宁市江南停车购物城工程交由银兴公司承建，并要求自治区计委尽快为该工程立项；指示南宁市政府向银兴公司低价出让该工程85亩用地；将广西民族宫工程交由银兴公司与自治区民委共同开发建设，并将该项目法人由原定的自治区民委改为银兴公司；多次要求中国建设银行广西分行、中国工商银行广西分行向银兴公司发放贷款共计人民币1亿元；指令自治区房改办公室将房改基金人民币2500万元违规借给银兴公司；两次批示自治区财政厅将财政周转金人民币5000万元借给银兴公司；为银兴公司向国家计委申请到项目补助款人民币1300万元。为此，李平经手收受银兴公司贿赂的人民币29,211,597元、港币804万元，将其中人民币1150万元付给为其转取贿赂款的港商张静海，并将收受贿赂款的情况告诉成克杰。在此期间，成克杰还伙同李平收受周坤贿赂的人民币、港币、美元、黄金钻戒、金砖、工艺品黄金狮子、劳力士手表等款物，合计人民币559,428元，其中成克杰经手收受的款物合计人民币45.5万余元，均交由李平保管。

此外，成克杰和李平还利用以上类似方式实施以下权钱交易：(1) 帮助广西信托投资公司及其下属的广西桂信实业开发公司联系到贷款，获得"好处费"；(2) 帮助铁道部隧道工程局承建到岩滩水电站库区排涝拉平隧洞工程，获得"好处费"；(3) 使甘维仁由广西合浦县副县长先后晋升为广西北海市铁山港区区长、自治区政府副秘书长，并收受贿赂；(4) 向有关部门推荐周贻胜担任北海市公安局局长，使李一洪晋升为自治区政府驻京办事处副主任，并收受贿赂。综上，成克杰单独或伙同李平收受贿赂款物合计人民币41,090,373元，案发后，已全部追缴。

【裁判结果】

北京市第一中级人民法院于2000年7月31日以（2000）一中刑初字第1484号

---

① 《最高人民法院公报》2000年第5期（总第67期）。

作出刑事判决：被告人成克杰犯受贿罪，判处死刑，剥夺政治权利终身，并处没收个人全部财产。宣判后，被告人成克杰不服，提出上诉。北京市高级人民法院于2000年8月22日以（2000）高刑终字第434号作出刑事裁定：驳回上诉，维持原判，并依法报请最高人民法院核准。最高人民法院依法组成合议庭，合议庭评议后，经审判委员会第1128次会议讨论于2000年9月7日以（2000）刑复字第214号作出复核决定：核准北京市高级人民法院（2000）高刑终字第434号维持一审以受贿罪判处被告人成克杰死刑，剥夺政治权利终身，并处没收个人全部财产的刑事裁定。

【裁判理由】

国家工作人员对他人利用其职权的便利单独出面联络并收受贿赂，行为人在明知的情况下仍然帮助请托人谋取利益，收受的财物实际上归行为人和他人共同占有的，可以认定二人主观上具有共同的犯罪故意，客观上共同实施了受贿的行为，构成共同受贿。成克杰与李平共谋为各自离婚后结婚聚敛钱财，由李平出面与请托人联系请托事项并收取贿赂，由成克杰利用职务上的便利，为请托人在承接工程、解决资金、职务晋升等事项上谋取利益，成克杰主观上具有与李平共同收受贿赂的故意，客观上具有利用职务便利为请托人谋取利益并与李平共同收受贿赂的行为，具备了共同受贿犯罪的主客观要件。成克杰、李平共同受贿的款物由李平保管，其中大部分款物由李平经手收受，这是二人共同受贿犯罪的分工，这些款物未由成克杰经手收受和保管，并不影响对成克杰受贿犯罪的认定。

（2）周龙苗受贿案①

【适法规则】

非特定关系人凭借国家工作人员的关系"挂名"取酬并将财物分与国家工作人员的，构成共同受贿。

【基本案情】

2006年1月20日，被告人周龙苗被舟山市新城管理委员会任命为主任科员，经临城新区公司（国有公司）经理办公会议研究决定，周龙苗于2006年4月至2009年3月期间任该公司综合开发处处长。2007年3月19日，舟山绿城公司与临城新区公司签订了宕渣、种植类土方工程协议，约定由临城新区公司负责将开山过程中的宕渣和种植类土方运至长峙岛内指定的地点。经招投标，临城新区公司将该项作业连同整体爆破炮台山的工程转承包给舟山市大昌爆破有限公司（以下简称大昌公司）。2008年7月，大昌公司开始对炮台山实施整体爆破。按照合同约定，由临城新区公司指定将宕渣运送至长峙岛绿城地块进行填平工作的分包单位。根据新城管委会的相关政策，宕渣运输填平工程属于四项基础工程之一，应当优先考虑

---

① 中华人民共和国最高人民法院刑事审判第一、二、三、四、五庭主办：《刑事审判参考》（总第93辑），法律出版社2014年版，第77～79页。

临城当地人承接。周龙苗妻子的舅舅被告人虞平安听到消息后也向周提出要求承包工程。周龙苗告知虞平安不是临城当地人且无资质很难承接到工程，但表示会尽力帮忙争取与他人合作。随后，建新公司朱登伟也向周龙苗提出要求承接该填渣工程，周龙苗要求朱登伟与虞平安合作，并明确要求大昌公司减少管理费。朱登伟念及周的职务，只得答应了周的要求。周龙苗、虞平安与朱登伟及其下属车队的两位负责人一起商量合作承接工程事宜。之后，虞平安与朱登伟也谈妥了利润如何分配。后经周龙苗的协调帮助，建新公司顺利承接到了该宕渣运输工程，大昌公司也收取了低于当时当地管理费行业标准的管理费。2008年8月该工程结束，建新公司分三次将工程利润的一半共计50万元给了虞平安。虞平安为感谢周龙苗在承接工程上的帮忙，送给周龙苗妻子5万元，周妻收受后告知了周龙苗。

【裁判结果】

舟山市中级人民法院作出刑事判决：被告人周龙苗犯受贿罪，判处有期徒刑六年，并处没收财产计人民币10万元；被告人虞平安犯受贿罪，判处有期徒刑五年，并处没收财产计人民币10万元；判令没收赃款529,800元，上缴国库。一审宣判后，二被告人未提出上诉，公诉机关未提出抗诉，该判决已发生法律效力。

【裁判理由】

最高人民法院、最高人民检察院《关于办理受贿刑事案件适用法律若干问题的意见》规定，特定关系人以外的其他人与国家工作人员通谋，由国家工作人员利用职务上的便利为请托人谋取利益，收受请托人财物后双方共同占有的，以受贿罪的共犯论处。判断非特定关系人和国家工作人员是否构成共同受贿，必须满足两个要件：有通谋；共同占有请托人所送的财物。最高人民法院2003年印发的《全国法院审理经济犯罪案件工作座谈会纪要》明确指出，国家工作人员利用职务上的便利为他人谋取利益，并指定他人将财物送给其他人，构成犯罪的，应当以受贿罪定罪处罚。因此，根据案件事实，事前有通谋，事后由非特定关系人凭借国家工作人员的关系"挂名"取酬并将财物分与国家工作人员的，即可认定为相互分工、配合完成受贿，构成共同受贿。

本案中，周龙苗利用职务上的便利为朱登伟谋取利益，并授意朱登伟送给虞平安"利润"，构成受贿罪。而虞平安不参与实际投资、管理，却分取利润，事后又主动送给周龙苗5万元，可推知虞平安对权钱交易主观上是明知的，整个受贿过程是由双方相互分工、配合完成的，符合事前通谋要件，应当与周龙苗构成共同受贿。

(3) 倪毓民等受贿案[①]

【适法规则】

国有公司内设机构的下属科室负责人及工作人员在经济往来中，利用职务便

---

① 《中国指导案例》编委会编：《人民法院指导案例裁判要旨汇览》(刑事卷·一)，中国法制出版社2013年版，第529~530页。

利共同收受回扣并予以私分的行为,构成受贿罪的共犯,而不是单位受贿罪。

【基本案情】

2006年1月至2009年1月,被告人倪毓民先后担任上海外高桥造船有限公司(以下简称外高桥造船公司)品质保证部检测技术室副主任、退休返聘专家,被告人顾秋兵先后担任该室探伤员、副主任,被告人刘晓明、钱利铭担任该室的探伤员。四名被告人在对本单位新建H1058号船无损检测工作进行监督管理过程中,利用职务之便,共同收受承接本单位无损检测业务的上海基实无损检测技术有限公司总经理钟阿定以及上海船舶检测公司焊接室主任陈永康按业务量的比例给予的回扣费,包括:多次收受钟阿定给予的回扣费计人民币72万元,其中16万元四人均分,6万元私下分给科室其他工作人员,50万元用于共同炒股;共同或单独收受陈永康给予的回扣费70余万元,部分钱款归入被告人个人账户,部分用于共同炒股。案发时,上述共同炒股的钱款尚未予以私分。案发后,倪毓民、刘晓明、顾秋兵、钱利铭的家属分别帮助退还9.5万元、12.3万元、8万元、3万元。

【裁判结果】

上海市浦东新区人民法院作出刑事判决:(1)被告人倪毓民犯受贿罪,判处有期徒刑十一年六个月,剥夺政治权利三年,没收财产人民币3万元;(2)被告人刘晓明犯受贿罪,判处有期徒刑十一年六个月,剥夺政治权利三年,没收财产人民币3万元;(3)被告人顾秋兵犯受贿罪,判处有期徒刑十二年,剥夺政治权利三年,没收财产人民币3万元;(4)被告人钱利铭犯受贿罪,判处有期徒刑十一年六个月,剥夺政治权利三年,没收财产人民币3万元。一审宣判后,被告人倪毓民、刘晓明、顾秋兵、钱利铭分别提出上诉。其辩护人均认为被告人的行为应定性为单位受贿罪,而非个人共同受贿。上海市第一中级人民法院经审理作出刑事裁定:驳回上诉,维持原判。

【裁判理由】

一审法院认为,四名被告人身为国有公司中从事公务的人员,在经济往来中,违反国家规定,收受回扣费,归个人所有,其行为均已构成受贿罪。二审法院认为,上诉人倪毓民、刘晓明、顾秋兵、钱利铭利用职务上的便利,共同收受其他单位回扣费,因其行为既没有体现单位意志,所受钱款又未归单位所有,不构成单位受贿罪,而应认定为个人共同受贿。

区分单位受贿罪与受贿罪共犯的界限在于,行为人受贿是否在单位意志的支配下实施,以及收受的财物是否归单位所有。国有公司内设机构的下属科室负责人及工作人员在经济往来中,违反规定,利用职务上的便利共同收受回扣并予以私分或共同占有的行为,既没有体现单位意志,所收钱款又未归单位所有,应当认定为相关行为人共同受贿而非单位受贿。

(4)罗菲受贿案①

【适法规则】

特定关系人事后将其收受请托人财物的事实告知国家工作人员,国家工作人员未及时退还或者上交财物的,视为其与特定关系人之间具有受贿的共同故意,应当成立受贿罪的共同犯罪。

【基本案情】

2007年上半年至2011年1月间,被告人罗菲明知广州中车铁路机车车辆销售租赁有限公司等公司法定代表人杨建宇给予其财物,是为讨好其情夫张曙光,以获得张利用担任原铁道部运输局局长的职务便利提供帮助,仍在北京、香港等地,多次收受杨给予的折合人民币157.686万元的财物,并征得张同意或者事后告知张曙光。为此,张曙光于同一期间,为杨建宇的公司解决蓝箭动车组租赁到期后继续使用及列车空调设备销售等问题提供了帮助。其中,罗菲收受财物的事实具体如下:(1)2007年上半年,经张曙光同意,罗菲接受杨建宇在北京香格里拉饭店停车场给予的人民币30万元,用于购买宝马X3轿车一辆,并于购车后告诉了张曙光。(2)2007年12月,罗菲在香港旅游期间,接受杨建宇出资港币30万元帮助其在香港购买迪威特手表一块,并在回北京后告诉了张曙光。(3)2008年5月至2011年1月间,经张曙光同意,罗菲接受杨建宇的安排,到华车(北京)交通装备有限公司担任宣传总监,在实际未为该公司工作的情况下,在该公司领取31个月工资,共计人民币49.6万元。(4)2010年10月,经张曙光同意,罗菲接受杨建宇出资人民币50万元在北京励骏酒店一层商场帮助其购买瑞驰迈迪手表一块。

【裁判结果】

北京市第二中级人民法院以受贿罪判处被告人罗菲有期徒刑五年。一审宣判后,被告人罗菲不服,提出上诉。理由是:其与张曙光之间不存在利用张职务便利为杨建宇谋利的通谋。其辩护人提出:杨建宇向张曙光请托事项,以及张曙光利用职务便利为杨建宇提供帮助的事项均与罗菲没有任何关联,罗菲既不知晓亦未参与,罗菲并未与张曙光形成共谋,未与张曙光互相配合实施为请托人谋取利益的行为,也没有利用张曙光的关系为请托人办理请托事项,从而谋取财物的具体行为,罗菲的行为不符合刑法关于特定关系人犯受贿罪的犯罪构成。北京市高级人民法院裁定驳回上诉,维持原判。

【裁判理由】

共同犯罪的成立以各共犯人之间存在通谋为必须,"通谋"指的是双方对于受贿故意的意思联络、沟通。通谋发生的时间,既包括事先通谋,也包括事中通谋。通

---

① 中华人民共和国最高人民法院刑事审判第一、二、三、四、五庭主办:《刑事审判参考》(总第106辑),法律出版社2017年版,第47~52页。

谋的内容,特定关系人与国家工作人员不仅对收受请托人财物具有共同意思沟通,而且对由国家工作人员利用职务便利为请托人谋利具有共同意思联络。"两高"《关于办理受贿刑事案件适用法律若干问题的意见》规定,"特定关系人与国家工作人员通谋,共同实施前款行为(是指:国家工作人员利用职务上的便利为请托人谋取利益,授意请托人将有关财物给予特定关系人)的,对特定关系人以受贿罪的共犯论处。"如果事后特定关系人将其收受请托人财物的情况告知国家工作人员,则国家工作人员具有退还或者上交财物的法定义务,否则就视为其与特定关系人之间具有了受贿的共同故意,双方应以受贿罪的共犯论处。

本案中,被告人罗菲系国家工作人员张曙光的特定关系人。在案证据证实,罗菲对于请托人杨建宇与张曙光之间具有请托谋利关系知情,且明知杨建宇系为感谢和讨好张曙光并得到张职务上的帮助、关照而给予其财物,明知张曙光利用职务便利为杨建宇谋取了利益的情况下,仍收受杨建宇给予的财物并于事先征得张曙光的同意或事后告知了张曙光,张曙光对之予以认可,足以认定其与张曙光形成了受贿"通谋",二人具有共同受贿的故意,罗菲收受杨建宇财物的行为系张曙光受贿行为的组成部分,二人应成立受贿罪的共同犯罪。

6. 刑罚适用与追诉时效
(1)李明辉受贿案①
【适法规则】

根据从旧兼从轻原则,适用修正后的刑法及《关于办理贪污贿赂刑事案件适用法律若干问题的解释》进行量刑的,应当适用新法中关于罚金刑及《解释》第十九条中关于罚金刑幅度的规定。

【基本案情】

2004年至2006年间,被告人李明辉担任武汉经济技术开发区城市建设服务中心主任。2004年,武汉经济技术开发区管理委员会委托武汉经开公司负责318国道南段绿化带征地拆迁工作,武汉中雄商贸发展有限公司(以下简称武汉中雄公司)的25亩土地及房屋在拆迁范围内。被告人李明辉利用职务上的便利接受武汉经开公司总经理喻中奕的请托,使武汉中雄公司虚高的征地拆迁预评估报告通过审核,并报送武汉经济技术开发区管理委员会主任办公会讨论通过。武汉中雄公司获得894.164万元征地拆迁补偿款。喻中奕为感谢李明辉的帮助,安排其公司职员王航和其胞弟喻中海将10万元送给了李明辉。2004年,武汉经济技术开发区管理委员会318国道南段绿化带征地拆迁范围内的土地及房屋需要委托评估机构进

---

① 中华人民共和国最高人民法院刑事审判第一、二、三、四、五庭主办:《刑事审判参考》(总第106辑),法律出版社2017年版,第67~73页。

行评估并形成报告。武汉阳光估价公司评估师陈少华承接了武汉中雄公司、江汉油田加油站、薛峰南街等征地拆迁评估工作。被告人李明辉利用自己审核评估报告的职务便利,使上述评估报告顺利通过审核。陈少华为感谢李明辉的帮助及今后继续获得李明辉的支持和关照,两次向李明辉行贿共计3万元。

【裁判结果】

武汉市中级人民法院以受贿罪判处被告人李明辉有期徒刑十年,并处没收个人财产人民币1万元。一审宣判后,被告人不服,提出上诉。湖北省高级人民法院以受贿罪改判上诉人李明辉有期徒刑二年六个月,并处罚金人民币10万元。

【裁判理由】

本案一审宣判于2015年4月20日,其定罪量刑的根据是1997年《刑法》。二审期间,《刑法修正案(九)》和"两高"《关于办理贪污贿赂刑事案件适用法律若干问题的解释》(以下简称《解释》)先后公布实施,较之于《刑法》第三百八十三条关于受贿罪的法定刑规定,《刑法修正案(九)》和《解释》提高了受贿罪不同法定刑档次的犯罪数额标准,即,《刑法修正案(九)》较之于《刑法》属于轻法。根据我国《刑法》第十二条所规定的"从旧兼从轻"的时间效力原则,本案应当适用修正后的刑法及《解释》进行量刑。

关于刑法的溯及力,"两高"《关于适用刑事司法解释时间效力问题的规定》(以下简称《规定》)第二条指出:"对于司法解释实施前发生的行为,行为时没有相关司法解释,司法解释施行后尚未处理或者正在处理的案件,依照司法解释的规定办理。"在确定整体适用修正后刑法、对被告人并处罚金的基础上,应当同时适用《解释》第十九条关于罚金幅度的规定。根据在于,一是最高人民法院《关于适用财产刑若干问题的规定》第二条与《解释》第十九条具有一般性规定与特殊规定的关系。对贪污贿赂犯罪并处罚金是《刑法修正案(九)》在量刑上作出的调整,之前并无相关司法解释,《规定》第二条和《解释》第十九条具有溯及力;二是司法解释是对司法工作中具体应用法律问题的解释,具有依附于法律的溯及力。就本案而言,《解释》第一条、第十九条共同构成对《刑法》第三百八十三条第一款第一项罪刑关系的解释,刑法条文不可被割裂适用,从而《解释》的该两条规定也得被分开适用。据此,应当对本案被告人在"十万元以上五十万元以下"的幅度内并处罚金。

(2)林少钦受贿案①

【适法规则】

1. 法院正在审理的贪污贿赂案件,应当依据立案侦查时的法律规定认定追诉时效。

---

① 中华人民共和国最高人民法院刑事审判第一、二、三、四、五庭主办:《刑事审判参考》(总第117集),法律出版社2019年版,第91~97页。

2. 依据立案侦查时的法律规定未过时效,且已进入诉讼程序的案件,在新的法律规定生效后应当继续审理。

【基本案情】

2000年,福建省三明市农业局将办公楼旧房改造项目对外公开招投标,招标条件是由开发商出资,农业局出土地后按建筑面积的一定比例分取建成房屋。陈荣强(另案处理)为承接该工程,托人介绍认识时任三明市农业局局长的林少钦,多次宴请林并表示希望在旧房改造项目的招投标上得到关照,林在接受宴请后,将单位内部掌握的两项基本要求透露给陈,陈根据上述要求投标并中标。2000年5月31日以挂靠的三明市建筑工程公司的名义与三明市农业局签订开发协议。2000年年底,陈送于林少钦1万美元。

【裁判结果】

福建省三明市中级人民法院作出刑事判决,被告人林少钦犯受贿罪被判处有期徒刑五年,并处没收个人财产人民币二万元。一审宣判后,林以本案已过追诉时效为由提出上诉。福建省高级人民法院经审理认为,本案未超过追诉时效。改判被告人林少钦犯受贿罪,判处有期徒刑一年十一个月,并处罚金人民币十万元。

【裁判理由】

本案中,受贿行为发生于2000年年底,侦查机关于2014年6月11日立案侦查,一审法院于2015年4月1日作出一审判决,其后被告人提出上诉。二审期间,《中华人民共和国刑法修正案(九)》施行。《刑法修正案(九)》施行前,受贿1万美元的行为,其追诉时效为十五年;《刑法修正案(九)》施行并经"两高"《关于办理贪污贿赂刑事案件适用法律若干问题的解释》(2016年4月18日起施行)明确幅度标准后,受贿1万美元的行为,其追诉时效为五年。二审法院认为,根据刑法相关规定,追诉期限应依据司法机关立案侦查时的法律规定予以认定,对在立案侦查时未过追诉时效且已进入诉讼程序的案件,在新的法律规定生效后应继续审理。追诉行为一旦已经开始,便不再受追诉时效期限的限制,也无须根据新生效的法律重新计算追诉期限。最高人民法院《关于被告人林少钦受贿请示一案的答复》(〔2016〕最高法刑他5934号)指出,"追诉时效是依照法律规定对犯罪分子追究刑事责任的期限,在追诉时效期限内,司法机关应当依法追究犯罪分子刑事责任。对于法院正在审理的贪污贿赂案件,应当依据司法机关立案侦查时的法律规定认定追诉时效。依据立案侦查时的法律规定未过时效,且已经进入诉讼程序的案件,在新的法律规定生效后应当继续审理。"

(四)单位受贿罪

主体要素的认定
农民日报社陕西记者站单位受贿案①
【适法规则】
1. 记者站作为事业单位的分支机构,利用新闻媒体的舆论监督权,以发表负面报道相要挟,多次向相关单位索要宣传费,为相关单位谋取利益,违法所得亦由单位支配的,构成单位受贿罪。
2. 单位受贿犯罪中起决定、授意、纵容等作用的直接负责的主管人员,构成单位受贿罪。

【基本案情】
农民日报社陕西记者站系农民日报社根据新闻采访需要在陕西设立的从事新闻业务活动的派出机构。被告人江彦博自2005年11月起担任陕西记者站站长,全面负责记者站工作。2007年3月至2009年1月间,陕西记者站在被告人江彦博的授意和纵容下,利用其新闻媒体舆论监督权,以发表负面报道为名,要挟陕西省相关单位支付宣传费,分别向陕西省安康市旬阳县等12家单位索取人民币65.6万元。(挪用公款罪犯罪事实略)

【裁判结果】
北京市朝阳区人民法院作出刑事判决:(1)农民日报社陕西记者站犯单位受贿罪,判处罚金人民币10万元;(2)江彦博犯单位受贿罪,判处有期徒刑一年六个月;犯挪用公款罪,判处有期徒刑五年;决定执行有期徒刑六年;(3)继续追缴农民日报社陕西记者站犯罪所得人民币656,000元,予以没收。

【裁判理由】
陕西记者站作为事业单位的分支机构,利用新闻媒体的舆论监督权,以发表负面报道相要挟,多次向相关单位索要宣传费共计60余万元,为相关单位谋取利益,违法所得亦由其支配,其行为符合单位受贿罪的犯罪构成。被告人江彦博身为陕西记者站负责人,在单位实施的犯罪中起决定、授意、纵容等作用,系单位犯罪中直接负责的主管人员,构成单位受贿罪。

---

① 国家法官学院、中国人民大学法学院编:《中国审判案例要览》(2011年刑事审判案例卷),中国人民大学出版社2013年版,第484~488页。

(五)利用影响力受贿罪

主观要素的认定
王汉清受贿案[①]
【适法规则】
1. 国家工作人员的近亲属主观方面具有利用国家工作人员达到自身收受贿赂目的的故意,构成利用影响力受贿罪。

2. 国家工作人员的近亲属主观方面具有与国家工作人员共同受贿的故意,构成受贿罪共犯。

3. 国家工作人员近亲属不具备受贿故意,或是在国家工作人员受贿罪既遂后才加入相关后续活动中的,既不能认定为利用影响力受贿罪,也不能认定构成受贿罪共犯。

【基本案情】
被告人王汉清于2005年至2006年间,伙同其父王纪平,利用王纪平担任北京市地方税务局局长的职务便利,接受山东浪潮商用系统有限公司(以下简称浪潮商用公司)的请托,为该公司以北京通软科技有限公司的名义承揽北京市地方税务局及各区、县局采购微软软件产品业务提供帮助,收受该公司通过赵耘等人转来的人民币76万余元。2008年间,被告人王汉清为逃避有关机调查将上述款项退还。

被告人王汉清于2005年间,伙同其父王纪平,利用王纪平担任北京市地方税务局局长的职务之便,为北京恒信恒安科技有限公司承接北京市地方税务局门禁安装项目提供帮助,由王汉清收受该公司给予的人民币13万元。

被告人王汉清于2007年至2008年期间,伙同其父王纪平,利用王纪平担任北京市地方税务局局长的职务之便,为恒信恒安公司、北京威佳启良科技有限公司承接北京市地方税务局税控收款机安全管理外包服务项目提供帮助,由王汉清收受上述公司给予的人民币57万元。

【裁判结果】
北京市东城区人民法院作出刑事判决:王汉清犯受贿罪,判处有期徒刑五年;追缴王汉清人民币42万元,连同在案扣押的人民币28万元,予以没收。王汉清对一审判决不服,提出上诉。北京市第二中级人民法院作出刑事裁定:驳回上诉,维持原判。

[①] 国家法官学院、中国人民大学法学院编:《中国审判案例要览》(2013年刑事审判案例卷),中国人民大学出版社2015年版,第383~387页。

【裁判理由】

法院认为,王汉清伙同其父王纪平,利用王纪平国家工作人员的职务便利,非法收受他人财物,为他人谋取利益,构成受贿罪。国家工作人员的近亲属构成利用影响力受贿罪,其主观方面不具有与国家工作人员共同受贿的故意,而是要具有利用国家工作人员达到自身收受贿赂目的的故意,而构成受贿罪共犯的情形则需要国家工作人员的近亲属具备与国家工作人员共同受贿的故意。国家工作人员的近亲属单独构成利用影响力受贿罪的情形包括:一是国家工作人员的近亲属具有收受或索取财物的意图,利用自身与国家工作人员具有近亲属关系而形成的影响力,而对国家工作人员施加影响。而该国家工作人员在不知其近亲属真正意图的情况下,"巧合"地利用自己职务上的行为,为请托人谋取了利益,国家工作人员的近亲属从中收受或索取财物。二是国家工作人员的近亲属利用该国家工作人员职权或者地位形成的便利条件,通过其他国家工作人员职务上的行为,为请托人谋取不正当利益,索取请托人财物或者收受请托人财物。此时,行为人的利用行为有双重性,既先利用了国家工作人员对其他国家工作人员的影响,进而又利用了其他国家工作人员的职权行为。主要表现为国家工作人员的近亲属先利用该国家工作人员职权或者地位形成的影响力,对其他国家工作人员施加影响,从而利用其他国家工作人员职务上的行为,为请托人谋取不正当利益,而自己从中收受或索取请托人的财物,并且国家工作人员对此不知情。

国家工作人员的近亲属构成受贿罪共犯的情形包括:一是国家工作人员近亲属与国家工作人员事前勾结、商议,由国家工作人员利用职务上的便利为行贿人谋取利益,而由其近亲属出面索取或收受财物。二是国家工作人员近亲属索取或收受他人财物后,告知国家工作人员,并要求、唆使国家工作人员利用职务上的便利为行贿人谋取利益,国家工作人员同意的。三是国家工作人员与其近亲属事前无通谋,但国家工作人员利用职务之便为请托人谋取利益,事后与其近亲属合谋,由近亲属出面收受或索取贿赂的,或事后受到其近亲属教唆收受或索取请托人财物的。此种情况下,二者之间并不是没有犯意联络,只是犯意联络形成于受贿罪着手或受贿罪犯罪过程中,国家工作人员的近亲属是在受贿罪尚未既遂的情况下参与受贿,因而其符合受贿罪承继共犯的成立要件。

国家工作人员的近亲属既不构成利用影响力受贿罪,也不构成受贿罪共犯的情形包括:一是国家工作人员近亲属明知是贿赂而享用,但事前、事中均无意思联络的。二是国家工作人员收受贿赂后,其近亲属帮助掩饰、隐瞒或帮助毁灭证据的。三是国家工作人员近亲属收受财物时确实不知是国家工作人员利用职权为他人谋利而获得的财物,而误以为是一般赠与、借用或代为保管。

(六)行 贿 罪

谋取不正当利益要素的认定
袁珏行贿案①
【适法规则】
1. 通过给予国家工作人员财物以达到规避竞争而取得特殊利益的目的,属于谋取不正当利益,构成行贿罪。
2. "被追诉前"通常是指司法机关立案侦查之前,行贿罪是否"被追诉"应当以检察机关是否立案为准。

【基本案情】
2010年5月,被告人袁珏通过同学沈巧龙(泰州市路灯管理处主任,另案处理)的介绍,与负责拆迁安置房开发建设的泰州市海陵房产开发公司经理刘耀东(国家工作人员,另案处理)相识,并委托沈巧龙向刘耀东索要其使用的银行卡号,分三次向该卡存入人民币124,000元。在刘耀东的帮助下,未经招标程序,被告人袁珏以挂靠单位同济大学建筑设计研究院(集团)有限公司的名义承揽了泰州市迎春东路安置小区海曙颐园的规划设计项目。2011年4月11日,被告人袁珏在配合检察机关调查刘耀东问题时,交代了向刘耀东行贿的事实。

【裁判结果】
江苏省兴化市中级人民法院作出刑事判决:被告人袁珏犯行贿罪,判处免予刑事处罚。一审宣判后,被告人未提出上诉,检察机关亦未抗诉,判决已发生法律效力。

【裁判理由】
"谋取不正当利益"是指行贿人谋取的利益违反法律法规规章政策的规定,或者要求国家工作人员违反法律法规规章政策行业规范的规定,为自己提供帮助或者方便的条件。既包括谋取各种形式的不正当非法利益,也包括以违反国家相关规章制度等不正当手段所谋取到的合法利益;既包括实体违规,也包括程序违规。本案中,袁珏是从业多年的国家注册建筑师,应当知道投资泰州市迎春东路安置小区海曙颐园项目必须根据《招标投标法》进行招标,然而通过承诺送钱的方式非法获得其规划设计项目,其行为违反了国家规定,故不论被告人是否具有谋取不正当利益或者出于感谢的目的,均应以行贿论处。

追诉是指司法机关依照法定程序进行的追究犯罪分子刑事责任的一系列司法活动,包括立案侦查、审查起诉、开庭审判等诉讼过程。"被追诉前"通常是指司法

---

① 中华人民共和国最高人民法院刑事审判第一、二、三、四、五庭主办:《刑事审判参考》(总第86辑),法律出版社2013年版,第90~92页。

机关立案侦查之前,行贿罪是否"被追诉"应当以检察机关是否立案为准。行贿人向纪检监察部门、司法机关举报受贿人的受贿行为,显然属于被追诉前主动交代行贿行为的情形。行贿人在纪检监察部门查处他人受贿案件时,交代(承认)向他人行贿的事实,亦应属于被追诉前主动交代行贿行为的情形。甚至即使检察机关已经对受贿人立案查处,行贿人作为证人接受检察机关调查,只要检察机关对行贿人尚未立案查处,行贿人承认其向受贿人行贿的事实,也应当认定为被追诉前主动交代行贿行为的情形。本案中,袁珏在配合泰州市人民检察院调查刘耀东案件的时候,就已主动交代送钱给刘的事实,不仅符合刑法第六十七条第一款的规定,更符合刑法第三百九十条第二款的规定,应当认定为在被追诉前主动交代行贿行为。

(七)介绍贿赂罪

1. 行为要素的认定

黄革雄受贿案[①]

【适法规则】

行为人在行贿人与受贿人之间居间介绍贿赂,促成其他国家工作人员收受贿赂,情节严重的,构成介绍贿赂罪。

【基本案情】

黄革雄在案发前担任湄洲镇联防队负责人。2010年3月19日,莆田市湄洲镇人民政府扣押了蓝、白两艘非法采沙船,并由该镇联防队负责看管。之后,蓝色采沙船的股东蔡亚全找到同案人薛金锁(湄洲镇人大主席,另案处理),请求其帮忙找关系把被扣的采沙船放回,并于3月21日送给薛人民币5万元。尔后,同案人薛金锁便找同案人林志高(湄洲镇镇长,另案处理)说情,并于3月22日通过被告人黄革雄(与林志高系连襟关系)把人民币3万元转送给同案人林志高。同日,白色采沙船股东蔡金盛通过副镇长陈美宣把被告人叫到陈的办公室,请求其把扣押的采沙船放掉,当场拿给被告人人民币6万元(其中5万元委托被告人转送给同案人林志高)。当日在被告人及同案人林志高等人的许可下,该镇联防队先后放掉了扣押的蓝、白两艘非法采沙船。同月24日,蓝色采沙船的股东蔡亚全、蔡伍妹为感谢被告人及同案人林志高的关照又通过同案人薛金锁转送给被告人人民币3万元(其中2万元委托被告人转交给同案人林志高)。

【裁判结果】

福建省莆田市荔城区人民法院作出刑事判决:黄革雄犯受贿罪,判处有期徒刑

[①] 国家法官学院、中国人民大学法学院编:《中国审判案例要览》(2012年刑事审判案例卷),中国人民大学出版社2014年版,第533~536页。

六年,并处没收财产人民币1万元;继续向黄革雄追缴违法所得款人民币2万元,予以没收,上缴国库。一审宣判后,被告人不服,提出上诉。福建省莆田市中级人民法院作出刑事判决:(1)维持黄革雄违法所得的判决部分;(2)改判黄革雄犯受贿罪,判处有期徒刑一年六个月;(3)犯介绍贿赂罪,判处有期徒刑二年六个月;(4)决定执行有期徒刑三年六个月。

【裁判理由】

介绍贿赂罪在主观方面属于故意,即明知是在为受贿人或者行贿人牵线效劳,促成贿赂交易。在客观方面表现为行为人在行贿人和受贿人之间进行联系、沟通关系、引荐、撮合,促使行贿与受贿得以实现的行为。构成介绍贿赂罪必须具备情节严重的条件。在本案中,被告人收取请托人财物,转给国家工作人员,请托事项超出了被告人的权力范围,被告人主观上并没有受贿的故意,也没有与受贿人有共同受贿的故意,只是在请托人与受贿人之间穿针引线,促成权钱交易,属于介绍贿赂行为。被告人多次实施介绍贿赂行为,情节严重,构成介绍贿赂罪。

2. 对象要素的认定

孙爱勤受贿、公司人员受贿案[①]

【适法规则】

介绍贿赂的对象必须是符合法律规定的受贿罪的犯罪主体,否则不能构成介绍贿赂罪。

【基本案情】

1993年4月,镇江市供销社房地产开发公司(现名神龙房地产开发公司,集体所有制企业,以下简称供销公司)与挂靠在镇江市振华房屋开发公司(以下简称振华公司)的刘以江联合开发健康路8号地块。业务过程中,被告人孙爱勤介绍并促成供销公司的副经理朱锦顺与刘以江联合开发镇江市健康路8号地块,期间孙爱勤收受了刘以江的现金5万元。1994年5月经孙爱勤介绍,丹徒房管局局长周伟与挂靠在振华开发公司的刘以江洽谈后,联合开发镇江市健康路17号地块。事后,刘以江送给孙爱勤10万元,孙爱勤当即转送给周伟5万元,自得5万元。同年10月,刘以江又送给孙爱勤8万元。

【裁判结果】

江苏省镇江市京口区人民法院作出刑事判决:被告人孙爱勤犯商业贿赂罪,判处有期徒刑二年;犯受贿罪,判处有期徒刑八年六个月,并处没收财产1万元。决定执行有期徒刑十年,并处没收财产1万元;被告人孙爱勤犯罪所得14万元予以追缴。一审宣判后,被告人孙爱勤不服,以其不是共同犯罪,其行为不构成商业受贿罪

[①] 《最高人民法院公报》2002年第6期(总第80期)。

及受贿罪为由提出上诉。孙爱勤的辩护人也认为,孙爱勤的行为只应认定为介绍贿赂罪,且本案已过追诉时效,应宣告无罪。江苏省镇江市中级人民法院作出刑事判决:(1)撤销一审刑事判决;(2)上诉人孙爱勤无罪;(3)上诉人孙爱勤的违法所得5万元,予以没收。

【裁判理由】

二审法院认为,被告人孙爱勤在行贿人与受贿人之间实施了引见、沟通、撮合的行为,既不是共同行贿,也不是共同受贿,而是介绍贿赂,然而,是否认定其构成介绍贿赂罪,还必须考虑介绍贿赂的对象是否为法律规定的受贿罪的犯罪主体以及是否超过了法定的追诉期间。本案发生于1997年刑法施行以前,应当适用1979年刑法的规定。由于我国1979年刑法未规定公司工作人员受贿为犯罪,如果该行为人介绍对象为公司工作人员的,应认定其不构成犯罪。如果介绍对象为国家工作人员,则根据1979年刑法第三百九十二条规定,应认定其构成介绍贿赂罪(但如果已过诉讼时效,同样不予追究刑事责任)。

本案被告人有两次介绍贿赂行为。第一次介绍贿赂的对象为集体经济组织的工作人员。1988年1月21日第六届全国人民代表大会常务委员会第二十四次会议通过的《关于惩治贪污罪贿赂罪的补充规定》第四条规定:"国家工作人员、集体经济组织工作人员或者其他从事公务的人员,利用职务上的便利,索取他人财物的,或者非法收受他人财物为他人谋取利益的,是受贿罪。"朱锦顺是集体所有制的公司工作人员,在经济往来中收受回扣,按照《关于惩治贪污罪贿赂罪的补充规定》第四条的规定,这种行为应以受贿论处。但是修订后的刑法规定的受贿罪,其主体必须由国家工作人员构成。朱锦顺不是国家工作人员,按照修订后刑法的规定,其行为已经不能构成受贿罪。朱锦顺收受刘以江贿赂的行为尚且不能构成犯罪,孙爱勤向其介绍贿赂,当然也不构成犯罪。一审认定孙爱勤是商业受贿罪的共犯,定性是错误的。被告人第二次介绍贿赂的对象具有国家工作人员身份,其行为触犯了1979年刑法第一百八十五条第三款的规定,构成介绍贿赂罪,应当处三年以下有期徒刑或者拘役,但根据1979年刑法,介绍贿赂罪的五年追诉期限已过,依法不能再追究其刑事责任。但是其违法所得,应当依法追缴。综上,二审法院作出了上诉人孙爱勤无罪的刑事判决。

(八)单位行贿罪

1. 行为要素的认定

(1)北京天目创新科技有限公司单位行贿案[①]

【适法规则】

1. 单位以交易形式向国家工作人员行贿的,构成单位行贿罪。

2. 转让价格达不到交易时交易地的指导价或者市场交易价70%的,一般可以视为明显不合理的低价;对转让价格高于当地指导价或者市场交易价30%的,一般可以视为明显不合理的高价。

【基本案情】

被告单位天目公司及被告人程晓阳于2007年5月至2009年12月间,在该公司承揽第二次全国土地调查的遥感数据及调查底图采购项目中,得到了时任国土资源部地籍管理司监测与统计处处长兼二调办基础图件组组长的沙志刚的帮助。为了感谢沙志刚,天目公司及程晓阳按照沙志刚的要求,将上述项目中河北省的调查底图制作项目以每平方千米40元(高于同等项目10元)的价格,分包给淘源公司,使沙志刚通过淘源公司将超出同等项目价格的人民币200万元非法占有。

【裁判结果】

北京市第一中级人民法院作出刑事判决:北京天目创新科技有限公司犯单位行贿罪,判处罚金人民币100万元。程晓阳犯单位行贿罪,判处有期徒刑一年七个月。

【裁判理由】

最高人民法院、最高人民检察院《关于办理受贿刑事案件适用法律若干问题的意见》(以下简称《意见》)对以交易形式收受贿赂的问题进行了规定:"国家工作人员利用职务上的便利为请托人谋取利益,以下列交易形式收受请托人财物的,以受贿论处:(1)以明显低于市场的价格向请托人购买房屋、汽车等物品的;(2)以明显高于市场的价格向请托人出售房屋、汽车等物品的;(3)以其他交易形式非法收受请托人财物的。受贿数额按照交易时当地市场价格与实际支付价格的差额计算。前款所列市场价格包括商品经营者事先设定的不针对特定人的最低优惠价格。根据商品经营者事先设定的各种优惠交易条件,以优惠价格购买商品的,不属于受贿。"该规定虽然是针对受贿作出的解释,但是,作为对象犯的行贿行为自然也依照该规定处理。

2007年"两高"《意见》第一款规定的"明显低于市场的价格和明显高于市场的

[①] 国家法官学院、中国人民大学法学院编:《中国审判案例要览》(2012年刑事审判案例卷),中国人民大学出版社2014年版,第539~543页。

价格"中明显低于或高于的市场价格的标准,应当根据相关司法解释进行认定。2009年2月9日最高人民法院《关于适用〈中华人民共和国合同法〉若干问题的解释(二)》(法释〔2009〕5号)第十九条规定:对于合同法第七十四条规定的"明显不合理的低价",人民法院应当以交易当地一般经营者的判断,并参考交易当时交易地的物价部门指导价或者市场交易价,结合其他相关因素综合考虑予以确认。转让价格达不到交易时交易地的指导价或者市场交易价70%的,一般可以视为明显不合理的低价;对转让价格高于当地指导价或者市场交易价30%的,一般可以视为明显不合理的高价。"以上法律文件对明显高于或低于进行了权威解释。

在认定某一商品是否"明显低于市场价格和明显高于市场价格"时,应根据专业评估机构的认定,同时参照同类或近似商品的市场价格,首先确定交易时交易地的市场价格;然后,根据一般经营者的判断来认定"交易形受贿是否符合明显低于或高于市场价格或物价部门指导价"。通常情况下,转让价格达不到交易时交易地的指导价或者市场交易价70%的,一般可以视为明显不合理的低价;对转让价格高于当地指导价或者市场交易价30%的,一般可以视为明显不合理的高价。

本案中,在天目公司分包的业务中,云南地区的调查难度要高于河北地区,但是天目公司分包云南地区业务的价格却为每平方千米30元,显然,天目公司将调查难度低于云南地区的河北省调查底图制作项目以每平方千米40元价格分包给淘源公司,并不合理,高出市场交易价30%,属于"明显高于市场价格"。且在案证据均能证实程晓阳为了感谢沙志刚在二调项目中对其公司所提供的帮助,而以明显高于市场价的价格将业务分包给淘源公司,从而使沙志刚获得好处,其行为具有明显的行贿故意。天目公司及程晓阳通过该种方式不仅规避了调查底图的招投标程序而获得了调查底图业务,并在未经二调办同意的情况下以分包形式完成了部分合同,其行为不仅违反了合同义务,亦违反了《中华人民共和国政府采购法》等有关法律法规的规定,属于谋取不正当利益。

(2)被告单位成都主导科技有限责任公司、被告人王黎单位行贿案[①]

【适法规则】

1. 依法设立的公司为谋取单位利益向国家工作人员行贿,且资金由单位支付的,应当成立单位行贿罪。

2. 受贿人已向办案机关供述收受他人行贿款项的事实,检察机关已掌握受贿和单位行贿的犯罪事实的,行贿人不能成立"在被追诉前主动交待行贿行为"。

【基本案情】

被告人王黎系成都主导科技有限责任公司(以下简称成都主导公司)的法定代

---

① 中华人民共和国最高人民法院刑事审判第一、二、三、四、五庭主办:《刑事审判参考》(总第115集),法律出版社2019年版,第97~103页。

表人。2005年年初,其与时任铁道部运输指挥中心装备部车辆管理验收处副处长刘某某(另案处理)相识。为确保成都主导公司轮对故障动态检测系统设备在铁路第六次大提速中得到推广,和感谢刘帮助其公司成为唯一供应商,自2005年年初至2009年年底,多次以劳务费等名义从公司提款,送予刘217余万元。2006年,刘瑞扬利用其负责全国铁路车辆设备招投标的职务之便,使成都主导公司的轮对故障动态检测系统设备以800万元的单价进入高铁市场。另查明,郑州铁路运输检察院在收到上级检察机关指定管辖决定书后,于2012年9月14日对被告人王黎依法询问,王黎如实供述其行贿犯罪事实,郑州铁路运输检察院当日立案。

【裁判结果】

郑州铁路运输法院作出刑事判决,以单位行贿罪判处被告单位成都主导科技有限责任公司罚金人民币五百万元,判处被告人王黎有期徒刑三年。

【裁判理由】

本案符合单位行贿罪主体和对象特征。被告单位系依法设立的具有法人资格的有限责任公司,合同的签订均以被告单位名义,并且开具发票列入单位利润,排除了被告单位形式上设立公司法人,实际上以个人意志运作和获利的情况。在案证据证明,刘瑞扬在与王黎认识及交往期间均在铁道部、北京铁路局担任领导职务,在铁道部车辆管理验收处任职期间负责铁道车辆相关检修、检测等方面工作,任北京铁路局动车段工程建设指挥部指挥长期间负责该单位全面工作,具有国家工作人员身份。被告单位行贿的目的,是确保单位产品形成市场竞争优势乃至垄断,无论被告单位产品本身是否具有实际竞争优势,只要属于为了通过行贿获取更多竞争优势,就应当认定为"谋取不正当利益"。

检察机关在掌握王黎向刘瑞扬行贿线索并指定管辖的情况下,王黎接受调查时供述行贿事实不应认定为"在被追诉前主动交待行贿行为"的理由在于,本案是先破获受贿案件,再根据线索侦破行贿案件。行贿人交代前,受贿人已供述了犯罪,检察机关已经掌握贿赂犯罪事实。此时,若将其认定为"在被追诉前主动交待行贿行为",对行贿人从宽处罚,有违立法本意。

2. 谋取不正当利益要素的认定

黄光裕、许钟民、国美电器有限公司、北京鹏润房地产开发有限责任公司单位行贿案[1]

【适法规则】

1.违反法律、法规、国家政策和国务院各部门规章规定的利益,属于实体上的不

---

[1] 《中国指导案例》编委会编:《人民法院指导案例裁判要旨汇览》(刑事卷·一),中国法制出版社2013年版,第577~578页。

正当利益。国家工作人员或者有关单位提供的违反法律、法规、国家政策和国务院各部门规章规定的帮助或者便利条件,属于不正当利益。

2. 在一定条件下,通过违反法律、法规、国家政策、部门规章的有关规定的不正当手段取得的所谓正当利益,也应认定为行贿罪中的谋取不正当利益。

【基本案情】

2006年至2008年间,被告人黄光裕作为被告单位鹏房公司及国美公司的法定代表人,在得知公安部经侦局北京总队正在查办鹏房公司涉嫌犯罪案件,及北京市公安局经侦处对国美公司涉税举报线索调查后,经与被告人许钟民预谋,直接或指使许钟民向时任公安部经侦局副局长兼北京总队总队长的相怀珠提出在侦办鹏房公司、国美公司上述案件中给予关照的请托。期间,黄光裕单独或指使许钟民给予相怀珠款、物共计价值人民币106万余元。2006年至2008年间,国税总局稽查局在全国范围对被告单位国美公司进行税务大检查。被告人黄光裕经与被告人许钟民预谋,直接或通过北京市公安局经侦处民警靳红利联系介绍,多次分别宴请负责全国税务检查领导工作的国税总局稽查局孙海渟及具体承办税务检查的北京国税稽查局工作人员梁丛林、凌伟,黄光裕、许钟民及靳红利均向孙海渟等三人提出关照国美公司的请托。黄光裕先后单独或指使许钟民给予靳红利共计人民币150万元,给予孙海渟共计人民币100万元,给予梁丛林、凌伟人民币各50万元。

【裁判结果】

北京市第二中级人民法院作出刑事判决:(1)被告单位国美电器有限公司犯单位行贿罪,判处罚金人民币五百万元;(2)被告单位北京鹏润房地产开发有限责任公司犯单位行贿罪,判处罚金人民币一百二十万元;(3)被告人黄光裕犯单位行贿罪,判处有期徒刑二年;(4)被告人许钟民犯单位行贿罪,判处有期徒刑一年。一审宣判后,各被告人不服提出上诉。北京市高级人民法院作出二审判决,维持了一审法院对单位行贿行为事实、性质的认定及对各被告人有关单位行贿罪的量刑。

【裁判理由】

1999年最高人民法院、最高人民检察院《关于在办理受贿犯罪大要案的同时要严肃查处严重行贿犯罪分子的通知》第二条规定,"谋取不正当利益是指谋取违反法律、法规、国家政策和国务院各部门规章规定的利益,以及要求国家工作人员或者有关单位提供违反法律、法规、国家政策和国务院各部门规章规定的帮助或者便利条件。"根据该解释,不正当利益包括:违反法律、法规、国家政策和国务院各部门规章规定的利益。这种利益多是一种财产性利益或与财产性利益有直接联系的一种利益,如取得某种资质等。该种利益系行为人为实现某种实体利益而要求国家工作人员违反规定给予的一种不正当帮助行为,该行为的不正当性与最终谋取的实体利益的正当与否无关。如果取得该利益的手段不正当,则应当认定该利益是不正当利益。如在一定条件下,通过违反法律、法规、国家政策、部门规章的有关规定的不正当手段取得的所谓正当利益,也应认定为行贿罪中的不正当利益。

本案中,黄光裕等人在有关执法机关调查案件过程中,私自约见并宴请有关执法人员,违反了相关国家机关办理案件的有关规定,给有关执法人员施加了不正当影响,干扰了正常的执法工作,这种程序上的违法性,从而使形式合法的请托事项具备了实质上的不正当性,也是不正当利益的一种形式。

(九)私分国有资产罪

1. 行为要素的认定
(1)张金康、夏琴私分国有资产案①
【适法规则】
1. 对于"违反规定超标准、超范围等乱发、滥发奖金、福利的财经违纪行为"和"假借奖金、福利等名义变相集体私分国有资产行为",不能一概认定为集体私分行为。

2. 应当从是否违反国家规定和数额较大两个方面加以判断,对单位经营利润、对所分资产是否具有自主支配、分配权等情况综合分析。

【基本案情】
上海市医疗保险事务管理中心(以下简称医保管理中心)系上海市医疗保险局所属的国有事业单位,被告人张金康、夏琴分别担任医保管理中心主任、办公室主任。2001年12月至2003年4月,医保管理中心领导班子经讨论,由张金康决定,夏琴具体操办,将国家财政专项拨款的邮电通讯费和资料速递费结余部分以快递费、速递费、邮寄费等名义,从本地两家邮电支局先后套购邮政电子消费卡价值人民币(以下均同)213,000元,套取现金97,560元并用于购买超市代币券,相应发票予以入账。随后,二被告人将电子消费卡、代币券以单位福利名义,定期分发给全体员工,张金康及夏琴各分得面值14,100元和10,500元的消费卡及代币券。另外,张金康在已经享受单位每月给予180元通讯费的前提下,让夏琴用邮政电子消费卡为其支付移动电话通讯费5800余元。

2002年2月,由张金康决定,夏琴具体操办,将国家财政专项拨款的业务招待费以会务费名义从本市申康宾馆套现1.5万元。以"2001年度特别奖励"的名义发放给医保管理中心部分人员,其中张金康分得1000元,夏琴分得5000元。

【裁判结果】
上海市静安区人民法院作出刑事判决:(1)被告人张金康犯私分国有资产罪,

---

① 中华人民共和国最高人民法院刑事审判第一庭、第二庭编:《刑事审判参考》(总第37辑),法律出版社2004年版,第73~75页。

判处罚金人民币2万元;(2)被告人夏琴犯私分国有资产罪,判处罚金人民币15,000元。一审宣判后,二被告人未提出上诉,公诉机关亦未抗诉,判决发生法律效力。

【裁判理由】

私分国有资产犯罪行为首先是一种违反财经纪律的行为,但并不意味着此类财经违纪行为都应该作为犯罪处理。对于在单位财力状况允许的范围内以及将单位具有一定自主支配权的钱款违反规定分配给单位成员,未造成严重社会危害后果的行为,一般不宜认定为私分行为。相反,下列情形一般可以认定为私分国有资产行为:第一,在单位没有经营效益甚至经营亏损的情况下,变卖分配国有财产等严重违背国有财产的经营管理职责,妨害国有公司、企业的正常生产、经营活动的;第二,单位将无权自主支配、分配的钱款通过巧立名目、违规做账等手段从财务账上支出,或者将应依法上缴财务入账的正常或者非正常收入予以截留,变造各种栏目进行私分发放等,严重破坏国家财政收支政策的贯彻落实的。

本案中,根据国家有关保险及医疗保险的规定,财政专户内的资金应严格开支范围和开支标准,确保专款专用,若确需调整经费用途的,应在不突破预算总额的前提下,报相关部门审核批准。二被告人所套用的邮电通讯费、资料速递费和业务招待费属于专项使用的国家财政经费,医保管理中心不具有自主支配、分配权,被告人违反了国家财政经费必须专项使用的规定,虚构用途套取专项经费后以福利、奖金等名义予以集体私分的行为,数额较大,构成私分国有资产罪。

(2) 佟茂华、牛玉杰私分国有资产案[①]

【适法规则】

在企业改制期间隐匿国有资产,转为国家参股、众多经营管理人员和职工持股的改制后企业的行为,成立私分国有资产罪。

【基本案情】

阜阳市汽车运输总公司(以下简称阜汽总公司)系1949年成立的国有企业,被告人佟茂华自1997年10月起担任公司法定代表人。2000年年初,阜汽总公司响应阜阳市政府号召并报经批准,决定改制为国家参股,内部职工以工会为代表集体持股,经营管理层控股的阜阳市汽车运输集团有限公司。企业改制时,被告人佟茂华等人违反国家规定,采取虚列负债、隐瞒收入等手段故意隐瞒低估国有资产685万余元,转入改制后的由国家、870余名原公司经营管理层及部分职工共同持股的股份制企业,造成国有资产624万余元被私分。(其他犯罪事实略)

【裁判结果】

阜阳市中级人民法院作出刑事判决,被告人佟茂华犯贪污罪,判处有期徒刑十

[①] 中华人民共和国最高人民法院刑事审判第一、二、三、四、五庭主办:《刑事审判参考》(总第120集),法律出版社2020年版,第105~115页。

五年。一审宣判后,被告人提出上诉。安徽省高级人民法院作出二审判决,被告人佟茂华犯私分国有资产罪,判处有期徒刑四年,并处罚金人民币30万元。

【裁判理由】

"两高"《关于办理国家出资企业中职务犯罪案件具体应用法律若干问题的意见》第二条第二款规定的以贪污罪定罪处罚的情形,主要针对由少数人共同实施,企业其他人员不知情或不知实情,分取利益范围以参与决策、具体实施贪污行为以及为贪污行为提供帮助等少数某一层面的人为限的情形,而对由单位决定并统一组织实施,在企业内部一定程度公开,企业不同层面的多数人员获得利益的情形,一般应当认定为私分国有资产罪。

本案中,被告人作为公司主要负责人与管理人员,在改制中作出的决定或利益取舍时的选择,均与履职相关,须对所体现的是单位意志还是个人意志加以考量。被告人隐瞒内部银行利息的行为,虽不为评估小组或阜汽总公司其他高管知晓,但改制时将低评国有资产,以及重复计提交建基金虚增债务等具体行为,在阜汽总公司、评估小组内部具有一定公开性,部分人员不同程度地实际参与。佟茂华等人借改制通过虚列债务、隐瞒收入手段降低国有经营性净资产数额时,主要目的是降低国有股份比例,以期完成管理层集体控股、法人代表持大股的改制目标,并为改制后的企业以及阜汽总公司全体职工谋取利益,而非实现个人或少数人非法占有国有资产的目的,所实施的前述行为体现为单位意志,并在阜汽总公司内部具有一定的公开性,应以私分国有资产罪论处。

(3)林财私分国有资产案①

【适法规则】

1. 国有企业改制过程中隐匿公司财产,转为其个人和部分职工持股的改制后公司所有的行为,应根据改制后公司的股权情况进行区别定性。

2. 行政划拨的出租车营运牌照等无形资产,属于国有资产。

【基本案情】

2005年12月16日,深圳市投资控股有限公司批复同意深圳市特发保税实业有限公司(以下简称保税公司)进行国企改制。改制范围包括保税公司及其全资下属的深圳市深发汽车实业有限公司(以下简称深发公司)等。根据保税公司改制方案、员工持股章程及股权转让合同等文件,改制由改制前保税公司股东深圳市特发集团有限公司、深圳市特发投资有限公司将持有的100%股份转让给保税公司工会(包括员工32人、经营者1人)90%及自然人(即经营者林财)10%的股权。其中,在保税公司工会持股中,被告人林财持股28.14%,员工持股30.32%,预留股份31.54%。

---

① 中华人民共和国最高人民法院刑事审判第一、二、三、四、五庭主办:《刑事审判参考》(总第125集),人民法院出版社2020年版,第122~132页。

林财作为保税公司和深发公司的董事长、总经理及法定代表人，在保税公司及深发公司改制中，利用职务上的便利，通过故意隐瞒原国有公司拥有的股权及其他无形资产的方式隐匿公司财产，转为职工集体（包括其本人）持有股份的改制后公司所有。林财在改制过程中，隐匿深发公司拥有的新信洲公司20%股权和分红，以及3块出租小汽车运营牌照，将其转为职工集体持股的改制后公司所有。

【裁判结果】

深圳市中级人民法院作出刑事判决，被告人林财犯私分国有资产罪，判处有期徒刑五年，并处罚金人民币一百万元。宣判后，深圳市人民检察院以原判定性错误、量刑畸轻为由提出抗诉，被告人林财提出上诉。广东省高级人民法院经审理认为，原判认定的主要事实清楚，证据确实、充分。维持广东省深圳市中级人民法院（2013）深中法刑二初字第319号刑事判决第一项，即被告人林财犯私分国有资产罪，判处有期徒刑五年，并处罚金人民币一百万元，上缴国库。

【裁判理由】

被告人林财及改制后公司职工持股的问题，应当综合考虑国企改制的特殊背景及个别企业的特殊性，不能以经营层控股、经营者持大股就简单地否定企业为职工集体持股。从外部股权及职工内部股权关系看，林财并非处于控股地位，鉴于管理人员持大股、职工集体持小股的做法是特定时期内国有企业改制的通行做法，对林财按照直接负责的主管人员应以私分国有资产罪定罪处罚。行政划拨的出租车营运牌照等无形资产、财产性利益的财产可以成为刑法规定的相关犯罪的犯罪对象。

2. 行为与主观要素的认定

李祖清、张杰军、刘玉梅贪污案①

【适法规则】

国家机关内部科室成员集体公开私分违法收入，不构成贪污罪共犯，而构成私分国有资产罪。

【基本案情】

1998年12月至2003年5月期间，湖北省大悟县教育局人事科正式工作人员李祖清、张杰军、刘玉梅三人，利用办理全县教师职称评审、教师年度考核、公务员年度考评、职称聘书、教师资格换证等业务代收费之机，采取抬高收费标准、搭车收费、截留应缴资金的手段，筹集资金，设立小金库。小金库资金除用于科里公务开支外，每年春节前后，由科长李祖清组织科里人员将小金库账目进行对账后，以科室补助、年终福利等名义6次私分，并记录入账，私分款总额为120,300元，被告人李祖清、

---

① 中华人民共和国最高人民法院刑事审判第一庭、第二庭编：《刑事审判参考》（总第47辑），法律出版社2006年版，第64~69页。

张杰军、刘玉梅各分得40,100元。

【裁判结果】

湖北省孝感市大悟县人民法院作出刑事判决:(1)被告人李祖清犯贪污罪,判处有期徒刑三年;(2)被告人张杰军犯贪污罪,判处有期徒刑三年,缓刑五年;(3)被告人刘玉梅犯贪污罪,判处有期徒刑三年,缓刑五年。一审宣判后,二被告人不服,提出上诉,公诉机关亦提起抗诉。孝感市中级人民法院作出刑事判决:撤销原审判决;(1)改判原审被告人李祖清犯私分国有资产罪,判处有期徒刑二年,缓刑二年,并处罚金20,000元;(2)原审被告人张杰军犯私分国有资产罪,判处有期徒刑一年,缓刑一年,并处罚金10,000元;(3)原审被告人刘玉梅犯私分国有资产罪,判处有期徒刑一年,缓刑一年,并处罚金10,000元。

【裁判理由】

一审法院认为,被告人李祖清、张杰军、刘玉梅身为国家工作人员,利用教育局、人事科的职权和职务上的便利,在代收费过程中,每人贪污公款40,100元,其行为已构成贪污罪。二审法院认为,三被告人主观上不具有贪污的共同故意,客观方面不符合共同贪污的行为特征,不构成贪污罪。被告人李祖清作为大悟县教育局人事科的负责人,违反国家规定,擅自决定将单位违规收费的部分资金以单位补助、年终福利等名义私分给个人,数额较大,其行为构成私分国有资产罪。

2001年《全国法院审理金融犯罪案件工作座谈会纪要》将单位的分支机构或者内设机构、部门扩大解释为单位犯罪的主体,规定"以单位的分支机构或者内设机构、部门的名义实施犯罪,违法所得亦归分支机构或者内设机构、部门所有的,应认定为单位犯罪。不能因为单位的分支机构或者内设机构、部门没有可供执行罚金的财产,就不将其认定为单位犯罪,而按照个人犯罪处理。"一定程度上造成单位内设机构人员较少的"小集体"成员所实施的私分国有资产行为与共同贪污行为的区分困难。本案中,从行为方式上看,被告人所得的款项都是人事科负责人李祖清决定或经商量,并以补助、年终福利等名义发放的,被告人李祖清、刘玉梅在笔记本上作了详细记录,且有领款签名条和李祖清保留的现金账页,在科室内部完全是公开的。从主观方面看,三被告人不具有共同利用职务便利,采取盗窃、欺骗等手段贪污公款的意思联络和主观故意,而是一种相对公开的私分故意。从参与主体上看,人事科所有人都参与且都是以科里名义平均分发,应视为单位集体行为。被告人李祖清作为大悟县教育局人事科的负责人,违反国家有关国有资产管理方面的法律、法规,擅自决定将单位违反规定收取的部分资金以补助、年终福利等名义私分给个人,数额较大,构成私分国有资产罪。

3. 共犯形态的认定
徐国桢私分国有资产案①
【适法规则】

1. 在仅能由单位构成犯罪的情形下,可以依据共犯原理认定非适格主体与单位构成共同犯罪。

2. 对于非适格主体参与实施私分国有资产行为,只要非适格主体与适格单位共同实施了私分国有资产的行为,就可以成立私分国有资产的共同犯罪。

【基本案情】

2002年7月至2011年5月,被告人徐国桢担任上海市信息化办公室无线电管理处(以下简称无管处)处长,上海市无线电管理委员会办公室(以下简称无委办)副主任兼上海市无线电监测站(以下简称监测站)站长,后兼任中共上海市无线电管理局(以下简称无管局)党组成员,主要工作职责为负责监测站党政工作,分管精神文明建设,协管无管局日常行政、财务、干部调配等相关工作。

2002年年底至2003年年初,被告人徐国桢为解决监测站职工集体福利问题,决定启用无资质、无场地、无设备、正处于歇业状态的上海唯远信息开发有限公司(以下简称唯远公司)承接定检工作。后其与该公司负责人、被告人陈晓晖商定,唯远公司所得收入除列支必要成本外,剩余钱款均应当以现金形式账外返还监测站用于职工福利发放。2003年四五月间,徐国桢隐瞒唯远公司的真实情况,利用职权以无委办的名义批准授予唯远公司无线电设备检测资质,同时授意倪伟杰并通过相关人员讨论决定,委托唯远公司承接定检工作,后又将监测站办公场地、政府采购的技术设备、有关技术服务及启动资金提供给唯远公司使用。2003年5月起,唯远公司受委托以监测站名义开展定检工作,直接向非国家拨款的单位或者个人收取检测费;监测站也以国家财政拨款和转移支付项目专款向唯远公司支付检测费用。监测站向陈晓晖提出明确要求,2010年唯远公司的全年业务开支为人民币(以下币种同)12万元。2004年起,上海市定检工作每年财政预算达数百万元。徐国桢代表监测站与陈晓晖变更约定,唯远公司须将监测站拨款及公司自行收取的检测费,按50%的比例以现金形式返还监测站。

2007年10月,陈晓晖另设上海咸元通信技术有限公司(以下简称咸元公司)取代唯远公司承接定检工作,有关约定保持不变。2003年至2009年年底,唯远公司、咸元公司自行直接收取检测费以及以检测劳务费等名义通过监测站获取财政拨款合计30余万元。陈晓晖按照事先约定,通过其专门成立的公司及其他单位将上述款项套现或转账,监测站则违反国家规定,由徐国桢决定,将上述返还款隐匿于监

---

① 中华人民共和国最高人民法院刑事审判第一、二、三、四、五庭主办:《刑事审判参考》(总第95辑),法律出版社2014年版,第123~125页。

测站账外,分别多次将其中 13,283,000 元以职工津贴、工资补差、奖金、过节费等名义陆续发放给无管局及监测站全体员工。

【裁判结果】

上海市徐汇区人民法院作出刑事判决:(1)被告人徐国桢犯私分国有资产罪,判处有期徒刑三年六个月,并处罚金人民币 3 万元;(2)被告人陈晓晖犯私分国有资产罪,判处有期徒刑六个月,并咎罚金人民币 1 万元;(3)被告人的违法所得予以追缴。一审宣判后,被告人徐国桢以量刑过重为由,向上海市第一中级人民法院提起上诉。上海市第一中级人民法院作出刑事裁定:驳回上诉,维持原判。

【裁判理由】

法院认为,国有事业单位监测站与被告人陈晓晖相勾结,违反国家规定,套取、截留国有资产,并以单位名义将其中 1300 余万元集体私分给本单位职工,数额巨大,被告人徐国桢作为该单位实施上述犯罪直接负责的主管人员,其行为构成私分国有资产罪,且系共同犯罪,应予处罚。

在纯正单位犯罪的情形下,可以依据共犯原理认定非适格主体与单位构成共同犯罪。刑法所规定的特定犯罪必须具备特定的主体要素,其仅是针对单独犯而言的,对于教唆犯、帮助犯则不需要具备特定的主体要素。特殊的主体要素作为违法要素并不是成立共犯不可欠缺的构成要件要素。我国刑法没有规定单位与自然人共同犯罪的总则性条文,但从刑法分则中有相关规定中可以推导出自然人可以与单位之间构成共同犯罪的结论。在司法实践中,应当承认单位与自然人可以成立共犯关系,并以单位犯罪所犯罪名追究刑事责任。就本案而言,对于非适格主体参与实施私分国有资产行为,只要非适格主体与适格单位共同实施了私分国有资产的行为,就可以成立共同犯罪。

五、《刑法·分则》第九章　渎职罪

(一)滥用职权罪

1. 主体要素的认定

(1)陈根明、林福娟、李德权滥用职权案[①]

【适法规则】

接受乡镇人民政府委托从事行政管理活动的人员,在从事公务活动过程中,属于国家机关工作人员。

---

① 最高人民检察院第二批指导性案例(检例第 5 号)。

【基本案情】

2004年1月至2006年6月期间,被告人陈根明利用担任上海市奉贤区四团镇(以下简称四团镇)推进镇保工作领导小组办公室负责人的职务便利,被告人林福娟、李德权利用受四团镇人民政府委托分别担任杨家宅村镇保工作负责人、经办人的职务便利,在从事被征用农民集体所有土地负责农业人员就业和社会保障工作过程中,违反相关规定,采用虚增被征用土地面积等方法徇私舞弊,共同或者单独将杨家宅村、良民村、横桥村114名不符合镇保条件的人员纳入镇保范围,致使四团镇人民政府为上述人员缴纳镇保费用共计人民币600余万元、上海市社会保险事业基金结算管理中心(以下简称市社保中心)为上述人员实际发放镇保资金共计人民币178万余元,并造成了恶劣的社会影响。其中,被告人陈根明共同及单独将71名不符合镇保条件人员纳入镇保范围,致使镇政府缴纳镇保费用共计人民币400余万元、市社保中心实际发放镇保资金共计人民币114万余元;被告人林福娟共同及单独将79名不符合镇保条件人员纳入镇保范围,致使镇政府缴纳镇保费用共计人民币400余万元、市社保中心实际发放镇保资金共计人民币124万余元;被告人李德权共同及单独将60名不符合镇保条件人员纳入镇保范围,致使镇政府缴纳镇保费用共计人民币300余万元,市社保中心实际发放镇保资金共计人民币95万余元。

【裁判结果】

上海市奉贤区人民法院作出刑事判决:(1)判决被告人陈根明犯滥用职权罪,判处有期徒刑二年;(2)被告人林福娟犯滥用职权罪,判处有期徒刑一年六个月,宣告缓刑一年六个月;(3)被告人李德权犯滥用职权罪,判处有期徒刑一年,宣告缓刑一年。一审判决后,被告人林福娟提出上诉。上海市第一中级人民法院作出二审裁定:驳回上诉,维持原判。

【裁判理由】

法院认为,被告人陈根明身为国家机关工作人员,被告人林福娟、李德权作为在受国家机关委托代表国家机关行使职权的组织中从事公务的人员,在负责或经办被征地人员就业和保障工作过程中,故意违反有关规定,共同或单独擅自将不符合镇保条件的人员纳入镇保范围,致使公共财产遭受重大损失,并造成恶劣社会影响,其行为均已触犯刑法,构成滥用职权罪,且有徇个人私情、私利的徇私舞弊情节。其中被告人陈根明、林福娟情节特别严重。犯罪后,三被告人在尚未被司法机关采取强制措施时,如实供述自己的罪行,属自首,依法可从轻或减轻处罚。

渎职罪侵害的是国家机关公务活动的合法性与公正性。渎职罪主体身份的判断标准是行为人从事的活动是否具有公务性质,而不是其是否具有国家机关工作人员的身份。根据2002年12月28日全国人大常委会《关于〈中华人民共和国刑法〉第九章渎职罪主体适用问题的解释》,"在依照法律、法规规定行使国家行政管理职权的组织中从事公务的人员,或者在受国家机关委托代表国家机关行使职权的组织中从事公务的人员,或者虽未列入国家机关人员编制但在国家机关中从事公务的人员,在代表国家机关行使职权时,有渎职行为,构成犯罪的,依照刑法关于渎职罪的规定追究刑事责任。"实践中,对村民委员会、居民委员会等基层组织人员协助人民政府从事行政管理工作时,滥用职权、玩忽职守构成犯罪的,应当依照刑法关于渎职罪的规定追究刑事责任。本案中被告人林福娟、李德权接受国家机关委托,从事被征地人员就业和保障工作,不属于村民自治管理活动而属于行政管理活动,其故意违反规定而导致公共财产遭受重大损失的,构成滥用职权罪。

(2)卢高春滥用职权案①

【适法规则】

受委托行使行政管理职权的国有企业负责人,安排工作人员放弃履行行政管理职责,导致其他行政机关无法行使行政管理职权,造成行政违法行为人逃避行政处罚及行政处罚款流失的损害后果,成立滥用职权罪。

【基本案情】

2013年1月至5月,时任山西省芮城县风陵渡煤焦管理站站长的被告人卢高春为给单位谋取不当利益,违反《山西省煤炭可持续发展基金征收管理办法》、《煤炭可持续发展基金公路运输出省原煤查验补征管理办法(试行)》、《山西省煤炭销售票使用管理办法》及《关于山西省煤炭销售票使用管理的补充通知》的规定,决定将出省的8692.5吨煤炭改为焦炭收取焦炭运销服务费和中介服务费,给国家造成应收而未收煤炭可持续发展基金521,550元和对无煤炭销售票罚款434,625元的经济损失。

【裁判结果】

太原市迎泽区人民法院作出刑事判决,被告人卢高春犯滥用职权罪,判处有期徒刑九个月。

【裁判理由】

《山西省煤炭销售票使用管理办法》规定受煤炭行政主管部门委托,省煤炭运销总公司所属的煤炭出省口管理站(含出省口营业站)负责核查回收《山西省煤炭销售票(公路出省)》。《煤炭可持续发展基金公路运输出省煤炭查验补征管理办法(实行)》规定,风陵渡煤焦管理站属于山西省煤炭运销总公司管理的43个出省口煤焦管理站之一。故本案中"风陵渡煤焦管理站查验补征煤炭可持续发展基金",属于风陵渡煤焦管理站受地方税务机关委托的而行使的行政管理职权;"核查回收《山西省煤炭销售票(公路出省)》",属于风陵渡煤焦管理站受煤炭行政主管部门委托而行使的行政管理职权。结合风陵渡煤焦管理站营业执照和组织机构代码证

---

① 中华人民共和国最高人民法院刑事审判第一、二、三、四、五庭主办:《刑事审判参考》(总第128集),人民法院出版社2021年版,第144~148页。

明,该煤焦管理站属于国有企业,被告人卢高春作为该煤焦管理站的负责人,符合《最高人民法院、最高人民检察院关于办理渎职刑事案件适用法律若干问题的解释(一)》第七条关于滥用职权罪主体的规定。

2. 行为要素的认定
(1)王刚强、王鹏飞过失致人死亡案①
【适法规则】
1. 在受国家机关委托代表国家行使职权的组织中从事公务的人员,属于国家机关工作人员。
2. 在受国家机关委托代表国家行使职权的组织中从事公务的人员,实施法律、法规未明文规定或授权行为,造成严重后果的,构成滥用职权罪。

【基本案情】
1999年8月5日晚9时许,高陵县交通运输管理站泾渭分站9名工作人员由王鹏飞带队,为稽查规费(养路费、管理费)在高陵县泾渭镇西铜公路下隧道西口进行巡查,执行公务。此时,泾渭镇梁村六组村民张志学无证驾驶陕A-48684"时风"牌柴油三轮车拉其妻赵会玲到高陵县开发区电管所缴纳电费返回,行至该隧道处,发现交通运输站工作人员在隧道西口查车,随即在隧道东口处调头欲避开检查。王鹏飞看见后,令王刚强等执法人员前往拦截。张卜塬、尚稳、裴红斌等人即乘坐王刚强驾驶的无牌长江750偏三轮摩托车前往追赶,并示意张志学停车检查。张志学未停车,继续沿西铜一级公路辅道向南逆行,摩托车紧随追赶,与柴油三轮车相距约20米。当行至急转弯处,王刚强等人听见"嗵、嗵"几声,看见前面尘土飞扬,冒黑烟,估计柴油三轮车翻车。王刚强随即调转车头返回,途中告诉后面乘车赶来的王鹏飞被追车辆翻车后,众人一起返回单位。当站领导得知上述事件后,让当晚上路检查的工作人员就发生的事对外一致否认。附近群众得知车翻人伤后,赶到现场将张志学、赵会玲二人送到西安市草滩镇华山医院抢救,张志学因伤情严重又被转西安市中心医院抢救。同年8月6日晚,张志学在西安市中心医院抢救无效死亡。2000年4月13日,高陵县公安局法医对赵会玲身体检查后,结论为"肇事致左上肢损伤,属重伤"。案件发生后,高陵县交通运输管理站泾渭分站与张志学之弟张志杰在马家湾乡政府司法所主持调解下达成协议,由泾渭分站给付赵会玲困难补助费3.5万元。

【裁判结果】
陕西省高陵县人民法院作出刑事判决:被告人王刚强、王鹏飞无罪;驳回附带

---

① 中华人民共和国最高人民法院刑事审判第一庭、第二庭编:《刑事审判参考》(总第44辑),法律出版社2006年版,第42~46页。

民事诉讼原告人赵会玲的诉讼请求。一审宣判后,高陵县人民检察院提出抗诉,附带民事诉讼原告人赵会玲提出上诉。西安市中级人民法院请示陕西省高级人民法院,陕西省高级人民法院对该案定性亦有不同意见,故请示最高人民法院。最高人民法院经研究批复认为,被告人王刚强、王鹏飞的行为构成滥用职权罪。

【裁判理由】

一审法院认为,被告人王刚强、王鹏飞受单位领导安排,持行政执法证上路对车辆规费进行抽查、检查和巡查,依法检查规费缴纳的情况,是维护国家运输管理秩序的正当执法行为。被害人张志学为逃避检查,无证照驾车逆道行驶,是导致车翻1人死亡1人重伤的主要原因。王刚强、王鹏飞的行为不构成犯罪,高陵县人民检察院指控王刚强、王鹏飞犯过失致人死亡罪不能成立,不予支持。王刚强、王鹏飞等人在检查中对逃避车辆实施紧追,超越职权范围,且事故发生后又没有到现场查看并对被害人施救,有悖职业道德,对本次事故的发生及后果亦负有一定的过错责任。该责任应由其所在单位即本案附带民事诉讼被告人在其过错范围内承担相应的民事责任。鉴于高陵县交通运输管理站已给付附带民事诉讼原告人3.5万元,故对再次要求赔偿的请求不予支持。

本案中,被告人虽然不是国家机关工作人员,但其所在的高陵县交通运输管理站受该县交通局的委托,行使部分行政执法权,属于在受国家机关委托代表国家行使公路行政执法权的组织中从事公务的人员,仍具有国家机关工作人员的身份。公权力的取得与行使应当有法律、法规的明确规定或授权,国家机关工作人员擅自决定或处理没有具体决定或处理权限的事项,即构成超越职权,属于滥用职权行为。本案中,公路稽查人员对逃避检查的车辆是否有权追撵,并没有法律、法规的明确规定,被告人擅自实施追撵,属于超越职权的滥用职权行为。被告人的追撵行为,导致了被害人在逃逸过程中出现翻车事故,而被告人发现车翻后不及时抢救被害人,扬长而去并订立攻守同盟,直接导致了一人死亡、一人重伤的严重后果,属于"致使公共财产、国家和人民利益遭受重大损失"的情形,构成滥用职权罪。本案中被告人故意违反相关规定,实施了超越职权或不正当行使职权的行为,侵害了国家的正常管理活动,符合滥用职权罪的构成要件,不符合过失致人死亡罪的构成要件,故而,应以滥用职权罪追究其刑事责任。

(2)张群生滥用职权案[①]

【适法规则】

1. 以单位名义借款,且向单位出具借条的,不能认定为"以个人名义将公款供

[①] 中华人民共和国最高人民法院刑事审判第一、二、三、四、五庭主办:《刑事审判参考》(总第68辑),法律出版社2009年版,第61~62页。

其他单位使用"。

2.擅自以单位名义将公款供其他单位使用,未谋取个人利益的,应当认定为滥用职权罪。

【基本案情】

1998年10月至2002年12月,被告人作为某军事院校科研部财务负责人,为给单位赚取利息,未经请示单位领导,擅自决定从院校财务账户支取转账支票出借资金给两个地方公司,并与对方约定利率和还款期限,借款方出具向张所在院校借款的借条。借款方到期无力还款时,应对方请求,张群生又让借款人借新还旧。通过此种滚动方式,张群生先后多次出借公款,累计2900万元。在此期间,收回利息款45万余元。至案发,尚有本金500余万元无法追回。张群生在院校财务处清查经费账目时,即如实交代了其擅自出借资金给地方单位造成损失的事实。

【裁判结果】

解放军总直属队军事法院作出刑事判决:被告人犯滥用职权罪,判处有期徒刑二年零六个月。一审宣判后,被告人未上诉,检察院未抗诉,判决发生法律效力。

【裁判理由】

法院认为,被告人身为国家机关工作人员,违反国家和军队财务管理规定,超越职权范围行使权力,多次擅自出借军队资金,给单位造成重大经济损失,其行为已构成滥用职权罪。

本案中,被告人出借公款虽然未请示单位领导,但是以单位名义借款,且用款单位也是向其所在单位出具借条,不符合挪用公款罪"公款私用"的本质,不能认定为"以个人名义将公款供其他单位使用"。基于"公款私用"的本质,在"个人决定以单位名义将公款供其他单位使用"的情形下,必须同时具备"谋取个人利益的",即个人将公款作为谋取利益的手段,才能够认定为挪用公款罪。本案中,被告人与借款单位约定利率和还款期限,借款单位支付了45万余元的利息款,款项打入了被告人所在单位的账户,没有证据显示被告人谋取了个人利益,因此,不符合"个人决定以单位名义将公款供其他单位使用,谋取个人利益"的情形,不构成挪用公款罪。

滥用职权罪客观方面表现为行为人实施了滥用职权的行为,并致使公共财产、国家和人民利益遭受重大损失。本案中,被告人为给单位赚取利息谋取利益,违反国家和单位财务管理规定,未经请示单位领导,擅自出借资金给其他单位使用,属于超越职权的情形,且最终给单位造成500余万元的损失,应当认定为滥用职权罪。

3. 重大损失的认定

(1) 杨德林滥用职权、受贿案①

【适法规则】

法益损害是评价社会影响是否恶劣的重要标准,"造成恶劣社会影响"属于无形的重大损失。

【基本案情】

2010年11月起,被告人杨德林担任百管委副主任,分管安全生产等工作,2012年2月起兼任百里杜鹃安全委员会(以下简称百安委)主任,负有按照国家、省、市的要求,在煤矿发生安全事故后到现场组织开展抢险救援、及时上报事故情况、做好事故善后工作、开展事故调查等职责。

2013年10月4日,贵州湾田煤业集团有限公司(以下简称湾田煤业公司)所属的百管委金坡乡金隆煤矿发生3死3伤的重大劳动安全事故。杨德林未按规定将事故情况及时上报,未组织安监、煤矿安全部门相关人员去现场救援,并且授意金隆煤矿负责人隐瞒不报。同月11日,贵州煤矿安全监察局毕节监察分局(以下简称毕节监察分局)要求百管委组织对金隆煤矿事故进行调查。为隐瞒事故真相,杨德林指使安监、煤矿安全部门以及矿方与事故死伤者家属相互串通,在调查时提供虚假材料,并将事前与彭洪亮等人商定的未发生事故的虚假调查结论上报,致使事故真相被隐瞒。2014年3月,毕节监察分局准备组织对金隆煤矿事故重新调查。杨德林得知后,安排他人伪造举报信,以"举报"金隆煤矿发生造成2人受伤的虚假事故为由组织第二次调查。后杨德林指使调查组作出煤矿发生事故,造成2人受伤的虚假调查结论上报,致使事故真相再次被隐瞒。

事故真相被隐瞒期间,数家新闻媒体记者以调查金隆煤矿安全事故为由,向金隆煤矿敲诈勒索财物,金隆煤矿被迫以赞助费等名义给予记者赵某等人现金数十万元;金隆煤矿得以继续违规生产;相关责任人员也未受到处理。(受贿的案情事实略)

【裁判结果】

贵州省毕节市中级人民法院作出刑事判决:(1)被告人杨德林犯受贿罪,判处有期徒刑十五年,并处没收个人财产人民币50万元;犯滥用职权罪,判处有期徒刑三年,决定执行有期徒刑十七年,并处没收个人财产人民币50万元。(2)被告人杨德林受贿所得赃款予以没收,上缴国库。一审宣判后,被告人不服,提出上诉。贵州省高级人民法院作出刑事裁定:驳回上诉,维持原判。

【裁判理由】

致使公共财产、国家和人民利益遭受重大损失,是滥用职权罪的构成条件。损

---

① 中华人民共和国最高人民法院刑事审判第一、二、三、四、五庭主办:《刑事审判参考》(总第103辑),法律出版社2016年版,第97~100页。

失可分为有形损失和无形损失。根据2013年1月9日最高人民法院、最高人民检察院《关于办理渎职刑事案件适用法律若干问题的解释（一）》第一条第一款的规定，"造成恶劣社会影响"是"致使公共财产、国家和人民利益遭受重大损失"表现形式之一，属于无形的重大损失。对无形损失的认定，应当根据被告人滥用职权行为造成的危害后果、社会影响等客观实际，结合滥用职权行为的性质、手段等因素综合分析判断。渎职犯罪侵犯的法益是国家机关公务的合法性和公正性以及公众对此的信赖。

本案中，矿难发生后，被告人不履行职责，隐瞒事故不上报、不到现场救援，不仅致使事故调查、处理工作延误，违法开采依旧，煤矿重大安全隐患未能解除，严重损害了公务行为的合法性与公正性，而且还导致数名记者以调查金隆煤矿安全事故为由，向金隆煤矿敲诈勒索财物共计数十万元，在当地造成了极为恶劣的影响，严重破坏了国家机关形象及政府公信力，其行为构成滥用职权罪。

（2）罗建华等滥用职权案[①]

【适法规则】

国家机关工作人员实施滥用职权行为，"造成恶劣社会影响"的，应当认定为"重大损失"。

【基本案情】

2008年8月至2009年12月期间，被告人罗建华、罗镜添、朱炳灿、罗锦游先后被黄埔区人民政府大沙街道办事处招聘为广州市城市管理综合执法局黄埔分局大沙街执法队（以下简称执法队）协管员。上述四名被告人的工作职责是街道城市管理协管工作，包括动态巡查，参与街道、社区日常性的城管工作；劝阻和制止并督促改正违反城市管理法规的行为；配合综合执法部门，开展集中统一整治行动等。工作任务包括坚持巡查与守点相结合，及时劝导中心城区的乱摆卖行为等。罗建华、罗镜添从2009年8月至2011年5月担任协管员队长和副队长。协管员队长职责是负责协管员人员召集，上班路段分配和日常考勤工作；副队长职责是协助队长开展日常工作。2010年8月至2011年9月期间，四被告和罗慧洪（另案处理）利用职务便利，先后多次向多名无牌商贩索要12元、10元、5元不等的少量现金、香烟或直接在该路段的"士多店"拿烟再让其部分无牌商贩结账，后放弃履行职责，允许给予好处的无牌商贩在严禁乱摆卖的地段非法占道经营。上述被告人的行为，导致该地段的无照商贩非法占道经营十分严重，几有档流动商贩恣意乱摆卖，严重影响了市容市貌和环境卫生，给周边商铺和住户的经营、生活、出行造成极大不便。由于执法不公，对给予钱财的商贩放任其占道经营，对其他未给好处费的无照商贩则进行驱赶或通知城管部门到场处罚，引起了群众强烈不满。城市管理执法部门执法人员

[①] 最高人民检察院第二批指导性案例（检例第6号）。

在依法执行公务过程中遭遇多次暴力抗法,数名执法人员受伤住院。上述四名被告人的行为严重危害和影响了该地区的社会秩序、经济秩序、城市管理和治安管理,造成了恶劣的社会影响。

【裁判结果】

广州市黄埔区人民法院作出判决:(1)判决被告人罗建华犯滥用职权罪,判处有期徒刑一年六个月;(2)被告人罗镜添犯滥用职权罪,判处有期徒刑一年五个月;(3)被告人朱炳灿犯滥用职权罪,判处有期徒刑一年二个月;(4)被告人罗锦游犯滥用职权罪,判处有期徒刑一年二个月。一审宣判后,四名被告人未提出上诉,检察机关未提出抗诉,判决发生法律效力。

【裁判理由】

滥用职权"造成恶劣社会影响",应当依法认定为"致使公共财产、国家和人民利益遭受重大损失"。被告人罗建华、罗镜添、朱炳灿、罗锦游身为未列入国家机关人员编制但在国家机关中从事公务的人员,在代表国家行使职权时,长期不正确履行职权,大肆勒索辖区部分无照商贩的钱财,造成无照商贩非法占道经营十分严重,暴力抗法事件不断发生,社会影响相当恶劣,构成滥用职权罪。

4. 因果关系的认定

包智安受贿、滥用职权案①

【适法规则】

滥用职权行为与重大损失之间欠缺刑法上的因果联系的,不构成滥用职权罪。

【基本案情】

1997年3月至1998年1月,被告人包智安在担任南京市劳动局局长期间,未经集体研究,擅自决定以南京市劳动局的名义,为下属企业南京正大金泰企业(集团)有限公司(以下简称正大公司)出具鉴证书,致使该公司以假联营协议的形式,先后向南京计时器厂、南京钟厂、南京长乐玻璃厂借款人民币3700万元。后正大公司破产,造成3家企业共计人民币3440余万元的损失。(注:受贿罪的案件情节已略)

【裁判结果】

南京市中级人民法院作出判决:(1)被告人包智安犯受贿罪,判处有期徒刑八年,没收财产人民币10万元;犯滥用职权罪,判处有期徒刑四年,决定执行有期徒刑十年,没收财产人民币10万元。(2)犯罪所得人民币280,400元予以没收,上缴国库。一审宣判后,被告人不服,提出上诉。江苏省高级人民法院作出判决:(1)维持江苏省南京市中级人民法院刑事判决第一项中关于包智安犯受贿罪的判决部分和第二

---

① 中华人民共和国最高人民法院刑事审判第一庭、第二庭编:《刑事审判参考》(总第41辑),法律出版社2005年版,第63~69页。

项,即被告人包智安犯受贿罪,判处有期徒刑八年,没收财产人民币10万元;犯罪所得人民币280,400元予以没收,上缴国库。(2)撤销江苏省南京市中级人民法院刑事判决第一项关于包智安犯滥用职权罪的判决部分,即被告人包智安犯滥用职权罪,判处有期徒刑四年,数罪并罚,决定执行有期徒刑十年,没收财产人民币10万元。

【裁判理由】

一审法院认为,被告人包智安明知国家机关不能提供担保,且企业间不允许相互拆借资金,仍擅自同意出具有担保意义的所谓"鉴证书",为有关企业以联营名义相互拆借资金提供条件,其行为具有不法性;正因为包智安以劳动局名义出具了"鉴证书",使得相关企业间非法拆借资金行为得以实行,也同时产生了巨大的资金使用风险,且造成有关企业实际损失人民币3440余万元的客观后果,该后果与包智安的不法行为间具有因果关系,被告人构成滥用职权罪。

二审法院认为,被告人包智安违反规定同意鉴证的行为是一种超越职权行为,但尚不构成犯罪。故对包智安及其辩护人所提滥用职权罪名不成立的辩解、辩护意见予以采纳。原审判决认定包智安犯受贿罪的事实清楚,证据充分。定性准确,量刑在法律规定范围内。但认定犯滥用职权罪不当,依法应予改判。(受贿罪的裁判理由略)

因果关系是原因和结果之间内在的、必然的、合乎规律的引起与被引起关系。被告人包智安为了帮助下属公司解决资金困难而擅自决定以南京市劳动局名义出具了鉴证书,存在一定的渎职行为,但这种渎职行为并不会必然或直接导致3家企业不能回收借款。鉴证不是借款合同成立的必经程序,也不对合同的履行起法律上的保证作用。3家企业将资金拆借给正大公司是企业行为,导致借款不能收回,也是企业行为,即正大公司因经营管理不善而破产,而非被告人的渎职行为所导致。因此,被告人包智安出具鉴证书的行为与造成重大经济损失之间不具有刑法上的因果关系,其行为不符合滥用职权罪的构成要件,其对超越职权行为最终发生的结果,只能承担行政领导责任,而不是刑事责任。

5. 罪数的认定

黄德林受贿、滥用职权案[①]

【适法规则】

1. 受贿行为与滥用职权行为之间并不必然存在牵连关系。
2. 受贿与滥用职权的数罪并罚不违反对同一行为禁止重复评价的原则。

[①] 中华人民共和国最高人民法院刑事审判第一、二、三、四、五庭主办:《刑事审判参考》(总第76辑),法律出版社2011年版,第66~67页。

【基本案情】

2000年至2005年,被告人黄德林在担任洞头县民政局福利中心主任期间,每年率县福利企业年检年审检查小组到浙江恒博电气制造有限公司(2003年前称洞头电器开关厂)检查,该企业的董事长郑西平明确告诉黄德林自己在正常员工人数上弄虚作假,使残疾员工数占全部员工数的比例符合福利企业全额退税的标准,并伪造虚假的福利企业材料应付检查。黄德林发现该问题后,不履行自身职责,不对企业正常员工人数进行检查,仍以企业虚报的材料为准进行检查,致使该公司顺利通过年检年审,在1999年至2004年期间享受了本不应享受的退税优惠政策,造成国家税收损失共计人民币7,513,284.9元。1999年年底至2006年,黄德林利用其担任洞头县民政局福利中心主任的职务便利,为郑西平福利企业的设立和骗取退税优惠提供帮助,先后6次收受郑西平的贿赂共计10万元。黄德林因涉嫌犯滥用职权罪接受检察机关讯问后,主动交代了检察机关尚未掌握的受贿事实。

【裁判结果】

浙江省洞头县人民法院作出刑事判决:被告人黄德林犯受贿罪,判处有期徒刑六年;犯滥用职权罪,判处有期徒刑三年;决定执行有期徒刑七年。宣判后,黄德林没有上诉,检察机关也未提出抗诉,判决已发生法律效力。

【裁判理由】

法院认为,被告人黄德林利用职务之便非法收受他人10万元,为他人谋取利益,同时,黄德林身为国家机关工作人员,在履行职责过程中滥用职权,造成国家税收损失7,513,284.9元,情节特别严重,其行为分别构成受贿罪、滥用职权罪,应予数罪并罚。鉴于其受贿部分系自首,可对其所犯受贿罪减轻处罚。

在受贿型滥用职权罪中,虽然存在两个相对独立的犯罪行为,但这两个行为并不统一于一个犯罪目的之下,"为他人谋取利益"仅作为主观要件,不能涵盖所有受贿犯罪,滥用职权罪也不以为他人谋取利益为要件,受贿与滥用职权之间并不必然存在牵连关系。在本案中,被告人黄德林与恒博公司郑西平私交密切,被告人黄德林滥用职权的行为不以收受贿赂为条件或目的,因此该两罪不必然存在牵连关系。禁止对同一行为进行重复评价,是刑法适用的基本原则。在受贿型滥用职权案件中,存在两类独立的行为:在受贿罪中,实行行为是收取请托人财物;在滥用职权罪中,实行行为是权力怠于行使或越权行使。因此,不涉及重复评价的问题。

(二)玩忽职守罪

1. 因果关系的认定
(1)龚晓玩忽职守案①

【适法规则】

玩忽职守罪中的玩忽职守行为与危害结果之间必须具有因果关系,在存在介入因素,且该介入因素切断原有危害行为和危害结果之间因果关系的情况下,不能认定玩忽职守罪的成立。

【基本案情】

被告人龚晓在四川省黔江地区车辆管理所(以下简称车辆管理所)从事驾驶员体检工作。1998年12月,车辆管理所下辖的彭水县村民蒋明凡持有的驾驶证有效期届满后,向彭水县公安局交通警察大队(下称交警大队)申请换证。交警大队对蒋明凡的申请初审后,将其报送给车辆管理所审验换证。1999年3月22日,被告人龚晓收到蒋明凡的《机动车驾驶证申请表》后,未履行检查职责,违反规定自行在《申请表》上的"视力"栏中填写上"5.2",在"有无妨碍驾驶疾病及生理缺陷"栏中填上"无",致使自1995年左眼视力即失明的蒋明凡换领了准驾B型车辆的驾驶证。此后,在2000年、2001年及2002年的年度审验中,蒋明凡都通过了交警大队的年度审验。

2002年8月20日,蒋明凡驾驶一辆中型客车违章超载30人(核载19座)从长滩乡驶向彭水县城,途中客车翻覆,造成乘客26人死亡、4人受伤和车辆报废的特大交通事故,蒋明凡本人也在此次事故中死亡。事故发生后,经交警大队调查,认定驾驶员蒋明凡违反《中华人民共和国道路交通管理条例》第二十六条第九项"在患有妨碍安全行车的疾病或过度疲劳时,不得驾驶车辆"和第三十三条第一项"不准超过行驶证上核定的载人数"的规定,负事故全部责任,乘客不负事故责任。

【裁判结果】

重庆市黔江区人民法院作出刑事判决:判决被告人龚晓无罪。一审宣判后,重庆市黔江区人民检察院提出抗诉,理由为:一审认为被告人龚晓的行为与交通事故之间没有刑法上的因果关系认定错误。重庆市第四中级人民法院作出刑事裁定:驳回抗诉,维持原判。

【裁判理由】

法院认为,根据《中华人民共和国机动车驾驶证管理办法》的规定,在对驾驶员

---

① 中华人民共和国最高人民法院刑事审判第一庭、第二庭编:《刑事审判参考》(总第37辑),法律出版社2004年版,第78~80页。

审验时及驾驶员申请换领驾驶证时,车辆管理所均负有对驾驶员进行体检的义务。驾驶员蒋明凡在申请换证时,被告人龚晓未履行检查职责,其玩忽职守行为客观存在,但其失职行为与"8·20"特大交通事故之间不存在刑法上的因果关系,因此,不能认定被告人龚晓的玩忽职守行为已致使公共财产、国家和人民利益遭受重大损失,进而,不能认定其行为已构成玩忽职守罪。

被告人负有对驾驶员进行身体检查的职责,在对蒋明凡申请换领驾驶证进行审核时,被告人既未对蒋明凡进行体检,也未要求其到指定的医院进行体检,其失职行为直接导致原本不符合持证条件的蒋明凡换领了准驾 B 型车辆的驾驶证,并继续从事驾驶工作。根据 1996 年 9 月 1 日公安部《机动车驾驶证管理办法》(该办法目前已废止,被 2004 年 5 月 1 日公安部《机动车驾驶证申领和使用规定》所取代)第十九条的规定:"对持有准驾车型 A、B、N、P 驾驶证的……每年审验一次","审验时进行身体检查"。根据该规定,驾驶员应当每年年审,每次年审的效力只及于年审当年。被告人龚晓在 1999 年所作出的虚假体检结论的效力只限于 2000 年年审之前。2000年、2001 年和 2002 年的年审并不是由被告人负责,而是由交警大队负责审验,从事驾驶员体检工作的相关人员未按照规定对蒋明凡进行体检,同样也存在失职行为。后者的失职行为构成了被告人失职行为和本案损害结果之间的介入因素。

判断介入因素是否对结果发生起到决定性作用,应当从两个方面进行考虑:(1)介入因素是否具有独立性。与前行为无关的介入因素,在发生原因上具有独立性,该介入行为导致结果发生的,不得将结果归属前行为。(2)介入因素是否具有异常性。若前行为通常会导致产生介入因素并促成结果发生的,应当肯定前行为与结果之间的因果联系,反之,若前行为通常不会产生介入因素,介入因素的发生具有异常性,则应当否定前行为的结果归属。本案中,被告人和其他相关人员均存在失职行为,被告人的失职行为在前,相关人员的失职行为在后,但后者的发生具有独立性和异常性,被告人的失职行为不会引发其他相关人员的失职行为,且正是由于后者未履行职责,才导致蒋明凡通过了审验并导致特大交通事故的发生。因此,其他人员的失职行为切断了被告人失职行为与损害结果之间的因果联系,被告人尽管客观上存在失职行为,但由于其行为与交通事故之间无刑法上的因果联系,不构成玩忽职守罪。

(2)杨周武玩忽职守、徇私枉法、受贿案[①]

【适法规则】

渎职行为对危害结果具有"原因力",应认定与危害结果之间具有因果关系。

【基本案情】

被告人杨周武自 2001 年 10 月开始担任同乐派出所所长。2007 年 9 月 8 日,王

[①] 最高人民检察院第二批指导性案例(检例第 8 号)。

静未经相关部门审批,在龙岗街道龙东社区三和村经营舞王俱乐部,辖区派出所为同乐派出所。开业前几天,王静为取得同乐派出所对舞王俱乐部的关照,在杨周武之妻何晓初经营的川香酒家宴请了被告人杨周武等人。此后,同乐派出所三和责任区民警在对舞王俱乐部采集信息建档和日常检查中,发现王静无法提供消防许可证、娱乐经营许可证等必需证件,提供的营业执照复印件上的名称和地址与实际不符,且已过有效期。杨周武得知情况后没有督促责任区民警依法及时取缔舞王俱乐部。责任区民警还发现舞王俱乐部经营过程中存在超时超员、涉黄涉毒、未配备专业保安人员、发生多起治安案件等治安隐患,杨周武既没有依法责令舞王俱乐部停业整顿,也没有责令责任区民警跟踪监督舞王俱乐部进行整改。

2008年3月,根据龙岗区"扫雷"行动的安排和部署,同乐派出所成立"扫雷"专项行动小组,杨周武担任组长。有关部门将舞王俱乐部存在治安隐患和消防隐患等于2008年3月12日通报同乐派出所,但杨周武没有督促责任区民警跟踪落实整改措施,导致舞王俱乐部的安全隐患没有得到及时排除。

2008年6月至8月期间,广东省公安厅组织开展"百日信息会战",杨周武没有督促责任区民警如实上报舞王俱乐部无证无照经营,没有对舞王俱乐部采取相应处理措施。舞王俱乐部未依照《消防法》、《建筑工程消防监督审核管理规定》等规定要求取得消防验收许可,未通过申报开业前消防安全检查,擅自开业、违法经营,营业期间不落实安全管理制度和措施,导致2008年9月20日晚发生特大火灾,造成44人死亡、64人受伤的严重后果。在这起特大消防事故中,杨周武及其他有关单位的人员负有重要责任。(徇私枉法和受贿的案情事实已略)

【裁判结果】

深圳市龙岗区人民法院作出刑事判决:(1)判决被告人杨周武犯玩忽职守罪,判处有期徒刑五年;(2)犯受贿罪,判处有期徒刑十年;总和刑期十五年,决定执行有期徒刑十三年;(3)追缴受贿所得的赃款人民币30万元,依法予以没收并上缴国库。一审宣判后,被告人未上诉,检察机关未抗诉,判决发生法律效力。

【裁判理由】

法院认为,被告人杨周武作为派出所所长,对辖区内的娱乐场所负有监督管理职责,其明知舞王俱乐部未取得合法的营业执照擅自经营,且存在众多消防、治安隐患,但严重不负责任,不认真履行职责,使本应停业整顿或被取缔的舞王俱乐部持续违法经营达一年之久,并最终导致发生44人死亡、64人受伤的特大消防事故,造成了人民群众生命财产的重大损失,其行为已构成玩忽职守罪,情节特别严重。

因果关系是危害行为与危害结果之间的引起与被引起的关系。在渎职犯罪中,当能够确定没有渎职行为就没有侵害结果时,就可以肯定二者之间具有因果关系。本案中,若负有监管职责的国家机关工作人员认真履行其监管职责,上报舞王俱乐部无证无照经营的情况,并对舞王俱乐部采取相应处理措施,则不会出现特大火灾发生的结果。被告人的渎职行为是导致火灾结果发生的条件行为,对危害结果具有"原因力",应认定渎职行为与危害结果之间具有刑法意义上的因果关系。

2. 溯及力的认定
林世元受贿、玩忽职守案①
【适法规则】
1."行为时"是判断刑法溯及力的基本标准。玩忽职守罪是过失犯,"行为时"包括了"危害结果"发生时。
2.玩忽职守罪是不作为犯,"行为时"也包括了不作为的持续时间。
【基本案情】
1994年8月,綦江县人民政府决定在綦河上架设一座人行桥,由綦江县城乡建设管理委员会(以下简称城建委)负责组织实施。时任城建委主任的被告人林世元邀约重庆市市政勘察设计研究院的段浩(另案处理)设计方案。段找到本单位的退休工程师赵国勋(另案处理)等人设计出两套方案,经城建委研究,选定中承式钢管混凝土提篮式人行拱桥(以下简称虹桥)方案。同年9月,綦江县人民政府决定成立县城重点工程指挥部,下设重点建设工程办公室(以下简称重点办),由时任副县长、分管城建委工作的被告人贺际慎任指挥长,林世元任常务副指挥长兼重点办主任。虹桥工程被列为县重点工程,由指挥部和重点办直接管理。

林世元作为该工程的具体负责人,在虹桥建设初期,违反国家有关建设法规,对虹桥工程建设项目没有办理立项、报建手续,不审查设计、施工单位的资质,在未进行招投标的情况下,先后与不具备资质的重庆华庆设计工程公司(以下简称华庆公司)和华庆公司富华分公司签订了设计、施工总承包合同书。随后,段浩找到本单位的刘某等人进行勘察测量,并以华庆公司的名义与挂靠重庆市桥梁总公司川东南经理部的李孟泽、费上利(均另案处理)签订了虹桥工程施工分包合同书。时任城建委副主任的被告人张基碧明知虹桥工程未进行立项,未办理报建手续,未审查和选择设计、施工单位的资质,未进行招投标,未发放施工许可证等,而不予监督。

1994年11月,李孟泽、费上利组织不具备施工员资质和技工资质的施工队伍进场施工后,林世元安排重点办工作人员赵晓国到施工现场进行监督。1995年3月,林世元将赵晓国调离虹桥工地后,未再安排其他人负责质量监督工作,致使虹桥工程施工中存在的质量问题得不到及时发现和纠正。1996年2月15日,已升任綦江县副县长、分管城建委工作和负责县城重点工程的林世元,在虹桥工程尚未竣工验收的情况下,指派时任城建委副主任的张基碧和时任城建委主任助理的孙立

---

① 中华人民共和国最高人民法院刑事审判第一庭编:《刑事审判参考》(总第6辑),法律出版社2000年版,第35~40页。

与费上利等人办理虹桥接收手续并随即将虹桥交付使用。而后,林世元又授意孙立代表城建委与费上利进行工程结算。贺际慎对虹桥工程未办理立项、报建手续,未审查设计、施工单位资质,未进行招投标等违规建设问题,严重失察;明知虹桥系违规接收、使用及结算,而不管不问。

1996年6月19日上午11时许,虹桥突然发生异响。中共綦江县委、綦江县政府主要领导召集林世元、贺际慎等人到虹桥现场查看,研究虹桥能否继续使用。林世元、贺际慎明知虹桥尚未进行质量等级评定和验收,系违规接收并交付使用,在未经有关技术人员对虹桥作出技术检查、分析的情况下,均草率表态虹桥可以继续使用。同月25日,林世元召集张基碧和虹桥工程设计方的赵国勋、施工方的李孟泽等人分析虹桥发生异响原因。赵、李二人认为系响声虹桥应力重新调整引起,属正常现象,但建议尽快对虹桥进行荷载试验和全面检查、验收。事后,林世元虽安排孙立负责联系对虹桥进行荷载试验,但在孙立联系未果后,未采取有效措施。1996年8月15日,綦江县开展建筑市场整顿活动并成立整顿领导小组。林世元担任整顿领导小组组长、张基碧担任整顿领导小组办公室主任,负责对全县所有在建工程和1995年1月以来竣工的工程是否符合建设项目审批程序进行查处。虹桥本属重点查处的工程,但林、张却未提出任何整顿查处意见,终未能排除虹桥工程安全隐患。

1994年年底,被告人林世元应虹桥施工承包人费上利的要求,未通过总承包方华庆公司富华分公司,安排重点办工作人员李华荣将虹桥工程款直接划给费上利,直接与费上利进行工程结算。费上利为感谢林世元在虹桥建设过程中划款、结算等方面给予的关照,并希望在虹桥工程中继续得到关照及在綦江县继续承接其他工程,于1995年8月至1997年8月先后四次为林世元女儿支付入学、赴美夏令营、转学等费用共计人民币111,675.09元。

1999年1月4日18时50分,虹桥突然发生整体垮塌,造成40人死亡,14人受伤,直接经济损失628万余元。

【裁判结果】

重庆市第一中级人民法院作出刑事判决:被告人林世元犯受贿罪,判处死刑,剥夺政治权利终身,并处没收财产5万元,追缴犯罪所得赃款11.167,509万元及违法所得23,490万元;犯玩忽职守罪,判处有期徒刑十年。决定执行死刑,剥夺政治权利终身,并处没收财产5万元,追缴犯罪所得赃款11.167,509万元及违法所得23,490元。一审宣判后,被告人不服,提出上诉。重庆市高级人民法院作出二审判决:上诉人林世元犯受贿罪,判处死刑,缓期二年执行,剥夺政治权利终身,没收财产5万元,追缴犯罪所得赃款11.167,509万元;犯玩忽职守罪,判处有期徒刑十年。决定执行死刑,缓期二年执行,剥夺政治权利终身,没收财产5万元,追缴犯罪所得赃款11.167,509万元。

【裁判理由】

法院认为:被告人林世元身为国家机关工作人员,在担任城建委主任、县城重点工程指挥部常务副指挥长兼重点办主任、副县长等职务期间,不履行或者不正确履行职责,对虹桥工程违规发包、接收、结算;在虹桥工程施工中长期不派员进行质量监督;虹桥发生异响后又草率表态可以继续使用,不督促落实荷载试验工作;在建筑市场整顿中,对虹桥工程不提出整顿查处意见,放弃对虹桥工程的质量监督管理;其间,又徇私舞弊,在虹桥工程中放任费上利等人降低工程质量,对虹桥垮塌的严重后果负有重要的直接责任和主要的领导责任,其行为已构成玩忽职守罪,情节特别严重,应依法从重处罚。其利用职务上的便利,在负责虹桥工程建设期间,收受虹桥工程承包人费上利11万余元的贿赂,为费谋取利益,直接影响了工程质量,为虹桥垮塌留下巨大隐患,其行为已构成受贿罪。情节特别严重,应依法从重处罚。

本案涉及跨法犯情况下的法律适用问题。1979年《刑法》和1997年《刑法》均规定了玩忽职守罪,但1979年《刑法》第一百八十七条玩忽职守罪的法定刑为"五年以下有期徒刑或拘役",明显轻于1997年《刑法》的规定。该案被告人的渎职行为发生在1997年《刑法》颁布之前,但渎职行为导致的严重后果发生在1997年《刑法》颁布之后。若将玩忽职守罪的"行为时"理解为渎职行为本身,则适用1979年《刑法》的规定,但若将玩忽职守罪的"行为时"理解为包括渎职行为导致的危害结果,则适用1997年《刑法》的规定。

只有在犯罪成立的前提下,才能涉及法律适用问题。在故意犯罪中,实施了刑法所禁止的行为是犯罪成立的标准,危害结果是犯罪既遂、未遂的标准;在过失犯罪中,危害结果是犯罪成立的条件,缺乏危害结果的,犯罪不能成立,由于犯罪还未成立,也不会涉及法律适用问题。本案中,被告人林世元的渎职行为发生在1997年《刑法》生效之前,但在1999年1月4日才产生了严重的危害结果,应适用1997年《刑法》的规定。

玩忽职守罪是不作为犯,在犯罪成立之前即危害结果发生之前,国家机关工作人员不履行或者不正确履行其应尽的职责一直处于持续状态,不作为的持续时间也是评价"行为时"的重要因素。在本案中,被告人林世元的不作为行为一直存续到1999年1月4日,在1997年《刑法》颁布后到危害结果发生前的这一段时间内,不作为仍然持续进行。因此,不作为的持续行为及其损害结果均发生在1997年《刑法》生效之后,应当适用1997年《刑法》追究其刑事责任。

(三)故意泄露国家秘密罪

行为要素的认定

李宝安等故意泄露国家秘密案[①]

【适法规则】

1.故意泄露国家秘密的行为本质是使得不应当知悉者得以知悉或具有知悉之可能。

2.利用参加命题工作的便利将考前辅导内容作为正式试题,符合泄露行为的本质要求。

【基本案情】

在孝感市2002年中考命题工作开始前,孝感市文昌中学、楚环中学等8所学校的有关人员先后找到被告人李宝安(时任湖北省孝感市教育局教研室教研员),打听2002年中考政治考试内容,李宝安向上述人员分别讲了2002年中考重点是"三个代表"中的第三个代表,加入世贸组织等内容,并接受上述人员吃请和收受所送现金3000元及烟、茶等物。上述人员根据李宝安讲述的内容整理成备考资料后印发给学生。2002年5月21日下午,李宝安接到参加中考命题的通知(后被任命为孝感市2002年中考政史命题组组长)。在命题过程中,李宝安违反有关命题的规定,将自己多次透露的内容编排进了这次政治考试卷中,造成2002年孝感市中考政治试题在考前大范围泄露,考生中考政治成绩作废。

2002年5月中旬,被告人昝旺木(时任孝感市教育局教研室教研员)编写了一套历史试题及答案。后在孝感文昌中学、孝南区实验中学等10余所学校的历史老师找其打听2002年孝感市中考历史科目的考试内容时,昝旺木透露了相关内容,并接受吃请,收受现金2000余元。上述人员根据昝旺木讲述的重点内容整理成备考资料印发给学生。5月22日上午8时许,昝旺木将自己事前编好并已泄露大部分内容的历史试题委托李宝安交给参加孝感市2002年中考历史命题的被告人李兴安,作为2002年中考历史科目的考试内容"。次日下午,李宝安利用担任中考政史命题组组长的职务便利,在命题地将昝旺木的历史试题交给李兴安,要求李兴安将其作为考试内容。李兴安在命题过程中,采用该试题的原题分值达42分,占总分为50分的中考历史试卷的84%。因孝感市教育局获知中考历史试题已被泄露,决定重新命题制卷,致使已印好的历史试卷全部作废。

[①] 中华人民共和国最高人民法院刑事审判第一庭、第二庭编:《刑事审判参考》(总第33辑),法律出版社2003年版,第53~56页。

【裁判结果】

孝感市孝南区人民法院作出刑事判决:(1)被告人李宝安犯故意泄露国家秘密罪,判处有期徒刑二年;(2)被告人昝旺木犯故意泄露国家秘密罪,判处拘役六个月;(3)被告人李兴安犯故意泄露国家秘密罪,判处拘役三个月。宣判后,李宝安、昝旺木、李兴安不服,分别向孝感市中级人民法院提出上诉。孝感市中级人民法院作出刑事裁定:驳回上诉,维持原判。

【裁判理由】

法院认为,被告人李宝安明知自己有可能被选为中考命题人员的情况下,积极收集命题资料,形成命题内容,在有关学校教师向其打听试题内容时,将命题方案告知他们;在被正式通知为命题人后,利用工作上的便利,将已多次传播的内容作为试题编排进中考试卷,在客观上造成了中考试题大范围泄露,致使考试分数作废的严重后果,情节严重。被告人昝旺木利用在教研室任职的便利,事先准备了一套试卷,并多次泄露给前来打听消息的10余所学校的历史教师后,要求中考命题人员李兴安将此试卷上的试题作为中考历史试题。被告人李宝安接受昝旺木的委托,严重违反命题人员不得私自夹带资料进入命题的规定,利用参加命题,并担任命题组组长的便利,将该试卷转交给被告人李兴安,其行为起联络、传递作用。被告人李兴安接受该试卷后,明知该行为违反了孝感市教育局对命题人员的有关规定,仍将其大部分内容作为中考试题,造成中考试题在考前大范围泄露。三被告人的行为构成泄露国家秘密罪,且符合共同犯罪的特征。因历史试题泄露一事在中考前被有关部门及时发现并重新命题、印制,未造成特别严重的后果,对被告人昝旺木和李兴安可从轻处罚。

《中华人民共和国保守国家秘密法》第二条规定:"国家秘密是关系国家的安全和利益,依照法定程序确定,在一定时间内只限一定范围的人员知悉的事项。"据此,在一定时间内,国家秘密超出了特定范围人员而被不应当知悉者掌握,或者可能被不应当知悉者所掌握,即符合泄露国家秘密的行为本质。基于泄露行为的本质,泄露的方法可以采取在保密期之前将相关内容泄露给第三人并在保密期内将相关内容转化为国家秘密的方式。这种先行泄露行为,使得第三人在保密期内知悉了不应当知悉的国家秘密,仍然属于泄露国家秘密的行为。本案中,被告人虽然在保密期限内没有泄露国家秘密,但是,其利用命题人的身份将先行透露的内容转化为正式试题,这与先命题再泄露的典型泄密行为并无实质差异,均导致在保密期内不应当知悉考试内容的人知道了试题内容,符合泄露国家秘密的本质要求。

(四)枉法仲裁罪

行为要素的认定

曾德明枉法仲裁案[①]

【适法规则】

1. 劳动争议仲裁员属于枉法仲裁罪的主体,劳动仲裁中的枉法调解行为成立枉法仲裁罪。

2. 判断枉法仲裁行为是否属于"情节严重",应以枉法仲裁罪构成要件为基础,参照相关司法解释加以判定。

【基本案情】

2017年7月,被告人曾德明作为依法承担仲裁职责的劳动人事争议仲裁委员会仲裁员,故意违背事实和法律规定,明知是虚假诉讼事实和伪造的证据,仍徇私情协助他人补强伪证并予采信,使不在受案范围的民间借贷纠纷变通形式后得以仲裁立案受理,对实际不存在劳动关系的虚假劳动争议擅自启动仲裁程序,刻意规避证据审查与事实认定程序,未经合议即以仲裁庭名义违法制作劳动仲裁调解书且送达,导致该仲裁调解书通过法院立案审查进入民事诉讼执行程序,涉案标的达414 700元,严重威胁民事诉讼执行案件当事人的财产安全。

【裁判结果】

福建省武平县人民法院作出刑事判决,被告人曾德明犯枉法仲裁罪,判处有期徒刑六个月,缓刑一年。一审宣判后,被告人提出上诉。福建省龙岩市中级人民法院作出刑事裁定,驳回上诉,维持原判。

【裁判理由】

枉法仲裁罪的主体是"依法承担仲裁职责的人员",除《仲裁法》规定的仲裁员外,还包括根据劳动法、公务员法、企业劳动争议处理条例等法律、行政法规的规定,在由政府行政主管部门代表参加组成的仲裁机构中对法律、行政法规规定的特殊争议承担仲裁职责的人员,同理,枉法仲裁中的仲裁活动亦包括劳动争议仲裁;《劳动争议调解仲裁法》中的"调解"系调解组织进行的调解活动,与进入仲裁后仲裁员在作出裁决前应当先行组织的仲裁调解不同,劳动争议仲裁调解系在仲裁庭主持下进行的前置必经仲裁程序,亦是劳动争议仲裁活动的一部分,虽需双方当事人自愿,但与仲裁裁决一样,应当遵循合法的原则和查明事实、分清是非的原则,发生法律效力后,仲裁调解书亦具有与裁决书同等的法律约束力和执行力,同样,枉法作

[①] 中华人民共和国最高人民法院刑事审判第一、二、三、四、五庭主办:《刑事审判参考》(总第125集),人民法院出版社2020年版,第133~143页。

出的仲裁调解亦具有与枉法作出的仲裁裁决同等的危害性,故枉法仲裁应当涵盖枉法调解。"情节严重"是区分枉法仲裁行为罪与非罪的标准,判断枉法仲裁行为是否属于"情节严重",应当以枉法仲裁罪构成要件为基础,参照民事、行政枉法裁判罪的立案标准,综合考虑枉法仲裁行为的后果、枉法仲裁行为实施的方式和手段、行为人的动机和目的等要素。

(五)国家机关工作人员签订、履行合同失职被骗罪

行为要素的认定

王琦筠等国家机关工作人员签订、履行合同失职被骗案①

【适法规则】

1. 国家机关工作人员虽未在合同上签字署名,但接受委派负责签订、履行合同的调查、核实、商谈等工作中,严重不负责任被骗的,成立国家机关工作人员签订、履行合同失职被骗罪。

2. 玩忽职守类犯罪罪名竞合时,应遵循特别法优于普通法的原则。

【基本案情】

2010年5月,宜兴市新庄街道办事处成立景湖人家安置小区筹建小组,任命时任新庄街道城市建设管理办公室副主任的被告人王琦筠为筹建小组负责人,聘用被告人闵卫庚等技术人员为筹建小组成员,全面负责小区现场管理、矛盾协调等工作。2010年9月,新庄街道准备采购住宅楼房电梯,王琦筠安排闵卫庚统计电梯停靠层数等数据。二被告人在签订、履行合同过程中,工作严重不负责任,未认真审核合同事实情况,导致上当受骗,被金刚公司实际骗得734,992元。

【裁判结果】

江苏省宜兴市人民法院作出刑事判决,被告人王琦筠犯国家机关工作人员签订、履行合同失职被骗罪,判处有期徒刑八个月。一审宣判后,被告人王琦筠、薛洪刚和被告单位金刚公司不服,提出上诉。江苏省无锡市中级人民法院作出刑事裁定,驳回上诉,维持原判。

【裁判理由】

判定是否属于签订、履行合同的行为,应当判断具体行为是否属于合同形成的必要阶段。国家机关工作人员签订、履行合同失职被骗罪的时空条件要求行为人的失职行为必须发生在签订、履行合同的过程中。当国家机关作为合同相对方时,一般安排具体的责任人员负责合同签订、履行中的相关工作。作为国家机关利益

---

① 中华人民共和国最高人民法院刑事审判第一、二、三、四、五庭主办:《刑事审判参考》(总第122集),法律出版社2020年版,第130~138页。

的代表,相关责任人员在此过程中应当尽到足够谨慎的注意义务,严格审查合同签订之真伪,如认真调查了解对方的资信、经营状况,认真审查对方提供的有关证件、证明,认真检查对方的实际履约能力、供货的质量、来源,等等。这些工作都属于为签订、履行合同所作必要之准备,对合同签订、履约内容起到决定性作用。本案中的最终损害后果由国家机关工作人员的失职、被骗行为造成,王琦筠等人在为签订第一份电梯供需合同做基础测算、统计数据过程中未尽到应尽职责,在履行合同过程中并为签订第二份电梯增层改造的补充合同做协商、洽谈、审核工作时严重不负责任,其虽未代表新庄街道在最终合同文本上签字署名,但不能否认其工作内容对最终订立的合同起决定性作用,失职行为发生在合同的签订、履行过程中,应当构成国家机关工作人员签订、履行合同失职被骗罪。

(六)环境监管失职罪

主体要素的认定
崔建国环境监管失职案[①]
【适法规则】
经法律、法规授权管理公共事务和社会事务的公司、企业和事业单位工作人员,符合环境监管失职罪主体的要求。

【基本案情】
江苏省盐城市标新化工有限公司(以下简称标新公司)位于该市二级饮用水保护区内的饮用水取水河蟒蛇河上游。根据国家、市、区的相关法律法规文件规定,标新公司为重点污染源,系"零排污"企业。标新公司于2002年5月经过江苏省盐城市环保局审批建设年产500吨氯代醚酮项目,2004年8月通过验收。2005年11月,标新公司未经批准在原有氯代醚酮生产车间套产甘宝素。2006年9月建成甘宝素生产专用车间。标新公司自生产以来,从未使用有关排污的技术处理设施,生产产生的钾盐废水及其他废水直接排放至厂区北侧或者东侧的河流中,导致2009年2月发生盐城市区饮用水源严重污染事件。盐城市城西水厂、越河水厂水源遭受严重污染,所生产的自来水中酚类物质严重超标,近20万盐城市居民生活饮用水和部分单位供水被迫中断66小时40分钟,造成直接经济损失543万余元,并在社会上造成恶劣影响。

盐城市环保局饮用水源保护区环境监察支队负责盐城市区饮用水源保护区的环境保护、污染防治工作,标新公司属该支队二大队管辖。被告人崔建国作为二大队大队长,对标新公司环境保护监察工作负有直接领导责任。崔建国不认真履行

---
① 最高人民检察院第二批指导性案例(检例第4号)。

环境保护监管职责,并于 2006 年到 2008 年多次收受标新公司法定代表人胡某某小额财物。崔建国在日常检查中多次发现标新公司有冷却水和废水外排行为,但未按规定要求标新公司提供母液台账、合同、发票等材料,只是填写现场监察记录,也未向盐城市饮用水源保护区环境监察支队汇报标新公司违法排污情况。2008 年 12 月 6 日,盐城市饮用水源保护区环境监察支队对保护区内重点化工企业进行专项整治活动,并对标新公司发出整改通知,但崔建国未组织二大队监察人员对标新公司进行跟踪检查,监督标新公司整改;未对排污情况进行现场检查,没有能及时发现和阻止标新公司向厂区外河流排放大量废液,以致发生盐城市饮用水源严重污染。在水污染事件发生后,崔建国为掩盖其工作严重不负责任,于 2009 年 2 月 21 日伪造了日期为 2008 年 12 月 10 日和 2009 年 2 月 16 日两份虚假监察记录,以逃避有关部门的查处。

【裁判结果】

江苏省盐城市阜宁县人民法院作出刑事判决:崔建国犯环境监管失职罪,判处有期徒刑二年。被告人不服,以自己对标新公司只具有督查的职责,不具有监管的职责,不符合环境监管失职罪的主体要求等为由提出上诉。盐城市中级人民法院作出刑事裁定:驳回上诉,维持原判。

【裁判理由】

法院认为,崔建国所在的盐城市饮用水源保护区环境监察支队为国有事业单位,由盐城市人民政府设立,其系受国家机关委托代表国家机关行使环境监管职权,崔建国身为国有事业单位的工作人员,在受国家机关的委托代表国家机关履行环境监督管理职责过程中,严重不负责任,导致发生重大环境污染事故,致使公私财产遭受重大损失,其行为构成环境监管失职罪。

根据全国人民代表大会常务委员会《关于〈中华人民共和国刑法〉第九章渎职罪主体适用问题的解释》,在依照法律、法规规定行使国家行政管理职权的组织中从事公务的人员,或者在受国家机关委托代表国家机关行使职权的组织中从事公务的人员,或者虽未列入国家机关人员编制但在国家机关中从事公务的人员,在代表国家机关行使职权时,有渎职行为,构成犯罪的,依照刑法关于渎职罪的规定追究刑事责任。实践中,一些国有公司、企业和事业单位经合法授权从事具体的管理市场经济和社会生活的工作,拥有一定管理公共事务和社会事务的职权,这些实际行使国家行政管理职权的公司、企业和事业单位工作人员,符合渎职罪主体要求;对其实施渎职行为构成犯罪的,应当依照刑法关于渎职罪的规定追究刑事责任。

（七）食品、药品监管渎职罪

罪数的认定

（1）黎达文等人受贿、食品监管渎职案[①]

【适法规则】

负有食品安全监督管理职责的国家机关工作人员，向生产、销售有毒、有害食品的犯罪分子通风报信，帮助逃避处罚的，应当认定为食品监管渎职罪。

【基本案情】

胡林贵、刘康清（另案处理）等人于2011年6月以每人出资2万元，在未取得工商营业执照和卫生许可证的情况下，在东莞市中堂镇江南农产品批发市场租赁加工区建立加工厂，利用病、死、残猪猪肉为原料，生产腊肠、腊肉，并在批发市场销售，平均每天销售约500公斤。

被告人黎达文于2008年起先后兼任中堂镇产品质量和食品安全工作领导小组成员、经贸办副主任、中堂食安委副主任兼办公室主任、食品药品监督站站长，负责对中堂镇全镇食品安全的监督管理。2010年至2011年期间，黎达文在组织执法人员查处江南农产品批发市场的无证照腊肉、腊肠加工窝点过程中，收受被告人刘康清、胡林贵等人贿款共十一次，每次5000元，合计55,000元。被告人黎达文在收受贿款之后，滥用食品安全监督管理的职权，多次在组织执法人员检查江南农产品批发市场之前打电话通知余忠东或胡林贵，让胡林贵等人做好准备，逃避查处，导致胡林贵等人在一年多时间内持续非法利用病、死、残猪猪肉生产敌百虫和亚硝酸盐成分严重超标的腊肠、腊肉，销往东莞市及周边城市的食堂和餐馆。

被告人王伟昌自2007年起任中堂中心屠场稽查队队长，被告人陈伟基自2009年2月起任中堂中心屠场稽查队队员，二人所在单位受中堂镇政府委托负责中堂镇内私宰猪肉的稽查工作。2009年7月至2011年10月间，王伟昌、陈伟基在执法过程中收受刘康清、刘国富等人贿款，其中王伟昌、陈伟基共同收受贿款13,100元，王伟昌单独受贿3000元。王伟昌、陈伟基受贿后，滥用食品安全监督管理的职权，多次在带队稽查过程中，明知刘康清和刘国富等人非法销售死猪猪肉、排骨而不履行查处职责，王伟昌还多次在参与中堂镇食安委组织的联合执法行动前打电话给刘康清通风报信，让刘康清等人逃避查处。（胡林贵等人生产、销售有毒、有害食品，行贿；骆梅、刘康素销售伪劣产品；朱伟全、曾伟中生产、销售伪劣产品等案与本案并案审理，并案的相关犯罪情节已略）

[①] 最高人民检察院第四批指导性案例（检例第15号）。

【裁判结果】

广东省东莞市第一人民法院作出刑事判决:(1)被告人黎达文犯受贿罪和食品监管渎职罪,数罪并罚,判处有期徒刑七年六个月,并处没收个人财产人民币1万元;(2)被告人王伟昌犯受贿罪和食品监管渎职罪,数罪并罚,判处有期徒刑三年三个月;(3)被告人陈伟基犯受贿罪和食品监管渎职罪,数罪并罚,判处有期徒刑二年六个月。(并案处理的裁判结果已略)一审宣判后,被告人提出上诉。广东省东莞市中级人民法院作出刑事裁定:驳回上诉,维持原判。

【裁判理由】

法院认为,被告人黎达文身为国家工作人员,被告人王伟昌、陈伟基身为受国家机关委托从事公务的人员,均利用职务之便,多次收受贿款,同时,被告人黎达文、王伟昌、陈伟基还违背所负的食品安全监督管理职责,滥用职权为刘康清等人谋取非法利益,造成严重后果,被告人黎达文、王伟昌、陈伟基的行为已构成受贿罪、食品监管渎职罪,对被告人黎达文、王伟昌、陈伟基依法予以数罪并罚。(注:并案处理的裁判理由已略)

负有食品安全监管职责的国家机关工作人员,滥用职权或者玩忽职守,导致发生重大食品安全责任事故或造成其他严重后果的行为,成立食品监管渎职罪。食品安全监管职责包含了查禁食品安全犯罪的职责,在负有食品安全监管职责的国家机关工作人员向生产、销售有毒、有害食品的犯罪分子通风报信的情形下,本罪与帮助犯罪分子逃避处罚罪构成了法条竞合,按照特别法优于普通法的原则,应按照本罪加以认定。

(2)赛跃、韩成武食品监管渎职案[①]

【适法规则】

在国家机关工作人员履行食品监管职责过程中既有渎职行为,又有受贿行为的,应当以食品监管渎职罪和受贿罪实行数罪并罚。

【基本案情】

2011年9月17日,根据群众举报称云南丰瑞粮油工业产业有限公司(以下简称丰瑞公司)违法生产地沟油,时任嵩明县质监局局长、副局长的赛跃、韩成武等人到丰瑞公司现场检查,查获该公司无生产许可证,现场有生产用原料毛猪油2244.912吨,不符合食品安全标准。9月21日,被告人赛跃、韩成武没有计量核实毛猪油数量、来源,仅凭该公司人员陈述500吨,而对毛猪油591.4吨及生产用活性土30吨、无证生产的菜油100吨进行封存。同年10月22日,韩成武以"丰瑞公司采购的原料共59.143吨不符合食品安全标准"建议立案查处,赛跃同意立案,并召开案审会经集体讨论,决定对丰瑞公司给予行政处罚。10月24日,嵩明县质监局作出对丰

---

① 最高人民检察院第四批指导性案例(检例第16号)。

瑞公司给予销毁不符合安全标准的原材料和罚款 1,419,432 元的行政处罚告知,并将行政处罚告知书送达该公司。之后,该公司申请从轻、减轻处罚。同年 12 月 9 日,被告人赛跃、韩成武以企业配合调查及经济困难为由,未经集体讨论,决定减轻对丰瑞公司的行政处罚,嵩明县质监局于 12 月 12 日作出行政处罚决定书,对丰瑞公司作出销毁不符合食品安全标准的原料和罚款 20 万元的处罚,并下达责令改正通知书。12 月 13 日,嵩明县质监局解除了对毛猪油、活性土、菜油的封存,实际并未销毁该批原料。致使丰瑞公司使用已查获的原料无证生产食用猪油并流入社会,对人民群众的生命健康造成较大隐患。2011 年 10 月至 11 月间,被告人赛跃、韩成武在查处该案的过程中,先后两次收受该公司吴庆伟(另案处理)分别送给的人民币 10 万元、3 万元。2012 年 3 月 13 日,公安机关以该公司涉嫌生产、销售有毒、有害食品罪立案侦查。赛跃和韩成武得知该情况后,更改相关文书材料、销毁原始行政处罚文书、伪造质监局分析协调会、案审会记录及丰瑞公司毛猪油原材料的销毁材料,将所收受的 13 万受贿款作为对丰瑞公司的罚款存入罚没账户。

【裁判结果】

云南省嵩明县人民法院作出刑事判决:(1)被告人赛跃犯受贿罪和食品监管渎职罪,数罪并罚,判处有期徒刑六年;(2)韩成武犯受贿罪和食品监管渎职罪,数罪并罚,判处有期徒刑二年六个月。一审宣判后,被告人不服,提出上诉。云南省昆明市中级人民法院作出刑事裁定:驳回上诉,维持原判。

【裁判理由】

法院认为,被告人赛跃、韩成武作为国家工作人员,利用职务上的便利,非法收受他人财物,为他人谋取利益,其行为已构成受贿罪;在查办丰瑞公司无生产许可证生产有毒、有害食品案件中玩忽职守、滥用职权,致使查获的不符合食品安全标准的原料用于生产,有毒、有害油脂流入社会,造成严重后果,其行为还构成食品监管渎职罪。鉴于丰瑞公司被公安机关查处后,赛跃、韩成武向领导如实汇报受贿事实,且将受贿款以"罚款"上交,属自首,可从轻、减轻处罚。

负有食品安全监督管理职责的国家机关工作人员,滥用职权或玩忽职守,导致发生重大食品安全事故或者造成其他严重后果的,应当认定为食品监管渎职罪。在渎职过程中,国家机关工作人员又有受贿行为的,构成受贿罪。渎职行为与受贿行为是两个独立的行为,受贿行为不是渎职行为的方法行为或结果行为,不构成牵连关系,应当以食品监管渎职罪和受贿罪实行数罪并罚。

(八)传染病防治失职案

行为要素的认定
黎善文传染病防治失职案①
【适法规则】
妨害预防控制突发传染病疫情等灾害的刑事案件的审理,有多种因素造成传染病传播或者流行的,对国家机关工作人员行为性质的认定,应当严格考察失职行为的责任程度,以做出准确判断。

【基本案情】
被告人黎善文系巴马县卫生局分管疾病预防控制工作的副局长,在履行传染病防治职责过程中,严重不负责任,授意指使巴马县疾病预防控制中心和医疗机构隐瞒麻疹疫情,使上级有关部门没有及时掌握疫情动态,致使麻疹疫情错过最佳防控时机,导致传染病麻疹传播和流行,造成500余人感染麻疹病和1人医治无效死亡的严重后果。

【裁判结果】
广西壮族自治区巴马县人民法院作出刑事判决,被告人黎善文犯传染病防治失职罪,免予刑事处罚。

【裁判理由】
分管疾病预防控制工作的国家机关工作人员,负有组织对突发疫情的调查、通报、控制和医疗救治工作的职责,且国家已对麻疹疫情采取了疫苗接种、疫情通报等预防、控制措施,行为人在疫情发生后,授意、指使他人隐瞒麻疹疫情,致使错过最佳防控时机,造成麻疹传染范围扩大,其授意指使他人瞒报疫情的行为与造成麻疹疫情加重的后果之间有刑法上的因果关系。本案中,广西壮族自治区卫生厅通报及专家分析均指出,除被告人黎善文瞒报疫情行为外,导致麻疹疫情蔓延还有其他原因,包括当地免疫规划基础工作严重滑坡、乡村两级防保网络破溃、未成立独立的防保组专职防保人员不足等。据此,黎善文瞒报迟报行为与造成麻疹疫情暴发的后果有刑法上的因果关系,但属一果多因,责任较轻。

---

① 中华人民共和国最高人民法院刑事审判第一、二、三、四、五庭主办:《刑事审判参考》(总第121集),法律出版社2020年版,第104~113页。

（九）帮助犯罪分子逃避处罚罪

主体要素的认定
(1) 李刚、张鹏帮助犯罪分子逃避处罚案[①]
【适法规则】
　　帮助犯罪分子逃避处罚罪中的"有查禁犯罪活动职责"，是针对具体犯罪的查禁职责，而非一般的、抽象职责，不具备具体查禁犯罪职责的主体，不成立本罪。
【基本案情】
　　2000年9月，被告人李刚得知帮助其妻子调动工作的张树人因涉嫌经济犯罪被南通市人民检察院立案侦查，羁押在南通市看守所后，便想去看望。2000年12月，被告人李刚向自己承办的一起执行案件中的被执行人王德进打听其在南通市看守所有无熟人，并向其表明自己想去看一下张树人。王德进随后与南通市公安局戒毒所教导员王锦泉取得联系，约好2001年1月4日上午到南通市看守所。此后，被告人李刚以办案为由，从通州市人民法院刑庭拿了两张盖有院印的空白提审证，并与王德进商定，以王德进被执行案中，张树人是"知情人"为由"提审"。2001年1月3日下午，被告人李刚将次日上午去看守所见张树人的事告诉了被告人张鹏（张树人之子），并叫张鹏用车子4日上午接他一起去看守所。
　　1月4日上午9时许，被告人李刚、张鹏和王德进三人，由王锦泉带进南通市看守所，由李刚填写了一份"提审"张树人的提审证。其后，被告人李刚、张鹏和王德进与张树人在第三提审室见了面。张树人将其挪用公款110万元、私分公款20万元等案情，以及准备翻供、辩解理由告诉了李、张二人。李刚对张树人说："挪用公款的主体是国家工作人员，你已退休，主体不合格。挪用公款罪一要有挪用行为，二要挪用的是公款，如果你是承包的，除上交外全部是你的，挪用的就不是公款，就不构成挪用公款罪，即使挪用的是公款，只要是经领导同意的或者当时没有请示，事后经领导追认的，也不承担责任。现在你能不能想办法补救一下。"张树人听后即安排张鹏去找老校长落实。张鹏答应去办。李刚为预防有关部门的追查，还伪造了一份"提审"张树人的笔录，叫张树人签字，并在1月5日，又找到王德进伪造了一份谈话笔录。
【裁判结果】
　　江苏省如东县人民法院作出刑事判决：(1)被告人李刚犯帮助伪造证据罪，判处有期徒刑一年；(2)被告人张鹏犯帮助伪造证据罪，判处有期徒刑十一个月。一

[①] 中华人民共和国最高人民法院刑事审判第一庭、第二庭编：《刑事审判参考》（总第26辑），法律出版社2002年版，第72~74页。

审宣判后,两被告人没有上诉,公诉机关也未提出抗诉,判决已发生法律效力。

【裁判理由】

法院认为,如东县人民检察院指控被告人李刚,为徇私情,擅自使用通州市人民法院的提押证与被告人张鹏一同"提审"检察机关正在侦查的在押犯罪嫌疑人张树人的事实清楚,证据确实充分,予以认定。但如东县人民检察院指控被告人李刚、张鹏犯帮助犯罪分子逃避处罚罪,定性不当。上述二被告人的行为符合帮助伪造证据罪的构成要件,构成帮助伪造证据罪,且系共同犯罪。

有查禁犯罪活动职责的国家机关工作人员,向犯罪分子通风报信、提供便利,帮助其逃避处罚的行为,成立帮助犯罪分子逃避处罚罪。是否具有"查禁犯罪活动职责",是判断该罪主体要件是否符合的重要标准。从渎职罪侵害法益角度,能够具体行使的职权才具有渎职之可能。因此,"查禁犯罪活动职责"是针对具体犯罪的查禁职责,而非一般地、抽象性职责。人民法院的具体职责是行使审判权,打击犯罪属于人民法院的抽象性职责,而非具体职责。本案中,被告人是人民法院的执行法官,其职责是承办执行案件,根本不具有查禁犯罪活动的具体职责,不能成为帮助犯罪分子逃避处罚罪的主体。

(2)潘楠博帮助犯罪分子逃避处罚、受贿案①

【适法规则】

1.帮助一般违法人员逃避行政处罚的,不构成帮助犯罪分子逃避处罚罪。

2.行为人对作为帮助犯罪分子逃避处罚罪对象的身份欠缺明知的,不成立本罪。

【基本案情】

2001年3月至2002年8月期间,被告人潘楠博任上海市公安局黄浦分局治安支队治安管理中队民警,负责辖区内三星级以上宾馆及其附属娱乐场所的治安管理工作。上海市南新雅大酒店马球会俱乐部亦属其管辖。2001年9月,俱乐部承租经营人李敏华(已另案处理)得知潘楠博系负责该俱乐部治安管理工作的民警,即经人介绍而宴请潘,当天潘楠博还收受了李给予的价值人民币2000元的华联商厦电子消费卡。此后,潘楠博在工作中,明知俱乐部内有"三陪"等色情违法活动,不仅不依据职责予以查处,还在执行治安检查任务前,数次将检查的信息泄露给李敏华,便于李敏华应对检查。在此期间,被告人潘楠博先后收受李敏华给予的现金人民币共计1万元,收受李敏华通过该俱乐部大堂经理陶文龙给予的人民币500元。潘楠博收受贿赂共计人民币1.25万元。2002年5月21日,上海市公安局黄浦分局掌握了俱乐部内有涉嫌卖淫嫖娼等违法活动,并决定当晚对该俱乐部予以查

---

① 中华人民共和国最高人民法院刑事审判第一庭、第二庭编:《刑事审判参考》(总第45辑),法律出版社2006年版,第29~34页。

禁并取缔。当晚20时许,分局治安支队领导召集有关民警开会,向包括潘楠博在内的与会人员简要通报案情。潘楠博在会议结束后,即在其办公室内将公安机关要对俱乐部进行检查的信息泄露给了李敏华。当晚21时许,上海市公安局黄浦分局的民警采取取缔行动,将李敏华以及俱乐部的其他涉案人员一并带至公安机关查处。

【裁判结果】

上海市黄浦区人民法院作出刑事判决:被告人潘楠博犯受贿罪,判处有期徒刑二年;违法所得予以没收。一审宣判后,潘楠博不服,就量刑问题提出上诉。上海市第二中级人民法院作出刑事裁定:驳回上诉,维持原判。

【裁判理由】

法院认为,帮助犯罪分子逃避处罚罪的帮助对象是犯罪分子,并没有包括违法分子。在案相关证人证言证明,公安机关主要是针对马球会俱乐部有卖淫嫖娼活动而于5月21日晚对其采取查禁行动,行动前的部署亦未将李敏华或俱乐部的有关人员列为犯罪嫌疑人抓捕。公诉机关提供的其他证据亦未证明被告人潘楠博明知李或俱乐部内有犯罪活动,故不能认定潘楠博系为帮助犯罪分子逃避处罚而实施了打电话给李敏华的通风报信行为。由于被告人的行为不符合刑法所规定的帮助犯罪分子逃避处罚罪的犯罪构成要件,公诉机关指控其犯有帮助犯罪分子逃避处罚罪的罪名不能成立,法院不予认定。(注:受贿罪的裁判理由略)

帮助犯罪分子逃避处罚罪中负有查禁犯罪活动职责的国家机关工作人员所帮助的对象只能是犯罪分子,不包括一般的违法分子。犯罪分子不以法院作出生效刑事判决为必要条件,包括已经被人民法院判处刑罚的犯罪分子与有证据证明确实实施了犯罪行为的人。帮助一般违法人员逃避行政处罚的,不成立本罪。对于帮助对象的身份,行为人主观上应有明知,即,明知所帮助的对象是有证据证明实施犯罪行为的人。在本案中,被告人潘楠博身为负有查禁犯罪活动职责的公安人员,也实施了通风报信行为,但是,其对被通知对象是否涉嫌犯罪并不明知,其行为不符合帮助犯罪分子逃避处罚罪的要求。因此,不能以帮助犯罪分子逃避处罚罪定罪处罚。

职务犯罪重要立法、司法解释的理解与适用参考文献

(一) 立法解释

1. 王尚新、王宁:《关于对刑法第二百九十四条第一款和第三百八十四条第一款的立法解释的理解与适用(节选)》,载中华人民共和国最高人民法院刑事审判第一庭、第二庭编:《刑事审判参考》(总第26辑),法律出版社2002年版,第155~161页。

2. 黄太云:《全国人大常委会〈关于《中华人民共和国刑法》第九章渎职罪主体适用问题的解释〉的理解与适用》,载中华人民共和国最高人民法院刑事审判第一庭、第二庭编:《刑事审判参考》(总第27辑),法律出版社2002年版,第160~176页。

3. 黄太云:《解读〈全国人民代表大会常务委员会关于《中华人民共和国刑法》第三百八十四条第一款的解释〉的背景说明及具体理解》,载《人民检察》2003年第2期。

(二) 司法解释

1. 熊选国:《关于挪用公款案件司法解释的理解与适用》,载《人民司法》1998年第6期。

2. 敬大力、王洪祥、韩耀元:《〈关于在办理受贿犯罪大要案的同时要严肃查处严重行贿犯罪分子的通知〉的理解与适用》,载中华人民共和国最高人民法院刑事审判第一庭编:《刑事审判参考》(总第1辑),法律出版社1999年版,第75~81页。

3. 孙军工:《〈关于审理贪污、职务侵占案件如何认定共同犯罪几个问题的解释〉的理解与适用》,载中华人民共和国最高人民法院刑事审判第一庭编:《刑事审判参考》(总第10辑),法律出版社2000年版,第88~90页。

4. 孙军工:《〈关于国家工作人员利用职务上的便利为他人谋取利益离退休后收受财物行为如何处理问题的批复〉的理解与适用》,载中华人民共和国最高人民法院刑事审判第一庭编:《刑事审判参考》(总第10辑),法律出版社2000年版,第93~94页。

5. 孙军工:《解读〈关于办理妨害预防、控制突发传染病疫情等灾害的刑事案件

具体应用法律若干问题的解释〉》,载《中国卫生法制》2003年第3期。

6. 郭清国:《〈全国法院审理经济犯罪案件工作座谈会纪要〉的理解与适用》,载中华人民共和国最高人民法院刑事审判第一庭、第二庭编:《刑事审判参考》(总第39辑),法律出版社2005年版,第178~199页。

7. 《最高人民法院、最高人民检察院有关负责人就〈关于办理受贿刑事案件适用法律若干问题的意见〉答记者问》,载《检察日报》2007年7月9日。

8. 张玉梅:《〈关于国有单位的内设机构能否构成单位受贿罪主体问题的答复〉适用精解》,载张仲芳主编:《刑事司法指南》(总第29集),法律出版社2007年版,第122~129页。

9. 陈国庆、韩耀元、邱利军:《〈关于办理受贿刑事案件适用法律若干问题的意见〉的解读》,载《人民检察》2007年第14期。

10. 刘为波:《〈关于办理受贿刑事案件适用法律若干问题的意见〉的理解与适用》,载《人民司法》2007年第15期。

11. 《最高人民法院、最高人民检察院有关部门负责人就〈关于办理商业贿赂刑事案件适用法律若干问题的意见〉答记者问》,载《检察日报》2008年11月25日。

12. 牛克乾:《对〈关于办理商业贿赂刑事案件适用法律若干问题的意见〉的理解与思考》,载《人民法院报》2009年12月11日。

13. 陈国庆、韩耀元、王利文:《〈关于办理职务犯罪案件认定自首、立功等量刑情节若干问题的意见〉的理解与适用》,载《人民检察》2009年第7期。

14. 刘为波:《〈关于办理职务犯罪案件认定自首、立功等量刑情节若干问题的意见〉的理解与适用》,载《人民司法》2009年第9期。

15. 杨万明、沈亮、汪斌、王敏:《〈关于进一步加强危害生产安全刑事案件审判工作的意见〉的理解与适用》,载《人民司法》2012年第7期。

16. 陈国庆、韩耀元、吴峤滨:《〈关于公安机关管辖的刑事案件立案追诉标准的规定(二)〉理解与适用》,载《人民检察》2012年第12期。

17. 陈国庆、韩耀元、宋丹:《〈关于办理行贿刑事案件具体应用法律若干问题的解释〉的理解与适用》,载《人民检察》2013年第4期。

18. 陈国庆、韩耀元、卢宇蓉、吴峤滨:《〈关于办理渎职刑事案件适用法律若干问题的解释(一)〉理解与适用》,载《人民检察》2013年第5期。

19. 苗有水、刘为波:《〈关于办理渎职刑事案件适用法律若干问题的解释(一)〉理解与适用》,载《人民司法》2014年第4期。

20. 沈亮、汪斌、李加玺:《〈关于办理危害生产安全刑事案件适用法律若干问题的解释〉的理解与适用》,载《人民司法》2016年第4期。

21. 缐杰、宋丹:《〈关于公安机关管辖的刑事案件立案追诉标准的规定(一)的补充规定〉的理解和适用》,载《人民检察》2017年第13期。

22. 裴显鼎、苗有水、刘为波、王珅:《〈最高人民法院最高人民检察院关于办理贪污贿赂刑事案件适用法律若干问题的解释〉的理解与适用》,载《人民司法》2016年第19期。

23. 苗有水:《贪污贿赂刑事司法解释具体问题解读》,载中华人民共和国最高人民法院刑事审判第一、二、三、四、五庭主办:《刑事审判参考》(总第106辑),法律出版社2017年版,第244~264页。

24. 刘为波:《〈关于办理国家出资企业中职务犯罪案件具体应用法律若干问题的意见〉的理解与适用》,载中华人民共和国最高人民法院刑事审判第一、二、三、四、五庭主办:《刑事审判参考》(总第77辑),法律出版社2011年版,第113~143页。